BECK'SCHE STEUERKOMMENTARE

FRANZEN/GAST/SAMSON

STEUERSTRAFRECHT

Steuerstrafrecht

mit Steuerordnungswidrigkeiten

KOMMENTAR

zu den §§ 369–384 AO 1977

von

KLAUS FRANZEN
bis 1972 Ministerialdirigent
im Bundesministerium der Finanzen

DR. BRIGITTE GAST-DE HAAN
Rechtsanwältin und Notarin
Fachanwältin für Steuerrecht

DR. ERICH SAMSON
ord. Prof. für Strafrecht und Strafprozeßrecht
an der Universität Kiel

2., völlig neubearbeitete Auflage

C. H. BECK'SCHE VERLAGSBUCHHANDLUNG
MÜNCHEN 1978

CIP-Kurztitelaufnahme der Deutschen Bibliothek

Franzen, Klaus
Steuerstrafrecht: mit Steuerordnungswidrigkeiten; Kommentar zu d. §§ 369–384 AO 1977 / von Klaus Franzen; Brigitte Gast-de Haan; Erich Samson. – 2., völlig neubearb. Aufl. – München: Beck, 1978.
(Beck'sche Steuerkommentare)
ISBN 3 406 06615 1
NE: Gast-de Haan, Brigitte: Samson, Erich:

ISBN 3 406 06615 1

Druck der C. H. Beck'schen Buchdruckerei Nördlingen

Vorwort

Seit dem Erscheinen der ersten Auflage sind acht Jahre vergangen. Inzwischen hat der Gesetzgeber den Allgemeinen Teil des Strafgesetzbuches mit Wirkung vom 1. Januar 1975 völlig neu gestaltet. Im Rahmen des Einführungsgesetzes wurden auch die straf- und bußgeldrechtlichen Vorschriften der Reichsabgabenordnung dem StGB angepaßt. Seitdem ist die Verletzung des Steuergeheimnisses nach § 355 StGB und die Steuerzeichenfälschung nach den §§ 148 bis 150 StGB strafbar. Durch Gesetz vom 24. Juni 1975 (BGBl. I S. 1509) wurde die unbefugte Hilfeleistung in Steuersachen gemäß § 160 des Steuerberatungsgesetzes mit Geldbuße bedroht und in die Reichsabgabenordnung ein neuer Bußgeldtatbestand des unzulässigen Erwerbs von Steuererstattungs- und Vergütungsansprüchen eingefügt. Endlich trat am 1. Januar 1977 eine neue Abgabenordnung in Kraft, die namentlich den Tatbestand der Steuerhinterziehung prägnanter gefaßt hat und für besonders schwere Fälle Freiheitsstrafe bis zu zehn Jahren androht.

Im Vergleich zu den tiefgreifenden Änderungen des allgemeinen Strafrechts und des allgemeinen Steuerrechts mögen die sachlichen Änderungen der Sondervorschriften für Steuerstraftaten und Steuerordnungswidrigkeiten weniger bedeutsam erscheinen. Dennoch sind frühere Erläuterungswerke allein wegen der neuen Paragraphenfolge des Gesetzes für die Praxis nicht mehr brauchbar. Mit der zweiten Auflage unseres Kommentars verbinden wir die Hoffnung, daß die Flutwelle der Gesetzesänderungen in dem behandelten Bereich ausgelaufen ist.

Im einzelnen sind die Einleitung und die §§ 371 bis 373 AO von *Klaus Franzen,* die §§ 379 bis 383 AO von *Dr. Brigitte Gast-de Haan* und die §§ 369, 370, 374 bis 378 und 384 AO von *Dr. Erich Samson* bearbeitet worden. Trotz einer weitgehenden Abstimmung trägt jeder Verfasser die wissenschaftliche Verantwortung für seine Beiträge allein.

Das Manuskript wurde am 1. August 1977 abgeschlossen; nach diesem Stichtag konnten Gesetzgebung, Rechtsprechung und Schrifttum nur noch vereinzelt berücksichtigt werden.

Kritische Hinweise und Anregungen aus der Praxis werden wir dankbar entgegennehmen.

Bremen, Rendsburg und Kiel, im September 1977 Die Verfasser

Inhaltsverzeichnis

Teil III

Anhang

Auszüge aus anderen Gesetzen

Abkürzungsverzeichnis

Die Angaben hinter den Steuergesetzen verweisen auf die ausführlichen Zitate dieser Gesetze und ihrer Änderungen in der Einleitung. Die anderen Gesetze werden in der Fassung zitiert, in der sie am 1. 12. 1977 bekanntgemacht waren.

aaO	am angegebenen Ort
AbfEinfV	Abfalleinfuhr-Verordnung v. 29. 7. 1974 (BGBl. I 1584)
AbfG	Abfallbeseitigungsgesetz idF v. 5. 1. 1977 (BGBl. I 41)
Abg.	Abgeordneter
Abk.	Abkommen
abl.	ablehnend
ABl.	Amtsblatt des Saarlandes
ABl.EG	Amtsblatt der Europäischen Gemeinschaften
Abs.	Absatz
AbschG	Abschöpfungserhebungsgesetz (s. Einl 183 und Anh XI)
Abschn.	Abschnitt
AbsichG	Gesetz über Maßnahmen zur außenwirtschaftlichen Absicherung gemäß § 4 des Gesetzes zur Förderung der Stabilität und des Wachstums der Wirtschaft v. 29. 11. 1968 (BGBl. I 1255)
AbsinthG	Gesetz über den Verkehr mit Absinth v. 27. 4. 1923 (RGBl. I 257)
abw.	abweichend
AbwAG	Abwasserabgabengesetz v. 13. 9. 1976 (BGBl. I 2721)
aE	am Ende
ähnl.	ähnlich
ÄndG	Änderungsgesetz
aF	alter Fassung
AfA	Absetzung(en) für Abnutzung
AFG	Arbeitsförderungsgesetz v. 25. 6. 1969 (BGBl. I 582)
AFV	Auslandsfleischbeschau-Verordnung v. 8. 3. 1961 (BGBl. I 143)
AG	Aktiengesellschaft oder Amtsgericht
AHStatDV	Verordnung zur Durchführung des Gesetzes über die Statistik des grenzüberschreitenden Warenverkehrs idF v. 14. 7. 1977 (BGBl. I 1281)
AktG	Aktiengesetz v. 6. 9. 1965 (BGBl. I 1089)
Aktuelle Fragen	Aktuelle Fragen des materiellen Steuerstrafrechts, 13 Vorträge, herausgegeben vom Bundesminister der Finanzen, Carl Heymanns Verlag 1959
AlkVfrG	Gesetz über die Verfrachtung alkoholischer Waren idF v. 2. 1. 1975 (BGBl. I 289)
allgM	allgemeine Meinung
AltölG	Altölgesetz v. 23. 12. 1968 (BGBl. I 1419)
aM	anderer Meinung
Anh	Anhang
Anm.	Anmerkung
AntBewV	Anteilsbewertungsverordnung (s. Einl 97)

AnVNG	Angestelltenversicherungs-Neuregelungsgesetz v. 23. 2. 1957 (BGBl. I 88)
AnwBl.	Anwaltsblatt
AO	Abgabenordnung 1977 v. 16. 3. 1976 (BGBl. I 613)
AOAnpG	Landesgesetz(e) zur Anpassung von Gesetzen an die Abgabenordnung
AOAnwG	Landesgesetz(e) zur Anwendung der Abgabenordnung (Anh XXII)
AöR	Zeitschrift ,,Archiv für öffentliches Recht"
AOStrafÄndG	Gesetz zur Änderung strafrechtlicher Vorschriften der Reichsabgabenordnung und anderer Gesetze v. 10. 8. 1967 (BGBl. I 877)
2. AOStrafÄndG ...	Zweites Gesetz zur Änderung strafrechtlicher Vorschriften der Reichsabgabenordnung und anderer Gesetze v. 12. 8. 1968 (BGBl. I 953)
ArbG	Arbeitgeber
ArbN	Arbeitnehmer
ArbSichG	Arbeitssicherstellungsgesetz v. 9. 7. 1968 (BGBl. I 787)
arg.	dies folgt aus
ARSt	Aufsichtsratsteuer (s. Einl 108)
Art.	Artikel
ArVNG	Arbeiterrentenversicherungs-Neuregelungsgesetz v. 23. 2. 1957 (BGBl. I 45)
ArzneimG	Arzneimittelgesetz v. 24. 8. 1976 (BGBl. I 2445)
AStG	Gesetz über die Besteuerung bei Auslandsbeziehungen (s. Einl 96)
AtomG	Atomgesetz idF v. 31. 10. 1976 (BGBl. I 3053)
AÜG	Arbeitnehmerüberlassungsgesetz v. 7. 8. 1972 (BGBl. I 1393)
AufenthG/EWG	Gesetz über Einreise und Aufenthalt von Staatsangehörigen der Mitgliedstaaten der Europäischen Wirtschaftsgemeinschaft v. 22. 7. 1969 (BGBl. I 927)
Aufl.	Auflage
aufgeh.	aufgehoben
AufwAG	Aufwertungsausgleichsgesetz v. 23. 12. 1969 (BGBl. I 2381)
AusbplFG	Ausbildungsplatzförderungsgesetz v. 7. 9. 1976 (BGBl. I 2658)
ausf.	ausführlich
AusfV	Ausfuhrverordnung
AusglSt	Ausgleichsteuer (jetzt: Einfuhrumsatzsteuer, s. Einl 185)
AuslG	Ausländergesetz v. 28. 4. 1965 (BGBl. I 353)
ausschl.	ausschließlich
AuswSG	Auswandererschutzgesetz v. 26. 3. 1975 (BGBl. I 774)
AVG	Angestelltenversicherungsgesetz idF v. 28. 5. 1924 (RGBl. I 563)
AWG	Außenwirtschaftsgesetz v. 28. 4. 1961 (BGBl. I 481)
AWRundsch	Zeitschrift ,,Deutsche Außenwirtschafts-Rundschau"
AWV	Außenwirtschaftsverordnung idF v. 31. 8. 1973 (BGBl. I 1069)
AZO	Allgemeine Zollordnung (s. Einl 178)

Bad	Badisch
BadWürtt	Baden-Württembergisch
BAföG	Bundesausbildungsförderungsgesetz idF v. 9. 4. 1976 (BGBl. I 989)
BAG 9, 243	Entscheidung des Bundesarbeitsgerichts Band 9 Seite 243
Bail/Schädel/Hutter	Bail/Schädel/Hutter, Kommentar zum Zollgesetz vom 14. Juni 1961 in der Fassung vom 18. Mai 1970, 3 Bände (Losebl.) 1976
BAnz	Bundesanzeiger
Barske/Gapp	Barske/Gapp, Steuerstrafrecht und Steuerstrafverfahrensrecht, 3. Aufl. 1959
BAT	Bundesangestelltentarif
Baumann	Baumann, Strafrecht, Allgemeiner Teil, Lehrbuch, 8. Aufl. 1977
Bay	Bayerisch
BayBS	Bereinigte Sammlung des bayerischen Landesrechts
BayObLG	Bayerisches Oberstes Landesgericht
BayObLG 1975, 15	Entscheidungen des Bayerischen Obersten Landesgerichts in Strafsachen
BB	Zeitschrift ,,Betriebs-Berater"
BBG	Bundesbeamtengesetz idF v. 3. 1. 1977 (BGBl. I 1)
Bd.	Band
BdF	Bundesminister der Finanzen
BdF-Erl.	Erlaß des Bundesministers der Finanzen
BDH	Bundesdisziplinarhof
BDO	Bundesdisziplinarordnung idF v. 20. 7. 1967 (BGBl. I 752, ber. 984)
BeamtVG	Beamtenversorgungsgesetz v. 24. 8. 1976 (BGBl. I 2485)
BefSt	Beförderungsteuer (s. Einl 145)
Begr.	amtliche Begründung
Beil.	Beilage
Bek.	Bekanntmachung
Bender	Bender, Das Zoll- und Verbrauchsteuerstrafrecht mit Verfahrensrecht, (Losebl.), 4. Aufl. 1977
ber.	berichtigt
BergPG	Gesetz über Bergmannsprämien idF v. 12. 5. 1969 (BGBl. I 434)
Berl.	Berliner
BerlinFG	Berlinförderungsgesetz idF v. 18. 2. 1976 (BGBl. I 353)
BerufsbG	Berufsbildungsgesetz v. 14. 8. 1969 (BGBl. I 1112)
Beschl.	Beschluß
BestZVO	in Rheinland-Pfalz: Landesverordnung über Zuständigkeiten im Besteuerungsverfahren
BetäubmG	Betäubungsmittelgesetz idF v. 10. 1. 1972 (BGBl. I 1)
betr.	betreffend
BetrVG	Betriebsverfassungsgesetz v. 15. 1. 1972 (BGBl. I 13)
BewachV	Verordnung über das Bewachungsgewerbe idF v. 1. 6. 1976 (BGBl. I 1341)
BewDV	Durchführungsverordnung zum Bewertungsgesetz (s. Einl 97)
BewG	Bewertungsgesetz (s. Einl 97)

Bf.	Beschwerdeführer(in)
BFH	Bundesfinanzhof
BFHGrS	Bundesfinanzhof, Großer Senat
BGB	Bürgerliches Gesetzbuch
BGBl. I, II	Bundesgesetzblatt Teil I, II
BGH	Bundesgerichtshof
BGH 5, 27	Entscheidungen des Bundesgerichtshofs in Strafsachen Band 5 Seite 27
BGHGrS	Bundesgerichtshof, Großer Senat in Strafsachen
BGHZ 11, 181	Entscheidungen des Bundesgerichtshofs in Zivilsachen Band 11 Seite 181
BGS	Bundesgrenzschutz
BGSG	Gesetz über den Bundesgrenzschutz v. 18. 8. 1972 (BGBl. I 1834)
BienenEinfV	Bienen-Einfuhrverordnung v. 6. 12. 1972 (BGBl. I 2238)
BierSt	Biersteuer
BierStDB	Durchführungsbestimmungen zum Biersteuergesetz (s. Einl 186)
BierStG	Biersteuergesetz (s. Einl 186)
BImSchG	Bundes-Immissionsschutzgesetz v. 15. 3. 1974 (BGBl. I 721)
3. BImSchV	Dritte Verordnung zur Durchführung des Bundes-Immissionsschutzgesetzes v. 15. 1. 1975 (BGBl. I 264)
8. BImSchV	Achte Verordnung zur Durchführung des Bundes-Immissionsschutzgesetzes v. 28. 7. 1976 (BGBl. I 2024)
BJagdG	Bundesjagdgesetz idF v. 29. 9. 1976 (BGBl. I 2849)
BKA	Bundeskriminalamt
BKGG	Bundeskindergeldgesetz idF v. 31. 1. 1975 (BGBl. I 412)
BLG	Bundesleistungsgesetz idF v. 27. 9. 1961 (BGBl. I 1769)
BliwaG	Blindenwarenvertriebsgesetz v. 9. 4. 1965 (BGBl. I 311)
BlStA	Blätter für Steuerrecht, Sozialversicherung und Arbeitsrecht
Blümich/Falk	Blümich/Falk, Einkommensteuergesetz, Kommentar (Losebl.), 11. Aufl., 3 Bände ab 1977
BMF	Bundesminister(ium) der Finanzen
BMJ	Bundesminister(ium) der Justiz
BML	Bundesminister(ium) für Ernährung, Landwirtschaft und Forsten
BMWi	Bundesminister(ium) für Wirtschaft
BNatSchG	Bundesnaturschutzgesetz v. 20. 12. 1976 (BGBl. I 3573)
BNotO	Bundesnotarordnung v. 24. 2. 1961 (BGBl. I 97)
BNV	Bundesnebentätigkeitsverordnung idF v. 28. 8. 1974 (BGBl. I 2117)
BodSchätzG	Gesetz über die Schätzung des Kulturbodens v. 16. 10. 1934 (s. Einl 97)
BörsG	Börsengesetz idF v. 27. 5. 1908 (RGBl. 215)
BörsUSt	Börsenumsatzsteuer (s. Einl 155)
BPersVG	Bundespersonalvertretungsgesetz v. 15. 3. 1974 (BGBl. I 693)
BPolBG	Bundespolizeibeamtengesetz idF v. 3. 6. 1976 (BGBl. I 1357)

BPräs	Bundespräsident
BRAGebO	Bundesgebührenordnung für Rechtsanwälte v. 26. 7. 1957 (BGBl. I 907)
BRAO	Bundesrechtsanwaltsordnung v. 1. 8. 1959 (BGBl. I 565)
BranntwMonAB	Ausführungsbestimmungen zum Gesetz über das Branntweinmonopol (s. Einl 203)
BranntwMonG	Gesetz über das Branntweinmonopol (s. Einl 203 und Anh VIII)
BRat	Bundesrat
BRD	Bundesrepublik Deutschland
BR-Drucks. 420/66	Drucksache des Bundesrates Nr. 420 aus 1966
BReg	Bundesregierung
Brem.	Bremisch
BRRG	Beamtenrechtsrahmengesetz idF v. 3. 1. 1977 (BGBl. I 21)
BSeuchG	Bundes-Seuchengesetz v. 18. 7. 1961 (BGBl. I 1012)
BSHG	Bundessozialhilfegesetz idF v. 13. 2. 1976 (BGBl. I 289)
BS-Saar	Sammlung des bereinigten saarländischen Landesrechts
BStBl.	Bundessteuerblatt Teil III, ab 1. 1. 1968 Teil II, Entscheidungen des Bundesfinanzhofs
BStBl. I	Bundessteuerblatt Teil I, Veröffentlichungen des Bundesministers der Finanzen und der obersten Finanzbehörden der Länder
BTag	Bundestag
BT-Drucks. III/189	Drucksache des Bundestages – 3. Wahlperiode – Nr. 189
Buchst.	Buchstabe
BVerfG	Bundesverfassungsgericht
BVerfG 22, 49	Entscheidungen des Bundesverfassungsgerichts Band 22 Seite 49
BVerfGG	Gesetz über das Bundesverfassungsgericht idF v. 3. 2. 1971 (BGBl. I 105)
BVerwG	Bundesverwaltungsgericht
BVerwG 9, 22	Entscheidungen des Bundesverwaltungsgerichts Band 9 Seite 22
BVFG	Bundesvertriebenengesetz idF v. 3. 9. 1971 (BGBl. I 1565)
BVG	Bundesversorgungsgesetz idF v. 22. 6. 1976 (BGBl. I 1633)
BWahlG	Bundeswahlgesetz idF v. 1. 9. 1975 (BGBl. I 2325)
BZBl.	Bundeszollblatt
BzBlG	Benzinbleigesetz v. 5. 8. 1971 (BGBl. I 1234)
BZRG	Bundeszentralregistergesetz idF v. 22. 7. 1976 (BGBl. I 2005)
bzw.	beziehungsweise
DAG	Deutsches Auslieferungsgesetz v. 23. 12. 1929 (RGBl. I 239)
Dallinger/Lackner	Dallinger/Lackner, Jugendgerichtsgesetz, Kurzkommentar, 2. Aufl. 1965
DB	Zeitschrift „Der Betrieb“
DBA	Doppelbesteuerungsabkommen (s. Einl 96)
DDR	Deutsche Demokratische Republik

DDT-G	Gesetz über den Verkehr mit DDT v. 7. 8. 1972 (BGBl. I 1385)
ddz	Zeitschrift „Der deutsche Zollbeamte“
DepotG	Gesetz über die Verwahrung und Anschaffung von Wertpapieren v. 4. 2. 1937 (RGBl. I 171)
ders.	derselbe
DGStZ	Deutsche Gemeindesteuer-Zeitung
dh	das heißt
Diss.	Dissertation
DJ	Zeitschrift „Deutsche Justiz“
DJZ	Deutsche Juristen-Zeitung
DNotZ	Deutsche Notar-Zeitschrift
DÖV	Zeitschrift „Die Öffentliche Verwaltung“
DOG	Deutsches Obergericht für das Vereinigte Wirtschaftsgebiet der amerikanischen und britischen Besatzungszone
Dreher	Dreher, Strafgesetzbuch, Kurzkommentar, 37. Aufl. 1977
DR	Zeitschrift „Deutsches Recht“
DRiG	Deutsches Richtergesetz idF v. 19. 4. 1972 (BGBl. I 713)
DRiZ	Deutsche Richterzeitung
DStR	bis 1961: „Deutsche Steuer-Rundschau“ ab 1962: „Deutsches Steuerrecht“
DStZ	Deutsche Steuer-Zeitung, Ausgabe A
DStZ/B	Deutsche Steuer-Zeitung, Ausgabe B, Eildienst
DV	Durchführungsverordnung
DVBl.	Deutsches Verwaltungsblatt
DVBliwaG	Verordnung zur Durchführung des Blindenwarenvertriebsgesetzes v. 11. 8. 1965 (BGBl. I 807)
2. DV SprengG	Zweite Durchführungsverordnung zum Gesetz über explosionsgefährliche Stoffe idF v. 24. 4. 1972 (BGBl. I 633), außer Kraft gem. § 50 VO v. 23. 11. 1977 (BGBl. I 2141)
E 1936	Entwurf eines Strafgesetzbuches 1936
E 1960	Entwurf eines Strafgesetzbuches (BT-Drucks. III/2150)
E 1962	Entwurf eines Strafgesetzbuches (BT-Drucks. IV/650, V/32)
EAO 1974	Entwurf einer Abgabenordnung (AO 1974), BT-Drucks. VI/1982
EbSchmidt I, II, III	Eberhard Schmidt, Lehrkommentar zur Strafprozeßordnung und zum Gerichtsverfassungsgesetz Teil I 2. Aufl. 1964, Teil II 1957, Teil III 1961
EFG	Entscheidungen der Finanzgerichte
EG	Einführungsgesetz oder Europäische Gemeinschaft
EGAO	Einführungsgesetz zur Abgabenordnung v. 14. 12. 1976 (BGBl. I 3341)
EGKS	Europäisches Gemeinschaft für Kohle und Stahl
EG-EStRG	Einführungsgesetz zum Einkommensteuerreformgesetz v. 21. 12. 1974 (BGBl. I 3656, ber. 1975 I 1778)
EGKStRG	Einführungsgesetz zum Körperschaftsteuerreformgesetz v. 6. 9. 1976 (BGBl. I 2641)

EGOWiG	Einführungsgesetz zum Gesetz über Ordnungswidrigkeiten v. 24. 5. 1968 (BGBl. I 503)
EGRealSt	Einführungsgesetz zu den Realsteuergesetzen v. 1. 12. 1936 (RGBl. I 961)
EGStGB	Einführungsgesetz zum Strafgesetzbuch v. 2. 3. 1974 (BGBl. I 469)
EGStPO	Einführungsgesetz zur Strafprozeßordnung v. 1. 2. 1877 (RGBl. 346)
Ehlers	Ehlers in: Ehlers/Lohmeyer, Steuerstraf- und Steuerordnungswidrigkeitenrecht, 4. Aufl. 1969
EichG	Gesetz über das Meß- und Eichwesen v. 11. 7. 1969 (BGBl. I 759)
einhM	einhellige Meinung
EinhuferEinfV	Einhufer-Einfuhrverordnung idF v. 16. 3. 1976 (BGBl. I 706)
Einl 103	Einleitung Randnummer 103
einschl.	einschließlich
EnSichG	Energiesicherungsgesetz v. 20. 12. 1976 (BGBl. I 3681)
EntwLStG	Entwicklungsländer-Steuergesetz idF v. 13. 2. 1975 (BGBl. I 493)
EO	Essigsäureordnung (s. Einl 203)
Erbs/Kohlhaas	Erbs/Kohlhaas, Strafrechtliche Nebengesetze, Kurzkommentar (Losebl.), 3 Bände, 2. Aufl. 1976
ErbSt	Erbschaftsteuer
ErbStDV	Erbschaftsteuer-Durchführungsverordnung (s. Einl 128)
ErbStG	Erbschaftsteuergesetz (s. Einl 128)
ErbStRG	Gesetz zur Reform des Erbschaftsteuer- und Schenkungsteuerrechts v. 17. 4. 1974 (BGBl. I 933)
ErgAbg	Ergänzungsabgabe zur Einkommen- und/oder Körperschaftsteuer
ErgAbgG	Ergänzungsabgabegesetz (s. Einl 112)
Erl.	Erlaß
ESichG	Ernährungssicherstellungsgesetz idF v. 4. 10. 1968 (BGBl. I 1075)
ESt	Einkommensteuer
EStDV	Einkommensteuer-Durchführungsverordnung (s. Einl 98)
EStG	Einkommensteuergesetz (s. Einl 98)
EStR	Einkommensteuer-Richtlinien 1975 v. 14. 4. 1976 (BStBl. I Sondernr. 2/1976)
EuGH	Gerichtshof der Europäischen Gemeinschaften
EUSt	Einfuhrumsatzsteuer
EUStBefrO	Einfuhrumsatzsteuer-Befreiungsordnung (s. Einl 185)
ev.	evangelisch
EW	Einheitswert
EWG	Europäische Wirtschaftsgemeinschaft
Externe RechVUVO	Verordnung über die Rechnungslegung von Versicherungsunternehmen v. 11. 7. 1973 (BGBl. I 1209)
FA	Finanzamt
FahrlG	Fahrlehrergesetz v. 25. 8. 1969 (BGBl. I 1336)
FamRZ	Zeitschrift für das gesamte Familienrecht

FertigpackV .... Verordnung über Fertigpackungen idF v. 20. 12. 1976 (BGBl. I 3730)
Festg. .... Festgabe für
FestG .... Feststellungsgesetz idF v. 1. 10. 1969 (BGBl. I 1885)
Festschr. .... Festschrift für
FeuerschSt .... Feuerschutzsteuer
FeuerschStDV ..... Durchführungsbestimmungen zum Feuerschutzsteuergesetz (s. Einl 169)
FeuerschStG .... Feuerschutzsteuergesetz (s. Einl. 169)
FFG .... Filmförderungsgesetz idF v. 6. 5. 1974 (BGBl. I 1047)
FG .... Finanzgericht
FGO .... Finanzgerichtsordnung v. 6. 10. 1965 (BGBl. I 1477)
FinMin .... Finanzministerium
FleischBG .... Fleischbeschaugesetz idF v. 29. 10. 1940 (RGBl. I 1463)
FleischV .... Fleisch-Verordnung idF v. 11. 12. 1969 (BGBl. I 2191)
FLSchG .... Gesetz zum Schutz gegen Fluglärm v. 30. 3. 1971 (BGBl. I 282)
FR .... Zeitschrift ,,Finanz-Rundschau"
Frank .... Frank, Das Strafgesetzbuch für das Deutsche Reich, 18. Aufl. 1931
FrErfV .... Verordnung über die einkommensteuerliche Behandlung der freien Erfinder v. 30. 5. 1951/20. 2. 1969 (BGBl. 1951 I 387; 1969 I 141, 144)
Fuchs .... Fuchs, Handbuch des Steuerstrafrechts und des Steuerstrafverfahrensrechts, 1949
Fußn. .... Fußnote
FuttmG .... Futtermittelgesetz v. 2. 7. 1975 (BGBl. I 1745)
FuttmV .... Futtermittelverordnung v. 16. 6. 1976 (BGBl. I 1497)
FVG .... Gesetz über die Finanzverwaltung (s. Einl 89 und Anh XVIII)

G, Ges. .... Gesetz(e)
GA .... Zeitschrift ,,Goltdammer's Archiv für Strafrecht"
GastG .... Gaststättengesetz v. 5. 5. 1970 (BGBl. I 465, ber. 1298)
GBl. .... Gesetzblatt
GbR .... Gesellschaft bürgerlichen Rechts
GDL .... Gesetz über die Ermittlung des Gewinns aus Land- und Forstwirtschaft nach Durchschnittsätzen (s. Einl 100)
GeflügelEinfV ..... Geflügel-Einfuhrverordnung v. 24. 7. 1974 (BGBl. I 1540)
GemV .... Gemeinnützigkeitsverordnung
GFlHG .... Geflügelfleischhygienegesetz v. 12. 7. 1973 (BGBl. I 776)
GenG .... Gesetz, betreffend die Erwerbs- und Wirtschaftsgenossenschaften idF v. 20. 5. 1898 (RGBl. 810)
GesSt .... Gesellschaftsteuer (s. Einl 152)
GetränkeStG ...... Getränkesteuergesetz (s. Einl 172)
GetreideG .... Getreidegesetz idF v. 3. 8. 1977 (BGBl. I 1521)
GewArch .... Gewerbearchiv
GewO .... Gewerbeordnung idF v. 26. 7. 1900 (RGBl. 871)
GewSt .... Gewerbesteuer
GewStDV .... Gewerbesteuer-Durchführungsverordnung (s. Einl 115)

GewStG .... Gewerbesteuergesetz (s. Einl 115)
GewStR .... Gewerbesteuer-Richtlinien 1974 idF v. 27. 3. 1975 (BStBl. I 401)
GewStVV .... Verordnung über die Erhebung der Gewerbesteuer in vereinfachter Form (s. Einl 115)
GG .... Grundgesetz für die Bundesrepublik Deutschland v. 23. 5. 1949 (BGBl. I 1)
ggf. .... gegebenenfalls
GKG .... Gerichtskostengesetz idF v. 15. 12. 1975 (BGBl. I 3047)
glA .... gleicher Ansicht
GmbH .... Gesellschaft mit beschränkter Haftung
GmbHG .... Gesetz, betreffend die Gesellschaften mit beschränkter Haftung idF v. 20. 5. 1898 (RGBl. 846)
Göhler .... Göhler, Ordnungswidrigkeitengesetz, Kurzkommentar, 5. Aufl. 1977
GrESt .... Grunderwerbsteuer
GrEStDV .... Durchführungsverordnung zum Grunderwerbsteuergesetz (s. Einl 167)
GrEStG .... Grunderwerbsteuergesetz (s. Einl 167)
GrSt .... Grundsteuer
GrStG .... Grundsteuergesetz (s. Einl 125)
GrStRG .... Gesetz zur Reform des Grundsteuerrechts v. 7. 8. 1973 (BGBl. I 965)
GS .... Preußische Gesetzes-Sammlung oder Zeitschrift „Der Gerichtssaal"
GüKG .... Güterkraftverkehrsgesetz idF v. 6. 8. 1975 (BGBl. I 2132, ber. 2480)
GüKTV .... Verordnung über die Tarifüberwachung im Güterfernverkehr und grenzüberschreitenden Güterkraftverkehr idF v. 7. 6. 1973 (BGBl. I 573)
GVBl. .... Gesetz- und Verordnungsblatt
GVG .... Gerichtsverfassungsgesetz idF v. 9. 5. 1975 (BGBl. I 1077)
GVL .... Gasöl-Verwendungsgesetz-Landwirtschaft v. 22. 12. 1967 (BGBl. I 1339)
GV.NW. .... Gesetz- und Verordnungsblatt für das Land Nordrhein-Westfalen
G+V-Rechnung .... Gewinn- und Verlustrechnung
GWB .... Gesetz gegen Wettbewerbsbeschränkungen idF v. 4. 4. 1974 (BGBl. I 869)

Halbs. .... Halbsatz
HandwO .... Handwerksordnung idF v. 28. 12. 1965 (BGBl. 1966 I 1)
Hartung .... Fritz Hartung, Steuerstrafrecht, 3. Aufl. 1962
HasenEinfV .... Verordnung über die Einfuhr und Durchfuhr von Hasen und Kaninchen v. 6. 7. 1970 (BGBl. I 1062)
HeimarbG .... Heimarbeitsgesetz v. 14. 3. 1951 (BGBl. I 191)
HeimG .... Heimgesetz v. 7. 8. 1974 (BGBl. I 1873)
HeizölkennzV ...... Verordnung zur Durchführung der Heizölkennzeichnung (s. Einl 192)

Herrmann/Heuer . . . Herrmann/Heuer, Kommentar zur Einkommensteuer und Körperschaftsteuer (Losebl.), 18. Aufl. ab 1977
Hess. . . . . Hessisch
HESt . . . . Höchstrichterliche Entscheidungen, Sammlung von Entscheidungen der Oberlandesgerichte und der obersten Gerichte in Strafsachen (1948/50)
HFR . . . . Zeitschrift „Höchstrichterliche Finanzrechtsprechung"
HGA . . . . Hypothekengewinnabgabe
HGB . . . . Handelsgesetzbuch v. 10. 5. 1897 (RGBl. 219)
HhSichG . . . . Haushaltssicherungsgesetz v. 20. 12. 1965 (BGBl. I 2065, ber. 2176)
Hieronimi . . . . Hieronimi, Weingesetz, Kommentar, 2. Aufl. 1958
HKlG . . . . Handelsklassengesetz idF v. 23. 11. 1972 (BGBl. I 2201)
hL . . . . herrschende Lehre
hM . . . . herrschende Meinung
Hmb . . . . Hamburgisch
Horn . . . . Horn in: Rudolphi/Horn/Samson/Schreiber, Systematischer Kommentar zum Strafgesetzbuch, Bd. I Allgemeiner Teil, 1975; Bd. II Besonderer Teil (Losebl.) ab 1976
HRR . . . . Höchstrichterliche Rechtsprechung, Beilage zur „Juristischen Rundschau" (bis 1942)
HStG . . . . Hundesteuergesetz (s. Einl 174)
Hübner . . . . Hübner in: Hübschmann/Hepp/Spitaler, Kommentar zur Abgabenordnung und Finanzgerichtsordnung (Losebl.), 7. Aufl. ab 1976
HypBG . . . . Hypothekenbankgesetz idF v. 5. 2. 1963 (BGBl. I 81)
HZA . . . . Hauptzollamt
HZAZustV . . . . Verordnung über die Übertragung von Zuständigkeiten von Hauptzollämtern für den Bereich mehrerer Hauptzollämter v. 9. 8. 1976 (BGBl. I 2577)

idF . . . . in der Fassung der Bekanntmachung
idR . . . . in der Regel
IHKG . . . . Gesetz zur vorläufigen Regelung des Rechts der Industrie- und Handelskammern v. 18. 12. 1956 (BGBl. I 920)
Inf . . . . Zeitschrift „Die Information über Steuer und Wirtschaft für Industrie, Handel, Handwerk und Gewerbe"
insbes. . . . . insbesondere
Interne RechVUVO . Verordnung über die Rechnungslegung von Versicherungsunternehmen gegenüber dem Bundesaufsichtsamt für das Versicherungswesen v. 17. 10. 1974 (BGBl. I 2453)
InvZul . . . . Investitionszulage
InvZulG . . . . Investitionszulagengesetz idF v. 3. 5. 1977 (BGBl. I 669)
iS . . . . im Sinne
iVm . . . . in Verbindung mit

JA . . . . Zeitschrift „Juristische Arbeitsblätter"
JBlSaar . . . . Justizblatt des Saarlandes

Jescheck . . . . Jescheck, Lehrbuch des Strafrechts, Allgemeiner Teil, 2. Aufl. 1972
Jg. . . . . Jahrgang
JGG . . . . Jugendgerichtsgesetz idF v. 11. 12. 1974 (BGBl. I 3427)
JMBlNW . . . . Justizministerialblatt für Nordrhein-Westfalen
JR . . . . Zeitschrift „Juristische Rundschau“
JuS . . . . Zeitschrift „Juristische Schulung“
Justiz . . . . Die Justiz, Amtsblatt des Justizministeriums Baden-Württemberg
JVKostO . . . . Verordnung über die Kosten im Bereich der Justizverwaltung v. 14. 2. 1940 (RGBl. I 357), zuletzt geändert durch Gesetz v. 20. 8. 1975 (BGBl. I 2189)
JW . . . . Juristische Wochenschrift
JWG . . . . Gesetz für Jugendwohlfahrt idF v. 25. 4. 1977 (BGBl. I 633)
JZ . . . . Juristenzeitung

KäseV . . . . Käseverordnung idF v. 19. 2. 1976 (BGBl. I 321)
KaffeeSt . . . . Kaffeesteuer
KaffeeStG . . . . Kaffeesteuergesetz (s. Einl 191)
KAG . . . . Kommunalabgabengesetz (s. Einl 171)
Kap. . . . . Kapitel
KapErhStG . . . . Gesetz über steuerrechtliche Maßnahmen bei Erhöhung des Nennkapitals aus Gesellschaftsmitteln und bei Überlassung von eigenen Aktien an Arbeitnehmer idF v. 10. 10. 1967 (BGBl. I 977)
KapSt . . . . Kapitalertragsteuer (s. Einl 107)
KapStDV . . . . Verordnung zur Durchführung des Steuerabzugs vom Kapitalertrag (s. Einl 107)
kath. . . . . katholisch
KG . . . . Kammergericht oder Kommanditgesellschaft
KGA . . . . Kreditgewinnabgabe
KGaA . . . . Kommanditgesellschaft auf Aktien
KiSt . . . . Kirchensteuer
KiStG . . . . Kirchensteuergesetz (s. Einl 175)
KiStO . . . . Kirchensteuerordnung (s. Einl 175)
KlauentiereEinfV . . . Klauentiere-Einfuhrverordnung idF v. 30. 8. 1972 (BGBl. I 1593)
Kleinknecht . . . . Kleinknecht, Strafprozeßordnung, Kurzkommentar, 33. Aufl. 1977
Klein/Orlopp . . . . . . Klein/Orlopp, Abgabenordnung, Kommentar, 1977
KO . . . . Konkursordnung idF v. 20. 5. 1898 (RGBl. 369)
KöSt . . . . Körperschaftsteuer
KohleAnpG . . . . Gesetz zur Anpassung und Gesundung des deutschen Steinkohlebergbaus und der deutschen Steinkohlenbergbaugebiete v. 15. 5. 1968 (BGBl. I 365)
Kohlhaas . . . . Kohlhaas in: Erbs/Kohlhaas, Strafrechtliche Nebengesetze, Kurzkommentar (Losebl.), 2. Aufl. 1976
Kohlmann . . . . Kohlmann, Steuerstrafrecht, Kommentar (Losebl.), 2. Aufl. 1976
KonjZ . . . . Konjunkturzuschlag

KonjZG	Gesetz über die Erhebung eines rückzahlbaren Konjunkturzuschlags zur Einkommensteuer und Körperschaftsteuer (s. Einl 113)
KraftSt	Kraftfahrzeugsteuer
KraftStDV	Kraftfahrzeugsteuer-Durchführungsverordnung (s. Einl 149)
KraftStG	Kraftfahrzeugsteuergesetz (s. Einl 149)
KRG	Kontrollratsgesetz
KriegswaffG	Gesetz über die Kontrolle von Kriegswaffen v. 20. 4. 1961 (BGBl. I 444)
Kriminal.	Kriminalistik, Monatshefte
KristKzG	Kristallglaskennzeichnungsgesetz v. 25. 6. 1971 (BGBl. I 857)
krit.	kritisch
Kruse	Kruse in: Tipke/Kruse, Abgabenordnung (ohne Steuerstrafrecht), Finanzgerichtsordnung, Kommentar (Losebl.), 8. Aufl. ab 1976
KStDV	Körperschaftsteuer-Durchführungsverordnung (s. Einl 109)
KStG	Körperschaftsteuergesetz (s. Einl 109)
KStR	Körperschaftsteuer-Richtlinien 1969 idF v. 3. 7. 1970 (BStBl. I 845)
KStZ	Kommunale Steuerzeitung
Kühn/Kutter	Kühn/Kutter, Kommentar zur Abgabenordnung, 12. Aufl. 1977 von Kühn, Kutter und Ruth Hofmann
KVStDV	Kapitalverkehrsteuer-Durchführungsverordnung (s. Einl 152)
KVStG	Kapitalverkehrsteuergesetz (s. Einl 152)
KWG	Gesetz über das Kreditwesen idF v. 3. 5. 1976 (BGBl. I 1121)
Lackner	Lackner, Strafgesetzbuch mit Erläuterungen, 11. Aufl. 1977
LAG	Lastenausgleichsgesetz (s. Einl 133)
Langen	Langen, Außenwirtschaftsgesetz, Kommentar (Losebl.), 1968
LebmG	Lebensmittel- und Bedarfsgegenständegesetz v. 15. 8. 1974 (BGBl. I 1945)
Leise	Leise, Steuerverfehlungen, Kommentar (Losebl.), 1976
Lenkewitz	Lenkewitz, Das Zoll- und Verbrauchsteuerstrafrecht, 6. Aufl. 1967
LeuchtmSt	Leuchtmittelsteuer
LeuchtmStDB	Durchführungsbestimmungen zum Leuchtmittelsteuergesetz (s. Einl 201)
LeuchtmStG	Leuchtmittelsteuergesetz (s. Einl 201)
LG	Landgericht
li.Sp.	linke Spalte
Littmann	Littmann, Das Einkommensteuerrecht, Großkommentar, 11. Aufl. 1974 mit Ergänzungsband 1975
LK	Strafgesetzbuch, Leipziger Kommentar, 9. Aufl. 1970–74 herausgegeben von Baldus und Willms

LM .... Entscheidungen des Bundesgerichtshofs im Nachschlagewerk des BGH von Lindenmaier/Möhring
LMRG .... Gesetz zur Gesamtreform des Lebensmittelrechts v. 15. 8. 1974 (BGBl. I 1945, ber. 1975 I 2652)
LottSt .... Lotteriesteuer (s. Einl 165)
Löwe/R .... Löwe/Rosenberg, Die Strafprozeßordnung und das Gerichtsverfassungsgesetz, Großkommentar, 23. Aufl. ab 1976, bearbeitet von Dünnebier, Gollwitzer, Meyer, Meyer-Goßner, Schäfer, Wendisch
Lohmeyer .... Lohmeyer in: Ehlers/Lohmeyer, Steuerstraf- und Steuerordnungswidrigkeitenrecht, 4. Aufl. 1969
LohnsSt .... Lohnsummensteuer (s. Einl 121)
Losebl. .... Loseblattausgabe
LSt .... Lohnsteuer
LStDV .... Lohnsteuer-Durchführungsverordnung (s. Einl 103)
LStJA .... Lohnsteuerjahresausgleich
LStR .... Lohnsteuer-Richtlinien 1975 idF v. 25. 7. 1975 (BStBl. I 795)
LT-Drucks. .... Landtags-Drucksache
LuftGerPO .... Prüfordnung für Luftfahrtgerät v. 16. 5. 1968 (BGBl. I 416)
LuftVZO .... Luftverkehrs-Zulassungs-Ordnung idF v. 28. 11. 1968 (BGBl. I 1263)
LwG .... Landwirtschaftsgesetz v. 5. 9. 1955 (BGBl. I 565)
LwVG .... Gesetz über das gerichtliche Verfahren in Landwirtschaftssachen v. 21. 7. 1953 (BGBl. I 667)

MaBV .... Makler- und Bauträgerverordnung v. 11. 6. 1975 (BGBl. I 1351)
MarktstrukG ...... Marktstrukturgesetz idF v. 26. 11. 1975 (BGBl. I 2943)
Mat. .... Materialien zur Strafrechtsreform, 1954
Mattern I .... Mattern, Steuer-Strafrecht I, Leitfaden durch das materielle Steuerstrafrecht, 1949
Mattern II .... Mattern, Steuer-Strafrecht II, Leitfaden durch das Steuer-Strafverfahren, 1949
Maunz/Dürig ...... Maunz/Dürig/Herzog/Scholz, Grundgesetz, Kommentar, 3 Bände (Losebl.), 4. Aufl. 1976
Maurach AT .... Maurach, Deutsches Strafrecht, Allgemeiner Teil, Lehrbuch, 4. Aufl. 1971
Maurach BT .... Maurach, Deutsches Strafrecht, Besonderer Teil, Lehrbuch, 5. Aufl. 1969 mit Nachtrag 1970
maW .... mit anderen Worten
MDR .... Monatsschrift für Deutsches Recht
MeldeV Milch ..... Meldeverordnung Milch v. 18. 8. 1977 (BGBl. I 1605)
MilchEinfV .... Verordnung über hygienische Anforderungen an Milch und Milcherzeugnisse bei der Einfuhr v. 23. 12. 1969 (BGBl. I 2423)
MilchFettG .... Milch- und Fettgesetz idF v. 10. 12. 1952 (BGBl. I 811)
MilchfettverbVI .... Milchfettverbilligungsverordnung – Verarbeitung und Ausfuhr v. 26. 3. 1974 (BGBl. I 785)

MilchfettverbV II . . . Milchfettverbilligungsverordnung – direkter Verbrauch v. 26. 3. 1974 (BGBl. I 790)
MinöSt . . . . Mineralölsteuer
MinöStDV . . . . Verordnung zur Durchführung des Mineralölsteuergesetzes (s. Einl 192)
MinöStG . . . . Mineralölsteuergesetz (s. Einl 192)
Mio . . . . Million(en)
MitbestG . . . . Mitbestimmungsgesetz v. 4. 5. 1976 (BGBl. I 1153)
MOG . . . . Gesetz zur Durchführung der gemeinsamen Marktorganisationen v. 31. 8. 1972 (BGBl. I 1617)
Moser . . . . Moser, Das Strafverfahren nach der Reichsabgabenordnung, 2. Aufl. 1942
MRK . . . . Konvention zum Schutze der Menschenrechte und Grundfreiheiten v. 4. 11. 1950, vgl. Ges. v. 7. 8. 1952 (BGBl. II 685, 953) und Bek. v. 15. 12. 1953 (BGBl. 1954 II 14) sowie Ges. v. 20. 12. 1956 (BGBl. II 1879) und Bek. v. 13. 4. 1957 (BGBl. II 226)
MStb . . . . Mitteilungsblatt der Steuerberater
mwN . . . . mit weiteren Nachweisen
mWv . . . . mit Wirkung vom

NATO-HQ-UStDV Verordnung zur Durchführung der umsatzsteuerrechtlichen Bestimmungen des Abkommens zwischen der Bundesrepublik Deutschland und dem Obersten Hauptquartier der Alliierten Mächte, Europa, über die besonderen Bedingungen für die Einrichtung und den Betrieb internationaler militärischer Hauptquartiere in der Bundesrepublik Deutschland v. 28. 4. 1970 (BGBl. I 442)
Naumann . . . . Naumann in: Suhr/Naumann, Steuerstrafrecht-Kommentar, 3. Aufl. 1977
NBW . . . . Zeitschrift „Neue Betriebswirtschaft“
Nds . . . . Niedersächsisch
NdsRpfl . . . . Zeitschrift „Niedersächsische Rechtspflege“
nF . . . . neue Fassung
NJW . . . . Neue Juristische Wochenschrift
NotV . . . . Notverordnung
NRT . . . . Nettoregistertonne(n)
NW . . . . Nordrhein-Westfalen, nordrhein-westfälisch
NWB . . . . Neue Wirtschafts-Briefe für Steuer- und Wirtschaftsrecht (zitiert nach Fach und Seite)

ÖsterrBAO . . . . Bundesgesetz v. 28. 6. 1961, betreffend allgemeine Bestimmungen und das Verfahren für die von den Abgabenbehörden des Bundes verwalteten Abgaben (ÖsterrBGBl. 1961 Nr. 194)
ÖsterrBGBl. . . . . . . Bundesgesetzblatt für die Republik Österreich (zitiert nach Jahrgang und laufender Nummer der Gesetze)
ÖsterrFinStG . . . . . . Bundesgesetz v. 26. 6. 1958, betr. das Finanzstrafrecht und das Finanzstrafverfahrensrecht (ÖsterrBGBl. 1958 Nr. 129)
OF-Bezirk . . . . Oberfinanzbezirk

OFD	Oberfinanzdirektion
OHG	offene Handelsgesellschaft
Oldenb	Oldenburgisch
OLG	Oberlandesgericht
OLGSt	Entscheidungen der Oberlandesgerichte in Strafsachen
OR-Geschäft	Geschäft ohne Rechnung
OVG	Oberverwaltungsgericht
OWiG 1952	Gesetz über Ordnungswidrigkeiten v. 25. 3. 1952 (BGBl. I 177)
OWiG	Gesetz über Ordnungswidrigkeiten idF v. 2. 1. 1975 (BGBl. I 80, ber. 520)
Palandt	Palandt, Bürgerliches Gesetzbuch, Kommentar, 36. Aufl. 1977
PapageienEinfV	Papageien-Einfuhrverordnung v. 3. 3. 1975 (BGBl. I 653)
PartG	Parteiengesetz v. 24. 7. 1967 (BGBl. I 773)
PaßG	Gesetz über das Paßwesen v. 4. 3. 1952 (BGBl. I 290)
PatAnwO	Patentanwaltsordnung v. 7. 9. 1966 (BGBl. I 557)
PatG	Patentgesetz idF v. 2. 1. 1968 (BGBl. I 1)
PBefG	Personenbeförderungsgesetz v. 21. 3. 1961 (BGBl. I 241)
Pfaff	Pfaff, Handbuch der Rechtsprechung zum Steuer- (Zoll-)Strafrecht und Ordnungswidrigkeitenrecht mit Verfahrensfragen, 1974
PflanzBV	Pflanzenbeschauverordnung idF v. 11. 5. 1970 (BGBl. I 477)
PflanzSchG	Pflanzenschutzgesetz idF v. 2. 10. 1975 (BGBl. I 2591)
PflVersG	Gesetz über die Pflichtversicherung für Kraftfahrzeughalter idF v. 5. 4. 1965 (BGBl. I 213)
PostG	Gesetz über das Postwesen v. 28. 7. 1969 (BGBl. I 1007)
PreisstatG	Gesetz über die Preisstatistik v. 9. 8. 1958 (BGBl. I 605)
Preuß.	Preußisch
PsittakoseV	Psittakose-Verordnung idF v. 18. 6. 1975 (BGBl. I 1429)
QualitätsNV	Verordnung über Qualitätsnormen für
RA	Rechtsanwalt
RAnz	Deutscher Reichsanzeiger und Preußischer Staatsanzeiger
RAO 1919	Reichsabgabenordnung v. 13. 12. 1919 (RGBl. 1993)
RAO, RAO 1931	Reichsabgabenordnung idF v. 22. 5. 1931 (RGBl. I 161)
RAO 1967	Vorschriften der Reichsabgabenordnung idF des AO-StrafÄndG v. 10. 8. 1967 (BGBl. I 877)
RAO 1968	Vorschriften der Reichsabgabenordnung idF des 2. AO-StrafÄndG v. 12. 8. 1968 (BGBl. I 953)
RBerG	Gesetz zur Verhütung von Mißbräuchen auf dem Gebiete der Rechtsberatung v. 13. 12. 1935 (RGBl. I 1478)
RBewG	Reichsbewertungsgesetz v. 10. 8. 1925 (RGBl. I 214)
RdF	Reichsminister der Finanzen
RdF-Erl.	Erlaß des Reichsministers der Finanzen
Rdnr.	Randnummer
ReblausG	Reblausgesetz v. 6. 7. 1904 (RGBl. 261)
re. Sp.	rechte Spalte

Rebmann/Roth/Herrmann	Rebmann/Roth/Herrmann, Gesetz über Ordnungswidrigkeiten, Kommentar (Losebl.), 1976
RechbkVVO	Verordnung über die Rechnungslegung bestimmter kleinerer Versicherungsvereine auf Gegenseitigkeit im Sinne des § 53 VAG v. 18. 10. 1974 (BGBl. I 2909)
RECHT	Zeitschrift „Das Recht"
RegBl.	Regierungsblatt
RegE	Regierungsentwurf
RennwLottG	Rennwett- und Lotteriegesetz (s. Einl 163)
RennwSt	Rennwettsteuer
rev.	revidiert
RFH	Reichsfinanzhof
RFH 11, 104	Amtliche Sammlung der Entscheidungen des Reichsfinanzhofs Band 11 Seite 104
RFHGrS	Reichsfinanzhof, Großer Senat
RflSt	Reichsfluchtsteuer
RG	Reichsgericht
RG 70, 162	Entscheidungen des Reichsgerichts in Strafsachen Band 70 Seite 162
RGGrS	Reichsgericht, Großer Senat
RGBl. I, II	Reichsgesetzblatt Teil I, Teil II
RGmbH	Zeitschrift „GmbH-Rundschau"
RHilfeG	Gesetz über die innerdeutsche Rechts- und Amtshilfe in Strafsachen v. 2. 5. 1953 (RGBl. I 161)
Riewald	Riewald in: Becker/Riewald/Koch, Kommentar zur Reichsabgabenordnung, 9. Aufl., 4 Bände, 1963/68
RiStBV	Richtlinien für das Strafverfahren und das Bußgeldverfahren idF v. 21. 12. 1976 (BAnz 245)
RMBl.	Reichsministerialblatt
röm.-kath.	römisch-katholisch
Rotberg	Rotberg, Gesetz über Ordnungswidrigkeiten, Kommentar, 5. Aufl. 1975 bearbeitet von Kleinewefers, Boujong, Wilts
RPf	Rheinland-Pfälzisch
RPfleger	Zeitschrift „Der deutsche Rechtspfleger"
RPräs	Reichspräsident
RReg	Reichsregierung
Rspr	Rechtsprechung
RStBl.	Reichssteuerblatt
RT-Drucks.	Drucksache des Deutschen Reichstags
Rudolphi	Rudolphi in: Rudolphi/Horn/Samson/Schreiber, Systematischer Kommentar zum Strafgesetzbuch, Bd. I Allgemeiner Teil, 1975; Bd. II Besonderer Teil (Losebl.) ab 1976
RVO	Reichsversicherungsordnung idF v. 23. 8. 1967 (BGBl. I 931)
RZBl.	Reichszollblatt
s.	sieh!
s.o.	sieh oben!
s.u.	sieh unten!

S. . . . . Seite oder Satz
Saarl. . . . . Saarländisch
SaatgG . . . . Saatgutverkehrsgesetz idF v. 23. 6. 1975 (BGBl. I 1453)
SaatgKontrBV . . . . . Saatgutkontrollbuchverordnung v. 13. 7. 1971 (BGBl. I 998)
Sächs. . . . . Sächsisch
SalmonellaV . . . . Verordnung zum Schutze gegen Infektion durch Erreger der Salmonella-Gruppe v. 17. 12. 1956 (BGBl. I 944)
SalzStDB . . . . Durchführungsbestimmungen zum Salzsteuergesetz (s. Einl 197)
SalzStG . . . . Salzsteuergesetz (s. Einl 197)
Samson . . . . Samson in: Rudolphi/Horn/Samson/Schreiber, Systematischer Kommentar zum Strafgesetzbuch, Bd. I Allgemeiner Teil, 1975; Bd. II Besonderer Teil (Losebl.) ab 1976
Sb. I . . . . Sammlung des bereinigten niedersächsischen Rechts Band I
SBefrO . . . . Salzsteuer-Befreiungsordnung (s. Einl 197)
SchaumwBranntwV . Verordnung über Schaumwein und Branntwein aus Wein v. 15. 7. 1971 (BGBl. I 939)
SchaumwSt . . . . Schaumweinsteuer
SchaumwStDB . . . . . Durchführungsbestimmungen zum Schaumweinsteuergesetz (s. Einl 199)
SchaumwStG . . . . . . Schaumweinsteuergesetz (s. Einl 199)
SchenkSt . . . . Schenkungsteuer (s. Einl 128)
SchfG . . . . Schornsteinfegergesetz v. 15. 9. 1969 (BGBl. I 1634)
SchfV . . . . Verordnung über das Schornsteinfegerwesen v. 19. 12. 1969 (BGBl. I 2363)
SchG . . . . Schöffengericht
SchlH . . . . Schleswig-Holsteinisch
SchlHA . . . . Zeitschrift „Schleswig-Holsteinische Anzeigen"
Schmidhäuser . . . . . . Schmidhäuser, Strafrecht, Allgemeiner Teil (Lehrbuch), 2. Aufl. 1975
Schönke/Schröder . . . Schönke/Schröder, Strafgesetzbuch, Kommentar, 18. Aufl. 1976 bearbeitet von Lenckner, Cramer, Eser, Stree
Schreiber . . . . Schreiber in: Rudolphi/Horn/Samson/Schreiber, Systematischer Kommentar zum Strafgesetzbuch, Bd. I Allgemeiner Teil, 1975; Bd. II Besonderer Teil (Losebl.) ab 1976
Schwarz . . . . B. Schwarz, Abgabenordnung, Kommentar (Losebl.), 1977
SchwarzarbG . . . . . . Gesetz zur Bekämpfung der Schwarzarbeit idF v. 31. 5. 1974 (BGBl. I 1252)
Schwarz/Wockenfoth Schwarz/Wockenfoth, Kommentar zum Zollgesetz mit Nebengesetzen einschl. EWG-Zollrecht und EWG-Agrarrecht (Losebl.), 1976
Schweiz. . . . . Schweizerisch
SGG . . . . Sozialgerichtsgesetz idF v. 23. 9. 1975 (BGBl. I 2535)
SoldG . . . . Soldatengesetz idF v. 19. 8. 1975 (BGBl. I 2273)
SortG . . . . Sortenschutzgesetz idF v. 4. 1. 1977 (BGBl. I 105, ber. 286)

SparPG .... Spar-Prämiengesetz idF v. 28. 8. 1974 (BGBl. I 2109)
SpielkSt .... Spielkartensteuer
SpielkStDB .... Durchführungsbestimmungen zum Spielkartensteuergesetz (s. Einl 202)
SpielkStG .... Spielkartensteuergesetz (s. Einl 202)
SprengG .... Sprengstoffgesetz v. 13. 9. 1976 (BGBl. I 2737)
1. SprengV .... Erste Verordnung zum Sprengstoffgesetz v. 23. 11. 1977 (BGBl. I 2141)
StA .... Staatsanwalt(schaft)
StArch .... Zeitschrift „Steuer-Archiv"
StabG .... Gesetz zur Förderung der Stabilität und des Wachstums der Wirtschaft v. 8. 6. 1967 (BGBl. I 582)
StabZG .... Stabilitätszuschlaggesetz (s. Einl 114)
StÄndG .... Steueränderungsgesetz
StAnpG .... Steueranpassungsgesetz v. 16. 10. 1934 (RGBl. I 925), aufgehoben durch Art. 96 Nr. 5 EGAO
StatG .... Gesetz über die Statistik für Bundeszwecke v. 3. 9. 1953 (BGBl. I 1314)
STB .... Zeitschrift „Der Steuerberater"
StBauFG .... Städtebauförderungsgesetz idF v. 18. 8. 1976 (BGBl. I 2318)
StBer .... Steuerberater
StBerG .... Steuerberatungsgesetz idF v. 4. 11. 1975 (BGBl. I 2735)
Stbg .... Zeitschrift „Die Steuerberatung"
StbJb .... Steuerberater-Jahrbuch
StBp .... Zeitschrift „Die steuerliche Betriebsprüfung"
StEK .... Steuererlasse in Karteiform
Sten. Ber. .... Sitzungsprotokoll des Deutschen Bundestages
StFG 1954 .... Straffreiheitsgesetz 1954 v. 17. 7. 1954 (BGBl. I 203)
StGB .... Strafgesetzbuch idF v. 2. 1. 1975 (BGBl. I 1)
StGläubiger .... Steuergläubiger
StKRep .... Steuer-Kongreß-Report
StPÄG .... Gesetz zur Änderung der Strafprozeßordnung und des Gerichtsverfassungsgesetzes v. 19. 12. 1964 (BGBl. I 1067)
stpfl. .... steuerpflichtig
Stpfl .... Steuerpflichtiger
StPO .... Strafprozeßordnung idF v. 7. 1. 1975 (BGBl. I 129)
StPr .... Zeitschrift „Der Steuerpraktiker"
str. .... streitig
Stratenwerth ...... Stratenwerth, Strafrecht, Allgemeiner Teil, Grundriß, 2. Aufl. 1976
StrEG .... Gesetz über die Entschädigung für Strafverfolgungsmaßnahmen v. 8. 3. 1971 (BGBl. I 157)
StRegV .... Strafregisterverordnung idF v. 17. 2. 1934 (RGBl. I 137), aufgehoben durch § 71 des Bundeszentralregistergesetzes v. 18. 3. 1971 (BGBl. I 243)
StrGüVSt .... Straßengüterverkehrsteuer (s. Einl 147)
StRK .... Steuerrechtsprechung in Karteiform, begründet von Mrozek
StrK .... Strafkammer

1. StrRG .... Erstes Gesetz zur Reform des Strafrechts v. 25. 6. 1969 (BGBl. I 645)
2. StrRG .... Zweites Gesetz zur Reform des Strafrechts v. 4. 7. 1969 (BGBl. I 717)
3. StrRG .... Drittes Gesetz zur Reform des Strafrechts v. 20. 5. 1970 (BGBl. I 505)
4. StrRG .... Viertes Gesetz zur Reform des Strafrechts v. 23. 11. 1973 (BGBl. I 1725)

StrS .... Strafsenat
StrlSchV .... Strahlenschutzverordnung v. 13. 10. 1976 (BGBl. I 2905)
stRspr .... ständige Rechtsprechung
StSäumG .... Steuersäumnisgesetz v. 13. 7. 1961 (BGBl. I 981), aufgehoben durch Art. 96 Nr. 8 EGAO
StSchuldner .... Steuerschuldner
StStatG .... Gesetz über Steuerstatistiken v. 6. 12. 1966 (BGBl. I 665)
StuF .... Zeitschrift „Steuern und Finanzen"
StVG .... Straßenverkehrsgesetz v. 19. 12. 1952 (BGBl. I 837)
StVollzG .... Strafvollzugsgesetz v. 16. 3. 1976 (BGBl. I 581, ber. 2088)
StVZO .... Straßenverkehrs-Zulassungs-Ordnung idF v. 15. 11. 1974 (BGBl. I 3193, ber. 1975 I 848)
StW .... Zeitschrift „Steuer und Wirtschaft", bis 1970 zitiert nach Spalten, ab 1971 zitiert nach Seiten
StWa .... Zeitschrift „Steuer-Warte"
StZBl. .... Steuer- und Zollblatt für Berlin
SubvG .... Gesetz gegen mißbräuchliche Inanspruchnahme von Subventionen (Subventionsgesetz) v. 29. 7. 1976 (BGBl. I 2034)
Suhr .... Suhr in: Suhr/Naumann, Steuerstrafrecht-Kommentar, 3. Aufl. 1977

TabSt .... Tabaksteuer
TabStDB .... Durchführungsbestimmungen zum Tabaksteuergesetz (s. Einl 189)
TabStG .... Tabaksteuergesetz (s. Einl 189)
TabVO .... Verordnung über die Vergütung von Tabakzoll v. 21. 12. 1963 (BGBl. I 1041), aufgehoben durch Art. 2 des 12. TabStÄndG v. 25. 3. 1974 (BGBl. I 763)
TeeStG .... Teesteuergesetz (s. Einl 191)
Terstegen .... Terstegen, Steuer-Strafrecht einschl. Verfahrensrecht, 1956
TextKzG .... Textilkennzeichnungsgesetz idF v. 25. 8. 1972 (BGBl. I 1545)
TierSchG .... Tierschutzgesetz v. 24. 7. 1972 (BGBl. I 1277)
Tierseuchenerreger-EinfV .... Tierseuchenerreger-Einfuhrverordnung v. 7. 12. 1971 (BGBl. I 1960)
TierSchV-DDR .... Tierseuchenschutzverordnung DDR v. 6. 8. 1971 (BGBl. I 1242)
Tipke .... Tipke in: Tipke/Kruse, Abgabenordnung (ohne Steu-

	erstrafrecht), Finanzgerichtsordnung, Kommentar (Losebl.), 8. Aufl. ab 1976
Troeger/Meyer	Troeger/Meyer, Steuerstrafrecht, 2. Aufl. 1957
TruZG	Truppenzollgesetz (s. Einl 178)
TruZO	Truppenzollordnung (s. Einl 178)
u. a.	und andere oder unter anderem
ÜberwachG	Gesetz zur Überwachung strafrechtlicher und anderer Verbringungsverbote v. 24. 5. 1961 (BGBl. I 607)
UHaft	Untersuchungshaft
UmwStG	Gesetz über steuerliche Maßnahmen bei Änderung der Unternehmensform (s. Einl 109)
UnedelMetG	Gesetz über den Verkehr mit unedlen Metallen v. 23. 7. 1926 (RGBl. I 415)
Urt.	Urteil
USG	Unterhaltssicherungsgesetz idF v. 8. 3. 1975 (BGBl. I 661)
USt	Umsatzsteuer
UStDV	Umsatzsteuer-Durchführungsverordnung (s. Einl 134)
UStErstVO	Verordnung über die Erstattung von Umsatzsteuer an ausländische ständige diplomatische Missionen und ihre ausländischen Mitglieder v. 3. 4. 1970 (BGBl. I 316)
UStG	Umsatzsteuergesetz (s. Einl 134)
UStR	Zeitschrift „Umsatzsteuer-Rundschau"
uU	unter Umständen
UWG	Gesetz gegen den unlauteren Wettbewerb v. 7. 6. 1909 (RGBl. S. 499)
VA	Vermögensabgabe
vBpr	vereidigte Buchprüfer
VerhDJT	Verhandlungen des Deutschen Juristentages
VermBDV	Verordnung zur Durchführung des Dritten Vermögensbildungsgesetzes idF v. 18. 6. 1976 (BGBl. I 1487)
3. VermBG	Drittes Vermögensbildungsgesetz v. 15. 1. 1975 (BGBl. I 257)
VerAG	Gesetz über die Beaufsichtigung der privaten Versicherungsunternehmungen idF v. 6. 6. 1931 (RGBl. I 315)
VersSt	Versicherungsteuer
VersStDV	Versicherungsteuer-Durchführungsverordnung (s. Einl 161)
VersStG	Versicherungsteuergesetz (s. Einl 161)
VerStV	Versteigerervorschriften idF v. 1. 6. 1976 (BGBl. I 1345)
Vfg.	Verfügung
VG	Verwaltungsgericht
vGA	verdeckte Gewinnausschüttung
VGH	Verwaltungsgerichtshof
vgl.	vergleiche!
VgnSt	Vergnügungsteuer
VgnStG	Vergnügungsteuergesetz (s. Einl 173)
vH	vom Hundert

ViehsG	Viehseuchengesetz idF v. 23. 2. 1977 (BGBl. I 313)
VO	Verordnung (nachgestellt auch ...V)
Vorbem.	Vorbemerkung
vorl.	vorläufig(er)
VRS	Verkehrsrecht-Sammlung
VSichG	Verkehrssicherstellungsgesetz idF v. 8. 10. 1968 (BGBl. I 1082)
VSt	Vermögensteuer
VStDV	Vermögensteuer-Durchführungsverordnung (s. Einl 122)
VStG	Vermögensteuergesetz (s. Einl 122)
VStR	Vermögensteuer-Richtlinien (s. Einl 122)
VStRG	Vermögensteuerreformgesetz v. 17. 4. 1974 (BGBl. I 949)
vT	vom Tausend
v. Wallis	v. Wallis in: Hübschmann/Hepp/Spitaler, Kommentar zur Abgabenordnung und Finanzgerichtsordnung (Losebl.), 7. Aufl. ab 1976
VwKostG	Verwaltungskostengesetz v. 23. 6. 1970 (BGBl. I 821)
VwVfG	Verwaltungsverfahrensgesetz v. 25. 5. 1976 (BGBl. I 1253)
VwZG	Verwaltungszustellungsgesetz v. 3. 7. 1952 (BGBl. I 379)
VZ	Veranlagungszeitraum
VZollG	Vereinszollgesetz v. 1. 7. 1869 (GBl. des Norddeutschen Bundes S. 317)
WaffG	Waffengesetz idF v. 8. 3. 1976 (BGBl. I 432)
WaffG 1938	Waffengesetz v. 18. 3. 1938 (RGBl. I 265)
1. WaffV	Erste Verordnung zum Waffengesetz v. 24. 5. 1976 (BGBl. I 1285)
3. WaffV	Dritte Verordnung zum Waffengesetz v. 22. 12. 1976 (BGBl. I 3770)
WaSichG	Wassersicherstellungsgesetz v. 24. 8. 1965 (BGBl. I 1225)
WaStrG	Bundeswasserstraßengesetz v. 2. 4. 1968 (BGBl. II 173)
WDO	Wehrdisziplinarordnung idF v. 4. 9. 1972 (BGBl. I 1665)
WEG	Wohnungseigentumsgesetz v. 15. 3. 1951 (BGBl. I 175)
WGGDV	Verordnung zur Durchführung des Wohnungsgemeinnützigkeitsgesetzes idF v. 24. 11. 1969 (BGBl. I 2141)
WehrpflG	Wehrpflichtgesetz idF v. 7. 11. 1977 (BGBl. I 2021)
WehrStG	Wehrstrafgesetz idF v. 24. 5. 1974 (BGBl. I 1213)
Weidner/Seydel	Weidner/Seydel, Kommentar zum Gesetz über das Branntweinmonopol, 1936
WeinG	Weingesetz v. 14. 7. 1971 (BGBl. I 893)
WeinÜberwV	Wein-Überwachungs-Verordnung v. 15. 7. 1971 (BGBl. I 951)
WeinV	Wein-Verordnung v. 15. 7. 1971 (BGBl. I 926)
WeinwirtG	Weinwirtschaftsgesetz idF v. 10. 3. 1977 (BGBl. I 453)
Welzel	Welzel, Das Deutsche Strafrecht, Lehrbuch, 11. Aufl. 1969
WertZO	Wertzollordnung (s. Einl 178)
WHG	Wasserhaushaltsgesetz idF v. 16. 10. 1976 (BGBl. I 3017)

WiGBl.	Gesetzblatt der Verwaltung des Vereinigten Wirtschaftsgebietes
1. WiKG	Erstes Gesetz zur Bekämpfung der Wirtschaftskriminalität v. 29. 7. 1976 (BGBl. I 2034)
WiSichG	Wirtschaftssicherungsgesetz idF v. 3. 10. 1968 (BGBl. I 1069)
WiStG	Wirtschaftsstrafgesetz 1954 idF v. 3. 6. 1975 (BGBl. I 1313)
WM	Wertpapier-Mitteilungen, Teil IV B, Rechtsprechung
I. WoBauG	Erstes Wohnungsbaugesetz idF v. 25. 8. 1953 (BGBl. I 1047)
II. WoBauG	Zweites Wohnungsbaugesetz idF v. 1. 9. 1976 (BGBl. I 2673)
2. WoGG	Zweites Wohngeldgesetz idF v. 29. 8. 1977 (BGBl. I 1685)
WoModG	Wohnungsmodernisierungsgesetz v. 23. 8. 1976 (BGBl. I 2429)
WoPG	Wohnungsbau-Prämiengesetz idF v. 28. 8. 1974 (BGBl. I 2105)
WPg	Zeitschrift ,,Die Wirtschaftsprüfung"
Wpr	Wirtschaftsprüfer
WprO	Wirtschaftsprüferordnung idF v. 5. 11. 1975 (BGBl. I 2803)
WSt	Wechselsteuer
WStDV	Wechselsteuer-Durchführungsverordnung (s. Einl 158)
WStG	Wechselsteuergesetz (s. Einl 158)
WT	Zeitschrift ,,Der Wirtschaftstreuhänder", seit 1963 vereinigt mit der Zeitschrift ,,Die Wirtschaftsprüfung"
Württ.	Württembergisch
WZG	Warenzeichengesetz idF v. 2. 1. 1968 (BGBl. I 1, ber. 29)
zB	zum Beispiel
ZBl.	Zentralblatt für das Deutsche Reich
ZDG	Zivildienstgesetz idF v. 7. 11. 1977 (BGBl. I 2039)
ZerlG	Zerlegungsgesetz idF v. 25. 2. 1971 (BGBl. I 145)
ZfZ	Zeitschrift für Zölle und Verbrauchsteuern
zit.	zitiert
ZollG	Zollgesetz (s. Einl 178)
ZollG 1939	Zollgesetz v. 20. 3. 1939 (RGBl. I 529)
ZonenRFG	Zonenrandförderungsgesetz v. 5. 8. 1971 (BGBl. I 1237)
ZPr	Zeitschrift ,,Die Zollpraxis"; ab 1973 ,,Zoll aktuell"
ZSchwR	Zeitschrift für Schweizerisches Recht
ZStW	Zeitschrift für die gesamte Strafrechtswissenschaft
zT	zum Teil
Ztschr.	Zeitschrift
ZuckerG	Zuckergesetz v. 5. 1. 1951 (BGBl. I 47)
ZuckSt	Zuckersteuer
ZuckStBefrO	Zuckersteuer-Befreiungsordnung (s. Einl 196)
ZuckStDB	Durchführungsbestimmungen zum Zuckersteuergesetz (s. Einl 196)
ZuckStG	Zuckersteuergesetz (s. Einl 196)

ZuckStVO	Zuckersteuervergütungsordnung, Anlage B zu den Durchführungsbestimmungen zum Zuckersteuergesetz (s. Einl 196)
ZündwMonG	Zündwarenmonopolgesetz v. 29. 1. 1930 (RGBl. I 11), Anh IX
ZündwSt	Zündwarensteuer
ZündwStDB	Durchführungsbestimmungen zum Zündwarensteuergesetz (s. Einl 200)
ZündwStG	Zündwarensteuergesetz (s. Einl 200)
ZuSEG	Gesetz über die Entschädigung von Zeugen und Sachverständigen idF v. 1. 10. 1969 (BGBl. I 1756)
zust.	zustimmend
zutr.	zutreffend
zw.	zweifelnd
ZWVO	VO (EWG) Nr. 803/68 über den Zollwert der Waren (s. Einl 178)
zZ	zur Zeit

I. Teil
Gesetzestext und Einführungserlaß[1]

Abgabenordnung

Vom 16. März 1976

(BGBl. I 613)

– Auszug –

Achter Teil. Straf- und Bußgeldvorschriften Straf- und Bußgeldverfahren

Erster Abschnitt. Strafvorschriften

§ 369 Steuerstraftaten

(1) Steuerstraftaten (Zollstraftaten) sind:

1. Taten, die nach den Steuergesetzen strafbar sind,
2. der Bannbruch,
3. die Wertzeichenfälschung und deren Vorbereitung, soweit die Tat Steuerzeichen betrifft,
4. die Begünstigung einer Person, die eine Tat nach den Nummern 1 bis 3 begangen hat.

(2) Für Steuerstraftaten gelten die allgemeinen Gesetze über das Strafrecht, soweit die Strafvorschriften der Steuergesetze nichts anderes bestimmen.

§ 370 Steuerhinterziehung

(1) Mit Freiheitsstrafe bis zu 5 Jahren oder mit Geldstrafe wird bestraft, wer

1. den Finanzbehörden oder anderen Behörden über steuerlich erhebliche Tatsachen unrichtige oder unvollständige Angaben macht,
2. die Finanzbehörden pflichtwidrig über steuerlich erhebliche Tatsachen in Unkenntnis läßt oder
3. pflichtwidrig die Verwendung von Steuerzeichen oder Steuerstemplern unterläßt

und dadurch Steuern verkürzt oder für sich oder einen anderen nicht gerechtfertigte Steuervorteile erlangt.

(2) Der Versuch ist strafbar.

(3) In besonders schweren Fällen ist die Strafe Freiheitsstrafe von sechs Monaten bis zu zehn Jahren. Ein besonders schwerer Fall liegt in der Regel vor, wenn der Täter

---

[1] Auszugsweise abgedruckt auf Seite 15ff.

1. aus grobem Eigennutz in großem Ausmaß Steuern verkürzt oder nicht gerechtfertigte Steuervorteile erlangt,
2. seine Befugnisse oder seine Stellung als Amtsträger mißbraucht,
3. die Mithilfe eines Amtsträgers ausnutzt, der seine Befugnisse oder seine Stellung mißbraucht, oder
4. unter Verwendung nachgemachter oder verfälschter Belege fortgesetzt Steuern verkürzt oder nicht gerechtfertigte Steuervorteile erlangt.

(4) Steuern sind namentlich dann verkürzt, wenn sie nicht, nicht in voller Höhe oder nicht rechtzeitig festgesetzt werden; dies gilt auch dann, wenn die Steuer vorläufig oder unter Vorbehalt der Nachprüfung festgesetzt wird oder eine Steueranmeldung einer Steuerfestsetzung unter Vorbehalt der Nachprüfung gleichsteht. Steuervorteile sind auch Steuervergütungen; nicht gerechtfertigte Steuervorteile sind erlangt, soweit sie zu Unrecht gewährt oder belassen werden. Die Voraussetzungen der Sätze 1 und 2 sind auch dann erfüllt, wenn die Steuer, auf die sich die Tat bezieht, aus anderen Gründen hätte ermäßigt oder der Steuervorteil aus anderen Gründen hätte beansprucht werden können.

(5) Die Tat kann auch hinsichtlich solcher Waren begangen werden, deren Einfuhr, Ausfuhr oder Durchfuhr verboten ist.

(6) Die Absätze 1 bis 5 gelten auch dann, wenn sich die Tat auf Eingangsabgaben bezieht, die von einem anderen Mitgliedstaat der Europäischen Gemeinschaften verwaltet werden oder die einem Mitgliedstaat der Europäischen Freihandelsassoziation oder einem mit dieser assoziierten Staat zustehen. Sie gelten unabhängig von dem Recht des Tatortes auch für Taten, die außerhalb des Geltungsbereiches dieses Gesetzes begangen werden.

§ 371 Selbstanzeige bei Steuerhinterziehung

(1) Wer in den Fällen des § 370 unrichtige oder unvollständige Angaben bei der Finanzbehörde berichtigt oder ergänzt oder unterlassene Angaben nachholt, wird insoweit straffrei.

(2) Straffreiheit tritt nicht ein, wenn

1. vor der Berichtigung, Ergänzung oder Nachholung
   a) ein Amtsträger der Finanzbehörde zur steuerlichen Prüfung oder zur Ermittlung einer Steuerstraftat oder einer Steuerordnungswidrigkeit erschienen ist oder
   b) dem Täter oder seinem Vertreter die Einleitung des Straf- oder Bußgeldverfahrens wegen der Tat bekanntgegeben worden ist oder
2. die Tat im Zeitpunkt der Berichtigung, Ergänzung oder Nachholung ganz oder zum Teil bereits entdeckt war und der Täter dies wußte oder bei verständiger Würdigung der Sachlage damit rechnen mußte.

(3) Sind Steuerverkürzungen bereits eingetreten oder Steuervorteile erlangt, so tritt für einen an der Tat Beteiligten Straffreiheit nur ein, soweit er die zu seinen Gunsten hinterzogenen Steuern innerhalb der ihm bestimmten angemessenen Frist entrichtet.

(4) Wird die in § 153 vorgesehene Anzeige rechtzeitig und ordnungsmäßig erstattet, so wird ein Dritter, der die in § 153 bezeichneten Erklärungen abzugeben unterlassen oder unrichtig oder unvollständig abgegeben hat, strafrechtlich nicht verfolgt, es sei denn, daß ihm oder seinem Vertreter vorher die Einleitung eines Straf- oder Bußgeldverfahrens wegen der Tat bekanntgegeben worden ist. Hat der Dritte zum eigenen Vorteil gehandelt, so gilt Absatz 3 entsprechend.

§ 372 Bannbruch

(1) Bannbruch begeht, wer Gegenstände entgegen einem Verbot einführt, ausführt oder durchführt, ohne sie der zuständigen Zollstelle ordnungsgemäß anzuzeigen.

(2) Der Täter wird nach § 370 Absatz 1, 2 bestraft, wenn die Tat nicht in anderen Vorschriften als Zuwiderhandlung gegen ein Einfuhr-, Ausfuhr- oder Durchfuhrverbot mit Strafe oder mit Geldbuße bedroht ist.

§ 373 Gewerbsmäßiger, gewaltsamer und bandenmäßiger Schmuggel

(1) Wer gewerbsmäßig Eingangsabgaben hinterzieht oder gewerbsmäßig durch Zuwiderhandlungen gegen Monopolvorschriften Bannbruch begeht, wird mit Freiheitsstrafe von drei Monaten bis zu fünf Jahren bestraft.

(2) Ebenso wird bestraft, wer

1. eine Hinterziehung von Eingangsabgaben oder einen Bannbruch begeht, bei denen er oder ein anderer Beteiligter eine Schußwaffe bei sich führt,
2. eine Hinterziehung von Eingangsabgaben oder einen Bannbruch begeht, bei denen er oder ein anderer Beteiligter eine Waffe oder sonst ein Werkzeug oder Mittel bei sich führt, um den Widerstand eines anderen durch Gewalt oder Drohung mit Gewalt zu verhindern oder zu überwinden, oder
3. als Mitglied einer Bande, die sich zur fortgesetzten Begehung der Hinterziehung von Eingangsabgaben oder des Bannbruchs verbunden hat, unter Mitwirkung eines anderen Bandenmitglieds die Tat ausführt.

§ 374 Steuerhehlerei

(1) Wer Erzeugnisse oder Waren, hinsichtlich deren Verbrauchsteuern oder Zoll hinterzogen oder Bannbruch nach § 372 Abs. 2, § 373 begangen worden ist, ankauft oder sonst sich oder einem Dritten verschafft, sie absetzt oder abzusetzen hilft, um sich oder einen Dritten zu bereichern, wird nach § 370 Abs. 1 und 2, wenn er gewerbsmäßig handelt, nach § 373 bestraft.

(2) Absatz 1 gilt auch dann, wenn Eingangsabgaben hinterzogen worden sind, die von einem anderen Mitgliedstaat der Europäischen Gemeinschaften verwaltet werden oder die einem Mitgliedstaat der Europäischen Freihandelsassoziation oder einem mit dieser assoziierten Staat zustehen; § 370 Abs. 6 Satz 2 ist anzuwenden.

§ 375 Nebenfolgen

(1) Neben einer Freiheitsstrafe von mindestens einem Jahr wegen

1. Steuerhinterziehung,
2. Bannbruchs nach § 372 Abs. 2, § 373,
3. Steuerhehlerei oder
4. Begünstigung einer Person, die eine Tat nach den Nummern 1 bis 3 begangen hat,

kann das Gericht die Fähigkeit, öffentliche Ämter zu bekleiden, und die Fähigkeit, Rechte aus öffentlichen Wahlen zu erlangen, aberkennen (§ 45 Abs. 2 des Strafgesetzbuches).

(2) Ist eine Steuerhinterziehung, ein Bannbruch nach § 372 Abs. 2, § 373 oder eine Steuerhehlerei begangen worden, so können

1. die Erzeugnisse, Waren und andere Sachen, auf die sich die Hinterziehung von Verbrauchsteuer oder Zoll, der Bannbruch oder die Steuerhehlerei bezieht, und
2. die Beförderungsmittel, die zur Tat benutzt worden sind,

eingezogen werden. § 74a des Strafgesetzbuches ist anzuwenden.

§ 376 Unterbrechung der Verfolgungsverjährung

Die Verjährung der Verfolgung einer Steuerstraftat wird auch dadurch unterbrochen, daß dem Beschuldigten die Einleitung des Bußgeldverfahrens bekanntgegeben oder diese Bekanntgabe angeordnet wird.

Zweiter Abschnitt. Bußgeldvorschriften

§ 377 Steuerordnungswidrigkeiten

(1) Steuerordnungswidrigkeiten (Zollordnungswidrigkeiten) sind Zuwiderhandlungen, die nach den Steuergesetzen mit Geldbuße geahndet werden können.

(2) Für Steuerordnungswidrigkeiten gelten die Vorschriften des Ersten Teils des Gesetzes über Ordnungswidrigkeiten, soweit die Bußgeldvorschriften der Steuergesetze nichts anderes bestimmen.

§ 378 Leichtfertige Steuerverkürzung

(1) Ordnungswidrig handelt, wer als Steuerpflichtiger oder bei Wahrnehmung der Angelegenheiten eines Steuerpflichtigen eine der in § 370 Abs. 1 bezeichneten Taten leichtfertig begeht. § 370 Abs. 4 bis 6 gilt entsprechend.

(2) Die Ordnungswidrigkeit kann mit einer Geldbuße bis zu hunderttausend Deutsche Mark geahndet werden.

(3) Eine Geldbuße wird nicht festgesetzt, soweit der Täter unrichtige oder unvollständige Angaben bei der Finanzbehörde berichtigt oder ergänzt oder unterlassene Angaben nachholt, bevor ihm oder seinem Vertreter die Einleitung eines Straf- oder Bußgeldverfahrens wegen der Tat bekanntgegeben worden ist. § 371 Abs. 3 und 4 gilt entsprechend.

§ 379 Steuergefährdung

(1) Ordnungswidrig handelt, wer vorsätzlich oder leichtfertig

1. Belege ausstellt, die in tatsächlicher Hinsicht unrichtig sind, oder
2. nach Gesetz buchungs- oder aufzeichnungspflichtige Geschäftsvorfälle oder Betriebsvorgänge nicht oder in tatsächlicher Hinsicht unrichtig verbucht oder verbuchen läßt

und dadurch ermöglicht, Steuern zu verkürzen oder nicht gerechtfertigte Steuervorteile zu erlangen. Satz 1 Nr. 1 gilt auch dann, wenn Eingangsabgaben verkürzt werden können, die von einem anderen Mitgliedstaat der Europäischen Gemeinschaften verwaltet werden oder die einem Staat zustehen, der für Waren aus den Europäischen Gemeinschaften auf Grund eines Assoziations- oder Präferenzabkommens eine Vorzugsbehandlung gewährt; § 370 Abs. 6 Satz 2 ist anzuwenden.

(2) Ordnungswidrig handelt, wer vorsätzlich oder leichtfertig

1. der Mitteilungspflicht nach § 138 Abs. 2 nicht, nicht vollständig oder nicht rechtzeitig nachkommt,
2. die Pflicht zur Kontenwahrheit nach § 154 Abs. 1 verletzt.

(3) Ordnungswidrig handelt, wer vorsätzlich oder fahrlässig einer Auflage nach § 120 Abs. 2 Nr. 4 zuwiderhandelt, die einem Verwaltungsakt für Zwecke der besonderen Steueraufsicht (§§ 209 bis 217) beigefügt worden ist.

(4) Die Ordnungswidrigkeit kann mit einer Geldbuße bis zu zehntausend Deutsche Mark geahndet werden, wenn die Handlung nicht nach § 378 geahndet werden kann.

§ 380 Gefährdung der Abzugsteuern

(1) Ordnungswidrig handelt, wer vorsätzlich oder leichtfertig seiner Verpflichtung, Steuerabzugsbeträge einzubehalten und abzuführen, nicht, nicht vollständig oder nicht rechtzeitig nachkommt.

(2) Die Ordnungswidrigkeit kann mit einer Geldbuße bis zu zehntausend Deutsche Mark geahndet werden, wenn die Handlung nicht nach § 378 geahndet werden kann.

§ 381 Verbrauchsteuergefährdung

(1) Ordnungswidrig handelt, wer vorsätzlich oder leichtfertig Vorschriften der Verbrauchsteuergesetze oder der dazu erlassenen Rechtsverordnungen

1. über die zur Vorbereitung, Sicherung oder Nachprüfung der Besteuerung auferlegten Pflichten,
2. über Verpackung und Kennzeichnung verbrauchsteuerpflichtiger Erzeugnisse oder Waren, die solche Erzeugnisse enthalten, oder über Verkehrs- oder Verwendungsbeschränkungen für solche Erzeugnisse oder Waren oder
3. über den Verbrauch unversteuerter Waren in den Freihäfen

zuwiderhandelt, soweit die Verbrauchsteuergesetze oder die dazu erlassenen

Rechtsverordnungen für einen bestimmten Tatbestand auf diese Bußgeldvorschrift verweisen.

(2) Die Ordnungswidrigkeit kann mit einer Geldbuße bis zu zehntausend Deutsche Mark geahndet werden, wenn die Handlung nicht nach § 378 geahndet werden kann.

§ 382 Gefährdung der Eingangsabgaben

(1) Ordnungswidrig handelt, wer als Pflichtiger oder bei der Wahrnehmung der Angelegenheiten eines Pflichtigen vorsätzlich oder fahrlässig Vorschriften der Zollgesetze, der dazu erlassenen Rechtsverordnungen oder der Verordnungen des Rates oder der Kommission der Europäischen Gemeinschaften zuwiderhandelt, die

1. für die Erfassung des Warenverkehrs über die Grenze oder für die in den §§ 9, 40a und 41 des Zollgesetzes genannten Arten der Zollbehandlung,
2. für die Zollfreigebiete, für den Zollgrenzbezirk oder für die der Grenzaufsicht unterworfenen Gebiete

gelten, soweit die Zollgesetze, die dazu oder die auf Grund von Absatz 4 erlassenen Rechtsverordnungen für einen bestimmten Tatbestand auf diese Bußgeldvorschrift verweisen.

(2) Absatz 1 ist auch anzuwenden, soweit die Zollgesetze und die dazu erlassenen Rechtsverordnungen für Verbrauchsteuern sinngemäß gelten.

(3) Die Ordnungswidrigkeit kann mit einer Geldbuße bis zu zehntausend Deutsche Mark geahndet werden, wenn die Handlung nicht nach § 378 geahndet werden kann.

(4) Der Bundesminister der Finanzen kann durch Rechtsverordnungen die Tatbestände der Verordnungen des Rates oder der Kommission der Europäischen Gemeinschaften, die nach den Absätzen 1 bis 3 als Ordnungswidrigkeiten mit Geldbuße geahndet werden können, bezeichnen, soweit dies zur Durchführung dieser Rechtsvorschriften erforderlich ist und die Tatbestände Pflichten zur Gestellung oder Vorführung von Waren, zur Abgabe von Erklärungen oder Anzeigen, zur Aufnahme von Niederschriften sowie zur Ausfüllung oder Vorlage von Zolldokumenten oder zur Aufnahme von Vermerken in solchen Dokumenten betreffen.

§ 383 Unzulässiger Erwerb von Steuererstattungs- und Vergütungsansprüchen

(1) Ordnungswidrig handelt, wer entgegen § 46 Abs. 4 Satz 1 Erstattungs- oder Vergütungsansprüche erwirbt.

(2) Die Ordnungswidrigkeit kann mit einer Geldbuße bis zu hunderttausend Deutsche Mark geahndet werden.

§ 384 Verfolgungsverjährung

Die Verfolgung von Steuerordnungswidrigkeiten nach den §§ 378 bis 380 verjährt in fünf Jahren.

Dritter Abschnitt. Strafverfahren

1. Unterabschnitt. Allgemeine Vorschriften

§ 385 Geltung von Verfahrensvorschriften

(1) Für das Strafverfahren wegen Steuerstraftaten gelten, soweit die folgenden Vorschriften nichts anderes bestimmen, die allgemeinen Gesetze über das Strafverfahren, namentlich die Strafprozeßordnung, das Gerichtsverfassungsgesetz und das Jugendgerichtsgesetz.

(2) Die für Steuerstraftaten geltenden Vorschriften dieses Abschnitts, mit Ausnahme des § 386 Abs. 2 sowie der §§ 399 bis 401, sind bei dem Verdacht einer Straftat, die unter Vorspiegelung eines steuerlich erheblichen Sachverhaltes gegenüber der Finanzbehörde oder einer anderen Behörde auf die Erlangung von Vermögensvorteilen gerichtet ist und kein Steuerstrafgesetz verletzt, entsprechend anzuwenden.

§ 386 Zuständigkeit der Finanzbehörde bei Steuerstraftaten

(1) Bei dem Verdacht einer Steuerstraftat ermittelt die Finanzbehörde den Sachverhalt. Finanzbehörde im Sinne dieses Abschnitts ist das Hauptzollamt, das Finanzamt und das Bundesamt für Finanzen.

(2) Die Finanzbehörde führt das Ermittlungsverfahren in den Grenzen des § 399 Abs. 1 und der §§ 400, 401 selbständig durch, wenn die Tat

1. ausschließlich eine Steuerstraftat darstellt oder
2. zugleich andere Strafgesetze verletzt und deren Verletzung Kirchensteuern oder andere öffentlich-rechtliche Abgaben betrifft, die an Besteuerungsgrundlagen, Steuermeßbeträge oder Steuerbeträge anknüpfen.

(3) Absatz 2 gilt nicht, sobald gegen einen Beschuldigten wegen der Tat ein Haftbefehl oder ein Unterbringungsbefehl erlassen ist.

(4) Die Finanzbehörde kann die Strafsache jederzeit an die Staatsanwaltschaft abgeben. Die Staatsanwaltschaft kann die Strafsache jederzeit an sich ziehen. In beiden Fällen kann die Staatsanwaltschaft im Einvernehmen mit der Finanzbehörde die Strafsache wieder an die Finanzbehörde abgeben.

§ 387 Sachlich zuständige Finanzbehörde

(1) Sachlich zuständig ist die Finanzbehörde, welche die betroffene Steuer verwaltet.

(2) Die Zuständigkeit nach Absatz 1 kann durch Rechtsverordnung einer Finanzbehörde für den Bereich mehrerer Finanzbehörden übertragen werden, soweit dies mit Rücksicht auf die Wirtschafts- oder Verkehrsverhältnisse, den Aufbau der Verwaltungsbehörden oder andere örtliche Bedürfnisse zweckmäßig erscheint. Die Rechtsverordnung erläßt, soweit die Finanzbehörde eine Landesbehörde ist, die Landesregierung, im übrigen der Bundesminister der Finanzen. Die Rechtsverordnung des Bundesministers der Finanzen bedarf

nicht der Zustimmung des Bundesrates. Die Landesregierung kann die Ermächtigung auf die für die Finanzverwaltung zuständige oberste Landesbehörde übertragen.

§ 388 Örtlich zuständige Finanzbehörde

(1) Örtlich zuständig ist die Finanzbehörde,

1. in deren Bezirk die Steuerstraftat begangen oder entdeckt worden ist,
2. die zur Zeit der Einleitung des Strafverfahrens für die Abgabenangelegenheiten zuständig ist oder
3. in deren Bezirk der Beschuldigte zur Zeit der Einleitung des Strafverfahrens seinen Wohnsitz hat.

(2) Ändert sich der Wohnsitz des Beschuldigten nach Einleitung des Strafverfahrens, so ist auch die Finanzbehörde örtlich zuständig, in deren Bezirk der neue Wohnsitz liegt. Entsprechendes gilt, wenn sich die Zuständigkeit der Finanzbehörde für die Abgabenangelegenheit ändert.

(3) Hat der Beschuldigte im räumlichen Geltungsbereich dieses Gesetzes keinen Wohnsitz, so wird die Zuständigkeit auch durch den gewöhnlichen Aufenthaltsort bestimmt.

§ 389 Zusammenhängende Strafsachen

Für zusammenhängende Strafsachen, die einzeln nach § 388 zur Zuständigkeit verschiedener Finanzbehörden gehören würden, ist jede dieser Finanzbehörden zuständig. § 3 der Strafprozeßordnung gilt entsprechend.

§ 390 Mehrfache Zuständigkeit

(1) Sind nach den §§ 387 bis 389 mehrere Finanzbehörden zuständig, so gebührt der Vorzug der Finanzbehörde, die wegen der Tat zuerst ein Strafverfahren eingeleitet hat.

(2) Auf Ersuchen dieser Finanzbehörde hat eine andere zuständige Finanzbehörde die Strafsache zu übernehmen, wenn dies für die Ermittlungen sachdienlich erscheint. In Zweifelsfällen entscheidet die Behörde, der die ersuchte Finanzbehörde untersteht.

§ 391 Zuständiges Gericht

(1) Ist das Amtsgericht sachlich zuständig, so ist örtlich zuständig das Amtsgericht, in dessen Bezirk das Landgericht seinen Sitz hat. Im vorbereitenden Verfahren gilt dies, unbeschadet einer weitergehenden Regelung nach § 58 Abs. 1 des Gerichtsverfassungsgesetzes, nur für die Zustimmung des Gerichts nach § 153 Abs. 1 und § 153a Abs. 1 der Strafprozeßordnung.

(2) Die Landesregierung kann durch Rechtsverordnung die Zuständigkeit abweichend von Absatz 1 Satz 1 regeln, soweit dies mit Rücksicht auf die Wirtschafts- oder Verkehrsverhältnisse, den Aufbau der Verwaltungsbehörden oder andere örtliche Bedürfnisse zweckmäßig erscheint. Die Landesregierung kann diese Ermächtigung auf die Landesjustizverwaltung übertragen.

(3) Strafsachen wegen Steuerstraftaten sollen beim Landgericht einer bestimmten Strafkammer, beim Amtsgericht einer bestimmten Abteilung zugewiesen werden.

(4) Die Absätze 1 bis 3 gelten auch, wenn das Verfahren nicht nur Steuerstraftaten zum Gegenstand hat; sie gelten jedoch nicht für Steuerstraftaten, welche die Kraftfahrzeugsteuer betreffen.

§ 392 Verteidigung

(1) Abweichend von § 138 Abs. 1 der Strafprozeßordnung können auch Steuerberater, Steuerbevollmächtigte, Wirtschaftsprüfer und vereidigte Buchprüfer zu Verteidigern gewählt werden, soweit die Finanzbehörde das Strafverfahren selbständig durchführt; im übrigen können sie die Verteidigung nur in Gemeinschaft mit einem Rechtsanwalt oder einem Rechtslehrer an einer deutschen Hochschule führen.

(2) § 138 Abs. 2 der Strafprozeßordnung bleibt unberührt.

§ 393 Verhältnis des Strafverfahrens zum Besteuerungsverfahren

(1) Die Rechte und Pflichten der Steuerpflichtigen und der Finanzbehörde im Besteuerungsverfahren und im Strafverfahren richten sich nach den für das jeweilige Verfahren geltenden Vorschriften. Im Besteuerungsverfahren sind jedoch Zwangsmittel (§ 328) gegen den Steuerpflichtigen unzulässig, wenn er dadurch gezwungen würde, sich selbst wegen einer von ihm begangenen Steuerstraftat oder Steuerordnungswidrigkeit zu belasten. Dies gilt stets, soweit gegen ihn wegen einer solchen Tat das Strafverfahren eingeleitet worden ist. Der Steuerpflichtige ist hierüber zu belehren, soweit dazu Anlaß besteht.

(2) Soweit der Staatsanwaltschaft oder dem Gericht in einem Strafverfahren aus den Steuerakten Tatsachen oder Beweismittel bekannt werden, die der Steuerpflichtige der Finanzbehörde vor Einleitung des Strafverfahrens oder in Unkenntnis der Einleitung des Strafverfahrens in Erfüllung steuerrechtlicher Pflichten offenbart hat, dürfen diese Kenntnisse gegen ihn nicht für die Verfolgung einer Tat verwendet werden, die keine Steuerstraftat ist. Dies gilt nicht für Straftaten, an deren Verfolgung ein zwingendes öffentliches Interesse (§ 30 Abs. 4 Nr. 5) besteht.

§ 394 Übergang des Eigentums

Hat ein Unbekannter, der bei einer Steuerstraftat auf frischer Tat betroffen wurde, aber entkommen ist, Sachen zurückgelassen und sind diese Sachen beschlagnahmt oder sonst sichergestellt worden, weil sie eingezogen werden können, so gehen sie nach Ablauf eines Jahres in das Eigentum des Staates über, wenn der Eigentümer der Sachen unbekannt ist und die Finanzbehörde durch eine öffentliche Bekanntmachung auf den drohenden Verlust des Eigentums hingewiesen hat. § 15 Abs. 2 Satz 1 des Verwaltungszustellungsgesetzes gilt entsprechend. Die Frist beginnt mit dem Aushang der Bekanntmachung.

§ 395 Akteneinsicht der Finanzbehörde

Die Finanzbehörde ist befugt, die Akten, die dem Gericht vorliegen oder im Falle der Erhebung der Anklage vorzulegen wären, einzusehen sowie beschlagnahmte oder sonst sichergestellte Gegenstände zu besichtigen. Die Akten werden der Finanzbehörde auf Antrag zur Einsichtnahme übersandt.

§ 396 Aussetzung des Verfahrens

(1) Hängt die Beurteilung der Tat als Steuerhinterziehung davon ab, ob ein Steueranspruch besteht, ob Steuern verkürzt oder ob nicht gerechtfertigte Steuervorteile erlangt sind, so kann das Strafverfahren ausgesetzt werden, bis das Besteuerungsverfahren rechtskräftig abgeschlossen ist.

(2) Über die Aussetzung entscheidet im Ermittlungsverfahren die Staatsanwaltschaft, im Verfahren nach Erhebung der öffentlichen Klage das Gericht, das mit der Sache befaßt ist.

(3) Während der Aussetzung des Verfahrens ruht die Verjährung.

2. Unterabschnitt. Ermittlungsverfahren

I. Allgemeines

§ 397 Einleitung des Strafverfahrens

(1) Das Strafverfahren ist eingeleitet, sobald die Finanzbehörde, die Polizei, die Staatsanwaltschaft, einer ihrer Hilfsbeamten oder der Strafrichter eine Maßnahme trifft, die erkennbar darauf abzielt, gegen jemanden wegen einer Steuerstraftat strafrechtlich vorzugehen.

(2) Die Maßnahme ist unter Angabe des Zeitpunktes unverzüglich in den Akten zu vermerken.

(3) Die Einleitung des Strafverfahrens ist dem Beschuldigten spätestens mitzuteilen, wenn er dazu aufgefordert wird, Tatsachen darzulegen oder Unterlagen vorzulegen, die im Zusammenhang mit der Straftat stehen, derer er verdächtig ist.

§ 398 Einstellung wegen Geringfügigkeit

Die Staatsanwaltschaft kann von der Verfolgung einer Steuerhinterziehung, bei der nur eine geringwertige Steuerverkürzung eingetreten ist oder nur geringwertige Steuervorteile erlangt sind, auch ohne Zustimmung des für die Eröffnung des Hauptverfahrens zuständigen Gerichts absehen, wenn die Schuld des Täters als gering anzusehen wäre und kein öffentliches Interesse an der Verfolgung besteht. Dies gilt für das Verfahren wegen einer Steuerhehlerei nach § 374 und einer Begünstigung einer Person, die eine der in § 375 Abs. 1 Nr. 1 bis 3 genannten Taten begangen hat, entsprechend.

II. Verfahren der Finanzbehörde bei Steuerstraftaten

§ 399 Rechte und Pflichten der Finanzbehörde

(1) Führt die Finanzbehörde das Ermittlungsverfahren auf Grund des § 386 Abs. 2 selbständig durch, so nimmt sie die Rechte und Pflichten wahr, die der Staatsanwaltschaft im Ermittlungsverfahren zustehen.

(2) Ist einer Finanzbehörde nach § 387 Abs. 2 die Zuständigkeit für den Bereich mehrerer Finanzbehörden übertragen, so bleiben das Recht und die Pflicht dieser Finanzbehörden unberührt, bei dem Verdacht einer Steuerstraftat den Sachverhalt zu erforschen und alle unaufschiebbaren Anordnungen zu treffen, um die Verdunkelung der Sache zu verhüten. Sie können Beschlagnahmen, Notveräußerungen, Durchsuchungen, Untersuchungen und sonstige Maßnahmen nach den für Hilfsbeamte der Staatsanwaltschaft geltenden Vorschriften der Strafprozeßordnung anordnen.

§ 400 Antrag auf Erlaß eines Strafbefehls

Bieten die Ermittlungen genügenden Anlaß zur Erhebung der öffentlichen Klage, so beantragt die Finanzbehörde beim Strafrichter den Erlaß eines Strafbefehls, wenn die Strafsache zur Behandlung im Strafbefehlsverfahren geeignet erscheint; ist dies nicht der Fall, so legt die Finanzbehörde die Akten der Staatsanwaltschaft vor.

§ 401 Antrag auf Anordnung von Nebenfolgen im selbständigen Verfahren

Die Finanzbehörde kann den Antrag stellen, die Einziehung oder den Verfall selbständig anzuordnen oder eine Geldbuße gegen eine juristische Person oder eine Personenvereinigung selbständig festzusetzen (§§ 440, 442 Abs. 1, § 444 Abs. 3 der Strafprozeßordnung).

III. Stellung der Finanzbehörde im Verfahren der Staatsanwaltschaft

§ 402 Allgemeine Rechte und Pflichten der Finanzbehörde

(1) Führt die Staatsanwaltschaft das Ermittlungsverfahren durch, so hat die sonst zuständige Finanzbehörde dieselben Rechte und Pflichten wie die Behörden des Polizeidienstes nach der Strafprozeßordnung sowie die Befugnisse nach § 399 Abs. 2 Satz 2.

(2) Ist einer Finanzbehörde nach § 387 Abs. 2 die Zuständigkeit für den Bereich mehrerer Finanzbehörden übertragen, so gilt Absatz 1 für jede dieser Finanzbehörden.

§ 403 Beteiligung der Finanzbehörde

(1) Führt die Staatsanwaltschaft oder die Polizei Ermittlungen durch, die Steuerstraftaten betreffen, so ist die sonst zuständige Finanzbehörde befugt, daran teilzunehmen. Ort und Zeit der Ermittlungshandlungen sollen ihr

rechtzeitig mitgeteilt werden. Dem Vertreter der Finanzbehörde ist zu gestatten, Fragen an Beschuldigte, Zeugen und Sachverständige zu stellen.

(2) Absatz 1 gilt sinngemäß für solche richterlichen Verhandlungen, bei denen auch der Staatsanwaltschaft die Anwesenheit gestattet ist.

(3) Der sonst zuständigen Finanzbehörde sind die Anklageschrift und der Antrag auf Erlaß eines Strafbefehls mitzuteilen.

(4) Erwägt die Staatsanwaltschaft, das Verfahren einzustellen, so hat sie die sonst zuständige Finanzbehörde zu hören.

IV. Steuer- und Zollfahndung

§ 404 Steuer- und Zollfahndung

Die Zollfahndungsämter und die mit der Steuerfahndung betrauten Dienststellen der Landesfinanzbehörden sowie ihre Beamten haben im Strafverfahren wegen Steuerstraftaten dieselben Rechte und Pflichten wie die Behörden und Beamten des Polizeidienstes nach den Vorschriften der Strafprozeßordnung. Die in Satz 1 bezeichneten Stellen haben die Befugnisse nach § 399 Abs. 2 Satz 2 sowie die Befugnis zur Durchsicht der Papiere des von der Durchsuchung Betroffenen (§ 110 Abs. 1 der Strafprozeßordnung); ihre Beamten sind Hilfsbeamte der Staatsanwaltschaft.

V. Entschädigung der Zeugen und der Sachverständigen

§ 405 Entschädigung der Zeugen und der Sachverständigen

Werden Zeugen und Sachverständige von der Finanzbehörde zu Beweiszwecken herangezogen, so werden sie nach dem Gesetz über die Entschädigung von Zeugen und Sachverständigen entschädigt. Dies gilt auch in den Fällen des § 404.

3. Unterabschnitt. Gerichtliches Verfahren

§ 406 Mitwirkung der Finanzbehörde im Strafbefehlsverfahren und im selbständigen Verfahren

(1) Hat die Finanzbehörde den Erlaß eines Strafbefehls beantragt, so nimmt sie die Rechte und Pflichten der Staatsanwaltschaft wahr, solange nicht nach § 408 Abs. 2 der Strafprozeßordnung Hauptverhandlung anberaumt oder Einspruch gegen den Strafbefehl erhoben wird.

(2) Hat die Finanzbehörde den Antrag gestellt, die Einziehung oder den Verfall selbständig anzuordnen oder eine Geldbuße gegen eine juristische Person oder eine Personenvereinigung selbständig festzusetzen (§ 401), so nimmt sie die Rechte und Pflichten der Staatsanwaltschaft wahr, solange nicht mündliche Verhandlung beantragt oder vom Gericht angeordnet wird.

§ 407 Beteiligung der Finanzbehörde in sonstigen Fällen

(1) Das Gericht gibt der Finanzbehörde Gelegenheit, die Gesichtspunkte vorzubringen, die von ihrem Standpunkt für die Entscheidung von Bedeu-

tung sind. Dies gilt auch, wenn das Gericht erwägt, das Verfahren einzustellen. Der Termin zur Hauptverhandlung und der Termin zur Vernehmung durch einen beauftragen oder ersuchten Richter (§§ 223, 233 der Strafprozeßordnung) werden der Finanzbehörde mitgeteilt. Ihr Vertreter erhält in der Hauptverhandlung auf Verlangen das Wort. Ihm ist zu gestatten, Fragen an Angeklagte, Zeugen und Sachverständige zu richten.

(2) Das Urteil und andere das Verfahren abschließende Entscheidungen sind der Finanzbehörde mitzuteilen.

4. Unterabschnitt. Kosten des Verfahrens

§ 408 Kosten des Verfahrens

Notwendige Auslagen eines Beteiligten im Sinne des § 464a Abs. 2 Nr. 2 der Strafprozeßordnung sind im Strafverfahren wegen einer Steuerstraftat auch die gesetzlichen Gebühren und Auslagen eines Steuerberaters, Steuerbevollmächtigten, Wirtschaftsprüfers oder vereidigten Buchprüfers. Sind Gebühren und Auslagen gesetzlich nicht geregelt, so können sie bis zur Höhe der gesetzlichen Gebühren und Auslagen eines Rechtsanwalts erstattet werden.

Vierter Abschnitt. Bußgeldverfahren

§ 409 Zuständige Verwaltungsbehörde

Bei Steuerordnungswidrigkeiten ist zuständige Verwaltungsbehörde im Sinne des § 36 Abs. 1 Nr. 1 des Gesetzes über Ordnungswidrigkeiten die nach § 387 Abs. 1 sachlich zuständige Finanzbehörde. § 387 Abs. 2 gilt entsprechend.

§ 410 Ergänzende Vorschriften für das Bußgeldverfahren

(1) Für das Bußgeldverfahren gelten außer den verfahrensrechtlichen Vorschriften des Gesetzes über Ordnungswidrigkeiten entsprechend:

1. die §§ 388 bis 390 über die Zuständigkeit der Finanzbehörde,
2. § 391 über die Zuständigkeit des Gerichts,
3. § 392 über die Verteidigung,
4. § 393 über das Verhältnis des Strafverfahrens zum Besteuerungsverfahren,
5. § 396 über die Aussetzung des Verfahrens,
6. § 397 über die Einleitung des Strafverfahrens,
7. § 399 Abs. 2 über die Rechte und Pflichten der Finanzbehörde,
8. die §§ 402, 403 Abs. 1, 3 und 4 über die Stellung der Finanzbehörde im Verfahren der Staatsanwaltschaft,
9. § 404 Satz 1 und Satz 2 erster Halbsatz über die Steuer- und Zollfahndung,
10. § 405 über die Entschädigung der Zeugen und der Sachverständigen,
11. § 407 über die Beteiligung der Finanzbehörde und
12. § 408 über die Kosten des Verfahrens.

(2) Verfolgt die Finanzbehörde eine Steuerstraftat, die mit einer Steuerordnungswidrigkeit zusammenhängt (§ 42 Abs. 1 Satz 2 des Gesetzes über Ordnungswidrigkeiten), so kann sie in den Fällen des § 400 beantragen, den Strafbefehl auf die Steuerordnungswidrigkeit zu erstrecken.

§ 411 Bußgeldverfahren gegen Rechtsanwälte, Steuerberater, Steuerbevollmächtigte, Wirtschaftsprüfer oder vereidigte Buchprüfer

Bevor gegen einen Rechtsanwalt, Steuerberater, Steuerbevollmächtigten, Wirtschaftsprüfer oder vereidigten Buchprüfer wegen einer Steuerordnungswidrigkeit, die er in Ausübung seines Berufs bei der Beratung in Steuersachen begangen hat, ein Bußgeldbescheid erlassen wird, gibt die Finanzbehörde der zuständigen Berufskammer Gelegenheit, die Gesichtspunkte vorzubringen, die von ihrem Standpunkt für die Entscheidung von Bedeutung sind.

§ 412 Zustellung, Vollstreckung, Kosten

(1) Für das Zustellungsverfahren gelten abweichend von § 51 Abs. 1 Satz 1 des Gesetzes über Ordnungswidrigkeiten die Vorschriften des Verwaltungszustellungsgesetzes auch dann, wenn eine Landesfinanzbehörde den Bescheid erlassen hat. § 51 Abs. 1 Satz 2 und Absatz 2 bis 5 des Gesetzes über Ordnungswidrigkeiten bleibt unberührt.

(2) Für die Vollstreckung von Bescheiden der Finanzbehörden in Bußgeldverfahren gelten abweichend von § 90 Abs. 1 und 4, § 108 Abs. 2 des Gesetzes über Ordnungswidrigkeiten die Vorschriften des Sechsten Teils dieses Gesetzes. Die übrigen Vorschriften des Neunten Abschnitts des Zweiten Teils des Gesetzes über Ordnungswidrigkeiten bleiben unberührt.

(3) Für die Kosten des Bußgeldverfahrens gilt § 107 Abs. 4 des Gesetzes über Ordnungswidrigkeiten auch dann, wenn eine Landesfinanzbehörde den Bußgeldbescheid erlassen hat; an Stelle des § 19 des Verwaltungskostengesetzes gelten § 227 Abs. 1 und § 261 dieses Gesetzes.

Auszug aus dem Einführungserlaß zur AO 1977

BdF – IV A 7 – S 0015 – 30/76

Vom 1. 10. 1976 (BStBl. I 576):

Zu § 1 – Anwendungsbereich:

1. Der Anwendungsbereich beschränkt sich abweichend von der bisherigen Rechtslage auf die Steuern einschließlich der Steuervergütungen. Die AO 1977 gilt auch für Steuererstattungen; diese sind als Umkehr der Steuerentrichtung bereits durch den Begriff der Steuer in den Anwendungsbereich mit einbezogen (§ 37 Abs. 1). Der Anwendungsbereich umfaßt nicht mehr sonstige öffentlich-rechtliche Abgaben, soweit die Vorschriften der AO 1977 nicht ausdrücklich für anwendbar erklärt worden sind.
2. Für die von den Finanzbehörden bisher verwalteten, durch Bundesrecht geregelten übrigen öffentlich-rechtlichen Abgaben, Prämien und Zulagen wird mittels entsprechender Ergänzung der jeweiligen Rechtsvorschriften durch das EGAO weitgehend die Geltung der AO 1977 bestimmt. Dies gilt insbesondere für die Spar- und Wohnungsbauprämien und die Investitionszulagen.
3. Zur Anwendung der AO 1977 auf die Feuerschutzsteuer und die Grunderwerbsteuer vgl. Art. 97 § 3 EGAO.
4. Die Vorschriften der AO 1977 sind grundsätzlich sinngemäß auch auf die steuerlichen Nebenleistungen (§ 3 Abs. 3) anzuwenden. Ausgenommen sind die Bestimmungen über die Festsetzung, Außenprüfung, Steuerfahndung und Steueraufsicht in besonderen Fällen (§§ 155 bis 217), soweit sie nicht ausdrücklich für anwendbar erklärt worden sind (§ 156 Abs. 2).
5. Die AO 1977 ist auch für die Angelegenheiten anzuwenden, die nicht unmittelbar der Besteuerung dienen, aber aufgrund der Verwaltungskompetenz für diese Steuern in den Zuständigkeitsbereich der Finanzbehörden fallen (z. B. Erteilung von steuerlichen Unbedenklichkeitsbescheinigungen, Ausstellung von Einkommens- oder Vermögensbescheinigungen für nichtsteuerliche Zwecke).
6. Wegen der Anwendung der AO 1977 bei der Leistung von Rechts- oder Amtshilfe wird auf die §§ 111 ff. hingewiesen.

Vor §§ 369 bis 412 – Straf- und Bußgeldvorschriften/Straf- und Bußgeldverfahren:

1. Die Vorschriften über das Steuerstraf- und Steuerordnungswidrigkeitenrecht haben durch die AO 1977 keine wesentlichen Änderungen erfahren. Es ist insbesondere der Katalog der Steuerstraftaten und Steuerordnungswidrigkeiten mit Steuerhinterziehung (§ 370), leichtfertiger Steuerverkürzung (§ 378), Steuergefährdung (§ 379) sowie Gefährdung der Abzugssteuern (§ 380) unverändert geblieben. Der Straftatbestand ,,Bruch des Steuergeheimnisses" war bereits früher in das StGB eingestellt worden (§ 355). Die Ordnungswidrigkeit ,,unerlaubte Hilfeleistung in Steuersachen" hat ihre Regelung im Steuerberatungsgesetz gefunden (§ 160), während die den unzulässigen Erwerb von Steuererstattungs- und Vergütungsansprüchen unter Bußgelddrohung stellende Bestimmung des § 383 noch in die RAO (als § 409 a) aufgenommen worden war.
2. Bezüglich des Verfahrensrechts verbleibt es ebenfalls weitgehend bei der bisherigen Regelung, vor allem hinsichtlich der Abgrenzung der Zuständigkeiten für die Strafverfolgung zwischen Finanzamt und Staatsanwaltschaft. Zu beachten ist, daß das Finanzamt für die Ahndung von Ordnungswidrigkeiten nach dem Steuerberatungsgesetz zuständige Verwaltungsbehörde ist (§ 164 StBerG).

3. Die Bestimmungen des 8. Teils finden nunmehr auch im Prämienrecht nach den durch das EGAO geänderten Bergmanns-, Spar- und Wohnungsbau-Prämiengesetzen sowie dem Dritten Vermögensbildungsgesetz Anwendung (§ 5a Bergmannsprämiengesetz; § 5b Spar-Prämiengesetz; § 8 Wohnungsbau-Prämiengesetz und § 13 Drittes Vermögensbildungsgesetz).
4. Nach den §§ 369ff. ist ferner zu verfahren, wenn Zulagen nach § 29 Berlinförderungsgesetz zu Unrecht in Anspruch genommen wurden (§ 29a Berlinförderungsgesetz). Unwahre Angaben usw. in bezug auf die Gewährung von Investitionszulagen nach § 19 Berlinförderungsgesetz und § 5 Investitionszulagengesetz unterliegen dagegen als Subventionsbetrug der Strafdrohung des § 264 StGB (i. d. F. des Ersten Gesetzes zur Bekämpfung der Wirtschaftskriminalität vom 29. 7. 1976, BGBl. I S. 2034); in den entsprechenden Bestimmungen ist festgelegt, daß das Finanzamt insoweit Strafverfolgungsbehörde ist.
5. Der Subventionsbetrug nach § 264 StGB unterscheidet sich von der Steuerhinterziehung vor allem darin, daß er als Gefährdungsdelikt ausgestaltet ist. Es ist nicht erforderlich, daß die Zulage auch tatsächlich gewährt worden ist. Das Gesetz fordert im übrigen nur vorsätzliches Handeln, nicht aber wie in § 263 StGB eine Absicht. Darüber hinaus ist auch die leichtfertige Begehungsweise unter Strafe gestellt, wird also nicht wie die leichtfertige Steuerverkürzung nur als Ordnungswidrigkeit verfolgt.

Zu § 370 – Steuerhinterziehung:

1. Steuerhinterziehung begeht derjenige, der in eigener oder fremder Sache vorsätzlich über steuerlich erhebliche Umstände falsche Angaben macht oder gebotene Angaben zu machen unterläßt mit der Folge, daß dadurch Steuern verkürzt oder ungerechtfertigte Steuervorteile erlangt werden. Das bisherige ungeschriebene Tatbestandsmerkmal der Steuerunehrlichkeit hat damit keine Bedeutung mehr.
2. Die strafrechtlich erheblichen Handlungsweisen sind in § 370 Abs. 1 abschließend aufgeführt, positives Tun nach § 370 Abs. 1 Nr. 1 und Unterlassen nach § 370 Abs. 1 Nr. 2. Im Bereich der Wechselsteuer und der Börsenumsatzsteuer wird die Nichtverwendung von Steuerzeichen oder von Steuerstemplern ausdrücklich mit Strafe bedroht.
3. Soweit die Handlung in einem positiven Tun besteht, macht es keinen Unterschied, ob die Angaben gegenüber dem Finanzamt oder einer anderen Behörde (z. B. Bauamt wegen Grundsteuervergünstigung) gemacht werden.
4. Die Streichung der in der seitherigen Fassung des Hinterziehungstatbestandes enthaltenen Worte „zum eigenen Vorteil oder zum Vorteil eines anderen" erfolgte, um Mißverständnisse dahingehend zu vermeiden, daß die Straftat Absicht voraussetze. Handlungen in der Steuersache eines Dritten können daher wie seither als Steuerhinterziehung strafbar sein.
5. Bezüglich der Tatform „Erlangung ungerechtfertigter Steuervorteile" ist nunmehr ausdrücklich geregelt, daß darunter auch Steuervergütungen fallen.
6. Daß die Hinterziehung bereits mit der vorläufigen Veranlagung (§ 165 Abs. 1 Satz 1) bzw. der Veranlagung unter Vorbehalt der Nachprüfung (§ 164) sowie mit der Einreichung einer Steueranmeldung (§ 168) vollendet ist, wurde ebenfalls klargestellt.
7. Nicht aufgenommen wurde eine Regelung über zweckwidriges Verwenden steuerbefreiter bzw. steuerbegünstigter Sachen entsprechend § 392 Abs. 2 RAO. Wer in diesen Fällen den Anzeigepflichten nach § 153 Abs. 2, 3 vorsätzlich zuwiderhandelt und dadurch Steuern verkürzt, begeht eine Steuerhinterziehung.
8. Für besonders schwere Fälle der Steuerhinterziehung ist in § 370 Abs. 3 eine Strafverschärfung vorgesehen.

Zu § 371 – Selbstanzeige:

1. Die Sperrwirkung nach § 371 Abs. 2 Nr. 2 tritt nur ein, wenn die Tat entdeckt war und außerdem der Täter dies wußte, oder wenn er es zwar nicht wußte, aber bei Erstattung der

Selbstanzeige nach Sachlage mit der erfolgten Aufdeckung rechnen mußte. Die irrige Annahme der Entdeckung allein hindert die Wirksamkeit der Selbstanzeige nicht.

2. War die Steuerhinterziehung bereits vollendet, ist Voraussetzung für die Wirksamkeit einer Selbstanzeige desjenigen Tatbeteiligten, zu dessen Gunsten die Steuerhinterziehung erfolgte, daß die Steuer nachgezahlt wird (§ 371 Abs. 3).
3. Die Entrichtung der hinterzogenen Steuern ist nicht mehr Straffreiheitsvoraussetzung nur für den Täter, der die Steuern schuldet, sondern für alle an der Tat Beteiligten (Täter, Anstifter, Gehilfen), zu deren (steuerlichem) Vorteil Steuern hinterzogen worden sind.
4. § 371 Abs. 4 entspricht im wesentlichen dem bisherigen § 395 Abs. 4 RAO. Hat jedoch ein Dritter zum eigenen Vorteil gehandelt, so ist nach dem neu eingeführten § 371 Abs. 4 Satz 2 die Straffreiheit gleichfalls von der rechtzeitigen Zahlung (§ 371 Abs. 3) der hinterzogenen Steuern abhängig.
5. Wegen des Begriffs „Amtsträger" vgl. zu § 7 Nr. 1.

Zu § 379 – Steuergefährdung:

1. Das „Erlangen nicht gerechtfertigter Vorteile" ist in § 379 Abs. 1 ausdrücklich als Fall der Steuergefährdung genannt worden.
2. Nach § 379 Abs. 2 Nr. 1 handelt auch derjenige ordnungswidrig, der seiner sich aus § 138 Abs. 2 ergebenden Mitteilungspflicht nur unvollständig nachkommt.

Zu § 385 – Geltung von Verfahrensvorschriften:

1. Nach dem neu eingefügten § 385 Abs. 2 können die Finanzbehörden auch dann strafrechtliche Ermittlungen durchführen, wenn jemand unter Vortäuschung eines steuerlich erheblichen Sachverhalts gegenüber der Finanzbehörde oder einer anderen Behörde Vermögensvorteile erlangt und kein Steuerstrafgesetz verletzt. Nach der Rechtsprechung des BGH wird in diesen Fällen das Vorliegen eines Betrugs angenommen. Mit der Neuregelung wird der bisher unbefriedigende Rechtszustand beseitigt, wonach die Finanzbehörden einerseits keine strafrechtlichen Ermittlungsbefugnisse hatten und sich andererseits durch das Steuergeheimnis gehindert sahen, in derartigen Fällen ihre Kenntnisse der zuständigen Strafverfolgungsbehörde zu offenbaren.
2. Die Finanzbehörden haben jedoch in diesen Fällen keine selbständige Ermittlungsbefugnis wie bei den Steuerstraftaten. Sie sind auch nicht befugt, einen Antrag auf Erlaß eines Strafbefehls zu stellen.

Zu § 386 – Zuständigkeit der Finanzbehörden bei Steuerstraftaten:

1. Nach den durch das EGAO geänderten Bestimmungen des § 5a Bergmannsprämiengesetz, § 5b Spar-Prämiengesetz, § 8 Wohnungsbau-Prämiengesetz und § 13 Drittes Vermögensbildungsgesetz sind die Vorschriften über die Steuerhinterziehung auch auf die nicht gerechtfertigte Erlangung von Prämien anwendbar. Insoweit sind auch die Vorschriften über die Zuständigkeit und die Befugnisse der Finanzbehörden bei Steuerstraftaten und bei Steuerordnungswidrigkeiten für anwendbar erklärt worden. Das gleiche gilt, wenn Zulagen nach § 29 des Berlinförderungsgesetzes zu Unrecht in Anspruch genommen worden sind (§ 29a Berlinförderungsgesetz).
2. Unwahre Angaben in bezug auf die Gewährung von Investitionszulagen nach § 19 Berlinförderungsgesetz und § 5 Investitionszulagengesetz unterliegen dagegen als Subventionsbetrug der Strafdrohung des § 264 StGB (i. d. F. des Ersten Gesetzes zur Bekämpfung der Wirtschaftskriminalität vom 29. 7. 1976, BGBl. I S. 2034). In § 20 Berlinförderungsgesetz und § 5a Investitionszulagengesetz wird bestimmt, daß insoweit das Finanzamt Strafverfolgungsbehörde ist.

3. Durch § 386 Abs. 2 Nr. 1 wird klargestellt, daß die selbständigen Ermittlungsbefugnisse der Finanzbehörde auch dann eingreifen, wenn sich die Strafbarkeit einer Tat zwar nicht aus den Steuergesetzen ergibt, die Tat aber gleichwohl durch Gesetz zu einer Steuerstraftat erklärt wird (§ 369 Abs. 1 Nr. 3 und 4).

Zu § 393 – Verhältnis des Strafverfahrens zum Besteuerungsverfahren:

Durch § 393 Abs. 1 wird der – bisher in § 428 Abs. 1 RAO festgelegte – Grundsatz bestätigt, daß die Befugnisse der Finanzbehörden im Besteuerungsverfahren durch ein Steuerstrafverfahren nicht berührt werden. Die verfahrensmäßige Stellung des Steuerpflichtigen im Besteuerungsverfahren soll sich durch die Einleitung des Strafverfahrens nicht ändern. Soweit die Finanzbehörde Ermittlungen im Steuerstrafverfahren durchführt, hat der Steuerpflichtige jedoch das Recht, jede Aussage zur Sache zu verweigern. Gegen den Steuerpflichtigen dürfen dann im Besteuerungsverfahren auch keine Zwangsmittel angewendet werden. Das Verbot von Zwangsmitteln erstreckt sich darüber hinaus auch auf die Fälle, in denen noch kein Strafverfahren eingeleitet worden ist, der Steuerpflichtige aber gezwungen wurde, sich selbst wegen einer Steuerstraftat oder Steuerordnungswidrigkeit zu belasten. Die Finanzbehörden sind verpflichtet, den Steuerpflichtigen über die Rechtslage zu belehren, soweit dazu Anlaß besteht. Verweigert allerdings der Steuerpflichtige im Rahmen der Ermittlung der Besteuerungsgrundlagen seine Mitwirkung, so kann dies u. U. im Wege der Schätzung berücksichtigt werden.

Zu § 396 – Aussetzung des Verfahrens:

Sind für das Steuerstrafverfahren steuerrechtliche Vorfragen entscheidungserheblich, kann das Strafverfahren nunmehr schon von dem ermittelnden Finanzamt (§ 386) bis zum rechtskräftigen Abschluß des Besteuerungsverfahrens ausgesetzt werden. Dies gilt nicht bei Zweifeln über die Höhe der Verkürzung der erlangten Steuervorteile, sondern wie bisher allein dann, wenn das Bestehen oder Nichtbestehen eines Steueranspruchs sowie die Verkürzung von Steuern bzw. das Erlangen von Steuervorteilen dem Grunde nach streitig ist. Es ist darauf zu achten, daß die für das Steuerstrafverfahren erforderlichen Beweissicherungsmaßnahmen rechtzeitig ergriffen werden (Vernehmung des Beschuldigten oder der Zeugen), damit die Überführung des Täters nicht durch das Verstreichen der Zeit, die mit der Durchführung des Rechtsbehelfsverfahrens verbunden ist, gefährdet wird.

Zu § 401 – Antrag auf Anordnung von Nebenfolgen im selbständigen Verfahren:

Die Vorschrift ist gegenüber § 436 RAO dadurch erweitert worden, daß die Finanzbehörde auch den Antrag auf selbständige Festsetzung einer Geldbuße gegen eine juristische Person oder eine Personenvereinigung stellen kann.

Zu § 403 – Beteiligung der Finanzbehörde:

1. Das Fragerecht des Vertreters der Finanzbehörde ist nunmehr in § 403 Abs. 1 Satz 3 gesetzlich besonders verankert worden.
2. § 403 Abs. 2 begründet das Recht für die Finanzbehörde, an den richterlichen Verhandlungen teilzunehmen, bei denen auch der Staatsanwaltschaft die Anwesenheit gestattet ist.

Zu § 404 – Steuer- und Zollfahndung:

Vgl. zu § 208:

1. Dem Steuerfahndungsdienst weist das Gesetz folgende Aufgaben zu:
   1. Die sog. Vorfeldermittlungen zur Verhinderung der Steuerverkürzung (§ 85 Satz 2), gerichtet auf die Aufdeckung und Ermittlung unbekannter Steuerfälle (§ 208 Abs. 1 Satz 1 Nr. 3);

2. die Verfolgung bekanntgewordener Steuerstraftaten gem. § 386 Abs. 1 Satz 1 und Steuerordnungswidrigkeiten einschließlich der Ermittlung des steuerlich erheblichen Sachverhalts und dessen rechtlicher Würdigung (§ 208 Abs. 1 Satz 1 Nr. 1 und 2). § 208 Abs. 1 Satz 2 und 3 bestimmen, nach welchen Vorschriften sich das Verfahren bei der Durchführung von Steuerfahndungsmaßnahmen richtet.

2. Entsprechend der Aufgabenzuweisung wird klargestellt, daß der Steuerfahndungsdienst die Rechte und Pflichten ausübt,
   1. die den Finanzämtern im Besteuerungsverfahren zustehen (§§ 85ff.);
   2. die sich aus § 404 Satz 2 ergeben: Erster Zugriff; Durchsuchung; Beschlagnahme; Durchsicht von Papieren und sonstigen Maßnahmen nach den für die Hilfsbeamten der Staatsanwaltschaft geltenden Vorschriften.
3. Bei der Ermittlung der Besteuerungsgrundlagen und den Vorfeldermittlungen gelten für den Steuerfahndungsdienst verschiedene Einschränkungen nicht, die sonst im Besteuerungsverfahren, insbesondere bei der Außenprüfung zu beachten sind, und zwar bezüglich der Einholung von Auskünften (§ 93), der Vorlage von Urkunden (§ 97) und der Mitwirkungspflicht des Steuerpflichtigen (§ 200). Dementsprechend kann die Steuerfahndung auch andere Personen als die Beteiligten ohne vorherige Ermittlungen bei den Beteiligten selbst zur Auskunft anhalten. Die Auskunftsersuchen müssen nicht schriftlich ergehen. Die Steuerfahndung kann auch die Vorlage von Urkunden verlangen, ohne sich zunächst mit einem Auskunftsersuchen an den Vorlagepflichtigen gewandt zu haben. Der Grund für diese Einschränkungen besteht darin, daß andernfalls im Hinblick auf den möglichen straf- oder bußgeldrechtlichen Bezug der Erfolg der Ermittlungen gefährdet werden könnte.
4. Nach § 208 Abs. 1 Satz 3 bleiben andererseits gewisse Mitwirkungspflichten des Steuerpflichtigen, die sich aus den Vorschriften über die Außenprüfung ergeben, bestehen. Dadurch soll verhindert werden, daß der einer Steuerstraftat oder Steuerordnungswidrigkeit Verdächtige steuerlich besser gestellt ist als der redliche Steuerpflichtige. Die Mitwirkungspflicht kann allerdings nicht erzwungen werden, wenn sich der Steuerpflichtige dadurch der Gefahr aussetzen würde, sich selbst wegen einer von ihm begangenen Steuerstraftat oder Steuerordnungswidrigkeit belasten zu müssen oder wenn gegen ihn bereits ein Steuerstraf- oder Bußgeldverfahren eingeleitet worden ist. Über diese Rechtslage muß der Steuerpflichtige regelmäßig belehrt werden.
5. . . .

Zu § 405 – Entschädigung der Zeugen und der Sachverständigen:

Die neu eingefügte Vorschrift stellt klar, daß Zeugen und Sachverständige auch dann eine Entschädigung erhalten, wenn sie von der Finanzbehörde oder von der Steuer- und Zollfahndung herangezogen worden sind.

Zu § 406 – Mitwirkung der Finanzbehörde im Strafbehelfsverfahren und im selbständigen Verfahren:

Der neu angefügte § 406 Abs. 2 ist eine Folgebestimmung zu § 401.

Zu § 407 – Beteiligung der Finanzbehörde in sonstigen Fällen:

§ 407 Abs. 1 erweitert die bisherige Stellung der Finanzbehörde im gerichtlichen Verfahren. Neben dem Termin zur Hauptverhandlung ist der Finanzbehörde auch der Termin zur Vernehmung von Zeugen, Sachverständigen und des Angeklagten durch einen beauftragten oder ersuchten Richter mitzuteilen. Dem Vertreter der Finanzbehörde wird ausdrücklich zugestanden, Fragen an Angeklagte, Zeugen und Sachverständige zu richten.

Zu § 410 – Ergänzende Vorschriften für das Bußgeldverfahren:

Durch die Neueinfügung der Nummern 7 und 10 in § 410 soll klargestellt werden, daß die Bestimmung des § 399 Abs. 2 über die Rechte und Pflichten der Finanzbehörde und die neu aufgenommene Regelung über die Entschädigung der Zeugen und der Sachverständigen nach § 405 auch für das Bußgeldverfahren gelten.

Zu § 411 – Bußgeldverfahren gegen Rechtsanwälte, Steuerberater, Steuerbevollmächtigte, Wirtschaftsprüfer oder vereidigte Buchprüfer:

Nach der Neufassung der Vorschrift ist der Erlaß eines Bußgeldbescheids gegen eine der vorbezeichneten Personen nicht mehr – wie nach § 448 RAO – davon abhängig, daß gegen diese zuvor eine ehrengerichtliche oder berufsgerichtliche Maßnahme verhängt oder eine Rüge erteilt worden ist. Vor Erlaß eines Bußgeldbescheids muß die Finanzbehörde der zuständigen Berufskammer jedoch Gelegenheit zur Stellungnahme geben.

Gegenüberstellung der Vorschriften des neuen und alten Rechts

	AO 1977	RAO 1968	RAO 1931	RAO 1919
Steuerstraftaten	**§ 369 I**	§ 391 I	§ 392	§ 356
Verweisung auf StGB	**§ 369 II**	§ 391 II	§ 391	§ 355
Steuerhinterziehung	**§ 370**	§ 392	§ 396	§ 359
Versuch	**§ 370 II**	§ 393 I	§ 397 I, II	§ 360
Irreführung	–	§ 393 II	§ 397 III	§ 80 RBewG
Vorteilsbegünstigung	–	§ 394	§ 398	§ 361
Selbstanzeige	**§ 371**	§ 395	§ 410	§ 374
Bannbruch	**§ 372**	§ 396	§ 401 a	§§ 134, 136 VZollG
Schmuggel	**§ 373**	§ 397	§ 401 b	§§ 146, 148 VZollG
Steuerhehlerei	**§ 374**	§ 398	§ 403	§ 368
Zeichenfälschung	§ 148 StGB	§ 399	§ 405	§ 369 a
Steuergeheimnis	§ 355 StGB	§ 400	§ 412	§ 376
Amtsfähigkeit	**§ 375 I**	§ 401 I	(§ 400)	(§ 364)
Einziehung	**§ 375 II**	§ 401 II	§ 401 1961: § 414	§ 365
Verjährung von Steuerstraftaten	**§ 376**	§ 402	§ 419	§ 384
Steuerordnungswidrigkeiten	**§ 377**	§ 403	–	–
Steuerverkürzung	**§ 378 I, II**	§ 404 I, II	§ 402	§ 367
Selbstanzeige	**§ 378 III**	§ 404 III	§ 411	§ 374
Steuergefährdung	**§ 379 I**	§ 405 I	§ 406	§ 366
	§ 379 II Nr. 2	§ 405 II	§ 413 I Nr. 3	§ 371
	II Nr. 1, III	–	–	–
Abzugsteuern	**§ 380**	§ 406	§ 413 I Nr. 1 a	–
Verbrauchsteuern	**§ 381**	§ 407	§ 413 I Nr. 1 b	–
Eingangsabgaben	**§ 382**	§ 408	§ 413 I Nr. 1 c	–
Hilfeleistung in Steuersachen	§ 160 StBerG	§ 409	§ 413 I Nr. 3	–
Steuererstattungsansprüche	**§ 383**	–	–	–
Verjährung von Steuerordnungswidrigkeiten	**§ 384**	§ 404 IV § 405 IV § 406 III	–	–

II. Teil
Kommentar

Einleitung

Übersicht

I. Das Steuerstrafrecht im Rechtssystem

1 **Steuerstrafrecht** ist im weitesten Sinne der Sammelbegriff für alle Gesetze, die straf- oder bußrechtliche Sühnemittel wegen Zuwiderhandlungen gegen Steuergesetze androhen und das Straf- oder Bußgeldverfahren durch Sondervorschriften der Eigenart steuerlicher Zuwiderhandlungen anpassen. Im engeren Sinne umfaßt das Steuerstrafrecht die *materiellen* Vorschriften über ,,Steuerverfehlungen" *(Leise),* im engsten Sinne nur die *Straf*vorschriften der §§ 369–376 AO, § 23 RennwLottG (Anh IV), § 13 WStG (Anh V) sowie die Straftatbestände in den Abgabengesetzen der Länder (Anh XXII). In jedem Falle umschreibt der doppeldeutige Begriff einen Grenzbereich, in dem das Strafrecht und das Steuerrecht ineinander übergreifen (Rdnr. 2). Diese Lage hat zur Folge, daß das Steuerstrafrecht – vom Mittelpunkt des Steuerrechts oder des Strafrechts aus betrachtet – jeweils am Rande des rechtswissenschaftlichen Interesses und der rechtswissenschaftlichen Erkenntnis erscheint.

2 **Strafrecht und Steuerrecht** sind im Steuerstrafrecht auf mehrfache Weise miteinander verknüpft:

1. *historisch* ist das Steuerstrafrecht aus dem Steuerrecht erwachsen und herkömmlich in Steuergesetzen geregelt, auch soweit die angedrohten Sühnemittel eindeutig Kriminalstrafen sind;
2. *rechtspolitisch* dient das Steuerstrafrecht der Sicherung der Steuererträge, auf deren vollständiges Aufkommen Bund, Länder und Gemeinden zur Erfüllung ihrer öffentlichen Aufgaben angewiesen sind;
3. *dogmatisch* sind die Tatbestände des Steuerstrafrechts als Blankettnormen (offene Gesetze) gestaltet, die durch das Steuerrecht ausgefüllt werden müssen;
4. *verfahrensrechtlich* sind die Ermittlung von Steuerstraftaten und die Verfolgung von Steuerordnungswidrigkeiten gem. §§ 386ff. AO weitgehend Finanzbehörden anvertraut, die durch ihre Tätigkeit im Besteuerungsverfahren Steuerverkürzungen und andere Zuwiderhandlungen gegen Steuergesetze am ehesten entdecken und aufklären können. Anderseits erwachsen gerade aus dem Dualismus zwischen dem Besteuerungsverfahren und dem Steuerstraf- oder -bußgeldverfahren besondere Abgrenzungsschwierigkeiten (vgl. dazu §§ 393, 397 AO), die in anderen Strafverfahren wegen der getrennten Kompetenzen zwischen Verwaltungs- und Strafverfolgungsbehörde nicht vorkommen.

3 **Die vielfältige Verknüpfung des Steuerstrafrechts mit dem Steuerrecht** hat Vorstellungen hervorgerufen, nach denen das Steuerstrafrecht als ein Bestandteil des Steuerrechts und das Steuerstrafverfahren als ein verlängertes Besteuerungsverfahren anzusehen sei (vgl. zB *Mattern* DStZ 1957, 97 u. ZStW 67 [1955] 365, 368, 375). Bezeichnend ist die abschwächende Meinung von *Moser,* das Steuerstrafrecht sei *auch* Strafrecht, die Steuerstrafsache *auch* Strafsache und das Steuerstrafverfahren *auch* Strafverfahren (DStR 1956, 463). Von dieser Betrachtungsweise hat sich auch die Praxis im früheren Verwaltungsstrafverfahren nicht völlig freihalten können, so daß zB bei der Einleitung oder Einstellung eines Strafverfahrens oder bei der Strafzumessung bisweilen steuerrechtsähnliche Billigkeitserwägungen (vgl. § 227 I AO) angestellt wurden. Nachdem das Spannungsverhältnis zwischen dem Zwang zur Strafverfolgung und dem minder schweren Unrechtsgehalt der früheren Vergehen nach den §§ 402, 406 u. 413 RAO 1931 durch deren Umwandlung in Ordnungswidrigkeiten (vgl. §§ 404–409 RAO 1968, heute §§ 378–382 AO) und das für sie geltende Opportunitätsprinzip (§ 47 OWiG) aufgelöst ist, kann kein Zweifel mehr bestehen, daß die §§ 369–376 AO trotz ihrer engen Beziehungen zum Steuerrecht dem Strafrecht angehören (so schon BFHGrS v. 10. 2. 1958, BStBl. 198f.). Dies ergibt sich eindeutig aus den angedrohten Strafen und den Verweisungen des § 369 II und des § 385 II AO auf die allgemeinen Gesetze über das Strafrecht und das Strafverfahren.

II. Die Besonderheiten der Zuwiderhandlungen gegen Steuergesetze

Schrifttum:
Terstegen, Besonderheiten der Steuerstraftaten und des Steuerstrafrechts, Sonderdruck des BKA 1957, S. 213ff.; *Strickstrock,* Besonderheiten des materiellen Steuerstrafrechts, WPg 1968, 313.

1. Dogmatische Besonderheiten

4 **Zuwiderhandlungen gegen Steuergesetze** sind zT als Vergehen iS des § 12 II StGB mit Strafe bedroht („Steuerstraftaten" iS des § 369 I AO), zT können sie als Ordnungswidrigkeiten iS des § 1 I OWiG mit Geldbuße geahndet werden („Steuerordnungswidrigkeiten" iS des § 377 I AO). Mit der Einführung von Steuerordnungswidrigkeiten durch das 2. AOStrafÄndG hat der Gesetzgeber einen klaren Trennungsstrich zwischen kriminellem Unrecht und Ordnungsunrecht gezogen. Dem Ordnungsunrecht sind diejenigen Tatbestände zugeordnet worden, die vorher ausschließlich mit Geldstrafe bedroht waren (§§ 402, 413 RAO) oder bei denen eine Freiheitsstrafe zwar angedroht war, aber in der Praxis nicht verhängt wurde (§ 406 RAO). Von den verbliebenen Straftatbeständen sind Steuerhinterziehung. Bannbruch und Steuerhehlerei (§§ 370, 372, 374 AO) im Regelfall mit Freiheitsstrafe bis zu 5 Jahren oder mit Geldstrafe (§§ 40–43 StGB) bedroht. Für Steuerordnungswidrigkeiten erhellen die Bußgelddrohungen bis zu 100000 DM (§§ 378, 383 AO) bzw. bis 10000 DM (§§ 379–382 AO) im Vergleich zu der regelmäßigen Geldbuße bis zu 1000 DM (§ 17 OWiG), daß die Zuwiderhandlungen nach den §§ 378–383 AO im Hinblick auf die Bedeutung der Rechtsgutverletzung in den Fällen des § 378 AO und der Rechtsgutgefährdung in den anderen Fällen zum *oberen* Bereich des Ordnungsunrechts gehören.

5 **Nach der Beschreibung der tatbestandsmäßigen Handlung** sind sämtliche Straf- und Bußgeldtatbestände der §§ 379ff. AO **Blankettvorschriften.** Dies gilt besonders für § 370 und § 378 AO, die an eine Steuerverkürzung anknüpfen, desgl. für § 374 AO (Steuerhehlerei), der die Steuerverkürzung eines Vortäters voraussetzt. Das Ermöglichen einer Steuerverkürzung erfordert § 379 I AO (Steuergefährdung). In diesen Fällen ist eine erschöpfende Beschreibung der Tatbestandsmerkmale in der Straf- oder Bußgeldvorschrift nicht möglich, weil Steuerverkürzungen nur anhand aller im Einzelfall einschlägigen Vorschriften des Steuerrechts festgestellt werden können. In den Fällen des § 379 II AO, der auf § 138 II und § 154 I AO verweist, und des § 383 AO, der sich auf § 46 IV 1 AO bezieht, wäre eine Wiederholung der in bezug genommenen Vorschriften innerhalb desselben Gesetzes unzweckmäßig. Die §§ 381 und 382 AO greifen zurück auf bestimmte Gebots- und Verbotsnormen der Verbrauchsteuer- und Zollgesetze, sofern diese ihrerseits auf § 381 oder § 382 AO verweisen. Besondere Schwierigkeiten bereiten § 372 AO in bezug auf die Ein-, Aus- und Durchfuhrverbote, § 380 AO, der an ungenannte Vorschriften über das Steuerabzugsverfahren anknüpft, und § 379 III AO, der das Zuwiderhandeln gegen eine aufgrund § 120 II Nr. 4 AO erlassene Auflage mit Geldbuße bedroht.

6 **Die Selbstanzeige nach § 371 AO** bietet dem Täter einer Steuerhinterziehung (§ 370 AO) noch nach vollendeter und beendeter Tat die Möglichkeit, durch eine Berichtigungserklärung und die Nachzahlung des verkürzten Steuerbetrags einen Anspruch auf Straffreiheit zu erlangen (vgl. auch § 378 III AO). § 371 AO erscheint dogmatisch als eine Anomalie, da das deutsche Strafrecht (anders zB § 187 ÖsterrStGB) Straffreiheit sonst nur gewährt, wenn der Täter eine noch nicht vollendete Straftat aufgibt oder verhindert oder wenn der dem Rechtsgut drohende Schaden noch abgewendet werden kann (s. Rdnr. 11–16 zu § 371 AO).

7 **Die Verjährung der Verfolgung einer Steuerstraftat** wird nach § 376 AO außer durch die allgemeinen Unterbrechungshandlungen nach § 78c I Nr. 1–12 StGB auch dadurch unterbrochen, daß dem Beschuldigten die Einleitung des Bußgeldverfahrens wegen einer Steuer*ordnungswidrigkeit* bekanntgegeben oder diese Bekanntgabe angeordnet wird.

2. Das durch die §§ 369ff. AO geschützte Rechtsgut

8 Das durch die Straf- und Bußgeldvorschriften des 8. Teils der AO geschützte **Rechtsgut** ist das *„öffentliche Interesse am vollständigen und rechtzeitigen Aufkommen der einzelnen Steuern"* (RG 59, 258, 261 v. 16. 6. 1925; 65, 165, 174 v. 19. 2. 1931; OLG Köln v. 30. 10. 1951, MDR 1952, 121; OLG Schleswig v. 6. 2. 1963, ZfZ 1964, 343, 345); maW *„der Anspruch des Staates auf den vollen Ertrag aus jeder einzelnen Steuerart"* (BGH v. 28. 11. 1957, ZfZ 1958, 145, im Anschluß an RG 72, 184, 186 v. 23. 5. 1938). Die Steuerhoheit ist gem. Art. 105, 106, 108 GG in Gesetzgebungs-, Ertrags- und Verwaltungshoheit aufgespalten und je nach Steuerart unterschiedlich auf Bund, Länder und Gemeinden verteilt; dabei bilden Steuern, bei denen Gesetzgebung, Ertrag und Verwaltung *demselben* Hoheitsträger zustehen, die Ausnahme. Infolge der Aufteilung der Ertragshoheit auf verschiedene StGläubiger bildet das Steueraufkommen kein einheitliches Rechtsgut. Zudem wird das Aufkommen einer Steuer auch beeinträchtigt durch vorsätzliches Nichtzahlen einer fälligen Schuld, das für sich allein nicht strafbar ist, sondern nur die Verpflichtung zur Zahlung von Säumniszuschlägen nach § 240 AO auslöst. Schließlich ist auch der einzelne Steuer*anspruch* nicht Schutzgegenstand (mißverständlich RG 76, 195, 197 v. 3. 7. 1942), da er kraft Gesetzes entsteht, sobald der Tatbestand verwirklicht ist, an den das Steuergesetz die Leistungspflicht knüpft (vgl. § 38 AO). Der bereits entstandene Steueranspruch wird bei den meisten Steuerarten im Festsetzungsverfahren nach Schuldner, Betrag und Zeitraum konkretisiert und fixiert. Der durch Steuerbescheid gleichsam „titulierte" Steueranspruch (*Riewald* vor § 97 RAO: *„Steuerzahlungsanspruch"*) braucht keinen besonderen strafrechtlichen Schutz. Soweit seine Erfüllung vereitelt oder verzögert wird, zB durch Täuschung des FA über die Zahlungsfähigkeit des StSchuldners oder über das Vorhandensein pfändbarer Vermögensgegenstände, unterscheidet sich die Handlungsweise des Täters grundsätzlich nicht von einem gewöhnlichen Erfüllungsbetrug (§ 263 StGB). Für die richtige Festsetzung der kraft Gesetzes entstandenen Steueransprüche ist dagegen die Kennt-

nis des FA entscheidend, welcher Stpfl welche Steuertatbestände in einem bestimmten Zeitabschnitt (laufende Steuern) oder Zeitpunkt (einmalige Steuern) verwirklicht hat. Zum Zwecke der Ermittlung der Besteuerungsgrundlagen bestimmen die Steuervorschriften zahlreiche Mitwirkungs- (Aufzeichnungs-, Erklärungs-, Auskunfts-, Anzeige-)pflichten für Stpfl, dritte Personen, Behörden und Gerichte. Jede Verletzung einer derartigen Mitwirkungspflicht gefährdet den vollen Ertrag aus der jeweiligen Steuer und ist deshalb je nach Erfolg und subjektiver Einstellung des Täters strafbar oder mit Geldbuße bedroht. Das durch Zuwiderhandlungen gegen Steuergesetze geschützte Rechtsgut könnte daher auch beschrieben werden als *Anspruch des Trägers der Steuer(verwaltungs)hoheit auf pflichtgemäße Offenbarung aller Tatsachen, die für die Festsetzung oder Erhebung einer Steuer von Bedeutung sind* (*Troeger/Meyer* S. 8: *„Anspruch auf Tatbestandsvermittlung“*).

9 **Das öffentliche Interesse am vollständigen und rechtzeitigen Aufkommen der einzelnen Steuern ist besonders schutzwürdig,** weil Bund, Länder und Gemeinden sonst nicht in der Lage wären, die ihnen obliegenden öffentlichen Aufgaben zu erfüllen. Die Verwendung der Steuererträge steht nicht im Belieben der StGläubiger, sondern ist ihnen durch die von den Parlamenten beschlossenen Haushaltsgesetze weitgehend vorgeschrieben. Auch der Erlaß und die Durchführung der Steuergesetze sind nicht von Willkür bestimmt. Die Höhe der gesetzlich auferlegten Steuern ist einerseits vom Bedarf, anderseits von der Leistungsfähigkeit der Volkswirtschaft und des einzelnen Staatsbürgers abhängig. Aus dem Grundsatz der Steuergerechtigkeit folgt das Gebot der Gleichmäßigkeit der Besteuerung, das bei den sachbezogenen Steuerarten gleiche Steuern und bei den personenbezogenen Steuerarten gleiche Steuern von Schuldnern mit gleicher Leistungsfähigkeit zu fordern gebietet. Die Gleichmäßigkeit der Besteuerung ist nach Art. 3 I GG nicht nur ein verfassungsrechtliches Gebot an die Steuergesetzgeber (vgl. BVerfG 9, 3, 9 v. 3. 12. 1958), sondern auch ein Gebot an die Finanzverwaltung, bei der Durchführung der Steuergesetze das Interesse der rechtstreuen StSchuldner gegenüber denen zu wahren, die sich der ihnen gesetzlich zugemessenen Steuerlast auf widerrechtliche Weise zu entziehen versuchen.

10 **Das öffentliche Interesse am vollständigen und rechtzeitigen Aufkommen der einzelnen Steuern ist auch besonders schutzbedürftig.** Die FÄ müssen bei der Ermittlung der Besteuerungsgrundlagen und bei der Festsetzung der Steuern Massenarbeit leisten. Die Möglichkeiten einer durchgreifenden Kontrolle sind begrenzt. Außenprüfungen (§§ 193ff. AO) können allenfalls bei Großbetrieben in einem 3-jährigen Turnus, bei den meisten Mittelbetrieben nur in einem 5-jährigen Turnus und bei der großen Zahl der Klein- und Kleinstbetriebe überhaupt nicht regelmäßig durchgeführt werden (vgl. *Delhey,* Zeitlicher Umfang der Betriebsprüfung bei Mittel-, Klein- und Kleinstbetrieben, StBp 1967, 169). Bei der Unzahl der von einem Stpfl in einem mehrjährigen Prüfungszeitraum abgewickelten Geschäftsvorfälle muß sich jede Außenprüfung auf Stichproben beschränken. Außerdem ist es zugunsten eines gesunden „Steuerklimas“ geboten, nicht jedermann von vorn-

herein mit Mißtrauen entgegenzutreten. Diese Umstände sind den Stpfl durchaus bekannt und verstärken die Versuchung, es mit den steuerrechtlichen Pflichten gegenüber den anonymen StGläubigern weniger genau zu nehmen als mit privatrechtlichen Verpflichtungen, die meist aufgrund persönlicher Beziehungen durch Vertrag um einer unmittelbaren Gegenleistung willen begründet worden sind.

11 **Der durch die Verletzung steuerrechtlicher Pflichten verursachte Schaden** geht über das Vorstellungsvermögen der meisten Steuerzahler weit hinaus. Einen Anhaltspunkt bieten die aufgrund von Feststellungen der Außenprüfung und des Steuerfahndungsdienstes rechtskräftig festgesetzten Mehrsteuern, die allein bei den Besitz- und Verkehrsteuern (Rdnr. 90) im Jahre 1975 3915 Mio DM (1974: 3658 Mio DM) betragen haben. Diese Beträge beruhen zwar zum größten Teil auf der Berichtigung von Gewinnverlagerungen durch überhöhte AfA, unangemessen hohe Wertberichtigungen usw., die ohne Berichtigung in späteren Jahren entsprechend höhere Steuern ausgelöst hätten. Aber auch insoweit sind die Zinsverluste der StGläubiger durch jahrelang vorenthaltene Steuern beträchtlich, zumal die Stpfl auf Nachzahlungen idR weder Zinsen noch Säumniszuschläge (vgl. §§ 233–240 AO) zu entrichten haben. Eine Zinspflicht für hinterzogene Steuern ist gem. §§ 4a, 9 II StSäumG erst ab 1. 1. 1966 eingeführt worden. Diese Zinsen betragen gem. § 238 I AO monatlich 0,5 vH des hinterzogenen Betrags, jährlich also nur 6 vH. Besonders ungereimt erscheint, daß der Gesetzgeber mit § 234 AO 1977 zwar eine Verzinsung gestundeter Steuern eingeführt, jedoch von einer Zinspflicht für leichtfertig verkürzte Steuerbeträge abgesehen hat (s. Rdnr. 82). Außer dem unmittelbaren Schaden ist die **demoralisierende Wirkung** von Steuervergehen auf andere Stpfl zu beachten, besonders die Wirkung auf steuerehrliche Wettbewerber, die gegenüber einem steuerunehrlichen Konkurrenten entweder Wettbewerbsnachteile in Kauf nehmen oder seinem Beispiel folgen müssen (vgl. *Terstegen* aaO vor Rdnr. 12).

3. Die kriminologische Eigenart steuerlicher Zuwiderhandlungen

Schrifttum:

Reiwald, Die Gesellschaft und ihre Verbrecher, 1948; *Sutherland,* White-Collar-Crimes, 1949; *Terstegen,* Unlauterer Wettbewerb durch Steuerhinterziehung, 1958; *ders.,* Die sog. „Weiße-Kragen-Kriminalität", Sonderdruck des BKA 1961, S. 81–118; *Zirpins/Terstegen,* Wirtschaftskriminalität, 1963; *Tiedemann,* Die Bekämpfung der Wirtschaftskriminalität als Aufgabe der Gesetzgebung am Beispiel der Steuer- und Subventionsdelinquenz, GA 1974, 1; *ders.,* Wirtschaftsstrafrecht und Wirtschaftskriminalität, Bd. 1 Allgemeiner Teil, Bd. 2 Besonderer Teil, 1976.

12 **Kriminologisch** sind zwei verschiedenartige Gruppen von Zuwiderhandlungen zu unterscheiden: einerseits die mit den physischen Straftaten des allgemeinen Strafrechts vergleichbaren Delikte des Schmuggels und der Schwarzbrennerei; anderseits die den sonstigen Wirtschaftsdelikten nahestehenden, oft mit ihnen zusammentreffenden intellektuellen Begehungsformen. Die Zoll- oder Monopolstraftaten der ersten Gruppe sind anschaulich und tragen unverkennbar den Stempel der Rechtswidrigkeit; denn der Schmuggler an der Grenze und der Schwarzbrenner entfalten eine körperliche

Tätigkeit, die sich auf die Beförderung oder Herstellung einer Sache bezieht und wahrnehmbare Spuren hinterläßt oder handgreifliche Beweise erbringt. Ungleich schwieriger erkennbar und erheblich gefährlicher für das angegriffene Rechtsgut (Rdnr. 8) sind die Erscheinungsformen der intellektuellen Steuerverkürzung.

13 **Nach der Art der Tatausführung** sind intellektuelle Steuerzuwiderhandlungen dadurch gekennzeichnet, daß ihre Begehung keine physische Anstrengung, daher auch keine körperlichen Werkzeuge oder Hilfsmittel erfordert. Das strafbare Verhalten vollzieht sich hier in Formen, welche die rechtswidrige Zielsetzung auch dann nicht ohne weiteres erkennen lassen, wenn der Täter den Erfolg der Steuerverkürzung durch positives Tun anstrebt, zB bei Ertragsteuern durch das Vortäuschen eines niedrigeren Zollwertes der eingeführten Waren. Selbst wenn derartige Täuschungen durch Absprachen mit Geschäftspartnern und Austausch unrichtiger Belege von langer Hand vorbereitet sind, hinterlassen sie doch keine ,,Spuren" iS des § 103 I StPO. Überdies erwachsen die meisten intellektuellen Steuerverfehlungen aus **Unterlassungen,** sei es, daß der Stpfl dem FA seine Existenz verheimlicht (vgl. zB OLG Frankfurt v. 18. 10. 1961, NJW 1962, 974) oder auch nur bestimmte Umsätze, Einkünfte oder Vermögensgegenstände verschweigt. In solchen Fällen erlaubt der Sachverhalt ohne umfassende Kenntnis der Verhältnisse keinen Schluß auf die objektiven oder subjektiven Merkmale einer Steuerstraftat. Vergleichbar ist die Sachlage bei einem (Subventions-, Versicherungs-, Kredit-)Betrug (§§ 263–265b StGB), bei Untreue (§ 266 StGB) und bei den Konkursstraftaten (§§ 283–283d StGB). Es ist ein gemeinsames Phänomen dieser Delikte, daß hier der oder die potentiellen Täter bekannt sind, aber Tat und Taterfolg ermittelt werden müssen. Die allgemeinen Vermögensdelikte gelangen meist durch Strafanzeigen zur Kenntnis der Strafverfolgungsbehörden, die dann bei ihren Ermittlungen durch sachdienliche Hinweise der Geschädigten unterstützt werden. Dagegen sind FA und StA bei Zuwiderhandlungen gegen Steuergesetze auf sich gestellt. Auch ist der Erfolg der Steuerverkürzung besonders schwierig zu ermitteln, weil hierbei auf die steuererheblichen Tatsachen alle im Einzelfall einschlägigen Normen des Steuerrechts angewendet werden müssen.

14 **Der Täterkreis** ist bei Zuwiderhandlungen gegen Steuergesetze *rechtlich* nicht begrenzt – abgesehen von § 378 I AO, der die Amtsträger der Finanzbehörden von dem Vorwurf der leichtfertigen Steuerverkürzung ausnimmt. Im übrigen ist der Täterkreis namentlich nicht dadurch eingeschränkt, daß Täter einer Zuwiderhandlung nur sein kann, wer als Stpfl oder Vertreter eines Stpfl steuerrechtliche Pflichten im eigenen Interesse verletzt, wenn auch in Wirklichkeit die weitaus meisten Zuwiderhandlungen zum eigenen Vorteil begangen werden.

15 **Zum eigenen Vorteil** kann Steuern nur verkürzen, wer als StSchuldner in Betracht kommt und das Besteuerungsverfahren zu beeinflussen vermag. 1971 waren von 20,6 Mio Arbeitnehmern bzw. Arbeitnehmerehepaaren nur

17,2 Mio mit LSt belastet, die gem. § 38 III, § 41 a I EStG durch die Arbeitgeber einbehalten und abgeführt wird. Dieser Personenkreis besitzt im allgemeinen auch kein Vermögen, das die Freibeträge nach § 6 VStG (mindestens 70000 DM für den Stpfl, seinen Ehegatten und jedes Kind) übersteigt. Der potentielle Täterkreis konzentriert sich daher auf die 1,7 Mio Stpfl mit Einkünften aus Gewerbebetrieb (§§ 15–17 EStG), die 0,4 Mio Stpfl mit Einkünften aus selbständiger Arbeit (§ 18 EStG), die 1,3 Mio Stpfl mit Einkünften aus Kapitalvermögen (§ 20 EStG) und die 1,2 Mio Stpfl mit Einkünften aus Vermietung und Verpachtung (§ 21 EStG). Innerhalb der gesamten Bevölkerung bilden die Gewerbetreibenden, die freiberuflich Tätigen sowie die Arbeitnehmer mit Kapital- oder Grundvermögen die **soziale Oberschicht.** Die Täter von Zuwiderhandlungen gegen Steuergesetze können daher zu Recht als *white collar criminals* und die Zuwiderhandlungen selbst als *white collar crimes* bezeichnet werden *(Sutherland),* ohne daß damit gesagt ist, daß die Steuermoral in verschiedenen Schichten der Bevölkerung unterschiedlich ausgeprägt wäre.

16 Da der Umfang einer Steuerverkürzung von der wirtschaftlichen Potenz des Täters abhängt, ist auch die Feststellung berechtigt, daß die meisten Steuerstraftaten auf das **Motiv übersteigerten Bereicherungsstrebens** zurückzuführen sind. Steuerstraftaten gehören zur Wohlstandskriminalität. Die häufig zu hörende Verteidigung eines Beschuldigten, er *„habe es wegen seiner hohen Einkünfte nicht nötig",* Steuern zu hinterziehen, ist, wie die Beobachtungen in der Praxis bestätigen, im Ansatz verfehlt; denn je höher die Einkünfte eines Stpfl sind, um so stärker ist bei progressivem Steuertarif der Anreiz zu vorsätzlicher Steuerverkürzung. Dem Verfasser bleiben stets die Beispiele eines Unternehmers mit mehrstelligen Millionenumsätzen in Erinnerung, in dessen Buchführung die Kosten seiner Hochzeitsreise als Betriebsausgaben erschienen, und eines Arztes, der allwöchentlich Kassenbons aus der Lebensmittelabteilung eines Warenhauses in Belege über Reinigungsmittel, Ärztekittel und andere praxisbedingte Ausgaben verfälscht hatte.

17 **Steuerstraftaten aus Not** gehören zu den Ausnahmeerscheinungen. Sie kommen als Steuerhinterziehung (§ 370 AO) vor, wenn zahlungsschwache Unternehmer die Entrichtung oder Beitreibung der vom Gewinn unabhängigen USt dadurch verzögern oder zu vermeiden trachten, daß sie die Abgabe der monatlich fälligen Voranmeldungen (§ 18 II UStG) unterlassen, die im Vormonat erzielten Umsätze zu niedrig angeben oder das FA im Beitreibungsverfahren mit falschen Angaben hinhalten. Die Ordnungswidrigkeit der Nichtabführung einbehaltener LSt (§ 380 AO) ist kennzeichnend für notleidende Arbeitgeber, die nur noch zur Zahlung der Nettolöhne in der Lage sind und bei dem nach § 38 IV EStG vorgeschriebenen Verfahren (Kürzung der Bruttolöhne soweit, bis die LSt aus den verfügbaren Mitteln abgeführt werden kann, oder Anzeige an das FA, das dann die LSt vom Arbeitnehmer nachfordert) ihre Arbeitnehmer verlieren würden. Dagegen sind bei Anträgen auf Stundung (§ 222 AO) oder Erlaß (§ 227 AO) einer Steuer falsche Angaben aus Not besonders selten, weil die geltend gemachte wirtschaftliche Bedrängnis entweder wirklich besteht oder in Wahrheit gerade nicht besteht.

18 **Unter einem notlageähnlichen Zwang** können Steuerstraftaten begangen werden, wenn ein Stpfl bei scharfem Konkurrenzkampf in den Sog eines steuerunehrlichen Wettbewerbers gerät (Beispiele bei *Terstegen,* Unlauterer Wettbewerb, 1958, sowie in BT-Drucks. III/2751 S. 100, 107, 113, 116). Eine gleichartige Konfliktsituation kann auch innerhalb eines Unternehmens für Angestellte bestehen, deren Chef eine Beteiligung an seinen Steuerverfehlungen verlangt oder sogar die Bereitschaft erwartet, daß ein Angestellter als Strohmann die Verantwortung übernimmt.

19 **Steuerstraftaten aus Staatsverdrossenheit,** aus Unzufriedenheit mit der staatlichen Ausgabenpolitik oder Zweifeln an der Steuergerechtigkeit (vgl. *Strümpel* FR 1966, 339) bilden seltene Ausnahmen, wenngleich solche moralisch indifferenten Tatmotive von Beschuldigten ähnlich oft geltend gemacht werden wie ,,staatsbürgerliches Verantwortungsbewußtsein" von Denunzianten eines Steuerhinterziehers, die ihre wirklichen Beweggründe bemänteln möchten.

20 **Das soziale Unwerturteil** über Zuwiderhandlungen gegen Steuergesetze steht immer noch in einem krassen Mißverhältnis zu der Schärfe der gesetzlichen Straf- und Bußgelddrohungen (Rdnr. 4) und zu dem Schaden, der durch schuldhafte Steuerverkürzungen verursacht wird (Rdnr. 11). Die Tatsache, daß der Steuerausfall letzten Endes von den ehrlichen und gewissenhaften Steuerzahlern getragen werden muß, wird allgemein übersehen. Viele Steuerzahler, die von einer erfolgreichen Steuerhinterziehung erfahren, halten ,,das Finanzamt", personifiziert durch die Beamten der Finanzverwaltung, oder den allmächtigen, unpersönlichen, stets zahlungsfähigen Staat für geschädigt, keinesfalls sich selbst als Glied der Gemeinschaft aller Staatsbürger. Das unmittelbare Verhältnis zwischen den Forderungen und den Leistungen der öffentlichen Hand wird weitgehend verkannt. Den anonymen StGläubigern wird allenfalls Schadenfreude zuteil. Ein Mitgefühl gilt eher dem ertappten Täter, dessen äußere Erscheinung sich von der landläufigen Vorstellung von einem Verbrecher deutlich abhebt. Der Steuerhinterzieher wird deshalb in der Sprache des Volkes als *,,Steuersünder"* bezeichnet und damit neben den *,,Verkehrssünder"* auf die unterste Stufe der Kriminalität gestellt. Zu dieser öffentlichen Meinung hat die bis 1967/68 bestehende Gesetzeslage wesentlich beigetragen, besonders infolge der fehlenden Unterscheidung, teilweise sogar geleugneten Unterscheidbarkeit zwischen kriminellem Unrecht und Ordnungsunrecht (vgl. namentlich *Mattern* ZStW 67 [1955] 368, 375; DStZ 1957, 97 Fußn. 3) und der möglichen Ahndung vorsätzlicher Verkürzung von Steuern in Millionenbeträgen durch Unterwerfungsverhandlungen unter Ausschluß der Öffentlichkeit nach § 445 RAO. Es wird abzuwarten sein, in welchem Maße sich das gesellschaftliche Urteil über den Steuerhinterzieher, das weithin identisch ist mit der Vorstellung eines *,,raffinierten Geschäftsmannes"* (vgl. *Strümpel* FR 1966, 339), dadurch wandeln wird, daß nach der Reform des materiellen Steuerstrafrechts durch das 2. AOStrafÄndG (Rdnr. 73) Steuer-

straftaten von Ordnungswidrigkeiten abgehoben sind und nach der Reform des Steuerstrafverfahrens durch das AOStrafÄndG (Rdnr. 71) die Täter einer Steuerstraftat nur noch von den ordentlichen Gerichten abgeurteilt werden und häufiger als früher auf Freiheitsstrafen erkannt wird (vgl. *Niese* ZStW 70 [1958], 337 u. *Rudolf Müller* NJW 1960, 609). Geldstrafen werden eher als Bestätigung dafür aufgefaßt, daß es sich bei Steuerstraftaten um ,,Kavaliersdelikte" handele. Die öffentliche Meinung, deren Verbrecherbild an Mördern und Dieben ausgerichtet ist, hält daran fest, *,,daß die Bezahlung einer Geldstrafe, sie mag in die Millionen gehen, keine Schande bedeutet, wohl aber die Verbüßung einer kurzen Freiheitsstrafe für einen kleinen Diebstahl"* (*Reiwald* aaO S. 182f.). *Reiwald* trifft auch den psychologischen Kern der Problematik mit dem Hinweis, daß die Gesellschaft Zuwiderhandlungen gegen Steuergesetze wegen der mangelnden Anschaulichkeit der Tat und ihrer Folgen weit weniger als Agression empfindet als handgreifliche Straftaten gegen körperliche Rechtsgüter. Diese psychologische Tatsache wird – unabhängig von der jeweiligen steuer- und strafgesetzlichen Gestaltung – stets wirksam bleiben und eine ständige gesellschaftspolitische Aufklärung erfordern.

4. Besonderheiten des Steuerstrafverfahrens

21 **Die besonderen strafverfahrensrechtlichen Befugnisse der Finanzbehörden** wurden 1967/68 stark beschränkt. Zunächst hatte das BVerfG mit Urt. v. 6. 6. 1967 (BGBl. I 626) § 421 II und §§ 445, 447 RAO über die Strafgewalt der Finanzbehörden für nichtig erklärt (Rdnr. 69). Alsdann verloren die FÄ gem. Art. 1 Nr. 1 AOStrafÄndG die Befugnis, im gerichtlichen Steuerstrafverfahren die Rechte eines Nebenklägers auszuüben (§ 467 I, § 472 I RAO) oder sogar die öffentliche Klage selbst zu erheben (§ 472 II–IV RAO). Schließlich fiel mit dem Inkrafttreten des 2. AOStrafÄndG die Befugnis weg, ein Steuerstrafverfahren wegen Geringfügigkeit ohne Zustimmung des Gerichts einzustellen (§ 477 II RAO, Art. 6 § 4 AOStrafÄndG); vgl. jedoch § 432a RAO, eingefügt durch das EGStGB, dem heute § 398 AO entspricht.

22 **Nach geltendem Recht** haben die Finanzbehörden in *jedem* Strafverfahren wegen einer Steuerstraftat die **Befugnisse der Polizeibehörden und der Hilfsbeamten der StA** (§ 402 I iVm § 399 II 2 AO). Unter den Voraussetzungen des § 386 II AO sind sie **für das Ermittlungsverfahren mit den Rechten und Pflichten der StA** ausgestattet (§ 399 I AO); darüber hinaus können sie in geeigneten Fällen unmittelbar beim Amtsgericht den Erlaß eines Strafbefehls beantragen (§ 400 AO) sowie den Antrag stellen, Einrichtung oder Verfall selbständig anzuordnen oder eine Geldbuße gegen eine jur. Person oder eine Personenvereinigung selbständig festzusetzen (§ 401 AO). *Polizeiliche* Befugnisse haben auf einem sachlich begrenzten Bereich auch Behörden oder Amtsträger anderer Verwaltungszweige, zB Bundespost, Bahnpolizei, Forstbehörden. Ohne Parallele ist dagegen die Übertragung *staatsanwaltschaftlicher* Befugnisse auf Verwaltungsbehörden außerhalb der Justiz. Die Ausnahme zugunsten der FÄ berücksichtigt die besonderen Bedingungen, unter denen

Zuwiderhandlungen gegen Steuergesetze entdeckt werden und ermittelt werden müssen (Rdnr. 5). Zwar hat die Durchbrechung des Ermittlungsmonopols der StA Kritik hervorgerufen (*de With* DRiZ 1963, 397), jedoch hat der Gesetzgeber pragmatischen Gesichtspunkten den Vorrang vor dogmatischen Bedenken eingeräumt. Der Steuerstrafrechtspflege wäre nicht gedient, wenn die ohnehin überlastete StA auf dem schwierigen Gebiet strafbarer Zuwiderhandlungen gegen Abgabengesetze jedes Ermittlungsverfahren selbst führen müßte. Über das frühere Recht hinaus ist seit 1967 von vornherein die StA für die Ermittlungen zuständig, wenn eine Steuerstraftat mit einer anderen Straftat zusammentrifft (§ 386 II AO) oder gegen den Beschuldigten Haftbefehl erlassen ist (§ 386 III AO); ferner kann sie jede Steuer- oder Monopolstrafsache jederzeit an sich ziehen (§ 386 IV 2 AO).

23 **Einzelne Sondervorschriften,** die grundsätzlich in jedem Steuerstrafverfahren gelten, enthalten:

§ 391 AO über die *Konzentration des Gerichtsstandes* in Steuerstrafsachen bei den Amtsgerichten, in deren Bezirk das Landgericht seinen Sitz hat;

§ 392 AO über die *Verteidigung in Steuerstrafsachen* mit der Regelung, daß auch StBer, StBev, Wpr und vBpr in begrenztem Umfang kraft Gesetzes die Befugnisse eines Verteidigers ausüben können;

§ 393 II AO über den verlängerten *Schutz des Steuergeheimnisses* (§ 30 AO) in bezug auf Tatsachen oder Beweismittel, die der Stpfl dem FA vor Einleitung des Strafverfahrens (§ 397 I AO) in Erfüllung steuerrechtlicher Pflichten offenbart hat;

§ 397 und § 393 I AO über die *Abgrenzung des Steuerstrafverfahrens vom Besteuerungsverfahren* mit Rücksicht darauf, daß das Strafverfahren sich regelmäßig aus einem Besteuerungsverfahren entwickelt und das FA für beide Verfahren zuständig ist, jedoch das Strafverfahren von anderen Grundsätzen beherrscht wird (vgl. § 136 I, § 136a I, § 163a III, IV StPO) als das Besteuerungsverfahren, in dem der Stpfl zu einer umfassenden Offenbarung seiner steuerlichen Verhältnisse und zur Mitwirkung an der Ermittlung der steuererheblichen Tatsachen verpflichtet ist;

§ 395 AO über die Befugnis des FA, in jeder Lage des Strafverfahrens die *Akten der StA und des Gerichts einzusehen* und sichergestellte oder beschlagnahmte Sachen zu besichtigen (vgl. 49 OWiG);

§ 396 AO über die Befugnis der StA oder des Gerichts, *das Strafverfahren auszusetzen,* bis das Besteuerungsverfahren rechtskräftig abgeschlossen ist, falls die Beurteilung der Tat als Steuerhinterziehung davon abhängt, ob ein Steueranspruch besteht, ob Steuern verkürzt oder ob nicht gerechtfertigte Steuervorteile erlangt sind; diese Vorschrift entspricht im Grundsatz dem Vorbild des § 262 II StPO, der über seinen Wortlaut hinaus bei verwaltungs-, arbeits- und sozialrechtlichen Vorfragen entsprechend anzuwenden ist (*Kaiser* NJW 1963, 1190);

§ 398 AO über die Befugnis der StA, *Strafverfahren* in den Fällen von Steuerhinterziehung und Steuerhehlerei sowie Begünstigung wegen Geringfügigkeit ohne Zustimmung des Gerichts *einzustellen* (vgl. § 153 I 2 StPO);

§ 403 AO über die Befugnis des FA, *an Ermittlungen der Polizei oder der StA wegen einer Steuerstraftat teilzunehmen* und sich zu einer von der StA beabsichtigten Einstellung des Verfahrens zu äußern sowie

§ 404 AO über die *Befugnisse der Steuer- und Zollfahndung.*

24 **Die Sondervorschriften über das gerichtliche Steuerstrafverfahren** beschränken sich auf

§ 406 AO über die *Mitwirkung des FA im Strafbefehlsverfahren* und im selbständigen Verfahren und

§ 407 AO über die *Beteiligung des FA in sonstigen Fällen,* damit es in jeder Lage des Strafverfahrens die Gesichtspunkte vorbringen kann, die von seinem Standpunkt aus für die Entscheidung des Gerichts bedeutsam sind (vgl. § 76 OWiG).

25 **Sondervorschriften für das Verfahren wegen Zuwiderhandlungen gegen Zoll- und Verbrauchsteuergesetze** sind beseitigt bis auf:

§ 394 AO über den *Übergang des Eigentums an Sachen,* die ein unbekannter Schmuggler auf der Flucht zurückgelassen hat – eine Vorschrift, deren praktische Bedeutung und deren Vereinbarkeit mit Art. 14, 92 u. 101 GG gleichermaßen zweifelhaft erscheint (glA *Hübner* JR 1977, 62).

26 **Der ausgewählte Täterkreis bei Zuwiderhandlungen gegen Steuergesetze** (Rdnr. 15) und die mangelnde Anschaulichkeit des mit Strafe oder Geldbuße bedrohten Verhaltens bereiten der Verfolgung dieser Zuwiderhandlungen in der Praxis besondere Schwierigkeiten. Wer Steuergesetzen zuwiderhandelt, genießt in der Gesellschaft oft hohes Ansehen und verfügt über einflußreiche Beziehungen, die nicht selten zu dem Zweck eingesetzt werden, ein drohendes Strafverfahren von vornherein zu unterbinden. Strafverhandlungen wegen Steuerstraftaten haben namentlich um des Prestiges willen, das der Angeklagte zu verteidigen hat, die Tendenz, sich zu Monstreprozessen auszuwachsen. Zu Recht bemerkt *Sarstedt,* daß sich unser Strafverfahren zur Aburteilung von Intelligenzverbrechen schlecht eigne; denn *„wo etwa eine umfangreiche Buchführung die Grundlage des Beweises ist, türmt der starre Mündlichkeitsgrundsatz oft schier unüberwindliche Hindernisse auf"* (DRiZ 1960, 260).

III. Die geschichtliche Entwicklung des Steuerstrafrechts

1. Rechtszustand vor 1919

Schrifttum:

Ernst Löbe, Das deutsche Zollstrafrecht, 1./4. Aufl. 1881/1912; *Bonnenberg,* Das Strafverfahren in Zoll- und Steuersachen, 1./2. Aufl. 1899/1902.

a) Materielles Steuerstrafrecht

27 **Bis zur ersten allgemeinen Kodifikation in der RAO 1919** (Rdnr. 31) war das Steuerstrafrecht – bei aller Verschiedenheit im einzelnen – in der Weise geregelt, daß jedem Steuergesetz ein Abschnitt über Straftatbestände und Verfahrensvorschriften angegliedert war. Materiell wurde namentlich zwi-

schen *„absichtlichen"* oder *„wissentlichen"* Steuerverkürzungen (*„Hinterziehung"*; in Württemberg: *„Steuergefährdung"*) und anderen Zuwiderhandlungen *(„Kontrollvergehen")* unterschieden, vgl. zB den V. Abschnitt des Sächs. Gewerbe- und PersonalStG v. 24. 12. 1845 (GVBl. 311): *„Von Hinterziehungen und Ordnungswidrigkeiten"*, der in § 69 eine bemerkenswerte Begriffsbestimmung der Steuerhinterziehung enthielt (s. Rdnr. 1 zu § 370 AO), in § 70 Geldstrafe in Höhe des 4-fachen Betrages der hinterzogenen Steuer oder – wenn dieser Betrag mit Bestimmtheit nicht zu ermitteln war – nach richterlichem Ermessen 1 bis 50 Thaler androhte. Andere Zuwiderhandlungen waren gem. § 71 nach richterlichem Ermessen mit Ordnungsstrafe von 1 bis 20 Thalern zu ahnden. Die wegen Hinterziehung verwirkte Strafe war *„bei eintretendem Unvermögen in verhältnismäßige Gefängnisstrafe zu verwandeln"*, die Ordnungsstrafe nicht. Nach Art. 25 BayEStG v. 31. 5. 1856 (GVBl. 49) unterlag, wer eine unrichtige Erklärung seiner Einkünfte abgegeben hatte, einer Geldstrafe, welche dem 3-fachen Betrag der verkürzten Steuer gleichkam. Später wurde die in einem festen Verhältnis zum verkürzten Steuerbetrag stehende Geldstrafe meist durch einen Strafrahmen abgelöst, jedoch blieben das Minimum und Maximum des Rahmens durch ein Vielfaches der verkürzten Steuer begrenzt, zB betrug die Geldstrafe bei Hinterziehung gem. § 63 SächsEStG v. 22. 12. 1874 (GVBl. 471) *„je nach dem Grad der dabei an den Tag gelegten Böswilligkeit"* das 4- bis 10-fache, desgl. gem. § 66 I PreußEStG v. 24. 6. 1891 (GS 175), gem. Art. 70 I WürttEStG v. 8. 8. 1903 (RegBl. 261) das 7- bis 10-fache, gem. § 43 PreußErgänzungStG v. 14. 7. 1893 (GS 134) sogar das 10- bis 25-fache des hinterzogenen Steuerbetrages. Dieses **Multiplarstrafensystem** überdauerte auf Teilbereichen des Steuerstrafrechts noch die RAO 1919 und wurde im Zollstrafrecht erst durch Gesetz v. 4. 7. 1939 (RGBl. I 1181) vollends beseitigt (Rdnr. 51). Freiheitsstrafen waren wegen Steuervergehen in keinem Falle angedroht. Vereinzelt war sogar die Umwandlung nicht beitreibbarer Geldstrafen in Ersatzfreiheitsstrafe ausgeschlossen, zB nach § 64 OldenbStempelStG v. 12. 5. 1906 (GBl. 793) sowie nach § 76 S. 2 SächsEStG v. 24. 7. 1900 (GVBl. 562) dann, wenn die Geldstrafe nicht wegen Hinterziehung verhängt worden war. Die drakonisch anmutende Höhe der angedrohten Geldstrafen mag eine hinreichend abschreckende Wirkung entfaltet haben.

28 **Das materielle Zollstrafrecht** wurde aufgrund Art. 3 des Staatsvertrages zwischen dem Nordd. Bund, Bayern, Württemberg, Baden und Hessen, die Fortdauer des Zoll- und Handelsvereins betr., v. 8. 7. 1867 (BGBl. 81) gem. §§ 134ff. VZollG v. 1. 7. 1869 (BGBl. 317) einheitlich geregelt und als allgemeines Recht für das gesamte Gebiet des späteren Deutschen Reiches in Kraft gesetzt. Die hauptsächlichen Straftatbestände waren *„Kontrebande"* (= Bannbruch), die gem. § 134 VZollG mit *„Konfiskation"* (= Einziehung) der Bannware und mit Geldstrafe im doppelten Betrag des Warenwertes bedroht war, sowie *„Defraudation"* (= Hinterziehung der Eingangsabgaben), die gem. § 135 VZollG mit Konfiskation der Schmuggelware und mit Geldstrafe in Höhe des 4-fachen Betrages der vorenthaltenen Abgaben bedroht war. Die Geldstrafen wurden gem. § 140 VZollG beim ersten Rückfall verdoppelt;

jeder weitere Rückfall zog gem. § 141 VZollG regelmäßig eine Freiheitsstrafe nach sich, die nach der verwirkten Geldstrafe zu bemessen war, jedoch 2 Jahre nicht überschreiten durfte. Die Tathandlungen der Kontrebande und Defraudation waren nach § 136 VZollG in allen Variationen definiert. § 137 I VZollG bestimmte, daß die angedrohten Strafen bereits durch den Nachweis der *objektiven* Tatbestandsmerkmale verwirkt waren; die Schuld wurde kraft Gesetzes *vermutet*. Konnte der Beschuldigte nachweisen, *„daß er eine Kontrebande oder Defraudation nicht habe verüben können oder eine solche nicht beabsichtigt gewesen sei“,* trat nach § 137 II iVm § 152 VZollG an die Stelle der Strafdrohungen eine Ordnungsstrafe bis zu 50 Thalern. Anderseits bestimmten die §§ 144, 145 VZollG Strafschärfungen bei erschwerenden Umständen der Tat, zB Verbergen der Schmuggelware in geheimen Behältnissen oder Verletzen eines amtlichen Warenverschlusses; ferner regelte § 146 VZollG den Bandenschmuggel, § 147 VZollG den Schmuggel *„unter dem Schutz einer Versicherung“* und § 148 VZollG den bewaffneten Schmuggel. Subsidiär war nach § 152 VZollG *jede* Übertretung einer Vorschrift des VZollG oder der öffentlich bekanntgemachten Verwaltungsvorschriften mit Ordnungsstrafe bis zu 50 Thalern bedroht, desgl. nach § 160 VZollG das Anbieten von Geschenken oder anderen Vorteilen, sofern nicht Bestechung vorlag, sowie nach § 161 VZollG die Widersetzlichkeit gegen Zollbeamte, sofern damit keine Beleidigung oder tätlicher Widerstand verbunden war. Wegen des Straf*verfahrens* in Zollsachen verwies § 165 VZollG auf die Landesgesetze.

b) Steuerstrafverfahren

29 Die Vielfalt der Straftatbestände wurde bis zum Inkrafttreten der StPO v. 1. 2. 1877 (Rdnr. 30) noch übertroffen durch die verschiedenartigen Gestaltungen des Verfahrensrechts, die in den einzelnen Ländern teils gesondert, teils gleichmäßig für Zuwiderhandlungen gegen Zoll- und Verbrauchsteuergesetze und für Zuwiderhandlungen gegen Besitz- und Verkehrsteuergesetze galten.

In **Preußen** war die Ahndung von Steuerdelikten durch Finanzbehörden bereits nach § 45 der VO wegen verbesserter Einrichtung der Provinzialpolizei und Finanzbehörden v. 26. 12. 1808 (GS 464) vorgesehen. Gem. § 155 der Zoll- und Verbrauchsteuer-Ordnung v. 26. 5. 1818 (GS 102) wurde ein besonderes Steuerstrafverfahren eingeführt, dem eine besondere Regelung des Verfahrens bei Zollvergehen in dem Gesetz wegen Untersuchung und Bestrafung der Zollvergehen v. 23. 1. 1838 (GS 78) folgte. Danach war die Strafkompetenz der Zollbehörden auf Geldstrafen beschränkt und dem Beschuldigten das Recht eingeräumt, jederzeit *„auf rechtliches Gehör anzutragen“* und damit die Zuständigkeit der Gerichte herbeizuführen. Dieses Gesetz wurde erst durch das Gesetz betr. das Verwaltungsstrafverfahren wegen Zuwiderhandlungen gegen die Zollgesetze und die sonstigen Vorschriften über indirekte Reichs- und Landesabgaben v. 26. 7. 1897 (GS 237) abgelöst. Danach waren die Zollbehörden in jedem Falle für die *„vorläufige Feststellung des Sachverhalts im Verwaltungswege zuständig“*. Bei Zuwiderhandlungen, die nur mit Geldstrafe oder Einziehung bedroht waren, oblag ihnen auch die Entscheidung, wenn nicht zugleich andere Strafgesetze verletzt waren oder der Beschuldigte wegen der Zuwiderhandlung festgenommen und dem Richter vorgeführt worden war. Innerhalb der Verwaltung war die Entscheidungskompetenz je nach der Strafdrohung zwischen den Hauptzoll- und Hauptsteuerämtern und der Provinzialsteuerbehörde aufgeteilt. Nach § 20 konnte der Beschuldigte, wenn er *„die Zuwiderhandlung und deren Thatbestand an Amtsstelle vorbehaltlos einräumte"*, sich der Strafe *„unter Verzicht auf Erlaß eines Strafbescheids sofort unterwerfen"*, jedoch konnte die Unterwerfung bis zur Genehmigung durch die zuständige Verwaltungsbehörde widerrufen werden. Fand eine Unterwerfung nicht statt oder wurde sie nicht genehmigt, mußte die Behörde die Verhandlungen nach Abschluß der Untersuchung an die StA abgeben oder einen Strafbescheid erlassen, gegen den der Beschuldigte entweder Beschwerde ergreifen oder auf gerichtliche Entscheidung antragen konnte. Auf das Preuß. Gesetz von 1897 verwiesen zahlreiche spätere Reichsgesetze, zB § 27 SchaumwStG v. 9. 5. 1902 (RGBl. 155), § 53 BrauStG v. 7. 6. 1906 (RGBl. 675), § 32 LeuchtmStG v. 15. 7. 1909 (RGBl. 880), § 24 WechselstempelStG v. 15. 7. 1909 (RGBl. 825), § 54 ZuwachsStG v. 14. 2. 1911 (RGBl. 337), § 39 WeinStG v. 26. 7. 1918 (RGBl. 831), § 42 ZündwStG v. 10. 9. 1919 (RGBl. 1629), § 31 SpielkStG v. 10. 9. 1919 (RGBl. 1643), § 79 TabStG v. 12. 9. 1919 (RGBl. 1667). Das ZuwachsStG ermächtigte die Landesregierungen zu bestimmen, daß an die Stelle der HZÄ und Zolldirektivbehörden andere Staatsbehörden traten; im übrigen blieb in Besitz- und Verkehrsteuersachen die Regelung des Strafverfahrens den einzelnen Steuergesetzen vorbehalten. Nach § 70 II PreußEStG v. 24. 6. 1891 (GS 175) stand die Untersuchung und Entscheidung dem Gericht zu, *„wenn nicht der Beschuldigte die von der Regierung vorläufig festgesetzte Geldstrafe binnen einer ihm bekannt gemachten Frist freiwillig zahlte"*; für das Amtsdelikt der Verletzung des Steuergeheimnisses nach § 69 fand nach § 70 VI nur das gerichtliche Strafverfahren statt.

In **Württemberg** hatten die §§ 98, 99 des Verwaltungsediktes für die Gemeinden, Oberämter und Stiftungen v. 1. 3. 1822 (RegBl. 131) den allgemeinen Verwaltungsbehörden eine Strafgewalt in allgemeinen und in Steuerstrafsachen verliehen, die auch kleinere Freiheitsstrafen umfaßte. Mit Art. 34 des Zoll-Strafgesetzes v. 15. 5. 1838 (RegBl. 291) wurde die Möglichkeit einer freiwilligen Unterwerfung unter eine vom HZA festgesetzte Geldstrafe oder Konfiskation eingeführt. Das Gesetz betr. das Verfahren der Verwaltungsbehörden bei Zuwiderhandlungen gegen Zoll- und Steuergesetze v. 25. 8. 1879 (RegBl. 259) beseitigte die Befugnis der Verwaltungsbehörden, Freiheitsstrafen zu verhängen, und übertrug die Untersuchung und Ahndung der leichteren Zoll- und Steuerdelikte den Zoll- und Steuerbehörden. Nach Art. 11 wurden die Strafbescheide, wenn die Strafe und der Wert der einzuziehenden Sachen zusammen 300 Mark nicht überstiegen, von den Hauptzoll- oder Hauptsteuerämtern, sonst von der vorgesetzten Direktivbehörde erlassen; für Beschwerden gegen Strafbescheide der Hauptämter war die Direktivbehörde, sonst das Finanzministerium zuständig. Ein Unterwerfungsverfahren war nicht vorgesehen.

In **Baden** umfaßte die Strafkompetenz der Behörden nach Art. 1 des Gesetzes, das Verfahren in Steuerstrafsachen betr., v. 22. 6. 1837 (RegBl. 131) festbestimmte Geldstrafen und solche bis zum Betrag von 25 fl., jedoch konnte der Beschuldigte nach Art. 4 jederzeit „*die Untersuchung und Aburtheilung in gerichtlichem Wege*" verlangen. Nach Art. 31–35 der in Vollzug des Gesetzes von 1837 erlassenen VO, das Verfahren in Steuer- und Zollstrafsachen betr., v. 22. 9. 1864 (RegBl. 669) fand ein „*Unterwerfungsverfahren*" statt, „*wenn der Beschuldigte sich dem Ausspruche der Finanzbehörde unter Verzichtleistung auf gerichtliche Verhandlung und Entscheidung, sowie unter Verzichtleistung auf den Rekurs zum Recht unterwerfen zu wollen erklärte*". Unterwarf der Beschuldigte sich nicht, war nicht etwa ein Strafbescheid zu erteilen, sondern nach Art. 37 die gerichtliche Verfolgung einzuleiten. Gem. §§ 136–143 des Gesetzes zur Einführung der Reichsjustizgesetze v. 3. 3. 1879 (GVBl. 91) wurde das Verfahren an die StPO angeglichen.

In **Sachsen** gehörte die Untersuchung und Bestrafung der „Hinterziehungen und Ordnungswidrigkeiten" gem. § 74 Gewerbe- und PersonalStG v. 24. 12. 1845 (GVBl. 311) in erster Instanz „*vor die ordentliche Obrigkeit des Angeschuldigten*", dh vor die für ihn zuständige Steuerbehörde, in zweiter und letzter Instanz vor das Finanzministerium. Nach der Neuregelung gem. § 65 EStG v. 22. 12. 1874 (GVBl. 471) war bei Hinterziehungen gem. Art. 44 I Nr. 4 SächsStPO v. 11. 8. 1855 (GVBl. 322) stets der Einzelrichter zuständig, dagegen bei Ordnungswidrigkeiten gem. § 69 EStG 1874 iVm dem Ges. über das Verfahren in Verwaltungsstrafsachen v. 22. 4. 1873 (GVBl. 291) die Einschätzungskommission. Diese konnte – wie andere Verwaltungsbehörden – gem. §§ 4, 5 des Gesetzes von 1873 durch „*vorläufige Strafverfügung*" Geldstrafen und Haftstrafen bis zu 6 Wochen verhängen. Eine Beschwerde an die vorgesetzte Behörde war nicht gegeben; vielmehr galt nach § 6 III „*jede Äußerung eines Angeschuldigten, durch welche er zu erkennen gab, daß er sich bei der Strafverfügung nicht beruhigen wolle*", als Antrag auf gerichtliche Entscheidung. Die Aufteilung der Kompetenzen zwischen Justiz und Finanzverwaltung nach dem Unrechtsgehalt der Zuwiderhandlungen stellt ein bemerkenswertes, in der Zwischenzeit vergessenes Vorbild der heutigen, durch die AOStrafÄndGes. von 1967/68 (Rdnr. 71, 73) eingeführten Regelung dar; sie wurde jedoch seinerzeit im Hinblick auf die StPO v. 1. 2. 1877 (Rdnr. 30) bereits durch § 74 EStG v. 2. 7. 1878 (GVBl. 129) dahin geändert, daß den Steuerbehörden – wie in anderen Ländern – die Befugnis eingeräumt wurde, auch wegen Steuerhinterziehung Strafbescheide zu erlassen; vgl. auch § 10 des Gesetzes über das Verfahren in Verwaltungsstrafsachen v. 8. 3. 1879 (GVBl. 87).

In **Bayern** wurden die Strafanträge nach Art. 26 EStG v. 31. 5. 1856 (GBl. 49) vom StA gestellt und begründet, jedoch die Strafe vom Steuerausschuß gefällt und vom Rentamt vollzogen. Gegen den Strafbeschluß des Steuerausschusses stand dem Beschuldigten und dem StA nach Art. 27 das Recht der Reklamation zu, die nach Art. 28 – wie bei Reklamationen gegen eine Steuerberechnung – von dem erweiterten Steuerausschuß endgültig beschieden wurde; eine Anrufung der Gerichte war nicht vorgesehen. Aufgrund

Art. 70 I EStG v. 19. 5. 1881 (GVBl. 441) richteten sich die Zuständigkeit und das Verfahren nach dem GVG und der StPO, jedoch war daneben für alle Zuwiderhandlungen gegen Zoll- und Steuergesetze nach Art. 86ff. des Gesetzes zur Ausführung der Reichs-StPO v. 18. 8. 1879 (GVBl. 781) ein Verwaltungsstrafverfahren eingerichtet. Nach Art. 89 konnten Zollstrafsachen durch einen Strafbescheid der Zollbehörde erledigt werden, gegen den der Beschuldigte gerichtliche Entscheidung beantragen konnte; eine Beschwerde an die höhere Verwaltungsbehörde war ausgeschlossen. In Steuerstrafsachen stand nach Art. 98 die Untersuchung dem Rentamt und die Bestrafung dem Steuerausschuß zu. Gegen den Strafbeschluß konnte der Beschuldigte nach Art. 99 I wahlweise gerichtliche Entscheidung beantragen oder *„nach Maßgabe der Steuergesetze reclamiren“*. Ein Unterwerfungsverfahren war nicht vorgesehen.

30 **Die im gesamten Reichsgebiet am 1. 10. 1879 in Kraft getretene StPO v. 1. 2. 1877** (RGBl. 253) hatte in einem besonderen Abschnitt über das *„Verfahren bei Zuwiderhandlungen gegen die Vorschriften über die Erhebung öffentlicher Abgaben und Gefälle“* (§§ 459–469 StPO) Rahmenvorschriften gesetzt, die zwar den Fortbestand der landesgesetzlichen Vorschriften über das Verwaltungsstrafverfahren erlaubten, sie aber bestimmten Beschränkungen unterwarf. Nach § 459 I StPO durfte durch Strafbescheid einer Verwaltungsbehörde nur Geldstrafe oder Einziehung festgesetzt werden. § 459 II StPO ordnete an, daß der Beschuldigte, wenn er nicht eine nach den Landesgesetzen zugelassene Beschwerde an die höhere Verwaltungsbehörde erhob, gegen den Strafbescheid gerichtliche Entscheidung beantragen konnte, und daß der Strafbescheid die Verjährung der Strafverfolgung unterbrach. Von den §§ 460ff. StPO über das gerichtliche Verfahren in Steuerstrafsachen regelte § 463 StPO die richterliche Umwandlung einer durch Strafbescheid festgesetzten Geldstrafe in Ersatzfreiheitsstrafe, § 464 StPO räumte der Finanzbehörde eine selbständige Anklagebefugnis ein und § 467 StPO gab ihr, falls die StA öffentliche Klage erhoben hatte, die Befugnisse eines Nebenklägers. Vorbehaltlich der §§ 453–455, 459–463 StPO blieben die Landesgesetze über das Verwaltungsstrafverfahren nach § 6 II Nr. 3 EGStPO v. 1. 2. 1877 (RGBl. 346) unberührt. Auch konnten die Landesgesetzgeber innerhalb der Rahmenvorschriften der StPO neue Verfahrensvorschriften einführen, vgl. zB das hessische Gesetz, die Einführung des Verwaltungsstrafbescheids bei Zuwiderhandlungen gegen die Vorschriften über die Erhebung öffentlicher Abgaben und Gefälle betr., v. 20. 9. 1890 (RGBl. 193). Nach § 449 S. 1 RAO 1919 wurden die §§ 459–469 StPO für den Anwendungsbereich der RAO außer Kraft gesetzt; sie galten danach nur noch für Strafverfahren wegen der Beeinträchtigung solcher Steuern, auf welche die RAO nicht anwendbar war, insbes. die Gemeindeabgaben. Nach der StPO idF v. 22. 3. 1924 (RGBl. I 322) erhielten die §§ 459–469 StPO 1877 zunächst mit nahezu unverändertem Wortlaut die Stellung der §§ 419–429 StPO, wurden dann aber gem. § 445 RAO 1919 idF des 3. Teils Kap. IV Art. 1 Nr. 78 der NotV v. 1. 12. 1930 (RGBl. I 517) außer Kraft gesetzt, soweit die Vorschriften der RAO über das gerichtliche Steuerstrafverfahren anzuwenden waren. Schließlich wurden sie

durch Art. 3 Nr. 180 des Gesetzes zur Wiederherstellung der Rechtseinheit v. 12. 9. 1950 (BGBl. 455) aufgehoben. Gleichzeitig bestimmte Art. 3 Nr. 206 durch eine neue Fassung des § 6 II Nr. 2 EGStPO, daß landesrechtliche Vorschriften über das Verfahren bei Zuwiderhandlungen gegen Abgabengesetze nur noch auf die RAO verweisen durften (Schriftl. Ber. zu BT-Drucks. I/1138 S. 71, 73 sowie Sten. Ber. S. 2886).

2. Das Steuerstrafrecht in der RAO 1919 und Änderungen bis 1933

Schrifttum:

Becker, Die Reichsabgabenordnung, 1./7. Aufl. 1921/30; *Mrozek,* Kommentar zur Reichsabgabenordnung, II. Band, 1./3. Aufl. 1920/24; *Juliusberger,* Steuerstrafrecht, 1921; *Heinrich,* Handbuch des Steuerstrafrechts, 1923; *Simon,* Die Strafvorschriften des Tabaksteuergesetzes, ZfZ 1923, 377; 1924, 24, 30; *Jadesohn,* Das geltende Reichssteuerstrafrecht, ZfZ 1924, 11; *ders.,* Der neueste Stand des Salz-, Zucker-, Leuchtmittel- und Zündwarensteuerstrafrechts, ZfZ 1924, 27; *ders.,* Die Vereinfachung des Steuerstrafrechts durch die Dritte Steuernotverordnung, DStZ 1924, 131; *Lelewer,* Steuer-Strafrecht, 1925; *Cattien,* Reichssteuerstrafrecht und Reichssteuerstrafverfahren, 1./2. Aufl. 1925/29; *Nieberl,* Die Reichsabgabenordnung, 1932.

31 Nachdem bereits das VZollG v. 1. 7. 1869 (Rdnr. 28), die §§ 459–469 StPO v. 1. 2. 1877 (Rdnr. 30) und das Preuß. Gesetz v. 26. 7. 1897 (Rdnr. 29) einzelne Schritte auf dem Wege zu einer reichseinheitlichen Regelung des Steuerstrafrechts darstellten, wurde eine erste, wenn auch unvollständige Zusammenfassung der nach Ländern und Steuerarten überaus zersplitterten Materie im **3. Teil der Reichsabgabenordnung v. 13. 12. 1919** (RGBl. 1993) vollzogen (Begr. s. Aktenstück Nr. 759 der Verfassunggebenden deutschen Nationalversammlung S. 598ff.). *Hartung* (I vor § 391 RAO) urteilt, daß diese Tat des Gesetzgebers auf dem Teilgebiet des Steuerstrafrechts ebenso anregend und fruchtbar gewirkt habe wie 50 Jahre vorher die Schaffung des StGB von 1871 für die deutsche Strafrechtswissenschaft überhaupt. In Wirklichkeit ist das Steuerstrafrecht bis in die heutigen Tage ein Stiefkind der Rechtswissenschaft geblieben. Aber sicherlich bildete der 3. Teil der RAO 1919 trotz dogmatischer und systematischer Mängel einen bedeutenden Fortschritt gegenüber dem früheren Recht, das zunächst auf Teilgebieten noch weitergalt und durch die spätere Novellengesetzgebung nach und nach abgebaut wurde. Das materielle Zollstrafrecht wurde erst 1939 in die RAO übernommen (Rdnr. 52). Auch in Strafsachen wegen bestimmter Besitz- und Verkehrsteuern blieb das bisherige Recht bestehen. Eine Reihe von Steuergesetzen war im ganzen aus dem Anwendungsbereich der §§ 353ff. RAO 1919 ausgenommen (vgl. §§ 451–453). Hinzu kam, daß die §§ 353ff. RAO 1919 in einigen Fällen die bisherigen Vorschriften der einzelnen Steuergesetze, vornehmlich wegen der angedrohten Strafen, in Bezug nahmen oder ihnen gegenüber nur subsidiär galten (vgl. §§ 357, 359 I und V, §§ 363, 367 I, § 369 I, § 379), so daß die RAO ursprünglich nur eine lose Klammer um das gesamte Abgabenstrafrecht bildete (*Rahn* ZfZ 1940, 155). In rechtsstaatlicher Hinsicht erscheint die RAO 1919 – wie kaum anders zu erwarten – als ein Kind ihrer Zeit, eher noch als Kodifikation wilhelminischen Denkens.

32 **Von dem materiellen Steuerstrafrecht** der §§ 355–384 RAO 1919 war § 359 von besonderer Bedeutung. Diese Vorschrift bestimmte die Tatbestandsmerkmale der Steuerhinterziehung, verwies jedoch wegen der angedrohten Hauptstrafen *„auf die einzelnen Gesetze"*, nach denen das Multiplarstrafensystem (Rdnr. 26) mit unterschiedlichen Maßstäben weitergalt. Soweit der Betrag der Steuerverkürzung nicht festgestellt werden konnte, war nach § 362 RAO auf eine Geldstrafe von 20 Mark bis zu 1 Mio Mark zu erkennen; desgl. nach § 368 RAO bei Steuerhehlerei. Für Steuerhinterziehung oder -hehlerei im ersten Rückfall drohte § 369 RAO doppelte Geldstrafen sowie Freiheitsstrafen an. Umgekehrt war die fahrlässige Steuerverkürzung unter der mißverständlichen Bezeichnung *„Steuergefährdung"* gem. § 367 RAO mit Geldstrafe bedroht, deren Höchstbetrag halb so hoch war wie bei Hinterziehung. Ferner wurden Zuwiderhandlungen gegen bestimmte, im 2. Teil der RAO 1919 geregelte Pflichten mit Geldstrafen bedroht, namentlich

nach § 371 RAO vorsätzliches Zuwiderhandeln gegen das Verbot des § 165 I RAO über das Errichten eines Kontos, das Hinterlegen oder Verpfänden von Wertsachen oder das Mieten eines Schließfachs unter einem falschen oder erdichteten Namen;

nach § 372 RAO vorsätzliches oder fahrlässiges Zuwiderhandeln gegen die Gebote des § 165 II, III RAO, sich beim Errichten eines Kontos, Annehmen von Wertsachen oder Überlassen eines Schließfachs über die Person des Verfügungsberechtigten zu vergewissern oder bei späterer Erkenntnis eines falschen oder erdichteten Namens das Guthaben, die Wertsachen oder den Inhalt des Schließfachs nur mit Zustimmung des FA an den Berechtigten herauszugeben;

desgl. das Vernachlässigen der besonderen Mitteilungspflichten des Vorstands einer AG, Bergwerksgesellschaft oder GmbH nach § 187 RAO, der Banken nach § 189 RAO (Mitteilung von Kundenverzeichnissen!) und der Treuhänder, Vertreter oder Pfandgläubiger nach § 190 RAO.

Schließlich war gem. § 373 RAO mit Geldstrafe bis zum Doppelten des verkürzten Steuerbetrags bedroht, wer als Testamentsvollstrecker, Pfleger, Liquidator, Erbschaftsbesitzer, Erwerber eines Unternehmens usw. vorsätzlich die Verpflichtung aus § 97 RAO versäumte, Steuerverkürzungen eines verstorbenen oder weggefallenen Stpfl oder eines Vorgängers anzuzeigen.

Wegen der Straftaten nach den §§ 359, 367, 371–373 RAO konnte unter den Voraussetzungen des § 374 RAO **strafbefreiende Selbstanzeige** erstattet werden. Dies galt nicht für Straftaten

nach § 375 RAO, der mit Geldstrafe bis zu 500 Mark bedrohte, *„wer geschäftsmäßig in Angeboten oder Aufforderungen, die an einen größeren Personenkreis gerichtet waren"*, darauf hinwies, *„daß bei Geschäftsabschlüssen in bestimmter Weise außer dem geschäftlichen Zweck noch Ersparungen oder Vorteile bei der Besteuerung erreicht werden konnten"*,

nach § 376 RAO (Verletzung des Steuergeheimnisses) sowie

nach § 377 RAO, der Ordnungsstrafe bis 500 Mark jedem androhte, der *„den im Interesse der Steuerermittlung oder Steueraufsicht erlassenen Vorschriften der Steuergesetze oder den dazu ergangenen und öffentlich oder den Beteiligten besonders bekanntgemachten Verwaltungsbestimmungen durch andere als die in den Steuergesetzen unter Strafe gestellten Handlungen oder Unterlassungen zuwiderhandelte."*

33 **Zahlreiche weitere Sühne- und Sicherungsmittel** waren neben den Geld- und Freiheitsstrafen vorgesehen. § 365 I und § 368 S. 2 RAO schrieben bei Steuerhinterziehung und -hehlerei zwingend die **Einziehung** der steuerpflichtigen Erzeugnisse und zollpflichtigen Waren vor, auf welche sich die Tat bezog. Konnte die Einziehung nicht vollzogen werden, mußte nach § 365 II RAO auf Wertersatz und, soweit der Wert der Erzeugnisse oder Waren nicht zu ermitteln war, auf Zahlung einer Geldsumme bis zu 300000 Mark erkannt werden. Außerdem war, wenn ein Herstellungsbetrieb entgegen § 194 I RAO nicht angemeldet war, nach § 365 III RAO die Einziehung *„aller in den Betriebs- und Lagerräumen vorhandenen Vorräte an steuerpflichtigen Erzeugnissen sowie der zur Herstellung dienenden Geräte verwirkt"*. Ferner unterlagen der Einziehung nach § 370 RAO *„steuerpflichtige Erzeugnisse, die im Handel nicht vorschriftsmäßig verpackt oder bezeichnet angetroffen wurden oder nicht vorschriftsmäßig versteuert waren"*. Schließlich konnten nach § 371 II RAO Vermögenswerte eingezogen werden, die mit der Absicht der Steuerhinterziehung unter falschem oder erdichtetem Namen verbucht, hinterlegt, verpfändet oder deponiert waren. Wo *„die Strafe der Einziehung"* vorgesehen war, konnte nach § 379 RAO *„auf Einziehung erkannt werden, gleichviel, wem die Gegenstände gehörten und ob gegen eine bestimmte Person ein Strafverfahren eingeleitet war"*.

Einer mehr steuer- als strafrechtlichen Denkweise entstammten die §§ 381, 382 RAO über die **Haftung der Vertretenen, Geschäftsherrn oder Haushaltsvorstände für Geldstrafen** sowie Kosten des Strafverfahrens und der Strafvollstreckung, die ihren Vertretern, Verwaltern, Bevollmächtigten, Angestellten oder Angehörigen auferlegt worden waren. Diese Vorschriften wurden als §§ 416, 417 AO 1931 erst 1967 durch das AOStrafÄndG aufgehoben. Zu Recht bemerkt *Hartung* (I 1 zu §§ 416, 417 RAO 1931), daß hier *„das rein fiskalische Interesse an der Einbringung der Geldstrafe dem Gesetzgeber die Feder geführt hat"*.

Nach § 363 RAO war auf **öffentliche Bekanntmachung** der Bestrafung zu erkennen, wenn wegen Steuerhinterziehung oder -hehlerei (§ 368 Satz 2) eine Geldstrafe von mehr als 5000 Mark (später: 500 DM) verhängt worden war, und nach § 364 RAO waren bereits neben einer Gefängnisstrafe von mindestens 3 Monaten die **bürgerlichen Ehrenrechte** abzuerkennen (vgl. demgegenüber § 45 StGB). Auch diese als §§ 399, 400 RAO 1931 fortgeltenden Vorschriften wurden erst 1967/68 aufgehoben.

34 **Das Strafverfahren** war nach §§ 385–443 RAO 1919 für Steuer- und Zollstrafsachen gleichmäßig geregelt. Nach § 386 I (= § 421 I RAO 1931) hatten die FÄ (HZÄ) den Sachverhalt einer Steuerzuwiderhandlung selbständig zu erforschen, wenn nicht der Beschuldigte wegen Steuerhinterziehung festgenommen und dem Richter vorgeführt worden war. Nach § 386 II (= § 421 II RAO 1931) stand dem FA auch die Entscheidung zu, wenn entweder die Zuwiderhandlung nur mit Geldstrafe und/oder Einziehung bedroht war oder das FA nur auf diese Strafen erkennen wollte. Die Ermittlungs- und Entscheidungskompetenz der Finanzbehörden bestand nach § 387 (= § 422 RAO 1931) auch dann, wenn dieselbe Handlung zugleich als Steuerzuwiderhandlung und nach einem anderen Gesetz mit Strafe bedroht, die Strafe aber aus dem Steuergesetz zu entnehmen war. Bei begründetem Tatverdacht konnte das FA entweder nach § 411 I 2 (= § 446 I 2 RAO 1931) die Verhandlungen an die StA abgeben oder seine Strafbefugnis nach § 410 (= § 445 RAO 1931) in Form einer Unterwerfungsverhandlung oder nach § 412 (= § 447 RAO 1931) in Form eines Strafbescheids ausüben. Die Unterwerfung stand nach § 410 S. 2 RAO einer rechtskräftigen Verurteilung gleich. Gegen einen Strafbe-

scheid konnte der Beschuldigte nach § 415 (= § 450 RAO 1931) Beschwerde einlegen oder gerichtliche Entscheidung beantragen. Über die Beschwerde entschied das LFA (später: „OFD"). Nicht angefochtene Straf- oder Beschwerdebescheide hatten nach § 423 (= § 458 RAO 1931) die Wirkung eines rechtskräftigen Urteils und waren nach § 424 (= § 459 RAO 1931) von den FÄn zu vollstrecken. Konnte eine Geldstrafe oder Wertersatz nicht beigetrieben werden, war das AG nach § 435 (= § 470 RAO 1931) verpflichtet, die Geldstrafe auf Antrag des FA in Freiheitsstrafe umzuwandeln. Hatte der Beschuldigte gerichtliche Entscheidung beantragt, übermittelte das FA die Verhandlungen nach § 427 (= § 462 RAO 1931) der StA mit dem Antrag, die Entscheidung des Gerichts herbeizuführen; eine Anklageschrift wurde nicht eingereicht. Das Gericht mußte auf den Antrag des FA nach § 428 II (= § 463 II RAO 1931) Hauptverhandlung anberaumen. War eine Verurteilung wegen Steuerhinterziehung oder Steuergefährdung (später: *„fahrlässige Steuerverkürzung"*) davon abhängig, ob ein Steueranspruch bestand oder ob und in welcher Höhe ein Steueranspruch verkürzt war, und hatte der RFH über diese Fragen im Rechtsmittelverfahren über den Steuerbescheid entschieden, war der Strafrichter nach § 433 (= § 468 RAO 1931) daran gebunden. War die Steuerfestsetzung ohne Entscheidung des RFH rechtskräftig geworden, mußte der Strafrichter, wenn er von der Steuerfestsetzung abweichen wollte, die Entscheidung des RFH einholen und sie seinem Urteil zugrundelegen. Das FA besaß nach §§ 432, 437 (= §§ 467, 472 RAO 1931) die Rechte eines Nebenklägers; hatte die StA einen Antrag auf Verfolgung einer Steuerzuwiderhandlung abgelehnt, konnte das FA die öffentliche Klage sogar selbst erheben und die Funktion der StA ausüben.

35 Die gesetzliche Regelung des Unterwerfungsverfahrens wurde durch die **VO des RdF über die Unterwerfung im Strafverfahren gemäß § 410 RAO** v. 1. 11. 1921 (RGBl. 1328) ergänzt. Nach § 2 II–IV dieser Verordnung wurde die Unterwerfung erst mit der Genehmigung durch den Vorsteher des FA oder das LFA wirksam. Dagegen blieb der Beschuldigte bis zum Ablauf einer Frist von 3 Monaten an seine Unterwerfungserklärung gebunden. Diese Vorschrift war für den Beschuldigten ungünstiger als § 20 III Preuß. Gesetz v. 1897 (Rdnr. 29).

36 **Die 3. StNotV v. 14. 2. 1924** (RGBl. I 74) brachte in Art. VIII unter *„Vereinfachung des Steuerstrafrechts"* eine neue Fassung des § 359 I (= § 396 I RAO 1931), nach der die Strafe für Hinterziehung nicht mehr den einzelnen Steuergesetzen zu entnehmen war, sondern – abgesehen vom VZollG, TabStG, WeinStG und BefStG – einheitlich geregelt wurde. Der Höchstbetrag der Geldstrafe war nun unbeschränkt; ihr Mindestbetrag betrug bei Zöllen und Verbrauchsteuern das 4-fache der Steuerverkürzung. Konnte der hinterzogene Betrag nicht festgestellt werden oder waren Besitz- oder Verkehrsteuern hinterzogen, betrug die Geldstrafe gem. § 27 StGB aF mindestens 3 Mark; daneben konnte auf Gefängnis bis zu 2 Jahren erkannt werden. Steuerhinterziehung und -hehlerei waren damit als Vergehen iS des § 1 II StGB aF qualifiziert. Demgemäß wurden die Sondervorschriften in den §§ 360, 361 sowie

§ 362 RAO 1919 über Versuch, Beihilfe und Begünstigung bei Übertretungen gestrichen. Nach § 363 nF (= § 399 RAO 1931) konnte die Veröffentlichung einer Bestrafung wegen Steuerhinterziehung oder -hehlerei auch im Rahmen einer Unterwerfung angeordnet werden. Für Steuerhinterziehung oder -hehlerei im Rückfall war nach § 369 nF (= § 404 RAO 1931) Gefängnis bis zu 5 Jahren angedroht; nur bei mildernden Umständen konnte allein auf Geldstrafe erkannt werden. Die nach § 367 (= § 402 RAO 1931) für fahrlässige Steuerverkürzung angedrohte Geldstrafe wurde nun – unabhängig von der Hinterziehungsstrafe – einheitlich auf 3 bis 100000 Mark bemessen, desgl. die Geldstrafe für eine Zuwiderhandlung nach § 373 RAO (s. Rdnr. 33). In einem neuen § 369a (= § 405 RAO 1931) wurden die zuvor in einzelnen Steuergesetzen (zB EStG, KVStG, WStG) geregelten Steuerzeichenvergehen zusammengefaßt, nicht aber die entsprechenden Vorschriften des TabStG und des WeinStG. Im ganzen hat die 3. StNotV bei einer verschärfenden Tendenz eine Vereinfachung des Strafrechts nur bei bestimmten Steuerarten herbeigeführt; namentlich war das EStG v. 10. 8. 1925 (RGBl. I 189) von strafrechtlichen Vorschriften völlig entlastet. Gleichzeitig wurde jedoch in § 80 RBewG v. 10. 8. 1925 (RGBl. I 124) ein neuer Straftatbestand der Irreführung der mit der Wertermittlung befaßten Behörden eingeführt, der erst 1930 in die RAO übernommen wurde (Rdnr. 39). Die Tradition, strafrechtliche Vorschriften im Zusammenhang mit der jeweiligen Steuer zu regeln, war noch einmal stärker gewesen als das Streben nach Zusammenfassung des Steuerstrafrechts in der RAO, obwohl diese durch Art. V G v. 10. 8. 1925 (RGBl. I 241) ohnehin geändert wurde, insbes. § 427 II RAO, nach dessen Neufassung auf Antrag des FA zur Hauptverhandlung vor dem Schöffengericht ein zweiter Amtsrichter zugezogen werden mußte.

37 Die strafrechtlichen Sondervorschriften des **WeinStG** bestanden nur noch kurze Zeit fort, da das WeinStG in seiner letzten Fassung v. 10. 8. 1925 (RGBl. I 248) durch Art. VII des **Gesetzes über Steuermilderungen zur Erleichterung der Wirtschaftslage v. 31. 3. 1926** (RGBl. I 185) aufgehoben wurde. Das durch Art. VIII desselben Gesetzes erlassene **SchaumwStG** enthielt in § 12 einen neuen Straftatbestand. Für das Unterlassen der Anmeldung eines Herstellungsbetriebes, das Aufbewahren unversteuerten Schaumweins außerhalb genehmigter Lagerräume oder den Gewahrsam an Schaumwein ohne Steuerzeichen wurde eine Ordnungsstrafe angedroht, die mindestens das 4-fache der beeinträchtigten Steuer betrug. Anderseits war das SchaumwStG das erste Verbrauchsteuergesetz, das eine Bestrafung wegen *vermuteten Verschuldens* nicht mehr gestattete; anders noch § 100 II TabStG idF des Art. II Nr. 13 G v. 10. 8. 1925 (RGBl. I 244).

38 Einen weiteren Schritt zur Zusammenfassung der Straftatbestände in der RAO vollzog der RTag (RT-Drucks. IV/1506) durch das **Gesetz zur Änderung des TabStG v. 22. 12. 1929** (RGBl. I 234), nach dessen Art. VI Nr. 12 die Strafvorschriften der §§ 56, 57, 60–68, 70, 72–75, 77–81 TabStG v. 12. 9. 1919 (RGBl. 1667) gestrichen wurden. Bestehen blieben jedoch § 58 TabStG („*Die Tabaksteuerhinterziehung wird insbesondere dann als vorliegend angenommen, wenn ...*") und § 59 TabStG („*Der Tabaksteuerhinterziehung wird gleichgeachtet, wenn ...*"). Indessen wurde § 453 RAO 1919 aufgehoben, der die Fortgeltung materieller Strafvorschriften bestimmter Steuergesetze angeordnet hatte; ausf. *Jancke* ZfZ 1930, 23, 27.

39 Umfassende Änderungen der RAO 1919 brachte der 3. Teil Kap. IV Art. 1 der **NotV des RPräs zur Sicherung von Wirtschaft und Finanzen v. 1. 12. 1930** (RGBl. I 517, 545), die jedoch das Steuerstrafrecht nahezu unberührt ließ. Hervorzuheben ist außer der Übernahme des § 80 II RBewG in § 360 (= § 397 RAO 1931) nur die Änderung des § 376 I (= § 412 RAO 1931), durch die wegen des Tatbestandes der Verletzung des Steuergeheimnisses auf § 10 II, III (= § 22 RAO 1931) verwiesen und die Begrenzung der Geldstrafe auf 3000 Mark aufgehoben wurde. Aufgrund Art. 5 § 4 wurde der RdF ermächtigt, den Wortlaut der RAO mit fortlaufender Paragraphenfolge neu bekanntzumachen. Nach der Bek. v. 22. 5. 1931 (RGBl. I 161) waren die §§ 355–361 RAO 1919 fortan als §§ 391–398, die §§ 363–439 RAO 1919 fortan als §§ 399–474 und die §§ 441–443 RAO 1919 fortan als §§ 475–477 bezeichnet.

40 **Kennzeichnend für die Finanzlage des Reiches** war die der RReg in Kap. VII des 3. Teils der NotV 1930 erteilte Ermächtigung zu einer Steueramnestie, durch die Steuerhinterzieher nicht nur von Strafe, sondern auch von der Nachzahlungspflicht befreit werden sollten, wenn sie verheimlichte Vermögensgegenstände oder Einkünfte der Steuerbehörde anzeigten. Die RReg machte von dieser Ermächtigung keinen Gebrauch, jedoch wurde eine entsprechende Regelung im Rahmen der selbständigen **SteueramnestieV des RPräs v. 23. 8. 1931** (RGBl. I 449) erlassen. Die SteueramnestieV verfolgte zunächst das Ziel, die Vermögenswerte zu erfassen, die einer Familienstiftung im Ausland zugewendet worden waren; sie begründete hierfür – rückwirkend – eine Steuerpflicht im Inland und eine Anzeigepflicht, deren vorsätzliche Verletzung gem. § 8 SteueramnestieV mit der Strafe für Steuerhinterziehung und darüber hinaus in besonders schweren Fällen mit Zuchthaus bis zu 10 Jahren bedroht wurde. Die gleiche Strafe galt für die Verletzung besonderer Anzeigepflichten über Beteiligungen an einer Gesellschaft im Ausland (§ 13) sowie für die Verletzung der Pflicht zur Anzeige des Vermögens im Rahmen der allgemeinen Vermögenserklärung auf den 1. 1. 1931 (§ 14). Auf der anderen Seite wurde nach §§ 15ff. SteueramnestieV von Strafe (auch Disziplinarstrafe) und von der Pflicht zur Nachzahlung von VSt, ESt, KöSt, GewSt, USt, ErbSt und SchenkSt befreit, wer bisher verheimlichte Besteuerungsgrundlagen in der Zeit vom 18. 7.–16. 9. 1931 nachmeldete, falls ihm nicht schon vor dem 18. 7. 1931 eröffnet worden war, daß die Steuerbehörde Kenntnis von den Werten hatte. Durch die **2. SteueramnestieV v. 19. 9. 1931** (RGBl. I 493) wurde die Frist bis zum 15. 10. 1931 verlängert und darüber hinaus angeordnet, daß die straf- und steuerbefreiende Wirkung der Amnestie außer durch Selbstanzeige auch durch fristgerechte Zeichnung und Bezahlung steuerfreier Reichsbahn-Anleihe 1931 erlangt werden konnte; vgl. auch § 6 Nr. 2 ArbeitsspendenG v. 1. 6. 1933 (RGBl. I 324). Zugleich wurde der Straftatbestand des § 14 II der 1. SteueramnestieV durch § 15 der 2. SteueramnestieV ersetzt, der für besonders schwere Fälle ebenfalls Zuchthaus bis zu 10 Jahren androhte. Infolge der Steueramnestie wurden 1931 Vermögenswerte von 2093 Mio RM und Einkommen von 132 Mio RM nachträglich angemeldet (StW 1932, 895).

41 **Die §§ 1–4 der VO des RPräs gegen die Kapital- und Steuerflucht v. 18. 7. 1931** (RGBl. I 373) begründeten die Pflicht, ausländische Zahlungsmittel oder Forderungen in ausländischer Währung der Reichsbank anzubieten. Zuwiderhandlungen waren mit Gefängnis, in besonders schweren Fällen mit Zuchthaus bis zu 10 Jahren bedroht, daneben mit Geldstrafe in unbeschränkter Höhe, Einziehung der zurückbehaltenen Werte und Bekanntmachung der Bestrafung (§ 5). Ähnliches galt für die Verletzung der Pflicht zur Anzeige von Beteiligungen an einer Gesellschaft, an der nicht mehr als 5 Personen oder deren Angehörige zusammen zu mehr als der Hälfte beteiligt waren (§ 6). Die Amnestievorschrift des § 8 stellte – dem Vorbild der AmnestieV (Rdnr. 40) folgend – bei rechtzeitiger Erfüllung der auferlegten Pflichten Straf- und Steuerfreiheit in Aussicht.

42 **Die 4. VO des RPräs zur Sicherung von Wirtschaft und Finanzen und zum Schutze des inneren Friedens v. 8. 12. 1931** führte im 7. Teil, Kap. III, 1. Abschnitt (RGBl. I 699, 731) für Reichsangehörige, die nach dem 31. 3. 1931 ihren Wohnsitz im Inland aufgegeben hatten oder aufgaben, eine **Reichsfluchtsteuer** ein, die ein Viertel des gesamten stpfl. Vermögens betrug, im Zeitpunkt der Aufgabe des inländischen Wohnsitzes entstand, gleichzeitig fällig wurde und ohne besondere Anforderung zu entrichten war; ein Steuerbescheid wurde nur auf besonderen Antrag erteilt. Wurde die RflSt bei Fälligkeit nicht gezahlt, war für jeden halben Monat ein Zuschlag von 5 vH des Rückstandes verwirkt. Hatte der Stpfl binnen 2 Monaten weder die Steuer entrichtet noch nachgewiesen, daß er wieder im Inland wohnte, war er nach § 9 Nr. 1 wegen Steuerflucht mit Gefängnis nicht unter 3 Monaten und mit Geldstrafe zu bestrafen; der Höchstbetrag der Geldstrafe war unbeschränkt. Nach § 9 Nr. 2 mußte das FA gegen den Stpfl einen **„Steuersteckbrief"** erlassen, der die Aufforderung enthielt, den Stpfl vorläufig festzunehmen und ihn dem Amtsrichter vorzuführen. Konnte der Stpfl dem Amtsrichter weder die Entrichtung der RflSt noch die Wiederbegründung eines Wohnsitzes im Inland nachweisen, hatte der Amtsrichter den Stpfl gem. § 11 III der Polizei zu übergeben. Die Polizeihaft endete, wenn Haftbefehl erging oder das Gericht über das Vergehen der Steuerflucht entschieden oder das FA die Entlassung angeordnet hatte. Ferner hatte das FA nach § 9 Nr. 3 zur Sicherung der Steuer, der Zuschläge, der Geldstrafe und Kosten *das gesamte inländische Vermögen des Stpfl zu beschlagnahmen*. Die vorgeschriebene Bekanntmachung des Steuersteckbriefes und der Vermögensbeschlagnahme enthielt auch das Verbot an alle Schuldner, Zahlungen an den Stpfl zu bewirken, und die Aufforderung, dem FA die dem Stpfl zustehenden Forderungen anzuzeigen. Wer die Anzeige vorsätzlich oder fahrlässig nicht erstattete, war nach § 10 V, sofern nicht Steuerhinterziehung (§ 396 RAO) oder Steuergefährdung (§ 402 RAO) vorlag, wegen Steuerordnungswidrigkeit iS des § 413 RAO 1931 zu bestrafen. Die Vorschriften über die RflSt wurden gem. Art. 1 des 4. Teils der VO v. 23. 12. 1932 (RGBl. I 571) zunächst bis zum 31. 12. 1934 verlängert (s. weiterhin Rdnr. 49).

43 **In der VO des RPräs zur Anpassung einiger Gesetze und Verordnungen an die veränderte Lage von Wirtschaft und Finanzen v. 23. 12. 1931** (RGBl. I 779) wurde

im 2. Teil „Bekämpfung des Schmuggels" unter § 1 Nr. 4 in §§ 134, 154 VZollG zusätzlich die Einziehung der Beförderungsmittel vorgeschrieben, die der Täter zur Tat benutzt hatte, *„gleichviel, wem diese gehörten und ob gegen eine bestimmte Person ein Strafverfahren eingeleitet wurde."*

44 **Die VO des RPräs über Maßnahmen auf dem Gebiete der Finanzen, der Wirtschaft und der Rechtspflege v. 18. 3. 1933** (RGBl. I 109) brachte in Kap. II unter „Bekämpfung des Schmuggels" weitere einzelne Änderungen des VZollG und der RAO. In § 134 II VZollG und § 401 I 2 RAO wurde die Ausnahme von der Einziehung der Beförderungsmittel, die dem allgemeinen Verkehr dienten, auf Fahrzeuge beschränkt, die *unabhängig von den Weisungen des Fahrgastes oder Benutzers verkehrten,* um die Einziehung von Kraftdroschken, die zum Schmuggeln benutzt wurden, zu ermöglichen. Durch einen neuen § 158 II VZollG wurde das Verhältnis zwischen Bannbruch und Zollhinterziehung in der Weise geregelt, daß bei tateinheitlichem Zusammentreffen nur wegen Zollhinterziehung zu bestrafen war. Im Zusammenhang damit wurde durch einen neuen § 396 VI RAO klargestellt, daß Zollhinterziehung auch hinsichtlich solcher Waren begangen werden konnte, deren Ein-, Aus- oder Durchfuhr verboten war (vgl. heute § 370 V AO; vorher bejahend RFH 23, 162, 163ff. v. 7. 3. 1928, verneinend RG 60, 171, 172ff. v. 15. 4. 1926).

45 Über den Einfluß der **VO des RPräs über Maßnahmen auf dem Gebiete der Rechtspflege und Verwaltung v. 14. 6. 1932** (RGBl. I 285) auf die Stellung des FA im gerichtlichen Steuerstrafverfahren vgl. *Hayum* JW 1932, 2677; *Roeren* StArch 1933, 55; *Liebezeit* DStBl. 1933, 183 sowie ausf. *Hummel* ZfZ 1933, 200, 222, 263, 439.

3. Änderungen des Steuerstrafrechts durch die nat.-soz. Gesetzgebung

46 Auf dem Gebiet des Steuerstrafrechts begann die nat.-soz. Gesetzgebung mit dem **Gesetz gegen Verrat der Deutschen Volkswirtschaft v. 12. 6. 1933** (RGBl. I 360), nach dem Vermögenstücke im Wert von mehr als 1000 RM, die sich am 1. 6. 1933 im Ausland befanden, aber dem FA nicht angegeben worden waren, und Devisen im Wert von mehr als 200 RM, die der Reichsbank nicht angeboten worden waren, dem FA bis zum 31. 8. 1933 angezeigt werden mußten. Nach § 7 trat bei fristgerechter Anzeige für die bereits vollendeten Steuer- oder Devisenzuwiderhandlungen Straffreiheit ein, jedoch mußten die verkürzten Steuern nachgezahlt werden. Reichsangehörige, welche die Anzeigepflicht vorsätzlich vernachlässigen, waren nach § 8 *„wegen Verrats der Deutschen Volkswirtschaft"* mit Zuchthaus nicht unter 3 Jahren zu bestrafen; bei mildernden Umständen war Zuchthaus bis zu 10 Jahren (!) angedroht. Bei fahrlässiger Versäumung der Anzeigepflicht war die Strafe Gefängnis nicht unter einem Jahr. Gegen vorsätzlich oder fahrlässig handelnde Täter, die nicht Reichsangehörige waren, mußte auf Gefängnis innerhalb der allgemeinen Grenzen erkannt werden. Für die Aburteilung waren die **Sondergerichte** zuständig, die aufgrund der VO der RReg v. 21. 3. 1933 (RGBl. I 136) in einem vereinfachten Verfahren zu entscheiden hatten, zB konnte das Sondergericht eine Beweiserhebung ablehnen, *„wenn es die Überzeugung gewonnen hatte, daß die Beweiserhebung für die Aufklärung der Sache nicht erforderlich war".* Gegen die Urteile der Sondergerichte war kein Rechtsmittel gegeben. Die Auswirkungen dieser maßlosen Regelung müssen selbst für die damaligen Machthaber erschreckend gewesen sein; denn bereits kurze Zeit nach dem Anlaufen zahlreicher Sondergerichtsverfahren führte das

47 **Steueranpassungsgesetz v. 16. 10. 1934** (RGBl. I 925; Begr. RStBl. 1398) gewisse Milderungen des Volksverratsgesetzes herbei. Zunächst wurde gem. § 22 StAnpG die Anzeigefrist bis zum 31. 12. 1934 verlängert. Wurde auch die verlängerte Frist versäumt, konnte gem. § 23 Nr. 5 StAnpG bei verschwiegenen Vermögenstücken und Devisen im Gesamtwert unter 10000 RM die Strafe bei mildernden Umständen so bemessen werden, *„als habe der Täter eine Steuerhinterziehung begangen"*. Für solche Fälle wurde nach § 23 Nr. 6 StAnpG die Straffestsetzung dem FA im Verfahren nach den §§ 420ff. RAO übertragen, falls das FA mildernde Umstände bejahte und auf Geldstrafe erkennen wollte. Aufgrund §§ 28ff. StAnpG wurden die wegen Zuwiderhandlungen gegen das Volksverratsgesetz bereits anhängigen Strafverfahren eingestellt und die bereits erkannten Freiheits- und Geldstrafen, soweit sie noch nicht vollstreckt waren, erlassen. Einstellungen des Strafverfahrens oder Straferlaß wurden hinfällig, wenn sich später herausstellte, daß der Täter seiner Anzeigepflicht auch bis zum Ablauf der verlängerten Frist nicht nachgekommen war.

48 Von den zahlreichen Änderungen der RAO durch § 21 StAnpG wurde das Steuerstrafrecht kaum betroffen. Dem § 395 RAO über Irrtum wurde ein neuer Abs. II angefügt, wonach wegen Fahrlässigkeit strafbar war, wer die Tat aus Mangel an Sorgfalt für erlaubt gehalten hatte. In einen neuen Abs. III des § 419 RAO wurde aus § 22 WStG v. 12. 7. 1930 (RGBl. I 219) die Vorschrift übernommen, daß bei WSt-Vergehen die Verfolgungsverjährung erst mit Ablauf des Jahres begann, in dem der Wechsel fällig geworden war; dagegen blieb der Straftatbestand des § 21 WStG gem. § 45 III Nr. 5 StAnpG bestehen. In dem Abschnitt über das Strafverfahren wurde § 430 RAO um Vorschriften über die Beschlagnahme in einem militärischen Dienstgebäude oder auf einem Kriegsschiff und § 439 RAO um eine Vorschrift über die vorläufige Festnahme von Soldaten ergänzt.

49 Die Regelung der RflSt (s. Rdnr. 42) war durch das **Gesetz über Änderung der Vorschriften über die RflSt v. 18. 5. 1934** (RGBl. I 392) noch verschärft worden. Nach § 7 nF konnte das FA Sicherheitsleistung schon dann verlangen, wenn sie nach seinem Ermessen erforderlich war, um künftige Ansprüche auf RflSt, deren Entstehung *„wahrscheinlich"* war, zu sichern. Nach § 9 nF traten die Voraussetzungen der Strafbarkeit, des Steuersteckbriefes und der Vermögensbeschlagnahme schon dann ein, wenn der Stpfl nicht die gesamte RflSt binnen eines Monats entrichtet hatte; auch konnte die einmal entstandene Steuerpflicht nicht mehr dadurch beseitigt werden, daß der Stpfl in das Inland zurückkehrte. Gem. § 43 I StAnpG wurde die Geltung der Vorschriften über die RflSt bis zum 31. 12. 1937 verlängert; vgl. wegen weiterer Verlängerungen das Gesetz v. 19. 12. 1937 (RGBl. I 1385) und wegen der Einführung in Österreich Abschn. II der VO v. 14. 4. 1938 (RGBl. I 389). Es besteht kein Zweifel, daß die nat.-soz. Machthaber die 1933 vorgefundenen Vorschriften über die RflSt als ein willkommenes Mittel ansahen, um sich an den von ihnen aus politischen oder rassischen Gründen bedrohten Auswanderern zu bereichern. Hier sei nur auf die Steuersteckbriefe gegen *Arnold Zweig* (RStBl. 1934, 128), *Alfred Döblin* (RStBl. 1934, 227) und *Otto Klemperer*

(RStBl. 1934, 840) hingewiesen; nicht wenige andere mögen sich wegen der drakonischen Ausgestaltung der RflSt zu spät zur Flucht entschlossen haben. Weitere Vorschriften, wie zB die VO über die Anmeldung des Vermögens von Juden v. 26. 4. 1938 (RGBl. I 414), die VO über eine Sühneleistung der Juden v. 12. 11. 1938 (RGBl. I 1579) mit DV v. 21. 11. 1938 (RGBl. I 1638) und die VO über den Einsatz des jüdischen Vermögens v. 3. 12. 1938 (RGBl. I 1709), reichen über den Rahmen des Steuerstrafrechts hinaus, da sie bereits unmittelbar auf Entziehung, nicht mehr auf bloße Besteuerung des Vermögens abzielten.

50 Nach Abschn. III der VO v. 14. 4. 1938 (RGBl. I 389) wurde mit der RAO 1931 das reichsdeutsche Steuerstraf- und -verfahrensrecht auch in **Österreich** eingeführt, wo es bis zum Erlaß des Bundesgesetzes v. 26. 6. 1958, betr. das Finanzstrafrecht und das Finanzstrafverfahrensrecht (Österr. BGBl. Nr. 129) in Kraft blieb.

51 Bedeutsame Änderungen des Steuerstrafrechts brachte das **Gesetz zur Änderung der Reichsabgabenordnung v. 4. 7. 1939** (RGBl. I 1181). Im Zusammenhang mit den 1938/39 aufgrund G v. 8. 9. 1939 (RGBl. I 1162) neu bekanntgemachten Verbrauchsteuergesetzen wurde das Zoll- und Verbrauchsteuerstrafrecht nunmehr nahezu vollständig in der RAO zusammengefaßt; Ausnahmen: Steuerzeichenvergehen nach § 79 TabStG idF v. 4. 4. 1939 (RGBl. I 721) und verbotswidrige Verwendung vergällten Salzes nach § 9 II SalzStG idF v. 23. 12. 1938 (RGBl. I 26). Zugleich wurden die Schuldvermutungstatbestände (vgl. *Hänselmann* ZfZ 1926, 103) und die Multiplarstrafen (Rdnr. 26) beseitigt, die oft in keinem Verhältnis zu der Tat standen und *„dem Ansehen der Strafrechtspflege abträglich waren“* (*Rahn* ZfZ 1940, 157). An die Stelle des bisherigen § 134 VZollG trat der neue § 401a RAO (Bannbruch), an die Stelle der §§ 146–148 VZollG der neue § 401b RAO (schwerer Schmuggel). Nach § 403 RAOnF (Steuerhehlerei) konnte als Vortat auch Bannbruch in Betracht kommen; ferner wurde der Wortlaut dem § 259 StGB (Sachhehlerei) angepaßt. Die Änderungen des § 404 RAO (Rückfall) und des § 410 RAO (Selbstanzeige) waren nur durch die Gleichstellung des Bannbruchs mit der Steuerhinterziehung bedingt. § 394 RAO, der ermöglicht hatte, daß Betriebsinhaber die strafrechtliche Verantwortung für Verbrauchsteuern auf Betriebsleiter übertragen konnten, wurde in Angleichung an das allgemeine Strafrecht gestrichen. § 406 über die Einziehung bestimmter verbrauchsteuerpflichtiger Erzeugnisse wurde durch die neuen §§ 200, 200a RAO über die Sicherstellung von Waren, Erzeugnissen und Geräten im Aufsichtswege ersetzt. Die Straftatbestände der §§ 407–409 und 411 RAO wurden teils ersatzlos aufgehoben, teils durch § 413 RAOnF ersetzt. Steuerordnungswidrigkeiten iS des § 413 RAO waren mit Geldstrafe bis zu 10000 RM bedroht, wurden jedoch nach § 2 II StRegV nicht in das Strafregister eingetragen. Der allgemeine Begriff *„Steuerzuwiderhandlungen“* wurde mit Rücksicht auf § 1 StGBaF in *„Steuervergehen“* umgewandelt. Im ganzen enthielt das Gesetz von 1939 hoffnungsvolle Ansätze zu einer Entrümpelung des Steuerstrafrechts, die leider erst lange Zeit nach dem Kriege fortgeführt wurde (Rdnr. 70ff.).

52 Die aufgrund des **Gesetzes über die Bestrafung von Zuwiderhandlungen gegen die Zollvorschriften und die Ein-, Aus- und Durchfuhrbestimmungen benachbarter Zollgebiete v. 15. 8. 1943** (RGBl. I 539) erlassene VO über die Bestrafung von Zuwiderhandlungen gegen die niederländischen Zollvorschriften v. 28. 9. 1943 (RZBl. 242) erscheint im Hinblick auf § 370 VI AO erwähnenswert, weil schon hiernach das deutsche Steuerstrafrecht *ausländische* Abgaben und *ausländische* Verbote und Beschränkungen des grenzüberschreitenden Warenverkehrs schützen sollte; vgl. *Zweck* ZfZ 1943, 129.

4. Partielle Änderungen in der Nachkriegszeit

53 Während der ersten Nachkriegsjahre 1945/48 wurde das Steuerstrafrecht nicht geändert. Erst kurz vor Verabschiedung des GG wurde § 410 RAO gem. Abschn. II § 4 des **2. Gesetzes zur vorläufigen Neuordnung von Steuern v. 20. 4. 1949** (WiGBl. 69) für den Bereich des Vereinigten Wirtschaftsgebietes der amerikanischen und britischen Besatzungszone neugefaßt, insbes. die Selbstanzeige durch den Wegfall der Worte *„... ohne dazu durch eine unmittelbare Gefahr der Entdeckung veranlaßt zu sein“* erleichtert (s. Rdnr. 4 zu § 371 AO). Außerdem wurde die strafbefreiende Wirkung einer Selbstanzeige auf Zuwiderhandlungen gegen Art. IX (Bestandsaufnahme) des Anhangs zum G Nr. 64 v. 20. 6. 1948 (ABl. der Militärregierung, Ausgabe K, S. 10) und gegen die Preis- und Bewirtschaftungsbestimmungen ausgedehnt, wenn der Täter an das FA einen *„Reuezuschlag“* in Höhe von 10 vH der verkürzten Steuern oder – wenn größer – 10 vH des Mehrerlöses entrichtete, den er durch die Tat erzielt hatte. Anderseits wurde in Abschn. III unter der Überschrift *„Verschärfung der Steuerstrafen“* § 396 I RAO dahin geändert, daß Steuerhinterziehung in erster Linie mit Gefängnis, daneben mit Geldstrafe bedroht war und nur bei mildernden Umständen allein auf Geldstrafe erkannt werden konnte. Die Strafdrohung des § 404 RAO wurde bereits für den *ersten* Rückfall auf Gefängnis nicht unter 3 Monaten verschärft. Ferner konnte die Berufsausübung nach § 42 I StGBaF verboten werden. Gleichlautende Änderungsvorschriften wurden einen Tag vor dem Zusammentritt des ersten BTages in Rheinland-Pfalz gem. Abschn. 2 und 3 des Landesgesetzes zur vorläufigen Neuordnung von Steuern v. 6. 9. 1949 (GVBl. 469) erlassen. Die genannten Gesetze wurden gem. Art. 125 I GG partiell geltendes Bundesrecht. In Berlin, Baden u. Württ.-Hohenzollern blieb es bei dem früheren Wortlaut der §§ 396, 404 u. 410 RAO; denn von der Überleitungsmöglichkeit des Art. 127 GG wurde kein Gebrauch gemacht.

5. Änderungsvorhaben und Änderungen von 1950 bis 1965

54 In der 1. Legislaturperiode des BTages zielte die erste Änderung des Steuerstrafrechts mit dem **Gesetz zur Änderung des § 410 RAO v. 7. 12. 1951** (BGBl. I 941) darauf ab, die bei der Reform dieser Vorschrift durch das Gesetz v. 20. 4. 1949 (Rdnr. 53) begangenen Fehler auszumerzen. Das Konzept, durch Verminderung der Voraussetzungen für die strafbefreiende Selbstanzeige und gleichzeitige Verschärfung der Strafdrohungen *„die Steuermoral zu heben“* (BT-Drucks. I/2395), hatte nicht nur die erhoffte Wirkung verfehlt

(vgl. OLG Stuttgart v. 17. 7. 1950, DStZ/B 440), sondern geradezu das Gegenteil bewirkt. Deshalb wurde nach § 410 RAOnF die Straffreiheit versagt, wenn die Selbstanzeige erst nach dem Erscheinen eines Prüfers der Finanzbehörde oder nach Bekanntgabe der Einleitung einer steuerstrafrechtlichen Untersuchung oder dann erstattet worden war, wenn der Täter wußte oder damit rechnen mußte, daß die Tat bereits entdeckt war. In einem neuen Abs. IV des § 410 RAO wurde die *„Einleitung der steuerstrafrechtlichen Untersuchung"* definiert (vgl. heute § 397 AO). Ferner wurde in einem neuen § 411 RAO die Selbstanzeige unter erleichterten Voraussetzungen für fahrlässige Steuerverkürzung nach § 402 RAO gesondert geregelt. Fälle schweren Schmuggels iS des § 401 b RAO wurden aus dem Kreis der selbstanzeigefähigen Steuerstraftaten wieder ausgeschieden. Insgesamt führte das Gesetz v. 7. 12. 1951, in Berlin übernommen durch Gesetz v. 28. 2. 1952 (GVBl. 125), zu einer bundeseinheitlichen Fassung der Vorschriften über die Selbstanzeige, die sich bewährt hat (s. Rdnr. 12ff. zu § 371 AO).

55 Ein Antrag des Zentrum v. 7. 11. 1950, die Rückfallvoraussetzungen nach § 404 S. 1 RAO zu mildern und sie den Rückfallvorschriften des StGB anzupassen (BT-Drucks. I/1572), wurde der BReg als Material überwiesen (Sten. Ber. S. 4568). Tatsächlich hatten im BMF bereits Vorarbeiten für eine Änderung der §§ 391ff. RAO begonnen, die hauptsächlich darauf abzielten, der nach der Währungsreform beobachteten Steigerung der Steuerstraftaten entgegenzuwirken (statistische Angaben s. 1. Aufl.).

Als Gegenmaßnahme wurde in Aussicht genommen, bereits nach einmaliger Bestrafung wegen Steuerhinterziehung ein Berufsverbot durch die OFD zu ermöglichen, jedoch wurde ein dahingehender Entwurf zur Änderung des § 198 RAO in der Kabinettsitzung am 2. 8. 1951 wegen verfassungsrechtlicher Bedenken zurückgestellt.

56 Die weiteren Erörterungen zwischen den Ressorts führten zu dem **Regierungsentwurf eines Gesetzes zur Änderung von steuerstrafrechtlichen Vorschriften der RAO und anderer Steuergesetze v. 21. 10. 1952** (BR-Drucks. 430/52). Danach sollte der Tatbestand der Steuerhinterziehung bei gemilderter Strafdrohung unverändert bleiben. Im Vorfeld der Hinterziehung sollte durch einen neuen Tatbestand der Steuergefährdung Geldstrafe bis zu 100000 DM sowie Gefängnis bis zu 2 Jahren demjenigen angedroht werden, der Bücher oder Aufzeichnungen unrichtig führte, unrichtige Belege ausstellte oder Bücher, Aufzeichnungen oder Belege beseitigte und sich dabei bewußt war, daß infolge seines Verhaltens eine Steuerverkürzung eintreten konnte (vgl. den späteren § 406 RAO, s.Rdnr. 57). Für besonders schwere Fälle gewerbsmäßigen, bandenmäßigen oder gewaltsamen Schmuggels oder Steuerzeichenfälschung war Zuchthaus bis zu 10 Jahren vorgesehen. Durch gerichtliches Straferkenntnis wegen Steuerhinterziehung, Bannbruch oder Steuerhehlerei sollte dem Verurteilten bis zu 5 Jahren untersagt werden können, seinen Beruf oder sein Gewerbe fortzusetzen, *„wenn er bei Begehung der Straftat seinen Beruf oder sein Gewerbe mißbraucht hatte, wenn er steuerliche Pflichten, die ihm kraft seines Berufes oder ... Gewerbes oblagen, grob verletzt hatte, oder wenn die Straftat sich auf Steuern bezog, die im Zusammenhang mit Beruf oder Gewerbe zu leisten waren, und der Täter durch die Tat eine besonders gemeinschädliche Haltung bekundet hatte".* Die Strafschärfung wegen Rückfalls sollte weiterhin beim *ersten* Rückfall eingreifen, jedoch sollte *„bei nur geringer Schuld"* die Mindeststrafe von 3 Monaten Gefängnis unterschritten oder nur Geldstrafe verhängt werden können. Im Abschnitt über das Steuerstrafverfahren waren Vorschriften über die Wiederaufnahme eines Verwaltungsstrafverfahrens vorgesehen. Zur Zusammenfassung der Steuerstrafsachen bei bestimmten Gerichten war – über den späteren § 476a RAO (Rdnr. 57) und den heutigen § 391 AO hinaus – vorgesehen, daß bei sachlicher Zuständigkeit des Landgerichts alle Steuerstrafsachen innerhalb eines OLG-Bezirks bei *einer* Strafkammer konzentriert werden sollten.

Die Begr. des Entwurfs hatte einleitend hervorgehoben, daß „*Klarheit und Systematik des Steuerstrafrechts verbessert*", „*seine Vorschriften dem allgemeinen Strafrecht stärker angepaßt*" und „*in mancher Beziehung die rechtsstaatlichen Gesichtspunkte stärker betont*" werden müßten. Aber gerade unter diesen Aspekten konnte der Entwurf nur Enttäuschung hervorrufen. Von den überkommenen Institutionen wurden – mit Ausnahme der Strafbarkeit des Zuwiderhandelns gegen Verfügungen der Steuerbehörden – auch solche nicht angetastet, die systemwidrig waren und sich obendrein als entbehrlich erwiesen hatten, wie zB die Strafhaftung gem. §§ 416, 417 RAO oder die Befugnis des FA, gem. § 472 II–IV RAO anstelle der StA die öffentliche Klage selbst zu erheben und in der Hauptverhandlung zu vertreten (vgl. weiterhin *Münn* DRiZ 1953, 220). In den Ausschußberatungen des BRates wurden gegen das unverändert beibehaltene Verwaltungsstrafverfahren im Hinblick auf Art. 92 u. 19 IV GG verfassungsrechtliche Bedenken geltend gemacht und dem Plenum vorgeschlagen, das Steuerstrafrecht dem WiStG 1949 anzugleichen. Ein entsprechender Antrag von Bayern fand jedoch in der 96. Sitzung des BRates am 12. 11. 1952 keine Mehrheit. Der BRat ließ es dabei bewenden, mehr als 70 einzelne Änderungen des Entwurfs vorzuschlagen (Sitzungsbericht S. 546ff.). Infolge neuer Meinungsverschiedenheiten zwischen BMF, BMJ und BMWi, die sich auf die Beibehaltung des § 472 II–IV RAO und des § 477 I RAO sowie auf die Einführung einer Vorschrift bezogen, nach der Einstellungen des Steuerstrafverfahrens nach § 153 III StPO von der Zustimmung des FA abhängen sollten, konnte die Gegenäußerung der BReg zur Stellungnahme des BRates erst Ende Mai 1953 beschlossen werden. Der Entwurf wurde zwar noch am 10. 6. 1953 im BTag eingebracht, aber nicht mehr beraten.

57 **Zu Beginn der 2. Legislaturperiode** wurde der verfallene Entwurf von vornherein auf besonders vordringliche und rechtspolitisch unstreitige Gegenstände beschränkt. Obwohl die Begr. (BT-Drucks. II/1593) hierzu nur auf die Strafrechtsreform hinwies, war für die Beschränkung wohl auch die Besorgnis maßgebend, der BTag könne auch auf dem Gebiet des Steuerstrafrechts Ordnungswidrigkeiten iS des OWiG v. 25. 3. 1952 (BGBl. I 177) einführen oder sich die aufkeimenden Bedenken gegen die Verfassungsmäßigkeit des Verwaltungsstrafverfahrens (Rdnr. 66) zu eigen machen (vgl. *Mattern* DStZ 1953, 21). Aus dem ersten Grunde wurde der Begriff *Steuerordnungswidrigkeiten* für Vergehen nach § 413 RAO beseitigt und der Tatbestand der fahrlässigen Steuerverkürzung nach § 402 RAO auf *leichtfertiges* Verhalten beschränkt. Aus dem zweiten Grunde wurde von Änderungen der Vorschriften über das Steuerstrafverfahren, mit Ausnahme eines neuen § 476a RAO über die Konzentration der Zuständigkeit der Gerichte, abgesehen. Unter diesen Umständen war der Gesetzgeber nicht genötigt, eine die Strafbefugnis der Finanzbehörden bestätigende Vorschrift in seinen Willen aufzunehmen. In der Hauptsache zielte der Entwurf darauf ab, für Steuerhinterziehung und -hehlerei (§§ 396, 403 RAO) eine bundeseinheitliche, gegenüber dem Rechtszustand im Vereinigten Wirtschaftsgebiet und in Rheinland-Pfalz mildere Strafdrohung einzuführen (s. Rdnr. 3 zu § 370 AO) und durch eine Neufassung des § 404 RAO für „*leichte Fälle*" einer Rückfalltat die Möglichkeit zu eröffnen, daß allein auf Geldstrafe erkannt werden konnte. Zur Bekämpfung des Belegschwindels wurde unter der Bezeichnung *„Steuergefährdung"* der neue Tatbestand des § 406 RAO geprägt, der jedoch in der Praxis, wenn man die Zahl der Bestrafungen (jährlich unter 40) zum Maßstab nimmt, die von ihm erhoffte Wirkung nicht entfaltet hat, namentlich ist die angedrohte Gefängnisstrafe bis 1966 in keinem einzigen Fall verhängt worden. Der Entwurf wurde ohne nennenswerte Anstände (Schriftl. Ber. zu BT-Drucks. II/1731) in der 136. Sitzung des BTages am 21. 3. 1956 (Sten. Ber. S. 7046) verabschiedet und als **Gesetz zur Änderung des Dritten Teiles der Reichsabgabenordnung v. 11. 5. 1956** (BGBl. I 418) verkündet; vgl. *Gossrau* GA 1956, 333; *Mattern* DStR 1956, 265, 289; DStZ 1956, 328 u. StbJb 1955/56, 459; *Terstegen* FR 1956, 357; *Wittneben*, Steuerstrafrechts-Änderungsgesetz, 1956 u. DStZ 1956, 185.

58 **Im Anschluß an die Verabschiedung des Gesetzes v. 11. 5. 1956** hatte der BTag am 21. 3. 1956 auf Antrag der FDP einstimmig die folgende Entschließung gefaßt:

„Das Gesetz zur Änderung von Vorschriften des 3. Teiles der RAO regelt zwar einige besonders dringende Fragen des Steuerstrafrechts, ist aber nicht als Grundlage für eine allgemeine Reform des Steuerstrafrechts anzusehen. Eine solche allgemeine Reform ist notwendig; insbesondere muß das Steuerstrafrecht daraufhin überprüft werden, ob es mit rechtsstaatlichen Prinzipien vereinbar ist. Dies gilt vor allem für das Unterwerfungsverfahren und den Erlaß von Strafbescheiden durch die FÄ. Auch sollte das Prinzip der Trennung kriminellen Unrechts von Ordnungswidrigkeiten hier durchgeführt werden. Die BReg wird ersucht, dem BTag einen Gesetzentwurf vorzulegen, der diesen Erfordernissen Rechnung trägt" (Sten. Ber. S. 7046 u. 7062).

Dieser Entschließung trat der BRat in seiner 157. Sitzung am 20. 4. 1956 mit folgender Entschließung entgegen:

„Der BRat hält eine allgemeine Reform des Steuerstrafrechts für erforderlich. Er teilt jedoch die Ansicht des BMF und des BMJ sowie die aus den bisher ergangenen Entscheidungen der oberen Bundesgerichte sich ergebende Auffassung, daß das Verwaltungssteuerstrafverfahren dem GG nicht widerspricht. Der BRat vertritt daher den Standpunkt, daß kein dringendes Bedürfnis dafür besteht, eine Steuerstrafrechtsreform noch vor der Verabschiedung der großen Strafrechtsreform durchzuführen ..." (BR-Drucks. 110/56).

Kurz vor Ablauf der 2. Legislaturperiode faßte der BTag bei Gelegenheit der Verabschiedung des Gesetzes über Maßnahmen auf dem Gebiet der Finanzgerichtsbarkeit v. 22. 10. 1957 (RGBl. I 1746) auf Antrag des Ausschusses für Rechtswesen und Verfassungsrecht v. 21. 6. 1957 (BT-Drucks. II/3650) in der 227. Sitzung am 29. 8. 1957 folgende neue Entschließung:

„Die Frage, ob eine Strafbefugnis der FÄ mit dem GG vereinbar ist, wird durch das Gesetz über Maßnahmen auf dem Gebiet der Finanzgerichtsbarkeit nicht berührt. Die BReg wird ersucht, die strafprozessualen Bestimmungen der RAO auf ihre Vereinbarkeit mit dem GG zu überprüfen und erforderlichenfalls eine Gesetzesvorlage vorzubereiten" (Sten. Ber. S. 13521).

59 Angesichts der widerstreitenden Entschließungen des BTages und des BRates, der widerstreitenden Äußerungen im Schrifttum (Rdnr. 66) und des unverminderten Zuspruchs, den die Betroffenen – aus welchen Motiven auch immer – dem Verwaltungsstrafverfahren zuteil werden ließen, sah sich die BReg zwischen Skylla und Charybdis gestellt, zumal die Entschließungen des BTages in Wirklichkeit durchaus nicht einen einmütigen Willen des Parlaments wiedergaben. Sofern die BReg in den folgenden 10 Jahren im BTag an die Reform des Steuerstrafverfahrens gemahnt wurde, geschah dies ausschließlich von seiten der Opposition; vgl. die Fragen des Abg. *Dr. Arndt* vom 24. 6. 1960 (Sten. Ber. S. 6925D) und des Abg. *Jahn*-Marburg vom 17. 5. 1966 (Sten. Ber. S. 1786D). In dieser Lage beschränkte die BReg ihre Initiative zur Gesetzgebung längere Zeit auf einzelne Gegenstände des Steuerstrafrechts, die mehr am Rande des rechtspolitischen Interesses lagen.

60 **Das neue ZollG v. 14. 6. 1961** (BGBl. I 737) brachte in § 80 ZollG eine strafverfahrensrechtliche Vorschrift, nach der die *„im Reiseverkehr über die Grenze"* begangenen Zollvergehen nicht verfolgt werden, wenn sich die Tat auf Waren bezieht, die weder zum Handel noch zur gewerblichen Verwendung bestimmt und insgesamt nicht mehr als 200 DM (heute: 240 DM) wert sind; gem. § 57 VII ZollG kann in solchen Fällen ein Zollzuschlag bis zur Höhe der Eingangsabgaben, jedoch mindestens 3 und höchstens 100 DM, erhoben werden. In der Begr. wurde ausgeführt, daß der Täter im Reiseverkehr *„außerhalb seiner normalen Lebens- und Berufsverhältnisse in die Rolle des Stpfl gerät";* Tatmotiv sei weniger die Geldersparnis, sondern *„der bekannte Reiz, dem Zoll ein Schnippchen zu schlagen"* (BT-Drucks. III/2201 S. 76 u. 65). Der Anwendungsbereich des § 80 ZollG wurde durch das 2. VerbrauchStÄndG v. 16. 8. 1961 (BGBl. I 1323), durch Art. 1 Nr. 25 des 11. UStÄndG v. 16. 8. 1961 (BGBl. I 1330) und schließlich hinsichtlich der BierSt durch Art. 4 Nr. 3 G v. 23. 4. 1963 (BGBl. I 197) auf die anderen Eingangsabgaben ausgedehnt. Dank des § 80 ZollG ging die Zahl der Unterwerfungsverhandlungen, Strafbescheide und Abgaben an die StA in Zoll- und Verbrauchsteuerstrafsachen von 26438 im Jahre 1960 auf 9009 im Jahre 1962 zurück.

61 Den Regierungsentwurf eines StÄndG 1961 (BT-Drucks. III/2573) nahm der BTag zum Anlaß für eine **Änderung der Einziehungsvorschriften** (Schriftl. Ber. zu BT-Drucks. III/2706). Nach dem Vorbild der §§ 113, 115, 119 E 1960 (BT-Drucks. III/2150), das bereits in §§ 39–41 AWG und §§ 24, 25 KriegswaffG verwirklicht war, wurden durch Art. 17 Nr. 16ff. **StÄndG 1961** v. 13. 7. 1961 (BGBl. I 981, 994) die zwingenden Vorschriften der §§ 401, 401 a II 2, 403 II 2 RAO über die Einziehung von Schmuggelgut und Schmuggelfahrzeugen durch die Ermessensvorschrift des § 414 RAO ersetzt, durch § 414 a RAO über Wertersatz ergänzt und in § 414 b RAO eine Entschädigung an Drittberechtigte eingeführt; vgl. *Rümelin* ZfZ 1961, 206; *Buschmann* BlStA 1961, 353.

62 Durch Art. 2 Nr. 17 des **Gesetzes zur Änderung des FVG, der RAO und anderer Steuergesetze v. 23. 4. 1963** (BGBl. I 197) wurde § 413 I Nr. 1 c RAO an das ZollG v. 14. 6. 1961 angepaßt; Begr. s. BT-Drucks. IV/352 S. 6f..

63 Über den Einfluß der „kleinen Strafprozeßreform" gem. **StPÄG v. 19. 12. 1964** (BGBl. I 1067) auf das Steuerstrafverfahren vgl. *Bode* FR 1965, 250; *Gehre* DStR 1965, 250; *Oswald* MDR 1966, 644; *Lohmeyer* JR 1967, 87.

64 Für die Zumessung von Geldstrafen wegen Steuerhinterziehung ist bedeutsam, daß der BTag auf Initiative seines Finanzausschusses (Schriftl. Ber. zu BT-Drucks. IV/3189 S. 12) gem. Art. 5 StÄndG 1965 v. 14. 5. 1965 (BGBl. I 377, 384) in einem neuen § 4a StSäumG mit Wirkung ab 1. 1. 1966 die **Verzinsung hinterzogener Steuern** anordnete, um den Nutznießern einer Steuerhinterziehung den durch die Tat erlangten Zinsvorteil wieder zu entziehen (krit. Rdnr. 82).

65 Nur vorübergehende Bedeutung hatte die **Vereinfachung des § 468 RAO 1931** über die Pflicht des Strafrichters zur Anrufung des BFH und seine Bindung an steuerrechtliche Vorentscheidungen, die auf Initiative des Rechtsausschusses des BTages (Schriftl. Ber. zu BT-Drucks. IV/3523 S. 15) gem. § 162 Nr. 52 FGO v. 6. 10. 1965 (BGBl. I 1477) im Vorgriff auf die Reform des Steuerstrafrechts vollzogen wurde (vgl. *Hartung* NJW 1966, 484). Bereits durch das AOStrafÄndG (Rdnr. 71) wurde die Vorschrift auf die Aussetzung des Strafverfahrens reduziert (vgl. heute § 396 AO).

6. Der Verfassungsstreit um das Verwaltungsstrafverfahren

66 **Im Schrifttum** wurde schon kurze Zeit nach Inkrafttreten des GG erörtert, ob die gem. §§ 420ff. RAO 1931 von den Finanzbehörden ausgeübte Strafgewalt mit der Verfassung vereinbar sei. Zunächst wurde die Frage allgemein bejaht, vgl. *Bühler* (Rosenfeld-Festschr. 1949, 203), *Friesenhahn* (Thoma-Festschr. 1950, 21), *Maunz* (Deutsches Staatsrecht, 1. Aufl. 1951, S. 152). Erst nachdem 1952 im BRat (Rdnr. 56) und 1956/57 im BTag (Rdnr. 58) Zweifel laut geworden waren, wurde in vielfachen Veröffentlichungen geltend gemacht, daß die §§ 420ff. RAO 1931 sowie die §§ 34ff. PostG v. 28. 10. 1871 (RGBl. 347), gemessen am Rechtsstaatsprinzip, an Art. 20 II, Art. 92 u. 101 I 2 GG, verfassungswidrig seien; ferner verstoße § 445 RAO 1931 wegen der Unanfechtbarkeit der Unterwerfungsverhandlung gegen Art. 19 IV GG sowie § 470 RAO 1931 wegen der Bindung des Strafrichters gegen Art. 104 II 1 GG (ausf. Nachweise s. 1. Aufl.). Geltend gemacht wurde auch, daß die strafrechtliche Entscheidungsbefugnis der Finanzbehörden mit Art. 6 I MRK unvereinbar sei, so zB *v. Weber* ZStW 65 (1953) 337; MDR 1955, 386; *Woesner* NJW 1961, 1381; aM *Echterhölter* JZ 1956, 145; *Maunz/Dürig* 69 zu Art. 1 GG.

67 **Die Bundesregierung** hatte 1957 auf die Entschließungen des BTages (s. Rdnr. 58) ein Rechtsgutachten von *Friedrich Klein* eingeholt und sich fortan dessen Meinung, das Verwaltungsstrafverfahren sei als „*Vorschaltverfahren*" rechtmäßig, angeschlossen; zu den Stellungnahmen gegenüber dem BTag s. Rdnr. 59 sowie in fortschreitend abgeschwächter Form Begr. zu den Entwürfen eines AO-StPO-ÄG (BT-Drucks. IV/2476 S. 15) und eines AOStrafÄndG (BT-Drucks. V/1812 S. 18). Unterdessen veröffentlichten die obersten Finanzbehörden des Bundes und der Länder Erlasse betr. *Durchführung des Unterwerfungsverfahrens nach § 445 AO 1931* (BZBl. 1956, 570, 668; 1960, 324; BStBl. 1956 II 71; 1960 II 127), betr. *Abgabe von Steuerstrafverfahren an die StA* (BZBl. 1960, 378; BStBl. 1960 II 161) und betr. *Wiederaufnahme von Verwal-*

tungs-Steuerstrafverfahren (BZBl. 1960, 333; BStBl. 1960 II 127), die rechtsstaatliche Erfordernisse stärker hervorkehren sollten.

68 **Die Rechtsprechung** hatte mit Urt. des BFH v. 7. 4. 1954 (BStBl. 165) zunächst geklärt, daß mit Rücksicht auf Art. 19 IV GG – abw. vom Wortlaut des § 450 II 1 RAO 1931 – auch gegen Beschwerdebescheide der OFD gerichtliche Entscheidung beantragt werden konnte. Die ursprüngliche Auffassung des BFH, daß der Rechtsweg zu den *Finanz*gerichten führe, wurde nach heftiger Kritik im Schrifttum durch Urt. des BFHGrS v. 10. 2. 1958 (BStBl. 198) zugunsten der ordentlichen Gerichte geändert. Diese Entscheidung wurde auch von den ordentlichen Gerichten gebilligt (OLG Karlsruhe v. 25. 4. 1958, ZfZ 245; BGH 13, 102 v. 21. 4. 1959). In der grundsätzlichen Frage der Verfassungsmäßigkeit der Strafgewalt der Finanzbehörden folgte der 1. StrS des BGH aaO der Auffassung von *Friedrich Klein* (s. Rdnr. 67). Obwohl das Urteil im Schrifttum überwiegend abgelehnt wurde (z B *A. Arndt* NJW 1959, 1230; *Bettermann* DÖV 1959, 761), blieb es für die Rspr der ordentlichen Gerichte richtungweisend (BGH 15, 73 – 2. StrS – v. 20. 7. 1960; OLG Hamm v. 10. 11. 1961, NJW 1962, 827; OLG Frankfurt v. 23. 9. 1964, NJW 1965, 261; OLG Oldenburg v. 23. 10. 1964, MDR 1965, 219; zw. BVerwG 12, 322, 325 v. 13. 6. 1959; OLG Köln v. 15. 7. 1966, NJW 2229).

69 **Das Bundesverfassungsgericht** war mit der Prüfung des Verwaltungsstrafverfahrens erst seit 1960 befaßt, und zwar mit den Verfassungsbeschwerden 2 BvR 53 u. 375/60 gegen Strafbescheide eines FA, der Verfassungsbeschwerde 2 BvR 18/65 gegen eine Unterwerfungsverhandlung und dem Vorlagebeschluß 2 BvL 1/62 des AG Kassel (DB 1962, 1161), der jedoch unzulässig war (ausf. s. 1. Aufl.).

Auf die Verfassungsbeschwerden erkannte das BVerfG durch Urt. v. 6. 6. 1967 (BVerfG 22, 49):

„Kriminalstrafen können nach Art. 92 erster Halbsatz GG nur durch die Richter verhängt werden. Sie dürfen deshalb auch bei minder gewichtigen strafrechtlichen Unrechtstatbeständen nicht in einem Verwaltungsvorverfahren ausgesprochen werden.

§§ 421 II, 445 und 447 I [RAO 1931], nach denen die FÄ Kriminalstrafen verhängen können, sind deshalb mit dem Grundgesetz unvereinbar und daher nichtig" (Leitsätze).

In den Gründen wurde ferner ausgesprochen, daß *„diejenigen Vorschriften der RAO, die sich auf die nichtigen Bestimmungen beziehen, vorab § 470 RAO, gegenstandslos werden"*.

Die Entscheidung war, soweit sie sich auf das Strafbescheidsverfahren bezog, mit 4 gegen 3 Stimmen, soweit sie die Unterwerfung betraf, einstimmig ergangen; krit. *Schmidt-Bleibtreu* BB 1967, 832; *Cordier* NJW 1967, 2141.

Über die in der Zeit zwischen der Verkündung des BVerfG-Urt. vom 6. 6. 1967 (BGBl. I 625) und dem Inkrafttreten des AOStrafÄndG (Rdnr. 70) am 13. 8. 1967 bestehende Rechtslage vgl. BdF-Erl. v. 15. 6. 1967 u. FinBeh Hamburg v. 26. 6. 1967, DStZ/B 274, 298, sowie *Franzen* DStR 1967, 433.

7. AOStrafÄndG 1967/68 und OWiG 1968

70 Angesichts der rechtspolitischen und verfassungsrechtlichen Kritik an der Strafbefugnis der Finanzbehörden hatte das BMF bereits seit 1959 eine Reform des Steuerstrafverfahrens vorbereitet (ausf. s. 1. Aufl.), die einschließlich am 13. 5. 1964 als **Entwurf eines Gesetzes zur Änderung strafrechtlicher Vorschriften der Reichsabgabenordnung sowie zur Änderung der Strafprozeßordnung und anderer Gesetze (AO-StPO-ÄG)** am 13. 5. 1964 von der BReg beschlossen wurde (BR-Drucks. 227/64). Wesentlicher Inhalt war im 1. Teil die Abschaffung des Verwaltungsstrafverfahrens und die Aufhebung einzelner Vorschriften des materiellen Steuerstrafrechts, die gegenstandslos waren oder mit allgemeinen Grundsätzen des Strafrechts nicht mehr in Einklang standen, im 2. Teil eine Reform der Vorschriften der StPO über das Einziehungsverfahren (ausf. *Göhler,* Beilage zum BAnz 138/64). Nach Beschlußfassung des BRates am 5. 6. 1964 (Sitzungsbericht S. 97) wurde der Entwurf am 18. 7. 1964 im BTag eingebracht (BT-Drucks. IV/2476) und am 16. 10. 1964 federführend dem Finanzausschuß überwiesen (Sten. Ber. S. 6905 D), der im letzten Jahr der 4. Legislaturperiode jedoch nicht mehr in der Lage war, die Beratungen aufzunehmen. In der Öffentlichkeit hatte der Entwurf zwiespältige Aufnahme gefunden, namentlich in Kreisen der Wirtschaft und der steuerberatenden Berufe, die an einer Beibehaltung des Unterwerfungsverfahrens interessiert waren (Schrifttum s. 1. Aufl. Einl 73).

71 **Zu Beginn der 5. Legislaturperiode** brachte die BReg im Oktober 1966 die Entwürfe eines neuen OWiG (BT-Drucks. V/1269) und eines EGOWiG (BT-Drucks. V/1319) ein. Der Entwurf des OWiG ermöglichte es, die Reform des Steuerstrafrechts auf die materiellen Vorschriften auszudehnen und bestimmte Zuwiderhandlungen, die bisher mit Strafe bedroht waren, in Ordnungswidrigkeiten umzuwandeln. Dieses Vorhaben entsprach einer alten Forderung des BTages (Rdnr. 58) und dem mit der Strafrechtsreform von Anfang an verfolgten Bestreben der BReg, im gesamten Bereich des Strafrechts eine Trennung zwischen kriminellem Unrecht und Ordnungsunrecht vorzunehmen. Bei der Unterscheidung der Zuwiderhandlungen gegen Steuergesetze wurde als maßgebend erachtet, welche Handlungen mit Taten vergleichbar waren, die auch nach dem E 1962 mit krimineller Strafe bedroht bleiben sollten. Demgemäß blieben in dem neuen **Entwurf eines Gesetzes zur Änderung strafrechtlicher Vorschriften der Reichsabgabenordnung und anderer Gesetze (AOStrafÄndG)** Steuerhinterziehung, Bannbruch, Steuerhehlerei, Steuerzeichenfälschung und die Verletzung des Steuergeheimnisses dem kriminellen Unrecht zugeordnet. Anderseits sollten leichtfertige Steuerverkürzung, Steuergefährdung iS des § 406 RAO 1956 (Rdnr. 57) und die Vergehen nach § 413 RAO 1956 zu Steuerordnungswidrigkeiten abgestuft werden. Die Vorschriften über das Steuerstrafverfahren wurden aus dem verfallenen Entwurf eines AO-StPO-ÄG (Rdnr. 70) übernommen. Zur Regelung des Bußgeldverfahrens wegen Steuerordnungswidrigkeiten wurde weitgehend auf die Vorschriften des OWiG-Entwurfs verwiesen. Der Entwurf des AOStrafÄndG wurde am 30. 5. 1967 im BTag eingebracht

(BT-Drucks. V/1812) und am 9. 6. 1967 ohne Aussprache an die zuständigen Ausschüsse überwiesen (Sten. Ber. S. 5553 A).

Der Entschließung des BRates (BT-Drucks. V/1812 S. 47), die endgültige Entscheidung über die Beseitigung des Unterwerfungsverfahrens bis zur Entscheidung des BVerfG über die anhängigen Verfassungsbeschwerden (Rdnr. 69) zurückzustellen und das Unterwerfungsverfahren beizubehalten, falls das BVerfG dies zulasse, widersprach die BReg in ihrer Gegenäußerung wie folgt:

„Nach Auffassung der BReg würde es rechtsstaatlichen Grundsätzen zuwiderlaufen, wenn trotz der ... Trennung des Ordnungsunrechts vom Kriminalunrecht die Ahndungsbefugnis der FÄ bei den verbleibenden Straftaten beibehalten würde ... Die Ahndung von kriminellem Unrecht sollte den Gerichten vorbehalten bleiben.

Zu berücksichtigen ist außerdem, daß die Vorschriften über die Strafbefugnis der FÄ ohnehin auf die Dauer nicht fortgelten könnten, weil sie mit dem künftigen Tagessatzsystem des Entwurfs eines neuen StGB ... unvereinbar sind. Es besteht im übrigen kein unabweisbares Bedürfnis dafür, das Unterwerfungsverfahren beizubehalten. ... Das Verfahren kann ... dadurch abgeschlossen werden, daß an die Stelle der bisher notwendigen Genehmigung der Unterwerfungsverhandlung der Erlaß des richterlichen Strafbefehls tritt. Bei den Steuerordnungswidrigkeiten kann das Verfahren künftig noch einfacher zum Abschluß gebracht werden. ...“ (BT-Drucks. V/1812 S. 50).

Der Entwurf wurde nach dem Urt. des BVerfG v. 6. 6. 1967 (Rdnr. 69) bereits am 21./23. 6. 1967 von den Ausschüssen beraten (Schriftl. Ber. BT-Drucks. V/1941) und in der Plenarsitzung am 28. 6. 1967 verabschiedet (Sten. Ber. S. 5781). Dabei mußten diejenigen Teile, welche die Einführung von Steuerordnungswidrigkeiten betrafen, wegen ihrer Verzahnung mit dem noch nicht zu Ende beratenen OWiG-Entwurf abgetrennt werden. Aus dem Abschnitt über das Strafverfahren wurde – nach lebhafter Debatte und mit knapper Mehrheit – die Vorschrift über die Nebenklägerbefugnis des FA gestrichen. Abgelehnt wurde ferner eine Vorschrift, nach der eine Durchsicht der Geschäftspapiere des von einer Durchsuchung Betroffenen – abw. von § 110 StPOaF – auch der StA und dem FA zustehen sollte (krit. *Franzen* DStR 1967, 437), sowie eine dem § 468 RAO idF der FGO (Rdnr. 65) wörtlich entsprechende Vorschrift über die Bindung des Strafrichters an Entscheidungen des BFH über steuerrechtliche Vorfragen. Nachdem die Mehrheit der Länder im BRat am 14. 7. 1967 einen Antrag von Nordrhein-Westfalen, den Vermittlungsausschuß anzurufen, nicht unterstützt hatte, wurde das **AOStrafÄndG v. 10. 8. 1967** am 12. 8. 1967 verkündet (BGBl. I 877) und trat am 13. 8. 1967 in Kraft; vgl. *Göhler* Beil. zum BAnz 152/67; *Franzen* DStR 1967, 433, 533, 564; *Loose* DStZ 1967, 277; krit. *Naumann* FR 1967, 395; *Scheuffele* BB 1967, 953; *Skuhr* JR 1967, 370; *Rössler* MDR 1968, 288 u. StW 1968, 139.

72 **Die Beratungen des BTages über das OWiG und das EGOWiG** wurden im März 1968 abgeschlossen (Schriftl. Ber. BT-Drucks. V/2600 u. 2601). Die Gesetze wurden vom BTag am 27. 3. 1968 verabschiedet (Sten. Ber. S. 8484). Gegen beide Gesetze rief der BRat am 26. 4. 1968 den Vermittlungsausschuß

an (Sitzungsbericht S. 96), dessen Vorschlägen (BT-Drucks. V/2888/89) der BTag am 10. 5. 1968 (Sten. Ber. S. 9249), der BRat am 10. 5. 1968 (Sitzungsbericht S. 113) zustimmte. **OWiG und EGOWiG v. 24. 5. 1968** (BGBl. I 481, 503) traten am 1. 10. 1968 in Kraft; vgl. *Göhler* JZ 1968, 583, 613.

73 **Die Beratungen des BTages über die Einführung von Steuerordnungswidrigkeiten** wurden im Mai 1968 abgeschlossen (Schriftl. Ber. BT-Drucks. V/2928). Die hierzu erforderlichen Vorschriften wurden mit wenigen Änderungen aus dem AOStrafÄndG-Entwurf (Rdnr. 71) übernommen und zu dem **2. AOStrafÄndG** zusammengefaßt, das der BTag am 31. 5. 1968 (Sten. Ber. S. 9680) verabschiedete. Die vom BRat am 14. 6. 1968 durch Anrufung des Vermittlungsausschusses erhobenen Bedenken richteten sich hauptsächlich gegen den vom BTag eingefügten § 448 RAO, nach welchem gegen Rechtsanwälte und steuerliche Berater wegen einer in Ausübung ihres Berufes begangenen Steuerordnungswidrigkeit ein Bußgeldbescheid erst erlassen werden durfte, wenn das ehren- oder berufsgerichtliche Verfahren in der sachgleichen Angelegenheit zu einer Maßnahme gegen den Berufsangehörigen geführt hatte (vgl. heute § 411 AO). Der BRat wies darauf hin, daß diese Regelung den Gleichheitsgrundsatz des Art. 3 I GG verletze und mit anderen Gesetzen nicht übereinstimme, zB § 62 StBerG, §§ 115b u. 118b BRAO, nach denen das ehren- oder berufsgerichtliche Verfahren hinter das allgemeine Verfahren zurücktritt (BT-Drucks. V/3013). Indessen blieb gerade § 448 RAO nach den Vorschlägen des Vermittlungsausschusses bestehen, während anderen Anträgen des BRates entsprochen wurde, namentlich der Erhöhung des Höchstbetrages der Geldstrafen gem. § 392 I RAO u. § 122 I BranntwMonG von 1 Mio auf 5 Mio DM. Den Antrag, die Verjährungsfrist für *alle* Steuerordnungswidrigkeiten auf 5 Jahre zu verlängern, berücksichtigte der Vermittlungsausschuß nur in bezug auf die §§ 405 u. 406 RAO, obwohl Zuwiderhandlungen nach § 406 RAO stets innerhalb kurzer Zeit entdeckt werden und Zuwiderhandlungen nach § 405 RAO binnen 2 Jahren regelmäßig in eine mindestens versuchte Steuerhinterziehung übergehen. Den Vorschlägen des Vermittlungsausschusses (BT-Drucks. V/3042) stimmten der BTag am 26. 6. 1968 (Sten. Ber. S. 9920) und der BRat am 5. 7. 1968 (Sitzungsbericht S. 180) zu. Das **2. AOStrafÄndG v. 12. 8. 1968** (BGBl. I 953) trat am 1. 10. 1968 – gleichzeitig mit dem OWiG und EGOWiG – in Kraft; vgl. *Bock* DB 1968, 1326; *Henneberg* BB 1968, 906; *Loose* DStZ 1968, 265; *Lohmeyer* GA 1969, 257; *Stobbe* ZfZ 1969, 193, 229, 264.

74 **Die Verfassungsmäßigkeit einzelner Vorschriften des neuen Rechts** wurde wiederum in Zweifel gezogen, jedoch von den Gerichten letzten Endes bestätigt; dies gilt namentlich für

die *verjährungsunterbrechende Wirkung* bestimmter Verfolgungsmaßnahmen der Finanzbehörden nach Art. 6 § 1 I Halbs. 2 AOStrafÄndG und § 402 II RAO 1968 (BVerfG 29, 148, 152f. v. 6. 10. 1970 zu § 419 II RAO 1931);

die *befristete Anfechtbarkeit von Unterwerfungsverhandlungen* nach Art. 6 § 1 II Nr. 2 und 3 sowie die *begrenzte Wiederaufnahme des Steuerstrafverfahrens* in den Fällen des Art. 6 § 1 III AOStrafÄndG (BVerfG 32, 305 v. 26. 1. 1972), bei der Anklage und Eröffnungsbeschluß durch Strafbescheid oder Unterwerfungsverhandlung des FA ersetzt wurden (BayObLG v. 14. 11. 1968, NJW 1969, 856);

die *Beitreibung von Geldstrafen* aus Straffestsetzungen der Finanzbehörden nach Art. 6 § 1 V AOStrafÄndG sowie von Ersatzfreiheitsstrafen aus Umwandlungsbeschlüssen nach § 470 RAO 1931 (LG Frankfurt v. 3. 6. 1970, NJW 2225);

das Erfordernis, über die vom *FA als Nebenkläger* vor dem 13. 8. 1967 form- und fristgerecht eingelegten Rechtsmittel gegen gerichtliche Entscheidungen sachlich zu befinden (BGH 22, 321 v. 19. 2. 1969), falls nicht nach dem 12. 8. 1967 die StA das Rechtsmittel zurückgenommen hatte (OLG Frankfurt v. 8. 11. 1967, NJW 1968, 265);

die *Regelung des Gerichtsstandes* in Steuerstrafsachen durch RechtsV aufgrund § 426 II 1 RAO 1967 (BVerfG 30, 103 v. 12. 1. 1971).

Die *Bußgeldtatbestände der §§ 407, 408 RAO* waren bei Inkrafttreten des 2. AOStrafÄndG im Hinblick auf Art. 103 II GG zunächst mit dem Zweifel belastet, ob der Vorbehalt der Rückverweisung in bezug auf die vor dem 1. 10. 1968 erlassenen Zoll- und Verbrauchsteuergesetze und die dazu erlassenen Rechtsverordnungen gem. Art. 12 IV des 2. AOStrafÄndG wirksam suspendiert werden konnte (krit. 1. Aufl. Einl 81 sowie Rdnr. 7 zu § 407 und 13 zu § 408 RAO 1968). In den folgenden Jahren wurde der Zweifel durch neue Rechtsnormen schrittweise beseitigt, namentlich durch § 79a ZollG (BGBl. 1969 I 879), § 96 BierStDB (BGBl. 1969 I 2169), § 148a AZO (BGBl. 1969 I 2343), § 26a ZuckStDB und § 16 ZuckStBefrO (BGBl. 1970 I 1042), § 116a TabStDV (BGBl. 1971 I 17), § 29a LeuchtmStDB (BGBl. 1971 I 380), § 23b SchaumwStDB (BGBl. 1972 I 426), § 24b SpielkStDB (BGBl. 1974 I 1341), § 22b SalzStDB und § 14 SBefrO (BGBl. 1974 I 2093), § 47 MinöStDV (BGBl. 1974 I 3521), § 14 MinöStG (BGBl. 1975 I 721) und § 23b ZündwStDB (BGBl. 1975 I 1260).

8. Einflüsse der Strafrechtsreform und anderer Gesetzesänderungen

75 **Art. 64 des 1. StrRG v. 25. 6. 1969** (BGBl. I 645, 672) änderte § 401 I RAO, um diese Vorschrift über die Aberkennung der Amtsfähigkeit und der Wählbarkeit als Nebenfolgen einer Freiheitsstrafe von mindestens einem Jahr wegen bestimmter Steuerstraftaten an die Neufassung des § 45 StGB anzupassen (1. Schriftl. Ber. BT-Drucks. V/4094 S. 58).

76 **Durch § 24 II VwKostG v. 23. 6. 1970** (BGBl. I 821) wurde § 449 III RAO eingefügt, der über die Kosten des Bußgeldverfahrens wegen Steuerordnungswidrigkeiten eine dem heutigen § 412 III AO entsprechende Regelung traf (BR-Drucks. 530/69 S. 6, BT-Drucks. VI/330 S. 20, 22, Schriftl. Ber. BT-Drucks. VI/605 S. 12).

77 **Art. 5 AStG v. 8. 9. 1972** (BGBl. I 1713) erweiterte den Bußgeldtatbestand des § 405 II RAO auf Zuwiderhandlungen gegen den neu eingefügten § 165d III RAO über die Pflicht, bestimmte Auslandsbeziehungen dem FA zu melden (begr. BT-Drucks. VI/2883 S. 34; heute § 379 II Nr. 1 iVm § 138 II AO).

78 **Durch Art. 8 I des 1. StVRG v. 9. 12. 1974** (BGBl. I 3393, 3413) wurde § 438 II RAO wie § 169b StPO über das Schlußgehör gestrichen und § 439 S. 2 RAO an die geänderte Fassung des § 110 I StPO über die Befugnis zur Durchsicht der Papiere des von der Durchsuchung Betroffenen sowie § 447 I Nr. 6 RAO an die geänderte Fassung des § 438 RAO angepaßt (Begr. BT-Drucks. 7/551 S. 113, Ausschußbericht BT-Drucks. 7/2600 S. 15, 71).

79 **Das 2. StrRG v. 4. 7. 1969** (BGBl. I 717) sollte die Reform des Allgemeinen Teils des StGB abschließen und ursprünglich am 1. 10. 1973 in Kraft treten. Wegen der Schwierigkeiten, außer dem Besonderen Teil des StGB mehr als 300 sonstige Gesetze zu diesem Zeitpunkt anzupassen, mußte das Inkrafttreten durch G v. 30. 7. 1973 (BGBl. I 909) auf den 1. 1. 1975 hinausgeschoben werden. Indessen ging das **EGStGB v. 2. 3. 1974** (BGBl. I 469) über Anpassung hinaus und änderte in Art. 18 seinerseits wieder Vorschriften des 2. StrRG, bevor sie in Kraft getreten waren. In der **Neufassung des StGB v. 2. 1. 1975** (BGBl. I 2) erscheint der Allgemeine Teil in neuer Paragraphenfolge. Eine bedeutsame sachliche Änderung bildet die Bemessung der Geldstrafe nach Tagessätzen gem. § 40 StGB (s. Rdnr. 124 zu § 369 AO). Auch wenn das Gesetz – wie zB § 373 AO – nur Freiheitsstrafe androht, kann das Gericht unter den Voraussetzungen des § 41 StGB *neben* der Freiheitsstrafe eine Geldstrafe verhängen oder unter den Voraussetzungen des § 47 II StGB *anstelle* einer kurzen Freiheitsstrafe allein auf Geldstrafe erkennen.

Die Vorschriften des 3. Teils der RAO wurden gem. Art. 161 EGStGB den Änderungen des StGB mWv 1. 1. 1975 angepaßt (Antrag des Sonderausschusses für die Strafrechtsreform, BT-Drucks. 7/1232 S. 272, Ausschußbericht BT-Drucks. 7/1261 S. 51 f.). Zahlreiche Änderungen betrafen nur den Sprachgebrauch, vor allem den Austausch der Begriffe *,,Steuervergehen"* und *,,Zollvergehen"* durch *,,Steuerstraftaten"* und *,,Zollstraftaten"*. In systematischer Hinsicht wurde die Steuerzeichenfälschung (§ 399 RAO 1968) als eigenständiger Straftatbestand aufgehoben und durch die neuen §§ 148, 149 StGB über Wertzeichenfälschung und deren Vorbereitung ersetzt; der Straftatbestand der Verletzung des Steuergeheimnisses (§ 400 RAO 1968) wurde als § 355 StGB in das Strafgesetzbuch übernommen. Während auf die Verfolgung der Wertzeichenfälschung, soweit sie Steuerzeichen betrifft, aufgrund § 391 I Nr. 3 RAO idF des EGStGB (heute § 369 I Nr. 3 AO) wegen ihrer Eigenschaft als Steuerstraftat die Sondervorschriften über das Steuerstrafverfahren anzuwenden sind, hat die Verletzung des Steuergeheimnisses die formale Eigenschaft einer Steuerstraftat verloren, so daß für die Verfolgung – wie bei der Verletzung des Dienst- oder des Post- und Fernmeldegeheimnisses nach den §§ 353b, 354 StGB – nur noch die Vorschriften der StPO und des GVG gelten. Die Tatbestände der Steuerhinterziehung, der leichtfertigen Steuerverkürzung und der Steuergefährdung wurden durch Ergänzungen des § 392 V und des § 405 I 2 RAO (heute § 370 VI, § 379 I 2 AO) auf Eingangsabgaben der Mitglieder der europäischen Freihandelsassoziation und die mit ihr assoziierten Staaten ausgedehnt; gleichzeitig wurde § 392 V 2 RAO 1968 (Wahrung der Gegenseitigkeit sowie des Grundsatzes *ne bis in idem* in dem anderen Staat) aufgegeben, da diese Voraussetzung bei keinem EG-Staat gegeben war und § 392 V RAOaF deshalb keine praktische Bedeutung erlangt hatte (*Donhauser* ZfZ 1974, 94). In der Fassung des EGStGB berücksichtigt § 392 V 2 RAO (heute § 370 VI AO) die Ablösung des Personalprinzips durch das Territorialprinzip nach § 3 StGB idF des 2. StrRG. § 398 RAO über Steuerhehlerei wurde hinsichtlich der Tathandlung an § 259 StGB über Sachhehlerei angepaßt. § 402 I RAO wurde aufgehoben im Hinblick auf § 78 III

Nr. 4 StGB. Die Verweisungsvorschriften des § 404 IV, des § 405 IV und des § 406 III RAO wurden ersetzt durch § 410 RAO (heute § 384 AO), der für die Verfolgung aller Steuerordnungswidrigkeiten eine 5jährige Verjährungsfrist bestimmte. Der neue § 432a RAO (heute § 398 AO) eröffnete die Möglichkeit, bei geringwertiger Steuerverkürzung von der Verfolgung einer Steuerhinterziehung oder -hehlerei ohne Zustimmung des Gerichts abzusehen. Aufgehoben wurden § 429 RAO 1967 über die Rückgabe sichergestellter oder beschlagnahmter Sachen mit Rücksicht auf die allgemeine Regelung in § 111c VI StPO idF des Art. 19 Nr. 29 EGStGB sowie § 443 RAO 1967 über Besonderheiten des Abwesenheitsverfahrens, das durch Art. 19 Nr. 75 EGStGB allgemein beseitigt wurde (s. 1. Antrag und 1. Bericht des Sonderausschusses für die Strafrechtsreform, BT-Drucks. 7/1232 S. 273f. und 7/1261 S. 51); ausf. *Henneberg* BB 1974, 705.

80 **Durch das 3. ÄndGStBerG v. 24. 6. 1975** (BGBl. I 1509) wurde § 107a RAO über die Befugnis zur *geschäftsmäßigen Hilfeleistung in Steuersachen,* der durch Art. 2 RBerG v. 13. 12. 1935 (RGBl. I 1478) in die RAO eingefügt worden war, aus systematischen Gründen in das StBerG übernommen, da die Vorschrift dem Zweck der Abgabenordnung, das Besteuerungsverfahren zu regeln, nur mittelbar dient (Begr. BT-Drucks. 7/2852 S. 29). Der Bußgeldtatbestand des § 409 RAO 1968 wurde durch § 160 StBerG idF v. 4. 11. 1975 (BGBl. I 2735, Anh XXI) ersetzt und gleichzeitig erweitert auf Zuwiderhandlungen gegen das *Verbot der Werbung* nach § 8 StBerG. Im Bußgeldverfahren waren nach § 164 StBerG wegen der Zuständigkeit der Finanzbehörden für die Ausführung des StBerG (Begr. aaO S. 46) §§ 446, 447 I Nr. 1, 2, 5–8 und II sowie § 449 RAO (heute §§ 409, 410 I Nr. 1, 2, 6, 8, 9, 11 und II sowie § 412 AO) entsprechend anzuwenden.

Durch § 159 III 1 RAO idF des Art. 2 Nr. 3 des 3. ÄndGStBerG (heute § 46 IV 1 AO) wurde der *geschäftsmäßige Erwerb von Steuererstattungs- und Vergütungsansprüchen* zum Zwecke der Einziehung oder sonstigen Verwertung auf eigene Rechnung verboten und gem. § 409a RAO (heute § 383 AO) mit Geldbuße bis zu 100000 DM bedroht. Damit soll der Praxis unseriöser „Kreditgeber" begegnet werden, Erstattungsansprüche gegen eine vorbehaltlose Abtretung mit geringen Beträgen „vorzufinanzieren" und dabei die Unkenntnis mancher Arbeitnehmer, namentlich der Gastarbeiter, über die tatsächliche Höhe einer voraussichtlichen LSt-Erstattung auszunutzen (Begr. aaO S. 47).

9. Reform der Reichsabgabenordnung

81 Zu Beginn der 6. Legislaturperiode hatte Bundeskanzler *Brandt* bereits in seiner Regierungserklärung vom 28. 10. 1969 eine umfassende Reform der RAO angekündigt (Sten. Ber. S. 24). Der Regierungsentwurf einer „AO 1974" wurde am 19. 3. 1971 im BTag eingebracht (BT-Drucks. VI/1982), in einer Arbeitsgruppe „AO-Reform" des Finanzausschusses weitgehend beraten, jedoch wegen der vorzeitigen Auflösung des BTages am 22. 9. 1972 nicht mehr verabschiedet. Zu Beginn der 7. Legislaturperiode wurde der Entwurf in unveränderter Fassung am 25. 1. 1973 aus der Mitte des BTages von den Fraktionen der SPD und FDP erneut eingebracht (BT-Drucks. 7/79), am 1. 2. 1973 dem Finanzausschuß federführend sowie dem Innen- und dem Rechtsausschuß mitberatend überwiesen (Sten. Ber. S. 424) und nach 25 Sitzungen eines Unterausschusses „AO-Reform" und weiteren 12 Sitzungen des Finanzausschusses am 27. 11. 1975 vom BTag beschlossen (Bericht und Antrag des Finanzausschusses BT-Drucks. 7/4292, Sten. Ber. S. 14032ff.). Der BRat rief am 18. 12. 1975 wegen verschiedener steuerrechtlicher Punkte (Sitzungsbericht S. 442) den Vermittlungsausschuß an, dessen Vorschlägen (BT-Drucks. 7/4664) der BTag am 12. 2. 1976 (Sten. Ber. S. 15407ff.) und der BRat am 20. 2. 1976 (Sitzungsbericht S. 38f.) zustimmten. Als **Abgabenordnung (AO 1977) v. 16. 3. 1976** (BGBl. I 613) trat das Gesetz am 1. 1. 1977 in Kraft; vorweg traten die Ermächtigungsvorschriften (u. a. § 382 IV, § 387 II, § 391 II AO) gem. § 415 II AO bereits am 24. 3. 1976 in Kraft (krit. *Hübner* JR 1977, 58).

Der 8. Teil der AO 1977 enthält die §§ 369–384 AO über Steuerstraftaten und Steuerordnungswidrigkeiten sowie die §§ 385–412 AO über das Straf- und Bußgeldverfahren. Gliederung und Wortlaut der Vorschriften entsprechen weitgehend dem Rechtszustand am 1. 1. 1975 (Rdnr. 78–80). Bedeutsame Änderungen birgt die neue Fassung der *Steuerhinterziehung.* § 370 I AO unterscheidet 3 Begehungsformen: unrichtige oder unvollständige Angaben über steuerlich erhebliche Tatsachen, pflichtwidriges In-Unkenntnis-lassen der Finanzbehörden über steuerlich erhebliche Tatsachen sowie pflichtwidriges Unterlassen der Verwendung von Steuerzeichen oder Steuerstemplern; das ungeschriebene Tatbestandsmerkmal der Steuerunehrlichkeit (s. 1. Aufl. Rdnr. 39ff. zu § 392 RAO) ist gegenstandslos geworden. § 370 III AO verschärft die Strafdrohung auf Freiheitsstrafe von 6 Monaten bis zu 10 Jahren für *besonders schwere Fälle,* für die das Gesetz vier Beispiele anführt. § 370 IV AO definiert die Steuerverkürzung und bestimmt als maßgebenden Zeitpunkt die Festsetzung, und zwar gegenüber einer bisher unsicheren Rspr auch die *vorläufige* Steuerfestsetzung (so schon BGH v. 1. 11. 1966, DStZ/B 1967, 32; zw. BGH v. 20. 7. 1965, ZfZ 1966, 23; BFH v. 12. 11. 1975, DB 1976, 468; aM BayObLG v. 27. 5. 1964, NJW 2172; OLG Hamm v. 25. 3. 1960, NJW 1830). § 370 II AO erklärt – wie § 393 I RAO – den Versuch der Steuerhinterziehung für strafbar; der bisherige § 393 II RAO, der bei bestimmten Steuern die Irreführung der mit der Wertermittlung befaßten Behörden dem Versuch der Steuerhinterziehung gleichsetzte, ist weggefallen. Weggefallen ist ferner die Gleichsetzung der Strafdrohung für eigennützige Begünstigung mit der Strafdrohung für Steuerhinterziehung. § 371 AO regelt die *Selbstanzeige* bei Steuerhinterziehung wie bisher § 395 RAO mit der Änderung, daß die Nachzahlung der hinterzogenen Steuern als Voraussetzung der Straffreiheit im Hinblick auf eine kriminalpolitisch unerwünschte Auslegung (BayObLG 1972, 105 v. 27. 4. 1972) statt auf *„die Steuern, die er schuldet"* auf *„die zu seinen Gunsten hinterzogenen Steuern"* bezogen wird. Der Tatbestand des *schweren Schmuggels* wurde bei gewerbsmäßigem Bannbruch nach § 373 I AO abw.

von § 397 I RAO beschränkt auf Zuwiderhandlungen gegen Monopolvorschriften; die Strafvorschriften des § 373 II Nr. 1–3 AO über gewaltsame und bandenmäßige Begehungsweise wurden an entsprechend qualifizierte Tatbestände des schweren Diebstahls nach § 244 I Nr. 1–3 StGB idF des 1. StrRG und des schweren Raubes nach § 250 I Nr. 1, 2 u. 4 StGB idF des EGStGB angepaßt.

Die Vorschriften über das *Straf- und Bußgeldverfahren* wurden nur vereinzelt geändert. Der neue § 385 II AO berücksichtigt die Rspr des BGH, der – abw. von der in 1. Aufl. Rdnr. 176 zu § 392 RAO vertretenen Auffassung – das Vorspiegeln eines Sachverhalts, um Steuererstattungen oder -vergütungen zu erlangen, als Betrug nach § 263 StGB beurteilt hatte (BGH v. 11. 4. 1972, NJW 1287; v. 17. 10. 1973, ZfZ 1974, 148); das Gesetz bestimmt nun für die Verfolgung solcher Straftaten jedenfalls die Anwendung der Vorschriften über das Steuerstrafverfahren mit Ausnahme von § 386 II und §§ 399–401 AO. Die Möglichkeit der Aussetzung des Steuerstrafverfahrens bis zum rechtskräftigen Abschluß des Besteuerungsverfahrens, die nach § 442 RAO nur für das gerichtliche Verfahren gegeben war, wurde durch Einordnung des neuen § 396 AO in die allgemeinen Vorschriften auf das Ermittlungsverfahren ausgedehnt. § 405 AO regelt die Entschädigung der Zeugen und Sachverständigen, die bereits im Ermittlungsverfahren von einer Finanzbehörde zu Beweiszwecken herangezogen werden. Abw. von dem bisher geltenden Recht und dem Vorschlag des Entwurfs, eine dem § 448 RAO 1967 (s. Rdnr. 73) entsprechende Vorschrift beizubehalten, hat sich der BTag der Auffassung des BRates angeschlossen, daß es – auch unter dem Gesichtspunkt des Gleichheitsgrundsatzes – nicht zu vertreten ist, den Erlaß eines Bußgeldbescheides gegen einen Angehörigen der steuerberatenden Berufe wegen einer Steuerordnungswidrigkeit von einer vorherigen ehren- oder berufsgerichtlichen Maßnahme oder von einer Rüge der Berufskammer abhängig zu machen, jedoch ist – gegen das Votum des Rechtsausschusses – nach § 411 AO in diesen Fällen vor Erlaß eines Bußgeldbescheides der zuständigen Berufskammer Gelegenheit zu geben, die Gesichtspunkte vorzubringen, die aus ihrer Sicht für die Entscheidung von Bedeutung sind (s. BT-Drucks. 7/4292 S. 8, 9 u. 48).

Die übrigen Verfahrensvorschriften entsprechen meist wörtlich den §§ 420ff. RAO mit der Änderung, daß der Begriff *„Finanzamt"* mit Rücksicht auf die im Steuerstrafverfahren tätigen Hauptzollämter, die Zollfahndungsämter und die mit der Steuerfahndung betrauten Dienststellen der Landesfinanzbehörden jeweils durch den allgemeinen Begriff *„Finanzbehörde"* ersetzt worden ist. Im 4. Teil der AO 1977, der die Vorschriften über die Durchführung der Besteuerung enthält, bestimmt der neue § 208 AO die Aufgaben und Befugnisse der Steuer- und Zollfahndung; § 404 und § 410 I Nr. 9 AO regeln ihre besonderen Befugnisse im Steuerstraf- und Bußgeldverfahren (vgl. § 439 RAO 1967 und § 19 FVGaF).

Durch das EGAO v. 14. 12. 1976 (BGBl. I 3341) wurden die Bundesgesetze einzeln an die AO 1977 angepaßt. Abw. vom bisherigen Recht bestimmen

Art. 5, 50, 74, 82 und 83 EGAO durch die neuen Vorschriften des § 29a BerlinFG (Anh XVIII), des § 8 II WoPG (Anh XV), des § 5b II SparPG (Anh XIV), des § 5a BergPG (Anh XVII) und des § 13 II des 3. VermBG (Anh XVI), daß für Arbeitnehmerzulage in Berlin (West), Wohnungsbauprämie, Sparprämie, Bergmannsprämie und Arbeitnehmer-Sparzulage die Vorschriften der AO über Steuervergütungen sowie insbes. die Strafvorschriften des § 370 I–IV, der §§ 371, 375 I und des § 376 bzw. die Bußgeldvorschriften der §§ 378, 379 I, IV und des [§ 383 und] § 384 AO entsprechend gelten; ferner gelten in diesen Fällen und bei Begünstigung nach § 257 StGB für das Strafverfahren die §§ 385–408 bzw. für das Bußgeldverfahren die §§ 409–412 AO. Das Erschleichen oder leichtfertige Erwirken einer Zulage oder Prämie ist also wie Steuerhinterziehung nach § 370 AO strafbar bzw. wie leichtfertige Steuerverkürzung nach § 378 AO mit Geldbuße bedroht, wobei der Täter durch Selbstanzeige nach § 371 bzw. § 378 III AO auch Anspruch auf Straf- oder Bußgeldfreiheit erlangen kann (vgl. ferner § 31 I MOG idF des Art. 80 EGAO – Anh XII – sowie § 14 AbwAG – Anh XIII). Diese Ausdehnung des Anwendungsbereichs von Vorschriften des 8. Teils der AO auf Zulagen und Prämien, bei denen bisher nur (vorsätzliches) Erschleichen als Betrug nach § 263 StGB strafbar war, beruht im wesentlichen auf den Beschlüssen des BTags (s. Antrag und Bericht des Finanzausschusses BT-Drucks. 7/5456 u. 7/5458 S. 1 sowie S. 6); der Regierungsentwurf des EGAO hatte sie nur für die Arbeitnehmerzulage nach § 29 BerlinFG, darüber hinaus aber auch für die Investitionszulagen nach dem InvZulG und nach § 19 BerlinFG vorgesehen (s. BT-Drucks. 7/261 S. 38, 53 u. 55). Die vom Gesetzgeber getroffene Unterscheidung zwischen Subventionen, deren Erschleichung nach § 264 StGB strafbar ist, und Zulagen und Prämien, deren Erschleichung nach § 370 AO strafbar ist, richtet sich danach, ob es sich um Leistungen der öffentlichen Hand zur Förderung der Wirtschaft oder um Leistungen auf dem sozialen Sektor handelt (s. Begr. zum 1. WiKG, BT-Drucks. 7/3441 S. 23f., sowie Bericht und Antrag des Sonderausschusses für die Strafrechtsreform, BT-Drucks. 7/5291 S. 10ff.). Für die Verfolgung der Erschleichung einer Investitionszulage sowie einer Begünstigung – strafbar nach § 264 StGB bzw. § 257 iVm § 264 StGB – schreiben § 20 BerlinFG (Anh XVIII) und § 5a InvZulG (Anh XIX) die entsprechende Anwendung der §§ 385–408 AO über die Verfolgung von Steuerstraftaten vor, da die Gewährung der Investitionszulagen von den Finanzbehörden verwaltet wird, die auf dem betreffenden Gebiet auch für die Gewährung von indirekten Subventionen in Form von Steuervergünstigungen zuständig sind (Begr. BT-Drucks. 7/3441 S. 48, Bericht und Antrag des Sonderausschusses für die Strafrechtsreform, BT-Drucks. 7/5291 S. 24).

10. Ausblick

82 **Über die inzwischen vollzogenen Änderungen des Steuerstrafrechts hinaus** hat die von der BReg eingesetzte Kommission zur Bekämpfung der Wirtschaftskriminalität vorgeschlagen, die Steuerstraftatbestände in das StGB

zu übernehmen (Beschlüsse v. 1.–5. 4. 1974, zit. bei *Tiedemann,* Wirtschaftsstrafrecht 1 S. 17). Diese Maßnahme wäre zwar geeignet, die Sozialschädlichkeit der Steuerstraftaten zu unterstreichen und ihrer Einschätzung als Kavaliersdelikte entgegenzuwirken, jedoch überwiegen die systematischen Nachteile und die Erschwernisse einer abermaligen Gesetzesreform für die Praxis. Statt dessen liegt es nahe, die Steuerhinterziehung nach dem Vorbild der §§ 264ff. StGB als „*Steuerbetrug*" zu bezeichnen.

Abzuraten ist auch von der weiteren Empfehlung, die leichtfertige Steuerverkürzung mit Strafe zu bedrohen, soweit der Normadressat aufzeichnungspflichtig ist und zwischen Tathandlung und Aufzeichnungspflicht ein Zusammenhang besteht. Eine Pönalisierung der leichtfertigen Steuerverkürzung hätte den verfahrensökonomischen Vorteil, daß eine Tat, die sich von § 370 AO – je nach Ausgestaltung des § 378 AO – lediglich oder hauptsächlich in subjektiver Hinsicht unterscheidet, nach denselben Verfahrensvorschriften zu verfolgen wäre. Dieser Vorteil und der in der Praxis häufig begründete, oft aber nicht beweisbare Verdacht, daß der Täter in Wirklichkeit vorsätzlich gehandelt hat, dürfen jedoch nicht dazu verleiten, den Unrechtsgehalt einer wirklich nur leichtfertig verursachten Steuerverkürzung zu überschätzen (vgl. demgegenüber die bewußt höhere Bewertung der leichtfertigen Subventionsschädigung nach § 264 I Nr. 1, 2, III StGB idF des 1. WiKG, Begr. s. BT-Drucks. 7/3441 S. 27). Wenn in der Praxis die Möglichkeiten des geltenden § 378 AO ausgeschöpft werden, fehlt auch ein kriminalpolitisches Bedürfnis für die empfohlene Verschärfung des Gesetzes. Wer als Aufzeichnungspflichtiger einmal durch ein Bußgeldverfahren und eine Geldbuße nach § 378 AO belehrt und gewarnt worden ist, wird bei wiederholter Tat kaum damit gehört werden können, daß er wieder ohne Vorsatz gehandelt habe.

Ein Anreiz zu vorübergehenden Steuerverkürzungen geht von der Regelung aus, daß nach § 235 AO lediglich *hinterzogene* Steuern zu verzinsen sind, und zwar gem. § 238 AO nur mit 0,5 vH monatlich = 6 vH jährlich. Von einer umfassenden Verzinsung aller Steuerschulden und Steuerguthaben hat der Finanzausschuß des BTages mit Rücksicht auf den unterschiedlichen Stand einer automatisierten Steuerfestsetzung und -erhebung in den Steuerverwaltungen der Länder abgesehen (BT-Drucks. 7/4292 S. 7). Keinesfalls sachgerecht erscheint der dann mit Mehrheit beschlossene Schritt, in § 234 AO eine Verzinsung *gestundeter* Steuern zu regeln (krit. auch *Spindler* StbJb 1975/76, 108 und *v. Bockelberg* BB 1976, 1189), ohne gleichzeitig auch eine Verzinsung leichtfertig verkürzter Steuern einzuführen. Die neue Regelung ist in sich widersprüchlich und erhöht den Anreiz, die Festsetzung und damit die Fälligkeit einer Steuer auf rechtswidrige Weise hinauszuschieben und darauf zu hoffen, daß der Verdacht vorsätzlichen Handelns nicht bewiesen werden kann. Überdies ist der Zinssatz für hinterzogene Steuerbeträge – zeitweise erheblich – niedriger als die üblichen Bankzinsen für Kontokorrentkredite (krit. früher schon *Kruse* 1 zu § 4a StSäumG). Systematisch wie kriminalpolitisch erscheint es geboten, § 235 AO auf leichtfertig verkürzte Steuern auszudehnen und jedenfalls für vorsätzlich oder leichtfertig verkürzte Beträge einen Zinssatz in angemessener Höhe über dem jeweiligen Diskontsatz vorzuschreiben.

Endlich sollte in bezug auf § 369 I Nr. 2 AO ein systematischer Mangel beseitigt werden, auf den *Hübner* (20 vor §§ 396, 397 RAO 1968) bereits zur früheren Gesetzesfassung hingewiesen hatte: § 372 I AO definiert als Bannbruch *jede* Zuwiderhandlung gegen ein Verbringungsverbot, die mit Strafe oder Geldbuße bedroht ist (arg.: § 372 II AO). Folgerichtig dürfte in § 369 I Nr. 2 AO der Bannbruch nur insoweit als Steuerstraftat (Zollstraftat) bezeichnet werden, als die Zuwiderhandlung mit Strafe bedroht ist. Zweckmäßig und sachgerecht war es, nur das Zuwiderhandeln bewaffneter oder bandenmäßig handelnder Täter gegen ein Ein-, Aus- oder Durchfuhrverbot in der AO zu regeln (ähnl. *Hübner* JR 1977, 60ff.).

IV. Rechtsquellen und Schrifttum

1. Steuerstraf- und -bußgeldrecht

Schrifttum:

Bender, Das Zoll- und Verbrauchsteuerstrafrecht, Leitfaden (Losebl.), 4. Aufl. 1977; *Hübner* in *Hübschmann/Hepp/Spitaler,* Kommentar zur Abgabenordnung (Losebl.), 7. Aufl. ab 1976; *Kohlmann,* Steuerstrafrecht, Kommentar (Losebl.), 2. Aufl. ab 1976; *Kühn/Kutter,* Kommentar zur Abgabenordnung, 12. Aufl. 1977; *Leise,* Steuerverfehlungen, Kommentar (Losebl.), ab 1976; *Suhr/Naumann,* Steuerstrafrecht-Kommentar, 3. Aufl. 1977.

Veraltet: *Fuchs,* Handbuch des Steuerstrafrechts und Steuerstrafverfahrensrechts, 1949; *Mattern,* Steuer-Strafrecht I (Leitfaden), 1949; *Terstegen,* Steuer-Strafrecht, 1956; *Troeger/Meyer,* Steuerstrafrecht, 2. Aufl. 1957; *Barske/Gapp,* Steuerstrafrecht und Steuerstrafverfahren (Grundriß), 3. Aufl. 1959; *Hartung,* Steuerstrafrecht, Kommentar, 3. Aufl. 1962; *Buschmann,* Die Praxis des Steuerstrafrechts, Grundriß, 1963; *Lenkewitz,* Das Zoll- und Verbrauchsteuerstrafrecht, 6. Aufl. 1967; *Buschmann/Luthmann,* Das neue Steuerstrafrecht, Leitfaden 1969; *Ehlers/Lohmeyer,* Steuerstraf- und Steuerordnungswidrigkeitenrecht, 4. Aufl. des vorher von *Barske/Gapp* verfaßten Grundrisses, 1969; *Pfaff,* Handbuch der Rechtsprechung zum Steuer-(Zoll-) Strafrecht und Ordnungswidrigkeitenrecht mit Verfahrensfragen, 1974; *Kohlhaas* in *Erbs/Kohlhaas,* Strafrechtliche Nebengesetze, Kurzkommentar (Losebl.), 2. Aufl. 1975. **Zum StGB und JGG** s. vor Rdnr. 17 u. 127 zu § 369 AO, **zum OWiG** s. vor Rdnr. 1 zu § 377 AO.

83 **Das materielle Steuerstrafrecht** ist hinsichtlich der Steuern, auf welche die AO anzuwenden ist, hauptsächlich im 1. Abschnitt des 8. Teils der AO (§§ 369–384) geregelt; ergänzend gelten die §§ 1–79b StGB sowie bei Jugendlichen und Heranwachsenden die §§ 1–32, 105, 106 JGG und bei Soldaten die §§ 1–14a WehrStG. § 369 I Nr. 3 AO verweist wegen der Fälschung von Steuerzeichen und deren Vorbereitung auf die §§ 148, 149 StGB, und § 369 I Nr. 4 AO nimmt wegen der Begünstigung einer Person, die eine Steuerstraftat begangen hat, auf § 257 StGB Bezug. Steuerstraftatbestände des Bundesrechts außerhalb der AO enthalten § 23 RennwLottG (Anh IV) u. § 13 WStG (Anh V). Das materielle **Monopolstrafrecht** ist in den §§ 119–124 BranntwMonG (Anh VIII) u. § 40 ZündwMonG (Anh IX) besonders geregelt, jedoch verweist § 128 BranntwMonG auf die §§ 369, 371, 375 I und § 376 AO.

84 **Steuerordnungswidrigkeiten** sind im 2. Abschnitt des 8. Teils der AO (§§ 377–384) geregelt; ergänzend gelten die §§ 1–34 OWiG. Die einzelnen

Steuergesetze des Bundesrechts enthalten keine Bußgeldtatbestände, die das Steueraufkommen schützen; auch § 33 I TabStG (Anh VI) bildet keine Ausnahme (arg.: § 33 III TabStG). § 18 BierStG (Anh VII) dient lebensmittelrechtlichen Zwecken. Das Monopolrecht enthält Bußgeldtatbestände in den §§ 125, 126 BranntwMonG und § 41 ZündwMonG.

85 **Die Sondervorschriften über das Steuerstrafverfahren** sind mit Ausnahme des § 80 ZollG (Anh X) im 3. Abschnitt des 8. Teils der AO (§§ 385–408) zusammengefaßt; ergänzend gelten das GVG und die StPO. Bei Strafverfahren gegen Jugendliche und Heranwachsende sind vorrangig die §§ 33–81, 102–104 sowie 107–109 und 112 JGG anzuwenden. § 80 ZollG enthält eine Sondervorschrift über die Nichtverfolgung von Bagatellstraftaten im Reiseverkehr über die Grenze, auf die § 6a V BierStG, § 5 II KaffeeStG, § 7 IV LeuchtmStG, § 7 IV MinöStG, § 6 IV SalzStG, § 7 IV SchaumwStG, § 6 IV SpielkStG, § 32 TabStG, § 5 II TeeStG, § 8 V ZuckStG, § 6 III ZündwStG sowie § 21 VI UStG hinsichtlich der EUSt verweisen. Für das Strafverfahren wegen Monopolstraftaten (Rdnr. 83) werden die §§ 385–408 AO gem. § 132 BranntwMonG und § 44 ZündwMonG in Bezug genommen. § 129a BranntwMonG verweist auch auf § 80 ZollG.

86 **Die Sondervorschriften über das Bußgeldverfahren** wegen Steuerordnungswidrigkeiten bilden mit den §§ 409–412 AO den 4. Abschnitt des 8. Teils der AO. § 410 I AO verweist grundsätzlich auf die §§ 35–110 OWiG, die durch die AO nur in Einzelheiten ergänzt oder abgewandelt werden. Auf die §§ 409, 410 und 412 AO verweisen § 33 III TabStG wegen des Verfahrens bei Ordnungswidrigkeiten nach § 33 I TabStG, § 18 IV BierStG wegen des Verfahrens bei den lebensmittelrechtlichen Ordnungswidrigkeiten nach § 18 I BierStG sowie § 132 BranntwMonG und § 44 ZündwMonG wegen des Verfahrens bei Monopolordnungswidrigkeiten.

87 **Zum Schutz der Landes- und Gemeindesteuern,** für die nach § 1 AO die Abgabenordnung unmittelbar nicht gilt, verweisen die Gesetze der Länder (Anh XXII) vielfach auf die §§ 369ff. AO. Die allgemeinen Verweisungen beziehen sich in Niedersachsen auch auf die KiSt; in den anderen Ländern können vorsätzliche Beeinträchtigungen des KiSt-Aufkommens nur als Betrug nach § 263 StGB geahndet werden. Neben allgemeinen Verweisungen enthält das Steuerrecht der Länder noch besondere Straf- und Bußgeldvorschriften, die zT auf die Straf- und Bußgeldtatbestände der AO verweisen (zB § 5 BadWürttKAG, Anh XXII–1–c), oder diese ergänzen (zB § 28a RPfVgnStG, Anh XXII–9–d), zT an die Stelle der Tatbestände der AO treten (zB §§ 15, 18 NdsKAG, Anh XXII–7–c), auf die Tatbestände des jeweiligen KAG verweisen (zB § 33 HessVgnStG, Anh XXII–6–d) oder diese ergänzen (zB § 28 NdsVgnStG, Anh XXII–7–d).

2. Steuerrecht

88 Die Tatbestände der §§ 370, 373, 374, 378 und 379 I AO nehmen mit dem Merkmal der Steuerverkürzung auf das gesamte materielle und formelle

Steuerrecht Bezug. Andere Vorschriften regeln die Ahndung von Zuwiderhandlungen gegen bestimmte steuerrechtliche Pflichten, die entweder im Bußgeldtatbestand selbst (§ 379 II, III, §§ 380–383 AO) oder durch Verweisungen der pflichtbegründenden Vorschriften auf die Bußgeldtatbestände (§§ 381, 382 AO) bezeichnet werden. In allen Vorschriften greift das materielle Steuerstraf- und -bußgeldrecht auf das Steuerrecht (s. Rdnr. 89–208) zurück. Die unterschiedlichen Fassungen eines Steuergesetzes gelten jeweils nur für bestimmte Zeiträume *(„Steuerabschnitte", „Veranlagungszeiträume")*. Nach § 2 IV StGB bleibt für die Feststellung einer Steuerverkürzung oder einer Zuwiderhandlung gegen bestimmte steuerrechtliche Pflichten regelmäßig dasjenige Steuergesetz maßgebend, das bei Erfüllung des Steuertatbestandes gegolten hat (s. Rdnr. 21 ff. zu § 369 AO).

A. Allgemeines Steuerrecht

Schrifttum:
Hübschmann/Hepp/Spitaler, Kommentar zur Abgabenordnung und Finanzgerichtsordnung (Losebl.), 7. Aufl. ab 1976; *Klein/Orlopp,* Abgabenordnung, Kommentar, 1977; *Kühn/Kutter,* Kommentar zur Abgabenordnung, 12. Aufl. 1977; *Tipke/Kruse,* Abgabenordnung (ohne Steuerstrafrecht), Finanzgerichtsordnung, Kommentar (Losebl.), 8. Aufl. ab 1976.

1. Rechtsquellen

89 **Art. 105, 106 und 108 GG** regeln die Finanzverfassung, namentlich die Verteilung der Gesetzgebungs-, Ertrags- und Verwaltungshoheit zwischen Bund, Ländern und Gemeinden. Vorschriften über die Zuständigkeit und den Behördenaufbau enthält das **Finanzverwaltungsgesetz (FVG)** idF v. 30. 8. 1971 (BGBl. I 1426), zuletzt geänd. durch Art. 1 EGAO.

Der 1.–7. Teil der **Abgabenordnung (AO)** v. 16. 3. 1976 (BGBl. I 613) enthält die für alle Steuerarten geltenden allgemeinen Rechtsnormen, und zwar

1. Teil – Einleitende Vorschriften (§§ 1–32 AO), darunter

§ 1 I AO über den Anwendungsbereich der AO auf alle Steuern iS des § 3 I AO einschl. der Steuervergütungen, die durch Bundesrecht oder EG-Recht geregelt sind, soweit sie durch Bundes- oder durch Landesfinanzbehörden verwaltet werden,

§ 1 II Nr. 7, III AO über die Anwendbarkeit der Straf- und Bußgeldvorschriften und der Vorschriften über das Straf- und Bußgeldverfahren im 8. Teil der AO auf die Realsteuern und auf steuerliche Nebenleistungen,

§ 3 AO mit den Begriffsbestimmungen für Steuern, Realsteuern und steuerliche Nebenleistungen,

§ 6 AO mit dem Begriff der Finanzbehörden,

§§ 16–29 AO über die sachliche und örtliche Zuständigkeit der Finanzbehörden (vgl. dazu §§ 387–390, 410 I Nr. 1 AO),

§§ 30, 31 AO über das Steuergeheimnis (vgl. dazu den Straftatbestand des § 355 StGB, Anh I);

2. Teil – Steuerschuldrecht (§§ 33–77 AO), darunter

§ 33 AO mit dem Begriff des Steuerpflichtigen,

§ 38 AO über das Entstehen von Ansprüchen aus dem Steuerschuldverhältnis,

§ 40 AO über gesetz- oder sittenwidriges Handeln,
§ 41 AO über unwirksame Rechtsgeschäfte,
§ 42 AO über Mißbrauch von rechtlichen Gestaltungsmöglichkeiten,
§ 43 AO über Steuerschuldner und Gläubiger einer Steuervergütung,
§ 46 AO über Abtretung, Verpfändung und Pfändung (vgl. dazu den Bußgeldtatbestand des § 383 AO),
§ 70 I AO über die Haftung der Vertretenen, wenn ihre gesetzlichen Vertreter oder Vermögensverwalter iS des § 34 AO oder Verfügungsberechtigte iS des § 35 AO bei Ausübung ihrer Obliegenheiten eine Steuerhinterziehung (§ 370 AO) oder eine leichtfertige Steuerverkürzung (§ 378 AO) begehen oder an einer Steuerhinterziehung teilnehmen, für die durch die Tat verkürzten Steuern und die zu Unrecht gewährten Steuervorteile,
§ 71 AO über die Haftung des Steuerhinterziehers und des Steuerhehlers,
§ 72 AO über die Haftung bei Verletzung der Pflicht zur Kontenwahrheit (vgl. dazu den Bußgeldtatbestand des § 379 II Nr. 2 AO);

3. Teil – Allgemeine Verfahrensvorschriften (§§ 78–133 AO), darunter

§§ 101–106 AO über Auskunfts- und Vorlageverweigerungsrechte,
§§ 111–115 über Amtshilfe,
§ 116 AO über die Pflicht der Gerichte und Behörden zur Anzeige von Steuerstraftaten,
§ 117 AO über zwischenstaatliche Rechts- und Amtshilfe in Steuersachen,
§ 120 II Nr. 4 AO über Auflagen für Zwecke der besonderen Steueraufsicht iS der §§ 209–217 AO (vgl. dazu den Bußgeldtatbestand des § 379 III AO);

4. Teil – Durchführung der Besteuerung (§§ 134–217 AO), darunter

§ 138 AO über die Pflicht zu Anzeigen über die Erwerbstätigkeit (vgl. zu § 138 II AO über die Pflicht zur Mitteilung von bestimmten Auslandsbeziehungen den Bußgeldtatbestand des § 379 II Nr. 1 AO),
§§ 140–148 AO über die Führung von Büchern und Aufzeichnungen,
§§ 149–151 AO über Steuererklärungen,
§ 152 AO über Verspätungszuschläge,
§ 153 AO über die Pflicht zur Berichtigung von Erklärungen und zu Anzeigen,
§ 154 AO über die Pflicht zur Kontenwahrheit (vgl. dazu den Bußgeldtatbestand des § 379 II Nr. 2 AO),
§ 155 AO über Steuerfestsetzung (vgl. dazu den Begriff der Steuerverkürzung iS des § 370 IV AO),
§ 160 AO über die Benennung von Gläubigern und Zahlungsempfängern,
§ 162 AO über die Schätzung von Besteuerungsgrundlagen,
§ 169 II 2 AO über die verlängerten Festsetzungsfristen für hinterzogene oder leichtfertig verkürzte Steuern,
§ 171 V AO über die Ablaufhemmung der Festsetzungsfrist, wenn die Steuer- oder Zollfahndung beim Stpfl mit Ermittlungen begonnen hat oder dem Stpfl die Einleitung des Steuerstraf- oder -bußgeldverfahrens bekanntgegeben worden ist (vgl. § 397 sowie § 410 I Nr. 6 AO),
§ 171 VII AO über die Fortdauer der Festsetzungsfristen für hinterzogene oder leichtfertig verkürzte Steuern, bis die Verfolgung der Steuerstraftat oder -ordnungswidrigkeit verjährt ist (vgl. § 78 III Nr. 4, § 78c StGB iVm § 376 sowie § 384 AO),
§ 173 II AO über die Möglichkeit, Steuerbescheide aufzuheben oder zu ändern, soweit sie aufgrund einer Außenprüfung ergangen sind, wenn eine Steuerhinterziehung oder eine leichtfertige Steuerverkürzung vorliegt,

§ 191 III 2 AO über die verlängerte Frist für den Erlaß von Haftungsbescheiden bei Steuerhinterziehung oder leichtfertiger Steuerverkürzung,

§§ 193–207 AO über Außenprüfungen,

§ 208 AO über die Aufgaben und die steuerlichen Befugnisse der Steuer- und Zollfahndung (vgl. über die Befugnisse im Straf- und Bußgeldverfahren § 404 bzw. § 410 I Nr. 9 AO);

5. Teil – Erhebungsverfahren (§§ 218–248 AO), darunter

§ 222 AO über die Stundung von Ansprüchen aus dem Steuerschuldverhältnis, wenn die Einziehung bei Fälligkeit eine erhebliche Härte für den Schuldner bedeuten würde,

§ 227 AO über den Erlaß von Ansprüchen aus dem Steuerschuldverhältnis, wenn deren Einziehung nach Lage des einzelnen Falles unbillig wäre,

§ 235 AO über die Verzinsung von hinterzogenen Steuern in Höhe von 0,5 vH monatlich gem. § 238 I AO und

§ 240 AO über Säumniszuschläge von 1 vH für jeden angefangenen Monat, wenn eine Steuer nicht bis zum Ablauf des Fälligkeitstages entrichtet wird;

6. Teil – Vollstreckung (§§ 249–346 AO), darunter

§ 261 AO über Niederschlagung von Ansprüchen aus dem Steuerschuldverhältnis, wenn feststeht, daß die Einziehung keinen Erfolg haben wird, oder wenn die Kosten der Einziehung außer Verhältnis zu dem Betrag stehen,

und

7. Teil – Außergerichtliches Rechtsbehelfsverfahren (§§ 347–368 AO).

2. Grundbegriffe des Steuerrechts

90 **Den Begriff der Steuer** bestimmt:

§ 3 AO – Steuern, steuerliche Nebenleistungen

(1) **Steuern sind Geldleistungen, die nicht eine Gegenleistung für eine besondere Leistung darstellen und von einem öffentlich-rechtlichen Gemeinwesen zur Erzielung von Einnahmen allen auferlegt werden, bei denen der Tatbestand zutrifft, an den das Gesetz die Leistungspflicht knüpft; die Erzielung von Einnahmen kann Nebenzweck sein. Zölle und Abschöpfungen sind Steuern im Sinne dieses Gesetzes.**

(2)–(4) . . .

Diese Begriffsbestimmung hat *allgemeine* Gültigkeit (BVerfG 3, 407, 435 v. 16. 6. 1954; 7, 244, 251 v. 4. 2. 1958 – jeweils zu § 1 I RAO).

Für die im Straf- und Bußgeldverfahren fortwirkende Zuständigkeitsverteilung innerhalb der Finanzverwaltung werden die Steuern herkömmlich unterschieden in **Zölle und Verbrauchsteuern,** die von *Bundes*finanzbehörden (§ 1 FVG) verwaltet werden (§ 12 II FVG), und **Besitz- und Verkehrsteuern,** die von *Landes*finanzbehörden (§ 2 FVG) verwaltet werden (§ 17 II FVG).

Zölle sind Abgaben, die nach Maßgabe des Zolltarifs von der Warenbewegung über die Grenze, und zwar zZ nur bei der Einfuhr, erhoben werden (BVerfG 8, 260, 269 v. 29. 10. 1958). Über **Abschöpfungen** s. Rdnr. 183.

Verbrauchsteuern iS von § 12 II FVG, § 374 I, § 375 II Nr. 1, § 381 AO sind Steuern, die an den Übergang bestimmter Sachen aus einem steuerlichen Nexus in den steuerlich nicht gebundenen Verkehr anknüpfen (BFH v. 30. 4. 1953, BStBl. 183, 188; BVerwG 6, 247, 256 v. 7. 3. 1958). Auf Lebensmittel werden erhoben: ZuckSt, SalzSt, EssigsäureSt; auf Genußmittel: BierSt, SchaumwSt, KaffeeSt, TeeSt, TabSt; auf sonstige Verbrauchsgüter: LeuchtmSt, MinöSt, SpielkSt, ZündwSt.

Eingangsabgaben iS von § 370 VI, §§ 373, 374 II, § 379 I, § 382 AO sind Steuern, die beim Verbringen von Sachen über die Zollgrenze entstehen. Dazu zählen die Zölle, EUSt iS des § 21 UStG, die Abschöpfungen und die Verbrauchsteuern, soweit sie durch die Einfuhr verbrauchsteuerpflichtiger Sachen ausgelöst werden. Entsteht eine Verbrauchsteuer durch das Verbringen stpfl. Sachen aus dem inländischen Herstellungsbetrieb in den freien Verkehr, ist sie keine *Eingangs*abgabe.

Besitzsteuern sind die Steuern vom Einkommen, Ertrag und Vermögen, dh ESt einschl. LSt u. KapSt, KöSt, Ergänzungsabgabe zur ESt u. KöSt; VSt, LA-Abgaben (VA, HGA, KGA), ErbSt einschl. SchenkSt, ferner KiSt, die zT an das Einkommen, zT an das Vermögen anknüpfen, sowie die Realsteuern.

Realsteuern sind Steuern, die bestimmte Steuergegenstände nach ihrem Wert oder Ertrag erfassen, ohne daß es auf die wirtschaftliche und persönlichen Verhältnisse des Stpfl ankommt. Realsteuern sind gem. § 3 II AO die GrSt und die GewSt (zur LohnsSt vgl. BVerfG 21, 54, 59 v. 21. 12. 1966).

Verkehrsteuern sind Steuern, deren Erhebung an die Vornahme eines Rechtsgeschäfts oder an einen wirtschaftlichen Vorgang anknüpft (BVerfG 16, 64, 73 v. 7. 5. 1963). Dazu zählen USt (vgl. BVerfG 7, 244, 260 v. 4. 2. 1958), KVSt (GesSt, BörsUSt), WSt, GrESt, VersSt (BFH v. 30. 8. 1961, BStBl. 494), FeuerschSt, RennwSt und LottSt sowie die KraftSt (zw., vgl. *Maunz/Dürig* 22 zu Art. 105 GG).

Örtliche Verbrauch- und Aufwandsteuern iS des Art. 105 IIa GG sind namentlich GetränkeSt, SpeiseeisSt, SchankerlaubnisSt, VgnSt, HundeSt, JagdSt, FischereiSt, die nach dem früheren Sprachgebrauch des GG als *„Steuern mit örtlich bedingtem Wirkungskreis"* bezeichnet wurden, nicht aber GrESt und FeuerschSt.

91 **Von der Ertragshoheit** hängt ab, wessen Steuer durch eine Zuwiderhandlung gegen ein Steuergesetz beeinträchtigt wird:

Bundessteuern sind Zölle und Verbrauchsteuern mit Ausnahme der BierSt, die den Ländern zusteht, ferner KVSt (GesSt, BörsUSt), VersSt, WSt und LA-Abgaben.

Landessteuern sind VSt, ErbSt einschl. SchenkSt sowie KraftSt, ferner die BierSt sowie GrESt, VersSt und FeuerschSt.

Gemeindesteuern sind die Realsteuern (s. o.) und die örtlichen Verbrauch- und Aufwandsteuern, die nach den Landesgesetzen den Gemeinden oder Gemeindeverbänden zufließen (s. Rdnr. 171–174).

Gemeinschaftsteuern sind gem. Art. 106 III 1 GG die KöSt und die ESt (einschl. LSt) sowie die USt. Die KöSt steht nach Art. 106 III 2 GG Bund und Ländern je zur Hälfte zu. Gleiches gilt für die ESt, soweit das Aufkommen nicht den Gemeinden zugewiesen wird; aufgrund Art. 106 V GG iVm G v. 8. 9. 1969 (BGBl. I 1587) erhalten die Gemeinden einen Anteil von 14 vH. Auch das Aufkommen der USt wird zwischen Bund und Ländern geteilt, und zwar aufgrund Art. 106 III 3 GG gem. § 1 G v. 28. 8. 1969 (BGBl. I 1432) für 1970 und 1971 im Verhältnis 70:30, gem. 2. ÄndG v. 27. 10. 1972 (BGBl. I 2049) für 1972 und 1973 im Verhältnis 65:35 sowie gem. 3. ÄndG v. 8. 5. 1974 (BGBl. I 1045) für 1974 im Verhältnis 63:37 und für 1975 und 1976 im Verhältnis 62:38.

92 **Veranlagungsteuern** erfordern eine Tätigkeit des FA, die darauf abzielt, aufgrund der vom Stpfl erklärten oder von Amts wegen ermittelten Besteuerungsgrundlagen die gesetzlich geschuldete Steuer durch förmlichen Steuerbescheid festzusetzen. Der Steuerbescheid wird mit der Bekanntgabe an den Stpfl wirksam (§ 155 I iVm §§ 122, 124 AO); er enthält die Aufforderung, die festgesetzte Steuerschuld binnen eines Monats (vgl. zB § 36 IV EStG, § 23 VStG, § 18 IV 3 UStG, § 20 II GewStG) zu entrichten *(„Leistungsgebot")*. Veranlagungsteuern sind hauptsächlich die ESt ausschl. KapSt und LSt, ferner KöSt, KiSt, VSt, GewSt, USt, GrESt. Dagegen tritt bei **Fälligkeitsteuern** und bei Vorauszahlungen die Fälligkeit zu gesetzlich bestimmten, regelmäßig wiederkehrenden Terminen ein, sei es aufgrund eines besonderen Bescheids, zB über die ESt-Vorauszahlung (§ 37 III EStG), sei es aufgrund einer pflichtgemäßen Selbstberechnung des Stpfl, zB bei USt-Vorauszahlungen (§ 18 II 1 UStG), bei der Abführung der LSt durch den ArbG (§ 41 a EStG) und bei den meisten Verbrauchsteuern (zB §§ 5, 6 MinöStG; §§ 5, 6 SchaumwStG; §§ 6, 7 ZuckStG).

93 **Besteuerungsgrundlagen** sind alle Tatsachen, von denen die Entstehung und die Höhe einer Steuer abhängen. Die Feststellung der Besteuerungsgrundlagen bildet idR nur einen unselbständigen Teil des Steuerbescheids (§ 157 II AO). In bestimmten Fällen werden jedoch einzelne Besteuerungsgrundlagen durch Feststellungsbescheid gesondert festgestellt, vornehmlich die Einheitswerte (s. Rdnr. 97) sowie bestimmte Einkünfte, an denen mehrere Personen beteiligt sind (vgl. §§ 179, 180 AO).

94 **Den Begriff des Steuerpflichtigen** bestimmt:

§ 33 AO – Steuerpflichtiger

(1) **Steuerpflichtiger ist, wer eine Steuer schuldet, für eine Steuer haftet, eine Steuer für Rechnung eines Dritten einzubehalten und abzuführen hat, wer eine Steuererklärung abzugeben, Sicherheit zu leisten, Bücher und Aufzeichnungen zu führen oder andere ihm durch die Steuergesetze auferlegte Verpflichtungen zu erfüllen hat.**

(2) **Steuerpflichtiger ist nicht, wer in einer fremden Steuersache Auskunft zu erteilen, Urkunden vorzulegen, ein Sachverständigengutachten zu erstatten oder das Betreten von Grundstücken, Geschäfts- und Betriebsräumen zu gestatten hat.**

95 **Unbeschränkt steuerpflichtig** sind zB nach § 1 I EStG natürliche Personen, die ihren Wohnsitz oder gewöhnlichen Aufenthalt im Inland haben, mit sämtlichen Einkünften, die sie im In- oder Ausland erzielen. **Beschränkte Steuerpflicht** bedeutet gem. § 1 III EStG, daß Personen, die nicht im Inland wohnen, in der BRD nur mit ihren inländischen Einkünften steuerpflichtig sind. Vgl. ferner §§ 1, 2 KöStG; §§ 1, 2 VStG.

3. Außensteuerrecht und Doppelbesteuerung

Schrifttum:
Bellstedt, Die Besteuerung international verflochtener Gesellschaften, 3. Aufl. 1972; *Böttcher/Beinert/Hennerkes,* Außensteuergesetz, Kommentar, 1972; *Flick/Wassermeyer/Becker,* Kommentar zum Außensteuergesetz (Losebl.), 2. Aufl. 1976; *Grossfeld,* Basisgesellschaften im Internationalen Steuerrecht, 1974; *Korn/Dietz/Debatin,* Doppelbesteuerung, Kommentar (Losebl.), Bd. I Europäische Länder, Bd. II Außereuropäische Länder, 5. Aufl. 1975; *Locher/Meier/v. Siebenthal,* Doppelbesteuerungsabkommen Schweiz-Deutschland 1971, Kommentar (Losebl.), 2 Bände, Bern 1975; *Rädler/Raupach,* Deutsche Steuern bei Auslandsbeziehungen, 1966; *Schulze-Brachmann,* Doppelbesteuerung, 3 Bände, 2. Aufl. 1973; *Schulze-Brachmann/Dirksen,* Erläuterungen zum deutsch-niederländischen Doppelbesteuerungsabkommen, 2 Bände (Losebl.), Amsterdam 1968/69; *Weber-Fas,* Internationale Steuerrechtsprechung, Entscheidungssammlung, 1970; *Wöhrle,* Außensteuergesetz, Kommentar (Losebl.), 1975.

96 **Das Außensteuerrecht** besteht aus den Vorschriften des *innerstaatlichen* Steuerrechts, die sich auf „grenzüberschreitende" Tatbestände auswirken, insbes. den Vorschriften über die Steuerpflicht in der BRD (als Wohnsitzland) für ausländische Einkommen und Vermögen (sog. unbeschränkte Steuerpflicht) wie umgekehrt den Vorschriften über die Besteuerung der in der BRD (als Quellenstaat) erzielten Einkommen und der in der BRD liegenden Vermögen im Ausland (sog. beschränkte Steuerpflicht). Das Außensteuerrecht umfaßt also die einseitigen nationalen Vorschriften zur Vermeidung einer Doppelbesteuerung. Demgegenüber regeln **Doppelbesteuerungsabkommen** als *völkerrechtliche Verträge* die Aufteilung der Besteuerungsquellen zwischen den beteiligten Staaten, um eine doppelte Besteuerung desselben Steuergegenstandes im In- und Ausland zu vermeiden.

Rechtsquellen: AStG v. 8. 9. 1972 (BGBl. I 1713), §§ 2–5 geänd. durch Art. 4 G v. 17. 4. 1974 (BGBl. I 933, 945), §§ 2, 10 geänd. durch Art. 11 G v. 21. 12. 1974 (BGBl. I 3656), §§ 8, 12, 13, 20 geänd. durch Art. 6 G v. 6. 6. 1976 (BGBl. I 2641, 2654), §§ 1, 16–19 geänd. durch Art. 3 EGAO.

Doppelbesteuerungsabkommen für die Steuern vom Einkommen und Vermögen bestehen zZ zwischen der BRD und *Ägypten* (BGBl. 1961 II 420, 742), *Australien* (BGBl. 1974 II 338, 1975 II 216), *Belgien* (BGBl. 1969 II 17, 1465), *Brasilien* (BGBl. 1975 II 2245), 1976 II 200), *Dänemark* (BGBl. 1963 II 1311, 1964 II 216), *Finnland* (RGBl. 1936 II 28, BGBl. 1954 II 740), *Frankreich* (BGBl. 1961 II 398, 1659, rev. 1970 II 717, 1189), *Griechenland* (BGBl. 1967 II 852, 1968 II 30), *Großbritannien und Nordirland* (BGBl. 1966 II 358, 1967 II 828, rev. 1971 II 45, 841), *Indien* (BGBl. 1960 II 1828, 2299), *Iran* (BGBl. 1969 II 2133, 2288, ber. 1970 II 282), *Irland* (BGBl. 1964 II 266, 632), *Island* (BGBl. 1973 II 357, 1567), *Israel* (BGBl. 1966 II 329, 767), *Italien* (RGBl. 1925 II 1146, BGBl. 1952 II 986), *Jamaika* (BGBl. 1976 II 1194, 1703), *Japan* (BGBl. 1967 II 871, 2028), *Kanada* (BGBl. 1957 II 188, 708), *Liberia* (BGBl. 1973 II 1285, 1975 II 916), *Luxemburg* (BGBl. 1959 II 1270, 1960 II 1532), *Malta* (BGBl. 1976 II 109, 1645), *Marokko* (BGBl. 1974 II 21,

1325) den *Niederlanden* (BGBl. 1960 II 1781, 2216), *Norwegen* (BGBl. 1959 II 1281, 1960 II 1505), *Österreich* (BGBl. 1955 II 749, 891), *Pakistan* (BGBl. 1960 II 1799, 2349, rev. 1971 II 25, 1030), *Polen* (BGBl. 1975 II 645, 1349), *Rumänien* (BGBl. 1975 II 601, 1495), *Sambia* (BGBl. 1975 II 661, 2204), *Schweden* (BGBl. 1960 II 1814, 2195), der *Schweiz* (BGBl. 1972 II 1021, 1973 II 74), *Singapur* (BGBl. 1973 II 373, 1528), *Spanien* (BGBl. 1968 II 9, 140), *Sri Lanka* (BGBl. 1964 II 789, 1965 II 406), *Südafrika* (BGBl. 1974 II 1185, 1975 II 440), *Thailand* (BGBl. 1968 II 589, 1104), *Trinidad und Tobago* (BGBl. 1975 II 679, 1977 II 263), *Tunesien* (BGBl. 1976 II 1653, 1927), sowie den *USA* (BGBl. 1966 II 92, 745) und *Zypern* (BGBl. 1977 II 488, 1204). Die erste Fundstelle verweist auf das Zustimmungsgesetz, die zweite auf die Bekanntmachung über das Inkrafttreten.

DBA für ErbSt bestehen zZ zwischen der BRD und *Griechenland* (RGBl. 1912, 173; BGBl. 1953 II 525), *Österreich* (BGBl. 1955 II 755, 891), *Schweden* (RGBl. 1935 II 860, BGBl. 1951 II 151) und der *Schweiz* (Art. 9–12 DBA idF v. 11. 11. 1959, BGBl. II 1252); außerdem bestehen einzelne Sonderabkommen für Einkünfte aus Schiffahrt und Luftfahrt.

Die DBA mit Australien, Belgien, Brasilien, Dänemark, Frankreich, Griechenland, Großbritannien und Nordirland, Irland, Island, Jamaika, Kanada, Liberia, Luxemburg, Malta, Marokko, den Niederlanden, Norwegen, Österreich, Pakistan, Sambia, Schweden, der Schweiz, Singapur, Sri Lanka, Trinidad und Tobago sowie den USA enthalten Klauseln über den Austausch von Informationen auch zu dem Zweck der *„Verhinderung der Hinterziehung"*, der *„Vermeidung von Steuerverkürzungen"* oder der *„Durchführung der Vorschriften gegen Steuerverkürzung"* sowie zT ausdrücklich zum Zwecke *„strafrechtlicher Verfolgung"*.

B. Besitz- und Verkehrsteuern

1. Bewertung

Schrifttum:
Gürsching/Stenger, Kommentar zum Bewertungsgesetz und zum Vermögensteuergesetz (Losebl.), 6. Aufl. 1977; *Rössler/Troll/Langner,* Bewertungsgesetz und Vermögensteuergesetz, Kommentar, 11. Aufl. 1977.

97 **Für die Zwecke verschiedener Steuerarten,** insbes. VSt, GrSt, GrESt, ErbSt einschl. SchenkSt, sowie für die GewSt nach dem Gewerbekapital (Rdnr. 115) werden bestimmte wirtschaftliche Einheiten einheitlich bewertet und durch EW-Bescheid mit verbindlicher Wirkung für alle abhängigen Steuerarten festgestellt. Einheitswerte sind gem. § 13a II Nr. 1, III EStG für den Gewinn aus Land- und Forstwirtschaft nach Durchschnittsätzen sowie gem. § 21a EStG für den Nutzungswert der selbstgenutzten Wohnung im eigenen Einfamilienhaus auch einkommensteuerlich maßgebend.

Rechtsquellen: BodschätzG v. 16. 10. 1934 (RGBl. I 1050), § 13 geänd. durch Art. 6 G v. 13. 8. 1965 (BGBl. I 851, 868), §§ 4, 6, 7, 10 geänd. durch § 172 FGO v. 6. 10. 1965 (BGBl. I 1477, 1506), **BodschätzDB** v. 12. 2. 1935 (RGBl. I 198) sowie DV zu § 4 II BodschätzG v. 6. 8. 1975 (BGBl. I 2163); **BewG** idF v. 26. 9. 1974 (BGBl. I 2369), § 67 geänd. durch Art. 15 G v. 10. 3. 1975 (BGBl. I 685), § 102 geänd. durch Art. 8 G v. 6. 9. 1976 (BGBl. I 2641, 2655), §§ 5, 14, 19–22, 24, 28, 29, 49, 66, 98a, 109, 111, 116, 122, 123 geänd. und § 113a eingefügt durch Art. 6 EGAO; **DV** zu § 39 I

BewG v. 30. 8. 1967 (BGBl. I 937), v. 24. 11. 1967 (BGBl. I 1191) und v. 7. 12. 1967 (BGBl. I 1199); zu § 55 III, IV BewG v. 27. 7. 1967 (BGBl. I 805); zu § 55 VIII BewG v. 11. 8. 1967 (BGBl. I 906); zu § 81 BewG v. 2. 9. 1966 (BGBl. I 550); zu § 90 BewG v. 2. 9. 1966 (BGBl. I 553), geänd. durch VO v. 25. 2. 1970 (BGBl. I 216), und zu § 122 III BewG v. 2. 9. 1966 (BGBl. I 555); **AntBewV** v. 19. 1. 1977 (BGBl. I 171).

2. Einkommensteuer

Schrifttum:
Blümich/Falk, Einkommensteuergesetz, Kommentar, 3 Bände (Losebl.), 11. Aufl. ab 1977; *Brönner/Bareis,* Die Besteuerung der Gesellschaften, des Gesellschafterwechsels und der Umwandlungen, 13. Aufl. 1975; *Bühler/Paulick/Freericks,* Einkommensteuer-Körperschaftsteuer, Handkommentar (Losebl.), 3. Aufl. 1976; *Herrmann/Heuer,* Kommentar zur Einkommensteuer und Körperschaftsteuer (Losebl.), Bd. I–V, 18. Aufl. ab 1977; *Littmann,* Das Einkommensteuerrecht, Großkommentar, 11. Aufl. 1974, mit Ergänzungsband 1975; *v. Wallis,* Besteuerung der Personen- und Kapitalgesellschaften, 2. Aufl. 1971. Zur Gewinnermittlung s. Rdnr. 100 aE.

98 **Die ESt ist eine Personensteuer,** deren Aufkommen als Gemeinschaftsteuer Bund, Ländern und Gemeinden anteilig zusteht (Rdnr. 91). Die Verwaltung obliegt den Landesfinanzbehörden (§ 2 FVG) im Auftrag des Bundes, und zwar nach den Weisungen und unter der Aufsicht des BdF (Art. 108 III iVm Art. 85 III, IV GG).

Rechtsquellen für die Veranlagungszeiträume ab 1975: **EStG 1975** idF v. 5. 9. 1974 (BGBl. I 2165, ber. 1975 I 422), §§ 3, 6a, 41, 52, 53 geänd. und §§ 4b–4d, 40b eingefügt durch § 19 G v. 19. 12. 1974 (BGBl. I 3610), § 10 geänd. durch Art. 18 G v. 21. 12. 1974 (BGBl. I 3656, 3663), §§ 7b, 52, 53 geänd. durch G v. 23. 12. 1974 (BGBl. I 3676), § 7d eingefügt durch G v. 21. 2. 1975 (BGBl. I 525), § 52 geänd. durch Art. 2 G v. 19. 12. 1975 (BGBl. I 3157), § 10 geänd. durch Art. 6 G v. 23. 3. 1976 (BGBl. I 737, 746), §§ 10d, 15, 22, 23, 46, 50, 52 geänd. durch G v. 20. 4. 1976 (BGBl. I 1054), § 51 geänd. durch § 25 G v. 23. 8. 1976 (BGBl. I 2429), §§ 5, 6, 7a, 10, 13, 13a, 38–39a, 42f, 50a–52, 55 geänd., § 7f eingefügt und § 52a aufgeh. durch Art. 9 EGAO, §§ 22, 24a, 49, 52 geänd. durch Art. II G v. 18. 2. 1977 (BGBl. I 297), § 7b neugefaßt, §§ 21a, 39a, 52 geänd. und § 53 aufgeh. durch G v. 11. 7. 1977 (BGBl. I 1213); **EStDV 1975** idF v. 24. 1. 1975 (BGBl. I 369), § 75 geänd. durch Art. 10 EGAO; §§ 8, 11c, 15, 45, 62c, 62d, 65, 68e, 72, 73h, 82a, 82b, 82g, 84 geänd. und § 9 aufgeh. durch VO v. 20. 12. 1976 (BGBl. I 3610); **FrErfV** v. 30. 5. 1951/20. 2. 1969 (BGBl. 1951 I 387/1969 I 141), § 3 geänd. durch Art. 16 G v. 10. 3. 1975 (BGBl. I 685), sowie bei bestimmten Beziehungen zu Berlin (West) die §§ 13a–18, 21–27 **BerlinFG** idF v. 18. 2. 1976 (BGBl. I 353), hiervon §§ 21, 23, 24 geänd. und § 27 eingefügt durch Art. 14 G v. 6. 9. 1976 (BGBl. I 2641, 2656). Vorschriften über Sonderabschreibungen s. auch Rdnr. 100. Darüber hinaus haben die Finanzbehörden die **EStR 1975** v. 14. 4. 1976 (BStBl. I Sondernr. 2/1976) zu beachten.

99 **StSchuldner** sind nur natürliche Personen. Der von Personengesellschaften (GbR, OHG, KG) erzielte Gewinn (oder Verlust) wird nach einheitlicher und gesonderter Gewinnfeststellung gem. § 180 II AO den einzelnen Gesellschaftern zugerechnet und gem. § 15 I Nr. 2 u. 3 EStG bei deren Veranlagung berücksichtigt. **Steuergegenstand** ist das Einkommen, das der Stpfl innerhalb eines Kalenderjahres bezogen hat (§ 2 I, VII EStG). *Einkommen* ist nach § 2 IV EStG der Gesamtbetrag der Einkünfte nach Ausgleich mit Verlusten, vermindert um die Sonderausgaben (§§ 10–10d EStG) und die außergewöhnlichen

Belastungen (§§ 33–33b EStG). *Gesamtbetrag der Einkünfte* ist nach § 2 III EStG die Summe der Einkünfte, vermindert um den Altersentlastungsbetrag (§ 24a EStG). Die *Summe der Einkünfte* ergibt sich aus den Gewinnen (oder Verlusten) aus Land- und Forstwirtschaft (§§ 13–14a EStG), Gewerbebetrieb (§§ 15–17 EStG) und selbständiger Arbeit (§ 18 EStG) sowie den Überschüssen (oder Fehlbeträgen) aus nichtselbständiger Arbeit (§ 19 EStG), Kapitalvermögen (§ 20 EStG), Vermietung und Verpachtung (§§ 21, 21a EStG) und aus bestimmten sonstigen Einkünften (§§ 22, 23 EStG; § 55 EStDV).

100 **Gewinn** ist nach § 4 I EStG der Unterschiedsbetrag zwischen dem Betriebsvermögen am Schluß und am Anfang eines Wirtschaftsjahres, vermehrt um den Wert der Entnahmen und vermindert um den Wert der (Geld- oder Sach-)Einlagen, die der Stpfl dem Betrieb zugeführt hat; *Entnahmen* sind alle Wirtschaftsgüter (Barentnahmen, Waren, Erzeugnisse, Nutzungen und Leistungen), die der Stpfl dem Betrieb für sich, seinen Haushalt oder andere betriebsfremde Zwecke im Laufe des Wirtschaftsjahres entnommen hat. Die Gewinnermittlung setzt voraus, daß am Anfang und am Schluß des Jahres Vermögensübersichten („*Anfangsbilanz*" und „*Schlußbilanz*") aufgestellt und die im Lauf des Jahres vorgenommenen Entnahmen und Einlagen aufgezeichnet werden. Bei Gewerbetreibenden, die gesetzlich verpflichtet sind, Bücher zu führen und regelmäßig Abschlüsse zu machen (§§ 38, 39 HGB; § 125 AktG; § 41 GmbHG; § 33 GenG; § 141 AO) oder dies freiwillig tun, ist der nach den genannten Gesetzen zu ermittelnde Gewinn grundsätzlich auch für die ESt maßgebend (§ 5 EStG), jedoch sind zusätzlich die einkommensteuerrechtlichen Vorschriften über Entnahmen und Einlagen (§ 4 I 2, 3 EStG), Bilanzänderungen (§ 4 II EStG), Betriebsausgaben (§ 4 IV–VI EStG), Bewertung (§ 6 EStG; §§ 6–11d EStDV), Pensionsrückstellungen (§ 6a EStG, § 9 EStDV), Veräußerungsgewinne (§§ 6b, 6c EStG; § 82 StBauFG), Absetzungen für Abnutzung *(AfA)* oder Substanzverringerung (§ 7 EStG, §§ 9a–11d EStDV) der einzelnen Gegenstände des Betriebsvermögens *(Wirtschaftsgüter)* zu befolgen. Über die Zulässigkeit erhöhter Absetzungen *(Sonderabschreibungen)* vgl. die §§ 7a–7f EStG sowie § 51 EStG iVm §§ 75–83a EStDV, ferner die §§ 14, 14a, 15 BerlinFG und § 3 II ZonenRFG v. 5. 8. 1971 (BGBl. I 1237), geänd. durch Art. 8 EG-EStRG v. 21. 12. 1974 (BGBl. I 3656, 3661), sowie § 7 SchutzbauG v. 9. 9. 1965 (BGBl. I 1232), geänd. durch Art. 9 EG-EStRG. Über gewinnmindernde Rücklagen für Preissteigerungen vgl. § 51 I Nr. 2b EStG iVm § 74 EStDV, für Kapitalanlagen in Entwicklungsländern vgl. **EntwLStG** idF v. 13. 2. 1975 (BGBl. I 493).

Den Überschuß der Betriebseinnahmen über die Betriebsausgaben können Stpfl als Gewinn ansetzen, die weder nach Handelsrecht noch nach § 141 AO zur kaufmännischen Gewinnermittlung verpflichtet sind und diese Gewinnermittlung auch nicht freiwillig durchführen (§ 4 III–VI EStG). *Betriebsausgaben* sind die durch den Betrieb veranlaßten Aufwendungen im Gegensatz zu den Kosten der Lebensführung einschl. der ESt (§ 12 EStG). Betriebsausgabe ist auch bei der Überschußrechnung die AfA für Betriebsgebäude und bewegliche Wirtschaftsgüter (§ 4 III 2 iVm § 7 EStG). Bei den Einkünften aus nichtselbständiger Arbeit, Kapitalvermögen, Vermietung und Verpachtung und bei den sonstigen Einkünften ist Überschuß der Unterschied zwischen den Einnahmen und den Werbungskosten. *Werbungskosten* sind Aufwendungen zum Erwerb, zur Sicherung und zur Erhaltung der Einnahmen (§§ 9, 9a EStG; § 24 iVm §§ 8, 8a EStDV).

Der Gewinn aus Landwirtschaft war bei Landwirten, die nach der VO über landwirtschaftliche Buchführung v. 5. 7. 1935 (RGBl. I 908) nicht zur Führung von Büchern verpflichtet waren, bis zum Wirtschaftsjahr 1973/74 nach dem Gesetz über die Ermittlung des Gewinns aus Land- und Forstwirtschaft nach Durchschnittsätzen (GDL) v. 15. 9. 1965 (BGBl. I 1350), zuletzt geänd. durch G v. 8. 5. 1972 (BGBl. I 761), zu ermitteln; seit dem Wirtschaftsjahr 1974/75 gelten die §§ 13a–14a EStG 1975.

Schrifttum:
Brönner/Bareis, Die Bilanz nach Handels- und Steuerrecht, 8. Aufl. 1971; *Bühler/Scherpf,* Bilanz und Steuer, 7. Aufl. 1971; *Felsmann,* Einkommensbesteuerung der Land- und Forstwirte (Losebl.), 2. Aufl. 1976; *Flick/Husmann,* Das neue Entwicklungsländer-Steuergesetz, 1975; *Freericks,* Bilanzierungsfähigkeit und Bilanzierungspflicht in Handels- und Steuerbilanz, 1976; *Leffson,* Die Grundsätze ordnungsmäßiger Buchführung, 4. Aufl. 1976; *Ullmann,* Die Gewinnermittlungs-Richtsätze in ihrer praktischen Anwendung, 2. Aufl. 1976; *Willenbrink/Müller,* Von der Anfangs- zur Schlußbilanz, 5. Aufl. 1973.

101 **Das zu versteuernde Einkommen** (§ 32 I EStG) ergibt sich aus dem Einkommen (Rdnr. 99) nach Abzug der Sonderfreibeträge (§ 32 II–VII EStG) sowie der Abzüge für außergewöhnliche Belastungen (§§ 33–33b EStG). Der **Steuersatz** ist in § 32a EStG formelmäßig bestimmt und bei der Veranlagung aus den ESt-Tabellen (Anlagen 1 u. 2 zu § 32a EStG) abzulesen. Der **ESt-Tarif** ist ein Progressionstarif, dem eine Proportionalstufe mit einem einheitlichen Steuersatz von 22 vH (bis 1974: 19 vH) vorgeschaltet ist. In die Tabelle ist ein allgemeiner Freibetrag von 3029 DM eingearbeitet; die Steuerpflicht beginnt daher für Ledige erst bei einem zu versteuernden Einkommen von mehr als 3029 DM, für zusammenveranlagte Ehegatten bei mehr als 6058 DM. Die Progression beginnt bei einem zu versteuernden Einkommen von 16019 DM bzw. 32038 DM und endet bei einem Spitzensteuersatz von 56 vH, der bei einem Einkommen von 130019 DM bzw. 260039 DM erreicht wird (§ 32a I EStG). Bei der *Zusammenveranlagung von Ehegatten* nach den §§ 26, 26b EStG beträgt die *tarifliche* ESt gem. § 32a V EStG das Zweifache des Steuerbetrags, der sich für die Hälfte ihres gemeinsam zu versteuernden Einkommens ergibt *(Splitting-Verfahren).* Die *festzusetzende* ESt entspricht der tariflichen ESt, sofern Steuerermäßigungen nach den §§ 32b, 34, 34b, 34c oder 35 EStG nicht in Betracht kommen. Für *Westberliner Einkünfte* erhalten bestimmte Stpfl Tarifermäßigungen oder andere Vergünstigungen gem. §§ 21–26 BerlinFG; vgl. *George,* Berliner Steuerpräferenzen, 5. Aufl. 1975; *Sönksen/Söffing,* Berlinförderungsgesetz, Kommentar (Losebl.) 1976.

102 **Die Einkommensteuer entsteht** nach § 36 I EStG idR mit Ablauf des Veranlagungszeitraums (= Kalenderjahres) und wird durch ESt-Bescheid festgesetzt, falls nicht eine Veranlagung unterbleibt (§§ 46, 46a EStG), weil die ESt durch Steuerabzug vom Arbeitslohn gem. §§ 38–42f EStG

(Rdnr. 105) oder vom Kapitalertrag gem. §§ 43–45 EStG (Rdnr. 107) abgegolten ist. Vgl. über die Pflicht zur Abgabe einer Steuererklärung §§ 56–60 EStDV, über Vorauszahlungen § 37 EStG sowie über die Abrechnung und Fälligkeit von Abschlußzahlungen § 36 IV EStG.

3. Lohnsteuer

Schrifttum:
Oeftering/Görbing, Das gesamte Lohnsteuerrecht, Kommentar (Losebl.), 5. Aufl. 1977, sowie die vor Rdnr. 98 angeführten Kommentare zu den §§ 19, 38–42f EStG.

103 **LSt ist die ESt der Arbeitnehmer für Einkünfte aus nichtselbständiger Arbeit** (§ 19 EStG), die gem. § 38 I EStG durch Steuerabzug vom Arbeitslohn erhoben wird.

Rechtsquellen: §§ 19, 38–42f EStG 1975 idF v. 5. 9. 1974 (BGBl. I 2165), § 40b eingefügt und § 41 geänd. durch § 19 G v. 19. 12. 1974 (BGBl. I 3610), §§ 38–39a, 42f geänd. durch Art. 9 EGAO, sowie die **LStDV 1975** idF v. 13. 12. 1974 (BGBl. I 3465), ferner die VO über die steuerliche Behandlung der Vergütungen für Arbeitnehmererfindungen v. 6. 6. 1951/20. 2. 1969 (BGBl. 1951 I 388/1969 I 141), geänd. durch Art. 4 G v. 19. 12. 1975 (BGBl. I 3157), und die VO über die steuerliche Behandlung von Prämien für Verbesserungsvorschläge v. 18. 2. 1957 (BGBl. I 33). Darüber hinaus haben die Finanzbehörden die **LStR 1975** idF v. 25. 7. 1975 (BStBl. I 795) zu beachten.

StSchuldner ist der ArbN; der ArbG haftet für die Einbehaltung und Abführung der LSt (§ 38 III EStG). *Arbeitnehmer* ist, wer aus einem gegenwärtigen oder früheren Dienstverhältnis Arbeitslohn bezieht (§ 1 I LStDV). In einem *Dienstverhältnis* steht, wer dem ArbG seine Arbeitskraft schuldet (vgl. § 1 II LStDV; BFH v. 24. 11. 1961, BStBl. 1962, 37). *Arbeitslohn* sind alle (einmaligen oder laufenden) Einnahmen (§ 8 EStG), die dem ArbN aus einem Dienstverhältnis zufließen – gleichgültig, ob ein Rechtsanspruch besteht, unter welcher Bezeichnung oder in welcher Form die Einnahmen gewährt werden (vgl. §§ 8, 19, 24 EStG; §§ 2–6 LStDV).

104 **Die LSt bemißt sich** in der Höhe, daß sie der ESt entspricht, die der ArbN schuldet, wenn er nur Einkünfte aus nichtselbständiger Arbeit erzielt (§ 38a II EStG). Bei der Ermittlung der LSt werden die Besteuerungsgrundlagen des Einzelfalles durch die Einreihung der ArbN in Steuerklassen (§ 38b EStG), die Aufstellung von entsprechenden LSt-Tabellen, die Ausstellung von LSt-Karten (§ 39 EStG) sowie durch die Feststellung von Freibeträgen berücksichtigt (§ 38a IV EStG). Die in den ESt-Tabellen ausgewiesenen Beträge des zu versteuernden Einkommens (Rdnr. 101) sind gem. § 38c EStG in den LSt-Tabellen durch Hinzurechnen des ArbN-Freibetrags (§ 19 IV EStG), der Pauschbeträge für Werbungskosten (§ 9a Nr. 1 EStG) und Sonderausgaben (§ 10c I EStG), der Vorsorgepauschale (§ 10c III EStG) und des Haushaltsfreibetrags (§ 32 III EStG) in einen Jahresarbeitslohn umgerechnet. Sind die tatsächlichen Werbungskosten oder Sonderausgaben höher als die gesetzlichen Pauschbeträge, so können die übersteigenden Beträge auf Antrag entweder als Freibeträge auf der LSt-Karte eingetragen (§ 39a I Nr. 3, 4 EStG) und bereits beim laufenden Steuerabzug berücksichtigt oder nachträglich beim

LSt-Jahresausgleich (Rdnr. 106) oder bei einer ESt-Veranlagung geltend gemacht werden. Dasselbe gilt für Abzüge wegen außergewöhnlicher Belastung (§§ 33, 33a EStG) und für Verluste aus Vermietung und Verpachtung, die sich bei Inanspruchnahme erhöhter AfA nach § 7b oder § 54 EStG oder nach § 14a BerlinFG voraussichtlich ergeben (§ 39a I Nr. 5, 6 EStG). Altersfreibeträge (§ 32 II EStG) und Pauschbeträge für Körperbehinderte und Hinterbliebene (§ 33b EStG) werden von der Gemeinde von Amts wegen eingetragen (§ 39a I Nr. 1, 2, II EStG).

Über die Bemessung der LSt nach *Pauschsteuersätzen,* wenn der ArbG in einer größeren Zahl von Fällen sonstige Bezüge oder Erholungsbeihilfen gewährt oder wenn er bestimmte Leistungen für die Zukunftsicherung erbringt oder wenn ArbN nur kurzfristig oder nur in geringem Umfang und gegen geringen Arbeitslohn oder als Aushilfskräfte in der Land- und Forstwirtschaft beschäftigt werden, vgl. §§ 40–40b EStG. Zur Besteuerung des *Nettolohnes* vgl. LStR 89.

105 **Die Lohnsteuer entsteht** nach § 38 II 2 EStG, sobald der Arbeitslohn dem ArbN zufließt. Bei Gutschriften kommt es darauf an, in wessen Interesse die Auszahlung unterblieben und die Gutschrift erfolgt ist (BFH v. 19. 6. 1952, BStBl. 1953, 170). Den **Steuerabzug** hat der ArbG bei jeder Lohnzahlung, auch bei Vorschüssen und Abschlagzahlungen, in der Weise vorzunehmen, daß er die LSt nach den in der LSt-Karte eingetragenen Besteuerungsgrundlagen errechnet und für Rechnung des ArbN einbehält (§ 38 III EStG). Die **LSt-Karte** (§ 39 EStG) wird dem ArbN vor Beginn jedes Kalenderjahres von seiner Wohnsitzgemeinde zugestellt. Die Gemeinde bescheinigt auf der LSt-Karte den Familienstand, die Zahl der Kinder, die Steuerklasse und die Religionszugehörigkeit. Der ArbN muß die LSt-Karte dem ArbG vorlegen (§ 39b I 1 EStG); solange er dieser Pflicht schuldhaft nicht nachkommt, muß der ArbG die LSt nach der (ungünstigsten) Steuerklasse VI ermitteln (§ 39c EStG). Reicht der vom ArbG geschuldete Barlohn zur Deckung der LSt nicht aus, muß der ArbN den Fehlbetrag zur Verfügung stellen oder der ArbG einen entsprechenden Teil der anderen Bezüge des ArbN zurückbehalten; kann diese Regelung nicht verwirklicht werden, muß der ArbG dies dem FA anzeigen, das die fehlende LSt dann vom ArbN nachfordert (§ 38 IV EStG). Die einbehaltene LSt ist idR spätestens am 10. Tage nach Ablauf eines Kalendermonats an das FA abzuführen (§ 41a I, II EStG); zum gleichen Termin muß der ArbG eine LSt-Anmeldung abgeben, und zwar unabhängig davon, ob er die einbehaltene LSt pflichtgemäß abführt oder nicht. Wer als ArbG die LSt vorsätzlich oder leichtfertig nicht oder zu niedrig *anmeldet,* begeht Steuerhinterziehung (§ 370 AO) bzw. leichtfertige Steuerverkürzung (§ 378 AO); wer die LSt zwar anmeldet, aber vorsätzlich oder leichtfertig nicht *abführt,* macht sich einer Steuerordnungswidrigkeit nach § 380 AO schuldig.

106 **Der LSt-Jahresausgleich** hat den Zweck, die im Laufe des Jahres monatlich, wöchentlich oder täglich einbehaltene LSt an die Jahreslohnsteuertabelle anzupassen und Überzahlungen zu erstatten, wenn der ArbN nicht zur ESt veranlagt wird (§ 42 I EStG). Überzahlungen können insbes. vorliegen bei unständiger Beschäftigung oder schwankendem Arbeitslohn, bei der Eintragung, Änderung oder Aufhebung von Freibeträgen oder einer Änderung des Personenstandes oder wenn der ArbN erhöhte Werbungskosten, Sonderausgaben oder außergewöhnliche Belastungen nachträglich geltend macht. Die Zuständigkeit des ArbG oder des FA und das Verfahren richten sich nach den §§ 42–42b, 42c II EStG; vgl. ferner LStR 107–109.

4. Kapitalertragsteuer

Schrifttum:
Kommentare zu §§ 43–45b EStG (s. vor Rdnr. 98); *Scholtz*, Die Erhebung der Kapitalertragsteuer nach neuem Recht, FR 1977, 53; *Schaumburg*, Die Neuregelung der Kapitalertragsteuer, DB 1977, 1524.

107 KapSt ist diejenige ESt, die von bestimmten inländischen Kapitalerträgen, insbes. Gewinnanteilen (Dividenden) und Wertpapierzinsen, durch Steuerabzug erhoben wird. Als KuponSt wird die KapSt bezeichnet, die das sog. KuponStG v. 25. 3. 1965 (BGBl. I 147) für Zinsen aus festverzinslichen Wertpapieren eingeführt hat, die sich im Besitz von beschränkt Stpfl (Rdnr. 95) befinden.

Rechtsquellen bis 31. 12. 1976: **§§ 43–45 EStG** (s. Rdnr. 98) sowie **KapStDV** idF v. 1. 4. 1975 (BGBl. I 766), §§ 3, 14 geänd. durch VO v. 21. 7. 1976 (BGBl. I 1861), außer Kraft gem. Art. 15 Nr. 4 EGKStRG v. 6. 9. 1976 (BGBl. I 2641, 2657) mWv 31. 12. 1976; ab 1. 1. 1977: **§§ 43–45b EStG,** neugefaßt durch Art. 2 Nr. 10 KStRG v. 31. 8. 1976 (BGBl. I 2597, 2617); vgl. dazu BdF v. 16. 12. 1976 (BStBl. I 748).

Die KapSt entsteht, sobald die Kapitalerträge dem Gläubiger zufließen (§ 44 I 2 EStGnF). Der **Steuersatz** beläuft sich, wenn der Gläubiger die KapSt trägt, auf 25 oder 30 vH der vollen Kapitalerträge; er beträgt 33 1/3 bzw. 42,85 vH des tatsächlich ausgezahlten Betrags, wenn der Schuldner die KapSt übernimmt (§ 44 I, § 45 I EStGaF, § 3 I KapStDV/§ 43a EStG nF). **StSchuldner** ist in jedem Falle der Gläubiger der Kapitalerträge. Der Schuldner muß die KapSt gem. § 44 III EStGaF/§ 44 I 3 EStGnF einbehalten und innerhalb der in § 8 I KapStDV/§ 44 I 4 EStGnF bestimmten Fristen für Rechnung des StSchuldners an das FA abführen; über die Entrichtung der KuponSt vgl. § 45 EStGaF/nF. Die Pflichten zur Anmeldung und Bescheinigung der KapSt ergeben sich aus §§ 9, 10 KapStDV/§ 45a EStGnF. In den Fällen des § 46a S. 1 und des § 50 V EStG ist die ESt durch den Steuerabzug vom Kapitalertrag abgegolten; in den übrigen Fällen wird die einbehaltene KapSt nach § 36 II Nr. 2 EStG bei der Veranlagung auf die ESt angerechnet. Vorsätzliches oder leichtfertiges Nichtabführen von Steuerabzugsbeträgen ist als Steuerordnungswidrigkeit gem. § 380 AO mit Geldbuße bedroht.

5. Aufsichtsratsteuer

Schrifttum:
Kommentare zu § 50a EStG (s. vor Rdnr. 98).

108 ARSt ist diejenige ESt, die von Aufsichtsratvergütungen bei beschränkt stpfl. Mitgliedern (Rdnr. 95) des Aufsichts- oder Verwaltungsrats einer inländischen AG, KGaA, Berggewerkschaft, GmbH, sonstigen Kapitalgesellschaft usw. durch Steuerabzug erhoben wird. Aufsichtsratsvergütungen sind Vergütungen jeder Art, die dem Stpfl von den Unternehmungen für die Überwachung der Geschäftsführung gewährt werden.

Rechtsquellen: § 50a I–III, V **EStG 1975,** Abs. V geänd. durch Art. 9 EGAO; § 73a I, §§ 73c–73e, 73g–73i **EStDV** (s. Rdnr. 98).

Die ARSt entsteht, sobald die Aufsichtsratvergütungen dem Gläubiger zufließen (§ 50a V 1 EStG, § 73c EStDV). Der **Steuersatz** beträgt 30 vH der vollen Vergütung (§ 50a II, III EStG). **StSchuldner** ist der Gläubiger der Vergütung; der Schuldner muß die Steuer einbehalten und für Rechnung des StSchuldners innerhalb der gesetzlich bestimmten Frist an das FA abführen (§ 50a V 2ff. EStG, § 73e S. 1 EStDV). Die Pflicht zur Anmeldung der Steuer ergibt sich aus § 73e S. 2f. EStDV. Vorsätzliches oder leichtfertiges Nichtabführen von Steuerabzugsbeträgen ist als Steuerordnungswidrigkeit gem. § 380 AO mit Geldbuße bedroht.

6. Körperschaftsteuer

Schrifttum:
Blümich/Klein/Steinbring/Stutz, Körperschaftsteuergesetz, Kommentar, 4. Aufl. 1965; *Böttcher/Leibrecht,* Gemeinnützigkeitsverordnung, Kommentar, 2. Aufl. 1971; *Brönner/Bareis,* Die Besteuerung der Gesellschaften, des Gesellschafterwechsels und der Umwandlungen, 13. Aufl. 1975; *Bühler/Paulick/Freericks,* Einkommensteuer-Körperschaftsteuer, Handkommentar (Losebl.), 3. Aufl. 1976; *Herrmann/Heuer,* Kommentar zur Einkommensteuer und Körperschaftsteuer (Losebl.), Bd. VI/VII, 18. Aufl. ab 1977; *Jurkat,* Die Organschaft im Körperschaftsteuerrecht, 1975; *Loos,* Umwandlungs-Steuergesetz 1969, Kommentar (Losebl.), 2. Aufl. 1974; *Reuter,* Die Besteuerung der verbundenen Unternehmen, 1970; *v. Wallis,* Besteuerung der Personen- und Kapitalgesellschaften, 2. Aufl. 1971; *Widmann/Mayer,* Umwandlungsrecht, 2 Bände (Losebl.), 1975; ferner: *Döllerer,* Verdeckte Gewinnausschüttungen und verdeckte Einlagen bei Kapitalgesellschaften, 1975; *Fröhlich,* Die verdeckte Gewinnausschüttung, 1968; *Lange,* Verdeckte Gewinnausschüttungen, 4. Aufl. 1973; *Westerfelhaus/Glade,* Verdeckte Gewinnausschüttung als steuerrechtliches und betriebswirtschaftliches Problem, 2. Aufl. 1961.

109 **KöSt ist die Personensteuer vom Einkommen der Körperschaften** und bestimmter Vermögensmassen; an ihrem Aufkommen als Gemeinschaftsteuer sind Bund und Länder je zur Hälfte beteiligt (Art. 106 III 2 GG). Die Verwaltung obliegt den Landesfinanzbehörden (§ 2 FVG) im Auftrag des Bundes, und zwar nach den Weisungen und unter der Aufsicht des BdF (Art. 108 III iVm Art. 85 III, IV GG).

Rechtsquellen für die Veranlagungszeiträume 1975 u. 1976: **KStG 1975** idF v. 18. 7. 1975 (BGBl. I 1933), §§ 4, 19, 24 geänd. durch Art. 40 G v. 18. 12. 1975 (BGBl. I 3091, 3109), §§ 4, 24 geänd. durch Art. 11 EGAO, außer Kraft gem. Art. 15 EGKStRG v. 6. 9. 1976 (BGBl. I 2641, 2657); **KStDV 1968** idF v. 26. 3. 1969 (BGBl. I 270), §§ 10, 12, 36 geänd. durch VO v. 18. 7. 1973 (BGBl. I 842, ber. 1307), §§ 9–12, 17, 32, 36 geänd. und § 31 aufgeh. durch VO v. 25. 11. 1975 (BGBl. I 2903), außer Kraft gem. Art. 15 EGKStRG; **UmwStG** v. 14. 8. 1969 (BGBl. I 1163), § 8 geänd. durch Art. 15 G v. 21. 12. 1974 (BGBl. I 3656, 3663), außer Kraft gem. Art. 15 EGKStRG; **GemV** v. 24. 12. 1953 (BGBl. I 206), §§ 4, 9, 22 geänd. und § 23 aufgeh. durch Art. 5 G v. 18. 8. 1969 (BGBl. I 1211), außer Kraft gem. Art. 96 EGAO. Ferner haben die Finanzbehörden die **KStR 1969** idF v. 3. 7. 1970 (BStBl. I 845) zu beachten. Für Veranlagungszeiträume ab 1977 gelten anstelle der vorstehenden Vorschriften das **KStG 1977** v. 31. 8.

1976 (BGBl. I 2599), die **KStDV 1977** v. 14. 6. 1977 (BGBl. I 848) und das **UmwStG 1977** v. 6. 9. 1976 (BGBl. I 2643); zum Übergang vgl. BdF v. 22. 12. 1976 (BStBl. I 755).

110 **StSchuldner** sind die Körperschaften iS der §§ 1–3 KStG, sofern sie nicht nach den §§ 4, 4a KStG persönlich von der KöSt befreit sind (beachte auch §§ 1–14 KStDV). **Steuergegenstand** ist nach § 5 KStG das Einkommen, das die Stpfl innerhalb eines Kalenderjahres (oder eines davon abweichenden Wirtschaftsjahres) bezogen hat. Was als Einkommen gilt und wie das Einkommen zu ermitteln ist, richtet sich aufgrund § 6 I KStG nach den Vorschriften des EStG (s. Rdnr. 99f.) sowie nach den besonderen Vorschriften des § 6 II–IV und der §§ 7–16 KStG. Verpflichtet sich eine AG oder KGaA durch Gewinnabführungsvertrag iS des § 291 I AktG, als *Organgesellschaft* ihren ganzen Gewinn an ein anderes inländisches gewerbliches Unternehmen *(Organträger)* abzuführen, so ist das Einkommen der Organgesellschaft unter den Voraussetzungen des § 7a KStG dem Organträger zuzurechnen. Bei der Gewinnermittlung sind auch verdeckte Gewinnausschüttungen zu berücksichtigen (Beispiele in § 19 KStDV). Eine *verdeckte Gewinnausschüttung* ist nach stRspr (BFH v. 10. 5. 1967, BStBl. 498) gegeben, wenn die Körperschaft einem Gesellschafter oder einer diesem nahestehenden Person außerhalb der gesellschaftsrechtlichen Gewinnverteilung einen Vermögenswert zuwendet, den sie bei Anwendung der Sorgfalt eines ordentlichen und gewissenhaften Geschäftsleiters einem Nichtgesellschafter unter sonst gleichen Umständen nicht gewährt haben würde. Ist eine unbeschränkt stpfl. Kapitalgesellschaft seit Beginn ihres Wirtschaftsjahres ununterbrochen an dem Grund- oder Stammkapital einer anderen unbeschränkt stpfl. Kapitalgesellschaft in Form von Aktien o. ä. mindestens zu einem Viertel unmittelbar beteiligt *(„Schachtelgesellschaft“)*, so bleiben die auf die Beteiligung entfallenden Gewinnanteile außer Ansatz (vgl. § 9 KStG). Der **KöSt-Tarif** unterscheidet gem. § 19 KStG zwischen Publikumsgesellschaften, personenbezogenen Kapitalgesellschaften und weiteren Gruppen sowie innerhalb jeder Gruppe zwischen nicht ausgeschütteten und ausgeschütteten Gewinnen. Bei einer Publikumsgesellschaft beträgt der Steuersatz 51 vH und ermäßigt sich für berücksichtigungsfähige Ausschüttungen auf 15 vH des Einkommens. Auf die Veranlagung und Entrichtung der KöSt sind gem. § 20 KStG die Vorschriften des EStG entsprechend anzuwenden.

111 **Nach dem ab 1. 1. 1977 geltenden KStG 1977** entsprechen die Vorschriften über das zu versteuernde Einkommen und dessen Ermittlung, über abziehbare und nichtabziehbare Aufwendungen gem. §§ 8–10 KStG im wesentlichen dem vorher geltenden Recht. Indessen beträgt der neue **Steuersatz** für einbehaltene *(„thesaurierte“)* Gewinne idR 56 vH (§ 23 I KStG) und für Gewinnausschüttungen und verdeckte Gewinnausschüttungen stets 36 vH (§ 27 I KStG). Einem auf 50 vH ermäßigten Steuersatz für einbehaltene Gewinne unterliegen bestimmte Körperschaften sowie inländische Betriebstätten beschränkt Stpfl iS des § 2 Nr. 1 KStG (vgl. § 23 II, III KStG), weil sie entweder keine Gewinne ausschütten oder weil ihre Gewinne bei den Empfängern nicht in das **Anrechnungsverfahren** (s. u.) einbezogen sind; über ermäßigte Steuersätze von 46 vH bzw. 44 vH für bestimmte Kreditinstitute vgl. § 23 IV, V KStG. Nach § 20 I Nr. 3, III u. § 36 II Nr. 3 EStG idF des KStRG wird die nach dem vorher geltenden Recht eintretende zweite Steuerbelastung ausgeschütteter Gewinne mit ESt (oder KöSt) der Anteilseigner dadurch beseitigt, daß die Ausschüttung den Anteilseignern einschl. der darauf lastenden KöSt zugerechnet und die darin mit 36 vH enthaltene KöSt auf die ESt-(oder KöSt-)Schuld der Anteilseigner angerechnet wird (vgl. zum Anrechnungsverfahren im einzelnen die §§ 27–47 KStG 1977 sowie *Jurkat* WPg 1976, 520ff.); ausf. zur KSt-Reform *Krebs,* Sonderbeilage BB 1976.

7. Ergänzungsabgabe

112 Die von 1968 bis 1974 zur ESt und KöSt, 1975 und 1976 nur noch zur KöSt erhobene Ergänzungsabgabe war eine Personensteuer, deren Aufkommen dem Bund zustand (Art. 106 I Nr. 6 GG) und die von Landesfinanzbehörden (§ 2 FVG) im Auftrag des Bundes verwaltet wurde (Art. 108 II, III GG).

Rechtsquellen: ErgAbgG (Art. 1 des 2. StÄndG 1967) v. 21. 12. 1967 (BGBl. I 1254), mit GG vereinbar gem. BVerfG v. 9. 2. 1972 (BGBl. I 612); **ErgAbgG 1975** idF v. 17. 10. 1974 (BGBl. I 2888).

StSchuldner waren natürliche Personen und Körperschaften, die nach § 1 EStG einkommen- oder nach den §§ 1, 2 KStG körperschaftsteuerpflichtig waren (§ 2 ErgAbgG). Der **Steuersatz** betrug 3 vH der festgesetzten ESt oder KöSt oder der durch Steuerabzug einbehaltenen LSt, KapSt oder ARSt (§§ 3, 4 I ErgAbgG). Die ErgAbg zur veranlagten ESt war bei unbeschränkter Steuerpflicht (s. Rdnr. 95) nur zu erheben, wenn das zu versteuernde Einkommen bei Ehegatten, die zusammen veranlagt wurden, den Betrag von 32040 DM und bei Ledigen oder Ehegatten, die getrennt veranlagt wurden, den Betrag von 16020 DM überstieg (§ 4 II ErgAbgG). Auf die Veranlagung, Festsetzung und Entrichtung der ErgAbg waren die für die ESt bzw. KöSt geltenden Vorschriften (s. Rdnr. 102, 110) entsprechend anzuwenden (§ 6 ErgAbgG).

8. Konjunkturzuschlag

113 Ein Konjunkturzuschlag wurde zur ESt und KöSt 1970/71 erhoben; der Zuschlag hatte – abgesehen von seiner von vornherein vorgesehenen Rückzahlung – dieselbe Rechtsnatur und wurde nach denselben Zuständigkeits- und Verfahrensvorschriften verwaltet wie die Maßstabsteuern (vgl. § 4 KonjZG).

Rechtsquellen: KonjZG v. 23. 7. 1970 (BGBl. I 1125); VO über die Freigabe des KonjZ v. 15. 5. 1972 (BGBl. I 773).

Bemessungsgrundlagen waren gem. § 1 KonjZG die ESt- und KöSt-Vorauszahlungen sowie die LSt, soweit die Vorauszahlungen bzw. die Lohnzahlungen *nach* dem 31. 7. 1970 und *vor* dem 1. 7. 1971 fällig waren und sofern bestimmte Mindestbeträge überschritten wurden. Der KonjZ betrug jeweils

10 vH der Bemessungsgrundlage. Aufgrund § 1 VO v. 15. 5. 1972 (s. o.) wurde der KonjZ ab 15. 6. 1972 an die Schuldner des KonjZ wieder freigegeben.

Die Frage, ob die Vorschriften des 3. Teils der RAO auf den KonjZ anzuwenden waren, wurde im Erl.FinMin Baden-Württemberg v. 5. 1. 1971 verneint; die Verweisung des § 4 I KonjZG genüge in ihrer Allgemeinheit nicht den Anforderungen, die an die Eindeutigkeit und Bestimmtheit von Straf- und Bußgeldtatbeständen gestellt werden (DStZ/B 1971, 50).

9. Stabilitätszuschlag

114 Ein Stabilitätszuschlag wurde zur ESt und KöSt für 1973 und 1974 erhoben; der Zuschlag hatte dieselbe Rechtsnatur und wurde nach denselben Zuständigkeits- und Verfahrensvorschriften verwaltet wie die Maßstabsteuern (vgl. § 5 StabZG).

Rechtsquelle: StabZG (Art. 4 StÄndG 1973) v. 26. 6. 1973 (BGBl. I 676, 681).

Bemessungsgrundlagen waren gem. § 2 StabZG die für 1973 und 1974 festgesetzte ESt und KöSt, die *nach* dem 30. 6. 1973 und *vor* dem 1. 7. 1974 zu entrichtende LSt sowie die KapSt auf Erträge, die dem Gläubiger in dem genannten Zeitraum zuflossen. Das Aufkommen wurde aufgrund § 9 I StabZG als Konjunkturausgleichsrücklage bei der Deutschen Bundesbank stillgelegt und nach § 9 II StabZG iVm Art. 7 G v. 23. 12. 1974 (BGBl. I 3676) mWv 25. 12. 1974 an Bund, Länder und Gemeinden zu ihren jeweiligen Anteilen am Aufkommen der ESt und KöSt freigegeben.

10. Gewerbesteuer

Schrifttum:
Blümich/Boyens/Steinbring/Klein/Hübl, Gewerbesteuergesetz, Kommentar, 8. Aufl. 1968; *Lenski/Steinberg/Stäuber,* Kommentar zum Gewerbesteuergesetz (Losebl.), 2 Bände, 5. Aufl. 1977; *Müthling/Fock,* Gewerbesteuergesetz, Kommentar (Losebl.), 3. Aufl. 1977.

115 **Die GewSt ist eine Realsteuer,** deren Hebesätze durch Gemeindesatzung festgesetzt werden (Art. 106 VI 2 GG) und deren Aufkommen den Gemeinden, in Berlin und Hamburg den Ländern zusteht (Art. 106 I 1, 3 GG). Die Verwaltung ist in den meisten Ländern zwischen den Landesfinanzbehörden (§ 2 FVG) und den Gemeinden geteilt (Art. 108 IV 2 GG). Die FÄ sind für die Ermittlung der Besteuerungsgrundlagen sowie für die Festsetzung und Zerlegung der Steuermeßbeträge nach dem Gewerbeertrag und Gewerbekapital zuständig (§§ 184, 185 ff. AO). Den hebeberechtigten Gemeinden obliegt die Festsetzung und Erhebung der GewSt einschl. Stundung und Erlaß (§§ 1, 4, 16 GewStG), soweit nicht auch diese Aufgaben gem. § 5 II G v. 27. 12. 1951 (BGBl. I 996) iVm § 1 GewStVV v. 31. 3. 1943 (RGBl. I 237) in Bremen und Hamburg den FÄn belassen worden sind.

Rechtsquellen für Veranlagungszeiträume ab 1974: **GewStG 1974** idF v. 15. 8. 1974 (BGBl. I 1971), §§ 3, 36 geänd. durch § 21 G v. 19. 12. 1974 (BGBl. I 3610), §§ 10a, 24, 36 geänd. durch Art. 42 G v. 18. 12. 1975 (BGBl. I 3091, 3111), §§ 2, 3, 6,

8, 9, 11–13, 25 geänd. durch Art. 5 G v. 6. 9. 1976 (BGBl. I 2641, 2653), §§ 3, 5, 13, 26–28, 35 b, 35 c, 36 geänd., §§ 18, 21 eingefügt und §§ 36 a–36 d aufgeh. durch Art. 12 EGAO; **GewStDV 1974** idF v. 15. 11. 1974 (BGBl. I 3138), § 11 aufgeh. durch Art. 13 EGAO. Ferner haben die Finanzbehörden die **GewStR 1974** idF v. 27. 3. 1975 (BStBl. I 401) zu beachten. Für die Veranlagungszeiträume ab 1977 gelten das **GewStG 1977** idF v. 24. 3. 1977 (BGBl. I 484) und die **GewStDV 1977** idF v. 22. 4. 1977 (BGBl. I 662).

116 Der **Steuerpflicht** nach dem Gewerbeertrag und dem Gewerbekapital unterliegt jeder Gewerbebetrieb, der im Inland betrieben wird (§ 2 GewStG; §§ 1–9 GewStDV). **Gewerbebetrieb** ist eine selbständige, nachhaltige Betätigung mit Gewinnerzielungsabsicht und Beteiligung am allgemeinen wirtschaftlichen Verkehr, die sich von Land- und Forstwirtschaft und von selbständiger Arbeit (§ 18 EStG) unterscheidet und über bloße Vermögensverwaltung hinausgeht. Ist eine Kapitalgesellschaft dem Willen eines Unternehmers derart untergeordnet, daß sie keinen eigenen Willen hat *(„Organgesellschaft")*, gilt sie als bloße Betriebstätte des beherrschenden Unternehmers (§ 2 II Nr. 2 S. 2 GewStG; § 3 GewStDV). Für die Unterscheidung zwischen Hausgewerbetreibenden und Heimarbeitern gilt § 2 HeimarbG. **StSchuldner** ist nach § 5 I GewStG der Unternehmer, für dessen Rechnung das Gewerbe betrieben wird; bei Personengesellschaften sind die Gesellschafter Gesamtschuldner. Organgesellschaften sind nicht StSchuldner, haften aber gem. § 73 AO für die entsprechende GewSt des beherrschenden Unternehmens.

117 **Besteuerungsgrundlagen** sind nach § 6 I GewStG der Gewerbeertrag und das Gewerbekapital; über die Lohnsumme s. Rdnr. 121. **Gewerbeertrag** ist der nach den Vorschriften des EStG, ggf. iVm §§ 7 ff. KStG, zu ermittelnde Gewinn aus Gewerbebetrieb, vermehrt und vermindert um bestimmte Hinzurechnungen und Kürzungen (§ 7 GewStG). Die *Hinzurechnungen* nach § 8 GewStG betreffen Betriebsausgaben, die bei der Gewinnermittlung nach dem EStG oder KStG abgesetzt worden sind, insbes. Zinsen für Dauerschulden gem. § 8 Nr. 1 GewStG. *Zinsen* sind alle Leistungen des Schuldners, die ein Entgelt für die Kreditnutzung darstellen (BFH v. 26. 6. 1963, BStBl. 386). *Dauerschulden* sind idR die Betriebsschulden, deren Laufzeit ein Jahr überschreitet (BFH v. 2. 5. 1961, BStBl. 537). Durch die *Kürzungen* nach § 9 GewStG soll eine doppelte Besteuerung bestimmter Bestandteile des Gewinns vermieden werden. Maßgebend ist der Ertrag des Kalenderjahres *(„Erhebungszeitraum")*; bei davon abweichenden Wirtschaftsjahren gilt § 10 II GewStG. Über den Abzug von Verlusten aus vorausgegangenen Jahren vgl. § 10 a GewStG. Als **Gewerbekapital** gilt gem. § 12 I GewStG der Einheitswert des gewerblichen Betriebes iS der §§ 95–109 a BewG (s. Rdnr. 97), vermehrt und vermindert um bestimmte Hinzurechnungen und Kürzungen (§ 12 II, III GewStG).

118 **Die GewSt ergibt sich** durch Multiplikation des einheitlichen Steuermeßbetrages (§ 14 GewStG) mit dem Hebesatz, den die hebeberechtigte Gemeinde beschlossen hat (§ 16 GewStG). Der einheitliche Steuermeßbetrag setzt sich zusammen aus den Steuermeßbeträgen nach dem Gewerbeertrag (§ 11

GewStG) und nach dem Gewerbekapital (§ 13 GewStG). Der Meßbetrag nach dem Gewerbeertrag beträgt idR 5 vH des auf volle 100 DM abgerundeten Gewerbeertrags; Ausnahmen: § 11 II–V GewStG. Der Meßbetrag nach dem Gewerbekapital beträgt idR 2 vT des auf volle 1000 DM abgerundeten Gewerbekapitals; Ausnahmen: § 13 III, IV GewStG. Die Hebesätze, die für alle Unternehmen innerhalb einer Gemeinde gleich sein müssen, betragen für 1975 zwischen 240 vH (Bielefeld) und 450 vH (München). Hebeberechtigt ist nach § 4 I 1 GewStG die Gemeinde, in der eine Betriebstätte (§ 12 AO) unterhalten wird.

119 **Der vom FA festgesetzte einheitliche Steuermeßbetrag** wird durch Zerlegungsbescheid auf mehrere Gemeinden verteilt, wenn ein Betrieb mehrere Betriebstätten in verschiedenen Gemeinden unterhält, wenn eine Betriebstätte sich über mehrere Gemeinden erstreckt oder wenn eine Betriebstätte von einer Gemeinde in eine andere verlegt worden ist (§§ 28–34, 35a IV GewStG; §§ 33, 34 GewStDV; §§ 185–190 AO). Aufgrund des vom FA übermittelten Steuermeß- oder Zerlegungsbescheides wird die GewSt von der Gemeinde festgesetzt und erhoben (Rdnr. 115).

120 Die Pflicht, einen neu eröffneten Betrieb oder eine Betriebstätte bei dem FA anzumelden, folgt aus § 138 AO. Die Pflicht zur Abgabe einer GewSt-Erklärung ergibt sich aus § 25 GewStDV. Über Vorauszahlungen vgl. § 19 GewStG; § 30 GewStDV.

11. Lohnsummensteuer

Schrifttum:
S. vor Rdnr. 115.

121 **Die LohnsSt ist eine Unterart der GewSt.** Aufgrund § 6 II GewStG kann die hebeberechtigte Gemeinde neben dem Gewerbeertrag und dem Gewerbekapital die Lohnsumme als zusätzliche Besteuerungsgrundlage bestimmen.

Rechtsquellen: §§ 23–27, 31, 35, 36c **GewStG 1974,** § 24 geänd. durch Art. 42 G v. 18. 12. 1975, § 25 geänd. durch Art. 5 G v. 6. 9. 1976, §§ 26, 27 geänd. und § 36c aufgeh. durch Art. 12 EGAO; §§ 31, 32 **GewStDV 1974** (Fundstellen s. Rdnr. 115).

Lohnsumme ist die Summe der Vergütungen, die in einem Kalenderjahr an die ArbN der in der Gemeinde belegenen Betriebstätte gezahlt worden sind (§§ 23, 24 GewStG). Wenn die Lohnsumme 24000 DM nicht übersteigt, wird ein Freibetrag von 9000 DM abgezogen. Die LohnsSt ergibt sich durch Multiplikation des Steuermeßbetrags (gem. § 25 GewStG idR 2 vT der auf 10 DM abgerundeten Lohnsumme) mit dem von der jeweiligen Gemeinde beschlossenen Hebesatz, der für 1975 zwischen 275 vH (Trier) und 1100 vH (Nordenham) beträgt. Die LohnsSt für einen Kalendermonat ist gem. § 26 II GewStG idR bis zum 15. des folgenden Monats an die Gemeinde zu entrichten; zugleich ist gegenüber der Gemeinde eine Steueranmeldung abzugeben. Eine förmliche Festsetzung des Steuermeßbetrags durch das FA nach § 184 AO erfolgt gem. § 27 GewStG nur auf Antrag des StSchuldners oder einer beteiligten Gemeinde und nur dann, wenn ein berechtigtes Interesse dargetan wird.

12. Vermögensteuer

Schrifttum:
Gürsching/Stenger, Kommentar zum Bewertungsgesetz und zum Vermögensteuergesetz, 3 Bände (Losebl.), 6. Aufl. 1977; *Rößler/Troll/Langner,* Bewertungsgesetz und Vermögensteuergesetz, 11. Aufl. 1977.

122 **Die VSt ist eine persönliche Besitzsteuer,** die den Ländern zusteht (Art. 106 II Nr. 1 GG) und von Landesfinanzbehörden (§ 2 FVG) verwaltet wird (Art. 108 II GG).

Rechtsquellen: VStG idF v. 17. 4. 1974 (BGBl. I 949), §§ 10, 25 geänd. durch Art. 6 G v. 5. 8. 1974 (BGBl. I 1769, 1854), § 3 geänd. durch § 22 G v. 19. 12. 1974 (BGBl. I 3610, 3623), Art. 43 G v. 18. 12. 1975 (BGBl. I 3091, 3111) und Art. 9 G v. 6. 9. 1976 (BGBl. I 2641, 2655), §§ 3, 16, 17, 20 geänd. durch Art. 14 EGAO. Für die Bewertung gelten das BewG und die DVn zum BewG (s. Rdnr. 97). Ferner haben die Finanzbehörden die **VStR 1977** v. 31. 3. 1977 (BStBl. I 99) zu beachten.

123 **StSchuldner** sind natürliche und juristische Personen (§§ 1, 2 VStG); über Steuerbefreiungen vgl. § 3 VStG. **Steuergegenstand** ist das *Gesamtvermögen* (§ 4 VStG), dh die Summe des land-und forstwirtschaftlichen Vermögens (§§ 33–62 BewG), des Grundvermögens (§§ 68–94 BewG) und des Betriebsvermögens (§§ 95–109a BewG) – die nach § 114 III BewG jeweils mit den Einheitswerten anzusetzen sind – und des sonstigen Vermögens (§ 110 BewG), vermindert um Schulden und Lasten (§ 118 BewG). Aus dem Gesamtvermögen ergibt sich nach Ausscheidung bestimmter Gegenstände, die an sich zum sonstigen Vermögen gehören (vgl. § 111 BewG), das *steuerbare* Vermögen und hieraus nach Abrundung auf volle 1 000 DM (§ 4 II VStG) und nach Abzug der Freibeträge von je 70 000 DM für den Stpfl, seinen Ehegatten und jedes Kind sowie bestimmter Altersfreibeträge (§ 6, vgl. auch §§ 7, 8 VStG) das *steuerpflichtige* Vermögen iS des § 9 VStG. Der **Steuersatz** beträgt idR bei natürlichen Personen 0,7 vH, bei anderen Stpfl 1 vH jährlich (§ 10 VStG).

124 **Festgesetzt wird die VSt** gem. § 15 VStG durch *Hauptveranlagung* für 3 Kalenderjahre im voraus nach dem Vermögensstand zu Beginn des Hauptveranlagungszeitraums, zuletzt zum 1. 1. 1974. Der für das land- und forstwirtschaftliche Vermögen, das Grundvermögen und das Betriebsvermögen maßgebende Einheitswert wird jeweils durch besonderen EW-Bescheid festgestellt, so daß bei der VSt-Veranlagung nur noch der Wert des sonstigen Vermögens zu ermitteln ist. Nach Änderung eines EW-Bescheids wird gem. § 175 Nr. 1 AO von Amts wegen ein neuer VSt-Bescheid erteilt. Eine *Neuveranlagung* der VSt findet statt, wenn zu Beginn eines Kalenderjahres bestimmte Wertgrenzen überschritten werden oder wenn sich die Voraussetzungen für die Gewährung von Freibeträgen ändern (§ 16 VStG). Eine *Nachveranlagung* kommt namentlich dann in Betracht, wenn die persönliche Steuerpflicht neu begründet wird oder ein persönlicher Befreiungsgrund wegfällt (§ 17 VStG). Die Pflicht zur Abgabe einer VSt-Erklärung regelt § 19 VStG. Über Vorauszahlungen vgl. §§ 21, 22 VStG.

13. Grundsteuer

Schrifttum:
Troll, Grundsteuer, Kommentar, 3. Aufl. 1974; *Fischer-Dieskau/Pergande/Schwender,* Wohnungsbaurecht, Teilbände I u. II: II. Wohnungsbaugesetz, Kommentar (Losebl.), 2. Aufl. 1976.

125 **Die GrSt ist eine Realsteuer,** deren Hebesätze durch Gemeindesatzung festgesetzt werden (Art. 106 VI 2 GG, § 25 GrStG) und deren Aufkommen den Gemeinden, in Berlin und Hamburg den Ländern zusteht (Art. 106 VI 1, 3 GG). Die Verwaltung ist in den meisten Ländern zwischen den Landesfinanzbehörden (§ 2 FVG) und den Gemeinden geteilt (Art. 108 IV 2 GG); die Ermittlung der Besteuerungsgrundlagen sowie die Festsetzung und Zerlegung der Steuermeßbeträge obliegt den FÄn (§§ 184, 185 AO), die Festsetzung und Erhebung der GrSt einschl. Erlaß, Stundung und Vollstreckung den hebeberechtigten Gemeinden.

Rechtsquellen ab 1. 1. 1974: **GrStG** idF des Art. 1 GrStRG v. 7. 8. 1973 (BGBl. I 965), §§ 4, 16, 17, 20 geänd. durch Art. 15 EGAO, sowie für bestimmte GrSt-Vergünstigungen §§ 92–94 **II. WoBauG** idF v. 1. 9. 1976 (BGBl. I 2673) und § 47 **WoBau-Saar** idF v. 7. 3. 1972 (ABl. 149), geänd. durch Art. 2 § 2 GrStRG. Ferner haben die Finanzbehörden die **GrStR 1974** v. 27. 3. 1974 (BStBl. I 164) zu beachten.

126 **Steuergegenstand** ist nach § 2 GrStG der Grundbesitz iS des BewG (Rdnr. 97); über GrSt-Befreiungen vgl. §§ 3–8 GrStG. **StSchuldner** ist idR derjenige, dem der Steuergegenstand bei der Feststellung des EW zugerechnet worden ist (§ 10 GrStG). Berechnet wird die GrSt durch Multiplikation des Steuermeßbetrags mit dem von der Gemeinde beschlossenen Hebesatz (§ 25 I GrStG). Der Steuermeßbetrag ist durch Anwendung eines Tausendsatzes *(„Steuermeßzahl")* auf den EW zu ermitteln (§ 13 I GrStG). Die Steuermeßzahl beträgt gem. § 14 GrStG für Betriebe der Land- und Forstwirtschaft (sog. **GrSt A**) 6 vT, gem. § 15 GrStG für Grundstücke (sog. **GrSt B**) 3,5 vT sowie bei Einfamilienhäusern für die ersten 75000 DM des EW 2,6 vT und bei Zweifamilienhäusern 3,1 vT des EW. Die Hebesätze in Stadtgemeinden betragen 1975 für die GrSt A zwischen 120 vH (Münster) und 350 vH (Wiesbaden), für die GrSt B zwischen 220 vH (Heilbronn) und 400 vH (Berlin).

127 **Verfahren:** Die Hauptveranlagung und die Voraussetzungen einer Neu- oder Nachveranlagung der Steuermeßbeträge regeln die §§ 16–18 GrStG. § 19 GrStG regelt die Pflicht des StSchuldners, jede Änderung in der Nutzung oder in den Eigentumsverhältnissen eines von der GrSt befreiten Steuergegenstandes dem FA binnen 3 Monaten anzuzeigen. Für die Festsetzung, Fälligkeit und Entrichtung der GrSt gelten die §§ 27–31 GrStG. Die §§ 32–34 GrStG enthalten Sondervorschriften über den Erlaß der GrSt für Kulturgut und Grünanlagen sowie wegen wesentlicher Ertragsminderung bei Betrieben der Land- und Forstwirtschaft oder bei bebauten Grundstücken.

14. Erbschaft- und Schenkungsteuer

Schrifttum:
Kapp, Erbschaft- und Schenkungsteuer, Kommentar (Losebl.), 7. Aufl. 1977; *Megow/Michel,* Erbschaftsteuer- und Schenkungsteuergesetz, Kommentar, 6. Aufl. 1974; *Troll,* Erbschaftsteuer- und Schenkungsteuergesetz, Kommentar, 2. Aufl. 1975.

128 **Die ErbSt ist eine Besitzsteuer,** die den Ländern zusteht (Art. 106 II Nr. 2 GG) und von Landesfinanzbehörden (§ 2 FVG) verwaltet wird (Art. 108 II GG); die SchenkSt ist eine Unterart der ErbSt.

Rechtsquellen für Erwerbe nach dem 31. 12. 1973: **ErbStG** idF des Art. 1 ErbStRG v. 17. 4. 1974 (BGBl. I 933), §§ 12, 25, 28, 32, 35 geänd. durch Art. 16 EGAO; **ErbStDV** idF v. 19. 1. 1962 (BGBl. I 22), §§ 1–4, 15–17 aufgeh. durch Art. 8 ErbStRG, § 12 IV Nr. 1 und § 13 IV ErbStDV bei bestimmten Wertgrenzen suspendiert durch Art. 9 ErbStRG.

129 **Steuerpflichtige Vorgänge** sind nach § 1 I ErbStG der Erwerb von Todes wegen (§§ 3–6 ErbStG), Schenkungen unter Lebenden (§ 7 ErbStG), Zweckzuwendungen (§ 8 ErbStG) sowie in Zeitabständen von je 30 Jahren das Vermögen von Familienstiftungen und von Vereinen, deren Zweck im Familieninteresse auf die Bindung von Vermögen gerichtet ist (§ 1 I Nr. 4 ErbStG). Die Steuer auf Schenkungen und Zweckzuwendungen wird auch als „Schenkungsteuer" bezeichnet. **Steuergegenstand** ist der *steuerpflichtige Erwerb.* Als solcher gilt nach § 10 I ErbStG die *Bereicherung des Erwerbers,* soweit sie nicht steuerfrei ist (§§ 5, 13, 16, 17 ErbStG); in den Fällen des Erwerbs von Todes wegen gilt als Bereicherung der Betrag, der sich ergibt, wenn von dem Wert des gesamten Vermögensanfalls die nach § 10 III–IX ErbStG abzugsfähigen Nachlaßverbindlichkeiten abgezogen werden. Die Werte des Vermögensanfalls und der Nachlaßverbindlichkeiten sind vorbehaltlich der Sondervorschriften des § 12 II–VI ErbStG gem. § 12 I ErbStG iVm §§ 1–16 BewG (Rdnr. 97) zu ermitteln.

130 **Die ErbSt entsteht** nach § 9 ErbStG bei Erwerben von Todes wegen regelmäßig mit dem Tode des Erblassers, bei Schenkungen unter Lebenden mit der Ausführung der Zuwendung und bei Zweckzuwendungen mit dem Eintritt der Verpflichtung des Beschwerten; zu den Fällen des § 1 I Nr. 4 ErbStG vgl. § 9 I Nr. 4 ErbStG. **StSchuldner** ist nach § 20 ErbStG der Erwerber, bei Schenkungen auch der Schenker, bei Zweckzuwendungen der mit der Ausführung der Zuwendung Beschwerte und in den Fällen des § 1 I Nr. 4 ErbStG die Stiftung oder der Verein.

131 **Für die Berechnung der ErbSt** werden gem. § 15 ErbStG je nach dem persönlichen Verhältnis des Erwerbers zum Erblasser (oder Schenker) 4 Steuerklassen unterschieden; für Zweckzuwendungen gilt stets (die ungünstigste) Steuerklasse IV. Die allgemeinen Freibeträge sind gem. § 16 ErbStG nach Steuerklassen, die besonderen Versorgungsfreibeträge gem. § 17 II ErbStG bei Kindern auch nach dem Lebensalter abgestuft. Für den nach Abzug der Freibeträge verbleibenden Erwerb ist die Höhe der ErbSt gem. § 19 ErbStG in doppelter Weise nach Steuerklassen und nach dem Wert des steuerpflichtigen Erwerbs gestaffelt; sie beträgt mindestens 3 vH bei Erwerben bis zu 50000 DM in Steuerklasse I und höchstens 70 vH bei Erwerben über 100 Mio DM in Steuerklasse IV.

132 **Anzeige- und Erklärungspflichten** ergeben sich für die an dem steuerpflichtigen Vorgang materiell Beteiligten aus den §§ 30, 31 ErbStG. Zusätzlich bestimmen die §§ 33, 34 ErbStG, §§ 5–14 ErbStDV Anzeigepflichten für

Vermögensverwahrer und -verwalter, Ausgeber von Namensaktien usw., Versicherungsunternehmen, Standesämter, diplomatische und konsularische Vertretungen, Gerichte, Notare, sonstige Urkundspersonen und Genehmigungsbehörden. Für die Festsetzung, Verrentung, Aussetzung, Ermäßigung, Stundung und das Erlöschen der ErbSt sowie für die Anrechnung ausländischer ErbSt gelten neben den Vorschriften des allgemeinen Steuerrechts die Sondervorschriften der §§ 22–29 ErbStG.

15. Lastenausgleichsabgaben

Schrifttum:
Harmening/Schubert, Lastenausgleich (Losebl.), 2. Aufl. 1975; *Kühne/Wolff,* Die Gesetzgebung über den Lastenausgleich, Kommentar zum LAG sowie seinen Nebengesetzen (Losebl.), 1972; *Horowski,* Vermögensabgabe bis 1979, Kommentar, 2. Aufl. 1965.

133 **Aufgrund des LAG** v. 14. 8. 1952 (BGBl. I 446) idF v. 1. 10. 1969 (BGBl. I 1909), zuletzt geänd. durch Art. 35 EGAO, werden als einmalige Steuern zugunsten des LA-Fonds der BRD Vermögensabgabe, Hypothekengewinnabgabe und Kreditgewinnabgabe erhoben, die in vierteljährlichen Raten bis zum 31. 3. 1979 zu entrichten sind. Da die Veranlagung der LA-Abgaben seit langem abgeschlossen ist, können mit Strafe oder Geldbuße bedrohte Zuwiderhandlungen im allgemeinen nur noch bei der Erhebung und Vollstreckung der Abgaben vorkommen.

16. Umsatzsteuer

Schrifttum:
Eckhardt/Weiß, Umsatzsteuergesetz (Mehrwertsteuer), Kommentar (Losebl.), 2 Bände, 1976; *Hartmann/Metzenmacher,* Umsatzsteuergesetz (Mehrwertsteuer), Kommentar (Losebl.), 4 Bände, 6. Aufl. bearbeitet von *Knopp* und *Felix Müller* 1976; *Plückebaum/Malitzky,* Umsatzsteuergesetz (Mehrwertsteuer), Kommentar (Losebl.), 9 Bände, 10. Aufl. 1976; *Rau/Dürrwächter/Flick/Geist,* Kommentar zum Umsatzsteuergesetz (Mehrwertsteuer), 3 Bände (Losebl.), 3. Aufl. 1977; *Sölch/Ringleb/List/Lothar Müller,* UStG-Mehrwertsteuer, Kommentar (Losebl.), 2. Aufl. 1977; *Sönksen/Söffing,* Berlinförderungsgesetz, Kommentar (Losebl.), 1976.

134 **Die USt ist eine Verkehrsteuer** (str., vgl. *Maunz/Dürig* 3 zu Art. 108, aber 23 zu Art. 106 GG), deren Aufkommen als Gemeinschaftsteuer (Art. 106 III 1, 3, 4, IV GG) Bund und Ländern anteilig zusteht (Rdnr. 91) und die von Landesfinanzbehörden (§ 2 FVG) im Auftrag des Bundes, und zwar nach den Weisungen und unter der Aufsicht des BdF, verwaltet wird (Art. 108 II, III GG).

Rechtsquellen: UStG 1973 idF v. 16. 11. 1973 (BGBl. I 1681), § 27 geänd. durch Art. 5 G v. 5. 6. 1974 (BGBl. I 1245), § 4 geänd. durch § 24 G v. 19. 12. 1974 (BGBl. I 3610, 3624), §§ 24, 27 geänd. durch G v. 19. 12. 1974 (BGBl. I 3641), § 1 geänd. durch Art. 2 G v. 21. 12. 1974 (BGBl. I 3656), §§ 12, 15, 26 geänd. durch Art. 5 G v. 24. 6. 1975 (BGBl. I 1509, 1533), §§ 24, 27 geänd. durch Art. 39 G v. 18. 12. 1975 (BGBl. I 3091, 3108), §§ 2, 4, 27 geänd. durch G v. 29. 7. 1976 (BGBl. I 2045), Nr. 37a der Anlage 1 geänd. durch Art. 7 G v. 24. 8. 1976 (BGBl. I 2445), § 2 geänd. durch Art. 10 G v. 6. 9. 1976 (BGBl. I 2641, 2656), §§ 4, 11–13, 16–21, 23–27, 30 geänd. durch Art. 17 EGAO; **1. UStDV** v. 26. 7. 1967 (BGBl. I 801), § 8 geänd. durch VO v. 3. 4. 1968 (BGBl. I 249), § 12 geänd. durch Art. 3 G v. 23. 12. 1969 (BGBl. I 2381), § 8 geänd. und § 8a eingefügt durch VO v. 18. 2. 1971 (BGBl. I 123), §§ 4, 13 geänd. durch VO v. 13. 6. 1975 (BGBl. I 1360); **2. UStDV** v. 11. 10. 1967 (BGBl. I 950), § 1 geänd. durch VO v. 19. 5. 1971 (BGBl. I 688) und VO v. 17. 4. 1972 (BGBl. I 611); **3. UStDV** v. 28. 12. 1967 (BGBl. I 1377), § 1a eingefügt durch VO v. 6. 7. 1970 (BGBl. I 1022) und aufgeh. durch Art. 6 G v. 26. 6. 1973 (BGBl. I 676); **4. UStDV** v. 3. 1. 1968 (BGBl. I 45), §§ 2, 4 geänd. und Anlage ergänzt durch VO v. 15.1. 1969 (BGBl. I 57), § 2 und Anlage geänd. durch VO v. 19. 12. 1969 (BGBl. I 2369); §§ 2, 5 und Anlage geänd. durch VO v. 22. 3. 1977 (BGBl. I 499); **5. UStDV** v. 11. 3. 1968 (BGBl. I 221); **6. UStDV** v. 25. 4. 1968 (BGBl. I 327), §§ 7, 8 geänd. durch VO v. 20. 12. 1974 (BGBl. I 3740); **7. UStDV** v. 24. 7. 1969 (BGBl. I 939), § 1 geänd. durch VO v. 10. 7. 1972 (BGBl. I 1172), § 1 geänd., §§ 2, 3 eingefügt und die bisherigen §§ 2, 3 als §§ 4, 5 bezeichnet durch VO v. 5. 11. 1976 (BGBl. I 3116); **8. UStDV** v. 19. 10. 1970 (BGBl. I 1453); **9. UStDV** v. 20. 12. 1973 (BGBl. I 1961); **10. UStDV** v. 11. 12. 1974 (BGBl. I 3460). Für den Wirtschaftsverkehr mit und in Berlin (West) gelten zusätzlich die §§ 1–13 **BerlinFG** idF v. 18. 2. 1976 (BGBl. I 353), §§ 11, 13 geänd. durch Art. 5 EGAO; vgl. ferner die VO über die Steuerbefreiung von Umsätzen der Vorratslager in Berlin (West) v. 5. 3. 1954 (BGBl. I 29). Für Lieferungen und sonstige Leistungen an ausländische Streitkräfte in der BRD gelten Art. IX (8) des **NATO-Truppenstatuts** v. 19. 6. 1951 (BGBl. 1961 II 1190, 1205) und Art. 67 (3) a (ii) des **Zusatzabkommens** v. 3. 8. 1959 (BGBl. 1961 II 1218, 1297), beide in Kraft ab 1. 7. 1963 gem. Bek. v. 16. 6. 1963 (BGBl. II 745; I 428), sowie die *UmsatzsteuerVO-NATO-ZA* v. 30. 9. 1963 (BGBl. I 769), umbenannt in **NATO-ZAbk-UStDV** durch VO v. 24. 4. 1964 (BGBl. I 302), zuletzt geänd. durch 2. ÄndV v. 20. 12. 1967 (BGBl. I 1296), sowie die **NATO-HQ-UStDV** v. 28. 4. 1970 (BGBl. I 442) und die VO v. 29. 3. 1976 (BGBl. I 445). Für USt-Erstattungen an ausländische diplomatische Missionen und ihre ausländischen Mitglieder gilt die **UStErstVO** v. 3. 4. 1970 (BGBl. I 316). Über EUSt s. Rdnr. 185.

135 **Steuergegenstand** sind aufgrund § 1 I UStG Lieferungen und sonstige Leistungen, die ein Unternehmer im Inland gegen Entgelt im Rahmen seines Unternehmens ausführt, sowie der Eigenverbrauch, ferner die Einfuhr von Gegenständen in das Zollgebiet (zur EUSt s. Rdnr. 185). **StSchuldner** ist der Unternehmer (§ 13 II UStG). **Unternehmer** ist, wer eine gewerbliche oder berufliche Tätigkeit *selbständig* ausübt; gewerblich oder beruflich ist jede nachhaltige Tätigkeit zur Erzielung von Einnahmen, auch wenn die Absicht, Gewinn zu erzielen, fehlt oder wenn eine Personenvereinigung nur gegenüber ihren Mitgliedern tätig wird (§ 2 I UStG). Eine Tätigkeit ist nach § 2 II UStG *nicht selbständig,* soweit natürliche Personen einem Unternehmen so eingegliedert sind, daß sie den Weisungen des Unternehmers unterliegen; einer juristischen Person fehlt die Selbständigkeit, wenn sie nach dem Gesamtbild der tatsächlichen Verhältnisse finanziell, wirtschaftlich und organisatorisch in ein Unternehmen eingegliedert ist *(„Organgesellschaft“).* Die Umsätze einer Organgesellschaft werden der Organmutter zugerechnet.

136 **Steuerbare Lieferungen** sind nach § 3 UStG Leistungen eines Unternehmers, durch die er den Abnehmer befähigt, im eigenen Namen über einen Gegenstand zu verfügen *(Verschaffung der Verfügungsmacht),* sei es als Eigenhändler oder als Kommissionär; zum *Kommissionsgeschäft* (§ 383 HGB) vgl. § 3 III UStG. Ein *Reihengeschäft* liegt vor, wenn mehrere Unternehmer im eigenen Namen über denselben Gegenstand Geschäfte abschließen, die dadurch erfüllt werden, daß der erste Unternehmer dem letzten Abnehmer unmittelbar die Verfügungsmacht verschafft; hierbei gilt die Lieferung an den letzten Abnehmer gleichzeitig als Lieferung eines jeden Unternehmers in der Reihe (§ 3 II UStG). *Werklieferung* liegt vor, wenn der Unternehmer die Herstellung eines Gegenstandes übernommen hat und das Material selbst beschafft (§ 3 IV UStG); hierbei ist das Entgelt für Material und Arbeitsleistung auch dann zu versteuern, wenn beides getrennt berechnet wird. Bei einer *Werkleistung* verwendet der Unternehmer Stoffe, die der Besteller zur Verfügung stellt *(„Materialbeistellung“);* in diesem Falle braucht der Unternehmer den Wert der überlassenen Stoffe nicht zu versteuern, wenn er an ihrer Beschaffung durch den Besteller in keiner Weise mitgewirkt hat (BFH v. 30. 10. 1953, BStBl. 366; v. 11. 3. 1954, BStBl. 153). **Sonstige Leistungen** iS des § 1 I Nr. 1 UStG können zB auf Dienstvertrag (§ 611 BGB) oder Werkvertrag (§ 631 BGB) beruhen und werden besonders von den Angehörigen der freien Berufe erbracht; aber auch gewerbliche Leistungen, zB aufgrund eines Speditionsvertrags (§ 407 HGB), kommen in Betracht, ferner das Unterlassen oder Dulden einer Handlung oder eines Zustandes (§ 3 VIII UStG). **Eigenverbrauch** iS des § 1 I Nr. 2 UStG liegt vor, wenn ein Unternehmer im Inland Gegenstände aus seinem Unternehmen für Zwecke entnimmt oder für Zwecke verwendet, die außerhalb seines Unternehmens liegen; die Entnahme wird dann wie die Lieferung an einen Dritten behandelt.

137 **Steuerfrei** sind die in § 4 UStG aufgeführten Umsätze sowie bestimmte Umsätze aufgrund internationaler Abkommen gem. Offshore-StG, NATO-ZAbk-UStDV und NATO-HQ-UStDV. Zu unterscheiden sind Steuerbefreiungen,

a) die den Vorsteuerabzug nach § 15 II 3 UStG nicht ausschließen (§ 4 Nr. 1–5, § 26 V Nr. 1–3 UStG); dazu gehören namentlich *Ausfuhrlieferungen* (vgl. § 6 UStG, 2. und 7. UStDV) mit der Folge, daß ausgeführte Waren ohne ein besonderes Vergütungsverfahren von der USt völlig entlastet werden;
b) die den Vorsteuerabzug nach § 15 II 1, 2 UStG stets ausschließen (§ 4 Nr. 7, 9b–11, 13–18, 20–27 UStG);
c) die den Vorsteuerabzug ausschließen, falls nicht der Unternehmer, der Leistungen an andere Unternehmer für deren Unternehmen ausführt, durch eine Erklärung gegenüber dem FA nach § 9 UStG auf die jeweilige Steuerbefreiung verzichtet, um sich die für ihn günstigere Möglichkeit des Vorsteuerabzugs zu verschaffen (§ 4 Nr. 6, 8, 9a, 12, 19 UStG).

138 **Bemessungsgrundlage für den Umsatz** ist nach § 10 I UStG bei Lieferungen und sonstigen Leistungen idR das vereinbarte Entgelt *(„Solleinnahme“),* falls nicht das FA einem Unternehmer auf Antrag nach § 20 UStG gestattet hat, die USt nach den vereinnahmten Entgelten *(„Isteinnahmen“)* zu berechnen. Beim Eigenverbrauch wird der Umsatz nach dem Wert des entnommenen Gegenstandes, nach den auf die Verwendung des Gegenstandes entfallenden Kosten oder nach den Aufwendungen bemessen (§ 10 V iVm § 1 I Nr. 2 UStG). In den Fällen des grenzüberschreitenden Verkehrs bei der Beförderung von Personen durch ausländische Beförderer im Gelegenheitsverkehr mit Omnibussen tritt an die Stelle des vereinbarten Entgelts ein durchschnittliches Beförderungsentgelt von 3,34 Pfg je Personenkilometer der inländischen Beförderungsstrecke (§ 10 VI UStG).

139 **Der Steuersatz** beträgt idR gem. § 12 I UStG 11 vH der Bemessungsgrundlage. Dem ermäßigten Steuersatz von 5,5 vH unterliegen die in § 12 II UStG angeführten Umsätze; zu § 12 II Nr. 1 vgl. Anlage 1 des UStG sowie die §§ 2–5 der 3. UStDV. Über den ermäßigten Steuersatz von 4 vH für Unternehmer mit niedrigem Gesamtumsatz s. Rdnr. 143. Über allgemeine Durchschnittsätze vgl. § 23 UStG und die 4. UStDV, über Durchschnittsätze für land- und forstwirtschaftliche Betriebe vgl. § 24 UStG und §§ 7, 8 der 3. UStDV.

140 **Die Umsatzsteuer entsteht** nach § 13 I UStG idR mit Ablauf des Voranmeldungszeitraumes, in dem die Leistungen ausgeführt oder – bei der Besteuerung nach Isteinnahmen – die Entgelte vereinnahmt worden sind. Voranmeldungszeitraum ist nach § 18 II UStG idR der Kalendermonat.

141 **Vorsteuerabzug bedeutet,** daß jeder Unternehmer nach § 15 UStG von derjenigen USt, die auf seine eigenen Umsätze zu berechnen ist, diejenige USt abziehen kann, die ihm andere Unternehmer für Lieferungen und sonstige Leistungen gesondert in Rechnung gestellt haben oder die für Gegenstände, die für sein Unternehmen eingeführt worden sind, entrichtet worden ist. Für den Vorsteuerabzug muß der Unternehmer eine Rechnung in Händen haben, auf der die Vorsteuer nach § 14 I UStG gesondert ausgewiesen ist. Ob die ausgewiesene Steuer richtig ist oder der Aussteller der Rechnung zum Ausweis der Steuer berechtigt war, braucht der abzugsberechtigte Unternehmer nicht zu prüfen; denn im Falle einer zu hoch oder unberechtigt ausgewiesenen Steuer schuldet der Aussteller der Rechnung den Mehrbetrag nach § 14 II, III UStG. Unerheblich ist auch, ob der abzugsberechtigte Unternehmer die Rechnung einschl. der ausgewiesenen Steuer an den Vorunternehmer bereits bezahlt hat. Zur Ausstellung von Rechnungen vgl. im übrigen § 14 IV UStG und §§ 1–6 der 1. UStDV, zur Berichtigung des Vorsteuerabzugs § 15a UStG und die 10. UStDV.

142 **Bei der Berechnung der USt** ist nach § 16 I UStG von der Summe der Umsätze auszugehen, die der Unternehmer in dem Voranmeldungs- oder Veranlagungszeitraum ausgeführt hat. Diesem Betrag sind ggf. die aufgrund § 14 II oder III UStG geschuldeten Steuerbeträge hinzuzurechnen (s. Rdnr. 141) und hiervon gem. § 16 II UStG die Vorsteuerbeträge abzusetzen, bei denen in dem jeweiligen Zeitraum (ohne Rücksicht auf einen sachlichen Zusammenhang) die Voraussetzungen für den Abzug erfüllt sind. Bei nachträglicher Änderung oder bei Uneinbringlichkeit eines Entgelts sind der berechnete Steuerbetrag und der Vorsteuerabzug gem. § 17 UStG zu berichtigen.

143 **Über die Besteuerung von Unternehmern mit niedrigem Gesamtumsatz** enthält § 19 UStG Sondervorschriften. Für Unternehmer, deren Gesamtum-

satz (vgl. § 19 III UStG) im vorangegangenen Kalenderjahr 60000 DM nicht überstiegen hat, beträgt der Steuersatz nur 4 vH der Bemessungsgrundlage zuzüglich der USt, jedoch ist § 15 UStG über den Vorsteuerabzug für diese Unternehmer nicht anzuwenden. Ferner kann der Unternehmer von seinem Gesamtumsatz zuzüglich der darauf entfallenden Steuer einen Freibetrag von 12000 DM absetzen, der bei einem Gesamtumsatz von mehr als 40000 DM um drei Fünftel des 40000 DM übersteigenden Betrags gekürzt wird. Aufgrund § 19 IV UStG steht es dem Unternehmer frei, gegenüber dem FA zu erklären, daß er seine Umsätze statt nach den Sondervorschriften nach den allgemeinen Vorschriften versteuern will; eine solche Erklärung ist jedoch für mindestens 5 Kalenderjahre bindend (über Ausnahmen vgl. §§ 7, 8 der 3. UStDV).

144 **Verfahrensvorschriften:** Aufzeichnungspflichten regelt § 22 I–III UStG iVm § 9 der 1. UStDV; die §§ 11, 12 der 1. UStDV sehen Erleichterungen vor für Unternehmer mit niedrigem Gesamtumsatz (s. Rdnr. 143) und für land- und forstwirtschaftliche Betriebe. Die Pflichten der Unternehmer zur Selbstberechnung und Anmeldung der Steuer sowie zur Abgabe von (monatlichen oder vierteljährlichen) Voranmeldungen und einer Jahressteuererklärung und zur Entrichtung entsprechender Vorauszahlungen und Abschlußzahlungen ergeben sich aus § 18 UStG, desgl. die Befugnis des FA, Vorauszahlungen und Abschlußzahlung festzusetzen, wenn die USt nicht oder nicht richtig angemeldet worden ist.

17. Beförderungsteuer

Schrifttum:
Sperling, Beförderungsteuer-Kommentar, 1962; *W. Vogel*, Beförderungsteuer, Gesetz über die Besteuerung des Straßengüterverkehrs, Kommentar (Losebl.), 1969.

145 **Die BefSt war eine Verkehrsteuer,** die bis zum 31. 12. 1967 erhoben wurde und dem Bund zustand (Art. 106 I Nr. 4 GGaF). Auch die Verwaltung stand dem Bund zu (Art. 108 I GGaF); sie wurde von den OFDen wahrgenommen, die ihrerseits die Hilfe der FÄ in Anspruch nahmen (§ 9 FVGaF).

Rechtsquellen: BefStG idF v. 13. 6. 1955 (BGBl. I 366), zuletzt geänd. durch G v. 13. 4. 1965 (BGBl. I 317); **BefStDV** v. 8. 10. 1955 (BGBl. I 659), zuletzt geänd. durch VO v. 22. 3. 1962 (BGBl. I 182). BefStG und BefStDV aufgeh. durch § 31 I Nr. 4 und 5 UStG-MwSt v. 29. 5. 1967 (BGBl. I 545, 560) mWv 31. 12. 1967.

146 **Steuergegenstand** war die Beförderung von Personen und Gütern durch einen Unternehmer im Rahmen seines Unternehmens; ausgenommen war die Personenbeförderung mit PKW sowie die Güterbeförderung in der Nahzone iS des § 2 II GüKG. Beförderungsteuerpflichtige Umsätze waren gem. § 4 Nr. 1 UStG idF v. 1. 9. 1951 (BGBl. I 791) von der USt befreit. Berechnet wurde die BefSt grundsätzlich von dem Beförderungspreis (§ 4 BefStG), im nichtöffentlichen Güterverkehr von dem Betrag, der unter gleichen oder ähnlichen Verhältnissen im öffentlichen Güterverkehr gezahlt werden mußte (§ 6 I BefStG).

18. Straßengüterverkehrsteuer

Schrifttum:
W. Vogel, Beförderungsteuer, Gesetz über die Besteuerung des Straßengüterverkehrs, Kommentar (Losebl.), 1969.

147 **Die StrGüVSt war eine Verkehrsteuer,** die vom 1. 1. 1969 bis zum 31. 12. 1971 erhoben wurde, dem Bund zustand (Art. 106 I Nr. 3 GG) und im Auftrag des Bundes von den Landesfinanzbehörden (§ 2 FVG) verwaltet wurde (Art. 108 II, III GG).

Rechtsquellen: StrGüVStG v. 28. 12. 1968 (BGBl. I 1461), geänd. durch Art. 11 G v. 30. 8. 1971 (BGBl. I 1426), und VO zu § 6 III StrGüVStG v. 23. 4. 1969 (BGBl. I 337). StrGüVStG mit GG vereinbar gem. BVerfG v. 17. 7. 1974 (BGBl. I 3422); außer Kraft gem. § 14 idF des G v. 23. 12. 1970 (BGBl. I 1869) mWv 31. 12. 1971.

148 **Steuergegenstand** war die Beförderung von Gütern mit Kfz (-Anhängern) im Güterfernverkehr und im Werkfernverkehr sowie im grenzüberschreitenden Güter- und Werknahverkehr. Berechnet wurde die StrGüVSt nach dem Produkt der Tonnen des Rohgewichts der beförderten Güter und der Anzahl der Kilometer der nach § 20a GüKG für den Güterfernverkehr vorgeschriebenen Tarifentfernung *(,,Tonnenkilometer"),* vgl. §§ 1–3 StrGüVStG.

19. Kraftfahrzeugsteuer

Schrifttum:
Egly, Kraftfahrzeugsteuer-Kommentar, 3. Aufl. 1969; *Cramer,* Straßenverkehrsrecht, Bd. 2: StVG und StVZO, Kommentar, 2. Aufl. 1977; *Jagusch,* Straßenverkehrsrecht, Kurzkommentar, 23. Aufl. 1977.

149 **Die KraftSt ist eine Verkehrsteuer** (str.), die den Ländern zusteht (Art. 106 II Nr. 3 GG) und von Landesfinanzbehörden (§ 2 FVG) verwaltet wird (Art. 108 II GG). Für die Verwaltung der KraftSt bei ausländischen Fahrzeugen (§ 2 II KraftStDV) sowie bei deutschen Fahrzeugen (§ 2 I KraftStDV), die mit eigener Triebkraft ausgeführt werden, nehmen die FÄ gem. § 5 KraftStDV die Hilfe der Zollbehörden in Anspruch.

Rechtsquellen: KraftStG 1972 idF v. 1. 12. 1972 (BGBl. I 2209) und **KraftStDV 1961** idF v. 14. 6. 1961 (BGBl. I 764), §§ 4, 5, 22–24 geänd. durch VO v. 20. 8. 1976 (BGBl. I 2389), ferner kraft ausdrücklicher Verweisungen §§ 17, 18, 23, 27, 29, 29d, 34 und 68 **StVZO** idF v. 15. 11. 1974 (BGBl. I 3193) sowie § 3 **GüKG** idF v. 6. 8. 1975 (BGBl. I 2132).

150 **Steuergegenstand** sind das Halten eines Kfz(-Anhängers) zum Verkehr auf öffentlichen Straßen, die Zuteilung eines Kennzeichens für Probe- und Überführungsfahrten mit Kfz(-Anhängern) und die widerrechtliche Benutzung eines Kfz(-Anhängers) auf öffentlichen Straßen (§ 1 KraftStG). Das *Halten eines Kfz* entspricht dem Recht auf Benutzung, das der Verfügungsberechtigte iS des § 23 StVZO durch Zulassung des Kfz nach § 18 StVZO erwirbt. Steuerfrei ist das Halten der in § 2 KraftStG aufgeführten Kfz. Über *Probe- und Überführungsfahrten* vgl. § 28 StVZO. *Widerrechtlich benutzt* wird ein Kfz, wenn der Eigentümer oder ein Dritter es zu Fahrten verwendet, die nicht im Rahmen des nach verkehrs- und steuerrechtlichen Vorschriften bestehenden Rechts der Benutzung liegen (BFH v. 22. 4. 1953, BStBl. 213), namentlich durch „Schwarzfahrten" gegen den Willen des Halters oder ohne Zulassung der Verkehrsbehörde, nicht aber durch Fahren ohne Führerschein oder ohne Erfüllung der Auflagen einer Steuervergünstigung nach § 3 KraftStG. Da die Steuerpflicht nicht unmittelbar an das Kfz, sondern an die Beziehung einer Person zu einem Kfz anknüpft, löst die widerrechtliche Benutzung eines Kfz durch einen Dritten für diesen eine weitere Steuerpflicht aus, auch wenn der Halter dasselbe Kfz bereits nach § 1 I Nr. 1 KraftStG versteuert hat. **StSchuldner** ist bei einem deutschen Kfz idR die Person, für die das Kfz zugelassen ist, also der Halter iS des § 7 StVG (vgl. § 4 KraftStG; BFH v. 14. 12. 1960, BStBl. 1961, 84). Über Dauer, Unterbrechung und Ende der Steuerpflicht vgl. §§ 5–9 KraftStG. **Steuermaßstab** ist je nach Art des Kfz der Hubraum oder das höchstzulässige Gesamtgewicht (§ 10 KraftStG, ggf. iVm § 34 III StVZO). Der **Steuersatz** beträgt bei einem 2-Rad-Kfz jährlich 3.60 DM/25 ccm, bei einem PKW 14,40 DM/100 ccm; vgl. weiterhin § 11 KraftStG.

151 **Anzumelden** sind deutsche Kfz bei der Zulassungsstelle (§ 7 KraftStDV), außerdeutsche Kfz bei der Zollstelle (§ 22 KraftStDV). Aufgrund der Anmeldung wird die Steuer gem. § 12 KraftStG vom FA bzw. gem. § 23 KraftStDV von der Zollbehörde festgesetzt. Über Fälligkeit, Entrichtung und Erstattung der Steuer vgl. §§ 12–14 KraftStG. Eine besondere Anzeigepflicht obliegt dem Stpfl gem. § 13 II KraftStDV, wenn die Voraussetzungen für eine Steuervergünstigung wegfallen, zB für Steuererlaß bei Körperbehinderten nach § 3 KraftStG oder für Steuerermäßigung bei Kraftomnibussen, die überwiegend im Linienverkehr verwendet werden, nach § 11 II Nr. 2a KraftStG.

20. Gesellschaftsteuer

Schrifttum:
Brönner/Kamprad, Kapitalverkehrsteuergesetz, Kommentar, 2. Aufl. 1973; *Egly,* Gesellschaftsteuer-Kommentar, 3. Aufl. 1974; *Kinnebrock,* Kapitalverkehrsteuergesetz, Kommentar, 4. Aufl. 1974.

152 **Die GesSt ist eine Kapitalverkehrsteuer,** die dem Bund zusteht (Art. 106 I Nr. 4 GG) und im Auftrag des Bundes von Landesfinanzbehörden (§ 2 FVG) verwaltet wird (Art. 108 II, III GG).

Rechtsquellen: §§ 2–10, 26–29 **KVStG 1972** idF v. 17. 11. 1972 (BGBl. I 2129), §§ 5, 8 geänd. durch G v. 11. 5. 1976 (BGBl. I 1184); §§ 1–12, 40–49 **KStDV 1960** idF v. 20. 4. 1960 (BGBl. I 243).

153 **Steuergegenstand** ist die Vergesellschaftung von Kapital bei inländischen Kapitalgesellschaften (§ 5 KVStG), namentlich die Eigenkapitalbildung durch Ersterwerb von Gesellschaftsrechten sowie Leistungen eines Gesellschafters an die Gesellschaft (§§ 2, 4, 6 KVStG); über Ausnahmen vgl. § 7 KVStG, § 10 KVStDV. Den **Steuermaßstab** bilden die für den Erwerb von Gesellschaftsrechten erbrachten Gegenleistungen oder deren Wert (§ 8 KVStG). Der **Steuersatz** beträgt gem. § 9 I KVStG bis zum 31. 12. 1973 2,5 vH, ab 1. 1. 1974 1 vH; er ermäßigt sich unter den Voraussetzungen des

§ 9 II KVStG um 50 vH. **StSchuldner** ist gem. § 10 I KVStG die Kapitalgesellschaft.

154 Die stpfl. Vorgänge sind dem FA gem. § 3 KStDV durch die mit der Beurkundung befaßten Behörden, Beamten und Notare anzuzeigen und von den Beteiligten gem. §§ 4, 5 KVStDV anzumelden. § 6 KVStDV regelt die Festsetzung, § 27 KVStG die Fälligkeit der GesSt. Zur Sicherung der Besteuerung obliegen den Handelsregisterbehörden, Bergbehörden und Grundbuchämtern nach §§ 8, 9 KVStDV besondere Mitteilungspflichten. Die Kapitalgesellschaften sind gem. § 11 KVStDV zur Anzeige verpflichtet, falls die Voraussetzungen einer Steuerfreiheit nach § 7 I KVStG nachträglich wegfallen.

21. Börsenumsatzsteuer

Schrifttum:
S. vor Rdnr. 152.

155 **Die BörsUSt ist eine Kapitalverkehrsteuer,** die dem Bund zusteht (Art. 106 I Nr. 4 GG) und im Auftrag des Bundes von Landesfinanzbehörden (§ 2 FVG) verwaltet wird (Art. 108 II, III GG).

Rechtsquellen: §§ 17–29 **KVStG 1972** idF v. 17. 11. 1972 (BGBl. I 2129); §§ 20–49 **KVStDV 1960** idF v. 20. 4. 1960 (BGBl. I 243).

156 **Steuergegenstand** ist nach § 17 KVStG der Abschluß von Anschaffungsgeschäften (§ 18 KVStG) über Wertpapiere (§ 19 KVStG), die im Inland oder unter Beteiligung wenigstens eines Inländers im Ausland abgeschlossen werden; über Ausnahmen vgl. § 22 KVStG. **Steuermaßstab** ist gem. § 23 KVStG der vereinbarte Preis ohne Abschlußkosten und Stückzinsen, ersatzweise der Börsen- oder Marktpreis usw. Der **Steuersatz** beträgt gem. § 24 KVStG je nach Art des Wertpapiers 1 oder 2 oder 2,5 vT und ermäßigt sich bei Anschaffungsgeschäften im Ausland auf die Hälfte, wenn nur ein Vertragsteil Inländer ist. **StSchuldner** sind gem. § 25 KVStG bei Kundengeschäften (§ 20 II KVStG) die Händler, bei Privatgeschäften (§ 20 III KVStG) die Vertragsteile als Gesamtschuldner.

157 Über die **Fälligkeit** der BörsUSt vgl. § 27 KVStG. **Zu entrichten** ist die BörsUSt gem. § 21 KVStDV entweder durch Zahlung an das FA, soweit für Händler das Abrechnungsverfahren vorgeschrieben ist (§ 24 KVStDV) oder Anschaffungsgeschäfte öffentlich beurkundet werden (§ 37 KVStDV), sonst durch Verwendung von BörsUSt-Marken zu Schlußnoten. Grundlage für das Abrechnungsverfahren sind die Geschäftsbücher des Händlers (§ 25 KVStDV). Abrechnungszeitraum ist das Kalenderjahr, für das dem FA jeweils bis zum 15. Januar des folgenden Jahres eine Steueranmeldung einzureichen und die nach den geleisteten Abschlagszahlungen verbleibende Abschlußzahlung zu leisten ist (§ 26 KVStDV). Zur Steuerfestsetzung bei öffentlich beurkundeten Anschaffungsgeschäften und zur Beistandspflicht der Urkundspersonen vgl. §§ 37, 38 KVStDV.

Über die Verwendung von BörsUSt-Marken zu Schlußnoten vgl. §§ 27–36 KVStDV. Die Steuerverkürzung durch Unterlassen der Verwendung von BörsUSt-Marken ist bei Vorsatz gem. § 370 I Nr. 3 AO mit Strafe, bei Leichtfertigkeit gem. § 378 AO mit Geldbuße bedroht. Die Fälschung von BörsUSt-Marken und deren Vorbereitung ist gem. §§ 148, 149 StGB mit Strafe bedroht; dennoch handelt es sich kraft § 369 I Nr. 3 AO um Steuerstraftaten, für welche die §§ 385–408 AO über das Steuerstrafverfahren gelten.

22. Wechselsteuer

Schrifttum:
Haase, Wechselsteuergesetz, Kommentar, 1955; *Judeich,* Wechselsteuergesetz, Kommentar, 1955.

158 **Die WSt ist eine Verkehrsteuer,** die dem Bund zusteht (Art. 106 I Nr. 4 GG) und im Auftrag des Bundes von Landesfinanzbehörden (§ 2 FVG) verwaltet wird (Art. 108 II, III GG).

Rechtsquellen: WStG 1959 idF v. 24. 7. 1959 (BGBl. I 537), §§ 7, 10 geänd. durch Art. 19 EGAO, und **WStDV 1960** idF v. 20. 4. 1960 (BGBl. I 274).

159 **Steuergegenstand** ist die Aushändigung eines im Inland ausgestellten Wechsels durch den Aussteller sowie die Aushändigung eines im Ausland ausgestellten Wechsels durch den ersten inländischen Inhaber (§§ 1–6 WStG). **Steuermaßstab** ist gem. § 7 WStG die Wechselsumme. Die Steuer beträgt gem. § 8 WStG 15 Pfg/100 DM und ermäßigt sich auf die Hälfte bei einem Wechsel, der vom Inland auf das Ausland gezogen und im Ausland zahlbar ist oder der vom Ausland auf das Inland gezogen und im Inland zahlbar ist. **StSchuldner** ist gem. § 9 WStG, wer den Wechsel im Zeitpunkt der Entstehung der Steuer (§§ 1–3 WStG) aushändigt; in demselben Zeitpunkt wird die WSt fällig (§ 10 WStG).

160 **Zu entrichten** ist die WSt gem. § 4 WStDV durch Verwendung von WSt-Marken oder durch Verwendung eines von der Deutschen Bundespost gem. § 14 WStDV zugelassenen Steuerstemplers. Über Ausgabe und Verwendung von **WSt-Marken** vgl. §§ 6–10 WStDV. Die Steuerverkürzung durch Unterlassen der Verwendung von WSt-Marken oder eines Steuerstemplers ist bei Vorsatz gem. § 370 I Nr. 3 AO mit Strafe, bei Leichtfertigkeit gem. § 378 AO mit Geldbuße bedroht. Die Fälschung von WSt-Marken und deren Vorbereitung ist gem. §§ 148, 149 StGB mit Strafe bedroht; dennoch handelt es sich kraft § 369 I Nr. 3 AO um Steuerstraftaten, für welche die §§ 385–408 AO über das Steuerstrafverfahren gelten. § 13 WStG enthält einen besonderen Straftatbestand für Kommissionäre und Vermittler (s. Anh V).

23. Versicherungsteuer

Schrifttum:
Gambke/Flick, Versicherungsteuergesetz, Kommentar, 4. Aufl. 1966.

161 **Die VersSt ist eine Verkehrsteuer,** die dem Bund zusteht (Art. 106 I Nr. 4 GG) und im Auftrag des Bundes von den Landesfinanzbehörden (§ 2 FVG) verwaltet wird (Art. 108 II, III GG).

Rechtsquellen: VersStG 1959 idF v. 24. 7. 1959 (BGBl. I 540), § 6 geänd. durch Art. 6 G v. 20. 2. 1969 (BGBl. I 141), § 4 geänd. durch Art. 3 G v. 27. 7. 1969 (BGBl. I

946) und durch § 23 G v. 19. 12. 1974 (BGBl. I 3610, 3624), §§ 8, 10 geänd. durch Art. 18 EGAO, und **VersStDV 1960** idF v. 20. 4. 1960 (BGBl. I 279).

162 **Steuergegenstand** ist die Zahlung des Versicherungsentgelts, wenn der Versicherungsnehmer seinen (Wohn-)Sitz oder gewöhnlichen Aufenthalt (§§ 8, 9 AO) im Inland hat oder der versicherte Gegenstand bei Begründung des Versicherungsverhältnisses (§ 2 VersStG) im Inland war (§ 1 VersStG). *Versicherungsentgelt* ist gem. § 3 I VersStG jede Leistung, die an den Versicherer zu zahlen ist, zB Prämien, Beiträge, Vor- oder Nachschüsse, Umlagen, Eintrittsgelder, Ausfertigungsgebühren usw. Über Steuerbefreiungen vgl. § 4 VersStG. Der **Steuersatz** beträgt idR 5 vH des Versicherungsentgelts (§ 6 VersStG). **StSchuldner** ist zwar der Versicherungsnehmer, jedoch muß idR der Versicherer die Steuer für Rechnung des Versicherungsnehmers im Abrechnungsverfahren gem. § 6 VersStDV an das FA entrichten (§ 7 VersStG). Abrechnungszeitraum ist das Kalenderjahr, für das jeweils bis zum 31. März des folgenden Jahres eine Steueranmeldung beim FA einzureichen und die nach den bereits geleisteten Abschlagszahlungen verbleibende Abschlußzahlung zu entrichten ist (§§ 7–9 VersStDV). Zur Sicherung der Besteuerung enthalten die §§ 2, 3 VersStDV Anmelde- und Mitteilungspflichten der Versicherer und Versicherungsaufsichtsbehörden.

24. Rennwettsteuer

163 **Die RennwSt ist eine Verkehrsteuer,** die den Ländern zusteht (Art. 106 II Nr. 4 GG) und von Landesfinanzbehörden (§ 2 FVG) verwaltet wird (Art. 108 II GG).

Rechtsquellen: §§ 10–13, 16 **RennwLottG** v. 8. 4. 1922 (RGBl. I 335, 393), § 14 aufgeh. durch Art. 8 G v. 10. 8. 1967 (BGBl. I 877), § 15 aufgeh. durch Art. 96 Nr. 19 EGAO; §§ 1–26, 47–52, 54ff. **RennwLottAB** v. 16. 6. 1922 (ZBl. 351), § 49 IV und § 53 aufgeh. durch Art. 8 G v. 10. 8. 1967 (s. o.), § 3 geänd. durch VO v. 21. 5. 1976 (BGBl. I 1249).

164 **Steuergegenstand** ist der Abschluß von Wetten bei Pferderennen. Der **Steuersatz** beträgt 16⅔ vH der Summe der Wetteinsätze für jedes einzelne Rennen. Die Steuerschuld entsteht bei Wetten am Totalisator mit dem Schluß der Annahme von Einsätzen, bei Buchmachern mit der Aushändigung des Wettscheins bzw. mit der Eintragung in das Wettbuch (§§ 10–12 RennwLottG, § 17 III RennwLottAB). **StSchuldner** ist gem. § 13 RennwLottG der Totalisatorunternehmer oder der Buchmacher; über das Abrechnungsverfahren vgl. §§ 16–21 RennwLottAB.

25. Lotteriesteuer

Schrifttum:
Klenk, Der Lotteriebegriff in straf- und steuerrechtlicher Sicht, GA 1976, 361.

165 **Die LottSt ist eine Verkehrsteuer,** die den Ländern zusteht (Art. 106 II Nr. 4 GG) und von Landesfinanzbehörden (§ 2 FVG) verwaltet wird (Art. 108 II GG).

Rechtsquellen: §§ 17–19, 21–23 **RennwLottG** v. 8. 4. 1922 (RGBl. I 335, 393), § 18 neugefaßt durch G v. 19. 3. 1964 (BGBl. I 213) und geänd. durch G v. 16. 12. 1974 (BGBl. I 3561), § 23 S. 1 aufgeh. durch Art. 8 G v. 10. 8. 1967 (BGBl. I 877); §§ 27–51, 54–61, 63 **RennwLottAB** v. 16. 6. 1922 (ZBl. 351), § 49 IV und § 53 aufgeh. durch Art. 8 G v. 10. 8. 1967 (s. o.); **VO zur Vereinfachung der Steuererhebung** bei der LottSt v. 1. 3. 1961 (BGBl. I 138).

166 **Steuergegenstand** sind gem. § 17 RennwLottG die im Inland veranstalteten öffentlichen Lotterien und Ausspielungen, ferner gem. § 21 III RennwLottG das Hereinbringen ausländischer Lose oder sonstiger Ausweise über Spieleinlagen. Eine *Lotterie* liegt vor, wenn sich jemand für eigene Rechnung schuldrechtlich verpflichtet, gegen einen gezahlten Einsatz dem Einzahlenden nach einem festgesetzten Plan bei Eintritt eines ungewissen, wesentlich vom Zufall abhängigen Ereignisses einen bestimmten Geldbetrag zu zahlen (BFH v. 20. 7. 1951, BStBl. 166). *Ausspielung* ist eine Veranstaltung, durch die der Öffentlichkeit eine überwiegend vom Zufall abhängige Gewinnaussicht gegen einen Einsatz gewährt wird (zu Preisrätseln und -ausschreiben: BFH v. 27. 4. 1951, BStBl. 112; v. 19. 11. 1959, BStBl. 1960, 176). Sind die Gewinne von erheblichen geistigen Fähigkeiten des Teilnehmers abhängig, liegt eine steuerfreie *Auslobung* iS des § 657 BGB vor (BFH v. 30. 3. 1955, BStBl. 156). Über Steuerbefreiungen vgl. § 18 RennwLottG. Der **Steuersatz** beträgt 20 vH des Preises inländischer Lose oder 0,25 Pfg/1 DM des Preises ausländischer Lose. **StSchuldner** ist, wer die Lotterie oder Ausspielung veranstaltet oder wer ausländische Lose in das Inland verbringt oder als erster im Inland empfängt. Zu entrichten ist die LottSt, bevor mit dem Absatz der Lose oder Ausweise begonnen wird, bei ausländischen Losen spätestens binnen 3 Tagen nach dem Einbringen oder Empfangen (§ 19 II, § 21 IV RennwLottG). Über Anmelde- und Mitteilungspflichten vgl. §§ 31–35, über Abstempelung der Lose §§ 41–44 RennwLottAB. § 23 RennwLottG enthält einen besonderen Straftatbestand für den, der im Inland den Vertrieb unversteuerter ausländischer Lose oder ausländischer Ausweise über Ausspielungen besorgt (s. Anh IV).

26. Grunderwerbsteuer

Schrifttum:
Boruttau/Klein/Egly/Sigloch, Grunderwerbsteuergesetz, Kommentar, 10. Aufl. 1977; *Schultze/Förger,* Grunderwerbsteuer-Kommentar (Losebl.), 4. Aufl. 1974, mit Länderteilen Baden-Württemberg von *Schleeh,* 5. Aufl. 1976; Bayern von *Förger,* 4. Aufl. 1976; Berlin von *Schmid/Schultze,* 4. Aufl. 1976; Bremen von *Wilkens,* 4. Aufl. 1976; Hamburg von *Schiller,* 4. Aufl. 1975; Hessen von *Dittmar,* 5. Aufl. 1976; Niedersachsen von *Rotter,* 4. Aufl. 1976; Rheinland-Pfalz von *Westenberger,* 4. Aufl. 1975; Saarland von *Merl,* 4. Aufl. 1975; Schleswig-Holstein von *Minga,* 4. Aufl. 1975.

167 **Die GrESt ist eine Verkehrsteuer,** die den Ländern zusteht (Art. 106 II Nr. 4 GG) und von Landesfinanzbehörden (§ 2 FVG) verwaltet wird (Art. 108 III GG). Bis zum 31. 12. 1969 stand den Ländern aufgrund Art. 105 II Nr. 1 GGaF die ausschließliche Gesetzgebung zu; seit dem 1. 1. 1970 unterliegt die GrESt aufgrund Art. 105 II GGnF der konkurrierenden Gesetzgebung des Bundes.

Rechtsquellen waren ursprünglich das **GrEStG** v. 29. 3. 1940 (RGBl. I 585) und die **GrEStDV** v. 30. 3. 1940 (RGBl. I 595). In der Zeit von 1949 bis 1969 haben die Länder aufgrund des Art. 105 II Nr. 1 GG aF zusätzliche Befreiungsvorschriften erlassen (Rdnr. 168), das GrEStG 1940 geändert und meist neu bekanntgemacht, vgl. **BadWürttGrEStG** idF v. 25. 5. 1970 (GBl. 295), zuletzt geänd. durch G v. 4. 10. 1977 (GBl. 401); **BayGrEStG** idF v. 28. 6. 1977 (GVBl. 406); **BerlGrEStG** v. 18. 7. 1969 (GVBl. 1034); **HmbGrEStG** idF v. 26. 4. 1966 (GVBl. 129), geänd. durch G v. 31. 1. 1977 (GVBl. 13); **HessGrEStG** idF v. 31. 5. 1965 (GVBl. 109, ber. 1969, 188), zuletzt geänd. durch G v. 21. 12. 1976 (GVBl. 532); **NWGrEStG** idF v. 12. 7. 1970 (GV. 612), zuletzt geänd. durch G v. 21. 12. 1976 (GV. 473); **RPfGrEStG** v. 1. 6. 1970 (GVBl. 166); **SaarlGrEStG** idF v. 3. 3. 1970 (ABl. 158), zuletzt geänd. durch G v. 28. 3. 1977 (ABl. 378); **SchlHGrEStG** v. 3. 2. 1967 (GVBl. 20). Einzelne Änderungen des GrEStG 1940 enthalten in Bremen zuletzt das G v. 2. 7. 1954 (GBl. 74), in Niedersachsen zuletzt das G v. 22. 4. 1971 (GVBl. 149). Ab 1970 hat der Bundesgesetzgeber aufgrund Art. 105 II GGnF weitere Befreiungstatbestände eingeführt (Rdnr. 168) und in **Art. 97 §§ 3–7 EGAO** für die GrESt allgemeine Vorschriften über die Anwendbarkeit der AO 1977 (§ 3), die Entstehung der GrESt (§ 4), die Anzeigepflicht der Gerichte, Behörden und Notare (§ 5), die Urkundenaushändigung (§ 6) und Unbedenklichkeitsbescheinigungen (§ 7) erlassen. Auf Erwerbsvorgänge nach dem 31. 12. 1976 ist das G zur Grunderwerbsteuerbefreiung beim Erwerb von Einfamilienhäusern, Zweifamilienhäusern und Eigentumswohnungen v. 11. 7. 1977 (BGBl. I 1213, 1218) anzuwenden.

168 **Steuergegenstand** sind nach § 1 GrEStG namentlich Rechtsvorgänge, die einen Anspruch auf Übereignung eines Grundstücks (vgl. § 2 GrEStG) begründen. Nach § 3 Nr. 2 GrEStG sind der Grunderwerb von Todes wegen und Schenkungen unter Lebenden iS des ErbStG (Rdnr. 128) von der Besteuerung nach dem GrEStG ausgenommen; andererseits unterliegen grunderwerbsteuerbare Umsätze nach § 4 Nr. 9a UStG nicht der USt. Über die §§ 3–9 GrEStG 1940 hinaus sind weitere **Befreiungsvorschriften** außerhalb des GrEStG erlassen worden, insbes. zur Förderung der *Flurbereinigung* (NW: G v. 15. 3. 1955, GV. 49), der *Eingliederung von Vertriebenen und Flüchtlingen in die Landwirtschaft* (NW: G v. 7. 1. 1958, GV. 10), der *Umwandlung von Kapitalgesellschaften* und bergrechtlichen Gewerkschaften (NW: G v. 13. 5. 1958, GV. 195), des *sozialen Wohnungsbaus* (NW: G v. 19. 6. 1958, GV. 282), der *Anwendung des BBauG* (NW: G v. 25. 6. 1962, GV. 347), der *Verbesserung der Agrarstruktur* (NW: G v. 29. 3. 1966, GV. 140, mit DV v. 13. 2. 1967, GV. 28, und 2. DV v. 16. 7. 1976, GV. 292), der *Verbesserung der Wirtschaftsstruktur* (NW: G v. 24. 11. 1969, GV. 878), von *Änderungen der Unternehmensform* (NW: G v. 5. 5. 1970, GV. 314), von *Sanierungs- oder Entwicklungsmaßnahmen* nach § 77 StBauFG v. 27. 7. 1971 (BGBl. I 1125, 1151), von *Investitionen und Beschäftigung* nach Art. 5 G v. 23. 12. 1974 (BGBl. I 3676), von *Wohnungseigentum und Wohnbesitz im sozialen Wohnungsbau* nach Art. 7 I G v. 23. 3. 1976 (BGBl. I 737) sowie von *Umwandlungen* und anderen Rechtsvorgängen nach § 27 UmwStG 1977 v. 6. 9. 1976 (BGBl. I 2641). **Steuermaßstab** ist der Wert der Gegenleistung für das Grundstück (§§ 10–12 GrEStG). Der **Steuersatz** ist abw. von § 13 GrEStG 1940 so festgesetzt, daß die Erwerbsvorgänge im Ergebnis mit 7 vH oder unter den besonderen Voraussetzungen des § 13 II GrEStG mit 6 vH belastet werden (NW: G v. 28. 4. 1953, GV. 262).

StSchuldner sind idR die an einem Erwerbsvorgang beteiligten Personen, bei Enteignungen der Erwerber, bei Zwangsversteigerungen der Meistbietende (§ 15 GrEStG). Die stpfl. Vorgänge sind von den mit der Beurkundung befaßten Gerichten, Behörden und Notaren nach Art. 97 § 5 EGAO von den materiell Beteiligten nach §§ 3, 4 GrEStDV dem FA anzuzeigen. Zur Entstehung der Steuer vgl. § 38 AO iVm Art. 97 §§ 3, 4 EGAO, zur Erteilung eines Steuerbescheids § 155 I, II AO, zur Fälligkeit §§ 8, 10 GrEStDV sowie § 16 GrEStG.

27. Feuerschutzsteuer

169 **Die FeuerschSt ist eine Verkehrsteuer,** die den Ländern zusteht (Art. 106 II Nr. 4 GG) und von Landesfinanzbehörden (§ 2 FVG) verwaltet wird (Art. 108 II GG).

Rechtsquellen: FeuerschStG v. 1. 2. 1939 (RGBl. I 113) u. **FeuerschStDB** v. 1. 2. 1939 (RGBl. I 116), in Bayern geänd. durch VO v. 8. 10. 1967 (GVBl. 412). Vgl. ferner die Vereinbarung der Länder über die Verteilung der FeuerschSt (RPfGVBl. 1969, 72) sowie Art. 97 § 3 I 1 EGAO über die Anwendbarkeit der AO 1977.

170 **Steuergegenstand** ist die Entgegennahme von Versicherungsentgelten aus Feuerversicherungen. *Feuerversicherung* ist die gegen Entgelt übernommene Verpflichtung, einen durch Brand, Explosion, Blitz oder ähnliche Gefahren entstehenden Schaden zu vergüten; sie wird auch begründet, wenn mehrere Personen(-vereinigungen) vereinbaren, solche Gefahren gemeinsam zu tragen (§ 1 FeuerschStG). **Steuermaßstab** ist idR der Gesamtbetrag der im Kalenderjahr vereinnahmten Versicherungsentgelte, dh aller Leistungen, die der Versicherungsnehmer an den Versicherer zu bewirken hat (§§ 2, 3 FeuerschStG); bei zusammengefaßten Versicherungen gegen verschiedenartige Risiken vgl. § 4 FeuerschStDB (BFH v. 29. 8. 1962, BStBl. 471). Der **Steuersatz** beträgt bei öffentlich-rechtlichen Versicherungsunternehmen 12 oder 6 vH, bei privaten Unternehmen 4 vH. **StSchuldner** ist der Versicherer (§ 5 FeuerschStG). Über die Pflichten zur Anmeldung des Geschäftsbetriebs vgl. § 2 FeuerschStDB. Zur Anmeldung vgl. § 6 FeuerschStDB, zur Entrichtung der Steuer § 6 FeuerschStG.

C. Kommunalsteuern

1. Allgemeines

Schrifttum:
Kübler/Fröhner, Das Kommunalabgabenrecht in Baden-Württemberg (Losebl.), ab 1966; *Ermel,* Gesetz über kommunale Abgaben, Kommentar, 1970; *Bauernfeind/Zimmermann,* Kommunalabgabengesetz für das Land Nordrhein-Westfalen, Kommentar, 1969; *Dahmen/Küffmann,* Kommunalabgabengesetz für das Land Nordrhein-Westfalen, Kommentar, 2. Aufl. 1977; *Loening/Schmitz,* Kommunalabgabengesetz für das Land Nordrhein-Westfalen, Kommentar, 1970; *Rumetsch,* Kommentar zum Kommunalabgabengesetz von Rheinland-Pfalz, 2. Aufl. 1966.

171 **Örtliche Verbrauch- und Aufwandsteuern** können die Länder regeln, solange und soweit sie nicht bundesgesetzlich geregelten Steuern gleichartig sind (Art. 105 II a Nr. 1 GG). Dies ist streitig für die *GetränkeSt* (ausf. *Hille-*

brecht BB 1976, 355), die in den meisten Ländern abgeschafft worden ist (Rdnr. 172). Verbreitet sind *VgnSt* (Rdnr. 173, mit GG vereinbar gem. BVerfG v. 4. 6. 1975, BGBl. I 2960) und *HundeSt* (Rdnr. 174); in einigen Ländern, Kreisen und Gemeinden werden ferner *JagdSt, FischereiSt* oder *SchankerlaubnisSt* erhoben. Das Aufkommen und die Verwaltung dieser Steuern steht den Gemeinden zu. Ob und in welchem Umfang die Vorschriften des 8. Teils der AO anzuwenden sind, muß für jede dieser Kommunalsteuern besonders geprüft werden; zum Wortlaut der straf- und bußgeldrechtlichen Vorschriften der Länder s. Anh. XXII, zur Systematik s. Rdnr. 87.

2. Getränkesteuer, Speiseeissteuer, Schankerlaubnissteuer

Schrifttum:
Mayer/Fuchs, Die Gemeindegetränkesteuer, 1958.

172 Der GetränkeSt und der in einigen Ländern damit verbundenen SpeiseeisSt unterliegt die Abgabe von Getränken und Speiseeis zum Verzehr an Ort und Stelle, bei Speiseeis zT auch die Abgabe zum alsbaldigen Verzehr. Der häufigste Steuersatz beträgt 10 vH des Preises, den der Wirt dem Gast in Rechnung stellt. Bei der SchankerlaubnisSt ist Steuergegenstand die Erteilung einer Erlaubnis nach § 1 I GastG (vgl. *Benne* DGStZ 1973, 21).

Rechtsquellen: Ortssatzungen aufgrund landesrechtlicher Ermächtigungsvorschriften. Landeseinheitliche Regelung in Hessen durch **Getränke- und SpeiseeisStG** v. 6. 12. 1951 (GVBl. 127), zuletzt geänd. durch G v. 21. 12. 1976 (GVBl. 532). Abgeschafft wurden in Bayern die SchankerlaubnisSt und die SpeiseeisSt durch G v. 23. 12. 1971 (GVBl. 472), in Berlin die GetränkeSt durch G v. 30. 10. 1069 (GVBl. 2252), in Bremen die GetränkeSt durch G v. 16. 12. 1969 (GBl. 160), in Hamburg die GetränkeSt durch G v. 5. 4. 1955 (GVBl. 150), in Niedersachsen die SchankerlaubnisSt durch G v. 27. 5. 1974 (GVBl. 249) und in Rheinland-Pfalz die SchankverzehrSt durch G v. 27. 1. 1964 (GVBl. 15).

3. Vergnügungsteuer

Schrifttum:
Fuchs, Die Vergnügungsteuer in Bayern, 1958; *Schick/May,* Das Vergnügungsteuerrecht in Rheinland-Pfalz, 1958; *Fröhner,* Die Vergnügungsteuer, 1968.

173 **Der VgnSt unterliegen die Eintrittspreise für Vergnügungen** aller Art, namentlich Kino, Theater, Kabarett, Varieté, Zirkus, Sport, Tanz, Modeschauen, Spielapparate usw. Die allgemeinen Steuersätze betragen meist 15 oder 20 vH; ermäßigte oder erhöhte Sätze gelten für kulturell mehr oder weniger wertvolle Veranstaltungen. Erhoben wird die VgnSt als *Kartensteuer,* soweit die Teilnahme an der Veranstaltung von der Lösung einer Eintrittskarte abhängig gemacht wird, sonst als *Pauschsteuer.*

Rechtsquellen: BayVgnStG v. 22. 4. 1965 (GVBl. 72), zuletzt geänd. durch G v. 23. 12. 1976 (GVBl. 566); **BremVgnStG** idF v. 8. 9. 1970 (GBl. 89), geänd. durch G v. 20. 12. 1976 (GBl. 334); **HessVgnStG** idF v. 14. 9. 1970 (GVBl. 565), geänd. durch G. v. 21. 12. 1976 (GVBl. 532); **NdsVgnStG** idF v. 5. 5. 1972 (GVBl. 255), zuletzt geänd. durch G v. 20. 12. 1976 (GVBl. 325), mit DV v. 26. 8. 1965 (GVBl. 216); **NWVgnStG** v. 14. 12. 1965 (GV. 361), zuletzt geänd. durch G v. 21. 12. 1976 (GV. 473), mit DV v. 1. 2. 1966 (GV. 24); **RPfVgnStG** v. 29. 11. 1965 (GVBl. 251, ber.

GVBl. 1967, 44), zuletzt geänd. durch G v. 8. 2. 1974 (GVBl. 43); **SaarlVgnStG** v. 22. 2. 1973 (ABl. 189); **SchlHVgnStG** idF v. 10. 10. 1961 (GVBl. 156), zuletzt geänd. durch G v. 10. 3. 1970 (GVBl. 44). Abgeschafft wurde die VgnSt in Baden-Württemberg durch G v. 12. 5. 1970 (GBl. 163), in Berlin durch G v. 30. 10. 1969 (GVBl. 2252) und in Hamburg durch G v. 11. 12. 1970 (GVBl. 314).

4. Hundesteuer

174 Der HundeSt unterliegt das Halten von Hunden. Die Steuersätze betragen bis zu 300 DM/Jahr.

Rechtsquellen: BadWürttHStG v. 25. 5. 1965 (GBl. 91), zuletzt geänd. durch G v. 10. 4. 1973 (GBl. 100); **BayHundStG** idF v. 19. 3. 1975 (GVBl. 56), geänd. durch G v. 23. 12. 1976 (GVBl. 566); **BerlHStG** v. 31. 3. 1939 (ABl. der Reichshauptstadt Berlin S. 394), zuletzt geänd. durch G v. 10. 5. 1977 (GVBl. 922); **BremHStG** v. 2. 4. 1968 (GBl. 29); **HmbHStG** idF v. 9. 1. 1973 (GVBl. 1); **HessHStG** v. 9. 3. 1957 (GVBl. 28), zuletzt geänd. durch G v. 21. 12. 1976 (GVBl. 532); **RPfHStG** v. 2. 2. 1951 (GVBl. 17), zuletzt geänd. durch G v. 28. 4. 1964 (GVBl. 76).

D. Kirchensteuern

Schrifttum:
Engelhardt, Die Kirchensteuer in der Bundesrepublik Deutschland, 1968; *Marré/Hoffacker,* Das Kirchensteuerrecht im Land Nordrhein-Westfalen, Kommentar, 1969; *Clauss,* Kirchensteuerübersicht 1975/76, NWB Fach 12, 1167.

175 **Die Kirchensteuern sind Steuern natürlicher Personen** (BVerfG 19, 206, 212 v. 14. 12. 1965), die den öffentlich-rechtlichen Religionsgesellschaften zustehen (Art. 137 VI WRV iVm Art. 140 GG). Das Kirchensteuerrecht ist in den Ländern der BRD und in den einzelnen Kirchen unterschiedlich, jedoch ist die Erhebung in nahezu allen Ländern den FÄn übertragen, soweit die KiSt als Zuschlag zur ESt oder VSt festzusetzen oder zusammen mit der LSt als Abzugsteuer zu erheben ist. Die KiSt-Gesetze der Länder enthalten Rahmenvorschriften, die durch die KiSt-Ordnungen und jährliche KiSt-Beschlüsse der Kirchen ausgefüllt werden.

Rechtsquellen: BadWürttKiStG v. 18. 12. 1969 (GBl. 1970, 1), zuletzt geänd. durch G v. 4. 10. 1977 (GBl. 401), sowie VOen über die Betriebstättenbesteuerung nach dem KiStG v. 23. 12. 1969 (GBl. 1970, 17) und 30. 1. 1970 (GBl. 47); **BayKirchStG** v. 22. 10. 1974 (GVBl. 551), geänd. durch G v. 23. 12. 1976 (GVBl. 566), mit AVKirchStG v. 15. 3. 1967 (GVBl. 320), zuletzt geänd. durch VO v. 1. 4. 1976 (GVBl. 159); **BerlKiStG** idF v. 9. 7. 1975 (GVBl. 1829), geänd. durch G v. 10. 5. 1977 (GVBl. 922); **BremKiStG** v. 18. 12. 1974 (GBl. 345), geänd. durch G v. 20. 12. 1976 (GBl. 334); **HmbKiStG** v. 15. 10. 1973 (GVBl. 431), zuletzt geänd. durch G v. 31. 1. 1977 (GVBl. 13), mit VO über die Verwaltung der KiSt v. 14. 12. 1976 (GVBl. 254); **HessKiStG** v. 25. 9. 1968 (GVBl. 267), zuletzt geänd. durch G v. 21. 12. 1976 (GVBl. 532), mit DV v. 23. 11. 1968 (GVBl. 291); **NdsKiStRG** v. 10. 2. 1972 (GVBl. 109), zuletzt geänd. durch G v. 20. 12. 1976 (GVBl. 325), mit KiStDV v. 8. 12. 1972 (GVBl. 492); **NWKiStG** idF v. 22. 4. 1975 (GV. 438), geänd. durch G v. 21. 12. 1976 (GV. 473), mit DV v. 27. 12. 1962 (GV. 1963, 52), 2. DV v. 29. 7. 1964 (GV. 289) und 3. DV v. 29. 10. 1968 (GV. 339); **RPfKiStG** v. 24. 2. 1971 (GVBl. 59), zuletzt geänd. durch G v. 23. 12. 1976 (GVBl. 301); **KiStG Saar** idF v. 1. 6. 1977 (ABl. 598), mit DV zu § 17 KiStG v. 12. 7. 1971 (ABl. 523); **SchlHKiStG** idF v. 18. 8. 1975

(GVBl. 219), mit DV v. 3. 4. 1968 (GVBl. 100), geänd. durch VO v. 26. 6. 1975 (GVBl. 178).

176 **Kirchensteuerpflichtig** sind nach allen KiSt-Gesetzen die jeweiligen Kirchenangehörigen, die ihren Wohnsitz oder gewöhnlichen Aufenthalt (§§ 8, 9 AO) in dem betreffenden Land haben. Wer Kirchenangehöriger ist, bestimmt das kirchliche Recht. Die Kirchensteuerpflicht *beginnt* mit dem Anfang des auf den Tag der Wohnsitznahme im Kirchengebiet folgenden Monats; bei mehrfachem Wohnsitz kommt es darauf an, wo der Stpfl zur ESt veranlagt oder der LSt-Abzug vorgenommen wird. Die Kirchensteuerpflicht *endet* beim Tode mit dem Ablauf des Sterbemonats, sonst mit Ablauf des Monats, in dem der Wohnsitz aufgegeben oder der Kirchenaustritt wirksam wird. Bei Austritt darf die KiSt nur noch bis zum Ablauf des Monats erhoben werden, der auf den Kirchenaustritt folgt (BVerfG v. 8. 2. 1977, BGBl. I 571).

Bemessungsgrundlage der Landeskirchensteuer ist hauptsächlich die ESt/LSt; darüber hinaus ist in den KiSt-Gesetzen auch die VSt als Bemessungsgrundlage vorgesehen, jedoch wird sie in der röm.-katholichen und in den evangelischen Kirchen zZ nicht in Anspruch genommen. Bei *konfessionsverschiedenen* Ehen, bei denen ein Ehegatte katholisch, der andere evangelisch ist, wird die KiSt jedes Ehegatten nach dem Halbteilungsgrundsatz von der Hälfte der Summe der Einkommen beider Eheleute berechnet (vgl. BVerfG 20, 40, 44 v. 20. 4. 1966). Dagegen darf die KiSt bei *glaubensverschiedenen* Ehen, bei denen ein Ehegatte Dissident ist, nur nach dem Einkommen desjenigen Ehegatten bemessen werden, welcher der Kirche angehört (BVerfG 19, 226, 235 v. 14. 12. 1965). Der **Steuersatz** beträgt in Baden-Württemberg, Bayern, Bremen und Hamburg 8 vH der ESt/LSt, in Berlin, Hessen, Nordrhein-Westfalen, im Saarland und in Schleswig-Holstein 9 vH der ESt/LSt und in Niedersachsen mit Ausnahme einzelner ev. Kirchengemeinden ebenfalls 9 vH. Nach einigen KiSt-Gesetzen ist eine Besteuerung des in glaubensverschiedener Ehe lebenden Ehegatten in Form eines besonderen Kirchgeldes vorgesehen, das an den Lebensführungsaufwand des kirchensteuerpflichtigen Ehegatten anknüpft und den Kirchen anheimstellt, nach einer Kirchgeldtabelle für gemeinsame Einkommen (§ 32 EStG) in 9 Stufen von 48001 DM bis über 400000 DM ein Jahreskirchgeld von 240 bis 4800 DM zu erheben.

Ortskirchensteuern, die von den Kirchengemeinden selbst erhoben werden, können als Zuschlag zu den GrSt-Meßbeträgen (Rdnr. 126) oder als allgemeines Kirchgeld beschlossen werden.

177 **Die Anwendung der §§ 369–412 AO** auf (Landes- oder Orts-)KiSt ist in allen Ländern ausgeschlossen, vgl. § 21 III BadWürttKiStG, Art. 18 II BayKirchStG, § 7 S. 2 BerlKiStG, § 7 II BremKiStG, § 8 HmbKiStG, § 15 II 1 HessKiStG, § 1 I 2 NdsAOAnwG (hinsichtlich der §§ 385–412 AO über das Straf- und Bußgeldverfahren), § 8 II NWKiStG, § 11 IV RPfKiStG, § 11 II KiStG Saar, § 8 II SchlHKiStG (s. Anh XXII); nur in Niedersachsen sind die §§ 369–384 AO über das materielle Straf- und Bußgeldrecht auf (Landes)KiSt mit der Maßgabe anzuwenden, daß die Verfolgung von KiSt-Straftaten einen Strafantrag voraussetzt, vgl. § 10 I 4 NdsKiStRG (s. Anh XXII–7–b).

E. Zölle und Verbrauchsteuern

Schrifttum:
Bail/Schädel/Hutter, Kommentar zum Zollgesetz vom 14. Juni 1961 in der Fassung vom 18. Mai 1970, 3 Bände (Losebl.) 1976; *Hinst/Schürmann,* Der Wertzoll, 2. Aufl. 1966; *Schulz/Zimmermann,* Der Veredelungsverkehr, 2 Bände (Losebl.), 2. Aufl. 1964; *Schwarz/Wockenfoth,* Kommentar zum Zollgesetz mit Nebengesetzen einschl. EWG-Zollrecht und EWG-Agrarrecht (Losebl.), 1976; *Zepf,* Wertverzollung, 2 Bände (Losebl.), 3. Aufl. 1976.

1. Zölle

178 **Zölle sind Eingangsabgaben,** die für die Einfuhr einer Ware in das Zollgebiet erhoben werden, dem Bund zustehen (Art. 106 I Nr. 1 GG) und von Bundesfinanzbehörden (§ 1 FVG) verwaltet werden (Art. 108 I GG).

Rechtsquellen: ZollG idF v. 18. 5. 1970 (BGBl. I 529), §§ 21, 77 geänd. durch G v. 8. 3. 1971 (BGBl. I 165), §§ 3, 5–8, 11, 12, 23, 26, 35–39, 41, 44–46, 48, 52–55, 57, 61, 62, 75, 76, 79a geänd. und § 40a eingefügt durch G v. 3. 8. 1973 (BGBl. I 933), §§ 21, 77 geänd. durch G v. 3. 8. 1973 (BGBl. I 940), §§ 8, 22, 23, 33a, 33b, 39, 45, 46, 48–49, 53, 55, 57, 58, 73, 79a geänd., §§ 29–33 aufgeh. und §§ 31, 48c, 57a eingefügt durch G v. 18. 3. 1976 (BGBl. I 701), §§ 1, 8, 11, 17, 20, 36, 39, 40a, 46, 57, 66, 67, 69, 71, 73, 75, 79a, 80 geänd. durch Art. 33 EGAO; **Allgemeine Zollordnung – AZO** – idF v. 18. 5. 1970 (BGBl. I 560, ber. 1221), §§ 6, 25, 36 geänd. durch VO v. 24. 6. 1970 (BGBl. I 847), §§ 10, 20, 46, 61, 62, 80, 89, 90, 94, 95 geänd. und §§ 47, 48 über Reisemitbringsel neugefaßt durch VO v. 8. 12. 1970 (BGBl. I 1629), §§ 1, 3, 4, 6, 7, 10, 15, 18, 21, 22, 35, 45, 51, 54–56, 61, 79, 113, 115, 119, 122, 132, 148, 148a geänd. durch VO v. 14. 4. 1972 (BGBl. I 602), §§ 6, 12, 46, 55, 148 geänd. durch VO v. 24. 8. 1972 (BGBl. I 1461), §§ 2, 6, 7, 9, 10, 12–15, 18, 20, 34, 37, 71, 74, 79, 87, 90, 93, 96, 107, 110, 112, 113, 115–118, 120, 122–124, 127, 130, 131, 135, 138, 148, 148a geänd. und §§ 20a, 80a eingefügt durch VO v. 3. 8. 1973 (BGBl. I 946), §§ 1, 15, 35, 44, 117, 118, 120, 122–124, 127, 148 geänd. und § 77 aufgeh. durch VO v. 3. 9. 1974 (BGBl. I 2158), §§ 45–48 aufgeh. durch § 5 VO v. 3. 12. 1974 (BGBl. I 3377), § 148 geänd. durch VO v. 23. 9. 1975 (BGBl. I 2573), §§ 6, 13, 18, 20, 21, 25, 29, 30, 54, 61, 68, 70, 79, 80a, 90, 113, 120, 127, 131, 135, 148, 148a geänd., §§ 36a, 109a eingefügt und § 37 aufgeh. durch VO v. 19. 3. 1976 (BGBl. I 718), §§ 1, 44, 135 geänd. durch VO v. 10. 5. 1976 (BGBl. I 1185); §§ 6, 20a, 35, 55–56, 68, 85, 117, 148, 148a geänd., §§ 57, 57a, 58 aufgeh. und § 148b eingefügt durch VO v. 17. 12. 1976 (BGBl. I 3584); §§ 1, 6, 148, 148b geänd. durch VO v. 29. 6. 1977 (BGBl. I 1133); **WertZO** v. 29. 11. 1961 (BGBl. I 1983), weitgehend überholt durch die VO (EWG) Nr. 803/68 über den Zollwert der Waren – **ZWVO** – v. 27. 6. 1968 (BZBl. 504, 739); **VO über die Eingangsabgabenfreiheit von Waren im persönlichen Gepäck der Reisenden** v. 3. 12. 1974 (BGBl. I 3377), § 3 geänd. durch VO v. 18. 12. 1975 (BGBl. I 3181);

VO über die Zollgrenze, die Zollbinnenlinie und die der Grenzaufsicht unterworfenen Gebiete v. 22. 12. 1961 (BGBl. I 2141), zuletzt geänd. durch VO v. 7. 6. 1977 (BGBl. I 1103);

VOen über die Grenzen der Freihäfen Bremen v. 30. 7. 1974 (BGBl. I 1621), zuletzt geänd. durch VO v. 18. 4. 1977 (BGBl. I 597), **Bremerhaven** v. 8. 7. 1970 (BGBl. I 1103), zuletzt geänd. durch VO v. 30. 1. 1973 (BGBl. I 65), **Cuxhaven** v. 5. 12. 1967 (BAnz 230), geänd. durch VO v. 31. 1. 1969 (BAnz 28), **Emden** v. 2. 3. 1965 (BAnz 51), zuletzt geänd. durch VO v. 24. 6. 1977 (BGBl. I 1086), **Hamburg** v. 14. 2. 1975 (BGBl. I 489), zuletzt geänd. durch VO v. 22. 8. 1977 (BGBl. I 1679), **Hamburg – Freihafenteil Waltershof** v. 21. 7. 1977 (BGBl. I 1343), s. auch G über die Einbeziehung von Teilen des Freihafens Hamburg in das Zollgebiet v. 30. 3. 1971 (BGBl. I 280), **Kiel** v. 25. 7. 1955 (BAnz 147), geänd. durch VO v. 9. 6. 1970 (BAnz 107).

Das nationale Zollrecht unterliegt internationalen Bindungen durch das Allgemeine Zoll- und Handelsabkommen (GATT) v. 30. 10. 1947 (BGBl. 1951 II 173, ber. 1957 II 1285), den EURATOM-Vertrag v. 25. 3. 1951 (BGBl. 1957 II 753, 1014), den EGKS-Vertrag v. 18. 4. 1951 (BGBl. 1952 II 445, 1960 II 1573) und den EWG-Vertrag v. 25. 3. 1957 (BGBl. II 753), in dessen Ausführung die Binnenzollsätze für den Warenverkehr zwischen den Mitgliedstaaten inzwischen abgebaut worden sind und für den Warenverkehr mit anderen Staaten durch VO (EWG) Nr. 950/68 des Rates v. 28. 6. 1968 (ABl. EG Nr. L 172/1) der **Gemeinsame Zolltarif** eingeführt worden ist. Der aufgrund des ZolltarifG v. 23. 12. 1960 (BGBl. II 2425) erlassene Deutsche Zolltarif hat aufgrund der ZolltarifVO v. 27. 11. 1968 (BGBl. II 1044) die Bezeichnung **Deutscher Teil-Zolltarif** erhalten; dieser enthält die Bestimmungen des Zolltarifs, soweit sie nicht aufgrund von VOen des Rates oder der Kommission der EG unmittelbar in der BRD anzuwenden sind und soweit nicht besondere Binnen- oder Außenzollsätze anzuwenden sind. Der Deutsche Teil-Zolltarif wird laufend geändert, vgl. zuletzt ÄndV Nr. 7/77 v. 23. 6. 1977 (BGBl. II 571). Zur Ausführung von Art. 10 II des EWG-Vertrages ist das **AnteilzollG – AZG** – v. 27. 12. 1960 (BGBl. I 1082) erlassen worden, § 8 geänd. durch Art. 5 G v. 3. 8. 1973 (BGBl. I 940). Der Ausführung anderer internationaler Verträge oder Abkommen dienen u. a. das **TruppenzollG 1962 – TruZG** – v. 17. 1. 1963 (BGBl. I 51), § 9 aufgeh. durch Art. 7 G v. 24. 6. 1975 (BGBl. I 1509), mit **TruppenzollO – TruZO** – v. 1. 7. 1963 (BGBl. I 451), das **Offshore-StG** v. 19. 8. 1955 (BGBl. II 821) mit DV v. 23. 3. 1964 (BGBl. I 224) sowie Gesetze über Grenzabfertigungsstellen, Grenzabfertigung in Verkehrsmitteln während der Fahrt, Zollerleichterungen im kleinen Grenzverkehr und im Durchgangsverkehr.

In bezug auf das Verfahren besteht das mehrseitige Übereinkommen zwischen *Belgien,* der Bundesrepublik Deutschland, *Frankreich, Italien, Luxemburg* und den *Niederlanden* über die gegenseitige Unterstützung ihrer Zollverwaltungen v. 7. 9. 1967, später ausgedehnt auf *Dänemark, Irland* und das *Vereinigte Königreich,* sowie das Protokoll über den Beitritt *Griechenlands* (BGBl. 1970 II 987, 1972 II 268, 1973 II 412, 1529, 1974 II 777, 1394, 1975 II 1182f., 1478, 1976 II 1278). Zweiseitige Abkommen bestehen über die gegenseitige Unterstützung in Zollangelegenheiten mit *Finnland* (BGBl. 1976 II 545), *Norwegen* (BGBl. 1975 II 757, 1724), *Schweden* (BGBl. 1973 II 1241, 1974 II 42, geänd. BGBl. 1976 II 1671, 1977 II 17), *Spanien* (BGBl. 1971 II 92, 842) und den *USA* (BGBl. 1975 II 445, 915), über die gegenseitige Unterstützung zur Verhinderung, Ermittlung und Verfolgung von Zuwiderhandlungen gegen die Zollvorschriften mit *Jugoslawien* (BGBl. 1975 II 409, 1976 II 133), über Rechts- und Amtshilfe in Zoll-, Verbrauchsteuer- und Monopolangelegenheiten mit *Österreich* (BGBl. 1971 II 1001, 1972 II 14); ferner besteht eine Vereinbarung über gegenseitige Rechtshilfe in Zollstrafsachen mit *Israel* (BGBl. 1967 II 719). Zum vertragslosen zwischenstaatlichen Rechts- und Amtshilfeverkehr der Zollverwaltungen in Verfahren wegen Zuwiderhandlungen gegen die Zollgesetze vgl. *Petry* in: Zoll aktuell 1973, 43ff.

179 **Einfuhr** ist das Verbringen (§ 1 AZO) von Waren (= beweglichen Sachen) in das Zollgebiet (§ 1 II 1 ZollG). **Zollgebiet** ist das deutsche Hoheitsgebiet einschl. der *Zollanschlüsse* ausländischer Hoheitsgebiete, die dem deutschen Zollgebiet angeschlossen sind (§ 2 ZollG). Das Territorium der DDR bildet nach dem ZollG der DDR v. 28. 3. 1962 (GBl. I 42) ein Zollgebiet für sich; vgl. dagegen die Stellungnahme des BdF (ZfZ 1962, 95). Inzwischen dürfte unstreitig sein, daß BRD und DDR jedenfalls kein *einheitliches* deutsches Zollgebiet mehr darstellen (*Bail/Schädel/Hutter* 2b zu § 1 ZollG). Dennoch wird für Waren aus der DDR beim Eingang über die innerdeutsche Grenze kein Zoll erhoben (*Bail/Schädel/Hutter* aaO), anders jedoch beim Eingang ausländischer Waren über die innerdeutsche Grenze (BFH v. 18. 12. 1957, ZfZ 1958, 113 für unversteuerte und unverzollte amerikanische Zigaretten) sowie bei der Einfuhr von Waren aus der DDR über das Zollausland (BFH v. 3. 7. 1958, ZfZ 373). Nicht zum Zollgebiet gehören deutsche Hoheitsgebiete, die einem ausländischen Zollgebiet angeschlossen sind, sog. *Zollausschlüsse* (§ 2 II 2 ZollG), sowie die in § 2 III ZollG aufgezählten *Zollfreigebiete,* insbes. deutsche Schiffe und Luftfahrzeuge in Gebieten, die zu keinem Zollgebiet gehören, die Freihäfen (vgl. §§ 59–66, 86 ZollG) und Helgoland (vgl. § 67 ZollG). Durch die Einfuhr wird eine Ware **Zollgut** (§ 5 ZollG), das unverzüglich und unverändert der zuständigen Zollstelle zu gestellen ist (§ 6 ZollG, §§ 7ff. AZO). Soll das Zollgut in den freien Verkehr treten oder in einen besonderen Zollverkehr (s. Rdnr. 181) übergehen, muß der Zollbeteiligte (§ 10 ZollG) einen Zollantrag stellen und das Zollgut mit den für die Zollbehandlung maßgebenden Merkmalen und Umständen anmelden (§§ 11, 12 ZollG, §§ 18ff. AZO); andernfalls kann das Zollgut durch Wegnahme oder Verfügungsverbot zollamtlich sichergestellt und veräußert werden (§ 20 ZollG). Im privaten Reiseverkehr braucht Zollgut, das weder zum Handel noch zur gewerblichen Verwendung bestimmt ist, nur auf Verlangen angemeldet zu werden (§ 13 ZollG, § 18 AZO).

180 **Bemessungsgrundlage** ist der Zollwert. Nach Art. 1 I ZWVO iVm § 29 ZollG ist *Zollwert* der eingeführten Waren der normale Preis, dh der Preis, der bei einem Kaufgeschäft unter den Bedingungen des freien Wettbewerbs zwischen einem Käufer und einem Verkäufer, die voneinander unabhängig sind, erzielt werden kann *(„Normalpreis")*. Ein echter Wettbewerbspreis setzt namentlich voraus, daß der Kaufpreis nicht durch besondere Beziehungen der Vertragspartner zueinander, zB ein Organverhältnis, beeinflußt worden ist. **Normalpreis** ist der *gesamte* Gegenwert für die eingeführte Ware, gleichgültig, ob er sich allein im Rechnungspreis oder daneben noch in Sach-, Geld- oder anderen Leistungen ausdrückt. Übernimmt ein Importeur, zB in seiner Funktion als Alleinvertreter, im Interesse des Verkäufers bestimmte Leistungen wie die Werbung und den Garantiedienst, ist die Zahlung des Kaufpreises nicht die *„einzige tatsächliche Leistung"* für die Ware (Art. 2 I a ZWVO), der Kaufpreis entspricht also nicht dem Normalpreis. Bei der Feststellung des Zollwerts ist zu unterstellen, daß die Ware dem Käufer am Ort der Einfuhr geliefert wird und daß der Verkäufer alle Kosten bis zum Ort der Einfuhr zu tragen hat, der Käufer hingegen die Eingangsabgaben trägt (Art. 1 II ZWVO). Über Einzelheiten zur Ermittlung des Normalpreises und zur Berichtigung des Rechnungspreises vgl. Art. 2 ZWVO.

181 **Zollgut kann auch „zu einem besonderen Zollverkehr"** abgefertigt werden (§ 9 I Nr. 2 ZollG). Der *Zollgutversand* (§ 41 ZollG, §§ 81ff. AZO) ermöglicht es, die Ware erst am Bestimmungsort und zu einem von dem

Beteiligten zu wählenden Zeitpunkt zum freien Verkehr abfertigen zu lassen. Im *Zollgutlager* (§§ 42ff. ZollG, §§ 8ff. AZO) kann Zollgut gelagert werden, das später ausgeführt werden soll oder dessen spätere Bestimmung noch nicht überblickt werden kann. Ausländische Waren, die im Inland nur veredelt (§ 103 I AZO) und anschließend wieder ausgeführt werden sollen, können im *aktiven Veredelungsverkehr* zollfrei eingeführt werden (§§ 48ff. ZollG, §§ 104ff. AZO). Entsprechendes gilt umgekehrt für den *passiven Veredelungsverkehr* (§ 52 ZollG, §§ 111ff. AZO). Der *Freihafen-Veredelungsverkehr* (§ 53 ZollG, §§ 114, 115 AZO) dient der Veredelung von Waren, die aus dem freien Verkehr des Zollgebietes in einen Freihafen ausgeführt und veredelt wieder eingeführt werden. Waren, die im Zollgebiet verbleiben sollen, können außerhalb einer Zollstelle in Waren anderer Beschaffenheit umgewandelt und zu einem *Umwandlungsverkehr* (§ 54 ZollG, § 116 AZO) abgefertigt werden. *Zollgutverwendung* (§ 55 ZollG, §§ 117ff. AZO) ist die Rechtsform für eine zollfreie oder begünstigte Verwendung von Waren innerhalb des Zollgebietes unter zollamtlicher Überwachung.

182 **Zollschuldner** ist der Zollbeteiligte (§ 36 III 1 ZollG), dh grundsätzlich derjenige, der den Zollantrag stellt (s. Rdnr. 179). Die Zollschuld entsteht bei der Abfertigung zum freien Verkehr mit der Bekanntgabe des Zollbescheids (§ 36 III 2 ZollG) und ist gleichzeitig fällig (§ 37 I ZollG). Hat der Zollbeteiligte den Zoll in einer Sammelzollanmeldung selbst berechnet, so sind § 167 S. 1 und § 168 S. 1 AO anzuwenden; die Zollschuld ist dann am 15. des auf ihre Entstehung folgenden Monats fällig (§ 37 III ZollG). Wird Zollgut der zollamtlichen Überwachung entzogen, vorenthalten oder unzulässig verändert (§ 133 AZO), entsteht damit für dieses Zollgut, wenn es nicht zollfrei ist, eine Zollschuld, die sofort fällig ist (§ 57 ZollG). Wird Zollgut, das nicht zollfrei ist, entgegen § 36 III ZollG unverzollt freigegeben, entsteht die Zollschuld mit der Freigabe (§ 58 I 1 ZollG, § 114 AZO), wird es zu einem nicht bewilligten besonderen Zollverkehr abgefertigt, entsteht die Zollschuld mit der Überlassung (§ 58 I 2 ZollG, § 134 AZO). In jedem Falle haftet das Zollgut selbst für die Zollschuld (§ 76 AO).

Zuwiderhandlungen gegen die in § 79a ZollG und die in den §§ 148a, 148b AZO bezeichneten Pflichten sind gem. § 382 AO mit Geldbuße bedroht.

2. Abschöpfungen

183 **Abschöpfungen sind Eingangsabgaben im Rahmen der Europäischen Gemeinschaften,** die dem Bund zustehen (Art. 106 I Nr. 7 GG) und von Bundesfinanzbehörden (§ 1 FVG) verwaltet werden (Art. 108 I GG); sie sind keine Zölle iS der AO und des ZollG (arg. § 2 I AbschG sowie § 21 I ZollG, vgl. auch BT-Drucks. 7/4292 S. 15). Wirtschaftlich sollen die Abschöpfungen den Preisstand innerhalb der EG dadurch sichern, daß Einfuhren aus dritten Ländern auf den Stand des Preises innerhalb der EG verteuert werden.

Rechtsquellen: VOen über gemeinsame Marktordnungen, die der Rat der EG aufgrund Art. 42 oder 43 des EWG-Vertrages v. 25. 3. 1957 (BGBl. II 753) erlassen hat: VO Nr. 24/62 *(Wein)* v. 4. 4. 1962 (ABl. EG L 30/989), ergänzt durch VO Nr. 816/70

v. 28. 4. 1970 (ABl. EG L 99/1), VO Nr. 136/66 *(Fette)* v. 22. 9. 1966 (ABl. EG 3025), VO Nr. 234/68 *(lebende Pflanzen und Waren des Blumenhandels)* v. 27. 2. 1968 (ABl. EG L 55/1), VOen Nr. 804/68 *(Milch und Milcherzeugnisse)* und Nr. 805/68 *(Rindfleisch)* v. 27. 6. 1968 (ABl. EG L 148), VO Nr. 727/70 *(Rohtabak)* v. 21. 4. 1970 (ABl. EG L 94/1), VO Nr. 1308/70 *(Flachs und Hanf)* v. 29. 6. 1970 (ABl. EG L 146/1), VO Nr. 1696/71 *(Hopfen)* v. 26. 6. 1971 (ABl. EG L 175/1), VO Nr. 2358/71 *(Saatgut)* v. 26. 10. 1971 (ABl. EG L 246/1), VO Nr. 1035/72 *(Obst und Gemüse)* v. 18. 5. 1972 (ABl. EG L 118/1), VO Nr. 1067/74 *(künstlich getrocknetes Futter)* v. 30. 4. 1974 (ABl. EG L 120/2), VO Nr. 3330/74 *(Zucker)* v. 19. 12. 1974 (ABl. EG L 359/1), VOen Nr. 2727/75 *(Getreide),* 2759/75 *(Schweinefleisch),* 2771/75 *(Eier)* und 2777/75 *(Geflügelfleisch)* v. 29. 10. 1975 (ABl. EG L 281/1, 282/1, 282/49 und 282/77), VO Nr. 100/76 *(Fischereierzeugnisse)* v. 19. 1. 1976 (ABl. EG L 20/1) und VO Nr. 1418/76 *(Reis)* v. 21. 6. 1976 (ABl. EG L 166/1), die nach Art. 189 des EWG-Vertrages in jedem Mitgliedstaat unmittelbar geltendes Recht darstellen. Gleiches gilt für die durch VOen des Rates der EG erlassenen **Abschöpfungssätze,** die häufig geändert werden.

Die ursprünglich zu jeder VO einzeln erlassenen deutschen Durchführungsgesetze (s. 1. Aufl.) sind ersetzt worden durch das **Marktordnungsgesetz – MOG** – v. 31. 8. 1972 (BGBl. I 1617), §§ 34a, 34b eingefügt durch Art. 7 G v. 3. 8. 1973 (BGBl. I 940), § 30 aufgeh. und § 33 geänd. durch Art. 228 EGStGB v. 2. 3. 1974 (BGBl. I 469, 603), § 34 geänd. durch Art. 8 G v. 9. 12. 1974 (BGBl. I 3393, 3414), redaktionell geänd. durch Art. 38 ZustAnpG v. 18. 3. 1975 (BGBl. I 705), §§ 3, 7, 14, 26, 28, 34b geänd. durch § 23 G v. 23. 6. 1976 (BGBl. I 1608), §§ 31, 33, 34 geänd. durch Art. 6 des 1. WiKG v. 29. 7. 1976 (BGBl. I 2034), §§ 5, 8, 11, 29, 31 geänd. durch Art. 80 EGAO.

Das Verfahren der Erhebung regelt das **Abschöpfungserhebungsgesetz – AbschG** – v. 25. 5. 1962 (BGBl. I 453), §§ 1, 3 mit GG vereinbar gem. BVerfG v. 28. 2. 1973 (BGBl. I 1057), § 4 neugefaßt durch G v. 3. 8. 1964 (BGBl. I 569), §§ 1, 5 neugefaßt durch G v. 14. 5. 1965 (BGBl. I 386), § 7 neugefaßt durch § 176 FGO v. 6. 10. 1965 (BGBl. I 1477), § 2 geänd. durch Art. 11 G v. 12. 8. 1968 (BGBl. I 953), § 4 geänd. und § 5 aufgeh. durch Art. 3 G v. 22. 7. 1969 (BGBl. I 879), § 4 neugefaßt durch § 41 G v. 31. 8. 1972 (BGBl. I 1617), § 1 neugefaßt durch Art. 6 G v. 3. 8. 1973 (BGBl. I 940), §§ 2, 4 geänd. durch Art. 34 EGAO. § 2 I AbschG verweist grundsätzlich auf *„die für Zölle sowie Zollstraftaten und Zollordnungswidrigkeiten geltenden Vorschriften"* (s. Rdnr. 178 sowie §§ 369ff. AO), sofern die EWG-VOen und das AbschG nichts besonderes vorschreiben. Der Abschöpfungs-Tarif 1963 wurde durch AbschöpfungstarifVO v. 26. 11. 1968 (BGBl. II 1043) aufgehoben und ersetzt durch Verweisung auf den Zolltarif, soweit darin die Waren mit *„Ab"* gekennzeichnet sind; diese Verweisung gilt jedoch nur für das Tarifschema, nicht für die Abschöpfungssätze, die durch den Rat der EG festgesetzt werden (s. o.).

184 **Für Abgaben im Rahmen der Europäischen Gemeinschaften,** die keine Zölle, Abschöpfungen, Ausfuhrabgaben oder Abgaben im Rahmen von Produktionsregelungen darstellen, verweist § 31 I MOG (mit GG vereinbar gem. BVerfG v. 3. 3. 1975 WPg. 1976, 169) auf die Strafvorschriften des § 370 I–IV und der §§ 371, 375, 376 AO sowie auf die Bußgeldvorschriften der §§ 378, 379 I und des § 384 AO (Anh XI). Dagegen ist das Erschleichen von besonderen Vergünstigungen (§ 6 MOG), Leistungen der Interventionsstellen im Rahmen von Interventionen (§ 7 MOG) oder Ausgleichsbeträgen (§ 34a MOG) als Subventionsbetrug gem. § 264 StGB (Anh I) strafbar. Bei beiderlei Straftaten kann die StA Ermittlungen aufgrund § 33 I MOG auch durch die HZÄ oder die Zollfahndungsämter vornehmen lassen, denen zu diesem

Zweck die besonderen Befugnisse nach § 33 II–IV MOG zustehen; ferner gelten für das Straf- und Bußgeldverfahren in Marktordnungsstraf- oder -bußgeldsachen die Sondervorschriften des § 34 MOG.

3. Einfuhrumsatzsteuer

Schrifttum:
Flick, Einfuhrumsatzsteuer, Kommentierung der §§ 11 und 21 UStG (Sonderdruck aus *Rau/Dürrwächter/Flick/Geist*), 1976, und andere Kommentare zu § 21 UStG (s. vor Rdnr. 134).

185 **Die EUSt ist eine allgemeine Verbrauchsteuer** (§ 21 I UStG), die als Eingangsabgabe (§ 1 III ZollG) erhoben wird, um die Belastung gleichartiger inländischer Waren mit USt auszugleichen; sie steht dem Bund zu (Art. 106 I Nr. 2 GG) und wird von Bundesfinanzbehörden (§ 1 FVG) verwaltet (Art. 108 I 1 GG).

Rechtsquellen: § 1 I Nr. 3, §§ 5, 12 sowie 21 **UStG** (Rdnr. 134), der auf die für Zölle geltenden Vorschriften verweist (Rdnr. 178), und für die Aufzeichnungspflichten § 22 II Nr. 4 UStG; ferner die **Einfuhrumsatzsteuer-Befreiungsordnung – EUStBefrO** – v. 17. 11. 1967 (BGBl. I 1149), §§ 1, 2 geänd. durch VO v. 13. 9. 1968 (BGBl. I 1031), § 1 geänd. durch VO v. 21. 3. 1969 (BGBl. I 238) und v. 16. 6. 1969 (BGBl. I 548), §§ 1, 2 geänd. durch VO v. 10. 7. 1969 (BGBl. I 751), § 1 geänd. durch VO v. 26. 1. 1971 (BGBl. I 73), §§ 1, 2 geänd. durch VO v. 15. 3. 1972 (BGBl. I 460), § 1 geänd. durch VO v. 26. 6. 1972 (BGBl. I 1006), v. 30. 8. 1972 (BGBl. I 1657) und § 6 VO v. 3. 12. 1974 (BGBl. I 3377), § 1 geänd., neuer § 3 eingefügt, bisherige §§ 3, 4 werden §§ 4, 5 durch VO v. 20. 1. 1976 (BGBl. I 166); §§ 1, 3 geänd., neue §§ 2, 4 eingefügt, bisheriger § 2 wird § 5 und bisherige §§ 4,5 werden §§ 6, 7 durch VO v. 17. 12. 1976 (BGBl. I 3588). Für die EUSt gelten dieselben Steuersätze wie für die USt auf Lieferungen, sonstige Leistungen und Eigenverbrauch (vgl. § 12 UStG und Anlage 1 zu § 12 II Nr. 1 UStG).

4. Biersteuer

Schrifttum:
Zapf/Siegert, Kommentar zum Biersteuergesetz, 1959.

186 **Die BierSt ist eine Verbrauchsteuer** (§ 1 S. 2 BierStG), die den Ländern zusteht (Art. 106 II Nr. 5 GG) und von Bundesfinanzbehörden (§ 1 FVG) verwaltet wird (Art. 108 I GG).

Rechtsquellen: BierStG idF v. 14. 3. 1952 (BGBl. I 149), §§ 1, 2, 6, 8, 12, 19, 23 geänd., § 4 aufgeh. und §§ 6a, 25 eingefügt durch G v. 10. 10. 1957 (BGBl. I 1712), §§ 1, 3, 6a, 9, 10, 18, 24 geänd. und §§ 14, 15, 24 aufgeh. durch Art. 4 G v. 23. 4. 1963 (BGBl. I 197), § 17 aufgeh. durch Art. 4 G v. 10. 8. 1967 (BGBl. I 877), §§ 6, 6a, 7, 9–11, 16, 23 geänd. durch G v. 10. 5. 1968 (BGBl. I 349), § 11 geänd. und §§ 18, 19, 23 neugefaßt durch Art. 6 G v. 12. 8. 1968 (BGBl. I 953), §§ 1–3, 6–7, 9, 12, 16, 18, 19, 25 geänd. und § 5a eingefügt durch Art. 25 EGAO; **BierStDB** idF v. 14. 3. 1952 (BGBl. I 153), §§ 2, 10, 29, 91–94 aufgeh., §§ 4, 12, 14, 30, 31, 70, 73, 84 geänd. und § 11a eingefügt durch VO v. 2. 12. 1957 (BGBl. I 1831), §§ 1, 11, 13, 23, 30, 37–50, 55–60, 67, 70–83, 85–90, 96–101 aufgeh., §§ 4–9, 11a, 12, 14, 15, 17–20, 22, 24, 26, 31–36, 51, 54, 61–66, 68, 69, 84 geänd. und §§ 61a, 96 eingefügt durch VO v. 5. 12. 1969 (BGBl. I 2169), §§ 4, 5, 11a, 12, 14, 15, 20, 22, 31, 33, 35, 36, 51–54, 61–66, 68, 69, 84, 95 geänd., neuer § 96 eingefügt und bisheriger § 96 geänd. und zu § 97 geworden durch VO v. 22. 10. 1973 (BGBl. I 1505), § 11a geänd. durch § 7 VO v. 3. 12. 1974 (BGBl. I 3377),

§§ 4–6, 8, 10, 11a, 14, 16, 18–20, 22, 25, 26, 33, 51, 54, 61, 61a, 63–66, 68, 69, 95 geänd. und § 97 neugefaßt durch VO v. 18. 5. 1977 (BGBl. I 752); **FBierO, BierEO** und **BierAO** aufgeh. durch VO v. 5. 12. 1969 (s. o.).

187 **Steuergegenstand** sind Bier (§ 1 S. 1 BierStG) und bierähnliche Getränke (§§ 21–23 BierStG). Von der BierSt befreit ist das an ArbN der Brauerei abgegebene Bier *(„Haustrunk")* und das unter Steueraufsicht ausgeführte Bier (§ 7 BierStG iVm §§ 12, 14 BierStDB). Der **Steuersatz** ist gem. § 3 BierStG nach der erzeugten Menge progressiv gestaffelt; er beträgt bei *Vollbier* (11–14 vH Stammwürze) für die ersten 2000 hl 12 DM/hl und steigt dann für die 120000 hl übersteigende Menge auf 15 DM/hl. Der Steuersatz für *Schankbier* (7–8 vH Stammwürze) ermäßigt sich um 1/4, für *Einfachbier* (2–5, 5 vH Stammwürze) um 1/2. Zum Stammwürzegehalt vgl. § 8 BierStDB. **Die Steuer entsteht** dadurch, daß Bier aus der Brauerei entfernt oder zum Verbrauch in der Brauerei entnommen (§ 2 I BierStG, § 1 BierStDB) oder in das Erhebungsgebiet eingeführt wird (§ 6a BierStG). **StSchuldner** ist, wer Bier für seine Rechnung herstellt (§ 2 II BierStG) oder einführt (§ 6a BierStG). Zu entrichten ist die Steuer bis zum 20. des Monats, der auf den Monat folgt, in dem die Steuer entstanden ist (§ 6 BierStG). Zu erstatten ist die Steuer für Bier, das in die Brauerei zurückgelangt *(„Rückbier")* oder in eine andere Brauerei eingebracht wird (§ 8 BierStG, § 15 BierStDB).

188 **Der Inhaber einer Braustätte** hat über das Bier, das in einem Monat aus der Braustätte entfernt oder in ihr verbraucht oder in seine Braustätte eingebracht worden ist, nach Menge und Gattung bis zum 7. des folgenden Monats eine Steuererklärung abzugeben (§ 5a BierStG); zur Erteilung des Steuerbescheids und Fälligkeit der Steuer vgl. § 63 V, VI BierStDB. Der Sicherung der Besteuerung dienen zahlreiche Hilfspflichten, insbes. zur erstmaligen Betriebsanmeldung (§ 33 BierStDB), zur Anzeige von Änderungen der Räume, Gefäße und Geräte, des Wechsels in der Person des Inhabers und des Ruhens des Brauereibetriebes (§§ 34–36 BierStDB), zur Führung eines Sudbuches und eines Biersteuerbuches sowie zur Erstattung einer Brauanzeige (vgl. §§ 54, 61, 61a BierStDB). Zuwiderhandlungen gegen die in § 19 BierStG und § 97 BierStDB bezeichneten Pflichten sind gem. § 381 AO mit Geldbuße bedroht. Zuwiderhandlungen gegen das Reinheitsgebot des § 9 BierStG und andere in § 18 BierStG bezeichnete Pflichten, die nichtsteuerlichen Schutzzwecken dienen, stellen keine Steuerordnungswidrigkeiten iS des § 377 I AO dar, jedoch schreibt § 18 IV BierStG vor, daß auch insoweit die §§ 409, 410 und 412 AO über das Bußgeldverfahren wegen Steuerordnungswidrigkeiten anzuwenden sind.

5. Tabaksteuer

189 **Die TabSt ist eine Verbrauchsteuer,** die dem Bund zusteht (Art. 106 I Nr. 2 GG) und von Bundesfinanzbehörden (§ 1 FVG) verwaltet wird (Art. 108 I GG).

Rechtsquellen: TabStG idF v. 1. 9. 1972 (BGBl. I 1633), § 43 aufgeh. und § 44 geänd. durch G v. 25. 3. 1974 (BGBl. I 763), §§ 4, 12 geänd. durch G v. 5. 7. 1976

(BGBl. I 1770), §§ 1, 3, 4, 6–8, 10–14, 19, 27–29, 32–34, 44, 45 geänd. und § 31 aufgeh. durch Art. 20 EGAO; **TabStDB** idF v. 1. 9. 1972 (BGBl. I 1645), §§ 6, 38 geänd. durch Art. 8 VO v. 17. 9. 1973 (BGBl. I 1333), § 19 geänd. durch § 7 VO v. 3. 12. 1974 (BGBl. I 3377), § 22 geänd. durch § 2 VO v. 23. 9. 1975 (BGBl. I 2573), §§ 1, 4, 7, 10, 15, 16, 18, 19, 21–23, 25, 29, 31–38, 42 geänd. durch VO v. 14. 3. 1977 (BGBl. I 463), § 13 neugefaßt und §§ 22, 23 geänd. durch VO v. 29. 6. 1977 (BGBl. I 1173); § 6 geänd. durch Art. 8 VO v. 27. 7. 1977 (BGBl. I 1450).

190 **Steuergegenstand** sind hauptsächlich Tabakerzeugnisse (Zigaretten, Zigarren, Rauchtabak) und Zigarettenhüllen (Zigarettenblättchen und Zigarettenhülsen), die im Erhebungsgebiet hergestellt oder in das Erhebungsgebiet eingeführt werden (§§ 1, 2 TabStG). **Steuermaßstab** ist idR der Kleinverkaufspreis, den der Hersteller als Einzelhandelspreis für Zigaretten und Zigarren je Stück, für Rauchtabak je Kg bestimmt; die **Steuersätze** ergeben sich für Tabakerzeugnisse aus §§ 4 und 5, für Zigarettenhüllen aus § 12 und für Rohtabak aus § 29 I TabStG. Tabakerzeugnisse, die der Hersteller an seine ArbN ohne Entgelt abgibt *(„Deputate")*, sind gem. § 14 I TabStG iVm § 25 TabStDB von der Steuer befreit; die entgeltliche Weitergabe ist verboten und hat zur Folge, daß der Weitergebende die TabSt schuldet (§ 14 II TabStG). Zu entrichten ist die TabSt durch das **Verwenden von Steuerzeichen,** bevor die Tabakerzeugnisse aus dem Herstellungsbetrieb entfernt oder zum Verbrauch im Betrieb entnommen werden (§ 6 TabStG, §§ 8–14 TabStDB); die Steuerzeichen unterliegen als amtliche Wertzeichen dem strafrechtlichen Schutz der §§ 148, 149 StGB, deren Verletzung nach § 369 I Nr. 3 AO eine Steuerstraftat darstellt. Auch für die Besteuerung eingeführter Tabakerzeugnisse gelten die §§ 3–9 TabStG, jedoch verweist § 11 TabStG für das Entstehen der Steuer, die Person des StSchuldners usw. auf die Vorschriften des ZollG (s. Rdnr. 178). Wird Rohtabak oder Zigarettenpapier entgegen §§ 21–26 TabStG der zollamtlichen Überwachung vorenthalten oder entzogen, so entsteht ein TabSt-Ausgleich (§§ 27, 28 TabStG). Kleinere Betriebe genießen Steuererleichterungen gem. §§ 35–42 TabStG, § 39 TabStDB; sie verlieren sie nach § 36 TabStG, wenn der Hersteller wegen Steuerhinterziehung, Steuerhehlerei oder Begünstigung eines Steuerhinterziehers oder Steuerhehlers bestraft worden ist. Zuwiderhandlungen nach § 34 TabStG oder § 38 TabStDB stellen Steuerordnungswidrigkeiten iS des § 377 AO dar; sie sind als Verbrauchsteuergefährdung gem. § 381 AO mit Geldbuße bedroht. Die in § 33 TabStG zusammengefaßten Zuwiderhandlungen, zB entgegen § 17 TabStG Tabakerzeugnisse unter dem Kleinverkaufspreis abzugeben oder Rabatte zu gewähren, sind keine Steuerordnungswidrigkeiten, jedoch schreibt § 33 III TabStG vor, daß insoweit die §§ 409, 410 und 412 AO über das Bußgeldverfahren wegen Steuerordnungswidrigkeiten sinngemäß gelten (s. Anh VI).

6. Kaffeesteuer, Teesteuer

191 **KaffeeSt und TeeSt sind Verbrauchsteuern,** die dem Bund zustehen (Art. 106 I Nr. 2 GG) und von Bundesfinanzbehörden (§ 1 FVG) verwaltet werden (Art. 108 I GG).

Rechtsquellen: KaffeeStG idF v. 23. 12. 1968 (BGBl. 1969 I 1), § 5 neugefaßt durch Art. 4 G v. 22. 7. 1969 (BGBl. I 879), §§ 5, 8 geänd. durch G v. 2. 6. 1970 (BGBl. I 661), §§ 2–4 geänd. durch G v. 17. 12. 1971 (BGBl. I 2017), § 5 geänd. durch Art. 2 G v. 3. 8. 1973 (BGBl. I 933), §§ 1, 5, 6, 8 geänd. durch Art. 21 EGAO; **KaffeeStDV** v. 4. 6. 1970 (BGBl. I 669), § 1 geänd. durch Art. 7 VO v. 26. 6. 1972 (BGBl. I 989), § 7 VO v. 3. 12. 1974 (BGBl. I 3377) und Art. 5 VO v. 21. 4. 1977 (BGBl. I 602, 615). **TeeStG** idF v. 23. 12. 1968 (BGBl. 1969 I 4), § 5 neugefaßt durch Art. 4 G v. 22. 7. 1969 (BGBl. 879), §§ 5, 8 geänd. durch G v. 2. 6. 1970 (BGBl. I 661), §§ 2, 4, 5 geänd. durch Art. 2 G v. 3. 8. 1973 (BGBl. I 933), §§ 1, 5, 6, 8 geänd. durch Art. 22 EGAO; **TeeStDV** v. 4. 6. 1970 (BGBl. I 671), § 1 geänd. durch Art. 8 VO v. 26. 6. 1972 (BGBl. I 989), § 7 VO v. 3. 12. 1974 (BGBl. I 3377) und Art. 6 VO v. 21. 4. 1977 (BGBl. I 602, 615).

Steuergegenstand sind Kaffee und Tee sowie kaffee- und teehaltige Waren, die in das Erhebungsgebiet eingeführt werden (§ 1 Kaffee/TeeStG). Die KaffeeSt beträgt für Rohkaffee 3,60 DM/kg, für Röstkaffee 4,50 DM/kg, die TeeSt beträgt für Tee 4,15 DM/kg; vgl. im einzelnen §§ 3, 4 Kaffee/TeeStG. Für beide Steuern gelten die Vorschriften über Zölle (Rdnr. 178) sinngemäß (§ 5 Kaffee/TeeStG). Für Steuerbefreiungen im Reiseverkehr gilt ab 1. 1. 1975 die VO über die Eingangsabgabenfreiheit von Waren im persönlichen Gepäck der Reisenden v. 3. 12. 1974 (BGBl. I 3377). Über Steuererstattungen oder -vergütungen bei der Wiederausfuhr vgl. § 7 Kaffee/TeeStG.

7. Mineralölsteuer

Schrifttum:
Schädel/Langer/Gotterbarm, Mineralölsteuer und Mineralölzoll, Kommentar, 4. Aufl. 1970; *Wilhelm/Makatowski,* Handbuch zur Mineralölsteuer (Losebl.), 1976.

92 **Die MinöSt ist eine Verbrauchsteuer,** die dem Bund zusteht (Art. 106 I Nr. 2 GG) und von Bundesfinanzbehörden (§ 1 FVG) verwaltet wird (Art. 108 I GG).

Rechtsquellen: MinöStG 1964 idF v. 20. 12. 1963 (BGBl. I 1003), § 8 geänd. durch Art. 8 G v. 14. 5. 1965 (BGBl. I 377), § 2 geänd. durch Art. 8 G v. 23. 12. 1966 (BGBl. I 702), §§ 6, 15 geänd. durch Art. 4 G v. 29. 3. 1967 (BGBl. I 385), § 8 geänd. durch G v. 24. 4. 1967 (BGBl. I 497), § 14 aufgeh. durch Art. 4 G v. 10. 8. 1967 (BGBl. I 877), §§ 1, 2, 7, 8, 12 geänd. durch G v. 20. 12. 1968 (BGBl. I 1391), §§ 1, 2, 11 geänd. durch G v. 27. 6. 1970 (BGBl. I 909), § 8a eingefügt und § 15 geänd. durch G v. 21. 12. 1970 (BGBl. I 1769), §§ 1, 2, 8 geänd. durch G v. 24. 4. 1971 (BGBl. I 377), § 2 geänd. durch G v. 28. 2. 1972 (BGBl. I 201), §§ 2, 6 geänd. durch G v. 26. 6. 1973 (BGBl. I 691), §§ 1, 2, 8 geänd. durch G v. 20. 12. 1974 (BGBl. I 3650), §§ 1–3, 7–9, 11–13, 15 geänd. und §§ 14, 14a eingefügt durch G v. 19. 3. 1975 (BGBl. I 721), §§ 1, 3, 5–7, 12–15 geänd. durch Art. 32 EGAO; **MinöStDV** v. 26. 5. 1953 (BGBl. I 237, ber. 280), ab 1969 § 36 geänd. durch VO v. 3. 1. 1969 (BGBl. I 13), §§ 10, 11, 39 geänd. durch Art. 7 VO v. 17. 9. 1973 (BGBl. I 1333), §§ 1, 2, 4–6, 9–16, 18–23, 25, 26, 28–33, 35–46 geänd., § 47 eingefügt und die bisherigen §§ 47, 48 als §§ 48, 49 bezeichnet durch VO v. 16. 12. 1974 (BGBl. I 3521), §§ 5, 9–11, 14, 16, 21, 22, 25, 26, 28, 29, 31, 35, 36, 38, 39, 42 geänd., §§ 27, 45 eingefügt, die bisherigen §§ 45, 46, als §§ 46, 47 bezeichnet, § 48 eingefügt und die bisherigen §§ 47–49 als §§ 49–51 bezeichnet sowie § 49 geänd. durch VO v. 21. 7. 1976 (BGBl. I 1862), § 10 geänd. durch Art. 7 VO v. 27. 7. 1977

(BGBl. I 1450); **HeizölkennzV** v. 1. 4. 1976 (BGBl. I 873); **VO über den Nachweis des Bezugs von leichtem Heizöl** v. 13. 9. 1976 (BGBl. I 2797).

193 **Steuergegenstand** sind Mineralöl, bestimmte Schmiermittel und Additives (§ 1 MinöStG, § 1 MinöStDV). Die Steuer beträgt 44 DM/1 hl Leichtöle oder mittelschwere Öle, 49,65 DM/100 kg Schweröle und 61,25 DM/100 kg Flüssiggas (vgl. im einzelnen § 2 MinöStG). Die Steuer entsteht bei der Herstellung im Inland dadurch, daß Mineralöl aus dem Herstellungsbetrieb entfernt oder zum Verbrauch innerhalb des Betriebes zu anderen Zwecken als zur Aufrechterhaltung des Betriebes entnommen wird (§ 3 I MinöStG, §§ 5–7 MinöStDB). **StSchuldner** ist der Inhaber des Herstellungsbetriebs (§ 3 II MinöStG). Dieser hat für das in einem Monat hergestellte Mineralöl bis zum 15. des nächsten Monats eine Steuererklärung abzugeben, darin die Steuer selbst zu berechnen (§ 5 MinöStG) und sie je zur Hälfte am letzten Werktag des nächsten Monats und am 20. des übernächsten Monats oder nach seiner Wahl in einer Summe bis zum 10. des übernächsten Monats zu entrichten (§ 6 MinöStG). Für die Einfuhr von Mineralöl verweist § 7 MinöStG wegen der Entstehung der Steuer, den StSchuldner usw. auf die Vorschriften des ZollG (Rdnr. 178); vgl. ferner § 9 MinöStDV. Über die steuerfreie oder -begünstigte Ausfuhr und die Verwendung von Mineralöl zur Stromerzeugung, zum Verheizen sowie zu bestimmten anderen Zwecken vgl. §§ 8, 8a MinöStG, §§ 10–27 MinöStDV; über die Steuervergütung bei der Ausfuhr von Schmiermitteln vgl. § 11 MinöStG, § 39 MinöStDV. Die §§ 40, 42–45 MinöStDV regeln Pflichten, die Eröffnung eines Herstellungsbetriebes, die Herstellung oder Gewinnung, den Handel oder die gewerbsmäßige Lagerung oder Beförderung bei der Zollstelle anzumelden sowie bestimmte Anschreibungen und Bestandsaufnahmen zu machen. Zuwiderhandlungen gegen die in § 14 MinöStG, § 49 MinöStDV und § 14 HeizölkennzV bezeichneten Pflichten sind gem. § 381 AO mit Geldbuße bedroht.

194 Aus wirtschaftspolitischen Gründen erhalten bestimmte Verbraucher auf Antrag **Subventionen,** die nach der Menge des für den begünstigten Zweck verbrauchten Mineralöls bemessen werden, insbes. aufgrund der

VO über die Verbilligung von Gasöl für Hochsee-, Küsten- und Binnenschiffahrt – **Gasöl VerbVO-Schiff** – v. 14. 1. 1954 (BGBl. II 1), zuletzt geänd. durch VO v. 28. 3. 1960 (BGBl. II 1327); **Gasöl-Betriebsbeihilfe-VO-Werkfernverkehr** v. 20. 3. 1961 (BGBl. I 260), zuletzt geänd. durch VO v. 7. 11. 1973 (BGBl. I 1594); **Gasöl-Betriebsbeihilfe-VO-Schienenverkehr** v. 11. 12. 1973 (BGBl. I 1900), geänd. durch VO v. 18. 12. 1974 (BGBl. I 3632); **Gasöl-Betriebsbeihilfe-VO-Straßenverkehr** v. 21. 12. 1973 (BGBl. I 1962); **Gasöl-VerwendungsG-Landwirtschaft** v. 22. 12. 1967 (BGBl. I 1339), zuletzt geänd. durch Art. 11 § 2 G v. 26. 6. 1973 (BGBl. I 676).

Auf die Besteuerung des Mineralöls hat die Gewährung solcher Subventionen keinen Einfluß, insbes. stellen die Beihilfen keine Steuervorteile iS des § 370 I, IV AO dar; vielmehr ist das Erschleichen von (Betriebs-, Anpassungs-, Übergangs-)Beihilfen als Subventionsbetrug gem. § 264 StGB (s. Anh I) strafbar.

8. Kleine Verbrauchsteuern

195 Die in Rdnr. 196–202 vorgestellten kleinen Verbrauchsteuern stehen sämtlich dem Bund zu (Art. 106 I Nr. 2 GG) und werden von Bundesfinanzbehörden (§ 1 FVG) verwaltet (Art. 108 I GG). Sie entstehen bei der Herstellung der steuerbaren Gegenstände im Erhebungsgebiet stets dadurch, daß die Gegenstände aus dem Herstellungsbetrieb entfernt oder zum Verbrauch innerhalb des Betriebes entnommen werden. StSchuldner ist jeweils der Betriebsinhaber (vgl. §§ 4, 5 ZuckStG iVm §§ 5, 6 ZuckStDB; § 3 SchaumwStG iVm §§ 3, 4 SchaumwStDB; § 3 LeuchtmStG iVm § 3 LeuchtmStDB). Bei der ZündwSt und der SpielkSt entsteht die Steuer *nur* durch Entfernen der Zündwaren bzw. Spielkarten aus dem Betrieb (§ 3 ZündwStG iVm § 3 ZündwStDB; § 3 SpielkStG iVm § 4 SpielkStDB), bei der SalzSt *auch* dadurch, daß vergälltes Salz entgällt wird (§ 3 SalzStG iVm § 4 SalzStDB). Für das Entstehen der Steuer, den StSchuldner usw. bei der Einfuhr steuerbarer Gegenstände verweisen § 8 ZuckStG, § 6 SalzStG, § 7 SchaumwStG, § 6 ZündwStG, § 7 LeuchtmStG und § 6 SpielkStG auf die Vorschriften des ZollG (Rdnr. 178).

a) Zuckersteuer

196 **Rechtsquellen: ZuckStG** idF v. 19. 8. 1959 (BGBl. I 645), § 3 geänd. durch G v. 15. 1. 1965 (BGBl. I 9), § 9 geänd. durch G v. 15. 6. 1967 (BGBl. I 601), § 13 aufgeh. durch Art. 4 G v. 10. 8. 1967 (BGBl. I 877), §§ 4, 6, 8, 9, 11 geänd. und §§ 4a, 9a eingefügt durch G v. 4. 6. 1970 (BGBl. I 673), § 9a geänd. durch § 28 G v. 23. 6. 1976 (BGBl. I 1608), §§ 1, 3, 4, 7, 8, 9a, 14 geänd., §§ 6, 9 neugefaßt und § 12 aufgeh. durch Art. 23 EGAO; **ZuckStDB** v. 19. 8. 1959 (BGBl. I 647), §§ 6, 8, 9 geänd. durch VO v. 14. 1. 1962 (BGBl. I 6), § 3 neugefaßt durch VO v. 5. 11. 1965 (BGBl. I 1813) und geänd. durch VO v. 15. 11. 1966 (BGBl. I 649), §§ 3, 8–12, 17, 19, 21, 22, 25 geänd., § 5 aufgeh. und §§ 12a, 26a eingefügt durch VO v. 8. 7. 1970 (BGBl. I 1042), §§ 3, 8, 12, 20 geänd. durch VO v. 13. 7. 1971 (BGBl. I 1009), §§ 9, 12 geänd. durch Art. 5 VO v. 17. 9. 1973 (BGBl. I 1333), § 8 geänd. durch § 7 VO v. 3. 12. 1974 (BGBl. I 3377), §§ 3, 6–12b, 14, 16–25 geänd., §§ 4, 26 aufgeh., neuer § 26a eingefügt und bisheriger § 26a als § 26b neugefaßt durch Art. 8 I VO v. 21. 4. 1977 (BGBl. I 602, 619), § 9 geänd. durch Art. 5 VO v. 27. 7. 1977 (BGBl. I 1450); **ZuckStBefrO** – Anlage A zu § 14 ZuckStDB –, §§ 1–11, 20 geänd. durch VO v. 14. 1. 1962 (s. o.), §§ 1, 2, 5, 6, 8, 9, 19–22 geänd. und §§ 12–18 aufgeh. durch VO v. 19. 6. 1967 (BGBl. I 603), §§ 1–4, 9, 13 geänd. und § 16 eingefügt durch VO v. 8. 7. 1970 (s. o.), § 13 geänd. durch Art. 5 VO v. 17. 9. 1973 (s. o.), bisherige §§ 5, 7, 10, 11, 14, 15 aufgeh. und die übrigen Vorschriften geänd. durch Art. 8 II VO v. 21. 4. 1977 (BGBl. I 602, 624); **ZuckStVO** – Anlage B zu § 15 ZuckStDB – idF der VO v. 8. 7. 1970 (s. o.), §§ 5–7 geänd. durch Art. 5 VO v. 17. 9. 1973 (s. o.), §§ 1, 4, 8 geänd. und § 10 eingefügt durch Art. 8 III VO v. 21. 4. 1977 (BGBl. I 602, 628), §§ 5, 7 geänd. durch Art. 5 VO v. 27. 7. 1977 (BGBl. I 1450).

Steuergegenstand ist Zucker, auch soweit er in eingeführten zuckerhaltigen Waren wie Kunsthonig, Keksen, Zitronat usw. enthalten ist (§§ 1, 2 ZuckStG, §§ 1–3 ZuckStDB). Die Steuer beträgt 6 DM/100 kg Rübenzucker; andere steuerbare Gegenstände unterliegen je nach ihrem Zuckergehalt einem ermäßigten Steuersatz oder sind steuerfrei (§ 3 ZuckStG, § 3

ZuckStDB). Über Steuerbefreiungen vgl. § 9 ZuckStG, §§ 9–14 ZuckStDB und die ZuckStBefrO, über Steuervergütungen § 9 IV Nr. 3 ZuckStG, § 15 ZuckStDB und die ZuckStVO, über Steuererstattungen § 10 ZuckStG, § 16 ZuckStDB. Der Hersteller muß über den Zucker, für den in einem Monat die Steuer entstanden ist, bis zum 15. des folgenden Monats eine Steuererklärung abgeben, darin die Steuer selbst berechnen (§ 6 ZuckStG) und sie bis zum letzten Werktag desselben Monats entrichten (§ 7 ZuckStG). Die §§ 17–25 ZuckStDB regeln Anmelde-, Anzeige- und Aufzeichnungspflichten. Zuwiderhandlungen gegen die in § 26b ZuckStDB, § 14 ZuckStBefrO und § 10 ZuckStVO bezeichneten Pflichten sind gem. § 381 AO mit Geldbuße bedroht.

b) Salzsteuer

197 **Rechtsquellen: SalzStG** idF v. 25. 1. 1960 (BGBl. I 50), §§ 1, 6, 14 geänd. durch G v. 16. 8. 1961 (BGBl. I 1323), § 13 aufgeh. durch Art. 4 G v. 10. 8. 1967 (BGBl. I 877), § 12 geänd. durch Art. 11 G v. 12. 8. 1968 (BGBl. I 953), §§ 1–3, 5–7, 14 geänd., § 4 neugefaßt und §§ 11, 12 aufgeh. durch Art. 24 EGAO; **SalzStDB** v. 25. 1. 1960 (BGBl. I 52), § 7 geänd. durch Art. 4 VO v. 26. 6. 1972 (BGBl. I 989), § 8 geänd. durch Art. 6 VO v. 17. 9. 1973 (BGBl. I 1333), § 2 aufgeh., §§ 4–22 geänd. und §§ 10a, 22a, 22b eingefügt durch VO v. 26. 8. 1974 (BGBl. I 2093), § 7 geänd. durch § 7 VO v. 3. 12. 1974 (BGBl. I 3377), § 5 aufgeh. und §§ 6–10a, 12, 13, 15, 17–19, 21, 22b geänd. durch Art. 7 I VO v. 21. 4. 1977 (BGBl. I 602, 615), § 8 geänd. durch Art. 6 VO v. 27. 7. 1977 (BGBl. I 1450); **SBefrO** – Anlage zu § 11 SalzStDB –, §§ 1–22 und 24–26 durch §§ 1–11 ersetzt, §§ 23, 27 geänd. und als §§ 12, 13 bezeichnet sowie § 14 eingefügt durch VO v. 26. 8. 1974 (BGBl. I 2093), §§ 2–6, 8, 12–14 geänd. durch Art. 7 II VO v. 21. 4. 1977 (BGBl. I 602, 617).

Steuergegenstand ist Salz (§ 1 II SalzStG, § 1 SalzStDB). Die Steuer beträgt 12 DM/100 kg Eigengewicht (§ 2 SalzStG, § 3 SalzStDB). Über Steuerbefreiungen, sofern Salz zum Salzen von Heringen oder zu anderen Zwecken als zur Herstellung oder Bereitung von Lebens- oder Genußmitteln verwendet wird, vgl. § 7 II SalzStG, § 11 SalzStDB und die SBefrO. Der Hersteller muß über das Salz, für das in einem Monat die Steuer entstanden ist, bis zum 15. des folgenden Monats eine Steuererklärung abgeben, darin die Steuer selbst berechnen (§ 4 SalzStG) und sie bis zum 20. desselben Monats entrichten (§ 5 SalzStG). Die §§ 13–15, 18, 19, 21 SalzStDB regeln Anmelde-, Anzeige- und Aufzeichnungspflichten. Zuwiderhandlungen gegen die in § 22b SalzStDB und in § 14 SBefrO bezeichneten Pflichten sind gem. § 381 AO mit Geldbuße bedroht.

198 **Aufgehoben ist der Straftatbestand des § 12 SalzStG** (s. 1. Aufl. Anh IV) durch Art. 24 Nr. 10 EGAO. Die Steuerbelange erfordern es nicht, die mißbräuchliche Verwendung von vergälltem Salz durch eine besondere Vorschrift zu verbieten und unter Strafe zu stellen. Eine solche Verwendung von unversteuertem Salz kann ggf. als Steuerhinterziehung bestraft oder als leichtfertige Steuerverkürzung geahndet werden. Der lebensmittelrechtliche Inhalt der Vorschrift wird von den §§ 3 und 4 LebmG und den entsprechenden Strafvorschriften abgedeckt (Begr. BT-Drucks. 7/261 S. 41).

c) Schaumweinsteuer

199 **Rechtsquellen: SchaumwStG** idF v. 26. 10. 1958 (BGBl. I 764), §§ 1, 7, 15 geänd. durch G v. 16. 8. 1961 (BGBl. I 1323), § 2 geänd. durch Art. 20 G v. 20. 12. 1965 (BGBl. I 2065), § 6 geänd. durch Art. 3 G v. 29. 3. 1967 (BGBl. I 385), § 11 aufgeh. durch § 31 G v. 29. 5. 1967 (BGBl. I 545), § 14 aufgeh. durch Art. 4 G v. 10. 8. 1967 (BGBl. I 877), §§ 1, 2, 15 geänd. und § 10 aufgeh. durch G v. 4. 6. 1971 (BGBl. I 745), §§ 1, 6, 7, 12, 15 geänd., §§ 3, 5, 8 neugefaßt und § 13 aufgeh. durch Art. 27 EGAO; **SchaumwStDB** idF v. 6. 11. 1958 (BGBl. I 766), §§ 6, 7 geänd. durch VO v. 14. 1. 1962 (BGBl. I 12), § 7a eingefügt durch VO v. 5. 2. 1965 (BGBl. I 47), §§ 1, 2, 11 aufgeh., §§ 3, 4, 6–10, 12–23 geänd. und §§ 20a, 23a, 23b eingefügt durch VO v. 8. 3. 1972 (BGBl. I 426), § 6 geänd. durch Art. 3 VO v. 26. 6. 1972 (BGBl. I 989), §§ 7, 23b geänd. und § 7a aufgeh. durch VO v. 17. 9. 1973 (BGBl. I 1333), § 6 geänd. durch § 7 VO v. 3. 12. 1974 (BGBl. I 3377), sämtliche Vorschriften außer § 23a geänd. durch Art. 1 VO v. 21. 4. 1977 (BGBl. I 602), § 7 geänd. durch Art. 1 VO v. 27. 7. 1977 (BGBl. I 1450).

Steuergegenstand sind Schaumwein, Getränke, die als Schaumwein gelten, und schaumweinähnliche Getränke (§ 1 SchaumwStG). Die Steuer beträgt 1.50 DM/0,75-l-Flasche, für schaumweinähnliche Getränke, die idR aus Obst- oder Fruchtwein hergestellt sind, 0,30 DM/0,75-l-Flasche (§ 2 SchaumwStG). Der Hersteller muß über den Schaumwein, für den in einem Monat die Steuer entstanden ist, bis zum 15. des folgenden Monats eine Steuererklärung abgeben, darin die Steuer selbst berechnen (§ 5 SchaumwStG) und sie bis zum 25. desselben Monats entrichten (§ 6 SchaumwStDB). Die §§ 12–22 SchaumwStDB regeln Anmelde-, Anzeige- und Aufzeichnungspflichten. Zuwiderhandlungen gegen die in § 23b SchaumwStDB bezeichneten Pflichten sind gem. § 381 AO mit Geldbuße bedroht.

d) Zündwarensteuer

200 **Rechtsquellen: ZündwStG** idF v. 9. 6. 1961 (BGBl. I 730), §§ 1, 6, 13 geänd. durch G v. 16. 8. 1961 (BGBl. I 1323), § 12 aufgeh. durch Art. 4 G v. 10. 8. 1967 (BGBl. I 877), §§ 1, 3, 5, 6, 13 geänd., §§ 4, 7 neugefaßt und §§ 9, 10 aufgeh. durch Art. 28 EGAO; **ZündwStDB** v. 3. 8. 1961 (BGBl. I 1249), §§ 5, 6 geänd. durch VO v. 14. 1. 1962 (BGBl. I 5), § 5 geänd. durch Art. 6 VO v. 26. 6. 1972 (BGBl. I 989), § 6 geänd. und § 7 aufgeh. durch Art. 3 VO v. 17. 9. 1973 (BGBl. I 1333), § 5 geänd. durch § 7 VO v. 3. 12. 1974 (BGBl. I 3377), §§ 3–6, 8–20 geänd., § 2 aufgeh. und §§ 23a, 23b eingefügt durch VO v. 22. 5. 1975 (BGBl. I 1260), §§ 4–6, 8–10, 14, 15, 18, 19, 23b geänd. und § 20 aufgeh. durch Art. 3 VO v. 21. 4. 1977 (BGBl. I 602, 611), § 6 geänd. durch Art. 3 VO v. 27. 7. 1977 (BGBl. I 1450).

Steuergegenstand sind Zündwaren, namentlich Zündhölzer und Zündkerzen aus Stearin, Wachs usw. (§ 1 II ZündwStG, § 1 ZündwStDB). Die Steuer beträgt 1 Pfg./100 Stück Zündwaren (§ 2 ZündwStG). Der Hersteller muß über die Zündwaren, für die in einem Monat die Steuer entstanden ist, bis zum 15. des folgenden Monats eine Steuererklärung abgeben, darin die Steuer selbst berechnen (§ 4 ZündwStG) und sie bis zum 25. desselben Monats entrichten (§ 5 ZündwStG). Die §§ 9–11, 14–17, 19 ZündwStDB regeln Anmelde-, Anzeige-, Aufzeichnungs- und Kennzeichnungspflichten. Zuwiderhandlungen gegen die in § 23b ZündwStDB bezeichneten Pflichten sind gem. § 381 AO mit Geldbuße bedroht.

e) Leuchtmittelsteuer

201 **Rechtsquellen: LeuchtmStG** idF v. 22. 7. 1959 (BGBl. I 613), §§ 1, 7, 8, 13 geänd. durch G v. 16. 8. 1961 (BGBl. I 1323), § 12 aufgeh. durch Art. 4 G v. 10. 8. 1967 (BGBl. I 877), §§ 1–3, 6–9, 13 geänd. und § 4 aufgeh. durch G v. 26. 7. 1974 (BGBl. I 1553), §§ 1–3, 7, 8, 13 geänd., § 5 neugefaßt und § 11 aufgeh. durch Art. 30 EGAO; **LeuchtmStDB** v. 4. 8. 1959 (BGBl. I 615), §§ 6, 7 geänd. durch VO v. 14. 1. 1962 (BGBl. I 10), §§ 4, 6–15, 17, 21, 23, 25, 28 geänd. und § 29a eingefügt durch VO v. 28. 4. 1971 (BGBl. I 380), §§ 7, 8 geänd. und § 9 aufgeh. durch Art. 4 VO v. 17. 9. 1973 (BGBl. I 1333), §§ 1, 3, 5, 6, 8, 10–12, 14–18, 20–29 geänd., §§ 2, 4, 13, 19 aufgeh., § 29a eingefügt und der bisherige § 29a als § 29b neugefaßt durch VO v. 21. 8. 1974 (BGBl. I 2072), § 6 geänd. durch § 7 VO v. 3. 12. 1974 (BGBl. I 3377), §§ 5–8, 10, 11, 14–17, 20–22, 25, 27, 28, 29b geänd. und § 29 aufgeh. durch Art. 4 VO v. 21. 4. 1977 (BGBl. I 602, 612), § 7 geänd. durch Art. 4 VO v. 27. 7. 1977 (BGBl. I 1450).

Steuergegenstand sind Glühlampen, Leuchtröhren usw. (§ 1 LeuchtmStG, § 1 LeuchtmStDB). Der Steuertarif ist in § 2 LeuchtmStG mWv 1. 8. 1974 stückweise bestimmt. Der Hersteller muß über die Leuchtmittel, für die in einem Monat die Steuer entstanden ist, bis zum 15. des folgenden Monats eine Steuererklärung abgeben, darin die Steuer selbst berechnen (§ 5 LeuchtmStG) und sie bis zum 15. des dritten Monats nach Entstehung der Steuer entrichten (§§ 3, 6 LeuchtmStG). Die §§ 15–18, 21–25, 28 LeuchtmStDB regeln Anmelde-, Anzeige-, Aufzeichnungs- und Kennzeichnungspflichten. Zuwiderhandlungen gegen die in § 29b LeuchtmStDB bezeichneten Pflichten sind gem. § 381 AO mit Geldbuße bedroht.

f) Spielkartensteuer

202 **Rechtsquellen: SpielkStG** idF v. 3. 6. 1961 (BGBl. I 682), §§ 1, 6, 14 geänd. durch G v. 16. 8. 1961 (BGBl. I 1323), § 12 aufgeh. durch Art. 4 G v. 10. 8. 1967 (BGBl. I 877), §§ 1, 3, 5, 6, 9, 11, 14 geänd., §§ 4, 7 neugefaßt und §§ 10, 13 aufgeh. durch Art. 31 EGAO; **SpielkStDB** v. 3. 6. 1961 (BGBl. I 684), §§ 6, 7 geänd. durch VO v. 14. 1. 1962 (BGBl. I 11), § 6 geänd. durch Art. 5 VO v. 26. 6. 1972 (BGBl. I 989), § 7 geänd. und § 8 aufgeh. durch Art. 2 VO v. 17. 9. 1973 (BGBl. I 1333), §§ 1, 3, 4, 6, 7, 9–21, 23 geänd., § 2 aufgeh. und §§ 19a, 24a, 24b eingefügt durch VO v. 24. 6. 1974 (BGBl. I 1341), § 6 geänd. durch § 7 VO v. 3. 12. 1974 (BGBl. I 3377), §§ 4–7, 9–14, 16–22, 24, 24b geänd. und § 23 aufgeh. durch Art. 2 VO v. 21. 4. 1977 (BGBl. I 602, 607), § 7 geänd. durch Art. 2 VO v. 27. 7. 1977 (BGBl. I 1450).

Steuergegenstand sind Spielkarten, mit denen ein Kartenspiel gespielt werden kann (§ 1 SpielkStG, § 1 SpielkStDB). Die Steuer beträgt für jedes Kartenspiel aus Papier 0,30 oder 0,50 DM, aus anderen Stoffen 1.50 DM. Der Hersteller muß über die Spielkarten, für die in einem Monat die Steuer entstanden ist, bis zum 15. des folgenden Monats eine Steuererklärung abgeben, darin die Steuer selbst berechnen (§ 4 SpielkStG) und sie bis zum 20. desselben Monats entrichten. Die §§ 12–14, 17–19a, 21, 22, 24 SpielkStDB regeln Anmelde-, Anzeige-, Aufzeichnungs-und Kennzeichnungspflichten.

Zuwiderhandlungen gegen die in § 24b SpielkStDB bezeichneten Pflichten sind gem. § 381 AO mit Geldbuße bedroht.

F. Abgaben nach dem Branntweinmonopolgesetz

Schrifttum:
Hoppe/Heinricht, Kommentar zum Gesetz über das Branntweinmonopol, 4 Bände (Losebl.), 1974.

203 **Das Branntweinmonopol ist ein Teilmonopol.** Es umfaßt in erster Linie die Übernahme des im Monopolgebiet hergestellten Branntweins aus den Brennereien, die Verwertung von Branntwein und den Branntweinhandel (§§ 1, 58ff., 83ff. BranntwMonG). Die Bundesmonopolverwaltung übernimmt Alkohol aus bestimmten Rohstoffen, hauptsächlich Kartoffeln, zu Preisen, welche die Kosten der inländischen Erzeuger decken, und veräußert den Alkohol anschließend zu Verkaufspreisen, die den Ankaufspreisen und den Kosten der staatlichen Vermarktung angepaßt sind und durch Verwaltungsakt festgesetzt werden. Auch war nach § 3 BranntwMonG allein die Bundesmonopolverwaltung berechtigt, Alkohol (abgesehen von Rum, Arrak, Kognak und Likören) einzuführen. Mit Rücksicht auf den EWG-Vertrag hat die Bundesmonopolverwaltung nach Ablauf der in Art. 8 bis zum 31. 12. 1969 befristeten Übergangszeit für Spirituosen aus dem EG-Bereich eine allgemeine Einfuhrgenehmigung erteilt, sich aber weiterhin das alleinige Recht vorbehalten, unverarbeiteten Alkohol einzuführen. Über den Einfluß des EG-Rechts und der Rspr des EuGH auf das deutsche Branntweinmonopol vgl. *Jarsombeck* ZfZ 1976, 103.

Dem Ertrag und dem Schutz des Branntweinmonopols dienen verschiedenartige Abgaben. Im Vergleich zu dem Branntweinaufschlag (Rdnr. 204) und dem nach der Liberalisierung der Branntweineinfuhr auferlegten Preisausgleich (Rdnr. 207) sind die BranntwSt (Rdnr. 205), der Monopolausgleich (Rdnr. 206) und die EssigsäureSt (Rdnr. 208) Verbrauchsteuern, die auch ohne eine monopolartige Marktordnung erhoben werden könnten. Sämtliche Abgaben nach dem BranntwMonG stehen dem Bund zu (Art. 106 I GG) und werden von Bundesfinanzbehörden (§ 1 FVG) verwaltet (Art. 108 I GG).

Rechtsquellen: BranntwMonG v. 8. 4. 1922 (RGBl. I 335, 405), seit 1968 §§ 51, 110a aufgeh. und §§ 51a, 109, 114, 122, 123, 125–128, 129a, 132 geänd. durch Art. 8 G v. 12. 8. 1968 (BGBl. I 953), § 129 geänd. durch Art. 4 G v. 25. 6. 1969 (BGBl. I 645, 673), §§ 151, 152, 154 geänd. durch Art. 4 G v. 22. 7. 1969 (BGBl. I 879), § 112 eingefügt durch Art. 12 G v. 23. 6. 1970 (BGBl. I 805), § 91b eingefügt, § 161 aufgeh. und § 165 geänd. durch Art. 2 G v. 23. 12. 1970 (BGBl. I 1878), § 84 geänd. durch G v. 23. 12. 1971 (BGBl. I 2137), §§ 26a, 37a, 42 eingefügt und §§ 32, 60, 61, 117, 154 geänd. durch Art. 3 G v. 1. 8. 1972 (BGBl. I 1339), § 76 geänd. durch § 42 G v. 31. 8. 1972 (BGBl. I 1617, 1631), §§ 80, 91a geänd. durch Art. 2 G v. 26. 6. 1973 (BGBl. I 691), § 76 geänd. durch Art. 8 G v. 3. 8. 1973 (BGBl. I 940), §§ 10, 130, 131 aufgeh. und §§ 122–124, 128, 129, 129a, 132 geänd. durch Art. 165 EGStGB v. 2. 3. 1974 (BGBl. I 469, 584), § 39 geänd. durch G v. 15. 8. 1975 (BGBl. I 2171), §§ 79, 84, 151, 152 geänd. durch G v. 2. 5. 1976 (BGBl. I 1145), § 84 geänd. durch G v. 5. 7. 1976 (BGBl. I 1770), §§ 44, 51a, 51b, 75, 78, 84, 91a, 109, 110b, 111, 112, 114, 122, 124, 126, 128, 132, 151, 154, 166 geänd. und § 51c aufgeh. durch Art. 26 EGAO; **Branntw-**

MonAB (Grundbestimmungen) v. 12. 9. 1922 (ZBl. 707), zuletzt § 63 geänd. durch § 7 VO v. 3. 12. 1974 (BGBl. I 3377); **Brennereiordnung – BO** – idF v. 16. 3. 1935 (RMBl. 117), zuletzt geänd. durch VO v. 23. 9. 1977 (BGBl. I 1858); **Branntweinverwertungsordnung – VwO** – v. 12. 9. 1922 (ZBl. 809), zuletzt geänd. durch VO v. 15. 11. 1976 (BGBl. I 3228); **Essigsäureordnung – EO** – v. 12. 9. 1922 (ZBl. 865), zuletzt § 67 geänd. durch § 7 VO v. 3. 12. 1974 (BGBl. I 3377).

1. Branntweinaufschlag

204 Branntweinaufschlag hat gem. §§ 78–80 BranntwMonG der Hersteller für Branntwein zu zahlen, der von der Pflicht zur Ablieferung an die Bundesmonopolverwaltung ausgenommen ist oder pflichtwidrig nicht abgeliefert wird. Der Branntweinaufschlag ist zwar auch Verbrauchsteuer iS der AO (§ 78 S. 2 BranntwMonG idF des Art. 21 HhSichG v. 20. 12. 1965, BGBl. I 2065), in erster Linie jedoch Ertrag eines Finanzmonopols iS der Art. 106, 108 GG und Monopoleinnahme der besonderen Straf- und Bußgeldvorschriften der §§ 119ff. BranntwMonG; vgl. auch § 121 Nr. 2 BranntwMonG. Von den Vorschriften des 8. Teils der AO gelten daher für Monopolstraftaten, die den Branntweinaufschlag betreffen, nur die in § 128 BranntwMonG angeführten §§ 369, 375 I und § 376 AO, für Monopolhinterziehung ferner § 371 AO, sowie für Monopolordnungswidrigkeiten § 377 AO und für die leichtfertige Verkürzung von Monopoleinnahmen ferner § 378 III AO entsprechend. Auf das Straf- oder Bußgeldverfahren sind die §§ 385–412 AO gem. § 132 BranntwMonG entsprechend anzuwenden.

2. Branntweinsteuer

205 BranntwSt (früher: „*Hektolitereinnahme*") hat die Branntweinmonopolverwaltung gem. § 84 BranntwMonG für den Branntwein zu zahlen, den sie verwertet. Die BranntwSt ist zwar Verbrauchsteuer iS der AO (§ 84 I 2 BranntwMonG), aber auch Monopoleinnahme iS der §§ 119ff. BranntwMonG. Demgemäß sind von den §§ 369–412 AO auf Zuwiderhandlungen, welche die BranntwSt betreffen, nur einzelne Vorschriften (s. Rdnr. 204) entsprechend anzuwenden (glA *Bender* S. 256).

3. Monopolausgleich

206 Monopolausgleich ist gem. § 151 I iVm § 84 II–IV BranntwMonG für eingeführten Branntwein und für eingeführte weingeisthaltige Erzeugnisse zu zahlen, um die Belastung des inländischen Alkohols mit BranntwSt (Rdnr. 205) auszugleichen. Für die Entstehung der Abgabe, den Schuldner usw. verweist § 154 BranntwMonG auf die Vorschriften des ZollG (s. Rdnr. 178). Der Monopolausgleich ist Verbrauchsteuer iS der Art. 106, 108 GG und iS der AO (§ 151 III BranntwMonG), keine Monopoleinnahme iS der §§ 119ff. BranntwMonG; vgl. auch § 129a BranntwMonG. Demgemäß sind die §§ 369–412 AO auf Zuwiderhandlungen, welche den Monopolausgleich betreffen, unmittelbar anzuwenden (glA *Bender* S. 256).

4. Preisausgleich

207 Preisausgleich wurde bisher zusätzlich zum Monopolausgleich (Rdnr. 206) auf Spirituosen erhoben, die aus Mitgliedstaaten der EG oder aus assoziierten Staaten eingeführt wurden. Rechtsgrundlagen waren das Gesetz über die Erhebung einer besonderen Ausgleichsabgabe auf eingeführten Branntwein v. 23. 12. 1970 (BGBl. I 1878) und die VO über den Preisausgleich auf eingeführten Branntwein v. 11. 12. 1974 (BGBl. I 3461), § 1 geänd. durch VOen v. 22. 5. 1975 (BGBl. I 1259), 22. 8. 1975 (BGBl. I 2298) und 19. 12. 1975 (BGBl. I 3183). Auf Vorlagebeschluß des BFH hat der EuGH mit Urt. v. 17. 2. 1976 (NJW 1022) entschieden, daß die Ausgleichsabgabe mit Rücksicht auf Art. 37 des EWG-Vertrages nach dem 31. 12. 1969 nicht mehr erhoben werden durfte.

5. Essigsäuresteuer

208 Der EssigsäureSt unterliegen gem. § 160 BranntwMonG der Übergang von Essigsäure, die nicht durch Gärung hergestellt worden ist, in den freien Verkehr des Monopolgebietes sowie die Einfuhr solcher Essigsäure in das Monopolgebiet. Bei der Herstellung im Monopolgebiet wird die EssigsäureSt aufgrund § 163 BranntwMonG im Abfertigungsverfahren nach den §§ 4, 10–19 EO festgestellt; der StSchuldner hat die in einem Monat entstandene Steuer gem. § 164a BranntwMonG bis zum 25. des folgenden Monats zu entrichten. Bei der Einfuhr verweist § 161a BranntwMonG für die Entstehung der Steuer, den StSchuldner usw. auf die Vorschriften des ZollG (s. Rdnr. 178). Die EssigsäureSt ist eine VerbrauchSt iS der Art. 106, 108 GG und iS der AO; vgl. § 129a BranntwMonG. Demgemäß sind die §§ 369–412 AO auf Zuwiderhandlungen, welche die EssigsäureSt betreffen, unmittelbar anzuwenden.

Erläuterungen

§ 369 Steuerstraftaten

(1) Steuerstraftaten (Zollstraftaten) sind:

1. Taten, die nach den Steuergesetzen strafbar sind,
2. der Bannbruch,
3. die Wertzeichenfälschung und deren Vorbereitung, soweit die Tat Steuerzeichen betrifft,
4. die Begünstigung einer Person, die eine Tat nach den Nummern 1 bis 3 begangen hat.

(2) Für Steuerstraftaten gelten die allgemeinen Gesetze über das Strafrecht, soweit die Strafvorschriften der Steuergesetze nichts anderes bestimmen.

Schrifttum:
Zu den allgemeinen Gesetzen über das Strafrecht s. vor Rdnr. 17, 18, 31, 36, 37, 42, 49, 62, 70, 77, 89, 98, 106, 114, 117, 119, 124, 127; zur Begünstigung s. vor Rdnr. 161.

Übersicht

I. Allgemeines

1. Entstehungsgeschichte

1 § 369 AO geht zurück auf § 391 RAO idF des Art. 1 Nr. 3 des 2. AOStrafÄndG v. 12. 18. 1968 (BGBl. I 953), der die §§ 391, 392 RAO 1931 zusammengefaßt hatte; Begr. s. BT-Drucks. V/1812 S. 22. § 391 I RAO entsprach § 356 RAO 1919, der zunächst mit unverändertem Wortlaut als § 392 RAO 1931 neu bekannt gemacht worden war. In der Neufassung gem. Art. I Nr. 10 und 26 v. 4. 7. 1939 (RGBl. I 1181) war die Vorschrift um den aus dem VZollG in die RAO übernommenen Tatbestand des Bannbruchs (§ 401 a RAO) erweitert und der Begriff *„Steuerzuwiderhandlungen"* durch *„Steuervergehen"* ersetzt worden. § 369 I AO spricht nunmehr nicht von Steuer- und Zollvergehen, sondern von Steuerstraftaten und Zollstraftaten. Eine terminologische Änderung enthält Nr. 1, die nicht wie § 391 RAO *„strafbare Zuwiderhandlungen gegen Steuergesetze"* erfaßt, sondern *„Taten, die nach den Steuergesetzen strafbar sind"*. Neu aufgenommen wurde in Nr. 3 die Wertzeichenfälschung, soweit sie Steuerzeichen betrifft. Dies wurde erforderlich, nachdem die Steuerzeichenfälschung nach § 399 RAO aus der AO herausgenommen wurde und nunmehr vom Tatbestand der Wertzeichenfälschung nach §§ 148ff. StGB erfaßt wird. Nr. 4 entspricht § 391 Nr. 3 RAO. Eine inhaltliche Veränderung hat sich jedoch durch das EGStGB ergeben, da nach § 257 StGB als Begünstigung nur noch die früher sog. sachliche Begünstigung bestraft wird. Die früher sog. persönliche Begünstigung wird von § 258 StGB jetzt als Strafvereitelung bezeichnet. Mangels einer entsprechenden Verweisung in Nr. 4 ist die Strafvereitelung jetzt keine Steuerstraftat mehr (s. Rdnr. 12).

2 § 369 II AO stimmt im Wortlaut mit § 391 II RAO bis auf die Verwendung des Begriffs „*Steuerstraftat*" statt „*Steuervergehen*" überein. § 391 II RAO ging auf § 391 RAO 1931 (= § 355 RAO 1919) zurück und enthielt nur die Abweichung, daß mit Rücksicht auf das JGG nicht mehr allein auf das StGB, sondern auf die „*allgemeinen Gesetze über das Strafrecht*" verwiesen wurde. Andererseits wurde der Vorbehalt, „*soweit die Steuergesetze nichts Abweichendes vorschreiben*", auf die „*Strafvorschriften der Steuergesetze*" beschränkt.

2. Zweck der Vorschrift

3 **§ 369 I AO entlastet die Gesetzestechnik** durch Einführung einer Sammelbezeichnung für Straftaten nach §§ 370, 372–374 AO. Die Sammelbezeichnung umfaßt auch die beiden Straftatbestände, die heute noch in Steuergesetzen außerhalb der AO geregelt sind: § 13 WStG (Vertrieb und Vermittlung unversteuerter Wechsel) und § 23 RennwettLottG (Vertrieb unversteuerter Lose). Durch den Begriff „*Steuerstraftaten*" werden die allgemeinen Vorschriften des materiellen Steuerstrafrechts im 1. Abschnitt und die Vorschriften über das Steuerstrafverfahren im 3. Abschnitt des 8. Teils der AO auf die genannten Straftaten bezogen, ohne daß sie jeweils im einzelnen angeführt zu werden brauchen. Dasselbe gilt für andere Gesetze, die auf die für Steuerstraftaten geltenden Vorschriften verweisen, zB § 128 BranntwMonG.

4 **Die rückgreifende Verweisung des § 369 II AO auf die allgemeinen Gesetze über das Strafrecht** bringt – abw. von § 391 RAO – zum Ausdruck, daß außer den Vorschriften des StGB auch die materiellen Vorschriften des JGG für Steuerstraftaten gelten. Die Vorschrift hat nur deklaratorische Bedeutung. Ohne sie würde nichts anderes gelten, da die §§ 370–376 AO offensichtlich keine vollständige Regelung des materiellen Steuerstrafrechts darstellen, sondern außer den einzelnen Staftatbeständen nur wenige Vorschriften enthalten, die von den allgemeinen Gesetzen über das Strafrecht abweichen. Andere strafrechtliche Nebengesetze verzichten auf eine dem § 369 II AO entsprechende Vorschrift (Ausnahme: § 3 WehrStG). Eine ausdrückliche Verweisung mit dem Vorbehalt des § 369 II Halbs. 2 AO ist jedoch zweckmäßig; sie klärt das Verhältnis zwischen den allgemeinen Vorschriften der Steuergesetze und der Strafgesetze in dem Sinne, daß nur die Strafvorschriften der Steuergesetze gegenüber den allgemeinen Strafgesetzen spezieller sind (*Kohlmann* 22 zu § 391 RAO).

II. Begriff der Steuerstraftat

1. Natürliche Steuerstraftaten (§ 369 I Nr. 1 AO)

5 § 369 I Nr. 1 AO weicht von § 391 I Nr. 1 RAO erheblich ab. Nach altem Recht waren Steuervergehen strafbare Zuwiderhandlungen gegen Steuergesetze. Daraus konnte geschlossen werden, es genüge für die Einordnung als Steuervergehen die Verletzung einer steuerlichen Pflicht, gleichgültig ob der Straftatbestand selbst ein Steuergesetz war. Da der Gesetzgeber den Bruch des

Steuergeheimnisses, der eine Zuwiderhandlung gegen ein Steuergesetz (§ 30 AO) ist, nicht als Steuerstraftat einordnen wollte, hat er die jetzt geltende Fassung von § 369 I Nr. 1 AO gewählt. Der Bruch des Steuergeheimnisses sei nunmehr keine Steuerstraftat mehr, da er nicht nach einem Steuergesetz, sondern nach § 355 StGB strafbar ist. Die neue Regelung bereitet jedoch deshalb erhebliche Schwierigkeiten, weil die gesonderte Nennung des Bannbruchs in § 369 I Nr. 2 AO darauf hindeutet, daß eine Strafbarkeit nach einem Steuergesetz nicht schon dann gegeben ist, wenn der Straftatbestand – wie § 372 AO (Bannbruch) – in einem Steuergesetz (der AO) enthalten ist. Daraus entsteht folgendes Dilemma: Versteht man die Strafbarkeit nach einem Steuergesetz iS von § 369 I Nr. 1 AO – formal – als Ansiedlung des Tatbestandes in einem Steuergesetz, dann ist § 369 I Nr. 2 AO überflüssig, da der Bannbruch nach diesem Kriterium schon gem. Nr. 1 Steuerstraftat ist. Interpretiert man dagegen die „Strafbarkeit nach einem Steuergesetz" derart im materiellen Sinne, daß der Tatbestand dem Schutz des Steueraufkommens zu dienen bestimmt sein muß, dann kann der Bruch des Steuergeheimnisses entgegen den Absichten des Gesetzgebers doch wieder als Steuerstraftat bezeichnet werden, sofern § 355 StGB als Steuergesetz im materiellen Sinne verstanden werden muß. Eine Lösung des Problems ist nur auf folgendem Weg möglich: Dasjenige Gesetz, das die Strafbarkeit der Tat begründet, muß Steuergesetz sein. Eine Strafnorm ist nur dann Steuergesetz iS von § 369 I Nr. 1 AO, wenn sie Verhaltensweisen erfaßt, die das Steueraufkommen *unmittelbar* verringern oder gefährden. Dazu gehören die Tatbestände in den §§ 370, 373, 374 AO sowie § 13 WStG und § 23 RennwLottG. Dagegen sind die §§ 353 und 355 StGB keine Steuergesetze, da die entsprechenden Taten das Steueraufkommen allenfalls *mittelbar* gefährden.

6 Strafbare Verletzungen von Steuergesetzen sind zu unterscheiden von Zuwiderhandlungen, die als Steuerordnungswidrigkeiten mit Geldbuße geahndet werden können (§ 377 I AO) oder die besonderen steuerrechtlichen Sanktionen unterliegen, zB Verspätungszuschlägen (§ 152 AO), Zwangsmitteln (§§ 328ff. AO) oder Säumniszuschlägen (§ 240 AO). Erfüllt dasselbe Verhalten zugleich die Merkmale einer Steuerstraftat und einer Steuerordnungswidrigkeit, wird nach § 17 I OWiG nur das Strafgesetz angewendet. Dagegen ist die Konkurrenz zwischen der straf- oder bußrechtlichen Ahndung einer Zuwiderhandlung und einer besonderen steuerrechtlichen Sanktion nicht geregelt; auch hat die Rspr noch nicht geklärt, ob und ggf. unter welchen Umständen eine Häufung der Sanktionen rechtsstaatlich unbedenklich ist (vgl. *Tipke* 4 zu § 168 RAO).

7 Der Übergang vom Begriff „Steuervergehen" zu **„Steuerstraftaten"** soll der Sprachvereinheitlichung dienen und lediglich die Abgrenzung von Straftaten und Ordnungswidrigkeiten leisten (Art. 161 EGStGB). Wenn *Hübner* (3 zu § 391 RAO) dagegen neben stilistischen Bedenken einwendet, der Begriff „Steuervergehen" hätte klargestellt, daß es sich auch bei den besonders schweren Fällen um Vergehen (und nicht Verbrechen) handele, dann vermag dieser Einwand die jetzt geltende Regelung aus zwei Gründen nicht zu treffen: Zunächst stellt schon § 12 III StGB klar, daß die Strafrahmenveränderung für besonders schwere Fälle den Deliktscharakter nicht verändert. Auch ohne § 12 III StGB könnten Streitfragen nicht auftreten, weil die Strafrahmenuntergrenze für besonders schwere Fälle in § 370 III AO unter einem Jahr Freiheitsstrafe liegt.

8 **Zollstraftaten** sind solche Steuerstraftaten, die sich auf Zölle beziehen. Da Zölle gem. § 3 I 2 AO unter den Steuerbegriff der AO fallen, hätte der Begriff „Zollstraftaten" in § 369 I AO nicht erwähnt zu werden brauchen. Eine Klarstellung erschien jedoch zweckmäßig, weil andere Gesetze auf die *„für Zollstraftaten geltenden Vorschriften"* verweisen (vgl. § 2 I AbschG). Steuerhehlerei (§ 398 AO) ist eine Zollstraftat, falls hinsichtlich der gehehlten Sache Zölle oder andere Eingangsabgaben hinterzogen worden sind (allgemein zur Rechtsnatur der Steuerhehlerei als Steuervergehen iS des § 391 I Nr. 1 RAO vgl. *Hübner* 10 zu § 391 RAO).

2. Bannbruch (§ 369 I Nr. 2 AO)

9 Bannbruch (§ 372 AO) wird durch § 369 I Nr. 2 AO konstitutiv zu einer Steuerstraftat iS der straf- und strafverfahrensrechtlichen Vorschriften der AO erklärt. Ohne § 369 I Nr. 2 AO wäre Bannbruch keine Steuerstraftat (glA *Hübner* 7 zu § 391 RAO; aM *Troeger/Meyer* S. 34, 72, 85), da Zuwiderhandlungen gegen die in nichtsteuerlichen Gesetzen aus steuerfremden Gründen, etwa zum Schutz der Gesundheit von Menschen, Tieren und Pflanzen (s. Rdnr. 2, 19 zu § 372 AO), erlassenen Ein-, Aus- und Durchfuhrverbote die Besteuerung nicht beeinträchtigen, wenn nicht – wie oft – zugleich der Straftatbestand der Steuerhinterziehung (§ 370 AO) erfüllt wird. Das häufige Zusammentreffen von Zuwiderhandlungen gegen ein Einfuhrverbot mit der Hinterziehung von Eingangsabgaben (Abgaben für die Aus- oder Durchfuhr von Waren werden zZ nicht erhoben) und die Tatsache, daß die Zollbehörden zugleich über die Einhaltung der steuerlichen Vorschriften und der Verbote und Beschränkungen des grenzüberschreitenden Warenverkehrs zu wachen haben, bildet den Grund, den Bannbruch kraft Gesetzes den natürlichen Steuerstraftaten gleichzustellen. Auf diese Weise wird gewährleistet, daß die Zollbehörden für beiderlei Zuwiderhandlungen dieselben strafverfahrensrechtlichen Befugnisse haben (s. jedoch Rdnr. 10 sowie Rdnr. 48ff. zu § 372 AO).

10 **Unter den Begriff des Bannbruchs** iS des § 369 I Nr. 2 AO fallen nur Taten, die *mit Strafe bedroht sind,* sei es unmittelbar nach § 372 II iVm § 370 I, II AO (s. Rdnr. 36 zu § 372 AO) oder nach außersteuerlichen Gesetzen (s. Rdnr. 19 zu § 372 AO) oder unter erschwerenden Umständen nach § 373 AO (s. Rdnr. 6 zu § 373 AO). Dagegen erfaßt § 369 I Nr. 2 AO diejenigen Taten nicht, die zwar die Begriffsbestimmung des § 372 I AO erfüllen, aber nur mit Geldbuße geahndet werden können, zB die verbotswidrige Einfuhr von forstlichem Saat- und Pflanzgut gem. § 15 Nr. 3 III des Gesetzes idF v. 29. 10. 1969 (BGBl. I 2057). Hier findet die durch den Zweck des § 369 I Nr. 2 AO

(s. Rdnr. 9) gebotene weite Auslegung ihre Grenze. Bloße Ordnungswidrigkeiten können keine Steuer*straftaten* sein.

3. Wertzeichenfälschung (§ 369 I Nr. 3 AO)

11 Durch Art. 161 Nr. 5 EGStGB wurde der besondere Tatbestand der Steuerzeichenfälschung in § 399 RAO aufgehoben. Gleichzeitig wurde in § 391 I Nr. 3 RAO die Wertzeichenfälschung, soweit sie Steuerzeichen betrifft, zur Steuerstraftat erklärt. Die Fälschung von Steuerzeichen und deren Vorbereitung wird seit dem 1. 1. 1975 durch die neu geschaffenen Vorschriften in den §§ 148ff. StGB (Wertzeichenfälschung) erfaßt. Einzelheiten zur Steuerzeichenfälschung s. Rdnr. 133ff.

4. Begünstigung (§ 369 I Nr. 4 AO)

12 Das StGB von 1975 unterscheidet zwischen Begünstigung (§ 257 StGB) und Strafvereitelung (§ 258 StGB), während in § 257 StGB aF beide Tatbestände unter dem Oberbegriff Begünstigung zusammengefaßt waren. Da § 369 I Nr. 4 AO (ebenso schon § 391 I Nr. 4 RAO idF von Art. 161 Nr. 1 EGStGB) nur von Begünstigung spricht, ist die Strafvereitelung iS von § 258 StGB keine Steuerstraftat mehr. Nach *Kohlmann* (Rdnr. 5 zu § 391 RAO) beruht dies möglicherweise auf einem Versehen des Gesetzgebers (s. auch *Kratzsch* NJW 1975, 199). Steuerstraftat ist daher nur noch die (früher sog. sachliche) Begünstigung iS von § 257 StGB, sofern die Vortat eine Steuerstraftat iS von § 369 I Nr. 1–3 AO ist. Begünstigung begeht, wer einem anderen, der eine rechtswidrige Tat begangen hat, in der Absicht Hilfe leistet, ihm die Vorteile der Tat zu sichern; Einzelheiten s. Rdnr. 161ff. Dagegen begeht keine Steuerstraftat, wer die Bestrafung oder die Unterwerfung eines anderen unter eine Maßnahme ganz oder zum Teil vereitelt (§ 258 StGB).

III. Geltung der allgemeinen Gesetze (§ 369 II AO)

1. Umfang der Verweisung

13 **Allgemeine Gesetze über das Strafrecht** iS des § 369 II AO sind in erster Linie die Vorschriften des Allgemeinen Teils des StGB, aber auch allgemeine Bestimmungen, die im Besonderen Teil des StGB erscheinen, zB § 357 StGB über die Verleitung von Untergebenen zu strafbaren Handlungen und § 358 StGB über die in diesem Falle mögliche Nebenfolge der Amtsunfähigkeit. Danach unterliegt zB der Vorsteher eines FA, der wissentlich die Beteiligung eines Amtsangehörigen an einer Steuerhinterziehung geschehen läßt, nach § 357 StGB iVm § 370 AO der Strafe aus § 370 AO und der Nebenfolge aus § 358 StGB. Zu den allgemeinen Gesetzen über das Strafrecht gehören ferner die §§ 1–32, 105 und 106 JGG (s. Rdnr. 127ff.) sowie § 1 I, II, § 2 Nr. 2, §§ 3, 5, 7, 12, 14 WehrStG (zutr. *Hübner* 11 u. 16 zu § 391 RAO; s. Rdnr. 132).

14 Die Verweisung des § 369 II AO bezieht sich auf das StGB, die materiellen Vorschriften des JGG und die Allgemeinen Bestimmungen des WehrStG **in**

ihrem jeweiligen Bestand, nicht nur auf die Vorschriften, die zZ des Inkrafttretens des § 369 AO am 1. 1. 1977 gegolten haben. Künftige Änderungen des StGB usw. werden sich daher ohne weiteres auch auf das Steuerstrafrecht auswirken.

15 Über die positiven Vorschriften hinaus umfaßt die Verweisung des § 369 II AO auch diejenigen **allgemeinen Lehren,** die Rspr und Rechtslehre zum Strafrecht entwickelt haben, zB zur Wahlfeststellung (s. Rdnr. 117f.), zum Irrtum (s. Rdnr. 89ff.), zum Fortsetzungszusammenhang (s. Rdnr. 102ff.), oder die künftig noch entwickelt werden. Neue Auslegungsgrundsätze zum Nachteil des Täters widersprechen nicht dem Verbot des Art. 103 II GG über die Rückwirkung von Strafgesetzen (*Hübner* 12 zu § 391 AO; vgl. auch BVerfG 18, 224, 240f. v. 11. 11. 1964).

16 **Strafvorschriften der Steuergesetze, die** gegenüber den allgemeinen Vorschriften über das Strafrecht **etwas anderes bestimmen,** sind nur noch

§ 371 AO über die strafbefreiende Selbstanzeige bei Steuerhinterziehung und

§ 376 AO im Verhältnis zu § 78c StGB über die Unterbrechung der Strafverfolgungsverjährung durch die Bekanntgabe der Einleitung eines Bußgeldverfahrens.

Dagegen machen § 375 I AO (Verlust der Amtsfähigkeit und der Wählbarkeit) und § 375 II AO (Einziehung) lediglich von den in § 45 II und § 74 IV StGB vorgesehenen Möglichkeiten Gebrauch.

2. Geltung des Strafgesetzbuches

Schrifttum:
Baumann, Strafrecht, Allgemeiner Teil (Lehrbuch), 8. Aufl. 1977; *Blei,* Strafrecht I, Allgemeiner Teil (Kurzlehrbuch), 17. Aufl. 1977; *Bockelmann,* Strafrecht, Allgemeiner Teil (Grundriß), 2. Aufl. 1975; *Dreher,* Strafgesetzbuch (Kurzkommentar), 37. Aufl. 1977; *Jescheck,* Lehrbuch des Strafrechts, Allgemeiner Teil, 2. Aufl. 1972; *Lackner,* Strafgesetzbuch mit Erläuterungen, 11. Aufl. 1977; Leipziger Kommentar (LK), 9. Aufl. 1974; *Maurach,* Deutsches Strafrecht, Allgemeiner Teil (Lehrbuch), 4. Aufl. 1971; *Schmidhäuser,* Strafrecht, Allgemeiner Teil (Lehrbuch), 2. Aufl. 1975; *Schönke/Schröder,* Strafgesetzbuch (Kommentar), 18. Aufl. 1976; *Stratenwerth,* Strafrecht, Allgemeiner Teil I (Lehrbuch), 2. Aufl. 1976; Systematischer Kommentar (SK) zum Strafgesetzbuch, Band I, Allgemeiner Teil, 2. Aufl. 1977; *Welzel,* Das deutsche Strafrecht (Lehrbuch), 11. Aufl. 1969.

17 Da das Steuerstrafrecht keinen speziellen Allgemeinen Teil enthält, § 369 II AO vielmehr auf die allgemeinen Gesetze über das Strafrecht verweist, ist die Anwendung der Steuerstrafrechtssätze auf einen konkreten Fall nur bei Berücksichtigung der gesamten Regeln des Allgemeinen Strafrechts möglich. Gerade die Sätze des Allgemeinen Strafrechts sind jedoch gesetzlich nur in sehr geringem Umfange geregelt und weitgehend von Rspr und Strafrechtswissenschaft entwickelt worden. Angesichts der immer noch erheblichen Lükkenhaftigkeit des StGB findet sich im Allgemeinen Teil des Strafrechts eine Fülle von Streit- und Zweifelsfragen, die eine umfassende Darstellung im Rahmen des Steuerstrafrechts notwendig unmöglich macht. Die folgende Erörterung des Allgemeinen Strafrechts muß sich daher in mehrerer Hinsicht beschränken. Sie kann das allgemeine Strafrecht nur darstellen, soweit es für das Steuerstrafrecht bedeutsam ist. Aber auch in diesem verengten Rahmen ist nur eine Wiedergabe der Grundzüge möglich. Ihre Darstellung kann nur einen ersten Überblick verschaffen und Hinweise für weitere Überlegungen geben.

A. Auslegung, Analogie, zeitliche und räumliche Geltung der Strafgesetze.

a) Nulla poena sine lege

Schrifttum:
Sax, Das strafrechtliche Analogieverbot, 1953; *Stree,* Deliktsfolgen und Grundgesetz, 1960; *Grünwald,* Bedeutung und Begründung des Satzes nulla poena sine lege, ZStW 76 (1964) 1; *Arthur Kaufmann,* Analogie und Natur der Sache, 1965; *Seel,* Unbestimmte und normative Tatbestandsmerkmale im Strafrecht, 1965; *Bopp,* Die Entwicklung des Gesetzesbegriffs im Sinne des Grundrechts „nulla poena, nullum crimen sine lege", 1966; *Diefenbach,* Die verfassungsrechtliche Problematik des § 2 Abs. 4 StGB, 1966; *Lenckner,* Wertausfüllungsbedürftige Begriffe im Strafrecht und der Satz „nulla poena sine lege", JuS 1968, 304; *Schöckel,* Die Entwicklung des strafrechtlichen Rückwirkungsverbots bis zur französischen Revolution, 1968; *Schreiber,* Zur Zulässigkeit der rückwirkenden Verlängerung von Verjährungsfristen früher begangener Delikte, ZStW 80 (1968) 348; *Larenz,* Methodenlehre der Rechtswissenschaft, 2. Aufl. 1969; *Bindokat,* Teleologie und Analogie im Strafrecht, JZ 1969, 541; *Schreiber,* Rückwirkungsverbot bei einer Änderung der Rechtsprechung im Strafrecht, JZ 1973, 713; *ders.,* Gesetz und Richter, 1976.

18 Die für das gesamte Strafrecht grundlegende Vorschrift findet sich in § 1 StGB, der mit Art. 103 II GG identisch ist.

§ 1 StGB – Keine Strafe ohne Gesetz

Eine Tat kann nur bestraft werden, wenn die Strafbarkeit gesetzlich bestimmt war, bevor die Tat begangen wurde.

§ 1 StGB enthält den Grundsatz: „*Nulla poena sine lege scripta, stricta, certa, praevia.*" Jede Bestrafung einer Tat setzt demnach ein zur Tatzeit geltendes *(praevia),* seinem Wortlaut nach auf die Tat anwendbares *(stricta),* geschriebenes *(scripta)* und hinreichend bestimmtes *(certa)* Gesetz voraus. Damit enthält § 1 StGB folgende Normen: Das Analogieverbot und das Verbot von Gewohnheitsrecht: Der Richter darf nur nach geschriebenem Gesetz und nicht nach Gewohnheitsrecht oder aufgrund von Analogie verurteilen. Das Bestimmtheitsgebot: Der Gesetzgeber darf nur solche Strafgesetze erlassen, die das strafbare Verhalten hinreichend genau beschreiben. Das Rückwirkungsverbot: Der Gesetzgeber darf die Anwendung von Strafgesetzen nicht auf Taten anordnen, die vor der Geltung des Strafgesetzes begangen wurden. Der Richter darf ein Strafgesetz nicht auf eine vor Geltung des Strafgesetzes begangene Tat anwenden (*Grünwald* ZStW 76 [1964] 1; *Schreiber* 3ff. zu § 1 StGB).

19 **Das Analogieverbot** verbietet die Ausdehnung eines Strafgesetzes auf einen vom Gesetz nicht geregelten Fall, auch wenn dieser Fall dem vom Gesetz geregelten Fall so sehr ähnelt, daß eine Anwendung des Gesetzes als sinnvoll erscheint (krit. zum Analogieverbot: *Sax* aaO, *Kaufmann* aaO). Die Schwierigkeiten des Analogieverbots bestehen in der Abgrenzung der Analogie von der Auslegung. Auslegung ist die Ermittlung der Reichweite einer Norm unter Berücksichtigung von Wortlaut, Entstehungsgeschichte, Systematik und Zweck (*Larenz* S. 296ff.; *Engisch,* Einführung in das juristische Denken, S. 71ff.; *Schönke/Schröder* 47 zu § 1 StGB). Der Bereich auch im Strafrecht gebotener Auslegung wird überschritten, wenn der mögliche Wortsinn des Gesetzes das Ergebnis nicht mehr deckt. Dann handelt es sich um Analogie (BGH 4, 144, 148 v. 12. 3. 1953; *Jescheck* S. 106; *Schreiber* 24 u. *Schönke/Schröder* 63 zu § 1 StGB). § 1 StGB verbietet die Analogie im Strafrecht nicht generell, sondern nur dann, wenn sie die Norm über den Wortlaut hinaus zum Nachteil des Täters ausdehnt. Weiterhin darf eine Verurteilung nicht auf (ungeschriebenes) Gewohnheitsrecht gestützt werden. Freilich ist Gewohnheitsrecht anwendbar, soweit es den Täter begünstigt; zu den Einzelheiten s. *Schönke/Schröder* 17ff. zu § 1 StGB.

20 **Das Bestimmtheitsgebot** wird jedenfalls dann verletzt, wenn der Strafgesetzgeber ohne Not Generalklauseln verwendet und damit die Bestimmung des strafbaren Verhaltens nicht mehr selbst vornimmt, sondern dem Richter überläßt (BGH 23, 167, 171 v. 18. 11. 1969; *Grünwald* ZStW 76 [1964] 16; *Lenckner* JuS 1968, 305; *Schönke/Schröder* 28ff. zu § 1 StGB). Die Tatbestände der §§ 370ff. AO sind insoweit unbedenklich, da sie zwar durch die Normen des Steuerrechts ausgefüllt werden müssen (Blankettatbestand), diese aber regelmäßig hinreichend bestimmt sind.

Zum **Rückwirkungsverbot** siehe unten Rdnr. 21ff.

21 **b) Die zeitliche Geltung der Strafgesetze** ergibt sich aus:

§ 2 StGB – Zeitliche Geltung

(1) **Die Strafe und ihre Nebenfolgen bestimmen sich nach dem Gesetz, das zur Zeit der Tat gilt.**

(2) **Wird die Strafdrohung während der Begehung der Tat geändert, so ist das Gesetz anzuwenden, das bei Beendigung der Tat gilt.**

(3) **Wird das Gesetz, das bei Beendigung der Tat gilt, vor der Entscheidung geändert, so ist das mildeste Gesetz anzuwenden.**

(4) **Ein Gesetz, das nur für eine bestimmte Zeit gelten soll, ist auf Taten, die während seiner Geltung begangen worden sind, auch dann anzuwenden, wenn es außer Kraft getreten ist. Dies gilt nicht, soweit ein Gesetz etwas anderes bestimmt.**

(5) **Für Verfall, Einziehung und Unbrauchbarmachung gelten die Absätze 1 bis 4 entsprechend.**

(6) **Über Maßregeln der Besserung und Sicherung ist, wenn gesetzlich nichts anderes bestimmt ist, nach dem Gesetz zu entscheiden, das zur Zeit der Entscheidung gilt.**

Für die gesetzliche Beschreibung einer strafbaren Handlung und die angedrohte Strafe ist nach § 2 I StGB grundsätzlich *das Gesetz maßgebend, das zur Tatzeit gilt.* Eine Tat ist in dem Zeitpunkt begangen, in dem der Täter die für die Verwirklichung des Tatbestandes entscheidende Handlung ausgeführt hat oder in dem er – bei einer pflichtwidrig unterlassenen Handlung – spätestens hätte handeln müssen; auf den Eintritt eines zum Tatbestand gehörenden Erfolges kommt es nicht an (§ 8 StGB). Für fortgesetzte Taten und Dauerdelikte gilt § 2 II StGB. Maßgeblich ist hinsichtlich der Strafdrohung die Beendigung der Tat. Tatteile, die vor Inkrafttreten des neuen Gesetzes straflos waren, dürfen jedoch nicht nach dem neuen Gesetz bestraft werden (*Schreiber* 3f. zu § 2 StGB). Sind an einer Tat mehrere Personen beteiligt, ist die Tatzeit für den Tatbeitrag jedes Teilnehmers selbständig zu beurteilen.

22 **Bei Verschiedenheit der Gesetze** von der Tat bis zur Aburteilung ist nach § 2 III StGB das mildeste Gesetz anzuwenden. Demgemäß tritt ohne ausdrückliche Vorschrift des ÄndG abw. von § 2 I StGB zugunsten des Täters eine Rückwirkung des späteren Gesetzes ein, wenn es *„für den Einzelfall nach seinen besonderen Umständen die mildere Beurteilung zuläßt"* (stRspr, BGH v. 16. 10. 1952, LM § 2a StGB, Nr. 2; BGH 14, 156, 158 v. 1. 3. 1960; 20, 22, 29f. v. 8. 9. 1964; 20, 121, 124 v. 1. 12. 1964). Dabei kommt es auf den *gesamten* Rechtszustand an; auch blankettausfüllende Normen sind zu berücksichtigen (BGH 20, 177 v. 8. 1. 1965 zu § 396 RAO iVm § 8 MinöStG abw. von dem früheren Urt. desselben Senats in BGH 7, 294f. v. 5. 4. 1955 und der stRspr des RG, vgl. RG 49, 410, 413 v. 28. 2. 1916); wegen der Ausnahme für blankettausfüllende Zeitgesetze s. Rdnr. 25. Nicht zulässig ist es, teils das alte, teils das neue Gesetz anzuwenden (BGH 20, 22, 29f. v. 8. 9. 1964).

23 **Wird ein Straftatbestand nach der Tat in einen Bußgeldtatbestand umgewandelt,** gilt § 2 StGB entsprechend (BGH 12, 148, 153 v. 24. 11. 1958). Aus diesem Grunde enthielt Art. 12 des 2. AOStrafÄndG keine materiell-rechtliche Übergangsvorschrift für Zuwiderhandlungen gegen die früheren Straftatbestände der §§ 402, 406, 413 RAO aF, die vor dem Inkrafttreten des ÄndG begangen, jedoch bis zum 1. 10. 1968 noch nicht rechtskräftig abgeurteilt waren.

24 **Für Zeitgesetze** schließt § 2 IV den § 2 III StGB aus, dh bei Strafgesetzen, die Zeitgesetze sind, bestimmt sich die Strafe stets nach dem Gesetz, das zur Tatzeit gilt, auch wenn vor der Aburteilung der Tat ein milderes Gesetz erlassen worden ist. Zeitgesetz *„ist nicht nur ein Gesetz, das kalendermäßig begrenzt ist, sondern auch ein solches, das, mag es auch nicht ausdrücklich nur vorübergehend Geltung beanspruchen, nach seinem Inhalt eine nur als vorübergehend gedachte Regelung für wechselnde Zeitverhältnisse treffen will"* (BGH v. 2. 11. 1951, NJW 1952, 72; vgl. auch BGH 6, 30, 37 v. 9. 3. 1954; OGH 2, 259, 268 v. 8. 11. 1949). Der Grundsatz der Rückwirkung des mildesten Rechts nach § 2 III StGB beruht auf dem Gedanken, daß in dem neuen Gesetz eine geänderte Rechtsauffassung zum Durchbruch gelangt ist. Dieser Gedanke trifft nicht zu, wenn Gebote und Verbote wegen besonderer tatsächlicher Verhältnisse nur für eine vorübergehende Zeit erlassen oder verschärft und später wegen Änderung dieser Verhältnisse wieder gemildert oder außer Kraft gesetzt werden (*Schönke/Schröder* 35 zu § 2 StGB; krit. *Tiedemann,* Peters-Festschr. S. 200ff.). In solchen Fällen darf auch eine gemilderte Strafnorm oder ihre Aufhebung nicht zurückwirken, da Zeitgesetze sonst *„gegen Ende ihrer Geltungszeit an Wirksamkeit verlören und Beschuldigte dem Versuch unterliegen*

könnten, das Verfahren zu verzögern" (Begr. zu § 2 E 1962, BT-Drucks. IV/650 S. 107). Ob eine Gesetzesänderung auf einem Wandel der Rechtsüberzeugung beruht (und deshalb § 2 III StGB anzuwenden ist) oder ob die Gesetzesänderung einer Änderung der tatsächlichen Verhältnisse folgt (und deshalb § 2 IV StGB gilt), ist oft nicht einfach zu entscheiden. Zweifelsfrei beruht jedoch die Neufassung der §§ 369ff. AO auf einer gewandelten Rechtsüberzeugung.

25 **Für die Blankettatbestände des Steuerstrafrechts** ergibt sich die besondere Frage, ob § 2 III StGB auch bei einer Änderung der blankettausfüllenden Vorschriften des Steuerrechts mit der Folge anzuwenden ist, daß eine Einschränkung der Besteuerungsgrundlagen oder eine Ermäßigung des Steuertarifs strafrechtlich berücksichtigt werden muß. Die Rspr hatte diese Frage früher verneint, wenn nur die ergänzenden Normen geändert wurden und die Strafvorschrift selbst unverändert blieb (RG 49, 410, 413 v. 28. 2. 1916 mwN sowie BGH 7, 291, 294 v. 5. 4. 1955). Neuerdings hat der BGH erkannt, daß sich mit dem Wechsel der ausfüllenden Norm ein wesentliches Element des Strafgesetzes ändert, das bei der Beurteilung des mildesten Strafgesetzes iS des § 2 III StGB nicht unberücksichtigt bleiben darf (BGH 20, 177, 181 v. 8. 1. 1965). Zugleich hat der BGH aaO aber festgestellt, daß die blankettausfüllende Norm des § 8 MinöStG idF v. 5. 12. 1957 (BGBl. I 1833) ein Zeitgesetz war. Dieser Rspr ist mit der Maßgabe zuzustimmen, daß *sämtliche* steuerrechtlichen Vorschriften Zeitgesetze iS des § 2 IV StGB sind, die von vornherein nur solange zu gelten bestimmt sind, bis der wechselnde Finanzbedarf der öffentlichen Hand oder die mit einer Steuer etwa ferner verfolgten wirtschafts- oder sozialpolitischen Ziele eine Gesetzesänderung zweckmäßig erscheinen lassen. Anderes gilt selbstverständlich, wenn die Rückwirkung der blankettausfüllenden Norm ausdrücklich angeordnet ist.

Zusammenfassend ist festzuhalten,

daß bei Änderungen der §§ 369ff. AO die Anwendung des § 2 III oder des § 2 IV StGB davon abhängt, ob die Änderung auf einer geläuterten Auffassung des Gesetzgebers oder auf veränderten tatsächlichen Umständen beruht;

daß Änderungen einer blankettausfüllenden Vorschrift des Steuerrechts in der Zeit zwischen der Tat und der Aburteilung nach § 2 IV StGB stets außer Betracht bleiben.

26 **Erklärt das BVerfG** eine blankettausfüllende Norm des Steuerrechts *vor* der Entscheidung des Strafrichters **für nichtig,** kann der Beschuldigte – wenn die Steuerpflicht ganz wegfällt – allenfalls wegen (untauglichen) Versuchs der Steuerstraftat bestraft werden. Ergeht die Entscheidung des BVerfG *nach* rechtskräftiger Verurteilung des Beschuldigten, kann dieser aufgrund § 79 I BVerfGG die Wiederaufnahme des Strafverfahrens beantragen.

27 **Über Maßregeln der Besserung und Sicherung** iS des § 61 StGB, von denen bei Steuerstraftaten namentlich die Anordnung des Berufsverbots nach § 70 StGB in Betracht kommen kann, ist gem. § 2 VI StGB stets nach demjenigen Gesetz zu entscheiden, das zZ der Entscheidung gilt; denn solche Maßnahmen erfüllen keinen Sühnezweck, sondern dienen der Gefahrenabwehr (vgl. jedoch Art. 305 EGStGB, der für die durch das EGStGB bewirkten

Änderungen eine Sonderregelung trifft). Der Grundsatz des § 2 VI StGB gilt daher auch für andere strafrechtliche Maßnahmen mit Sicherungszweck, zB für die Einziehung von Gegenständen, wenn sie *„nach ihrer Art und den Umständen die Allgemeinheit gefährden oder wenn die Gefahr besteht, daß sie der Begehung rechtswidriger Taten dienen werden"* (§ 74 II Nr. 2 StGB).

c) Die räumliche Geltung des deutschen Strafrechts

28 **Das sog. internationale Strafrecht** behandelt die Frage, wann deutsches Strafrecht auf Taten mit Auslandsbeziehungen anzuwenden ist. Das StGB ist am 1. 1. 1975 vom Personalprinzip zum Territorialprinzip übergegangen. Das deutsche Strafrecht ist daher nicht mehr auf jede Tat eines Deutschen anzuwenden, gleichgültig wo er sie begangen hat (so das Personalprinzip), sondern auf jede in Deutschland begangene Tat, gleichgültig ob sie von einem Deutschen oder einem Ausländer begangen wurde (Territorialprinzip). Zu den Prinzipien des internationalen Strafrechts s. *Samson* 3ff. u. *Schönke/Schröder* 4ff. vor § 3 StGB. Für das Steuerstrafrecht bedeutsam sind folgende Vorschriften:

§ 3 StGB – Geltung für Inlandstaten

Das deutsche Strafrecht gilt für Taten, die im Inland begangen werden.

§ 4 StGB – Geltung für Taten auf deutschen Schiffen und Luftfahrzeugen

Das deutsche Strafrecht gilt, unabhängig vom Recht des Tatorts, für Taten, die auf einem Schiff oder Luftfahrzeug begangen werden, das berechtigt ist, die Bundesflagge oder das Staatszugehörigkeitszeichen der Bundesrepublik Deutschland zu führen.

§ 9 StGB – Ort der Tat

(1) **Eine Tat ist an jedem Ort begangen, an dem der Täter gehandelt hat oder im Falle des Unterlassens hätte handeln müssen oder an dem der zum Tatbestand gehörende Erfolg eingetreten ist oder nach der Vorstellung des Täters eintreten sollte.**

(2) **Die Teilnahme ist sowohl an dem Ort begangen, an dem die Tat begangen ist, als auch an jedem Ort, an dem der Teilnehmer gehandelt hat oder im Falle des Unterlassens hätte handeln müssen oder an dem nach seiner Vorstellung die Tat begangen werden sollte. Hat der Teilnehmer an einer Auslandstat im Inland gehandelt, so gilt für die Teilnahme das deutsche Strafrecht, auch wenn die Tat nach dem Recht des Tatorts nicht mit Strafe bedroht ist.**

29 Bei Taten mit Auslandsbeziehungen empfiehlt sich folgende **Prüfungsreihenfolge:** Zunächst ist zu untersuchen, ob der deutsche *Tatbestand überhaupt erfüllt* ist (*Schönke/Schröder* 13 vor § 3 StGB; *Samson* 11 zu § 3 StGB). Das ist bei den Tatbeständen des Steuerstrafrechts grundsätzlich nur dann der Fall, wenn sich die Tat auf inländische Steuern (§§ 370, 373, 374 AO) oder auf inländische Ein-, Aus- und Durchfuhrverbote bezieht (373 AO). Eine Ausnahme von diesem Grundsatz findet sich nur in § 370 VI, § 373 II Nr. 3, § 374 II u. § 379 I 2 AO, die Eingangsabgaben bestimmter Europäischer Staaten mit einbeziehen. Dagegen wird die Hinterziehung von ausländischen

Steuern oder Zöllen und die Verletzung ausländischer Ein-, Aus- und Durchfuhrverbote schon von den Tatbeständen der §§ 370ff. AO nicht erfaßt.

30 Steht fest, daß die Tat einen Tatbestand der §§ 370ff. AO erfüllt, ist weiter zu prüfen, ob der *Tatbestand* nach den Regeln der §§ 3ff. StGB auf die Tat *anzuwenden* ist. Nach § 3 StGB ist das der Fall, wenn die Tat im Inland begangen wurde; zum Streit um den völkerrechtlichen und den sog. funktionellen Inlandsbegriff s. *Schönke/Schröder* 26ff. vor § 3 StGB; *Samson* 2ff. zu § 3 StGB jeweils mwN. Nach § 9 I StGB ist eine Tat überall dort begangen, wo der Täter gehandelt hat, wo er beim Unterlassungsdelikt hätte handeln müssen, wo der tatbestandsmäßige Erfolg eingetreten ist oder nach der Tätervorstellung eintreten sollte. Bei der **Steuerhinterziehung** tritt die Steuerverkürzung als tatbestandsmäßiger Erfolg immer im Inland ein, so daß § 370 AO nach den §§ 3, 9 StGB immer dann anzuwenden ist, wenn die Tat sich auf eine inländische Steuer bezieht. Mit der Bejahung des Tatbestandes steht daher zugleich auch immer seine Anwendbarkeit iS des internationalen Strafrechts fest. Das gleiche gilt für den **Bannbruch.** Die verbotswidrige Ein-, Aus- und Durchfuhr berührt immer inländisches Gebiet. Für die Hinterziehung ausländischer Eingangsabgaben findet sich in § 370 VI 2 AO eine Ausnahme vom Territorialprinzip. Das deutsche Strafrecht gilt bezüglich dieser Tat unabhängig vom Tatort. § 374 II Halbs. 2 AO trifft die entsprechende Regelung für die Steuerhehlerei. Probleme können nur bei der **Steuerhehlerei** iS von § 374 I AO auftreten. Wenn der Täter die in § 374 I AO bezeichneten Erzeugnisse oder Waren im Ausland ankauft, sich verschafft, sie absetzt oder abzusetzen hilft, ist § 374 I AO nach den §§ 3, 9 I StGB nicht anwendbar, da weder die Handlung noch der tatbestandsmäßige Erfolg im Inland angesiedelt sind. Die Anwendung von § 374 I AO kann jedoch über § 5 Nr. 11 und 12 StGB erfolgen, wenn die Tat von einem deutschen Amtsträger oder für den öffentlichen Dienst besonders Verpflichteten während eines dienstlichen Aufenthalts oder in Beziehung auf den öffentlichen Dienst oder von einem Ausländer als Amtsträger usw. begangen wird. Die Anwendung von § 374 I AO über § 7 II StGB kommt zwar theoretisch in Betracht, wird aber wohl nicht praktisch werden, da § 7 II StGB voraussetzt, daß die Steuerhehlerei in bezug auf inländische Steuern usw. von dem ausländischen Tatortrecht erfaßt wird.

B. Die Elemente der Straftat

Schrifttum:

Graf zu Dohna, Der Aufbau der Verbrechenslehre, 4. Aufl. 1950; *Zippelius,* Der Aufbau der Verbrechenslehre, 4. Aufl. 1950; *Zippelius,* Der Aufbau der modernen Unrechtslehre, 1953; *Hardwig,* Die Zurechnung, 1957; *Schweikert,* Die Wandlungen der Tatbestandslehre seit Beling, 1957; *Engisch,* Der Unrechtstatbestand im Strafrecht, DJT-Festschr. I 1960, 401; *Schmidhäuser,* Der Unrechtstatbestand, Engisch-Festschr. 1969, 433; *Zielinski,* Handlungs- und Erfolgsunwert im Unrechtsbegriff, 1973; *Armin Kaufmann,* Zum Stande der Lehre vom personalen Unrecht, Welzel-Festschr. 1974, 393.

Ein Verhalten kann nur dann bestraft werden, wenn es tatbestandsmäßig, rechtswidrig und schuldhaft ist.

a) Die Tatbestandsmäßigkeit

31 Ein Verhalten ist dann tatbestandsmäßig, wenn es diejenigen Merkmale aufweist, die in einem Strafgesetz abstrakt beschrieben werden. Die einzelnen im Strafgesetz enthaltenen Begriffe (zB *„Behörde"*, *„Steuer"*, *„verkürzen"* in § 370 I AO) werden als **Tatbestandsmerkmale,** die konkreten Elemente der Tat (wie zB das Finanzamt in X, die Einkommensteuererklärung von Herrn Y) werden als Sachverhaltselemente oder **Tatumstände** bezeichnet. Weist ein konkretes Verhalten Tatumstände auf, die sämtliche Merkmale eines Tatbestandes erfüllen, so wird das Verhalten als tatbestandsmäßig bezeichnet.

32 **Der Tatbestand beschreibt in abstrakter Weise das Verhalten,** das verboten und unter den weiteren Voraussetzungen der Rechtswidrigkeit und der Schuld strafbar ist. Der Tatbestand hat dabei einmal die Funktion, Typen verbotenen Verhaltens in möglichst anschaulicher Weise zu beschreiben *(Leitbildfunktion);* er hat darüber hinaus die Aufgabe, in Erfüllung des Bestimmtheitsgebots in Art. 103 II GG, § 1 StGB den Bereich des verbotenen vom Bereich des erlaubten Verhaltens möglichst exakt abzugrenzen *(Garantiefunktion).* Leitbild- und Garantiefunktion zwingen den Gesetzgeber, die Vielfalt des strafrechtlich mißbilligten Verhaltens nicht in generalklauselartigen Regeln von höchster Abstraktion zusammenzufassen, sondern auf mittlerer Abstraktionsstufe in einer Mehrzahl von Einzelvorschriften zu beschreiben. Das geschieht auf zwei verschiedenen Wegen. Im Besonderen Teil bildet der Gesetzgeber unterschiedliche Typen strafbaren Verhaltens in Form der einzelnen Strafgesetze. So wäre zB die Formulierung einer einzigen Vorschrift mit dem Inhalt: *„Wer das inländische Steueraufkommen gefährdet ..."* im Hinblick auf das Bestimmtheitsgebot unzulässig. Statt dessen erfolgt eine Auffächerung in Steuerhinterziehung, Schmuggel und Steuerhehlerei und die Ausgliederung der leichtfertigen Steuerhinterziehung und der Steuergefährdung in den Ordnungswidrigkeitenbereich. Auf einem zweiten Weg erfolgt die Auffächerung des verbotenen Verhaltens durch den Allgemeinen Teil des Strafrechts, dessen Vorschriften nicht nur die Definition einzelner Merkmale der Tatbestände des Besonderen Teils, sondern auch deren Abwandlungen enthalten. So ergibt sich aus den §§ 25ff. StGB, daß zB die Steuerhinterziehung in der Form der Alleintäterschaft, der Mittäterschaft, der mittelbaren Täterschaft, der Anstiftung und der Beihilfe begangen werden kann. Abwandlungen finden sich auch in § 13 StGB, aus dem sich ergibt, daß die Tatbestände nicht nur durch Handeln, sondern auch durch Unterlassen erfüllt werden können, und aus § 22 StGB, der die Voraussetzungen des strafbaren Versuchs beschreibt.

b) Die Rechtswidrigkeit

33 Mit der Tatbestandsmäßigkeit eines Verhaltens steht nur fest, daß das Verhalten ein solches ist, das typischerweise verboten ist. Auf der Stufe der Rechtswidrigkeit ist zu prüfen, ob das konkrete Verhalten auch tatsächlich verboten war. Das Gesetz bedient sich dabei der Regel-Ausnahme-Technik. Ein tatbestandsmäßiges Verhalten ist auch konkret rechtswidrig (= verboten), wenn kein Rechtfertigungsgrund eingreift. Die Rechtfertigungsgründe finden sich zum Teil im StGB, können aber der gesamten Rechtsordnung entnommen werden; Einzelheiten s. Rdnr. 84ff.

c) Die Schuld

34 Der Täter kann nur bestraft werden, wenn er die konkret rechtswidrige Tat schuldhaft begangen hat. Schuld ist Vorwerfbarkeit. Die Tat ist vorwerfbar, wenn der Täter sie nach den Regeln des StGB hätte vermeiden können. Das setzt mindestens voraus, daß er in der Lage war, das Unrecht seines Verhaltens einzusehen und sich nach dieser Einsicht zu richten. Einzelheiten s. Rdnr. 87ff.

C. Das vorsätzliche vollendete Delikt

35 Die Grundform deliktischen Verhaltens ist die durch Handlung begangene vorsätzliche vollendete Straftat des Alleintäters. Unterlassung, Versuch, Fahrlässigkeit und Beteiligung mehrerer sind Abwandlungen dieser Grundform.

a) Die Handlung

Schrifttum:
Welzel, Studien zum System des Strafrechts, ZStW 58 (1939) 491; *ders.,* Um die finale Handlungslehre, 1949; *Mezger,* Moderne Wege der Strafrechtsdogmatik, 1950; *Niese,* Finalität, Vorsatz und Fahrlässigkeit, 1951; *Welzel,* Aktuelle Strafrechtsprobleme im Rahmen der finalen Handlungslehre, 1953; *Maihofer,* Der Handlungsbegriff im Verbrechenssystem, 1953; *Armin Kaufmann,* Lebendiges und Totes in Bindings Normentheorie, 1954; *Welzel,* Das neue Bild des Strafrechtssystems, 4. Aufl. 1961; *Stratenwerth,* Handlungs- und Erfolgsunrecht im Strafrecht, SchwZStr 79 (1963) 233; *E. A. Wolff,* Der Handlungsbegriff in der Lehre vom Verbrechen, 1964; *v. Bubnoff,* Die Entwicklung des strafrechtlichen Handlungsbegriffes von Feuerbach bis Liszt, 1966; *Gössel,* Wertungsprobleme des Begriffs der finalen Handlung, 1966; *Gallas,* Beiträge zur Verbrechenslehre, 1968, 19; *Rudolphi,* Inhalt und Funktion des Handlungsunwertes im Rahmen der personalen Unrechtslehre, Maurach-Festschr. 1972, 383; *Zielinski,* Handlungs- und Erfolgsunwert im Unrechtsbegriff, 1973; *Armin Kaufmann,* Zum Stande der Lehre vom personalen Unrecht, Welzel-Festschr. 1974, 393.

36 Tatbestandsmäßiges Verhalten setzt nach jeder Auffassung eine Handlung im weiteren Sinne voraus. Damit ist aber lediglich gesagt, daß die Straftat eine willkürliche menschliche Reaktion auf die Außenwelt als die Mindestvoraussetzung verlangt. Wer eine unbeherrschbare Reflexbewegung vornimmt, handelt ebensowenig wie der, der als Bewußtloser Pflichten nicht erfüllt (*Rudolphi* 19ff. vor § 1 StGB; *Stratenwerth* 131ff.). Ob die Handlung darüber hinaus weitere Elemente enthält, ist zwischen **kausaler** und **finaler Handlungslehre** umstritten. Der Streit betrifft im wesentlichen das Problem, ob die Handlung den Vorsatz iS bewußten Einsatzes von Körperbewegungen zur Erreichung eines bestimmten Zieles voraussetzt. Dies behauptet die finale Handlungslehre, während die kausale Handlungslehre sich mit der Willkürlichkeit der Körperbewegung begnügt und die Ansteuerung bestimmter Ziele nicht als Handlungselement anerkennt (ausf. *Jescheck* S. 164ff.; *Rudolphi* 17ff.

vor § 1 StGB jeweils mwN). Der Streit hat ausschließlich systematische Bedeutung. Für die finale Handlungslehre gehört der Vorsatz zur Handlung und ist damit Tatbestandselement; die kausale Handlungslehre meint demgegenüber, Vorsatz und Fahrlässigkeit seien verschiedene Schuldformen. Die Argumente der streitenden Meinungen können hier nicht ausgebreitet und erörtert werden (Spezialliteratur s. vor Rdnr. 36). Die weitere Darstellung folgt der finalen Handlungslehre, nach der Vorsatz und Fahrlässigkeit Tatbestandsmerkmale sind. Unterschiede in den praktischen Ergebnissen bestehen zwischen kausaler und finaler Handlungslehre nicht.

b) Der objektive Tatbestand

Schrifttum:
Engisch, Die Kausalität als Merkmal der strafrechtlichen Tatbestände, 1931; *Spendel,* Die Kausalitätsformel der Bedingungstheorie für die Handlungsdelikte, 1948; *Maurach,* Adäquanz der Verursachung oder der Fahrlässigkeit? GA 1960, 97; *Spendel,* Conditio-sine-qua-non-Gedanke und Fahrlässigkeitsdelikt, JuS 1964, 14; *E. A. Wolff,* Kausalität von Tun und Unterlassen, 1965; *Hardwig,* Verursachung und Erfolgszurechnung, JZ 1968, 289; *Roxin,* Gedanken zur Problematik der Zurechnung, Honig-Festschr. 1970, 133; *Armin Kaufmann,* Tatbestandsmäßigkeit und Verursachung im Contergan-Verfahren, JZ 1971, 569; *Otto,* Kausaldiagnose und Erfolgszurechnung im Strafrecht, Maurach-Festschr. 1972, 91; *Samson,* Hypothetische Kausalverläufe im Strafrecht, 1972.

37 Der objektive Tatbestand des Begehungsdeliktes setzt zunächst eine Handlung im engeren Sinne im Unterschied zur Unterlassung voraus. Über die manchmal schwierige Abgrenzung zur Unterlassung s. Rdnr. 78.

38 In vielen Tatbeständen genügt jede beliebige Handlung. So liegt es bei den reinen Verursachungsdelikten. Den Tatbestand erfüllt jede Handlung, die den tatbestandsmäßigen Erfolg verursacht. Die Tatbestände des Steuerstrafrechts sind sämtlich anders konstruiert. Sie beschreiben die vorausgesetzte Handlung in bestimmter Weise. § 370 I AO verlangt, daß der Täter unrichtige oder unvollständige Angaben macht; § 372 AO, daß er Gegenstände ein-, aus- oder durchführt; § 374 I AO, daß er Erzeugnisse oder Waren ankauft, sich verschafft, absetzt oder abzusetzen hilft. Wann diese Handlungsmodalitäten erfüllt sind, ist eine Frage des Besonderen Teils, s. dazu die Erläuterungen bei den einzelnen Tatbeständen. Jedoch ist zu beachten, daß sämtliche Tathandlungen der Straftatbestände in Verursachungen zerlegt werden können. Falsche Angaben macht, wer verursacht, daß der Behörde unrichtige Tatsachen vorgespiegelt werden; einen Gegenstand führt nicht nur derjenige ein, der ihn selbst über die Grenze trägt, sondern auch derjenige, der die Einfuhr durch einen anderen verursacht, vorausgesetzt, er ist nach § 25 StGB Täter.

39 Soweit der Tatbestand neben einer bestimmten Handlung noch den **Eintritt eines bestimmten Erfolges** voraussetzt, muß die Handlung den Erfolg *verursacht* haben. § 370 I Nr. 1 AO ist nicht schon dann erfüllt, wenn der Täter die unrichtige Steuererklärung abgibt und die Steuer zu niedrig festgesetzt wird. Die Festsetzung muß außerdem durch die unrichtige Erklärung verursacht worden sein. Das ist zB nicht der Fall, wenn der zuständige Finanzbeamte die Unrichtigkeit erkennt und die Steuer aus anderen Gründen, sei es aus Gefälligkeit oder aufgrund eines Rechenfehlers, zu niedrig festsetzt.

40 So wird zum zentralen Merkmal der Erfolgsdelikte die **Kausalität.** Über den strafrechtlichen Begriff der Kausalität streiten heute nur noch die *Äquivalenztheorie* und die *Adäquanztheorie.* Nach der Äquivalenztheorie ist jede Bedingung eines Erfolges gleichermaßen Ursache. Alle Ursachen sind gleichwertig; zwischen bedeutsamen und nebensächlichen Ursachen wird nicht unterschieden. Die Äquivalenztheorie bedient sich als Erkenntnishilfe der sog. *conditio-sine-qua-non-Formel.* Nach ihr ist Ursache jede Bedingung, die nicht hinweggedacht werden kann, ohne daß der Erfolg in seiner konkreten Gestalt entfällt (BGH 1, 332 v. 28. 9. 1951; 2, 20, 24 v. 27. 11. 1951; 7, 112, 114 v. 25. 1. 1955; *Rudolphi* 39ff. vor § 1 StGB; *Schönke/Schröder* 73ff. vor § 13 StGB; *Stratenwerth* 212ff.). Danach verursacht nicht nur derjenige eine Steuerverkürzung, der den Finanzbeamten durch geschickte Manipulationen täuscht, sondern auch der, der eine für jeden Kundigen durchschaubar unrichtige Erklärung abgibt, sofern wider alle Erfahrung ein besonders leichtgläubiger, nachlässiger oder unerfahrener Beamter sich täuschen läßt.

41 Demgegenüber will die Adäquanztheorie den Kreis der durch die Äquivalenztheorie bestimmten Ursachen in einem zweiten Schritt einschränken, indem sie *besonders unwahrscheinliche Kausalverläufe* ausscheidet. Sie bedient sich dabei des Instruments eines gedachten Beobachters der Situation, den sie – in einem Gedankenexperiment – mit dem Tatsachenwissen eines sorgfältigen Beobachters und dem höchstmöglichen Erfahrungswissen ausstattet. Wenn dieser gedachte Beobachter vor Ablauf der Kausalkette erklärt hätte, der Erfolg werde nicht eintreten, dann ist die Bedingung keine Ursache iS der Adäquanztheorie. Diese im Zivilrecht herrschende Kausalitätstheorie wird im Strafrecht nur von einer Mindermeinung vertreten (*Engisch,* Die Kausalität, S. 45ff.; *Jescheck* S. 214; *Maurach* AT S. 203ff.); Rspr und hL vertreten dagegen die Äquivalenztheorie (s. Rdnr. 41). Sich daraus etwa ergebende Unzuträglichkeiten werden auf anderen Stufen des Tatbestandes korrigiert.

c) Der subjektive Tatbestand

Schrifttum:

Engisch, Untersuchungen über Vorsatz und Fahrlässigkeit, 1930; *Schröder,* Aufbau und Grenzen des Vorsatzbegriffs, Sauer-Festschr. 1949, 207; *v. Weber,* Subsumtionsirrtum, GA 1953, 161; *Schmidhäuser,* Zum Begriff der bewußten Fahrlässigkeit, GA 1957, 305; *ders.,* Der Begriff des bedingten Vorsatzes, GA 1958, 161; *Armin Kaufmann,* Der dolus eventualis im Deliktsaufbau, ZStW 70 (1958) 64; *Stratenwerth,* Dolus eventualis und bewußte Fahrlässigkeit, ZStW 71 (1959), 71; *Jescheck,* Aufbau und Stellung des bedingten Vorsatzes im Verbrechensbegriff, E. Wolf-Festschr. 1962, 473; *Welzel,* Vorteilsabsicht beim Betrug, NJW 1962, 20; *Platzgummer,* Die Bewußtseinsformen des Vorsatzes, 1964; *Roxin,* Zur Abgrenzung von bedingtem Vorsatz und bewußter Fahrlässigkeit, JuS 1964, 53; *Ambrosius,* Untersuchungen zur Vorsatzabgrenzung, 1966; *Oehler,* Neue strafrechtliche Probleme des Absichtsbegriffes, NJW 1966, 1633; *Schewe,* Bewußtsein und Vorsatz, 1967; *E. A. Wolff,* Die Grenzen des dolus eventualis und der willentlichen Verletzung, Gallas-Festschr. 1973, 197.

42 Der subjektive Tatbestand setzt nach der finalen Handlungslehre **Vorsatz** und nach jeder Auffassung etwa erforderliche weitere **subjektive Unrechtselemente** voraus. Der hier geforderte Tatvorsatz ist die subjektive Beziehung zwischen dem Täter und den Tatumständen. Im einzelnen ist zwischen Gegenstand und Intensität des Vorsatzes zu unterscheiden.

43 Die geläufige Formulierung, Vorsatz sei Wissen und Wollen der Tatumstände, ist im Hinblick auf die verschiedenen Vorsatzformen zu unpräzise. Immerhin drückt sie zutreffend aus, daß der Vorsatz ein **intellektuelles** und ein **voluntatives Element** enthält. Im einzelnen sind **drei Vorsatzformen** zu unterscheiden: dolus directus 1. Grades, dolus directus 2. Grades und dolus eventualis.

44 **Der direkte Vorsatz 1. Grades** (dolus directus 1. Grades oder Absicht) wird durch das voluntative Element bestimmt. Diese Vorsatzform liegt vor, wenn der Täter einen Erfolg als End- oder Zwischenziel anstrebt, er also um dieses Zieles willen handelt (BGH 4, 107, 109 v. 12. 2. 1953; 18, 151, 155 v. 28. 11. 1962; 21, 283f. v. 26. 7. 1967; *Welzel* NJW 1962, 20; *Oehler* NJW 1966, 1634; *Rudolphi* 36 zu § 16 StGB). **Direkter Vorsatz 2. Grades** (dolus directus 2. Grades) liegt hinsichtlich solcher Tatumstände vor, deren Existenz oder Verursachung der Täter für sicher oder für mit einem Ziel notwendig verbunden hält (*Rudolphi* 37 zu § 16 StGB; *Stratenwerth* 292; *Schönke/Schröder* 66f. zu § 15 StGB). Über die Definition des **Eventualvorsatzes** (dolus eventualis) besteht Streit. Einig ist man sich noch darüber, daß diese Vorsatzform im intellektuellen Bereich wenigstens voraussetzt, daß der Täter die Existenz oder den Eintritt des betreffenden Tatumstandes für möglich hält. Ob darüber hinaus eine voluntative Beziehung bestehen muß, ist streitig. Die Literatur hält dies überwiegend für nicht erforderlich, sondern präzisiert das intellektuelle Moment in dem Sinne, daß sie ein konkretes Für-möglich-halten fordert (*Schmidhäuser* GA 1957, 305ff.; 1958, 161ff.; *Schönke/Schröder* 77 zu § 15 StGB) oder voraussetzt, daß der Täter den möglichen Erfolgseintritt ernst genommen hat (*Ambrosius* S. 70f.; *Jescheck* S. 222; *Roxin* JuS 1964, 61; *Rudolphi* 43 zu § 16 StGB; *Stratenwerth* 305ff.). Der **BGH** hat einmal gemeint, der Täter müsse außerdem den Erfolgseintritt billigen (BGH v. 22. 11. 1957, zit. bei *Schmidhäuser* GA 1958, 163ff.). An anderer Stelle hat er jedoch ausgeführt, ein *„Billigen im Rechtssinne"* liege immer dann vor, wenn der Täter den Erfolgseintritt für möglich halte und dennoch handele (BGHSt 7, 363, 369 v. 22. 4. 1955). Damit hat sich der BGH im Ergebnis weitgehend der hL angenähert.

45 Was den **Gegenstand des Vorsatzes** angeht, so wird von der überwiegenden Auffassung zwischen **normativen** und **deskriptiven Tatbestandsmerkmalen** unterschieden. Deskriptive Merkmale seien aus der Umgangssprache entnommene Merkmale. Bei ihnen genüge es für den Vorsatz, wenn der Täter diejenigen tatsächlichen Umstände kenne, die das Tatbestandsmerkmal erfüllten. Wer einen Hund verbotswidrig einführt, hat den Vorsatz bezüglich des Merkmals Gegenstand auch dann, wenn er meint, Hunde könnten weder Sachen noch Gegenstände sein. Eine zutreffende rechtliche Einordnung (Subsumtion) ist nicht erforderlich (*Schönke/Schröder* 41 zu § 15 StGB; *Rudolphi* 21 zu § 16 StGB). Anders ist die Situation bei den sogenannten normativen Merkmalen, die der Rechtssprache entnommen sind, wie zB Behörde, Steuer, Steuerverkürzung. Bei diesen Merkmalen hat der Täter nur dann Vorsatz, wenn er die tatsächlichen Umstände kennt, die den Begriff erfüllen, und ungefähr weiß, daß diese Umstände das bestimmte Merkmal ausfüllen. Es ist also erforderlich, daß er den Begriffskern des normativen Merkmals laienhaft erfaßt hat, sog. *Parallelwertung in der Laiensphäre* (BGH 3, 248 v. 28. 10. 1952; 4, 347, 352 v. 24. 9. 1953; *Schönke/Schröder* 45 zu § 15 StGB; *Rudolphi* 23 zu § 16 StGB). Wer unrichtige Angaben gegenüber einer Finanzbehörde macht, muß also die steuerliche Erheblichkeit der Tatsache zwar nicht steuerrechtlich präzise, aber doch in dem Sinne erkannt haben, daß er weiß, die Tatsache sei – möglicherweise (dolus eventualis) – für seine Steuerschuld von Bedeutung (BGH 5, 90, 92 v. 13. 11. 1953).

46 **Nach § 15 StGB** ist eine Tat nur dann strafbar, wenn der Täter vorsätzlich handelt, es sei denn, das Gesetz bedroht fahrlässiges Handeln ausdrücklich mit Strafe. Sämtliche Steuerstraftaten können nur vorsätzlich begangen werden. Soweit Leichtfertigkeit mit einer Sanktion bedroht ist, handelt es sich um Ordnungswidrigkeiten. In **§ 16 StGB** ist festgelegt, daß der Täter nur dann vorsätzlich handelt, wenn er sämtliche Umstände kennt, die zum gesetzlichen Tatbestand gehören. Nach § 16 II StGB werden dem Täter auch nur solche strafverschärfenden Umstände zugerechnet, hinsichtlich deren er Vorsatz hatte; zum Irrtum s. Rdnr. 89ff.

47 **Sonstige subjektive Unrechtselemente** sind solche Merkmale, die eine subjektive Lage des Täters voraussetzen, die keine Entsprechung im objektiven Tatbestand zu haben braucht. Es handelt sich dabei um sog. Delikte mit überschießender Innentendenz. So setzt zB die Steuerhehlerei in § 374 I AO die Bereicherungsabsicht als subjektives Unrechtselement voraus. Es genügt, wenn der Täter die Bereicherung will. Ob sie tatsächlich eintritt, ist für die Erfüllung des Merkmals unerheblich. Bei Steuerstraftaten werden solche Absichten im Sinne überschießender Innentendenz vorausgesetzt bei § 374 I AO: *„um sich oder einen Dritten zu bereichern“;* § 148 I Nr. 1 StGB: *„in der Absicht . . ., daß sie als echt verwendet oder in Verkehr gebracht werden oder daß ein solches Verwenden oder Inverkehrbringen ermöglicht werde“;* § 148 I Nr. 2 StGB: wie Nr. 1; § 257 StGB: *„Absicht . . ., ihm die Vorteile der Tat zu sichern“.* Bei den Absichten im Sinne überschießender Innentendenz genügt regelmäßig nicht dolus eventualis, vielmehr ist teilweise dolus directus 1. Grades, teilweise dolus directus 2. Grades vorausgesetzt; Einzelheiten s. bei den Tatbeständen.

d) Kongruenz

48 Objektiver Tatbestand und Vorsatz müssen darüber hinaus in dem Sinne kongruent sein, daß der Täter sich diejenigen konkreten Tatumstände vorstellt, die den objektiven Tatbestand erfüllen. Es sind Fälle denkbar, in denen der objektive Tatbestand durch einen Tatumstand A erfüllt wird und der Täter sich einen anderen Tatumstand B vorstellt, der den objektiven Tatbestand auch erfüllt hätte, wenn er gegeben wäre. Diese Konstellationen werden unter den Stichworten *„Abweichung des Kausalverlaufs“*, *„error in objecto“* und *„aberratio ictus“* behandelt (*Rudolphi* 29ff. zu § 16 StGB mwN). Bei Steuerstraftaten sind sie jedoch kaum praktisch.

D. Das versuchte Delikt

Schrifttum:
Hall, Die Abgrenzung von Versuch und Vorbereitung im Willensstrafrecht, GS 110 (1938) 95; *H. Mayer,* Zur Abgrenzung des Versuchs von der Vorbereitungshandlung, SJZ 1949, 172; *Bockelmann,* Zur Abgrenzung der Vorbereitung vom Versuch, JZ 1954, 468; *ders.,* Die jüngste Rechtsprechung des BGH zur Abgrenzung der Vorbereitung vom Versuch, JZ 1955, 139; *ders.,* Wann ist der Rücktritt vom Versuch freiwillig? NJW 1955, 1417; *Schröder,* Die Freiwilligkeit des Rücktritts vom Versuch, MDR 1956, 321; *Traub,* Die Subjektivierung des § 46 StGB in der neuesten Rechtsprechung des BGH, NJW 1956, 1183; *Schröder,* Grundprobleme des Rücktritts vom Versuch, JuS 1962, 81; *Gutmann,* Die Freiwilligkeit beim Rücktritt vom Versuch, 1963; *Eike v. Hippel,* Untersuchungen über den Rücktritt vom Versuch, 1966; *Schröder,* Die Koordinierung der Rücktrittsvorschriften, H. Mayer-Festschr. 1966, 377; *Hruschka,* Zur Frage des Wirkungsbereichs eines freiwilligen Rücktritts vom unbeendeten Versuch, JZ 1969, 495; *Geilen,* Zur Abgrenzung zwischen beendetem und unbeendetem Versuch, JZ 1972, 335; *Roxin,* Der Anfang des beendeten Versuchs, Maurach-Festschr. 1972, 213; *v. Scheurl,* Rücktritt vom Versuch und Tatbeteiligung mehrerer, 1972; *Herzberg,* Der Versuch beim unechten Unterlassungsdelikt, MDR 1973, 89; *Lenckner,* Probleme beim Rücktritt der Beteiligten, Gallas-Festschr. 1973, 281; *Rudolphi,* Zur Abgrenzung zwischen Vorbereitung und Versuch, JuS 1973, 20; *Grünwald,* Zum Rücktritt des Tatbeteiligten im künftigen Recht, Welzel-Festschr. 1974, 701; *Stree,* Beginn des Versuchs bei qualifizierten Straftaten, Peters-Festschr. 1974, 179; *Burkhardt,* Der ,,Rücktritt" als Rechtsfolgebestimmung, 1975.

§ 22 StGB – Begriffsbestimmung

Eine Straftat versucht, wer nach seiner Vorstellung von der Tat zur Verwirklichung des Tatbestandes unmittelbar ansetzt.

49 **a)** Hat der Täter nicht sämtliche Merkmale des objektiven Tatbestandes verwirklicht, so kommt Versuch in Betracht. Nach § 23 I StGB ist der **Versuch** des Verbrechens immer, der Versuch des Vergehens nur dann **strafbar,** wenn das Gesetz dies ausdrücklich bestimmt. Sämtliche Steuerstraftaten sind Vergehen (§ 12 II StGB). Der Versuch ist kraft ausdrücklicher Anordnung strafbar bei Steuerhinterziehung (§ 370 II AO), Bannbruch (§§ 372 II, 370 II AO), Schmuggel (§ 373 AO enthält keine ausdrückliche Bestimmung, stellt jedoch lediglich eine Strafrahmenerhöhung für bestimmte Fälle nach §§ 370 und 372 AO dar), Steuerhehlerei (§ 374 I, § 370 II AO), Wertzeichenfälschung (§ 148 III StGB). Nicht strafbar ist der Versuch bei Begünstigung (§ 257 StGB) und bei Taten nach § 23 RennwLottG und nach § 13 WStG (Anh IV, V).

50 **b)** Der Versuch setzt zunächst den gesamten **subjektiven Tatbestand** des Delikts voraus. Der Täter muß also Vorsatz und ggf. sonstige subjektive Unrechtselemente aufweisen, s. Rdnr. 42ff.

51 **c) Der objektive Tatbestand des Versuchs** erfordert nach § 22 StGB *unmittelbares* Ansetzen zur Verwirklichung des Tatbestandes. Mit dieser Formel wollte der Gesetzgeber gegenüber der bisherigen Rspr eine Einschränkung der Versuchsstrafbarkeit erreichen (E 1962, Begr. S. 144; *Stratenwerth* 666; *Schönke/Schröder* 24a zu § 22 StGB). Dennoch bereitet die Abgrenzung des grundsätzlich *straflosen Vorbereitungsstadiums* von der *strafbaren Versuchshandlung* auch heute noch erhebliche Schwierigkeiten. Indem das Gesetz ein unmittelbares Ansetzen zur Tatbestandsverwirklichung verlangt, trägt es den Gesichtspunkten der formal-objektiven Theorie Rechnung, die die unmittelbare

Nähe zur im Tatbestand beschriebenen Handlung für maßgeblich hält und jede Vorverlegung des Versuchsbeginns als rechtsstaatlich bedenkliche Auflösung der Tatbestandsgrenzen bezeichnet (*Stratenwerth* 652; *Schönke/Schröder* 26 u. *Rudolphi* 9 zu § 22 StGB). Die gesetzliche Formulierung ist jedoch weiter als die formal-objektive Theorie, weil sie nicht den Beginn der tatbestandsmäßigen Handlung selbst voraussetzt, sondern sich mit vorhergehenden Handlungen begnügt. Welche dies sind, ergibt sich aus der von *Frank* gebildeten Formel der materiell-objektiven Theorie. Danach gehören alle diejenigen Handlungen zum Versuch, „*die vermöge ihrer notwendigen Zusammengehörigkeit mit der Tatbestandshandlung für die natürliche Auffassung als deren Bestandteil erscheinen*" (*Frank* II 2b zu § 43 StGB aF). Die Präzisierung dieser Formel versucht das Gesetz, indem es ein unmittelbares Ansetzen verlangt. Als Versuch ist daher diejenige Handlung zu bezeichnen, die „*derjenigen Handlung unmittelbar vorgelagert ist, die ein Tatbestandsmerkmal erfüllt*". Ob ein solcher Zusammenhang besteht, ist nach dem Täterplan zu beurteilen (individuell-objektive Theorie); so die heute hM (*Rudolphi* 9 u. *Lackner* 1b zu § 22 StGB; *Stratenwerth* 665; *Welzel* S. 190f.; BGH 26, 201ff. v. 16. 9. 1975).

52 Der in Rspr und Lehre bisher mehrfach verwendete Gedanke der *unmittelbaren Gefährdung des Rechtsgutes* und die Bestimmung der Versuchsgrenze nach tatsächlichen oder vermeintlichen kriminalpolitischen Bedürfnissen (BGH v. 20. 12. 1951, NJW 1952, 514; BGH 2, 380 v. 7. 2. 1952; 4, 333f. v. 10. 9. 1953; 9, 62f. v. 25. 10. 1955; *Schönke/Schröder* 32 zu § 22 StGB) wird sich auf der Grundlage von § 22 StGB nicht mehr halten lassen.

53 Auch die Formel vom unmittelbaren Ansetzen liefert nur eine ungefähre Leitlinie, die der **Präzisierung** bedarf. Dem am Tatbestand ausgerichteten Ansatzpunkt entsprechend läßt sich diese Präzisierung jedoch nur anhand der einzelnen in den Tatbeständen beschriebenen Tathandlungen gewinnen (*Rudolphi* 12 zu § 22 StGB). Von gewisser allgemeiner Bedeutung sind jedoch folgende Konstellationen: Hat der Täter alles seinerseits Erforderliche getan, so daß nach seiner Vorstellung das Geschehen ohne weiteres Zutun des Täters seinen Lauf nehmen wird (sog. *beendeter Versuch*), dann soll nach verbreiteter Auffassung jedenfalls auch das Versuchsstadium erreicht sein (*Busch* LK 33a zu § 43 StGB aF). Wie *Roxin* (Maurach-Festschr. S. 213ff.) gezeigt hat, ist dies jedoch nicht zutreffend. Beim sog. beendeten Versuch sind nämlich zwei Fallvarianten auseinanderzuhalten: Hat der Täter die Kausalkette derart in Gang gesetzt, daß sie seinen Einflußbereich bereits verlassen hat, dann liegt Versuch vor. Ist dies jedoch nicht der Fall, kann der Täter vielmehr auf die in seinem Bereich noch befindliche Kausalkette jederzeit inhibierend einwirken, so befindet er sich noch nicht im Versuchsstadium. Das ist vielmehr erst dann der Fall, wenn die Kausalkette seinen Bereich verlassen hat (*Roxin* aaO, *Rudolphi* 19 u. *Schönke/Schröder* 42 zu § 22 StGB). Wer unrichtige Buchungen vornimmt, so daß ohne sein weiteres Zutun von seinem gutgläubigen Angestellten später eine unrichtige Steuererklärung abgegeben werden wird, hat zwar alles seinerseits Erforderliche getan. Da die Kausalkette seinen Obhutsbereich jedoch noch nicht verlassen hat, liegt noch kein Versuch der Steuerhinterziehung vor. Das ist erst dann der Fall, wenn die Steuererklärung abgesandt worden ist. Ebenso beginnt mit dem versuchten Bannbruch noch nicht, wer im Pkw seines gutgläubigen Freundes Waren versteckt. Der Versuch beginnt erst, wenn der gutgläubige Fahrer sich auf den Weg zur Grenze begibt.

54 **d) Der untaugliche Versuch** ist strafbar. § 23 III StGB sieht jedoch die Möglichkeit vor, von Strafe abzusehen oder die Strafe zu mildern (§ 49 II StGB), wenn der Täter aus grobem Unverstand verkannt hat, daß die Tat wegen der Art des Objekts oder des Tatmittels überhaupt nicht vollendet werden konnte.

55 **e)** Zur Abgrenzung von **Versuch und Wahndelikt** s. Rdnr. 95f.

f) Rücktritt, § 24 StGB.

56 Ist die Tat noch nicht vollendet, so kann sich der Täter gem. § 24 StGB Straffreiheit verdienen. Über die Einordnung des Rücktritts als persönlicher Strafausschließungsgrund oder als Entschuldigungsgrund besteht Streit, der jedoch nur systematische und keine praktische Bedeutung besitzt (*Rudolphi* 6 zu § 24 StGB mwN).

57 Das Verhältnis von § 24 StGB *(Rücktritt)* und § 371 AO *(strafbefreiende Selbstanzeige)* ist umstritten. Einigkeit besteht noch darüber, daß der Täter einer Steuerhinterziehung sich auch schon im Versuchsstadium Straffreiheit über § 371 AO verdienen kann (*Hübner* 13 u. *Kohlmann* 30 zu § 395 RAO; BGH v. 20. 7. 1965, BB 1966, 107). Überwiegend wird die Ansicht vertreten, § 24 StGB greife *nur beim unbeendeten Versuch* ein, während § 371 AO beim beendeten Versuch den Rücktritt nach § 24 StGB ausschließe (*Hübner* 17f. zu § 395 RAO; *Hartung* VIII zu §§ 410, 411 RAO 1951; *Suhr* S. 383). Eine Mindermeinung will dagegen *auch beim beendeten Versuch* Rücktritt und Selbstanzeige mit der Wirkung nebeneinander anwenden, daß dem Täter die jeweils günstigste Norm zugute kommt (*Kohlmann* 197 zu § 395 RAO). Der Streit ist deshalb von Bedeutung, weil § 371 AO im Versuchsstadium teilweise enger und teilweise weiter als § 24 StGB ist. § 24 StGB ist für den Täter günstiger als § 371 AO, weil er materielle Freiwilligkeit voraussetzt und nicht schon dann ausgeschlossen wird, wenn der Täter bei verständiger Würdigung der Sachlage mit der Entdeckung rechnen mußte. Andererseits ist § 24 StGB für den Täter ungünstiger als § 371 AO, weil jeder beliebige Umstand die Freiwilligkeit auszuschließen vermag, während § 371 II Nr. 1–2 AO „Unfreiwilligkeit" nur bei den dort aufgezählten Umständen unterstellt (*Kohlmann* 196 zu § 395 RAO).

58 Die These, § 371 AO verdränge § 24 StGB für den Fall des beendeten Versuchs, ist unhaltbar. Sie beruht letztlich auf der Verkennung des Begriffs des beendeten Versuchs. Ein beendeter Versuch liegt – vorbehaltlich der bei Rdnr. 53 dargestellten Ausnahmen – immer dann vor, wenn der Täter glaubt, alles für die Vollendung der Tat Erforderliche getan zu haben. Der Versuch der Steuerhinterziehung ist danach schon dann beendet, wenn der Täter die unrichtige Steuererklärung oder den Antrag auf Gewährung eines Steuervor-

teils in den Briefkasten geworfen oder dem Boten mit auf den Weg gegeben hat. Zu entsprechenden Beispielen bei Bannbruch und Schmuggel s. Rdnr. 176 zu § 371 AO. Warum in diesen Fällen Straflosigkeit nicht schon dadurch verdient werden kann, daß der Brief von der Post oder dem Boten wieder zurückgeholt wird, sondern eine Berichtigungserklärung erforderlich sein soll, ist nicht einzusehen. *Hübner* vermag die These der hM auch nur dadurch zu halten, daß er in den dargestellten Fällen zu Unrecht unbeendeten Versuch annimmt und einen beendeten Versuch offenbar erst dann für gegeben hält, wenn die unrichtige Erklärung beim FA eingegangen ist (*Hübner* 17 zu § 395 RAO). Sieht man davon ab, daß dieser Auffassung die Verkennung des strafrechtlichen Begriffs des beendeten Versuchs zugrunde liegt, dann ist *Hübners* Argumentation auch im übrigen nicht zu halten. Hat der Finanzbeamte die unrichtige Steuererklärung zur Kenntnis genommen, kann § 24 StGB ebenfalls eingreifen; nur wird dies nicht immer zur Straflosigkeit führen. Nimmt der Täter nämlich die Steuererklärung zurück, dann mag er gem. § 24 StGB von der Steuerhinterziehung durch Handeln wirksam zurückgetreten sein. Den Vorwurf einer Steuerhinterziehung durch Unterlassen kann er nur dadurch vermeiden, daß er für den Fall, daß die Erklärungsfrist noch nicht abgelaufen ist, die richtige Erklärung abgibt. Tritt er nach § 24 StGB nach Ablauf der Erklärungsfrist zurück, verbleibt es bei der Steuerverkürzung durch Unterlassen, und er kann sich Straffreiheit nur nach § 371 AO verdienen (ähnl. für die Steuerverkürzung durch Unterlassen auch *Hübner* 20 zu § 395 RAO). Anders liegt es dagegen bei einem unrichtigen Antrag auf Gewährung eines Steuervorteils. Solange der Vorteil nicht gewährt wurde, genügt es, wenn der Täter den Antrag zurückzieht und damit nach § 24 StGB zurücktritt. Welchen Sinn bei zurückgezogenem Antrag die darüber hinausgehende zutreffende Darstellung des Sachverhalts haben soll, ist nicht ersichtlich (so aber *Hübner* 21 zu § 395 RAO).

59 Hat der Täter noch nicht alles getan, was er für die Herbeiführung des Erfolges für erforderlich hält, so genügt es, wenn er die weiteren Tätigkeitsakte unterläßt. Hat er dagegen alles getan, dann muß er den Erfolgseintritt verhindern. Für den **(vollendeten) Rücktritt** nach § 24 I 1 StGB ist erforderlich, daß das Täterverhalten für das Ausbleiben des Erfolges kausal wird. Demgegenüber behandelt § 24 I 2 StGB den **versuchten Rücktritt:** Sofern der Erfolg ausbleibt, ohne daß der Täter dafür ursächlich wurde, genügt es für die Strafbefreiung, wenn er sich bemüht hat, den Erfolg zu vermeiden. In allen Fällen ist Freiwilligkeit erforderlich. Freiwilligkeit liegt dann jedenfalls nicht vor, wenn der Täter erkennt, daß er den Erfolg nicht herbeiführen kann (*Schönke/Schröder* 46 zu § 24 StGB mwN). Darüber hinaus handelt der Täter auch dann unfreiwillig, wenn er glaubt, die Situation habe sich gegenüber seinem Plan derart nachteilig geändert, daß das Entdeckungsrisiko zu groß oder die aus der Tat erwarteten Vorteile zu gering oder zu unwahrscheinlich geworden sind (*Rudolphi* 25 zu § 24 StGB mwN). In allen anderen Fällen ist der Rücktritt freiwillig.

60 § 24 II StGB trifft eine Sonderregelung für den **Rücktritt bei Beteiligung**

mehrerer; Einzelheiten: *Lenckner,* Gallas-Festschr. S. 282ff.; *Grünwald,* Welzel-Festschr. S. 716ff.

E. Die Beteiligung

61 **a)** Wirken bei der Tat mehrere Personen mit, so werden sie vom Gesetz je nach dem Gewicht ihrer Beteiligung unterschiedlich behandelt. Unter dem Begriff der **Beteiligung** werden *Täterschaft* und *Teilnahme* zusammengefaßt (§ 28 II StGB). Bei der **Täterschaft** werden *Alleintäter, Mittäter* und *mittelbare Täter* (§ 25 StGB) unterschieden. **Teilnahme** ist *Anstiftung* und *Beihilfe* (§ 28 I StGB).

b) Die Täterschaft

Schrifttum:
Eb. Schmidt, Die mittelbare Täterschaft, Frank-Festg. II 1930, 106; *Welzel,* Zur Kritik der subjektiven Teilnahmelehre, SJZ 1947, 645; *Nowakowski,* Tatherrschaft und Täterwille, JZ 1956, 545; *Gallas* u. *Bockelmann,* Die moderne Entwicklung der Begriffe Täterschaft und Teilnahme im Strafrecht, Sonderheft ZStW 1957, 3, 46; *Baumann,* Die Tatherrschaft in der Rechtsprechung des BGH, NJW 1962, 374; *ders.,* Täterschaft und Teilnahme, JuS 1963, 51, 85, 125; *ders.,* Beihilfe bei eigenhändiger voller Tatbestandserfüllung, NJW 1963, 561; *Sax,* Der Bundesgerichtshof und die Täterlehre, JZ 1963, 329; *Schroeder,* Der Täter hinter dem Täter, 1965; *Roxin,* Zur Dogmatik der Teilnahmelehre im Strafrecht, JZ 1966, 293; *Spendel,* Zur Kritik der subjektiven Versuchs- und Teilnahmetheorie, JuS 1969, 314; *Herzberg,* Grundfälle zur Lehre von Täterschaft und Teilnahme, JuS 1974, 237, 374, 574, 719; 1975, 35, 171, 575, 647, 792; 1976, 40; *Fincke,* Der Täter neben dem Täter, GA 1975, 161; *Roxin,* Täterschaft und Tatherrschaft, 3. Aufl. 1975; *ders.,* Bemerkungen zum „Täter hinter dem Täter", Lange-Festschr. 1976, 173.

62 Der Täter muß den gesamten Tatbestand erfüllen. Er muß insbesondere die Tathandlung vornehmen. Da jedoch die Tathandlungen jedenfalls der Steuerstraftaten in Verursachungen zerlegt werden können (s. Rdnr. 38) und andererseits auch der Teilnehmer den tatbestandsmäßigen Erfolg mitverursachen muß, entstehen Schwierigkeiten bei der Abgrenzung von Täterschaft und Teilnahme, sofern mehrere Personen an der Tat beteiligt sind.

63 Über die **Abgrenzung von Täterschaft und Teilnahme** streiten heute im wesentlichen nur noch die sogenannte animus-Theorie und die Tatherrschaftslehre.

64 **Die Rspr und ein Teil der Lehre bevorzugen die animus-Theorie.** Danach unterscheiden sich Täterschaft und Teilnahme im Prinzip nicht im objektiven Bereich. Täter und Teilnehmer verursachen den tatbestandsmäßigen Erfolg gleichermaßen. Da nach der im Strafrecht herrschenden Äquivalenztheorie alle Ursachen eines Erfolges gleichwertig sind, komme eine Differenzierung der Beteiligungsformen je nach dem objektiven Tatbeitrag nicht in Betracht. Maßgeblich sei vielmehr allein der Wille. Der Täter habe Täterwillen *(animus auctoris),* der Teilnehmer Teilnehmerwillen *(animus socii).* Der Täter wolle die Tat als eigene, der Teilnehmer wolle die Tat als fremde. Der Täterwille ergebe sich aus dem Interesse am Taterfolg sowie aus dem Willen zur Tatherrschaft (BGH 2, 150, 151ff. v. 12. 2. 1952; 2, 169f. v. 8. 1. 1952; 6, 226f. v. 25. 6. 1954; 8, 70, 73 v. 21. 6. 1955; 18, 87ff. v. 19. 10. 1962; *Baumann* S. 557; *Schönke/Schröder* 66 zu § 25 StGB).

65 Demgegenüber will die im Schrifttum inzwischen überwiegend vertretene **Tatherrschaftstheorie** die Beteiligungsformen nach *objektiven* Kriterien unterscheiden. Neben der für alle Beteiligungsformen erforderlichen Mitverursachung des tatbestandsmäßigen Erfolges setze die Täterschaft noch Tatherrschaft voraus (*Roxin,* Täterschaft, 1975; *Jescheck* S. 494ff.; *Maurach* AT S. 627; *Stratenwerth* 750; *Samson* 17 zu § 25 StGB). Dabei werden mehrere Tatherrschaftsformen unterschieden: Tatherrschaft in der Form der *Handlungsherrschaft* besitze, wer die tatbestandsmäßige Handlung selbst vornehme (Alleintäter, s. Rdnr. 67). *Tatherrschaft kraft überlegenen Wissens oder Willens* übe aus, wer (als mittelbarer Täter, s. Rdnr. 68) einen anderen durch Täuschung oder Zwang für seine Ziele einsetze. Schließlich besitze *funktionale Tatherrschaft,* wer mit wenigstens einem anderen aufgrund gemeinsamen Tatentschlusses die Tat arbeitsteilig begehe (Mittäter, s. Rdnr. 69). Wer sich dagegen an einer Tat beteilige, ohne Tatherrschaft zu besitzen, sei nur Teilnehmer (Rdnr. 70ff.).

66 Die Tatherrschaftslehre ist der animus-Theorie im wesentlichen aus drei Gründen vorzuziehen: Wenn das Gesetz in § 25 I StGB als Täter denjenigen bezeichnet, der die Tat selbst begeht, dann ist damit die Grundthese der animus-Theorie, es könne auch derjenige bloß Teilnehmer sein, der alle Tatbestandsmerkmale selbst erfülle, vom Gesetz zurückgewiesen (*Schönke/Schröder* 68 vor § 25 StGB). Die animus-Theorie widerspricht ihrer Ausgangsthese, die Beteiligungsformen seien wegen der Gleichwertigkeit aller Ursachen im objektiven Bereich nicht zu unterscheiden (*Baumann* JuS 1963, 90; NJW 1963, 562), durch die Annahme eines Tatherrschaftswillens selbst. Wenn es Tatherrschaftswillen gibt, muß es auch Tatherrschaft geben können, und damit sind die Beteiligungsformen doch nach objektiven Kriterien unterscheidbar (*Samson* 17 zu § 25 StGB). Schließlich ist die animus-Theorie rechtsstaatlich bedenklich, da sie die Unterscheidung von Täterschaft und Teilnahme weitgehend ins Belieben des Richters stellt (*Stratenwerth* 748; *Samson* aaO).

67 **Täter** ist nach der 1. Alternative des § 25 I StGB, wer die Tat *selbst* begeht, dh die tatbestandsmäßige Handlung selbst vornimmt. Wer täuscht, den Gegenstand selbst über die Grenze bringt oder die Sache ankauft, ist immer Täter der Steuerhinterziehung, des Bannbruchs oder der Steuerhehlerei, gleichgültig, ob er die Tat „als eigene will" oder nicht.

68 **Mittelbarer Täter** ist, wer die Tat *durch einen anderen* begeht. Dies setzt voraus, daß er die tatbestandsmäßige Handlung von einem anderen vornehmen läßt, den er kraft überlegenen Wissens oder Willens beherrscht. Überlegenes Wissen besitzt der Hintermann jedenfalls dann, wenn das Werkzeug einzelne Tatumstände nicht kennt, der Steuerberater zB vom Klienten getäuscht, gutgläubig falsche Angaben in einer Steuererklärung macht. Überlegenen Willen besitzt jedenfalls derjenige, der einen Schuldunfähigen verwendet, indem er zB ein Kind für den Schmuggel benutzt oder das Werkzeug unter Drohung oder Zwang im Rahmen von § 25 StGB einsetzt (*Stratenwerth* 761ff.; *Samson* 29ff. zu § 25 StGB). Wieweit darüber hinaus mittelbare Täterschaft möglich ist, ist umstritten (*Stratenwerth* 767ff.; *Roxin*, Lange-Festschr. S. 173ff.).

69 **Mittäterschaft** setzt zunächst einen gemeinsamen Tatentschluß voraus. Ob der Mittäter darüber hinaus auch noch einen wesentlichen Tatbeitrag leisten muß oder ob auch geringfügige und für die Tat unwesentliche Beiträge genügen, ist umstritten. Wer nach subjektiven Kriterien die Täterschaft bestimmt, wird jeden Beitrag genügen lassen können (BGH 11, 268, 271 v. 23. 1. 1958; 16, 12f. v. 10. 3. 1961; *Busch* LK 21 zu § 47 StGB aF). Die Tatherrschaftslehre kann sich damit nicht begnügen. Nach ihr muß jeder Mittäter im Gesamtplan einen wesentlichen, die Tat erst ermöglichenden Beitrag leisten (*Stratenwerth* 822ff.; *Samson* 47 zu § 25 StGB).

c) Die Teilnahme

Schrifttum:

Welzel, Teilnahme an unvorsätzlichen Handlungen? JZ 1954, 429; *Lange,* Zur Teilnahme an unvorsätzlicher Haupttat, JZ 1959, 560; *Class,* Die Kausalität der Beihilfe, Stock-Festschr. 1966, 115; *Lüderssen,* Zum Strafgrund der Teilnahme, 1967; *Schaffstein,* Die Risikoerhöhung als objektives Zurechnungskriterium im Strafrecht, Honig-Festschr. 1970, 169; *Herzberg,* Anstiftung und Beihilfe als Straftatbestände, GA 1971, 1; *Dreher,* Kausalität der Beihilfe, MDR 1972, 553; *Langer,* Das Sonderverbrechen, 1972; *Plate,* Zur Strafbarkeit des agent provocateur, ZStW 84 (1972) 294; *Samson,* Hypothetische Kausalverläufe im Strafrecht, 1972; *Stree,* Bestimmung eines Tatentschlossenen zur Tatänderung, Heinitz-Festschr. 1972, 277; *Vogler,* Zur Frage der Ursächlichkeit der Beihilfe für die Haupttat, Heinitz-Festschr. 1972, 295; *Bemmann,* Die Umstimmung des Tatentschlossenen zu einer schwereren oder leichteren Begehungsweise, Gallas-Festschr. 1973, 273; *Küper,* Der „agent provocateur" im Strafrecht, GA 1974, 321; *Samson,* Die Kausalität der Beihilfe, Peters-Festschr. 1974, 121; *Herzberg,* Die Problematik der „besonderen persönlichen Merkmale" im Strafrecht, ZStW 88 (1976) 68; *Langer,* Zum Begriff der „besonderen persönlichen Merkmale", Lange-Festschr. 1976, 241; *Vogler,* Zur Bedeutung des § 28 StGB für die Teilnahme am unechten Unterlassungsdelikt, Lange-Festschr. 1976, 265; *Spendel,* Beihilfe und Kausalität, Dreher-Festschr. 1977, 167.

70 Die Teilnahme setzt eine **vorsätzliche und rechtswidrige Haupttat** voraus. Vor Prüfung der Teilnahme ist daher zunächst festzustellen, daß ein anderer einen Straftatbestand vorsätzlich als Täter und rechtswidrig verwirklicht hat. Dagegen braucht der Haupttäter nicht schuldhaft gehandelt zu haben (§ 29 StGB). Die früher streitige Frage, ob Teilnahme an unvorsätzlicher Haupttat möglich ist, ist durch das Gesetz entschieden worden, das in §§ 26, 27 StGB eine vorsätzliche Haupttat voraussetzt (Einzelheiten s. *Samson* 25ff. vor § 26 StGB). Als Haupttat genügt auch ein Versuch. Der Teilnehmer ist dann wegen Anstiftung oder Beihilfe zum versuchten Delikt zu bestrafen.

71 Der Teilnehmer muß die Haupttat **mitverursacht** haben. Der **Anstifter** verursacht die Haupttat, indem er den Vorsatz des Haupttäters hervorruft. Der **Gehilfe** verursacht die Haupttat auf sonstige Weise mit. Was unter **Kausalität der Beihilfe** zu verstehen ist, ist umstritten. Die hM in der Literatur meint, der Gehilfe müsse für die Haupttat iS der Äquivalenztheorie ursächlich geworden sein (*Welzel* S. 119; *Jescheck* S. 526; *Baumann* S. 595f.; *Stratenwerth* 899; *Samson* 9ff. zu § 27 StGB u. Peters-Festschr. S. 132; *Dreher* MDR 1972, 555f.). Das kann durch physische wie auch psychische Kausalität geschehen. **Physische Beihilfe** begeht, wer den Pkw für den Schmuggel zur

Verfügung stellt, die unrichtige Steuererklärung zum Finanzamt bringt oder unrichtige Belege ausstellt. **Psychische Beihilfe** begeht jedenfalls, wer durch seine Ratschläge die Tat ermöglicht oder erleichtert. So leistet psychische Beihilfe zur Steuerhinterziehung, wer als Steuerberater Hinweise für die günstigsten und am wenigsten riskanten Manipulationen gibt oder wer den ungefährlichsten Weg über die grüne Grenze empfiehlt. Die Rspr will darüber hinaus Beihilfe auch dann annehmen, wenn die Haupttat nicht mitverursacht, sondern lediglich gefördert wurde (Einzelheiten s. *Samson,* Hypothetische Kausalverläufe, S. 57ff.; 5 zu § 27 StGB). Sie gelangt auf diese Weise zu der nicht unbedenklichen Form der psychischen Beihilfe durch **Stärkung des Tatentschlusses.** Es leiste daher auch Beihilfe, wer dem Täter die letzten Bedenken ausrede (RG 75, 112 v. 10. 2. 1941; BGH v. 16. 12. 1954, VRS 8 [1955] 199, 201; BGH 8, 390f. v. 10. 1. 1956; BGH v. 15. 6. 1962, VRS 23 [1962] 207, 209; krit. dazu *Samson* 14f. zu § 27 StGB; *Stratenwerth* 900). Darüber hinaus meinen einige Autoren, Gehilfe sei schon, wer die Tat chancenreicher mache, gleichgültig ob er für die Tatausführung tatsächlich ursächlich werde (*Schaffstein,* Honig-Festschr. S. 173ff.; weitere Modifizierungen bei *Herzberg* GA 1971, 7f.; *Vogler,* Heinitz-Festschr. S. 309ff.). Diese Lehre von der Risikoerhöhung macht jedoch die straflose versuchte Beihilfe auf unzulässige Weise zur vollendeten Beihilfe (*Samson* 8 zu § 27 StGB; Peters-Festschr. S. 130ff.).

72 Nach überwiegender Auffassung soll Beihilfe noch **nach Vollendung der Tat bis zu ihrer Beendigung** möglich sein (BGH 3, 40, 43 v. 24. 6. 1952 zum Bannbruch; 6, 248, 251 v. 8. 7. 1954; 14, 280 v. 6. 5. 1960; 19, 323, 325 v. 30. 6. 1964; *Jescheck* S. 525; *Busch* LK 21 zu § 49 StGB aF; *Schönke/Schröder* 17 zu § 27 StGB). Dabei wird als Beendigung der Tat derjenige Zeitpunkt verstanden, an dem die materielle Rechtsgutverletzung eingetreten ist. Zum Teil versteht man unter Beendigung aber auch die Realisierung einer etwa vorhandenen überschießenden Innentendenz (s. Rdnr. 47). So kann nach dieser Auffassung Beihilfe auch begehen, wer nach Anweisung der Steuervergütung tätig wird und dadurch bewirkt, daß die Zahlung beim Täter auch tatsächlich ankommt. Diese Auffassung ist abzulehnen, da sie einerseits die Grenzen des Tatbestandes durch das unsichere Kriterium der Tatbeendigung sprengt und andererseits die strafwürdigen Fälle durch den Tatbestand der Begünstigung erfaßt werden können (*Isenbeck* NJW 1965, 2326; *Samson* 18 zu § 27 StGB; *Stratenwerth* 873f.).

73 Der Teilnehmer muß **Vorsatz** bezüglich der Haupttat und seiner Mitverursachung haben. Hinsichtlich der Haupttat ist bedeutsam, daß er deren Vollendung wollen muß. Wer die Vollendung der Haupttat nicht will, ist strafloser agent provocateur (*Plate* ZStW 84 [1972] 294; *Küper* GA 1974, 321).

74 Wer durch den Haupttäter verwirklichte **qualifizierende Umstände** nicht kennt, wird nur wegen Teilnahme am Grunddelikt bestraft. Begeht der Haupttäter einen Bannbruch mit Waffen iS des § 373 II Nr. 1 AO, so wird der Gehilfe nur wegen Beihilfe zum einfachen Bannbruch bestraft, wenn er nicht weiß, daß der Haupttäter eine Schußwaffe bei sich führt.

75 Von dem Grundsatz, daß dem Teilnehmer diejenigen vom Haupttäter realisierten Umstände zugerechnet werden, die er kennt *(Akzessorietät),* macht § 28 II StGB eine Ausnahme. Die dort näher beschriebenen Umstände werden dem Teilnehmer nur und schon dann zugerechnet, wenn er sie selbst aufweist (sog. *Limitierung der Akzessorietät*). § 28 II StGB schreibt dies für modifizierende (straferhöhende, strafmildernde und strafausschließende) persönliche, täterbezogene Merkmale vor. Der Begriff der **„besonderen persönlichen Merkmale"** ist noch nicht hinreichend sicher geklärt (s. *Schönke/Schröder* 18ff. zu § 28 StGB; *Herzberg* ZStW 88 [1976] 68ff.; *Langer,* Lange-Festschr. S. 241; *Vogler,* Lange-Festschr. S. 265). Bei Steuerstraftaten sind Merkmale nach § 28 II StGB die Gewerbsmäßigkeit nach § 373 I AO (s. Rdnr. 14 zu § 373 AO) und die Bandenzugehörigkeit nach § 373 II Nr. 3 AO (s. Rdnr. 38 zu § 373 AO). § 28 II StGB hat folgende Auswirkungen: Begeht der Haupttäter einen einfachen Bannbruch nach § 372 AO, so wird der Gehilfe wegen Beihilfe zum gewerbsmäßigen Bannbruch bestraft, sofern er selbst gewerbsmäßig handelt. Handelt der Haupttäter gewerbsmäßig, nicht aber der Gehilfe, so wird der Haupttäter wegen gewerbsmäßigen Bannbruchs, der Gehilfe wegen Beihilfe zum einfachen Bannbruch bestraft. Der Anstifter wird gem. § 26 StGB wie der Haupttäter bestraft. Gem. § 27 II StGB kann die Strafe des Gehilfen nach den Grundsätzen des § 49 I StGB gemildert werden. Eine obligatorische Strafmilderung sieht § 28 I StGB für den Fall vor, daß der Gehilfe ein strafbegründendes persönliches Merkmal nicht aufweist. Im Bereich des Steuerstrafrechts sind solche Merkmale die Pflicht iS von § 370 I Nr. 2, 3 AO (zu den Garantenpflichten allgemein wie hier: *Roxin,* Täterschaft, S. 515; *Dreher* 6 u. *Samson* 18 zu § 28 StGB; *Vogler,* Lange-Festschr. S. 265; *Langer,* Lange-Festschr. S. 262; aM *Schönke/Schröder* 13 zu § 28 StGB; *Geppert,* ZStW 82 [1970] 40; *Jescheck* S. 400) und die Bereicherungsabsicht in § 374 AO (zur Bereicherungsabsicht allgemein wie hier: *Samson* u. *Schönke/Schröder* 14 zu § 28 StGB; wohl auch BGH 22, 375, 380 v. 20. 5. 1969; 23, 39f. v. 15. 7. 1969; aM *Maurach* JuS 1969, 254; AT S. 714; *Stratenwerth* 933; *Herzberg* ZStW 88 [1976] 90). Wird der Steuerpflichtige angestiftet, die Steuererklärung nicht abzugeben, so wird der Steuerpflichtige als Haupttäter nach § 370 I Nr. 2 AO und der Anstifter nach § 370 I Nr. 2 AO iVm § 26 StGB mit obligatorischer Strafmilderung nach § 28 I, § 49 I StGB bestraft, da er das strafbegründende persönliche Merkmal der Pflichtigkeit nicht selbst aufweist.

F. Das fahrlässige Delikt

76 Wegen vorsätzlicher Begehung kann nur bestraft werden, wer alle Tatumstände (Rdnr. 31) in seinen Vorsatz aufgenommen hat und sich rechtfertigende Umstände nicht vorstellt (Rdnr. 92). Irrt der Täter auch nur über *einen* Tatumstand, scheidet das Vorsatzdelikt aus. Nach § 15 StGB setzt die Bestrafung Vorsatz voraus, es sei denn, das Gesetz bedroht fahrlässiges Handeln ausdrücklich mit Strafe. Steuerstraftaten können mangels entsprechender ausdrücklicher Anordnung nicht fahrlässig begangen werden. Die leichtfertige Begehung ordnet die AO in einigen Fällen als Ordnungswidrigkeit ein. Nur bei § 382 AO genügt einfache Fahrlässigkeit. Zur leichtfertigen Begehung s. § 377 AO.

G. Das Unterlassungsdelikt

Schrifttum:
Maihofer, Der Versuch der Unterlassung, GA 1958, 289; *Welzel,* Zur Problematik der Unterlassungsdelikte, JZ 1958, 494; *Grünwald,* Zur gesetzlichen Regelung der unechten Unterlassungsdelikte, ZStW 70 (1958) 412; *ders.,* Der Versuch des unechten Unterlassungsdelikts, JZ 1959, 46; *Armin Kaufmann,* Die Dogmatik der Unterlassungsdelikte, 1959; *ders.,* Methodische Probleme der Gleichstellung des Unterlassens mit der Begehung, JuS 1961, 173; *Spendel,* Zur Unterscheidung von Tun und Unterlassen, Eb. Schmidt-Festschr. 1961, 183; *Busch,* Zur gesetzlichen Begründung der Strafbarkeit unechten Unterlassens, v. Weber-Festschr. 1963, 192; *Arthur Kaufmann,* Bemerkungen zum Irrtum beim unechten Unterlassungsdelikt, JZ 1963, 504; *Bertel,* Begehungs- und Unterlassungsdelikt, JZ 1965, 53; *Blei,* Garantenpflichtbegründung beim unechten Unterlassen, H. Mayer-Festschr. 1966, 119; *Stree,* Garantenstellung kraft Übernahme, H. Mayer-Festschr. 1966, 145; *Rudolphi,* Die Gleichstellungsproblematik und der Gedanke der Ingerenz, 1966; *ders.,* Zur Strafbarkeit des versuchten unechten Unterlassungsdelikts, MDR 1967, 1; *Bärwinkel,* Die Struktur der Garantieverhältnisse bei den unechten Unterlassungsdelikten, 1968; *Pfleiderer,* Die Garantenstellung aus vorangegangenem Tun, 1968; *Welp,* Vorausgegangenes Tun als Grundlage einer Handlungsäquivalenz der Unterlassung, 1968; *Roxin,* An der Grenze von Begehung und Unterlassung, Engisch-Festschr. 1969, 380; *Schünemann,* Grund und Grenzen der unechten Unterlassungsdelikte, 1971; *Herzberg,* Die Unterlassung im Strafrecht und das Garantenprinzip, 1972; *Engisch,* Tun und Unterlassen, Gallas-Festschr. 1973, 163; *Otto,* Vorangegangenes Tun als Grundlage strafrechtlicher Haftung, NJW 1974, 528; *Samson,* Begehung und Unterlassung, Welzel-Festschr. 1974, 579; *Schöne,* Unterlassene Erfolgsabwendung und Strafgesetz, 1974; *Schünemann,* Zur Kritik der Ingerenz-Garantenstellung, GA 1974, 231; *Schaffstein,* Die Vollendung der Unterlassung, Dreher-Festschr. 1977, 147.

a) Überblick

77 Die Tatbestände der Strafgesetze erfassen in erster Linie menschliches *Handeln.* Unter bestimmten Voraussetzungen ist aber auch das *Unterlassen* mit Strafe bedroht. Die Strafbarkeit des Unterlassens kann sich auf zwei Wegen ergeben. Am eindeutigsten ist die Situation dann, wenn das Gesetz einen besonderen Unterlassungstatbestand selbst aufstellt. Das ist zB in § 370 I Nr. 2 AO (unterlassene Aufklärung der Finanzbehörden) und Nr. 3 (unterlassene Verwendung von Steuerzeichen oder Steuerstemplern) geschehen. Eine Bestrafung des Unterlassens kommt aber auch dann in Betracht, wenn das Gesetz keinen besonderen Unterlassungstatbestand enthält. § 13 StGB sieht nämlich vor, daß – freilich mit fakultativer Strafmilderung nach § 49 I StGB – aus dem Tatbestand eines Begehungsdeliktes auch bestraft werden kann, wer es unter bestimmten Umständen unterläßt, den im Tatbestand beschriebenen Erfolg abzuwenden. § 13 StGB schreibt dafür zweierlei vor: Der Täter muß rechtlich dafür einzustehen haben, daß der Erfolg nicht eintritt (Garantenstellung), und das Unterlassen muß der Tatbestandsverwirklichung durch ein Tun entsprechen (Gleichwertigkeit). Rspr und Schrifttum verwenden in diesem Zusammenhang die Begriffe *„echte“ und „unechte“ Unterlas-*

sungsdelikte, deren Definition streitig ist (s. *Rudolphi* 8ff. vor § 13 StGB). Zum Teil werden die Begriffe „unecht" und „echt" iS von erfolgsfrei und erfolgsbezogenen verstanden. Nach einer anderen Terminologie, der hier gefolgt werden soll, werden diejenigen Delikte, die in besonderen Unterlassungstatbeständen erfaßt sind, als echte Unterlassungsdelikte bezeichnet. Unter unechten Unterlassungsdelikten versteht man dagegen solche Unterlassungsdelikte, deren Strafbarkeit sich über § 13 StGB aus einem Begehungstatbestand ergibt (*Armin Kaufmann* S. 206ff.).

Die Unterscheidung von echten und unechten Unterlassungsdelikten hat auch für die Steuerhinterziehung erhebliche Bedeutung, obwohl § 370 I Nr. 2 und 3 AO die Unterlassung gesondert unter Strafe stellt. Es sind nämlich Fälle der Steuerhinterziehung durch Unterlassen denkbar, in denen das Unterlassen des Täters nicht oder nur mühsam durch Nr. 2 erfaßt werden kann, so daß ein unechtes Unterlassungsdelikt nach § 370 I Nr. 1 AO, § 13 StGB in Betracht kommt, s. Rdnr. 77ff. zu § 370 AO. Praktische Bedeutung hat das unechte Unterlassungsdelikt auch im Bereich der Begünstigung, s. Rdnr. 170.

b) Unterscheidung von Begehen und Unterlassen

78 Jedenfalls für den Bereich der unechten Unterlassungsdelikte ist die Unterscheidung von Begehung und Unterlassung von erheblicher praktischer Bedeutung, da das Unterlassen nur unter den einschränkenden Voraussetzungen von § 13 StGB strafbar ist. Zu der heftig umstrittenen Frage werden im wesentlichen zwei Grundpositionen vertreten. Die Rspr und ein Teil des Schrifttums wollen bei mehrdeutigen Handlungen danach unterscheiden, wo der *„Schwerpunkt der Vorwerfbarkeit"* liegt (BGH 6, 46, 59 v. 17. 2. 1954; *Mezger* JZ 1958, 281; *Blei* S. 273f.). Die im Schrifttum überwiegende Ansicht hält dieses Kriterium für unbrauchbar, da es auf einem Zirkelschluß beruht. Ob der Schwerpunkt der Vorwerfbarkeit beim Handeln oder beim Unterlassen liegt, läßt sich erst feststellen, nachdem geklärt wurde, ob der Täter tatbestandsmäßig gehandelt oder unterlassen hatte, da die Vorwerfbarkeit die Erfüllung eines Tatbestandes voraussetzt (*Roxin* ZStW 74 [1962] 418; *Welp* S. 106; *Rudolphi* 6 vor § 13 StGB). Welche Kriterien die Unterscheidung von Handeln und Unterlassen statt dessen tragen sollen, ist äußerst umstritten. Einige meinen, der Handelnde setze Energie ein, während der Unterlassende den gebotenen Energieeinsatz nicht vornehme (*Engisch,* Gallas-Festschr. S. 171ff.; *Rudolphi* 6 vor § 13 StGB). Andere halten für entscheidend, daß zwar Handeln und Unterlassen gleichermaßen für den Erfolg ursächlich seien, daß jedoch die Existenz des Täters selbst r beim Handeln, nicht jedoch beim Unterlassen den Erfolg verursache (*Armin Kaufmann* S. 62; *Welzel* S. 203; *Samson,* Welzel-Festschr. S. 579; ähnl. *Stratenwerth* 976).

c) Der Tatbestand des Unterlassungsdeliktes

79 Der Tatbestand jedes Unterlassungsdeliktes setzt die Nichtvornahme einer bestimmten Handlung voraus. Hier erfolgt die Abgrenzung zum Begehungsdelikt. Eine Handlung unterläßt nur, wer zu ihrer Vornahme wenigstens physisch in der Lage war. Wer handlungsunfähig ist, unterläßt nicht. Soweit der Tatbestand einen Erfolg verlangt, muß dieser eingetreten und durch das Unterlassen verursacht worden sein. Die Kausalität zwischen Unterlassung und Erfolg – die vielfach auch als hypothetische oder Quasikausalität bezeichnet wird – ist dann gegeben, wenn der Erfolg bei Vornahme der Handlung ausgeblieben wäre; zur Frage, ob es für die Erfolgszurechnung genügt, wenn die Handlung das Risiko des Erfolgseintritts vermindert hätte, s. *Rudolphi* 15f. vor § 13 StGB. Der Tatbestand setzt weiterhin diejenigen Umstände voraus, die die Handlungspflicht des Täters begründen; auf sie muß sich auch der Vorsatz erstrecken (BGH 16, 155, 157f. v. 29. 5. 1961; *Rudolphi* 25 vor § 13 StGB mwN). Nach § 370 I Nr. 2 und 3 AO sind das die tatsächlichen Umstände, die das Unterlassen zu einem „pflichtwidrigen" iS von § 370 I Nr. 2, 3 AO machen (s. Rdnr. 128ff. zu § 370 AO). Soweit ein Unterlassen gem. § 13 StGB ein Begehungsdelikt erfüllt, handelt es sich um diejenigen Umstände, die den Täter zum Garanten machen, sog. **Garantenstellungen.** Diese Garantenstellungen sind von Rspr und Literatur in Form des Gewohnheitsrechts entwickelt worden. Die den Garantenstellungen entsprechenden gewohnheitsrechtlich geltenden Garantenpflichten werden nach zwei verschiedenen Kriterien geordnet. Die sog. *Rechtsquellenlehre* unterscheidet die Garantenpflichten nach formalen Gesichtspunkten und kennt Garantenpflichten aus: 1. Gesetz oder Verordnung, 2. Vertrag oder tatsächlicher Übernahme, 3. konkreten Lebensbeziehungen und 4. vorangegangenem gefährdenden rechtswidrigen Verhalten (sog. Ingerenz, s. *Jescheck* S. 470f.; *Rudolphi* 25 vor § 13 StGB mwN). Die im Vordringen begriffene *materielle Lehre* unterscheidet dagegen nach dem Inhalt der Garantenpflichten. Auf einer ersten Stufe unterscheidet sie zwischen dem *„Hütergaranten"* und dem *„Überwachergaranten"*. Der Hütergarant ist zum Schutz des betreffenden Rechtsgutes verpflichtet, während der Überwachergarant zur Eindämmung bestimmter Gefahrenquellen verpflichtet ist (*Jescheck* S. 470f.; *Rudolphi* 24ff. vor § 13 StGB). So beruht die Garantenpflicht eines Behördenangestellten, der bei festgestellter Steuerhinterziehung nichts unternimmt, um dem Steuerpflichtigen die Vorteile der Tat zu erhalten, nach der formalen Rechtsquellenlehre auf Gesetz (§ 116 I AO); nach der materiellen Einteilung ist er kraft Gesetzes Hütergarant und als solcher zur Anzeige verpflichtet (Begünstigung durch Unterlassen §§ 257, 13 StGB). Zu den Einzelheiten der Garantenpflichten s. *Rudolphi* 26ff. zu § 13 StGB mwN sowie die Erläuterungen zu den einzelnen Tatbeständen.

80 **Der Vorsatz des Täters** muß sich auf alle Tatumstände beziehen. Er muß also wissen, daß der Erfolgseintritt droht und daß er zur Abwendung des Erfolges in der Lage ist. Nach Rspr und hL gehört zum Vorsatz auch die Kenntnis derjenigen Umstände, die die Garantenpflicht begründen. Dagegen ist die Kenntnis der Pflicht selbst für den Vorsatz nicht erforderlich (BGH 16, 155 v. 29. 5. 1961; *Rudolphi* 25 vor § 13 StGB).

81 **Die Äquivalenz von Handeln und Unterlassen** wird von 13 I StGB gesondert vorausgesetzt: „*. . . und wenn das Unterlassen der Verwirklichung des gesetzli-*

chen Tatbestandes durch ein Tun entspricht". Die Formulierung des Gesetzes wird überwiegend so interpretiert, daß zwischen **Handlungs- oder Bewirkungsäquivalenz** und **Modalitätenäquivalenz** unterschieden wird. Die Handlungsäquivalenz wird durch die Garantenstellung hergestellt. Beim reinen Verursachungsdelikt ist die Nichtabwendung eines Erfolges durch Unterlassen der Verursachung durch aktives Tun bereits dann gleichwertig, wenn der Unterlassende Garant war. Eine weitere Prüfung der Gleichstellung erübrigt sich dann. Bei denjenigen Delikten, die nicht jede Erfolgsverursachung durch beliebiges Tun, sondern nur bestimmte Handlungsmodalitäten erfassen, ist auf einer zweiten Stufe zu prüfen, ob das Unterlassen auch der bestimmten im Tatbestand beschriebenen Handlung gleichwertig ist, sog. Modalitätenäquivalenz (*Rudolphi* 18 u. *Schönke/Schröder* 4 zu § 13 StGB; *Welp* S. 18ff.; *Jescheck* S. 475f.). Die Modalitätenäquivalenz wird bedeutsam bei der Steuerhinterziehung durch Unterlassen nach § 370 I Nr. 1 AO (s. Rdnr. 84 zu § 370 AO).

d) Die Beteiligung durch Unterlassen und am Unterlassen

82 **Die Beteiligung durch Unterlassen und am Unterlassen** ist lebhaft umstritten (ausf. *Rudolphi* 36ff. vor § 13 StGB). Bei der **Beteiligung durch Unterlassen** (insbesondere am Begehungsdelikt) ist streitig, ob und nach welchen Kriterien zwischen Täterschaft und Teilnahme unterschieden werden kann. Während die Rspr (BGH 2, 150f. v. 12. 2. 1952; 13, 162, 166 v. 15. 5. 1959; v. 5. 7. 1960, NJW 1821) Täterschaft und Teilnahme auch hier nach den allgemeinen Kriterien der animus-Theorie (s. Rdnr. 64) unterscheiden will, vertritt die Literatur überwiegend abweichende Auffassungen. Zum Teil wird auf die Kriterien der Tatherrschaftslehre zurückgegriffen (*Gallas* JZ 1960, 686f.; *Jescheck* S. 528; *Maurach* AT S. 693), zum Teil wird nach der Art der Garantenstellung unterschieden (*Schönke/Schröder* 81ff. vor § 25 StGB). Demgegenüber weist eine andere Gruppe von Autoren zu Recht darauf hin, daß diejenigen Kriterien, die beim Begehungsdelikt zur Unterscheidung von Täterschaft und Teilnahme verwendet werden, wegen der ganz andersartigen Struktur des Unterlassens auf das Unterlassungsdelikt nicht übertragen werden könnten. Daraus wird zum Teil geschlossen, es gebe überhaupt keine Teilnahme durch Unterlassen, der unterlassende Garant sei immer Täter (*Armin Kaufmann* S. 291ff.; *Welzel* S. 222; ähnl. *Grünwald* GA 1959, 110); andere Autoren folgen dem nur grundsätzlich und halten den unterlassenden Garanten nur dann für einen Teilnehmer, wenn er nicht sämtliche, für die Täterschaft erforderlichen Tatbestandsmerkmale erfüllt (*Roxin,* Täterschaft, S. 459ff.; *Rudolphi* 40 vor § 13 StGB). Die **Teilnahme durch Handeln** am Unterlassungsdelikt wird von der hM für möglich gehalten und nach den allgemeinen Kriterien der Täterschaft abgegrenzt (*Rudolphi* 45 vor § 13 StGB mwN). Abw. meinen *Armin Kaufmann* (S. 190ff.) und *Welzel* (S. 206f.), der Handelnde sei hier immer Täter.

e) Der Versuch der Unterlassung

83 Nach hM können Unterlassungsdelikte die Stadien der Vorbereitung, des **Versuchs** und der Vollendung durchlaufen (*Jescheck* S. 483; *Maurach* AT

S. 502; *Rudolphi* 50 vor § 13 StGB). Die Abgrenzung von Vorbereitung und Versuch ist beim Unterlassungsdelikt umstritten. Eine Mindermeinung hält den Versuch schon dann für gegeben, wenn der Täter die erste Erfolgsabwendungsmöglichkeit nicht ergreift (*Maihofer* GA 1958, 297; *Maurach* AT S. 503), nach anderer Auffassung beginnt der Versuch erst, wenn der Täter die letzte Handlungsmöglichkeit verstreichen läßt (*Armin Kaufmann* aaO S. 210ff.; *Welzel* S. 221). Man wird aber mit einer dritten Meinung den Versuch des Unterlassungsdeliktes schon, aber auch erst dann beginnen lassen müssen, wenn der Täter eine Handlungsmöglichkeit verstreichen läßt, die nach seiner Vorstellung für die Erfolgsabwendung aussichtsreicher ist als die dann noch verbleibenden Handlungsmöglichkeiten (*Schönke/Schröder* 50 zu § 22 StGB; *Rudolphi* 51 vor § 13 StGB; *Stratenwerth* 1058). Das bedeutet für die Steuerhinterziehung durch Unterlassen gem. § 370 I Nr. 2 AO, daß der Versuch erst dann beginnt, wenn der Täter den Zeitpunkt verstreichen läßt, bis zu dem er seine Erklärung noch innerhalb der Erklärungsfrist dem Finanzamt zustellen kann. Die Auffassung von *Hübner* (19 zu § 395 RAO), nach der der Versuch der Steuerhinterziehung durch Unterlassen bereits mit dem Verstreichenlassen „*der erstmöglichen Erfüllung der Erklärungsfrist*" beginnt, vermag nicht zu überzeugen, da sie an rein innere, praktisch niemals nachweisbare Vorgänge anknüpft.

H. Rechtswidrigkeit

84 Die Tat ist regelmäßig dann rechtswidrig, wenn der Tatbestand erfüllt ist und **keine Rechtfertigungsgründe** eingreifen. Die Rechtswidrigkeitsprüfung beschränkt sich also auf die Untersuchung, ob ein Rechtfertigungsgrund gegeben ist. Lediglich bei den sog. offenen Tatbeständen muß die Rechtswidrigkeit positiv festgestellt werden. Offene Tatbestände (zB § 240 StGB: Nötigung; § 253 StGB: Erpressung) gibt es im Bereich der Steuerstraftaten jedoch nicht.

85 Rechtfertigungsgründe finden sich teilweise im StGB, können aber der gesamten Rechtsordnung entnommen werden. Im Bereich der Steuerstraftaten spielen Rechtfertigungsgründe keine besondere Rolle. Insbesondere ist darauf hinzuweisen, daß der **rechtfertigende Notstand nach § 34 StGB** eine Steuerhinterziehung dann nicht zu rechtfertigen vermag, wenn die unrichtige Steuererklärung abgegeben wurde, um den Betrieb des Steuerpflichtigen und die damit verbundenen Arbeitsplätze zu erhalten. Zwar ist eine Tat nach § 34 StGB dann gerechtfertigt, wenn sie ein Interesse verletzt, um ein erheblich höherwertiges Interesse zu bewahren (*Samson* 2 zu § 34 StGB mwN). Diese Voraussetzungen mögen im Einzelfall gegeben sein. Nach § 34 S. 2 StGB muß die Tat jedoch ein *angemessenes* Mittel sein, die Gefahr abzuwenden. Tatbestandsmäßiges Verhalten ist immer dann kein angemessenes Mittel iS von § 34 S. 2 StGB, wenn Verfahrensgesetze die Art regeln, in der Gefahren abgewendet werden dürfen (*Samson* 22 zu § 34 StGB; *Maurach* AT S. 331; *Stratenwerth* 456; ähnl. *Schönke/Schröder* 35 zu § 34 StGB). Gegenüber den aus hohen Steuerschulden drohenden Gefahren sind die allein angemessenen Abwehrmittel in den §§ 218ff. AO geregelt. Kommen zB Stundung (§ 222 AO), Zahlungsaufschub (§ 223 AO) oder Erlaß (§ 227 AO) nicht in Betracht, so sind die aus der Vollstreckung entstehenden Nachteile hinzunehmen. Eine Steuerhinterziehung kann insoweit nicht gem. § 34 StGB gerechtfertigt werden. Das bedeutet freilich nicht, daß § 34 StGB auf Steuerstraftaten nie anzuwenden wäre. Soweit der Täter andere als die durch die Zahlung der Steuer entstehenden Gefahren abwenden will, kann in Ausnahmefällen eine Rechtfertigung aus § 34 StGB in Betracht kommen, zB wenn die Unterlassung nach § 370 I Nr. 2 oder 3 AO durch Drohung seitens eines Dritten erzwungen wird oder wenn ein Bannbruch nach § 372 I AO begangen wird, weil die Grenze zur Rettung eines lebensgefährlich Verletzten ohne die an sich gebotene Anzeige möglichst schnell überschritten werden muß.

86 **Bei Unterlassungsdelikten** greifen grundsätzlich dieselben Rechtfertigungsgründe ein wie bei Begehungsdelikten; lediglich der rechtfertigende Notstand (dann: sog. Pflichtenkollision) erfährt geringfügige Modifizierungen (*Rudolphi* 29 vor § 13 StGB; *Samson* 26 zu § 34 StGB mwN).

I. Schuld

87 **Die rechtswidrige Tat ist schuldhaft begangen,** wenn sie dem Täter vorgeworfen werden kann. Die Vorwerfbarkeit setzt zunächst die Schuldfähigkeit voraus. Schuldfähigkeit fehlt gem. § 19 StGB dem zur Tatzeit noch nicht 14 Jahre alten Kind; sie fehlt gem. § 20 StGB weiterhin demjenigen, der bei Begehung der Tat wegen einer krankhaften Störung, wegen einer tiefgreifenden Bewußtseinsstörung oder wegen Schwachsinns oder einer anderen schweren seelischen Abartigkeit unfähig ist, das Unrecht der Tat einzusehen oder nach dieser Einsicht zu handeln (s. *Schönke/Schröder* zu § 20 StGB; *Rudolphi* vor § 19 StGB). Die Vorschrift wird durch § 17 StGB in bezug auf den allgemeinen Verbotsirrtum ergänzt und modifiziert (s. Rdnr. 91ff.). Schließlich kann die Schuld durch Schuldausschließungsgründe im Einzelfall aufgehoben sein. Die in §§ 33, 35 StGB geregelten Fälle des entschuldigenden Notstandes sind aber für das Steuerstrafrecht ohne praktische Bedeutung.

88 Besondere Beachtung verdient der bei Unterlassungsdelikten eingreifende Entschuldigungsgrund der **Unzumutbarkeit.** Er liegt vor, wenn dem Täter die Erfüllung der Handlungspflicht wegen der damit verbundenen Aufopferung eigener billigenswerter Interessen nicht zugemutet werden kann (BGH 2, 194, 204 v. 18. 3. 1952; 6, 46, 57 v. 17. 2. 1954; 11, 135, 137 v. 14. 11. 1957; *Welzel* S. 220f.; JZ 1958, 494; *Rudolphi* 31 vor § 13 StGB). Unstreitig ist der Entschuldigungsgrund dann gegeben, wenn der Täter durch das Unterlassen andere – geringerwertige, sonst § 34 StGB – Güter rettet und seine Motivationsfreiheit wegen des eigenen Interesses stark eingeschränkt ist. Umstritten ist vor allem die – auch für das Steuerstrafrecht praktisch bedeutsame – Frage, ob die **Gefahr einer Strafverfolgung** zur Entschuldigung führen kann (dafür bei Gefahr eigener Strafverfolgung: *Welzel* JZ 1958, 495; *Geilen* FamRZ 1964, 386; aM BGH 11, 136; *Rudolphi* 33 u. *Schönke/Schröder* 155 vor § 13 StGB).

Sofern die Vornahme der gebotenen Handlung Angehörige in die Gefahr der Strafverfolgung versetzt, neigt auch der BGH zur Annahme von Unzumutbarkeit (BGH 6, 57; 11, 136f.).

K. Irrtum

Schrifttum:

Stieler, Rechtsirrtum im Steuerstrafrecht, SJZ 1950, 527; *Dollinger,* Das Unrechtsbewußtsein im Steuerstrafrecht, BB 1952, 801; *Welzel* u. *Glöggler,* Irrtumsfragen im Steuerstrafrecht, NJW 1953, 486; *Lang-Hinrichsen,* Die irrtümliche Annahme eines Rechtfertigungsgrundes, JZ 1953, 362; *Stieler,* Der Bundesgerichtshof zur Frage des Rechtsirrtums im Steuerstrafrecht, BB 1953, 434; *v. Weber,* Subsumtionsirrtum, GA 1953, 161; *ders.,* Negative Tatbestandsmerkmale, Mezger-Festschr. 1954, 183; *Arthur Kaufmann,* Zur Lehre von den negativen Tatbestandsmerkmalen, JZ 1954, 653; *Bruns,* Der untaugliche Täter im Strafrecht, 1955; *Armin Kaufmann,* Tatbestandseinschränkung und Rechtfertigung, JZ 1955, 37; *Warda,* Die Abgrenzung von Tatbestands- und Verbotsirrtum bei Blankettstrafgesetzen, 1955; *Welzel,* Der Verbotsirrtum im Nebenstrafrecht, JZ 1956, 238; *Spendel,* Der sog. Umkehrschluß aus § 59 StGB nach der subjektiven Versuchstheorie, ZStW 69 (1957) 441; *Engisch,* Tatbestands- und Verbotsirrtum bei Rechtfertigungsgründen, ZStW 70 (1958) 64; *Warda,* Zur gesetzlichen Regelung des vermeidbaren Verbotsirrtums, ZStW 71 (1959) 252; *Welzel,* Gesetz und Gewissen, DJT-Festschr. I (1960) 383; *Hirsch,* Die Lehre von den negativen Tatbestandsmerkmalen, 1960; *Arthur Kaufmann,* Das Schuldprinzip, 1961; *Armin Kaufmann,* Schuldfähigkeit und Verbotsirrtum, Eb. Schmidt-Festschr. 1961, 319; *Metzler,* Der Verbotsirrtum im Steuerstrafrecht, 1961; *Schaffstein,* Tatbestands- und Verbotsirrtum, OLG Celle-Festschr. 1961, 175; *Baumann,* Das Umkehrverhältnis zwischen Versuch und Irrtum im Strafrecht, NJW 1962, 16; *Maurach,* Die Beiträge der neueren höchstrichterlichen Rechtsprechung zur Bestimmung des Wahnverbrechens, NJW 1962, 716, 767; *Sax,* Zum logischen und sachlichen Gehalt des sog. Umkehrschlusses aus § 59 StGB, JZ 1964, 241; *Foth,* Neue Kontroversen um den Begriff des Wahnverbrechens, JR 1965, 366; *Traub,* Die umgekehrte ,,Parallelwertung in der Laiensphäre" – Wahndelikt oder untauglicher Versuch? JuS 1967, 113; *Krümpelmann,* Stufen der Schuld beim Verbotsirrtum, GA 1968, 129; *Horn* Verbotsirrtum und Vorwerfbarkeit, 1969; *Rudolphi,* Unrechtsbewußtsein, Verbotsirrtum und Vermeidbarkeit des Verbotsirrtums, 1969; *Tiedemann,* Zur legislatorischen Behandlung des Verbotsirrtums im Ordnungswidrigkeiten- und Steuerstrafrecht, ZStW 81 (1969) 869; *Roxin,* Offene Tatbestände und Rechtspflichtenmerkmale, 2. Aufl. 1970; *Engisch,* Der ,,umgekehrte Irrtum" und das ,,Umkehrprinzip", Heinitz-Festschr. 1972, 185.

a) Erscheinungsformen des Irrtums

89 Die Frage, wie ein Irrtum des Täters über strafrechtlich erhebliche Umstände zu behandeln ist, weist viele verzweigte Einzelprobleme auf, die ihrerseits vielfach umstritten sind. Dabei sind die Grundstrukturen des Problems noch einfach zu durchschauen. Zunächst muß zwischen dem Irrtum und dem umgekehrten Irrtum unterschieden werden. Der einfache Irrtum (auch **Irrtum zugunsten** genannt) liegt dann vor, wenn sich der Täter eine Lage vorstellt, die für ihn günstiger als die Wirklichkeit ist. Der umgekehrte Irrtum (auch **Irrtum zuungunsten**) ist dann gegeben, wenn die vom Täter vorgestellte Lage ungünstiger als die Wirklichkeit ist. Der Irrtum kann vorsatzausschließender Tatumstandsirrtum oder Verbotsirrtum sein; der umgekehrte Irrtum führt zum Versuch oder zum (straflosen) sog. Wahndelikt. Umstritten ist sowohl die Abgrenzung von Tatumstands- und Verbotsirrtum wie auch die Unterscheidung von Versuch und Wahndelikt.

b) Tatumstandsirrtum und Verbotsirrtum

90 Der Irrtum über einen Tatumstand beseitigt nach § 16 I 1 StGB den Tatvorsatz. In Betracht kommt dann nur noch Fahrlässigkeit, soweit diese mit Strafe bedroht ist, s. Rdnr. 76. Der Verbotsirrtum beseitigt dagegen nicht den Vorsatz, sondern betrifft die Schuld. Seine Regelung findet sich in § 17 StGB, der sich im Streit zwischen Vorsatz- und Schuldtheorie zugunsten der Schuldtheorie entschieden hat; zum damit überholten Streit um Vorsatz- und Schuldtheorie *Schönke/Schröder* 100ff. zu § 15 StGB mwN. Gem. § 17 S. 1 StGB handelt der Täter ohne Schuld und ist daher straflos, wenn er den Irrtum nicht vermeiden konnte; zur Vermeidbarkeit s. *Rudolphi* aaO und 24ff. zu § 17 StGB; *Horn* aaO. Der **Verbotsirrtum** ist **vermeidbar,** wenn der Täter bei Anspannung seines Gewissens (BGH 2, 194, 201 v. 18. 3. 1952) und bei Ausschöpfung der ihm zur Verfügung stehenden Erkenntnismittel (BGH 4, 1, 5 v. 23. 12. 1952; *Schönke/Schröder* 14 zu § 17 StGB mwN) in der Lage ist, das Unrecht der Tat einzusehen. Gerade im Nebenstrafrecht kann dies für die Vermeidbarkeit aber nicht genügen. Der Täter muß vielmehr einen *Anlaß* haben, sich um die rechtliche Erheblichkeit seines Verhaltens zu kümmern, sei es, daß er an der Rechtmäßigkeit zweifelt (*Horn* aaO S. 105ff.; *Rudolphi* aaO S. 207ff. und 30 zu § 17 StGB; *Schönke/Schröder* aaO), sei es, daß er sich in einem rechtlich geregelten Bereich bewegt und er wenigstens dies weiß (*Schönke/Schröder* 14ff. zu § 17 StGB mwN). Befand er sich dagegen im vermeidbaren Verbotsirrtum, so bleibt die Schuld des vorsätzlichen Delikts erhalten, jedoch kann die Strafe nach § 49 I StGB gemildert werden.

91 Wegen der damit gegebenen strengeren Behandlung des Verbotsirrtums kommt der **Abgrenzung von Tatumstandsirrtum und Verbotsirrtum** erhebliche praktische Bedeutung zu. Da der Vorsatz sich auf alle Tatumstände zu beziehen hat, liegt ein vorsatzausschließender Irrtum nach § 16 StGB immer dann vor, wenn der Täter einen Tatumstand nicht gekannt hat, der zur Erfüllung eines Tatbestandsmerkmals erforderlich ist. Der Verbotsirrtum kommt dagegen erst in Betracht, wenn ein vorsatzausschließender Irrtum nicht vorliegt (*Rudolphi* 18 zu § 17 StGB). Der Verbotsirrtum ist dann gegeben, wenn der Täter bei Kenntnis aller Tatumstände die Rechtswidrigkeit seines Verhaltens nicht erkannt hat, also nicht wußte, daß seine Handlung verboten oder die unterlassene Handlung geboten war. Demgegenüber ist es unerheblich, ob er wußte, daß sein Verhalten strafbar ist (*Rudolphi* 5 u. *Schönke/Schröder* 7 zu § 17 StGB). Wer weiß, daß es ihm vom Recht verboten ist, unrichtige Steuererklärungen abzugeben, befindet sich nicht im Verbotsirrtum, mag er auch glauben, seine Pflichtwidrigkeit sei nicht strafbar.

92 Streit besteht über die Behandlung **rechtfertigender Umstände.** Die von der Rspr und der hL vertretene eingeschränkte Schuldtheorie läßt bei irriger Annahme rechtfertigender Umstände den Vorsatz entfallen und kommt nur dann zum Verbotsirrtum, wenn der Täter die Existenz oder den Umfang eines Rechtfertigungsgrundes zu seinen Gunsten verkennt (BGH 3, 105f. v. 6. 6. 1952; 3, 194f. v. 1. 7. 1952; *Rudolphi* 10 zu § 16 mwN). Demgegenüber will eine Mindermeinung in der Literatur nach der sog. strengen Schuldtheorie auch den Irrtum über rechtfertigende Umstände als Verbotsirrtum behandeln (*Welzel* S. 168f.; *Hirsch* aaO S. 314ff.). Nach hM entfällt beim unechten Unterlassungsdelikt der Vorsatz, sofern der Täter diejenigen Umstände nicht kennt, die die Garantenpflicht begründen. Dagegen führt die isolierte Unkenntnis der Garantenpflicht selbst nur zum Gebotsirrtum, der nach § 17 StGB zu behandeln ist (BGH 16, 155ff. v. 29. 5. 1961; *Schönke/Schröder* 91 zu § 15 StGB; *Rudolphi* 25 vor § 13 StGB).

93 Trotz der prinzipiell klaren Abgrenzung von Tatumstandsirrtum und Verbotsirrtum bestehen im einzelnen zahlreiche Schwierigkeiten. Sie betreffen vor allem die **normativen Tatbestandsmerkmale** und die **Blankett-Tatbestände.** Festzuhalten ist zunächst, daß es für die Grenzziehung keinesfalls auf die früher bedeutsam gewesene Unterscheidung von Rechts- und Tatsachenirrtum ankommt. Der Vorsatz kann vielmehr sowohl aufgrund eines Tatsachen- wie auch aufgrund eines Rechtsirrtums entfallen. Den Vorsatz der Steuerhinterziehung hat daher nicht nur derjenige nicht, der nicht weiß, daß er bestimmte Einkünfte hatte, sondern auch derjenige, der die Einkünfte zwar kennt, aber glaubt, er brauche sie nicht zu versteuern. Der Vorsatz entfällt in beiden Fällen, weil den Tätern die Existenz eines Steueranspruchs nicht bekannt ist. Kommt demnach ein Verbotsirrtum nur dann in Betracht, wenn der Täter alle Tatumstände kennt und lediglich die Rechtswidrigkeit seines Verhaltens nicht erkennt, dann bereiten diejenigen Tatbestände Schwierigkeiten, in denen einzelne Merkmale die Rechtswidrigkeit des Verhaltens selbst kennzeichnen. Der Irrtum über normative Tatbestandsmerkmale ist überwiegend nach den oben (Rdnr. 45) dargestellten Grundsätzen zu lösen. Der Täter hat keinen Vorsatz, wenn er die **Parallelwertung in der Laiensphäre** nicht leistet. Hat er den konkreten Umstand jedoch in seiner rechtlichen Begrifflichkeit ungefähr erfaßt und meint er dennoch, er erfülle ein bestimmtes Tatbestandsmerkmal nicht **(Subsumtionsirrtum),** so ist dies unerheblich, es sei denn, der Täter hält sein Verhalten deshalb nicht für rechtswidrig. In diesem Fall erliegt er einem Verbotsirrtum.

94 Die Verweisung strafrechtlicher Tatbestände auf andere Rechtsnormen geschieht in vielfältiger Weise. Soweit diese Verweisung derart vorgenommen wird, daß der anderen Norm nur ein Teil des Straftatbestandes zu entnehmen ist, handelt es sich bei der Verweisung um ein normatives Tatbestandsmerkmal, das nach den bei Rdnr. 93 dargestellten Grundsätzen zu behandeln ist. Schwieriger wird die Beurteilung echter **Blankett-Tatbestände,** die durch eine Verweisung dazu zwingen, die gesamte Rechtswidrigkeit der Ausfüllungsnorm zu entnehmen (für diesen engen Begriff des Blankett-Tatbestandes auch: *Schönke/Schröder* 99 zu § 15 StGB). Beispiele im Steuerstrafrecht sind die Pflichtwidrigkeit in § 370 I Nr. 2 AO, die dazu nötigt, die Handlungspflicht anderen Normen zu entnehmen, und die Ein-, Aus- und Durchfuhrverbote beim Bannbruch gem. § 372 AO, die den Tatbestand des Bannbruches selbst enthalten. Zum Irrtum über die Blankett-Tatbestände wird heute – auf der Grundlage von § 17 StGB – überwiegend die Ansicht vertreten, daß grundsätzlich der Vorsatz des Täters lediglich die einzelnen

Merkmale der Ausfüllungsnorm umfassen müsse und daß die Unkenntnis der Ausfüllungsnorm selbst nur zum Verbotsirrtum führe (*Schönke/Schröder* 95ff. zu § 15 StGB; *Rudolphi* 19 zu § 16 StGB; *Maurach* AT S. 461; *Schroeder* LK 23 zu § 59 StGB aF; *Warda* aaO S. 36ff.; *Welzel* S. 168). Die von *Lange* (JZ 1956, 73; 1957, 233) vertretene Gegenmeinung sei auf der Grundlage von § 17 StGB nicht mehr haltbar. Freilich könne sich im Einzelfall durch Auslegung des jeweiligen Tatbestandes ergeben, daß der Gesetzgeber Vorsatzstrafe nur bei positiver Unrechtskenntnis anordnen und daher eine Ausnahme von § 17 StGB machen wollte (*Schönke/Schröder* 96 zu § 15 StGB; *Rudolphi* 19 zu § 16 StGB; *Jescheck* S. 446). Dies wird beim Bannbruch gem. § 372 AO der Fall sein. Zur Steuerhinterziehung s. Rdnr. 186ff. zu § 370 AO.

c) Versuch und Wahndelikt

95 Die beim umgekehrten Irrtum erforderliche Unterscheidung zwischen Versuch und Wahndelikt erfolgt prinzipiell ebenso wie die Unterscheidung zwischen Tatumstandsirrtum und Verbotsirrtum. Nimmt der Täter irrig tatsächlich nicht gegebene Tatumstände an, so kommt Versuch in Betracht; erkennt er alle Umstände zutreffend, glaubt er aber irrig, er verhalte sich rechtswidrig, so bleibt er straflos, sog. Wahndelikt (*Schönke/Schröder* 78ff. zu § 22 StGB; *Maurach* AT S. 510; NJW 1962, 716; krit. zu diesem „Umkehrschluß“ *Engisch*, Heinitz-Festschr. S. 185; *Baumann* NJW 1962, 16). Das bedeutet zB für den Bannbruch, daß die irrige Vorstellung eines nicht existenten Einfuhrverbots zum straflosen Wahndelikt führt. Dagegen begeht einen versuchten Bannbruch nach §§ 372 II, 370 II AO, wer irrig annimmt, in seinem Lkw befänden sich Waren, die tatsächlich unter ein Einfuhrverbot fallen.

96 **Beim Unterlassungsdelikt** ist zu unterscheiden: Hält der Täter irrig garantenpflichtbegründende Umstände für gegeben, so begeht er einen Versuch. Glaubt er dagegen bei zutreffender Erkenntnis der äußeren Umstände, aus ihnen ergebe sich für ihn eine Handlungspflicht, die in Wahrheit jedoch nicht besteht, so liegt ein strafloses Wahndelikt vor (BGH 16, 155, 160 v. 29. 5. 1961; *Rudolphi* 33 zu § 22 StGB; *Maurach* AT S. 513f.). Das bedeutet für das Merkmal der Pflichtigkeit in § 370 I Nr. 2 AO: Der Täter begeht einen Versuch nach § 370 I Nr. 2, II AO, wenn er eine Berichtigung nach § 153 I AO nicht vornimmt, obwohl er sich irrig für den Erben des Steuerpflichtigen hält. Dagegen begeht ein strafloses Wahndelikt, wer nach Ablauf der Festsetzungsfrist erkennt, daß er eine unrichtige Erklärung abgegeben hat, und die Berichtigung unterläßt, obwohl er sich nach § 153 I AO für verpflichtet hält.

L. Konkurrenzlehre

a) Überblick

97 Bei der Grundform des strafbaren Verhaltens enthält eine Handlung des Täters die Merkmale nur eines Tatbestandes. Es sind aber auch Fälle häufig, in denen der Täter durch eine Handlung mehrere Tatbestände oder durch mehrere Handlungen mehrere Tatbestände erfüllt. Das Gesetz regelt in den §§ 52ff. StGB, wie in solchen Fällen zu verfahren ist. Die Anwendung dieser Vorschriften setzt mehrere gedankliche Operationen voraus. Zunächst ist zu klären, ob der Täter **eine oder mehrere Handlungen** begangen hat, s. Rdnr. 98ff. Sodann ist zu untersuchen, ob er durch die eine oder die mehreren Handlungen nur **ein oder mehrere Gesetze** verletzt hat. Hat der Täter durch eine oder durch mehrere Handlungen nur ein Gesetz verletzt, so ist dieses Gesetz anzuwenden. Hat er dagegen mehrere Gesetze verletzt, so greifen die allgemeinen Regeln der Konkurrenzlehre (§§ 52ff. StGB) ein. Hat der Täter durch eine Handlung mehrere Gesetze verletzt (durch Überschreiten der Grenze begeht er Zollhinterziehung und Bannbruch), so liegt Idealkonkurrenz oder Handlungseinheit vor. Verletzt der Täter durch mehrere Handlungen mehrere Gesetze, so handelt es sich um Realkonkurrenz oder Handlungsmehrheit. Von der Frage, ob der Täter mehrere Gesetze verletzt hat, ist die Frage zu unterscheiden, ob er die Merkmale mehrerer Tatbestände erfüllt hat. Es kann nämlich ein Täterverhalten mehrere Tatbestände erfüllen, ohne daß eine mehrfache Gesetzesverletzung vorliegt. Wer gewerbsmäßig Bannbruch begeht, erfüllt den Tatbestand in § 372 AO und § 373 AO. Anwendbar ist jedoch nur § 373 AO als das speziellere Gesetz. Hat der Täter mehrere Tatbestände erfüllt, von denen jedoch nur einer anzuwenden ist, so handelt es sich um eine scheinbare Konkurrenz, die Gesetzeskonkurrenz genannt wird, s. Rdnr. 106ff. Es ist also für alle Konkurrenzfragen jeweils zu klären, 1. *ob der Täter eine oder mehrere Handlungen begangen hat* und 2. *ob er eines oder mehrere Gesetze verletzt hat.*

b) Handlungseinheit

Schrifttum:

Jescheck, Die Konkurrenz, ZStW 67 (1955) 529; *Preiser,* Einheitsstrafe für eine Mehrheit gleichartiger Handlungen, ZStW 71 (1959) 341; *Geerds,* Zur Lehre von der Konkurrenz im Strafrecht, 1961; *Stratenwerth,* Zum Verbrauch der Strafklage beim Fortsetzungszusammenhang, JuS 1962, 220; *R. Schmitt,* Die Konkurrenz im geltenden und künftigen Strafrecht, ZStW 75 (1963) 43, 179; *Maiwald,* Die natürliche Handlungseinheit, 1964; *Warda,* Grundfragen der strafrechtlichen Konkurrenzlehre, JuS 1964, 81; *Wahle,* Die sog. ,,Handlungseinheit durch Klammerwirkung", GA 1968, 97; *Hruschka,* Die Dogmatik der Dauerstraftaten und das Problem der Tatbeendigung, GA 1968, 193; *Struensee,* Die Konkurrenz bei Unterlassungsdelikten, 1971; *Blei,* Die natürliche Handlungseinheit, JA 1972, 711; 1973, 95.

98 Als Fälle *einer* Handlung werden herkömmlich bezeichnet: 1. die Handlungseinheit im natürlichen Sinne, 2. die natürliche Handlungseinheit, 3. die tatbestandliche Handlungseinheit und 4. die Fortsetzungstat.

99 aa) **Handlungseinheit im natürlichen Sinne** ist gegeben, wenn der Täter *eine* Körperbewegung aufgrund *eines* Willensentschlusses vorgenommen hat. Gleichgültig ist dann, wieviele Erfolge er dadurch verursacht und wieviele Gesetze er durch sie verletzt (BGH 1, 20, 21f. v. 5. 1. 1951; 18, 26f. v. 3. 8. 1962; *Samson* 17 vor § 52 StGB).

100 bb) Die Rspr kennt daneben den Begriff der **natürlichen Handlungseinheit.** Diese Form der Handlungseinheit soll vorliegen, wenn der Täter mehre-

re Körperbewegungen vornimmt, die jedoch *„bei natürlicher Betrachtungsweise“* als eine Einheit angesehen werden müssen. Die Rspr hält dafür zT den engen räumlichen und zeitlichen Zusammenhang zwischen den Einzelakten (BGH 4, 219f. v. 27. 3. 1953), zT aber den einheitlichen zugrundeliegenden Tatentschluß für maßgeblich (BGH 10, 129f. v. 20. 12. 1956; 10, 230f. v. 23. 1. 1957). Im Schrifttum wird der Begriff der natürlichen Handlungseinheit überwiegend abgelehnt (*Jescheck* S. 540; *Maurach* AT S. 734; *Schönke/Schröder* 22 u. *Samson* 21 vor § 52 StGB).

101 cc) **Tatbestandliche Handlungseinheit** liegt dann vor, wenn ein Tatbestand mehrere Körperbewegungen zu einer rechtlichen Bewertungseinheit zusammenfaßt. Das ist zunächst bei mehraktigen oder zusammengesetzten Delikten eindeutig, wie zB beim Raub, der Gewalt und Wegnahme, oder bei der Vergewaltigung, die Gewalt und Beischlaf voraussetzt (*Mösl* LK 13ff. vor § 73 StGB aF; *Samson* 23 vor § 52 StGB). Tatbestandliche Handlungseinheit ist aber auch dann gegeben, wenn der Täter aufgrund gleicher Motivationslage durch mehrere Einzelakte die in engem räumlichen und zeitlichen Zusammenhang stehen, das tatbestandliche Unrecht intensiviert (*R. Schmitt* ZStW 75 [1963] 46; *Jescheck* S. 541; *Samson* 28ff. vor § 52 StGB). Ein solcher Fall liegt zB vor, wenn der Täter durch mehrere Einzelakte unmittelbar nacheinander mehrere Steuerzeichen fälscht. Auch das Dauerdelikt ist ein Fall tatbestandlicher Handlungseinheit. Im **Dauerdelikt** werden solche natürlichen Handlungen zu einer rechtlichen Handlungseinheit verbunden, die der Täter vornimmt, um einen rechtswidrigen Zustand herzustellen und aufrechtzuerhalten (zB bei Freiheitsberaubung, § 239 StGB). Dauerdelikte werden mit der Begründung des rechtswidrigen Zustands vollendet, aber erst mit seiner Aufhebung beendet. Die Möglichkeit *fahrlässiger* Begehung eines Dauerdelikts wird zwar allgemein bejaht, auch für die aus dauernder Unachtsamkeit unterlassene Abgabe von Steuererklärungen (RG 76, 68, 70 v. 12. 2. 1942). Abgelehnt wird die Möglichkeit einer fahrlässigen Dauerstraftat von der hM jedoch für die leichtfertige Abgabe mehrerer unrichtiger Steuererklärungen, weil der Täter bei jeder einzelnen abgegebenen Steuererklärung *„auf Grund jedesmal neuer Sachlagen die Frage* [seiner Steuerpflicht] *von neuem zu prüfen und einen neuen Entschluß zu fassen“* habe (RG aaO; BGH v. 17. 3. 1953, zit. bei *Herlan* GA 1954, 58; v. 22. 12. 1959, DStZ/B 1960, 130; OLG Bremen v. 17. 8. 1960, ZfZ 371; aM *Suhr* S. 316f.).

dd) Fortgesetzte Handlung

102 In der fortgesetzten Handlung faßt die Rspr natürliche Handlungen und Handlungseinheiten (BGH 19, 323, 325 v. 30. 6. 1964) zu einer Handlung im Rechtssinne zusammen, wenn die Einzelakte im wesentlichen gleichartig sind und dasselbe Rechtsgut beeinträchtigen (s. Rdnr. 103) und wenn sie auf einem einheitlichen Entschluß *(„Gesamtvorsatz“)* beruhen (s. Rdnr. 104).

103 **Gleichartig sind Einzelakte,** wenn sie dasselbe rechtliche Verbot verletzen (BGH 8, 34 v. 30. 6. 1955), in der Ausführung einander ähnlich sind und in einem gewissen zeitlichen und räumlichen Zusammenhang stehen (RG 73,

164f. v. 31. 3. 1939). Dasselbe rechtliche Verbot wird auch bei nahe verwandten Strafgesetzen verletzt, namentlich im Verhältnis eines Grundtatbestandes zu einem erschwerten Tatbestand (zB Bannbruch nach § 372 AO und gewerbsmäßiger Schmuggel nach § 373 AO), aber auch im Verhältnis selbständiger Straftatbestände zueinander, wenn sie im Hinblick auf das Rechtsgut dieselbe Handlungsqualität aufweisen; dies wird für Steuerhinterziehung und Steuerhehlerei verneint (BGH v. 14. 9. 1954, ZfZ 1955, 83; BGH 8, 34 v. 30. 6. 1955). Die Gleichartigkeit der Ausführung kann auch bei Zusammentreffen von Versuch und Vollendung oder von Allein- und Mittäterschaft gewahrt sein, nicht aber bei Täterschaft und Teilnahme (BGH v. 23. 5. 1952, LM § 331 StPO, Nr. 2; v. 19. 4. 1966, zit. bei *Dallinger* MDR 1966, 558) oder bei positivem Tun und Unterlassen (BGH v. 25. 11. 1954, GA 1955, 211). Ebenso wie verschiedene Vermögensträger im Fortsetzungszusammenhang betrogen werden können (RG 43, 134, 136 v. 15. 12. 1909), können auch Steuern verschiedener Gläubiger im Fortsetzungszusammenhang hinterzogen werden, wenn sie wenigstens teilweise an dieselben Besteuerungsgrundlagen anknüpfen (grundsätzlich aM, aber zust. für SchenkSt u. ErbSt RG v. 24. 8. 1936, RStBl. 947; für ESt u. LSt *Suhr* S. 205).

104 **Der Gesamtvorsatz,** den die Rspr fordert, muß von vornherein sämtliche Teile der Handlungsreihe als Teilstücke eines einheitlichen Geschehens so umfassen, daß die einzelnen Teilakte als unselbständige Bestandteile *einer* Tat erscheinen (RG 66, 45, 47 v. 10. 12. 1931; 66, 236, 239 v. 3. 5. 1932). Das Wissen und Wollen des Täters muß den späteren Verlauf zwar nicht in allen Einzelheiten vorwegbegreifen, wohl aber in bezug auf das zu verletzende Rechtsgut, Ort, Zeit und die ungefähre Art der Tatausführung (BGH 1, 313, 315 v. 21. 9. 1951; 16, 124, 128f. v. 2. 5. 1961), so daß das Gesamtergebnis der Tat als stückweise Verwirklichung eines Entschlusses angesehen werden kann. Der Gesamtvorsatz muß spätestens bis zur Beendigung des ersten Teilakts gefaßt werden (BGH 19, 323 v. 30. 6. 1964) und wird idR durch Festnahme des Täters unterbrochen (BGH v. 19. 4. 1966, zit. bei *Dallinger* MDR 1966, 558). Die unbestimmte Absicht, bei sich bietender Gelegenheit gleichartige Straftaten zu begehen, genügt nicht (BGH 2, 163, 167 v. 29. 2. 1952; RG 72, 211 v. 27. 9. 1937). Im Schrifttum wird vielfach als genügend angesehen, daß jeder Entschluß zu einem späteren Teilakt als Fortsetzung des vorausgegangenen erscheint, so daß alle Einzelentschlüsse eine fortlaufende psychische Linie bilden (*Maurach* AT S. 740f.; *Schönke/Schröder* 52 vor § 52 StGB mwN; krit. *Jescheck* S. 544), jedoch hat sich diese Auffassung trotz weitherziger Annahme eines Gesamtvorsatzes in der Rspr bisher nicht durchgesetzt. In jedem Falle schließt das Erfordernis eines (Gesamt- oder Fortsetzungs-)Vorsatzes einen Fortsetzungszusammenhang bei Fahrlässigkeitstaten aus (BGH 5, 371, 376 v. 5. 5. 1954).

105 **Nur Einzelakte, die für sich allein alle materiellen Voraussetzungen der Strafbarkeit erfüllen und verfahrensrechtlich verfolgbar sind,** können in den Fortsetzungszusammenhang einbezogen werden (BGH 17, 157 v. 2. 3. 1962). Unter diesem Vorbehalt bilden sämtliche Einzelakte der fortgesetzten

Handlung rechtlich eine einzige Straftat (RG 68, 297f. v. 23. 8. 1934). Setzt sich die Tat aus Teilakten zusammen, die teils eine leichtere, teils eine schwerere Form desselben Delikts ausmachen (zB Bannbruch nach § 372 und nach § 373 AO), ist auf die fortgesetzte Tat einheitlich die schärfere Vorschrift anwendbar, desgl. wenn die Teilakte teils vollendet, teils nur versucht sind (BGH v. 23. 5. 1957, NJW 1288), jedoch erkennt die Rspr auf Tateinheit (s. Rdnr. 111f.), wenn nur *eine* vollendete einfache Tat mit *einer* versuchten schweren Tat zusammentrifft (BGH 10, 230 v. 23. 1. 1957; v. 4. 3. 1958, zit. bei *Dallinger* MDR 1958, 564 – beide zu §§ 242, 243 StGB aF). Die im Strafverfahren nicht ermittelten Teilakte werden regelmäßig von der materiellen Rechtskraft erfaßt (RG 72, 211f. v. 27. 9. 1937), dh sämtliche bis zur Verkündung eines Urteils oder bis zur Zustellung eines Strafbefehls (BGH 6, 122, 124 v. 5. 5. 1954) begangenen Einzeltaten sind gem. Art. 103 III GG einer neuen Aburteilung auch dann entzogen, wenn sie dem Tatrichter unbekannt waren. Verfolgbar bleiben dagegen die nach dem Ergehen des ersten Urteils oder der Zustellung des Strafbefehls begangenen *neuen* Einzelakte (BGH 9, 324, 326 v. 18. 7. 1956). Verjährung (BGH 1, 84, 91 v. 3. 4. 1951) und Amnestie (BGH v. 8. 5. 1956, NJW 1079) knüpfen stets an den *letzten* Teilakt, also an die Beendigung der Tat an. Stehen einzelne Teilakte verschiedener Straftaten in Tateinheit mit einer dritten Straftat, wird grundsätzlich der Gesamtkomplex zu Tateinheit verklammert (RG 60, 241, 243 v. 6. 5. 1926). Teilnahme (Anstiftung oder Beihilfe) an einem Teilakt ist Teilnahme an der fortgesetzten Tat (RG 62, 246, 248 v. 12. 7. 1928); ob die Teilnahme ihrerseits eine natürliche Handlung, eine fortgesetzte Tat oder eine Handlungsmehrheit bildet, ist nach dem Verhältnis der einzelnen Teilnahmeakte zueinander zu bestimmen (BGH v. 16. 1. 1957, zit. bei *Dallinger* MDR 1957, 266).

c) Gesetzeskonkurrenz

Schrifttum:

Stoecker, Die Konkurrenz, Mat. II S. 449; *Dünnebier,* Die Subsidiaritätsklausel, GA 1954, 271; *Jescheck,* Die Konkurrenz, ZStW 67 (1955) 529; *Klug,* Zum Begriff der Gesetzeskonkurrenz, ZStW 68 (1956) 399; *Schröder,* Konkurrenzprobleme bei den erfolgsqualifizierten Delikten, NJW 1956, 1737; *Baumann,* Straflose Nachtat und Gesetzeskonkurrenz, MDR 1959, 10; *Schmitt,* Die Konkurrenz im geltenden und künftigen Strafrecht, ZStW 75 (1963) 42, 179; *Warda,* Grundfragen der strafrechtlichen Konkurrenzlehre, JuS 1964, 81; *Krauss,* Zum Begriff der straflosen Nachtat, GA 1965, 173; *Oske,* Das Konkurrenzverhältnis der Dauerdelikte zu den übrigen Straftaten, MDR 1965, 532.

106 **Bei Gesetzeskonkurrenz** treffen auf eine Straftat dem Wortlaut nach *mehrere* Strafgesetze zu, jedoch ergibt sich aus dem Verhältnis der Vorschriften zueinander, daß in Wirklichkeit nur *eine* von ihnen anwendbar ist.

107 aa) **Bei Spezialität** geht das besondere dem allgemeinen Gesetz vor, zB § 373 AO (gewerbsmäßiger Schmuggel) dem § 372 AO (Bannbruch).

108 bb) **Bei Subsidiarität** tritt dasjenige Gesetz zurück, das aufgrund einer ausdrücklichen Vorschrift (Subsidiaritätsklausel) oder sonst erkennbar nur für den Fall gelten soll, daß kein anderes Gesetz eingreift, zB § 372 AO (Bannbruch) gegenüber § 3 I AbsinthG, § 74 ViehsG usw. (s. Rdnr. 19 zu § 372 AO).

109 cc) **Mitbestrafte Nachtat** ist eine Handlung, die nicht besonders bestraft wird, weil (und soweit) sie sich in der Sicherung oder Auswertung einer durch die Vortat erlangten Position erschöpft, zB Hehlereihandlungen iS des § 374 AO mit selbst geschmuggelten Waren.

Eine Nachtat ist nicht straflos,

wenn sie einen neuen, andersartigen Schaden verursacht (BGH 5, 295, 297 v. 4. 2. 1954), zB Betrug (§ 263 StGB) durch Verkauf gefälschter Steuerzeichen (§ 148 StGB) an einen ahnungslosen Abnehmer;

wenn sie den durch die Vortat entstandenen Schaden erweitert (BGH 6, 67 v. 22. 4. 1954);

wenn die Vortat nicht bestraft werden kann, weil sie nicht erweislich ist oder weil ihrer Aburteilung verfahrensrechtliche Hindernisse entgegenstehen, zB Verjährung (BGH v. 11. 1. 1955, zit. bei *Dallinger* MDR 1955, 269; v. 23. 8. 1968, NJW 2115; v. 22. 7. 1970, GA 1971, 83; OLG Braunschweig v. 28. 6. 1963, NJW 1936; *Mösl* LK 58 vor § 73 StGB aF; aM *Schönke/Schröder* 116 vor § 52 StGB mwN).

110 dd) **Mitbestrafte Vortat** ist zB eine Vorbereitungshandlung (vgl. § 149 StGB) oder ein Versuch (vgl. § 370 II AO) gegenüber dem später vollendeten Vergehen oder eine Anstiftung im Verhältnis zu einer Tat, an der sich der Anstifter später als Mittäter beteiligt.

d) Tateinheit

111 **Tateinheit** (= Idealkonkurrenz) liegt vor, wenn *eine* Handlung (s. Rdnr. 98ff.) *mehrere* Gesetze verletzt, die gleichzeitig anwendbar sind (s. Rdnr. 106ff.). Die Mehrheit kann durch mehrmalige Verletzung desselben Gesetzes durch *eine* Handlung, zB Hinterziehung mehrerer Steuern durch *eine* unrichtige Erklärung (gleichartige Tateinheit) oder durch Verletzung verschiedener Gesetze, zB § 370 AO und § 267 StGB (ungleichartige Tateinheit) gebildet werden. Die Tateinheit regelt:

§ 52 StGB – Tateinheit

(1) **Verletzt dieselbe Handlung mehrere Strafgesetze oder dasselbe Strafgesetz mehrmals, so wird nur auf eine Strafe erkannt.**

(2) **Sind mehrere Strafgesetze verletzt, so wird die Strafe nach dem Gesetz bestimmt, das die schwerste Strafe androht. Sie darf nicht milder sein, als die anderen anwendbaren Gesetze es zulassen.**

(3) **Geldstrafe kann das Gericht unter den Voraussetzungen des § 41 neben Freiheitsstrafe gesondert verhängen.**

(4) **Auf Nebenstrafen, Nebenfolgen und Maßnahmen (§ 11 Abs. 1 Nr. 8) muß oder kann erkannt werden, wenn eines der anwendbaren Gesetze sie vorschreibt oder zuläßt.**

112 **Für die Verletzung mehrerer Gesetze durch dieselbe Handlung** (oder Handlungseinheit) ist erforderlich und genügend, daß die Ausführungshandlungen beider Straftaten mindestens teilweise identisch sind (BGH 7, 149, 151 v. 11. 1. 1955; RG 66, 359, 362 v. 26. 9. 1932 zu TabSt-Hinterziehung und

Warenzeichenvergehen). Einheitlicher Entschluß zu mehreren Handlungen (RG 58, 113, 116 v. 18. 3. 1924), einheitlicher Zweck oder Beweggrund (BGH aaO) oder Handeln an demselben Ort und zu derselben Zeit (BGH 18, 29, 32f. v. 31. 8. 1962) reichen nicht aus. Das Prinzip der Verklammerung durch Identität in einem Punkt der Tatausführung gilt nur dann nicht, wenn bei dem Zusammentreffen mehrerer Handlungseinheiten derjenige Teilakt, der das Bindeglied bildet, im Unrechtsgehalt hinter den übrigen Teilen der Handlungseinheit zurückbleibt (BGH 18, 26, 28f. v. 3. 8. 1962; v. 16. 10. 1962, NJW 1963, 57). Unter den genannten Voraussetzungen ist Tateinheit auch möglich zwischen vorsätzlicher und fahrlässiger Tat (BGH 1, 278, 280 v. 13. 7. 1951).

113 **Nach dem Absorptionsprinzip des § 52 StGB** ist bei ungleichartiger Tateinheit (s. Rdnr. 111) immer auch aus dem milderen Gesetz zu verurteilen, die Strafe aber dem Gesetz zu entnehmen, das die schwerste Strafe androht. Bei dem Vergleich der Strafdrohungen gilt nicht die abstrakte Betrachtungsweise des § 12 StGB; vielmehr sind die im konkreten Fall erfüllten gesetzlichen Strafschärfungs- und -milderungsgründe mit ihren besonderen Strafrahmen zu berücksichtigen (RG 75, 14 v. 28. 11. 1940; 75, 19 v. 10. 12. 1940). Für die Schwere der angedrohten Strafe kommt es auf das abstrakte Höchstmaß der Hauptstrafe, bei gleicher Art und Schwere der Hauptstrafe auf Nebenstrafen und erst dann auf das Mindestmaß der Strafe an. Das mildere Gesetz bleibt insofern bedeutsam, als es bei der Strafzumessung schärfend ins Gewicht fallen kann (OLG Hamburg v. 14. 3. 1950, JR 1951, 86; OLG Köln v. 3. 4. 1956, MDR 374), sein Mindestmaß nicht unterschritten werden darf (§ 52 II 2 StGB; BGH 1, 152, 156 v. 24. 4. 1951) und auf Nebenstrafen, Nebenfolgen und Maßnahmen erkannt werden kann oder muß, wenn nur das mildere Gesetz sie vorschreibt oder zuläßt (§ 52 IV StGB; RGGrS 73, 148, 150 v. 22. 3. 1939); denn es darf dem Täter nicht zum Vorteil gereichen, daß er durch seine Tat nicht nur eine, sondern mehrere Strafvorschriften verletzt hat (BGH 7, 307, 312 v. 11. 2. 1955). Mit Rücksicht auf diese stRspr ist § 418 RAO durch Art. 1 Nr. 8 AOStrafÄndG gestrichen worden (s. Begr. BT-Drucks. V/1812 S. 26).

e) Tatmehrheit

Schrifttum:
Schweling, Die Bemessung der Gesamtstrafe, GA 1955, 289; *Sacksofsky,* Die Problematik der doppelten Gesamtstrafe, NJW 1963, 894 mit Erwiderung von *E. Bender* NJW 1964, 807; *Fitzner,* Gesamtstrafenbildung trotz §§ 460, 462 StPO nur noch nach mündlicher Verhandlung? NJW 1966, 1206.

114 **Tatmehrheit** (= Realkonkurrenz) liegt vor, wenn mehrere Handlungen (Handlungseinheiten) mehrere Gesetze verletzen, sei es, mehrmals dasselbe Gesetz (gleichartige Tatmehrheit) oder verschiedene Gesetze (ungleichartige Tatmehrheit). Die gesetzliche Regelung der Tatmehrheit enthalten die §§ 53–55 StGB, namentlich:

§ 53 StGB – Tatmehrheit

(1) **Hat jemand mehrere Straftaten begangen, die gleichzeitig abgeurteilt werden, und dadurch mehrere zeitige Freiheitsstrafen oder mehrere Geldstrafen verwirkt, so wird auf eine Gesamtstrafe erkannt.**

(2) **Trifft zeitige Freiheitsstrafe mit Geldstrafe zusammen, so wird auf eine Gesamtstrafe erkannt. Jedoch kann das Gericht auf Geldstrafe auch gesondert erkennen; soll in diesen Fällen wegen mehrerer Straftaten Geldstrafe verhängt werden, so wird insoweit auf eine Gesamtgeldstrafe erkannt.**

(3) **§ 52 Abs. 3, 4 gilt entsprechend.**

§ 54 StGB – Bildung der Gesamtstrafe

(1) **Die Gesamtstrafe wird durch Erhöhung der verwirkten höchsten Strafe, bei Strafen verschiedener Art durch Erhöhung der ihrer Art nach schwersten Strafe gebildet. Dabei werden die Person des Täters und die einzelnen Straftaten zusammenfassend gewürdigt.**

(2) **Die Gesamtstrafe darf die Summe der Einzelstrafen nicht erreichen. Sie darf bei Freiheitsstrafen fünfzehn Jahre und bei Geldstrafe siebenhundertzwanzig Tagessätze nicht übersteigen.**

(3) **Ist eine Gesamtstrafe aus Freiheits- und Geldstrafe zu bilden, so entspricht bei der Bestimmung der Summe der Einzelstrafen ein Tagessatz einem Tag Freiheitsstrafe.**

115 **Nach dem Asperationsprinzip der §§ 53, 54 StGB** führt das Zusammentreffen mehrerer selbständiger Handlungen nicht zu einer Häufung der verwirkten Freiheitsstrafen, sondern zu einer Verschärfung der verwirkten schwersten Einzelstrafe; anders beim Zusammentreffen von zeitiger Freiheitsstrafe und Geldstrafe, bei dem das Gericht gem. § 53 II StGB zwischen der Bildung einer Gesamt(freiheits)strafe und der der Kumulierung von Freiheits- und Geldstrafe wählen kann. Soweit das Asperationsprinzip gilt, sind zunächst für alle Taten die konkret verwirkten Einzelstrafen festzusetzen. Alsdann ist die schwerste Einzelstrafe als Einsatzstrafe zur Bildung der Gesamtstrafe zu erhöhen, und zwar bei Freiheitsstrafe um mindestens eine Einheit nach § 39 StGB. Zur Kollision von § 54 und § 39 StGB s. *Samson* 5 zu § 54 StGB. Nach oben muß die Gesamtstrafe um mindestens eine Einheit Freiheitsstrafe hinter der Summe der Einzelstrafen zurückbleiben. Innerhalb dieses Rahmens muß der Richter die Gesamtstrafe nach pflichtgemäßem Ermessen bestimmen (BGH 8, 205, 210f. v. 6. 10. 1955). Die in der Gesamtstrafe aufgehenden Einzelstrafen sind in den Urteilsgründen aufzuführen. Im Rechtsmittelverfahren bleibt jede Einzelstrafe von der Aufhebung der Gesamtstrafe und anderer Einzelstrafen idR unberührt.

116 **Eine nachträgliche Gesamtstrafenbildung** schreibt vor:

§ 55 StGB – Nachträgliche Bildung der Gesamtstrafe

(1) **Die §§ 53 und 54 sind auch anzuwenden, wenn ein rechtskräftig Verurteilter, bevor die gegen ihn erkannte Strafe vollstreckt, verjährt oder erlassen ist, wegen einer anderen Straftat verurteilt wird, die er vor der früheren Verurteilung begangen hat. Als frühere Verurteilung gilt das Urteil in dem früheren**

Verfahren, in dem die zugrundeliegenden tatsächlichen Feststellungen letztmals geprüft werden konnten.

(2) **Nebenstrafen, Nebenfolgen und Maßnahmen (§ 11 Abs. 1 Nr. 8), auf die in der früheren Entscheidung erkannt war, sind aufrechtzuerhalten, soweit sie nicht durch die neue Entscheidung gegenstandslos werden.**

Taten, die bei gleichzeitiger Aburteilung gem. §§ 53, 54 StGB behandelt worden wären, sollen gem. § 55 StGB bei getrennter Aburteilung durch Einbeziehung in das alte Urteil genauso behandelt werden,

1. sofern die durch die frühere Verurteilung verhängte Strafe noch nicht vollstreckt, verjährt oder erlassen ist (vgl. BGH 12, 94 v. 28. 10. 1958) und
2. die neue Tat (wenn auch nur möglicherweise, vgl. OLG Oldenburg v. 12. 2. 1959, GA 1960, 28) vor der früheren Verurteilung begangen worden ist; bei fortgesetzter Tat (s. Rdnr. 102ff.) muß der letzte Teilakt vor der früheren Verurteilung liegen (BGH 9, 370, 383 v. 6. 7. 1956).

Unter diesen Voraussetzungen soll der Täter nach § 55 StGB durch den verfahrensrechtlichen Zufall gemeinsamer oder getrennter Aburteilung seiner mehreren Straftaten weder besser noch schlechter gestellt werden (BGH 7, 180, 182 v. 16. 12. 1954; 17, 173, 175 v. 6. 3. 1962). Je nach den Umständen kann es nach § 55 StGB erforderlich sein, eine frühere Gesamtstrafe wieder aufzulösen (BGH 9, 5 v. 24. 1. 1956) und für diejenigen Einzelstrafen, bei denen die Voraussetzungen der Zusammenfassung vorliegen, eine neue Gesamtstrafe zu bilden (BGH v. 11. 1. 1963, GA 374).

f) Wahlfeststellung

Schrifttum:

Zeiler, Verurteilung auf wahldeutiger Tatsachengrundlage, ZStW 64 [1952] 156; *Nüse,* Die Zulässigkeit von Wahlfeststellungen im Steuerstrafverfahren, ZfZ 1954, 135; *Maaßen,* Wahlfeststellung im Steuerstrafrecht, FR 1955, 108; *Schneider,* Über die Behandlung des alternativen Vorsatzes, GA 1956, 257; *Heinitz,* Zum Verhältnis der Wahlfeststellung zum Satz in dubio pro reo, JR 1957, 126; *Rheinen,* Zur Praxis der Wahlfeststellung im Strafprozeß, NJW 1957, 942; *Deubner,* Die Grenzen der Wahlfeststellung, BGH NJW 1961, 1936 – JuS 1962, 21; *Willms,* Zum Begriff der „Wahlfeststellung", JZ 1962, 628; *Eike v. Hippel,* Zum Problem der Wahlfeststellung, NJW 1963, 1533; *Schorn,* Die Problematik wahlweiser Feststellungen im Strafprozeß, DRiZ 1964, 45; *Sax,* Zur Wahlfeststellung bei Wahldeutigkeit mehrerer Taten, JZ 1965, 745; *Jürgen Fuchs,* Wahlfeststellung und Tatidentität, NJW 1966, 110; *Hruschka,* Zum Problem der Wahlfeststellungen, MDR 1967, 265; *Jürgen Fuchs,* Zur Wahlfeststellung, DRiZ 1968, 16; *Dreher,* Im Irrgarten der Wahlfeststellung, MDR 1970, 369; *Jakobs,* Probleme der Wahlfeststellung, GA 1971, 257; *Wolter,* Alternative und eindeutige Verurteilung auf mehrdeutiger Tatsachengrundlage im Strafrecht, 1972; *Endruweit,* Die Wahlfeststellung usw., 1973; *Wolter,* Verurteilung aus nicht tatbestandsmäßiger Nachtat? GA 1974, 161.

117 § 2b StGB, der durch Art. 2 G v. 28. 6. 1935 (RGBl. I 839) eingefügt worden war, lautete:

„Steht fest, daß jemand gegen eines von mehreren Strafgesetzen verstoßen hat, ist aber eine Tatfeststellung nur wahlweise möglich, so ist der Täter aus dem mildesten Gesetz zu bestrafen."

Nach Aufhebung der Vorschrift durch Art. 1 KRG Nr. 11 v. 30. 1. 1946 (ABl. 55) hat die Rspr im Anschluß an den Beschluß der Vereinigten StrS des RG v. 2. 5. 1934 (RG 68, 257) **wahldeutige Verurteilungen für zulässig erachtet,** wenn

1. nach Ausschöpfung aller Ermittlungsmöglichkeiten (RG v. 11. 11. 1938, JW 1939, 221) bzw. Erkenntnismittel (BGH 11, 100 v. 7. 11. 1957) und des Grundsatzes *in dubio pro reo* eine eindeutige Tatfeststellung nicht getroffen werden kann (BGH 12, 386, 388 v. 4. 12. 1958; 21, 152 v. 11. 11. 1966). Lassen die Feststellungen nur die Möglichkeit offen, daß der Angeklagte Täter oder Gehilfe ist, muß er wegen Beihilfe verurteilt werden (BayObLG v. 9. 11. 1966, NJW 1967, 361);

2. jede der in Frage kommenden tatsächlichen Möglichkeiten – und zwar unter Ausschluß jeder weiteren Möglichkeit (BGH 12, 386 v. 4. 12. 1958) – zusammen mit dem eindeutig festgestellten Sachverhalt ein Strafgesetz verletzt und

3. bei Verschiedenheit der möglicherweise verletzten Strafgesetze die aus ihnen folgenden Schuldvorwürfe rechtsethisch und psychologisch gleichwertig sind, dh wenn ihnen im allgemeinen Rechtsempfinden eine gleiche oder ähnliche sittliche Bewertung zuteil wird und wenn die seelische Beziehung des Täters zu den mehreren in Frage stehenden Verhaltensweisen einigermaßen gleichartig ist (stRspr seit BGHGrS 9, 390, 394 v. 15. 10. 1956; vgl. BGH 21, 152 v. 11. 11. 1966). Diese Voraussetzungen fehlen zB im Verhältnis zwischen einer Steuerstraftat und einer Rauschtat (§ 330a StGB).

118 **Als gleichwertig anerkannt sind:**

Alleintäterschaft und Mittäterschaft (RG 36, 18f. v. 27. 11. 1902) sowie Täterschaft und Anstiftung (BGH 1, 127 v. 19. 4. 1951) oder Täterschaft und Beihilfe (BayObLG v. 9. 11. 1966, NJW 1967, 361) in bezug auf dasselbe Delikt;

Steuerhinterziehung (§ 370 AO) und Steuerhehlerei (§ 374 AO), und zwar auch bei gewerbsmäßiger Begehungsweise (BGH 4, 128 v. 16. 4. 1953; v. 20. 2. 1974, NJW 803).

Im Tenor der Entscheidung sind beide alternativ verletzten Gesetze anzuführen. Die Strafe ist dem Gesetz zu entnehmen, das bei konkreter Betrachtung die geringste Strafe zuläßt (BGH v. 10. 1. 1957, zit. bei *Dallinger* MDR 1957, 397).

M. Strafen und Strafzumessung

Schrifttum:

a) allgemein: *Dreher,* Die gerechte Strafe, 1947; *Sachs,* Bewertung des Leugnens und Verschweigens von Mitbeteiligten bei der Strafzumessung, SJZ 1949, 102; *Wimmer,* Gestehen und Leugnen im Strafprozeß, ZStW 1950 (Bd. 64), 538; *Seibert,* Fehler bei der Strafzumessung, MDR 1952, 457; *Mezger,* Strafzweck und Strafzumessungsregeln, Mat. I S. 1; *Lothar Schmidt,* Die Strafzumessung, Mat. II S. 85; *Schröder,* Gesetzliche und richterliche Strafzumessung, Festschr. Mezger 1954 S. 415; *Koffka,* Welche Strafzumessungsregeln ergeben sich aus dem geltenden StGB? JR 1955, 322; *Spendel,* Zur Lehre vom Strafmaß, 1955; *Bruns,* Zum gegenwärtigen Stand der Strafzumessungslehre, NJW 1956, 241; *Hartung,* Zur Problematik der Geldstrafe, SJZ 1950, 102; *Jagusch,* Die Praxis der Strafzumessung (Sonderdruck aus LK) 1956 S. 97; *v. Weber,* Die richterliche Strafzumessung, 1956; *Dreher,* Doppelverwertung von Strafbemessungsumständen, JZ 1957, 155; *Sauer,* Probleme der richterlichen Strafzumessung, GA 1957, 129; *Seibert,* Fehler bei der Strafzumessung, MDR 1959, 258; *Lorenz,* Zur Bemessung von Geld- und Ersatzfreiheitsstrafen, DRiZ 1963, 21; *Spendel,* Die Begründung des richterlichen Strafmaßes, NJW 1964, 1758; *Seibert,* Strafmaß und Beruf, NJW 1965, 679; *ders.,* Strafzumessung (hartnäckiges Leugnen, mangelnde Schuldeinsicht), DRiZ 1966, 183; *Roxin,* Sinn und Grenzen staatlicher Strafe, JuS 1966, 377; *Bruns,* Zum Verbot der Doppelverwertung von Tatbestandsmerkmalen oder strafrahmenbildenden Umständen (Strafbemessungsgründen), H. Mayer-Festschr. 1966, 353; *Seibert,* Fehler bei der Strafzumessung, MDR 1966, 805; *Dreher,* Zur Spielraumtheorie als der Grundlage der Strafzumessungslehre des Bundesgerichtshofes, JZ 1967, 41; *ders.,* Gedanken zur Strafzumessung, JZ 1968, 209; *Tröndle,* Gedanken über die Strafzumessung, GA 1968, 298; *Furtner,* Die gesetzlichen Mindeststrafen und der Grundsatz der Verhältnismäßigkeit, NJW 1968, 2228; *Henkel,* Die „richtige" Strafe, Recht und Staat, Heft 381/382, 1969; *Lang-Hinrichsen,* Bemerkungen zum Begriff der „Tat" im Strafrecht, Engisch-Festschr. 1969, 353; *Zipf,* Die Strafmaßrevision, 1969; *Horstkotte,* Die Vorschriften des Ersten Gesetzes zur Reform des Strafrechts über die Strafbemessung, JZ 1970, 122; *Schmidhäuser,* Vom Sinn der Strafe, 2. Aufl., 1971; *Spendel,* Zur Entwicklung der Strafzumessungslehre ZStW 83 (1971) 203; *Stratenwerth,* Tatschuld und Strafzumessung, Recht und Staat, Heft 406/407, 1972; *Lackner,* § 13 StGB – eine Fehlleistung des Gesetzgebers? Gallas-Festschr. 1973, 117; *Schaffstein,* Spielraum-Theorie, Schuldbegriff und Strafzumessung nach den Strafrechtsreformgesetzen, Gallas-Festschr. 1973, 99; *Bruns,* Strafzumessungsrecht, 2. Aufl. 1974; *ders.,* Alte Grundfragen und neue Entwicklungstendenzen im modernen Strafzumessungsrecht, Welzel-Festschr. 1974, 739; *Zipf,* Die Rechtsfolgen der Tat im neuen Strafgesetzbuch, JuS 1974, 137.

b) zu Steuerstraftaten: *Goetzeler,* Die Strafzumessung unter besonderer Berücksichtigung des Steuerstrafrechts, ZfZ 1944, 45; *Remmlinger,* Zum Strafmaß im Steuerstrafrecht, FR 1950, 270 mit Erwiderung von *Ahrens* FR 1950, 312; *Kopacek,* Die Geldstrafe in Steuerstrafsachen, NJW 1957, 1223 u. DStZ 1957, 179; *Wille,* Die Strafzumessung im Steuerstrafrecht, Aktuelle Fragen S. 243; *Busse,* Strafprobleme im Steuerstrafrecht, NJW 1959, 1210; *Rudolf Müller,* Die Freiheitsstrafe bei schweren Steuerdelikten in der Praxis, NJW 1960, 609 mit Erwiderungen von *Henke* NJW 1960, 2136 u. *Kopacek* FR 1960, 610; *Leise,* Die Strafzumessungsgründe bei steuerlichen Geldstrafen, ZfZ 1962, 141; *Stötter,* Schuld und Strafmaß bei Abgabenhinterziehung, BB 1963, 1286; *Lohmeyer,* Strafzumessungsgründe im Steuerstrafrecht, STB 1964, 42; *Kopacek,* Die Strafzumessung bei Steuerverkürzungen auf Zeit, NJW 1964, 638 mit Erwiderung von *Gneiting* NJW 1964, 1463.

a) Allgemeines

119 **Strafe** iS des StGB ist die Zufügung eines Übels, hauptsächlich in Form einer Freiheitsentziehung oder Zahlungspflicht, die auf dem schuldhaften Unrecht der Tat beruht und ihrem Umfang nach durch das Verhältnis zwischen Schuld und Sühne bestimmt wird. Das Schuldprinzip (keine Strafe ohne Schuld) hat Verfassungsrang (BVerfG 20, 323 v. 25. 10. 1966). Der Gesetzgeber ist daher verpflichtet, Mindest- und Höchststrafen so festzusetzen, daß die möglichen Schuldstufen einer Tat berücksichtigt werden können. Nach hM besteht angesichts der Unmöglichkeit, jeden Grad der Schuld in einer absolut bestimmten Strafe auszudrücken, innerhalb der gesetzlichen Strafrahmen für den Richter ein gewisser Spielraum, innerhalb dessen jede Strafe noch als schuldangemessen angesehen werden kann (BGH v. 24. 6. 1954, NJW 1416; 7, 28, 32 v. 10. 11. 1954; OLG Köln v. 9. 11. 1956, MDR 1957, 247; *Maurach* AT S. 711ff.; *H. Mayer* AT S. 363; *Spendel* aaO, *v. Weber* aaO). Nur innerhalb des Spielraums können der Zweck einer Abschreckung der Allgemeinheit (Generalprävention) und einer erzieherischen Einwirkung auf den Täter (Spezialprävention) und weitere Umstände bei der Strafzumessung berücksichtigt werden (vgl. BGHGrS 10, 259, 264f. v. 8. 4. 1957). Im Interesse der General- und Spezialprävention kann es zulässig und geboten sein, trotz mangelnder Pflicht eines Angeklagten zu wahrheitsgemäßen Aussagen (vgl. § 136a StPO) ein Geständnis strafmildernd und hartnäckiges Leugnen strafschärfend zu würdigen; denn *„in dem Verhalten, das der Verbrecher während des*

Verfahrens ... an den Tag legt, kann sich ... auch offenbaren, wie er innerlich zu seiner Tat steht. Wenn auch durch dieses nach der Tat liegende Verhalten der Unrechtsgehalt der Tat selbst nicht verändert wird, so können doch unter Umständen aus ihm Schlüsse auf das Maß seiner persönlichen Schuld auf seine Gefährlichkeit gezogen werden" (BGH 1, 105ff. v. 10. 4. 1951). Nach abw. Meinungen hat der Richter keinen Spielraum, sondern muß für eine bestimmte Tat die einzige schuldangemessene Strafe finden (*Eb. Schmidt* SJZ 1946, 209; *Jagusch* aaO, *Bruns* aaO) oder jedenfalls in einem schöpferischen Akt die Strafe bestimmen, die nach seiner Auffassung die gerechte ist, ohne daß er für sich in Anspruch nehmen kann, die einzige gerechte Strafe gefunden zu haben (*Dreher* JZ 1968, 211). Hiernach bildet der gesetzliche Strafrahmen eine kontinuierliche Schwereskala möglicher Tatbestandsverwirklichungen, in die der Richter seinen Fall richtig einzuordnen hat, so daß auch die angedrohte Höchststrafe für jede konkrete Tatbestandsverwirklichung bedeutsam ist, weil sie den Maßstab mitbestimmt, an dem der Einzelfall zu messen ist.

b) Strafrahmen der Steuerstraftaten

120 Die AO 1977 hat die Strafrahmen für Steuerstraftaten beibehalten, die durch das EGStGB eingeführt worden sind. Sämtliche Steuerstraftaten werden mit Freiheitsstrafe allein oder wahlweise mit Freiheitsstrafe oder Geldstrafe bedroht. Über die Nebenfolge der Aberkennung der Amtsfähigkeit und Wählbarkeit s. Rdnr. 13 zu § 375 AO, über die Einziehung und den Verfall s. Rdnr. 23 zu § 375 AO.

121 Allein mit Freiheitsstrafe ist die Steuerhinterziehung in einem besonders schweren Fall (§ 370 III AO), der gewerbsmäßige usw. Schmuggel (§ 373 AO) und die gewerbsmäßige Steuerhehlerei (§§ 374, 373 AO) bedroht. Gem. § 47 I StGB darf eine Freiheitsstrafe unter sechs Monaten jedoch nur verhängt werden, wenn besondere Umstände in der Tat oder der Täterpersönlichkeit dies *„zur Einwirkung auf den Täter oder zur Verteidigung der Rechtsordnung unerläßlich machen"*. Kommt danach eine Freiheitsstrafe von wenigstens sechs Monaten nicht in Betracht, so hat das Gericht auch dann zu Geldstrafe zu verurteilen, wenn eine solche nicht angedroht ist. Dieser Fall kann nicht bei § 370 III AO (Mindeststrafe 6 Monate), wohl aber bei § 373 und § 374 (Mindeststrafe 3 Monate) eintreten. Zur Geldstrafe neben Freiheitsstrafe s. Rdnr. 126. Für die anderen Steuerstraftaten droht das Gesetz ausnahmslos in erster Linie Freiheitsstrafe und wahlweise Geldstrafe an. Damit sind die Strafrahmen der Steuerstraftaten dem allgemeinen Strafrahmensystem angepaßt. Besonderheiten wie die Androhung von Geldstrafe in erster Linie oder die Androhung von Freiheitsstrafe und kumulativer Geldstrafe bestehen nicht mehr; zum Rechtszustand vor dem 1. 1. 1975 s. 1. Aufl. Rdnr. 37–39 zu § 391 RAO.

c) Freiheitsstrafe

122 Die zeitige Freiheitsstrafe beträgt nach den allgemeinen Vorschriften mindestens ein Monat und höchstens fünfzehn Jahre (§ 38 II StGB). Für die

Steuerstraftaten ist das Höchstmaß der Freiheitsstrafe jedoch: zehn Jahre bei der Steuerhinterziehung in einem besonders schweren Fall (§ 370 III AO), fünf Jahre bei Steuerhinterziehung (§ 370 I AO), Bannbruch (§ 372 AO), Schmuggel (§ 373 AO), Steuerhehlerei (§ 374 AO), Wertzeichenfälschung (§ 148 StGB) und Begünstigung (§ 257 StGB) und zwei Jahre bei der einfachen Vorbereitung einer Wertzeichenfälschung (§ 149 StGB). Gem. § 39 StGB ist die kleinste Einheit bei Freiheitsstrafe unter einem Jahr eine Woche, sonst ein Monat. Die Mindesthöhe der Freiheitsstrafe wird für Steuerstraftaten erhöht auf sechs Monate bei Steuerhinterziehung in einem besonders schweren Fall (§ 370 III AO) und auf drei Monate bei Schmuggel (§ 373 AO) und gewerbsmäßiger Steuerhehlerei (§ 374 AO). Allgemein erhöht § 48 StGB für den Rückfall die Mindesthöhe der Freiheitsstrafe auf sechs Monate. Modifizierungen dieser Strafrahmen ergeben sich aus § 49 I StGB, dessen Anwendung auf die Beihilfe (§ 27 II StGB) und bei Fehlen strafbegründender persönlicher Merkmale (§ 28 I StGB) sowie in § 35 II StGB *vorgeschrieben* und bei unechten Unterlassungsdelikten (§ 13 II StGB), Verbotsirrtum (§ 17 StGB), verminderter Schuldfähigkeit (§ 21 StGB) und Versuch (§ 23 II StGB) *zugelassen* ist.

123 **Strafaussetzung zur Bewährung** kann gem. § 56 I StGB bei Freiheitsstrafe bis zu einem Jahr, unter besonderen Umständen gem. § 56 II StGB auch bei Freiheitsstrafe bis zu zwei Jahren gewährt werden.

d) Geldstrafe

Schrifttum:

Zipf, Die Geldstrafe in ihrer Funktion zur Eindämmung der kurzen Freiheitsstrafe, 1966; *Baumann,* Beschränkung des Lebensstandards anstatt kurzfristiger Freiheitsstrafe, 1968; *Tröndle,* Die Geldstrafe im neuen Strafensystem, MDR 1972, 461; *Horn,* Das Geldstrafensystem des neuen Allgemeinen Teils des StGB, NJW 1974, 625; *ders.,* Alter Wein in neuen Schläuchen? JZ 1974, 287; *Tröndle,* Die Geldstrafe in der Praxis, ZStW 86 (1974) 545; *Zipf,* Die Rechtsfolgen der Tat im neuen Strafgesetzbuch, JuS 1974, 137; *ders.,* Probleme der Neuregelung der Geldstrafe in Deutschland, ZStW 86 (1974) 513; *Roos,* Bestimmung der Tagessatzhöhe bei nachträglicher Bildung einer Gesamtgeldstrafe, NJW 1976, 1483; *Seib,* Die Bemessung der Tagessatzhöhe, NJW 1976, 2202; *Frank,* Das Nettoeinkommen des § 40 II 2 StGB, MDR 1976, 626; *ders.,* Probleme der Tagessatzhöhe im neuen Geldstrafensystem, NJW 1976, 2329; *Grebing,* Recht und Praxis der Tagessatz-Geldstrafe, JZ 1976, 745; *Schall,* Ehegattensplitting und Tagessatzsystem der Geldstrafe, JuS 1977, 307.

124 Die Geldstrafe wird gem. § 40 StGB nach **Tagessätzen** verhängt. Dieses durch das EGStGB eingeführte neue Geldstrafensystem will durch verbesserte Anpassung an die Leistungsfähigkeit des Verurteilten eine gerechtere Geldstrafenbemessung erreichen. Grundsätzlich erfolgt die Festsetzung der Geldstrafe in zwei Schritten (s. *Schönke/Schröder* 2ff. u. *Horn* 2ff. zu § 40 StGB). In einem ersten Schritt wird die Zahl der Tagessätze festgelegt. Sie beträgt mindestens 5 und höchstens 360 Tagessätze, sofern das Gesetz nichts anderes bestimmt (§ 40 I 2 StGB). Bei der Gesamtstrafenbildung ist das Höchstmaß der Geldstrafe 720 Tagessätze (§ 54 II 2 StGB). Abweichungen finden sich für die Steuerstraftaten nicht. Bei der Bestimmung der Zahl der Tagessätze hat das Gericht sämtliche gem. § 46 StGB für die Strafzumessung erheblichen Umstände zu berücksichtigen. Nachdem die Zahl der Tagessätze bestimmt wurde, hat das Gericht in einem zweiten Schritt die Höhe der einzelnen Tagessätze zu bestimmen. Dabei hat es grundsätzlich nur die Leistungsfähigkeit des Täters zu berücksichtigen. Nach § 40 II 2 StGB geht es von dem Nettoeinkommen aus, das der Täter an einem Tag durchschnittlich hat oder haben könnte. Ein Tagessatz beträgt mindestens 2 und höchstens 10000 DM. Die Bestimmung des Nettoeinkommens bereitet Schwierigkeiten, insbes. die Frage, welche Zahlungsverpflichtungen des Angeklagten von seinem tatsächlichen Einkommen abzuziehen sind (s. *Schönke/Schröder* 8ff. zu § 40 StGB; *Grebing* JZ 1976, 745; *Frank* NJW 1976, 2329). Dem Grundgedanken des Tagessatzsystems widerspricht es, bei der Bestimmung der Tagessatzhöhe Strafzumessungsgesichtspunkte wie die Höhe der Schuld oder spezial- oder generalpräventive Aspekte zu berücksichtigen (*Zipf* ZStW 86 [1974] 523; *Horn* NJW 1974, 628; krit. *Schönke/Schröder* 6ff. zu § 40 StGB; *Tröndle* ZStW 86 [1974] 554ff.). Diese Umstände dürfen nur bei der Bestimmung der Tagessatz*zahl* herangezogen werden.

125 Bei uneinbringlicher Geldstrafe wird **Ersatzfreiheitsstrafe** vollstreckt, bei der ein Tag Freiheitsstrafe einem Tagessatz entspricht (§ 43 StGB).

126 Hat sich der Täter durch die Tat bereichert oder zu bereichern versucht, kann gem. § 41 StGB eine **Geldstrafe** auch **neben Freiheitsstrafe** verhängt werden, gleichgültig ob das Gesetz Geldstrafe androht oder nicht.

3. Geltung des Jugendgerichtsgesetzes

Schrifttum:

Bender, Jugendgerichtsgesetz, Kommentar (Losebl.), 1964; *Dallinger/Lackner,* Jugendgerichtsgesetz (Kommentar), 2. Aufl. 1965; *Brunner,* Jugendgerichtsgesetz, Kommentar, 4. Aufl. 1975; *Potrykus,* Kommentar zum Jugendgerichtsgesetz, 4. Aufl. 1955 mit Nachtrag 1959; *Riedel,* Jugendgerichtsgesetz, Kommentar (Losebl.), 1965; *Schaffstein,* Jugendstrafrecht, Grundriß, 6. Aufl. 1977; ferner *Schefold,* Der jugendliche Steuersünder, StW 1944, 321; *Mattern,* Steuerstrafrecht und Jugendliche, DStR 1953, 249; *Böckmann,* Das Zusammentreffen von Jugendstrafrecht und Steuerstrafrecht, Diss. Münster 1964.

A. Inhalt und Bedeutung der Verweisung auf das JGG

127 **Allgemeine Gesetze über das Strafrecht** iS des § 369 II AO sind außer den §§ 1–79 StGB die materiellen Vorschriften der §§ 1–32, 105, 106 und 112a JGG, die ihrerseits gem. § 2 JGG die allgemeinen Vorschriften des StGB verdrängen. Nach § 2 JGG gelten die „*allgemeinen Vorschriften*" nur, soweit das JGG „*nichts anderes bestimmt*". Zu den allgemeinen Vorschriften iS des § 2 JGG gehören alle Rechtsnormen, die keine Rücksicht auf das Alter nehmen (*Dallinger/Lackner* 3 zu § 2 JGG), also auch alle Vorschriften des Steuerstrafrechts (*B. Goetzeler* NJW 1960, 1656), das keine Sondervorschriften über Steuerstraftaten Jugendlicher enthält. Auf die Vorschriften der §§ 33–104, 107ff. JGG über die Jugendgerichtsverfassung, das Jugendstrafverfahren, den Vollzug usw. verweist § 385 I AO.

128 **Steuerstraftaten durch jugendliche oder heranwachsende Täter** kommen nicht selten vor, beschränken sich aber meist auf die Hinterziehung von Eingangsabgaben und Steuerhehlerei durch jugendliche Grenzgänger oder

Seeleute, auf die Hinterziehung von KraftSt durch widerrechtliches Benutzen von Kraftfahrzeugen (s. Rdnr. 173 zu § 370 AO) und die Hinterziehung von LSt durch unrichtige Angaben im Verfahren über den LStJA (s. Einl 106).

B. Persönlicher Anwendungsbereich des JGG

129 Das JGG gilt, wenn ein Jugendlicher oder Heranwachsender eine Verfehlung begeht, die nach den allgemeinen Vorschriften (s. Rdnr. 127) mit Strafe bedroht ist (§ 1 I JGG). Jugendlicher ist, wer zZ der Tat 14, aber noch nicht 18, Heranwachsender, wer zZ der Tat 18, aber noch nicht 21 Jahre alt ist (§ 1 II JGG). Ein Jugendlicher ist strafrechtlich verantwortlich, wenn er zZ der Tat nach seiner sittlichen und geistigen Entwicklung reif genug ist, das Unrecht der Tat einzusehen und nach dieser Einsicht zu handeln (§ 3 S. 1 JGG). Die Verfehlung eines Heranwachsenden ist nach dem Jugendstrafrecht zu beurteilen, *„wenn*

1. *die Gesamtwürdigung der Persönlichkeit des Täters bei Berücksichtigung auch der Umweltbedingungen ergibt, daß er zur Zeit der Tat nach seiner sittlichen und geistigen Entwicklung noch einem Jugendlichen gleichstand, oder*
2. *es sich nach der Art, den Umständen oder den Beweggründen der Tat um eine Jugendverfehlung handelt"* (§ 105 I JGG).

Das Jugendstrafrecht (§§ 3–32, 105 JGG) gilt im ganzen auch für die Dauer des Wehrdienstverhältnisses eines Jugendlichen oder Heranwachsenden; wegen einzelner Abweichungen vgl. § 112a JGG.

C. Die Sanktionen des Jugendstrafrechts

130 Anstelle der für Straftaten Erwachsener angedrohten Freiheits- und Geldstrafen (s. Rdnr. 119ff.) sieht das Jugendstrafrecht vor, daß aus Anlaß der Straftat eines Jugendlichen **Erziehungsmaßregeln** angeordnet werden können und nur dann, wenn diese nicht ausreichen, die Straftat mit **Zuchtmitteln** oder mit **Jugendstrafe** geahndet wird (§ 5 I, II JGG). Erziehungsmaßregeln sind gem. § 9 JGG die Erteilung von Weisungen (vgl. §§ 10, 11 JGG), Erziehungsbeistandschaft und Fürsorgeerziehung (vgl. § 12 JGG iVm §§ 56, 57 JWG). Mit Zuchtmitteln ahndet der Richter die Straftat, wenn einerseits Erziehungsmaßregeln nicht ausreichen (§ 5 II JGG), anderseits *„Jugendstrafe nicht geboten ist, dem Jugendlichen aber eindringlich zum Bewußtsein gebracht werden muß, daß er für das von ihm begangene Unrecht einzustehen hat"* (§ 13 JGG). Zuchtmittel sind gem. § 13 II JGG die Verwarnung (§ 14 JGG), die Erteilung von Auflagen (§ 15 JGG) und der Jugendarrest, der als Freizeitarrest höchstens 4 Freizeiten, als Kurzarrest höchstens 6 Tage und als Dauerarrest höchstens 4 Wochen betragen darf. Zuchtmittel haben nach § 13 III JGG nicht die Rechtswirkungen einer Strafe und werden nicht in das Strafregister eingetragen. Jugendstrafe (= Freiheitsentzug in einer Jugendstrafanstalt) wird verhängt, *„wenn wegen der schädlichen Neigungen des Jugendlichen, die in der Tat* *hervorgetreten sind, Erziehungsmaßregeln oder Zuchtmittel zur Erziehung nicht ausreichen oder wenn wegen der Schwere der Schuld Strafe erforderlich ist"* (§ 17 JGG). Ohne Rücksicht auf die Strafrahmen des allgemeinen Strafrechts beträgt die Jugendstrafe mindestens 6 Monate und idR höchstens 5 Jahre (vgl. § 18 JGG). Anstelle einer zeitigen Jugendstrafe kann gem. § 19 JGG auch eine Jugendstrafe von unbestimmter Dauer verhängt werden.

131 **Von den Nebenfolgen** darf auf Verlust der Amtsfähigkeit und Wählbarkeit (vgl. § 375 I AO) gegen einen Jugendlichen nicht erkannt werden (§ 6 JGG). Dagegen ist die Einziehung (vgl. § 375 II AO) durch das JGG nicht ausgeschlossen. Die Einziehung widerspricht nicht den Erziehungsgrundsätzen des Jugendstrafrechts und ist daher bei Jugendlichen und Heranwachsenden zulässig (BGH 6, 258 v. 13. 7. 1954).

4. Geltung des Wehrstrafgesetzes

Schrifttum:
Dreher/Lackner/Schwalm, Wehrstrafgesetz (Kommentar), 2. Aufl. 1975 bearbeitet von *Schölz.*

132 Das WehrStG idF v. 24. 5. 1974 (BGBl. I 1213) gilt nach seinem § 1 I für **alle Straftaten, die Soldaten der Bundeswehr begehen,** sowie nach § 1 II auch für Straftaten, durch die militärische Vorgesetzte, die nicht Soldaten sind, ihre Pflichten verletzen. Praktische Bedeutung für das Steuerstrafrecht hat namentlich:

§ 10 WehrStG – Geldstrafe bei Straftaten von Soldaten

Bei Straftaten von Soldaten darf Geldstrafe nicht verhängt werden, wenn besondere Umstände, die in der Tat oder der Persönlichkeit des Täters liegen, die Verhängung der Freiheitsstrafe zur Wahrung der Disziplin gebieten.

Die Wahrung der Disziplin erfordert eine Freiheitsstrafe insbesondere bei Schmuggelvergehen, dh Hinterziehung von Eingangsabgaben (§ 370 I AO) oder Bannbruch (§ 372 AO), die im Zusammenhang mit Kommandierungen eines Soldaten ins Ausland begangen werden. Darüber hinaus kann die militärische Disziplin eine Freiheitsstrafe auch erfordern, wenn zwischen der Straftat und dem Dienstverhältnis als Soldat kein Zusammenhang besteht, zB wenn Soldaten einer grenznahen Garnison sich in ihrer Freizeit als Schmuggler betätigen.

IV. Wertzeichenfälschung

§ 148 StGB – Wertzeichenfälschung

(1) **Mit Freiheitsstrafe bis zu fünf Jahren oder mit Geldstrafe wird bestraft, wer**

1. amtliche Wertzeichen in der Absicht nachmacht, daß sie als echt verwendet oder in Verkehr gebracht werden oder daß ein solches Verwenden oder Inverkehrbringen ermöglicht werde, oder amtliche Wertzeichen in dieser Absicht so verfälscht, daß der Anschein eines höheren Wertes hervorgerufen wird,

2. falsche amtliche Wertzeichen in dieser Absicht sich verschafft oder
3. falsche amtliche Wertzeichen als echt verwendet, feilhält oder in Verkehr bringt.

(2) Wer bereits verwendete amtliche Wertzeichen, an denen das Entwertungszeichen beseitigt worden ist, als gültig verwendet oder in Verkehr bringt, wird mit Freiheitsstrafe bis zu einem Jahr oder mit Geldstrafe bestraft.

(3) Der Versuch ist strafbar.

§ 149 StGB – Vorbereitung der Fälschung von Geld und Wertzeichen

(1) Wer eine Fälschung von Geld oder Wertzeichen vorbereitet, indem er
1. Platten, Formen, Drucksätze, Druckstöcke, Negative, Matrizen oder ähnliche Vorrichtungen, die ihrer Art nach zur Begehung der Tat geeignet sind, oder
2. Papier, das einer solchen Papierart gleicht oder zum Verwechseln ähnlich ist, die zur Herstellung von Geld oder amtlichen Wertzeichen bestimmt und gegen Nachahmung besonders gesichert ist,

herstellt, sich oder einem anderen verschafft, feilhält, verwahrt oder einem anderen überläßt, wird, wenn er eine Geldfälschung vorbereitet, mit Freiheitsstrafe bis zu fünf Jahren oder mit Geldstrafe, sonst mit Freiheitsstrafe bis zu zwei Jahren oder mit Geldstrafe bestraft.

(2) Nach Absatz 1 wird nicht bestraft, wer freiwillig
1. die Ausführung der vorbereiteten Tat aufgibt und eine von ihm verursachte Gefahr, daß andere die Tat weiter vorbereiten oder sie ausführen, abwendet oder die Vollendung der Tat verhindert und
2. die Fälschungsmittel, soweit sie noch vorhanden und zur Fälschung brauchbar sind, vernichtet, unbrauchbar macht, ihr Vorhandensein einer Behörde anzeigt oder sie dort abliefert.

(3) Wird ohne Zutun des Täters die Gefahr, daß andere die Tat weiter vorbereiten oder sie ausführen, abgewendet oder die Vollendung der Tat verhindert, so genügt an Stelle der Voraussetzungen des Absatzes 2 Nr. 1 das freiwillige und ernsthafte Bemühen des Täters, dieses Ziel zu erreichen.

§ 150 StGB – Einziehung

Ist eine Straftat nach diesem Abschnitt begangen worden, so werden das falsche Geld, die falschen oder entwerteten Wertzeichen und die in § 149 bezeichneten Fälschungsmittel eingezogen.

1. Entstehungsgeschichte

133 § 148 StGB wurde durch das EGStGB neu geschaffen und faßt mehrere Einzelregelungen über Wertzeichenfälschungen in einer Vorschrift zusammen. Soweit § 148 StGB auch die Fälschung von Steuerzeichen regelt, ersetzt er § 399 RAO, in dem die Steuerzeichenfälschung gesondert behandelt wurde; zu dessen Vorgeschichte s. 1. Aufl. Rdnr. 1 zu § 399 RAO. § 148 StGB wird im folgenden nur insoweit behandelt, wie dies für Steuerzeichen bedeutsam ist. Soweit sich eine Tat nach §§ 148, 149 StGB auf Steuerzeichen bezieht, ist sie gem. § 369 I Nr. 3 AO Steuerstraftat.

2. Zweck, Anwendungsbereich und Bedeutung

134 Die §§ 148, 149 StGB dienen (auch) dem Schutz des Rechtsverkehrs mit Steuerzeichen und mittelbar dem Schutz des Aufkommens derjenigen Steuern, die ohne besondere Festsetzung des Steueranspruchs durch die Verwendung und Entwertung von Steuerzeichen entrichtet werden. Es handelt sich dabei um

a) BörsUSt, soweit sie gem. § 21 Nr. 2 KVStDV durch Verwendung von **Börsenumsatzsteuermarken** in der Weise entrichtet wird, daß gem. § 32 KVStDV auf jede Hälfte einer Schlußnote eine Hälfte derselben perforierten Steuermarke geklebt und jede Hälfte der Marke durch Eintragung des Datums entwertet wird (s. Einl 155ff.);

b) WSt, soweit sie nach § 4 I Nr. 1 WStDV durch Verwendung von **Wechselsteuermarken** in der Weise entrichtet wird, daß die Marken gem. § 8 I WStDV auf die Rückseite des Wechsels geklebt und gem. § 9 WStDV dadurch entwertet werden, daß in jede Marke der Tag der Entwertung eingetragen wird (s. Einl 158ff.);

c) TabSt, die nach § 6 TabStG dadurch entrichtet wird, daß **Tabaksteuerbanderolen** entwertet und an den Kleinverkaufspackungen angebracht werden, bevor die Tabakerzeugnisse aus dem Herstellungsbetrieb entfernt oder zum Verbrauch im Herstellungsbetrieb entnommen werden (s. Einl 189ff.).

135 **Für Steuerzeichen besteht ein besonderes Schutzbedürfnis,** da sie keine Urkunden iS der §§ 267, 348 StGB darstellen (RG 62, 203, 204ff. v. 18. 6. 1928) und als eine besondere Art von Beweiszeichen auch nicht dem Schutz des § 275 StGB unterliegen (RG 56, 240 v. 22. 11. 1921). Anderseits sind auch Steuerzeichen mit öffentlicher Autorität ausgestellt (RG 63, 380f. v. 13. 1. 1930). Ihre (Ver-)Fälschung liegt kriminologisch in der Nähe der Geld- und der Urkundenfälschung. Daher ist auch ein weitreichender Schutz gegen Vorbereitungshandlungen zur Fälschung von Steuerzeichen erforderlich, den § 149 StGB gewährleistet (s. Rdnr. 150).

136 **Allein nach § 370 AO** wäre der strafrechtliche Schutz der BörsUSt, WSt und TabSt wegen der geringen Steuerbeträge oft wirkungslos, obwohl wegen der besonderen Art des Besteuerungsverfahrens (s. Rdnr. 134) ein besonderes Schutzbedürfnis besteht. Die BörsUSt beträgt 1–2,5 vT des vereinbarten Preises (§§ 23, 24 KVStG), die WSt beträgt idR 15 Pfg für je 100 DM der Wechselsumme (§§ 7, 8 WStG). Die TabSt ist zwar relativ hoch (vgl. § 3 TabStG), jedoch ist der auf die einzelne Kleinverkaufspackung entfallende Steuerbetrag gering.

137 **Die praktische Bedeutung des § 399 RAO** war erheblich zurückgegangen, seitdem die früheren LSt-Marken (vgl. § 77 S. 2 EStG 1925 v. 10. 8. 1925, RGBl. I 189; §§ 54–62 DVBest v. 5. 9. 1925, RMBl. 1186) durch das EStG 1934 v. 16. 10. 1934 (RGBl. I 1005) und die frühere UrkundenSt durch VO v. 20. 8. 1941 (RGBl. I 510) abgeschafft worden sind. In den Jahren 1964–1966 wurden durch Finanzbehörden und Gerichte insgesamt nur 10 Fälle von

Steuerzeichenvergehen bestraft. Das Vorkommen von Steuerzeichenvergehen würde jedoch erheblich zunehmen, falls etwa der Vorschlag verwirklicht wird, Steuermarken für die Entrichtung der KraftSt einzuführen.

3. Fälschen von Steuerzeichen (§ 148 I Nr. 1 StGB)

138 **Echte Steuerzeichen** werden nur von den zuständigen Finanzbehörden gegen Entrichtung des auf ihnen vermerkten Wertes ausgegeben; sie dienen dann auf Schlußnoten, Wechseln und Kleinverkaufspackungen von Tabakwaren zum Beweis dafür, daß die Steuer bezahlt worden ist. Das **Fälschen** in seinen beiden Erscheinungsformen des Nachmachens oder der Verfälschung besteht darin, daß ein falscher Anschein über die Herkunft, dh über den Ausgeber des Zeichens, hervorgerufen wird. Das falsche oder verfälschte Zeichen gibt sich den Anschein, als sei es von der dazu befugten Finanzbehörde hergestellt und gegen Zahlung des auf ihm vermerkten Entgelts ausgegeben worden. In Wirklichkeit ist es entweder überhaupt nicht von der zuständigen Stelle ausgegeben worden, oder es stammt zwar von ihr, ist aber in seinem rechtserheblichen Inhalt, etwa der Angabe über den Steuerbetrag oder über die Menge der versteuerten Tabakwaren, von unbefugter Seite verändert worden. Im ersten Fall ist das Zeichen *„nachgemacht“*, im zweiten Fall ist es *„verfälscht“* (*Hübner* 3 zu § 399 RAO).

139 **Nachmachen** liegt immer dann vor, wenn dem Täter die Befugnis zur Herstellung des Steuerzeichens fehlt. Deshalb ist § 148 I Nr. 1 StGB auch erfüllt, wenn ein Unbefugter Steuerzeichen mittels echter Platten oder Papiere herstellt, die er sich beschafft hat. Nachmachen ist auch das sog. „Schnippeln“ von Steuerzeichen, die aus Teilen verschiedener bereits verwendeter Zeichen zu einem anscheinend vollständigen Zeichen zusammengesetzt werden (RG v. 2. 10. 1930, JW 1931, 321). Ein Nachmachen ist auch darin erblickt worden, daß außer Kurs gesetzte Steuerzeichen mit einem Kleinverkaufspreis versehen und verwendet worden sind (RG v. 6. 1. 1939, HRR Nr. 297), jedoch ist ein Steuerzeichen nur dann *unecht*, wenn das bei seiner Herstellung nachgeahmte Vorbild zur Zeit der Nachbildung amtliche Geltung hat (RG v. 8. 4. 1924, JW 1925, 262).

140 **Verfälschen eines echten Steuerzeichens** liegt zB vor, wenn der die Preisangabe enthaltende Teil eines bereits verwendeten Steuerzeichens durch einen eine höhere Preisangabe enthaltenden Ausschnitt aus einem anderen Steuerzeichen überklebt oder ersetzt wird (vgl. RG 62, 427, 428f. v. 14. 1. 1929; RG v. 2. 10. 1930, JW 1931, 321; RG 65, 180 v. 26. 2. 1931; KG v. 1. 10. 1937, JW 1938, 172). Bloßes Unkenntlichmachen der Wertbezeichnung oder der Inhaltsangabe ist kein Verfälschen, sondern ein Vernichten des Steuerzeichens, das mangels einer entsprechenden Strafvorschrift straflos ist (RG v. 14. 11. 1923, RZBl. 1924, 42f.). Das verfälschte Wertzeichen muß den Anschein eines höheren Wertes hervorrufen.

141 Das Fälschen von Steuerzeichen ist nur strafbar, wenn der Täter mit der **Absicht** handelt, daß das Steuerzeichen als echt verwendet oder in Verkehr gebracht oder daß ein solches Verwenden oder Inverkehrbringen ermöglicht

werde. Die Tathandlung muß also darauf gerichtet sein, die durch den steuerbaren Vorgang ausgelöste oder auf dem Erzeugnis ruhende Steuer zu ersparen und damit das Steueraufkommen zu beeinträchtigen (RG v. 8. 4. 1924, JW 1925, 262; vgl. auch RG v. 2. 10. 1930, JW 1931, 321). Ob der Täter beabsichtigt hat, das falsche Steuerzeichen *selbst* zu verwenden oder ob nach seiner Vorstellung ein Dritter von der Fälschung Gebrauch machen sollte, ist belanglos (RG 56, 275f. v. 10. 1. 1922 zu § 66 I TabStG 1919); erforderlich ist nur, daß er überhaupt mit der rechtswidrigen Absicht tätig geworden ist, das Steuerzeichen zur Täuschung über die ordnungsmäßige Versteuerung der Schlußnote, des Wechsels oder der Tabakware zu verwenden. § 148 I Nr. 1 StGB greift aber auch ein, wenn die falschen Steuerzeichen nicht ihrer bestimmungsgemäßen Verwendung zugeführt, sondern sonst in Verkehr gebracht werden sollen. § 148 I Nr. 1 StGB erfaßt daher anders als § 399 I RAO auch den Fall, in dem der Täter die Verwendung nach dem Inverkehrbringen nur für möglich hält (*Schönke/Schröder* 6 zu § 148 StGB), dagegen nicht den Fall, in dem jemand ohne steuerunehrliche Absicht, lediglich um zu „renommieren", falsche Steuerzeichen eines besonders hohen Wertes herstellt und damit ordnungsmäßig versteuerte billigere Erzeugnisse versieht, um sie Gästen oder Kunden unentgeltlich anzubieten und dabei in ihnen die Vorstellung von einem höheren Wert der Gabe zu erwecken (RG v. 25. 3. 1929, JW 2431, zu § 399 I RAO). Soll auf diese Weise ein Käufer über den Wert der Ware getäuscht werden, kommt neben § 148 I Nr. 1 StGB der Straftatbestand des Betruges nach § 263 StGB in Betracht.

142 **Vollendet ist das Vergehen nach § 148 I Nr. 1 StGB,** wenn die Fälschung derart gelungen ist, daß sie von arglosen, nicht besonders sachkundigen Betrachtern übersehen werden könnte, falls die mit dem falschen oder verfälschten Steuerzeichen versehenen Urkunden oder Erzeugnisse in den Verkehr gebracht werden (RG 66, 217f. v. 18. 4. 1932). Nicht erforderlich ist, daß auch sachkundige Steuerbeamte oder branchenkundige Kaufleute getäuscht werden können (vgl. BGH v. 4. 10. 1951, NJW 1952, 311; v. 17. 12. 1953, NJW 1954, 564; *Schönke/Schröder* 10 zu § 146 StGB). Daß allein der Täter die Fälschung für gelungen erachtet, reicht für die Vollendung der Tat nicht aus. Der **Versuch** der Steuerzeichenfälschung ist nach § 148 III StGB strafbar.

4. Weitere Tathandlungen

a) Sichverschaffen

143 **Dem Steuerzeichenfälscher steht gleich,** wer sich falsche Steuerzeichen verschafft und dabei mit der Absicht nach § 148 I Nr. 1 StGB (s. Rdnr. 141) handelt. **Sich verschaffen** heißt, falsche Steuerzeichen bewußt in Besitz zu nehmen (BGH 2, 116f. v. 10. 1. 1952 zu § 147 StGB), und zwar zur *eigenen* Verfügung. Diese Voraussetzung fehlt bei einem bloßen Verteilungsgehilfen, der den Gewahrsam für einen anderen ausübt (BGH 3, 154, 156 v. 19. 9. 1952 zu§ 147 StGB); dieser kann daher nur wegen Beihilfe zu § 148 I Nr. 2 StGB bestraft werden. Im übrigen genügt jeder Erwerb von Steuerzeichen, der sich

in Kenntnis der Unechtheit vollzieht, auch ein Erwerb durch Fund, Diebstahl oder Unterschlagung (RG v. 4. 11. 1937, JW 3301); *abgeleiteter* Erwerb ist nicht erforderlich (RG 67, 294, 296 v. 27. 7. 1933 zu § 148 StGB). Für die Kenntnis, daß die erworbenen Steuerzeichen gefälscht oder verfälscht sind, genügt auch *bedingter* Vorsatz (BGH 2, 116 v. 10. 1. 1952; OLG Köln v. 7. 3. 1950, DRZ 453; aM RG 59, 79f. v. 9. 2. 1925 – sämtl. zu § 147 StGB).

b) Als echt verwendet

144 werden falsche oder verfälschte Steuerzeichen, wenn sie zur Täuschung über die Entrichtung der Steuerschuld in der von den Steuergesetzen vorgeschriebenen Weise (s. Rdnr. 134) auf Urkunden geklebt und entwertet oder auf Kleinverkaufspackungen von Tabakwaren angebracht werden. BörsUSt- und WSt-Marken sind noch nicht verwendet, bevor sie nicht entwertet sind (RG v. 26. 11. 1937, JW 1938, 508, in Abkehr von der früheren Rspr, vgl. RG v. 5. 12. 1933, JW 1934, 772). Wer *versehentlich* verwendete Steuerzeichen wieder ablöst und auf einer anderen Schlußnote oder einem anderen Wechsel verwendet, begeht keine tatbestandsmäßige Handlung, da durch die versehentlich verklebte Marke noch keine fällige Steuerschuld getilgt worden ist (RG 23, 339, 341f. v. 8. 12. 1892; v. 25. 2. 1929, JW 2431; BGH v. 18. 5. 1954, LM § 405 RAO aF, Nr. 1; zust. *Hübner* 15 zu § 399 RAO, zw. *Troeger/Meyer* S. 90).

TabSt-Banderolen sind verwendet, sobald die mit ihnen versehenen Kleinverkaufspackungen den Herstellungsbetrieb verlassen haben (BGH v. 18. 5. 1954, LM aaO).

c) Feilhalten

145 **ist das Bereithalten zum Verkauf** (BGH 23, 290 v. 24. 6. 1970 zu § 4 LebmG). Der feilgehaltene Gegenstand braucht nicht unbedingt bereits fertig vorhanden zu sein. Ein Feilhalten kann auch in einem Anbieten der alsbaldigen Herstellung und Lieferung liegen und auch schon durch ein einzelnes Angebot gegenüber einem einzelnen Interessenten erfüllt werden (BGHZ v. 29. 3. 1960, NJW 1154, zu § 6 PatG). In jedem Falle muß der Täter die ernsthafte Absicht des Verkaufs haben (OLG Celle v. 11. 5. 1967, GA 1968, 56, zu § 4 Nr. 2 LebmG). Der BGH (23, 286, 292 v. 24. 6. 1970) neigt dazu, Eventualvorsatz hinsichtlich eines möglichen Verkaufs für ausreichend zu halten.

146 **Ob der Täter das falsche Steuerzeichen als echt ausgibt** oder offenbart, daß es falsch ist, macht keinen Unterschied. Die Worte *„als echt"* gehören nur zu *„verwendet"*, nicht auch zu *„feilhalten oder in Verkehr bringen"* (glA *Hartung* II 2b und *Kohlhaas* – beide zu § 405 RAO 1931 im Anschluß an BGH 1, 143 v. 17. 4. 1951 zu § 147 StGB; *Schönke/Schröder* 22 zu § 146, 5 zu § 147 StGB). Die vorwiegend grammatisch begründete abw. Meinung von *Hübner* (8 zu § 399 RAO 1968) überzeugt nicht; sein Plädoyer für die engere Auslegung der Vorschrift geht schon deshalb ins Leere, weil nach seiner Auffassung in der Mehrzahl der Fälle wegen Beihilfe zu § 148 I Nr. 2 StGB (= § 399 I RAO) bestraft werden müßte. *Schönke/Schröder* (15 zu § 148 StGB) freilich zieht aus diesem Umstand den umgekehrten Schluß und will nur wegen Beihilfe zu Nr. 2 bestrafen.

d) In Verkehr bringen

147 heißt, die Steuerzeichen an andere mit dem (mindestens bedingten) Willen abzugeben, daß diese sie (in Kenntnis oder Unkenntnis der mangelnden Echtheit, s. Rdnr. 146) für steuerliche Zwecke verwenden. Unerheblich ist, ob die Abgabe entgeltlich oder unentgeltlich erfolgt. Die Absicht, sich zu bereichern oder einen anderen zu schädigen, kann fehlen (*Schönke/Schröder* 21 zu § 146 StGB). Auch ist für die Tatbestandsmäßigkeit der Handlung gleichgültig, ob der Täter die falschen Steuerzeichen selbst angefertigt oder sich von dem Fälscher oder einem Mittelsmann verschafft hat. Die Gefährdungshandlung des Inverkehrbringens verliert jedoch ihre selbständige Bedeutung dann, wenn der Täter sich selbst der Fälschung der abgegebenen Steuerzeichen nach § 148 I Nr. 1 StGB schuldig gemacht hat (s. Rdnr. 156).

5. Wiederverwenden von Steuerzeichen (148 II StGB)

148 § 148 II StGB weist gegenüber § 399 II RAO erhebliche Änderungen auf. Tatobjekte sind bereits verwendete Steuerzeichen, von denen das Entwertungszeichen beseitigt worden ist. Das Entwertungszeichen braucht nicht völlig beseitigt zu sein; es genügt, wenn es durch ein anderes Entwertungszeichen unkenntlich gemacht worden ist. Dabei ist es gleichgültig, ob das alte Entwertungszeichen vom Täter oder einem Dritten beseitigt wurde. Den Tatbestand erfüllt, wer das Steuerzeichen als gültig verwendet oder in Verkehr bringt. Das Steuerzeichen wird als gültig verwendet, wenn es am neuen Platz den Eindruck erweckt, als sei es erstmalig verwendet worden. Es wird in Verkehr gebracht, wenn es vom Täter anderen Personen zugänglich gemacht wird. Dafür ist nicht Voraussetzung, daß es als Steuerzeichen eingesetzt wird; vielmehr genügt es, wenn es an einen Sammler weitergegeben wird. Insofern ist § 148 II StGB erheblich weiter als § 399 II RAO (*Schönke/Schröder* 19, 22 zu § 148 StGB; BT-Drucks. 7/550 S. 228). Demgegenüber erfaßt § 148 II StGB nicht mehr das *„sich verschaffen"* und *„feilhalten"*.

6. Der Versuch

149 sämtlicher Taten nach § 148 I und II StGB ist strafbar (§ 148 III StGB). Dies ist angesichts der Tatsache, daß § 149 StGB sogar Vorbereitungshandlungen erfaßt, nur konsequent.

7. Vorbereitung der Fälschung von Steuerzeichen (§ 149 StGB)

150 § 149 StGB erfaßt die Vorbereitung der Fälschung von Geld und Wertzeichen in einem Tatbestand. Gegenüber der Vorbereitung der Geldfälschung (Freiheitsstrafe bis zu 5 Jahren oder Geldstrafe) droht das Gesetz für die Vorbereitung der Wertzeichenfälschung, die die Steuerzeichenfälschung mit umfaßt, nur Freiheitsstrafe bis zu 2 Jahren oder Geldstrafe an. § 149 StGB erfaßt nur echte Vorbereitungshandlungen, wie sich aus einem Vergleich mit § 148 III StGB und § 127 OWiG ergibt. Das bedeutet im einzelnen: § 149 StGB unterscheidet sich von § 127 OWiG allein dadurch, daß § 149 StGB Vorbereitung einer Fälschung voraussetzt. Wer also die Tathandlungen nach § 149 StGB, § 127 OWiG vornimmt, ohne daß er den Fälschungsvorsatz hat, begeht nur eine Ordnungswidrigkeit nach § 127 OWiG. Hat er Fälschungsvorsatz, so erfüllt er den Tatbestand nach § 149 StGB. Setzt er darüber hinaus gem. § 22 StGB zum Fälschen unmittelbar an, so verläßt er den Bereich von § 149 StGB und begeht einen Versuch nach § 148 III iVm §§ 22ff. StGB.

151 **Gegenstand der Tat** sind nach § 149 I Nr. 1 StGB Platten, Formen, Drucksätze, Druckstöcke, Negative und ähnliche Vorrichtungen. Dabei handelt es sich durchgehend um solche Gegenstände, von denen das gefälschte Steuerzeichen unmittelbar abgenommen werden kann. Dagegen genügen nicht Platten usw., die erst noch bearbeitet werden müssen. Andererseits ist es nicht erforderlich, daß der Täter bereits alle zur Fälschung erforderlichen Geräte beisammen hat (*Schönke/Schröder* 3 zu § 149 StGB). Die Vorrichtungen müssen zur Steuerzeichenfälschung tatsächlich geeignet sein; es genügt nicht, wenn der Täter dies nur annimmt.

152 Als **Tathandlungen** nennt das Gesetz das Herstellen, das sich oder einem anderen Verschaffen (Rdnr. 143), das Feilhalten (Rdnr. 145), das Verwahren und das einem anderen Überlassen. Die Vorrichtung ist hergestellt, wenn sie bis auf geringe Ergänzungen gebrauchsfertig ist (*Schönke/Schröder* 6 zu § 149 StGB). Die Vorrichtung verwahrt, wer an ihr Gewahrsam hat. Überlassen heißt, einem anderen die Verfügungsgewalt derart zu übertragen, daß der Empfänger in die Lage versetzt wird, die Sache zum Zweck der Fälschung zu gebrauchen (KG v. 25. 3. 1953, NJW 1274, zu § 281 I StGB).

153 Der Täter muß durch die Handlung **eine Fälschung vorbereiten,** wobei es gleichgültig ist, ob er oder ein anderer die Fälschung begehen will. Die Fälschung muß aber bereits in groben Umrissen konkretisiert sein (*Schönke/Schröder* 7 zu § 149 StGB).

154 **Der Rücktritt** von einer Tat nach § 149 StGB ist in § 149 II, III StGB gesondert geregelt, weil bei formeller Vollendung der Tat § 24 StGB nicht in Betracht kommt, das Delikt materiell jedoch nur Vorbereitungshandlung ist. § 149 II, III StGB entspricht weitgehend der Rücktrittsregelung nach § 24 StGB (s. Rdnr. 56ff.), freilich mit der Besonderheit, daß der Täter über die Voraussetzungen des § 24 StGB hinaus gem. § 149 II Nr. 2 StGB die noch brauchbaren Fälschungsmittel entweder unbrauchbar macht, sie der Behörde abliefert oder ihr Vorhandensein dort anzeigt.

8. Die Einziehung

155 der unechten oder wiederverwendeten Steuerzeichen sowie der Fälschungsmittel (§ 149 StGB) wird durch § 150 StGB zwingend vorgeschrieben. Die Einziehung erfolgt gem. § 74 II–IV StGB. Über die Voraussetzungen der Einziehung s. Rdnr. 33ff. zu § 375 AO.

9. Konkurrenzfragen

156 **Verwirklicht jemand mehrere Tatbestände der §§ 148, 149 StGB nacheinander,** geht nach den Regeln der Gesetzeskonkurrenz (s. Rdnr. 106ff.) ein Vergehen der Vorbereitung (§ 149 StGB) in dem Vergehen der höheren Stufe der Gefährdung (sich verschaffen, § 148 I Nr. 2 StGB) sowie eine Gefährdungshandlung in dem Vergehen der Fälschung (§ 148 I Nr. 1 StGB) oder der Verwendung usw. (§ 148 I Nr. 3 StGB) oder Wiederverwendung usw. (§ 148 II StGB) auf (RG 66, 217f. v. 18. 4. 1932; RG 67, 401, 406 v. 28. 11. 1933). Tatmehrheit (§ 53 StGB) kommt nur in Betracht, wenn derselbe Täter mehrere Taten nach den §§ 148, 149 StGB begeht, die nicht im Zusammenhang aufeinander folgen.

157 **Auch mehrfaches Verwirklichen gleichstufiger Tatbestandshandlungen** ist nur eine einzige Straftat (vgl. BGH 5, 381, 383 v. 14. 1. 1954 zu § 184 I Nr. 1 StGB aF mwN). Wer zB falsche Steuerzeichen herstellt und diese zT selbst verwendet und zT verkauft, begeht nur *ein* Vergehen nach § 148 I StGB. Tatmehrheit (§ 53 StGB) liegt jedoch zB dann vor, wenn jemand sowohl falsche Steuerzeichen herstellt als auch bereits verwendete echte Steuerzeichen wiederverwendet (ausf. *Hübner* 20 zu § 399 RAO).

158 Werden die Verletzungstatbestände der Fälschung oder der Wiederverwendung von Steuerzeichen verwirklicht, trifft das Vergehen nach § 148 I oder II StGB regelmäßig in Tateinheit mit **Steuerhinterziehung** nach § 370 AO, nämlich mit Hinterziehung derjenigen Steuer zusammen, die durch vorschriftsmäßige Verwendung von Steuerzeichen hätte entrichtet werden müssen (vgl. RG 62, 78, 81 v. 19. 3. 1928).

159 Werden gefälschte BörsUSt- oder WSt-Marken verwendet und zu diesem Zweck mit einer Schlußnote oder einem Wechsel verbunden und entwertet, so wird zwar die jeweilige Urkunde zur Täuschung im Rechtsverkehr mit dem Gedankeninhalt bekleidet, daß die Schlußnote oder der Wechsel ordnungsmäßig versteuert sei. Trotzdem kommt **Urkundenfälschung** nach § 267 StGB neben einem Vergehen nach § 148 StGB nicht in Frage. Die Verbindung des Steuerzeichens mit der Schlußnote oder dem Wechsel läßt nämlich nicht erkennen, welche Person als Urheber des genannten Gedankens in Betracht kommt, da der Entwertungsvermerk nach den steuerrechtlichen Vorschriften nicht unterschrieben wird, sondern sich in der Eintragung eines Datums erschöpft, die eine Individualisierung der handelnden Personen ausschließt. Auch wird die Schlußnote oder der Wechsel nicht *verfälscht,* da die in ihnen enthaltene Gedankenerklärung von dem rückseitigen Bekleben der Urkunde mit einem gefälschten Steuerzeichen unberührt bleibt.

160 Verschafft sich jemand gefälschte Steuerzeichen zum Zwecke der Verwendung oder bereits verwendete Steuerzeichen zum Zwecke der Wiederverwendung durch **Diebstahl** nach § 242 StGB, **Unterschlagung** nach § 246 StGB oder **Untreue** nach § 266 StGB, so treffen diese Tatbestände mit § 148 StGB in Tateinheit zusammen.

V. Begünstigung

§ 257 StGB – Begünstigung

(1) **Wer einem anderen, der eine rechtswidrige Tat begangen hat, in der Absicht Hilfe leistet, ihm die Vorteile der Tat zu sichern, wird mit Freiheitsstrafe bis zu fünf Jahren oder mit Geldstrafe bestraft.**

(2) **Die Strafe darf nicht schwerer sein als die für die Vortat angedrohte Strafe.**

(3) **Wegen Begünstigung wird nicht bestraft, wer wegen Beteiligung an der Vortat strafbar ist. Dies gilt nicht für denjenigen, der einen an der Vortat Unbeteiligten zur Begünstigung anstiftet.**

(4) **Die Begünstigung wird nur auf Antrag, mit Ermächtigung oder auf Strafverlangen verfolgt, wenn der Begünstiger als Täter oder Teilnehmer der Vortat nur auf Antrag, mit Ermächtigung oder auf Strafverlangen verfolgt werden könnte. § 248a gilt sinngemäß.**

Schrifttum:
Bockelmann, Über das Verhältnis der Begünstigung zur Vortat, NJW 1951, 620; *Müller,* Straflose Teilnahme des Vortäters an der Begünstigung, GA 1958, 334; *Schröder,* Die Koordinierung der drei Begünstigungstatbestände, NJW 1962, 1037; *Furtner,* Verhältnis von Beihilfe und Begünstigung, MDR 1965, 431; *Kratzsch,* Zur Neuregelung der Begünstigung im Steuerstrafrecht, NJW 1975, 199 mit Erwiderung von *Hübner,* NJW 1975, 1111; *Stree,* Begünstigung, Strafvereitelung und Hehlerei, JuS 1976, 137; *Vogler,* Die Begünstigungshandlung, zum Begriff „Hilfe leisten" in § 257 StGB, Dreher-Festschr. 1977, 405.

1. Begünstigung als Steuerstraftat

161 § 391 I Nr. 3 RAO bezeichnete als Steuervergehen die Begünstigung einer Person, die ein natürliches Steuervergehen oder einen Bannbruch begangen hatte; § 394 RAO ordnete für die Begünstigung in Vorteilsabsicht die Strafe der Steuerhinterziehung an. Nunmehr ist Steuerstraftat nach § 369 I Nr. 4 AO die Begünstigung einer Person, die eine Tat nach Nr. 1–3 begangen hat; § 394 RAO ist ersatzlos weggefallen.

162 Die Neuregelung hat folgende Konsequenzen: Da das EGStGB die früher sog. persönliche Begünstigung als Strafvereitelung in § 258 StGB gesondert erfaßt und als Begünstigung in § 257 StGB nur noch die früher sog. sachliche Begünstigung regelt, ist Steuerstraftat iS von § 369 I Nr. 4 AO nur noch die sachliche Begünstigung. Die persönliche Begünstigung (jetzt: Strafvereitelung, § 258 StGB) kann dagegen nicht mehr als Steuerstraftat begangen werden (s. Rdnr. 12). Wegen der ersatzlosen Streichung von § 394 RAO gilt jetzt uneingeschränkt die Strafdrohung nach § 257 I, II StGB. Die Strafe kann daher niedriger sein als die der Steuerhinterziehung (s. Rdnr. 174).

2. Die Rechtsnatur der Begünstigung

163 Obwohl die (sachliche) Begünstigung die Absicht des Täters voraussetzt, dem Vortäter die Vorteile der Tat zu sichern, ist sie kein Vermögensdelikt (so aber *Bockelmann* NJW 1951, 621; *Welzel* S. 372; *Hübner* 4 zu § 394 RAO). Sie erfaßt vielmehr gegen die Rechtsordnung gerichtete Handlungen, die die Restitution des rechtmäßigen Zustandes vereiteln sollen (BGH 24, 166f. v.

16. 6. 1971; *Schönke/Schröder* 1 zu § 257 StGB). Das liegt daran, daß die Begünstigung als Vortat nicht ein Vermögensdelikt voraussetzt, sondern zB auch in bezug auf einen Bannbruch begangen werden kann.

3. Der objektive Tatbestand

164 Der objektive Tatbestand setzt voraus, daß ein anderer eine rechtswidrige Tat begangen hat und daß der Begünstiger ihm Beistand leistet.

165 a) **Die Vortat muß eine rechtswidrige Tat iS von § 11 I Nr. 5 StGB sein.** Die Vortat muß daher den objektiven und subjektiven Tatbestand eines Strafgesetzes erfüllen und rechtswidrig sein. Soweit die Begünstigung *Steuerstraftat* ist, kommen als Vortaten nur vorsätzliche Taten in Betracht, da die in § 369 I Nr. 1–3 AO bezeichneten Taten nur bei vorsätzlicher Begehung strafbar sind. Dagegen ist es gleichgültig, ob der Vortäter ohne Schuld handelt oder wegen eines persönlichen Schuldausschließungsgrundes straflos ist (*Schönke/Schröder* 4 zu § 257 StGB). Die im allgemeinen Strafrecht streitige Frage, ob die Vortat Vermögensdelikt sein muß (so zB *Welzel* S. 393; *Schönke/Schröder* 5 zu § 257 StGB), ist für das Steuerstrafrecht bedeutungslos, da § 369 I Nr. 1–3 AO die geeigneten Vortaten verbindlich bezeichnet. Sie sind gem. § 369 I Nr. 1 AO die natürlichen Steuerstraftaten (s. Rdnr. 5), der Bannbruch (Nr. 2) sowie die Wertzeichenfälschung, soweit sie Steuerzeichen betrifft (Nr. 3). Die Vortat braucht nicht vollendet zu sein, auch ein strafbarer Versuch kommt als Vortat in Betracht. Praktisch wird dies jedoch kaum der Fall sein, da der Vortäter dann den Vorteil bereits aus dem Versuch erlangt haben müßte (*Schönke/Schröder* 6 zu § 257 StGB; *Hübner* 5 zu § 394 RAO).

b) Umstritten ist die **Abgrenzung von Begünstigung und Beihilfe** zur Vortat.

166 Dies gilt zunächst hinsichtlich der sog. **vorgeleisteten Begünstigung**, bei der der Täter vor Beginn der Vortat handelt, der begünstigende Erfolg aber nach Vollendung eintreten soll. Während *Schönke/Schröder* (7 zu § 257 StGB) in diesem Fall Begünstigung annehmen, lehnt die überwiegende Ansicht Begünstigung zu Recht ab (*Class,* Stock-Festschr. S. 117; *Rose* S. 30; *Hübner* 8 zu § 394 RAO), da es für § 257 StGB als Unternehmenstatbestand nicht auf den Erfolg, sondern auf die Handlung des Beistandleistens ankommt.

167 Das Verhältnis von Beihilfe und Begünstigung ist auch im Bereich **zwischen Versuch und Beendigung** der Vortat umstritten. *Schönke/Schröder* (8 zu § 257 StGB) will nur Beihilfe zulassen (ebenso *Hübner* 7 zu § 394 RAO), während die hM Beihilfe und Begünstigung je nach der Willensrichtung des Handelnden für möglich hält. Wolle er die Vollendung der Haupttat fördern, liege Beihilfe vor; Begünstigung sei gegeben, wenn er die Sicherung der Vorteile der Vortat erstrebe (BGH 4, 132f. v. 23. 4. 1953; *Ruß* LK 6 zu § 257 StGB; *Kohlmann* 10 zu § 394 RAO). Wer die wohl noch überwiegend vertretene Auffassung, Beihilfe sei im Stadium zwischen Vollendung und Beendigung der Haupttat möglich, nicht teilt (s. Rdnr. 72), kann in diesem Bereich lediglich eine Begünstigung annehmen. Zwischen Versuch und Vollendung ist dagegen sowohl Beihilfe wie auch Begünstigung möglich. Maßgeblich ist dafür, ob der Beitrag des Handelnden den tatbestandsmäßigen Erfolg der Haupttat fördert (dann Beihilfe) oder ohne Einfluß auf ihn bleibt und lediglich die Vorteile der Vortat sichern soll (dann Begünstigung).

168 c) **Die begünstigende Tathandlung** besteht darin, daß der Täter dem Vortäter Hilfe leistet. Unterschiedlich beantwortet wird die Frage, ob die Handlung objektiv *geeignet* sein muß, die Lage des Vortäters zu verbessern (so RG 58, 13, 15 v, 20. 11. 1923; 76, 122f. v. 28. 4. 1942; BGH 4, 221, 225 v. 30. 4. 1953; *Maurach* BT S. 734) oder ob sie sogar die Lage des Vortäters *tatsächlich* verbessert haben muß (so RG 63, 240f. v. 1. 7. 1929; 76, 31, 34 v. 15. 1. 1942; BGH 2, 375f. v. 20. 5. 1952) oder ob der Handlung des Begünstigers *weder abstrakt noch im konkreten Falle* eine solche Eignung innewohnen muß (so RG 50, 364 v. 23. 4. 1917; *Schönke/Schröder* 5 u. *Dreher* 6 zu § 257 StGB; *Welzel* S. 394). Die zuletzt genannte Auffassung erblickt in § 257 StGB einen sog. Unternehmenstatbestand, der Vollendung und Versuch auf eine Stufe stellt. Für sie spricht, daß § 258 StGB (Strafvereitelung) und § 258a StGB (Strafvereitelung im Amt) abw. von § 257 StGB ausdrücklich auf den Erfolg abheben *(„Wer . . . vereitelt")* und den Versuch ausdrücklich für strafbar erklären (*Schröder* NJW 1962, 1038). Hiernach genügt für § 257 StGB, daß der Täter mit *irgendeiner* Handlung das Ziel anstrebt, die Lage des Vortäters in bezug auf den Tatvorteil zu verbessern, ohne daß es darauf ankommt, ob der erstrebte Erfolg eintritt oder nach den Umständen des konkreten Falles eintreten kann. Aber auch nach der hier vertretenen Meinung muß die Handlung sinnvoll sein. Ein von vornherein unnötiges oder unnützes (zB Gebet) oder geradezu zweckwidriges Verhalten, das unter keinen Umständen eine „Hilfe" bedeuten kann, wird vom Tatbestand der Begünstigung nicht erfaßt (ähnl. *Kohlmann* 19 zu § 394 RAO).

169 **Begünstigende Hilfe** kann zB geleistet werden durch Zupacken bei der Bergung von Schmuggelgut, durch falsche Angaben über den Aufenthaltsort einer geschmuggelten Sache (RG 54, 41 v. 7. 11. 1919), durch Mitwirken beim Absatz (BGH 2, 362, 363f. v. 15. 5. 1952), beim Verbergen oder beim Überbringen an einen Dritten (BGH 4, 122, 124 v. 1. 4. 1953), sofern der Zweck verfolgt wird, den Zugriff der Behörde zu erschweren.

170 **Durch Unterlassen** kann Hilfe nur geleistet werden, sofern eine besondere Rechtspflicht zum Handeln verletzt wird. Eine solche Rechtspflicht kann sich ergeben aus einem *Aufsichtsverhältnis* in bestimmten Räumen; zB darf der verantwortliche Schuppenverwalter in einem Hafen nicht dulden, daß das unter seiner Aufsicht stehende Gebäude von Lagerarbeitern zum Verbergen von Schmuggelgut benutzt wird. Rechtspflichten zum Einschreiten können ferner aus einer *amtlichen Stellung* erwachsen, zB ist ein Zugführer, der zugleich Bahnpolizeibeamter ist, zur Meldung eines von ihm entdeckten Schmuggels verpflichtet (RG 53, 108 v. 3. 10. 1918 für den Fall eines Diebstahls). *Dienstvorgesetzte* in der Finanzverwaltung sind zur Strafanzeige verpflichtet, wenn ihnen zur Kenntnis kommt, daß ein Steuer- oder Zollbeamter an einer Steuerhinterziehung oder an einer anderen Steuerstraftat mitgewirkt hat.

4. Der subjektive Tatbestand

171 Der Täter muß zunächst **Vorsatz** hinsichtlich der Vortat und der Hilfeleistung haben. Insoweit genügt Eventualvorsatz (s. Rdnr. 44). Der Begünstiger muß wissen, daß der Vortäter eine rechtswidrige Tat begangen und dadurch einen Vorteil erlangt hat; die Art der Tat und des Vorteils braucht er nicht zu kennen (RG 76, 31, 34; *Schönke/Schröder* 26 zu § 257 StGB). Wer zB für einen Flüchtigen, von dem er weiß, daß „die Polizei hinter ihm her ist", eine Kassette in Verwahrung nimmt, braucht nicht zu wissen, ob der Inhalt gestohlen oder geschmuggelt ist oder ob er aus Edelsteinen, Gold oder Rauschgift besteht. Der Begünstiger muß weiter wenigstens für möglich halten, daß seine Hilfe geeignet ist, die Lage des Vortäters zu verbessern. Dieser Vorsatz kann fehlen, wenn die irrig vorgestellte Vortat nach der Vorstellung des Begünstigers den tatsächlich geleisteten Beitrag als ungeeignet erscheinen läßt (ähnl. BGH 4, 221, 224 v. 30. 4. 1953; s. dazu *Hartung* JZ 1954, 694).

172 Ferner muß der Begünstiger die **Absicht** haben, dem Täter die Vorteile der Tat zu sichern. Unter Absicht ist hier direkter Vorsatz 1. Grades (s. Rdnr. 44) zu verstehen (BGH 4, 107f. v. 12. 2. 1953; *Ruß* LK 28 u. *Lackner* 5 zu § 257 StGB; weiter *Schönke/Schröder* 22 zu § 257 StGB, die direkten Vorsatz 2. Grades, s. Rdnr. 44, ausreichen lassen wollen). Diese Voraussetzung ist auch dann gegeben, wenn es dem Täter letztlich nur darauf ankommt, aus der Erhaltung des Vorteils zugunsten des Vortäters für sich selbst einen Vorteil herauszuschlagen. In jedem Falle muß der Täter bezwecken, dem Vortäter die Vorteile gegen ein Entziehen zugunsten des Verletzten zu sichern (BGH v. 22. 5. 1958, NJW 1244); eine Handlung, die nur der Erhaltung der durch die Vortat erlangten Sache gegen Naturgewalten, Diebstahl eines Dritten usw. dient, genügt nicht (RG 76, 31, 33 v. 15. 1. 1942; RG v. 14. 2. 1938, JW 793). In der Mitwirkung beim Verkauf oder Verzehr geschmuggelter Sachen liegt nur dann eine Begünstigung, wenn damit ein drohender Zugriff der Strafverfolgungsbehörde vereitelt werden soll (vgl. BGH 2, 362, 364 v. 15. 5. 1952; 4, 122, 123ff. v. 1. 4. 1953 für Fälle eines Diebstahls). Ausreichend ist der Wille, einen solchen Zugriff zu *erschweren* (RG v. 19. 4. 1934, HRR Nr. 1422).

173 **Als Vorteil iS des § 257 I StGB** kommen nicht nur Vermögensvorteile in Betracht (hM, RG 54, 132, 134 v. 7. 3. 1918; *Maurach* BT S. 733; *Ruß* LK 23. *Schönke/Schröder* 23 zu § 257 StGB; aM *Welzel* S. 393). Es muß jedoch ein Rechtsanspruch darauf bestehen, dem Vortäter die Vorteile zu entziehen. Daher kann sich die begünstigende Handlung nur auf Vorteile beziehen, die *unmittelbar* durch die Vortat erlangt worden sind (RG 55, 18f. v. 21. 5. 1920). Kein Vorteil iS des § 257 I StGB ist, was zB durch Verkauf oder Tausch einer geschmuggelten Sache erworben ist, oder das Geld, das der Vortäter durch unversteuerte Geschäfte eingenommen hat, da dieser Erwerb die Steuerpflicht erst begründet hatte und nicht schon durch die Steuerhinterziehung erlangt worden war (BGH v. 13. 11. 1952, zit. bei *Dallinger* MDR 1953, 147).

5. Strafen

174 Die Begünstigung ist gemäß § 257 I StGB mit Freiheitsstrafe bis zu 5 Jahren oder mit Geldstrafe bedroht. Gem. § 257 II StGB darf die Strafe jedoch nicht schwerer sein als die für die Vortat angedrohte Strafe. Sofern die für die Vortat angedrohte Höchststrafe niedriger ist als 5 Jahre Freiheitsstrafe, reduziert sich die Höchststrafe für die Begünstigung auf diese Höhe. Im Steuerstrafrecht kann ein solcher Fall nur bei der Begünstigung zu einem Bannbruch eintreten, sofern der Bannbruch nicht nach § 372 II iVm § 370 AO, sondern aus dem besonderen Strafgesetz bestraft wird. Im übrigen sind die Vortaten nach § 369 I Nr. 1–3 AO regelmäßig ebenfalls mit Freiheitsstrafe bis zu 5 Jahren bedroht. Sofern die Vortat mit einer höheren Mindest- oder Höchststrafe bedroht ist (§ 370 III AO), ist dies für den Strafrahmen der Begünstigung ohne Bedeutung.

6. Straffreiheit

175 Die im folgenden zusammenfassend behandelten Fälle der Straflosigkeit einer Begünstigung weisen dogmatisch erhebliche Unterschiede auf.

176 a) **Die Selbstbegünstigung** erfüllt schon den Tatbestand in § 257 I StGB nicht, da dort die Begünstigung eines *anderen* vorausgesetzt wird. Der Tatbestandsausschluß beruht auf dem Gedanken der straflosen Nachtat (*Schönke/Schröder* 29 zu § 257 StGB).

177 Da der Vortäter durch die Selbstbegünstigung keinen Tatbestand erfüllt, ist auch die **Teilnahme** eines Außenstehenden **an der Selbstbegünstigung** mangels Haupttat (s. Rdnr. 70) keine Teilnahme. Die Veranlassung des Vortäters zu einer Selbstbegünstigung ist daher nicht etwa Anstiftung zu einer Tat nach § 257 StGB (*Schönke/Schröder* 20 zu § 257 StGB). Leistet der Beteiligte dagegen Hilfe, so ist zu unterscheiden: Sofern sein Beitrag nur Beihilfe ist, bleibt er mangels Haupttat straflos; sofern er jedoch Täter ist, erfüllt er den Tatbestand nach § 257 StGB selbst. Die Abgrenzung von Täterschaft und Beihilfe ist gem. § 25 StGB vorzunehmen. Da für § 257 StGB jede irgendwie geeignet erscheinende Handlung genügt, begründet der helfende Beitrag jedoch regelmäßig Handlungsherrschaft iS der 1. Alternative des § 25 I StGB (s. Rdnr. 67; ebenso *Schönke/Schröder* aaO).

178 b) **Der Beteiligte an der Vortat** wird gem. § 257 III 1 StGB nicht bestraft, sofern er wegen der Vortat strafbar ist. Nach dem Gedanken der straflosen Nachtat wird hier jedoch nicht die Tatbestandsmäßigkeit oder Rechtswidrigkeit ausgeschlossen; die Vorschrift hebt für diesen Fall lediglich die Strafdrohung auf (*Schönke/Schröder* 31 zu § 257 StGB). § 257 III 1 StGB setzt die Strafbarkeit des Begünstigers wegen Beteiligung an der Vortat, sei es als Täter oder Teilnehmer voraus. Dagegen sind die verfahrensrechtlichen Voraussetzungen einer Bestrafung nicht erforderlich.

179 Davon macht § 257 III 2 StGB für den Fall eine Ausnahme, daß der an der Vortat Beteiligte die Begünstigung durch **Anstiftung eines an der Vortat**

nicht Beteiligten leistet. Die – problematische – Vorschrift beruht auf dem Gedanken der Korrumpierung des sonst Unbeteiligten; Einzelheiten s. *Schönke/Schröder* 33 zu § 257 StGB.

180 c) **Durch Selbstanzeige nach § 371 AO** kann Straffreiheit wegen Begünstigung zu einer Steuerstraftat im allgemeinen nicht erworben werden. Dies folgt zwingend aus dem Wortlaut des § 371 AO *(„in den Fällen des § 370")* und daraus, daß die Begünstigung einen selbständigen Tatbestand und nicht eine besondere Form der Teilnahme an der Steuerhinterziehung bildet (s. auch Rdnr. 19 zu § 371 AO; ebenso *Kohlmann* 32 zu § 395 RAO). Wenn dagegen die vor der Steuerhinterziehung gemachte Zusage der Begünstigung als psychische Beihilfe (s. Rdnr. 71) zu werten ist, dann ist auf sie § 371 AO anwendbar. Solange die Selbstanzeige noch nicht erfolgt ist, besteht die Strafbarkeit der Beihilfe, so daß die nachfolgende Begünstigung gem. § 257 III 1 StGB straflos ist (s. Rdnr. 178). Daran ändert auch die nachträgliche Straflosigkeit der Beihilfe gem. § 371 AO nichts. Begünstigt der Gehilfe freilich nach erklärter Selbstanzeige, liegen die Voraussetzungen von § 257 III 1 StGB nicht vor, und die Begünstigung ist nach § 257 I StGB strafbar.

7. Konkurrenzfragen

181 Eine mehrfache Unterstützung desselben Vortäters ist nur unter den Voraussetzungen der natürlichen Handlungseinheit (s. Rdnr. 100) und der tatbestandlichen Handlungseinheit (s. Rdnr. 101) eine einheitliche Handlung. Auch kann Fortsetzungszusammenhang (s. Rdnr. 102ff.) vorliegen (RG 57, 306 v. 31. 5. 1923; *Schönke/Schröder* 39 zu § 257 StGB). Fortsetzungszusammenhang kommt auch zwischen mehreren Unterstützungshandlungen in bezug auf verschiedene Vortaten (RG v. 14. 6. 1928, HRR Nr. 1771) oder verschiedene Vortäter in Betracht (*Schönke/Schröder* 39 u. *Ruß* LK 41 zu § 257 StGB).

182 Zwischen Begünstigung zur Hinterziehung von Eingangsabgaben und Verbrauchsteuern einerseits und Steuerhehlerei (§ 374 AO) andererseits kann Tateinheit (§ 52 StGB) bestehen (RG 47, 221f. v. 17. 6. 1913).

§ 370 Steuerhinterziehung

(1) Mit Freiheitsstrafe bis zu fünf Jahren oder mit Geldstrafe wird bestraft, wer

1. den Finanzbehörden oder anderen Behörden über steuerlich erhebliche Tatsachen unrichtige oder unvollständige Angaben macht,
2. die Finanzbehörden pflichtwidrig über steuerlich erhebliche Tatsachen in Unkenntnis läßt oder
3. pflichtwidrig die Verwendung von Steuerzeichen oder Steuerstemplern unterläßt

und dadurch Steuern verkürzt oder für sich oder einen anderen nicht gerechtfertigte Steuervorteile erlangt.

(2) Der Versuch ist strafbar.

(3) In besonders schweren Fällen ist die Strafe Freiheitsstrafe von sechs Monaten bis zu zehn Jahren. Ein besonders schwerer Fall liegt in der Regel vor, wenn der Täter

1. aus grobem Eigennutz in großem Ausmaß Steuern verkürzt oder nicht gerechtfertigte Steuervorteile erlangt,
2. seine Befugnisse oder seine Stellung als Amtsträger mißbraucht,
3. die Mithilfe eines Amtsträgers ausnutzt, der seine Befugnisse oder seine Stellung mißbraucht, oder
4. unter Verwendung nachgemachter oder verfälschter Belege fortgesetzt Steuern verkürzt oder nicht gerechtfertigte Steuervorteile erlangt.

(4) Steuern sind namentlich dann verkürzt, wenn sie nicht, nicht in voller Höhe oder nicht rechtzeitig festgesetzt werden; dies gilt auch dann, wenn die Steuer vorläufig oder unter Vorbehalt der Nachprüfung festgesetzt wird oder eine Steueranmeldung einer Steuerfestsetzung unter Vorbehalt der Nachprüfung gleichsteht. Steuervorteile sind auch Steuervergütungen; nicht gerechtfertigte Steuervorteile sind erlangt, soweit sie zu Unrecht gewährt oder belassen werden. Die Voraussetzungen der Sätze 1 und 2 sind auch dann erfüllt, wenn die Steuer, auf die sich die Tat bezieht, aus anderen Gründen hätte ermäßigt oder der Steuervorteil aus anderen Gründen hätte beansprucht werden können.

(5) Die Tat kann auch hinsichtlich solcher Waren begangen werden, deren Einfuhr, Ausfuhr oder Durchfuhr verboten ist.

(6) Die Absätze 1 bis 5 gelten auch dann, wenn sich die Tat auf Eingangsabgaben bezieht, die von einem anderen Mitgliedstaat der Europäischen Gemeinschaften verwaltet werden oder die einem Mitgliedstaat der Europäischen Freihandelsassoziation oder einem mit dieser assoziierten Staat zustehen. Sie gelten unabhängig von dem Recht des Tatortes auch für Taten, die außerhalb des Geltungsbereiches dieses Gesetzes begangen werden.

Schrifttum:

Kommentare s. Einl vor Rdnr. 83; Monographien fehlen; Aufsätze s. vor Rdnr. 14, 38, 52, 76, 101, 106, 116, 133, 137, 146, 153, 169, 173, 174, 179, 186, 191, 193, 217, 218, 219, 220, 221, 222, 223, 226, 240.

Übersicht

I. Allgemeines

1. Entstehungsgeschichte

1 **Vor 1919** enthielt jedes einzelne Steuergesetz der Länder und des Reiches eine Strafvorschrift gegen *absichtliche* oder *wissentliche* Steuerverkürzung. Der frühzeitig verwendete Begriff ,,*Hinterziehung*" (in Württemberg: ,,*Steuergefährdung*", in Zoll- und Verbrauchsteuergesetzen lange Zeit noch: ,,*Defraudation*") war vorwiegend, aber nicht ausschließlich auf vorsätzliche Taten beschränkt. Eine der Entwicklung vorauseilende Begriffsbestimmung bietet § 69 des Sächs. Gewerbe- und PersonalStG v. 24. 12. 1845 (GVBl. 311):

,,Eine Hinterziehung der Gewerbe- und Personalsteuer begeht,

1. wer den Betrieb eines steuerpflichtigen Gewerbes oder die Eigenschaft, welche ihn zur Personalsteuer verpflichtet, auf Befragen ableugnet und hierdurch der Steuer entweder gänzlich sich entzieht oder einen geringeren Ansatz veranlaßt, als von ihm, den gesetzlichen Vorschriften nach, zu entrichten gewesen wäre;

2. wer über den Umfang seines Gewerbsbetriebs oder über sonstige Verhältnisse, von welchen die Bestimmung des Steuerbeitrags abhängig ist, sich erwiesener Maßen wissentlich unrichtige Angaben hat zu Schulden kommen lassen, durch welche das Steuerinteresse verkürzt worden ist, oder, falls die Unrichtigkeit nicht entdeckt worden wäre, verkürzt worden sein würde . . ."

Im übrigen waren meist nur einzelne bestimmte Handlungen oder Unterlassungen, namentlich in bezug auf die Abgabe einer Steuererklärung, mit Strafe bedroht, vgl. zB Art. 26 BadEStG v. 20. 6. 1884 (GVBl. 321). Soweit die Strafvorschriften bereits an das Verursachen der Steuerverkürzung anknüpften und als Erfolgsdelikte ausgestaltet waren, hatte der Gesetzgeber ihnen oft umfangreiche Kataloge beispielhafter Tathandlungen beigegeben, insbes. in den Zoll- und Verbrauchsteuergesetzen, vgl. zB § 136 VZollG; §§ 28, 29 BrauStG v. 31. 5. 1872 (RGBl. 153); Art. 34, 35 BadWeinStG v. 19. 5. 1882 (GVBl. 137); §§ 43, 44 ZuckStG v. 27. 5. 1896 (RGBl. 117); § 17 ZigarrettenStG v. 3. 6. 1906 (RGBl. 620); §§ 22, 24 WeinStG u. §§ 42, 44, 45 BierStG v. 26. 7. 1918 (RGBl. 831, 863). Bei Besitz- und Verkehrsteuern wurde die Tathandlung im Lauf der Entwicklung stärker abstrahiert und zunächst auf unrichtige, unvollständige oder unterlassene Angaben gegenüber der Steuerbehörde bezogen, vgl. § 66 PreußEStG v. 24. 6. 1891 (GS 175); § 79 I PreußKAG v. 14. 7. 1893; §§ 49, 50 ErbStG v. 3. 6. 1906 (RGBl. 654); § 50 ZuwachsStG v. 14. 2. 1911 (RGBl. 33); § 56 WehrbeitragsG u. § 76 BesitzStG v. 3. 7. 1913 (RGBl. 505, 524); § 33 KriegsStG v. 21. 6. 1916 (RGBl. 561). Am Ende dieser Entwicklung wurde ganz davon abgesehen, die Tathandlung näher zu umschreiben, vgl. zB § 38 I 1 UStG v. 26. 7. 1918 (RGBl. 779): *„Wer vorsätzlich die Umsatzsteuer hinterzieht oder einen ihm nicht gebührenden Steuervorteil erschleicht, wird . . . bestraft."*

Für vollendete Hinterziehung verlangten die meisten Gesetze, daß eine Steuerverkürzung bereits eingetreten war, also *„keine Steuer oder zu wenig Steuer in Ansatz gebracht oder ein Steuerabgang oder Rückersatz zur Ungebühr festgestellt wurde"*, so zB Art. 26 BadEStG v. 20. 6. 1884 (GVBl. 321); zT genügte es, daß unrichtige oder unvollständige Angaben *„zur Verkürzung der Steuer zu führen geeignet"* waren, so zB Art. 65 BayEStG v. 19. 5. 1881 (GVBl. 441); ähnl. Art. 70 III WürttEStG v. 8. 8. 1903 (RegBl. 261).

Die Strafdrohungen waren ursprünglich auf Geldstrafen beschränkt, sei es mit oder ohne die Möglichkeit einer Umwandlung in Ersatzfreiheitsstrafe, vgl. einerseits § 76 SächsEStG v. 24. 7. 1900 (GVBl. 562) u. Art. 80 IV BayEStG v. 14. 8. 1900 (GVBl. 493), anderseits § 64 OldenbStempelStG v. 12. 5. 1906 (GBl. 793). Bemessen waren die Geldstrafen stets in einem Vielfachen der verkürzten Steuer (Multiplarstrafen, s. Einl 27). Nur für den Fall, daß der verkürzte Steuerbetrag nicht ermittelt werden konnte, waren zahlenmäßig begrenzte Höchstbeträge, zB 5000 Mark gem. Art. 74 IV 2 BayEStG v. 14. 8. 1910 (GVBl. 493), oder Mindestbeträge, zB 100 Mark gem. § 66 I PreußStG v. 24. 6. 1891 (GS 175), bestimmt. In Bayern war bis 1910 vorgeschrieben, daß die verhängten Geldstrafen dem Armenfonds der Gemeinde zufielen, in welcher der Stpfl wohnte, vgl. Art. 47 BayGewStG v. 1. 7. 1856 (GBl. 139) und Art. 75 BayEStG v. 9. 6. 1899 (GVBl. 227).

Die fakultive Anordnung einer Freiheitsstrafe (Gefängnis bis zu 6 Monaten) enthielten erstmalig § 57 I WehrbeitragsG sowie § 77 BesitzStG v. 3. 7. 1913 (RGBl. 505, 524) für den Fall, daß der gefährdete Steuerbetrag nicht weniger als 10 vH der geschuldeten Steuer, mindestens aber 300 Mark ausmachte, oder

der Stpfl wegen Besitzsteuerhinterziehung bereits vorbestraft war. § 34 I KriegsStG v. 21. 6. 1916 (RGBl. 561) drohte neben Geldstrafe Gefängnisstrafe bis zu einem Jahr an, neben der auch die bürgerlichen Ehrenrechte aberkannt werden konnten. Schließlich wurde gem. § 22 I SteuerfluchtG v. 26. 7. 1918 (RGBl. 951) Gefängnis nicht unter 3 Monaten zwingend vorgeschrieben.

2 **Mit § 359 RAO 1919 wurde erstmalig eine allgemeine Vorschrift über vorsätzliche Steuerverkürzung eingeführt,** die dem Vorbild des § 38 I 1 UStG entsprach (Begr. s. Aktenstück Nr. 759 der Verfassungsgebenden deutschen Nationalversammlung S. 598). § 359 I AO 1919 unterschied sich von § 392 RAO nur durch die Strafdrohung, derentwegen zunächst auf die „*in den einzelnen Gesetzen* [für Hinterziehung] *angedrohten Strafen*" verwiesen und der Mindestbetrag einer Geldstrafe auf 20 Mark bemessen wurde. Abs. II–IV entsprachen dem späteren § 396 II–IV AO 1931. Abs. V lautete: „*Die Vorschriften der Zoll- und Verbrauchsabgabengesetze, nach denen eine Bestrafung wegen Steuerhinterziehung eintritt, ohne daß der Vorsatz der Hinterziehung festgestellt zu werden braucht, bleiben unberührt.*"

Nach mehrfacher Änderung der Mindeststrafen durch die Gesetzgebung der Inflationszeit wurde in § 359 I AO 1919 die Strafdrohung gem. Art. VIII Nr. 1 der **3. StNotVO** v. 14. 2. 1924 (RGBl. I 74) wie folgt gefaßt: „. . . *wird wegen Steuerhinterziehung mit Geldstrafe bestraft. Der Höchstbetrag der Geldstrafe ist unbeschränkt. Bei Zöllen und Verbrauchsteuern ist die Geldstrafe mindestens auf das Vierfache des hinterzogenen Betrags zu bemessen, falls der Betrag der Steuerverkürzung oder des Steuervorteils festgestellt werden kann. Neben der Geldstrafe kann auf Gefängnis bis zu zwei Jahren erkannt werden.*" Zugleich wurde dem Abs. V folgender S. 2 angefügt: „*Auf Gefängnis kann jedoch nur erkannt werden, wenn der Vorsatz der Hinterziehung festgestellt wird.*" Mit diesem Wortlaut wurde die Vorschrift als **§ 396 RAO 1931** neu bekanntgemacht.

Durch Kap. II Art. 2 Nr. 1 der **VO v. 18. 3. 1933** (RGBl. I 109) wurde als Abs. VI der heutige Abs. V angefügt.

Gem. Art. I Nr. 12 des **Ges. v. 4. 7. 1939** (RGBl. I 1181) wurden Abs. I S. 3 über die Bemessung der Geldstrafe bei Hinterziehung von Zöllen und Verbrauchsteuern sowie Abs. V über die Schuldvermutung bei Zoll- und Verbrauchsteuerhinterziehung gestrichen; Abs. VI wurde Abs. V.

3 Durch § 9 Nr. 1 des **2. Ges. zur vorläufigen Neuordnung von Steuern** v. 20. 4. 1949 (WiGBl. 69) sowie § 9 Nr. 1 des gleichlautenden Ges. von Rheinland-Pfalz v. 6. 9. 1949 (GVBl. 496) wurde die Strafdrohung in Abs. I wie folgt verschärft: „. . . *wird wegen Steuerhinterziehung mit Gefängnis bestraft. Neben der Gefängnisstrafe ist auf Geldstrafe zu erkennen. Der Höchstbetrag der Geldstrafe ist unbeschränkt. Bei mildernden Umständen, insbesondere bei geringen Vergehen, kann ausschließlich auf Geldstrafe erkannt werden.*" In Baden, Württ.-Hohenzollern u. Berlin blieb es bei der Fassung von 1939 (s. Rdnr. 2 aE).

Nach der bundeseinheitlichen Neufassung des § 396 I RAO gem. Art. I Nr. 1 des Gesetzes v. 11. 5. 1956 (BGBl. I 418) wurde die Strafdrohung auf

„Geldstrafe oder Gefängnis und Geldstrafe“ gemildert; Begr. s. BT-Drucks. II/1593 S. 4.

Durch Art. 1 Nr. 4 des **2. AOStrafÄndG** v. 12. 8. 1968 (BGBl. I 953) wurde die Vorschrift umnumeriert und mit der Überschrift versehen. Der bisherige Abs. IV über Steuerumgehung wurde gestrichen; Abs. V wurde Abs. IV (Begr. s. BT-Drucks. V/1812 S. 22). Die im Regierungsentwurf vorgesehene Begrenzung der Geldstrafe auf 1 Mio DM in § 392 I 1 RAO wurde auf Antrag des BRates (BT-Drucks. V/3013), dem der Vermittlungsausschuß zustimmte (BT-Drucks. V/3042), auf 5 Mio DM erhöht. Die Fassung des neu angefügten Abs. V über die Hinterziehung von Eingangsabgaben anderer EWG-Staaten wurde durch den BTag um die Nr. 2 ergänzt, damit Doppelbestrafungen derselben Tat in der BRD und dem steuerberechtigten anderen Staat ausgeschlossen sind (2. Schriftl. Ber. zu BT-Drucks. V/2928).

Durch Art. 161 EGStGB v. 2. 3. 1974 (BGBl. I 469) wurde mit Wirkung vom 2. 1. 1975 § 392 RAO an den neuen Allgemeinen Teil des StGB angepaßt. Die Anpassung betraf im besonderen die Androhung von Geldstrafe (s. Einl 78). Im übrigen erhielt die Ausdehnung des Tatbestandes auf die Eingangsabgaben europäischer Staaten ihre jetzige Form (s. Einl 78).

4 **In der AO 1977** hat § 370 AO eine völlige Neufassung gegenüber § 392 RAO erfahren. Die wesentlichen Veränderungen bestehen in der grundlegenden Umgestaltung des Tatbestandes der Steuerhinterziehung in § 370 I AO, der sich von § 392 RAO vor allem durch die Aufgliederung in verschiedene Verhaltensmodalitäten unterscheidet. Neu ist die Einführung besonders schwerer Fälle in § 370 III AO, die dem Vorbild des StGB folgt. Schließlich enthält § 370 IV AO eine Erweiterung insoweit, als nunmehr klargestellt wird, daß der Steuerfestsetzung auch die Steuerfestsetzung unter Vorbehalt der Nachprüfung, die vorläufige Steuerfestsetzung sowie bestimmte Steueranmeldungen gleichstehen (krit. *Hübner* JR 1977, 58).

2. Bedeutung der Steuerhinterziehung

5 **Aus der Statistik** des BMF ergibt sich, daß 1976 wegen Hinterziehung von Besitz- und Verkehrsteuern in Höhe von rund 184 Mio DM (1975: 158 Mio DM) insgesamt 10069 (1975: 8636) Urteile und Strafbefehle rechtskräftig wurden. Die Gesamtdauer der verhängten Freiheitsstrafen betrug 267 Jahre (1975: 184 Jahre); ferner wurden in Form von 482370 (1975: 346775) Tagessätzen Geldstrafen von insgesamt 26,7 Mio DM (1975: 22,3 Mio DM) verhängt.

Wegen Hinterziehung von Zöllen und Verbrauchsteuern in Höhe von rund 38 Mio DM (1975: 30 Mio DM) wurden 1976 insgesamt 6835 (1975: 6527) Urteile und Strafbefehle rechtskräftig. Die Gesamtdauer der Freiheitsstrafen betrug hier 1781 Jahre (1975: 1245 Jahre); ferner wurden in 82813 (1975: 67431) Tagessätzen Geldstrafen von insgesamt 3,4 Mio DM (1975: 3,3 Mio DM) verhängt.

Die Zahlen erweisen, daß bei den Zuwiderhandlungen gegen Zoll- und Verbrauchsteuergesetze die Freiheitsstrafen erheblich höher sind als bei den

Zuwiderhandlungen gegen Besitz- und Verkehrsteuergesetze, bei denen die Geldstrafen überwiegen. Hierin äußert sich, daß Zoll- und Verbrauchsteuerhinterziehungen, soweit sie nicht im Reiseverkehr vorkommen und nach § 80 ZollG (Anh X) nicht verfolgt werden, häufig gewerbsmäßig begangen werden (vgl. § 373 I AO). Auch wird bei Schmuggel in zahlreichen Fällen zugleich gegen andere Gesetze verstoßen, besonders gegen die Strafvorschriften des BetäubmG und des WaffG.

3. Systematik des Gesetzes

6 **a) § 370 AO** faßt die Vorschriften in §§ 392, 393 RAO zusammen und modifiziert sie in verschiedener Hinsicht. Die Vorschrift enthält nicht nur den Grundtatbestand der Steuerhinterziehung, sondern eine Fülle ergänzender Regelungen.

7 Der Grundtatbestand der Steuerhinterziehung findet sich in § 370 I AO. Ergänzungen des Grundtatbestandes sind in den Abs. IV–VI enthalten. Abs. IV definiert und ergänzt den tatbestandsmäßigen Erfolg der Steuerhinterziehung. Abs. V stellt klar, daß Steuer- und Zollhinterziehung auch dann begangen werden können, wenn die die Steuerpflicht auslösende Einfuhr, Ausfuhr oder Durchfuhr von Waren verboten ist. Abs. VI schließlich dehnt den Tatbestand auf die Eingangsabgaben bestimmter europäischer Länder aus und enthält in Satz 2 eine Abweichung vom Territorialitätsprinzip (s. Rdnr. 28 zu § 369 AO).

8 Die Versuchsstrafbarkeit (früher § 393 RAO) ist nunmehr in § 370 II AO angeordnet. Abs. III schließlich führt eine Strafrahmenerhöhung für besonders schwere Fälle ein. Das Gesetz enthält hier eine Neuerung gegenüber der RAO und verwendet dabei die schon im StGB vielfach verwendete Regelbeispieltechnik.

9 **b)** Der Grundtatbestand der Steuerhinterziehung ist in § 370 I AO gegenüber § 392 I RAO im Bereich der **Tathandlung** stärker ausdifferenziert worden. Das Gesetz bedient sich bei der Bestimmung des Tatbestandes einer bemerkenswerten Kombinationstechnik, bei der es drei Verhaltensweisen mit zwei Erfolgen – jeweils alternativ – kombiniert. Den Tatbestand erfüllt, wer einen der beiden Erfolge durch eine der drei Verhaltensweisen erfüllt. Auf diese Weise enthält das Gesetz **sechs Tatbestandsvarianten.**

10 Auf der Erfolgsseite wird die Verkürzung von Steuern und die Erlangung nicht gerechtfertigter Steuervorteile unterschieden. Auf der Verhaltensseite bemüht sich der Gesetzgeber, das unter der Geltung von § 392 I RAO entwikkelte ungeschriebene Tatbestandsmerkmal der **Steuerunehrlichkeit** zu erfassen. Das Gesetz enthält in Abs. I Nr. 1 den Begehungstatbestand und regelt in Nr. 2 und 3 zwei Unterlassungsfälle. Durch diese Ausdifferenzierung auf der Verhaltensseite gewinnt die Vorschrift an inhaltlicher Bestimmtheit; gleichzeitig tritt jedoch die mit der Tatbestandsbestimmtheit notwendig verbundene Gefahr von Strafbarkeitslücken auf (s. Rdnr. 77ff.).

11 c) Eine Begrenzung des **Täterkreises** erfolgt lediglich bei den Unterlassungsvarianten des Tatbestandes. Da das jeweilige Unterlassen nach Abs. I Nr. 2 und 3 *pflichtwidrig* sein muß, kann Täter der Steuerhinterziehung durch Unterlassen nur derjenige sein, den eine besondere Pflicht zur Aufklärung der Finanzbehörden (Nr. 2) oder zur Verwendung von Steuerzeichen oder Steuerstemplern trifft (Nr. 3). Einzelheiten zur Handlungspflicht s. Rdnr. 118ff. Demgegenüber kann Täter der Begehungsvariante des Tatbestandes *jedermann* sein. Das ergibt sich für den Fall der Steuerverkürzung schon daraus, daß eine besondere Vorteilsabsicht nicht vorausgesetzt wird. Im Fall der Erlangung ungerechtfertigter Steuervorteile genügt es, wenn der Täter diese Vorteile für sich oder einen anderen erlangt. Der abweichenden Meinung, § 392 RAO sei ein Sonderdelikt, das nur von dem StSchuldner begangen werden könne (so früher RG 62, 319, 321 v. 16. 11. 1928; RFH vom 18. 3. 1930, JW 2326; ähnl. *Troeger/Meyer* S. 13, 266f., 269 im Anschluß an *Meyer* DStZ 1952, 321), die das RG alsbald ausdrücklich aufgegeben hatte (vgl. RG 65, 407, 409f. v. 19. 10. 1931; 67, 356, 358f. v. 1. 11. 1933), hatte der Gesetzgeber bewußt den Boden entzogen, als er § 392 RAO 1931 durch das 2. AOStrafÄndG (s. Einl 70ff.) ersatzlos wegfallen ließ. Die Pflicht, Steuerverkürzungen durch Handeln zu unterlassen, folgt also nicht nur für bestimmte Personen aus bestimmten einzelnen Vorschriften der AO und anderer Steuergesetze, sondern für jedermann unmittelbar aus § 370 I Nr. 1 AO (BGH vom 21. 1. 1964, GA 1965, 289; OLG Koblenz – 1 Ss 105/62 – v. 7. 6. 1963, zit. bei *Buschmann* NJW 1968, 1614; *Schleeh* BB 1971, 815). Demgegenüber kann Täter einer leichtfertigen Steuerverkürzung (Ordnungswidrigkeit) nach § 378 AO nicht jedermann sein, sondern nur, wer Stpfl ist oder die Angelegenheiten eines Stpfl wahrnimmt (s. Rdnr. 10 zu § 378 AO).

12 Als Täter einer Steuerverkürzung kommt demnach jeder in Betracht, der tatsächlich in der Lage ist, auf die Festsetzung, Erhebung oder Vollstreckung der gesetzlich geschuldeten Steuer zum Nachteil des jeweiligen StGläubigers einzuwirken, sei es

als *Berater des Stpfl* (RG v. 15. 1. 1931, JW 2311; RG 68, 411 v. 26. 11. 1934; 77, 87, 97 v. 7. 6. 1943, BGH v. 1. 11. 1966, DStZ/B 1967, 32);

als *Angestellter des Stpfl* (BGH v. 24. 4. 1952, DStR 445; OLG Frankfurt (Kassel) v. 8. 7. 1954, DStZ/B 424),

und zwar ohne Rücksicht darauf, ob die jeweilige Hilfsperson des Stpfl nur in untergeordneter Position tätig ist, zB als Buchhalter, und ob sie nach außen – dem FA gegenüber – hervortritt oder nicht (RG v. 15. 1. 1931, JW 2311; BGH v. 24. 4. 1952, DStR 445; OLG Hamm – 1 Ss 853/60 – v. 20. 9. 1960, zit. bei *Suhr* S. 505);

als *Steuerbeamter* (RG 70, 396, 399 v. 17. 12. 1936; BGH v. 26. 11. 1954, NJW 1955, 192, ausf. ZfZ 1955. 90; LG Detmold – 2 KLs 14/58 – v. 13. 11. 1958, zit. bei *Suhr* S. 518); ob der Steuerbeamte Täter ist oder Gehilfe (wie in den Fällen des OLG Bremen v. 10. 8. 1950, ZfZ 367, und des BGH 7, 149 v. 11. 1. 1955), ist Tatfrage;

als *Schiffsoffizier,* der einen Schmuggel duldet, den die Mannschaft begeht (RG 71, 176ff. v. 12. 4. 1937);

als *Auskunftspflichtiger* (§§ 93f. AO) oder *Sachverständiger* (§ 96 AO) und sogar

als *außerhalb eines Besteuerungsverfahrens stehender Dritter,* der gleichsam nur „zufällig" in der Lage ist, die Feststellung der Besteuerungsgrundlagen zu beeinflussen, wie zB der Verwalter einer Quarantäneanstalt, der bei der Verwiegung von Importvieh durch bestimmte Handgriffe ein zu niedriges Zollgewicht vortäuscht (RG 65, 407, 409f. v. 19. 10. 1931).

II. Erfolg der Steuerhinterziehung

1. Überblick

13 Die Steuerhinterziehung ist ein **Erfolgsdelikt.** Das Delikt ist also erst dann vollendet, wenn der im Tatbestand beschriebene Erfolg eingetreten ist. Solange dies noch nicht geschehen ist, kommt nur Versuch in Betracht. Das Gesetz unterscheidet zwischen zwei verschiedenen Erfolgen, von denen der Täter des vollendeten Delikts wenigstens einen verursacht haben muß. Die praktisch größte Bedeutung besitzt der Erfolg der Steuerverkürzung. Dementsprechend finden sich bei ihm auch die meisten Kontroversen in Schrifttum und Rspr. Ergänzende Vorschriften finden sich in Abs. VI, der Taten gegen Eingangsabgaben bestimmter europäischer Länder in den Tatbestand mit einbezieht, sowie in Abs. IV S. 3, der die Begriffe der Steuerverkürzung und der Erlangung von Steuervorteilen für eine bestimmte Fallgruppe modifiziert.

2. Steuerverkürzung

Schrifttum:

Ehlers, Zum Begriff der Steuerverkürzung – Versuch einer Entwirrung, FR 1958, 455; *Plückebaum,* Zur Frage der Abgrenzung zwischen Versuch und Vollendung bei der Steuerhinterziehung, DStZ 1959, 66; *Kopacek,* Sind Steuerverkürzungen im Sinne der §§ 369 und 402 AO auch bei vorläufiger Steuerfestsetzung bewirkt? DStZ 1961, 90; *Lohmeyer,* Schließen vorläufige Steuerbescheide die Annahme einer vollendeten Steuerverkürzung aus? BlStA 1962, 340; *ders.,* Sind Schätzungen der Besteuerungsgrundlagen nach § 217 AO als Schuldnachweis im Steuerstrafverfahren geeignet? Inf 1962, 21; *ders.,* Vollendete oder versuchte Steuerverkürzung bei vorläufiger Veranlagung, NWB Fach 13, 277 (Stand: 1964); *ders.,* Nachträglich geltend gemachte Ermäßigungsgründe (zur Bedeutung des § 396 Abs. 3 Halbsatz 2 AO) StBp 1964, 294; *Franzen,* Zur schuldgerechten Aufteilung der Steuerverkürzung (§§ 396, 402 AO) DStR 1964, 380; *ders.,* Zur Vollendung der Steuerverkürzung (§§ 396, 402 AO), DStR 1965, 187; *Henke,* Wird bei einer vorläufigen Steuerfestsetzung nur eine versuchte Verkürzung von Steuereinnahmen bewirkt? DStR 1965, 195; *Ulmer,* Vollendung der Steuerverkürzung bei vorläufiger Veranlagung, FR 1965, 247; *v. Witten,* Steuerverkürzung bei vorläufiger Steuerfestsetzung, DStZ 1965, 232; *Kötting,* BGH-Urteil zur Steuerverkürzung bei vorläufiger Steuerfestsetzung, DStZ 1967, 285; *Lohmeyer,* Der Vorteilsausgleich nach § 396 Abs. 3 Halbsatz 2 AO, Inf 1968, 267; *Weber,* Steuerschätzungen als Beweis im Steuerstrafverfahren, DStR 1968, 272; *Depiereux,* Die strafrechtlichen Folgen der Nichtabgabe von Steuererklärungen, DStR 1970, 551; *Lohmeyer,* Verurteilung wegen Steuerverkürzung auch bei Schätzung der Besteuerungsgrundlagen, SchlHA 1970, 83; *Pfaff,* Ermittlung der schuldhaft verkürzten Steuern, StBp 1970, 287; *Schleeh,* Der tatsbestandsmäßige Erfolg der Verkürzung von Steuereinnahmen, FR 1971, 118; *ders.,* Rechtsgut und Handlungsobjekt beim Tatbestand der Steuerverkürzung, NJW 1971, 739; *ders.,* Die Steuerhinterziehung nach dem Entwurf einer Abgabenordnung (AO 1974), StW 1972, 310; *Henneberg,* Strafrechtliche Begriffe im steuerstrafrechtlichen Gewand in der höchstrichterlichen Rechtsprechung, DStR 1972, 551.

a) Gegenstand der Verkürzung

aa) Soll-Einnahmen

14 **Der Begriff der Verkürzung von Steuern** ist umstritten. Einige Autoren meinen, der Erfolg der Steuerhinterziehung bestehe in der Verkürzung von **Steuereinnahmen** (so noch der Wortlaut des § 392 I RAO 1968; 1. Aufl. Rdnr. 12 zu § 392 RAO; *Terstegen* S. 88; *Kohlmann* 38 zu § 392 RAO; *Henke* FR 1966, 188). Andere sind der Ansicht, Gegenstand der Verkürzung sei der **Steueranspruch** (*Welzel* NJW 1953, 486; *Hartung* IV 1 zu § 396 RAO 1931; RG 76, 195 v. 3. 7. 1942; OLG Hamburg v. 16. 12. 1965, NJW 1966, 845). Wer die Steuereinnahmen als Gegenstand der Tat ansieht, weist darauf hin, daß der Steueranspruch als schuldrechtliche Beziehung zwischen Täter und Steuergläubiger durch die im Gesetz erfaßten Tathandlungen in seiner rechtlichen Existenz überhaupt nicht beeinträchtigt werden kann, es gehe vielmehr immer nur darum, daß dem Fiskus diejenigen Einnahmen tatsächlich vorenthalten würden, die ihm rechtlich zustünden. Die Vertreter der Gegenansicht weisen demgegenüber darauf hin, daß unter Einnahmen nur die tatsächlich vereinnahmten Gelder zu verstehen seien. Bei einem solchen Verständnis würde der Tatbestand des § 370 I AO einerseits zu eng, weil Gegenstand der Tat nur noch die tatsächlich geleisteten Geldmittel sein könnten, und andererseits zu weit, weil der Zugriff des ungetreuen Kassenbeamten des Staates auf die bereits vereinnahmten Mittel erfaßt würde. Mit *Buschmann* (*Buschmann/Luthmann* S. 11) und *Hübner* (10a zu § 392 RAO) wird man jedoch feststellen müssen, daß es sich hier um einen unfruchtbaren Streit um bloße Worte handelt. Kein Autor hat nämlich die ihm von der Gegenmeinung unterstellten Folgerungen aus seiner Position gezogen; vielmehr besteht größte Einigkeit in der Sache. Weder wird die Ansicht vertreten, nur die Beeinträchtigung des rechtlichen Bestandes des Steueranspruchs genüge für § 370 I AO, noch beziehen die Anhänger der Gegenmeinung den Begriff der Steuereinnahme auf die tatsächlich vereinnahmten Gelder.

15 Wie *Hübner* (10a zu § 392 RAO) klarstellt, ist nämlich zwischen Ist-Einnahme und Soll-Einnahme zu unterscheiden. Steuerverkürzung ist dann das **Zurückbleiben der Ist-Einnahme hinter der Soll-Einnahme.** Der Erfolg der Steuerverkürzung ist demnach eingetreten, wenn der jeweilige StGläubiger weniger einnimmt, als er zu beanspruchen hat. Dabei handelt es sich freilich noch um eine recht pauschale Definition, die erheblicher Verfeinerung bedarf (s. Rdnr. 22ff.).

bb) Steuern

16 Gegenstand der Tat ist zunächst ein Steueranspruch. Die AO definiert den Begriff der Steuer in § 3 AO (s. Einl 90). Kraft gesetzlicher Gleichstellung in § 3 I 2 AO sind auch **Zölle** und **Abschöpfungen** Steuern iS der AO. **Keine Steuern** sind die steuerlichen Nebenleistungen nach § 3 III AO wie die Verspätungszuschläge (§ 152 AO), Zinsen (§§ 233–237 AO), Säumniszuschläge (§ 240 AO), Zwangsgelder (§ 329 AO) und Kosten (§§ 178, 337–345 AO).

Gem. § 239 I 1 AO sind jedoch auf **Zinsen** die für die Steuern geltenden Vorschriften entsprechend anzuwenden. Schon für die entsprechende Vorschrift in § 6 II 2 StSäumG war umstritten, ob aus ihr auch eine entsprechende Anwendung des Hinterziehungstatbestandes folgte. Wenn *Hübner* (10b zu § 392 RAO) dies mit der Begründung ablehnt, daß Zinsen die gleiche Zielrichtung verfolgten wie die Strafvorschrift und daher diese nicht auch noch auf jene angewendet werden könne, dann vermag das nicht zu überzeugen. Denn einerseits stellen die Zinsen auch einen Ausgleich für die verspätete Verfügungsmöglichkeit über die Steuer dar und entsprechen in ihrem Wert daher dem Haben der Steuer in einem bestimmten Zeitraum. Andererseits ist der Wortlaut des Gesetzes in § 239 I 1 AO eindeutig.

cc) Eingangsabgaben europäischer Staaten

17 Nach § 370 VI AO sind die Abs. I–V auch auf Eingangsabgaben bestimmter europäischer Länder anzuwenden. Die Bedeutung der Vorschrift beruht darauf, daß die §§ 369ff. AO sich nur auf solche Steuern beziehen, die von der Bundesrepublik Deutschland erhoben werden, Steuern ausländischer Staaten werden dagegen nicht geschützt (s. Rdnr. 29 zu § 369 AO). § 370 VI AO dehnt die Tatbestände der Steuerhinterziehung auf bestimmte Eingangsabgaben aus, die nicht von der Bundesrepublik Deutschland erhoben werden. Eine entsprechende Regelung findet sich in § 374 II AO für die Steuerhehlerei. Dagegen gilt § 373 AO nicht für diese Eingangsabgaben, da eine entsprechende Gleichstellung fehlt (s. aber Rdnr. 5 zu § 373 AO). § 370 VI 2 AO ordnet für die Taten nach Abs. VI S. 1 die Geltung des „Weltrechtsprinzips" an (*Samson* 6 vor § 3 StGB). Die Tat wird daher auch dann vom deutschen Strafrecht erfaßt, wenn sie von einem Ausländer im Ausland begangen wurde.

18 **Eingangsabgaben** sind gem. § 1 III ZollG der *„Zoll einschließlich der Abschöpfung, die Umsatzsteuer und die anderen für eingeführte Waren zu erhebenden Verbrauchsteuern"*. Diese für das Zollrecht geltende Definition wird nach allg M auch auf § 370 VI angewendet (*Hübner* 30 u. *Kohlmann* 193 zu § 392 RAO). **Zölle** sind Steuern, die beim Warenverkehr über die Grenze erhoben werden. Da Abs. VI jedoch nur Eingangsabgaben erfaßt, sind nur die Einfuhrzölle gemeint, nicht jedoch Ausfuhrzölle. **Abschöpfungen** sind Abgaben, die bei der Einfuhr nach Verordnungen des Rats der EG erhoben werden (§ 1 AbschG v. 25. 7. 1962, BGBl. I 453). **Einfuhrumsatzsteuer** und sonstige **Verbrauchsteuern** sind Steuern, die über die Zölle und Abschöpfungen hinaus sonst für die Einfuhr von Waren erhoben werden. Die in diesem Zusammenhang geläufige Aufzählung von deutschen Verbrauchsteuern (s. zB *Hübner* 31 u. *Kohlmann* 193 zu § 392 RAO) ist überflüssig und mißverständlich. § 370 VI AO erfaßt nämlich gerade nicht die deutschen Verbrauchsteuern *(„von einem anderen Mitgliedstaat der ...");* diese werden vielmehr durch § 370 I–V AO unmittelbar geschützt.

19 Als **Gläubigerstaaten** sind in Abs. VI erfaßt die – anderen – Mitgliedstaaten der EG *(Belgien, Dänemark, Frankreich, Großbritannien, Rep. Irland, Italien,*

Luxemburg, Niederlande), der EFTA *(Island, Norwegen, Österreich, Portugal, Schweden, Schweiz)* sowie das mit der EFTA assoziierte *Finnland.*

20 Da sich die EG aufgrund der Umstellung ihrer Finanzierung in immer stärkerem Maße aus Abschöpfungen direkt finanziert (Beschluß des Rates der EG v. 21. 4. 1970, BGBl. II 1261), die von den Mitgliedstaaten eingezogen werden, genügt es, wenn die Eingangsabgabe von einem Mitgliedstaat *verwaltet* wird. Die Eingangsabgabe muß ihm nicht letztlich zustehen. Hinsichtlich der übrigen Staaten kommt es dagegen darauf an, ob die Eingangsabgaben ihnen zustehen.

21 Soweit § 370 I–V AO auf die Eingangsabgaben ausländischer Staaten anzuwenden ist, gilt im einzelnen folgendes: Da es sich um die **Anwendung deutschen Strafrechts** durch den deutschen Richter handelt, sind die deutschen Vorschriften nach den hier geltenden Grundsätzen anzuwenden (*Hübner* 30 u. *Kohlmann* 194 zu § 392 RAO). Für die Beantwortung der Frage jedoch, ob eine Eingangsabgabe geschuldet ist oder ob eine Aufklärungspflicht besteht, kommt es auf die einschlägigen **ausländischen Rechtsvorschriften** an, da die Eingangsabgaben in dem jeweiligen sich aus dem ausländischen Recht ergebenden Bestand geschützt werden sollen (*Samson* 15, 17ff. zu § 9 StGB).

b) Eintritt des Verkürzungserfolges

aa) Bedeutung des Verkürzungserfolges

22 Der Eintritt des Verkürzungserfolges entscheidet nicht nur darüber, ob für die Steuerhinterziehung nur Versuchsstrafe oder Vollendungsstrafe ausgesprochen werden kann, sondern vor allem auch darüber, ob noch ein Rücktritt nach § 24 StGB oder nur eine strafbefreiende Selbstanzeige nach § 371 AO in Betracht kommt. Schließlich hat die genaue Bezeichnung des Verkürzungserfolges Auswirkungen auf die Strafbarkeit der Tat überhaupt. Stellt sich der Täter nämlich vor, die Tat bewirke lediglich einen Erfolg, der noch nicht Verkürzungserfolg ist, so entfällt jede Strafbarkeit mangels Vorsatzes, da zum Vorsatz der Wille gehört, die Tat zu vollenden.

bb) Die Definition des Verkürzungserfolges nach der hM

23 Die hM geht grundsätzlich vom Fälligkeitstermin aus und nimmt Modifizierungen für die Veranlagungsteuern vor.

24 Bei **Fälligkeitsteuern** (s. Einl 92) soll die Steuerverkürzung eingetreten sein, sobald die Steuer am Fälligkeitstermin nicht gezahlt ist (BGH v. 24. 9. 1953, NJW 1841; v. 28. 11. 1957, ZfZ 1958, 147; *Hübner* 10g u. *Kohlmann* 57 zu § 392 RAO; *Franzen* DStR 1965, 191). **Veranlagungsteuern** (s. Einl 92) sind solche Steuern, bei denen die Fälligkeit nach einer Veranlagungshandlung des Finanzamtes fällig wird. An sich tritt der Verkürzungserfolg auch hier erst dann ein, wenn am Fälligkeitstermin die Steuer beim Finanzamt nicht eingegangen ist. Dieser Grundsatz wird jedoch durch zwei Ausnahmen praktisch völlig aufgehoben. Die erste Ausnahme findet sich als ausdrückliche gesetzliche Regelung in § 370 IV 1 AO. Danach ist eine Steuer schon dann verkürzt, wenn sie nicht, nicht in voller Höhe oder nicht rechtzeitig festgesetzt wird. Das bedeutet, daß bereits die zu niedrige Festsetzung der Steuer den Verkürzungserfolg eintreten läßt, obgleich der Fälligkeitstermin zu diesem Zeitpunkt noch nicht verstrichen ist (Einzelheiten s. Rdnr. 31 ff.). Die zweite Ausnahme ergibt sich bei den Veranlagungsteuern aus äußeren Sachzwängen. Verhindert der Täter, daß er veranlagt wird, dann wird seine Steuerschuld mangels Bekanntgabe der Festsetzung auch nicht fällig (§ 220 II 2 AO). Eine Vollendung könnte hier nie eintreten. Um dieses Ergebnis zu vermeiden, nimmt die hM an, daß der Verkürzungserfolg dann eintritt, wenn die Veranlagung und Festsetzung bei ordnungsgemäßer Abgabe der Steuererklärung erfolgt wäre. Zugunsten des Täters wird dann derjenige Zeitpunkt gewählt, in dem die Veranlagungsarbeiten in dem betreffenden Bezirk „im großen und ganzen" abgeschlossen sind (BGH v. 1. 3. 1956, BStBl. I 441; OLG Hamm v. 6. 12. 1962, FR 1963, 301; OLG Hamburg v. 16. 12. 1965, NJW 1966, 845; *Hübner* 45 u. *Kohlmann* 55 zu § 392 RAO).

25 Eine Modifizierung der hM scheint sich für diejenigen **Fälligkeitsteuern** zu ergeben, bei denen eine **Anmeldung** erforderlich ist. § 370 IV 1 Halbs. 2 AO entscheidet nämlich die bisher streitig gewesene Frage, ob als Steuerfestsetzung auch die vorläufige Festsetzung oder die Festsetzung unter dem Vorbehalt der Nachprüfung anzusehen ist (s. die Nachweise in der 1. Aufl. Rdnr. 25 zu § 392 RAO), im positiven Sinne, und stellt der Steuerfestsetzung darüber hinaus auch diejenige Steueranmeldung gleich, die wie eine Steuerfestsetzung unter Vorbehalt der Nachprüfung zu behandeln ist. Nach § 168 S. 1 AO steht eine Steueranmeldung (Definition in § 150 I 2 AO) grundsätzlich einer Steuerfestsetzung unter Vorbehalt der Nachprüfung gleich. Nur dann, wenn die Steueranmeldung zu einer Herabsetzung der bisher zu entrichtenden Steuer oder zu einer Steuervergütung führt, erfolgt die Gleichstellung gem. § 168 S. 2 AO erst bei Zustimmung der Finanzbehörde. Aus diesen Vorschriften scheint zu folgen, daß Fälligkeitsteuern mit notwendiger Steueranmeldung nunmehr wie Veranlagungsteuern zu behandeln sind. Der Erfolg der Steuerverkürzung wäre sodann eingetreten, sobald die Steueranmeldung, die einer Steuerfestsetzung unter Vorbehalt der Nachprüfung entspricht, abgegeben ist (Einzelheiten s. Rdnr. 32ff.).

cc) Erscheinungsformen des Verkürzungserfolges

26 Die Bestimmung des Verkürzungserfolges wird einmal dadurch erschwert, daß der Charakter des Delikts der Steuerhinterziehung als **Verletzungs- oder Gefährdungsdelikt** höchst zweifelhaft ist; s. dazu *Schleeh* (FR 1971, 118, 120), der zutreffend auf die Gefahr hinweist, daß aus der Steuerhinterziehung ein **abstraktes Gefährdungsdelikt** wird. Zum anderen entstehen Probleme aus der Erfolgsdefinition in § 370 IV 1 AO, die gegenüber § 392 III RAO dadurch vergrößert werden, daß das Gesetz bestimmte Steueranmeldungen der Steuerfestsetzung gleichstellt (krit. auch *Schleeh* StW 1972, 310). Eine Lösung ist nur in der Weise möglich, daß der Begriff des Verkürzungserfolges zunächst unabhängig von § 370 IV 1 AO definiert wird. Das ist erforderlich, weil eine

Steuerverkürzung auch außerhalb des von § 370 IV 1 AO geregelten Bereichs, namentlich im Vollstreckungsverfahren begangen werden kann. Zum anderen läßt sich die Bedeutung der Regelung in § 370 IV 1 AO nur bestimmen, wenn zuvor der allgemeine Begriff der Steuerverkürzung festgelegt worden ist.

Allgemeiner Begriff der Steuerverkürzung

27 Zunächst ist daran festzuhalten, daß die Steuerverkürzung eine Unterschreitung der Ist-Einnahme unter die Soll-Einnahme darstellt. Dies ist deshalb bedeutsam, weil eine Steuerhinterziehung nicht nur im Zeitraum bis zur Steuerfestsetzung, sondern auch noch nach zutreffender Steuerfestsetzung zB im Vollstreckungsverfahren möglich ist. In diesem Bereich ist jeweils zu fragen, wann und in welchem Umfange die Steuer ohne das pflichtwidrige Verhalten des Täters bei ordnungsmäßigem Ablauf des Verfahrens vereinnahmt worden wäre. Täuscht der Täter im Vollstreckungsverfahren Zahlungsunfähigkeit vor (RG v. 11. 4. 1934, RStBl. 695) oder macht er in der eidesstattlichen Versicherung unrichtige Angaben über die Vermögensstücke (RG v. 29. 8. 1938, RStBl. 889; BGH 14, 348 v. 1. 4. 1960) und unterläßt die Finanzbehörde deshalb erfolgversprechende Vollstreckungsmaßnahmen, so tritt die Vollendung der Steuerverkürzung in dem Zeitpunkt und Umfang ein, in dem die Vollstreckung erfolgreich gewesen wäre.

Die Unterschreitung der Soll-Einnahme kann auf zwei Arten erfolgen:

28 Im ersten Fall sind die tatsächlichen Leistungen des StSchuldners **mengenmäßig niedriger** als die geschuldeten Leistungen. Der Staat erleidet einen **echten Vermögensschaden.** Der Vermögensschaden wird im Bereich der Steuerhinterziehung nach hM freilich nicht rein wirtschaftlich bestimmt. Es kommt demnach nicht darauf an, ob die tatsächlichen Einnahmen hinter dem zurückbleiben, was faktisch ohne die Täuschung hätte erlangt werden können. Es wird vielmehr der Steueranspruch zum Nennwert eingesetzt und lediglich gefragt, ob die tatsächliche Einnahme hinter der geschuldeten Steuer zurückbleibt. Dementsprechend soll es nicht darauf ankommen, ob der StSchuldner mittellos ist und deshalb ohne Täuschung mehr hätte beigetrieben werden können (BGH v. 16. 1. 1962, zit. bei *Herlan* GA 1963, 67; *Buschmann/Luthmann* S. 14; *Hübner* 10d zu § 392 RAO). Diese Auffassung kann in undifferenzierter Weise jedenfalls für das Vollstreckungsverfahren nicht akzeptiert werden. Wie immer man den Verkürzungserfolg definiert: Ist der StSchuldner mittellos und wären Vollstreckungsversuche daher ohnehin erfolglos geblieben, dann fehlt es spätestens an der Kausalität von Täuschung und Verkürzungserfolg. Es empfiehlt sich daher, bereits bei der Bestimmung des Verkürzungsbegriffs die **wirtschaftliche Betrachtungsweise** anzuwenden und im Beispielsfall bereits den Verkürzungserfolg zu verneinen. Dabei ist allerdings zu berücksichtigen, daß die Vollstreckungsaussichten nicht nur in bezug auf den konkreten Vollstreckungsversuch zu berechnen sind, sondern in die Betrachtung auch spätere Chancen weiterer Vollstreckungsversuche einbezogen werden müssen, die durch das täuschende Täterverhalten vereitelt werden können.

29 Der Verkürzungserfolg ist aber auch dann gegeben, wenn die Steuerschuld **verspätet erfüllt** wird. Dabei handelt es sich um einen **Verspätungsschaden,** der dem mengenmäßigen Schaden völlig gleichsteht (einhM, vgl. RG 60, 185 v. 22. 4. 1926; OLG Köln v. 26. 9. 1958, NJW 2078; OLG Hamburg v. 16. 12. 1965, NJW 1966, 845; v. 27. 1. 1970, NJW 1385; *Hübner* 10d u. *Kohlmann* 54 zu § 392 RAO). Die Schwierigkeiten bestehen hier in der **Bestimmung des Soll-Zeitpunktes,** der mit dem Ist-Zeitpunkt der Zahlung zu vergleichen ist. Wenn die hM bei den Fälligkeitsteuern den Soll-Zeitpunkt mit dem Fälligkeitszeitpunkt identifiziert (s. Rdnr. 24), dann ist dies nicht nur deshalb problematisch, weil bei dieser Betrachtung die Kausalität zwischen Täuschungsverhalten und Überschreitung des Fälligkeitstermins nicht festgestellt werden kann, sondern vor allem auch deshalb kein brauchbarer Ansatz, weil mit ihm Verspätungsschäden im Vollstreckungsverfahren nicht erfaßt werden können. Auch kann schließlich nicht diejenige Fallgruppe sinnvoll behandelt werden, in der aufgrund der Täuschung gerade der Fälligkeitstermin hinausgeschoben wird (zB bei Stundung aufgrund einer Täuschung gem. § 222 AO). Der Verspätungsschaden kann nach alledem nur auf der Grundlage der hier allein angemessenen **wirtschaftlichen Betrachtungsweise** in der Art bestimmt werden, daß der Zeitpunkt der tatsächlichen Leistung mit demjenigen Zeitpunkt verglichen wird, *in dem die Zahlung ohne das täuschende Täterverhalten erfolgt wäre.* Bei der Bestimmung dieses hypothetischen Leistungszeitpunktes kann nun freilich nicht generell unterstellt werden, daß der Täter freiwillig geleistet hätte, sondern es ist zu fragen, wann Vollstreckungsmaßnahmen ohne das täuschende Täterverhalten zum Erfolg geführt hätten. Diese Interpretation des Soll-Zeitpunktes ist einmal deshalb erforderlich, weil der täuschende Täter seine mangelnde Bereitschaft zu freiwilliger Leistung durch die Tat hinreichend offenbart hat, so daß schon gar nicht die faktische Chance einer früheren Zahlung bestand. Zum anderen hat die Täuschung das Ausbleiben dieser früheren Leistung nicht verursacht. Wenn der Täter nicht getäuscht hätte, hätte er die freiwillige Leistung verweigern und es auf die Vollstreckung ankommen lassen können.

30 Die **Konsequenzen dieser Definition des Verspätungsschadens** weichen von den bisher zum Problem vertretenen Auffassungen (s. zB *Hübner* 14f. zu § 392 RAO) erheblich ab. Einmal folgt aus der hier vertretenen Ansicht, daß der täuschende Täter noch weit über den Fälligkeitstermin hinaus nur einen Versuch begeht, von dem er durch Zahlung der Steuerschuld mit strafbefreiender Wirkung gem. § 24 StGB zurücktreten kann, sofern der Erfolg nicht nach § 370 IV 1 AO eingetreten ist (s. Rdnr. 31 ff.). Zum anderen hat keinen Vorsatz der Steuerverkürzung (vorbehaltlich der Korrektur durch § 370 IV 1 AO), wer durch Täuschungshandlungen lediglich erreichen will, daß die Steuerschuld zwar *nach* dem Fälligkeitstermin, aber noch *vor* dem hypothetischen Termin der erfolgreichen Vollstreckung beglichen wird. Der Täter bewirkt nur einen solchen Verspätungsschaden, den er durch schlichtes Nichtzahlen ebenfalls bewirken könnte.

Steuerverkürzung nach § 370 IV 1 AO

31 Abweichend von dem bisher Dargestellten enthält § 370 IV 1 AO eine **Legaldefinition des Verkürzungserfolges** für eine besondere – praktisch freilich häufige – Fallgruppe. Das Gesetz regelt hier den Vollendungszeitpunkt in Fällen der **Steuerfestsetzung** und der dieser gleichstehenden **Steueranmeldung.** Die Formulierung des Gesetzes deutet darauf hin, daß *drei* Formen des Erfolgseintritts zu unterscheiden seien (*nicht, nicht in voller Höhe oder nicht rechtzeitig festgesetzt*). In Wahrheit handelt es sich jedoch nur um *zwei* Erscheinungsformen, da die nicht rechtzeitige Festsetzung auch den Fall der völlig unterbliebenen Festsetzung mit umfaßt. Der Erfolg der Steuerverkürzung tritt nämlich in der Alternative der „nicht rechtzeitigen" Festsetzung nicht erst dann ein, wenn die Steuer verspätet festgesetzt wird, sondern bereits in dem Zeitpunkt, in dem die rechtzeitige Festsetzung unterbleibt. Sowohl bei der zu niedrigen Festsetzung wie auch bei der nicht rechtzeitigen Festsetzung sind dann jeweils die verschiedenen Erscheinungsformen der Festsetzung zu unterscheiden.

32 **Die erste Form des Erfolgseintritts** besteht darin, daß das FA die geschuldete Steuer **zu niedrig festsetzt.** Daß bereits mit der Festsetzung (bzw. deren Wirksamwerden durch Bekanntgabe, § 155 I, § 122 AO) die Tat vollendet ist, ist keine Selbstverständlichkeit (ebenso für § 392 III RAO: *Hübner* 44 zu § 392 RAO; gegen den Ausnahmecharakter der Vorschrift *Franzen* in 1. Aufl., Rdnr. 23 zu § 392 RAO). Die zu geringe Vereinnahmung der Steuer steht damit nämlich noch nicht fest, da der StSchuldner die Steuern innerhalb des üblichen Zahlungszeitraumes in der zutreffenden Höhe bezahlen kann. Wegen der Legaldefinition in § 370 IV 1 AO verhindert eine solche Zahlung jedoch den Erfolgseintritt nicht mehr, da die Vollendung schon mit der Festsetzung eingetreten ist. Der Täter kann demnach Straffreiheit nur noch durch Selbstanzeige gem. § 371 AO erlangen. Das Gesetz erfaßt daher hier die *Vermögensgefährdung als Vermögensschaden.* Der vom Gesetz erfaßte Grad der Vermögensgefährdung ist aber je nach der Art der Festsetzung ein sehr unterschiedlicher. Zwar kann die durch Täuschung bewirkte *endgültige Festsetzung* gem. § 130 II Nr. 2 AO ohne Einschränkung wieder zurückgenommen werden. Das Maß der durch die Tat bewirkten Vermögensgefährdung ist jedoch auf der Grundlage der Annahme zu bestimmen, daß die Behörde die Täuschung nicht kennt. Dann ist aber die Annahme einer schadensgleichen Gefährdung bei endgültiger Festsetzung unproblematisch. Anders liegt dies bei den übrigen Formen der Festsetzung. Bei der *Festsetzung unter dem* allgemeinen *Vorbehalt der Nachprüfung* gem. § 164 AO ist der Vorgang für die Finanzbehörde noch nicht endgültig abgeschlossen, so daß die Möglichkeit der Entdeckung der Täuschung näher liegt als bei der endgültigen Festsetzung. Das Maß der Vermögensgefährdung ist dadurch geringer. Noch geringer ist die Vermögensgefährdung bei der *vorläufigen Festsetzung* gem. § 165 AO, da der Finanzbehörde hier die konkrete Ungewißheit aktuell bewußt ist. Beruht die vorläufige Festsetzung schließlich auf dem Verdacht einer Täuschung durch den StSchuldner oder auf der Notwendigkeit einer Schätzung, weil Erklärungen des Stpfl völlig fehlen, dann ist die Vermögensgefährdung allenfalls noch theoretischer Natur. Soweit schließlich eine *Steueranmeldung* gem. § 168 AO einer Festsetzung unter dem Vorbehalt der Nachprüfung ohne Zustimmung der Finanzbehörde gleichsteht, werden von § 370 IV 1 AO auch Fälle erfaßt, in denen überhaupt keine Gefährdung des Vermögens des Fiskus eingetreten ist. Nach § 370 IV 1 AO ist der steuerverkürzende Erfolg nämlich auch dann eingetreten, wenn der Stpfl eine unrichtige – aber gem. § 168 S. 1 AO dennoch der Festsetzung gleichstehende – Steueranmeldung abgibt und die Behörde die Unrichtigkeit sofort erkennt (s. jedoch Rdnr. 163ff.). Das von der Vorschrift erfaßte **Maß der Vermögensgefährdung** reicht daher *von der schadensgleichen Gefährdung bis zum völligen Fehlen einer konkreten Gefahr.*

33 **Bei der zweiten Alternative der unterbliebenen rechtzeitigen Festsetzung** ist die Lage nicht anders. So wie die zu niedrige Festsetzung die Vollendung im Bereich der mengenmäßigen Vermögensschädigung (zu geringe Steuereinnahmen) in den Bereich der Gefährdung vorverlegt, so erfaßt die nicht rechtzeitige Festsetzung die *Gefahr eines Verspätungsschadens.* Diese Gleichstellung ist zunächst nur konsequent, da ein Vermögensschaden bei wirtschaftlicher Betrachtung sowohl dann vorliegt, wenn eine Forderung nicht in voller Höhe realisiert wird, wie auch dann gegeben ist, wenn sie nicht zum hypothetischen Leistungstermin (s. Rdnr. 29), sondern später erfüllt wird. Bei der Ermittlung der *Festsetzungsverspätung* ist ähnlich wie bei der Ermittlung des Verspätungsschadens der Zeitpunkt der tatsächlichen Festsetzung mit dem Zeitpunkt zu vergleichen, an dem die Festsetzung ohne die Täuschung durch den Täter erfolgt wäre. Soweit bei den Veranlagungsteuern die ordnungsgemäßen Steuererklärungen über einen bestimmten Zeitraum bearbeitet werden, ist mit der hM davon auszugehen, daß die Erklärung des Täters als letzte bearbeitet worden wäre. Hypothetischer Festsetzungszeitpunkt ist daher hier das Ende der Veranlagungsarbeiten in dem zuständigen Finanzamt (s. Rdnr. 24).

34 Wenn das Gesetz auch das Ausbleiben der rechtzeitigen Festsetzung als Verkürzungserfolg bezeichnet, dann erfaßt es damit ebenfalls sehr **unterschiedliche Konkretisierungen** der Gefahr eines Verspätungsschadens. Häufig folgt aus der verspäteten Festsetzung mit Sicherheit auch ein Verspätungsschaden, weil die Festsetzung später erfolgt als die Beitreibung bei rechtzeitiger Festsetzung. Es sind aber auch Fälle nicht selten, in denen aus der verspäteten Festsetzung kein Verspätungsschaden folgt. Das ist einmal der Fall, wenn der Täter in dem Zeitraum zwischen verspäteter Festsetzung und hypothetischem Beitreibungserfolg freiwillig leistet. Entsprechend dem oben definierten Begriff des Verspätungserfolges (Rdnr. 29) fehlt es hier an einem echten Vermögensschaden. Weiß die Behörde nicht, daß die Festsetzung zu rechter Zeit unterblieben ist, liegt aber die konkrete Gefahr eines Verspätungsschadens vor. Da nach § 370 IV 1 AO der Erfolg aber auch dann eingetreten ist, wenn der Täter eine *Steueranmeldung* nicht rechtzeitig vorgenommen hat und die Behörde dies erkennt, liegt auch hier ein steuerverkürzender Erfolg ohne eine konkrete Vermögensgefährdung vor.

35 **Die Gleichstellung von Steuerfestsetzung und Steueranmeldung** in § 370 IV 1 AO (krit. auch *Schleeh* StW 1972, 310) läßt sich demnach nicht damit erklären, daß in allen Fällen eine Vermögensgefährdung deshalb vorliege, weil die Chancen einer Steuereinnahme zur rechten Zeit und in zutreffender Höhe generell gemindert seien. § 370 IV 1 AO beschreibt daher nicht ausnahmslos Fälle einer konkreten Vermögensgefährdung. Das Gemeinsame aller in § 370 IV 1 AO erfaßten Fälle von der Steuerfestsetzung ohne Vorbehalt bis zur Steueranmeldung besteht vielmehr darin, daß der Finanzbehörde jeweils *die erforderliche Vollstreckungsgrundlage fehlt.* Bei Veranlagungsteuern tritt gem. § 220 II 2 AO die für die Vollstreckung gem. § 254 I AO erforderliche Fälligkeit für die Differenz zwischen geschuldeter und zu niedrig festgesetzter Steuer nicht ein. Bei den Fälligkeitsteuern mit Voranmeldung fehlt in Höhe der nicht angemeldeten Steuer die Voranmeldung, die das für die Vollstreckung erforderliche Leistungsgebot gem. § 254 I 4 AO ersetzen würde. In allen Fällen fehlt also diejenige Vollstreckungsgrundlage, welche die Finanzbehörde bei ordnungsgemäßem Täterverhalten erlangt hätte. Wenn das Gesetz in § 370 IV 1 AO das Fehlen dieser Vollstreckungsgrundlage für die Vollendung generell und unabhängig davon genügen läßt, ob die Steuereinnahmen tatsächlich gefährdet sind, dann scheint es dadurch den Tatbestand der Steuerverkürzung jedenfalls im Anwendungsbereich von § 370 IV 1 AO zu einem *abstrakten Gefährdungsdelikt* zu machen: für die Vollendung genügt der Eintritt eines bestimmten im Gesetz beschriebenen Erfolges, der weder mit einer Vermögensschädigung noch einer Vermögensgefährdung notwendig identisch ist. Da aber der Tatbestand neben dem Täterverhalten und dem steuerverkürzenden Erfolg als Bindeglied zwischen beiden mindestens die dem Täterverhalten entsprechende *Unkenntnis der Behörde* voraussetzt (s. Rdnr. 163ff.), wird § 370 I AO schließlich doch nicht zu einem abstrakten Gefährdungsdelikt. Unkenntnis der Finanzbehörde und tatsächliches Fehlen einer Vollstreckungsgrundlage zusammen begründen dann die konkrete Vermögensgefährdung.

dd) Zusammenfassend läßt sich folgendes festhalten:

36 **Außerhalb des Festsetzungsverfahrens** besteht der Verkürzungserfolg in einem **Vermögensschaden,** der in einem mengenmäßigen wie auch in einem Verspätungsschaden bestehen kann. Beide Schäden sind nach wirtschaftlicher Betrachtung in der Weise zu bestimmen, daß die tatsächliche Leistung bzw. der tatsächliche Leistungszeitpunkt mit derjenigen Leistung bzw. demjenigen Leistungszeitpunkt verglichen werden, die bei fehlender Täuschung hätten durchgesetzt werden können.

In **§ 370 IV 1 AO** stellt das Gesetz **Vermögensgefährdungen im Festsetzungsverfahren** dem Vermögensschaden gleich. Soweit das Gesetz die nicht rechtzeitige Festsetzung ausreichen läßt, erfaßt es durchgehend die konkrete Gefahr von Verspätungsschäden. Soweit die zu niedrige Festsetzung den Verkürzungserfolg ausmacht, werden sowohl konkrete Gefahren des mengenmäßigen wie auch konkrete Gefahren des Verspätungsschadens erfaßt.

c) Umfang des Verkürzungserfolges

37 Die Unrechts- und damit Schuldhöhe ist maßgeblich von der Größe des erstrebten und erzielten Vermögensschadens abhängig. Das Gericht ist daher genötigt, im Einzelfall die Höhe der hinterzogenen Steuer exakt festzustellen (BGH v. 8. 1. 1963, GA 1964, 128; v. 16. 6. 1954, ZfZ 1955, 22; *Hübner* 10f. u. *Kohlmann* 62 zu § 392 RAO; *Franzen* DStR 1964, 380).

aa) Feststellung des Verkürzungserfolges

Schrifttum:

Suhr, Bestrafung aus §§ 396, 402 AO bei Schätzung der Besteuerungsgrundlagen wegen Steuerverkürzung, BB 1950, 784; *Hammer,* Schätzung und Indizienbeweis, DStZ 1958, 193; *Lohmeyer,* Schätzungen als Schuldnachweis im Steuerstrafverfahren, NJW 1959, 373; ferner Inf 1962, 21 u. WPg. 1962, 591; *Leusmann,* Rechnerische und wirtschaftliche Verprobungsmethoden, DStR 1964, 162, 195, 230, 257 u. 290; *Mittelbach,* Verprobung und Schätzung nach Richtsätzen, BlStA 1964, 51; *M. Weber,* Steuerschätzungen als Beweis in Steuerstrafverfahren, DStR 1968, 272; *Stobbe,* Die Schätzung im Spiegel der höchstrichterlichen Rechtsprechung, StBp 1968, Beil. zu Nr. 11; *Lohmeyer,* Die Bedeutung des § 217 AO für das Strafverfahren, ZfZ 1968, 74; *Mittelbach,* Die Schätzung im Steuerrecht, NWB Fach 17, 625 (Stand: 1969); *Lohmeyer,* Die Bedeutung der Schätzung von Besteuerungsgrundlagen für den Nachweis einer Verkürzung von Steuereinnahmen, DStZ 1973, 372.

38 **Bei fehlenden oder lückenhaften Erklärungen und Aufzeichnungen des Stpfl** hat das FA die Besteuerungsgrundlagen zu schätzen:

§ 162 AO – Schätzung von Besteuerungsgrundlagen

(1) **Soweit die Finanzbehörde die Besteuerungsgrundlagen nicht ermitteln oder berechnen kann, hat sie sie zu schätzen. Dabei sind alle Umstände zu berücksichtigen, die für die Schätzung von Bedeutung sind.**

(2) **Zu schätzen ist insbesondere dann, wenn der Steuerpflichtige über seine Angaben keine ausreichenden Aufklärungen zu geben vermag oder weitere Auskunft oder eine Versicherung an Eides Statt verweigert oder seine Mitwirkungspflicht nach § 90 Abs. 2 verletzt. Das gleiche gilt, wenn der Steuerpflichtige Bücher oder Aufzeichnungen, die er nach den Steuergesetzen zu führen hat, nicht vorlegen kann oder wenn die Buchführung oder die Aufzeichnungen der Besteuerung nicht nach § 158 zugrunde gelegt werden.**

39 **Voraussetzung jeder Schätzung** ist eine tatsächliche Ungewißheit über das Ausmaß der verwirklichten Besteuerungsgrundlagen, die das FA im Rahmen seiner Aufklärungspflicht weder durch Ermittlungen beim Stpfl noch bei Dritten beheben kann. Gegenstand der Schätzung sind nur die unbekannten Besteuerungsgrundlagen, nicht die Steuer selbst; diese ist vielmehr aus den geschätzten Besteuerungsgrundlagen zu errechnen. Zu den Besteuerungsgrundlagen, die geschätzt werden können, gehören bei der USt außer der Summe der Umsätze auch die abziehbaren Vorsteuerbeträge (str., glA HessFG v. 10. 3. 1976, UStR 1977, 197; *Schuhmann* UStR 1977, 111; *Weiß* UStR 1977, 157; aM FG RhPf v. 26. 5. 1975, EFG 608; FG Münster v. 27. 10. 1976, UStR 1977, 197; OFD Frankfurt v. 28. 7. 1977, BB 1387). Ziel der steuerlichen Schätzung ist es, aufgrund der bekannten Anhaltspunkte denjenigen Betrag zu bestimmen, welcher der Wirklichkeit am nächsten kommt

(BFH 89, 472 v. 31. 8. 1967), jedoch kann das FA bei groben Verstößen des Stpfl gegen seine steuerrechtlichen Mitwirkungspflichten innerhalb des Spielraums, den die gegebenen Anhaltspunkte bieten, an die oberste Grenze gehen (BFH v. 9. 3. 1967, NJW 2380). Wenn bei spärlichen Anhaltspunkten eine *griffweise* Schätzung erforderlich wird, ist es nicht ausgeschlossen, daß der Stpfl trotz der stets gebotenen sorgfältigen Abwägung aller Umstände durch das Ergebnis stärker belastet wird, als es den verwirklichten Besteuerungsgrundlagen entspricht (vgl. BFH v. 12. 10. 1961, HFR 1962, Nr. 221). Während die steuerrechtliche Schätzung denjenigen Betrag bestimmen soll, der die *größte Wahrscheinlichkeit* für sich hat, kommt es bei den gleichen Anhaltspunkten im Strafverfahren auf die Feststellung der Beträge an, die nach der vollen Überzeugung des Strafrichters (BGH 3, 377, 383 v. 11. 12. 1952) *als erwiesen anzusehen sind* (*Hübner* 10f. u. *Kohlmann* 64 zu § 392 RAO). Aus diesem Grunde war bereits vor Aufhebung des § 468 RAO einhellig anerkannt, daß der Strafrichter an rechtskräftige Bescheide, die auf Schätzungen beruhten, nicht gebunden ist (vgl. BGH v. 1. 3. 1956, BStBl. I 441; v. 25. 9. 1959, ZfZ 1960, 112; BFH v. 9. 5. 1963, DB 984).

40 **Die erforderliche selbständige Feststellung des Strafrichters** hinsichtlich der Besteuerungsgrundlagen, die für den Grund und den Umfang einer Steuerverkürzung maßgebend sind, steht unter dem Gebot, daß unüberwindbare Zweifel *zugunsten des Angeklagten* ausschlagen müssen. Dieses Gebot erfordert jedoch nicht, daß dem Angeklagten jeder erdenkliche Einwand abgenommen und der Betrag der von ihm verschwiegenen Einnahmen auf Heller und Pfennig belegt werden müßte. Es würde der Gerechtigkeit widersprechen, wenn der Täter eine Steuerstraftat deshalb Straffreiheit beanspruchen könnte, weil die Strafgerichte zu einer genauen Ermittlung der Besteuerungsgrundlagen außerstande sind, obwohl der Täter diesen Mangel, zB durch pflichtwidriges Unterlassen oder durch Vernichten von Aufzeichnungen, selbst herbeigeführt hat (BGH v. 16. 6. 1954, NJW 1819). Der genaue Nachweis einer Steuerverkürzung ist nur möglich anhand eigener Aufzeichnungen des Stpfl oder der Belege seiner Geschäftspartner. Fehlt solches Beweismaterial, ist auch der Strafrichter gehalten, sich seine Überzeugung von dem wirklichen Sachverhalt aufgrund sonstiger Anhaltspunkte zu bilden und den Umfang der verwirklichten Besteuerungsgrundlagen aus Hilfstatsachen zu erschließen. Wenn nicht ein glaubhaftes Geständnis hinsichtlich der vom FA nach § 162 AO festgestellten Steuerverkürzungen vorliegt (BGH v. 3. 6. 1959, ZfZ 302), muß der Strafrichter die Besteuerungsgrundlagen *selbst* schätzen (BGH v. 1. 3. 1956, BStBl. I 441; BGH – 4 StR 508/64 – v. 19. 2. 1965, zit. bei *Suhr* S. 530). Unzulässig ist nur eine *freie* Schätzung ohne zureichende Anhaltspunkte (OLG Celle v. 27. 6. 1956, BB 1957, 24). Geeignete Anhaltspunkte für die strafrichterliche Schätzung können der *Verbrauch* des Angeklagten und ein *Vermögensvergleich* sein (BGH v. 20. 12. 1954, BStBl. 1955 I 365; OLG Frankfurt v. 3. 3. 1953, StP 1954, 436). Allein aus dem Aufwand für die Lebensführung und aus der Vermögensbildung des Angeklagten (Sparguthaben, Wertpapiere, Erwerb und Bebauung von Grundstücken usw.) kann im Vergleich zu den erklärten Einkünften häufig auf einen *Mindest-*

betrag geschlossen werden, den der Angeklagte der Besteuerung entzogen haben muß, wenn sich seine Erklärungen über eine anderweitige Herkunft der Mittel als unrichtig oder als unglaubhaft erweisen. Über den Nachweis einer Steuerverkürzung durch die sog. *Geldverkehrsrechnung* vgl. FG RhPf v. 11. 4. 1967 (DStZ/B 223). Auch können bei einer strafrichterlichen Schätzung die *Erfahrungssätze vergleichbarer Betriebe* herangezogen werden (BGH v. 1. 3. 1956 aaO; BGH v. 18. 11. 1960, BStBl. I 495). Die amtlichen Richtsätze der Finanzverwaltung für die Gewinnermittlung bei nichtbuchführenden Gewerbetreibenden sind Erfahrungssätze, die gebietsweise aus den Ergebnissen von Betriebsprüfungen vergleichbarer buchführender Betriebe für bestimmte Zeitabschnitte und bestimmte Geschäftszweige gewonnen sind; sie bilden ein brauchbares Hilfsmittel, wenn die Richtsätze nicht als bindend erachtet, sondern aufgrund selbständiger Prüfung unter Berücksichtigung besonderer Umstände des jeweiligen Gewerbebetriebes übernommen werden (so ausdrücklich BGH – 1 StR 556/60 – v. 19. 9. 1961). Kann sich der Tatrichter aufgrund der vorliegenden Anhaltspunkte trotz Anwendung aller geeigneten Erkenntnismittel nicht davon überzeugen, daß der Angeklagte Besteuerungsgrundlagen in Höhe eines bestimmten Mindestbetrages verschwiegen und mindestens den entsprechenden Steuerbetrag hinterzogen hat, muß er auf Freispruch erkennen, weil es an einer für den Schuldspruch notwendigen Voraussetzung fehlt (OLG Bremen v. 5. 8. 1964, ZfZ 1965, 22).

41 **Verurteilende Entscheidungen** müssen die tatsächlichen Grundlagen, auf denen die Steuerpflicht beruht, genauso bestimmt und unzweideutig nachweisen wie die sonstigen Merkmale des gesetzlichen Tatbestandes (RG – 4 D 789/37 – v. 17. 12. 1937, zit. bei *Hartung* III 4b zu § 396 RAO 1931); sie müssen ferner nicht nur die Summe der vorsätzlich verkürzten Steuern, sondern auch deren Berechnung im einzelnen enthalten (BayObLG v. 24. 1. 1963, DStZ/B 112; ebenso OLG Frankfurt v. 24. 9. 1958, ZfZ 1960, 344). Von dem Erfordernis, die für die Steuerschuld maßgebenden Vorschriften des Steuerrechts im einzelnen anzugeben, kann allenfalls dann abgesehen werden, wenn der Angeklagte die Entstehung der Steuerschuld nicht bestritten hat (BGH v. 1. 12. 1953, DStR 1954, 470).

bb) Tat- und schuldgerechte Aufteilung der Steuerverkürzung

42 **Haben mehrere Personen unabhängig voneinander zu *einer* Steuerverkürzung beigetragen,** muß der Betrag der Steuerverkürzung für jeden von ihnen gesondert berechnet werden.

Beispiel (Stpfl sei ledig):

Einkommen lt. unrichtiger Steuererklärung:	14000 DM; ESt: 2415 DM
+ vom Stpfl verschwiegene Einkünfte:	4500 DM
+ vom Prokuristen verschwiegene Einkünfte:	3000 DM
tatsächlich zu versteuerndes Einkommen:	21500 DM; ESt: 4687 DM.

Die ESt von (14000 + 4500 =) 18500 DM beträgt 3651 DM; also hat der Stpfl (3651 ./. 2415 =) 1236 DM verkürzt. Die ESt von (14000 + 3000 =)

17000 DM beträgt 3164 DM; also hat der Prokurist (3164 ./. 2415 =) 749 DM verkürzt. Daß die Summe der individuell verkürzten Beträge von (1236 + 749 =) 1985 DM hinter der insgesamt verkürzten Steuer von (4687 ./. 2415 =) 2272 DM zurückbleibt, beruht auf dem progressiven ESt-Tarif (s. Rdnr. 44).

43 **Nur vorsätzlich bewirkte Steuerverkürzungen** werden vom Tatbestand des § 370 AO erfaßt. Beruht der Gesamtbetrag der verkürzten Steuereinnahmen bei *einer* Steuerart für *einen* Veranlagungszeitraum nur zT auf vorsätzlichem Verhalten, zT dagegen auf leichtfertig, (leicht) fahrlässig oder schuldlos unrichtigen oder fehlenden Angaben, müssen bei der Berechnung der Steuerverkürzung iS des § 370 AO die nicht vorsätzlich verkürzten Teilbeträge ausgeschieden werden.

Beispiel (Stpfl sei ledig):

Einkommen lt. unrichtiger Steuererklärung:	14000 DM; ESt: 2415 DM
+ vorsätzlich verschwiegene Einkünfte von	3000 DM
	17000 DM; ESt: 3164 DM
+ leichtfertig abgesetze Privatausgabe von	500 DM
+ fahrlässig überhöhte AfA von	3000 DM
tatsächlich zu versteuerndes Einkommen:	21500 DM; ESt: 4687 DM.

Von den objektiv verkürzten Steuereinnahmen in Höhe von insgesamt (4687 ./. 2415 =) 2272 DM beträgt die vorsätzliche Steuerverkürzung nur (3164 ./. 2415 =) 749 DM.

44 **Bei einer Steuer mit progressivem Tarif** – wie namentlich der ESt – ist es erforderlich, daß der vorsätzlich verkürzte Teilbetrag einer zusammengesetzen Steuerverkürzung (wie im Beispiel Rdnr. 43) von denjenigen Besteuerungsgrundlagen aus berechnet wird, die der Täter kannte und in seinen Vorsatz aufgenommen hatte, nicht etwa unter Einschluß weiterer Besteuerungsgrundlagen, aus denen ohne sein Wissen und seinen Willen eine erhöhte Steuerverkürzung erwachsen ist. Unrichtig wäre es, den vorsätzlich verkürzten Steuerbetrag von der Spitze her, von den tatsächlichen Besteuerungsgrundlagen ausgehend, wie folgt zu berechnen:

Tatsächlich zu versteuerndes Einkommen:	21500 DM; ESt: 4687 DM
./. vorsätzlich verschwiegene Einkünfte von:	3000 DM
zu versteuerndes Einkommen ohne nicht vorsätzliche Fehler:	18500 DM; ESt: 3651 DM
Unterschiedsbetrag (statt 749 DM):	1036 DM.

cc) Steuerminderung aus anderen Gründen (§ 370 IV 3 AO)

45 **Welcher Steuerbetrag verkürzt worden ist,** ergibt sich im Regelfall (Ausnahmen s. Rdnr. 46ff.) aus einem Vergleich der gesetzlich geschuldeten Steuer (= Steueranspruch, vgl. § 37 AO) mit derjenigen Steuer, die das FA infolge der Tathandlung festgesetzt (oder nicht festgesetzt) hat. Die gesetzlich geschuldete Steuer wird durch Anwendung der materiellen Vorschriften des jeweiligen Steuergesetzes auf den wirklichen Sachverhalt ermittelt. Der

Steueranspruch stimmt mit den verkürzten Steuereinnahmen überein, falls der Stpfl überhaupt keine Steuererklärung abgegeben und das FA eine Steuerschuld auch nicht aufgrund einer Schätzung der Besteuerungsgrundlagen (vgl. § 162 AO) festgesetzt hat. Hat der Stpfl eine Steuererklärung abgegeben, liegt eine Steuerverkürzung vor, falls und soweit der Steuerbetrag, den das FA nach den Angaben des Stpfl festgesetzt hat oder bei richtiger Rechnung (vgl. BGH v. 1. 12. 1953, DStR 1954, 470) und richtiger Rechtsanwendung auf den erklärten Sachverhalt hätte festsetzen müssen, hinter der gesetzlich geschuldeten Steuer zurückbleibt. Hat das FA die Besteuerungsgrundlagen wegen fehlender oder unvollständiger Angaben des Stpfl nach § 162 AO zu niedrig geschätzt, entspricht die Steuerverkürzung dem Unterschied zwischen der festgesetzten Steuer und dem Steuerbetrag, den das FA bei vollständiger Kenntnis des steuererheblichen Sachverhalts hätte festsetzen müssen.

46 **§ 370 IV 3 AO bestimmt,** daß steuermindernde Tatsachen oder antragsgebundene Steuervergünstigungen, deren Berücksichtigung der Stpfl erst nach Entdeckung seiner unrichtigen oder unvollständigen Angaben beansprucht, bei der Berechnung der verkürzten Steuereinnahmen iS des § 370 IV 1, 2 AO außer Betracht bleiben. Danach ist die Kompensation einer aus Unkenntnis bestimmter Tatsachen erwachsenen Steuerverkürzung durch das Nachschieben anderer Tatsachen oder neuer Anträge nicht möglich, zB kann eine aus verschwiegenen Betriebseinnahmen entstandene ESt-Verkürzung mit strafrechtlicher Wirkung nicht dadurch ausgeglichen werden, daß vergessene Betriebsausgaben, Sonderausgaben, Verlustabzüge nach § 10d EStG oder außergewöhnliche Belastungen nachträglich geltend gemacht und steuerrechtlich berücksichtigt werden. In solchen Fällen bleibt die vom Täter erstrebte und erreichte Steuerverkürzung strafbar, ohne daß der im Besteuerungsverfahren ursprünglich festgesetzte Steuerbetrag durch einen Berichtigungsbescheid erhöht wird.

47 **Die gegen eine Steuerverkürzung ohne Mehrsteuer gerichtete Kritik** (vgl. *Ehlers* FR 1958, 455) verkennt, daß der Erfolg einer Straftat – abgesehen von den Sonderfällen der „tätigen Reue“ – strafrechtlich auch sonst nicht rückwirkend kompensiert werden kann, mag auch schuldrechtlich ein Ausgleich herbeigeführt werden, zB in bezug auf den Vermögensschaden des Betrogenen durch einen nach Entdeckung der Tat erklärten Verzicht des Betrügers auf eine Gegenforderung. Zwischen der durch Täuschung des FA bewirkten Steuerverkürzung und einer betragsmäßig entsprechenden (oder sogar übersteigenden) Steuerminderung, die steuerrechtlich aufgrund *anderer* Tatsachen beansprucht werden kann, besteht kein innerer Zusammenhang (s. dagegen Rdnr. 49). Denkt man sich die Entdeckung der Tat hinweg, hätte der Stpfl die in der ursprünglichen Steuererklärung weggelassenen Betriebsausgaben gem. § 173 I Nr. 2 AO nachträglich geltend machen können; desgl. hätten die in dem fraglichen Veranlagungszeitraum nicht ausgeschöpften Sonderausgaben oder Verlustvorträge auf Antrag des Stpfl im folgenden Veranlagungszeitraum steuermindernd berücksichtigt werden müssen (vgl. RG 60, 294 v. 24. 6. 1926 u. OLG Celle v. 11. 7. 1963, NdsRpfl 239, zu § 263

StGB). Rechenfehler zuungunsten des Stpfl können gem. § 129 AO ohne zeitliche Beschränkung berichtigt werden. Unter diesen Gesichtspunkten erscheint es sehr zweifelhaft, ob gelegentliche Randbemerkungen der Rspr (RG 60, 182, 185 v. 22. 4. 1926; 61, 259, 264 v. 2. 5. 1927; BGH v. 18. 11. 1960, BStBl. 1961 I 495, 497 li. Sp.; übernommen von *Terstegen* S. 88; *Hübner* 49 zu § 392 RAO), daß die Steuerhinterziehung im Hinblick auf § 370 IV 3 AO einen Vermögensschaden des StGläubigers nicht voraussetze, bei näherer Prüfung berechtigt sind (verneinend *Hartung* III 6 zu § 396 RAO 1931).

48 **Der gesetzgeberische Grund des § 370 IV 3 AO** mag auf der früher wie heute hM zu § 263 StGB beruhen, daß einen Betrug nicht begehe, wer es unternimmt, einen berechtigten Anspruch mit dem Mittel der Täuschung zu verwirklichen (vgl. RG 11, 72 v. 7. 7. 1884; BGH 3, 160, 161 ff. v. 19. 9. 1952; *Hartung* VIII 2a zu § 396 RAO 1931, *Hübner* 49 zu § 392 RAO 1968). Indessen liegen die Umstände in den Fällen des § 370 IV 3 AO anders als dann, wenn jemand mit Hilfe unrichtiger Beweismittel einen begründeten Anspruch durchzusetzen oder einen unbegründeten Anspruch abzuwehren versucht und dabei im Ergebnis keinen *rechtswidrigen* Vermögensvorteil erstrebt (vgl. *Schönke/Schröder* 102b zu § 263 StGB mwN). Der Anspruch auf Sonderabschreibungen oder andere Steuervergünstigungen wird nicht durch das Verheimlichen von Betriebseinnahmen verwirklicht (und damit verbraucht), sondern bleibt unabhängig von der Tathandlung bestehen (s. Rdnr. 47). Deshalb ist die Rechtslage hier vergleichbar mit den Fällen, in denen die Rspr einen mit unrichtigen Spediteurrechnungen begangenen Umzugskostenbetrug auch insoweit bejaht, als der Beamte gegen seinen Dienstherrn einen Anspruch auf Erstattung *anderer* Auslagen hat (vgl. RG u. OLG Celle aaO, s. Rdnr. 47).

49 **Nicht anwendbar ist § 370 IV 3 AO,** soweit das Verschweigen von Betriebseinnahmen Nachforderungen an Betriebsteuern (vornehmlich GewSt) begründet und diese das Betriebsergebnis negativ beeinflussen. Für die Betriebsteuernachforderungen sind in den berichtigten Steuerbilanzen Rückstellungen zu bilden, die ihrerseits wieder den Gewinn sowie den Gewerbeertrag und damit die ESt oder KöSt sowie die GewSt mindern (vgl. BGH 7, 336, 344 ff. v. 3. 6. 1954; *Suhr* S. 257; *Lohmeyer* StBp 1964, 294 f.). Abw. von den Sachverhalten, auf die sich § 370 IV 3 AO bezieht, besteht hier ein innerer Zusammenhang (s. Rdnr. 47), da dieselbe Tathandlung zugleich steuermindernde und – zum geringeren Teil – auch steuererhöhende Wirkung äußert (ebenso *Hübner* 49 u. *Kohlmann* 70 zu § 392 RAO).

dd) Die Bedeutung des § 370 V AO

50 **Die erläuternde Vorschrift des § 370 V AO** war gem. VO v. 18. 3. 1933 als § 396 VI in die RAO 1931 eingefügt worden, um eine seinerzeit zwischen RG und RFH entstandene steuerrechtliche Streitfrage mit verbindlicher Wirkung für die Strafgerichte auszuräumen. Zuvor hatte in stRspr das RG die Auffassung vertreten, daß Zollhinterziehung begrifflich nur beim Schmuggel solcher Sachen möglich sei, deren Einfuhr erlaubt ist (vgl. RG 65, 344 v. 9. 7.

1931 mwN). Hingegen hatte der RFH entschieden, daß die Verbotswidrigkeit der Einfuhr die tarifgesetzlich vorgeschriebene Zollpflichtigkeit nicht berühre (vgl. RFH 30, 210 v. 2. 3. 1932 mwN). Seit der Ergänzung des Strafgesetzes ist zweifelsfrei, daß Eingangsabgaben auch dann entstehen und verkürzt werden können, wenn die geschmuggelte Sache nach besonderen Verbotsvorschriften (s. Rdnr. 19 zu § 372 AO) nicht hätte eingeführt werden dürfen. In solchen Fällen trifft Bannbruch (§ 372 AO) oder der jeweilige Sondertatbestand regelmäßig in Tateinheit mit der Hinterziehung der Eingangsabgaben zusammen (s. Rdnr. 232).

51 **Dem Rechtsgedanken des § 370 V AO** entspricht die allgemeine Vorschrift des

§ 40 AO – Gesetz- oder sittenwidriges Handeln

Für die Besteuerung ist es unerheblich, ob ein Verhalten, das den Tatbestand eines Steuergesetzes ganz oder zum Teil erfüllt, gegen ein gesetzliches Gebot oder Verbot oder gegen die guten Sitten verstößt.

Danach können der Steuerpflicht auch Einnahmen unterliegen, die der Stpfl auf strafbare oder sittenwidrige Weise erlangt hat, zB durch Schmuggelgeschäfte (OLG Köln v. 30. 10. 1951, MDR 1952, 121), Unterschlagung nach § 246 StGB oder Untreue nach § 266 StGB (BGH v. 18. 10. 1956, BStBl. 1957 I 122), Sachhehlerei nach § 259 StGB (OLG Hamburg v. 20. 12. 1961, NJW 1962, 754; VG Berlin v. 12. 2. 1958, EFG Nr. 490) oder Steuerhehlerei nach § 374 AO, Betrug nach § 263 StGB, unlauteren Wettbewerb nach § 12 UWG, Schwarzhandel mit ausländischen Wertpapieren (RG 59, 90 v. 19. 2. 1925) oder Devisen (BFH v. 4. 10. 1956, BStBl. 336), gewerbsmäßige Kuppelei (RFH v. 3. 7. 1929, RStBl. 474) oder gewerbsmäßige Unzucht (BFHGrS v. 23. 6. 1964, BStBl. 500); krit. *Jessen,* Über die Steuerhinterziehung bei strafbaren Geschäften, MDR 1959, 453, 534.

3. Nicht gerechtfertigte Steuervorteile

a) Begriff des Steuervorteils

Schrifttum:

Herdemerten, Betrug oder Hinterziehung bei Erschleichung von Umsatzsteuervergütungen, NJW 1962, 781; *A. Vogel,* Erschleichen von Spar-Prämien und Wohnungsbauprämien, BB 1962, 793; *Coring,* Steuerstraftaten im Zusammenhang mit dem Ausfuhrförderungsgesetz, DStR 1962, 117; *ders.,* Anmerkung zu BGH v. 20. 2. 1962, BB 1963, 128; *Lohmeyer,* Steuerhinterziehung bei Umsatzsteuervergütung, UStR 1963, 54; *v. Canstein,* Der Erstattungsanspruch im Steuerrecht, 1966; *Lohmeyer,* Die Vorteilserschleichung im Steuerstrafverfahren, GA 1967, 321; *Felix,* Konkurrenz zwischen Betrug und Steuerhinterziehung, NJW 1968, 1219; *Lohmeyer,* Das Verhältnis der Steuerhinterziehung zum Betrug, MDR 1969, 440; *E. Müller,* Betrug und Steuerhinterziehung in Vergütungsfällen, NJW 1977, 746.

aa) Überblick

52 Eine Steuerhinterziehung begeht auch, wer nicht gerechtfertigte Steuervorteile erlangt. Ob die Erlangung nicht gerechtfertigter Steuervorteile der Sache

nach ein Unterfall der Steuerverkürzung ist (*Hübner* 19 zu § 392 RAO), kann dahinstehen, da das Gesetz beide Folgen nebeneinanderstellt und eigenständig behandelt.

53 **Der Begriff des Steuervorteils** bereitet erhebliche, im Schrifttum nicht immer hinreichend erkannte Schwierigkeiten. Die bisherige Behandlung der Frage beschränkt sich auf zwei Einzelprobleme. Einerseits wird über die Frage gestritten, in welcher Weise die Erlangung nicht gerechtfertigter Steuervorteile von der Steuerverkürzung abzugrenzen sei. Andererseits ist streitig, ob Steuervergütungen auch dann Steuervorteile sind, wenn der gesamte der Vergütung zugrundeliegende Vorgang vom Täter erfunden und vorgetäuscht wurde. Die Definition des Steuervorteils ist insoweit von erheblicher praktischer Bedeutung, wie es um die Abgrenzung von *Steuerhinterziehung (§ 370 AO), Betrug (§ 263 StGB)* und *Subventionsbetrug (§ 264 StGB)* geht, da die Merkmale dieser Tatbestände erhebliche Unterschiede aufweisen. Der Begriff des Steuervorteils kann nur in zwei Schritten definiert werden. Da Steuervorteil ein dem Bürger gewährter Vorteil im Bereich des Steuerrechts ist, muß einerseits geklärt werden, welche Vorteile gemeint sind, und zum anderen der Bereich des Steuerrechts, innerhalb dessen die Vorteile gewährt werden, abgegrenzt werden. Dabei bestimmt der Vorteilsbegriff die Grenzziehung (innerhalb von § 370 AO) zwischen Steuerverkürzung und Erlangung ungerechtfertigter Steuervorteile. Durch die Definition des Bereichs des Steuerrechts wird § 370 AO vom Betrug und vom Subventionsbetrug abgegrenzt.

bb) Vorteile im Bereich des Steuerrechts

54 Hier ist der Begriff des Steuervorteils von den übrigen staatlichen Leistungen an den Bürger abzugrenzen. Die Notwendigkeit dieser Abgrenzung ergibt sich aus der Tatsache, daß die unberechtigte Inanspruchnahme von staatlichen vermögenswerten Leistungen nicht nur in § 370 AO als Steuerverkürzung, sondern auch in § 263 StGB als Betrug und in § 264 StGB als Subventionsbetrug strafrechtlich erfaßt ist.

55 Die umfassende und zugleich engste Regelung findet sich im **Betrugstatbestand** nach § 263 StGB. Der Betrug setzt zunächst eine Täuschungshandlung voraus. Sie muß einen Irrtum in einem anderen hervorrufen. Der Irrende muß über eigenes oder ihm nahestehendes Vermögen verfügen. Die Verfügung muß einen Vermögensschaden herbeiführen. Insoweit muß der Täter Vorsatz aufweisen. Außerdem muß er die Absicht haben, sich oder einen anderen zu Unrecht zu bereichern. § 263 StGB ist nicht nur insoweit enger als § 370 AO, als jeder Anspruch auf die Leistung entweder schon den Schaden oder die Rechtswidrigkeit der Bereicherung beseitigt, während dies bei der Steuerhinterziehung wegen § 370 IV 4 AO nicht der Fall ist. Darüber hinaus verlangt § 263 StGB einen Irrtum des Verfügenden, dies kann bei der Steuerhinterziehung nicht vorausgesetzt werden (s. Rdnr. 163ff.). Andererseits besteht beim Betrug nicht die Möglichkeit, Straffreiheit nach Vollendung der Tat zu erlangen, während die strafbefreiende Selbstanzeige nach § 371 AO diesen Weg bei der Steuerhinterziehung eröffnet.

56 **Subventionsbetrug** nach § 264 StGB ist demgegenüber schon dann vollendet, wenn der Täter die Täuschungshandlung vorgenommen hat. Der Tatbestand setzt weder einen Irrtum des getäuschten Beamten voraus (anders § 263 StGB) noch einen Vermögensschaden oder eine Vermögensgefährdung (anders § 263 StGB und § 370 AO). Darüber hinaus ist der leichtfertige Subventionsbetrug gem. § 264 III StGB als Vergehen strafbar, während der versuchte Subventionsbetrug straflos ist. Demgegenüber ist der Versuch des Betruges (§ 263 II StGB) und der Steuerhinterziehung (§ 370 II AO) mit Strafe bedroht, während die leichtfertige Steuerhinterziehung gem. § 378 AO nur eine Ordnungswidrigkeit bildet und der leichtfertige Betrug straflos ist.

57 Das Verhältnis von §§ 263, 264 StGB, § 370 AO wird nach überwiegender Ansicht so bestimmt, daß die **Steuerhinterziehung** nach § 370 AO gegenüber den beiden Tatbeständen **exklusiv** ist. Das bedeutet, daß in bezug auf Steuern und Steuervorteile schon tatbestandlich keine Tat nach §§ 263, 264 StGB begangen werden kann (RG 63, 142 v. 25. 4. 1929; BGH v. 22. 1. 1953, ZfZ 381; *Hartung* XII 2a zu § 396 RAO 1931; *Hübner* 58 zu § 392 RAO; *Samson* 30 zu § 264 StGB; *Felix* NJW 1968, 1219). Gegenüber dem Betrug ist schließlich der **Subventionsbetrug spezieller.** Das bedeutet, daß bei Erfüllung von § 264 StGB die Betrugsvorschrift nicht mehr anzuwenden ist, daß aber § 263 StGB auch im Hinblick auf Subventionen eingreift, wenn eine der Voraussetzungen von § 264 StGB nicht erfüllt ist (*Samson* 101 ff. zu § 264 StGB).

58 Die **gesetzliche Lage** erschwert die Abgrenzung von Steuervorteil, Subvention und sonstigen Leistungen nach § 263 StGB. Das liegt einmal daran, daß die Legaldefinition der Subvention in § 264 VI StGB dem Wortlaut nach auch auf Steuervorteile jedenfalls insoweit anwendbar ist, als diese in Geldleistungen bestehen (*Samson* 30 zu § 264 StGB). Die weitere Schwierigkeit ergibt sich daraus, daß die einzelnen Gesetze, welche die Leistungsvoraussetzungen und das Verfahren regeln, sehr unterschiedliche Beziehungen zu den Strafnormen herstellen.

59 Eine **erste Gruppe** von Normen enthält keinerlei Hinweise auf die strafrechtliche Behandlung der ungerechtfertigten Inanspruchnahme der im Gesetz geregelten Leistung. Das gilt zB für die USt-Vergütungen nach § 18 II 5 UStG. In einer **zweiten Gruppe** von Vorschriften wird erklärt, daß für die Leistung bestimmte Strafvorschriften und Strafverfahrensvorschriften der AO entsprechend gelten. Typisch für diese Gruppe von Vorschriften ist § 5a BergPG, eingefügt durch das EGAO vom 14. 12. 1976 (BGBl. I 3341):

§ 5a BergPG

(1) . . .

(2) **Für die Bergmannsprämie gelten die Strafvorschriften des § 370 Abs. 1 bis 4, der §§ 371, 375 Abs. 1 und des § 376 sowie die Bußgeldvorschriften der §§ 378, 379 Abs. 1, 4 und des § 384 der Abgabenordnung entsprechend. Für das Strafverfahren wegen einer Straftat nach Satz 1 sowie der Begünstigung einer Person, die eine solche Tat begangen hat, gelten die §§ 385–408, für das Bußgeldverfahren wegen einer Ordnungswidrigkeit nach Satz 1 die §§ 409–412 der Abgabenordnung entsprechend.**

Das EGAO hat entsprechende Vorschriften eingefügt für die Arbeitnehmersparzulage in § 13 II des 3. VermBG (Anh XVI), die Wohnungsbauprämie in § 8 II WoPG, die Sparprämie in § 5b II SparPG (Anh XIV) und die Arbeitnehmerzulage nach § 28 BerlinFG in § 29a BerlinFG (Anh XVIII).

Schließlich findet sich eine **dritte Gruppe** von Gesetzen, in denen die entsprechende Geltung der Vorschriften der AO über die Verfolgung von Steuerstraftaten angeordnet wird:

§ 20 BerlinFG

Für die Verfolgung einer Straftat nach § 264 des Strafgesetzbuches, die sich auf die Investitionszulage bezieht, sowie der Begünstigung einer Person, die eine solche Straftat begangen hat, gelten die Vorschriften der Abgabenordnung über die Verfolgung von Steuerstraftaten entsprechend.

Diese und eine wörtlich gleichlautende Vorschrift wurde in § 5a InvZulG (Anh XIX) durch das Gesetz vom 29. 7. 1976 (BGBl. I 2034) eingefügt.

60 Eine **Definition** des Begriffs **des Steuervorteils** ist erst möglich, wenn zuvor das Verhältnis von Subvention und sonstigen Leistungen gem. § 263 StGB bestimmt ist. Dabei ist festzustellen, daß die Subvention nur ein Unterfall derjenigen Leistung darstellt, die vom Betrugstatbestand erfaßt sind. Seine besonderen Merkmale sind in § 264 VI StGB vom Gesetz festgelegt. Die Subvention ist danach eine Leistung aus öffentlichen Mitteln nach Bundes- oder Landesrecht oder dem Recht der Europäischen Gemeinschaft, die drei Elemente enthält. Die Leistung muß an einen Betrieb oder Unternehmen gewährt werden. Die Subventionierung Privater wird daher von § 264 StGB nicht erfaßt. Sie muß wenigstens teilweise ohne Gegenleistung gewährt werden und schließlich den Zweck haben, der Förderung der Wirtschaft zu dienen. Das dritte Merkmal scheidet insbesondere Sozial-, Kultur- und Forschungssubventionen aus (s. zum Subventionsbegriff *Samson* 22ff. zu § 264 StGB).

61 Über die Zugehörigkeit eines Vorteils **zum Bereich des Steuerrechts** wird am Beispiel der USt-Vergütungen gestritten. Der BGH hält die USt-Vergütungen grundsätzlich für einen Steuervorteil (BGH v. 20. 2. 1962, NJW 2311), meint jedoch, die USt-Vergütung sei dann kein Steuervorteil, wenn der gesamte Geschäftsvorgang vorgetäuscht werde, so daß in diesem Fall nicht § 392 RAO, sondern § 263 StGB anzuwenden sei (BGH v. 11. 4. 1972, NJW 1287). Weitergehend will *Herdemerten* (NJW 1962, 781) den Tatbestand der Steuerhinterziehung überhaupt nicht auf Steuervergütungen anwenden. Demgegenüber hält die hM in der Literatur die Steuervergütung uneingeschränkt für einen Steuervorteil (vgl. *Felix* NJW 1968, 1219 und *E. Müller* NJW 1977, 746).

62 Der Streit über die rechtliche Einordnung der Steuervergütungen ist durch **§ 370 IV 2 AO** erledigt, da dort ausdrücklich bestimmt ist, daß Steuervorteile auch Steuervergütungen sind. Danach ist die Auffassung des BGH jetzt nicht

mehr zu halten, da die USt-Vergütung auch dann eine Steuervergütung ist, wenn der gesamte Geschäftsvorgang vorgetäuscht wurde. Die in der Diskussion über die Behandlung der USt-Vergütung behandelten Argumente sind aber auch für die generelle Abgrenzung von Steuervorteil und Vorteil nach §§ 263, 264 StGB von Bedeutung. Die hM definiert Steuervorteile als solche Vorteile, die auf einen Steueranspruch bezogen sind oder wie die Steuervergütung dessen Umkehrung darstellen (*Hübner* 19 u. *Kohlmann* 15 zu § 392 RAO; *Felix* NJW 1968, 1219; *Erich Müller* NJW 1977, 746). *Franzen* (1. Aufl. Rdnr. 176 zu § 392 RAO) hält für maßgeblich, daß die Tat den Ertrag einer Steuer beeinträchtigt und diese Folge auf der Anwendung eines Steuergesetzes beruht. Einigkeit besteht darüber, daß die Spar- und Wohnungsbauprämie keine Steuervorteile darstellen (*Kohlmann* 152 zu § 392 RAO).

63 Die angemessene Einordnung der bei Rdnr. 59 geschilderten Leistungen bereitet deshalb Schwierigkeiten, weil sie vielfach den Ertrag einer bestimmten Steuer unmittelbar mindern (s. zB § 19 V 1 BerlinFG, § 5 III 1 InvZulG: Minderung des Ertrags an Einkommen- und Körperschaftsteuer; § 28 VI BerlinFG, § 3 BergPG, § 12 V des 3. VermBG: Minderung des Ertrags der Lohnsteuer). Bei der Arbeitnehmerzulage nach dem BerlinFG, der Bergmannsprämie und der Arbeitnehmersparzulage könnte darüber hinaus die Ansicht vertreten werden, es handele sich um steuerrechtliche Regelungen, da die vom Arbeitgeber erbrachten Leistungen mit der von ihm abzuführenden Lohnsteuer verrechnet werden und ein etwaiger Überschuß an ihn ausgezahlt wird. Man wird aber die von *Franzen* vertretene Ansicht dennoch halten können: Die Verrechnung der vom Arbeitgeber erbrachten Leistungen erfolgt hier zwar äußerlich nach dem Verfahren des Vorsteuerabzuges bei der USt, dennoch handelt es sich nicht um steuerrechtliche Regelungen. Die Vorschriften sind deshalb nicht Steuergesetze, weil sie nicht die Höhe von Steueransprüchen regeln, sondern lediglich eine Möglichkeit eröffnen, andere Ansprüche mit Steueransprüchen zu verrechnen. Die Anordnung einer entsprechenden Anwendung von § 370 AO auf die Bergmannsprämie, die Arbeitnehmersparzulage und die Wohnungsbauprämie ist demnach nicht überflüssig, da diese Leistungen keine Steuervorteile sind. Soweit allerdings der Arbeitgeber durch die Vortäuschung nicht erbrachter Leistungen eine Kürzung der von ihm zu zahlenden Lohnsteuer erwirkt, begeht er eine Steuerhinterziehung in der Form der Steuerverkürzung, da er den gegen ihn gerichteten Steueranspruch beeinträchtigt.

64 Mit *Franzen* (1. Aufl. Rdnr. 176 zu § 392 RAO) ist also *ein Vorteil dem Bereich des Steuerrechts zuzurechnen, wenn er den Ertrag einer Steuer mindert und dies auf der Anwendung eines Steuergesetzes beruht.*

cc) Begriff des Vorteils

65 **Der Begriff des Steuervorteils iS des § 370 I 1 AO** ist gesetzlich nicht näher bestimmt. Da *jeder* Verkürzung von Steuereinnahmen zum Nachteil des anspruchsberechtigten StGläubigers ein ungerechtfertigter Vorteil des Stpfl gegenübersteht, kann der Begriff „Steuervorteil" nur *besondere* Vorteile (= besondere Erscheinungsformen der Steuerverkürzung) kennzeichnen. Aber auch in diesem beschränkten Sinne bereitet eine Begriffsbestimmung wegen der mangelhaften Begriffsdisziplin des Gesetzes erhebliche Schwierigkeiten. Dem Wortlaut des § 370 I 1 AO entsprechen nur §§ 70, 71, 150 VI Nr. 5, 235 II, 371 III, 379 I, 398 AO; an anderen Stellen spricht das Gesetz von *„Steuervergütungen"* (§§ 32, 37, 43, 46, 73, 74, 75, 155 III, 169, 170, 220, 236, 240 AO), *„Steuererstattungen"* (§§ 32, 37, 46 AO), *„Steuervergünstigungen"* (§§ 51, 58, 59, 64, 153 II, 348 I Nr. 3 AO), *„Freistellung von einer Steuer"* (§ 155 I 3 AO) sowie nebeneinander von *„Steuerbefreiung, Steuerermäßigung oder sonstiger Steuervergünstigung"* (§ 153 II AO). Ferner sprechen die §§ 35 ff. TabStG von *„Steuererleichterungen"*.

66 **Eine materielle Abgrenzung** des Steuervorteils vom Regelfall der Besteuerung ist nicht möglich, da die zT überaus stark differenzierenden Steuergesetze eine „Normal"-Steuer (*Hübner* 19 zu § 392 RAO, ähnl. *Terstegen* S. 103; *Hartung* V 2a zu § 396 RAO 1931) nicht festzustellen erlauben, es sei denn, man ginge von einem Sachverhalt aus, dessen Merkmale bei mehreren rechtlichen Möglichkeiten jeweils die höhere oder höchste Steuer auslösen. In diesem Sinne wäre bei der ESt zB die Tatsache, daß ein Stpfl verheiratet ist, bereits als Sonderfall anzusehen, da der Familienstand des Verheirateten gem. § 32a V EStG die Anwendung des vorteilhaften Splitting-Tarifs begründet (zust. *Kohlmann* 148 zu § 392 RAO).

67 **Das Erfordernis eines förmlichen Antrags** kann ebenfalls nicht als allgemeines Merkmal eines Steuervorteils iS des § 370 I AO gelten. Einerseits werden gewisse Vorteile, die das Gesetz an bestimmte Tatsachen knüpft, auch von Amts wegen gewährt, zB die Anwendung des Splitting-Tarifs auf Ehegatten gem. § 32a V iVm § 26 III EStG. Anderseits werden steuermindernde Tatsachen, zB Betriebsausgaben, regelmäßig nur berücksichtigt, falls und soweit sie ausdrücklich geltend gemacht werden. Wäre der Begriff des Steuervorteils auf antragsgebundene Vergünstigungen beschränkt, so würden durch die Veranlagung einer Steuererklärung, die in mehrfacher Hinsicht unrichtig ist, meistens zugleich „Steuern verkürzt" und „nicht gerechtfertigte Steuervorteile erlangt" – ein denkbares, systematisch aber wenig sinnvolles Ergebnis (zust. *Kohlmann* 149 zu § 392 RAO).

68 **Bei einer Abgrenzung nach Verfahrensabschnitten** ist ein Steuervorteil iS des § 370 I AO Inhalt und Gegenstand jeder begünstigenden Verfügung des FA, die der Stpfl außerhalb einer Steuererklärung (vgl. § 150 AO) erstrebt und die ihm außerhalb eines Steuerfestsetzungsverfahrens erteilt wird (ähnl. bereits *Barske/Gapp* S. 57; ebenso *Kohlmann* 151 zu § 392 RAO).

Eine begünstigende Verfügung kann

die festgesetzte Steuerschuld mindern oder beseitigen, zB durch Herabsetzung einer ESt-Vorauszahlung gem. § 37 III 3 EStG oder durch Erlaß gem. § 227 AO (s. Rdnr. 180), oder

die Fälligkeit einer Steuer hinausschieben, zB durch Stundung nach § 222 AO (s. Rdnr. 179), oder nach § 258 AO die Zwangsvollstreckung einstellen oder beschränken oder eine Vollstreckungsmaßnahme aufheben.

Auch kann es einen Steuervorteil darstellen, daß das FA eine belastende Verfügung unterläßt, zB die Festsetzung oder Erhöhung einer Vorauszahlung nach § 37 EStG, die Anforderung einer Sicherheitsleistung nach § 361 II AO, die Pfändung von Sachen oder Forderungen nach den §§ 281 ff. AO.

69 **Steuerbefreiungen,** die zB aufgrund § 2 KraftStG gem. § 13 I KraftStDV geltend gemacht werden, sind ebenfalls Steuervorteile iS des § 370 I AO.

70 **Steuererstattungen** bilden dann keinen Steuervorteil iS des § 370 I AO, wenn die Entscheidung über einen Erstattungsanspruch zusammen mit der Festsetzung einer Steuer getroffen wird und nur die kassenmäßige Folge der Tatsache ist, daß die Steuerschuld bei der Veranlagung oder beim LSt-Jahresausgleich niedriger festgesetzt worden ist als die Summe der geleisteten Vorauszahlungen oder der abgeführten LSt. Hier ist die Erstattung nicht Gegenstand einer begünstigenden Verfügung des FA (s. Rdnr. 68). Anders liegen dagegen diejenigen Fälle einer Erstattung, über die das FA im Erhebungsverfahren durch einen besonderen Bescheid entscheidet, zB bei Erstattungen aufgrund einer Täuschung des FA darüber, daß ein höherer Betrag – als tatsächlich geschehen – vorausgezahlt, abgeführt oder beigetrieben worden sei.

71 **Steuervergütungen** sind gem. § 370 IV 2 AO stets Steuervorteile iS des § 370 I AO. Abw. von Steuererstattungen (s. Rdnr. 70) setzen Steuervergütungen nicht voraus, daß der Anspruchsberechtigte eine der Vergütung entsprechende Steuer gezahlt hat, vgl. zB §§ 36b ff. EStG und § 16 II UStG. Entscheidend für das Vorliegen einer Steuervergütung ist nur, daß der vergütete Betrag nach steuerrechtlichen Vorschriften bemessen und festgesetzt worden ist. Unter dieser Voraussetzung wird nämlich durch eine – dem Grunde oder der Höhe nach – nicht gerechtfertigte Festsetzung der Vergütung in jedem Falle der Steuerertrag im Ergebnis ebenso gemindert wie in den Fällen einer nicht gerechtfertigten Steuererstattung oder einer unmittelbaren Verkürzung der Steuereinnahmen durch Verschweigen von Besteuerungsgrundlagen (näher s. Rdnr. 61 ff.).

72 **Begünstigende verfahrensrechtliche Verfügungen** können ebenfalls einen Steuervorteil iS des § 370 I AO darstellen, wenn von dem Ergebnis des Verfahrens Grund, Höhe oder Fälligkeit einer Steuerschuld oder die Gewährung einer Steuervergütung abhängen können, zB bei Wiedereinsetzung gem. § 110 AO.

b) Nicht gerechtfertigt

73 ist ein Steuervorteil, den der Stpfl bei richtiger Rechtsanwendung auf den wirklichen Sachverhalt nicht beanspruchen kann. Steuervorteile, die aus Billigkeitsgründen gewährt werden (zB gem. §§ 163, 227 oder 258 AO), sind stets ungerechtfertigt, wenn sie aufgrund unwahrer Angaben bewilligt werden (RG 60, 97 f. v. 15. 2. 1926, zust. *Hübner* 20 zu § 392 RAO).

74 **Macht das Gesetz die Gewährung von Steuervorteilen davon abhängig,** daß bestimmte sachliche Voraussetzungen durch *besondere Aufzeichnungen oder Verzeichnisse* (zB § 6c II EStG; § 7 EStG iVm § 11b EStDV; § 34b IV Nr. 2 EStG) nachgewiesen werden, ist der Steuervorteil bei nicht ordnungsmäßiger Buchführung oder fehlenden Sonderaufzeichnungen auch dann nicht gerechtfertigt, wenn die materiellen Voraussetzungen vorliegen (vgl. BGH v. 20. 2. 1962, NJW 2311; v. 29. 5. 1962, GA 1963, 308; zust. *Hübner* 20 zu § 392 RAO, krit. *Gehre* DStR 1965, 683). Gleiches gilt, wenn das Vorhandensein vorgeschriebener Bescheinigungen (zB § 7c IV EStG), Ausweise (zB § 13 I 3 EStDV) oder sonstiger Belege (zB § 6 I Nr. 3 UStG) vorgetäuscht wird. Auch die aufgrund *echter* Bescheinigungen, Ausweise usw. gewährten Steuervorteile sind nicht gerechtfertigt, falls die Voraussetzungen ihrer Ausstellung fehlen, zB der Begünstigte in Wahrheit nicht Vertriebener, Flüchtling oder politisch Verfolgter ist.

c) Vollendung der Vorteilserlangung

75 Gem. § 370 IV 2, Halbs. 2 AO sind Steuervorteile erlangt, soweit sie *gewährt oder belassen* werden. Die hM hat den insoweit gleichlautenden § 392 III RAO in der Weise ausgelegt, daß der Erfolg der Vorteilserlangung nicht erst dann eintritt, wenn die begünstigende Verfügung wirksam geworden (die Steuervergütung oder -erstattung ausgezahlt) ist, sondern bereits mit der Zustellung der Verfügung selbst (*Hübner* 19 u. *Kohlmann* 145 zu § 392 RAO; *Hartung* VIII 1a zu § 396 RAO 1931; RGSt 59, 401 v. 8. 10. 1925). Diese Interpretation des Vollendungserfolges ist im Hinblick auf die Terminologie des SubvG, das in § 2 I SubvG zwischen Bewilligung und Gewährung der Subvention unterscheidet, nicht ganz unbedenklich. Wegen der schwierigen Abgrenzung von Steuerverkürzung und Erlangung von Steuervorteilen empfiehlt sich jedoch, das Gewähren eines Steuervorteils iS von Bewilligung auszulegen. Die wirksame Verfügung des Finanzamtes ist Grundlage für den tatsächlichen Eintritt des Vorteils, so wie die Festsetzung der Steuer Grundlage für deren Vollstreckung ist. Da auch bei der Vorteilserlangung wenigstens Unkenntnis der Behörde vom zutreffenden Sachverhalt hinzukommen muß (s. Rdnr. 163ff.) ist die Steuerhinterziehung auch in der Form der Vorteilserlangung ein konkretes Gefährdungsdelikt (s. Rdnr. 31ff.). Dasselbe gilt für das Belassen eines Steuervorteils.

III. Das tatbestandsmäßige Verhalten

Schrifttum:

Bockelmann, Betrug verübt durch Schweigen, Eb. Schmidt-Festschr. 1961, 437; *Lohmeyer,* Zum Tatbestandsmerkmal der Steuerunehrlichkeit, FR 1960, 478; *Stegmaier,* Wann ist man „steuerunehrlich"? FR 1961, 209; *Lohmeyer,* Zum Begriff der „Steuerunehrlichkeit", DStZ 1963, 107; *Buschmann,* Steuerunehrlichkeit als Tatbestandsmerkmal? NJW 1964, 2140; *J. Schulze,* Steuerhinterziehung durch Unterlassen. Abgabe von Steuererklärungen – ein Beitrag zur Auslegung des ungeschriebenen Tatbestandsmerkmals der Steuerunehrlichkeit, DStR 1964, 384, 416; *Leise,* Zum ungeschriebenen Tatbestandsmerkmal der „Steuerunehrlichkeit" bei vorsätzlich bewirkter Steuerverkürzung, ZfZ 1965, 193; *Henke,* Kritische Bemerkungen zur Auslegung des § 396 AO, FR 1966, 188;

Lohmeyer, Steuerunehrlichkeit als Tatbestandsmerkmal der Steuerhinterziehung, BlStA 1966, 209; *Buschmann,* Die steuerstrafrechtliche Pflichtverletzung, NJW 1968, 1613; *Samson, Horn,* Steuerunehrlichkeit und Steuerhinterziehung durch Unterlassen, NJW 1970, 393; *Schleeh,* Das ungeschriebene Tatbestandsmerkmal des steuerunehrlichen Verhaltens, FR 1970, 604; *ders.,* Die Tathandlung des Verkürzens von Steuereinnahmen, BB 1970, 1535; *ders.,* Der tatbestandsmäßige Erfolg der Verkürzung von Steuereinnahmen, FR 1971, 118; *ders.,* Gibt es zwei verschiedene Tatbestände der Steuerverkürzung? NJW 1971, 552; *ders.,* Rechtsgut und Handlungsobjekt beim Tatbestand der Steuerverkürzung, NJW 1971, 739; *Samson, Horn,* Nochmals: Zur Steuerhinterziehung durch Unterlassen, NJW 1971, 1686; *Schleeh,* Die Bedeutung der steuerlichen Pflichten für das Steuerstrafrecht, BB 1971, 815; *ders.,* Nochmals: Zum Tatbestand der Steuerverkürzung, NJW 1972, 518; *ders.,* Der Straftatbestand der Steuerverkürzung de lege ferenda, BB 1972, 532; *ders.,* Die Steuerhinterziehung nach dem Entwurf einer Abgabenordnung (AO 1974), StW 1972, 310; *Henneberg,* Steuerstraf- und Bußgeldrecht nach der AO 77, BB 1976, 1554; *Lohmeyer,* Die Straf- und Bußgeldvorschriften der AO 77, DStZ 1976, 239.

1. Überblick

76 Anders als § 392 RAO beschreibt § 370 I AO das tatbestandsmäßige Verhalten des Täters der Steuerhinterziehung ausdrücklich. Das Gesetz erfaßt in § 370 I Nr. 1–3 AO eine Handlungs- und zwei Unterlassungsvarianten. Es bemüht sich dabei um die Erfassung des zu § 392 RAO entwickelten ungeschriebenen Tatbestandsmerkmals der *Steuerunehrlichkeit.* Dagegen hat das Gesetz nicht ausdrücklich geregelt, welcher Zusammenhang zwischen dem Verhalten des Täters und dem Erfolgseintritt bestehen muß. Das farblose „dadurch" läßt der Auslegung erheblichen Spielraum (s. Rdnr. 163ff.).

2. Allgemeine Problematik

a) Problemfälle

77 Obwohl § 392 I RAO im Tatbestand genügen ließ, daß der Täter bewirkte, daß Steuereinnahmen verkürzt würden, bestand in Rspr und Literatur doch Einigkeit darüber, daß nicht *jede* Verursachung einer Steuerverkürzung den Tatbestand erfüllte. Nicht tatbestandsmäßig sollte zB handeln, wer durch Drohung oder Gewalt oder durch eine Vollstreckungsvereitelung die Verkürzung von Steuereinnahmen verursachte oder die Steuer schlicht nicht zahlte (RG 71, 216 v. 13. 5. 1937; 76, 198 v. 3. 7. 1942; BGH 2, 185 v. 11. 3. 1952; 2, 340 v. 3. 4. 1952; *Hübner* 8a ff. u. *Kohlmann* 89ff. zu § 392 RAO; *Samson, Horn* NJW 1970, 593). Dieser Effekt wurde durch Einführung des ungeschriebenen Merkmals der „Steuerunehrlichkeit" erreicht. Den Tatbestand erfüllte nach einhelliger Auffassung nur, wer durch steuerunehrliches Verhalten eine Steuerverkürzung bewirkte. Nach umfangreicher kontroverser Diskussion setzte sich die Auffassung durch, daß unter dem Merkmal der Steuerunehrlichkeit nichts anderes zu verstehen sei, als die Verursachung der Steuerverkürzung durch Täuschung. In Parallele zum Betrug konnte das Merkmal der Steuerunehrlichkeit vom Begehungstäter durch aktive Täuschung und vom Unterlassungstäter durch Täuschung durch Unterlassen erfüllt werden (*Samson, Horn* aaO; *Hübner* 8d u. *Kohlmann* 77ff. zu § 392 RAO).

78 Der Gesetzgeber hat sich dieser Ansicht angeschlossen und in Nr. 1 die **Täuschung durch Handeln** und in den Nrn. 2, 3 bestimmte Formen der

Täuschung durch Unterlassen erfaßt. Das Gesetz trägt der Erkenntnis, daß die Steuerhinterziehung jedenfalls im Bereich des Täterverhaltens dem Betrug (durch Handeln und durch Unterlassen) vollkommen entspricht, in den Nrn. 1–3 jedoch nur in äußerst unvollkommener Weise Rechnung. Daraus entstehen zahlreiche schwierige Probleme (s. auch *Schleeh* StW 1972, 310).

79 Schon *Bockelmann* (Eb. Schmidt-Festschr. S. 437) hat in seiner grundlegenden Untersuchung zum Betrug durch Unterlassen entdeckt, daß dem aktiven Täuschen zwei verschiedene Varianten des Unterlassens entsprechen können. Es macht zunächst im Tatsächlichen einen Unterschied, ob der Täter pflichtwidrig einen anderen über Tatsachen dadurch nicht aufklärt, daß er ihm bestimmte Informationen nicht übermittelt, oder ob er einen im Entstehen begriffenen Irrtum nicht durch sonstiges Verhalten unterbindet. Für den Betrug kommt *Bockelmann* zu dem von der hM (*Schönke/Schröder* 37 zu § 263 StGB) nicht geteilten Ergebnis, daß ein Betrug durch Unterlassen nur dann vorliege, wenn der Täter einen im Entstehen begriffenen Irrtum nicht verhindere. Dagegen scheide Betrug durch Unterlassen aus, wenn der Täter einen bereits vorhandenen Irrtum oder die Unkenntnis des Opfers nicht beseitige.

80 Die Regelung in § 370 I AO hat nun die seltsame Konsequenz, daß als Steuerhinterziehung durch Unterlassen lediglich die eine von *Bockelmann* herausgearbeitete Unterlassungsvariante erfaßt wird. § 370 I Nr. 2 AO regelt nämlich nur denjenigen Fall, in dem der Täter die Behörde pflichtwidrig über steuerlich erhebliche Tatsachen **in Unkenntnis läßt.** Dagegen behandelt das Gesetz nicht den anderen Fall, in dem der Täter **das Entstehen eines Irrtums nicht verhindert.** Die zunächst naheliegend erscheinende Auffassung, es lasse immer pflichtwidrig in Unkenntnis, wer einen im Entstehen begriffenen Irrtum pflichtwidrig nicht verhindere, ist unzutreffend. Das liegt einmal daran, daß die Pflicht zur Aufklärung nicht immer mit der Pflicht zur Verhinderung eines Irrtums identisch ist. Die Regelungslücke ist zwar noch in Fällen unbedenklich, in denen der Steuerpflichtige nichts unternimmt, wenn er erkennt, daß sich der Außenprüfer aufgrund unvollständiger Unterlagen oder unübersichtlicher Buchführung zu irren beginnt; in diesen Fällen verletzt der Steuerpflichtige wenigstens seine Pflicht zur Mitteilung des wahren Sachverhalts (§ 200 I AO). Problematisch wird jedoch die Beurteilung derjenigen Fälle, in denen keine Pflicht zur Aufklärung besteht. Wer mit seinem minderjährigen – zur Zollhinterziehung entschlossenen – Sohn die Grenze zu überschreiten beginnt, hat zwar als Überwachergarant (s. Rdnr. 79 zu § 369 AO) die Pflicht, den Sohn vom Schmuggel abzuhalten; er ist jedoch nicht verpflichtet, bei der Zollstelle die bereits im Versuchsstadium steckende Tat des Sohnes anzuzeigen, da insoweit Unzumutbarkeit (s. Rdnr. 88 zu § 369 AO) gegeben ist. In diesem Fall scheidet Nr. 2 mangels einer Pflicht zur Mitteilung (§ 6 I ZollG, § 9 I AZO) und wegen Entschuldigung aus. Die Pflicht, den Schmuggel durch Einwirkung auf den Sohn zu unterbinden, scheint aber nach dem Wortlaut von § 370 I AO nicht strafbewehrt zu sein.

81 Die Regelungslücke ist auch dann von Bedeutung, wenn eine Aufklärungspflicht gem. § 370 I Nr. 2 AO besteht. Erkennt der Inhaber eines Unternehmens, daß sein Prokurist unrichtige Steuererklärungen für die Firma abzugeben beginnt, dann ist er verpflichtet, dagegen einzuschreiten. Sind die unrichtigen Erklärungen abgegeben worden, ist er verpflichtet, die wahren Tatsachen mitzuteilen. Die Frage, ob auch die Pflicht zum Einschreiten strafbewehrt ist, entscheidet über den **Versuchsbeginn.** Die Pflicht nach § 370 I Nr. 2 AO wird erst verletzt, wenn die Erklärungsfrist abläuft (Rdnr. 83 zu § 369 AO). Die Pflicht zum Einschreiten gegen die Täuschungshandlung des Angestellten beginnt dagegen mit dessen Handlung. Sofern diese zweite Pflicht nicht strafbewehrt ist, verschiebt sich die Versuchsstrafbarkeit bis zum Ablauf der Erklärungsfrist.

82 Die Fassung von § 370 I AO wirft aber auch im **Begehungsbereich** Probleme auf. Wer als nicht zur Abgabe von Erklärungen Verpflichteter den zur Abgabe von Steuererklärungen Verpflichteten daran – sei es durch Täuschung oder Zwang – hindert, erfüllt den Unterlassungstatbestand nach § 370 I Nr. 2 AO mangels Pflichtverletzung nicht. Den Begehungstatbestand nach § 370 I Nr. 1 AO erfüllt er aber auch nicht, weil er keine unrichtigen oder unvollständigen Angaben macht. Auch insoweit enthält § 370 I AO jedenfalls nach seinem Wortlaut eine Regelungslücke.

b) Lösung

83 Da § 370 I Nr. 2 AO nur die eine der beiden möglichen Täuschungen durch Unterlassen, nämlich nur die unterlassene Beseitigung der Unkenntnis des wahren Sachverhalts erfaßt, kommt für die Erfassung der anderen Unterlassungsvariante *(Nichthinderung des Entstehens eines Irrtums)* lediglich die **Anwendung von § 370 I Nr. 1 AO in Verbindung mit § 13 StGB** in Betracht. Das würde voraussetzen, daß die unterlassene Verhinderung des Entstehens eines Irrtums bei vorhandener Garantenstellung dem Täuschen durch aktives Handeln gleichsteht.

84 Was zunächst die sogenannte **Modalitätenäquivalenz** (s. Rdnr. 81 zu § 369 AO) angeht, ist festzustellen, daß die Gleichwertigkeit von Handeln und Unterlassen bei der Täuschung des Betruges umstritten ist. Aber selbst nach der engsten, von *Bockelmann* vertretenen Auffassung steht es einem aktiven Täuschen gleich, wenn der Täter es unterläßt, einen im Entstehen begriffenen Irrtum zu verhindern. Die Modalitätenäquivalenz kann daher für diese Fallgruppe angenommen werden (s. Rdnr. 80).

85 Schwierigkeiten entstehen jedoch daraus, daß das Gesetz in Nr. 2 einen – anderen – Unterlassungsfall gesondert erfaßt. Daraus könnte abgeleitet werden, daß damit der Kreis des strafbaren Unterlassens in § 370 AO **abschließend geregelt** sei. Das würde freilich voraussetzen, daß ein derartiger Wille des Gesetzgebers erkennbar ist. Einerseits spricht aber nichts dafür, daß dem Gesetzgeber die hier behandelte Fallgruppe vor Augen gestanden hat. Zum anderen lassen sich auch aus der Systematik des Gesetzes keine Gesichtspunkte gegen eine strafrechtliche Erfassung dieser Fallgruppe ableiten.

86 Damit ergibt sich, daß **auch § 370 I Nr. 1 AO gem. § 13 StGB durch**

Unterlassen begangen werden kann (eine Lösung, die *Schleeh* StW 1972, 312, freilich als „*absurde Weiterung*" bezeichnet). Ein solcher Fall liegt dann vor, wenn ein Garantenpflichtiger das Entstehen eines Irrtums und die daraus folgende Steuerverkürzung pflichtwidrig nicht abwendet. Gem. § 13 II StGB kann die Strafe des § 370 I Nr. 1 AO dann nach § 49 I StGB gemildert werden. In den bei Rdnr. 81 geschilderten Fällen liegt dann regelmäßig Steuerhinterziehung nach § 370 I Nr. 1 AO, § 13 StGB vor.

87 Demgegenüber können die sich aus dem Wortlaut von § 370 I Nr. 1 AO ergebenden **Probleme bei der Begehung** (s. Rdnr. 82) nur teilweise gelöst werden. Wer einen anderen durch Täuschung oder Zwang zur Täuschung der Finanzbehörde veranlaßt, begeht eine Steuerhinterziehung in mittelbarer Täterschaft nach § 370 I Nr. 1 AO iVm § 25 I StGB (s. Rdnr. 68 zu § 369 AO). Demgegenüber bereitet die Erfassung desjenigen Schwierigkeiten, der einen anderen durch Täuschung oder Zwang veranlaßt, die diesem gebotene Erklärung nicht abzugeben. Zwar verursacht dieser Täter durch Handeln, daß die Finanzbehörde über steuerlich erhebliche Tatsachen in Unkenntnis bleibt. Den Begehungstatbestand nach § 370 I Nr. 1 AO erfüllt er jedoch auch in mittelbarer Täterschaft nicht, da er gegenüber der Behörde keine unrichtigen Angaben macht. Eine Unterlassung nach § 370 I Nr. 2 AO scheidet aus, wenn der Täter zur Aufklärung der Behörde nicht selbst verpflichtet ist.

88 Eine teilweise Erfassung dieser Fallgruppe ist über die **Teilnahme** möglich. Solange der – aufgrund von Täuschung oder Zwang – Unterlassende eine tatbestandsmäßige, rechtswidrige und vorsätzliche Haupttat nach § 370 I Nr. 2 AO begeht, ist der Handelnde wegen Anstiftung nach § 26 StGB zu dieser Tat strafbar. Gehen Täuschung oder Zwang aber so weit, daß dem Unterlassenden der Vorsatz oder (bei absolutem Zwang) die Handlungsmöglichkeit fehlt, liegt keine Haupttat mehr vor, und strafbare Teilnahme des Handelnden scheidet aus (s. Rdnr. 70 zu § 369 AO). Eine Lösung dieses Problems – das übrigens auch bei § 370 I Nr. 3 AO auftreten kann – ist auf der Grundlage des Gesetzes nicht möglich.

3. Verhältnis zur Steuerunehrlichkeit

89 Rechtsprechung und Literatur zu § 392 RAO sahen sich genötigt, das ungeschriebene Tatbestandsmerkmal der Steuerunehrlichkeit einzuführen, weil der Wortlaut des Gesetzes *jedes* Verhalten ausreichen ließ, das den Verkürzungserfolg herbeiführte (s. Rdnr. 78). Die Situation hat sich nach Einführung von § 370 AO grundlegend geändert, da das Gesetz jetzt das tatbestandsmäßige Verhalten selbst beschreibt. Damit ist die Notwendigkeit eines zusätzlichen ungeschriebenen Tatbestandsmerkmals entfallen. Die „Steuerunehrlichkeit" ist für das neue Recht entbehrlich geworden (*Schleeh* StW 1972, 310). Dennoch ist die Rspr zur Steuerunehrlichkeit auch heute noch bedeutsam, weil die Beschreibung des tatbestandsmäßigen Verhaltens in § 370 I AO lediglich die abstrakte Formulierung derjenigen Fälle enthält, die nach altem Recht von der Steuerunehrlichkeit erfaßt wurden. Freilich ist bei der Verwertung der Entscheidungen zum alten Recht jeweils genau zu prüfen, unter

welche Verhaltensvariante der neuen Vorschrift das Täterverhalten zu subsumieren ist.

4. Steuerhinterziehung durch Handeln

a) Überblick

90 Gemäß **§ 370 I Nr. 1 AO** begeht eine Steuerhinterziehung durch Handeln, wer dadurch Steuern verkürzt oder ungerechtfertigte Steuervorteile erlangt, daß er Finanzbehörden oder anderen Behörden über steuerlich erhebliche Tatsachen unrichtige oder unvollständige Angaben macht. Das Gesetz beschreibt mit dieser Formulierung die Täuschungshandlung, die auf weiten Strecken der Täuschungshandlung des Betruges entspricht.

b) Angaben machen

91 Der Täter muß Angaben machen. Darunter ist wenigstens eine Handlung zu verstehen, die auf die Psyche eines anderen in der Weise einwirkt, daß in diesem die Vorstellung von Tatsachen entstehen soll. Ob die unrichtige Vorstellung wirklich entsteht, ist hier noch unerheblich (s. aber Rdnr. 163ff.). Der Täter macht jedenfalls dann Angaben, wenn er eine **ausdrückliche** – schriftliche oder mündliche – **Erklärung** abgibt. Problematisch ist es jedoch, ob die übrigen Handlungen, die im Bereich des Betruges ebenfalls als Täuschung behandelt werden, als „Machen von Angaben" interpretiert werden können. Die Dogmatik des Betrugstatbestandes stellt neben die ausdrückliche Täuschung, die nicht nur durch wörtliche Erklärungen, sondern auch durch eindeutige Gesten verübt werden kann, zunächst **weitere Formen der ausdrücklichen Täuschung.** Dazu gehört es, wenn der Täter dem anderen Zeichen zugänglich macht, die kraft Verkehrssitte oder Vereinbarung zur Übermittlung von Gedanken bestimmt sind, zB automatische Aufzeichnungsgeräte wie Kilometerzähler am Kfz oder sonstige Mengenzähler (*Lackner* LK 25 zu § 263 StGB). Ein Teil der Literatur rechnet es zur ausdrücklichen Täuschung auch, wenn der Täter die Beschaffenheit einer sonstigen Sache in der Absicht verändert, dadurch einen Irrtum herbeizuführen, zB durch Verdecken von Unfallschäden am Pkw oder von Mängeln an Gebäuden (*Lackner* LK 26 zu § 263 StGB). Daneben wird schließlich die **konkludente Erklärung** für ausreichend erachtet, bei der das Opfer aus sonstigem Täterverhalten Schlüsse ziehen soll (*Lackner* LK 28ff. u. *Schönke/Schröder* 12ff. zu § 263 StGB). Die Grenzen zur **Täuschung durch Unterlassen** sind hier freilich fließend.

92 Die Frage nach der **Reichweite der aktiven Täuschungshandlung** ist bei der Steuerhinterziehung nicht von so erheblicher Bedeutung wie beim Betrug. Im Bereich des Steuerfestsetzungsverfahrens werden wegen der Formalisierung der abzugebenden Erklärungen (§ 150 I AO) praktisch bedeutsam nur Fälle der echten ausdrücklichen Täuschung durch Verwendung von schriftlichen oder mündlichen Worten. Fragen der konkludenten Täuschung und der übrigen ausdrücklichen Täuschungsarten können daher lediglich im

Vollstreckungsverfahren und bei der Zollhinterziehung auftreten. Soweit der Täter Steuerpflichtiger ist, kommt der Abgrenzung aber auch hier keine allzu große Bedeutung zu, da bei Verneinung einer Täuschungshandlung regelmäßig die Verletzung einer Erklärungspflicht nach § 370 I Nr. 2 AO vorliegen wird. Damit bleibt nur noch diejenige Fallgruppe, in der ein nicht zur Erklärung Verpflichteter auf die Angehörigen einer Finanz- oder anderen Behörde durch konkludentes Verhalten einwirkt. Hier sind einige wenige Fälle im Bereich der Vollstreckung konstruierbar.

93 Bedenkt man, daß die praktische Bedeutung der nichtwörtlichen Erklärung sehr gering ist, und berücksichtigt man, daß die Formulierung des Gesetzes *(„Angaben macht")* die nichtwörtliche Erklärung vom Wortsinn her nur mühsam erfaßt, dann spricht alles dafür, § 370 I Nr. 1 AO **ausschließlich auf wörtliche** – mündliche oder schriftliche – **Erklärungen anzuwenden** (im Ergebnis ebenso *Schleeh* StW 1972, 314). Die Zweifelsfälle lassen sich regelmäßig über § 370 I Nr. 2 AO erfassen.

c) Angaben über Tatsachen

94 Es muß sich um Angaben über Tatsachen handeln. Tatsachen sind **Umstände der realen Welt;** sie sind von *Werturteilen* und *Begriffen* zu unterscheiden. Da die Behauptung einer zukünftigen Tatsache ebenfalls ein „Werturteil" ist, wird man ebenso wie bei § 263 StGB nur die Angaben über **gegenwärtige Tatsachen** ausreichen lassen können. Dabei ist freilich zu bedenken, daß die Behauptung einer zukünftigen Tatsache regelmäßig die Behauptung einer gegenwärtigen – **inneren – Tatsache** mitenthält. Die Erklärung, man werde in drei Wochen zahlen, enthält die Behauptung der inneren Tatsache, man sei jetzt zur späteren Zahlung entschlossen und jetzt überzeugt, daß Zahlungsfähigkeit in Zukunft bestehen werde (s. Rdnr. 156). Schließlich enthalten Werturteile häufig einen **Tatsachenkern.** Die Behauptung, man sei Eigentümer einer Sache, enthält die Behauptung derjenigen tatsächlichen Umstände, die zur Begründung des Eigentums geführt haben (s. zum Ganzen *Schönke/Schröder* 7f. u. *Lackner* LK 13ff. zu § 263 StGB).

d) Unrichtige oder unvollständige Angaben

95 Eine Angabe ist unrichtig, wenn die in ihr enthaltene Behauptung mit der Wirklichkeit nicht übereinstimmt. Schwierigkeiten bereitet die **unvollständige Angabe.** Diese Alternative ist nur dann von Bedeutung, wenn die gemachten Angaben als solche richtig sind. Die Frage, ob eine Angabe unvollständig ist, läßt sich nur beantworten, wenn man die tatsächliche Angabe *mit einem anderen Maßstab vergleicht.* Vergleicht man die tatsächlichen Angaben mit derjenigen Angabe, zu der der Erklärende *verpflichtet* ist, dann wird die Grenze zu § 370 I Nr. 2 AO verwischt, da dann nicht mehr mit Sicherheit ermittelt werden kann, ob eine unvollständige Angabe aktiv handelnd gemacht wurde oder ob der Täter die Angabe der fehlenden Teile pflichtwidrig unterlassen hat. Man wird daher die Vollständigkeit der Angaben *nicht an der Pflicht zur Angabe,* sondern an einem anderen Maßstab messen müssen. Dafür bietet sich

die ausdrücklich oder konkludent **behauptete Vollständigkeit** an. Es ist daher im Einzelfall zu ermitteln, ob der Erklärende ausdrücklich oder konkludent mitbehauptet, er habe sämtliche erheblichen Umstände aus einem bestimmten Umkreis vollständig erklärt; das wird bei Steuererklärungen nach § 150 I AO regelmäßig der Fall sein. Ist dies der Erklärung zu entnehmen, dann ist zu prüfen, ob die fehlende Angabe zu dem vom Täter bezeichneten Umkreis gehört. Nur in diesem Fall hat er eine unvollständige Angabe gemacht. Dagegen scheidet die Begehung nach § 370 I Nr. 1 AO aus, wenn er pflichtwidrig Angaben wegläßt, seine gemachte Angabe aber keine Vollständigkeitserklärung enthält. In diesem Fall unterläßt der Täter nach § 370 I Nr. 2 AO.

e) Steuerlich erhebliche Tatsachen

96 Die Tatsachen müssen steuerlich erheblich sein. Tatsachen sind dann steuerlich erheblich, wenn sie zur **Ausfüllung eines Besteuerungstatbestandes** herangezogen werden müssen, also die Höhe des Steueranspruchs oder des Steuervorteils beeinflussen. Darüber hinaus sind aber auch solche Tatsachen steuerlich erheblich, die die Finanzbehörde zur Einwirkung auf den Steueranspruch sonst veranlassen können. Dazu gehören zB Angaben, die für die Stundung oder die Fortsetzung der Vollstreckung von Bedeutung sind. Zu einem Sonderfall s. Rdnr. 153ff.

f) Gegenüber Finanz- oder anderen Behörden

97 Die Angaben müssen gegenüber Finanzbehörden oder gegenüber anderen Behörden gemacht werden. Mit Hilfe dieses Merkmals werden lediglich Täuschungshandlungen *gegenüber Privatpersonen* ausgeschieden, die diese zu einem steuerverkürzenden Verhalten unmittelbar veranlassen. So liegt es zB, wenn Sachen, bezüglich derer Vollstreckungsmaßnahmen drohen, an andere veräußert werden. Dagegen genügen Angaben gegenüber Privatpersonen jedenfalls dann, wenn diese die Angaben mit Willen des Täters gutgläubig an Finanz- und andere Behörden weitergeben (§ 370 I Nr. 1 AO, § 25 I StGB, s. Rdnr. 68 zu § 369 AO). Wer dagegen den Steuerberater veranlassen will, vorsätzlich unrichtige Angaben weiterzuleiten, macht dem Steuerberater gegenüber schon keine unrichtigen Angaben, sondern versucht, diesen zur Steuerhinterziehung anzustiften.

g) Einzelfälle der Steuerhinterziehung durch Handeln

aa) Vorbemerkungen

98 **Bei systematischer Betrachtung** führt die Abgabe unrichtiger Steuererklärungen zu einer Steuerverkürzung,

wenn der Stpfl einzelne steuerbegründende oder -erhöhende Tatsachen weggelassen oder nicht berücksichtigt hat, zB durch Nichtangabe bestimmter Einkünfte oder zu niedrige Angabe der erzielten Einkünfte, namentlich nach mangelnder Berücksichtigung von Bareinnahmen, oder wenn der Stpfl steuerbefreiende oder -mindernde Tatsachen vorgetäuscht hat, zB durch Absetzen fingierter Betriebsausgaben oder durch Erklären von Sonderausgaben (§§ 10ff. EStG) oder Aufwendungen als außergewöhnliche Belastung (§§ 33f. EStG), die er überhaupt nicht oder nicht in der erklärten Höhe oder nicht zu dem angegebenen Zweck oder nicht in dem jeweiligen Veranlagungszeitraum geleistet hat.

99 **Der Zeitfolge nach** kann das Weglassen steuererhöhender Tatsachen oder das Vortäuschen steuermindernder Tatsachen – von der Abgabe der Steuererklärung aus rückwärts betrachtet – entweder erst durch fehlerhaftes Ausfüllen der Erklärungsvordrucke vollzogen werden (s. Rdnr. 119ff.) oder schon durch fehlerhafte oder unterlassene Buchungen und/oder eine entsprechend unrichtige Gewinnermittlung vorbereitet (s. Rdnr. 106ff.) oder noch früher bereits dadurch angebahnt worden sein, daß zum Zweck der Steuerminderung bestimmte Rechtsgeschäfte nur zum Schein vorgenommen waren oder ein wirklicher rechtsgeschäftlicher Wille zur Tarnung gegenüber dem FA durch Mißbrauch von Formen und Gestaltungsmöglichkeiten des bürgerlichen Rechts verwirklicht wurde (s. Rdnr. 101ff.).

100 **Die Ermittlung der Fehlerquelle(n)** einer unrichtigen Steuererklärung ist von besonderer Bedeutung für die Erkenntnis und den Beweis der subjektiven Tatmerkmale sowie für die Erkenntnis der Täterpersönlichkeit und die Strafzumessung. Für die Abgrenzung zwischen Versuch und Vollendung der Steuerhinterziehung sind die *vor* der Abgabe der unrichtigen Steuererklärung vollzogenen Vorgänge ohne Bedeutung (s. Rdnr. 198).

bb) Scheingeschäfte und Steuerumgehung

Schrifttum:

Strauß, Steuerumgehung und Steuerstrafrecht, JW 1931, 275; *Boethke,* Das Wesen der Steuerumgehung nach § 5 RAbgO, JW 1931, 278; *Löhnlein,* Der Mißbrauch von Formen und Gestaltungsmöglichkeiten, StW 1948, 681; *Thoma,* Mißbräuchliche Steuerumgehung, StbJb 1950, 57; *Richter,* Grundsätzliches über den Mißbrauch im Einkommensteuerrecht, StP 1951, 403; *Thoma,* Grundsätzliches zur Frage des Mißbrauchs von Formen und Gestaltungsmöglichkeiten im Steuerrecht, Bühler-Festschr. 1954, 233; *Fahrensbach,* Verdeckte Gewinnausschüttung und Steuerumgehungsabsicht, FR 1955, 155; *Waldner,* Die Reichweite der Mißbrauchsbestimmung in § 6 StAnpG, BB 1956, 654; *Bopp,* Scheingeschäft, mißbräuchliche Steuerumgehung und wirtschaftliche Betrachtungsweise, RSchutz S. 132; *Böhmer,* Erfüllung und Umgehung des Steuertatbestandes, 1958; *Felix,* Steuerumgehung und Steuereinsparung, StW 1959, 373; *v. Wallis,* Die Bedeutung des § 6 StAnpG, FR 1959, 318; *ders.,* Steuerumgehung, FR 1960, 9; *Langhorst,* Steuerumgehung durch gesellschaftsrechtliche Vereinbarungen, 1960; *Horstmann,* Unzulässige Tatbestands- und Rechtsgestaltung im Umsatzsteuer-Vergütungsrecht, UStR 1960, 81; *Grieger,* Gedanken zur Verlagerung von Einkünften auf nahestehende Personen durch Verträge, DStZ 1961, 81; *Tipke/Kruse,* Zur Frage der Steuerumgehung, FR 1961, 29; *Löhnlein,* Zur Abgrenzung von Steuerumgehung und Steuerersparung, StW 1962, 385; *Coring,* Strafbare Steuerumgehung und Fortsetzungszusammenhang, DStZ 1962, 186; *Kottke,* Steuerersparnis – Steuerumgehung – Steuerhinterziehung, 2. Aufl. 1962; *v. Wallis,* Gestaltungsmißbrauch, FR 1963, 189; *Blencke,* Gestaltungsfreiheit im Steuerrecht und ihre Grenzen, 1964; *Kottke,* Der rechtsgeschäftliche Wille als Kriterium für die mißbräuchliche Steuerumgehung, WPg. 1963, 347; *Oswald,* Steuerumgehung bei der Erbschaft- und Grunderwerbsteuer, DNotZ 1964, 535; *Paulick,* Steuereinsparung und Steuerumgehung, StbJb 1963/64, 372; *Lohmeyer,* Zum Tatbestand der strafbaren Steuerumgehung, NJW 1964, 486; *Böttcher/Beinert,* Die steuerliche Anerkennung der Gewinnverteilung bei Familien-Personengesellschaften, DB 1965, 373; *Plückebaum,* Angemessenheit der Gewinnverteilung bei Familiengesellschaften, StBp 1965, 63; *Bachmayr,* Der sogenannte

Steueroasen-Erlaß, FR 1965, 392; *Eichhorn,* Die legitime Basisgesellschaft, BB 1965, 239; *Haas,* Steuerbasen in Steueroasen, DStR 1965, 245; *Debatin,* Einkommens- und Vermögensverlagerungen in sog. Steueroasenländer unter Ausnutzung des zwischenstaatlichen Steuergefälles, DB 1965, 1022; *Flüge,* Zur Behandlung der sogenannten Basisgesellschaft, BB 1965, 1829; *Hopfenmüller,* Die Basisgesellschaft – Gestaltungsfreiheit oder Mißbrauch? StbJb 1965/66, 451; *Huber,* Über die Notwendigkeit der §§ 5 und 6 StAnpG, StW 1966, 394; *Oswald,* Zum Problem der Steuerumgehung, namentlich bei Grundstücksgeschäften, JR 1966, 216; *ders.,* Die Mißbrauchsvorschrift des § 6 StAnpG in der Sicht der Rechtsprechung des BFH, DStR 1966, 464; *Peter,* Mißbrauch von Gestaltungsmöglichkeiten des bürgerlichen Rechts – Zum Beweis der mißbräuchlichen Rechtsgestaltung, NWB Fach 2, 1495 (Stand: 1966); *Huber/Krebs,* Untersuchung einer Konformität zwischen Steuerrecht und Privatrecht unter besonderer Berücksichtigung des Mißbrauchstatbestandes, StW 1967, 98; *Riedel,* Die Steuerumgehung, jur. Diss. Münster, 1968; *Raupach,* BFH-Entscheidung zur steuerrechtlichen Beurteilung von Basisgesellschaften, FR 1969, 72; *Ruppel,* Exzesse des Ehegatten-Arbeitsverhältnisses, FR 1969, 473; *Schuhmann,* Vertragsgestaltung – Gestaltungsmißbrauch, BB 1970, 1493; *Flick, Wassermeyer,* Grundsatzurteil zum Oasen-Erlaß! DB 1972, 110; *Blencke,* Steuerlicher Gestaltungsmißbrauch, NWB Fach 2, 3095 (Stand 1977).

101 **Die Tatbestände eines Scheingeschäfts und einer Steuerumgehung** durch Mißbrauch von Formen und Gestaltungsmöglichkeiten des bürgerlichen Rechts sind steuerrechtlich geregelt in:

§ 41 AO – Unwirksame Rechtsgeschäfte

(1) **Ist ein Rechtsgeschäft unwirksam oder wird es unwirksam, so ist dies für die Besteuerung unerheblich, soweit und solange die Beteiligten das wirtschaftliche Ergebnis dieses Rechtsgeschäfts gleichwohl eintreten und bestehen lassen. Dies gilt nicht, soweit sich aus den Steuergesetzen etwas anderes ergibt.**

(2) **Scheingeschäfte und Scheinhandlungen sind für die Besteuerung unerheblich. Wird durch ein Scheingeschäft ein anderes Rechtsgeschäft verdeckt, so ist das verdeckte Rechtsgeschäft für die Besteuerung maßgebend.**

§ 42 AO – Mißbrauch von rechtlichen Gestaltungsmöglichkeiten

Durch Mißbrauch von Gestaltungsmöglichkeiten des Rechts kann das Steuergesetz nicht umgangen werden. Liegt ein Mißbrauch vor, so entsteht der Steueranspruch so, wie er bei einer den wirtschaftlichen Vorgängen angemessenen rechtlichen Gestaltung entsteht.

102 **Ein Scheingeschäft liegt vor,** wenn eine Willenserklärung einem anderen gegenüber abgegeben wird und *beide* Teile sich darüber einig sind, daß das Erklärte in Wirklichkeit nicht gewollt ist (vgl. RFH v. 21. 1. 1930, StW Nr. 383). Solche Fälle sind recht häufig bei Arbeits- oder Gesellschaftsverträgen zwischen Ehegatten, zwischen Eltern und Kindern oder sonst zwischen nahen Verwandten. Auf den Willen der Beteiligten, ein Rechtsgeschäft nur zum Schein zu tätigen, kann nur aus äußeren Tatsachen geschlossen werden. Dabei ist namentlich zu prüfen, ob klare Vereinbarungen vorliegen, die im Verhältnis der Beteiligten untereinander auch tatsächlich verwirklicht werden (vgl. BVerfG 9, 237, 245f. v. 14. 4. 1959). Als Scheingeschäft ist zB angesehen worden, daß die Ehefrau ihr bisheriges Haushaltsgeld als „Lohn" ausgezahlt erhält, diesen „Lohn" aber nach dem übereinstimmenden Willen der Eheleute – wie vorher – als Haushaltsgeld zu verwenden hat und auch nicht einen Teil davon zu ihrer freien Verfügung behalten darf (FG RhPf v. 1. 6. 1966, EFG Nr. 446), oder daß ein 31jähriger Schreiner den von seinem Vater übernommenen Betrieb seiner 63jährigen, von Geburt an blinden Tante „überträgt"

und den Betrieb als deren „Generalbevollmächtigter" fortführt (FG München v. 1. 3. 1967, EFG Nr. 661). Zur Scheingründung einer Gesellschaft zwischen Verwandten zu dem alleinigen Zweck, die ESt des Alleininhabers durch eine – in Wahrheit nicht vollzogene – Verteilung des Gewinns zu mindern, vgl. BFH v. 9. 12. 1959, BStBl. 1960, 180. Jede vertragliche Regelung, deren Folgen die Parteien nur steuerlich, nicht auch zivilrechtlich gelten lassen wollen, ist als Scheingeschäft zu beurteilen (BGHZ v. 18. 11. 1976, DB 1977, 396).

103 **Dieselben steuer- und strafrechtlichen Folgen treten ein,** wenn dem FA *einzelne Merkmale* eines wirklich gewollten Rechtsgeschäfts vorgetäuscht werden. In Betracht kommen namentlich **Scheinabreden** über den Gewinnverteilungsschlüssel einer Gesellschaft, die Höhe des vereinbarten Arbeitslohnes, den Beginn eines Gesellschafts- oder Arbeitsverhältnisses oder den Zeitpunkt einer Zuwendung. Die Rückdatierung von Rechtsgeschäften ist insbesondere dann steuerlich erheblich, wenn dabei die Grenzen eines Veranlagungszeitraums überschritten werden, um Steuerminderungen bereits für einen Zeitraum oder zu einem Zeitpunkt eintreten zu lassen, in dem das jeweilige Rechtsgeschäft noch nicht gewollt war oder noch nicht vollzogen wurde. Im Ergebnis besteht hier kein Unterschied gegenüber sonstigen Handlungen, die dem FA einen Sachverhalt vortäuschen sollen, der hinsichtlich seiner steuererheblichen Merkmale mit der Wirklichkeit nicht übereinstimmt.

104 **Eine Steuerumgehung durch Mißbrauch von Formen und Gestaltungsmöglichkeiten des bürgerlichen Rechts** iS des § 42 AO liegt vor, wenn die Parteien das wirklich gewollte Ergebnis eines Rechtsgeschäfts auf einem ungewöhnlichen Wege erreichen wollen. Zwar ist es den Stpfl nicht verwehrt, sich so einzurichten, daß sie möglichst wenig Steuern zu zahlen haben, sog. Steuervermeidung (vgl. BFH v. 14. 10. 1964, BStBl. 667, 669 mwN). Von einem „Mißbrauch" kann aber gesprochen werden, wenn eine den wirtschaftlichen Vorgängen, Tatsachen und Verhältnissen unangemessene Rechtsgestaltung gewählt wird, die von der Rechtsordnung mißbilligt wird (näher *Tipke* 12ff. zu § 42 AO), und wenn die Wahl des unangemessenen Weges auf der nachweisbaren Absicht der Steuerumgehung beruht (BFH v. 2. 3. 1966, BStBl. 509). Die ist zB in der Rspr angenommen worden für die Konstruktion der *„Kettenschenkung"* zur Umgehung der SchenkSt (BFH v. 14. 3. 1962, BStBl. 206), die Gründung von *Scheinstandorten* zur Umgehung der BefSt für den Werkfernverkehr (FG SchlH v. 24. 9. 1959, EFG 1960 Nr. 54), die Einschaltung eines *„Zwischenhändlers"* (FG Hamburg v. 27. 10. 1955, EFG 1956 Nr. 107, bestätigt durch BFH v. 22. 1. 1960, EFG 1960, Nr. 173; FG Kassel v. 30. 11. 1959, DStZ/B 1960, 337; BFH v. 10. 9. 1959 und 22. 1. 1960, BStBl. 1960, 111) oder die Gründung einer *„Firma"* (BFH v. 12. 3. 1964, HFR Nr. 246) eigens zur Erlangung der USt-Ausfuhrhändlervergütung, die Gründung einer Kapitalgesellschaft zwecks Steuerersparung, wenn die Gesellschaft überhaupt keinen eigenen Geschäftsbetrieb entfaltet (RFH v. 10. 1. 1935, RStBl. 148), namentlich die Errichtung von bloßen

„Briefkastenfirmen" ohne eigenen Geschäftsbetrieb oder sog. *„Basisgesellschaften"* im Ausland, etwa in der Schweiz oder in Liechtenstein, die einem deutschen Stpfl gehören oder vollständig von ihm beherrscht und vom Inland her geleitet werden (vgl. den „Steueroasenbericht" der BReg, BT-Drucks. IV/2412, die „Steueroasen-Erlasse" der FinMin(-senatoren) der Länder, BStBl. 1965 II 74ff., sowie BFH v. 17. 7. 1968, BStBl. 695; BFH v. 21. 5. 1971, DB 1971, 1994 m. Anm. *Flick, Wassermeyer* DB 1972, 110; BFH v. 7. 2. 1975, DB 1976, 1701).

105 **Die Strafbarkeit einer Steuerumgehung** iS des § 42 AO ist durch die Aufhebung des früheren § 396 IV AO 1931 durch das 2. AOStrafÄndG nicht etwa beseitigt oder beschränkt (oder gar erweitert) worden (mißverständlich *Hübner* 7 vor § 391 RAO); vielmehr ist sie nunmehr allein nach § 370 I Nr. 1 AO zu beurteilen. In sachlicher Hinsicht hat sich dadurch nichts geändert. Die Anwendung des Hinterziehungstatbestands auf Fälle der Steuerumgehung ist nicht mehr oder weniger problematisch als vorher. Das allgemeine Erfordernis der Steuerunehrlichkeit, das § 396 IV RAO 1931 hervorgehoben hatte, ist jetzt durch die Verhaltensalternativen in § 370 I Nr. 1–3 AO ersetzt. Die Steuerumgehung ist strafbar, wenn der Stpfl oder ein Dritter das FA über die Tatsachen, die ihm zur Wahl einer ungewöhnlichen Gestaltung bewogen haben, oder über einzelne Merkmale dieser Gestaltung und der dadurch geregelten Verhältnisse getäuscht oder bewußt im unklaren gelassen und dadurch dem FA die Möglichkeit der Prüfung versperrt oder erschwert hat, ob die Voraussetzungen des § 42 AO nach den maßgebenden steuerrechtlichen Kriterien vorliegen oder nicht. *Liegen* sie vor und hat der Stpfl dem FA die Kenntnis des steuererheblichen Sachverhalts durch ein Verhalten nach § 370 I Nr. 1–3 AO vorsätzlich vorenthalten, ist eine Steuerhinterziehung vollendet, sobald der ohne Anwendung des § 42 AO erlassene Steuerbescheid bekanntgegeben wird. Liegen hingegen die steuerrechtlichen Kriterien des § 42 AO in Wirklichkeit *nicht* vor, hat jedoch der Stpfl in falscher Einschätzung der Rechtslage angenommen, er müsse das FA über den Sachverhalt täuschen oder im unklaren lassen, um die Anwendung des § 42 AO zu vermeiden, kommt (strafbarer) untauglicher Versuch der Steuerhinterziehung in Betracht (Rdnr. 195). Bemerkenswert ist, daß die im Schrifttum (vor Rdnr. 101) nachdrücklich geforderte Gestaltungsfreiheit in der Praxis von großer Zurückhaltung begleitet wird, dem FA die wirklich beabsichtigte und wirklich vollzogene Gestaltung vollständig zu offenbaren.

cc) Unrichtige Gewinnermittlung

Schrifttum:

Buschmann, Unzulässige Abschreibung als Steuerdelikt, BlStA 1961, 371; *Lohmeyer,* Strafverfolgung bei Verstößen gegen Bewertungsvorschriften, Stbg. 1963, 225; *ders.,* Steuerstrafrechtliche Schuldfragen bei Betriebsprüfungen, DStR 1963, 473; *ders.,* Rechtswidrige Steuerverkürzungen durch nicht ordnungsmäßige Buchführung, falsche Bewertung und Bilanzierung, StuF 1964, 28; *ders.,* Ordnungsmäßige Buchführung und Steuervergehen, StBp 1964, 155; *ders.,* Steuerliche Bilanzdelikte, GA 1964, 215; *Kollnig,* Bilanzverschleierung und Bilanzfälschung, NWB 1965, 188; *Buschmann,* Die steuerrechtliche Behandlung von Schmiergeldern, BlStA 1966, 17; *Lohmeyer,* Die Bedeutung des § 205a AO im Steuerstrafrecht, NJW 1968, 388 u. Inf 1969, 15; *ders.,* Steuerliche Bilanzdelikte und ihre strafrechtliche Würdigung, GA 1972, 302; *Lorenz,* Die Gewinnausschüttung im Steuerstrafrecht, BB 1974, 180 mit Erwiderung von *Barske* BB 1974, 318 und Schlußwort von *Lorenz* BB 1974, 549; *Lohmeyer,* Steuerzuwiderhandlungen durch verdeckte Gewinnausschüttungen? DStZ 1975, 36; *ders.,* Steuerzuwiderhandlungen durch unzulässige Abschreibungen, NWB Fach 13, 545 (Stand: 1975).

106 **Nach dem System der Gewinnermittlung** (s. Einl 100) können Unrichtigkeiten in einer Bilanz, welche die Grundlage für die Erklärung der Einkünfte aus Gewerbebetrieb bildet, dadurch bewirkt werden, daß Gegenstände des Betriebsvermögens (Aktiva) weggelassen oder zu gering angesetzt oder auf der anderen Seite Verbindlichkeiten (Passiva) vorgetäuscht oder zu hoch angesetzt werden; ferner dadurch, daß Privatentnahmen aus dem Betriebsvermögen nicht vollständig hinzugerechnet oder umgekehrt Einlagen vorgetäuscht oder zu hoch ausgewiesen werden. Diesen Fehlern in der Bilanz entspricht in der G+V-Rechnung das Nichtverbuchen von Betriebseinnahmen oder das Verbuchen von Privatausgaben oder Privatentnahmen als Betriebsausgaben.

107 **Das Weglassen von Aktiva** kann sich beziehen auf

Maschinen oder andere Gegenstände des Anlagevermögens im Wert von mehr als 800 DM (bis 1964 600 DM) für das einzelne Wirtschaftsgut (vgl. § 6 II EStG), dessen Anschaffungskosten zB als „Reparaturkosten" gebucht oder aufgrund mehrerer Teilrechnungen des Lieferanten – jeweils unter 800 DM – bereits im Jahr der Anschaffung in voller Höhe als Betriebsausgabe abgesetzt oder dessen Anschaffungskosten von vorherein aus einer schwarzen Kasse bestritten werden und in der Buchführung überhaupt keinen Niederschlag finden;

Roh- und Hilfsstoffe, Halbfabrikate oder (Fertig-)Waren, die bei der Inventur überhaupt nicht oder mengenmäßig unvollständig erfaßt oder nicht vollständig in die Bilanz übernommen werden;

Kunden-, Versicherungs- oder Schadenersatzforderungen, die dem Stpfl am Bilanzstichtag bereits unstreitig zustanden;

Bankforderungen, die der Stpfl auf schwarzen Konten unterhält, womöglich bei ausländischen, vorzugsweise schweizerischen Kreditinstituten, die in seiner Buchführung nicht erscheinen und dazu dienen, unverbuchte Betriebseinnahmen anzusammeln;

Bargeldbestände in schwarzen Kassen.

108 **Durch eine zu niedrige Bewertung von Aktiva** wird der Gewinn rechtswidrig gemindert, wenn bei Wirtschaftsgütern des Anlagevermögens abw. von den gesetzlichen Bewertungsvorschriften (§§ 6–7e EStG) Absetzungen für Abnutzung in einer Höhe vorgenommen werden, für welche die sachlichen oder persönlichen Voraussetzungen fehlen. In Betracht kommt namentlich die Berechnung der AfA nach einer voraussichtlichen Nutzungsdauer, die erheblich unterhalb der allgemeinen Lebenserfahrung liegt und auch den besonderen betrieblichen Verhältnissen des Stpfl nicht entspricht. Für die allgemeinen und die branchengebundenen Wirtschaftsgüter des Anlagevermögens hat der BdF im Benehmen mit den beteiligten Wirtschaftskreisen

AfA-Tabellen herausgegeben, welche die betriebsgewöhnliche Nutzungsdauer (§ 7 I 1 EStG) aller möglichen Maschinen und Betriebsvorrichtungen rahmenmäßig bestimmen (vgl. dazu *Blümich/Falk* 5e, *Herrmann/Heuer* 22b, *Littmann* 6, jeweils zu § 7 EStG), dh der Finanzverwaltung und den Stpfl als Anhaltspunkt dienen (BFH v. 8. 6. 1961, HFR 1962 Nr. 79). Ihre Beachtung schließt einen strafrechtlichen Vorwurf gegen den Stpfl unter allen Umständen aus. Der Vorwurf einer Täuschungshandlung ist ferner stets ausgeschlossen, wenn der Stpfl eine abw. höhere AfA dem FA in der Gewinnermittlung oder den beigefügten Anlagen erkennbar macht oder wenn die Abweichung aufgrund besonderer betrieblicher Umstände gerechtfertigt ist. Wer hingegen unerkennbar willkürlich Absetzungen vornimmt, die in einem krassen, dem Stpfl durchaus bewußten Mißverhältnis zur Wirklichkeit stehen, zB einen wenig benutzten PKW innerhalb von 2 Jahren abschreibt, handelt rechtswidrig. Ob der Vorwurf *vorsätzlicher* Handlungsweise begründet ist, hängt in erster Linie von den kaufmännischen und steuerrechtlichen Kenntnissen und Erfahrungen des Stpfl ab. Vorsatz liegt regelmäßig dann vor, wenn ein Stpfl bei früheren Betriebsprüfungen über die Unzulässigkeit seiner Bewertungsmethode aufgeklärt worden ist, der Berichtigung zugestimmt hat oder im Rechtsmittelverfahren unterlegen ist, in der Folgezeit aber sein unrichtiges Bewertungsverfahren trotzdem beibehalten hat (vgl. OFD Hamburg v. 19. 8. 1960, FR 575). Ist der Stpfl von der Richtigkeit seiner abw. Auffassung überzeugt, steht es ihm frei, diese Auffassung von vornherein offen geltend zu machen und erforderlichenfalls auch vor den Finanzgerichten zu verfechten. Das *heimliche* Anwenden einer abw. Auffassung ist regelmäßig ein Indiz für das Bewußtsein des Stpfl, daß seine eigene Auffassung unrichtig ist oder doch unrichtig sein könnte (vgl. RG v. 26. 6. 1934, RStBl. 823).

109 **Die Inanspruchnahme von Sonderabschreibungen** ist namentlich dann steuerunehrlich, wenn der Stpfl das FA über die persönlichen Voraussetzungen, zB die Eigenschaft als Vertriebener oder politisch Verfolgter (vgl. § 7e I EStG), oder die sachlichen Voraussetzungen, zB das Datum eines Antrags auf Baugenehmigung oder den Wohnanteil eines Ein- oder Zweifamilienhauses (vgl. § 7b I EStG), getäuscht hat. Zu den sachlichen Voraussetzungen der meisten Sonderabschreibungen gehört auch, daß der Stpfl seinen Gewinn aufgrund ordnungsmäßiger Buchführung ermittelt (vgl. zB § 6 II, § 6b IV Nr. 1, § 7e I 1 EStG).

110 **Für die Bewertung von Forderungen** gilt, daß die Bewertungsfreiheit des vorsichtigen Stpfl ihre Grenze findet, wo das im Bilanzansatz berücksichtigte Risiko entweder überhaupt nicht besteht, zB bei einer Wertberichtigung hinsichtlich unstreitiger Forderungen gegen die öffentliche Hand, oder wo ein bestehendes Risiko bewußt übertrieben wird; vgl. RG 76, 68 v. 12. 2. 1942 zu einer ungerechtfertigten Abschreibung von Forderungen, die regelmäßig zum größten Teil später doch noch eingingen, über das Konto „Dubio".

111 **Auf der Passivseite der Bilanz** werden Verbindlichkeiten namentlich in Form von Darlehen – vorzugsweise von Verwandten in Übersee – vorgetäuscht, denen in Wirklichkeit keine Darlehenshingabe zugrunde liegt, sondern das Bestreben des Stpfl, seinen Gewinn zu mindern und womöglich gleichzeitig die aus unverbuchten Einnahmen stammenden Gelder dem Betrieb wieder zuzuführen, um Kreditzinsen zu sparen. Diesem Zweck dient auch die Buchung fingierter Einlagen, bei der die Herkunft der Mittel durchweg mit privaten Verwandtendarlehen oder mit Spielbankgewinnen erklärt wird; vgl. zur Buchung fingierter Darlehen und Einlagen BGH 7, 336ff. v. 3. 6. 1954. Für die Bildung von Rückstellungen, insbesondere wegen drohender Inanspruchnahme aus Bürgschaften, Mängelhaftung, Patentverletzung usw., gilt das gleiche wie umgekehrt für die Bewertung von Forderungen (s. Rdnr. 110).

112 **Durch Nichtverbuchen von Betriebseinnahmen und Vortäuschen von Betriebsausgaben** werden die weitaus häufigsten Fälle vorsätzlicher Steuerhinterziehung bewirkt. Dem Nichtverbuchen von Betriebseinnahmen geht im Verkehr mit anderen buchführungspflichtigen Stpfl oft die Abrede voraus, daß keine Rechnung erteilt wird (sog. OR-Geschäft) und der Geschäftspartner die entsprechende Ausgabe ebenfalls nicht bucht, damit die Entdeckung des Geschäftsvorfalls durch Kontrollmitteilungen erschwert wird; die Bezahlung erfolgt dann in bar oder durch Barscheck. Dem Vortäuschen von Betriebsausgaben dienen dagegen Gefälligkeitsrechnungen, in denen insbesondere Gegenstände, die bereits ihrer Art nach in die Privatsphäre weisen, zB Schmuck, wertvolle Garderobe und Einrichtungsgegenstände, als Werbeartikel, Berufskleidung oder Büromöbel bezeichnet werden (vgl. dazu § 379 I 1 AO).

113 **Gezahlten Schmiergeldern** kann das FA nach § 160 AO die Abzugsfähigkeit als Betriebsausgaben (§ 4 IV EStG) oder Werbungskosten (§ 9 EStG) versagen, wenn der Stpfl sich auf Verlangen weigert, die Empfänger zu benennen; das gleiche gilt für den Abzug von Schulden und anderen Lasten:

§ 160 AO – Benennung von Gläubigern und Zahlungsempfängern

Schulden und andere Lasten, Betriebsausgaben, Werbungskosten und andere Ausgaben sind steuerlich regelmäßig nicht zu berücksichtigen, wenn der Steuerpflichtige dem Verlangen der Finanzbehörde nicht nachkommt, die Gläubiger oder die Empfänger genau zu benennen. Das Recht der Finanzbehörde, den Sachverhalt zu ermitteln, bleibt unberührt.

114 **Nach der Rspr ist § 160 AO (= § 205a RAO) eine Ermessensvorschrift,** die dem FA – über den Wortlaut hinaus – auch gestattet, den Abzug *nur eines Teils* der ohne Empfängernachweis gebuchten Schmiergeldzahlungen zu versagen (BFH 66, 339, 341f. v. 5. 5. 1966; 89, 202, 204 v. 18. 5. 1967). Da Schmiergeldzahlungen von Natur aus Betriebsausgaben sind und der Stpfl nicht voraussehen kann, ob und in welchem Umfang das FA nach Abgabe der Steuererklärung den Empfängernachweis verlangen und die Abzugsfähigkeit versagen wird, kann allein in der gewinnmindernden Buchung von tatsächlich geleisteten Schmiergeldzahlungen auch dann kein täuschendes Verhalten erblickt werden, wenn der Stpfl den jeweiligen Zahlungsempfänger in seiner Buchführung nicht benennt. Anders ist der Sachverhalt jedoch dann zu beurteilen, wenn der Stpfl, um eine spätere Anwendung des § 160 AO zu verhin-

dern, es von vornherein unterläßt, die geleisteten Schmiergeldzahlungen und entsprechend hohe Betriebseinnahmen zu buchen (BGH – 4 StR 131/60 – v. 23. 11. 1960, zit. bei *Lohmeyer* NJW 1968, 389; vgl. *Troeger/Meyer* S. 47f.) oder wenn er die Schmiergelder unter irreführenden Bezeichnungen oder auf fingierte Namen bucht (*Suhr* S. 263, *Lohmeyer* aaO).

115 **Bestechungsgelder** sind bereits von Natur aus keine Betriebsausgaben iS des § 4 IV EStG; als Mittel zu vorsätzlichen Straftaten sind sie nicht abzugsfähige Ausgaben der privaten Lebensführung iS des § 12 Nr. 1 EStG (*Blümich/Falk* 5a zu § 12 EStG). Dies gilt *„auch dann, wenn solche [strafbaren] Handlungen im Zusammenhang mit der Tätigkeit in einem Betrieb begangen werden“* (BGH – 5 StR 344/65 – v. 8. 3. 1966, zit. bei *Lohmeyer* NJW 1968, 389 Fußn. 9). Die gewinnmindernde Buchung von gezahlten Bestechungsgeldern führt daher stets zu einer Steuerverkürzung. *Lohmeyer* (aaO) übersieht freilich, daß auch die Zahlung von Schmiergeldern vielfach eine vorsätzliche strafbare Handlung gem. § 12 UWG ist (vgl. BGH v. 25. 5. 1976, DB 1977, 1776).

dd) Veruntreuungen als Ursache einer fehlerhaften Gewinnermittlung

Schrifttum:

Lohmeyer, Zur Frage der Unzumutbarkeit im Steuerstrafrecht, NJW 1958, 1431; *Suhr,* Abzug nicht belegter Betriebsausgaben und Veruntreuungen als Steuerhinterziehung, DB 1961, 1238; *Schirp,* Steuerstrafrechtliche Folgen von Veruntreuungen durch Angestellte und sonstige dritte Personen, Stbg. 1962, 161; *Sauer,* Steuerstrafrechtliche Behandlung von Untreue und Unterschlagung durch Angestellte, NWB Fach 13, 273 (Stand: 1964).

116 **Untreue oder Unterschlagung durch Angestellte** können das Ergebnis der Gewinnermittlung – je nach den Umständen – verfälschen, aber auch ohne Einfluß bleiben.

Ein *zu hoher* Gewinn wird ermittelt, wenn der Stpfl in Unkenntnis der Veruntreuungen Bestände an Roh- und Hilfsstoffen, Halbfabrikaten, Waren oder Bargeld ausweist, die am Bilanzstichtag bereits unterschlagen oder gestohlen waren, oder wenn Kundenforderungen ausgewiesen werden, die ein ungetreuer Angestellter bereits für sich eingezogen hat (BGH v. 5. 3. 1968, JR 347), oder wenn Lieferantenschulden unberücksichtigt bleiben, die der Stpfl aufgrund unrichtiger Buchungsunterlagen für beglichen hält – vorausgesetzt, daß die jeweilige Schadensersatzforderung aus unerlaubter Handlung (§§ 823, 826 BGB) gegen den ungetreuen Angestellten dubios und eine Ersatzforderung gegen eine Versicherung nicht besteht.

Ist die Regreßforderung realisierbar oder besteht eine ausreichende Versicherung, wird der in Unkenntnis der Veruntreuungen ermittelte Gewinn im Ergebnis *nicht beeinflußt,* da die zu aktivierende Regreß- oder Versicherungsforderung die Fehlbestände ausgleicht oder den noch offenen Verbindlichkeiten gegenübersteht.

Ein *zu niedriger* Gewinn wird ermittelt, wenn die Tat bereits *vor* Aufstellung der Bilanz entdeckt worden ist, und zwar die entstandenen Schäden gewinnmindernd berücksichtigt werden, jedoch die Aktivierung einer realisierbaren Regreßforderung oder einer Versicherungsforderung unterlassen wird. Hierin kann – je nach der subjektiven Vorstellung des Stpfl – die Ursache einer vorsätzlichen oder leichtfertigen Steuerverkürzung liegen. Gleiches gilt, wenn der Umfang des erlittenen Schadens dem FA gegenüber größer dargestellt wird, als er tatsächlich eingetreten ist.

117 **Ist der ungetreue Angestellte innerhalb der Firma selbst für die Gewinnermittlung zuständig,** ergibt sich die Frage, ob es ihm zuzumuten ist, durch die steuerrechtlich gebotene Aktivierung der Regreßforderung seine eigene strafbare Handlung zu offenbaren. Die gleiche Sachlage kann auch in der Person eines steuerlichen Beraters eintreten, der Untreue, Unterschlagung oder Betrug gegenüber demjenigen Mandanten begangen hat, der ihn mit der Gewinnermittlung beauftragt. Hierzu hat der BGH mit Urt. v. 18. 10. 1956 (BStBl. 1957 I 122f.) im Einklang mit der sonstigen Rspr zur Unzumutbarkeit (s. Rdnr. 88 zu § 369 AO) ausgeführt: *„Der Angeklagte hätte* [die Ersatzforderungen gegen sich] . . . *in den zur Gewinnermittlung nach § 4 I EStG dem FA vorgelegten Bilanzen unter die Außenstände aufnehmen . . . müssen. Die ihm dadurch drohende Gefahr der Entdeckung entband ihn hiervon nicht. Wenn ihm auch nicht zuzumuten war, sich selbst einer strafbaren Handlung zu bezichtigen, so kann dadurch doch eine zu ihrer Verdeckung verübte weitere Straftat nicht straflos bleiben . . . Eine so weitgehende Vergünstigung wäre gegenüber dem Rechtsbrecher, der durch eigenes Verschulden in eine Zwangslage geraten ist, aus der er sich nur durch eine neue erhebliche Verletzung der Rechtsordnung befreien zu können glaubt, selbst nach den Grundsätzen der Güter- und Pflichtenabwägung schon aus rechtsstaatlichen Erwägungen nicht zu verantworten."* Als mitbestrafte Nachtat (s. Rdnr. 109 zu § 369 AO) kann die Steuerhinterziehung nicht angesehen werden, weil durch sie ein *anderes* Rechtsgut verletzt wird als durch die vorausgegangene Untreue, Unterschlagung oder den Betrug zum Nachteil des Stpfl (BGH aaO unter Hinweis auf BGH 6, 67 v. 22. 4. 1954). Dieselben Grundsätze hat der BGH durch Urt. v. 18. 11. 1960 (BStBl. 1961 I 495) für den Fall, daß der kaufmännische Leiter einer Firma Erlöse aus Verkäufen für sich verwendet, bestätigt; vgl. ferner OLG Hamm (v. 20. 9. 1960, BB 1234) zur Steuerhinterziehung eines steuerlichen Beraters durch Unterschlagung des ihm zur Einzahlung ausgehändigten Steuerbetrags und Nichtabgabe einer USt-Voranmeldung; ebenso BFH v. 7. 11. 1973, DStR 1974, 152 m. Anm. *Haase* JR 1974, 236.

118 **Hat der ungetreue Angestellte mit der Gewinnermittlung nichts zu tun,** so ist zu unterscheiden: Wird die Tat bis zur Gewinnermittlung (genauer: bis zur Vorlage der Bilanz beim FA) nicht entdeckt, wirkt sich der unbekannte Schaden – je nach der Realisierbarkeit der Regreßforderung – entweder gewinnerhöhend oder -neutral aus (s. Rdnr. 116). In diesem Fall tritt ein steuerverkürzender Erfolg nicht ein. Wird dagegen die durch die Tat bewirkte Gewinnminderung, nicht jedoch die Regreßforderung erfaßt, so erfolgt zwar eine Steuerverkürzung. Der Täter des Vermögensdelikts ist jedoch aufgrund seines Vorverhaltens allein nicht zur Aufklärung verpflichtet (BFH v. 7. 11. 1973, DStR 1974, 152 m. Anm. *Haase* JR 1974, 236; aM *Lohmeyer* NJW 1958, 1431 sowie *Franzen* in 1. Aufl. Rdnr. 89 zu § 392 RAO). Wird aber die Tat bereits entdeckt, *bevor* die Bilanz dem FA vorgelegt wird, kann eine Gewinnminderung nur dadurch herbeigeführt werden, daß der Geschädigte die Tat seinerseits als Basis für eine Steuerhinterziehung benutzt, indem er eine realisierbare Regreßforderung oder eine Versicherungsforderung nicht aktiviert oder in seiner Gewinnermittlung einen größeren Schaden vortäuscht, als er dem wirklichen Sachverhalt entspricht. Selbst wenn man in solchen Fällen noch eine Ursächlichkeit zwischen der schadenstiftenden Untreue usw. und der Steuerhinterziehung bejahen wollte, so wird doch regelmäßig ein die Steuerverkürzung umfassender Vorsatz des ungetreuen Angestellten fehlen.

ee) Erklärungsfehler und unrichtige Auskünfte

119 **Auch ohne Vorbereitung** durch Scheingeschäfte (s. Rdnr. 102f.), mißbräuchliche und undurchsichtige Rechtsgestaltung (s. Rdnr. 104f.) oder unrichtige Buchführung und Gewinnermittlung (s. Rdnr. 106ff.) können Steuerverkürzungen durch Abgabe unrichtiger Steuererklärungen begangen werden, wenn die Fehler *allein* in der Erklärung liegen, sei es,

daß ein buchführungspflichtiger Stpfl keine Bücher oder sonstige Aufzeichnungen geführt hat und in die Steuererklärung Angaben einsetzt, die er vorsätzlich zu niedrig geschätzt hat, oder

daß ein Stpfl seinen Gewinn zwar aufgrund ordnungsmäßiger Buchführung oder einer Überschußrechung nach § 4 III EStG ermittelt hat, aber geringere Ergebnisse in die Steuererklärung überträgt und das Vorhandensein von Büchern und Aufzeichnungen leugnet oder ihr Abhandenkommen vortäuscht oder dem FA anstelle der richtigen eine frisierte Gewinnermittlung vorlegt, oder

daß ein nichtbuchführungspflichtiger Stpfl Einkünfte aus selbständiger Arbeit, Kapitalvermögen oder Vermietung und Verpachtung vorsätzlich zu niedrig erklärt.

120 **Unrichtige Anträge auf Lohnsteuer-Jahresausgleich** stehen unrichtigen Steuererklärungen gleich; denn sie dienen dem Zweck, die für das vergangene Kalenderjahr gesetzlich geschuldete LSt festzusetzen und den überzahlten Betrag zu erstatten (s. Einl 106). Vorsätzlich fehlerhafte Angaben sind auch hier trotz der regelmäßig geforderten Belege nicht weniger selten als im ESt-Veranlagungsverfahren. Beispiele bieten die Fälle, in denen

Arbeitnehmer beschäftigungslose Zeiten vortäuschen, in denen sie in Wirklichkeit ,,Schwarzarbeit" geleistet haben;

Arbeitnehmer, die regelmäßig im PKW eines Kollegen mitgenommen werden und Werbungskosten (vgl. § 9 I Nr. 4 EStG) geltend machen, die ihnen nicht entstanden sind, oder

Gastarbeiter, die sich – mit gefälschten oder inhaltlich unrichtigen Personenstandsurkunden – als verheiratet ausgeben oder/und Kinder vortäuschen oder – zT mit verfälschten, zT mit echten Einzahlungsbelegen – Überweisungen in das Heimatland gem. § 33a I EStG iVm § 25a I LStDV aF als außergewöhnliche Belastung geltend machen – bedingt durch den Unterhalt von Verwandten, die in Wahrheit nicht unterhaltsberechtigt oder nicht unterhaltsbedürftig sind oder die Zahlungen absprachegemäß teilweise wieder zurücküberweisen.

121 **Unmittelbar durch Vorlage einer unrichtigen Buchführung** können Steuereinnahmen verkürzt werden, wenn die Handlung dem Zweck einer erstmaligen Steuerfestsetzung dient. Das ist entweder der Fall, wenn Stpfl, die der Aufgabe einer Gewinnermittlung nicht gewachsen sind, mit ihren Büchern oder Aufzeichnungen beim FA erscheinen und den Sachbearbeiter bitten, aus den mitgebrachten Unterlagen die für die Veranlagung erforderlichen Angaben zu entnehmen, oder wenn die Bücher oder Aufzeichnungen dem Betriebsprüfer vorgelegt werden, damit dieser aus ihnen die Besteuerungsgrundlagen für den letzten Steuerabschnitt des Prüfungszeitraums, für den der Stpfl noch keine Steuererklärung (oder -voranmeldung) abgegeben hatte, entnimmt (einhM, vgl. *Hartung,* IV 2dee zu § 396 RAO 1931; *Hübner* 16 zu § 392 RAO; *Suhr* S. 248 unter Hinweis auf BGH v. 28. 11. 1957, ZfZ 1958, 145, 147 re. Sp., sowie auf BayObLG – RReg. 4 St 363/58 – v. 4. 12. 1958 u. OLG Hamm – 2 Ss 782/59 – v. 22. 10. 1959).

122 **Unrichtige schriftliche oder mündliche Auskünfte** können ebenfalls die Tathandlung einer Steuerhinterziehung bilden. In Betracht kommen namentlich Auskünfte, die der Stpfl oder ein anderer Wissensträger (Ehegatte, Angestellter, steuerlicher Berater, Geschäftsfreund usw.) auf Verlangen dem FA im Steuerermittlungsverfahren zur Erläuterung einer in bestimmten Punkten – zunächst unbewußt – unvollständigen oder nicht genügend substantiierten Steuererklärung unrichtig erteilen, um Steuern zum eigenen Vorteil oder gefälligkeitshalber zum fremden Vorteil zu verkürzen.

5. Steuerhinterziehung durch Unterlassen gem. § 370 I Nr. 2 AO

a) Überblick

123 Die Steuerhinterziehung durch Unterlassen nach § 370 I Nr. 2 AO kann nur dadurch begangen werden, daß der Täter die Finanzbehörden über steuerlich erhebliche Tatsachen pflichtwidrig in Unkenntnis läßt. Voraussetzung ist demnach zunächst, daß der Finanzbehörde steuerlich erhebliche Tatsachen unbekannt sind. Weiterhin muß der Täter in der Lage sein, diese Unkenntnis zu beseitigen, und dies unterlassen. Schließlich muß er zur Beseitigung der Unkenntnis verpflichtet sein.

b) Unkenntnis von steuerlich erheblichen Tatsachen

124 Die einzelnen Elemente dieses Begriffs entsprechen den Merkmalen beim Begehungstatbestand; s. zum Begriff der **Tatsache** oben Rdnr. 94, zum Begriff der **steuerlichen Erheblichkeit** oben Rdnr. 96.

125 Die **Unkenntnis der Finanzbehörde** ist nicht erst dann gegeben, wenn der Behörde der gesamte steuerpflichtige Vorgang unbekannt ist. Unkenntnis liegt auch dann vor, wenn zB die Existenz des Gewerbebetriebes und die Tatsache, daß steuerpflichtige Umsätze gemacht werden, bekannt ist, mangels rechtzeitiger Umsatzsteuervoranmeldung jedoch die genaue Höhe der steuerpflichtigen Umsätze unbekannt bleiben (Einzelheiten s. Rdnr. 133f.). Zur Bedeutung der Schätzmöglichkeit in solchen Fällen s. Rdnr. 165. Dage-

gen liegt keine Unkenntnis vor, wenn das FA von anderer Seite die erforderliche Information rechtzeitig erhalten hat. Dabei ist es dann unerheblich, daß der Täter selbst keine Erklärung abgegeben hat. Auch fehlt die Unkenntnis, wenn der Stpfl die erforderlichen Angaben gemacht hat, dabei jedoch pflichtwidrig die Formblätter nicht verwendete (§ 150 I AO). Glaubt er, das FA sei nicht in vollem Umfange informiert, dann kommt Versuch in Betracht. Weiß er, daß die Behörde die erforderlichen Umstände kennt, dann scheidet Steuerhinterziehung ganz aus.

126 Problematisch ist das Merkmal der Unkenntnis dann, wenn zB der für die ESt zuständige Beamte aufgrund zutreffender Anlagen zur Einkommensteuererklärung auch die Höhe des umsatzsteuerpflichtigen Umsatzes kennt, der Täter jedoch keine Umsatzsteuererklärung abgegeben hat, so daß sich der für die USt zuständige Beamte in Unkenntnis befindet. Durch die Annahme, daß die **Unkenntnis beim zuständigen Finanzbeamten zu beseitigen** ist, wird der Stpfl nicht unbillig belastet. Glaubt er nämlich, die Behörde werde aufgrund innerbehördlicher Kommunikation die Angaben der einen Steuererklärung auch dem Beamten der anderen Abteilung zuleiten, dann fehlt der Verkürzungsvorsatz, so daß § 370 I AO ausscheidet. Hat der Stpfl diese Vorstellung nicht, dann will er eine Steuerhinterziehung. Es besteht dann aber kein Anlaß, den Tatbestand nicht anzuwenden.

c) Unterlassen

127 Der Stpfl erfüllt den Tatbestand nur dann, wenn er eine zur Aufklärung geeignete und ihm mögliche Handlung nicht vornimmt (s. Rdnr. 79 zu § 369 AO). Vor allem muß ihm **die Aufklärung** der Finanzbehörde **möglich sein.** Diese Aufklärung wird ihm nicht schon dadurch unmöglich, daß er aus Nachlässigkeit keine Aufzeichnungen gemacht hat oder die Aufzeichnungen verlorengegangen sind. Er muß dann der Finanzbehörde diesen Umstand sowie diejenigen Tatsachen bekanntgeben, die eine angemessene Schätzung ermöglichen.

d) Erklärungspflicht

128 Der Stpfl muß *pflichtwidrig* unterlassen haben. Steuerhinterziehung durch Unterlassen kann daher nur begehen, wer **zur Aufklärung besonders verpflichtet** ist. Die hier bedeutsamen steuerlichen Erklärungspflichten sind sämtlich besonders gesetzlich festgelegt (s. Rdnr. 120ff.).

129 **Die allgemeinen Garantenpflichten** spielen nur eine untergeordnete praktische Rolle. Daß die hM Garantenpflichten aus dem Kreis der **Hütergarantenpflichten** (s. Rdnr. 79 zu § 369 AO) annimmt, ist nicht unproblematisch, da der behördenfremde Bürger nicht „Hüter“ des Steueranspruchs ist (anders für den mit der Gewinnermittlung beauftragten Angestellten und den Steuerberater: BFH v. 7. 11. 1973, DStR 1974, 152 m. Anm. *Haase* JR 1974, 236; weitere Rspr. s. Rdnr. 12) und der zuständige Beamte bei Unterlassung einer Steuerfestsetzung nicht in Unkenntnis bleibt, sondern selbst eine Untreue begeht. Aus dem Kreis der **Überwachergaranten** kommt lediglich dem Fall praktische Bedeutung zu, daß der Personensorgeberechtigte gegen die Zollhinterziehung des Kindes nicht einschreitet. Die Garantenpflicht **aus vorangegangenem Tun** (Ingerenz) hat für das Steuerrecht in § 153 AO eine Sonderregelung erfahren (im übrigen s. BFH v. 7. 11. 1973, DStR 1974, 152, sowie Rdnr. 118).

e) Einzelfälle der Steuerhinterziehung durch Unterlassen

aa) Nichterfüllung von Erfassungspflichten

130 **Der Erfassung der Stpfl dient bei Besitz- und Verkehrsteuern** in erster Linie die Personenstands- und Betriebsaufnahme, die nach § 134 AO den Gemeinden als Hilfsstellen der FÄ obliegt. Den Gemeinden gegenüber müssen Grundstückseigentümer, Wohnungsinhaber sowie Inhaber von Betriebstätten und Lagerräumen die in § 135 AO bestimmten Angaben machen. Die Stpfl selbst haben die ihnen obliegenden polizeilichen Meldepflichten über Zuzug, Umzug oder Wegzug nach § 136 AO auch im Interesse der Besteuerung zu erfüllen. Unmittelbar dem zuständigen FA müssen juristische Personen nach § 137 AO diejenigen Ereignisse melden, die für die steuerliche Erfassung von Bedeutung sind. Desgl. hat dem zuständigen FA nach § 138 AO zu melden, wer einen land- und forstwirtschaftlichen Betrieb, einen gewerblichen Betrieb oder eine Betriebstätte eröffnet oder eine freiberufliche Tätigkeit (vgl. § 18 EStG) beginnt. Für bestimmte Verkehrsteuern bestehen die Pflichten, den Geschäftsbetrieb als Versicherer beim FA anzumelden (§ 139 I 2 AO iVm § 2 FeuerschStDB oder § 2 VersStDV), beim FA Lotterieveranstaltungen anzumelden (§ 31 RennwLottAB) sowie das Halten eines deutschen Kfz bei der Zulassungsstelle (§ 7 KraftStDV) oder das Halten eines außerdeutschen Kfz bei der Zollstelle (§ 22 KraftStDV) anzumelden.

131 **Der Erfassung der Hersteller verbrauchsteuerbarer Erzeugnisse** bei den zuständigen Zollstellen dienen hauptsächlich die Pflichten zur Anmeldung des Herstellungsbetriebes (vgl. § 139 I 1 AO iVm § 15 LeuchtmStDB, § 40 MinöStDV, § 13 SalzStDB, § 12 SchaumwStDB, § 12 SpielkStDB, § 30 TabStDB, § 17 ZuckStDB, § 9 ZündwStDB), zur Anzeige des Brauereibesitzes (§ 13 BierStG iVm §§ 33, 34 BierStDB) sowie die Pflicht zur Anzeige eines Wechsels im Besitz des Herstellungsbetriebs (§ 139 I 1 AO iVm § 16 II LeuchtmStDB, § 44 II MinöStDV, § 14 II SalzStDB, § 13 II SchaumwStDB, § 13 II SpielkStDB, § 33 TabStDB, § 18 II ZuckStDB, § 10 II ZündwStDB). Einer Anmeldepflicht unterliegt auch, wer Mineralöl vertreibt oder gewerbsmäßig für Dritte lagert oder befördert oder Einrichtungen für die Eigenversorgung mit Dieselkraftstoff unterhält (§ 45 MinöStDV). Tabakpflanzer haben den geernteten Rohtabak zum Wiegen anzumelden (§ 24 I, III TabStG).

132 **Wer einer Pflicht zur Erfassung als Stpfl nicht nachkommt,** hält das FA über seine persönliche Steuerpflicht in Unkenntnis (s. Rdnr. 115ff.) und verhindert dadurch von vornherein, daß gegen ihn – soweit gesetzlich vorgesehen – eine Vorauszahlung festgesetzt, die Abgabe einer Steuer(vor)anmeldung oder einer (Jahres-)Steuererklärung gem. § 328 AO erzwungen oder die gesetzlich geschuldete Steuer aufgrund einer Schätzung der Besteuerungs-

grundlagen nach § 162 AO festgesetzt und vollstreckt werden kann. Aus der Rspr vgl. zum Verheimlichen eines Gewerbebetriebs OLG Köln v. 31. 3. 1953 (ZfZ 186), BGH v. 16. 6. 1954 (NJW 1819 betr. Pelztierzucht) u. BGH v. 1. 3. 1956 (BStBl. I 441), zum Verheimlichen einer freiberuflichen Tätigkeit OLG Frankfurt v. 18. 10. 1961 (NJW 1962, 974). Bei der USt (s. Einl 136) hat das Verheimlichen einer Tätigkeit als Unternehmer (§ 2 UStG) den Eintritt einer Steuerverkürzung bereits dann zur Folge, wenn der Unternehmer nach Ablauf des Voranmeldungszeitraums weder eine Voranmeldung abgibt noch die selbst zu berechnende Vorauszahlung entrichtet (vgl. § 18 II UStG). Bei der ESt, KöSt und GewSt tritt eine Verkürzung ein, falls und sobald das FA durch das Schweigen des Stpfl davon abgehalten wird, einen Vorauszahlungsbescheid zu erteilen (vgl. RdF-Erl. v. 26. 8. 1941, RStBl. 649; *Herrmann/Heuer* 24–28 zu § 35 EStG; vgl. auch §§ 48f. KStG; § 19 IV GewStG). Der Stpfl ist nicht verpflichtet, dem FA von sich aus Umstände anzuzeigen, die zu einer Erhöhung der Vorauszahlungen Veranlassung geben könnten (*Blümich/Falk* 5a, *Littmann* 5 – beide zu § 35 EStG). Gibt der Stpfl, der die Anmeldung eines Gewerbebetriebs oder einer freiberuflichen Tätigkeit usw. unterlassen hat, fristgerecht eine Jahressteuererklärung ab, bevor das FA auf andere Weise von seiner steuerträchtigen Betätigung erfahren hat, beschränkt sich die Steuerverkürzung auf die vermiedenen Vorauszahlungen. Insoweit kann die Abgabe der Jahressteuererklärung als Selbstanzeige gewürdigt werden (s. Rdnr. 47 zu § 371 AO), die gem. § 371 III AO bei fristgerechter Nachzahlung des Betrages, den das FA ohne das steuerunehrliche Verhalten als Vorauszahlung festgesetzt hätte, strafbefreiende Wirkung hat. Gibt der Stpfl keine Jahressteuererklärung ab, wird dadurch die gesetzlich entstandene Jahressteuerschuld verkürzt.

bb) Nichtabgabe von Steuervoranmeldungen

Schrifttum:

Leise, Strafrechtliche Folgen bei verspäteter Abgabe oder bei Nichtabgabe von Umsatzsteuer-Voranmeldungen, BB 1949, 79; *Suhr,* Festgesetzte Steuervorauszahlungen und Steuerstrafrecht, BB 1950, 477; *Luther,* Straflose Vortat bei Abgabe falscher Umsatzsteuer- und Beförderungsteuervoranmeldungen, BB 1962, 94; *Fr.-Chr. Schroeder,* Zur Strafbarkeit der Nichtabgabe von Umsatzsteuer-Voranmeldungen, DB 1964, 1496; *Henke,* Wann ist ein Umsatzsteuervergehen begangen? BB 1964, 256; *Leise,* Mitbestrafte Nachtat bei der Umsatzsteuer, StuF 1965, 323 u. Inf 1965, 435; *Fischer,* Kritik der strafrechtlichen Rechtsprechung bei Fälligkeitsteuern, DStZ 1965, 375 mit Erwiderungen von *Kulla* DStZ 1966, 42, *Reinisch* DStZ 1966, 72 u. *Henke* DStZ 1966, 88; *Fr.-Chr. Schroeder,* Zur Strafbarkeit der Nichtabgabe von Umsatzsteuer-Voranmeldungen, DB 1966, 519; *Herdemerten,* Zur Nichtstrafbarkeit der verspäteten Abgabe von Umsatzsteuervoranmeldungen, DStR 1970, 198; *Depiereux,* Die strafrechtlichen Folgen der Nichtabgabe von Steuererklärungen, DStR 1970, 551; *Herdemerten,* Keine Steuerunehrlichkeit bei verspäteter Abgabe bzw. Nichtabgabe von Steuererklärungen, DStR 1970, 751; *Leise,* Nochmals: Zur Nichtstrafbarkeit der verspäteten Abgabe von Umsatzsteuervoranmeldungen, DStR 1971, 57; *Depiereux,* Keine Steuerunehrlichkeit bei verspäteter Abgabe bzw. Nichtabgabe von Steuererklärungen? DStR 1971, 59.

133 **Steuervoranmeldungen dienen dem Zweck,** das FA frühzeitig und fortlaufend über die Grundlagen eines gesetzlich entstandenen Steueranspruchs zu unterrichten. Steuervoranmeldungen sind Steuererklärungen (§ 150 I 2 AO iVm § 18 II UStG) für kürzere Zeiträume als ein Jahr (Monat oder Kalender-

vierteljahr), an die sich nach Ablauf des Kalenderjahres die Pflicht zur Abgabe einer Jahressteuererklärung anschließt, die gem. § 168 AO einer Steuerfestsetzung unter Vorbehalt der Nachprüfung gleichsteht.

134 **Die Pflicht zur Abgabe von Steuervoranmeldungen** ergibt sich namentlich aus § 18 II UStG. Wenn der Stpfl dem FA als Unternehmer bekannt ist und er die Abgabe einer USt-Voranmeldung zum gesetzlichen Termin, dh bis zum 10. eines Monats (bei monatlicher Voranmeldung) oder zum 10. 4., 10. 7., 10. 10. oder 10. 1. (bei vierteljährlicher Voranmeldung) unterläßt, hat das FA die USt nach Ablauf der Voranmeldungsfrist gem. § 18 III 2 UStG aufgrund geschätzter Besteuerungsgrundlagen festzusetzen.

135 **Eine Steuerverkürzung tritt bereits mit Ablauf des Voranmeldungszeitraumes ein;** denn bis dahin hätte die voranzumeldende Steuer auch entrichtet werden müssen. Dies gilt ungeachtet der Höhe des später von Amts wegen festgesetzten Betrages, für dessen Fälligkeit nach § 18 III 3 UStG – wie bei rechtzeitiger Voranmeldung – gleichfalls der 10. Tag nach Ablauf der Voranmeldungsfrist gilt. Wenn die Vorauszahlung von Amts wegen mindestens ebenso hoch festgesetzt wird wie der Betrag, den der Stpfl voranzumelden unterlassen hat, kann die Minderung der Steuereinnahmen durch die um kurze Zeit verzögerte Zahlung oder Beitreibungsmöglichkeit so gering sein, daß sie vernachlässigt werden darf (wie hier die hM: *Hübner* 14a zu § 392 RAO mwN; *Leise* DStR 1971, 58; *Depiereux* DStR 1971, 59; aM *Herdemerten* DStR 1970, 751). Dies führt im Hinblick auf § 370 II AO jedoch nicht zur Straffreiheit, wenn der Stpfl auf eine zu niedrige Schätzung und Festsetzung der Vorauszahlung spekuliert hatte. Eine Steuerverkürzung liegt stets vor, wenn die von Amts wegen festgesetzten Beträge niedriger sind als die kraft Gesetzes geschuldeten Beträge. Werden die im Laufe des Jahres entstandenen Unterschiedsbeträge nachträglich, insbesondere in einer USt-Jahreserklärung, dem FA offenbart, kann der Stpfl dadurch unter den übrigen Voraussetzungen des § 371 AO Straffreiheit erlangen. Werden die Unterschiedsbeträge nur zT nachträglich erklärt, können die Voraussetzungen einer teilweise strafbefreienden Teilselbstanzeige erfüllt sein (s. Rdnr. 160f. zu § 371 AO).

136 **Falls der Stpfl auch die Abgabe einer USt-Jahreserklärung unterläßt** oder eine unrichtige Jahressteuererklärung abgibt, nach der die Steuerverkürzung der Summe der unterbliebenen oder zu niedrig festgesetzten Vorauszahlungen entspricht, entsteht die Frage nach dem Konkurrenzverhältnis zwischen Voranmeldungen und Jahressteuererklärung. Hierbei ist davon auszugehen, daß die für die einzelnen Voranmeldungszeiträume vorangemeldete oder von Amts wegen festgesetzte USt nur Teilbeträge der USt-Jahresschuld darstellen, die nach Ablauf des Kalenderjahres aufgrund einer Jahreserklärung oder einer Schätzung der Besteuerungsgrundlagen in einer Summe für das ganze Jahr festzusetzen ist. Durch die fortlaufende Nichtabgabe der USt-Voranmeldungen wird daher „etappenweise" bereits die Jahressteuerschuld verkürzt, die nicht größer sein kann als die Summe der Teilbeträge, die monatlich oder vierteljährlich hätten vorangemeldet werden müssen. Liegt dem Verhalten des Stpfl der Gesamtvorsatz (s. Rdnr. 104 zu § 369 AO) zugrunde, *„die USt*

zu verkürzen", bilden die Nichtabgabe der einzelnen Voranmeldungen und die Nichtabgabe der Jahreserklärung *eine* fortgesetzte Handlung (glA *Henke* BB 1964, 256, unter Aufgabe seiner abw. früheren Auffassung in DStZ 1958, 186 u. DStZ 1959, 337). Durch die Nichtabgabe der Jahreserklärung entsteht keine andere, keine neue und keine größere Steuerverkürzung als die, welche bereits durch Nichtabgabe aller einzelnen Voranmeldungen für das jeweilige Kalenderjahr entstanden ist. Dasselbe gilt sinngemäß für den Fall, daß sich die Summe der Fehlbeträge unrichtiger Voranmeldungen mit dem Fehlbetrag einer unrichtigen Jahreserklärung deckt. In beiden Fällen wird der durch unterlassene oder unrichtige Voranmeldungen bewirkte Erfolg der USt-Verkürzung durch die unterlassene oder unrichtige Jahreserklärung nur bekräftigt, nicht etwa auf den Zeitpunkt zurückverlegt, zu dem eine richtige Jahreserklärung hätte abgegeben werden müssen. Bei dieser Sachlage kann, wenn man einer entsprechend den Voranmeldungen unterlassenen oder unrichtigen Jahreserklärung überhaupt eine besondere, außerhalb der Fortsetzungskette stehende Bedeutung beimessen will (vgl. BGH v. 18. 6. 1953, DStZ/B 477), in ihr nur noch eine *mitbestrafte Nachtat* erblickt werden (so auch OLG Hamm – 2 Ss 782/59 – v. 22. 10. 1959, zit. bei *Suhr* S. 514; BayObLG – RReg. 4 St 205/61 – v. 24. 1. 1961; *Terstegen* S. 69). Keinesfalls können dagegen umgekehrt die unterlassenen oder unrichtigen Voranmeldungen als *straflose Vortaten* gewürdigt werden, die durch die unterlassene oder unrichtige Jahreserklärung ihre strafrechtliche Bedeutung verlieren (so aber *Luther* BB 1962, 94). Gibt der Stpfl jedoch im Anschluß an unrichtige Voranmeldungen eine Jahreserklärung ab, deren Unrichtigkeit aufgrund eines neuen Vorsatzes noch über die Summe der Fehlbeträge in den Voranmeldungen hinausgeht, so liegt hierin eine selbständige Hinterziehungshandlung, die zu der fortgesetzten Hinterziehung durch Abgabe unrichtiger Voranmeldungen *in Tatmehrheit* (§ 53 StGB) steht.

cc) Nichtabgabe von Steuererklärungen oder Steueranmeldungen

Schrifttum:
Hammer, Hinterziehung im Vollstreckungsverfahren und durch Nichtabgabe von Steuererklärungen, StWa 1957, 98; *Pfaff,* Zur Einleitung des Steuerstrafverfahrens, insbesondere bei Nichtabgabe von Steuererklärungen, WT 1962, 162 u. Inf 1962, 455; *Hoffmann,* Die Nichterfüllung der steuerlichen Erklärungspflichten und § 396 AO, FR 1963, 293 u. Inf 1963, 203; *Schirp,* Strafrechtliche Folgen bei Nichtabgabe von Steuererklärungen, STB 1963, 141; *Lohmeyer,* Steuerhinterziehung durch Nichtabgabe von Steuererklärungen, NJW 1963, 1191; *Schulze,* Steuerhinterziehung durch Unterlassen der Abgabe von Steuererklärungen, DStR 1964, 384 u. 416; *Schuhmann,* Form und Inhalt der Steuererklärungen, BB 1977, 692.

137 **Steuererklärungen** im engeren Sinne sind förmliche Erklärungen über die von einem Stpfl in einem bestimmten Zeitraum (Kalenderjahr oder abw. Wirtschaftsjahr) oder – bei einmaligen Steuern – zu einem bestimmten Zeitpunkt verwirklichten Besteuerungsgrundlagen zum Zwecke der Steuerfestsetzung durch das FA. **Steueranmeldungen** sind nach § 150 I 2 AO Steuererklärungen, in denen der Stpfl eine Steuer selbst berechnen muß; eine Festsetzung der Steuer durch Steuerbescheid ist nach § 167 AO nur erforderlich, wenn die Festsetzung zu einer abweichenden Steuer führt.

138 **Pflichten zur Abgabe von Steuererklärungen** ergeben sich namentlich aus §§ 56–60 EStDV, § 20 KStG, § 25 GewStDV, § 10 I, II, IV StrGüVStG, § 19 VStG, § 31 ErbStG (hier nach vorhergehender Anzeige gem. § 30 ErbStG iVm §§ 5–14 ErbStDV). **Pflichten zur Abgabe von Steueranmeldungen** ergeben sich bei den Besitz- und Verkehrsteuern aus § 41a EStG (s. Rdnr. 169), § 9 KapStDV, § 73e S. 2 EStDV, § 8 III VersStG; vgl. ferner die Pflichten zur Nachweisung der RennwSt nach § 18 I RennwLottAB, zur Anmeldung steuerbarer Erwerbe gem. §§ 3, 4 GrEStDV 1940 und steuerbarer Rechtsvorgänge gem. §§ 4, 5 KVStDV. Bei den Verbrauchsteuern bestehen Pflichten zur Abgabe monatlicher Anmeldungen der hergestellten Erzeugnisse und der entstandenen Steuer gem. § 5 LeuchtmStG iVm § 5 LeuchtmStDB, § 5 MinöStG iVm § 8 MinöStDV, § 4 SalzStG iVm § 6 SalzStDB, § 5 SchaumwStG iVm § 5 SchaumwStDB, § 4 SpielkStG iVm § 5 SpielStDB, § 6 ZuckStG iVm § 7 ZuckStDB, § 4 ZündwStG iVm § 4 ZündwStDB; vgl. ferner die Pflichten der Tabakpflanzer zur Anmeldung des gewonnenen Rohtabaks nach § 24 TabStG, der Brauereien zur Einsendung des Biersteuerbuches nach § 63 BierStDB sowie die Anmeldepflicht der Hausbrauer nach § 7 BierStDB.

139 **Kraft Gesetzes ist zur Abgabe einer Steuererklärung jeder verpflichtet,** der nach den einzelnen Steuergesetzen (s. Rdnr. 128) einen Steuertatbestand verwirklicht hat. Bei jur. Personen obliegt die Verpflichtung den zuständigen Organen (§ 34 I 1 AO). Für nicht rechtsfähige Personenvereinigungen und Vermögensmassen haben gem. § 34 I 1 AO die Geschäftsführer die Erklärungen abzugeben. Fehlt ein Geschäftsführer, so trifft die Pflicht die Gesellschafter oder Mitglieder (§ 34 II AO).

140 **Eine Steuererklärungspflicht haben ferner:**

gesetzliche Vertreter eines Stpfl (§ 34 I 1 AO);

Vermögensverwalter (§ 34 III AO) einschl. *Konkursverwalter;*

Mitglieder einer Erbengemeinschaft sowie die zur Verwaltung und Verwendung von Zweck- und Sondervermögen oder unselbständigen Stiftungen bestellten *Treuhänder* oder *Bevollmächtigten* (§ 34 I–III AO);

als *Bevollmächtigte* oder *Verfügungsberechtigte* auftretende Personen (§ 35 iVm § 34 I AO), wenn die Vollmacht oder der Auftrag die Steuererklärungspflicht umfaßt. Einen nur allgemein mit der Beratung und Vertretung beauftragten Wpr, StBer oder StBev trifft kraft Gesetzes keine Pflicht zur Abgabe von Steuererklärungen für seinen Mandanten.

141 **Die Vorschrift des § 150 I 2, 3 AO,** nach der zur Abgabe einer Steuererklärung über die Vorschriften der einzelnen Steuergesetze hinaus jeder verpflichtet ist, der dazu vom FA individuell oder durch öffentliche Bekanntmachung aufgefordert wird, ist trotz ihrer konstitutiven Bedeutung für das Steuerrecht steuerstrafrechtlich ohne Belang. Wer es entgegen den Vorschriften der einzelnen Steuergesetze unterläßt, dem FA die von ihm verwirklichten Steuertatbestände innerhalb der Frist mitzuteilen, die das jeweilige Steuergesetz vorschreibt, handelt hiernach rechtswidrig und regelmäßig auch mit dem Erfolg

einer Steuerverkürzung. Wer hingegen in dem jeweiligen Steuerabschnitt keinen Tatbestand verwirklicht hat, der (bei Berücksichtigung von Freibeträgen, Freigrenzen usw.) gem. § 38 AO eine Steuerschuld hat entstehen lassen, kann sich einer Steuerhinterziehung auch dann nicht schuldig machen, wenn er eine besondere Aufforderung des FA zur Abgabe einer Steuererklärung vorsätzlich mißachtet. Zwar kann ihn das FA durch steuerrechtliche Zwangsmittel nach § 328 AO zur Abgabe einer Steuererklärung anhalten, um eine verbindliche und nachprüfbare Äußerung des Stpfl über seine steuerlichen Verhältnisse zu erlangen. Steuerstrafrechtlich hat eine Aufforderung nach § 150 I 2 AO jedoch nur zur Folge, daß der Stpfl, der einen Steuertatbestand verwirklicht hat, in einem späteren Strafverfahren nicht geltend machen kann, daß er sich seiner gesetzlichen Pflicht zur Abgabe einer Steuererklärung nicht bewußt gewesen sei.

142 **In welcher Form eine Steuererklärung abzugeben ist,** regelt § 150 I 1 AO in der Weise, daß die Erklärung grundsätzlich auf amtlich vorgeschriebenen Vordrucken zu erfolgen hat, es sei denn, eine mündliche Steuererklärung ist zugelassen. Ferner hat der Stpfl nach § 150 II AO zu versichern, daß er die Angaben in der Steuererklärung nach bestem Wissen und Gewissen gemacht hat. Die Einhaltung der vorgeschriebenen Form und die Abgabe der vorgeschriebenen Versicherung sind jedoch für das Vorliegen einer Steuererklärung nicht wesentlich. Amtliche Vordrucke und Muster sollen nur die Bearbeitung erleichtern und die Vollständigkeit der Erklärungen gewährleisten (RFH v. 9. 7. 1931, RStBl. 672; v. 28. 1. 1937, RStBl. 332), und die Wahrheitsversicherung ist nur ein Aufruf zur Wahrheit, eine Mahnung, den Vordruck sorgfältig auszufüllen (einhM, vgl. *Franzen* DStR 1964, 382; *Tipke* 3 zu § 166 RAO). Eine Steuererklärung kann zB auch die formlose Mitteilung des Stpfl darstellen, daß er im vergangenen Jahr wegen Krankheit keine Umsätze und Einkünfte erzielt, sondern von Sozialhilfe gelebt habe. Ist eine solche Mitteilung unrichtig, so ist die dadurch bewirkte Steuerverkürzung – wie bei der Abgabe einer formvollendeten unrichtigen Erklärung – bereits in dem Zeitpunkt eingetreten, in dem das FA sich entschließt, den Stpfl nicht zu veranlagen (sog. „n. v.-Fall") oder jedenfalls einen Steuerbetrag nicht festzusetzen (sog. „Ø-Fall").

143 **Eine durch Nichtabgabe einer Steuererklärung bewirkte Steuerhinterziehung** liegt namentlich dann vor, wenn der Stpfl beim FA nicht geführt wird und sich durch das Unterlassen der Abgabe von Steuererklärungen der Besteuerung schlechthin entziehen will. Zum Zeitpunkt der Vollendung der Tat s. Rdnr. 33. Die häufigsten Fälle dieser Art sind Schwarzarbeiter (vgl. FG Münster v. 7. 9. 1966, DStZ/B 1967, 38) und ArbN mit Nebeneinkünften aus Vermietung und Verpachtung, insbes. Zimmervermietung an Studenten, Messebesucher, Kongreßteilnehmer usw., oder aus selbständiger Arbeit, die 800 DM übersteigen (vgl. § 46 II Nr. 1 EStG), ferner Wandergewerbetreibende, Handelsvertreter ohne festen Wohnsitz oder mit häufig wechselndem Wohnsitz und Sortiment, fliegende Händler, Vermittler von Gelegenheitsgeschäften, Heilpraktiker (vgl. OLG Frankfurt v. 18. 10. 1961, NJW 1962, 974),

Hellseher, Schausteller, Catcher, Vortragskünstler aller Art, Prostituierte (vgl. BFHGrS v. 23. 6. 1964, BStBl. 500). Eine weitere Gruppe bilden diejenigen Kleingewerbetreibenden, die es bewußt auf eine Schätzung ihrer Umsätze und Gewinne nach § 162 AO ankommen lassen wollen und das Ergebnis dann, wenn die Schätzung zu niedrig ausgefallen ist, hinnehmen, oder aber, wenn sie zu hoch ausgefallen ist, den Steuerbescheid mit detaillierten Angaben anfechten (vgl. RG v. 21. 7. 1938, RStBl. 906; OLG Karlsruhe v. 5. 3. 1964, BB 1966, 1379). Weitere Beispiele aus der Rspr: BGH – 1 StR 159/51 – v. 15. 11. 1951 und – 3 StR 222/53 – v. 16. 6. 1954, zit. bei *Lohmeyer* (NJW 1959, 374), OLG Frankfurt v. 30. 3. 1960 (NJW 1684), OLG Hamm v. 6. 12. 1962 (BB 1963, 459).

144 **Die verspätete Abgabe einer Steuererklärung** steht einer Nichtabgabe grundsätzlich gleich; denn, vom Merkmal einer Verkürzung der Steuereinnahmen aus betrachtet, besteht nur ein gradueller Unterschied, ob nach dem Ablauf der Steuererklärungsfrist ein mehr oder minder langer Zeitraum vergeht, bis der Stpfl die Besteuerungsgrundlagen doch noch von sich aus erklärt oder ob sie inzwischen durch eine Anzeige oder durch amtliche Ermittlungen zur Kenntnis des FA kommen und dem FA ermöglichen, die gesetzlich geschuldete Steuer nachträglich festzusetzen. Unstr. ist, daß auch eine *vorübergehende* Minderung der Steuereinnahmen eine Steuerverkürzung darstellt (s. Rdnr. 33f.). Eine unterschiedliche strafrechtliche Beurteilung kann sich jedoch aus folgenden Umständen ergeben:

145 **Hat die zuständige Finanzbehörde die gesetzliche Frist für die Abgabe einer Steuererklärung verlängert** (§ 109 AO), handelt der Stpfl regelmäßig nicht rechtswidrig, wenn er die verlängerte Frist ausschöpft. Dies gilt bei *allgemeinen* Fristverlängerungen ohne Einschränkung und ohne Rücksicht darauf, ob der einzelne Stpfl, der seine Steuererklärung bereits vor Ablauf der verlängerten Frist fertiggestellt hat, sie bis zum letzten Tag der Frist zurückhält, um die erklärungsgemäß zu erwartende Abschlußzahlung hinauszuzögern. Gleiches gilt grundsätzlich auch bei einer *individuell* gewährten Fristverlängerung. Steuerhinterziehung (durch Handeln) begeht jedoch, wer einen Antrag auf Fristverlängerung mit unwahren Behauptungen begründet hat und dann den Ablauf der erschlichenen Fristverlängerung abwartet.

dd) Unterlassene Berichtigung von Erklärungen (§ 153 AO)

Schrifttum:

Lohmeyer, Zur Frage der Unzumutbarkeit im Steuerstrafrecht, NJW 1958, 1431; *Suhr,* Verletzung der Anzeigepflicht als Steuerstraftatbestand und Selbstanzeige, NWB Fach 13, 235 (Stand: 1961); *Lohmeyer,* Die Pflicht zur Berichtigung einer Steuererklärung nach § 165e AO, WPg 1963, 442; *v. Witten,* Zur Strafbarkeit der Verletzung der Anzeigepflicht nach § 165e AO, NJW 1963, 567 mit Erwiderung von *Henke* NJW 1963, 1098; *Leise,* Die Nacherklärungspflicht gemäß § 165e Abs. 1 RAO – gesehen aus strafrechtlichem Blickwinkel, BlStA 1965, 83; *Lohmeyer,* Die Bedeutung der Anzeigepflicht nach § 165e AO, ZfZ 1968, 299; *Teichner,* Nacherklärungspflicht des Konkursverwalters im Besteuerungsverfahren? NJW 1968, 688.

146 **Wer nach Abgabe einer Steuererklärung erkennt,** daß seine Erklärung unrichtig oder unvollständig ist, unterliegt der besonderen Anzeigepflicht nach:

§ 153 AO – Berichtigung von Erklärungen

(1) **Erkennt ein Steuerpflichtiger nachträglich vor Ablauf der Festsetzungsfrist,**

1. **daß eine von ihm oder für ihn abgegebene Erklärung unrichtig oder unvollständig ist und daß es dadurch zu einer Verkürzung von Steuern kommen kann oder bereits gekommen ist oder**
2. **daß eine durch Verwendung von Steuerzeichen oder Steuerstemplern zu entrichtende Steuer nicht in der richtigen Höhe entrichtet worden ist,**

so ist er verpflichtet, dies unverzüglich anzuzeigen und die erforderliche Richtigstellung vorzunehmen. Die Verpflichtung trifft auch den Gesamtrechtsnachfolger eines Steuerpflichtigen und die nach den §§ 34 und 35 für den Gesamtrechtsnachfolger oder den Steuerpflichtigen handelnden Personen.

(2) . . . [s. Rdnr. 153]

(3) . . . [s. Rdnr. 153]

Bereits vor Einführung des § 165e RAO hatte der GrS des RFH in einem Gutachten v. 4. 12. 1933 (RStBl. 1934, 24) ausgesprochen, daß derjenige, der eine unrichtige oder unvollständige Erklärung abgegeben habe, sie unverzüglich berichtigen oder ergänzen müsse, sobald er die Mängel erkenne, und zwar auch dann, wenn ihn kein Verschulden treffe. Gleichwohl war es dem Gesetzgeber ratsam erschienen, diese Grundsätze in § 165e I RAO gem. § 28 Nr. 36 EinfGRealStG v. 1. 12. 1936 (RGBl. I 969) zu kodifizieren. Die Neufassung in § 153 I AO entspricht weitgehend § 165e I RAO; sie umreißt den Kreis der Erklärungspflichtigen jedoch präziser und bezieht die unrichtige Verwendung von Steuerzeichen und Steuerstemplern mit ein.

147 Nach § 153 I AO sind nur der Stpfl (§ 33 I AO), sein Gesamtrechtsnachfolger sowie die nach §§ 34, 35 AO für beide handelnden Personen zur Berichtigung verpflichtet. Dagegen sind Personen nicht berichtigungspflichtig, die nach § 33 II AO sonst Auskünfte erteilt haben. Die Pflicht trifft nicht nur den, der *selbst* die unrichtige Erklärung abgegeben hat, sondern auch denjenigen, *für* den eine solche Erklärung abgegeben wurde. Die Abgabe einer förmlichen Steuererklärung ist nicht erforderlich.

148 **Inhaltlich beschränkt sich die Anzeigepflicht** für jeden von mehreren Beteiligten auf diejenigen Fehler und Lücken, die er selbst verursacht hat; dabei sind Lücken nicht nur anzuzeigen, sondern durch Nacherklärung auszufüllen (arg.: *„Richtigstellung"*). Desgl. ist niemand verpflichtet, Fehler anzuzeigen, die dem FA bei der Veranlagung einer richtigen Steuererklärung unterlaufen sind.

149 **Nur bei nachträglicher Erkenntnis der Unrichtigkeit** begründet § 153 I AO die Anzeigepflicht. Wußte der Stpfl schon bei Abgabe der Erklärung, daß sie fehlerhaft war, bildet bereits die Abgabe der unrichtigen oder unvollständigen Erklärung die Tathandlung einer vorsätzlichen Steuerverkürzung; jedes weitere, auf Verbergen der selbst bewirkten Steuerhinterziehung gerichtete Verhalten hat keine selbständige Bedeutung mehr. Hier greift § 153 I AO schon nach seinem Wortlaut nicht ein. Gleiches gilt auch für den Fall, daß der Stpfl die Fehlerhaftigkeit seiner Erklärung im Zeitpunkt ihrer Abgabe zwar *noch nicht positiv kannte,* jedoch diese Möglichkeit und ihre Folgen *von vornherein billigend in Kauf genommen hatte* (OLG Hamm v. 12. 1. 1959, NJW 1504; insoweit zust. auch *v. Witten* NJW 1963, 570).

150 **Beruht die Unrichtigkeit der ursprünglichen Erklärung auf Leichtfertigkeit,** begründet § 153 I AO die Anzeigepflicht bei nachträglicher Erkenntnis der Unrichtigkeit auch dann, wenn die Steuer schon zu niedrig festgesetzt worden ist und das hierfür ursächliche Verhalten des Stpfl als leichtfertige Steuerverkürzung gem. § 378 AO mit Geldbuße geahndet werden könnte. Noch vor dem 2. AOStrafÄndG hat der BGH im Urt. v. 1. 11. 1966 (DStZ/B 1967, 32) ausgeführt, daß das vorausgegangene Tun der leichtfertigen Steuerverkürzung nur geringes strafrechtliches Gewicht habe und es in solchen Fällen zumutbar sei, daß der nach § 165e I RAO Verpflichtete den Eintritt weiterer erheblicher Folgen seines Verhaltens selbst auf die Gefahr verhindere, sich dabei einer Strafverfolgung auszusetzen (ebenso vorher KG – 1 Ss 393/57 – v. 27. 12. 1957, zit. bei *Lohmeyer* NJW 1958, 1431; OLG Hamm v. 12. 1. 1959, NJW 1504 m. zust. Anm. *Hartung* JZ 1960, 98; glA *Barske* DStZ 1958, 25; *Henke* NJW 1963, 1098; *Lohmeyer* ZfZ 1968, 301; *Suhr* S. 383; *Hübner* 15 zu § 392 RAO; abw. *Berger* BB 1951, 304; aM *v. Witten* NJW 1963, 570). Die durch leichtfertiges Verschulden herbeigeführte Zwangslage des Stpfl ist vergleichbar mit der Lage nach einem selbst verschuldeten Verkehrsunfall (*Barske* aaO), der die Pflicht nicht ausschließt, sich selbst der Feststellung seiner Person usw. zu stellen, wenn der Beteiligte den Vorwurf vorsätzlicher Entfernung vom Unfallort (§ 142 StGB) vermeiden will. Auch das mit Freiheitsstrafe bewehrte Fluchtverbot (*Schönke/Schröder* 1) oder Mitwirkungsgebot (*Welzel* S. 443) des § 142 StGB ist mit dem GG vereinbar (BVerfG 16, 191, 193f. v. 29. 5. 1963). Erst recht greifen rechtsstaatliche Bedenken gegen § 153 I AO in Fällen vorausgegangener Leichtfertigkeit nicht mehr durch, nachdem die leichtfertige Steuerverkürzung gem. § 378 AO nur noch als Ordnungswidrigkeit mit Geldbuße bedroht ist und ihre Verfolgung dem Opportunitätsprinzip des § 47 OWiG unterliegt. Überdies besteht selbst die theoretische Möglichkeit der Festsetzung einer Geldbuße nach § 378 I, II AO im Anschluß an die Erfüllung der Anzeigepflicht des § 153 I AO nur dann, wenn die Voraussetzungen des § 378 III AO ausnahmsweise nicht vorliegen.

151 **Wer die Anzeigepflicht nach § 153 I AO nicht erfüllt,** nachdem er die Unrichtigkeit seiner vorausgegangenen (unverschuldet, fahrlässig oder leichtfertig unrichtigen) Erklärung erkannt hat, macht sich der Steuerhinterziehung schuldig (so schon RFH 47, 204 v. 2. 8. 1939), falls das Unterlassen *„mit dem Vorsatz erfolgt, dadurch weiterhin Steuereinnahmen zu verkürzen“* (so BayObLG – RReg. 4 St 205/61 – v. 24. 8. 1961 im Anschluß an OLG Hamm v. 12. 1. 1959, NJW 1504; stRspr, vgl. zuletzt BGH v. 1. 11. 1966, DStZ/B 1967, 32; grundsätzlich aM nur *v. Witten* NJW 1963, 570). Die durch Nichtanzeige bewirkte Steuerhinterziehung ist nach vorausgegangener leichtfertiger Steuerverkürzung heute schon deshalb keine straflose Nachtat gegenüber § 378 AO, weil die leichtfertige Zuwiderhandlung nur noch eine Ordnungswidrigkeit darstellt. Eine leichtfertige Steuerverkürzung durch Unterlassen der Anzeige nach einer vorausgegangenen (unverschuldet oder leicht fahrläs-

sig) unrichtigen Erklärung ist ausgeschlossen, da § 153 I AO die Erkenntnis der Unrichtigkeit voraussetzt; ein nachträgliches Nichterkennen der Unrichtigkeit genügt auch dann nicht, wenn die mangelnde Erkenntnis auf grober Fahrlässigkeit beruht (im Ergebnis ebenso, aber mit abw. Begr. *v. Witten* aaO; *Lohmeyer* ZfZ 1968, 301 li. Sp.).

152 **Unverzüglich, also ohne schuldhaftes Zögern** muß die Anzeige nach § 153 I AO erstattet werden. Schuldhaft ist das Verzögern der Anzeige nur solange nicht, bis der Anzeigepflichtige bei bestem Willen in der Lage gewesen wäre, seine Erkenntnis zur Kenntnis des FA zu bringen. Die ihm zur Verfügung stehende Zeitspanne hängt von den Umständen des Einzelfalles ab, namentlich davon, ob eine Korrektur des Fehlers komplizierte Berechnungen erfordert oder ob die einfache Mitteilung einer einzelnen Tatsache dem Zweck der Anzeige genügt. Nimmt sich der Stpfl unangemessen lange Zeit, kann die verspätete Nacherklärung unter den Voraussetzungen des § 371 II AO noch als rechtzeitige Selbstanzeige wirken und bei bereits eingetretener Steuerverkürzung unter der Voraussetzung des § 371 III AO zur Straffreiheit führen.

ee) Zweckwidrige Verwendung steuerbegünstigter Sachen

Schrifttum:
Lenkewitz, Zollgut in der Zollgutverwendung und die Pflicht zur vorherigen Anzeige seiner nichtzweckgerechten Verwendung nach § 165e Abs. 2 (§ 396 Abs. 2) der Abgabenordnung, ZfZ 1964, 321; *Samson,* Die Zweckentfremdung (§ 392 Abs. 2 AO), GA 1970, 321; *Lenkewitz,* Gedanken und Überlegungen zu den zweckgebundenen Zollbegünstigungen und zur Sicherung der Zollerhebung bei zweckwidriger Verwendung, ZfZ 1971, 292; *Tiedemann,* Der Versuch der Zweckentfremdung im Steuerstrafrecht, JR 1973, 412.

153 Gemäß § 392 II RAO beging auch Steuerhinterziehung, *„wer Sachen, für die ihm Steuerbefreiung oder Steuervorteile gewährt sind, zu einem Zweck verwendet, der der Steuerbefreiung oder dem Steuervorteil, die er erlangt hat, nicht entspricht, und es zum eigenen Vorteil oder zum Vorteil eines anderen unterläßt, dies dem Finanzamt vorher rechtzeitig anzuzeigen“.* Dieser oder ein ähnlicher Tatbestand ist in § 370 AO nicht mehr enthalten. Die sog. **„Zweckentfremdung“** kann nunmehr nur noch durch den allgemeinen Tatbestand der Steuerhinterziehung in § 370 I AO erfaßt werden. In Betracht kommt hier der Tatbestand der **Steuerhinterziehung durch Unterlassen** in § 370 I Nr. 2 AO iVm § 153 II, III AO.

§ 153 AO

(1) ... [s. Rdnr. 146]

(2) **Die Anzeigepflicht besteht ferner, wenn die Voraussetzungen für eine Steuerbefreiung, Steuerermäßigung oder sonstige Steuervergünstigung nachträglich ganz oder teilweise wegfallen.**

(3) **Wer Waren, für die eine Steuervergünstigung unter einer Bedingung gewährt worden ist, in einer Weise verwenden will, die der Bedingung nicht entspricht, hat dies vorher der Finanzbehörde anzuzeigen.**

154 Der Anwendungsbereich von § 153 III AO liegt im Bereich der **Zölle und Verbrauchsteuern.** Für letztere gilt:

§ 50 AO – Erlöschen und Unbedingtwerden der Verbrauchsteuer

(1) **Werden nach den Verbrauchsteuergesetzen Steuervergünstigungen unter der Bedingung gewährt, daß verbrauchsteuerpflichtige Waren einer besonderen Zweckbestimmung zugeführt werden, so erlischt die Steuer nach Maßgabe der Vergünstigung ganz oder teilweise, wenn die Bedingung eintritt oder wenn die Waren untergehen, ohne daß vorher die Steuer unbedingt geworden ist.**

(2) ...

(3) **Die Steuer wird unbedingt,**

1. **wenn die Waren entgegen der vorgesehenen Zweckbestimmung verwendet werden oder ihr nicht mehr zugeführt werden können. Kann der Verbleib der Ware nicht festgestellt werden, so gelten sie als nicht der vorgesehenen Zweckbestimmung zugeführt, wenn der Begünstigte nicht nachweist, daß sie ihr zugeführt worden sind,**
2. **in sonstigen gesetzlich bestimmten Fällen.**

155 Die Streichung von § 392 II RAO (Zweckentfremdung) ist darauf zurückzuführen, daß die hM der Ansicht war, bei fehlender vorheriger Anzeige falle die zweckwidrige Verwendung einer Sache, für die eine Steuervergünstigung gewährt worden sei, ohnehin unter den **allgemeinen Tatbestand der Steuerhinterziehung.** Der Tatbestand der Zweckentfremdung nach § 392 II RAO wurde als ein besonderer Fall der Steuerhinterziehung durch Unterlassen angesehen, weil der Täter die gebotene (vorherige, rechtzeitige) Anzeige pflichtwidrig unterlassen und dadurch eine Steuerverkürzung bewirkt habe (*Troeger/Meyer* S. 55f.; *Franzen,* 1. Aufl., Rdnr. 125 und *Kohlmann* 176 zu § 392 RAO). Eine Mindermeinung versuchte demgegenüber, dem Tatbestand in § 392 II RAO einen eigenen, von der allgemeinen Steuerhinterziehung nicht erfaßten Anwendungsbereich zu geben: § 392 II RAO erfasse nicht das Unterlassen rechtzeitiger Anzeige, sondern den zweckwidrigen Verbrauch der Sache, ohne daß vorher rechtzeitig angezeigt worden sei (*Samson* GA 1970, 321).

156 Die Annahme der hM, die Zweckentfremdung werde ausnahmslos vom allgemeinen Tatbestand der Steuerhinterziehung erfaßt, ist in dieser Allgemeinheit weder für § 392 RAO noch für § 370 AO zu halten. Zwar verpflichtet § 153 III AO jedermann dazu, den Willen, Waren entgegen der Zweckbestimmung zu verwenden, der Finanzbehörde vorher anzuzeigen. Gem. § 370 I Nr. 2 AO ist jedoch nicht jede Verletzung einer Anzeigepflicht strafbare Steuerhinterziehung durch Unterlassen. § 370 I Nr. 2 AO erfaßt nämlich nur die **Nichtanzeige solcher Tatsachen, die steuerlich erheblich sind.** Steuerlich erheblich sind aber nur solche Tatsachen, die einen Einfluß auf die Steuerschuld haben (s. Rdnr. 96). Gem. § 50 III Nr. 1 AO wird die bedingte Verbrauchsteuerschuld dann unbedingt, wenn die Waren entgegen der Zweckbestimmung verwendet oder ihr nicht mehr zugeführt werden können. In dieser Alternative ist daher nicht die *Absicht* zweckwidriger Verwendung, sondern die *Verwendung selbst* die Bedingung und damit die steuerlich erhebliche Tatsache. Allerdings kann die bedingte Steuer gem. § 50 III Nr. 2 AO auch in anderen gesetzlich bestimmten Fällen unbedingt werden. Ein solcher Fall – freilich nicht im Bereich des Verbrauchsteuerrechts – findet sich zB in § 4 II 2 GrEStG (idF v. 29. 3. 1940, RGBl. I 585), nach dem die Steuervergünstigung bereits mit der Aufgabe des steuerbegünstigten Zweckes, also allein aufgrund einer Willensänderung des Eigentümers entfällt. Die steuerlich erhebliche Tatsache ist hier die Willensänderung.

157 In den Fällen jedoch, in denen **nicht die Absicht der Verwendung, sondern erst die Verwendung selbst** die Steuer unbedingt werden läßt und deshalb allein steuerlich erhebliche Tatsache ist, könnte die Unterlassung der vorherigen Anzeige allenfalls dann Steuerhinterziehung durch Unterlassen sein, wenn man unter Tatsachen iS des § 370 I Nr. 2 AO auch *zukünftige Tatsachen* verstünde (s. Rdnr. 94). Von dieser Interpretation des Tatsachenbegriffs, die der einhelligen Ansicht zu § 263 StGB im übrigen widerspräche, drohte aber eine Auflösung der Grenzen zwischen Tatsachen und Werturteil. Zum anderen führte diese Interpretation des Tatsachenbegriffs zu seltsamen Konsequenzen. Da die Steuerschuld erst durch die Verwendung zu einer unbedingten wird, kann auch die Steuerverkürzung nur eintreten, wenn die zweckwidrige Verwendung tatsächlich erfolgt. Da das pflichtwidrige Unterlassen bei dieser Interpretation bereits dann voll verwirklicht wäre, wenn der Täter den Vorsatz der Verwendung zu einem bestimmten Zeitpunkt vor der beabsichtigten Verwendung nicht angezeigt hat, läge ein Versuch der Steuerhinterziehung vor, bei dem der Täter den Erfolgseintritt durch bloße Untätigkeit (nämlich das Unterlassen der Verwendung) verhindern könnte. Daß in einem solchen Verhalten bereits ein das Steueraufkommen auch nur gefährdendes Unrecht liegen soll, ist nicht zu erkennen (*Samson* GA 1970, 325). Da somit dogmatische wie kriminalpolitische Gesichtspunkte gegen die Einbeziehung zukünftiger Tatsachen in den Tatsachenbegriff des § 370 IV AO sprechen, ist am Tatsachenbegriff festzuhalten, der *nur die gegenwärtigen Tatsachen* erfaßt.

158 **Das bedeutet** für die zweckwidrige Verwendung steuerbegünstigter Waren: Es ist zu prüfen, ob nach § 153 III AO eine Pflicht zur vorherigen Anzeige der Absicht der zweckwidrigen Verwendung besteht. Dafür ist maßgeblich, **ob bereits die Absicht eine steuerlich erhebliche Tatsache darstellt.** Das ist nur dann der Fall, wenn die Steuerbegünstigung schon wegen der Absicht entfällt. Sofern nicht schon die Absicht, sondern erst die Verwendung die Steuerbegünstigung entfallen läßt, kommt eine Anzeigepflicht nur nach § 153 II AO in Betracht. Danach ist die Anzeige derjenigen Tatsachen unverzüglich vorzunehmen, die die Steuerbegünstigung entfallen läßt. Diese Anzeige muß aber erst nach Eintritt der Tatsache erfolgen.

159 **Für die einzelnen Fälle der Verbrauchsteuerbegünstigung** ergibt sich daraus:

Mineralöl kann gem. § 8 II MinöStG zu Heizzwecken steuerbegünstigt verwendet werden. Der Verwender benötigt dafür einen Erlaubnisschein. Mit der Entfernung aus dem Herstellungsbetrieb zur Abgabe an den Erlaubnisscheinnehmer entsteht die Steuerschuld in der Höhe der Begünstigung bedingt (§ 23 I MinöStDV). Sie wird gem. § 23 III Nr. 2 MinöStDV unbedingt, wenn das Mineralöl zu einem anderen als dem steuerbegünstigten Zweck verwendet wird. Steuerlich erheblich ist hier die *zweckwidrige Verwen-*

dung selbst, so daß eine Steuerhinterziehung gem. § 370 I Nr. 2 AO nicht dadurch begangen werden kann, daß die *Absicht* zweckwidriger Verwendung nicht angezeigt wird. Da gem. § 23 VIII MinöStDV der Erlaubnisscheinnehmer die zweckwidrige Verwendung (und nicht die darauf bezogene Absicht) unverzüglich anzuzeigen hat, wird eine Steuerhinterziehung durch Unterlassen erst durch Verletzung dieser Pflicht, nicht schon durch die zweckwidrige Verwendung des Mineralöls begangen. Das gleiche gilt für die Steuerbefreiung nach § 14 ZuckStG iVm § 5 ZuckStBefrO und § 7 SalzStG iVm § 11 SalzStDB und § 12 SBefrO.

160 **Für Zölle gilt:** Ist gem. § 39 ZollG eine Ware *zum freien Verkehr* abgefertigt und eine Zollfreiheit oder Zollermäßigung gewährt worden, weil die Ware in bestimmter Weise verwendet werden soll, dann entsteht gem. § 39 I 1 ZollG die Zollschuld mit der zweckwidrigen Verwendung. Das gleiche gilt gem. § 55 I 2 ZollG für Zollgut, das *zur Zollgutverwendung* abgefertigt wurde. Bei zweckwidriger Verwendung gilt § 153 III AO nicht, soweit das Zollrecht abweichende Sondervorschriften enthält, zB:

§ 122 III AZO, der bei *vorübergehender Zollgutverwendung* gem. § 64 AZO bestimmt, daß der Verwender die von ihm in den freien Verkehr entnommenen Waren erst nachträglich anzumelden hat, und

§ 130 I Nr. 2 AZO, der bei *bleibender Zollgutverwendung* bestimmt, daß der Verteiler die von ihm in den freien Verkehr entnommenen Waren erst bis zum 3. Werktag des auf die Entnahme folgenden Monats anzumelden hat.

Ist dagegen der *Verwender* nicht *Verteiler,* dann darf er die Waren einem anderen als dem begünstigten Zweck nur zuführen, wenn ihm dies vorher genehmigt worden ist (§ 55 V 2 ZollG). Mit dem Antrag auf Genehmigung hat er die Waren, die er anderweit zu verwenden beabsichtigt, gem. § 130 I Nr. 1 AZO anzumelden. Da aber auch hier die Zollschuld nicht schon mit der Absicht der anderweitigen Verwendung, sondern erst mit der Verwendung selbst entsteht, ist auch erst diese und nicht die entsprechende Absicht eine zollrechtlich erhebliche Tatsache. Die Zollhinterziehung kann daher erst durch Unterlassung der Anmeldung der geschehenen anderweiten Verwendung begangen werden.

161 Die **Pflicht zur vorherigen Anzeige** nach § 153 III AO ist demnach für den Tatbestand der Steuerhinterziehung in seiner jetzigen Fassung **praktisch bedeutungslos** geworden. Seine Bedeutung besteht allerdings darin, daß die Verletzung der Anzeigepflicht Auswirkungen auf die steuerrechtliche Haftung zB nach § 69 AO haben kann.

6. Steuerhinterziehung durch Nichtverwenden von Steuerzeichen und Steuerstemplern (§ 370 I Nr. 3 AO)

162 **Hat der Stpfl eine Steuer ohne Mitwirkung des FA durch Verwenden von Steuerzeichen oder Steuerstemplern zu entrichten,** macht er sich der Steuerhinterziehung schuldig, wenn er es in Kenntnis der Steuerpflicht willentlich unterläßt, die Steuerzeichen vorschriftsmäßig zu verwenden, vgl. BGH v.

25. 9. 1959 (ZfZ 1960, 112) für die Hinterziehung der TabSt (s. Einl 189f.) durch Abgabe von Zigaretten zu Überpreisen ohne Verwendung von Steuerzuschlagzeichen (§ 19 TabStG). Gleiches gilt für die WSt (s. Einl 158ff.) sowie die BörsUSt, sofern sie durch Verwenden von BörsUSt-Marken zu Schlußnoten zu entrichten ist (s. Einl 155ff.). Über das Zusammentreffen der Steuerhinterziehung mit Steuerzeichenvergehen s. Rdnr. 158 zu § 369 AO. § 13 WStG enthält einen besonderen Straftatbestand für Kommissionäre, Makler und sonstige Vermittler, die Geschäfte über Wechsel, für welche die WSt hinterzogen ist, abschließen oder vermitteln (s. Anh V).

7. Beziehung zwischen Verhalten und Erfolg

163 **Bei § 392 RAO war streitig,** welche Beziehung zwischen dem Verhalten des Täters und dem Erfolg der Steuerverkürzung bzw. der Erlangung nicht gerechtfertigter Steuervorteile bestehen müsse. Während Einigkeit darüber bestand, daß das Täterverhalten den tatbestandsmäßigen Erfolg *wenigstens mitverursacht* haben mußte, wurde darüber gestritten, ob zur Kausalität noch ein weiteres Element hinzukommen müsse. Eine Mindermeinung forderte als ein derartiges zusätzliches Element den *Irrtum* des zuständigen Beamten (*Schleeh* BB 1970, 1536; FR 1971, 118ff.; BB 1972, 532). Demgegenüber war die hM der Auffassung, dies sei jedenfalls nicht im Sinne einer konkreten Fehlvorstellung erforderlich, es genüge vielmehr die *Unkenntnis* des Beamten (so zB BGH v. 24. 4. 1952, DStR 445; v. 24. 9. 1953, NJW 1841; v. 20. 12. 1954, ZfZ 1955, 282; v. 1. 3. 1956, BStBl. I 41; v. 18. 11. 1960, ZfZ 1961, 268; *Hübner* 8b u. *Kohlmann* 100 zu § 392 RAO).

164 **Für die Neufassung** des Tatbestandes in § 370 AO ist das Problem nicht erledigt. Es verschärft sich vielmehr dadurch, daß § 370 IV 1 AO die Steuerfestsetzung und die Steueranmeldung gleichstellt. Setzt der Erfolg bei den Veranlagungsteuern wenigstens noch eine **Reaktion der Finanzbehörde** in Form einer Steuerfestsetzung bzw. ihrer Unterlassung voraus, so daß hier Kausalität zwischen Täterverhalten und Verhalten der Finanzbehörde erforderlich ist, so scheint bei den Fälligkeitsteuern auch dieses Merkmal überflüssig zu sein, da die vom Täter vorgenommene Steueranmeldung ohne jede Reaktion der Finanzbehörde den Erfolgseintritt bewirkt (s. Rdnr. 166).

165 **Für den Fall der Steuerhinterziehung durch Unterlassen** setzt § 370 I Nr. 2 AO jedoch schon nach seinem Wortlaut voraus, daß der Täter die „*Unkenntnis*" der Finanzbehörde nicht beseitigt. Das bedeutet für die Veranlagungsteuern folgendes: Hat die Finanzbehörde die für die Steuerfestsetzung erforderlichen Kenntnisse (zB aufgrund einer Kontrollmitteilung) selbst, dann kann die Unterlassung der Aufklärung durch den Täter den objektiven Tatbestand nicht erfüllen. Weiß der Täter nichts von der Kenntnis der Behörde, begeht er Versuch. Das gilt selbst dann, wenn die Behörde trotz ihrer Kenntnis und nur wegen der unterlassenen Erklärung des Täters eine zu niedrige oder gar keine Steuerfestsetzung vornimmt. Dasselbe muß auch gelten, wenn die Behörde in der Lage ist, eine zutreffende oder höhere und

rechtzeitige Schätzung nach § 162 AO vorzunehmen, da unter Unkenntnis in § 370 I Nr. 2 AO nur das *Fehlen derjenigen Informationen* verstanden werden kann, *die zur Steuerfestsetzung erforderlich sind.* Wenn die Steuerverkürzung bei rechtzeitiger und zutreffender (oder höherer) Schätzung nicht eintritt (*Hübner* 15a zu § 392 RAO; OLG Celle v. 10. 12. 1964, MDR 1965, 504), dann muß die Unkenntnis als Bindeglied zwischen dem Unterlassen des Täters und dem steuerverkürzenden Erfolg bereits wegfallen, wenn die Finanzbehörde soviel Kenntnisse besitzt, daß sie wenigstens zutreffend und rechtzeitig schätzen kann. Unterbleibt die an sich mögliche Schätzung, dann liegt nur ein Versuch vor, sofern der Täter glaubte, die Behörde sei zur Schätzung nicht in der Lage.

166 Nicht anders ist die Lage bei den **Fälligkeitsteuern mit Steueranmeldung.** Freilich bereitet die verunglückte Gesetzesfassung hier Schwierigkeiten in der Konstruktion (krit. auch *Schleeh* StW 1972, 313). Unterläßt der Täter pflichtwidrig die Steueranmeldung, dann kann nicht gut davon gesprochen werden, er habe die Finanzbehörde durch die Unterlassung der Steueranmeldung in Unkenntnis gehalten und *dadurch die Steuerverkürzung* in Form des Ausbleibens einer Steueranmeldung *bewirkt.* Das pflichtwidrige Verhalten (Nichtabgabe der Steueranmeldung) ist identisch mit dem steuerverkürzenden Erfolg (Fehlen einer Steueranmeldung), daher kann jenes nicht diesen verursacht haben. Da aber § 370 I Nr. 2 in Verbindung mit Abs. IV Halbs. 2 AO auch voraussetzt, daß der Täter die Behörde in Unkenntnis läßt, ist auch für diese Tatbestandsvariante erforderlich, daß die Finanzbehörde nicht diejenige Information besitzt, die sie zur eigenen Steuerfestsetzung befähigen würde.

167 Dasselbe gilt für die **Steuerverkürzung durch Handeln** nach § 370 I Nr. 1 AO. Zwar setzt der Tatbestand hier nur voraus, daß der Täter unrichtige oder unvollständige Angaben macht. Von einem Irrtum der Finanzbehörde ist nicht die Rede (*Schleeh* StW 1972, 311; *Hübner* 8f. zu § 392 RAO). Dennoch ist auch hier **wenigstens die Unkenntnis der Finanzbehörde vom wahren Sachverhalt** zu verlangen. Verzichtete man darauf und ließe man die Täuschungshandlung des Täters und die dadurch verursachte unrichtige Steuerfestsetzung auch dann genügen, wenn die Behörde die unrichtige Festsetzung in Kenntnis des wahren Sachverhalts vornähme, dann ergäben sich unerträgliche Spannungen zwischen § 370 I Nr. 1 und Nr. 2 AO. Je nachdem nämlich, ob man das Täterverhalten als das „Machen unvollständiger Angaben" oder das teilweise Unterlassen zutreffender Angaben interpretierte, käme dem Täter einmal die anderweit erlangte Kenntnis der Behörde zugute, ein anderes Mal jedoch nicht. Die Steuerverkürzung durch Handeln setzt demnach bei den Veranlagungsteuern voraus, daß die Finanzbehörde die Steuerfestsetzung nicht, nicht in zutreffender Höhe oder nicht rechtzeitig vornimmt, *weil sie* wegen der unrichtigen oder unvollständigen Angaben des Täters *zu einer zutreffenden und rechtzeitigen Festsetzung nicht in der Lage ist* (ebenso *Schleeh* aaO). Besteht die Möglichkeit einer zutreffenden oder höheren und rechtzeitigen *Schätzung,* dann fehlt ebenfalls der erforderliche Zusammenhang von Täterhandeln und Erfolgseintritt. Ebenso wie beim Unterlassen setzt die Steuerverkürzung durch Handeln auch bei den *Veranlagungsteuern* voraus, daß

die Finanzbehörde wegen des Täterverhaltens zur eigenen Steuerfestsetzung nicht in der Lage ist.

168 Nur bei dieser Interpretation des Tatbestandes läßt sich der oben Rdnr. 35 gekennzeichneten Gefahr begegnen, daß aus dem Tatbestand der Steuerhinterziehung ein **abstraktes Gefährdungsdelikt** wird, das die fiskalischen Interessen des Staates nur noch sehr mittelbar dadurch schützt, daß es den *bloßen Ungehorsam* des Bürgers erfaßt. Erst durch die Einfügung des Merkmals der Unkenntnis der Finanzbehörde wird § 370 I Nr. 1 AO auf die *Vermögensbeschädigung* und die *konkrete Vermögensgefährdung* begrenzt.

8. Besonderheiten bei einzelnen Steuerarten

a) Lohnsteuer

Schrifttum:

Lohmeyer, Die Strafbarkeit von Lohnsteuervergehen, NJW 1957, 980; *Leise,* Zur Strafbarkeit des Arbeitgebers bei verspäteter Lohnsteuer-Anmeldung und -Abführung, Anm. zu OLG Frankfurt v. 9. 9. 1964, BlStA 1965, 212; *Hoffmann,* Zur Steuerberechnung bei Lohnsteuerdelikten, DStR 1967, 205.

169 **Besonderheiten bei der LSt erwachsen daraus,** daß der ArbN zwar die Steuer schuldet, jedoch der ArbG als Haftender verpflichtet ist, die LSt einzubehalten, beim FA anzumelden und an das FA abzuführen sowie uU den LStJA durchzuführen. Der ArbN ist für die Vorlage und die Eintragungen in der LSt-Karte verantwortlich, kann zu Beginn des Jahres Freibeträge eintragen lassen, nach Ablauf des Jahres beim FA einen LStJA beantragen und wird uU auch zur ESt veranlagt (s. Einl 103ff.). Aus den unterschiedlichen Verfahrensarten und den verteilten Mitwirkungspflichten des ArbN und des ArbG ergeben sich entsprechend unterschiedliche Erscheinungsformen der LSt-Hinterziehung.

170 **Der ArbN macht sich der LSt-Hinterziehung schuldig,** wenn er unrichtige Eintragungen auf der LSt-Karte herbeiführt, zB über sein Alter, seinen Familienstand, Werbungskosten, Sonderausgaben, außergewöhnliche Belastungen oder Verluste aus Vermietung und Verpachtung (vgl. § 39a EStG), und dadurch bewirkt, daß der ArbG die gesetzlich geschuldete LSt nach den in der LSt-Karte eingetragenen unrichtigen persönlichen Merkmalen oder zu Unrecht eingetragenen Freibeträgen zu niedrig berechnet, anmeldet und abführt. Hierbei handelt der ArbN regelmäßig als mittelbarer Täter (s. Rdnr. 68 zu 369 AO); als unmittelbarer Täter handelt er dann, wenn er die unrichtigen Besteuerungsgrundlagen dem FA gegenüber in einem Antrag auf LStJA geltend macht oder in den Fällen der Veranlagung nach § 46 EStG in seine ESt-Erklärung aufnimmt. Bei unrichtigen Eintragungen persönlicher Merkmale in der LSt-Karte ist die Hinterziehung versucht, sobald der ArbN die LSt-Karte dem ArbG vorlegt; bei der Eintragung unberechtigter Freibeträge beginnt der Versuch bereits mit der Stellung des Antrags beim FA (s. Rdnr. 93 zu § 369 AO). In beiden Fällen ist die Hinterziehung vollendet, wenn die erste, den Eintragungen entsprechend unrichtige LSt-Anmeldung des ArbG beim FA eingeht. Bei unrichtigen Anträgen auf LStJA gelten dieselben Grundsätze wie bei der Abgabe unrichtiger Jahressteuererklärungen.

171 **Der ArbG macht sich einer LSt-Hinterziehung schuldig,** wenn er es entgegen § 41a EStG vorsätzlich unterläßt, die von ihm *einzubehaltende* LSt rechtzeitig beim FA anzumelden, oder wenn er vorsätzlich zu niedrige Beträge anmeldet. Einzubehalten ist die LSt vom *bezahlten* Lohn (BGH v. 11. 1. 1952, LM § 396 RAbgO, Nr. 3). Die Auffassung, anzumelden sei nur die *tatsächlich einbehaltene* LSt, so daß bei Lohnzahlungen ohne Vorlage einer LSt-Karte keine Anmeldepflicht bestehe (BayObLG v. 5. 6. 1967, GA 1968, 86f.), ist abwegig (glA ausf. *Hübner* 14c zu § 392 RAO; BGH 23, 319 v. 12. 8. 1968). Auf den Zeitpunkt der Zahlung der (rechtzeitig und richtig) angemeldeten LSt kommt es für den Tatbestand des § 370 AO (abw. von § 380 AO) ebensowenig an wie bei einer Steuer, die aufgrund einer (rechtzeitig abgegebenen richtigen) Steuererklärung vom FA festgesetzt worden ist (BGH 2, 338 v. 3. 4. 1952; OLG Frankfurt v. 8. 11. 1967, ZfZ 1968, 78). Keine Steuerhinterziehung liegt vor, wenn der ArbG auf der Überweisung des abgeführten Steuerbetrags den Verwendungszweck kennzeichnet, da eine formulargerechte Anmeldung im Rahmen von § 370 I 1 Nr. 2 AO nicht erforderlich ist (s. Rdnr. 132). Durch die verspätete Abgabe der LSt-Anmeldung tritt eine vorübergehende Steuerverkürzung in gleicher Weise ein wie bei der verspäteten Abgabe einer sonstigen Steuererklärung (s. Rdnr. 134). Auch ist das Merkmal der Unkenntnis (s. Rdnr. 165ff.) nicht davon abhängig, ob dem FA *dem Grund nach* bekannt ist, daß der Stpfl einen oder mehrere ArbN beschäftigt und zur Abgabe einer LSt-Anmeldung verpflichtet ist. Für den Vorsatz genügt, daß der ArbG wußte oder damit rechnete, daß und zu welchem Zeitpunkt er zur Abgabe der LSt-Anmeldung verpflichtet war (BayObLG v. 18. 6. 1964, DB 1142; OLG Frankfurt v. 9. 9. 1964, BlStA 1965, 211), und daß er an der Erfüllung dieser Pflicht nicht durch Umstände gehindert war, die er auch beim besten Willen nicht abwenden konnte; dies ist bei allgemeiner Arbeitsüberlastung nicht der Fall, geschweige denn bei Zahlungsschwierigkeiten. Eine Bereicherungsabsicht verlangt § 370 AO nicht. Daher ist es auch belanglos, daß der ArbG in dem Glauben gehandelt hat, der StGläubiger werde bei Berücksichtigung der verwirkten Säumniszuschläge im Ergebnis nicht geschädigt, wenn die LSt erst nach Ablauf des Jahres angemeldet und entrichtet werde (BayObLG v. 18. 6. 1964 aaO; insoweit unklar OLG Frankfurt v. 9. 9. 1964, BlStA 1965, 211 m. zutr. Anm. *Leise* aaO S. 212).

172 **Legt der ArbN die LSt-Karte dem ArbG schuldhaft nicht vor** oder verzögert er schuldhaft die Rückgabe, kann eine LSt-Hinterziehung des ArbG darin liegen, daß er es entgegen § 39c EStG unterläßt, die LSt solange nach der Steuerklasse VI der Tabelle einzubehalten, anzumelden und abzuführen, bis der ArbN ihm die LSt-Karte vorlegt oder zurückgibt. Rechnet der ArbN mit einem pflichtwidrigen Verhalten des ArbG, kann er sich auch seinerseits einer Straftat nach § 370 AO schuldig machen. Zur Berechnung der LSt-Verkürzung in solchen Fällen vgl. *Hoffmann* (DStR 1967, 205). Da die Merkmale einer Steuerverkürzung hier nicht ohne weiteres ersichtlich sind, werden indessen die Voraussetzungen des Vorsatzes meistens nur dann vorliegen (oder nachweisbar sein), nachdem ArbG und ArbN über die Folgen ihres pflichtwidrigen Verhaltens besonders belehrt worden sind.

b) Kraftfahrzeugsteuer

Schrifttum:

Fajen, Die Schwarzfahrt als Kraftfahrzeugsteuerhinterziehung, NJW 1963, 1863 mit Erwiderung von *Henke* NJW 1964, 93; *Heidekrüger,* Zur Besteuerung der widerrechtlichen Benutzung von Kraftfahrzeugen, DStZ 1974, 382.

173 **Die widerrechtliche Benutzung eines Kfz** erfüllt in der Person des Benutzers den Steuertatbestand des § 1 I Nr. 3 KraftStG (s. Einl 149f.) sowohl dann, wenn der Täter ein eigenes nicht zugelassenes Kfz benutzt, als auch dann, wenn er ein fremdes – nicht zugelassenes oder zugelassenes – Fahrzeug gebraucht (RFH 24, 290 v. 4. 1. 1929; FG Hannover v. 11. 9. 1958, EFG 1959 Nr. 118; BFH v. 1. 10. 1958, BStBl. 471); fällig wird die KraftSt in diesen Fällen gem. § 12 I Nr. 8 KraftStG bereits *vor* der Benutzung. Die Rspr der ordentlichen Gerichte erblickt daher in *jeder* widerrechtlichen Benutzung eine Verkürzung von Steuereinnahmen iS der §§ 370, 378 AO (vgl. BayObLG v. 24. 4. 1957, NJW 1001 und BGH v. 22. 12. 1959, GA 1960, 146 bei widerrechtlicher Benutzung eines nicht zugelassenen Kfz), der sich auch schuldig machen kann, wer ein nicht zugelassenes und nicht versteuertes Kfz einem Dritten zum Gebrauch überläßt (OLG Hamm – 3 Ss 1686/54 – v. 11. 3. 1955, zit. bei *Suhr* S. 503), und die bereits bei einer begonnenen, aber noch nicht beendeten Fahrt eintritt (OLG Stuttgart v. 21. 10. 1955, NJW 1956, 154). Die hiergegen von *Fajen* (NJW 1963, 1863) erhobene Kritik geht davon aus, daß steuerunehrliches Verhalten nur dann vorliege, wenn der Täter durch positives Tun oder pflichtwidriges Unterlassen gegenüber dem FA einen Irrtum über das Bestehen, die Höhe oder die Fälligkeit der KraftSt erzeuge oder unterhalte. Den Tatbestand in § 370 I 1 Nr. 2 AO erfüllt jedoch auch, wer keinen Irrtum erregt, das FA aber über steuererhebliche Tatsachen im unklaren läßt. Die Pflicht, ein Kfz vor der Benutzung zum Verkehr auf öffentlichen Straßen beim FA anzumelden, folgt aus § 7 KraftStDV (aM *Hübner* 14j zu § 392 RAO: § 12 I Nr. 8 KraftStG). Einzuräumen ist, daß derjenige, der ein fremdes Kfz *gegen den Willen* des Eigentümers oder Halters benutzen will, einer (für diesen Fall nicht besonders erwähnten) Anmeldepflicht nicht nachkommen kann, ohne das Vorhaben des Diebstahls (§ 242 StGB) oder der Gebrauchsentwendung (§ 248b StGB) zu offenbaren. Auch ist *Hübner* zuzugestehen, daß der Täter auf diese Weise die erforderliche Erklärung abgeben kann. Dennoch muß eine Bestrafung aus § 370 I Nr. 2 AO für den Fall der Gebrauchsanmaßung nach § 248b StGB ausscheiden, weil sonst die in § 248b StGB angeordnete Privilegierung (Freiheitsstrafe bis zu drei Jahren) praktisch aufgehoben wäre, da neben § 248b StGB immer auch § 370 I Nr. 2 AO vorläge. Die Situation ist ähnlich wie beim Diebstahl von Treibstoffen, der auch regelmäßig mit der Tat nach § 248b StGB verwirklicht wird und deshalb als durch die Strafe nach § 248b StGB abgegolten gilt (allgM BGH 14, 388 v. 5. 7. 1960; *Samson* 18 zu § 248b StGB). Schließlich fehlt dem Täter in derartigen Fällen regelmäßig der Vorsatz, da er die Steuerpflicht nicht kennt. Auch leichtfertige Steuerverkürzung gem. § 378 AO dürfte praktisch nicht vorkommen. Man wird den Vorwurf der Leichtfertigkeit nicht erheben können, wenn auch der BGH auf die Revision der StA zwar sämtliche Vermögensde-

likte behandelt, auf den Gedanken jedoch nicht kommt, eine Steuerhinterziehung zu prüfen (so zB BGH 14, 388 v. 5. 7. 1960).

c) Eingangsabgaben

Schrifttum:

Lenkewitz, Im Zollgrenzbezirk gefundenes Schmuggelgut und die strafrechtlichen Folgen seiner Nichtgestellung, ZfZ 1954, 353; *Stäglich,* Zur steuerstrafrechtlichen Nichtgestellung gefundenen Zollgutes, NJW 1954, 1431; *Reichwald,* ,,Besatzungsschmuggel" nach Beendigung des Besatzungsregimes, ZPr 1955, 124; *Mann,* Die steuer- und strafrechtlichen Folgen des Truppenschmuggels, ZfZ 1956, 233; *A. Fuchs,* Einzelfragen zum Truppenvertrag und Truppenzollgesetz, ZfZ 1956, 257; *ders.,* Versuchte und vollendete Steuerverkürzung im Reiseverkehr, ZPr 1957, 121; *Baur,* Beitrag zur Problematik des Truppenschmuggels, ZfZ 1957, 199; *Poschar,* Malzzoll und Zollhinterziehung, FR 1957, 312; zu den konkreten Erscheinungsformen der Steuerhinterziehung im Zoll- und Verbrauchsteuerrecht vgl. insbes. *Bender,* Das Zoll- und Verbrauchsteuerstrafrecht mit Verfahrensrecht, 4. Aufl. 1977, S. 145ff.

174 **Die Erscheinungsformen der Hinterziehung von Zöllen und anderen Eingangsabgaben** lassen sich im wesentlichen wie folgt unterscheiden:

der Täter verbringt Waren über die Grenze und entzieht sich seiner Gestellungspflicht (s. Rdnr. 10 zu § 382 AO) in der Weise, daß er die Zollstelle umgeht und dadurch bewirkt, daß die Zollbehörde von dem Vorgang keine Kenntnis nehmen kann und daher von vornherein nicht in der Lage ist, einen Abgabenbescheid zu erteilen (sog. *Schmuggel über die grüne Grenze*). Insoweit bestehen zwar kriminologische Besonderheiten (vgl. § 373 AO), aber keine strafrechtlich bedeutsamen Unterschiede gegenüber der Nichtabgabe einer förmlichen Steuererklärung durch einen Stpfl, der dem FA nicht bekannt ist (s. Rdnr. 127ff.);

der Täter überschreitet die Grenze zwar an der Zollstelle, verneint aber die Frage des Beamten, ob er etwas zu verzollen habe (typisch für *Schmuggel im Reiseverkehr,* vgl. dazu § 80 ZollG, Anh X);

der Täter gestellt zwar die Ware, macht aber unrichtige Angaben über Menge, Stückzahl, Beschaffenheit oder Zollwert (typisch für *Zollhinterziehung im Importhandel,* möglich auch im Reiseverkehr), Näheres s. Rdnr. 165ff.;

der Täter erwirbt im Inland von Angehörigen fremder Truppen Waren, die für die Verwendung durch die Truppe abgabenfrei eingeführt oder aus einem inländischen Herstellungsbetrieb entfernt worden sind, und unterläßt es, sie bei der Zollbehörde zu gestellen (sog. *,,Besatzungs-"* oder *,,Truppenschmuggel"*); vgl. im einzelnen insbes. *Mann, A. Fuchs* u. *Baur* aaO.

175 **Eine Zollwertverkürzung wird namentlich begangen durch sog. Unterfakturierung,** dh durch unrichtige Zollanmeldung unter Vorlage fingierter Rechnungen, in denen der Preis niedriger ausgewiesen wird, als in Wirklichkeit vereinbart ist (vgl. zB BFH v. 16. 3. 1965, BStBl. 269). Diese Methode wird häufig angewendet bei Postsendungen aus dem Ausland mit Medikamenten, Kosmetika, Zuchtperlen, Werkzeugen, optischen Geräten, Schallplatten, Jagdwaffen usw. an private oder auch gewerbliche Käufer im Inland, die dann richtige Rechnungen mit separatem Brief erhalten. Die Ausfertigung doppelter Rechnungen ist nicht erforderlich bei der Unterfakturierung von

Lieferungen zwischen in- und ausländischen Kapitalgesellschaften, die wirtschaftlich miteinander verbunden sind. Die durch Unterfakturierung beim ausländischen Verkäufer entstehenden Verluste und beim inländischen Käufer entstehenden Gewinne gleichen sich handelsrechtlich in der Konzernbilanz aus. Auch wird die rechtswidrig erzielte Ersparnis von Eingangsabgaben durch das zwischen dem Ausland und der BRD bestehende Ertragsteuergefälle dann nicht beeinträchtigt, vielmehr der Tatanreiz noch erhöht, wenn die inländische Tochtergesellschaft ohnehin mit Verlust arbeitet und die ausländische Muttergesellschaft den von ihr zu versteuernden Gewinn (in Höhe der Unterfakturierung) auf die Tochtergesellschaft verlagern kann.

176 **Durch Aufteilung des Rechnungspreises** kann der Zollbehörde ein unrichtiger Zollwert zB in der Weise vorgetäuscht werden, daß von dem ausgewiesenen Preis bereits Vorauszahlungen abgesetzt sind oder Vertriebskosten (Frachten, Versicherungen, Umschließungen, Provisionen) oder Lizenzgebühren nur auf einer der Behörde verheimlichten besonderen Rechnung erscheinen oder Teile des Kaufpreises als Kosten für Montage, Reparaturen, Marktforschung oder sonstige Dienstleistungen bezeichnet werden. Ferner kann die Feststellung des Zollwertes durch das Vortäuschen von Preisnachlässen, Einführungsrabatten usw. beeinträchtigt werden oder – in zunehmendem Maße – dadurch, daß anstelle der tatsächlich begründeten unmittelbaren Rechtsbeziehungen zwischen dem ausländischen Exporteur und dem inländischen Importeur das Eigenhandelsgeschäft eines inländischen Vermittlers vorgetäuscht wird, der die Ware angeblich auf eigene Rechnung zu einem niedrigeren Preis aus dem Ausland erworben und erst dann zu dem (von vornherein vereinbarten) Preis an den inländischen Abnehmer weiterveräußert hat.

177 **Eine falsche Tarifierung** kann durch unrichtige Anmeldung tariferheblicher Beschaffenheitsmerkmale herbeigeführt werden, zB durch Anmeldung gereinigter Bettfedern als roher Federn, Nickelanoden als Nickelkathoden, haltbarer Konserven als vorübergehend haltbarer usw. (weitere Beispiele aus der Praxis bei *Bender* aaO S. 154). Von doppeltem Interesse sind vorgeblich antike Waren, zB Waffen und Teppiche, mit deren Falschanmeldung der Täter zugleich die Absicht verfolgt, anschließend mit Hilfe der zollamtlich bestätigten Falschanmeldung inländische Interessenten zu betrügen. Gelingt das Vorhaben der Falschanmeldung, so liegt eine mittelbare Falschbeurkundung iS des § 271 StGB nicht vor, da die Beweiskraft des Zollpapiers den Wert und die tarifliche Eigenschaft der Ware nicht umfaßt (BGH v. 6. 10. 1965, ZfZ 1966, 82).

178 **Beispiele aus der Rechtsprechung**

zum *Schmuggel über die grüne Grenze:* RG v. 20. 10. 1936 (RZBl. 376); RG 71, 49 v. 8. 2. 1937; RG v. 19. 11. 1937 (RZBl. 824); OLG Köln v. 18. 1. 1952 (MDR 438); BGH v. 20. 5. 1952 (NJW 945); BGH 4, 32 v. 13. 2. 1953; OLG Köln v. 12. 5. 1953 (ZfZ 249); BGH 4, 333 v. 10. 9. 1953; BGH 6, 260 v. 13. 7. 1954; BGH 7, 33 v. 23. 11. 1954; BGH v. 16. 3. 1962 (GA 337);

zum Schmuggel durch *Nichtgestellen gefundenen Zollguts:* BGH 4, 36 v. 27. 1. 1953; OLG Oldenburg v. 16. 6. 1953 (ZfZ 1954, 155);

zum Schmuggel *beim Grenzübergang an der Zollstelle* durch Verneinen der Frage nach mitgeführten Waren: OLG Köln v. 4. 11. 1958 (ZfZ 1959, 182); OLG Hamm v. 20. 11. 1958 (ZfZ 1959, 122); FG Düsseldorf v. 28. 1. 1959 (ZfZ 148); BayObLG v. 22. 6. 1967 (ZfZ 1968, 246); BFH v. 12. 8. 1959 (ZfZ 1960, 23); Verbergen von Zollgut in einem Kfz: BGH 7, 291 v. 5. 4. 1955; FG Düsseldorf v. 12. 6. 1957 (ZfZ 243); OLG Neustadt v. 30. 11. 1962 (ZfZ 1963, 22); OLG Köln v. 2. 8. 1966 (ZfZ 311); BayObLG v. 22. 6. 1967 (ZfZ 1968, 246) oder durch Mitführen von Treibstoff im Kraftstofftank: BGH v. 8. 12. 1955 (BB 1956, 713); OLG Köln v. 2. 6. 1959 (ZfZ 1960, 277); BGH v. 9. 10. 1959 (ZfZ 1960, 272 m. Anm. *Rümelin*) oder durch Beantragung eines Kraftstoffausweises über eine höhere als die tatsächlich mitgeführte Treibstoffmenge: BayObLGSt 1977, 13 v. 26. 1. 1977 oder hinsichtlich am Körper verborgener Waren: OLG Bremen v. 29. 9. 1954 (ZfZ 380) oder getragener Kleidungsstücke: OLG Hamm v. 30. 6. 1958 (ZfZ 1960, 314); durch Vortäuschen von „US-Frachtgut": BGH 3, 40, 44 v. 24. 6. 1952; Verletzung der Gestellungspflicht in der Absicht, dem Binnenzollamt zu gestellen: OLG Karlsruhe v. 14. 12. 1972 (NJW 1973, 722 m. Anm. *Obermeier* 1145 u. *Hübner* 1146);

zum *Besatzungs- oder Truppenschmuggel* hinsichtlich geschenkter Tabakwaren: OLG Braunschweig v. 19. 9. 1952 (ZfZ 1953, 21); BayObLG v. 17. 12. 1959 (ZfZ 1961, 84); hinsichtlich zum Pfand angenommener Tabakwaren: OLG Karlsruhe v. 30. 7. 1953 (NJW 1954, 246); hinsichtlich Kaffee, Tee, Tabakwaren, Spirituosen oder Lebensmittel, die von Angehörigen fremder Truppen käuflich erworben wurden: BGH 5, 53 v. 22. 10. 1953 unter Ablehnung der abw. Erkenntnisse des OLG Frankfurt v. 8. 8. 1951 (NJW 1952, 75) und des OLG Oldenburg v. 4. 12. 1952 (ZfZ 1952, 93); ferner OLG Braunschweig v. 15. 4. 1955 (ZfZ 1957, 119); OLG Hamm v. 24. 5. 1957 (ZfZ 339); BayObLG v. 2. 10. 1959 (ZfZ 1961, 122); OLG Hamm v. 10. 11. 1961 (ZfZ 1962, 49); OLG Frankfurt v. 30. 1. 1963 (ZfZ 284); OLG Köln v. 16. 7. 1965 (ZfZ 1966, 50); durch unbefugtes Benutzen des PKW eines Mitglieds der Streitkräfte: BFH v. 31. 10. 1957 (ZfZ 1958, 55); durch Aufbewahren von Waren aus Besatzungsbeständen: OLG Köln v. 8. 4. 1952 (ZfZ 1954, 156) und v. 19. 1. 1954 (ZfZ 158); durch Diebstahl von Truppengut: OLG Bremen v. 9. 1. 1957 (ZfZ 220); BFH v. 31. 10. 1957 (ZfZ 1958, 53); BGH 13, 399 v. 25. 11. 1959.

d) Erschleichen von Steuervorteilen im Erhebungs- und Vollstreckungsverfahren

Schrifttum:

Niese, Wann ist die Hingabe eines ungedeckten Schecks Betrug? NJW 1952, 691; *A. Mayer,* Zum Betrug durch Hingabe ungedeckter Schecks, JZ 1953, 25; *Hintzen,* Steuergefährdung durch wahrheitswidrige Stundungsbegründung, DB 1953, 874; *Krah,* Steuerhinterziehung im Beitreibungsverfahren, StWa 1954, 153; *Hammer,* Hinterziehung im Vollstreckungsverfahren durch Nichtabgabe von Steuererklärungen, StWa 1957, 98; *v. Claer,* Einige Fälle von Steuerhinterziehung im Beitreibungsverfahren der Finanzverwaltung, DStZ 1958, 99; *Möllinger,* Steuervergehen mit ungedeckten Schecks, DStZ 1958, 119; *Lohmeyer,* Hingabe ungedeckter Schecks als Steuervergehen, NJW 1958,

659; FR 1962, 17; Inf 1963, 10; BlStA 1963, 309; ZfZ 1964, 78; *Pfaff,* Steuerhinterziehung im Beitreibungsverfahren, Stbg. 1962, 107; STB 1963, 77; StWa 1964, 165; FR 1964, 506; *Henke,* Steuerhinterziehung durch Verkauf zur Sicherung übereigneter Sachen, NJW 1967, 1006; *Bornemann,* Steuerhinterziehung und leichtfertige Steuerverkürzung durch Hingabe von ungedeckten Schecks, FR 1972, 535; *Lohmeyer,* Die Vorteilserschleichung als Steuerhinterziehung, SchlHA 1974, 69.

179 **Durch wahrheitswidrig begründete Anträge auf Stundung** nach § 222 AO oder nach einer Sondervorschrift, wie zB § 28 ErbStG, wird ein (vorübergehender) Steuervorteil erschlichen, wenn das FA in Kenntnis der wirklichen Liquiditätsverhältnisse überhaupt keine Stundung gewährt oder erheblich höhere Raten gefordert hätte. Da gestundete Steuerforderungen zwar mit Zinsen (§ 234 AO) in Höhe von 6% (§ 238 AO), jedoch nicht mit Säumniszuschlägen belastet werden (s. § 240 AO), bietet die Stundung einen hohen Reiz zur billigen Kreditbeschaffung, der noch verstärkt wird, wenn die vorübergehend ersparten Mittel für steuer- oder prämienbegünstigte (Bau-)Sparverträge eingesetzt werden (vgl. BFH v. 10. 8. 1961, BStBl. 488; OLG Düsseldorf – Ss 266/62 – v. 28. 6. 1962, zit. bei *Lohmeyer* FR 1964, 170). Indessen kann von dem „Erschleichen" einer Stundung nur gesprochen werden, wenn der Stpfl das FA mit unwahren Angaben über seine Zahlungsfähigkeit täuscht. Die Täuschung kann auch durch das Unterdrücken von Tatsachen bewirkt werden, welche die Zahlungsfähigkeit erhellt hätten, zB wenn der Stpfl zwar wahrheitsgemäß auf den Rückgang seiner Umsätze hinweist, aber wohlweislich verschweigt, daß ihm der zur Steuerzahlung erforderliche Betrag aus einem Lotto- oder Totogewinn zur Verfügung steht. Läßt sich der Stpfl dagegen eine ESt-Vorauszahlung mit der zutreffenden Begründung stunden, daß die Jahressteuerschuld bereits durch die bisherige Vorauszahlungen gedeckt sei, so täuscht er nicht und ist daher auch nicht gehindert, während der aus dem angegebenen Grunde bewilligten Stundung steuerbegünstigt zu sparen (BFH 86, 151, 153 v. 29. 4. 1966).

180 **Das Erschleichen eines Steuererlasses** nach § 227 AO oder nach einer Sondervorschrift, wie zB § 3 KraftStG, ist ebenfalls entscheidend davon abhängig, aufgrund welcher tatsächlicher Angaben der Steuervorteil beantragt und gewährt worden ist. Ob das FA einen schuldtilgenden Erlaß ausspricht oder aufgrund unrichtiger Angaben des Stpfl die Vollstreckung nach § 258 AO einstweilen einstellt, ist dem Grunde nach gleichgültig. Im ersten Fall ist die Steuerhinterziehung mit der Bekanntgabe der Erlaßverfügung, im zweiten Fall mit der innerdienstlichen Anordnung der Einstellung vollendet, und zwar ungeachtet dessen, daß das FA wegen des Betrags ohne weiteres die Vollstreckung fortsetzen kann, wenn sie zu einem späteren Zeitpunkt Erfolg verspricht.

181 **Im Zusammenhang mit der Vollstreckung** kann Steuerhinterziehung durch jedes täuschende Verhalten begangen werden, das darauf abzielt, die zwangsweise Einziehung einer fälligen Steuer zu vermeiden, das Zwangsverfahren zu verzögern oder das Vollstreckungsergebnis zu schmälern; das Erschleichen einer bestimmten positiven Verfügung des FA ist nicht erforderlich (RG v. 16. 2. 1937, RStBl. 387; BGH v. 1. 3. 1956, BStBl. I 441, m. zust.

Anm. *Hartung* JR 1956, 383). Es genügt zB die Täuschung des FA über die wirtschaftliche Lage, das Einkommen oder die Vermögensverhältnisse, oder die Täuschung des Vollziehungsbeamten über das Vorhandensein pfändbarer Sachen. An einem täuschenden (= steuerunehrlichen) Verhalten fehlt es jedoch, wenn der Stpfl sich einer beabsichtigten Vollstreckungsmaßnahme gewaltsam widersetzt (vgl. RG 70, 10 v. 12. 12. 1935; RG v. 12. 10. 1937, RStBl. 1149) oder sich der Vollstreckung durch Flucht ins Ausland entzieht (*v. Claer* DStZ 1958, 99).

182 Beispiele aus der Rechtsprechung:

Hingabe einer wertlosen Sicherheit, zB eines Wechsels, um Vollstreckungsaufschub (RG 60, 97f. v. 15. 2. 1926) oder die Freigabe einer bereits gepfändeten Sache oder Forderung zu erreichen;

Erschleichen der Freigabe von Pfandstücken, die das FA versteigern lassen will, durch Vorlage eines fingierten Sicherungsübereignungsvertrages (RG v. 19. 10. 1936, RStBl. 1060) oder durch Vortäuschen, daß eine Sicherungsübereignung sich auf Sachen beziehe, die in Wirklichkeit noch zur freien Verfügung des Vollstreckungsschuldners stehen (BGH – 3 StR 154/52 – v. 22. 1. 1953, zit. bei *Herlan* GA 1953, 151);

unwahre Angaben des Vollstreckungsschuldners und/oder eines Drittschuldners über eine pfändbare oder gepfändete Forderung (KG v. 11. 4. 1934, RStBl. 695; vgl. auch RG 62, 329 v. 19. 11. 1928);

unwahre Angaben eines Rechtsanwalts über den Stand eines Anderkontos, über das er verfügungsberechtigt war (BGH – 2 StR 183/57 – v. 22. 5. 1957, zit. bei *Herlan* GA 1958, 49);

falsche Versicherung an Eides Statt eines Drittschuldner über aufrechenbare Schadensersatzforderungen (BGH v. 18. 12. 1975, NJW 1976, 525);

Abtretung einer Forderung, die der Stpfl, bevor das FA den Drittschuldner benachrichtigen kann, selbst einzieht, um den Betrag für sich zu verbrauchen (*Krah* StWa 1954, 153; vgl. auch BFH v. 12. 3. 1958, DStR 539);

heimliche Veräußerung einer vom FA gepfändeten oder dem FA zur Sicherheit übereigneten Sache (BGH aaO s. Rdnr. 181; LG Kassel v. 8. 3. 1954, DStZ/B 218 m. Anm. *Keßler;* aM LG Braunschweig v. 18. 3. 1953, DStZ/B 280; AG Mannheim v. 2. 1. 1964, BB 1965, 233, m. abl. Stellungnahme *Henke* NJW 1967, 1006).

183 Durch Hingabe eines ungedeckten Schecks an die Finanzkasse oder den Vollziehungsbeamten (BGH – 2 StR 416/56 – v. 19. 11. 1956, zit. bei *Herlan* GA 1958, 49) kann die Vollstreckung verzögert oder vereitelt werden, wenn der Aussteller seiner eigenen Erwartung zuwider zum Ausdruck gebracht hat, daß der Scheck bei Vorlage eingelöst werde. Ob er allein durch die Zahlung mit Scheck zum Ausdruck bringt, daß der Scheck bei der Begebung gedeckt sei oder bei der Vorlage gedeckt sein werde oder jedenfalls trotz mangelnden Guthabens eingelöst werde, ist Tatfrage (BGH 3, 69 v. 25. 6. 1952 m. Anm. *A. Mayer* JZ 1953, 25; strenger OLG Oldenburg v. 5. 12. 1950, JZ 1951, 339 m. krit. Anm. *Mezger*). Bei der Bezahlung einer (über-)fälligen Steuerschuld mit Scheck ist objektiv entscheidend, ob *„nach dem gewöhnlichen Lauf der Dinge schon bei der Ausstellung gesichert ist, daß die Deckung bis zur Vorlage des Schecks rechtzeitig eingeht"* (so *Niese* NJW 1952, 69 zu § 263 StGB, glA *Lohmeyer* NJW 1958, 660 zu § 396 RAO 1931). Am Vorsatz fehlt es, wenn unvorhergesehene Umstände den Scheck platzen lassen (*Niese* aaO), zB die Pfändung des Guthabens durch einen anderen Gläubiger, mit welcher der Stpfl nicht gerechnet hat, oder das Ausbleiben einer Gutschrift, auf die der Stpfl vertraut hat. Bestand nur eine entfernte Möglichkeit einer rechtzeitigen Gutschrift, handelt der Aussteller regelmäßig mit bedingtem Vorsatz, falls er nicht damit rechnen durfte, daß der Scheck auch bei mangelnder Deckung von der bezogenen Bank honoriert werden würde (*Hildebrandt* FR 1955, 361). Unbedingter Vorsatz liegt regelmäßig dann vor, wenn der Stpfl wußte, daß bei Vorlage des Schecks keine Deckung vorhanden sein werde – womöglich infolge eigener anderweitiger Verfügung über ein Guthaben oder einen Zahlungseingang – und wenn ihm auch bekannt war, daß die Bank ihm keinen weiteren Kredit einräumen werde (vgl. allgemein auch OFD Münster v. 3. 3. 1951, FR 358).

184 **Zur Steuerhinterziehung durch Erschleichen der Zulassung eines Kfz** mit ungedecktem Scheck vgl. OLG Hamm v. 16. 3. 1962 (JMBlNRW 176). Zur Vermeidung der Zwangsabmeldung eines Kfz mit vordatiertem Scheck hat der BGH (1 StR 480/61 v. 16. 1. 1962, auszugsweise zit. bei *Suhr* S. 527) täuschendes (steuerunehrliches) Verhalten verneint, weil der Stpfl hier offengelegt hatte, daß der vom FA angenommene Scheck bei Hingabe nicht gedeckt war, und dem FA die bedrängte wirtschaftliche Lage des Stpfl bekannt war.

185 **Durch unrichtige Angaben** in der eidesstattlichen Versicherung nach § 284 AO kann Steuerhinterziehung begangen werden, wenn richtige oder vollständige Angaben, die der Vollstreckungsschuldner zu machen verpflichtet ist (vgl. BGH 19, 126 v. 29. 10. 1963), dem FA die Möglichkeit eines Zugriffs auf gegenwärtige Vermögensgegenstände des Schuldners eröffnet hätten (zB *bejaht* durch RG v. 29. 8. 1938, RStBl. 889, bei Verschweigen von Rechten an einem Kfz, und BGH 14, 345, 348 v. 1. 4. 1960 hinsichtlich der wahrheitswidrigen Angabe des Schuldners, daß eine bestimmte pfändbare Sache, die er in Wirklichkeit veräußert hatte, von ihm vernichtet worden sei). Bei dem Verschweigen des ausgeübten Berufes ist für die Verletzung des § 370 AO ebenfalls entscheidend, ob der Vollstreckungsschuldner durch die unterlassene (oder unrichtige) Angabe pfändbare Ansprüche verschleiert hat (zB *bejaht* von BGH 11, 223, 225 v. 13. 2. 1958; *verneint* von BGH 8, 399f. v. 15. 12. 1955 und v. 24. 7. 1968, NJW 2251).

IV. Vorsatz, Unrechtsbewußtsein

Schrifttum:

Hartung, Schuldprobleme im Steuerstrafrecht, Aktuelle Fragen, S. 31ff.; *Stieler*, Rechtsirrtum im Steuerstrafrecht, SJZ 1950, Sp. 527; *Dollinger*, Das Unrechtsbewußtsein im Steuerstrafrecht, BB 1952, 801; *Glöggler*, Irrtumsfragen im Steuerstrafrecht, NJW 1953, 488; *Stieler*, Der Bundesgerichtshof zur Frage des Rechtsirrtums im Steuerstrafrecht, BB 1953, 434; *Welzel*, Irrtumsfragen im Steuerstrafrecht, NJW 1953, 486; *Warda*, Die Abgrenzung von Tatbestands- und Verbotsirrtum bei

Blankettstrafgesetzen, 1955; *Welzel,* Der Verbotsirrtum im Nebenstrafrecht, JZ 1956, 238; *Netzler,* Der Verbotsirrtum im Steuerstrafrecht, 1961; *Lohmeyer,* Schuldprobleme im Steuerstrafrecht, GA 1966, 161; *Tiedemann,* Zur legislatorischen Behandlung des Verbotsirrtums im Ordnungswidrigkeiten- und Steuerstrafrecht, ZStW 81 (1969) 869; *Leise,* Irrtumslehre und steuerliches Straf- und Bußgeldrecht, DStR 1972, 556; *Lohmeyer,* Die Schuld bzw. Vorwerfbarkeit bei Zuwiderhandlungen gegen Steuergesetze, DStZ 1974, 426.

186 Die Steuerhinterziehung kann **nur vorsätzlich begangen** werden. Das ergibt sich aus § 369 II AO, § 16 StGB. Bedingter Vorsatz (s. Rdnr. 44 zu § 369 AO) genügt in jeder Hinsicht. Dem Grundsatz nach muß sich der Vorsatz auf alle diejenigen tatsächlichen Umstände erstrecken, die den Tatbestand erfüllen, sowie bei normativen Tatbestandsmerkmalen die „Parallelwertung in der Laiensphäre" enthalten (s. Rdnr. 45 zu § 369 AO). Dagegen gehört zum Vorsatz nicht die Kenntnis vom Verbotensein des Verhaltens. Insofern ist Unrechtsbewußtsein möglich, dessen Fehlen als Verbotsirrtum nach § 17 StGB behandelt wird (s. Rdnr. 90 zu § 369 AO).

187 Zum **Vorsatz der Steuerhinterziehung durch Handeln** gehört das Wissen, daß

der Täter eine täuschende Handlung vornimmt,

dadurch ein Steueranspruch beeinträchtigt wird, sei es durch zu niedrige oder verspätete Festsetzung oder durch verspätete Beitreibung bzw.,

dadurch ein nicht gerechtfertigter Steuervorteil erlangt wird.

Hinsichtlich sämtlicher Merkmale muß der Täter die **„Parallelwertung in der Laiensphäre"** aufweisen. Er muß insbesondere wissen, daß ein Steueranspruch gegen ihn oder einen anderen existiert, auf den er einwirkt. Dagegen muß er nicht exakt die Anspruchsgrundlage kennen oder auch nur genau wissen, um welche Steuerart es sich handelt (aM *Hübner* 7b zu § 392 RAO, der sich auf die Entscheidung BGH v. 24. 1. 1964 bei *Herlan* GA 1965, 289 beruft; aaO findet sich jedoch zu dieser Frage nichts). Über diese Grundsätze besteht Einigkeit: BGH 5, 90 v. 13. 11. 1953; *Welzel* NJW 1953, 486; *Hübner* 7b ff. u. *Kohlmann* 235 zu § 392 RAO; unklar dagegen OLG Hamm v. 6. 5. 1970 (ZfZ 1971, 340), das den Irrtum über die Einordnung eines Einfuhrgutes unter eine Warennummer des Zolltarifes ohne Begründung als Verbotsirrtum bezeichnet.

188 Zum **Vorsatz der Steuerhinterziehung durch Unterlassen** gehört neben den bei Rdnr. 187 genannten Umständen die Kenntnis derjenigen **Tatsachen, die die Pflicht zur Aufklärung** der Finanzbehörden **begründen.** Dagegen braucht der Täter die Aufklärungspflicht selbst nicht zu kennen (Rdnr. 92 zu § 369 AO).

189 **Dem Täter fehlt das Unrechtsbewußtsein,** wenn er die Rechtswidrigkeit seines Verhaltens nicht kennt. Beruht dieser Irrtum nicht auf einem vorsatzausschließenden Tatumstandsirrtum, dann handelt es sich um einen (isolierten) **Ver-** oder (bei Unterlassungsdelikten) **Gebotsirrtum,** der nach § 17 StGB zu behandeln ist. Davon ist der sog. **Strafbarkeitsirrtum** zu unterscheiden, der strafrechtlich unerheblich ist. Weiß der Täter, daß sein Verhalten rechtswidrig ist, glaubt er aber irrig, das Verhalten sei nicht strafbar, so handelt er mit vollem Unrechtsbewußtsein (falsch: *Leise* DStR 1972, 557). Im Verbotsirrtum befindet sich auch, wer weiß, daß er steuerpflichtige Umsätze macht, aber glaubt, er brauche keine USt-Voranmeldungen abzugeben (Irrtum über die Garantenpflicht, s. Rdnr. 92 zu § 369 AO); ebenso *Leise,* DStR 1972, 558. Demgegenüber nimmt die überwiegende Ansicht beim **Irrtum über Aufklärungspflichten** *Vorsatzausschluß* an, jedoch ohne dies überzeugend begründen zu können (typisch: *Kohlmann* 239 zu § 392 RAO, der lediglich behauptet, die BGH-Rechtsprechung zu den Garantenpflichten sei auf § 392 RAO nicht anwendbar; im Ergebnis ebenso *Hübner* 7b zu § 392 RAO). Spätestens seit Ersetzung der Steuerunehrlichkeit durch die Tatbestandsbeschreibung in § 370 I Nr. 2 AO ist diese Auffassung nicht mehr zu halten. Bei der Prüfung der *Vermeidbarkeit des Verbotsirrtums* wird man freilich im Bereich der Aufklärungspflichten vorsichtig vorgehen müssen (s. Rdnr. 94 zu § 369 AO).

190 Neben dem Vorsatz setzt die Steuerhinterziehung keinerlei weitere subjektive Merkmale voraus. Abw. von § 392 II RAO braucht der Täter nicht mehr zum eigenen oder fremden Vorteil zu handeln. Wenn das Gesetz in § 370 I AO für die Vorteilserlangung voraussetzt, daß der Täter den Erfolg für sich oder einen anderen erlangt, dann wird dadurch nur klargestellt, daß Täter nicht nur derjenige sein kann, der sich selbst einen Vorteil verschafft, sondern auch jeder Dritte.

V. Teilnahmehandlungen

Schrifttum:
Reinisch, Die steuerstrafrechtliche Bedeutung des Mitunterzeichnens der Einkommensteuererklärung durch den Ehegatten, DStR 1965, 589.

191 **Auch bei Anstiftung oder Beihilfe** zur Steuerhinterziehung ist weder der Kreis der möglichen Teilnehmer noch die Art der Teilnahmehandlung durch Besonderheiten des Steuerstrafrechts beschränkt.

Beispiele aus der Rechtsprechung:

Beihilfe zur Steuerhinterziehung leistet zB der Vorstand einer Bank, wenn er seine Bereitschaft erklärt, Gelder eines Kunden heimlich zu verwalten, und dadurch den Willen des Kunden bestärkt, unrichtige Steuererklärungen abzugeben (BGH – 4 StR 80/61 – v. 9. 6. 1961);

desgl. der Lieferant, der mehrere Rechnungen (statt einer) erteilt, um dem Abnehmer die sofortige Absetzbarkeit der angeschafften Sache nach § 6 II EStG zu ermöglichen (LG Kassel v. 12. 9. 1955, NJW 1956, 35), oder der Waren ohne Rechnung liefert und die Abnehmer glauben läßt, daß auch er die Lieferungen nicht verbuchen werde (OLG Köln v. 26. 9. 1958, NJW 2078);

ferner der Notar, der den Vertragschließenden rät, in einem Grundstückskaufvertrag zum Zwecke der „Steuerersparung" den Kaufpreis niedriger anzugeben (RG 58, 54ff. v. 7. 1. 1924; vgl. auch RG 60, 6, 8 v. 26. 11. 1925; 61, 42f. v. 25. 11. 1926);

Beihilfe zur Hinterziehung von Eingangsabgaben leistet zB, wer Verstecke in Hohlräumen eines Kfz anfertigt (OLG Köln v. 20. 1. 1959, ZfZ 1960, 276);

wer Schmuggler zum Eingang des Freihafens befördert und von dort wieder abholt (OLG Bremen v. 5. 10. 1955, ZfZ 371);

wer Schmuggelware von einem grenznahen Lagerungsort abholt (BGH 8, 70 v. 21. 6. 1955);

wer es gestattet, daß Schmuggler das Zollgut auf seinem grenznahen Anwesen verstecken (BGH v. 24. 5. 1955, ZfZ 256);

wer den Besitz von Schmuggelgut, das noch nicht zur Ruhe gekommen ist, gegenüber einem nachschauenden Zollbeamten leugnet (OLG Köln v. 25. 10. 1955, NJW 1956, 154);

wer zur Tarnung eine Deckadresse für Postsendungen benennt (OLG Hamburg v. 14. 1. 1953, ZfZ 250);

wer als Schiffsoffizier einen Schmuggel der Mannschaft duldet (RG 71, 176ff. v. 12. 4. 1937);

wer als Zollbeamter einen wahrheitswidrigen Schlußabfertigungsvermerk auf einem Zollbegleitschein erteilt (BGH v. 11. 12. 1952, ZfZ 1953, 86; ähnl. BGH 7, 149 v. 11. 1. 1959) oder duldet, daß ein Schmuggler über das Zollgitter eines Freihafens klettert (OLG Bremen v. 10. 8. 1950, ZfZ 367);

indessen fehlt der Gehilfenvorsatz, wenn jemand die Bekanntschaft mit einem Helfershelfer „zum Schmuggeln" vermittelt, ohne daß schon irgendwie feststeht, was, wo und wann geschmuggelt werden soll (BFH v. 12. 12. 1956, ZfZ 1957, 149; vgl. auch OLG Köln v. 20. 1. 1959, JMBlNRW 138);

Anstiftung zur KfzSt-Hinterziehung begeht ein Händler, der den Käufer eines neuen PKW veranlaßt, das Kennzeichen eines alten Wagen weiterzuverwenden (OLG Hamm v. 9. 2. 1960, ZfZ 1961, 88).

Veranlaßt ein Arbeitnehmer, der nicht mit der Einbehaltung von LSt beauftragt ist, die Lohnbuchhalterin, vom Arbeitslohn eines Kollegen zu wenig LSt einzubehalten, so kann nicht nur *Anstiftung* vorliegen (aM BayObLG v. 5. 6. 1967, GA 1968, 86), sondern auch *Mittäterschaft* (zutr. *Hübner* 14 zu § 392 RAO).

Weiß ein Stpfl, daß der für ihn zuständige Buchhalter in der Finanzkasse durch Falschbuchungen eine buchmäßige Verringerung der Steuerschuld herbeiführt und hat er dafür Schmiergelder gezahlt, so ist der Buchhalter nicht Alleintäter, sondern höchstens *Mittäter,* uU nur *Gehilfe,* und der Stpfl jedenfalls Mittäter (BGH v. 1. 12. 1953, DStR 1954, 470).

Läßt einer von zwei Geschäftsführern einer GmbH eine von ihm gefertigte Steuererklärung durch den anderen unterschreiben, so kann er *Mittäter* oder *mittelbarer Täter* der Steuerhinterziehung sein (OLG Hamm v. 17. 4. 1950, DStZ/B 419).

192 **Unterzeichnen Ehegatten bei ausdrücklicher Wahl der Zusammenveranlagung** (§ 26 II 2, 3 EStG) gemeinschaftlich eine unrichtige ESt-Erklärung, so kann derjenige Ehegatte, der in Kenntnis der unrichtigen Angaben über die Einkünfte des anderen mitunterzeichnet, nicht nur Gehilfe sein, sondern auch

Mittäter. Die abw. Meinung von *Reinisch* (DStR 1965, 589), daß sich die strafrechtliche Verantwortlichkeit jedes Ehegatten nur auf die ihn selbst betreffenden Angaben beziehe, kann weder aus § 30 AO noch aus §§ 268ff. AO abgeleitet werden. Zunächst führt die Wahl der Zusammenveranlagung dazu, daß die von jedem Ehegatten verwirklichten und erklärten Merkmale die Basis für *einen* ESt-Bescheid bilden, der die von *beiden* Ehegatten zu zahlende Steuer festsetzt. In solchen Fällen verbietet § 30 AO dem FA nicht, *jedem* von beiden Ehegatten Auskunft über *sämtliche* Besteuerungsgrundlagen zu erteilen, von denen die Höhe der gemeinsam geschuldeten Steuer bestimmt wird. Die durch die Steuerfestsetzung bereits eingetretene Steuerverkürzung (s. Rdnr. 31ff.) wird nicht rückwirkend wieder in Frage gestellt, wenn ein Ehegatte nachträglich beantragt, die Gesamtschuld im Verhältnis derjenigen Steuerbeträge aufzuteilen, die bei der Wahl getrennter Veranlagung festgesetzt worden wären. Überdies erfordert die (Mit-)Täterschaft bei Steuerhinterziehung nicht, daß jeder (Mit-)Täter Steuern zum *eigenen* Vorteil verkürzt.

VI. Versuch

Schrifttum:
A. Fuchs, Versuchte und vollendete Steuerverkürzung im Reiseverkehr, ZPr 1957, 121; *Bauerle,* Der Beginn der Ausführungshandlung im Steuerstrafrecht sowie die selbständig strafbaren Vorbereitungshandlungen, Aktuelle Fragen S. 137; *Henke,* Probleme des Versuchs der Steuerhinterziehung, DStZ 1958, 183; *Busse,* Zum „untauglichen Versuch" von Steuerhinterziehungen, BB 1958, 1306; *Lohmeyer,* Abgrenzung zwischen Versuch und Vorbereitungshandlung bei der Steuerhinterziehung, StW 1964, 905; *ders.,* Versuch und Vorbereitungshandlung bei der Monopol- und Zollhinterziehung, ZfZ 1968, 328; *ders.,* Abgrenzung des Versuchs von der Vorbereitungshandlung bei der Steuerhinterziehung, Inf 1971, 201; *ders.,* Vorbereitungs- und Versuchungshandlung bei strafbaren Zuwiderhandlungen gegen Steuergesetze, SchlHA 1974, 157 (die letzten drei Aufsätze sind teilweise bis in den Wortlaut identisch).

Weiteres Schrifttum s. vor Rdnr. 49, 89 zu § 369 AO.

1. Allgemeines

193 **Die Strafbarkeit des Versuchs** der Steuerhinterziehung hat § 370 II AO ausdrücklich angeordnet. Dies ist gem. § 23 I StGB erforderlich, weil die Steuerhinterziehung nach § 12 II, III StGB ein Vergehen darstellt (s. Rdnr. 49 zu § 369 AO). Bis zum Inkrafttreten der AO war die Versuchsstrafbarkeit in § 393 I RAO angeordnet. Die in § 393 II RAO geregelte Irreführung der mit der Wertermittlung befaßten Behörden ist ersatzlos entfallen.

Der Versuch der Steuerhinterziehung setzt den gesamten subjektiven Tatbestand der Steuerhinterziehung sowie das unmittelbare Ansetzen zur Tat (§ 22 StGB) voraus.

2. Subjektiver Tatbestand

194 Der Täter muß den **Vorsatz** der Steuerhinterziehung aufweisen, er muß also alle diejenigen tatsächlichen Umstände kennen, die den objektiven Tatbestand der Steuerhinterziehung ausfüllen und darüber hinaus die bei normativen Merkmalen erforderliche „Parallelwertung in der Laiensphäre" leisten (s.

Rdnr. 187f.). Er muß also insbesondere wissen, daß er die Verwirklichung eines Steueranspruchs beeinträchtigt oder einen Vorteil erlangt, auf den kein Anspruch besteht. Hinsichtlich der Ansprüche genügt es nicht, wenn er die Umstände kennt, die die anspruchsbegründende Norm ausfüllen; er muß vielmehr auch wissen, daß ein Anspruch iS eines Fordern-Dürfens besteht bzw. nicht besteht.

195 **Der untaugliche Versuch** ist strafbar (Ausnahme, die für die Steuerhinterziehung jedoch kaum praktische Bedeutung besitzt: § 23 III StGB; s. dazu *Rudolphi* 6ff. zu § 23 StGB). Daß die Tat nicht gelingen konnte, ist ebenso unerheblich wie die Tatsache, daß entgegen der Tätervorstellung ein Steueranspruch überhaupt nicht bestand. Die *irrige Annahme eines Steueranspruchs* kann allerdings auf verschiedenen Gründen beruhen. Glaubt der Täter irrig, es liege ein *tatsächlicher Umstand* vor, der einen Steueranspruch wirklich begründen würde (zB der Täter meint, er habe bestimmte Einkünfte gehabt, die jedoch in Wahrheit ausgeblieben sind), dann hat er den Vorsatz der Steuerhinterziehung; Versuch nach § 370 I, II AO ist möglich. Der Irrtum kann auch darin bestehen, daß der Täter bei zutreffender Tatsachenkenntnis ein *Steuergesetz unrichtig auslegt.* Er meldet zB eine Ausfuhrlieferung nicht zur Umsatzsteuer an, obwohl er glaubt, auch solche Lieferungen seien steuerpflichtig (vgl. § 4 Nr. 1, § 6 UStG). Dabei handelt es sich um einen Fall der umgekehrten unrichtigen Parallelwertung in der Laiensphäre (s. Rdnr. 95 zu § 369 AO). Die Behandlung dieses Irrtums (zuungunsten) ist umstritten. BGH (16, 285 v. 17. 10. 1961) und BayObLG (v. 9. 8. 1955, NJW 1568) nehmen Versuch an; andere meinen, es handele sich lediglich um ein strafloses Wahndelikt (s. Rdnr. 95 zu § 369 AO; RG v. 30. 6. 1930, JW 1931, 317; *Hübner* 16 u. *Kohlmann* 33ff. zu § 392 RAO). Das Problem ist auch im allgemeinen Strafrecht noch nicht gelöst (s. Rdnr. 95 zu § 369 AO sowie *Baumann* NJW 1962, 16; *Maurach* NJW 1962, 716; *Traub* JuS 1967, 113).

196 Nimmt der Täter bei der Steuerhinterziehung durch Unterlassen irrig **Umstände** an, **die seine Aufklärungspflicht begründen,** so kommt *Versuch* in Betracht. Hält er sich bei zutreffender Tatsachenkenntnis lediglich **irrig zur Aufklärung verpflichtet,** so liegt nur ein *strafloses Wahndelikt* vor (s. Rdnr. 96 zu § 369 AO).

3. Objektiver Tatbestand

197 Der Täter erfüllt gem. § 22 StGB den objektiven Tatbestand des Versuchs dann, wenn er **nach seiner Vorstellung von der Tat** zur Verwirklichung des Tatbestandes unmittelbar ansetzt. Das Gesetz hat mit dieser Formulierung die Bedeutung von Gefährlichkeitserwägungen zu reduzieren versucht und die enge zeitliche und räumliche Beziehung des Versuchsbeginns zur im Tatbestand beschriebenen Handlung hervorgehoben (s. Rdnr. 51ff. zu § 369 AO). Der BGH ist diesen Absichten des Gesetzgebers gefolgt (BGH 26, 203 v. 16. 9. 1975: *„In der strikten Anknüpfung des Unmittelbarkeitserfordernisses an die tatbestandsmäßige Handlung kann ein Gewinn an Rechtssicherheit liegen"*; ebenso BGH v. 10. 5. 1977, MDR 679). Die vor dem Inkrafttreten des neuen Allgemeinen Teils des StGB (1. 1. 1975) ergangenen Entscheidungen sind daher kritisch zu würdigen. Zum Versuchsbeginn bei der Steuerhinterziehung durch Unterlassen s. Rdnr. 83 zu § 369 AO.

198 **Bei der Hinterziehung von Veranlagung- und Fälligkeitsteuern** (s. Einl 92) gehört in den Bereich der (noch nicht strafbaren) Vorbereitung jede Handlung, die der Stpfl vor dem Termin zur Abgabe einer Steuererklärung (= Steuer[vor]anmeldung) unternimmt, um die tatbestandsmäßige Handlung zu ermöglichen oder zu erleichtern (RG 66, 154 v. 7. 3. 1932), zB Absprachen mit Lieferanten oder Kunden über den Austausch unrichtiger Rechnungen oder die Nichterteilung von Rechnungen (OR-Geschäfte) zum Zwecke einer wechselseitig unrichtigen oder unterlassenen Buchung von Geschäftsvorfällen, die sich beim Abschluß umsatz-, ertrags- und gewinnmindernd auswirkt, oder die unrichtige oder unterlassene Aufzeichnung von Betriebsvorgängen, die ein unzutreffendes Bild über Art oder Menge der Herstellung verbrauchsteuerpflichtiger Erzeugnisse vermittelt. Diese Abgrenzung wird bestätigt durch den Bußgeldtatbestand des § 379 I AO, der – jedenfalls für *vorsätzliches* Tun oder Unterlassen – überflüssig wäre, wenn das jeweilige Verhalten bereits den mit Strafe bedrohten Versuch eines Steuervergehens darstellen würde. Vorbereitungshandlungen sind ferner die unrichtige, unvollständige oder ganz unterlassene Aufnahme von Gegenständen des Anlage- oder Umlaufvermögens bei der Bestandsaufnahme zum Bilanzstichtag, die Aufstellung bewußt unrichtiger Bilanzen, G+V-Rechnungen oder Einnahmeüberschußrechnungen (s. Einl 100) und schließlich das bewußt unrichtige Ausfüllen von Steuererklärungsvordrucken. Sämtliche derartigen Machenschaften stellen den Anfang einer Steuerhinterziehung solange nicht dar, bis ihre Ergebnisse dem FA (HZA) zum Zwecke einer zu niedrigen Steuerfestsetzung förmlich oder formlos erklärt oder auch nur zur Kenntnisnahme unterbreitet oder zugänglich gemacht werden. Mit jeder derartigen Handlung wird bei Veranlagungsteuern die Schwelle zwischen Vorbereitung und Versuch überschritten und bei Fälligkeitsteuern sogar unmittelbar die Vollendung der Steuerhinterziehung bewirkt.

199 **Versuch durch positives Tun** liegt auch dann vor, wenn der Stpfl die Besteuerungsgrundlagen zwar zutreffend aufgezeichnet, zusammengestellt und in die Steuererklärung übertragen hat, jedoch beim FA mit einer wahrheitswidrigen Begründung eine Verlängerung der Frist zur Abgabe der Steuererklärung beantragt, um die zu erwartende Nachzahlung hinauszuzögern.

200 **Verhält sich der Stpfl dem FA gegenüber untätig,**

sei es in der Erwartung, daß die Verwirklichung eines Steuertatbestandes dem FA unbekannt bleiben werde,

oder mit dem Willen, durch eine Verzögerung der Abgabe der Steuererklärung eine entsprechend spätere Veranlagung und Fälligkeit der Nachzahlung zu erreichen,

oder mit der Absicht, es auf eine – womöglich zu niedrige – Schätzung der Besteuerungsgrundlagen gem. § 162 AO ankommen zu lassen, beginnt der Versuch der Steuerhinterziehung in dem Zeitpunkt, zu dem der Stpfl *bei pflichtgemäßem Verhalten die Steuererklärung hätte abgeben müssen.*

201 **Mit der Ausführung der Steuerhinterziehung hat noch nicht begonnen,** wer eine falsche Urkunde zum Zwecke einer Täuschung der Steuerbehörde herstellt (vgl. RG 51, 341, 342ff. v. 15. 1. 1917 zu § 263 StGB) oder eine Urkunde verfälscht, zB die polizeilichen Kennzeichen zweier Kraftfahrzeuge austauscht, um auf diese Weise die Zulassungsbehörde und anschließend das FA zu täuschen (RG v. 3. 7. 1936, RStBl. 831);

wer gefälschte Steuerzeichen in Hinterziehungsabsicht erwirbt (RG 57, 183, 184f. v. 15. 3. 1923);

wer zur Hinterziehung der GrESt einen Vertrag abschließt, der den Kaufpreis zu niedrig angibt. Hier wird mit der Ausführung der Tat begonnen, sobald der Stpfl den inhaltlich unrichtigen Kaufvertrag oder eine entsprechend unrichtige Veräußerungsanzeige dem FA einreicht oder einreichen läßt (§ 2 GrEStDV), und zwar ohne Rücksicht darauf, daß der GrESt-Anspruch idR erst mit der Eintragung der Eigentumsänderung in das Grundbuch entsteht (stRspr: RG 56, 316f. v. 23. 3. 1922; 58, 54f., v. 7. 1. 1924; 60, 6, 7ff. v. 26. 11. 1925; 62, 362, 363f. v. 22. 11. 1928; zust. *Hübner* 18 zu § 393 RAO).

202 **Bei der Hinterziehung von Eingangsabgaben** (s. Einl 90) **und bei Bannbruch** (§ 372 AO) gehören zur bloßen Vorbereitung die Leerfahrt des Schmugglers über die Grenze, das Beschaffen der Schmuggelware oder der zur Tarnung beigeladenen Waren jenseits der Grenze, das Beschaffen gefälschter Begleitpapiere und das Verbringen der Schmuggelware in Grenznähe, falls sich das Überschreiten der Grenze noch nicht in einem Zuge anschließen soll.

203 **Die Ausführungshandlung beginnt,** wenn die Schmuggelware zur Grenze hin in Bewegung gesetzt wird und der Grenzübergang sich alsdann in einem Zuge vollziehen soll, dh ohne Unterbrechung durch Umladen, Verpacken, Verstecken, Zuladen anderer Güter, Abwarten einer günstigen Gelegenheit usw. Weitergehend hat das RG (53, 45 v. 1. 10. 1918) den Anfang eines Ausfuhrschmuggels bereits in der Übergabe der Schmuggelware zur Verpakkung und Beförderung erblickt. Ähnlich weitgehend hat später der BGH (20, 150ff. v. 19. 1. 1965) mit Rücksicht auf kriminalpolitische Bedürfnisse als Anfang einer verbotenen Ausfuhr bereits das Verladen der Ware angesehen und es als unerheblich beurteilt, ob die Täter nach der Beladung unmittelbar zur Grenze fahren oder noch einen Umweg machen wollten, um andere Waren zuzuladen. Diese Ansicht ist unter der Geltung von § 22 StGB nicht mehr vertretbar (s. Rdnr. 197).

204 **Soll das Überschreiten der Grenze in einem Zuge erfolgen,** kommt es nicht darauf an, von welchem Ausgangspunkt der Schmuggler sich mit einem öffentlichen Verkehrsmittel (Bahn, Bus, Flugzeug) oder mit einem Kraftfahrzeug zur Grenze in Bewegung setzt. Anscheinend enger erachtet der BGH einen Versuch verbotener Einfuhr erst für gegeben, *„wenn das Schmuggelgut in unmittelbare Nähe der Grenze zum Inland (4 km) geschafft ist und die Täter sich (vom Inland her) erfolglos an den Übergangsort begeben haben“* (BGH v. 29. 5. 1953,

ZfZ 1954, 54), *„wenn der Schmuggler zum Grenzübertritt ansetzt"* (BGH 4, 333 v. 10. 9. 1953) oder *„wenn die Schmuggler das Schmuggelgut in Richtung auf die Zollgrenze so in Bewegung setzen, daß sie bei natürlicher Betrachtungsweise schon als zu dem Vorgang des Grenzübergangs gehörig gezählt werden müssen"* (BGH 7, 291f. v. 5. 4. 1955). Tatsächlich erscheint die Gefährdung der Eingangsabgaben um so größer, je näher der Grenzübergang bevorsteht. Rechtlich entscheidend ist jedoch nicht die Entfernung bis zur Grenze, sondern die Einheit des Verbringungsvorgangs.

205 **4. Zum Rücktritt vom Versuch (§ 24 StGB)**
und zum Verhältnis von Rücktritt und Selbstanzeige s. Rdnr. 56ff. zu § 369 AO und 173ff. zu § 371 AO.

VII. Besonders schwere Fälle (§ 370 III AO)

Schrifttum:
Schröder, Gesetzliche und richterliche Strafzumessung, Mezger-Festschr. 1954, 415; *Blei,* Die Regelbeispielstechnik der schweren Fälle und §§ 243, 244 StGB, Heinitz-Festschr. 1972, 419; *Wessels,* Zur Problematik der Regelbeispiele für „schwere" und „besonders schwere Fälle", Maurach-Festschr. 1972, 295; *Maiwald,* Bestimmtheitsgebot, tatbestandliche Typisierung und die Technik der Regelbeispiele, Gallas-Festschr. 1973, 137; *Callies,* Die Rechtsnatur der „besonders schweren Fälle" und Regelbeispiele im Strafrecht, JZ 1975, 112.

1. Allgemeines

206 Die Strafrahmenerhöhung für besonders schwere Fälle auf Freiheitsstrafe von 6 Monaten bis zu zehn Jahren in § 370 III AO stellt für das Steuerstrafrecht eine Neuerung dar. Das Gesetz verwendet hier eine Methode der Strafrahmenerweiterung, die im StGB bereits eingeführt war. Inhaltlich ist § 370 III AO der entsprechenden Vorschrift beim Subventionsbetrug in § 264 II StGB angepaßt.

207 Die vom Gesetz verwendete sog. **Regelbeispieltechnik** für besonders schwere Fälle kombiniert das Prinzip der unbenannten Strafschärfungen mit der tatbestandlichen Bestimmtheit von Qualifizierungen. Die Regelbeispiele sind jedoch selbst nicht Tatbestandsqualifikationen, bei denen der erhöhte Strafrahmen uneingeschränkt angewendet werden muß, sofern die Qualifikation erfüllt ist. Demgegenüber sind die Regelbeispiele elastischer. Ist ein Regelbeispiel erfüllt, dann stellt dies *nur ein Indiz* für das Vorliegen eines besonders schweren Falles dar, das entkräftet werden kann. Dazu sind sämtliche Umstände heranzuziehen, die das Unrecht oder die Schuld gemindert erscheinen lassen (BGH 20, 125 v. 1. 12. 1964; 23, 257 v. 21. 4. 1970). Umgekehrt kann ein besonders schwerer Fall aber auch dann vorliegen, wenn ein Regelbeispiel nicht erfüllt ist. Welche Umstände für diese Entscheidung maßgeblich sind, ist lebhaft umstritten (vgl. *Maiwald,* Gallas-Festschr. S. 159; *Wessels,* Maurach-Festschr. S. 295; zusammenfassend: *Samson* 31ff. zu § 243 StGB).

2. Die einzelnen Regelbeispiele

a) § 370 III Nr. 1 AO

208 Das Regelbeispiel setzt voraus, daß der Täter **aus grobem Eigennutz in großem Ausmaß** Steuern verkürzt oder nicht gerechtfertigte Steuervorteile erlangt. Anders als bei § 264 II Nr. 1 StGB (*Samson* 79 zu § 264 StGB) ist hier nicht erforderlich, daß der Steuervorteil beim Täter *bereits eingegangen* ist. Es genügt vielmehr derjenige Erfolg, der für die Vollendung der Steuerhinterziehung ausreicht (s. Rdnr. 22ff., 75). Eine Steuer großen Ausmaßes ist jedenfalls erheblich mehr als der Wert einer geringwertigen Sache iS von § 243 II StGB (*Samson* 78 zu § 264 StGB). Im übrigen ist dieses Merkmal ein Musterbeispiel für eine Leerformel. Nicht sehr viel bestimmter ist das Merkmal des „groben Eigennutzes", bei dem nur sicher ist, daß nicht jede Eigennützigkeit ausreicht. Nicht ohne Grund ist dieses Merkmal in § 180 StGB gestrichen worden.

b) § 370 III Nr. 2 AO

209 Dieses Regelbeispiel setzt voraus, daß der Täter **seine Befugnisse oder seine Stellung als Amtsträger mißbraucht.** Da die Steuerhinterziehung wenigstens Unkenntnis des zuständigen Beamten verlangt (s. Rdnr. 163ff.), kann hier nur derjenige Fall gemeint sein, daß der Täter als Amtsträger auf den entscheidenden Beamten einwirkt oder einzuwirken bereit ist (krit. zu dieser Alternative *Schleeh* FR 1971, 121). Die Amtsträgereigenschaft ergibt sich für § 370 III Nr. 2 AO wegen § 369 II AO nicht aus § 11 I Nr. 2 StGB, sondern aus § 7 AO. Da die Definitionen aber wörtlich übereinstimmen, besteht in der Sache kein Unterschied. Zum Amtsträgerbegriff s. *Schönke/Schröder* 11ff. u. *Samson* 7ff. zu § 11 StGB.

c) § 370 III Nr. 3 AO

210 Hier muß der Täter die **Mithilfe eines Amtsträgers,** der nach § 370 III Nr. 2 AO handelt, **ausnutzen.** Der Täter selbst ist demnach nicht Amtsträger; er begeht jedoch die Steuerhinterziehung unter Mithilfe eines Amtsträgers. Dieser kann Mittäter oder Teilnehmer sein.

d) § 370 III Nr. 4 AO

211 Der Täter muß zunächst **nachgemachte oder verfälschte Belege verwenden.** Darunter sind *ausschließlich unechte Urkunden* zu verstehen. Unecht ist eine Urkunde, wenn die in ihr enthaltene Erklärung nicht von demjenigen herrührt, der sich aus ihr als Aussteller ergibt (*Schönke/Schröder* 48ff. zu § 267 StGB). Dagegen ist die bloß inhaltlich unwahre Urkunde als *schriftliche Lüge* keine nachgemachte oder verfälschte Urkunde. Weiter muß der Täter **fortgesetzt Steuern verkürzen.** Für die vergleichbare Formulierung der „fortgesetzten Begehung" in § 244 I Nr. 3 StGB und § 373 II Nr. 3 AO vertritt die hM die Auffassung, daß eine fortgesetzte Tat iS der Konkurrenzlehre (Rdnr. 102ff. zu § 369 AO) weder erforderlich noch ausreichend sei (s. Rdnr. 32 zu

§ 373 AO). Dasselbe muß auch hier gelten. In Abweichung zu den Qualifikationen in § 244 I Nr. 3 StGB und § 373 II Nr. 3 AO ist hier jedoch erforderlich, daß der Täter bereits mehrere (mindestens zwei) Steuerhinterziehungen begangen haben muß.

3. Allgemeine Lehren

212 **Der Vorsatz** muß sich auf diejenigen Umstände erstrecken, die den besonders schweren Fall begründen. Der Täter muß diesen Vorsatz *bei der Begehung* der Steuerhinterziehung haben (*Samson* 35 zu § 243 StGB).

213 Da § 370 III AO keinen eigenständigen Tatbestand, sondern nur eine **Strafzumessungsregel** enthält, braucht die Versuchsstrafbarkeit nicht gesondert angeordnet zu werden. Nach hM kommt ein Versuch im Hinblick auf § 370 III AO in zweierlei Weise in Betracht: Der Täter vollendet die Steuerhinterziehung, das Regelbeispiel versucht er nur zu verwirklichen. Hier handelt es sich um eine *vollendete Steuerhinterziehung in einem versuchten besonders schweren Fall.* Oder der Täter versucht die Steuerhinterziehung, wobei er das Regelbeispiel realisiert oder zu realisieren versucht. Dann begeht er eine *versuchte Steuerhinterziehung in einem besonders schweren Fall.* In beiden Konstellationen ist die Kann-Milderung nach §§ 23, 49 StGB auf den Strafrahmen nach § 370 III AO anzuwenden. Zum Ganzen s. *Samson* 36ff. zu § 243 StGB mwN.

214 § 370 III AO enthält keine Tatbestandsmerkmale; der **Versuch** der Steuerhinterziehung beginnt daher nicht schon, wenn der Täter mit der Verwirklichung eines Regelbeispiels beginnt, also zB den Amtsträger zu gewinnen versucht, sondern erst dann, wenn er mit der Tat nach § 370 I AO anfängt (*Samson* 39 zu § 243 StGB; *Rudolphi* 18 zu § 22 StGB mwN).

VIII. Strafen und Nebenfolgen

1. Strafen

215 Die Strafdrohung in § 370 I AO weist keinerlei Besonderheiten gegenüber den Vergehen des StGB mehr auf, nachdem schon das EGStGB (s. Einl 78) die Voranstellung der Geldstrafe beseitigt hatte. Die Tat kann jetzt mit Freiheitsstrafe bis zu fünf Jahren oder mit Geldstrafe bestraft werden. Nach § 47 StGB kann Freiheitsstrafe unter 6 Monaten nur in Ausnahmefällen verhängt werden (s. Rdnr. 121 zu § 369 AO). Gem. § 41 StGB kann das Gericht neben Freiheitsstrafe auch Geldstrafe verhängen, wenn der Täter sich durch die Tat bereichert oder zu bereichern versucht hat. Der Strafrahmen wird schließlich durch § 370 III AO auf Freiheitsstrafe von 6 Monaten bis zu zehn Jahren angehoben.

2. Strafrechtliche Nebenfolgen

216 Neben den in § 375 AO aufgeführten Nebenfolgen kann das Gericht auch gem. § 69 StGB die Fahrerlaubnis entziehen und gem. § 70 StGB ein Berufsverbot aussprechen.

3. Steuerrechtliche Nebenfolgen

a) Haftung für hinterzogene Steuerbeträge

Schrifttum:
Zu § 122 RAO: *Borbe,* Der Haftungsanspruch aus § 112 AO, ZfZ 1950, 379; *Heinlein,* Inwieweit kann einem Steuerpflichtigen eine Beweisführung iS des § 117 I AO zugemutet werden? BlStA 1951, 216; *Joachim,* Zur Haftung aus § 111 und § 416 AO, StW 1952, 161; *Terstegen,* Steuerliche Folgen aus steuerstrafrechtlichem Tun Nichtsteuerpflichtiger, BlStA (W) 1956, 260; *Huber,* Haftungsansprüche aus § 111 Abs. 1 AO, WT 1958, 107; *Felix,* Die steuerliche Haftung des Steuerhinterziehers und -hehlers (§ 112 AO), FR 1958, 458; *Nake,* Zur steuerlichen Haftung des Steuerhinterziehers und Steuerhehlers, FR 1959, 139; *Edsperger,* Fragen der steuerlichen Haftung, ZfZ 1960, 321; *Stänglich,* Die Haftung des Dienstherrn bei Steuerverkürzung durch Angestellte, BB 1962, 710; *Friesecke,* Die Voraussetzungen und Grenzen der steuerlichen Haftung, StW 1964, 814; *Pfaff,* Nebenfolgen bei Steuerhinterziehung, StBp 1973, 111.

§ 69 AO – Haftung der Vertreter

Die in den §§ 34 und 35 bezeichneten Personen haften, soweit Ansprüche aus dem Steuerschuldverhältnis (§ 37) infolge vorsätzlicher oder grob fahrlässiger Verletzung der ihnen auferlegten Pflichten nicht oder nicht rechtzeitig festgesetzt oder erfüllt werden. Die Haftung umfaßt auch die infolge der Pflichtverletzung zu zahlenden Säumniszuschläge.

§ 70 AO – Haftung des Vertretenen

(1) **Wenn die in den §§ 34 und 35 bezeichneten Personen bei Ausübung ihrer Obliegenheiten eine Steuerhinterziehung oder eine leichtfertige Steuerverkürzung begehen oder an einer Steuerhinterziehung teilnehmen und hierdurch Steuerschuldner oder Haftende werden, so haften die Vertretenen, soweit sie nicht Steuerschuldner sind, für die durch die Tat verkürzten Steuern und die zu Unrecht gewährten Steuervorteile.**

(2) **Absatz 1 ist nicht anzuwenden bei Taten gesetzlicher Vertreter natürlicher Personen, wenn diese aus der Tat des Vertreters keinen Vermögensvorteil erlangt haben. Das gleiche gilt, wenn die Vertretenen denjenigen, der die Steuerhinterziehung oder die leichtfertige Steuerverkürzung begangen hat, sorgfältig ausgewählt und beaufsichtigt haben.**

§ 71 AO – Haftung des Steuerhinterziehers und des Steuerhehlers

Wer eine Steuerhinterziehung oder eine Steuerhehlerei begeht oder an einer solchen Tat teilnimmt, haftet für die verkürzten Steuern und die zu Unrecht gewährten Steuervorteile sowie für die Zinsen nach § 235.

§ 72 AO – Haftung bei Verletzung der Pflicht zur Kontenwahrheit

Wer vorsätzlich oder grob fahrlässig der Vorschrift des § 154 Abs. 3 zuwiderhandelt, haftet, soweit dadurch die Verwirklichung von Ansprüchen aus dem Steuerschuldverhältnis beeinträchtigt wird.

217 **Für den Täter einer Steuerhinterziehung oder -hehlerei** begründet § 71 AO eine steuerrechtliche Haftung für die hinterzogenen Steuerbeträge und die Hinterziehungszinsen, um Fällen gerecht zu werden, in denen der Täter zum Vorteil eines anderen gehandelt hat oder sich nicht feststellen läßt, welcher von mehreren Tatbeteiligten als StSchuldner in Betracht kommt. Die Haf-

tung nach § 71 AO trifft auch Teilnehmer an der Steuerhinterziehung, dh Anstifter oder Gehilfen (stRspr, vgl. BFH v. 5. 2. 1955, BStBl. 215), jedoch nicht Begünstiger eines Steuerhinterziehers (*Edsperger* ZfZ 1960, 321). Auch bei Haftungsansprüchen nach § 71 AO ist die Festsetzungsfrist auf 10 Jahre verlängert (BFH v. 20. 1. 1976, DStZ/B 168). Dem Umfang nach bezieht sich die Haftung nur auf den (Teil-)Betrag, auf den sich der Vorsatz des Täters oder Teilnehmers erstreckt (RFH 40, 118 v. 7. 10. 1936); ggf. ist eine Teilung in vorsätzlich und nicht vorsätzlich verkürzte Steuern erforderlich (FG Freiburg v. 8. 10. 1963, EFG 1964, 242). Eine strafgerichtliche Verurteilung setzt § 71 AO nicht voraus; auch ist das FA beim Geltendmachen der Haftung an die im Strafverfahren getroffenen Feststellungen nicht gebunden (RFH v. 24. 11. 1931, StW 1932 Nr. 363). Vielmehr müssen die Finanzbehörden und Finanzgerichte die objektiven und subjektiven Tatbestandsmerkmale des § 370 AO oder des § 374 AO selbständig feststellen. Dabei ist der strafrechtliche Grundsatz *in dubio pro reo* anzuwenden (BFH v. 14. 12. 1951, BStBl. 1952, 21). Um divergierende Entscheidungen zu vermeiden, kann die Aussetzung eines steuerlichen Rechtsbehelfsverfahrens nach § 363 AO oder § 74 FGO zweckmäßig sein.

Die vorstehenden Grundsätze gelten sinngemäß auch für die §§ 69, 70 iVm §§ 34, 35 AO sowie für § 72 AO.

b) Verlängerte Festsetzungsfrist

Schrifttum:

Zu § 144 RAO: *Rümelin,* Verjährung hinterzogener Steuern, ZfZ 1956, 139; *Höllig,* Verjährung von hinterzogenen Steuerbeträgen, DStZ 1961, 232; *Lohmeyer,* Die Verjährungsfrist bei hinterzogenen Steuern, Stbg. 1962, 7; Inf 1963, 187; FR 1964, 17; StBp 1965, 123; *Henke,* Zweifelsfragen zur Nachforderung hinterzogener Steuern, Stbg. 1962, 64; *Lohmeyer,* Die Verjährung hinterzogener Steuern, Inf 1974, 37.

§ 169 AO – Festsetzungsfrist

(1) **Eine Steuerfestsetzung sowie ihre Aufhebung oder Änderung sind nicht mehr zulässig, wenn die Festsetzungsfrist abgelaufen ist . . .**

(2) **Die Festsetzungsfrist beträgt:**

1. ein Jahr
für Zölle, Verbrauchsteuern, Zollvergütungen und Verbrauchsteuervergütungen,

2. vier Jahre
für die nicht in Nummer 1 genannten Steuern und Steuervergütungen.

Die Festsetzungsfrist beträgt zehn Jahre, soweit eine Steuer hinterzogen, und fünf Jahre, soweit sie leichtfertig verkürzt worden ist. Dies gilt auch dann, wenn die Steuerhinterziehung oder leichtfertige Steuerverkürzung nicht durch den Steuerschuldner oder eine Person begangen worden ist, deren er sich zur Erfüllung seiner steuerlichen Pflichten bedient, es sei denn, der Steuerschuldner weist nach, daß er durch die Tat keinen Vermögensvorteil erlangt hat und daß sie auch nicht darauf beruht, daß er die im Verkehr erforderlichen Vorkehrungen zur Verhinderung von Steuerverkürzungen unterlassen hat.

§ 171 AO – Ablaufhemmung

(1)–(4) ...

(5) **Beginnen die Zollfahndungsämter oder die mit der Steuerfahndung betrauten Dienststellen der Landesfinanzbehörden vor Ablauf der Festsetzungsfrist beim Steuerpflichtigen mit Ermittlungen der Besteuerungsgrundlagen, so läuft die Festsetzungsfrist insoweit nicht ab, bevor die auf Grund der Ermittlungen zu erlassenden Steuerbescheide unanfechtbar geworden sind; ... Das gleiche gilt, wenn dem Steuerpflichtigen vor Ablauf der Festsetzungsfrist die Einleitung des Steuerstrafverfahrens oder des Bußgeldverfahrens wegen einer Steuerordnungswidrigkeit bekanntgegeben worden ist; ...**

(6) ...

(7) **In den Fällen des § 169 Abs. 2 Satz 2 endet die Festsetzungsfrist nicht, bevor die Verfolgung des Steuervergehens oder der Steuerordnungswidrigkeit verjährt ist.**

(8) ...

(9) **Erstattet der Steuerpflichtige vor Ablauf der Festsetzungsfrist eine Anzeige nach den §§ 153, 371 und § 378 Abs. 3, so endet die Festsetzungsfrist nicht vor Ablauf eines Jahres nach Eingang der Anzeige.**

(10)–(13) ...

218 **Die Verlängerung der Festsetzungsfrist für hinterzogene Steuerbeträge auf 10 Jahre** berücksichtigt, daß die Steuerhinterziehung oft erst lange Zeit nach der Entstehung der Steuer, dem Ablauf einer Anmeldungs- oder Erklärungsfrist oder der Abgabe einer unrichtigen Erklärung entdeckt wird. Für die Anwendung des § 169 II 2 AO gelten dieselben Grundsätze wie für § 71 AO (s. Rdnr. 217), auch der Satz *in dubio pro reo* (BFH v. 9. 4. 1964, BStBl. 318 m. Anm. *Fließbach* DStZ 1964, 221; v. 10. 10. 1972, BStBl. 1973, 68 m. Anm. *Barske* DB 1976, 900). Nur im Verfahren wegen Aussetzung der Vollziehung nach § 361 II AO oder § 69 III FGO genügt die Feststellung, daß der Stpfl iS des § 203 StPO einer Steuerhinterziehung hinreichend verdächtig ist, weil sonst in diesem Verfahren eine abschließende Prüfung erforderlich würde, die dem Verfahren in der Hauptsache vorbehalten ist (BFH v. 22. 1. 1976, BStBl. 250). Abweichend vom früheren Recht (s. 1. Aufl. Rdnr. 157 zu § 392 RAO) gilt die 10jährige Festsetzungsfrist nach § 169 II 3 AO grundsätzlich auch dann, wenn die Steuerhinterziehung nicht durch den StSchuldner selbst begangen worden ist. Die Vorschriften des § 171 V, VII und IX AO sollen verhindern, daß die Festsetzungsfrist ablaufen kann, bevor das Strafverfahren abgeschlossen oder eine Selbstanzeige ausgewertet ist.

c) Hinterziehungszinsen

Schrifttum:

Zu § 4a StSäumG: *Loose,* Die Verzinsung hinterzogener Steuern, DStZ 1965, 151; *Franzen,* Die Verzinsung hinterzogener Steuern (§ 4a StSäumG; § 396 AO), DStR 1965, 319; *Stegmaier,* Zweifelsfragen zur Verzinsung hinterzogener Steuern, DStZ 1967, 289; *Höllig,* Die Verzinsung hinterzogener Steuerbeträge, DB 1967, 1779; *Henneberg,* Ist der Täter einer Steuerhinterziehung zur Mitwirkung im Verfahren zur Festsetzung von Hinterziehungszinsen verpflichtet? DStR 1967, 660; *Weber,* Zur Verzinsung von Steueransprüchen, DStR 1969, 72; *Oswald,* Hinterziehungszinsen, DStZ 1972, 105.

§ 235 AO – Verzinsung von hinterzogenen Steuern

(1) Hinterzogene Steuern sind zu verzinsen. Zinsschuldner ist derjenige, zu dessen Vorteil die Steuern hinterzogen worden sind. Wird die Steuerhinterziehung dadurch begangen, daß ein anderer als der Steuerschuldner seine Verpflichtung, einbehaltene Steuern an die Finanzbehörde abzuführen oder Steuern zu Lasten eines anderen zu entrichten, nicht erfüllt, so ist dieser Zinsschuldner.

(2) Der Zinslauf beginnt mit dem Eintritt der Verkürzung oder der Erlangung des Steuervorteils, es sei denn, daß die hinterzogenen Beträge ohne die Steuerhinterziehung erst später fällig geworden wären. In diesem Fall ist der spätere Zeitpunkt maßgebend.

(3) Der Zinslauf endet mit der Zahlung der hinterzogenen Steuern. Für eine Zeit, für die ein Säumniszuschlag verwirkt, die Zahlung gestundet oder die Vollziehung ausgesetzt ist, werden Zinsen nach dieser Vorschrift nicht erhoben.

§ 238 AO – Höhe und Berechnung der Zinsen

(1) Die Zinsen betragen für jeden Monat einhalb vom Hundert. Sie sind von dem Tag an, an dem der Zinslauf beginnt, nur für volle Monate zu zahlen; angefangene Monate bleiben außer Ansatz.

(2) Für die Berechnung der Zinsen wird der zu verzinsende Betrag jeder Steuerart auf volle hundert Deutsche Mark nach unten abgerundet.

§ 239 AO – Festsetzung der Zinsen

(1) Auf die Zinsen sind die für die Steuern geltenden Vorschriften entsprechend anzuwenden, jedoch beträgt die Festsetzungsfrist ein Jahr. Die Festsetzungsfrist beginnt:

1. . . .

2. in den Fällen des § 235 mit Ablauf des Kalenderjahres, in dem die Festsetzung der hinterzogenen Steuern unanfechtbar geworden ist, jedoch nicht vor Ablauf des Kalenderjahres, in dem ein eingeleitetes Strafverfahren rechtskräftig abgeschlossen worden ist,

3.–4. . . .

(2) Zinsen werden nur dann festgesetzt, wenn sie mindestens zwanzig Deutsche Mark betragen.

219 **Die Verpflichtung zur Zahlung von Zinsen auf hinterzogene Steuerbeträge** gem. §§ 235, 238 AO hat zur Folge, daß der aus einer vorsätzlichen Steuerverkürzung gezogene Zinsgewinn bereits *steuer*rechtlich abgeschöpft wird, sofern nicht der individuelle Zinsgewinn des StSchuldners oder die von ihm durch die Tat ersparten Kreditzinsen über den gesetzlichen Zinssatz von 6 vH/Jahr hinausgegangen sind. Nur hinsichtlich eines übersteigenden Betrages können noch aus der Steuerhinterziehung gezogene Nutzungen verbleiben und einer Anordnung des Verfalls nach § 73 StGB unterliegen. Schuldnerschaft und Haftung für Hinterziehungszinsen, die früher umstritten waren (s. BFH v. 6. 11. 1974, BStBl. 1975, 129, und 1. Aufl. Rdnr. 158 zu § 392 RAO), sind nun in § 235 I 2, 3 AO und in § 71 AO ausdrücklich geregelt. Beseitigt sind nach § 370 IV 1 AO auch die vom BFH (Beschl. v. 12. 11. 1975,

BStBl. 1976, 260 zu § 4a StSäumG und § 392 AO) geäußerten Zweifel, ob durch eine vorläufige Steuerfestsetzung eine vollendete Steuerhinterziehung eintreten und die Zinspflicht begründen kann.

d) Hinterzogene Steuern bei der Einheitsbewertung und Vermögensteuer

Schrifttum:
Fichtelmann, Zur Abzugsfähigkeit hinterzogener Steuern bei der Einheitsbewertung des Betriebsvermögens und bei der Vermögensteuer, FR 1966, 325; *Schneeweiß,* Abzug von hinterzogenen Steuern bei der Vermögensteuer, BB 1971, 471.

220 Hinterzogene Steuern sind nach hM an den Stichtagen vor der Entdeckung der Tat bei der Einheitswertfeststellung als Schulden nicht abzugsfähig, weil der Stpfl vor der Entdeckung nicht mit einer Inanspruchnahme durch den StGläubiger gerechnet hat, vielmehr durch sein Verhalten erreichen wollte, daß die hinterzogenen Steuern nicht erhoben würden (RFH v. 24. 6. 1937, RStBl. 798). Der BFH hält vorsätzlich verkürzte Steuern schon deshalb nicht für abziehbar, weil sich der Stpfl mit der nachträglichen Geltendmachung zu seinem früheren Verhalten in Widerspruch setzt und damit gegen Treu und Glauben verstößt; der Stpfl – so meint der BFH – habe durch sein früheres doloses Verhalten die Geltendmachung der Steuerschulden verwirkt (BFH v. 4. 3. 1955, BStBl. 123; v. 13. 10. 1961, HFR 1962, 63; v. 13. 3. 1964, BStBl. 378; v. 1. 8. 1969, BStBl. 750; v. 28. 4. 1972, BStBl. 524; v. 18. 9. 1975, BStBl. 1976, 87; ebenso VG Berlin v. 21. 2. 1961, EFG 391; RPfFG v. 25. 4. 1961, EFG 436; aM FG Hamburg v. 5. 7. 1962, EFG 1963, 195; FG Düsseldorf v. 22. 12. 1964, EFG 1965, 216; v. 25. 9. 1968, DStZ/B 535; FG Berlin v. 12. 7. 1971, EFG 526; gegen die Anwendung subjektiver Kriterien und die Annahme eines treuwidrigen Verhaltens ferner *Schneeweiß* aaO und *Fichtelmann* aaO mwN).

e) Geldstrafen und Strafverfahrenskosten bei den Ertragsteuern

Schrifttum:
Norres, Steuerliche Abzugsfähigkeit der Geldbußen, Einziehungen und Ersatzeinziehungen, BB 1953, 883; *Berie,* Kosten einer Strafverteidigung im Steuerrecht, BlStA 1955, 99; *Leise,* Keine Abzugsfähigkeit zur Bewährung auferlegter „Spenden", DStR 1956, 82; *Hein,* Die Abzugsfähigkeit von Geldbußen, DB 1956, 756; *Glöggler,* Geldbuße als Betriebsausgabe? FR 1956, 486; *Heyer,* Sind Geldstrafen nicht doch Betriebsausgaben? FR 1958, 188; *Spitaler,* Die steuerliche Beurteilung von Geldstrafen, Bußen und Strafprozeßkosten, BB 1960, 549; *Felix,* Abzugsfähigkeit der Kosten eines eingestellten Strafverfahrens, NJW 1962, 856; *Oswald,* Zur Abzugsfähigkeit von Strafverteidigungskosten, StBp 1963, 217; *Kellerbach,* Die steuerliche Behandlung der Strafen und Strafverteidigungskosten, StWa 1964, 10; *Heuer,* Steuerberatungskosten und Strafverteidigungskosten, FR 1964, 369; *Merkert,* Die einkommensteuerliche Beurteilung der Aufwendungen im Strafverfahren, BB 1965, 823; *Mattern,* Zur einkommensteuerrechtlichen Abzugsfähigkeit von Geldstrafen, Geldbußen und Prozeßkosten als Betriebsausgaben, BB 1969, 1049; *Stöcker,* Sind Geldzahlungen, die an gemeinnützige Einrichtungen zwecks Einstellung eines Strafverfahrens geleistet werden, als Spenden abzugsfähig? DStR 1969, 332; *ders.,* Aufwendungen zur Abwendung von Strafverfahren abzugsfähige Betriebsausgaben bzw. Werbungskosten? BB 1970, 966; *Martens,* Strafbare Handlung und Einkommensteuer, FR 1970, 149; *Oswald,* Hinterziehungszinsen – absetzbar oder nicht? FR 1970, 282; *Lohmeyer,* Steuerlich abzugsfähige Prozeßkosten, MDR 1975, 806; *Schuhmann,* Kosten eines Strafprozesses als Betriebsausgaben, StBp 1976, 39.

221 **Geldstrafen** sind weder als außergewöhnliche Belastung iS des § 33 EStG noch – bei betrieblich oder beruflich veranlaßten Gesetzesverletzungen – als Betriebsausgaben iS des § 4 IV EStG oder als Werbungskosten iS des § 9 EStG abzugsfähig, weil es mit der höchstpersönlichen und öffentlich-rechtlichen Natur der Geldstrafe unvereinbar wäre, sie zu einem Teil auf die Allgemeinheit abzuwälzen (BFH v. 21. 7. 1955, BStBl. 338; ebenso für **Geldbußen:** BFH v. 10. 9. 1957, BStBl. 415; v. 6. 11. 1968, BStBl. 1969, 74 m. krit. Anm. *Heuer* FR 1969, 63; aM *Mattern* BB 1969, 1055ff.; für Ordnungsstrafen nach § 411 ZPO: BFH v. 18. 5. 1972, BStBl. 623; für Verwarnungsgelder: BFH v. 18. 12. 1975, BStBl. 370). Nicht abzugsfähig sind nach hM auch die dem Verurteilten auferlegten **Kosten des Strafverfahrens,** weil die StPO abschließend regelt, wieweit der Staat die Kosten des Strafverfahrens zu tragen hat (stRspr, vgl. BFH v. 21. 7. 1955 aaO; aM *Merkert* BB 1965, 826; *Schuhmann* StBp 1976, 39). Abzugsfähig sind die **Kosten der Strafverteidigung** jedoch dann, wenn der Angeklagte freigesprochen oder das Strafverfahren eingestellt worden ist (BFH v. 13. 10. 1960, BStBl. 1961, 18, im Anschluß an *Spitaler* BB 1960, 550; BFH v. 6. 11. 1968 aaO; aM vorher BFH v. 21. 7. 1955 aaO; für Anwendung des § 33 EStG BFH v. 15. 11. 1957, BStBl. 1958, 105). Bei Teilfreispruch sind die Kosten nur dann teilweise abzugsfähig, wenn zwischen den Anklagepunkten, wegen derer der Stpfl verurteilt wurde, und den übrigen Anklagepunkten eindeutig kein Zusammenhang besteht (BFH v. 8. 4. 1964, BStBl. 331, abw. von BFH v. 30. 8. 1962, BStBl. 1963, 5). Für die Kosten eines Strafverfahrens dürfen Rückstellungen nicht gebildet werden (BFH v. 30. 6. 1962, StRK EStG § 4 R. 504; aM *Herrmann/Heuer* 49e zu § 4 EStG). Beträge, die an gemeinnützige Einrichtungen zwecks Einstellung eines Strafverfahrens gezahlt werden, sind je nach den Umständen als Betriebsausgaben bzw. Werbungskosten oder als Spenden iS der §§ 10ff. EStG abzugsfähig (*Stöcker* DStR 1969, 332 und BB 1970, 966). **Hinterziehungszinsen** teilen nach § 239 I 1 AO das rechtliche Schicksal der Steuer, zu der sie erhoben werden (*Tipke* 2 zu § 6 StSäumG). Die **Einziehung einer Sache,** die zum Betriebsvermögen gehört, ist gewinnmindernd zu behandeln, wenn die Einziehung lediglich Sicherungsmaßnahme ist (BFH v. 14. 1. 1965, BStBl. 278).

4. Verwaltungsrechtliche Nebenfolgen

a) Untersagung der Gewerbeausübung

Schrifttum:

Landmann/Rohmer, Gewerbeordnung und ergänzende Vorschriften, Bd. I Gewerbeordnung, Kommentar (Losebl.), 13. Aufl. ab 1976; *Kienzle,* Die Gewerbeuntersagung nach § 35 der Gewerbeordnung, 1965; *Kröger,* Steuergeheimnis und Konzessionsentzug wegen steuerlicher Unzuverlässigkeit, FR 1971, 92; *Marcks,* Verschärfung der Untersagungsvorschrift des § 35 Gewerbeordnung, GewArch 1974, 79; *Kienzle,* Die Gewerbeuntersagung nach der Neufassung des § 35 Gewerbeordnung, GewArch 1974, 253; *K. Bender,* Neue Entwicklungen im Gewerberecht, NJW 1975, 2052.

§ 35 GewO[1] lautet:

(1) **Die Ausübung eines Gewerbes ist von der zuständigen Behörde ganz oder teilweise zu untersagen, wenn Tatsachen vorliegen, welche die Unzuverlässig-**

[1] geänd. durch Art. 1 Nr. 1 G v. 13. 2. 1974 (BGBl. I 161), in Kraft ab 1. 5. 1974.

keit des Gewerbetreibenden oder einer mit der Leitung des Gewerbebetriebes beauftragten Person in bezug auf dieses Gewerbe dartun, sofern die Untersagung zum Schutze der Allgemeinheit oder der im Betrieb Beschäftigten erforderlich ist. Die Untersagung kann auch für einzelne andere oder für alle Gewerbe ausgesprochen werden, wenn die festgestellten Tatsachen die Annahme rechtfertigen, daß der Gewerbetreibende auch für diese Gewerbe unzuverlässig ist ...

(2) ...

(3) **Will die Verwaltungsbehörde in einem Untersagungsverfahren einen Sachverhalt berücksichtigen, der Gegenstand der Urteilsfindung in einem Strafverfahren gegen einen Gewerbetreibenden gewesen ist, so kann sie zu dessen Nachteil von dem Inhalt des Urteils soweit nicht abweichen, als es sich bezieht auf**

1. **die Feststellung des Sachverhalts,**
2. **die Beurteilung der Schuldfrage oder**
3. **die Beurteilung der Frage, ob er bei weiterer Ausübung des Gewerbes erhebliche rechtswidrige Taten im Sinne des § 70 des Strafgesetzbuches begehen wird und ob zur Abwehr dieser Gefahren die Untersagung des Gewerbes angebracht ist.**

Absatz 1 Satz 2 bleibt unberührt. Die Entscheidung über ein vorläufiges Berufsverbot (§ 132a der Strafprozeßordnung), der Strafbefehl und die gerichtliche Entscheidung, durch welche die Eröffnung des Hauptverfahrens abgelehnt wird, stehen einem Urteil gleich; dies gilt auch für Bußgeldentscheidungen, soweit sie sich auf die Feststellung des Sachverhalts und die Beurteilung der Schuldfrage beziehen.

(4)–(9) ...

222 **Die Untersagung der Gewerbeausübung** schreibt § 35 I GewO *unabhängig* von § 70 StGB vor (BVerwG v. 6. 8. 1959, NJW 2324); verfahrensrechtliche Abhängigkeiten bestehen nach § 35 III GewO. *Steuerliche Unzuverlässigkeit* kann nicht nur zusammen mit der Nichtabführung von Sozialversicherungsbeiträgen, sondern auch für sich allein die Annahme der Unzuverlässigkeit im gewerberechtlichen Sinne rechtfertigen (BVerwG v. 30. 3. 1961, GewArch 62; OVG Münster v. 9. 7. 1958, GewArch 1960, 236), wenn die Nichterfüllung steuerlicher Verpflichtungen nach den jeweiligen Umständen erkennen läßt, daß der Gewerbetreibende nicht gewillt ist, die ihm gegenüber der Allgemeinheit obliegenden rechtlichen Pflichten gewissenhaft zu erfüllen (VGH Bremen v. 9. 9. 1958, GewArch 1960, 233). Während *Steuerrückstände* auch aus unverschuldeten finanziellen Schwierigkeiten erwachsen können (vgl. BVerwG v. 21. 6. 1955, GewArch 73), kann eine gewerberechtliche Unzuverlässigkeit aus *Steuerstraftaten* ohne weiteres abgeleitet werden, namentlich aus *Steuerhinterziehung* (BVerwG v. 12. 10. 1960, DVBl. 1961, 133; BadWürttVGH v. 25. 11. 1955, GewArch 1956, 160; v. 10. 7. 1968, GewArch 1969, 33, 34f.; v. 31. 5. 1972, GewArch 1973, 62, 63f.; VG Aachen v. 4. 3. 1971, GewArch 230) und aus *Steuerhehlerei* (BadWürttVGH v. 9. 7. 1969, GewArch 1970, 32). Das *Steuergeheimnis* (§ 30 AO) hindert die Finanzbehörden nicht, den Gewerbeaufsichtsbehörden Auskünfte zum Zwecke der Durchführung eines gewerberechtlichen Untersagungsverfahrens zu erteilen

(OVG Münster v. 14. 7. 1971, DÖV 1972, 58; FG Hamburg v. 28. 1. 1970, EFG 292, 293f.; FinBeh Hamburg v. 12. 11. 1970, Inf 1971, 61). Vgl. neben § 35 I GewO auch § 78 II Nr. 6 GüKG und § 25 II Nr. 3 PBefG.

b) Ausweisung von Ausländern

Schrifttum:
D. Böckenförde, Ausländerrecht, 2. Aufl. 1972; *Kanein,* Ausländergesetz, Kommentar, 2. Aufl. 1974; *Kloesel/Christ,* Deutsches Ausländerrecht, Kommentar (Losebl.), 1975; *Pagenkopf,* Zur Problematik der Generalprävention im Ausländerrecht, DVBl. 1975, 764; *Scheffler,* Ausländergesetz und Aufenthaltsgesetz/EWG im Licht der neueren Rechtsprechung des Europäischen Gerichtshofes, DVBl. 1977, 90.

§ 10 AuslG – Ausweisung – lautet:

(1) **Ein Ausländer kann ausgewiesen werden, wenn**

1. ...
2. er wegen einer Straftat oder wegen einer Tat verurteilt worden ist, die im Geltungsbereich dieses Gesetzes eine Straftat wäre;
3. ...
4. er gegen eine Vorschrift des Steuerrechts einschließlich des Zollrechts und des Monopolrechts oder des Außenwirtschaftsrechts oder gegen Einfuhr-, Ausfuhr-, Durchfuhr- oder Verbringungsverbote oder -beschränkungen verstößt;
5.–11. ...

(2) **In den Fällen des Absatzes 1 Nrn. 4 und 9 dürfen den mit der Ausführung dieses Gesetzes betrauten Behörden die erforderlichen Auskünfte erteilt werden.**

223 **Ausländer** können aufgrund § 10 I Nr. 4 AuslG wegen Zuwiderhandlungen gegen steuerrechtliche Pflichten sowie aufgrund Nummer 2 im Anschluß an Verurteilungen wegen (Steuer-)Straftaten ausgewiesen werden (vgl. OVG Koblenz v. 13. 2. 1973, NJW 2079, für Rauschgiftschmuggel); auch kann ihnen deswegen aufgrund § 19 II Nr. 3 AuslG die Ausreise untersagt werden. Zu den eingeschränkten Voraussetzungen der Ausweisung von Angehörigen eines Mitgliedstaates der EG nach § 12 III, IV AufenthG/EWG vgl. BVerwG 49, 60 v. 2. 7. 1975 (Italiener, verurteilt wegen verbotswidriger Einfuhr einer Pistole und wegen Zollhinterziehung).

5. Zivilrechtliche Folgen

Schrifttum:
Kommentare zu §§ 134, 138 BGB; *Klunzinger,* Nichtigkeitsfolgen bei Rechtsgeschäften mit steuerverkürzender Wirkung, FR 1972, 181.

224 **Verträge, mit denen eine Steuerhinterziehung verbunden ist,** sind nach stRspr nicht ohne weiteres, sondern nur dann nach den §§ 134, 138 BGB nichtig, wenn der Hauptzweck des Vertrages die Steuerhinterziehung ist (BGHZ 14, 25, 31 v. 9. 6. 1954; v. 8. 11. 1968, DNotZ 1969, 350; v. 23. 3. 1973, WM 576; v. 23. 10. 1975, WM 1279, 1281; weitergehend OLG Celle – 8 U 98/65 – v. 15. 2. 1966, zit. bei *Klunzinger* FR 1972, 183). Ein Grund-

stücksveräußerungsvertrag verstößt nicht allein deshalb gegen die guten Sitten, weil in der notariellen Urkunde zum Zweck der Steuerhinterziehung ein unrichtiger Kaufpreis angegeben ist (BGHZ v. 17. 12. 1965, NJW 1966, 588f.). Nichtig ist dagegen ein Darlehen zum Ankauf unversteuerter Zigaretten (OLG Köln v. 29. 5. 1956, MDR 1957, 34), die Einrichtung eines Bankkontos zu dem Hauptzweck, die eingezahlten Beträge der Besteuerung zu entziehen (RG v. 29. 9. 1934, JW 1935, 420 m. zust. Anm. *Boesebeck*), ein Kaufvertrag mit OR-Abrede, wenn diese die Preisvereinbarung beeinflußt hat (BGHZ v. 3. 7. 1968, NJW 1927, sowie OLG Celle aaO).

225 Ein Versprechen, **Geldstrafen** für *zukünftige* strafbare Handlungen zu übernehmen, ist auf Begünstigung (§ 257 StGB) gerichtet und daher nach § 134 BGB nichtig (BAG 9, 243, 249 v. 28. 5. 1960). Dagegen soll die *nach* einer Steuerverfehlung erteilte Zusage, eine etwaige Geldstrafe zu bezahlen, wirksam sein (BGHZ 41, 223, 229f. v. 6. 4. 1964; bedenklich *Heinrichs* in *Palandt* 3 zu § 134 BGB bis zur 34. Aufl.). Die Verpflichtung zum Ersatz einer bereits *entrichteten* Geldstrafe ist wirksam, wenn der Kläger nur den Ausgleich vermögensrechtlicher Nachteile verlangt, die ihm infolge einer schuldhaft fehlsamen Rechtsberatung durch die Geldstrafe und ihre Aufbringung entstanden sind (RGZ 169, 267, 268ff. v. 10. 6. 1942).

IX. Konkurrenzfragen

1. Die Hinterziehung mehrerer Steuern

Schrifttum:
v. Bonin, Die Hinterziehung mehrerer Steuern, ZfZ 1940, 131; *Leise,* Unterbrechung des Fortsetzungszusammenhangs bei Steuervergehen, WT 1956, 39; *Bauerle,* Fortsetzungszusammenhang und Dauerdelikt im Steuerstrafrecht, Aktuelle Fragen S. 201; *Henke,* Tatmehrheit, Tateinheit und fortgesetzte Handlung, DStZ 1959, 337; *Buschmann,* Die fortgesetzte Handlung bei Steuerdelikten, BlStA 1959, 353; *Stuber,* Der Fortsetzungszusammenhang im Steuerstrafrecht, NJW 1959, 1304 u. StWa 1959, 163; *Lohmeyer,* Die Bedeutung des Fortsetzungszusammenhangs im Steuerstrafrecht, StW 1961, 523; *Coring,* Strafbare Steuerumgehung und Fortsetzungszusammenhang, DStZ 1962, 186; *Lohmeyer,* Fortgesetzte Handlung und Dauervergehen im Steuerstrafrecht, ZfZ 1963, 358; s. ferner vor Rdnr. 98, 106, 114 zu § 369 AO.

226 **Die Abgabe jeder einzelnen unrichtigen Steuererklärung** bildet grundsätzlich eine selbständige Tat. Treffen in derselben Steuererklärung mehrere unrichtige Teilerklärungen zusammen, zB falsche Angaben über die Höhe der Einkünfte aus Gewerbebetrieb und über die Sonderausgaben, wird von der hM *eine* Handlung angenommen, nicht etwa mehrere, in Tateinheit begangene Handlungen (krit. *Franzen* DStR 1964, 382).

Tateinheit liegt vor (s. Rdnr. 111 zu § 369 AO), wenn durch ein und dieselbe unrichtige Steuererklärung *mehrere Steuerarten* verkürzt werden, zB
ESt und die hiervon abhängige KiSt, sofern diese als Steuerhinterziehung strafbar ist (s. Einl 87);
ESt und GewSt, wenn der Stpfl in seiner ESt-Erklärung einen zu geringen

Gewinn ausweist, eine GewSt-Erklärung nicht abgibt und das FA die GewSt in Anlehnung an die unrichtigen Angaben in der ESt-Erklärung festsetzt;

USt, GewSt und ESt, wenn der Stpfl nur eine USt-Erklärung abgibt und erklärt, daß sein Gewinn 10 vH des (zu niedrig) erklärten Umsatzes betrage, und das FA daraufhin USt, GewSt und ESt zu niedrig festsetzt (vgl. *Suhr* S. 192 sowie RG v. 9. 5. 1933, RStBl. 577; v. 15. 1. 1936, RStBl. 114; v. 3. 11. 1936, RStBl. 1090; BGH v. 28. 11. 1957, ZfZ 1958, 145);

desgl. liegt Tateinheit vor, wenn durch *eine* Täuschungshandlung, die nicht in der Abgabe einer unrichtigen Steuererklärung besteht, mehrere Steuerarten zugleich verkürzt werden, zB bei einem wahrheitswidrig begründeten Stundungs- oder Erlaßantrag, der sich auf verschiedenartige Steuerrückstände bezieht (*Henke* DStZ 1959, 337).

227 **Bei der Abgabe mehrerer unrichtiger Erklärungen zu verschiedenen Steuerarten,** zB USt und ESt, besteht grundsätzlich *Tatmehrheit* (OLG Neustadt v. 29. 5. 1957, DB 706). Dasselbe gilt, wenn GewSt- und ESt-Hinterziehung oder USt- und ESt-Hinterziehung durch Nichtabgabe von Steuererklärungen begangen werden (OLG Hamm v. 6. 12. 1962, BB 1963, 459; BayObLG v. 24. 1. 1963, DStZ/B 112). *Tateinheit* kann jedoch dann vorliegen, wenn mehrere Erklärungen, zB zur GewSt und ESt, *gleichzeitig* abgegeben werden und wenn sie mindestens *eine* übereinstimmend unrichtige Angabe enthalten. Indessen liegt nach der abw. Auffassung der Rspr Tatmehrheit vor, wenn zwar einzelne unrichtige Angaben übereinstimmen, aber die eine oder die andere Erklärung noch *weitere* Unrichtigkeiten enthält. Macht zB der Stpfl in der USt-Erklärung falsche Angaben über die Höhe des Umsatzes und gibt er in der GewSt- und in der ESt-Erklärung an, daß sein Gewinn 10 vH des (zu niedrig) erklärten Umsatzes betrage, so soll – wenn der Reingewinnsatz in Wirklichkeit mehr als 10 vH des Umsatzes betragen hat – Tateinheit nur zwischen der GewSt- und der ESt-Hinterziehung bestehen, dagegen im Verhältnis zwischen diesen beiden Handlungen und der USt-Hinterziehung Tatmehrheit vorliegen, da die Gewinnverkürzung zT unabhängig von der Umsatzverkürzung durch eine weitere unrichtige Angabe über den Reingewinnsatz herbeigeführt worden ist (vgl. RG v. 13. 1. 1939, RStBl. 297). Unstr. stellt die *Gleichzeitigkeit* der Abgabe mehrerer unrichtiger Erklärungen gegenüber demselben FA *für sich allein* keine Tateinheit her, wenn eine Wechselbeziehung zwischen dem unrichtigen Inhalt der verschiedenen Erklärungen fehlt. Die Gleichzeitigkeit des Handelns oder Unterlassens kann nicht zur Tateinheit verbinden, weil als Schutzobjekt des § 370 AO nicht die Steuerhoheit insgesamt, sondern das öffentliche Interesse am Aufkommen der einzelnen Steuerarten anzusehen ist (OLG Hamm aaO, s. auch Einl 8).

228 **Eine fortgesetzte Steuerhinterziehung** liegt vor, wenn der Stpfl aufgrund eines Gesamtvorsatzes (s. Rdnr. 104 zu § 369 AO) dieselbe Steuerart (bei laufenden Steuern) durch mehrere aufeinander folgende unrichtige Steuererklärungen oder (bei laufenden oder einmaligen Steuern) durch fortwährende Nichtabgabe von Steuererklärungen verkürzt. Die erforderliche Gleichartigkeit der Tatausführung (s. Rdnr. 103 zu § 369 AO) fehlt, wenn der Stpfl eine

laufende Steuer abwechselnd durch die Abgabe unrichtiger Erklärungen und durch Unterlassen der Abgabe von Erklärungen verkürzt; sie wird jedoch nicht beeinträchtigt, wenn die Unrichtigkeit der aufeinander folgenden Steuererklärungen auf wechselnden Methoden der Gewinnminderung beruht. Der erforderliche zeitliche Zusammenhang fehlt, wenn der Stpfl bestimmten steuerrechtlichen Pflichten längere Zeit hindurch nicht nachkommt, während dieser Zeit aber hin und wieder einzelne Steuererklärungen rechtzeitig einreicht (BGH – 1 StR 339/61 – v. 24. 9. 1963, zit. bei *Lohmeyer* FR 1964, 170).

229 **Fortgesetzte Hinterziehung mehrerer Steuerarten** ist idR nicht möglich (s. Rdnr. 217 aE). Eine Ausnahme gilt, wenn mehrere in sich geschlossene fortgesetzte Handlungen *(„Fortsetzungsketten"),* von denen sich jede auf *eine* Steuerart bezieht, in einem oder mehreren Teilgliedern tateinheitlich zusammenfallen. Das gemeinsame Teilglied kann nicht darin gefunden werden, daß verschiedene unrichtige Steuererklärungen auf derselben unrichtigen Buchführung beruhen, da vorsätzlich unrichtiges Buchen der Geschäftsvorfälle noch nicht zur Ausführung der Steuerhinterziehung gehört (vgl. § 379 I Nr. 2 AO), sondern nur eine Vorbereitungshandlung darstellt (OLG Hamm – 2 Ss 782/59 – v. 22. 10. 1959, zit. bei *Suhr* S. 204, 514). Tateinheit kann aber dadurch hergestellt werden, daß Hinterziehungen verschiedener Steuerarten durch dieselben Erklärungen bewirkt werden oder übereinstimmende unrichtige Angaben in mehreren gleichzeitig abgegebenen Formblättern enthalten sind (BGH v. 23. 11. 1957, ZfZ 1958, 145, 147). Diese Möglichkeit besteht zB auch bei aufeinander folgenden, wahrheitswidrig begründeten Anträgen auf Verlängerung der Frist zur Abgabe verschiedener Steuererklärungen oder Anträgen auf Stundung verschiedenartiger Steuerrückstände. Nicht erforderlich ist, daß sich *sämtliche* wahrheitswidrigen Angaben der jeweiligen Erklärung auf die verschiedenen Steuerarten auswirken. Treffen zB fortgesetzte GewSt- und fortgesetzte ESt-Hinterziehungen für mehrere Jahre zT in Tateinheit, zT in Tatmehrheit zusammen, so liegt für den ganzen Umfang der fortgesetzten Handlungen Tateinheit vor (*Troeger/Meyer* S. 278, *Suhr* S. 194).

230 **Zwischen dem Unterlassen der Abgabe der USt-Voranmeldungen und der USt-Jahreserklärung** besteht regelmäßig Fortsetzungszusammenhang. Dasselbe gilt, wenn sich die Summe der Fehlbeträge unrichtiger Voranmeldungen mit dem Fehlbetrag der nachfolgenden Jahreserklärung deckt (str., s. Rdnr. 126). Gibt der Stpfl dagegen im Anschluß an fortlaufend unrichtige Voranmeldungen eine Jahreserklärung ab, deren Unrichtigkeit aufgrund eines neuen Vorsatzes noch über die Summe der Fehlbeträge nach den einzelnen Voranmeldungen hinausgeht, liegt darin eine neue selbständige Tat, die zu der fortgesetzten USt-Hinterziehung durch Abgabe unrichtiger Voranmeldungen in Tatmehrheit steht.

231 **Mehrere selbständige Steuerhinterziehungen** werden auch dann begangen, wenn zB ein Schmuggler eine selbst eingeschwärzte Ware veräußert und die erzielten Einnahmen nicht versteuert. Auch ist es nicht ausgeschlossen, daß *derselbe* Stpfl hinsichtlich *desselben* Steuerbetrages nacheinander *mehrmals*

Steuerhinterziehung begeht, zB zunächst durch Abgabe einer unrichtigen Steuererklärung und später – nach Entdeckung dieser Tat – durch Vereiteln der Vollstreckung der festgesetzten Nachzahlung.

2. Verhältnis des § 370 AO zu anderen Steuerstraf- und -bußgeldtatbeständen

232 **Steuerhinterziehung und Bannbruch** (§ 372 AO) treffen regelmäßig in Tateinheit zusammen, wenn bei der Einfuhr einer Sache zugleich gegen ein Ein- oder Durchfuhrverbot verstoßen und eine Eingangsabgabe verkürzt wird (vgl. § 370 V AO sowie Rdnr. 41 zu § 372 AO).

233 **Steuerhinterziehung und Steuerhehlerei** (§ 374 AO) haben keine gemeinsamen Merkmale; sie werden daher stets in *Tatmehrheit* begangen. Begeht derselbe Täter erst Steuerhinterziehung, dann Steuerhehlerei, zB durch das Absetzen einer selbst geschmuggelten Ware, ist die Steuerhehlerei im Verhältnis zur Steuerhinterziehung *mitbestrafte Nachtat* (s. Rdnr. 109 zu § 369 AO, Rdnr. 38 zu § 374 AO). Folgt dagegen umgekehrt auf die Steuerhehlerei eine Steuerhinterziehung, kann weder Fortsetzungszusammenhang angenommen noch die Steuerhinterziehung als mitbestrafte Nachtat der Steuerhehlerei gewürdigt werden, da hierbei verschiedene Steuerarten beeinträchtigt werden (s. Rdnr. 39 zu § 374 AO). Über die Möglichkeit der *Wahlfeststellung* zwischen Steuerhinterziehung und -hehlerei s. Rdnr. 47 zu § 374 AO.

234 **Steuerhinterziehung und Steuerzeichenfälschung** werden bei dem Verwenden gefälschter (§ 148 I StGB) oder Wiederverwenden echter Steuerzeichen (§ 148 II StGB) in Tateinheit begangen (s. Rdnr. 158 zu § 369 AO).

235 **Erfüllt eine Handlung zugleich die Tatbestände des § 370 AO und einer (Steuer-)Ordnungswidrigkeit,** wird gem. § 21 OWiG nur das Strafgesetz angewendet (s. Rdnr. 30 zu § 377 AO). Dies gilt namentlich dann, wenn der Stpfl durch die Abgabe einer unrichtigen Steuererklärung teils vorsätzlich, teils leichtfertig (vgl. § 378 AO) Steuern verkürzt (vgl. BGH v. 17. 3. 1953, NJW 1561), aber auch dann, wenn jemand durch unerlaubte Hilfeleistung in Steuersachen (vgl. § 160 StBerG) zum Vorteil seines Auftraggebers Steuern hinterzieht.

236 **Ist eine Steuerordnungswidrigkeit bereits abgeschlossen, bevor die Ausführung der Steuerhinterziehung beginnt,** so gilt der allgemeine Grundsatz, daß *„die geringere Gefährdung eines und desselben Rechtsgutes nur berücksichtigt wird, wenn die Handlung nicht zu einer stärkeren Gefährdung des Rechtsgutes oder zu seiner Verletzung führt“* (BGH 6, 308, 311 v. 12. 8. 1954); vgl. zur mitbestraften Vortat Rdnr. 110 zu § 369 AO. Nach diesem allgemeinen Grundsatz ist nur § 370 AO anzuwenden (glA *Hübner* 57 zu § 392 RAO).

237 **Zwischen unbefugter Hilfeleistung in Steuersachen (§ 160 StBerG) und Steuerhinterziehung,** begangen durch Verheimlichen der durch die Hilfeleistung erzielten Einnahmen, besteht *Tatmehrheit,* so daß die Hilfeleistung nach § 160 StBerG als Ordnungswidrigkeit und die Hinterziehung nach § 370 AO als Straftat jeweils für sich zu beurteilen sind. Das gleiche gilt für das Verheim-

lichen eigener Einnahmen aus Schwarzarbeit nach § 1 SchwarzarbG. Wegen des persönlichen Zusammenhangs kann die StA gem. § 42 OWiG auch die Verfolgung der jeweiligen Ordnungswidrigkeit übernehmen, wenn sie die Straftat nach § 370 AO verfolgt.

3. Verhältnis des § 370 AO zu § 263 StGB

Allgemein zum Verhältnis von §§ 263, 264 StGB und § 370 AO s. Rdnr. 54ff.

238 **Gesetzeskonkurrenz besteht,** wenn sich der Erfolg einer Handlung, welche zugleich die Merkmale des § 370 AO und des § 263 StGB erfüllt, in der Verkürzung von Steuereinnahmen erschöpft. In diesem Fall geht das Sondergesetz des § 370 AO dem § 263 StGB mit der Folge vor, daß allein § 370 AO anzuwenden ist (einhM seit RG 63, 139, 142 v. 25. 4. 1929; vgl. BGH v. 22. 1. 1953, ZfZ 381; v. 22. 5. 1957, zit. bei *Herlan* GA 1958, 49; ausf. *Hartung* XII 2a zu § 396 RAO 1931; *Hübner* 58 zu § 392 RAO 1968).

239 **Tateinheit oder Tatmehrheit** kann – je nach den Umständen – zwischen Steuerhinterziehung und Betrug vorliegen, wenn der Täter mit einer unrichtigen Steuererklärung, dem ihm erteilten unrichtigen Steuerbescheid oder einer von ihm hervorgerufenen unrichtigen Bescheinigung des FA unter den Voraussetzungen des § 263 StGB einen *sonstigen* Vermögensvorteil zum Nachteil der öffentlichen Hand erschleicht, zB in bezug auf KiSt, Kindergeld, Ausgleichsrente nach dem BVG, Sozialhilfe nach dem BSHG, Armenrecht nach §§ 114ff. ZPO usw. Desgl. können private Gläubiger mit Hilfe unrichtiger Steuerbescheide betrogen werden, zB Miterben oder Mitgesellschafter, unterhaltsberechtigte (ehemalige) Ehegatten, ferner Angestellte, Vermieter oder Verpächter bei umsatz- oder gewinnabhängigen Tantiemen, Mieten oder Pachten, oder auch Gläubiger einkommensabhängiger Schadensersatzansprüche. Liegt Tateinheit vor, ist § 263 StGB gegenüber § 370 AO wegen der höheren Mindeststrafe in § 263 III StGB das strengere Gesetz, aus dem nach § 52 StGB die Strafe zu entnehmen ist.

4. Verhältnis des § 370 AO zu sonstigen Straftatbeständen

Schrifttum:
Glöggler, Die Bestrafung der Kfz-Steuervergehen bei Zusammentreffen mit anderen Strafbestimmungen, SJZ 1950 Sp. 689; *Dünnebier,* Welchem Gesetz ist die Strafe bei Tateinheit von Diebstahl mit Steuerhinterziehung zu entnehmen? ZfZ 1952, 70; *Lenkewitz,* Tateinheit oder Tatzusammentreffen von Zollhinterziehung und Warenverbringungsvergehen, ZfZ 1953, 166; *Schnitzler,* Kraftstoffausweise als öffentliche Urkunden, MDR 1960, 813.

240 **Beispiele für Tateinheit mit Steuerhinterziehung:**

Widerstand (§ 113 StGB) durch gewaltsames Durchbrechen von Straßensperren mit Schmuggelfahrzeugen, bei dem das Leben von Zollbeamten gefährdet wird (OLG Köln v. 12. 5. 1953, ZfZ 249) oder durch Gewaltanwendung gegen einen Vollziehungsbeamten (OLG Hamm v. 24. 5. 1960, ZfZ 279);

Pfandsiegelbruch (§ 136 II StGB) oder *Verstrickungsbruch* (§ 136 I StGB), wenn durch das Beiseiteschaffen der gepfändeten Sachen zugleich Steuern hinterzogen werden (vgl. BGH v. 1. 3. 1956, BStBl. I 441);

Falsche Versicherung an Eides Statt (§ 156 StGB) durch Verschweigen eines Vermögenswertes bei Leistung der Versicherung nach § 284 AO vor dem FA (RG v. 29. 8. 1938, JW 2899);

Verleumdung (§ 187 StGB) der Beamten eines bestimmten Postamts durch die Behauptung, sie hätten einen Brief mit LSt-Anmeldungen, den der Stpfl in Wirklichkeit gar nicht abgesandt hatte, unterschlagen (RG v. 30. 8. 1938, RStBl. 865f.);

Diebstahl (§ 242 StGB) von zoll- und verbrauchsteuerpflichtigen Waren (OLG Frankfurt v. 16. 1. 1952, JZ 314; BGH 13, 399 v. 25. 11. 1959);

Unterschlagung (§ 246 StGB) und *Untreue* (§ 266 StGB) eines StBer, der auftragswidrig für seinen Mandanten keine USt-Voranmeldungen abgibt und sich die ihm zur Einzahlung bei der Finanzkasse übergebenen Geldbeträge zueignet (OLG Hamm v. 20. 9. 1960, BB 1234; vgl. auch BGH v. 22. 1. 1953, ZfZ 381);

Untreue (§ 266 StGB) eines Finanzbeamten durch pflichtwidrige Bearbeitung der eigenen Steuersache (BGH v. 26. 11. 1954, NJW 1955, 192);

Betrug (§ 263 StGB) und *Urkundenfälschung* (§ 267 StGB) durch einen kinderlos verheirateten Gastarbeiter, der mit gefälschten Papieren Kindergeld und Kinderfreibeträge erschleicht (SchG Hagen – 11 Ms 9/64 – v. 12. 5. 1964, zit. bei *Suhr* S. 197);

Urkundenfälschung (§ 267 StGB) durch Gebrauch falscher Urkunden gegenüber dem FA zum Zwecke der Steuerhinterziehung (RG v. 3. 1. 1935, RStBl. 131) oder durch Vorlage einer zu demselben Zweck verfälschten LSt-Karte an den ArbG (RG 60, 161 v. 22. 3. 1926; RG v. 14. 8. 1941, BStBl. 1942, 267) oder zum Zwecke der Verschleierung von Hinterziehungshandlungen dadurch, daß ein Schwarzhändler mit Treibstoffen zur Tarnung Quittungen verfälscht und sie seinen Kunden als Ausgabenbelege überläßt (OLG Neustadt v. 20. 3. 1963, NJW 2180 m. abl. Anm. *Henke* sowie abl. Anm. *Kulla* NJW 1964, 168). Das bloße Herstellen falscher Urkunden ist unter dem Blickwinkel des § 370 AO nur straflose Vorbereitungshandlung (*Hartung* XII 2b, dd zu § 396 RAO 1931);

mittelbare Falschbeurkundung (§§ 271, 272 StGB) dadurch, daß Zollbeamte bei der Ausreise mit Landkraftfahrzeugen zum Ausstellen unrichtiger Kraftstoffausweise (§ 69 I Nr. 33 ZollG 1939) veranlaßt werden, mit deren Hilfe der Täter bei der Wiedereinreise Abgaben hinterziehen will (OLG Köln v. 2. 6. 1959, ZfZ 1960, 277; v. 18. 10. 1963, JMBlNRW 1964, 106; krit. *Schnitzler* MDR 1960, 813). Keine öffentliche Urkunde ist der Überweisungszettel, durch den die bezeichnete Ware als zollamtlich abgefertigt erklärt wird (OLG Bremen v. 25. 8. 1965, ZfZ 1966, 83);

aktive Bestechung (§ 333 StGB aF) durch Zahlen von Schmiergeld an den Buchhalter einer Finanzkasse, der Steuerrückstände durch Falschbuchungen scheinbar verringert (BGH v. 1. 12. 1953, DStR 1954, 470);

schwere passive Bestechung (§ 332 StGB aF) und *Urkundenunterdrückung im*

Amt (§ 348 StGB aF = § 133 III nF) durch Zollbeamten (BGH 3, 40ff. v. 24. 6. 1952);

Vergehen nach § 6 PflVersG durch widerrechtliches Benutzen eines nicht versteuerten und nicht versicherten Kfz (OLG Frankfurt v. 16. 1. 1963, NJW 1072 m. zust. Anm. *Leise*);

illegaler Grenzübertritt nach § 11 I Nr. 1 PaßG durch Ein- und Ausreise eines Schmugglers, der sich nicht ausweist (BayObLG v. 16. 12. 1953, ZfZ 1954, 285).

41 Beispiele für Tatmehrheit:

Sachhehlerei (§ 259 StGB) bei Nichtversteuerung der Einnahmen aus der Veräußerung gehehlter Waren (OLG Hamburg v. 20. 12. 1961, NJW 1962, 754; zust. *Hübner* 59 zu § 392 RAO);

regelmäßig auch *Bestechung* (Ausnahmen s. Rdnr. 240), da die Entgegennahme des Vorteils und die durch Bestechung erwirkte Amtshandlung nicht identisch sind (BGH 7, 149, 151 v. 11. 1. 1955);

Unterlassen der *Abführung von Sozialversicherungsbeiträgen* und gleichzeitiges Unterlassen der LSt-Anmeldung, da mehrere, wenn auch gleichartige Handlungspflichten gegenüber verschiedenen Verwaltungsbehörden verletzt werden (vgl. BGH 18, 376, 379 v. 30. 5. 1963 zu § 170b StGB in Abkehr von RG v. 28. 6. 1934, HRR 1935 Nr. 96; RG v. 4. 11. 1935, JW 1936, 515; aM auch OLG Zweibrücken v. 25. 4. 1974, NJW 1975, 128; zust. zit. bei *Suhr* S. 200).

Tatmehrheit besteht auch gegenüber denjenigen Straftaten, die beim *Fahren mit einem unversteuerten Kfz* begangen werden (BayObLG v. 6. 2. 1952, JZ 665; glA *Hartung* XII 2c, hh zu § 396 RAO 1931); abw. *Glöggler* (SJZ 1950, 689) u. OLG Hamm (3 Ss 1686/54 v. 11. 3. 1955, zust. zit. bei *Suhr* S. 199), die bei Verkehrsvergehen Tateinheit, bei anderen Vergehen, zB fahrlässiger Tötung, Tatmehrheit annehmen; wiederum anders OLG Hamm (4 Ss 176/62 v. 30. 4. 1962), das auf Tateinheit zwischen § 396 RAO 1931, §§ 315a, 316 StGB und § 230 StGB erkannt hat.

§ 371 Selbstanzeige bei Steuerhinterziehung

(1) **Wer in den Fällen des § 370 unrichtige oder unvollständige Angaben bei der Finanzbehörde berichtigt oder ergänzt oder unterlassene Angaben nachholt, wird insoweit straffrei.**

(2) **Straffreiheit tritt nicht ein, wenn**

1. vor der Berichtigung, Ergänzung oder Nachholung

a) ein Amtsträger der Finanzbehörde zur steuerlichen Prüfung oder zur Ermittlung einer Steuerstraftat oder einer Steuerordnungswidrigkeit erschienen ist oder

b) dem Täter oder seinem Vertreter die Einleitung des Straf- oder Bußgeldverfahrens wegen der Tat bekanntgegeben worden ist oder

2. die Tat im Zeitpunkt der Berichtigung, Ergänzung oder Nachholung ganz oder zum Teil bereits entdeckt war und der Täter dies wußte oder bei verständiger Würdigung der Sachlage damit rechnen mußte.

(3) **Sind Steuerverkürzungen bereits eingetreten oder Steuervorteile erlangt, so tritt für einen an der Tat Beteiligten Straffreiheit nur ein, soweit er die zu seinen Gunsten hinterzogenen Steuern innerhalb der ihm bestimmten angemessenen Frist entrichtet.**

(4) **Wird die in § 153 vorgesehene Anzeige rechtzeitig und ordnungsmäßig erstattet, so wird ein Dritter, der die in § 153 bezeichneten Erklärungen abzugeben unterlassen oder unrichtig oder unvollständig abgegeben hat, strafrechtlich nicht verfolgt, es sei denn, daß ihm oder seinem Vertreter vorher die Einleitung eines Straf- oder Bußgeldverfahrens wegen der Tat bekanntgegeben worden ist. Hat der Dritte zum eigenen Vorteil gehandelt, so gilt Absatz 3 entsprechend.**

Vgl. § 29 ÖsterrFinStrG; wegen Rücktritts vom Versuch, Berichtigung falscher Aussagen usw. s.Rdnr. 11. Zu § 59 II WaffG s. Rdnr. 181.

Schrifttum:

Zu § 410 RAO 1951 – Monographien: *Firnhaber,* Die strafbefreiende Selbstanzeige im Steuerrecht, 1962; *List,* Die Selbstanzeige im Steuerstrafrecht, 2. Aufl. 1963; *Kopacek,* Steuerstraf- und Bußgeldfreiheit, 2. Aufl. 1970;

Mattern, Die Selbstanzeige (§ 410 AO), DStZ 1950, 134; *ders.,* Steuerliche Selbstanzeige und Steuermoral, NJW 1951, 937; *Bremer,* Steuermoral und tätige Reue, StP 1951, 381; *ders.,* Der gegenwärtige Stand der tätigen Reue nach § 410 AO n. F., DB 1951, 730; *Susat,* Die Stellung des § 410 Reichsabgabenordnung im Rechtssystem, DStR 1951, 397; *ders.,* Neue Probleme der steuerstrafrechtlichen Selbstanzeige, DStR 1952, 32; *Berger,* Die strafbefreiende Selbstanzeige ab 1. Januar 1952, BB 1951, 931; *Herrmann,* Die steuerliche Selbstanzeige ab 1. Januar 1952, FR 1952, 2; *Mattern,* Grundsätzliches zur steuerlichen Selbstanzeige, DStR 1952, 76; *Barske,* Zur Selbstanzeige, DStR 1952, 201; *Ahrens,* Die Selbstanzeige im Steuerstrafverfahren, SchlHA 1953, 180; *Quenzer,* Zur Auslegung des § 410 AO (n. F.), StW 1953, 666; *Mattern,* Zur strafbefreienden Selbstanzeige, DStZ 1953, 113; *ders.,* Grundsätzliches zur strafbefreienden Selbstanzeige, DStR 1954, 456; *ders.,* Steuerrecht und Steuermoral, StW 1958, 257; *Leise,* Die strafbefreiende Selbstanzeige bei Steuervergehen, WT 1961, 230; *Hofstetter,* Die Selbstanzeige im Steuerstrafrecht, StWa 1965, 156.

Zu § 395 RAO 1968: *Pfaff,* Die Selbstanzeige im Steuerrecht, DStR 1970, 554; *Lohmeyer,* Einzelheiten zur strafbefreienden Selbstanzeige i. S. des § 395 AO, ZfZ 1972, 173; *Seltmann,* Selbstanzeigepflicht im Rahmen der steuerlichen Betriebsprüfung? STB 1972, 234; *Ehlers,* Praktische

Hinweise zur Selbstanzeige, DStR 1974, 695; *Kratzsch,* Der strafrechtliche Aspekt der Selbstanzeige (§ 395 AO), StW 1974, 68 mit Erwiderung von *Suhr* StBp 1975, 80 und Schlußwort von *Kratzsch* StBp 1975, 261.

Zu § 371 AO 1977: *Pfaff,* Kommentar zur steuerlichen Selbstanzeige, 1977.

Weiteres Schrifttum s. vor Rdnr. 18, 30, 44, 52, 55, 71, 91, 110, 119, 131, 178.

Übersicht

I. Allgemeines

1. Entstehungsgeschichte

1 **Vorläufer des heutigen § 371 AO** waren bereits in den einzelnen Steuergesetzen der deutschen Länder vor der Jahrhundertwende vorhanden. Ohne Nachfolge blieb Art. 101 III WürttGrund-, Gebäude- und GewStG v. 28. 4. 1873 (RegBl. 127): *,,Wird . . . diese* [unrichtige] *Erklärung vor der Bezahlung der festgesetzten Steuer . . . von dem Fatirenden zurückgenommen, so ist er von der Strafe der Steuergefährdung frei zu lassen".* Vgl. demgegenüber Art. 30 BadKapitalrentenStG v. 29. 6. 1874 (GVBl. 361): *,,Wird die unterbliebene oder zu nieder abgegebene Erklärung späterhin nachgetragen oder berichtigt, bevor das Vergehen . . . angezeigt worden ist, so fällt jede Strafe weg";* § 63 II SächsEStG v. 22. 12. 1874 (GVBl. 471): *,,Die Strafe tritt nicht ein, falls der Schuldige, bevor die Sache zur Untersuchung an das Gericht abgegeben ist, seine Angaben an der zuständigen Stelle berichtigt oder vervollständigt";* Art. 66 II BayEStG v. 19. 5. 1881 (GVBl. 441): *,,Werden . . . die unrichtigen oder unvollständigen Angaben . . . noch vor der Einleitung eines Strafverfahrens bei dem einschlägigen Rentamte berichtigt oder ergänzt, so tritt anstatt der Hinterziehungsstrafe eine Ordnungsstrafe bis zu hundert Mark ein";* § 66 III PreußEStG v. 24. 6. 1891 (GS 175): *,,Derjenige Steuerpflichtige, welcher,*

bevor eine Anzeige erfolgt oder eine Untersuchung eingeleitet ist, seine Angaben an zuständiger Stelle berichtigt oder ergänzt bzw. das verschwiegene Einkommen angibt und die vorenthaltene Steuer in der ihm gesetzten Frist entrichtet, bleibt straffrei"; Art. 73 WürttEStG v. 8. 8. 1903 (RegBl. 261): *„Die Verfehlung . . . ist straffrei zu lassen, wenn von dem Steuerpflichtigen oder seinem verantwortlichen Vertreter oder Bevollmächtigten, bevor eine Anzeige der Verfehlung bei der Behörde gemacht wurde oder ein strafrechtliches Einschreiten erfolgte, die unrichtige oder unvollständige Angabe bei einer mit der Anwendung dieses Gesetzes befaßten Behörde berichtigt oder ergänzt oder das verschwiegene Einkommen angegeben und hiedurch die Nachforderung der sämtlichen nicht verjährten . . . Steuerbeträge ermöglicht wird";* Art. 67 IV OldenbEStG v. 12. 5. 1906 (GBl. 833): *„Derjenige Steuerpflichtige, welcher, bevor eine Anzeige erfolgt oder eine Untersuchung eingeleitet ist, seine Angabe an zuständiger Stelle berichtigt oder ergänzt bzw. die verschwiegenen Erträge angibt und die vorenthaltene Steuer in der ihm gesetzten Frist berichtigt, bleibt straffrei".*

2 Die landesrechtlichen Vorschriften waren Vorbild für entsprechende Bestimmungen in den **Steuergesetzen des Reiches,** vgl. § 50 II ErbStG v. 3. 6. 1906 (RGBl. 654): *„Eine Bestrafung findet nicht statt, wenn der Verpflichtete vor erfolgter Strafanzeige oder bevor eine Untersuchung gegen ihn eingeleitet ist, aus freien Stücken seine Angaben berichtigt";* ähnl. § 50 III ZuwachsStG v. 14. 2. 1911 (RGBl. 33), § 59 WehrbeitragsG u. § 79 BesitzStG v. 3. 7. 1913 (RGBl. 505, 524), § 35 KriegsStG v. 21. 6. 1916 (RGBl. 561), § 29 KriegsabgabenG v. 10. 9. 1919 (RGBl. 1579); sachlich abw. § 25 S. 1 SteuerfluchtG v. 26. 7. 1918 (RGBl. 951): *„Werden die hinterzogenen Steuerbeträge nebst Zinsen . . . gezahlt . . ., bevor eine zwangsweise Beitreibung stattgefunden hat, so tritt Straffreiheit für Täter und Teilnehmer ein; ist eine Verurteilung bereits erfolgt, so unterbleibt die weitere Vollstreckung".*

3 Mit **§ 374 RAO 1919** wurde erstmalig eine allgemeine Vorschrift über Straffreiheit in das Steuerstrafrecht eingeführt, die ohne sachliche Änderungen als § 410 RAO 1931 mit folgender Fassung neu bekanntgemacht wurde:

„(1) Wer in den Fällen der §§ 396, 402, 407 bis 409, bevor er angezeigt oder eine Untersuchung gegen ihn eingeleitet ist (§ 441 Abs. 2), unrichtige oder unvollständige Angaben bei der Steuerbehörde, ohne dazu durch eine unmittelbare Gefahr der Entdekkung veranlaßt zu sein, berichtigt oder ergänzt oder unterlassene Angaben nachholt, bleibt insoweit straffrei. Sind in den Fällen der §§ 396, 407 Steuerverkürzungen bereits eingetreten oder Steuervorteile gewährt oder belassen, so tritt die Straffreiheit nur ein, wenn der Täter die Summe, die er schuldet, nach ihrer Festsetzung innerhalb der ihm bestimmten Frist entrichtet; das gleiche gilt im Falle des § 402.

(2) Wird die im § 117 vorgeschriebene Anzeige rechtzeitig und ordnungsgemäß erstattet, so werden diejenigen, welche die dort bezeichneten Erklärungen abzugeben unterlassen oder unrichtig oder unvollständig abgegeben haben, dieserhalb nicht strafrechtlich verfolgt, es sei denn, daß vorher gegen sie Strafanzeige erstattet oder eine Untersuchung eingeleitet worden ist."

4 **§ 410 I RAO 1931** wurde gem. Art. I Nr. 19 G v. 4. 7. 1939 (RGBl. I 1181) neu gefaßt. Anstelle der aufgehobenen §§ 407–409 RAO 1931 wurden die

nach Art. I Nr. 15 in die RAO übernommenen Tatbestände des § 401 a RAO (Bannbruch) und des § 401 b RAO (Schmuggel unter erschwerenden Umständen) in den Kreis der selbstanzeigefähigen Straftaten einbezogen. Die strafbefreiende Wirkung der Selbstanzeige war jeweils ausgeschlossen, wenn der Täter bereits angezeigt oder die Untersuchung gegen ihn eingeleitet war oder wenn „*eine unmittelbare Gefahr der Entdeckung*" ihn zur Selbstanzeige veranlaßt hatte.

Nach der Neufassung des § 410 RAO durch Abschn. II § 4 des 2. Gesetzes zur vorläufigen Neuordnung von Steuern v. 20. 4. 1949 (WiGBl. 69) und Abschn. 2 § 4 des gleichlautenden Gesetzes von Rheinland-Pfalz v. 6. 9. 1949 (GVBl. 469) war die Straffreiheit nur noch versagt, wenn dem Täter bereits „*die Einleitung der Untersuchung gegen ihn durch die Steuerbehörde eröffnet*" worden war. In Baden, Württ.-Hohenzollern und Berlin verblieb es bei der Fassung von 1939.

5 **Die bundeseinheitliche Neufassung des § 410 RAO** erfolgte durch Art. I Nr. 1 G v. 7. 12. 1951 (BGBl. I 941), in Berlin übernommen durch G v. 28. 2. 1952 (GVBl. 125); Begr. s. BT-Drucks. I/2395. Aus dem Kreis der selbstanzeigefähigen Straftaten wurde § 401 b RAO wieder ausgeschieden; ferner wurde nach Abs. I 2 nF die strafbefreiende Wirkung bereits versagt, wenn die Selbstanzeige nach dem Erscheinen eines Prüfers der Finanzbehörde oder nach Bekanntgabe der Einleitung einer steuerstrafrechtlichen Untersuchung erstattet worden war, sowie aufgrund des neu eingefügten Abs. II, wenn der Täter wußte oder damit rechnen mußte, daß die Tat bereits entdeckt war. Abs. III nF entsprach Abs. I 2 aF. Als neuer Abs. IV wurde eine Legaldefinition der „*Einleitung der steuerstrafrechtlichen Untersuchung*" eingefügt. Abs. V nF entsprach Abs. II aF.

Durch Art. 6 Nr. 2 **StÄndG 1965** v. 14. 5. 1965 (BGBl. I 377) wurden in § 410 III RAO die Worte „*die Summe, die er schuldet*" durch die Worte „*die verkürzten Steuern*" ersetzt, um klarzustellen, daß die strafbefreiende Wirkung der Selbstanzeige von der Zahlung der durch Art. 5 StÄndG 1965 eingeführten Hinterziehungszinsen nicht abhängen sollte (Schriftl. Ber. BT-Drucks. zu IV/3189 S. 12).

6 Durch Art. 1 Nr. 6 **AOStrafÄndG** v. 10. 8. 1967 (BGBl. I 877) wurde § 410 IV RAO 1951 im Hinblick auf § 432 I RAO 1967 gestrichen und § 410 I 2 sowie IV (vorher V) dem Wortlaut des § 432 I RAO 1967 angepaßt (s. Schriftl. Ber. zu BT-Drucks. V/1941 S. 1 f.).

Durch Art. 1 Nr. 8 des **2. AOStrafÄndG** v. 12. 8. 1968 (BGBl. I 953) wurde § 410 RAO 1951 als § 395 RAO bezeichnet, mit einer Überschrift versehen und teilweise neu gefaßt. In § 395 I RAO 1968 wurde der Bannbruch aus dem Anwendungsbereich der Selbstanzeige ausgeschieden. In § 395 II RAO 1968 wurden sämtliche Fälle verspäteter Selbstanzeige (vorher § 410 I 2, II RAO 1951) zusammengefaßt. In § 395 III RAO 1968 wurde hinter den Worten „*die verkürzten Steuern*" der Satz „*die er schuldet*" wieder eingefügt (s. Rdnr. 5), um klarzustellen, daß die strafbefreiende Wirkung der Selbstanzeige eines Täters, der fremde Steuern hinterzogen hat, nicht davon abhängt, daß der Täter die zum Vorteil eines anderen hinterzogenen Steuern nachzahlt (Begr. s. BT-Drucks. V/1812 S. 24).

7 **In der AO 1977** entspricht § 371 I, II Nr. 1 wörtlich dem § 395 I, II Nr. 1 RAO 1968. In § 371 II Nr. 2 AO wurde auf Antrag des Finanzausschusses des BTages klargestellt, daß es für die Rechtzeitigkeit einer Selbstanzeige in erster Linie darauf ankommt, ob die Tat *objektiv* bereits entdeckt war (BT-Drucks. 7/4292 S. 44). In der neuen Fassung des § 371 III AO wurden die Worte *„Steuern, die er schuldet"* durch die Worte *„die zu seinen Gunsten hinterzogenen Steuern"* ersetzt; die Straffreiheit soll also auch dann von der fristgerechten Nachzahlung abhängen, wenn der Anzeigeerstatter zwar nicht der StSchuldner ist, die Steuer aber dennoch zum eigenen Vorteil hinterzogen hat (Begr. s. BT-Drucks. VI/1982 S. 195). Auf diesem Gedanken beruht auch die neue Vorschrift des § 371 IV 2 AO.

2. Begriff und Rechtsnatur der Selbstanzeige

8 **Der Begriff „Selbstanzeige"** – erst 1968 durch das 2. AOStrafÄndG in die Gesetzessprache eingeführt – ist zwar nicht umfassend, da die Straffreiheit nach § 371 III AO zusätzlich von einer fristgerechten Nachzahlung der hinterzogenen Steuern abhängt, trifft aber den Kern der Sache, da § 371 I AO in jedem Falle eine *Anzeige* voraussetzt, die der Täter *selbst* erstatten oder durch einen besonders beauftragten Vertreter erstatten lassen muß; allerdings verlangt das Gesetz nicht, daß der Täter sich ausdrücklich einer Straftat bezichtigt (s. Rdnr. 45). Die Bezeichnung *„Selbstberichtigung"* (*Vogt* FR 1951, 44; OLG Frankfurt v. 16. 1. 1954, DStZ/B 58) hat sich nicht durchgesetzt. Gegen die Bezeichnung *„strafbefreiende Wiedergutmachung"* (*Terstegen* S. 120; *Kohlmann* 2 zu § 395 RAO 1968; *Bender* S. 56) spricht, daß eine völlige Wiedergutmachung trotz Nachzahlung und Verzinsung (§ 235 AO) der hinterzogenen Steuer nicht möglich ist (*Mattern* DStR 1954, 456) – jedenfalls nicht, solange die Zinsen des Steuerhinterziehers gem. § 239 AO erheblich geringer sind als die Zinsen für Kreditaufnahmen der StGläubiger; überdies kann eine Wiedergutmachung ohne Selbstanzeige, zB durch stillschweigende Verlagerung von steuerbegründenden oder -erhöhenden Merkmalen in Erklärungen über spätere Steuerabschnitte oder durch anonyme Nachzahlung der verkürzten Steuer, nicht zur Straffreiheit führen (s. Rdnr. 49f.), wohl aber ist umgekehrt eine Nachzahlung nach § 371 III AO nicht erforderlich, wenn jemand zugunsten eines Dritten gehandelt hat (s. Rdnr. 133). Die Bezeichnung *„tätige Reue"* (RG v. 28. 6. 1940, RStBl. 650; BVerwG v. 11. 11. 1959, NJW 1960, 788; *Kühn/Kutter* 1 zu § 371 AO) ist irreführend, da es auf das ethische Motiv der Reue bei der Selbstanzeige nach § 371 AO ebensowenig ankommt wie beim Rücktritt vom Versuch einer Straftat nach § 24 StGB (RG 61, 115, 117 v. 4. 1. 1927; *Terstegen* aaO, *Kohlmann* aaO, *Kopacek* BB 1961, 42); aM *Susat* (DStR 1951, 397), der zwischen *„sittlicher"* und *„egoistischer"* Reue unterscheiden wollte.

9 **Einen persönlichen Strafaufhebungsgrund** bildet die Selbstanzeige (BGH – 1 StR 150/57 – v. 8. 10. 1957; BayObLG v. 7. 10. 1953, NJW 1954, 244f. und v. 27. 4. 1972, DStZ/B 288; OLG Hamburg v. 27. 1. 1970, NJW 1386; OLG Celle v. 15. 7. 1971, DStZ/B 406; OLG Karlsruhe v. 18. 4. 1974, NJW 1577; *Hübner* 5, *Kohlmann* 3 und *Leise* 11 zu § 395 RAO 1968; *Bender* S. 62; *List* S. 53; *Troeger/Meyer* S. 254; *Suhr* S. 341; *Pfaff* S. 10f.; *Mattern* NJW 1951, 941; *Susat* DStR 1951, 398; *Coring* DStR 1963, 373; *Henneberg* BB 1973, 1301; *Kratzsch* StW 1974, 69). Der entstandene Strafanspruch wird durch eine gesetzesgerechte Selbstanzeige rückwirkend wieder beseitigt (arg.: *„wird straffrei"*). Die Kennzeichnung als Strafausschließungsgrund (BGH v. 13. 11. 1952, NJW 1953, 476, und v. 25. 9. 1959, DStZ/B 500; OLG Celle v. 27. 4. 1953, DStZ/B 516; BFH v. 14. 8. 1963, HFR 1964, 183; *Kühn/Kutter* 8 zu § 371 AO; *Firnhaber* S. 37f.; *Kopacek* S. 149; *Lohmeyer* ZfZ 1972, 174; *Tiedemann* JR 1975, 387) entspricht nicht der vorherrschenden Systematik, nach der Strafausschließungsgründe bereits während der Tat bestehen (*Schönke/Schröder* 127ff., 133 und *Dreher* 17 vor § 32 StGB, *Rudolphi* 14 vor § 19 StGB) und die Entstehung des Strafanspruchs von vornherein verhindern. Aus der Rechtsnatur als Strafaufhebungsgrund folgt, daß bei der Auslegung und Anwendung des § 371 AO das aus Art. 103 II GG = § 1 StGB abzuleitende Analogieverbot und der Grundsatz *in dubio pro reo* zu beachten sind (*Jescheck* S. 418) und daß die Feststellung der Voraussetzungen des § 371 AO nicht zur Einstellung des Verfahrens, sondern zur Freisprechung des Täters führt (OLG Frankfurt v. 18. 10. 1961, NJW 1962, 974).

10 **Der Unrechtsgehalt der Tat und die Schuld des Täters** werden durch eine nachfolgende Selbstanzeige in keiner Hinsicht berührt (OLG Karlsruhe v. 18. 4. 1974, NJW 1577; *Kohlmann* 5 zu § 395 RAO 1968; *Kühn/Kutter* 8 zu § 371 AO). Wortlaut und Zweck des Gesetzes verlangen nicht, daß der Täter das von ihm begangene Unrecht einsieht; das Gesetz gewährt Straffreiheit nicht als Belohnung für bessere Einsichten (BGH v. 5. 9. 1974, NJW 2293). Wer sich nur aus nüchternem Kalkül zur Selbstanzeige entschließt, erlangt Straffreiheit ebenso wie ein einsichtiger Täter, der aus höherwertigen Beweggründen handelt. Unrichtig ist daher die Bemerkung des OLG Bremen (Urt. v. 27. 11. 1957, ZfZ 1958, 86), daß die Selbstanzeige im Hinblick auf eine durch sie zutage getretene Unrechtseinsicht *die Schuld mindere;* zutr. dagegen OLG Köln (Urt. v. 7. 6. 1957, ZfZ 1958, 87), daß einem einsichtigen Täter das Motiv einer „verunglückten" Selbstanzeige *strafmildernd* angerechnet werden kann.

3. Zweck und Rechtfertigung der Selbstanzeige

11 **§ 371 AO ist eine einzigartige Erscheinung im deutschen Strafrechtssystem,** weil er Straffreiheit für eine *vollendete* Straftat verspricht. Während zB nach § 187 ÖsterrStGB auch Diebstahl und Veruntreuung bei freiwilliger Wiedergutmachung straflos bleiben, gewährt oder ermöglicht das deutsche Recht Straffreiheit sonst nur dann, wenn der Täter freiwillig die (weitere) Ausführung der Tat *aufgibt* oder deren Vollendung *verhindert* oder den Erfolg *abwendet* oder – wenn ohne sein Zutun die Tat unterbleibt oder nicht vollendet

wird oder der Erfolg nicht eintritt – wenn er sich *freiwillig und ernsthaft bemüht,* die Vollendung oder den Erfolg zu verhindern; dafür wird entweder dem Täter Straffreiheit versprochen, vgl. §§ 24, 31; § 98 II 2; § 129 VI Halbs. 2, § 139 IV; § 149 II, III; § 163 II; § 264 IV, § 265 b II; §§ 310, 330 V 2 StGB, oder das Gericht ermächtigt, die Strafe nach seinem Ermessen zu mildern (§ 49 II StGB) oder von einer Bestrafung abzusehen, vgl. §§ 83a, 84 V, § 87 III, § 98 II 1; § 129 VI Halbs. 1; § 158; §§ 311c, 316a II, § 316c IV, § 330 V 1 StGB. Allein § 371 AO bietet einem Täter die Aussicht, noch *nach* Vollendung und Eintritt des Erfolges einer Straftat einen *Anspruch* auf Straffreiheit zu erwerben; über das Verhältnis zu § 24 StGB s. Rdnr. 173.

12 **Unter strafrechtlichen Aspekten** muß ungereimt erscheinen, weshalb der Täter nach vollendeter Steuerhinterziehung noch Straffreiheit erlangen, dagegen nach einer rechtsähnlichen Tat, zB Betrug (§ 263 StGB), nur eine mildere Strafe erhoffen kann, wenn er die Tat selbst anzeigt und den verursachten Vermögensschaden wiedergutmacht. Der Hinweis, daß die Anzeige einer unbekannten Steuerquelle eine *„lohnenswerte Tat"* sei (*List* S. 13), genügt nicht; denn die Selbstanzeige eines Betrügers wäre moralisch nicht weniger lohnenswert. Der Versuch einer strafdogmatischen Erklärung erscheint aussichtslos, wenn man den Unrechtsgehalt der Steuerhinterziehung und des Betruges am Maßstab der Strafdrohungen des § 370 AO und des § 263 StGB vergleicht.

13 Mit Recht bezeichnet *Firnhaber* (S. 19) die steuerstrafrechtliche Selbstanzeige als ein *„notwendiges Übel"*, das seine **Rechtfertigung in der steuerpolitischen Erwägung** finde, dem Staat diejenigen Steuerquellen zu erschließen, die ihm infolge der Tat verborgen geblieben waren. Diesen außerstrafrechtlichen Zweck der Selbstanzeige hat die Rspr seit jeher hervorgehoben und bei der Entscheidung von Zweifelsfragen berücksichtigt. Die ersten Urteile des RG enthalten den Satz: „[In § 374 RAO 1919] *tritt . . . das Bestreben deutlich zutage, „dem Steuersünder" zum Vorteil der Reichskasse weitergehend, als nach allgemeinem Strafrecht möglich, Straffreiheit zuzusichern"* (RG 57, 313, 315, v. 8. 6. 1923; 61, 115, 118 v. 4. 1. 1927). Später heißt es: *„Der Zweck des Gesetzes ist, dadurch, daß dem reuigen Stpfl gegenüber Nachsicht geübt wird, dem Staat bisher verheimlichte Steuerquellen zu erschließen"* (RG 70, 350, 351 v. 9. 11. 1939), und: *„Die Vorschrift des § 410 RAO will zur Entlastung der Steuerbehörden beitragen und auf eine Vermehrung des Steueraufkommens hinwirken, indem durch die Inaussichtstellung der Straffreiheit ein Anreiz zur nachträglichen freiwilligen Entrichtung hinterzogener Beträge geschaffen wird. Es liegt also in der Zweckrichtung der Bestimmung, daß in möglichst großem Umfang von ihr Gebrauch gemacht wird"* (RGZ v. 10. 6. 1942, RStBl. 865). Diese Sätze geben den Grundgedanken der strafbefreienden Selbstanzeige zutreffend wieder, wenn auch einzelne Wendungen verfehlt erscheinen; namentlich braucht der Anzeigeerstatter weder *Reue* zu empfinden (s. Rdnr. 8) noch *freiwillig* zu handeln (s. Rdnr. 29). Zu Recht bemerkt der BGH, das Gesetz sei *„von dem Bestreben des Staates bestimmt, tunlichst in den Besitz aller ihm geschuldeten Steuern zu gelangen, deren er bedarf, um seine Aufgaben zu erfüllen"* (BGH 12, 100f. v. 11. 11. 1958) und: „[§ 395 RAO 1968] *beruht auf*

rein fiskalischen Erwägungen" (BGH v. 5. 9. 1974, NJW 2293; krit. *Tiedemann* JR 1975, 387f.).

14 Mit dem steuerpolitischen Interesse untrennbar verbunden ist das **kriminalpolitische Interesse an der Aufklärung unbekannter Steuerstraftaten,** deren Ermittlung ungewöhnliche Schwierigkeiten bereitet, da Handlung und Erfolg dieser Intelligenzdelikte – abgesehen vom Schmuggel über die grüne Grenze – keine sichtbaren Spuren hinterlassen. Ferner berechtigt jede Selbstanzeige zu einer günstigen steuerstrafrechtlichen Prognose; sie läßt erwarten, daß der Anzeigeerstatter seine steuerlichen Pflichten in Zukunft ordnungsgemäß erfüllen wird. Zunächst schafft die Berichtigung früherer Verfehlungen eine in vielen Fällen (wegen der Bilanzkontinuität oder des wechselseitigen Zusammenhangs zwischen verschiedenen Steuerarten) unerläßliche Vorbedingung für eine zutreffende Gewinnermittlung und richtige Steuererklärungen für folgende Steuerabschnitte und andere Steuerarten. Sodann wird der Stpfl nach vollzogener Selbstanzeige von sich aus erwarten, daß das FA seinem künftigen steuerlichen Verhalten erhöhte Aufmerksamkeit widmen wird. Angesichts dieser Umstände ist auch die Bemerkung berechtigt, daß die Möglichkeit der strafbefreienden Selbstanzeige *„dem Steuersünder die Umkehr zur Steuerehrlichkeit erleichtern soll"* (so BGH 12, 100f. v. 11. 11. 1958; vgl. ferner BGH 3, 373f. v. 13. 11. 1952).

15 **Der gesetzliche Anreiz zur Selbstanzeige** ist auch durchaus wirksam (zw. *Tiedemann* JR 1975, 388). Die Kenntnis dieses Weges zur Straffreiheit ist selbst unter gesetzesunkundigen Stpfl weit verbreitet. Nicht selten legen die Angehörigen der steuerberatenden Berufe ihren Mandanten eine Selbstanzeige nahe oder machen die Übernahme eines Mandats davon abhängig, daß der Stpfl frühere Verfehlungen durch eine Selbstanzeige bereinigt. Der Stpfl hat zwar nach § 371 III AO die hinterzogenen Steuern innerhalb einer ihm gesetzten Frist nachzuzahlen, jedoch treffen ihn keine weiteren Sanktionen als Hinterziehungszinsen nach § 235 AO, die gem. § 238 AO monatlich nur 0,5 vH betragen (krit. Rdnr. 17 und Einl 83). Schließlich erleichtert das Gesetz den Entschluß zur Selbstanzeige insofern, als es die Straffreiheit *mit Gewißheit* in Aussicht stellt, soweit die Erfordernisse der Berichtigung und Nachzahlung rechtzeitig erfüllt werden. Die Straffreiheit steht nach § 371 AO nicht im Ermessen der Strafverfolgungsbehörde oder des Strafrichters, wie zB im Falle der Berichtigung falscher Angaben bei uneidlicher Aussage, Meineid oder Versicherung an Eides statt (§§ 153–156 StGB) nach den §§ 158, 163 II StGB oder in den Fällen der Einstellung des Strafverfahrens nach § 153c, § 153d oder § 154c StPO. In der sicheren Aussicht auf Straffreiheit hat *Terstegen* (S. 119) einen *„Tatanreiz von unerhörter Stärke"* vermutet (ähnl. *Kohlmann* 72ff. zu § 395 RAO 1968 und *Kratzsch* StW 1974, 73 jedenfalls für die Anerkennung einer Selbstanzeige bei fehlender oder mangelhafter Buchführung, s. Rdnr. 38). Dieser Vermutung steht aber die sichere Erwartung gegenüber, daß der Anreiz zur Selbstanzeige und damit die – im ganzen gesehen – heilsame Wirkung dieses Rechtsinstituts erheblich geringer wäre, wenn der Gesetzgeber, dem Vorschlag von *Terstegen* (StbJb 1953/54, 26) folgend, die Gewährung der Straffreiheit von einer Ermessensentscheidung abhängig machen würde.

16 **Da der Gesetzgeber mit § 371 AO einen außerstrafrechtlichen Zweck verfolgt** und das Mittel der Selbstanzeige geeignet ist, unbekannte Steuerquellen zu erschließen, ist es gerechtfertigt, daß das Gesetz auch für vollendete Steuerhinterziehung Straffreiheit verbürgt, soweit eine Berichtigung nach § 371 I AO dem FA die Handhabe und § 371 III AO dem StGläubiger die Gewähr bietet, daß die verkürzten Steuern nachgezahlt werden. Das ungewöhnliche Mittel der strafbefreienden Selbstanzeige entspricht der ungewöhnlich ungünstigen Lage der StGläubiger gegenüber dem Steuerhinterzieher, die *Firnhaber* (S. 19, 36) ohne Übertreibung als *„dauernden Notstand"* bezeichnet. Die Steuer entsteht zwar kraft Gesetzes (§ 38 AO), kann aber erst dann und nur in dem Umfang erhoben werden, sobald und soweit das FA von den steuerbegründenden Tatsachen Kenntnis erlangt. Dabei muß der Staat sich weitgehend auf die Angaben der Stpfl verlassen. In welcher Weise der Gesetzgeber das Strafrecht zum Schutz des Steueraufkommens gestaltet, unterliegt seinem Ermessen. Die Regelung einer strafbefreienden Selbstanzeige bedarf einer strafrechtssystematischen Rechtfertigung nicht; sie wird von staatspolitischen Erwägungen getragen, die nicht weniger gewichtig sind als andere außerstrafrechtliche Erwägungen, die den Gesetzgeber bestimmt haben, die Strafverfolgung vollendeter Straftaten zu untersagen oder ihr Hindernisse zu bereiten. Mit der Indemnität und Immunität der Abgeordneten hat sogar der Verfassungsgeber durch Art. 46 GG angeordnet, daß der Gedanke einer absoluten strafrechtlichen Gerechtigkeit anderen wichtigen staatspolitischen Interessen weichen soll. Andere Beispiele bieten § 393 II AO, wonach Angaben der Stpfl zur Erfüllung steuerlicher Pflichten nur in schwerwiegenden Fällen zur Verfolgung nichtsteuerlicher Straftaten verwendet werden dürfen, und die noch weitergehenden Verwertungsverbote in den Sicherstellungsgesetzen, vgl. § 14 V WiSichG, § 18 IV WaSichG, § 16 V ESichG, § 24 III ArbSichG, § 15 V VSichG idF der Art. 62, 70, 76, 84 u. 93 EGAO (s. Ber. des Finanzausschusses BT-Drucks. 7/5458 S. 2f.). Wer solche Ausnahmevorschriften, hier § 371 AO, unter dem Blickwinkel einer *„Unabdingbarkeit des Strafgebots"* beurteilt (so *Kratzsch* StW 1974, 70), also den Strafanspruch und seine Durchsetzung von vornherein höher einschätzt als außerstrafrechtliche Erwägungen des Gesetzgebers, mag folgerichtig an der Existenzberechtigung einer Ausnahmevorschrift zweifeln und rechtspolitisch für ihre Abschaffung eintreten (so *Tiedemann* JR 1975, 387f.). Indessen erscheint es nicht legitim, ein solches Anliegen durch eine möglichst restriktive Auslegung des geltenden Rechts zu verfolgen und auf diese Weise dem Zweck einer durch den Gesetzgeber immer wieder bestätigten Rechtsnorm entgegenzuwirken.

17 **Der Einfluß des § 371 AO auf die Steuermoral** ist umstritten. *Ehlers* hat § 410 RAO 1949 (s. Rdnr. 4) als einen *„Eckpfeiler der Bestrebungen zur Wiederherstellung der Steuermoral"* bezeichnet (StP 1951, 323). Demgegenüber hat *Bremer* zu derselben Gesetzesfassung mit Zahlenangaben belegt, daß die Regelung *„als Freibrief für neue Steuerhinterziehungen"* betrachtet und benutzt wor-

den sei (StP 1951, 381). Diese extremen Auffassungen erscheinen verfehlt. Auf der einen Seite ist die Erwartung einer moralfördernden Wirkung der Selbstanzeige unbegründet; denn die Erfahrungen der Praxis erweisen, daß *freiwillige* Selbstanzeigen recht selten sind (*Quenzer* StW 1953, 668f.). Der Entschluß zur Selbstanzeige ist in den weitaus meisten Fällen nur von der Überlegung abhängig, ob bei einer bevorstehenden Außenprüfung mit einer Entdeckung der Tat zu rechnen ist oder ob persönliche Differenzen mit beteiligten oder mitwissenden Geschäftspartnern, Angestellten oder Angehörigen die Gefahr einer Fremdanzeige begründen. Andererseits sind die Bedingungen für die strafbefreiende Wirkung einer Selbstanzeige seit 1951 (s. Rdnr. 5) so festgelegt, daß von einem *„Freibrief für Steuerhinterzieher"* nicht mehr ernsthaft die Rede sein kann (glA *Mattern* NJW 1951, 937). Für den Tatentschluß sind vornehmlich die Bereicherungsabsicht und die Einschätzung der Entdeckungsgefahr ausschlaggebend. Zwischen der Möglichkeit einer strafbefreienden Selbstanzeige und dem Tatentschluß besteht meistens kein Kausalzusammenhang.

4. Der sachliche Anwendungsbereich des § 371 AO

Schrifttum:

A. Vogel, Straffreiheit nach §§ 410, 411 AO nur bei Steuerdelikten, FR 1959, 479; *Kulla,* Der Umfang der Straffreiheit im Falle einer Selbstanzeige bei konkurrierenden Steuerdelikten, StWa 1965, 56; *Suhr,* Ahndung wegen der Steuerordnungswidrigkeiten der §§ 405, 406 AO bei Nichtverfolgung der Verkürzungstatbestände der §§ 392, 404 AO? StBp 1973, 224.

18 **Nach Überschrift und Wortlaut des § 371 I AO** wirkt die Selbstanzeige strafbefreiend nur bei *Steuerhinterziehung* (§ 370 AO). Die Geltung für die vollendete Tat schließt eine *versuchte Tat* ein; dies bedarf keiner weiteren Begründung mehr, seitdem der Versuch der Steuerhinterziehung nach § 370 II AO im Rahmen des Haupttatbestandes für strafbar erklärt worden ist und bereits bei formaler Betrachtung einen der *Fälle des § 370 AO* darstellt. Die Steuerstraftaten nach *§ 23 RennwLottG* (Anh IV) und nach *§ 13 WStG* (Anh V) sind Sonderfälle des § 370 AO, auf die § 371 AO ebenfalls unmittelbar anzuwenden ist. § 371 AO gilt auch für die Teilnahme an Steuerhinterziehung in Form einer *Anstiftung* (§ 26 StGB) oder *Beihilfe* (§ 27 StGB).

19 **Für die Begünstigung** des Täters oder Teilnehmers an einer Steuerhinterziehung gilt § 371 AO nicht; denn die Begünstigung iS des § 257 StGB bildet einen *selbständigen* Straftatbestand (*Schönke/Schröder* 3 vor §§ 257ff. StGB). Der Vorschlag von *Hartung* (III 4d zu §§ 410, 411 RAO 1951), die Straffreiheit nach § 371 AO durch einen Analogieschluß zugunsten des Beschuldigten zu begründen, konnte angesichts des eindeutigen Wortlauts nur als Anregung für eine Änderung des Gesetzes aufgefaßt werden, die der Gesetzgeber nicht berücksichtigt hat. Nur wer infolge seiner Selbstanzeige wegen Beteiligung an der Steuerhinterziehung, zB als Mittäter oder Gehilfe, straffrei wird, kann nach § 257 III 1 StGB auch nicht mehr wegen Begünstigung bestraft werden.

20 **Nicht anzuwenden ist § 371 AO** auf Steuerstraftaten, deren Tathandlung nicht durch § 370 AO umschrieben wird. Bei *Steuerhehlerei* (§ 374 AO) und

Steuerzeichenfälschung (§§ 148, 149 StGB iVm § 369 I Nr. 3 AO) ist ein Berichtigen, Ergänzen oder Nachholen unrichtiger, unvollständiger oder verspäteter Angaben, das § 371 AO erfordert, nicht einmal möglich, da diese Tatbestände nicht durch unrichtige Angaben gegenüber dem FA erfüllt werden (RG 56, 6, 11 v. 26. 5. 1921 zu § 368 RAO 1919). Dies ist bei *Bannbruch* zwar denkbar, jedoch fehlt in § 371 I AO eine Verweisung auf § 372 AO, wie sie vor dem 2. AOStrafÄndG (s. Rdnr. 7) in § 410 I RAO 1951 enthalten war. Für die Fälle *schweren Schmuggels* (§ 373 AO) – sei der Grundtatbestand Steuerhinterziehung oder Bannbruch – war die strafbefreiende Wirkung einer Selbstanzeige schon vorher ausgeschlossen; aM *Troeger/Meyer* (S. 254), die übersehen, daß § 401 b RAO 1939 in § 410 RAO 1951 bewußt weggelassen worden ist (Abg. Dr. *Mießner* in der 174. Sitzung des BTages v. 14. 11. 1951, Sten. Ber. S. 7161 D).

21 Kraft ausdrücklicher Verweisung des § 128 I BranntwMonG gilt § 371 AO auch für **Monopolhinterziehung,** die in den §§ 119–121 BranntwMonG (Anh VIII) eine Sonderregelung erfahren hat; auf die Hinterziehung des Monopolausgleichs (Einl 206) und der EssigsäureSt (Einl 208) ist § 371 AO *unmittelbar* anzuwenden. Entsprechend gilt § 371 AO für die Hinterziehung von **Abgaben auf Marktordnungswaren,** die *keine* Zölle, Abschöpfungen, Ausfuhrabgaben oder Abgaben im Rahmen von Produktionsregelungen sind, kraft § 31 I MOG (Anh XII), für die Hinterziehung von **Abwasserabgaben** kraft § 14 AbwAG (Anh XIII), für die Erschleichung von **Sparprämie, Wohnungsbauprämie, Arbeitnehmer-Sparzulage** und **Bergmannsprämie** kraft § 5b II 1 SparPG, § 8 II 1 WoPG, § 13 II 1 des 3. VermBG und § 5a II 1 BergPG (Anh XIV–XVII) sowie für die Erschleichung von **Investitionszulage** kraft § 29a I BerlinFG (Anh XVIII).

22 Ferner gilt § 371 III, IV AO kraft der Verweisung des § 378 III 2 AO auch für die Selbstanzeige einer **leichtfertigen Steuerverkürzung,** jedoch nicht für andere Steuerordnungswidrigkeiten; vgl. in bezug auf die Steuergefährdung iS des § 379 AO die Begr. zu § 405 RAO 1968 (BT-Drucks. V/1812 S. 27). Wird wegen einer vorsätzlichen oder leichtfertigen Steuerverkürzung (§§ 370, 378 AO) wirksam Selbstanzeige erstattet, ist allerdings eine Ahndung derselben Tat als Steuerordnungswidrigkeit nach den §§ 379–382 AO ausgeschlossen (str.; ausf. s. Rdnr. 159).

23 **Bei der Hinterziehung von Abgaben der Länder** ist § 371 AO – soweit nicht unmittelbar Bundesrecht gilt – anzuwenden auf Kommunalabgaben aufgrund ausdrücklicher Verweisungen in § 5 I BadWürttKAG, Art. 21 I BayKAG, § 5 I 2 HessKAG, § 15 I 2 NdsKAG, § 17 I 2 NWKAG, § 3 I Nr. 3 RPfKAG und § 16 I 2 SchlHKAG (Anh XXII) sowie auf Gebühren in Baden-Württemberg aufgrund § 22 I LandesgebührenG (Anh XXII-1-e). Im Saarland gilt für Kommunalabgaben anstelle von § 371 AO heute noch § 79 III PreußKAG 1893 (Anh XXII-10-c).

24 **Für die Verletzung nichtsteuerlicher Strafgesetze** gilt § 371 AO in keinem Falle. Auch wenn durch die Selbstanzeige einer Steuerhinterziehung andere

strafbare Handlungen offenbart werden (müssen), bleibt die strafbefreiende Wirkung der Selbstanzeige auf die in § 370 AO (ggf. iVm § 375 AO) angedrohten Strafen und Nebenfolgen beschränkt. Das gilt nicht nur bei *Tatmehrheit* (§ 53 StGB), zB zwischen Steuerhinterziehung und Urkundenfälschung (BGH 12, 100f. v. 11. 11. 1958), sondern auch bei *Tateinheit* (*Vogel* FR 1959, 479). Eine Teilung der Folgen *einer* Tat kannte das Steuerstrafrecht auch im Falle des § 399 RAO 1931, wonach die Veröffentlichung einer Bestrafung wegen Steuerhinterziehung ein etwa mitverletztes anderes Strafgesetz nicht erkennbar machen durfte (BGH 3, 377, 379 v. 11. 12. 1952); vgl. ferner § 154a StPO.

25 Hinsichtlich einer nichtsteuerlichen Straftat, die durch Selbstanzeige zur Kenntnis von Amtsträgern der Finanzbehörde gelangt, genießt der Anzeigeerstatter grundsätzlich den **Schutz des Steuergeheimnisses.** Ausnahmen und Rückausnahmen regeln die folgenden Vorschriften:

§ 30 AO – Steuergeheimnis

(1)–(3) ...

(4) **Die Offenbarung der nach Absatz 2 erlangten Kenntnisse ist zulässig, soweit**

1.–3. ...

4. sie der Durchführung eines Strafverfahrens wegen einer Tat dient, die keine Steuerstraftat ist, und die Kenntnisse
   a) in einem Verfahren wegen einer Steuerstraftat oder Steuerordnungswidrigkeit erlangt worden sind; dies gilt jedoch nicht für solche Tatsachen, die der Steuerpflichtige in Unkenntnis der Einleitung des Strafverfahrens oder des Bußgeldverfahrens offenbart hat oder die bereits vor Einleitung des Strafverfahrens oder des Bußgeldverfahrens im Besteuerungsverfahren bekannt geworden sind, oder
   b) ohne Bestehen einer steuerlichen Verpflichtung oder unter Verzicht auf ein Auskunfsverweigerungsrecht erlangt worden sind,

5. für sie ein zwingendes öffentliches Interesse besteht; ein zwingendes öffentliches Interesse ist namentlich gegeben, wenn
   a) Verbrechen und vorsätzliche schwere Vergehen gegen Leib und Leben oder gegen den Staat und seine Einrichtungen verfolgt werden oder verfolgt werden sollen,
   b) Wirtschaftsstraftaten verfolgt werden oder verfolgt werden sollen, die nach ihrer Begehungsweise oder wegen des Umfangs des durch sie verursachten Schadens geeignet sind, die wirtschaftliche Ordnung erheblich zu stören oder das Vertrauen der Allgemeinheit auf die Redlichkeit des geschäftlichen Verkehrs oder auf die ordnungsgemäße Arbeit der Behörden und der öffentlichen Einrichtungen erheblich zu erschüttern,
   oder
   c) die Offenbarung erforderlich ist zur Richtigstellung in der Öffentlichkeit verbreiteter unwahrer Tatsachen, die geeignet sind, das Vertrauen in die Verwaltung erheblich zu erschüttern; ...

(5) **Vorsätzlich falsche Angaben des Betroffenen dürfen den Strafverfolgungsbehörden gegenüber offenbart werden.**

Der Finanzausschuß des BTages hat dazu in seinem Bericht (BT-Drucks. 7/4292 S. 5f.) u. a. folgendes ausgeführt:

„... eine Durchbrechung des Steuergeheimnisses in diesem Umfang stellt nach einmütiger Auffassung des Ausschusses einen vernünftigen Ausgleich zwischen den weitgehenden Offenbarungspflichten des Steuerpflichtigen und den Interessen der Allgemeinheit an einer lückenlosen Verfolgung nichtsteuerlicher Straftaten dar. Soweit der Steuerpflichtige verpflichtet ist, seine Einkünfte, mögen sie auch auf strafbaren Handlungen beruhen, dem Finanzamt zu offenbaren, dürfen diese Angaben nicht für Zwecke der Strafverfolgung wegen nichtsteuerlicher Taten weitergegeben werden. Fehlt eine derartige Verpflichtung, bestehen keine Bedenken gegen eine Weitergabe dieser Tatsachen zur Durchführung eines Strafverfahrens wegen einer nichtsteuerlichen Straftat. Der Ausschuß hat weitergehende Vorstellungen nicht aufgegriffen, die darauf abzielten, den Schutz des Steuergeheimnisses bei der Verfolgung außersteuerlicher Straftaten nur dann zu gewähren, wenn es sich um Verhältnisse und Kenntnisse handelt, die der Steuerpflichtige in Erfüllung erzwingbarer steuerlicher Pflichten offenbart hat und sich dadurch selbst einer Straftat oder Ordnungswidrigkeit bezichtigen würde oder einen Angehörigen der Gefahr einer Verfolgung wegen einer derartigen Tat aussetzen würde. Nach Auffassung der Ausschußmehrheit ist eine Durchbrechung des Steuergeheimnisses zur Verfolgung nichtsteuerlicher Straftaten jedoch immer dann zuzulassen, wenn die der Strafverfolgungsbehörde mitzuteilenden Tatsachen auf vorsätzlich falschen Angaben des Steuerpflichtigen beruhen ...

... Der Ausschuß hat einstimmig den ... unbestimmten Rechtsbegriff des zwingenden öffentlichen Interesses an einer Offenbarung näher umschrieben ... Da der Begriff der Wirtschaftsstraftat bisher nicht gesetzlich definiert ist, hat der Rechtsausschuß vorgeschlagen, auf die Verwendung dieses Begriffs zu verzichten und statt dessen an § 74c des Gerichtsverfassungsgesetzes anzuknüpfen, weil diese Vorschrift einen Katalog der Delikte enthält, die landläufig als Wirtschaftsstraftaten bezeichnet werden. Der Finanzausschuß hat jedoch diesen Vorschlag nicht aufgegriffen, denn seine Übernahme hätte die Fälle einer erlaubten Durchbrechung des Steuergeheimnisses erheblich erweitert ...

Während § 30 Abs. 4 Nr. 4 und 5 die Offenbarung von Tatsachen zum Zwecke der Durchführung eines Strafverfahrens wegen nichtsteuerlicher Delikte regelt, befaßt sich § 393 Abs. 2 mit der Frage, in welchem Umfang derartige Tatsachen oder Beweismittel, die dem Gericht oder der Staatsanwaltschaft im Rahmen eines Steuerstrafverfahrens aus den Steuerakten bekanntgeworden sind, zur Durchführung eines nichtsteuerlichen Strafverfahrens verwertet werden dürfen. Entsprechend der in § 30 Abs. 4 Nr. 4 und 5 getroffen Grundentscheidung bestimmt § 393 Abs. 2 in Übereinstimmung mit dem geltenden Recht, daß eine Verwertung dieser Tatsachen nicht zulässig ist, wenn der Steuerpflichtige sie vor Einleitung oder in Unkenntnis der Einleitung eines Strafverfahrens in Erfüllung steuerrechtlicher Pflichten offenbart hat, es sei denn, daß es sich um Straftaten handelt, an deren Verfolgung ein zwingendes öffentliches Interesse i. S. von § 30 Abs. 4 Nr. 5 besteht."

5. Die Systematik des § 371 AO

26 **Bei einem systematischen Überblick** über die Gliederung des § 371 AO ist zu unterscheiden zwischen den (positiven) Voraussetzungen, unter denen der Täter oder Teilnehmer bei einer Steuerhinterziehung Straffreiheit erwerben kann, und den Gründen, aus denen das Gesetz die Straffreiheit ausschließt („*negative Wirksamkeitsvoraussetzungen*", vgl. *Maaßen* FR 1954, 293).

27 **Die positiven Voraussetzungen der Straffreiheit** sind umschrieben in § 371 I, III AO sowie – für einen Sonderfall – in § 371 IV AO. Nach Abs. I wird straffrei, wer unrichtige oder unvollständige Angaben berichtigt oder ergänzt oder unterlassene Angaben nachholt. Diese Handlungen (und ihr Ergebnis) lassen sich unter dem Begriff der „Berichtigung" zusammenfassen.

Der im Regelfall einer Steuerhinterziehung erforderlichen Berichtigung nach Abs. I entspricht im Sonderfall des Abs. IV, daß die nach § 153 AO (s. Rdnr. 167) vorgeschriebene Anzeige rechtzeitig und ordnungsmäßig erstattet wird. Außer der Berichtigung ist bei vollendeter Tat nach Abs. III die fristgerechte Nachzahlung der Steuerbeträge erforderlich, die im Zeitpunkt der Berichtigungserklärung bereits vorsätzlich verkürzt waren.

28 **Die Ausschließungsgründe** sind zusammengefaßt in § 371 II AO. Danach versagt das Gesetz einer Selbstanzeige trotz umfassender Berichtigungserklärung und vollständiger Nachzahlung der verkürzten Steuern die strafbefreiende Wirkung, wenn vor Abgabe der Berichtigungserklärung entweder bei dem Anzeigeerstatter ein Amtsträger der Finanzbehörde zur steuerlichen Prüfung oder zur Ermittlung einer Steuerstraftat oder einer Steuerordnungswidrigkeit erschienen ist oder wenn dem Anzeigeerstatter die Einleitung eines Straf- oder Bußgeldverfahrens bekanntgegeben worden ist oder wenn die Tat bereits entdeckt ist und der Anzeigeerstatter dies wußte oder damit rechnen mußte. Im Sonderfall des Abs. IV wird die strafbefreiende Wirkung einer Anzeige nur ausgeschlossen, wenn dem Anzeigeerstatter zuvor die Einleitung des Strafverfahrens bekanntgegeben worden war.

29 **Die Freiwilligkeit** einer Selbstanzeige ist weder eine allgemeine positive Voraussetzung der Straffreiheit, noch bildet umgekehrt mangelnde Freiwilligkeit einen allgemeinen Ausschließungsgrund für die strafbefreiende Wirkung einer Selbstanzeige, die der Täter unter dem Zwang der Umstände erstattet. Die im Gesetz einzeln angeführten Ausschließungsgründe sind *erschöpfend*.

Die Tendenz, die Freiwilligkeit einer Selbstanzeige zu einem ungeschriebenen Erfordernis der strafbefreienden Wirkung zu erklären (*Susat* DStR 1952, 33; *Troeger/Meyer* S. 258; *Hartung* V 3b zu §§ 410, 411 RAO 1951; *List* S. 45; *Kopacek* BB 1961, 45, DStR 1965, 106 und Straf- und Bußgeldfreiheit S. 174f.; *Ehlers* DStR 1974, 696f.; vgl. auch OLG Hamm v. 26. 10. 1962, BB 1963, 459), ist jedenfalls seit der Neufassung des § 410 RAO durch G v. 7. 12. 1951 (s. Rdnr. 5) verfehlt. Nach den ungünstigen Erfahrungen der Praxis mit der vorher geltenden Fassung (s. Rdnr. 4) hätte es für den Gesetzgeber besonders nahegelegen, anstelle einer Aufzählung der Ausschließungsgründe (oder zusätzlich) zu bestimmen, daß (auch) die mangelnde Freiwilligkeit einer Selbstanzeige der Straffreiheit entgegenstehe. Das ist jedoch bewußt unterblieben. Vielmehr sind die Ausschließungsgründe noch stärker als vorher konkretisiert worden. Eine an § 24 StGB ausgerichtete Anwendung würde auch dem rechtspolitischen Zweck der steuerstrafrechtlichen Selbstanzeige zuwiderlaufen (s. Rdnr. 13 sowie ausf. *Firnhaber* S. 48ff., *Franzen* NJW 1964, 1061ff. und *Kohlmann* 20, 26–28, 112–115 zu § 395 RAO 1968 sowie *Bender* S. 57). Daher ist es weder erforderlich noch zulässig, über den Wortlaut des § 371 I, II AO hinausgehend zu prüfen, ob der Anzeigeerstatter freiwillig gehandelt hat. Der Täter einer Steuerhinterziehung kann zB noch mit strafbefreiender Wirkung berichtigen, wenn er befürchtet, daß die Entdeckung der Tat *unmittelbar* bevorsteht, sei es bei einer bereits angekündigten Betriebsprüfung, sei es infolge einer ihm von Mittätern angekündigten Selbstanzeige oder von Mitwissern angedrohten Drittanzeige (glA *Mattern* NJW 1952, 493). Auch lassen die Androhung oder Anwendung eines Zwangsmittels nach § 328 AO, die gem. § 393 AO erst *nach* der Einleitung des Strafverfahrens unzulässig sind, die Möglichkeit einer Selbstanzeige unberührt (*Hübner* 8 zu § 395 RAO 1968).

II. Die Berichtigung nach § 371 I AO

Schrifttum:
Mattern, Die ,,Berichtigung" im Sinne des § 410 AO, DStZ 1950, 352; *Oswald,* Zur ,,Berichtigungspflicht" bei § 410 AO (Selbstanzeige), StP 1953, 182; *Maaßen,* Selbstanzeige und Auskunftspflicht bei OR-Geschäften, FR 1956, 450; *Lohmeyer,* Die Anwendung von Zwangsmitteln in den Fällen der §§ 410, 411 AO, NJW 1961, 2245; *ders.,* Die nachträgliche Änderung der Berichtigungserklärung in den Fällen der Selbstanzeige (§§ 410, 411 AO), FR 1965, 485; *Henneberg,* ,,Selbstanzeige dem Grunde nach" und der Verlust der strafbefreienden Wirkung durch verspätete Ergänzung der Angaben, Inf 1972, 271; *Pfaff,* Wirksame Selbstanzeige auch bei schätzungsweiser Berichtigung infolge nicht ordnungsgemäßer Buchführung, DStR 1975, 622.

1. Die Berichtigungserklärung

30 **Die Selbstanzeigehandlung** besteht nach dem Wortlaut des § 371 I AO darin, daß jemand *,,unrichtige oder unvollständige Angaben . . . berichtigt oder ergänzt oder unterlassene Angaben nachholt".* Diese Ausdrucksweise bezieht sich offensichtlich in erster Linie auf eine vorausgegangene Verletzung von Steuererklärungspflichten nach den §§ 149ff. AO iVm den einschlägigen Vorschriften der einzelnen Steuergesetze, zB §§ 56–61 EStDV. Der Wortlaut des § 371 I AO deckt jedoch auch die Fälle, in denen der Stpfl dem FA gegenüber unrichtige Angaben außerhalb einer förmlichen Steuererklärung gemacht hat, die eine Steuerverkürzung zur Folge haben können, zB um eine Stundung nach § 222 AO oder einen Erlaß nach § 227 AO zu erschleichen oder um Vollstreckungsmaßnahmen nach den §§ 249ff. AO zu vereiteln oder zu verzögern. Auch können unrichtige Angaben erst im Verfahren über einen Rechtsbehelf vorgetragen worden sein, um die Behörde oder das Gericht über den wirklichen Sachverhalt zu täuschen und eine tatsachengerechte Entscheidung zu verhindern.

31 **Nur für eine bereits verübte Straftat** gewährt § 371 AO Straffreiheit. Die Steuerhinterziehung muß also im Zeitpunkt der Selbstanzeige schon vollendet oder wenigstens versucht worden sein; denn etwas berichtigen oder ergänzen kann nur, wer es zuvor unrichtig oder unvollständig dargestellt hat; nachholen kann man nur, was man vorher versäumt hat (*Hübner* 12 zu § 395 RAO 1968). Durch die Anzeige einer *beabsichtigten* Steuerhinterziehung sichert sich der Anzeigende nicht gegen Bestrafung; im voraus gewährt § 371 AO keine Straffreiheit (BGH v. 20. 7. 1965, DStR 1966, 150).

32 Falls eine **Steuerhinterziehung im Fortsetzungszusammenhang** (s. Rdnr. 228ff. zu § 370 AO) begangen worden ist und einzelne Teilakte der Tat *vor,* andere *nach* der Selbstanzeige ausgeführt worden sind, kann sich die Berichtigungserklärung nur auf diejenigen Teilakte beziehen, die – für sich

betrachtet – im Zeitpunkt der Selbstanzeige bereits vollendet oder versucht waren (s. auch Rdnr. 161).

33 **Berichtigen heißt,** unrichtige, unvollständige oder fehlende Angaben durch die richtigen und vollständigen zu ersetzen (BGH v. 24. 9. 1954, BStBl. I 528). Jede Berichtigungserklärung erfordert neue und wahrheitsgemäße Angaben über steuererhebliche Tatsachen, sog. Erfordernis der *,,Materiallieferung"* (hM, u.a. BGH 3, 373, 375f. v. 13. 11. 1952, im Anschluß an *Mattern* DStZ 1950, 137, 353; NJW 1951, 940; krit. *Kohlmann* 68 zu § 395 RAO 1968 im Anschluß an *Firnhaber* S. 69ff.). Zu diesem Zweck sind regelmäßig Zahlenangaben zu machen; Ausnahmen sind nur denkbar in Fällen, in denen die Zuordnung von Besteuerungsgrundlagen, deren Umfang das FA bereits kennt, zu bestimmten Personen oder Vermögensmassen zu berichtigen ist.

34 **Der Inhalt der Berichtigungserklärung** muß denselben Anforderungen genügen, denen der Anzeigeerstatter bei ordnungsgemäßer Erfüllung seiner steuerrechtlichen Offenbarungspflichten schon früher hätte entsprechen müssen (vgl. BGH 12, 100f. v. 11. 11. 1958). Auch nachträglich ist es Sache des Stpfl, dem FA die von ihm verwirklichten Besteuerungsgrundlagen nach Art und Umfang darzulegen. Anderseits wäre es nach dem rechtspolitischen Zweck der Selbstanzeige (s. Rdnr. 13) verfehlt, den Inhalt der für die Straffreiheit erforderlichen Berichtigungserklärung nach schärferen Maßstäben zu beurteilen, als das FA sie im Veranlagungsverfahren angelegt haben würde, wenn der Stpfl sich von vornherein nach bestem Wissen und Gewissen bemüht hätte, seine Erklärungen richtig und rechtzeitig anzugeben. Auch für eine Berichtigung kommt es darauf an, welche genauen Angaben dem jeweiligen Anzeigeerstatter nach den Umständen des Einzelfalles zugemutet werden können. Der Stpfl muß seine Fehler nach Art und Umfang offenbaren und mit seinen Auskünften und den beigefügten oder bezeichneten greifbaren Unterlagen eine bisher verschlossene Steuerquelle eröffnen (RG 59, 115, 118 v. 2. 3. 1925; BGH v. 13. 11. 1952, NJW 1953, 475; v. 5. 9. 1974, NJW 2293).

35 **Enthält eine Erklärung wieder neue, erhebliche Unrichtigkeiten,** ist sie keine ,,Berichtigung" und kann daher nicht zur Straffreiheit führen (RG v. 27. 6. 1938, RStBl. 1133; v. 12. 6. 1941, RStBl. 449; BGH v. 14. 12. 1976, DB 1977, 1347). In dem erstgenannten Urteil hatte das RG eine erhebliche Unrichtigkeit – trotz unveränderten Steuersatzes – bereits darin erblickt, daß der Stpfl die Zuckermengen, für die er ZuckSt hinterzogen hatte, stillschweigend im folgenden Monat zusätzlich anmeldete. Auch wer Außenstände erst später bilanziert als in dem Jahr, für das sie hätten ausgewiesen werden müssen, leistet keine Berichtigung iS des § 371 I AO (s. Rdnr. 48). Anderseits ist die strafbefreiende Wirkung nicht ausgeschlossen, wenn der Stpfl sich in der Selbstanzeige zu seinen Ungunsten geirrt hat (BGH v. 5. 9. 1974, NJW 2293).

36 **Ohne langwierige eigene Nachforschungen** muß das FA aufgrund der wahrheitsgemäßen Angaben des Anzeigeerstatters in der Lage sein, die Steuern richtig festzusetzen (insoweit heute noch zutr. BGH 3, 373, 376 v. 13. 11. 1952 zu § 410 RAO 1949, s. Rdnr. 4). Das FA darf bei der Feststellung der

verkürzten Steuern nicht weiter auf die gutwillige Mithilfe des Täters angewiesen sein (BGH v. 20. 7. 1965, DStR 1966, 150f.). Indessen braucht die Anzeige nicht sämtliche zahlenmäßigen Angaben derart erschöpfend zu enthalten, daß das FA die (Berichtigungs-)Veranlagung auf der Stelle durchführen kann (stRspr, vgl. BGH v. 5. 9. 1974, NJW 2293f.). Der Stpfl verliert den Anspruch auf Straffreiheit nicht schon dadurch, daß die zahlenmäßige Berechnung der Steuer noch eine gewisse eigene Aufklärung durch das FA erfordert, zB durch Beiziehung von Steuerakten oder Anfragen bei Stellen, die dem FA gegenüber zur Auskunft verpflichtet oder zweifellos dazu bereit sind (RG 70, 350, 352 v. 9. 11. 1936 zur Angabe der Bankkonten, aus deren Bewegungen ohne weiteres das verschwiegene Kapitalvermögen für die steuererheblichen Stichtage abgelesen werden konnte).

37 **Unschädlich sind Ermittlungen,** die das FA anstellt, um die Richtigkeit und Vollständigkeit einer Selbstanzeige zu prüfen, sofern diese Prüfung gegenüber den Angaben des Stpfl keine neuen Tatsachen zutage fördert, deren Entdeckung für sich allein eine Strafverfolgung erforderlich machen würde. Bei geringfügigen Abweichungen ist § 398 AO bzw. § 153 II StPO entsprechend anzuwenden.

38 **Ist der Stpfl wegen fehlender Aufzeichnungen nicht in der Lage,** genaue zahlenmäßige Angaben über die Besteuerungsgrundlagen zu machen, muß er dem FA jedenfalls diejenigen Tatsachen mitteilen, die eine Schätzung (§ 162 AO) ermöglichen, oder einen eigenen Schätzungsvorschlag mit bestimmten Angaben begründen, zB über Umsatz oder über Wareneinsatz und Aufschläge oder über Materialeinsatz, Löhne und Aufschläge oder jedenfalls über den Verbrauch und den Vermögenszuwachs innerhalb der fraglichen Steuerabschnitte. Anhand solcher Angaben ist eine annähernd zutreffende (Berichtigungs-)Veranlagung auch dann möglich, wenn die Buchführung derart im argen liegt, daß die Einnahmen und Ausgaben nicht rekonstruiert werden können (aM OLG Köln v. 20. 12. 1957, ZfZ 1959, 312; *Hartung* III 2 zu §§ 410, 411 RAO 1951; *Hübner* 8 zu § 395 RAO 1968; *Bender* S. 56; *Kratzsch* StW 1974, 72f.; *Klein/Orlopp* 3 zu § 371 AO; wie hier BGH v. 5. 9. 1974, NJW 2293; *Leise* 5 zu § 395 RAO, *List* S. 23, *Pfaff* S. 64, *Suhr* S. 370, *Terstegen* S. 121). Die Kritiker entziehen sich der Frage, welche Folgen eintreten, wenn die zum Zwecke der Berichtigung erklärten Schätzungsgrundlagen nicht als Berichtigung iS des § 371 I AO anerkannt werden. Bei der alternativ gebotenen Anwendung des § 370 AO könnte der Umfang der Steuerverkürzung ebenfalls nur aufgrund geeigneter Anhaltspunkte für eine Schätzung bewiesen werden (s. Rdnr. 38f. zu § 370 AO). Müßten hierbei – mangels anderer Anhaltspunkte – die eigenen Angaben des Stpfl zugrunde gelegt werden, käme man zu dem unbefriedigenden Ergebnis, daß die von § 371 AO in Aussicht gestellte Straffreiheit in Wirklichkeit nicht wegen mangelhafter Berichtigung, sondern wegen mangelhafter Buchführung versagt würde. Unerheblich ist, ob der Stpfl die Lücken oder Fehler einer mangelhaften „Berichtigung“ verschuldet hat oder nicht (BGH v. 14. 12. 1976, DB 1977, 1342 mwN).

39 **Für eine Berichtigung genügt nicht,**
daß der Stpfl die Unrichtigkeit seiner früheren Erklärung anerkennt, ohne sie gleichzeitig durch die richtigen zu ersetzen (RG 59, 115, 118 v. 2. 3. 1925);
daß er das FA nur auffordert, seine frühere Erklärung *„ad acta zu legen"* (LG Frankfurt v. 12. 3. 1954, StP 360) oder einfach mitteilt, die eingereichten Steuererklärungen seien unzutreffend;
daß er ohne nähere Angaben erklärt, *„Selbstanzeige erstatten zu wollen"* (*Henneberg* Inf 1972, 493);
daß er dem FA diejenigen Bestandteile der Buchführung zur Verfügung stellt, aus denen der Veranlagungsbeamte mit erheblichem Zeitaufwand die richtigen Besteuerungsgrundlagen entwickeln könnte (s. Rdnr. 36);
daß er eine Außenprüfung beantragt (s. Rdnr. 49) oder das von einem Prüfer der Finanzbehörde erarbeitete Ergebnis anerkennt (BGH v. 24. 9. 1954, BStBl. I 528f.; OLG Frankfurt v. 17. 11. 1960, BB 1961, 628);
daß er die verkürzten Steuerbeträge ohne berichtigende Erläuterungen nachzahlt (s. Rdnr. 50).

40 **Bei BörsUSt, WSt und TabSt** wird die Steuerhinterziehung regelmäßig – abgesehen von den Anmeldungen der BörsUSt gem. § 26 III KVStDV – nicht durch unterlassene oder unrichtige Steuererklärungen begangen, sondern durch eine unterlassene oder unrichtige Verwendung von BörsUSt-Marken (§ 21 Nr. 2 KVStDV), WSt-Marken oder WSt-Stemplern (§ 4 WStG iVm §§ 8, 9 oder 14 WStDV) oder TabSt-Banderolen (§ 6 TabStG iVm §§ 8–16 TabStDB). Diese besondere Besteuerungstechnik hat auf das Erfordernis einer Berichtigung und die Beschaffenheit einer Berichtigungserklärung nach § 371 I AO keinen Einfluß. Weder muß die Selbstanzeige hier durch eine Anzeige nach § 153 AO erfolgen (insoweit fehlerhaft *Troeger/Meyer* S. 259), noch genügt eine bloße Nachzahlung der verkürzten Steuerbeträge (insoweit zutr. *Troeger/Meyer* aaO). Vielmehr müssen auch hier die Besteuerungsgrundlagen gegenüber der Finanzbehörde richtiggestellt werden, zB durch Angaben über die unrichtig versteuerten Wertpapierumsätze bei Privatgeschäften, über die Anzahl der ausgehändigten Wechsel und die unzureichend versteuerten Wechselsummen oder über Art und Menge der nicht ordnungsgemäß banderolierten Tabakwaren (zutr. *List* S. 25, glA *Kohlmann* 63 zu § 395 RAO 1968).

41 **Nur auf unrichtige eigene Angaben** braucht sich die Berichtigung iS einer Materiallieferung zu beziehen (*Spitaler* FR 1955, 75; *Fließbach* StW 1955, 276 zu BFH v. 24. 11. 1954, BStBl. 1955, 30; *Firnhaber* S. 77ff.; *Hübner* 8 zu § 395 RAO 1968; zw. BFH aaO), dh auf Angaben, die der Stpfl entweder persönlich gemacht hatte oder die jedenfalls von seinem Täter- oder Gehilfenvorsatz getragen waren. Der Stpfl verliert die Anwartschaft auf Straffreiheit nicht, wenn er sich weigert, zusätzliche Angaben zu machen, welche die steuerlichen Verhältnisse eines Dritten betreffen, an deren Verschleierung er nicht beteiligt war (vgl. *Maaßen* FR 1956, 460). Hat der Stpfl **OR-Geschäfte** angezeigt, die regelmäßig von beiden Geschäftspartner nicht verbucht werden, genügt für die strafbefreiende Wirkung der Berichtigungserklärung, daß der Anzeigeer-

statter die in seinen eigenen Steuererklärungen nicht erfaßten Besteuerungsgrundlagen nachmeldet, ohne den Namen des Geschäftspartners anzugeben. Unterläßt es der Anzeigeerstatter, den Geschäftspartner zu nennen, so erwirbt er allerdings keine Straffreiheit, soweit er als Mittäter, Anstifter oder Gehilfe (§ 25 II, §§ 26, 27 StGB) auch für die Steuerhinterziehung des Geschäftspartners mitverantwortlich ist; denn insoweit fehlt es an der Erschließung einer unbekannten Steuerquelle. Zum Zwecke der Ermittlung der Steuerhinterziehung des unbekannten Dritten darf die Finanzbehörde den hieran selbst beteiligten Anzeigeerstatter nicht mit Zwangsmitteln (§§ 328f., 331f., 334 AO) zu Offenbarungen veranlassen (§ 393 I AO). Liegen dagegen die Voraussetzungen einer Mittäterschaft oder Teilnahme des Anzeigeerstatters an der Steuerhinterziehung des Geschäftspartners *nicht* vor, kann wegen der verweigerten Auskunft eine Begünstigung (§ 257 StGB) in Betracht kommen. Auf das Zeugnisverweigerungsrecht nach § 55 StPO kann sich der Anzeigeerstatter in diesem Falle nur berufen, wenn die Frage der Tatteilnahme zweifelhaft ist und ihm das Risiko einer Selbstbezichtigung nicht zugemutet werden kann.

42 **Auch dritte Personen,** sogar Amtsträger einer Finanzbehörde, können sich durch unrichtige, unvollständige oder pflichtwidrig unterlassene Angaben im Besteuerungs-, Erhebungs- oder Vollstreckungsverfahren oder als Auskunftspersonen oder Sachverständige im Verfahren über einen Rechtsbehelf an einer Steuerhinterziehung beteiligt haben und irreführende Angaben nach § 371 I AO berichtigen. Für die Berichtigung eines **Mittäters** oder eines **Teilnehmers** (Anstifters oder Gehilfen) an einer Steuerhinterziehung gilt grundsätzlich nichts anderes als für die Berichtigung eines Alleintäters.

43 **Ist der Tatbeitrag sachlich begrenzt,** so genügt es für die Straffreiheit eines Mittäters, Anstifters oder Gehilfen, daß die Berichtigungserklärung diejenigen steuererheblichen Tatsachen umfaßt, an deren mangelnder Offenbarung sie mitgewirkt haben. Soweit ein Mittäter oder Teilnehmer nicht selbst für die Steuerverkürzung verantwortlich ist, weil bestimmte Teilbereiche einer Tat seiner Kenntnis und damit auch seinem (Täter-, Anstifter- oder Gehilfen-)-Vorsatz entzogen waren, kann von ihm auch keine Berichtigung erwartet werden (im Ergebnis ebenso *List* S. 25f.). Verfehlt ist die abw. Auffassung von *Troeger/Meyer* (S. 260), wonach es für die Selbstanzeige eines Teilnehmers, dem der Gesamtüberblick über die beim Haupttäter vorliegenden Steuertatbestände fehlt, inhaltlich genüge, wenn er dem FA anzeigt, durch welche Handlung und zu welcher Haupttat des Täters er Anstiftung oder Beihilfe geleistet hat, um damit das FA in die Lage zu versetzen, die Steuertatbestände zu ermitteln. Diese Auffassung mag im Ergebnis auf einen Anstifter zutreffen, der keine nähere Kenntnis von der Haupttat erlangt hat und daher beim besten Willen keine Einzelangaben machen kann. Dagegen muß der Gehilfe, um Straffreiheit zu erlangen, nicht nur die Art und Weise seiner Mitwirkung darlegen, sondern auch Angaben über den Umfang seiner Mitwirkung machen, zB über die Höhe der Umsätze aus OR-Geschäften, an denen er beteiligt war. Das gleiche gilt für den Stpfl selbst, falls zB ein an seiner Tat beteiligter Buchhalter zusätzlich, etwa durch Unterschlagungen, weitere Steuerverkür-

zungen bewirkt hat, von denen der Stpfl nichts wußte. Zur Teilbarkeit der Verkürzung einer Steuer vgl. *Franzen* DStR 1964, 380).

2. Die Form der Selbstanzeige

Schrifttum:
Vogt, Formlose tätige Reue, FR 1951, 44; *Berger,* Selbstanzeige durch Abgabe der Jahressteuererklärung und bei Schätzung des Gewinns durch das Finanzamt, BB 1951, 919; *Henke,* Ist, wer eine Betriebsprüfung beantragt, wirklich gedeckt in dem Sinne, daß er sich nicht strafbar gemacht hat? DStZ 1960, 188; *Lohmeyer,* Abgabe der Umsatzsteuererklärung als Selbstanzeige, UStR 1962, 129; *Herdemerten,* Selbstanzeige bei verspäteter Abgabe von USt-Voranmeldungen? DStR 1970, 198; *Kopacek,* Verspätete Abgabe der Steuererklärung als strafbefreiende Selbstanzeige, NJW 1970, 2098; *Henneberg,* Verspätete Abgabe der Lohnsteueranmeldung als strafbefreiende Selbstanzeige? Inf 1971, 351.

44 **Eine bestimmte Form** ist für die Selbstanzeige nicht vorgeschrieben. Die Berichtigungserklärung kann daher schriftlich oder auch mündlich (OLG Düsseldorf v. 10. 12. 1958, DB 1960, 458; OLG Hamm v. 24. 5. 1961, DB 968) abgegeben werden. Schriftliche Erklärungen brauchen nicht unterschrieben zu sein (BayObLG v. 7. 10. 1953, NJW 1954, 244f.), wenn sich die Identität des Anzeigeerstatters aus dem Inhalt ergibt. Mündliche Erklärungen begründen in erhöhtem Maße die Gefahr von Mißverständnissen; die Beweisklarheit gebietet, daß mündliche Erklärungen unverzüglich protokolliert werden (vgl. RG 61, 115, 120 v. 4. 1. 1927). Fernmündliche Erklärungen sollten weder abgegeben noch angenommen werden; der strafverfahrensrechtliche Beweisgrundsatz *in dubio pro reo* geht nicht so weit, daß die bloße Behauptung einer fernmündlich erklärten Selbstanzeige zugunsten des Beschuldigten als wahr unterstellt werden müßte.

45 **Der Gebrauch des Wortes „Selbstanzeige"** oder eine Bezugnahme auf § 371 AO ist nicht erforderlich (einhM) und nur bei strafrechtlich eindeutigen Sachverhalten zweckmäßig (abw. *Suhr* S. 341). Die Berichtigungserklärung kann neutral erscheinen und braucht keinen ausdrücklichen Hinweis auf strafrechtliche Aspekte des vorausgegangenen Verhaltens zu bieten (glA *Kohlmann* 51 zu § 395 RAO 1968). Der Anzeigeerstatter braucht sich weder *„auf ersichtliche Weise zu der Verkürzung zu bekennen"* (insoweit mißverständlich *Kühn/Kutter* 5 zu § 371 AO), noch muß er sich einer strafbaren Handlung bewußt sein, geschweige denn mit seiner Berichtigungserklärung ein strafrechtliches Geständnis verbinden (zutr. *Berger* BB 1951, 919; *Troeger/Meyer* S. 262). Es genügt die Mitteilung der richtigen Besteuerungsgrundlagen, ohne daß es der Angabe eines Motivs bedarf (OLG Celle v. 5. 11. 1970, DB 1971, 707). Daher ist es auch unschädlich, wenn die Selbstanzeige mit unrichtigen Entschuldigungen motiviert oder eine strafbare Handlung zu Unrecht bestritten wird (*Suhr* S. 369).

46 **Die Abgabe einer Steuererklärung** ist jedenfalls dann ausreichend, wenn der Stpfl dem zuständigen FA überhaupt noch nicht bekannt war (vgl. den Sachverhalt zu OLG Frankfurt v. 18. 10. 1961, NJW 1962, 974). Hatte der Stpfl für die fraglichen Steuerarten und Steuerabschnitte unrichtige oder unvollständige Steuererklärungen abgegeben, muß in abweichenden späteren

Erklärungen sein Wille zum Ausdruck kommen, daß sie an die Stelle der ursprünglichen Erklärungen treten sollen. Falls ein solcher Wille nicht erklärt worden ist und nach den Umständen des Einzelfalles auch nicht ohne weiteres unterstellt werden kann, muß das FA den Stpfl auffordern, den Zusammenhang der widerstreitenden Erklärungen zu erläutern; denn bei aller Formlosigkeit der Selbstanzeige darf der Berichtigungszweck einer Erklärung nicht im ungewissen bleiben.

47 **In der kommentarlosen Abgabe einer USt-Jahreserklärung** (§ 18 I UStG) kann eine wirksame Selbstanzeige unrichtiger monatlicher USt-Voranmeldungen (§ 18 II, III UStG) erblickt werden, wenn der erklärte Jahresumsatz die Summe der monatlich zu niedrig vorangemeldeten Umsätze übersteigt und der Stpfl *dem FA auf Befragen ohne weitere langwierige Erörterungen und Ermittlungen die Gründe für den Unterschiedsbetrag darzulegen vermag* (RG v. 12. 4. 1932, RStBl. 419; OLG Hamburg v. 27. 1. 1970, NJW 1385). Entsprechendes gilt, wenn der Stpfl Tantiemen, die der LSt entzogen waren, in der ESt-Erklärung angibt (zutr. *Suhr* S. 369, 540 mit Hinweis auf ein abw. Urt. des LG Dortmund v. 1. 3. 1957). Die Klärung der Unterschiede zwischen den (Vor-)Anmeldungen und der Jahreserklärung ist mit Rücksicht auf die Bedingung der fristgerechten Nachzahlung nach § 371 III AO und die Frage der Zahlung von Hinterziehungszinsen nach § 235 AO erforderlich.

48 **Die Rechtslage ist anders,** wenn der Stpfl die für *einen* Steuerabschnitt unterlassenen Angaben ohne Erläuterung in der für einen *anderen* Steuerabschnitt abgegebenen Steuererklärung nachholt, zB die in einer ESt-Erklärung verschwiegenen Einkünfte stillschweigend in die Steuererklärung für das folgende Jahr aufnimmt; denn durch eine derartige Handlungsweise wird der wahre Sachverhalt nicht aufgedeckt, sondern verschleiert. Wer Außenstände erst in der Bilanz eines späteren Jahres ausweist als desjenigen, für das sie hätten ausgewiesen werden müssen, nimmt keine Berichtigung vor (BGH v. 18. 10. 1956, BStBl. 1957 I 122; zust. *Hartung* III zu §§ 410, 411 RAO 1951, *Hübner* 5 u. *Leise* 5 zu § 395 RAO 1968, *Ehlers* S. 42f., *Suhr* S. 369, *Pfaff* S. 94).

49 **Ein Antrag auf Vornahme einer Außenprüfung** durch die Finanzbehörde ist für sich allein keine konkludente Berichtigungserklärung, soweit es an materiell berichtigenden Angaben fehlt; überdies besteht kein Rechtsanspruch auf Durchführung einer Außenprüfung (BFH v. 13. 8. 1970, BStBl. 767; v. 24. 10. 1972, DStR 1973, 215). Für einen besonders gelagerten Sachverhalt hat der 3. StrS des BGH entschieden, daß ein derartiger Antrag iVm dem Hinweis auf die Höhe der Umsätze eines bestimmten gleichartigen Betriebes und sonstigen Auskünften und Aufklärungshilfen als Berichtigung angesehen werden könne (BGH 3, 373f. v. 13. 11. 1953); diese Entscheidung zu § 410 RAO 1949 darf jedoch nicht verallgemeinert werden (*Coring* DStR 1963, 376). IdR ist die Anregung eines Stpfl, eine Betriebsprüfung vorzunehmen, keine Berichtigung (BGH v. 15. 6. 1954, StRK AO § 410 R 7, zust. *Hübner* 8 u. *Kohlmann* 60 zu § 395 RAO 1968). Vielfach mißverstanden wurde das LG Lüneburg (Urt. v. 10. 9. 1959, DStZ/B 1960, 263), das einen Antrag des Stpfl

auf Vornahme einer Betriebsprüfung iVm anderen Hilfstatsachen als Anzeichen dafür gewürdigt hat, daß ein *vorsätzliches* oder *leichtfertiges* Bewirken der festgestellten Steuerverkürzung nicht erwiesen sei (zutr. *Henke* DStZ 1960, 188).

50 **Eine stillschweigende Nachzahlung** der verkürzten Steuerbeträge – mit oder ohne Namensangabe – stellt keine konkludente Selbstanzeigehandlung dar; denn mit einer bloßen Zahlung werden unrichtige Angaben nicht so berichtigt oder unterlassene Angaben nicht so nachgeholt, wie sie richtigerweise hätten gemacht werden müssen. Bei aller Formlosigkeit der Selbstanzeige kann auf den materiellen Gehalt einer Berichtigungserklärung nicht verzichtet werden (BGH v. 25. 9. 1959, DStZ/B 499; *Terstegen* S. 120; *Troeger/Meyer* S. 259; *Suhr* S. 372, *Kohlmann* 55 u. *Leise* 5 zu § 395 RAO 1968). Bei einfachen Sachverhalten erscheint es nicht ausgeschlossen, daß eine Berichtigung auch auf einem für die Finanzkasse bestimmten Zahlkartenabschnitt erfolgt, wenn zB der ArbG an dieser Stelle erklärt, daß er im vorangegangenen Monat LSt in der überwiesenen Höhe zu wenig angemeldet habe. Gleiches gilt für die Nachzahlung verkürzter Wechselsteuer, über die auch sonst keine Steuererklärung gefordert wird (zutr. *Terstegen* aaO). Erfolgt jedoch die Nachzahlung ohne jeden erläuternden Hinweis, so ist das FA nicht einmal in der Lage, die für die Verbuchung des eingegangenen Betrages auf einem bestimmten Steuerkonto erforderliche Sollstellung zu berichtigen; es müßte den Betrag in Verwahrung nehmen oder zurücküberweisen.

51 **Eine Selbstanzeige kann sich aus mehreren Erklärungen** des Stpfl und/oder seines Beauftragten zusammensetzen (BGH 3, 373, 375f. v. 13. 11. 1952). Mehrere Teilerklärungen bilden eine einheitliche Selbstanzeige jedoch nur dann, wenn der Anzeigeerstatter bereits in seiner ersten (Teil-)Erklärung ankündigt, daß bestimmte Angaben innerhalb einer angemessen kurzen Frist noch nachgereicht, ergänzt oder präzisiert werden sollen, und wenn das FA damit einverstanden ist (OLG Frankfurt v. 18. 10. 1961, NJW 1962, 974). Zum Unterschied von der bloßen Ankündigung einer Selbstanzeige muß bereits die erste (Teil-)Erklärung *mehr* als die Angabe enthalten, daß früher abgegebene Steuererklärungen unrichtig oder unvollständig seien; der Stpfl muß dem FA von vornherein eine *quantitative* Vorstellung von dem Ausmaß der bisher verheimlichten Besteuerungsgrundlagen vermitteln (s. Rdnr. 33), notfalls aufgrund einer eigenen Schätzung (s. Rdnr. 38). Abw. hiervon bejaht *Henneberg* (Inf 1972, 493) eine ergänzungsfähige *„Selbstanzeige dem Grunde nach“*, die jedoch den Anforderungen des § 371 I AO nicht genügt und daher auch den Eintritt der Sperrwirkung nach § 371 II AO nicht aufhalten kann. Nur zum Zwecke einer Ergänzung oder Präzisierung der zunächst mitgeteilten pauschalen Zahlenangaben kann in Betracht gezogen werden, einer Anregung des Anzeigeerstatters zu folgen und ihm für weitere (Teil-)Erklärungen eine Frist einzuräumen, vor deren Ablauf das FA von eigenen Ermittlungen zur Aufklärung des Sachverhalts absieht. Für die Dauer einer solchen „Nachbesserungsfrist“ sind dieselben Grundsätze maßgebend wie für die Nachzahlungsfrist nach § 371 III AO (zutr. *Henneberg* aaO S. 494f.), wobei eine

Abstufung der Frist nach vorsätzlich oder leichtfertig verschuldeten Steuerverkürzungen weder berechtigt ist noch praktikabel wäre (aM *Kopacek* S. 76ff.). Ohne ausdrückliche Zustimmung des FA kann der Stpfl nicht erwarten, daß eine später eingehende weitere Berichtigungserklärung noch als Bestandteil einer einheitlichen Selbstanzeige betrachtet und im Hinblick auf das Erscheinen eines Amtsträgers der Finanzbehörde, die Bekanntgabe der Einleitung des Strafverfahrens oder die vollständige Entdeckung der (zunächst nur teilweise offenbarten) Tat auf den Zeitpunkt der ersten Berichtigungserklärung zurückbezogen wird (vgl. § 371 II AO).

3. Widerruf der Selbstanzeige

Schrifttum:
Lohmeyer, Die nachträgliche Änderung der Berichtigungserklärung in den Fällen der Selbstanzeige (§§ 410, 411 AO), FR 1965, 485; *ders.,* Nachträgliche Änderung der Berichtigungserklärung bei Selbstanzeige (§§ 395, 404 Abs. 3 AO), DB 1974, 1838.

52 **Ein Widerruf oder die Änderung einer Selbstanzeige** liegt vor, wenn der Anzeigeerstatter die in der ursprünglichen Berichtigungserklärung enthaltenen *tatsächlichen* Angaben nachträglich in wesentlichen Punkten bestreitet. Dabei kommt es nur auf die *strafbefangenen* Tatsachen an, die den Vorwurf der Steuerhinterziehung begründen. Unerheblich für die strafbefreiende Wirkung einer Selbstanzeige ist die Änderung von Angaben über Tatsachen, die sich zwar auf dieselbe Steuerart und denselben Steuerabschnitt beziehen, aber von dem Verdacht *schuldhafter* Verkürzung nicht umfaßt sind. Erst recht bleibt es dem Anzeigeerstatter unbenommen, *Rechtsausführungen,* die er in der Selbstanzeige gemacht hat, nachträglich zu ändern. Bei einer widerrufenen oder geänderten Erklärung über strafbefangene Tatsachen ist zu unterscheiden, ob die ursprüngliche Berichtigungserklärung zutreffend war oder nicht.

53 a) Soweit die ursprüngliche Erklärung nicht oder in wesentlichen Punkten nicht dem wirklichen Sachverhalt entsprach, lag eine „Berichtigung" in Wahrheit nicht vor. Wenn das FA der unrichtigen, nur scheinbar berichtigenden Erklärung gefolgt ist und die Steuern (erstmalig oder erneut) zu niedrig festgesetzt hat, kann der Stpfl durch eine wahrheitsgemäß geänderte neue Erklärung immer noch Straffreiheit erlangen, sofern nicht inzwischen ein Ausschließungsgrund nach § 371 II AO eingetreten ist.

54 b) Soweit ursprünglich wahrheitsgemäße Angaben nachträglich, etwa im Rechtsbehelfsverfahren gegen den (erstmaligen oder berichtigten) Steuerbescheid, widerrufen werden, wird überwiegend die Auffassung vertreten, daß der Stpfl dadurch den Anspruch auf Straffreiheit verwirke (*Hartung* III 2 zu §§ 410, 411 RAO 1951; *Suhr* S. 375); im Ergebnis ebenso *Firnhaber* (S. 81f.), jedoch mit der in sich widersprüchlichen Begründung, daß der Stpfl der Rechtfertigung einer Strafbefreiung durch den Widerruf den Boden entziehe, weil (?) das Ziel, Steuerquellen aufzudecken, erreicht sei. Zutr. hat das RG ausgeführt: *„Ändert der Stpfl seine Selbstanzeige nachträglich in einem wesentlichen Punkte, so entzieht er ihr damit selbst den Boden; er kann nicht behaupten, sie sei tatsächlich falsch, und zugleich die Vergünstigung beanspruchen, die das Gesetz an die*

Selbstanzeige knüpft" (RG 75, 261, 265 v. 12. 6. 1941). Der Ausschluß der Straffreiheit braucht jedoch nicht – zumindest nicht mehr seit der Novelle v. 7. 12. 1951 (s. Rdnr. 5) – aus dem Grundsatz von Treu und Glauben *(venire contra factum proprium)* abgeleitet zu werden. Das Ergebnis folgt unmittelbar aus § 371 II Nr. 2 AO. Wer eine wahrheitsgemäße Berichtigungserklärung abgegeben hat, weiß, daß damit seine Tat „entdeckt" ist. Wer die Berichtigungserklärung widerruft oder einschränkt, kann auf diese Weise die Tatsache der Entdeckung nicht wieder aus der Welt schaffen.

4. Die Person des Anzeigeerstatters

Schrifttum:

Spitaler, Selbstanzeige und Mandantentreue, MStb 1962, 65; *Lohmeyer,* Erstattung der Selbstanzeige durch Bevollmächtigte, DStR 1964, 446.

55 Aus dem Wortlaut des § 371 AO *„Wer ... berichtigt ..., wird insoweit straffrei")* ergibt sich, daß die Selbstanzeige einen persönlichen Strafaufhebungsgrund darstellt (s. Rdnr. 9). Demzufolge erlangt Straffreiheit nur, wer als Täter einer Steuerhinterziehung oder als Teilnehmer (s. Rdnr. 18f.) die Selbstanzeige **persönlich erstattet.** Die Berichtigung kann durch einen **bevollmächtigten Vertreter** erklärt werden, sofern der Täter oder Teilnehmer sie persönlich veranlaßt hat (BGH 3, 373 v. 13. 11. 1952). Die Selbstanzeige zugunsten eines Dritten erfordert danach eine *besondere* Vollmacht und einen *nach* der Tat erteilten *ausdrücklichen* Auftrag (RG 56, 385, 387 v. 11. 5. 1922; BayObLG v. 7. 10. 1953, NJW 1954, 244).

56 Die von einem **Vertreter ohne Vertretungsmacht** oder von einem **Geschäftsführer ohne Auftrag** abgegebene Erklärung kann für einen Dritten nach hM auch dann keine Wirkung entfalten, wenn der Dritte die Selbstanzeige später genehmigt oder wenn sie nach der jeweils gegebenen Sachlage seinem mutmaßlichen Willen entsprach (*Hübner* 6, *Kohlmann* 40, *Leise* 1 C zu § 395 RAO 1968; *Suhr* S. 344f.; *Kratzsch* StW 1974, 72; *Ehlers* DStR 1974, 695). Eine Stütze dieser Auffassung bildet § 371 IV AO, dessen abw. Wortlaut auf eine Ausnahme von § 371 I AO schließen läßt.

57 Anderseits sind bei der Selbstanzeige zugunsten Dritter die Erfordernisse einer Sondervollmacht und eines ausdrücklichen Auftrags durch den rechtspolitischen Zweck der Selbstanzeige nicht geboten und können in besonders gelagerten Einzelfällen zu unbefriedigenden Ergebnissen führen. Der Zweck der Selbstanzeige, dem Staat eine bisher unbekannte Steuerquelle zu erschließen (s. Rdnr. 13), wird auch erreicht, wenn von *mehreren* Tatbeteiligten nur *einer* berichtigende Angaben macht (vgl. § 29 VI ÖsterrFinStrafG für den Fall der Zusammenveranlagung). Die Selbstanzeige eines von mehreren Tätern oder Teilnehmern wirkt stets zugleich als Fremdanzeige zum Nachteil der anderen, wenn diese einen besonderen Auftrag, die Anzeige auch in ihrem Namen zu erstatten, nicht erteilt haben. Vielfach nehmen Anzeigeerstatter irrtümlich an, daß eine Selbstanzeige ohne weiteres zugunsten ihrer Mittäter und Teilnehmer wirke. Das Erfordernis eines besonderen Auftrags bedeutet eine besondere Härte, falls Täter und Teilnehmer zueinander in einem rechtlichen oder tatsächlichen Über- und Unterordnungsverhältnis stehen, zB der Unternehmer im Verhältnis zu tatbeteiligten Angestellten oder Eltern im Verhältnis zu tatbeteiligten Kindern (vgl. RG v. 8. 1. 1942, RStBl. 35). In solchen Fällen wird die übergeordnete Person als Anzeigeerstatter nur selten im *ausdrücklichen* Auftrag der untergeordneten Person handeln, sich auch kaum der Folge bewußt sein, daß durch ihre Selbstanzeige den anderen der Weg zur Straffreiheit versperrt wird, weil die Tat infolge der ersten Selbstanzeige nach § 371 II Nr. 2 AO *entdeckt* ist.

58 Die Folgen der hM werden gemildert durch die Auffassung, daß die Vertretungsmacht und das Auftragsverhältnis für die Finanzbehörde nicht erkennbar zu sein brauche, der Anzeigeerstatter also auch als **verdeckter Stellvertreter** zugunsten eines Auftraggebers handeln könne (BayObLG v. 7. 10. 1953, NJW 1954, 244; zust. *Firnhaber* S. 27; *Hübner* 6, *Kohlmann* 39, *Leise* 1 zu § 395 RAO 1968; zw. *Ehler* S. 44; bedenklich *Kopacek* S. 151 f.); anders *Kühn/Kutter* (6 zu § 371 AO), die meinen, daß sich die Selbstanzeige *ausdrücklich* auf Mittäter oder Teilnehmer an der Tat erstrecken müsse; in diesem Sinne hat das RG (Urt. v. 8. 1. 1942, RStBl. 35) nicht einmal die Selbstanzeige eines verstorbenen Vaters für den als Teilnehmer angeklagten Sohn wirken lassen. Folgt man in dieser Frage der hM, so muß das FA nach Entgegennahme jeder Selbstanzeige prüfen, ob Dritte an der Tat beteiligt gewesen sind und ob die Selbstanzeige auch in deren Auftrag erstattet worden ist.

59 **Eine befriedigende Beurteilung der Selbstanzeige zugunsten Dritter** ist möglich, wenn man die Erfordernisse einer besonderen Vollmacht und eines ausdrücklichen Auftrags *auf diejenigen Fälle beschränkt,* in denen der Anzeigeerstatter an der angezeigten Tat *nicht beteiligt war.* Hier ist der ausdrückliche Auftrag des Täters oder Teilnehmers unerläßlich, weil sich der Steuerhinterzieher sonst jede Anzeige eines Dritten zu eigen machen könnte. Dagegen sollte in den Fällen der Selbstanzeige *durch Mittäter und Teilnehmer* die Möglichkeit einer „Geschäftsführung ohne Auftrag" analog § 677 BGB und einer „Genehmigung" der Selbstanzeige analog § 184 I BGB anerkannt werden; aM insbes. *Kohlmann* (40–42 zu § 395 RAO 1968) und *Kratzsch* (StW 1974, 72), die darin eine „Aufweichung" des Gesetzes erblicken, obwohl jedenfalls *Kohlmann* der Möglichkeit einer verdeckten Stellvertretung zustimmt (s. Rdnr. 58) und im Hinblick auf den Zweck der Vorschrift (!) der Kritik von *Kopacek* (S. 151 f.) entgegentritt. *Kopacek* weist in Kenntnis der Praxis zutreffend darauf hin, daß sich bei verdeckter Stellvertretung nachträglich kaum feststellen läßt, ob ein Auftrag zur Selbstanzeige wirklich erteilt worden ist oder ob es sich um eine bloße Schutzbehauptung handelt. Da die erfolgreiche Schutzbehauptung für einen uneingeschränkten Kreis der (angeblich) Vertretenen häufiger zur Straffreiheit führt als die hier nur für Mittäter und Teilnehmer vorgeschlagene Lösung, erscheinen die erhobenen rechtspolitischen Bedenken nicht überzeugend.

60 **Nach den Grundsätzen der Geschäftsführung ohne Auftrag** ist ein ausdrücklicher Auftrag dann nicht erforderlich, wenn die Selbstanzeige eines Tatbeteiligten dem wirklichen oder mutmaßlichen Willen eines anderen Tatbeteiligten entspricht. Die Selbstanzeige eines Tatbeteiligten entspricht dem *wirklichen* Willen eines anderen Tatbeteiligten besonders dann, wenn beide den Entschluß zur Selbstanzeige gefaßt hatten, jedoch der Auffassung waren, daß die Anzeige des einen ohne weiteres zugunsten des anderen wirke, oder wenn die Anzeige des einen der Anzeige des anderen zuvorgekommen war und die Entdeckung der Tat auch hinsichtlich der Beteiligung des anderen bewirkt hatte (§ 371 II Nr. 2 AO). Dem *mutmaßlichen* Willen des anderen entspricht die Selbstanzeige vor allem dann, wenn der andere objektiv verhindert war oder sich gehindert fühlte (zB als Angestellter gegenüber dem Unternehmer oder als Familienmitglied), dem Anzeigeerstatter einen ausdrücklichen Auftrag zu einer gemeinschaftlichen Selbstanzeige zu erteilen. Die Erwägung, daß eine fremde Selbstanzeige zwangsläufig die Entdeckung der eigenen Tatbeteiligung bewirke und damit zur eigenen Bestrafung führe, kann einen mutmaßlichen Willen nicht begründen, da es für den mutmaßlichen Willen auf die Sachlage *vor* der Selbstanzeige ankommt. Der einer Selbstanzeige *entgegenstehende* Wille eines Mittäters oder Teilnehmers schließt eine zu seinen Gunsten wirksame Selbstanzeige aus; eine analoge Anwendung des § 679 BGB kommt nicht in Betracht, da die Erstattung der Selbstanzeige – ihrem rechtspolitischen Zweck gemäß – stets im öffentlichen Interesse liegt. Auch wenn ein ausdrücklicher Auftrag vorliegt oder der wirkliche oder mutmaßliche Wille zur Berichtigung anzunehmen ist, muß die Berichtigungserklärung, wenn sie strafbefreiende Wirkung zugunsten eines Mittäters oder Teilnehmers haben soll, von diesem ausdrücklich genehmigt werden. Die Genehmigung ersetzt die – im Regelfall bereits im Zeitpunkt der Anzeige – erforderliche Sondervollmacht. Auf das Erfordernis der Vertretungsmacht kann nicht verzichtet werden.

61 **Im Verhältnis zwischen einem steuerlichen Berater und dessen Auftraggeber** kann sich eine bis zum Gewissensnotstand gesteigerte Pflichtenkollision ergeben, wenn der Berater auf die Erstattung einer Selbstanzeige drängt, der Mandant sich dazu jedoch nicht entschließen kann, weil er die Entdekkungsgefahr geringer einschätzt oder sich nicht in der Lage fühlt, die nach § 371 III AO erforderliche Nachzahlung zu leisten. Der Bilanzzusammenhang kann es mit sich bringen, daß der Mandant oder ein früherer Berater die Ursache einer fortgesetzten Steuerhinterziehung gesetzt haben und der später beauftragte Berater vor der Entscheidung steht, entweder die Bilanzen mehrerer Jahre nach § 371 AO zu berichtigen oder aber die strafbare Handlungsweise fortzusetzen und sich mitschuldig zu machen. Die Entscheidung verlangt von dem steuerlichen Berater ein hohes Maß von Pflichtbewußtsein und Charakterstärke. Hat der Berater sich im Zeitpunkt seiner Erkenntnis der Straftat noch nicht mitschuldig gemacht und schlägt der Mandant den Rat zur Selbstanzeige aus, sollte der Berater seinerseits das Mandat niederlegen, bevor er sich mitschuldig macht. Ist der Berater bereits mitschuldig geworden und verweigert der Mandant eine gemeinschaftliche Selbstanzeige, ist der Berater aus dem Gesichtspunkt der Mandantentreue nicht gehindert, für sich allein Selbstanzeige zu erstatten, um damit für seine Person Straffreiheit zu erlangen;

denn *„es wäre für ihn unzumutbar, die Interessen seines uneinsichtigen Mandanten vorzuziehen und damit die Gefahr seiner eigenen Bestrafung in Kauf zu nehmen"* (*Spitaler* MStb 1962, 65; zust. *Firnhaber* S. 27; *Kohlmann* 43 u. *Leise* 1 D zu § 395 RAO 1968).

5. Adressat der Selbstanzeige

62 Nach dem Wortlaut des § 371 I AO ist die Selbstanzeige **bei der Finanzbehörde** zu erstatten, vgl. dazu die Legaldefinition des

§ 6 AO – Finanzbehörden

Finanzbehörden im Sinne dieses Gesetzes sind die folgenden im Gesetz über die Finanzverwaltung genannten Bundes- und Landesfinanzbehörden:
1. **der Bundesminister der Finanzen und die für die Finanzverwaltung zuständigen obersten Landesbehörden als oberste Behörden,**
2. **die Bundesmonopolverwaltung für Branntwein und das Bundesamt für Finanzen als Bundesoberbehörden,**
3. **die Oberfinanzdirektionen als Mittelbehörden und**
4. **die Hauptzollämter einschließlich ihrer Dienststellen, die Zollfandungsämter, die Finanzämter und die besonderen Landesfinanzbehörden als örtliche Behörden.**

Die engere Begriffsbestimmung des § 386 I 2 AO (HZA, FA und Bundesamt für Finanzen) gilt ausdrücklich nur für die Vorschriften des 3. Abschnitts des 8. Teils der AO über das Strafverfahren; dort ist eine Begrenzung erforderlich, weil die besonderen strafverfahrensrechtlichen Befugnisse nach den §§ 385ff. AO nur den besonders bestimmten Finanzbehörden zustehen sollen. Bei der Entgegennahme einer Berichtigungserklärung geht es (noch) nicht um die Ausübung von strafverfahrensrechtlichen Befugnissen, sondern zunächst nur um die Frage, bei welcher Behörde eine Selbstanzeige eingegangen sein muß, damit die strafbefreiende Wirkung eintritt. Nach der hier vertretenen Auffassung ist *jede* Finanzbehörde iS des § 6 AO unabhängig von ihrer sachlichen und örtlichen Zuständigkeit für die jeweils verkürzte(n) Steuer(n) zur Entgegennahme *jeder* Selbstanzeige geeignet (sehr str.; wie hier *Berger* BB 1952, 105; *Leise* 6 zu § 395 RAO; *Suhr* S. 346; noch unentschieden *Kühn/Kutter* 6 zu § 371 AO; abw. Auffassungen s. Rdnr. 63ff.).

63 **Über Finanzbehörden hinaus** sollen nach *Bender* (S. 56) selbst Gerichte und die StA Selbstanzeigen mit strafbefreiender Wirkung entgegennehmen können, weil sie berufen seien, in Steuerstrafsachen mitzuwirken und dadurch letztlich auch den Eingang der Steuern sicherzustellen; glA *Suhr* (S. 348f.) sowie *Kohlmann* (82ff. zu § 395 RAO 1968) in bezug auf jede Behörde, von der aufgrund des von ihr wahrgenommenen Aufgabenbereichs erwartet werden könne, daß sie die Selbstanzeige an die zuständige Finanzbehörde weiterleite; dies jedoch beschränkt auf die Fälle der Nachholung unterlassener Angaben mit der Begründung, daß die Worte *„bei der Finanzbehörde"* in § 371 I AO sich nur auf die Fälle der Berichtigung unrichtiger und der Ergänzung unvollständiger Angaben bezögen. Den Genannten ist tendenziell darin zuzustimmen, daß die hM (s. Rdnr. 64) zu eng ist (s. Rdnr. 65). Indessen ist die von

Kohlmann vorgeschlagene Unterscheidung nicht überzeugend, weil zwischen einer Ergänzung unvollständiger und einer Nachholung unterlassener Angaben bei näherer Betrachtung kein Unterschied erkennbar ist; auch die Ergänzung unvollständiger Angaben besteht in der Nachholung unterlassener Angaben.

64 Nach hM muß die Berichtigungserklärung bei der im Einzelfall **örtlich und sachlich zuständigen Finanzbehörde** eingegangen sein (RG 61, 10f. v. 15. 11. 1926; OLG Bremen v. 31. 1. 1951, DStZ/B 212; OLG Frankfurt v. 16. 1. 1954, DStZ/B 58 mit zust. Anm. *Keßler,* und v. 18. 10. 1961, NJW 1962, 974 mit abl. Anm. *Leise; Fuchs* S. 59; *Hartung* III 3 zu §§ 410, 411 RAO 1951; *Hübner* 9 zu § 395 RAO 1968; *Firnhaber* S. 87f.; *Kopacek* S. 178; *Pfaff* S. 44; ebenso FinMin Rheinland-Pfalz v. 6. 5. 1950, BB 778; zw. *Ehlers* S. 44f.). Teilweise wird sogar gefordert, daß die Selbstanzeige bei der zuständigen Finanzbehörde *an Amtsstelle* oder bei der zuständigen *Veranlagungsstelle* eingegangen sein müsse, daß also die Übergabe einer schriftlichen oder die Abgabe einer mündlichen Berichtigungserklärung gegenüber einem *Außenbeamten* der zuständigen Finanzbehörde nicht genüge (OLG Frankfurt, *Keßler, Hartung, Hübner, Pfaff* – jeweils aaO).

65 **Die hM ist zu eng;** sie beruht auf der Vorstellung, daß der berichtigungswillige Stpfl bereits bei einem bestimmten FA geführt wird und genau weiß, welche Stelle für die jeweils verkürzten Steuern zuständig ist. Indessen sind bei einer allgemeingültigen Auslegung des Gesetzes auch die nicht seltenen Fälle zu berücksichtigen, in denen der Stpfl seine Existenz der Finanzverwaltung verheimlicht hat (vgl. den Sachverhalt zu OLG Frankfurt v. 18. 10. 1961, NJW 1962, 974) oder in denen durch einen einzelnen Rechtsvorgang eine *einmalige* Steuer ausgelöst wird (vgl. den Sachverhalt zu RG 61, 115, 119 v. 4. 1. 1927). In solchen Fällen entspricht es der Lebenserfahrung, daß berichtigungswillige Stpfl sich in der Organisation der Finanzverwaltung häufig nicht auskennen und den falschen Weg einschlagen, zumal die Selbstanzeige zugleich steuerliche Folgen (Nachforderung der verkürzten Steuern) und strafrechtliche Folgen (Entdeckung der Tat und Anwartschaft auf Straffreiheit) hat und die angezeigte Tat oft *mehrere* Steuerarten betrifft, für die *verschiedene* Finanzbehörden sachlich und örtlich zuständig sein können. Hat ein Stpfl zB die Umsätze und Gewinne aus einem verheimlichten Gewerbebetrieb oder aus verschwiegenen OR-Geschäften nachzumelden, so sind an der steuerlichen Auswertung der Selbstanzeige für die Festsetzung der verkürzten ESt das Wohnsitz-FA iS des § 19 I AO, für die Festsetzung der Steuermeßbeträge bei der GewSt das BetriebsFA iS des § 18 I Nr. 2 AO, dagegen für die Festsetzung und Erhebung der GewSt – außer in Bremen, Hamburg und Berlin – die Steuerbehörde der hebeberechtigten Gemeinde beteiligt. Die in § 16 AO iVm den §§ 4, 5, 8, 12–14, 17–19 u. 22 FVG sowie in den §§ 17–29 AO, ggf. iVm einer aufgrund § 19 V AO erlassenen RechtsV der Landesregierung geregelte sachliche und örtliche Zuständigkeit für die Abgabenangelegenheit braucht sich überdies nicht zu decken mit der Zuständigkeit für die Erforschung der Steuerhinterziehung nach den §§ 387–390 AO, ggf. iVm einer aufgrund § 387

II AO erlassenen RechtsV (vgl. zB HZAZustVO v. 16. 6. 1975, BGBl. I 1754, sowie VO über die Zuständigkeit der FÄ bei Steuervergehen und Steuerordnungswidrigkeiten v. 2. 12. 1969, GV.NW. 900). Es wäre unter diesen Umständen, die im Verhältnis der Finanzbehörden untereinander nicht selten zu Kompetenzkonflikten führen, nicht gerechtfertigt, fehladressierten Selbstanzeigen die Wirkung der Anwartschaft auf Straffreiheit erst zuzusprechen, wenn sie bei dem jeweils zuständigen FA eingegangen sind. Vielmehr ist *jede* Finanzbehörde für die Entgegennahme einer Selbstanzeige in dem Sinne ,,zuständig", daß der Eingang bei ihr darüber entscheidet, ob die Anzeige im Hinblick auf § 371 II AO rechtzeitig erstattet worden ist (s. Rdnr. 62).

66 Abzulehnen ist die abw. Auffassung von *List* (S. 29), daß die Belange der Stpfl und der Finanzverwaltung genügend gewahrt seien, wenn gefordert werde, daß die Selbstanzeige nicht an ein offensichtlich unzuständiges FA gerichtet sein dürfe. Diese Einschränkung geht zurück auf das Urteil des RG v. 4. 1. 1927 (RG 61, 115, 119). Seinerzeit hatte das RG in einem Falle, in dem der Anzeigeerstatter sich in einer GrESt-Sache an das sachlich unzuständige FA statt an das sachlich zuständige Bezirksamt gewendet hatte, es als ausreichend erklärt, daß die Berichtigungserklärung bei einer anderen Behörde eingehe, die im Bezirk der an sich zuständigen Finanzbehörde ihren Sitz habe und zur Erfüllung gleichartiger Staatsaufgaben wie diese berufen sei. Eine Unterscheidung zwischen *mangelnder* Zuständigkeit und *offensichtlicher* Unzuständigkeit wäre aber im Hinblick auf den rechtspolitischen Zweck der Selbstanzeige (s. Rdnr. 13) nur sinnvoll, wenn sie für eine sachgerechte Auswertung der Berichtigungserklärung durch das zuständige FA bedeutsam sein könnte. Dies muß jedoch mit Rücksicht auf die enge Zusammenarbeit aller Finanzbehörden des Bundes, der Länder und Gemeinden verneint werden.

67 Abzulehnen ist auch die Auffassung, daß eine Selbstanzeige erst wirksam sei, wenn sie bei der Finanzbehörde an *Amtsstelle* oder gar bei der zuständigen *Veranlagungsstelle* eingegangen ist (so hM, s. Rdnr. 64). Man kann den einheitlichen Organismus einer Behörde nicht mit der Wirkung teilen, daß der Eingang einer Anzeige bei der einen Stelle noch als rechtzeitig, bei der anderen Stelle dagegen als verspätet angesehen wird. Die Behörde wird durch *alle* Amtsträger verkörpert, die für sie hoheitliche Funktionen ausüben. Auch *Betriebsprüfer und Fahndungsbeamte im Außendienst* sind als ,,Finanzbehörde" iS des § 371 I AO tätig und zur Entgegennahme einer Selbstanzeige befugt (ebenso OLG Celle v. 18. 9. 1957, DStZ/B 517; *Suhr* S. 346f.; *Leise* 6 zu § 395 RAO; *Lohmeyer* Stbg. 1959, 121; FinMin Rheinland-Pfalz v. 6. 5. 1950, BB 778; FinMin Nordrhein-Westfalen v. 2. 1. 1951, BB 46).

68 In jedem Falle muß die **Anzeige zu amtlicher Kenntnis bestimmt** sein. Eine ,,private" Mitteilung genügt selbst dann nicht, wenn sie dem zuständigen Sachbearbeiter des FA gemacht wird (RG 58, 83, 85 v. 4. 2. 1924, zust. *Hübner* 11 u. *Kohlmann* 80 zu § 395 RAO 1968).

69 **Wird die Berichtigungserklärung bei** (dem Amtsträger) **einer anderen Behörde abgegeben,** die auch bei der hier vertretenen weiten Auslegung des § 371 I AO nicht als Finanzbehörde angesehen werden kann (s. Rdnr. 62), kommt es für die strafbefreiende Wirkung der Selbstanzeige darauf an, ob und zu welchem Zeitpunkt sie bei einer Finanzbehörde eingeht. Eine Behörde, die keine Steuern verwaltet, kann im Rahmen des § 371 AO nur als Empfangsbotin für die Finanzbehörde tätig werden. Dabei macht es rechtlich keinen Unterschied, ob die steuerfremde Behörde am Steuerstrafverfahren mitzuwirken berufen ist, wie zB Polizei, StA und Strafgerichte, oder nicht, wie zB Finanzgerichte, Industrie- und Handelskammer oder der Petitionsausschuß des BTages (glA *Firnhaber* S. 86ff., *List* S. 27f., *Hübner* 10 zu § 395 RAO 1968; aM anscheinend *Hartung* III 3 zu §§ 410, 411 RAO 1951 u. *Suhr* S. 349).

70 **Adressiert der Stpfl die Selbstanzeige an eine steuerfremde Behörde,** trägt er die Gefahr, daß sie nicht oder – im Hinblick auf § 371 II AO – verspätet bei einer Finanzbehörde eingeht. In diesen Fällen wird ein Anspruch auf Straffreiheit nicht erworben (RG 58, 83, 85 v. 4. 2. 1924), und zwar auch dann nicht, wenn der Stpfl die Wahl des falschen Weges nicht verschuldet hat (RG 61, 10, 12 v. 15. 11. 1926; insoweit zutr. auch OLG Frankfurt v. 16. 1. 1954, DStZ/B 58, sowie *Hübner* 11 zu § 395 RAO 1968 u. *Suhr* S. 349).

III. Ausschließungsgründe (§ 371 II AO)

Schrifttum:
Maaßen, Negative Wirksamkeitsvoraussetzungen der Selbstanzeige nach § 410 AO, FR 1954, 293; *Kopacek,* Wann tritt Straffreiheit durch Selbstanzeige nicht ein? BB 1961, 41; *Lohmeyer,* Erscheinen des Prüfers i. S. des § 410 AO, BlStA 1962, 106; *ders.,* Zu den Ausschließungsgründen bei der Selbstanzeige, STB 1963, 146; *Pfaff,* Erscheinen eines Amtsträgers der Finanzbehörde zur steuerlichen Prüfung oder zur Ermittlung einer Steuerzuwiderhandlung (§ 371 Abs. 2 Nr. 1a AO 1977), StBp 1977, 39; s. ferner vor Rdnr. 91 u. 119.

1. Erscheinen eines Amtsträgers (§ 371 II Nr. 1a AO)

71 Sobald *,,ein Amtsträger der Finanzbehörde zur steuerlichen Prüfung oder zur Ermittlung einer Steuerstraftat oder einer Steuerordnungswidrigkeit erschienen ist"*, hat eine nach § 371 I AO wegen Steuerhinterziehung erstattete Selbstanzeige keine strafbefreiende Wirkung mehr; anders bei Selbstanzeigen nach § 378 III AO wegen leichtfertiger Steuerverkürzung. Bei Vorsatztaten hat sich die durch Novelle v. 7. 12. 1951 (s. Rdnr. 5) eingeführte Sperre als erforderlich erwiesen, weil der Täter sonst die Entdeckung der Tat durch den Prüfer der Finanzbehörde abwarten, sich dessen Feststellungen zu eigen machen und sie dem FA als ,,Berichtigung" präsentieren könnte, bevor ihm die Einleitung des Strafverfahrens bekanntgegeben wird (vgl. OLG Stuttgart v. 17. 7. 1950, DStZ/B 440). Es wäre jedoch mit dem rechtspolitischen Zweck des § 371 AO (s. Rdnr. 13) unvereinbar, eine derartige Verhaltensweise mit Straffreiheit zu belohnen. Daher soll der Vorsatztäter keine *,,tätige Reue"* mehr üben können, *,,wenn die Betriebsprüfung im Hause ist"* (Abg. Dr. *Mießner* in der 174. Sitzung des BTages v. 14. 11. 1951, Sten. Ber. S. 7161 B).

72 **Amtsträger der Finanzbehörde** ist jeder Beamte oder Angestellte eines FA, der OFD, des Bundesamts für Finanzen oder einer Gemeindesteuerbehörde, der zur steuerlichen Prüfung oder zur Ermittlung einer mit Strafe oder Geld-

buße bedrohten Zuwiderhandlung erscheint (vgl. auch § 7 AO). In Betracht kommen nicht nur Amtsträger, die *ständig* im Dienst der Außenprüfung, der Steuerfahndung oder der Zollfahndung stehen, sondern auch andere Angehörige der Finanzverwaltung, die eine Prüfungsanordnung (§ 196 AO) der zuständigen Finanzbehörde ausführen wollen, zB Veranlagungssachbearbeiter, oder die ohne besonderen Prüfungsauftrag im Rahmen ihrer dienstlichen Aufgaben und Befugnisse aufgrund eigener Entschließung einschreiten, zB Beamte einer Zollstreife auf einem amtlichen Kontrollgang (OLG Oldenburg v. 16. 6. 1953, NJW 1847; zust. *Hartung* V 3a zu §§ 410, 411 RAO 1951 u. *Suhr* S. 358).

73 **Amtsträger einer anderen Verwaltungsbehörde** stehen Amtsträgern einer Finanzbehörde nur dann gleich, wenn sie aufgrund eines Amtshilfeersuchens des zuständigen FA tätig werden, nicht aber dann, wenn sie von sich aus einschreiten, zB als Polizeibeamte aufgrund § 163 I StPO (glA *Barske/Gapp* S. 86; *Maaßen* FR 1954, 296; *Kopacek* BB 1961, 42; *Hübner* 30 zu § 395 RAO 1968). Zu eng erscheint die Auffassung von *Mattern* (DStR 1954, 458), daß der Amtsträger (früher: „*Prüfer*") iS des § 371 II Nr. 1a AO stets Bediensteter der Finanzverwaltung sein müsse. Anderseits ist die aus § 427 RAO 1931 abgeleitete gegensätzliche Auffassung (*Bremer* DB 1951, 989; *Terstegen* S. 123; *Hartung* V 3a zu §§ 410, 411 RAO 1951; *Suhr* S. 358; *List* S. 40) mit dem Wortlaut des Gesetzes nicht vereinbar; aM auch *Firnhaber* (S. 104f.). Die unterschiedlichen Meinungen haben in der Praxis nur geringe Bedeutung, da Amtsträger einer steuerfremden Verwaltung kaum einmal in die Lage kommen, eine Zuwiderhandlung gegen Steuergesetze zu verfolgen. Indessen kann es vorkommen, daß Polizeibeamte eine Zoll- oder Monopolstraftat, zB eine Schmuggeltat oder eine Schwarzbrennerei, mit der Wirkung „*entdecken*", daß die Straffreiheit nach § 371 II Nr. 2 AO ausgeschlossen ist (s. Rdnr. 124).

74 **Erschienen zur steuerlichen Prüfung** oder zur Ermittlung einer Steuerstraftat oder Steuerordnungswidrigkeit ist ein Amtsträger, sobald er die Betriebs- oder Wohnräume eines Stpfl in der Absicht betritt, seine steuerlichen Verhältnisse zu überprüfen oder den Verdacht einer Zuwiderhandlung gegen Steuergesetze aufzuklären. Steuerliche Prüfungen haben den Zweck, festzustellen, ob der Stpfl seine steuerlichen Pflichten richtig erfüllt hat (*Terstegen* S. 123). Unerheblich ist, ob die Prüfung aus besonderem Grund beabsichtigt ist oder ob es sich um eine turnusmäßige Betriebsprüfung handelt (*Suhr* S. 359).

75 **Da Offenbarungspflichten auch im Steuererhebungs- und im Vollstreckungsverfahren** verletzt werden können (s. Rdnr. 179ff. zu § 370 AO), kann eine Prüfung iS des § 371 II Nr. 1a AO auch dann vorliegen, wenn ein Finanzbeamter in den Räumen des Stpfl prüfen soll, ob bestimmte Angaben in Stundungs- oder Erlaßanträgen (§§ 222, 227 AO) zutreffen oder ob das von einem Vollstreckungsschuldner im Verfahren nach § 284 AO abgegebene Vermögensverzeichnis oder die von einem Dritten abgegebene Drittschuldnererklärung (§ 316 AO) der wirklichen Sachlage entsprechen. Erscheint der Vollziehungsbeamte eines FA mit einem derartigen Sonderauftrag, ist auch er

„zur steuerlichen Prüfung erschienen“ (glA *Pfaff* StBp 1977, 40); anders jedoch dann, wenn er nur einen Vollstreckungsauftrag ausführen will.

76 **Bei Richtsatzprüfungen,** die von der Finanzverwaltung vorgenommen werden, um für bestimmte Branchen Vergleichszahlen (durchschnittliche Gewinnsätze) zu ermitteln, kommt es darauf an, ob der Richtsatzprüfer sich darauf beschränken soll, die maßgebenden Zahlen ohne nähere Prüfung aus der Buchführung des Richtsatzbetriebes zu entnehmen, oder ob mit der Richtsatzprüfung zugleich eine Betriebsprüfung verbunden werden soll (ebenso *Terstegen,* zit. bei *List* S. 41 Fußn. 169; *Coring* DStR 1963, 374; *Kopacek* S. 157; *Kohlmann* 122 zu § 395 RAO 1968; *Pfaff* StBp 1977, 40). Die unterschiedslos einschränkende Gegenmeinung (*Bremer* DB 1951, 989; *Herrmann* FR 1952, 2; *Maaßen* FR 1954, 296; *List* aaO) wird dem Zweck des § 371 II Nr. 1a AO nicht gerecht.

77 **Ob die Prüfung dem Stpfl angekündigt worden ist** oder ob der Amtsträger *unvermutet* erscheint, ist für den Eintritt der Sperrwirkung gleichgültig (*Mattern* NJW 1951, 940). Von dem Erscheinen zur Prüfung ist jedoch die bloße *Ankündigung* einer Prüfung zu unterscheiden, da sie die Sperrwirkung noch nicht auslöst (*Hartung* V 3a zu §§ 410, 411 RAO 1951; *Suhr* S. 359; *Coring* DStR 1963, 374), und zwar auch dann nicht, wenn der Prüfer bei dem Stpfl *persönlich* erscheint, um mit ihm einen Prüfungstermin zu vereinbaren (*Mattern* DStZ 1951, 414; *Maaßen* FR 1954, 296; *Kopacek* S. 157; *Troeger/Meyer* S. 256; *Barske/Gapp* S. 86; *Firnhaber* S. 105f.; *List* S. 40; *Kohlmann* 121 zu § 395 RAO 1968). Auch die Vorladung des Stpfl mit seinen Büchern auf das FA ist (noch) unschädlich (*Maaßen* aaO).

78 **Ob der zur Prüfung erschienene Amtsträger mit der beabsichtigten Prüfung auch beginnt,** hat auf den Eintritt der Sperrwirkung ebenfalls keinen Einfluß (glA *Hübner* 32 u. *Leise* 8 zu § 395 RAO 1968; *Kopacek* S. 164; mißverständlich *Barske* DStR 1952, 202). Der Gesetzgeber hat bewußt nicht an den Beginn der Prüfung angeknüpft. Nachdem diese Möglichkeit bei Beratung der Novelle v. 7. 12. 1951 (s. Rdnr. 5) erörtert worden war (*Mattern* NJW 1951, 940), wurde dem Erscheinen zur Prüfung wegen der Beweisklarheit der Vorzug gegeben. Die erforderliche Absicht, mit der Prüfung zu beginnen, wird den Begleitumständen, unter denen der Prüfer erscheint (Tageszeit, Mitbringen der Steuerakten und Hilfsmittel), unschwer zu entnehmen sein. Unerheblich ist, ob der Stpfl von dem Erscheinen des Amtsträgers in seinen Betriebs- oder Wohnräumen Kenntnis hat (*Maaßen* FR 1954, 296; *Kohlmann* 121 zu § 395 RAO 1968) oder ob er die Prüfungsabsicht erkennt (aM *Hartung* V 3a zu §§ 410, 411 RAO 1951, *Hübner* aaO); denn abw. von den Ausschließungsgründen nach § 371 II Nr. 1b und Nr. 2 AO ist der Ausschließungsgrund des § 371 II Nr. 1a AO objektiviert. Allein entscheidend ist, ob der erschienene Beamte den ernsthaften Willen hat, die Prüfung durchzuführen (*Terstegen* S. 123; *Suhr* S. 359; *Kopacek* S. 164). Dieser Wille kann fehlen, wenn der Beamte mit seinem Erscheinen zunächst nur den Zweck verfolgt, den bevorstehenden Ablauf einer Festsetzungsfrist zu hemmen (vgl. § 171 IV AO) und er sich nach kurzem Aufenthalt aus eigenem Antrieb wieder ent-

fernt, ohne eine Prüfungstätigkeit entfaltet zu haben. Die von der Rspr entwickelten Grundsätze über eine wirksame Handlung zur Unterbrechung der Strafverfolgungsverjährung gelten sinngemäß; hier wie dort müssen formale Scheinhandlungen ausscheiden (vgl. BGH 9, 198, 203 v. 13. 6. 1956; BGH v. 22. 5. 1958, NJW 1004; *Coring* DStR 1963, 374; *Suhr* aaO; *Kohlmann* 122 zu § 395 RAO 1968; *Schönke/Schröder* 6 zu § 78c StGB).

79 **Wird der in Prüfungsabsicht erschienene Amtsträger durch unvorhergesehene Umstände gehindert,** mit der beabsichtigten Prüfungstätigkeit zu beginnen, hindert dies den Eintritt der Sperrwirkung nicht (*Kopacek* BB 1961, 42), zB wenn der Stpfl sich verleugnen läßt (*Firnhaber* S. 106) oder um einen anderen Termin bittet oder wenn der Beamte den Stpfl krank antrifft oder nur Angehörigen begegnet und erklärt, daß er an einem bestimmten anderen Tage wiederkommen wolle (OLG Oldenburg v. 11. 3. 1958, NJW 1407). Trifft der Beamte hingegen niemanden an und hinterläßt er auch keine Nachricht über den vergeblichen Prüfungsversuch, ist sein Erscheinen als „unschädlich" anzusehen, da es einem Nichterscheinen gleichkommt (*Firnhaber* aaO; *Coring* DStR 1963, 374).

80 **Wo der Amtsträger erscheinen will,** um den Stpfl an einem geeigneten Ort anzutreffen, muß er nach pflichtgemäßem Ermessen unter prüfungstechnischen Gesichtspunkten selbst entscheiden (OLG Oldenburg v. 11. 3. 1958, NJW 1407). Das Erscheinen im Betrieb oder in der Wohnung des Stpfl bildet den Regelfall, jedoch tritt die Sperrwirkung auch dann ein, wenn die Prüfung nach Vereinbarung mit dem Stpfl an einem dritten Ort stattfinden soll und die Beteiligten dort zusammentreffen, zB in den Räumen des steuerlichen Beraters, des Konkursverwalters oder der Finanzbehörde (glA *Terstegen* S. 123, *Suhr* S. 359, *Leise* 8 zu § 395 RAO 1968; zurückhaltend *Kohlmann* 119 zu § 395 RAO 1968 für den Fall, daß der Stpfl vereinbarungsgemäß beim FA erscheint). Hat der Stpfl mehrere Betriebe, löst das Erscheinen in einem Betrieb die Sperrwirkung auch hinsichtlich einer Steuerhinterziehung aus, die der Stpfl in einem anderen Betrieb begangen hat, wenn nicht die Prüfungsanordnung nur für einen bestimmten Betrieb gilt und ein Sachzusammenhang (s. Rdnr. 85f.) nicht besteht (abw. *Suhr* und *Kohlmann* aaO), wie zB bei einem Stpfl, der eine Brauerei und ein Sägewerk betreibt, falls in der Brauerei ein Zollbeamter zur Prüfung der BierSt erscheint. Unerheblich ist, ob die wirtschaftliche Einheit eines Unternehmens rechtlich in eine Besitz- und eine Betriebs- oder Vertriebsgesellschaft aufgespalten ist. Bei einem Konzern schließt das Erscheinen des Prüfers bei einer Konzerngesellschaft die Selbstanzeige für die Geschäftsführer und die sonstigen Angestellten anderer Konzerngesellschaften nur aus, wenn der Prüfer den Auftrag hat, den gesamten Konzern zu prüfen (ausf. *Suhr* aaO).

81 **Der persönliche Umfang der Sperrwirkung** ist begrenzt. Erscheint der Amtsträger bei einem von mehreren Tätern oder Teilnehmern, ist die strafbefreiende Wirkung einer Selbstanzeige nur für denjenigen Täter oder Teilnehmer ausgeschlossen, bei dem der Beamte erschienen ist (*Troeger/Meyer* S. 256; *Suhr* S. 360). Bei einer betriebsbezogenen Tat wirkt das Erscheinen des Amts-

trägers im Betrieb nicht nur gegen den Betriebsinhaber, sondern gegen alle an der Tat beteiligten Betriebsangehörigen (*Kohlmann* 119 zu § 395 RAO 1968), jedoch nicht gegen außenstehende Mittäter oder Teilnehmer; ihnen gegenüber kann die Sperrwirkung erst nach § 371 II Nr. 2 AO eintreten.

82 **Der sachliche Umfang der Sperrwirkung** ist heftig umstritten; höchstrichterliche Erkenntnisse liegen noch nicht vor. Der Wortlaut des Gesetzes legt die Auffassung nahe, daß das Erscheinen *jedes* Amtsträgers einer Finanzbehörde die strafbefreiende Wirkung für *alle* Steuerarten und Steuerabschnitte ausschließe (so *Kopacek* BB 1961, 42 – anders später in: Steuerstraf- und Bußgeldfreiheit S. 158f.; *Firnhaber* S. 112ff.; *Coring* DStR 1963, 374; *Bender* S. 58f.; *Kratzsch* StW 1974, 75). Indessen wird diese Auslegung angesichts der Tatsache, daß die einzelnen Zweige der Finanzverwaltung stark untergliedert und spezialisiert sind, dem rechtspolitischen Zweck der Selbstanzeige (s. Rdnr. 13) nicht gerecht. Eine Einschränkung erscheint geboten, da die verschiedenen Prüfungsdienste der Bundes-, Landes- und Gemeindefinanzbehörden jeweils *beschränkte* Prüfungsaufgaben und Prüfungsmöglichkeiten haben. So ist es zB nicht vorstellbar, daß der auf einem Seeschiff erschienene Zollbeamte feststellt, daß ein Besatzungsmitglied eine Lohnsteuererstattung erschlichen hat. Anderseits kann der zu einer Getränkesteuerprüfung erschienene Gemeindebeamte unverbuchte Einnahmen entdecken, die auf entsprechend verkürzte USt, GewSt und ESt schließen lassen. Solche gegensätzlichen Beispiele rechtfertigen die Auffassung, daß es für den Umfang der Sperrwirkung nicht auf das Erscheinen des Amtsträgers irgendeiner Finanzbehörde und nicht allein auf die allgemeine sachliche Zuständigkeit (s. Rdnr. 83) des erschienenen Amtsträgers ankommen kann, sondern auch (einengend) auf eine sachlich begrenzte Prüfungsanordnung (s. Rdnr. 84) sowie (ausdehnend) auf den sachlichen Zusammenhang einer zu prüfenden Steuer mit anderen Steuern (s. Rdnr. 85ff.). Abzulehnen ist die Meinung von *Barske* (DStR 1952, 202), nach der es auf die *tatsächlich geprüften* Steuern ankommen soll; denn der Umfang der Sperrwirkung muß bereits in dem Zeitpunkt überschaubar sein, in dem der Amtsträger erscheint.

83 **Die sachliche Zuständigkeit der entsendenden Finanzbehörde** wird als vorrangiges Merkmal für eine sachliche Begrenzung der durch das Erscheinen eines Amtsträgers ausgelösten Sperrwirkung jedenfalls dann anerkannt, wenn eine Prüfungsanordnung nach § 196 AO nicht erteilt worden ist (*Hartung* V 3a zu §§ 410, 411 RAO 1951; *Terstegen* S. 123; *Troeger/Meyer* S. 255; krit. Rdnr. 86), wie insbes. bei Prüfungen der Steuer- oder Zollfahndung.

Die sachliche Zuständigkeit umfaßt

a) bei den Bundesfinanzbehörden (§ 1 FVG) die Zölle, Abschöpfungen und die bundesgesetzlich geregelten Verbrauchsteuern einschl. der EUSt und der BierSt (§ 12 II FVG); vgl. wegen der Mitwirkung der Zollstellen und der Grenzkontrollstellen bei der Verwaltung der USt und der KraftSt ferner § 18 FVG;

b) bei den Landesfinanzbehörden (§ 2 FVG) die Steuern mit Ausnahme der Zölle und Verbrauchsteuern (§ 12 II FVG), soweit die Verwaltung nicht aufgrund Art. 108 IV 1 GG den Bundesfinanzbehörden oder aufgrund Art. 108 IV 2 GG den Gemeinden oder Gemeindeverbänden übertragen worden ist (§ 17 II FVG); hinsichtlich der Aufgaben und Befugnisse des Bundesamts für Finanzen vgl. §§ 5, 19 FVG (Anh XX);

c) bei den Gemeindesteuerbehörden die Realsteuern (§ 3 II AO), soweit nicht die Landesfinanzbehörden zuständig sind, sowie die Kommunalsteuern (s. Einl 171 ff.).

Eingeschränkt ist die sachliche Zuständigkeit eines FA (HZA) und seiner Amtsträger, soweit durch RechtsV aufgrund § 12 III oder § 17 II 2 FVG die Verwaltung bestimmter Steuern für den Bereich mehrerer FÄ bei einem FA konzentriert worden ist, zB KVSt, KraftSt, GrESt, WSt, RennwSt und LottSt bei einem ,,FA für Verkehrsteuern". In einem solchen Fall fehlt dem entsprechend entlasteten FA die Zuständigkeit für Verkehrsteuerprüfungen; umgekehrt fehlt dem SonderFA die Zuständigkeit für alle übrigen Steuern, vgl. zB § 5 VO v. 7. 11. 1974 (GV. NW. 1044), geänd. durch VO v. 21. 10. 1975 (GV. NW. 578), betr. die erweiterte Zuständigkeit des FA Düsseldorf-Altstadt sowie die VO über die Zuständigkeit der FÄ bei Steuerstraftaten und Steuerordnungswidrigkeiten v. 2. 12. 1969 (GV. NW. 900), zuletzt geänd. durch VO v. 11. 2. 1976 (GV. NW. 88).

84 **Durch eine auf bestimmte Steuerarten begrenzte Prüfungsanordnung** (vgl. §§ 196, 197 AO) kann das Prüfungsfeld eines Amtsträgers der Finanzbehörde innerhalb ihrer sachlichen Zuständigkeit noch stärker beschränkt werden. Allerdings erhalten Amtsträger der Betriebsprüfungsstellen in der Praxis regelmäßig Prüfungsanordnungen, die hinsichtlich der zu prüfenden Steuerarten so allgemein gefaßt sind, daß sie sich mit der sachlichen Zuständigkeit der entsendenden Finanzbehörde decken. Anders liegt es bei dem Einsatz von Sonderprüfern, die von vornherein nur bestimmte Steuerarten (LSt, KVSt oder USt) prüfen sollen. Bei sachlich begrenzten Prüfungsanordnungen entsteht – wie bei der stets begrenzten sachlichen Zuständigkeit – die Frage, ob die Selbstanzeige für Steuerarten außerhalb der Prüfungsanordnung nach dem Erscheinen des Prüfers noch solange wirksam erstattet werden kann, bis die Prüfungsanordnung auf die verkürzte Steuer erweitert oder die Einleitung des Straf- oder Bußgeldverfahrens bekanntgegeben (§ 371 II Nr. 1 b AO) oder die Tat entdeckt (§ 371 II Nr. 2 AO) worden ist. Die im Schrifttum vorherrschende Auffassung befürwortet eine Begrenzung der Sperrwirkung des § 371 II Nr. 1 a AO auf die von der Prüfungsanordnung umfaßten Steuerarten (*Coring* DStR 1963, 374; *Lohmeyer* StBp 1963, 298 u. STB 1971, 165; *List* S. 41; *Barske/Gapp* S. 86 f.; *Ehlers* S. 47; *Salch* StBp 1970, 4; *Hübner* 33 u. *Leise* 8 A zu § 395 RAO 1968; *Kühn/Kutter* 2 zu § 371 AO; ablehnende Auffassungen s. Rdnr. 82, vermittelnde Auffassungen s. Rdnr. 85).

85 **Nach der hier vertretenen Auffassung** entscheidet über die Reichweite der Sperrwirkung nach § 371 II Nr. 1 a AO weder die sachliche Zuständigkeit (s.

Rdnr. 83) noch die Prüfungsanordnung (s. Rdnr. 84) der Finanzbehörde, sondern der *Sachzusammenhang*. Enthält der Sachverhalt, den der zur steuerlichen Prüfung erschienene Amtsträger prüfen soll, auch Besteuerungsmerkmale oder sachliche Anhaltspunkte für die Verkürzung anderer Steuerarten, hat sein Erscheinen dieselbe Wirkung, als wenn er von vornherein ausdrücklich mit der Prüfung der zusammenhängenden Steuerarten beauftragt worden wäre. Zu demselben Ergebnis gelangen *Suhr* (S. 361f.) sowie *Kohlmann* (131–137 zu § 395 RAO 1968) mit der überzeugenden Begründung, daß der Gesetzgeber in § 371 II Nr. 1a AO die Entdeckungsgefahr als unwiderlegliche Vermutung typisiert habe und Ausnahmen von der Sperrwirkung nur anerkannt werden könnten, wenn für die typisierende Betrachtungsweise jegliche Rechtfertigung fehle, weil in dem vorliegenden wie in allen gleichartigen Fällen eine abstrakte Entdeckungsgefahr nicht bestehe.

86 **Ein Sachzusammenhang** besteht vielfach zwischen lohn- und einkommensteuererheblichen Sachverhalten, da die LSt nur eine besondere Erhebungsform der ESt bildet (s. Einl 103). LSt-Prüfer stehen zB nicht selten vor der Frage, ob bestimmte Einnahmen eines Stpfl Einkünfte aus nichtselbständiger Arbeit darstellen (§ 2 III Nr. 4, § 19 EStG) oder Einkünfte aus selbständiger Arbeit (§ 2 III Nr. 3, § 18 EStG; EStR 143, 146) oder gar Einkünfte aus Gewerbebetrieb (§ 2 II Nr. 2, § 15 EStG; EStR 135, 136). In derartigen Fällen ist der Sachverhalt auch nach einkommen-, gewerbe- und umsatzsteuerlichen Gesichtspunkten zu erforschen und zu beurteilen, ohne daß der Stpfl nach dem Erscheinen des LSt-Prüfers wegen der etwa hinterzogenen ESt, GewSt oder USt noch strafbefreiende Selbstanzeige erstatten kann. Stellt ein LSt-Prüfer zB fest, daß die auf den Lohnkonten eines ArbG verbuchten steuerfreien Zuschläge zum Arbeitslohn (§ 30 EStG) oder Jubiläumsgeschenke (§ 4 LStDV) in Wirklichkeit überhaupt nicht oder nur in geringerer Höhe geleistet worden sind, sondern daß es sich um fingierte Betriebsausgaben handelt, deren Gegenwert der ArbG aus der Geschäftskasse privat entnommen hat, so ist eine strafbefreiende Selbstanzeige des ArbG wegen der hinterzogenen ESt- und GewSt-Beträge nicht mehr möglich (LG Bielefeld v. 10. 7. 1958, zust. zit. bei *Suhr* S. 268). Wegen eines hinreichend engen Sachzusammenhangs kann ferner zB das Erscheinen eines Großbetriebsprüfers bei einer Körperschaft die Sperrwirkung auch hinsichtlich der ESt der Gesellschafter auslösen, wenn die Körperschaft verdeckte Gewinnausschüttungen (s. Einl 110) an die Gesellschafter vorgenommen hat, ohne daß es von Bedeutung ist, ob für die ESt-Veranlagung der Gesellschafter ein anderes FA zuständig ist oder ob der Prüfer von seiner Behörde nur mit der Prüfung der steuerlichen Verhältnisse der Körperschaft beauftragt worden ist. Schließlich kann zB das Erscheinen eines Zollfahndungsbeamten mit dem Auftrag zur Prüfung der Hinterziehung oder Hehlerei (§§ 370, 374 AO) hinsichtlich verkürzter Eingangsabgaben (§ 1 III ZollG) für eingeschwärzte Waren die strafbefreiende Wirkung hinsichtlich der USt, GewSt und ESt ausschließen, die durch die heimliche Veräußerung der Waren entstanden ist. Ob die durch einen Prüfer festgestellten Hinterziehungen verschiedener Steuern strafrechtlich zueinander im Verhältnis der

Tateinheit (§ 52 StGB) oder Tatmehrheit (§ 53 StGB) stehen, ist für den Eintritt der Sperrwirkung kraft eines steuerlichen Sachzusammenhangs unerheblich.

87 Ohne Bedeutung ist, ob der zuerst erschienene (Sonder-)Prüfer, der im Rahmen seiner Prüfungstätigkeit Anhaltspunkte für die Verkürzung anderer Steuern feststellt, diese Steuern selbst prüft, einen anderen (Sonder-) Prüfer derselben oder einer anderen Finanzbehörde hinzuzieht oder dessen Erscheinen veranlaßt, zB kann der Betriebsprüfer eines FA aufgrund von Anhaltspunkten für eine LSt-Verkürzung einen LSt-Prüfer hinzuziehen oder aufgrund von Anhaltspunkten für eine Getränkesteuerverkürzung das Erscheinen eines GetränkeSt-Prüfers der zuständigen Gemeindebehörde veranlassen. Für den Ausschluß einer strafbefreienden Selbstanzeige bleibt bei einem derartigen Zusammenhang stets das Erscheinen des *ersten* Prüfers entscheidend.

88 **Eine zeitliche Begrenzung der Prüfungsanordnung** auf bestimmte Steuerabschnitte ist weder nach dem Wortlaut noch nach dem Grundgedanken des § 371 II Nr. 1a AO geeignet, nach dem Erscheinen des Prüfers noch strafbefreiende Selbstanzeige für andere (fernere oder nähere) Zeiträume bei der auftragsgemäß zu prüfenden Steuer zu ermöglichen (zutr. LG Dortmund v. 1. 3. 1957, abl. zit. bei *Suhr* S. 362; wie hier *Kohlmann* 138 u. *Leise* 8 A zu § 395 RAO 1968 sowie die in Rdnr. 82 Genannten; aM außer *Suhr* aaO: *Lohmeyer* StBp 1963, 298 u. STB 1971, 165; *Ehlers* S. 47; *Hübner* 33 zu § 395 RAO 1968; *Kühn/Kutter* 2 zu § 371 AO). Die zeitliche Begrenzung einer Prüfungsanordnung entspricht der Kenntnis der Finanzbehörde von dem Sachverhalt, der sich bei Erteilung der Anordnung aus den Steuerakten entnehmen läßt; sie entspricht ferner der Übung, daß bereits einmal geprüfte Zeiträume ohne neue Anhaltspunkte nicht erneut überprüft werden. Durch eine entsprechend begrenzte Prüfungsanordnung wird der Prüfer jedoch nicht gehindert, auch zurückliegende Zeiträume einer (erstmaligen oder wiederholten) Prüfung zu unterziehen, wenn er an Ort und Stelle feststellt, daß der Stpfl seine gewerbliche Tätigkeit bereits zu einem früheren Zeitpunkt aufgenommen hat, als es seiner Behörde bekannt war, oder wenn er im Prüfungszeitraum Steuerverkürzungen feststellt, die der Stpfl in gleicher Weise auch in einem früheren, bereits einmal überprüften Zeitraum begangen haben könnte. Der Stpfl muß also darauf gefaßt sein, daß die von ihm bei einer Steuer geübte Hinterziehungsmethode, die anläßlich der Prüfung eines zeitnahen Steuerabschnitts entdeckt wird, vom Prüfer zurückverfolgt wird, soweit die 10-jährige Festsetzungsfrist für hinterzogene Steuern (§ 169 II 2 AO) noch nicht abgelaufen ist.

89 **Einzelfälle:** Erscheint der Prüfer mit einem allgemeinen Prüfungsauftrag für *alle* Jahre, hatte er aber zunächst nur die Absicht, *ein* Jahr zu überprüfen, weil dem FA nur die gewerbliche Tätigkeit des Stpfl in diesem Jahr bekannt war, und erklärt der Stpfl ihm sofort nach dem Erscheinen unter Vorlage der Bücher, daß er auch in anderen Jahren gewerblich tätig gewesen sei und seinen Betrieb dem FA verschwiegen habe, so kann die Selbstanzeige auch für die anderen Jahre nicht anerkannt werden (LG Hagen v. 6. 4. 1956, zust. zit. bei

Suhr S. 362). Nichts anderes gilt, wenn der Prüfer mit der Anordnung erschienen war, nur die steuerlichen Verhältnisse *eines* Jahres zu überprüfen; auch hier kann der Stpfl – namentlich bei Fortsetzungszusammenhang – für die anderen Jahre keine strafbefreiende Selbstanzeige mehr erstatten (LG Dortmund v. 1. 3. 1957, abl. zit. bei *Suhr* aaO). Ebenso ist die Selbstanzeige für die OR-Geschäfte früherer Jahre wirkungslos, wenn die Prüfungsanordnung des erschienenen Beamten sich nur auf *ein* OR-Geschäft *eines* Jahres bezieht (aM *Suhr* aaO), oder gar für die LSt-Verfehlungen in anderen Monaten, wenn der LSt-Prüfer nach der ihm erteilten Anordnung nur einen bestimmten Monat überprüfen sollte (aM *Susat* DStR 1952, 33).

90 **Durch das Erscheinen eines Amtsträgers zur Ermittlung einer Steuerstraftat oder Steuerordnungswidrigkeit** wird die strafbefreiende Wirkung einer Selbstanzeige wegen Steuerhinterziehung regelmäßig auch dann ausgeschlossen, wenn der Amtsträger einen Sachverhalt aufklären will, der nach seiner Kenntnis der Dinge (noch) nicht auf eine Steuerhinterziehung hindeutet, und demgemäß die Ermittlungen unter anderem Vorzeichen, zB wegen leichtfertiger Steuerverkürzung (§ 378 AO), beginnen. Das gleiche gilt, wenn zunächst nur der Verdacht des unzulässigen Erwerbs von Steuererstattungsansprüchen (§ 383 iVm § 46 IV 1 AO) aufgeklärt werden sollte und die Ermittlungen ergeben, daß die Straftat der Steuerhinterziehung (§ 370 AO) begangen worden ist, weil die Einnahmen aus geschäftsmäßig erworbenen Erstattungsansprüchen der Besteuerung entzogen waren.

Zum Wiederaufleben der Selbstanzeigemöglichkeit nach Abschluß einer steuerlichen Prüfung oder der Ermittlungen wegen einer Steuerstraftat oder Steuerordnungswidrigkeit s. Rdnr. 110ff.

2. Bekanntgabe der Einleitung eines Straf- oder Bußgeldverfahrens (§ 371 II Nr. 1b AO)

Schrifttum:

Zu § 410 IV, § 441 RAO 1951: *H. Meyer,* Einleitung der Untersuchung im Sinne von § 410 AO durch Betriebsprüfer und Steuerfahndungsbeamte, DStZ 1951, 313 mit Erwiderung von *Zitzlaff* DStZ/B 1951, 482; *Herbert,* Die Einleitung der Untersuchung im Steuerstrafverfahren, StWa 1955, 100; *Maaßen,* Betriebsprüfung und Steuerstrafverfahren, FR 1958, 26; *Leise,* Die Einleitung der Untersuchung im Verwaltungs-Steuerstrafverfahren, Düsseldorf 1962; *Pfaff,* Zur Einleitung des Steuerstrafverfahrens, insbesondere bei Nichtabgabe von Steuererklärungen, WT 1962, 162 und Inf 1962, 455; *Piesker,* Einleitung eines Steuerstrafverfahrens wegen Steuerhinterziehung, BB 1962, 212; *Kopacek,* Die Einleitung der steuerstrafrechtlichen Untersuchung, BB 1962, 674; *Suhr,* Steuerstrafverfahren auch bei Zusicherung von Straffreiheit in der Schlußbesprechung? StBp 1962, 205 mit Erwiderungen von *Ehlers* StBp 1962, 288 und *Schümann* StBp 1963, 121; *Zinn,* Keine Straffreiheit bei Eröffnung der Einleitung der steuerstrafrechtlichen Untersuchung gegenüber dem Vertreter des Täters? Stbg. 1963, 209; *Lohmeyer,* Weiterleitung von Betriebsprüfungsberichten an die Gemeinsame Strafsachenstelle, StBp 1963, 324; *ders.,* Einleitung der steuerstrafrechtlichen Untersuchung durch den Betriebsprüfer, StBp 1964, 182; *v. Witten,* Der „strafrechtliche Vorbehalt" bei Betriebsprüfungen, DStZ 1964, 198; *Geiger,* Wann ist ein Steuerstrafverfahren eingeleitet? StBp 1965, 8 mit Erwiderung von *Suhr* StBp 1965, 11; *Stötter,* Zum Begriff der Einleitung der steuerstrafrechtlichen Untersuchung, BB 1965, 1342; *E. Kaiser,* Tatverdacht und Verantwortung des Staatsanwalts, NJW 1965, 2380; *Richter,* Der Verdacht strafbarer Handlungen bei der Betriebsprüfung, DB 1967, 697.

Zu § 395 II, § 432 RAO 1967/68: *Kulla,* Gedanken zu § 13 BpO (Steuer), DB 1968, 2236 mit Erwiderung von *Henneberg,* Ist der Betriebsprüfer zur Einleitung der strafrechtlichen Untersuchung befugt? DB 1969, 1811; *Lohmeyer,* Zum Verdacht strafbarer Handlungen bei der Betriebsprüfung, DB 1969, 719; *Salch,* Selbstanzeige und Betriebsprüfung, StBp 1970, 11; *Henneberg,* Übergang vom Besteuerungsverfahren zum Strafverfahren, BB 1970, 1128; *v. Malchus,* Einleitung des Steuerstraf- bzw. Bußgeldverfahrens durch den Betriebsprüfer, DStR 1970, 451 mit Erwiderung von *Sass* DStR 1971, 81 und Schlußwort von *v. Malchus* DStR 1971, 82; *Suhr,* Besteuerungs-Strafverfahren bei Betriebsprüfungen; hier: Einleitung des Steuerstrafverfahrens erst bei hinreichendem Tatverdacht? StBp 1971, 121; *Kopacek,* Die Nichteinleitung des Steuerstrafverfahrens durch den Betriebsprüfer, BB 1971, 1049; *Henneberg,* Löst der Verstoß gegen die Pflicht zur Bekanntgabe der Einleitung des strafrechtlichen Ermittlungsverfahrens nach § 432 Abs. 3 AO, § 13 BpO(St) ein Verwertungsverbot im Strafprozeß aus? DB 1971, 2435; *ders.,* Zur Beachtung der Grundsätze des Strafverfahrensrechts (StPO) durch die Finanzverwaltung in Steuerstrafsachen, Inf 1974, 361.

Zu § 371 II, § 397 AO: *Pfaff,* Einleitung des Steuerstraf- oder Bußgeldverfahrens nach neuem Recht, DStZ 1976, 402; *Ehlers,* Außenprüfung und Selbstanzeige nach der AO 1977, StBp 1977, 49.

91 **Ist dem Täter oder seinem Vertreter die Einleitung eines Straf- oder Bußgeldverfahrens bekanntgegeben worden,** bevor die Selbstanzeige bei einer Finanzbehörde (s. Rdnr. 62ff.) eingeht, tritt die strafbefreiende Wirkung der Selbstanzeige nach § 371 II Nr. 1b AO nicht ein. Dieser Ausschlußgrund, der – ohne das zusätzliche Erfordernis der Bekanntgabe – bereits in den früheren landes- und reichsgesetzlichen Vorschriften über die Selbstanzeige enthalten war (s. Rdnr. 1f.), entspricht dem Grundgedanken des § 371 AO (s. Rdnr. 13); denn eine Selbstanzeige ist nicht mehr geeignet, dem Staat unbekannte Steuerquellen zu erschließen, wenn die Behörde bereits den Verdacht einer Steuerstraftat oder Steuerordnungswidrigkeit gegenüber dem Verdächtigen geäußert und bestimmte Maßnahmen getroffen hat, um den verdachtsbegründenden Anhaltspunkten nachzugehen und den Sachverhalt von sich aus aufzuklären.

92 **Eingeleitet ist das Strafverfahren** wegen einer Steuerstraftat nach § 397 I AO, „*sobald die Finanzbehörde, die Polizei, die StA, einer ihrer Hilfsbeamten oder der Strafrichter eine Maßnahme trifft, die erkennbar darauf abzielt, gegen jemanden wegen einer Steuerstraftat strafrechtlich vorzugehen*". Für die Einleitung des Bußgeldverfahrens gilt § 397 AO gem. § 410 I Nr. 6 AO entsprechend. Die Einleitung besteht in einer *konkreten Maßnahme;* ein bloßer Vermerk, das Straf- oder Bußgeldverfahren sei eingeleitet, genügt nicht (zutr. OLG Köln v. 1. 9. 1970, BB 1335; *Suhr* S. 354; *Kühn/Kutter* 3 zu § 371 AO; *Leise* 7 zu § 397 AO).

93 **Bekanntgegeben** ist die Einleitung eines Strafverfahrens, wenn dem Täter oder seinem Vertreter amtlich mitgeteilt worden ist, daß die Behörde steuerstrafrechtliche Ermittlungen in Gang gesetzt hat. Das Wort „*bekanntgegeben*" ist durch Art. 1 Nr. 8 AOStrafÄndG an die Stelle des Wortes „*eröffnet*" gesetzt worden, um unzutreffende Gedankenassoziationen zwischen der Mitteilung von der Einleitung des Strafverfahrens – also vom Beginn der Erforschung des Sachverhalts – und der Eröffnung des Hauptverfahrens iS der §§ 199ff. StPO zu unterbinden (fehlerhaft zB *Piesker* BB 1962, 212 u. *Lohmeyer* BB 1964, 670).

94 Die Bekanntgabe erfordert stets eine **amtliche Mitteilung.** Mitteilungen von *privater* Seite oder Informationen aus der Finanzverwaltung, die dem Stpfl infolge einer Indiskretion bekanntwerden, ohne daß sie von einem

Erklärungswillen der Behörde getragen werden, genügen dem Erfordernis einer Bekanntgabe nicht; sie können jedoch dem Stpfl die Kenntnis vermitteln, daß seine Tat entdeckt ist, und die strafbefreiende Wirkung einer Selbstanzeige nach § 371 II Nr. 2 AO ausschließen.

95 **Die Form der Bekanntgabe** ist gesetzlich nicht bestimmt. Die Bekanntgabe kann durch ein Schreiben der Behörde oder durch die mündliche Erklärung eines mit der Sache befaßten Amtsträgers erfolgen (OLG Bremen v. 31. 1. 1951, DStZ/B 212). Fernmündliche Mitteilungen sind zwar möglich, aber praktisch nicht geeignet, da sie zu Zweifeln Anlaß geben können. Anderseits kann bei besonderen Erfahrungen einer Behörde im Einzelfall eine förmliche Zustellung nach §§ 3ff. VwZG ratsam erscheinen. Zustellungen durch öffentliche Bekanntmachung (vgl. § 15 VwZG) sind im Hinblick auf das Steuergeheimnis (§ 30 AO) nicht zulässig.

96 Die Bekanntgabe der Einleitung eines Strafverfahrens kann auch durch eine **eindeutige Amtshandlung** erfolgen, die unzweifelhaft als strafverfahrensrechtliche Maßnahme zur Ermittlung einer Steuerstraftat erkennbar ist (*Kopacek* BB 1961, 44), namentlich durch eine Verhaftung oder vorläufige Festnahme des Verdächtigen (§§ 114ff., 127 StPO), wo Zweifel über den strafrechtlichen Zweck der Maßnahme nicht möglich sind, aber auch durch eine Beschlagnahme von Geschäftspapieren oder von Zollgut oder verbrauchsteuerbaren Waren (§§ 94, 98 StPO), durch eine Durchsuchung der Wohnung oder der betrieblich genutzten Räume des Verdächtigen (§ 102 StPO) oder durch seine erste Vernehmung (§ 136 StPO). In solchen Fällen trifft die Sperrwirkung nach § 371 II Nr. 1b AO mit der Kenntnis des Täters von der Entdekkung der Tat nach § 371 II Nr. 2 AO zusammen.

97 **Bei einer Beschlagnahme** wird dem Stpfl die richterliche Beschlagnahmeanordnung vorgewiesen. Wird die Beschlagnahme bei Gefahr im Verzuge durch einen Fahndungsbeamten als Hilfsbeamten der StA (vgl. § 404 S. 2 AO iVm § 98 I StPO) oder durch einen sonst zur Prüfung erschienenen Amtsträger der Finanzbehörde angeordnet (vgl. § 399 AO iVm § 98 I StPO), ist der Stpfl jedenfalls mündlich über den Zweck der Maßnahme zu unterrichten. Bedarf es einer Beschlagnahme nicht, weil der Gegenstand *freiwillig* ausgehändigt wird (vgl. § 94 II StPO), läßt das Herausgabeverlangen nicht ohne weiteres schon auf die Einleitung eines Straf- oder Bußgeldverfahrens schließen.

98 **Bei einer Durchsuchung** schreibt § 106 II 1 StPO ausdrücklich vor, daß der Zweck dieser Maßnahme (§ 102 StPO: Ergreifung einer verdächtigen Person oder Auffindung von Beweismitteln) dem Inhaber der zu durchsuchenden Räume oder Gegenstände (zB Kraftfahrzeug) oder der in seiner Abwesenheit zugezogenen Person vor Beginn der Durchsuchung bekanntgemacht werden muß. Diese Bekanntmachung ist eine Bekanntgabe iS des § 371 II Nr. 1b AO, wenn der Inhaber oder die zugezogene Person entweder mit dem Beschuldigten identisch ist oder wenn sie als sein Vertreter iS dieser Vorschrift (s. Rdnr. 105) angesehen werden kann.

99 **Bei Vernehmungen** ist die Sachlage eindeutig, wenn ein Amtsträger der Steuer- oder Zollfahndung oder der Strafsachenstelle eines FA dem Beschuldigten nach § 136 I StPO bereits zu Beginn der Befragung eröffnet, welche Tat ihm zur Last gelegt wird und welche Strafvorschriften in Betracht kommen. Vielfach beginnt die Befragung einer Person durch einen Amtsträger der Finanzbehörde jedoch zunächst im Besteuerungsverfahren zu dem Zweck, die Besteuerungsgrundlagen festzustellen (vgl. § 199 I AO). Gewinnt der Amtsträger hierbei den über eine bloße Vermutung hinausgehenden Verdacht, daß eine Steuerstraftat oder Steuerordnungswidrigkeit vorliegt, für die sein Gesprächspartner als (Mit-)Täter oder Teilnehmer (mit-)verantwortlich ist, muß er entweder von einer weiteren Befragung absehen oder unverzüglich klarstellen, daß weitere Ermittlungen (auch) einem Straf- oder Bußgeldverfahren dienen und die Mitwirkung an Feststellungen zu diesem Zweck nicht mehr erzwungen werden kann (§ 393 I AO); vgl. dazu:

§ 9 BpO (St)*

Verdacht einer Straftat

Ergibt sich während einer Betriebsprüfung der Verdacht einer Straftat, für deren Ermittlung die Finanzbehörde zuständig ist, so ist die für die Bearbeitung dieser Straftat zuständige Stelle unverzüglich zu unterrichten. Richtet sich der Verdacht gegen den Steuerpflichtigen, dürfen, soweit der Verdacht reicht, die Ermittlungen bei ihm erst fortgesetzt werden, wenn ihm die Einleitung des Strafverfahrens mitgeteilt worden ist (§ 397 Abgabenordnung). Der Steuerpflichtige ist dabei, soweit die Feststellungen auch für die Zwecke des Strafverfahrens verwendet werden können, darüber zu belehren, daß seine Mitwirkung im Besteuerungsverfahren nicht mehr erzwungen werden kann (§ 393 Abs. 1 Abgabenordnung). Die Belehrung ist unter Angabe von Datum und Uhrzeit aktenkundig zu machen.

§ 10 BpO (St)*

Verdacht einer Ordnungswidrigkeit

§ 9 gilt beim Verdacht einer Ordnungswidrigkeit sinngemäß; die Sätze 2 bis 4 gelten nicht, wenn von der Durchführung eines Bußgeldverfahrens nach § 47 des Gesetzes über Ordnungswidrigkeiten abgesehen wird.

100 **Der Inhalt der Mitteilung** muß zweifelsfrei erkennen lassen, daß die Behörde oder (bei mündlicher Bekanntgabe) der mit der Sache befaßte Amtsträger den Verdacht geschöpft hat, daß eine bestimmte Person durch ein bestimmtes Verhalten eine Steuerstraftat oder Steuerordnungswidrigkeit begangen hat, und daß die Behörde (der Amtsträger) den Willen hat, den steuerstrafrechtlichen Verdacht aufzuklären. Da die Einleitung des Strafverfahrens nach § 397 I AO eine Maßnahme erfordert, die darauf abzielt, gegen jemanden steuerstrafrechtlich vorzugehen, kann es im Zeitpunkt der Bekanntgabe der Einleitung des Strafverfahrens nicht mehr zweifelhaft sein, daß die Ermittlungen nicht nur auf die Feststellung der Besteuerungsgrundlagen für steuerliche Zwecke abzielen. Die Absicht, *strafrechtlich* vorzugehen, muß dem Mitteilungsempfänger gegenüber unmißverständlich zum Ausdruck gebracht werden. Mehr oder weniger unbestimmte Andeutungen reichen nicht aus, insbes.

---

* idF des Entwurfs (Stand: 22. 9. 1977)

nicht ein Vorbehalt in der Schlußbesprechung nach § 201 II AO, daß die strafrechtliche Würdigung der Feststellungen einem besonderen Verfahren vorbehalten bleibe (*Leise* 6 B zu § 397 AO). In einem solchen Falle dürfte kein (bisher unausgesprochener) konkreter Tatverdacht vorliegen; denn sonst wäre der Prüfer bereits *vor* der Schlußbesprechung verpflichtet gewesen, das Strafverfahren einzuleiten (*Suhr* S. 353).

101 **Die Tat muß sachlich so genau bezeichnet werden,** wie dies nach dem Stand der Kenntnisse der Behörde (des Amtsträgers) möglich ist (RG v. 12. 2. 1940, RStBl. 314), und zwar vornehmlich durch die Angabe der dem Täter zur Last gelegten Handlungsweise (zB die Vornahme von OR-Geschäften oder das Verschweigen von Warenbeständen oder Forderungen) sowie durch einen Hinweis auf die dadurch verkürzten Steuerarten. Eine *zeitliche* Abgrenzung ist nicht unbedingt erforderlich. Im Gegensatz zur Betriebsprüfung beziehen sich die im Strafverfahren zu treffenden Maßnahmen weniger auf einen bestimmten Zeitraum, als auf einen bestimmten Sachverhalt (*Quenzer* StW 1953, 671). Die in der Verwaltungspraxis vertretene Auffassung, daß in erster Linie die verkürzte Steuerart und der Veranlagungszeitraum anzugeben seien, entspricht eher einer steuerlichen Betrachtungsweise.

102 **Die Angabe einzelner Steuerabschnitte** ist nur zweckmäßig, wenn sich im Zeitpunkt der Bekanntgabe der Einleitung des Strafverfahrens bereits übersehen läßt, daß der Täter die entdeckte Hinterziehungsmethode erst von einem bestimmten Steuerabschnitt an angewendet hat oder angewendet haben kann. In anderen Fällen sollte die Angabe der Steuerabschnitte möglichst umfassend sein, damit der Empfänger der Mitteilung nicht in den Irrtum versetzt wird, das Ermittlungsverfahren werde zeitlich begrenzt, obwohl die Finanzbehörde beabsichtigt, die Hinterziehungsmethode zurückzuverfolgen, soweit die Festsetzungsfrist nach den §§ 169ff. AO noch nicht abgelaufen ist.

103 **Eine Angabe des verletzten Strafgesetzes und der Schuldform** ist nicht erforderlich (*Hübner* 5 zu § 432 RAO 1967; *Leise* 7 zu § 397 AO; *Naumann* S. 423; *Pfaff* S. 148; *Henneberg* Stbg. 1971, 170); mißverständlich *Suhr,* der (auf S. 357 abw. von S. 356) ausführt, aus der Mitteilung müsse sich ergeben, ob ein Straf- *oder* Bußgeldverfahren eingeleitet sei. Ob eine Steuerverkürzung vorsätzlich oder leichtfertig begangen worden ist, kann in vielen Fällen erst nach Abschluß der Ermittlungen zutreffend beurteilt werden.

104 **Als Adressaten der Mitteilung** bezeichnet das Gesetz den Täter oder seinen Vertreter. Der Begriff des Täters umfaßt hier sinngemäß auch den Teilnehmer an der Tat (Anstifter oder Gehilfen); das ist im Hinblick auf den Zweck der Vorschrift unstreitig (vgl. *Hübner* 41 u. *Kohlmann* 154 zu § 395 RAO 1968). Vgl. ferner Rdnr. 105.

105 **Die Worte „oder seinem Vertreter“** sind erst durch die Novelle v. 7. 12. 1951 (s. Rdnr. 5) eingefügt worden, ohne daß die Begr. (BT-Drucks. I/2395) über die Motive Aufschluß gibt. Bei der Auslegung des Gesetzes ist davon auszugehen, daß der Vertreter iS des § 371 II Nr. 1 b AO nur insofern an die Stelle des Täters einer Steuerhinterziehung tritt, als die Bekanntgabe der

Einleitung des Strafverfahrens an ihn die strafbefreiende Wirkung einer nachfolgenden Selbstanzeige ebenso ausschließen soll, als wenn die Mitteilung dem Täter persönlich gemacht worden wäre; eine Vertretung im Willen des Täters findet nicht statt. Aus diesem Grunde braucht der Vertreter iS des § 371 II Nr. 1b AO auch keine Vertretungsmacht zu haben (aM *Zinn* Stbg. 1963, 210). Eine besondere Vollmacht zur Vertretung des Täters in dem Straf- oder Bußgeldverfahren, dessen Einleitung bekanntgegeben werden soll, ist praktisch nicht vorstellbar, da der Täter einen solchen Vertreter nicht eher beauftragen wird, als er etwas von dem gegen ihn eingeleiteten Strafverfahren erfahren hat (insoweit zutr. *Zinn* aaO). Abzulehnen ist deshalb auch die Auffassung von *Hübner* (44 zu § 395 RAO 1968, zust. *Ehlers* S. 51), Vertreter iS des § 371 II Nr. 1b AO sei (nur) derjenige, den der Täter zur Abgabe einer Selbstanzeige bevollmächtigt habe (s. Rdnr. 55); denn es ist nicht anzunehmen, daß der Gesetzgeber für einen derart entlegenen Fall eine Regelung getroffen hat, die überdies zu einer ungerechtfertigten Bevorzugung eines Täters führen würde, der die ,,Rechtswohltat" des § 371 AO am wenigsten verdient hätte (so zutr. *Kohlmann* 155 zu § 395 RAO 1968). Die Bekanntgabe der Einleitung des Straf- oder Bußgeldverfahrens an einen Vertreter ist erforderlich, wenn der Täter selbst nicht erreichbar oder nicht ansprechbar ist, zB sich verleugnen läßt (wie hier *Kohlmann* 156 mwN). Auch bei Abwesenheit oder schwerer Erkrankung des Täters müssen die Amtsträger des FA, der Polizei oder der StA sich notfalls an einen Vertreter wenden können, zB wenn eine Beschlagnahme (s. Rdnr. 97) oder Durchsuchung (s. Rdnr. 98) wegen Gefahr im Verzuge nicht aufgeschoben werden kann. Vertreter iS des § 371 II Nr. 1b AO sind daher alle Personen, die den Täter kraft Gesetzes oder aufgrund einer Vollmacht ohnehin in rechtlichen oder steuerlichen Angelegenheiten vertreten (vgl. §§ 34f., 80f. AO) oder die im gegebenen Falle aufgrund einer engen Beziehung zu dem Täter die Mitteilung der Einleitung des Straf- oder Bußgeldverfahrens für ihn entgegenzunehmen vermögen und dazu bereit sind. In diesem Sinne sind Vertreter des Täters zB sein Ehegatte, andere Personen seines Vertrauens (ausf. *Kopacek* S. 90) oder der Dienstvorgesetzte bei einem Angehörigen der Bundeswehr, des BGS oder der Bereitschaftspolizei (vgl. den Sachverhalt zu FG Düsseldorf v. 18. 9. 1957, DStZ/B 517, 519); bedenklich *Kühn/Kutter* (3 zu § 371 AO), zu eng *Ehlers* aaO, der eine besondere Bevollmächtigung zur Vertretung im Straf- oder Bußgeldverfahren fordert.

106 **Der persönliche Umfang der Sperrwirkung** ist beschränkt auf diejenige Person, der oder deren Vertreter die Einleitung des Strafverfahrens bekanntgegeben worden ist. Auf die Sperrwirkung hat es keinen Einfluß, wenn die der Bekanntgabe folgenden Ermittlungen erweisen, daß die in der Mitteilung als Täter angesprochene Person nur als Teilnehmer an der Tat mitgewirkt hat oder die als Teilnehmer angesprochene Person in Wahrheit als (Mit-)Täter verantwortlich ist. Dagegen tritt die Sperrwirkung zum Nachteil eines Vertreters nicht ein, wenn sich im Verlauf der Ermittlungen herausstellt, daß die als Vertreter angesprochene Person sich als (Mit-)Täter oder Teilnehmer (mit-)schuldig gemacht hat. Die Selbstanzeige eines vermeintlich unbeteiligten Vertreters ist jedenfalls in dem Augenblick noch rechtzeitig, in dem ihm die Einleitung des Strafverfahrens gegen einen Dritten bekanntgegeben wird; denn in diesem Zeitpunkt ist aufgrund des Inhalts der Mitteilung offenkundig, daß seine eigene Beziehung zu der Tat noch nicht entdeckt ist (vgl. § 371 II Nr. 2 AO).

107 **Der sachliche Umfang der Sperrwirkung** richtet sich grundsätzlich nach dem Inhalt der Mitteilung. Je enger die Tat umschrieben ist, um so weiter reicht die Möglichkeit, wegen anderer Steuerstraftaten strafbefreiende Selbstanzeige noch rechtzeitig zu erstatten. Dabei ist in erster Linie von der Angabe der Handlung oder Unterlassung auszugehen, die dem Täter zur Last gelegt worden ist (s. auch Rdnr. 101 f.); nur zusätzlich kann die Abgrenzung auch nach den Folgen der Tat für bestimmte Steuerarten und Steuerabschnitte erfolgen (str., aM *Ehlers* S. 50, *List* S. 49). Die steuerrechtliche Abgrenzung nach Steuerarten und Steuerabschnitten (Veranlagungszeiträumen usw.) ist strafrechtlich weniger genau als eine Angabe der dem Täter vorgeworfenen Tat. Ist dem Täter zB die Einleitung des Strafverfahrens bekanntgegeben worden wegen des Verdachts, durch OR-Geschäfte USt, ESt und GewSt für bestimmte Jahre verkürzt zu haben, ist er nach dem Empfang einer entsprechenden schriftlichen Mitteilung noch in der Lage, Teilselbstanzeige wegen derjenigen ESt-Verkürzung zu erstatten, die in demselben Zeitraum aus unrichtigen Angaben über Sonderausgaben (§ 10 EStG) oder über außergewöhnliche Belastungen (§§ 33, 33a EStG) erwachsen ist.

108 **Ist in der Mitteilung über die Einleitung des Strafverfahrens die tatbestandsmäßige Handlung oder Unterlassung angegeben,** erstreckt sich die Sperrwirkung auf *alle* Steuerarten, die von der angegebenen Handlung oder Unterlassung betroffen worden sind, bei der Einleitung des Strafverfahrens wegen Schmuggels zB auf den Zoll und eine etwa verkürzte EUSt, Verbrauchsteuer oder Abschöpfung, jedoch nicht auf USt, GewSt und ESt, die aus Verkaufserlösen des Schmuggelgutes entstanden sein können (glA *Suhr* S. 356).

109 **Auch wenn die Tat nur nach Steuerarten und Steuerabschnitten bezeichnet worden ist,** kann der Täter eine strafbefreiende (Teil-)Selbstanzeige nicht mehr hinsichtlich derjenigen Steuern erstatten, die *durch dieselbe Tat* neben oder anstelle der zunächst angegebenen Steuer verkürzt worden sind, zB für die durch eine unrichtige Gewinnermittlung neben der ESt verkürzte GewSt, wenn die abschließende Würdigung des Sachverhalts ergibt, daß der Täter nicht freiberuflich, sondern gewerblich tätig gewesen ist (glA *Suhr* S. 357, *Kopacek* S. 156, *Leise* 8 B zu § 395 RAO 1968; aM *Kohlmann* 162 zu § 395 RAO 1968). Bei der Beurteilung, ob dieselbe Tat vorliegt, ist die Feststellung eines Fortsetzungszusammenhangs nicht entscheidend (glA OLG Hamburg v. 27. 1. 1970 NJW 1385, *List* S. 49, *Suhr* u. *Kohlmann* 160 aaO; aM *Leise* u. *Kopacek* aaO); denn die Begriffseinheit des Fortsetzungszusammenhangs dient verfahrensökonomischen Zwecken bei der Strafzumessung; bei der Selbstanzeige kann sie im Hinblick auf Zweck (s. Rdnr. 13) und Wortlaut des

Gesetzes *(„insoweit")* keine Bedeutung beanspruchen (s. auch Rdnr. 127; anders noch 1. Aufl., Rdnr. 112 zu § 395 RAO). Die Angabe bestimmter Steuerabschnitte hat daher einschränkende Wirkung auch dann, wenn die Ermittlungen ergeben, daß Einzelakte einer fortgesetzten Tat *vor* oder *nach* dem Zeitraum begangen worden sind, den die Behörde bei der Bekanntgabe der Einleitung des Strafverfahrens bezeichnet hatte.

3. Wiederaufleben der Berichtigungsmöglichkeit in den Fällen des § 371 II Nr. 1 AO

Schrifttum:
Bauerle, Die Selbstanzeige nach Durchführung einer Betriebsprüfung, DStZ 1957, 161; *Heumann,* Strafbefreiende Selbstanzeige nach durchgeführter Betriebsprüfung ab Schlußbesprechung wieder möglich? StBp 1963, 296 mit Erwiderung von *Suhr* StBp 1964, 19.

110 Die Frage, ob die Möglichkeit einer strafbefreienden Selbstanzeige nach dem Abschluß einer steuerlichen Prüfung oder dem Abschluß der Ermittlungen wegen einer Steuerstraftat oder Steuerordnungswidrigkeit wieder aufleben kann, ist vornehmlich im Hinblick auf die nach § 371 II Nr. 1 a AO durch das Erscheinen eines Amtsträgers ausgelöste Sperrwirkung erörtert worden. Dieselbe Frage kann aber auch in den Fällen des Buchst. b Bedeutung gewinnen, wenn ein Straf- oder Bußgeldverfahren nach Bekanntgabe der Einleitung abgeschlossen wird, ohne daß der straf- oder bußrechtlich relevante Sachverhalt vollständig aufgeklärt worden ist.

111 Nachdem die Novelle v. 7. 12. 1951 (s. Rdnr. 5) erstmalig bestimmt hatte, daß die strafbefreiende Wirkung einer Selbstanzeige auch durch das Erscheinen eines Prüfers der Finanzbehörde ausgeschlossen sein sollte, bildete sich in der Verwaltungspraxis (*Terstegen* S. 123) zunächst die Auffassung, daß die Ausschlußwirkung *für alle Zeiten* bestehen bleibe. Im Schrifttum führte *Mattern* wiederholt aus, daß eine zeitlich unbeschränkte Ausschlußwirkung dem Wortlaut und dem Zweck der Vorschrift entspreche (DStR 1952, 78; 1954, 460); die strafbefreiende Wirkung der Selbstanzeige dürfe keine „Prämie" dafür sein, daß der Täter *„die Steuerhinterziehungen so raffiniert angelegt hat, daß sie im Laufe der Prüfung nicht herausgekommen sind, und daß er auch während der Prüfung den Prüfer hinter das Licht geführt hat"* (NJW 1952, 492). Solche Erwägungen sind jedoch nicht sachgerecht. Die Wirkung einer Selbstanzeige ist auch sonst nicht davon abhängig, ob die Steuerhinterziehung mehr oder weniger durchsichtig angelegt war; ferner begründet die Nichtentdeckung der Tat keine Vermutung für eine besonders verwerfliche Handlungsweise des Täters vor oder während der Prüfung. Der Wortlaut *(„zur steuerlichen Prüfung ... erschienen")* läßt offen, ob die Möglichkeit einer strafbefreienden Selbstanzeige nur für die Dauer der Prüfung gehemmt oder endgültig ausgeschlossen sein soll. Dem rechtspolitischen Zweck der Selbstanzeige (s. Rdnr. 13) wird nur die erste Auslegung gerecht. Wenn eine Prüfung abgeschlossen ist, ohne daß der Prüfer, die mit der Auswertung seines Berichts befaßte Veranlagungsstelle und die Strafsachenstelle des FA eine schuldhafte Steuerverkürzung entdeckt haben, ist nicht nur die Lage vor dem Erscheinen des Prüfers wiederhergestellt *(Schulze-Brachmann* BB 1952, 773), sondern die

Aussicht auf Entdeckung der verborgenen Steuerquelle erheblich *geringer* als vorher. Entsprechend *stärker* ist das Interesse des Staates an einer nachträglichen Selbstanzeige (*Barske* DStR 1952, 202; *Troeger/Meyer* S. 258; *Firnhaber* S. 108f.). Zwar ist es nicht ausgeschlossen, daß die Tat nach einer ergebnislosen Prüfung durch eine Kontrollmitteilung oder durch eine Fremdanzeige noch entdeckt wird, aber die hauptsächliche Entdeckungschance ist verloren; denn die meisten Außenprüfungen sind turnusmäßige Betriebsprüfungen, die hinsichtlich derselben Steuerarten und -abschnitte ohne besonderen Anlaß nicht wiederholt werden (*Spitaler* FR 1952, 324).

112 Zu Recht befürworten daher die Finanzminister (-senatoren) der Länder im Einvernehmen mit dem BdF seit 1957 die Auslegung, daß eine Selbstanzeige mit strafbefreiender Wirkung auch für die geprüften Steuerarten und -abschnitte wieder erstattet werden kann, **sobald die Prüfung abgeschlossen ist** (vgl. zB FinMin Nordrhein-Westfalen v. 23. 4. 1957, FR 1959, 91; ebenso außer den bereits Genannten *Bremer* DB 1951, 991; *Susat* DStR 1952, 33; *Quenzer* StW 1953, 665; *Maaßen* FR 1954, 293; *Bauerle* DStZ 1957, 161; *Vogel* FR 1960, 443; *Kopacek* BB 1961, 41; *Coring* DStR 1963, 377; *Lohmeyer* StBp 1963, 298 u. ZfZ 1972, 176f.; *Barske/Gapp* S. 87; *Suhr* S. 363; *Ehlers* S. 48; *Hartung* V 3a zu §§ 410, 411 RAO 1951; *Leise* 8 A zu § 395 RAO 1968; *Kühn/Kutter* 2 u. *Klein/Orlopp* 6 zu § 371 AO; aM *List* S. 43; *Hübner* 29 u. *Kohlmann* 128 zu § 395 RAO 1968; *Kratzsch* StW 1974, 74).

113 **Abgeschlossen ist eine steuerliche Prüfung,** sobald das FA die aufgrund der Prüfung erstmalig erlassenen oder berichtigten Steuer-, Steuermeß- oder Feststellungsbescheide abgesandt oder – wenn die Prüfung kein Ergebnis erbracht hat – den Prüfungsvorgang zu den Akten geschrieben hat. § 202 I 3 AO schreibt vor, daß es dem Stpfl schriftlich mitzuteilen ist, wenn *„die Außenprüfung zu keiner Änderung der Besteuerungsgrundlagen führt"* – gemeint ist: wenn die Prüfung dem FA keine neuen Kenntnisse von den Besteuerungsgrundlagen vermittelt hat, die eine Änderung der Bescheide erfordern. Die Absendung einer Mitteilung nach § 202 I 3 AO steht der Absendung eines Steuerbescheids gleich. Der Zeitpunkt der Absendung ist aus den Akten eindeutig bestimmbar, und der Vorgang erlaubt keinen Zweifel, daß der Beamte, dessen Erscheinen die Sperrwirkung nach § 371 II Nr. 1a AO ausgelöst hat, nicht zurückkehren wird.

114 **Der frühere Zeitpunkt der Schlußbesprechung** (§ 201 AO) soll nach der abw. Meinung von *Heumann* (StBp 1963, 296) jedenfalls dann maßgebend sein, wenn Stpfl und FA dabei über die Feststellungen des Prüfers in vollem Umfang Einvernehmen erzielt haben. Habe der Prüfer eine Steuerstraftat bis zum Ende der Schlußbesprechung nicht herausgefunden, sei nach der Lebenserfahrung anzunehmen, daß er die Tat im Rahmen dieser Prüfung nicht mehr entdecken werde. Auch widerspreche es Treu und Glauben, wenn der Prüfer trotz Einigung in der Schlußbesprechung zurückkehre und die Prüfung fortsetze. Diese Erwägungen sind nicht stichhaltig. Es kommt nicht selten vor, daß ein Prüfer nach der Schlußbesprechung noch Randfragen oder tatsächliche Zweifel, die womöglich erst in der Schlußbesprechung aufgekommen

sind, vor Absetzung des Prüfungsberichts im Betrieb des Stpfl klären muß, oder daß die Veranlagungsstelle des FA, die für die Auswertung des Berichts zuständig ist, die weitere Aufklärung des Sachverhalts in einem bestimmten Punkt verlangt (vgl. *Coring* DStR 1963, 377; *Suhr* StBp 1964, 19). Mit Wirkung ab 1. 1. 1966 schrieb § 15 II BpO (St) aF (ab 1. 1. 1977: § 202 II AO) ausdrücklich vor, daß das FA dem Stpfl auf Antrag vor der Auswertung eine Abschrift des Berichts übersenden und ihm Gelegenheit geben muß, dazu Stellung zu nehmen. Wenn aber nach der Schlußbesprechung neue Einwendungen des Stpfl nicht ausgeschlossen sind, kann es auch dem FA nicht verwehrt sein, die Prüfung erforderlichenfalls nach einer Schlußbesprechung fortzusetzen. Der Regelung des § 371 I Nr. 1a AO liegt das Bestreben des Gesetzgebers zugrunde, klare Verhältnisse zu schaffen und Erwägungen darüber auszuschließen, ob der Prüfer eine Zuwiderhandlung im Verlauf der Prüfung auch ohne die Selbstanzeige entdeckt hätte oder nicht. Solche Wahrscheinlichkeitserwägungen können daher auch für das Ende der Sperrfrist nicht maßgebend sein. Erst durch die Absendung berichtigter Bescheide oder Mitteilungen nach § 202 I 3 AO gibt das FA verbindlich zu erkennen, daß die Prüfung beendet ist und welche steuerrechtlichen Folgerungen aus der Prüfung gezogen werden.

115 Für das **Wiederaufleben der Berichtigungsmöglichkeit nach straf- oder bußrechtlichen Ermittlungen** oder nach Bekanntgabe der Einleitung eines Straf- oder Bußgeldverfahrens gelten die Erläuterungen zum Abschluß einer steuerlichen Prüfung entsprechend:

116 a) Haben die straf- oder bußrechtlichen Ermittlungen den Verdacht einer Steuerstraftat oder Steuerordnungswidrigkeit *nicht* bestätigt, ist eine strafbefreiende Selbstanzeige wieder möglich, sobald der Prüfungsvorgang mit der Einstellungsverfügung zu den Akten geschrieben wird (s. Rdnr. 113).

117 b) War dem Stpfl die Einleitung des Straf- oder Bußgeldverfahrens bekanntgegeben worden (§ 371 II Nr. 1b AO), ist er gem. § 170 II StPO von der Einstellung des Verfahrens in Kenntnis zu setzen. Diese Mitteilung hat dieselbe Wirkung wie in den Fällen des § 371 II Nr. 1a AO ein berichtigter Steuerbescheid oder eine Mitteilung nach § 202 I 3 AO.

118 c) Bieten die Ermittlungen genügenden Anlaß zur Erhebung der öffentlichen Klage wegen einer Steuerstraftat, hat entweder die StA gem. § 170 I StPO eine Anklageschrift einzureichen oder das FA gem. § 400 AO beim Amtsgericht den Erlaß eines Strafbefehls zu beantragen. In diesen Fällen ergibt sich die Frage, ob die Selbstanzeige wegen eines noch nicht entdeckten Teils der Tat erst wieder möglich ist, nachdem das Strafverfahren endgültig abgeschlossen ist, oder bereits zu einem früheren Zeitpunkt. Durch die Anklageschrift oder den Strafbefehlsantrag wird zwar der zu beurteilende Sachverhalt mit bindender Wirkung für das erkennende Gericht begrenzt. Auch kann die Abgrenzung der „Tat" nicht durch Eröffnungsbeschluß (§ 203 StPO) erweitert werden, wohl aber in der Hauptverhandlung erster Instanz durch Nachtragsanklage der StA und Beschluß des Gerichts gem. § 266 StPO.

Nachtragsanklage ist auch möglich, wenn die Hauptverhandlung gem. § 408 II StPO im Anschluß an einen Strafbefehlsantrag oder gem. § 411 I StPO auf Einspruch gegen einen Strafbefehl stattfindet. In der Berufungsinstanz ist Nachtragsanklage ausgeschlossen, weil dadurch eine Instanz verloren ginge (RG 62, 130, 132 v. 19. 12. 1927), erst recht in der Revisionsinstanz. Möglich ist aber, daß das Revisionsgericht das Urteil erster Instanz wegen verfahrensrechtlicher Mängel aufhebt, die Sache an das Gericht erster Instanz zurückverweist und die StA die Nachtragsanklage in der zweiten Hauptverhandlung erster Instanz erhebt. Danach ist die tatsächliche Abgrenzung einer Tat mit Sicherheit nicht einmal dann gewährleistet, wenn die Sache in der Revisionsinstanz anhängig ist. Diese Erwägung spricht dafür, die Selbstanzeige bisher nicht entdeckter Teile einer Tat, die mit dem angeklagten Tatsachenkomplex zusammenhängt, erst dann für wirksam zu erachten, wenn das anhängige Straf- oder Bußgeldverfahren *endgültig* abgeschlossen ist. Unberührt bleibt jedoch die Möglichkeit der strafbefreienden Selbstanzeige insoweit, als die noch nicht entdeckte Tat mit der Tat, die den Gegenstand des bereits anhängigen Strafverfahrens bildet, in keinem sachlichen Zusammenhang steht, zB kann eine ESt-Hinterziehung mit strafbefreiender Wirkung trotz eines anhängigen Strafverfahrens wegen Schmuggels im Reiseverkehr angezeigt werden.

4. Die Entdeckung der Tat (§ 371 II Nr. 2 AO)

Schrifttum:
Franzen, Zum Begriff der Entdeckung der Tat im Steuerstrafrecht (§ 410 AO), NJW 1964, 1061; *Leise,* Zum Begriff der Tatentdeckung bei Selbstanzeige, BB 1972, 1500; *Pfaff,* Entdeckung der Tat bei der Selbstanzeige, FR 1972, 415; *ders.,* Entdeckung der Tat nach § 395 AO, StBp 1974, 186, SchlHA 1974, 119 u. Inf 1974, 282; *ders.,* Ausschluß der Straffreiheit wegen Tatentdeckung nach § 371 Abs. 2 Nr. 2 AO n. F., DStZ 1976, 426.

119 **Systematisch** ist § 371 II Nr. 2 AO gegenüber den früheren Fassungen der Vorschrift und § 354 II Nr. 2 EAO 1974 (BT-Drucks. VI/1982) in der Weise verbessert worden, daß zuerst die Entdeckung der Tat und dann erst das Wissen oder damit-Rechnen-müssen des Täters angeführt wird. Damit wird klargestellt, „*daß es für die Rechtzeitigkeit der Selbstanzeige darauf ankommt, ob die Tat objektiv bereits entdeckt war. Der Täter, der irrtümlich angenommen hatte oder bei verständiger Würdigung der Sachlage damit hätte rechnen müssen, daß die Tat bereits entdeckt war, obwohl dies nicht zutraf, verliert damit noch nicht die Möglichkeit der Selbstanzeige*" (Bericht des Finanzausschusses BT-Drucks. 7/4292 S. 44). Die zur früheren Fassung insbes. von *Hartung* (V 3b zu §§ 410, 411 RAO 1951, ferner *Leise* 8 C zu § 395 RAO 1968 u. *Henneberg* Inf 1971, 351) bejahte Frage, ob die irrtümliche Annahme der Entdeckung für den Eintritt der Sperrwirkung genüge, ist damit im verneinenden Sinne der hM (Nachweise s. 1. Aufl. Rdnr. 130 zu § 395 RAO) authentisch entschieden und gegenstandslos geworden.

120 **Entdeckt ist die Tat,** wenn der Amtsträger einer Behörde mindestens einen Teil des wirklichen Tatgeschehens oder der Tatfolgen unmittelbar selbst wahrgenommen hat (zutr. *Kohlmann* 168 zu § 395 RAO 1968 unter Hinweis

auf OLG Hamm v. 26. 10. 1962, BB 1963, 459, und BayObLG v. 4. 6. 1970, DStR 1971, 87). Durch das Erfordernis der *unmittelbaren* Selbstwahrnehmung der Tatwirklichkeit unterscheidet sich die Entdeckung der Tat von einem Tatverdacht, der sich zB auch auf Zeugen *vom Hörensagen* stützen kann (vgl. LG Flensburg v. 20. 8. 1953, DStR 547f.). Der Beobachtung des Tatgeschehens steht die Wahrnehmung des entscheidenden Beweismittels, zB der Aufzeichnungen über unverbuchte Geschäftsvorfälle, gleich. Die Kenntnis von Anhaltspunkten, die den Verdacht einer Steuerhinterziehung begründen und bei pflichtgemäßem Verhalten der beteiligten Amtsträger zur Einleitung des Strafverfahrens führt, genügt für die Entdeckung noch *nicht* (anders 1. Aufl. Rdnr. 122, übernommen von OLG Hamburg v. 27. 1. 1970, NJW 1387, und *Kühn/Kutter* 3 zu § 371 AO); denn Entdeckung erfordert *mehr* als Verdacht (überzeugend *Kohlmann* 168 sowie *Leise* 8 C zu § 395 RAO 1968, ebenso schon *Troeger/Meyer* S. 261).

121 **Nicht ausreichend ist die Entdeckungsgefahr** oder die *überwiegende* oder *naheliegende Wahrscheinlichkeit* der Entdeckung (aM AG Husum v. 8. 6. 1953, DStR 547, und *Pfaff* DStR 1970, 556). Andererseits erfordert die Entdeckung nicht, daß die Behörde die Tat bereits in allen Einzelheiten und die Tatfolgen in vollem Umfang zu übersehen vermag (arg.: *„zum Teil entdeckt"*). Entdekkung der *„Tat"* bedeutet, daß die Person des Täters regelmäßig noch nicht bekannt zu sein braucht (*Hübner* 48 u. *Leise* 8 C zu § 395 RAO 1968); dies gilt jedenfalls für alle *intellektuellen* Formen der Steuerhinterziehung, bei denen der Täterkreis von vornherein eingegrenzt werden kann (ähnl. *Suhr* S. 364 u. *Fischer* StWa 1971, 99, nach denen mindestens die Person des *möglichen* Täters festgestellt sein muß). Bei Zoll- oder Steuerhinterziehung durch *körperliche* Tätigkeit, zB bei der Entdeckung der Entfernung von Waren aus einem Zollgutlager, erscheinen konkrete Vorstellungen von der Person des Täters oder der Täter unerläßlich, wenn der Grundgedanke des § 371 II Nr. 2 AO zur Geltung kommen soll.

122 **Von den subjektiven Tatbestandsmerkmalen** muß der Entdecker soviel wahrgenommen haben, daß er die strafrechtliche Bedeutung des objektiven Tatgeschehens in ihrem wesentlichen Kern erkannt hat (vgl. RG 71, 242, 243 v. 28. 5. 1937 zu § 46 Nr. 2 StGB aF; *Kopacek* S. 173; *Kohlmann* 170f. zu § 395 RAO 1968 mit Hinweis auf OLG Hamm u. BayObLG aaO Rdnr. 120). Namentlich reichen die äußerlichen Erscheinungsformen einer intellektuellen Steuerhinterziehung regelmäßig nicht aus, um ohne besondere Erkenntnisse über den Täterwillen die strafrechtliche Relevanz einer Handlung zu durchschauen (s. Einl 12f.). Daher ist die Auffassung, daß bereits die Wahrnehmung der objektiven Tatbestandsmerkmale für die Entdeckung der Tat genüge (OLG Celle v. 5. 11. 1970, DB 1971, 707; *Troeger/Meyer* S. 261), grundsätzlich abzulehnen. Nur ausnahmsweise ermöglicht der objektive Tathergang einen unmittelbaren Schluß auf den Täterwillen, zB die Wahrnehmung, daß jemand rotgefärbtes Heizöl in den Dieseltank eines Kfz einfüllt oder bei Nacht und Nebel mit Gepäck über die Grenze geht.

23 **Einzelfälle:**
Stößt ein Veranlagungssachbearbeiter zufällig auf den Namen eines freiberuflich tätigen Stpfl, dessen Anfangsbuchstabe auf die Zugehörigkeit zu seinem Dezernat deutet, so liegt in der *Anfrage nach seiner Steuernummer* noch keine Entdeckung einer Steuerhinterziehung, wenn auch die Möglichkeit besteht, daß der – in Wirklichkeit überhaupt nicht erfaßte – Stpfl bei einem anderen FA geführt wird (OLG Frankfurt v. 18. 10. 1962, NJW 1962, 974, 976).

Die Kenntnis von dem fruchtlosen *Ablauf einer steuerlichen Erklärungsfrist* bedeutet noch nicht die Entdeckung einer Steuerhinterziehung, weil die Fristversäumnis noch keine Rückschlüsse auf eine Steuerschuld und auf den Vorsatz der Steuerhinterziehung erlaubt (OLG Hamburg v. 27. 1. 1970, NJW 1385 mit zust. Anm. *Herdemerten* ebenda sowie abl. Anm. *Kopacek* NJW 1970, 2098 und *Henneberg* Inf 1971, 351; aM auch OLG Celle v. 5. 11. 1970, DB 1971, 707, das die Kenntnis der objektiven Tatbestandsmerkmale für ausreichend erachtet, s. Rdnr. 122; demgegenüber wie hier *Leise* BB 1972, 1501 und *Kohlmann* 176ff. zu § 395 RAO 1968).

Der Umstand, daß ein Stpfl es zu *Schätzungen* und zu *Haftungsbescheiden* kommen läßt, rechtfertigt für sich allein noch nicht die Annahme, daß Steuerhinterziehungen entdeckt sind (BayObLG v. 4. 6. 1970, DStR 1971, 87).

Mahnungen oder die *Androhung von Zwangsmitteln* reichen nicht (LG Hanau v. 20. 2. 1967, zust. zit. von *Leise* DStR 1971, 58; aM OLG Celle v. 15. 7. 1971, DStZ/B 406, für die Versäumung der Pflicht zur Abgabe von LSt-Anmeldungen und Abführung einbehaltener LSt). In Wirklichkeit sind Zwangsmittel (vgl. §§ 328ff. AO) Anzeichen dafür, daß das FA weder einen Verdacht auf Steuerhinterziehung geschöpft noch eine solche Tat entdeckt hatte; sonst hätte es von Zwangsmitteln absehen und das Strafverfahren einleiten müssen.

Kontrollmitteilungen, die beim FA über bestimmte Geschäftsvorfälle eines Stpfl vorliegen, schließen eine strafbefreiende Selbstanzeige solange nicht aus, bis das FA erfährt, daß die betreffenden Geschäfte nicht verbucht worden sind (zutr. *Pfaff* DStR 1970, 556).

24 **Welcher Behörde der Amtsträger angehört, der die Tat entdeckt hat,** ist für den Ausschluß der strafbefreienden Wirkung einer Selbstanzeige im allgemeinen unerheblich. *Suhr* (S. 364) spricht von der Entdeckung durch *„die Finanzbehörde . . . und die gleichfalls zur Verfolgung von Steuervergehen zuständigen anderen Behörden"* sowie von den nach § 116 AO *„anzeigepflichtigen Behörden"* (glA *Kohlmann* 182 u. *Leise* 8 C I zu § 395 RAO 1968); nach anderen entscheidet das Wissen der „zur Entdeckung *befugten* Behörde" (*Barske/Gapp* S. 87), der „zur Entdeckung *zuständigen* Behörde" (*Troeger/Meyer* S. 261), der „zur Entdeckung *verpflichteten* Behörde" (*Firnhaber* S. 126) oder sogar nur der *„zur Einleitung des Ermittlungsverfahrens zuständigen Behörde"* (*Ehlers* S. 52). Entscheidend ist, daß die in § 386 I 2 AO angeführten Finanzbehörden sowie Polizei und StA dem Legalitätsgrundsatz unterliegen (§ 152 II, § 163 I StPO) und andere Behörden nach § 116 AO verpflichtet sind, den Finanzbe-

hörden Tatsachen, die sie dienstlich erfahren und die den Verdacht einer Steuerstraftat begründen, mitzuteilen, soweit dies nicht durch Sondervorschriften untersagt (vgl. § 12 I 2 StatG, § 14 V WiSichG, § 18 IV WaSichG, § 16 V ESichG, § 24 III ArbSichG, § 15 V VSichG) oder eingeschränkt ist (vgl. § 7 IV AltölG, § 11 III FLSchG, § 5 IV BzBlG, § 27 II u. § 57 VII BImSchG, § 15 IV BLG, § 46 IX GWB, § 8 G über die Anzeige der Kapazitäten von Erdöl-Raffinerien und von Erdölrohrleitungen, § 12 S. 1 G über Mindestvorräte an Erdölerzeugnissen, § 36 IV KohleAnpG, § 21 III WHG, § 10 IV EnSichG, § 9 II KWG, § 7 I LwG, § 8 III MarktstrukG, § 6 IV WeinwirtG, § 72 V 2 BerufsbG, § 7 IV 2 AFG, § 8 IV 2 AÜG, § 33 IV WaStrG).

125 **Durch eine Privatperson** ist nach hM auch eine Steuerhinterziehung bereits entdeckt, *„wenn ein Unbekannter, der nicht zum Kreis des Täters gehört“,* das Vorliegen einer strafbaren Handlung erkannt hat. Dagegen ist eine Tat nach hM noch nicht entdeckt, *„wenn außer dem Täter Personen seines Vertrauens – hier seine Frau und der Steuerberater – von ihr wissen“* (OLG Frankfurt v. 18. 10. 1961, NJW 1962, 974; ebenso OLG Hamm v. 26. 10. 1962, BB 1963, 459). Im Schrifttum hat grundsätzlich auch *Hartung* (V 3b zu §§ 410, 411 RAO 1951; zust. *Kopacek* BB 1961, 45; *List* S. 50; *Terstegen* S. 126; *Maaßen* FR 1954, 294 u. *Hübner* 48 zu § 395 RAO 1968) die Meinung geäußert, daß für die Auslegung des § 371 II Nr. 2 AO die Grundsätze der Rspr zu § 46 Nr. 2 StGBaF und § 310 StGB gelten. Die Entdeckung durch einen Tatunbeteiligten genügt nach *Terstegen* allerdings nur, wenn von ihm *„die Ingangsetzung einer Strafverfolgung erwartet werden kann“,* nach *Maaßen* sogar nur dann, wenn der Dritte *„dazu entschlossen ist, den Täter anzuzeigen“*. Eine entsprechende Anwendung der zu § 46 Nr. 2 StGBaF und § 310 StGB entwickelten Auslegung auf § 371 II Nr. 2 AO wird dem Zweck der Selbstanzeige (s. Rdnr. 13) und den besonderen kriminologischen Bedingungen der Steuerhinterziehung und ihrer Entdeckung nicht gerecht. Die Vorschriften des StGB gewähren Straffreiheit nur dann, wenn die Tat noch nicht abgeschlossen ist. Das Gesetz baut dem Täter eine „goldene Brücke“ zum straflosen Rückzug, um ihm nach Beginn der Tatausführung einen Anreiz zu bieten, das angegriffene Rechtsgut durch Verzicht auf die Vollendung der Tat zu verschonen oder den bereits angebahnten Taterfolg durch positives Tun abzuwenden (BGH 6, 85, 87 v. 7. 4. 1954; 7, 296, 299 v. 14. 4. 1955). Dagegen gewährt § 371 AO Straffreiheit auch dann noch, wenn der Taterfolg bereits vor Jahren eingetreten ist, damit die Steueransprüche wenigstens nachträglich realisiert werden können. Eine Hinterziehung von Besitz- oder Verkehrsteuern kann nur erkennen, wer die Steuererklärung des Täters (oder desjenigen, zu dessen Vorteil der Täter gehandelt hat) kennt und die einzelnen Angaben aus genauer Kenntnis der steuererheblichen Tatsachen und der einschlägigen Steuergesetze zu würdigen weiß. Die Entdeckung einer solchen Steuerhinterziehung kommt daher in der Praxis nur vor, wenn der Täter die Tat von sich aus offenbart oder wenn sie von sach- oder steuerkundigen Personen seines Vertrauens oder von Beamten einer zuständigen oder jedenfalls sachkundigen Behörde erkannt wird. Selbst wenn unter besonderen Umständen eine zufällige Entdeckung durch Außen-

stehende vorkommt, zB bei Schmuggel, kann nicht – wie bei Brandstiftung – ohne weiteres unterstellt werden, daß sie die Tat anzeigen und die Strafverfolgung in Gang setzen, weil Steuerstraftaten im allgemeinen keine gefühlsmäßige Empörung auslösen.

126 **Ist eine Steuerhinterziehung zum Teil entdeckt,** hat eine Selbstanzeige auch hinsichtlich anderer Teile eines ganzen Tatkomplexes keine strafbefreiende Wirkung mehr, zB wenn von mehreren in einer Bilanz verschwiegenen Aktivposten nur *einer* entdeckt oder von mehreren vorgetäuschten Schuldposten nur *einer* durchschaut worden ist; Entsprechendes gilt für die in ein und derselben G + V-Rechnung fehlenden Betriebseinnahmen oder fingierten Betriebsausgaben (glA *Terstegen* S. 126, *Barske/Gapp* S. 87, *Firnhaber* S. 125). Die vorstehenden Beispiele beziehen sich auf den Tatkomplex der Einkünfte aus Gewerbebetrieb (§§ 15ff. EStG) oder aus selbständiger Arbeit (§ 18 EStG). Enthält dieselbe ESt-Erklärung weitere unrichtige Angaben über einen ganz anderen Sachverhalt, zB Sonderausgaben (§ 10 EStG) oder außergewöhnliche Belastungen (§§ 33, 33a EStG), kann insoweit noch eine teilweise strafbefreiende Selbstanzeige erstattet werden, falls nicht inzwischen einer der anderen Ausschließungsgründe des § 371 II AO eingreift (aM *Leise* 8 C I zu § 395 RAO 1968, *Pfaff* FR 1972, 417); zur Teilbarkeit der Steuerverkürzung und der in *einer* Steuererklärung zusammengefaßten Angaben ausf. *Franzen* DStR 1964, 380. *Zum Teil* ist die Tat auch dann entdeckt, wenn nur *Vorstufen* einer vollendeten Steuerhinterziehung wahrgenommen worden sind (glA *Terstegen* S. 126; *Hübner* 49 u. *Kohlmann* 169 zu § 395 RAO 1968).

127 **Bei einer fortgesetzten Steuerhinterziehung** läßt das ältere Schrifttum die Sperrwirkung für die *gesamte* Fortsetzungstat eintreten, wenn nur *ein* Einzelakt der Handlungskette (oder nur ein *Teil* davon) entdeckt ist (vgl. *Maaßen* FR 1954, 294; *Terstegen* S. 126; ebenso noch *Franzen/Gast* 1. Aufl. Rdnr. 126 zu § 395 RAO 1968). Einschränkend hält *Hübner* (50 zu § 395 RAO) die einschneidende Folge einer Teilentdeckung der gesamten Fortsetzungstat nur für gerechtfertigt, wenn *Gesamtvorsatz* iS der strengen Rspr des RG und des BGH (s. Rdnr. 103 zu § 369 AO) gegeben ist, nicht schon dann, wenn nur *Fortsetzungsvorsatz* (s. Rdnr. 104 zu § 369 AO) vorliegt. Demgegenüber wird im neueren Schrifttum betont, daß der Fortsetzungszusammenhang nur eine künstliche Handlungseinheit darstellt, geschaffen aus Gründen der Prozeßökonomie für Zwecke der Strafzumessung (vgl. *Samson* 33 und *Schönke/Schröder* 30ff. vor § 52 StGB mwN). Von hier aus bildet jeder Einzelakt einer fortgesetzten Steuerhinterziehung die „Tat“ iS des § 371 II Nr. 2 AO (glA *Kohlmann* 191ff. zu § 395 RAO 1968 u. *Suhr* S. 366). Danach ist zB mit der Entdeckung einer vorsätzlich unrichtigen ESt-Erklärung für das Jahr 1976 als Teil einer fortgesetzten ESt-Hinterziehung eine strafbefreiende Selbstanzeige wegen unrichtiger ESt-Erklärungen für 1974 und 1975 noch nicht ausgeschlossen (vgl. auch BGH v. 5. 9. 1974, NJW 2293).

128 **Kenntnis von der Entdeckung** liegt vor, wenn der Täter aus den ihm (nachweislich) bekannten Tatsachen (nachweislich) den Schluß gezogen hat, daß eine Behörde (s. Rdnr. 125) von seiner Tat soviel erfahren hat, wie zur

Erkenntnis einer Steuerhinterziehung erforderlich ist (s. Rdnr. 120ff.). Auf die Erkenntnis*quelle* des Täters kommt es nicht an. Außer eigenen Beobachtungen und Äußerungen von Amtsträgern einer Behörde, die *vor* der Bekanntgabe der Einleitung des Straf- oder Bußgeldverfahrens (vgl. § 371 II Nr. 1b iVm § 397 III AO) liegen, kommen auch Mitteilungen Dritter in Betracht, zB von Personen, die nach § 105 II oder § 106 I 2 StPO zu einer Durchsuchung zugezogen worden sind, oder die Äußerung eines Mittäters, er habe wegen der gemeinschaftlichen Tat Selbstanzeige erstattet.

129 **Mit der Entdeckung rechnen müssen** heißt, daß der Täter aus den ihm (nachweislich) bekannten Tatsachen den Schluß hätte ziehen müssen, daß eine Behörde von der Tat seiner Steuerhinterziehung erfahren hatte. Die der Beweiserleichterung dienende Vermutung des Gesetzes bezieht sich also nicht auf den *Stand der Kenntnisse* des Täters, sondern darauf, ob er aus seinen Kenntnissen die *Folgerung auf die Entdeckung* der Tat gezogen hat (zutr. *Mattern* DStR 1954, 460; ferner *Troeger/Meyer* S. 261, *Firnhaber* S. 127, *Hartung* V 3b zu §§ 410, 411 RAO 1951). Das Vorbild einer solchen Beweisregel bietet § 259 StGBaF. Der bei der Hehlerei entstandene Streit um die rechtsstaatliche Zulässigkeit von Beweisregeln (vgl. *Schröder* NJW 1959, 1903) kann auf § 371 II Nr. 2 AO nicht übergreifen, da es sich hier nicht um die Vermutung eines strafbegründenden Schuldmerkmals handelt, sondern nur um die Begrenzung eines Strafaufhebungsgrundes durch Ausschluß von eigensinnigen, abwegigen oder unwahrscheinlichen und deshalb unbeachtlichen Erwägungen des Täters (ähnl. *Maaßen* FR 1954, 295 unter Hinweis auf RGZ 62, 201, 206 v. 22. 12. 1905 zu § 119 I BGB; glA *Hübner* 52 u. *Kohlmann* 187 zu § 395 RAO 1968). Dementsprechend besteht der hier zu führende Nachweis darin, daß einzelne, bestimmte und zwingende Umstände (nicht: *,,Begleitumstände der Tat"*, wie *Kohlmann* aaO formuliert) festgestellt werden, die dem Täter bei entsprechender Bereitschaft und Einsicht die Überzeugung von der Entdekkung seiner Tat hätten aufdrängen müssen.

130 **Ob es bei ,,verständiger Würdigung der Sachlage"** auf das individuelle Verständnis des Täters ankommt (*Susat* DStR 1952, 32; *Mattern* DStR 1954, 461; *Troeger/Meyer* S. 261; *List* S. 51; *Hübner* 53 zu § 395 RAO 1968; *Ehlers* S. 53) oder auf das Verständnis eines unbeteiligten Beobachters, eines ,,durchschnittlichen" Stpfl (*Terstegen* S. 126; *Suhr* S. 367; *Firnhaber* S. 127f.), läßt der Wortlaut des Gesetzes offen. In Abkehr von der früher vertretenen Meinung (s. 1. Aufl. Rdnr. 129 zu § 395 RAO 1968) ist mit der Rspr der ersten Auffassung zu folgen, *,,da es sich bei der Ausschließung von der Rechtswohltat der Selbstanzeige um einen subjektiven Sachverhalt auf strafrechtlichem Gebiet handelt, der nicht anders behandelt werden kann als etwa die Vorhersehbarkeit bei der Fahrlässigkeitstat, die ebenfalls nur rein subjektiv bestimmt werden darf"* (BayObLG v. 24. 2. 1972, BB 524; zust. *Kohlmann* 188 u. *Leise* 8 C II zu § 395 RAO 1968).

IV. Das Erfordernis fristgerechter Nachzahlung (§ 371 III AO)

Schrifttum:

Suhr, Verwirkung des Rechts auf Straffreiheit nach § 410 AO bei nicht fristgemäßer Zahlung, BB 1951, 221; *Barske,* Selbstanzeige und Erlaß der nachzuentrichtenden Steuer, FR 1951, 174; *Maaßen,* Die Bedeutung der Zahlungsfrist in den Fällen der Selbstanzeige nach §§ 410, 411 AO, DStZ 1952, 237; *Wegemer,* Die „Nachzahlung" bei der Selbstanzeige, StP 1952, 576; *Terstegen,* Die Frist nach § 410 Abs. 3 AO, StW 1954, 381; *Leise,* Die Nachzahlungsfrist bei Selbstanzeige, WT 1956, 59; *Lohmeyer,* Die Frist nach § 410 Abs. 3 AO, FR 1963, 567; *Stumpe,* Zur Fristsetzung nach § 410 Abs. 3 AO bei strafbefreiender Selbstanzeige, StBp 1964, 197 mit Erwiderung von *Lohmeyer* StBp 1964, 266; *Kopacek,* Welche Bedeutung hat die Zahlungsfrist nach § 410 Abs. 3 AO? DStR 1965, 164; *Lohmeyer,* Die Anfechtung der Fristsetzung nach § 395 Abs. 3 AO, DStR 1970, 558 und Inf 1975, 543; *Henneberg,* Rechtsbehelf gegen die Fristsetzung der Nachzahlungsfrist nach Erstattung einer Selbstanzeige, BB 1973, 1301; *Schuhmann,* Rechtsweg bei Fristsetzung nach § 371 Abs. 3 AO 1977, MDR 1977, 371 mit Erwiderung von *Hübner* MDR 1977, 726.

1. Zweck und Reichweite des § 371 III AO

131 **Von der Bedingung fristgerechter Nachzahlung** der hinterzogenen Steuern macht § 371 III AO den Anspruch auf Straffreiheit abhängig. Solange die hinterzogenen Beträge nicht nachgezahlt sind, hat der Täter, der eine Berichtigungserklärung nach § 371 I AO rechtzeitig nach § 371 II AO abgegeben hat, nur eine *Anwartschaft auf Straffreiheit* erworben. Der Strafanspruch besteht noch, ist aber *„auflösend bedingt"* (BGH 7, 336, 341 v. 3. 6. 1954) durch die Nachzahlung der hinterzogenen Steuern innerhalb der gesetzten Frist. In dieser Bedingung äußert sich der Wiedergutmachungseffekt der Selbstanzeige.

132 **Unmittelbar infolge einer bloßen Berichtigung** entsteht ein unbedingter Anspruch auf Straffreiheit – abgesehen von Rdnr. 133 – nur dann, wenn Steuerverkürzungen (noch) nicht eingetreten sind, dh die Steuerhinterziehung im Zeitpunkt der Berichtigung (noch) nicht vollendet war, sei es, daß die Tat im Versuch steckengeblieben war oder der Täter die Selbstanzeige bereits erstattet hatte, bevor er veranlagt wurde oder – bei Nichtabgabe einer Steuererklärung – veranlagt worden wäre. Durch die Abgabe unrichtiger Vorauszahlungserklärungen oder USt-Voranmeldungen sind Steuerverkürzungen bereits eingetreten, bevor das FA im Zuge der Veranlagung den Jahressteuerbetrag festsetzt. Bei dem Erschleichen einer Stundung oder eines Erlasses kommt es darauf an, ob das FA dem Antrag bereits stattgegeben hatte oder nicht.

133 **Nur die zu seinen Gunsten hinterzogenen Steuern** braucht der Erstatter einer Selbstanzeige nachzuzahlen, um Straffreiheit zu erreichen. Die Fassung *„zu seinen Gunsten hinterzogen"* in § 371 III AO ist einerseits *enger* als die Auslegung, die § 410 III RAO 1951 mit den Worten *„Summe, die er schuldet"* und § 395 III RAO 1968 mit den Worten *„Steuern, die er schuldet"* durch die Rspr erfahren hatten (vgl. BGH 7, 336, 340ff. v. 3. 6. 1954; BayObLG v. 27. 4. 1972, DStZ/B 287; zust. u.a. *Kohlmann* 87f., abl. u.a. *Franzen/Gast,* 1. Aufl. Rdnr. 133 zu § 395 RAO 1968), da nun unausweichlich geklärt ist,

daß die erst durch Haftungsbescheid aufgrund § 71 AO erzeugten Steueransprüche gegen den Steuerhinterzieher nach § 371 III AO *nicht* erfüllt werden müssen, damit die strafbefreiende Wirkung der Selbstanzeige eintritt. Namentlich brauchen die von einem Angestellten *„zu Gunsten der Firma"*, dh zum Vorteil des Betriebsinhabers hinterzogenen Steuern weder vom Täter noch von seinem Arbeitgeber entrichtet zu werden, damit die Selbstanzeige des Angestellten wirksam wird; der Weg zur Straffreiheit ist nicht davon abhängig, daß *fremde* Steuern fristgerecht nachgezahlt werden. Anderseits ist die ab 1. 1. 1977 geltende Fassung *weiter* als die hier aaO vertretene Auslegung des § 395 RAO 1968, *„wenn der Täter zwar nicht der StSchuldner ist, aber gleichwohl zum eigenen Vorteil Steuern hinterzogen hat. Dies ist zB der Fall bei der Verbrauchsteuerhinterziehung durch Diebstahl aus einem Herstellungsbetrieb"* (Begr. zu § 354 EAO 1974, BT-Drucks. VI/1982 S. 195). Zu eigenen Gunsten hinterzogen sind auch die Steuern, die der geschäftsführende Gesellschafter einer Einmann-GmbH zum Vorteil der Gesellschaft vorsätzlich verkürzt (vgl. den Sachverhalt zu BayObLG aaO).

134 **Jeden Gesamtschuldner** iS des § 44 AO trifft auch bei Anwendung des § 371 III AO die *volle* Last der fristgerechten Nachzahlung (insoweit zutr. BGH 7, 336, 340 v. 3. 6. 1954; bedenklich *Kohlmann* 93 zu § 395 RAO 1968), sofern es sich um primäre, nicht erst durch Haftungsbescheid begründete Steuerschulden handelt (s. Rdnr. 133).

135 **Nur auf den Betrag der hinterzogenen Steuern** bezieht sich die Bedingung des § 371 III AO (BGH v. 13. 11. 1952, BStBl. 1953 I 109, 110). Dieser Betrag braucht nicht übereinzustimmen mit dem gesamten Betrag der Mehrsteuern, die durch eine (erstmalige oder Berichtigungs-)Veranlagung nachträglich festgesetzt worden sind. Der Mehrsteuerbetrag kann den vorsätzlich verkürzten Betrag übersteigen, wenn bei einer Prüfung der steuerlichen Verhältnisse im Anschluß an die Selbstanzeige weitere Besteuerungsgrundlagen entdeckt werden, die der Stpfl *fahrlässig oder ohne Verschulden* nicht angegeben hatte. Eine Aufteilung des gesamten Mehrsteuerbetrages in hinterzogene und nicht hinterzogene Beträge erfordert auch § 71 AO, ferner § 169 II AO, falls die Festsetzungsfrist von einem, vier oder fünf Jahren für nicht hinterzogene Steuerbeträge bereits abgelaufen ist, sowie § 235 I 1 AO. Zur Aufteilung ausf. *Franzen* DStR 1964, 383; 1965, 321.

136 **Steuerliche Nebenleistungen** (§ 3 III AO) zu den vorsätzlich verkürzten Steuern werden von § 371 III AO nicht erfaßt. Dies gilt namentlich für Verspätungszuschläge nach § 152 AO, Stundungszinsen nach § 234 AO, Hinterziehungszinsen nach § 235 AO (*Loose* DStZ 1965, 151; *Leise* 9 A u. *Kohlmann* 90 zu § 395 RAO 1968; aM *List* S. 31 zu § 410 III RAO 1951 u. *Kopacek* S. 183f. zu § 395 RAO 1968) sowie Säumniszuschläge nach § 240 AO (ebenso *Kohlmann* aaO; aM *List* aaO).

2. Die Nachzahlungsfrist

137 **Anspruch auf eine Nachzahlungsfrist** hat der Stpfl in jedem Falle. Das Gesetz erfordert eine Fristsetzung aus doppeltem Grunde: einerseits soll der

Stpfl Gelegenheit erhalten, sich auf die Steuernachzahlung in der ihm bekanntgegebenen Höhe einzustellen; anderseits soll durch den Lauf einer bestimmten angemessenen Frist der Schwebezustand zwischen der Anwartschaft auf Straffreiheit und dem Eintritt oder Verlust der Straffreiheit begrenzt werden.

Auch bei *Fälligkeitsteuern* (s. Einl 92) ist eine Nachzahlungsfrist zu setzen (für Vorauszahlungen RG 63, 305, 307 v. 30. 10. 1929; für LSt LG Hamburg v. 27. 9. 1951, BB 1953, 254). Bei Veranlagungsteuern *kann* die Frist nach § 371 III AO mit den Monatsfristen übereinstimmen, nach deren Ablauf Nachzahlungen aufgrund der (Berichtigungs-)Bescheide kraft Gesetzes (zB § 36 IV EStG; § 22 I, § 23 VStG; § 20 II GewStG) fällig werden (*Suhr* BB 1951, 221), indessen besteht *rechtlich* keine Abhängigkeit (OLG Celle v. 24. 2. 1955, DStR 228).

Eine Frist ist selbst dann zu setzen, wenn voraussehbar ist, daß der Täter aus eigenen Mitteln zur Nachzahlung nicht imstande sein wird, zB im *Konkursfall* (OLG Frankfurt v. 2. 4. 1952, BB 484; vgl. auch LG Wuppertal v. 6. 10. 1952, BB 1953, 136), da ihm die Möglichkeit, die Mittel von nahestehenden Personen kreditweise zu beschaffen (s. Rdnr. 139), nicht von vornherein versagt werden darf. Selbst wenn diese Möglichkeit ausgeschlossen erscheint, verstößt eine Fristsetzung weder gegen das Willkürverbot des Art. 3 GG noch gegen das Sozialstaatsprinzip des Art. 20 I GG (OLG Karlsruhe v. 18. 4. 1974, NJW 1577f.; ebenso BVerfG – 2 BvR 527/74 – v. 30. 7. 1974, das die dagegen gerichtete Verfassungsbeschwerde nicht zur Entscheidung angenommen hat; krit. *Coring* BB 1974, 1515f.).

138 **Eine angemessene Nachzahlungsfrist** muß das FA im Anschluß an die Steuerfestsetzung nach pflichtgemäßem Ermessen bestimmen. Dabei haben strafrechtliche, aus dem Zweck der Selbstanzeige (s. Rdnr. 13) abgeleitete Erwägungen den Vorrang vor wirtschaftlichen und steuerpolitischen Gesichtspunkten. Dies erfordert die Anlegung eines strengeren Maßstabs als bei Stundungen nach § 222 AO (FG Hannover v. 27. 8. 1963, DStZ/B 402; *Kohlmann* 100 zu § 395 RAO 1968), ohne daß die Frist – wie bei Strafzumessungserwägungen – allein an Tat und Täter, seinen Motiven, dem Maß seiner Verantwortlichkeit und den Auswirkungen seines Verhaltens auf andere Stpfl orientiert werden darf (aM *List* S. 36); denn § 371 III AO ist kein „Strafersatz" (OLG Karlsruhe v. 18. 4. 1974, NJW 1577), dh kein Ersatz für eine Strafbefugnis der Finanzbehörde (*Firnhaber* S. 99f., *Kohlmann* aaO). Eine unangemessen lange Fristsetzung würde nicht nur die Wirkung eines verspäteten Strafausspruchs in Frage stellen, sondern auch die Gefahr eines Mißbrauchs mit sich bringen, nämlich durch Vorspiegelung einer Nachzahlungsabsicht oder angeblich vorübergehender Hinderungsgründe die Strafverfolgung zu verzögern oder im Hinblick auf die Verjährung zu vereiteln (OLG Karlsruhe aaO im Anschluß an *Kohlmann* 97 aaO).

139 **Bei der Fristsetzung ist zu berücksichtigen,** daß im Anschluß an den Zeitraum, der bereits zwischen der Vollendung der Tat und der Selbstanzeige vergangen ist, noch ein weiterer Zeitraum vergeht, bevor das FA die Mehr-

steuer nach Auswertung der Selbstanzeige und ihrer Überprüfung festsetzen, der Stpfl sich aber schon auf die zu erwartende Nachzahlung einrichten kann (zust. OLG Karlsruhe v. 18. 4. 1974, NJW 1577; krit. *Coring* BB 1974, 1515 für Fälle unterschiedlicher Auffassung zwischen Täter und FA über den Umfang der hinterzogenen Steuern). Die Verfügung *„Fälligkeit sofort"* reicht als Fristsetzung nicht aus (glA *Suhr* S. 380; *Leise* 9 H zu § 395 RAO 1968; aM OLG Düsseldorf v. 26. 3. 1953, BB 1001; *Hartung* V 3b zu §§ 410, 411 RAO 1951). Durch eine willkürlich zu kurz bemessene Frist darf es dem Stpfl nicht unmöglich gemacht werden, die Nachzahlung rechtzeitig zu leisten (OLG Bremen v. 27. 11. 1957, ZfZ 1958, 84). Die Frist muß daher denjenigen Zeitraum umfassen, den der Stpfl bei bestimmten Aussichten und bei gutem Willen zur Ausschöpfung aller seiner Möglichkeiten braucht, um den benötigten Geldbetrag flüssig zu machen, zB durch Beleihung oder Veräußerung von Vermögensgegenständen oder durch Beschaffung eines persönlichen Darlehens; insoweit ist die wirtschaftliche Lage des Täters auch bei der Entscheidung nach § 371 III AO zu berücksichtigen (zust. OLG Karlsruhe aaO). Unberechtigt wäre jedoch das Verlangen, die Frist so zu bemessen, daß die Nachzahlung ratenweise aus den laufenden Einkünften geleistet werden kann (*Terstegen* StW 1954, 383f.; *Kohlmann* 100 zu § 395 RAO 1968).

140 **Weitere belastende Anordnungen** darf die Finanzbehörde mit einer Fristsetzung nach § 371 III AO nicht verknüpfen, namentlich nicht die Auflage, daß die Straffreiheit davon abhängig sei, daß der Stpfl neben der Nachzahlung der hinterzogenen Steuern *die laufenden Steuern* rechtzeitig entrichte (*Maaßen* DStZ 1952, 237). Das steuerrechtliche Verlangen einer *Sicherheitsleistung* für die verkürzten Steuern macht eine Fristsetzung für die Nachzahlung nach § 371 III AO weder entbehrlich (glA *Kopacek* S. 141), noch steht eine Sicherheitsleistung der Nachzahlung gleich, wenn sie nicht durch Hinterlegung von Zahlungsmitteln nach § 241 I Nr. 1 AO erfolgt (str., s. Rdnr. 152).

141 **Eine Belehrung über die Folgen** einer nicht fristgerechten Nachzahlung schreibt das Gesetz nicht vor (RG 73, 368, 369 v. 27. 11. 1939). Ein entsprechender Hinweis ist in der Praxis jedoch üblich und angebracht (*Mattern* DStR 1954, 461; *List* S. 30; OFD Hamburg v. 19. 10. 1959, BB 1960, 123); im Hinblick auf die einschneidende Bedeutung einer Fristversäumung spricht *Leise* (9 G zu § 395 RAO 1968) zu Recht von einem *nobile officium*.

142 **Erst mit positiver Kenntnis des Täters** wird die Fristsetzung wirksam (OLG Bremen v. 27. 11. 1957, ZfZ 1958, 86f.). Ist der Aufenthalt des Täters auf Dauer unbekannt, hilft auch eine öffentliche Zustellung des Bescheides über die Fristsetzung analog § 40 StPO, § 15 VwZG nicht weiter; überdies erscheint die Zulässigkeit einer öffentlichen Zustellung zweifelhaft (verneinend OLG Bremen aaO, *Kohlmann* 103 zu § 395 RAO 1968).

143 **Sachlich zuständig für die Fristsetzung** ist das FA (HZA), das nach den §§ 387, 390 AO für die Steuerstrafsache sachlich zuständig ist, weil es sich um eine Frist mit rein strafrechtlicher (*Henneberg* Inf 1972, 495: strafverfahrens-

rechtlicher) Bedeutung handelt (zutr. OLG Celle v. 24. 2. 1955, DStR 228; FG Hannover v. 27. 8. 1963, DStZ/B 402; *Terstegen* S. 122; *Suhr* ab 3. Aufl. S. 379; *List* S. 35; *Leise* 9 C I zu § 395 RAO 1968; *Lohmeyer* u. a. in DStR 1970, 559; *Henneberg* aaO; aM OLG Braunschweig v. 26. 3. 1962, DStZ/B 246 u. *Stumpe* StBp 1964, 197: nur das für die Steuerfestsetzung zuständige FA; abw. *Kopacek* S. 129f.: sowohl das eine wie das andere FA). Bei unterschiedlicher Zuständigkeit für die Strafsache und die Abgabenangelegenheit (vgl. § 387 II, § 388 I Nr. 1, 3 AO) hat das für die Strafsache zuständige FA dem Erstatter der Selbstanzeige auch mitzuteilen, von der Zahlung welches hinterzogenen Teilbetrages der insgesamt festgesetzten Mehrsteuern (s. Rdnr. 135) die Straffreiheit abhängt. Von der Frage, welche Finanzbehörde sachlich zuständig ist, muß die Frage unterschieden werden, ob innerhalb ein und derselben Finanzbehörde die Strafsachenstelle (wie ich meine) oder diejenige Stelle zuständig ist, welche die verkürzten Steuern festsetzt (mißverständlich *Kohlmann* 102 zu § 395 RAO 1968); nur dies ist eine Frage der inneren Behördenorganisation, die für die Außenwirkung der Fristsetzung unerheblich ist.

144 **Von der Bestandskraft des Steuerbescheids** ist der Beginn der Frist nach § 371 III AO unabhängig (RG 73, 368, 369 v. 27. 11. 1939). Hat der Stpfl den (Berichtigungs-)Bescheid angefochten, muß er gleichwohl zahlen, um sich die Anwartschaft auf Straffreiheit zu erhalten, wenn nicht die Vollziehung des Bescheids durch die Finanzbehörde nach § 361 II AO bzw. § 69 II FGO oder durch das Finanzgericht nach § 69 III FGO ausgesetzt ist (*Troeger/Meyer* S. 262; *List* S. 38f.; *Suhr* S. 381; *Kohlmann* 105 zu § 395 RAO 1968). Bis zur Entscheidung über einen Antrag auf Aussetzung der Vollziehung ist auch der Ablauf der Frist nach § 371 III AO gehemmt. Strafrechtliche Gesichtspunkte rechtfertigen es nicht, den Antragsteller gegenüber dem Strafanspruch schlechter zu stellen als gegenüber dem Steueranspruch. Müßte er mit Rücksicht auf § 371 III AO zahlen, obwohl ernstliche Zweifel an der Berechtigung der Nachforderung anerkannt werden, wäre sein Anspruch auf vorläufigen Rechtsschutz gegen den Steuerbescheid praktisch hinfällig (vgl. BVerwG 16, 289 v. 2. 9. 1963). Ist der Rechtsbehelf offensichtlich unbegründet oder unzulässig, mag der Antrag auf Aussetzung der Vollziehung unverzüglich abgewiesen werden (*Tipke* 14 zu § 69 FGO).

145 **Ein Rechtsmittel gegen die Fristsetzung nach § 371 III AO** ist in der AO nicht vorgesehen. § 347 II 2 AO und § 33 II 2 FGO schließen die Anwendung der Vorschriften über das außergerichtliche und das gerichtliche Rechtsbehelfsverfahren auf das Straf- und Bußgeldverfahren ausdrücklich aus. Aufgrund Art. 19 IV GG ist jedoch ein Rechtsmittel gegeben, das damit begründet werden kann, daß die Fristsetzung wegen Ermessensfehlgebrauchs nicht rechtswirksam geworden sei (insoweit zutr. OLG Braunschweig v. 26. 3. 1962, DStZ/B 246 u. *Hübner* 25 zu § 395 RAO 1968; aM HessFG v. 7. 2. 1973, EFG 389, *Suhr* S. 381 u. *Henneberg* BB 1973, 1301, die der Meinung sind, daß die Angemessenheit der nach § 371 III AO gesetzten Frist allein im anschließenden Strafverfahren beurteilt werden kann; differenzierend für die Lage *vor* und *nach* Fristablauf *Kohlmann* 107f. zu § 395 RAO 1968).

146 **Bei der Frage des Rechtsweges** gehen die Meinungen noch weiter auseinander. Eine Minderheit hält den *Finanzrechtsweg* für eröffnet, da es sich bei der Fristsetzung nach § 371 III AO um eine Abgabenangelegenheit iS des § 33 FGO handele (OLG Braunschweig u. *Hübner* MDR 1977, 726, ferner *Ehlers* S. 57f. sowie *Kohlmann* 108 zu § 395 RAO 1968 für den Fall, daß die Nachzahlungsfrist noch nicht abgelaufen ist). Nach zutreffender und überwiegend vertretener Auffassung ist jedoch der *ordentliche Rechtsweg* gegeben, weil die Frist nach § 371 III AO strafrechtlichen Charakter hat (FG Hannover v. 27. 8. 1963, DStZ/B 402; *Lohmeyer* FR 1963, 567, 1964, 171 u. DStR 1970, 558; *Kopacek* DStR 1965, 165; *List* S. 37f.; *Leise* 18 B II zu § 395 RAO 1968; grundsätzlich auch HessFG v. 8. 2. 1973, EFG 389; *Suhr* S. 379; *Henneberg* BB 1973, 1301; *Schuhmann* MDR 1977, 372). Analog § 304 StPO kommt das Rechtsmittel der Beschwerde in Betracht, über die das für Steuerstrafsachen zuständige Amtsgericht zu entscheiden hat; der Rechtsgedanke des § 305 S. 1 StPO steht einer Beschwerde nicht entgegen (aM *Suhr* S. 381), da die Verfügung einer Frist nach § 371 III AO einem Strafurteil nicht vorausgehen und es nicht vorbereiten soll (*Kopacek* aaO).

147 **Die ordentlichen Gerichte** dürfen die Angemessenheit einer Frist nur unter dem Gesichtspunkt nachprüfen, ob eine pflichtwidrige Ermessensausübung stattgefunden hat. Nach einem unveröffentlichten Urt. des BGH v. 5. 5. 1953 (2 StR 462/52 – zit. bei *Kopacek* DStR 1965, 164) liegt ein Ermessensmißbrauch nur vor, wenn „*die Steuerbehörde die Frist zur Nachzahlung der hinterzogenen Beträge mißbräuchlich zu kurz bemißt, so daß der StSchuldner auch bei redlichstem Bemühen zur Nachzahlung außerstande ist*". Der BGH verneint einen Ermessensmißbrauch mit folgender Begründung: „. . . *hier handelte das Zollamt dadurch, daß es dem Angeklagten nur eine Viertagefrist zur Nachentrichtung der Steuer bewilligte, weder pflichtwidrig noch wider Treu und Glauben oder in einer sein Verwaltungsermessen mißbrauchenden Weise. Mag die Frist auch knapp gewesen sein, so war sie doch nicht so kurz, daß es dem Angeklagten unmöglich gewesen wäre, der Nachzahlungspflicht zu genügen. Zu verlangen, . . . die Nachzahlungsfrist für den selbstanzeigenden Steuerhinterzieher müsse um so länger bemessen werden, je höher der hinterzogene Steuerbetrag sei, würde zur Folge haben, daß einem Täter um so mehr Entgegenkommen erwiesen werden müßte, in je höherem Maße er strafbar geworden ist. Das ist unannehmbar.*"

148 **Bei Stundungen nach § 222 AO** ist ein Auseinanderfallen der strafrechtlichen und der steuerrechtlichen Zahlungsfristen möglich, zumal auch die nach § 371 III AO gesetzte Frist verlängert werden kann (glA *Suhr* BB 1951, 222; *Mattern* DStR 1954, 460; *Kopacek* DStR 1965, 165; *List* S. 37; *Leise* 9 J I zu § 395 RAO 1968; aM *Terstegen* S. 122; *Kohlmann* 104 zu § 395 RAO 1968). Gerechtfertigt sind unterschiedliche Fristen und Fristverlängerungen jedoch nur dann, wenn nach § 222 AO solche wirtschaftlichen Gründe berücksichtigt werden, die unter strafrechtlichen Gesichtspunkten kein Gewicht haben. In jedem Fall erscheint es zweckmäßig, daß sich die jeweils zuständigen FÄ (s. Rdnr. 143) bzw. die Strafsachen- und die Veranlagungsstelle desselben FA abstimmen und der Stpfl darüber unterrichtet wird, ob eine Stundung nach

§ 222 AO auch eine Verlängerung der nach § 371 III AO gesetzten Frist einschließt oder nicht.

Wird ein *rechtzeitig* eingereichter Stundungsantrag *nach* Fristablauf abgelehnt, ist zwar nach dem Gesetz der Anspruch auf Straffreiheit verwirkt. Die Praxis hilft dem Stpfl jedoch regelmäßig mit einer kurzen Nachfrist, da eine verzögerte Ablehnung jedenfalls dann nicht zu Lasten des Stpfl gehen kann, wenn er die im Stundungsantrag angebotenen Raten bis zur Bekanntgabe des ablehnenden Bescheides gezahlt hat (*Suhr* aaO). Dagegen kann eine bereits eingetretene Fristversäumung nicht dadurch geheilt werden, daß der Beschuldigte *nach* dem Fälligkeitstag Stundung beantragt und dem Antrag *rückwirkend* vom Fälligkeitstag an stattgegeben wird (zutr. *Maaßen* DStZ 1952, 238; abw. *Suhr* aaO, der jedoch die gegenteilige Praxis selbst als *„nicht ganz bedenkenfrei"* bezeichnet). Unstreitig ist der Anspruch auf Straffreiheit verwirkt, wenn ein nachträglicher Stundungsantrag abgelehnt oder die Stundung erst mit Wirkung vom Tage des Eingangs bewilligt wird.

3. Die Nachzahlung

149 Die rechtzeitige Nachzahlung ist – wie die rechtzeitige Berichtigung – eine **objektive Voraussetzung** für den Erwerb des Anspruchs auf Straffreiheit. Es kommt daher nicht darauf an, ob der Stpfl die Frist zur Nachzahlung *schuldhaft* versäumt hat oder nicht (RG 73, 368, 369 v. 27. 11. 1939). Erforderlich ist jedoch, daß er von der Fristsetzung *positive Kenntnis* hatte (s. Rdnr. 142). Bei unverschuldeter Versäumung einer dem Stpfl bekannten Frist ist weder Nachsicht gem. § 110 AO noch Wiedereinsetzung in den vorigen Stand gem. §§ 44ff. StPO möglich (RG aaO; zust. *Suhr* BB 1951, 222; *Berger* BB 1951, 304). Aus keinem Grunde kann der Stpfl verlangen, daß er so gestellt werden müsse, als wenn er fristgerecht gezahlt hätte (aM *Wegemer* StP 1952, 576 für den Fall eines fehlenden Hinweises auf die Bedeutung der Nachzahlungsfrist).

150 **In welcher Form die Nachforderung getilgt wird,** ist für die Straffreiheit nach § 371 III AO unerheblich. Außer Barzahlung und Überweisung (vgl. § 224 II AO) kommt auch eine Aufrechnung des Stpfl mit unstreitigen Erstattungs- oder Vergütungsansprüchen in Betracht (vgl. § 226 AO), sofern sich die gegenseitigen Ansprüche innerhalb der Nachzahlungsfrist aufrechenbar gegenüberstehen. Die Aufrechnung kann auch vom FA erklärt werden (vgl. RG 59, 115 v. 2. 3. 1925).

151 **Reichen die innerhalb der gesetzten Frist gezahlten Beträge nicht aus,** um sämtliche fälligen Steuerschulden zu tilgen, muß das FA die Zahlungen zunächst auf die *hinterzogenen* Beträge anrechnen. Dies entspricht dem in § 366 II BGB (vgl. auch § 225 AO) ausgeprägten allgemeinen Rechtsgedanken, daß mangels einer anderen Bestimmung des Schuldners eine Zahlung auf diejenige von mehreren fälligen Schulden anzurechnen ist, die dem Schuldner *lästiger* ist (BGH 7, 336, 343 v. 3. 6. 1954).

152 **Ob auch eine fristgerechte Sicherheitsleistung** die Bedingung des § 371 III AO erfüllt, dh ob bereits sie die durch Berichtigung angebahnte Straffreiheit endgültig eintreten läßt, ist str. (bejahend für einen Sonderfall RG 59, 115, 124 v. 2. 3. 1925, verallgemeinernd *Mattern* DStZ 1950, 134; *Suhr* BB 1951, 222; *Wegemer* StP 1952, 576; *Hartung* IV zu §§ 410, 411 RAO 1951; *Hübner* 25 zu § 395 RAO 1968; einschränkend mit Recht *Maaßen* DStZ 1952, 239; *List* S. 33; verneinend *Kopacek* S. 141). Die Sicherheitsleistung steht der Nachzahlung grundsätzlich nicht gleich, da sie – im Gegensatz zur Aufrechnung, s. Rdnr. 150 – kein Zahlungssurrogat darstellt, sondern nur die Sicherheit der Nachforderung gewährleisten soll. § 371 III AO stellt jedoch nicht darauf ab, ob die Nachzahlung überhaupt eingeht, sondern ob sie *fristgerecht* geleistet wird. Demgemäß kann eine Ausnahme nur gelten, wenn die Sicherheit *durch Hinterlegung von Geld* erbracht wird (§ 241 I Nr. 1 AO). Die Pfändung und Überweisung einer Forderung reicht nicht (AG Frankfurt v. 30. 5. 1974, zust. zit. bei *Leise* 9 N zu § 395 RAO 1968).

153 **Eine Niederschlagung nach § 261 AO** erfüllt die Bedingung des § 371 III AO nicht (glA *Suhr* S. 382; *Leise* 9 M zu § 395 RAO 1968; aM *List* S. 33), da die Niederschlagung keine schuldtilgende Wirkung hat.

154 **Ein Erlaß der hinterzogenen Steuern nach § 227 AO** durch das für die Abgabenangelegenheit zuständige FA erfüllt wegen der schuldtilgenden Wirkung des Erlasses auch die Bedingung des § 371 III AO (glA *Barske* FR 1950, 174; *Mattern* NJW 1951, 937 u. DStR 1954, 458; *Suhr* S. 382; *Kopacek* S. 141; *Leise* 9 L zu § 395 RAO 1968; aM *Terstegen* S. 122 u. StW 1954, 384; *Firnhaber* S. 93f.; *Kohlmann* 94 zu § 395 RAO 1968; *Kratzsch* StW 1974, 68; widersprüchlich *List* S. 33; zw. *Barske/Gapp* S. 84), wenn der Erlaß *vor* Ablauf der nach § 371 III AO gesetzten Frist beantragt worden ist; denn aus strafrechtlichen Gründen braucht der Erstatter einer Selbstanzeige keinen Steuerbetrag nachzuzahlen, den er steuerrechtlich nicht schuldet. Indessen ist bei der steuerrechtlichen Entscheidung über Erlaßanträge im Rahmen des § 227 AO zu prüfen, ob der Stpfl *erlaßwürdig* ist (*Kruse* 14 zu § 131 RAO). Die Erlaßwürdigkeit wird regelmäßig fehlen, wenn der fragliche Steuerbetrag *hinterzogen* worden ist (BFH v. 14. 11. 1957, BStBl. 1958, 153); denn mit der Selbstanzeige allein läßt sich die Erlaßwürdigkeit nicht begründen (*Katz* FR 1958, 492). Die Streitfrage hat daher nur geringe praktische Bedeutung.

155 **Wer die Nachzahlung leistet,** ist für die strafbefreiende Wirkung der Selbstanzeige unerheblich. Das Gesetz verlangt nicht, daß der Steuerhinterzieher die von ihm geschuldete Nachzahlung *persönlich* aufbringt. Wenn *ein* Gesamtschuldner fristgerecht zahlt, kommt diese Zahlung auch den anderen Gesamtschuldnern (Tätern oder Teilnehmern an der Steuerhinterziehung) zugute, soweit sie die Berichtigungserklärung rechtzeitig abgegeben haben und die ihnen zur Nachzahlung gesetzte Frist noch nicht abgelaufen ist (BGH 7, 336, 342 v. 3. 6. 1954).

156 **Auch ein unbeteiligter Dritter** kann die nachzuzahlenden Steuern für den Täter der Steuerhinterziehung, der Selbstanzeige erstattet hat, mit strafbefreiender Wirkung entrichten. Selbst im Falle des § 371 III AO liegt in der Zahlung fremder Steuern weder eine *Begünstigung* iS des § 257 noch eine *Strafvereitelung* iS des § 258 StGB.

Zwar hat die Zahlung des Dritten einen begünstigenden Effekt, jedoch ist seine Handlung nicht rechtswidrig, da der Zweck des § 371 AO nicht auf Bestrafung, sondern auf Straffreiheit abzielt.

157 Hat ein Stpfl für einen Teil seiner eigenen Einkünfte einen **Strohmann** vorgeschoben, sollen nach *Bauerle* (DStZ 1956, 343) im Falle der Selbstanzeige des wirklichen Sachverhalts die von dem Strohmann (vor der Selbstanzeige) entrichteten Steuern auf die von dem Stpfl nachzuzahlenden Steuern nicht angerechnet werden (zust. *Suhr* 1. Aufl. S. 148; zw. *List* S. 34). Diese Auffassung ist jedenfalls dann nicht zutreffend, wenn der Strohmann gegenüber dem FA auf die Erstattung der Beträge verzichtet, die er ohne Zurechnung der fremden Besteuerungsmerkmale nicht hätte zahlen müssen.

V. Die Wirkungen der Selbstanzeige

1. Strafen und strafrechtliche Nebenfolgen

158 **Die von § 370 AO angedrohten Strafen** dürfen nicht verhängt werden, wenn die Selbstanzeige rechtzeitig erstattet und die Nachzahlung fristgerecht geleistet worden ist.

Bei Tateinheit zwischen der selbst angezeigten Steuerhinterziehung und einer anderen Straftat, zB Bannbruch (§ 372 AO iVm § 369 I Nr. 2 AO), Steuerzeichenfälschung (§ 148 StGB iVm § 369 I Nr. 3 AO) oder Urkundenfälschung (§ 267 StGB), kann die Tat nur noch nach den anderen Vorschriften gewürdigt und geahndet werden; die Steuerhinterziehung darf weder bei der Strafzumessung berücksichtigt noch im Tenor des wegen der anderen Straftat ergehenden Urteils oder Strafbefehls erwähnt werden.

159 Wird wegen einer vorsätzlichen oder leichtfertigen Steuerverkürzung (§§ 370, 378 AO) wirksam Selbstanzeige erstattet, ist auch eine **Ahndung der Tat als Steuergefährdung** iS der §§ 379–382 AO ausgeschlossen (im Ergebnis glA *Hübner* 5–9 vor § 395 RAO 1968; *Suhr* S. 326; *Bornemann* DStR 1973, 691; zw. BGH 3, 373 v. 13. 11. 1952; aM OLG Celle v. 31. 1. 1975, MDR 598 zu § 406 RAO 1968; OLG Frankfurt v. 8. 11. 1967, NJW 1968, 265 zu § 413 RAO 1931 mit abl. Anm. *Herdemerten* NJW 1968, 716; zust. dagegen *Leise* 13 zu § 395 RAO 1968 u. *Kopacek* S. 98). Das Prinzip der Subsidiarität (§ 379 IV, § 380 II, § 381 II, § 382 II AO) führt nur dann zur Anwendung der §§ 379 ff. AO, wenn die Merkmale der weitergehenden Tatbestände des § 370 oder des § 378 AO nicht vollständig erfüllt sind; sind sie erfüllt, so bilden die vorangehende Steuergefährdung und die nachfolgende Steuerverkürzung eine Bewertungseinheit, die durch die Selbstanzeige nicht wieder aufgelöst wird (vgl. auch *Schönke/Schröder* 139 aE vor § 52 StGB zu dem Verhältnis zwischen § 310a StGB und § 24 StGB).

160 **Teilweise Straffreiheit** tritt bei teilweiser Berichtigung ein. Teilselbstanzeigen, die vorsätzlich verschwiegene Besteuerungsgrundlagen nur unvollständig richtigstellen, werden aus unterschiedlichen subjektiven Gründen erstattet, sei es

„gutgläubig“ infolge mangelnder Übersicht oder lückenhafter Erinnerung an die ursprünglich verschwiegenen Besteuerungsgrundlagen *(„lückenhafte Selbstanzeige");*

in der Annahme, daß nur hinsichtlich der berichtigten Besteuerungsgrundlagen eine Entdeckungsgefahr bestehe;

in der Absicht, das FA gerade durch die Teilselbstanzeige über einen größeren Teil der verschwiegenen Besteuerungsgrundlagen weiterhin hinwegzutäuschen (*Terstegen* S. 122: *„dolose Selbstanzeige").*

In *jedem* Falle hat die Teilselbstanzeige strafbefreiende Wirkung, *soweit* sie reicht (arg.: *„insoweit"* in § 371 I AO); ob dem Stpfl zum Verschulden angerechnet werden kann, daß die Berichtigung oder Ergänzung unzulänglich war, ist grundsätzlich belanglos (RG 59, 115, 118 v. 2. 3. 1925; *Hartung* IV zu §§ 410, 411 RAO 1951; *Suhr* S. 368; *List* S. 24; aM für dolose Teilselbstanzeigen *Firnhaber* S. 84, 92; dagegen mit Recht *Kohlmann* 71 zu § 395 RAO 1968). Indessen kann die unterschiedliche subjektive Einstellung des Täters (s. o.) bei einer irrtümlich lückenhaften Teilselbstanzeige *strafmildernd* (vgl. OLG Köln v. 7. 6. 1957, ZfZ 1958, 87; weitergehend *Kopacek* S. 186) und bei einer dolosen Teilberichtigung *strafschärfend* berücksichtigt werden (glA *Leise* 7 zu § 395 RAO 1968).

161 **Bei einer fortgesetzten Steuerhinterziehung** kann der Stpfl durch Teilselbstanzeige auch für einzelne Teile der fortgesetzten Tat Straffreiheit erlangen (BGH v. 5. 9. 1974, NJW 2293f.; OLG Hamburg v. 27. 1. 1970, NJW 1385), soweit die selbst angezeigten Einzelhandlungen *vor* Erstattung der Selbstanzeige begangen worden sind (s. Rdnr. 32). Ob das von der Selbstanzeige erfaßte „Teilunrecht" unter anderen rechtlichen Gesichtspunkten als eine von mehreren oder als Bestandteil einer einzigen strafbaren Handlung anzusehen ist, hat im Hinblick auf den Zweck des § 371 AO keine Bedeutung (ausf. *Kohlmann* 70 sowie *Leise* 7 zu § 395 RAO 1968 u. *Suhr* S. 350).

162 **Zu beurteilen ist der Sachverhalt** bei einer Teilselbstanzeige in bezug auf die Tathandlung so, als ob die Teilberichtigung von vornherein zusammen mit der Steuererklärung abgegeben worden wäre oder – in bezug auf den Taterfolg – als ob von vornherein nur derjenige Steuerbetrag hinterzogen worden wäre, der auf den nicht oder nicht rechtzeitig angezeigten Teil der Besteuerungsgrundlagen entfällt (vgl. BayObLG v. 24. 1. 1963, DStZ/B 112 = DStZ/B 1964, 178). Bleiben die rechtzeitig angezeigten Besteuerungsgrundlagen nur unwesentlich hinter den insgesamt verheimlichten Besteuerungsgrundlagen zurück, tritt eine unmittelbare Wirkung des § 371 AO hinsichtlich des Unterschiedsbetrages nicht ein (aM OLG Frankfurt v. 18. 10. 1961, NJW 1962, 974 mit abl. Anm. *Leise;* abl. auch *Kohlmann* 69 zu § 395 RAO 1968). Indessen kann von der Strafverfolgung wegen eines geringfügigen Unterschiedsbetrages nach § 398 AO abgesehen oder das Strafverfahren nach § 398 AO oder § 153 II StPO eingestellt werden (*Hartung* IV zu §§ 410, 411 RAO 1951; *Kohlmann* aaO). Als gering hat das OLG Frankfurt aaO eine Umsatzdifferenz von nicht ganz 6 vH angesehen.

163 **Auch bei einer teilweise fristgerechten Nachzahlung** tritt eine entsprechend teilweise Straffreiheit ein (einhM, vgl. RG 73, 368 v. 27. 11. 1939;

BayObLG v. 24. 1. 1963, DStZ/B 112; *Terstegen* S. 122, *Suhr* S. 382, *Hartung* IV zu §§ 410, 411 RAO 1951, *Kohlmann* 111 zu § 395 RAO 1968; ausf. *Firnhaber* S. 92), obgleich der Wortlaut des § 371 III AO *(„wenn")* weniger eindeutig ist als der Wortlaut des § 371 I AO *(„insoweit")*. Für die weitere Beurteilung des Sachverhalts gelten sinngemäß die Ausführungen zur teilweisen Berichtigung (s. Rdnr. 162). Das ernstliche Bemühen des Stpfl um eine fristgerechte Nachzahlung steht einer tatsächlichen Nachzahlung nicht gleich, kann aber strafmildernd berücksichtigt werden, wenn der Stpfl sich in einer wirtschaftlichen Notlage befunden hat (*Suhr* S. 386).

164 **Die strafrechtlichen Nebenfolgen** werden regelmäßig von der strafbefreienden Wirkung einer Selbstanzeige mit erfaßt. Indessen kann bei einer teilweisen Berichtigung oder teilweisen Nachzahlung eine *Aberkennung der Amtsfähigkeit und Wählbarkeit* in Betracht kommen, falls trotz teilweiser Straffreiheit noch eine Freiheitsstrafe von mindestens einem Jahr verhängt wird (vgl. § 375 I AO iVm § 45 II StGB). Die Möglichkeit der *Einziehung* von Erzeugnissen, Waren oder anderen Sachen, auf die sich die Hinterziehung von Zoll oder Verbrauchsteuer bezieht (vgl. § 375 II Nr. 1 AO), beschränkt sich im Verhältnis zur Teilwirkung der Selbstanzeige, während die Möglichkeit der Einziehung der Beförderungsmittel, die zur Tat benutzt worden sind (vgl. § 375 II Nr. 2 AO), nur bei voller Wirksamkeit der Selbstanzeige wegfällt. Selbst dann bleibt die Einziehung von gefährlichen Sachen nach § 369 II AO iVm § 74 II Nr. 2 StGB zulässig, auch wenn die Sache, zB eine Spezialweste zum Schmuggel von verbrauchsteuerpflichtigen Waren, dem Täter nicht gehört oder der Täter nicht bestraft werden kann; zum Verfahren vgl. § 76a StGB.

2. Außerstrafrechtliche Folgen der Tat

165 **Disziplinarmaßnahmen** gegen einen Beamten, Richter oder Soldaten, der eine strafbefreiende Selbstanzeige erstattet hat, bleiben zulässig (*Terstegen* S. 122); denn im Disziplinarrecht wird der Staat nicht als Träger der Strafgewalt tätig, sondern als Dienstherr, der die Erfüllung der besonderen Pflichten eines bestimmten Lebenskreises sichert (vgl. BVerfG 21, 378, 384 sowie 21, 391, 403ff. v. 2. 5. 1967).

166 **Die steuerrechtlichen Folgen** einer Steuerhinterziehung werden durch eine strafbefreiende Selbstanzeige nicht beseitigt; das gilt namentlich für

die *Haftung der gesetzlichen Vertreter und Vermögensverwalter* (§ 34 AO) und der *Verfügungsberechtigten* (§ 35 AO) für die Folgen einer vorsätzlichen Verletzung der ihnen auferlegten Pflichten nach § 69 AO sowie die *Haftung der Vertretenen,* wenn die in den §§ 34, 35 AO bezeichneten Personen bei Ausübung ihrer Obliegenheiten eine Steuerhinterziehung begehen oder an einer Steuerhinterziehung teilnehmen, für die durch die Tat verkürzten Steuern und die zu Unrecht gewährten Steuervorteile nach § 70 AO;

die *Haftung des Steuerhinterziehers* nach § 71 AO für die hinterzogenen Steuern und die zu Unrecht gewährten Steuervorteile sowie für die Hinterziehungszinsen nach § 235 AO;

die *Verlängerung der steuerrechtlichen Festsetzungsfrist* für hinterzogene Steuern auf 10 Jahre nach § 169 II 2 AO (vgl. BFH v. 6. 4. 1962, HFR 1963, 371; v. 14. 8. 1963, HFR 1964, 182f.);

die Zulässigkeit der *Aufhebung oder Änderung von Steuerbescheiden,* auch soweit sie aufgrund einer Außenprüfung ergangen sind, nach § 173 II AO;

die Verpflichtung zur Zahlung von *Hinterziehungszinsen* nach § 235 AO (vgl. BFH v. 7. 11. 1973, BStBl. 1974, 125f.; *Kruse* 2 und *v. Wallis* 3 – jeweils zu § 4a StSäumG; *Suhr* S. 383).

VI. Die Anzeige nach § 371 IV AO

167 § 371 IV AO regelt die strafrechtliche Wirkung einer Anzeige nach § 153 AO zugunsten Dritter, die ihre steuerrechtlichen Erklärungspflichten verletzt haben (s. Rdnr. 146 zu § 370 AO).

§ 153 AO – Berichtigung von Erklärungen – lautet:

(1) Erkennt ein Steuerpflichtiger nachträglich vor Ablauf der Festsetzungsfrist,

1. daß eine von ihm oder für ihn abgegebene Erklärung unrichtig oder unvollständig ist und daß es dadurch zu einer Verkürzung von Steuern kommen kann oder bereits gekommen ist oder

2. daß eine durch Verwendung von Steuerzeichen oder Steuerstemplern zu entrichtende Steuer nicht in der richtigen Höhe entrichtet worden ist,

so ist er verpflichtet, dies unverzüglich anzuzeigen und die erforderliche Richtigstellung vorzunehmen. Die Verpflichtung trifft auch den Gesamtrechtsnachfolger eines Steuerpflichtigen und die nach den §§ 34 und 35 für den Gesamtrechtsnachfolger oder den Steuerpflichtigen handelnden Personen.

(2) Die Anzeigepflicht besteht ferner, wenn die Voraussetzungen für eine Steuerbefreiung, Steuerermäßigung oder sonstige Steuervergünstigung nachträglich ganz oder teilweise wegfallen.

(3) Wer Waren, für die eine Steuervergünstigung unter einer Bedingung gewährt worden ist, in einer Weise verwenden will, die der Bedingung nicht entspricht, hat dies vorher der Finanzbehörde anzuzeigen.

168 **Ein Verfolgungshindernis,** keinen Strafaufhebungsgrund bildet § 371 IV AO. Die Vorschrift ,,*soll verhindern, daß jemand, der aufgrund des § 153 AO eine Erklärung nachholt oder berichtigt, dadurch Dritte der Strafverfolgung aussetzt, die die Abgabe der Erklärung unterlassen oder eine unrichtige oder unvollständige Erklärung abgegeben haben. Bliebe die strafrechtliche Verantwortung anderer Personen bestehen, so könnte dies jemanden, der nach § 153 AO verpflichtet ist, eine falsche Erklärung zu berichtigen, davon abhalten, dies zu tun. Deshalb sollen auch Dritte bei einer späteren Berichtigung strafrechtlich nicht verfolgt werden, es sei denn, daß ihnen oder ihren Vertretern vorher wegen der Tat die Einleitung eines Straf- oder Bußgeldverfahrens bekanntgegeben worden ist*" (Begr. zu § 354 EAO 1974, BT-Drucks. VI/1982 S. 195). Abw. von § 371 I–III AO regelt § 371 IV AO also nicht die Wirkung einer *Selbst*anzeige, sondern die Wirkung einer *Fremd*anzeige, die dem Anzeigepflichtigen sonst nicht zumutbar wäre.

169 **Inhaltlich** erfordert *„die in § 153 vorgesehene Anzeige“* die Mitteilung, daß eine Erklärung unrichtig oder unvollständig ist und daß es dadurch zu einer Verkürzung von Steuern kommen kann oder bereits gekommen ist (§ 153 I 1 Nr. 1 AO) oder daß eine durch Steuerzeichen oder Steuerstempler zu entrichtende Steuer nicht in der richtigen Höhe entrichtet worden ist (§ 153 I 1 Nr. 2 AO). Das Erfordernis einer *Richtigstellung* ist zwar anschließend in § 153 I 1 AO, jedoch nicht in § 371 IV AO erwähnt. Da die Meinungsverschiedenheit, ob die Anzeige nach § 371 IV AO inhaltlich denselben Anforderungen entsprechen muß wie eine Berichtigungserklärung nach § 371 I AO (bejahend *Hübner* 61, verneinend *Franzen/Gast* 1. Aufl. Rdnr. 165 zu § 395 RAO 1968) *vor* der AO-Reform bekannt war, kann nicht angenommen werden, daß der auf *„Anzeige“* beschränkte Wortlaut des § 371 IV AO unbedacht gewählt worden ist. Dafür sprechen auch sachliche Gesichtspunkte: Die Anzeige nach § 371 IV AO betrifft nur Sachverhalte, die der Anzeigepflichtige idR nicht aus eigenem Erleben kennt, sondern erst *nachträglich erkennt;* trotzdem ist sie abw. von § 117 RAO nicht binnen Monatsfrist, sondern nach § 153 I AO *unverzüglich* zu erstatten. Daraus folgt, daß dem Gesetzgeber mehr an schnellen Anzeigen als an vollständigen Berichtigungserklärungen gelegen ist; die nähere Aufklärung des Sachverhalts soll nicht dem Anzeigeerstatter aufgebürdet, sondern aufgrund der Anzeige von Amts wegen vorgenommen werden. Daher braucht der Anzeigeerstatter nach § 371 IV AO insbes. nicht das Ausmaß der verschwiegenen Besteuerungsgrundlagen anzugeben. Ausreichend ist zB die Anzeige, daß der Stpfl *„mindestens ab Januar 1968 für eine Reihe von Arbeitnehmern keine LSt angemeldet und abgeführt hat“* (zust. *Kohlmann* 208 zu § 395 RAO 1968).

170 **Rechtzeitig** ist die Anzeige erstattet, wenn sie unverzüglich, dh *ohne schuldhaftes Zögern* erstattet worden ist. Maßgebend ist der Zeitpunkt, in dem der Anzeigepflichtige *positiv* erkannt hat, daß der ursprüngliche Stpfl keine oder unvollständige oder unrichtige Erklärungen abgegeben oder durch Steuerzeichen oder Steuerstempler einen zu niedrigen Steuerbetrag entrichtet hatte; fahrlässiges Nichterkennen oder bloße Zweifel genügen nicht (FG München v. 16. 3. 1961, EFG 534; zust. *Kruse* 2 zu § 117 RAO).

171 **Ordnungsgemäß** wird angezeigt, wenn der Anzeigeerstatter sich mit der Anzeige an eine Finanzbehörde wendet, die er nach den gegebenen Umständen für zuständig halten kann. Schriftform ist nicht vorgeschrieben, aber zweckmäßig. Bei mündlichen oder fernmündlichen Anzeigen muß der Sachverhalt einem zur Entgegennahme der Anzeige bereiten Amtsträger so dargelegt werden, daß dieser Gelegenheit hat, darüber einen Vermerk mit denjenigen Angaben aufzunehmen, die der zuständigen Finanzbehörde eine weitere Aufklärung des Sachverhalts zum Zwecke der steuerlichen Auswertung ermöglichen.

172 **Wirkungslos** ist die Anzeige nach dem letzten Halbsatz des § 371 IV 1 AO, wenn dem Dritten oder seinem Vertreter vorher die Einleitung eines Straf- oder Bußgeldverfahrens wegen der Tat bekanntgegeben worden war (vgl. § 371 II Nr. 1b AO); denn in diesem Falle besteht aus dem Blickwinkel der

Finanzbehörde an der Anzeige kein Interesse mehr. Darüber hinaus erfordert § 371 IV 2 AO entsprechend § 371 III AO eine fristgerechte Nachzahlung, sofern die fragliche Steuer bereits hinterzogen war.

VII. Konkurrenzfragen

1. Verhältnis des § 371 AO zu § 24 StGB

173 **§ 24 StGB – Rücktritt –** lautet:

(1) **Wegen Versuchs wird nicht bestraft, wer freiwillig die weitere Ausführung der Tat aufgibt oder deren Vollendung verhindert. Wird die Tat ohne Zutun des Zurücktretenden nicht vollendet, so wird er straflos, wenn er sich freiwillig und ernsthaft bemüht, die Vollendung zu verhindern.**

(2) **Sind an der Tat mehrere beteiligt, so wird wegen Versuchs nicht bestraft, wer freiwillig die Vollendung verhindert. Jedoch genügt zu seiner Straflosigkeit sein freiwilliges und ernsthaftes Bemühen, die Vollendung der Tat zu verhindern, wenn sie ohne sein Zutun nicht vollendet oder unabhängig von seinem früheren Tatbeitrag begangen wird.**

Abweichend von § 371 AO erfordert der Strafaufhebungsgrund des § 24 StGB objektiv keine Selbstanzeige, subjektiv aber Freiwilligkeit des Rücktritts (s. dagegen Rdnr. 29). Beide Vorschriften stehen selbständig nebeneinander (*Kühn/Kutter* 9 zu § 371 AO; *Leise* 14 zu § 395 RAO 1968; *Barske/Gapp* S. 83; *Bauerle* BB 1953, 28; *Firnhaber* S. 66). § 371 AO ist auch auf den Versuch einer Steuerhinterziehung anwendbar (s. Rdnr. 18) und schließt die Anwendbarkeit des § 24 StGB nicht aus (RG 56, 385, 386f. v. 11. 5. 1922 zu § 46 Nr. 1 StGBaF), und zwar auch nicht für das Aufgeben der weiteren Tatausführung bei einem unbeendeten Versuch (glA *Kohlmann* 199 zu § 395 RAO 1968; aM RG 57, 313f. v. 8. 6. 1923; 59, 115, 117 v. 2. 3. 1925; BGH v. 18. 10. 1956, BStBl. 1957 I 122f. zu § 46 Nr. 2 StGBaF unter Berufung auf *Hartung* VIII zu §§ 410, 411 RAO 1951). Aus der zutreffenden Erkenntnis, daß ein Rücktritt vom beendeten Versuch einer durch Verletzung von Erklärungspflichten unternommenen Steuerhinterziehung ohne Berichtigungserklärung nicht möglich ist (s. Rdnr. 174f.), hatte *Hartung* den Schluß gezogen, daß die Vorschrift über die Selbstanzeige die Vorschrift über den Rücktritt vom beendeten Versuch *„ohne Zweifel vollständig ersetzt"* (s. demgegenüber Rdnr. 175, 177). Auch die Meinungen, daß eine Überschneidung beider Vorschriften bei unbeendetem Versuch (*Firnhaber* S. 64) oder bei beendetem Versuch (*List* S. 64) nicht vorkommen könne, lassen den versuchten Schmuggel von Waren über die grüne Grenze außer Betracht (s. Rdnr. 176f.).

174 **Bei der Verletzung von Steuererklärungspflichten** kann ein bloßes Nichtweiter-Handeln die Vollendung der Tat nicht aufhalten, da der Versuch einer Steuerhinterziehung durch eine unrichtige Steuererklärung mit der Abgabe der Erklärung beginnt (s. Rdnr. 198 zu § 370 AO) und zugleich beendet ist. Dasselbe gilt, wenn der Versuch durch Nichtabgabe einer Steuererklärung (s. Rdnr. 200 zu § 370 AO) unternommen wird. In diesen Fällen kann § 24 I 1 StGB in seiner 1. Alternative (Aufgeben der weiteren Ausführung der Tat)

keine Bedeutung entfalten; Straffreiheit kann hier nur noch durch positives Tun in Form einer Berichtigungserklärung erworben werden.

175 **Die Abgabe einer richtigen oder berichtigten Steuererklärung** führt bei beendetem Versuch aufgrund der 2. Alternative des § 24 I 1 StGB (Verhindern der Vollendung) zur Straffreiheit, wenn zwar alle Voraussetzungen dieser Vorschrift, aber nicht alle Voraussetzungen der Sondervorschrift des § 371 AO erfüllt sind. Wenn dem Täter bereits die Einleitung des Straf- oder Bußgeldverfahrens wegen der Tat bekanntgegeben worden ist (§ 371 II Nr. 1b AO) oder wenn die Tat bereits entdeckt ist und der Täter dies weiß oder damit rechnen muß (§ 371 II Nr. 2 AO), kann auch § 24 I 1 StGB nicht mehr angewendet werden, weil der Täter unter diesen Umständen nicht mehr *freiwillig* handelt. Indessen ist ein freiwilliger Rücktritt noch möglich, wenn ein Amtsträger der Finanzbehörde zur Prüfung erschienen ist und der Täter ihm vor Beginn der Prüfung berichtigende Angaben zu einer Erklärung macht, die das FA noch nicht ausgewertet hat. Entscheidend ist, ob der Rücktritt im Einzelfall *aus der subjektiven Sicht des Täters* noch freiwillig ist (vgl. zB *Schönke/Schröder* 54 zu § 24 StGB). Die subjektive Vorstellung, jedenfalls in bezug auf die vom FA noch nicht ausgewertete unrichtige Steuererklärung noch vom Versuch der Steuerhinterziehung zurücktreten zu können, wird in der Praxis meist dadurch bestärkt, daß die Prüfungsanordnung eines Außenprüfers (§§ 197, 198 AO) sich regelmäßig nur auf die zurückliegenden, steuerlich bereits abgeschlossenen Veranlagungszeiträume bezieht.

176 **Bei der Hinterziehung von Eingangsabgaben** durch Schmuggel von Waren über die grüne Grenze kommt ein Rücktritt vom unbeendeten Versuch (Aufgeben der weiteren Ausführung der Tat) nach der 1. Alternative des § 24 I 1 StGB in Betracht, wenn der Täter umkehrt, bevor er die Grenze vom Ausland her überschritten hat. Die Freiwilligkeit des Rücktritts ist gegeben, wenn die Tat nach der Vorstellung des Täters ohne wesentlich erhöhtes Risiko noch ausführbar und ihr Zweck noch erreichbar erscheint (vgl. BGH 7, 296 v. 14. 4. 1955). Die Freiwilligkeit fehlt, wenn die Tat unmöglich geworden ist, zB wenn der Schmuggler die Ware vor der Grenze verloren hat oder wenn äußere Umstände ihm die Besorgnis alsbaldiger Entdeckung und Bestrafung so aufdrängen, daß er die weitere Ausführung der Tat vernünftigerweise nicht auf sich nehmen kann (vgl. BGH 9, 48, 50 v. 28. 2. 1956 sowie *Oehler* JZ 1953, 561; *Bockelmann* NJW 1955, 1417; *Heinitz* JR 1956, 248; *Schröder* MDR 1956, 321 und JuS 1962, 81 mit weiteren Beispielen aus dem allgemeinen Strafrecht). Zweifel an der Freiwilligkeit sind zugunsten des Täters zu lösen (BGH v. 12. 3. 1969, zit. bei *Dallinger* MDR 1969, 532).

177 **Ein Rücktritt vom beendeten Versuch der Hinterziehung von Eingangsabgaben** ist ebenfalls ohne eine Berichtigungserklärung nach § 371 I AO denkbar, zB wenn ein zum Schmuggeln über die Grenze geschicktes Kind oder ein Hund von dem im Hintergrund zurückgebliebenen Täter vor dem Überschreiten der Grenze zurückgerufen wird; erfolgt der Rückruf freiwillig, erwirbt der Täter Straffreiheit nach der 2. Alternative des § 24 I 1 StGB. Schlägt der Rückruf fehl, wird der Täter nach § 24 I 2 StGB straflos, wenn er

sich freiwillig und ernsthaft bemüht hat, die Vollendung der Tat zu verhindern, oder wenn er unter den Voraussetzungen des § 371 I, II AO nachträglich Selbstanzeige erstattet und die hinterzogenen Eingangsabgaben gem. § 371 III AO fristgerecht nachzahlt.

2. Verhältnis des § 371 AO zu § 153 AO

Schrifttum:

Berger, Die Anzeige („Nacherklärung") gem. § 165e Abs. 1 und die Selbstanzeige gem. § 410 AO im Verhältnis zueinander, BB 1951, 303; *Lohmeyer,* Die Anzeigepflicht bei unrichtiger Steuererklärung im Verhältnis zur Selbstanzeige, DStR 1961, 62; *ders.,* § 410 im Verhältnis zu § 165e AO, WPg 1961, 176; *Kopacek,* Die Offenbarungspflicht und die Selbstanzeige leichtfertiger Verletzungen von Steuerpflichten, BB 1962, 875; *Lohmeyer,* Die Bilanzberichtigung nach § 4 Abs. 2 EStG im Verhältnis zur Anzeigepflicht nach § 165e AO und zur Selbstanzeige, StBp 1964, 39; *ders.,* Das Verhältnis der Bilanzberichtigung zur Anzeigepflicht nach § 165e AO und zur Selbstanzeige nach §§ 410, 411 AO, DStR 1968, 274; *ders.,* Die Bedeutung der Anzeigepflicht nach § 165e AO, ZfZ 1968, 299; *Buchheister,* Das Verhältnis von § 165e AO zu § 4 Abs. 2 BpO (St), StBp 1974, 11; *Lohmeyer,* Die Nacherklärungspflicht aufgrund des § 165e Abs. 1 AO, DVR 1975, 100; s. ferner vor Rdnr. 146 zu § 370 AO.

178 **Beide Vorschriften haben die Anzeige einer unrichtigen oder unterlassenen Steuererklärung zum Gegenstand,**

die der Stpfl oder ein Dritter unter den Voraussetzungen des § 153 AO (Wortlaut s. Rdnr. 167) berichtigen *muß,* wenn er bei nachträglicher Erkenntnis des Fehlverhaltens den Vorwurf der Steuerhinterziehung vermeiden will;

die der Täter einer Steuerhinterziehung oder einer leichtfertigen Steuerverkürzung unter den Voraussetzungen des § 371 bzw. § 378 III AO berichtigen *kann,* wenn er nachträglich Anspruch auf Straf- oder Bußgeldfreiheit wegen einer bereits begangenen Tat erwerben will.

179 **Die Grenzen und die strafrechtliche Bedeutung** der Nacherklärungspflichten nach § 153 AO sind str.; vgl. *v. Witten* NJW 1963, 567, sowie Rdnr. 146ff. zu § 370 AO). Unabhängig davon ist festzustellen, daß *jede* nachträgliche Anzeige einer unrichtigen oder unterlassenen Steuererklärung Straf- oder Bußgeldfreiheit jedenfalls *nur* dann, aber auch – unabhängig von der Bezeichnung der Erklärung – *immer* dann gewährleistet, sofern sie die Anforderungen des § 371 I AO erfüllt, Ausschließungsgründe nach § 371 II AO fehlen und bei vollendeter Tat die Nachzahlung nach § 371 III AO fristgerecht geleistet wird oder sofern – mit Wirkung für einen Dritten – die Voraussetzungen des § 371 IV AO vorliegen (glA *Suhr* S. 385, *List* S. 65, *Koch* in *Becker/Riewald/Koch* 2 Abs. 9 zu § 165e RAO, *Kohlmann* 200 zu § 395 RAO 1968); aM *Berger* (BB 1951, 303), der § 165e RAO zu Unrecht als Sondervorschrift gegenüber den Vorschriften über die Selbstanzeige aufgefaßt hat. Wird die Nacherklärungspflicht aus § 153 AO zunächst vorsätzlich oder leichtfertig verletzt, aber später erfüllt, so wirkt die nachträglich abgegebene Nacherklärung wie eine Selbstanzeige in bezug auf die Steuerhinterziehung oder leichtfertige Steuerverkürzung, die durch die zunächst versäumte Erfüllung der Nacherklärungspflicht begangen worden ist (glA *Lohmeyer* Stbg. 1960, 282; *Kopacek* BB 1962, 875; *v. Wallis* 14 zu § 165e RAO).

3. Verhältnis des § 371 AO zu § 4 II EStG und § 11 III ZollG

180 **Bilanzberichtigungen** nach § 4 II EStG und **Änderungen von Zollanträgen** nach § 11 III ZollG haben keine strafbefreiende Wirkung, sofern nicht zugleich die Voraussetzungen des § 371 AO vorliegen (OLG Hamburg v. 23. 12. 1953, ZfZ 1954, 313f., zu § 76 III ZollG 1939).

4. Verhältnis des § 371 AO zu § 59 II WaffG

181 **Eine Sondervorschrift,** die noch über § 371 AO hinausging, aber nur befristete Bedeutung hatte, enthält:

§ 59 WaffG – Anmeldepflicht für Schußwaffen

(1) . . .

(2) **Hat jemand eine Schußwaffe nach Absatz 1 rechtzeitig angemeldet, so wird er nicht wegen unerlaubten Erwerbs, unerlaubter Ausübung der tatsächlichen Gewalt oder unerlaubter Einfuhr und der damit in Zusammenhang stehenden Abgabenverkürzung bestraft; verkürzte Eingangsabgaben für unerlaubt eingeführte Schußwaffen werden nicht nacherhoben.**

(3) – (4) . . .

VIII. Verfahrensfragen

182 **Besteht aufgrund einer Berichtigungserklärung der Verdacht,** daß der Stpfl die Mehrsteuern vorsätzlich verkürzt hat, kann das für die Abgabenangelegenheit zuständige FA bereits erteilte Steuerbescheide nach § 173 I Nr. 1 AO ändern und die nach §§ 235, 238 AO entstandenen Hinterziehungszinsen festsetzen. Die objektiven und subjektiven Voraussetzungen des § 370 AO müssen dann im Besteuerungsverfahren und im Rechtsbehelfsverfahren von den Finanzbehörden oder von den Gerichten der Finanzgerichtsbarkeit festgestellt werden, die hierbei den strafverfahrensrechtlichen Grundsatz *in dubio pro reo* anzuwenden haben (BFH v. 10. 10. 1972, BStBl. 1973, 68, 71; v. 16. 1. 1973, BStBl. 273, 274f.; v. 22. 1. 1976, BStBl. 250, 252). Im Streit um die Aussetzung der Vollziehung nach § 361 AO oder § 69 II, III FGO schließt bereits der hinreichende Verdacht einer Steuerhinterziehung ernstliche Zweifel an der Anwendung der 10-jährigen Festsetzungsfrist für hinterzogene Steuern nach § 169 II 2 AO aus (BFH v. 22. 1. 1976 aaO).

183 **Nach § 397 I AO ist das Strafverfahren eingeleitet,** wenn die Vollständigkeit der Berichtigungserklärung nicht ohne weiteres anzunehmen ist und deshalb angeordnet wird, die Verhältnisse des Anzeigeerstatters (oder des Stpfl, zu dessen Vorteil der Anzeigeerstatter Steuern verkürzt hat) durch einen Amtsträger der Finanzbehörde zu prüfen, da die Prüfung (mindestens auch) darauf abzielt, einem strafrechtlichen Verdacht nachzugehen. Ergibt die Prüfung, daß die Berichtigungserklärung vollständig war oder daß ein weiterer Mehrsteuerbetrag jedenfalls nicht auf vorsätzlichem Verhalten des Stpfl beruht, ist das Strafverfahren durch das für das Strafverfahren zuständige FA nach § 170 II StPO einzustellen. Dieselbe Entschließung trifft die StA, wenn

sie nach § 386 II–IV AO anstelle des FA für das Ermittlungsverfahren zuständig ist. Wegen Geringfügigkeit ist das Strafverfahren entsprechend § 398 AO oder § 153 II StPO einzustellen, wenn die Berichtigungserklärung hinsichtlich der vorsätzlich verkürzten Steuern zwar unvollständig war, der Unterschiedsbetrag jedoch im Verhältnis zum Gesamtbetrag der hinterzogenen Steuern vernachlässigt werden kann (s. Rdnr. 162 aE).

184 **Ist die öffentliche Klage bereits erhoben** und wird die Selbstanzeige vom Gericht (nach vorausgegangenem Strafbefehl oder Eröffnungsbeschluß) erst aufgrund einer Beweisaufnahme in der Hauptverhandlung als wirksam anerkannt, ist durch Urteil auf *Freispruch,* nicht auf Einstellung zu erkennen, da die Selbstanzeige einen persönlichen Strafaufhebungsgrund (s. Rdnr. 9), kein Verfahrenshindernis iS des § 260 III StPO darstellt (OLG Frankfurt v. 18. 10. 1961, NJW 1962, 974). Auf *Einstellung des Verfahrens* ist gegenüber Dritten zu erkennen, die nach § 371 IV AO strafrechtlich nicht verfolgt werden.

§ 372 Bannbruch

(1) **Bannbruch begeht, wer Gegenstände entgegen einem Verbot einführt, ausführt oder durchführt, ohne sie der zuständigen Zollstelle ordnungsgemäß anzuzeigen.**

(2) **Der Täter wird nach § 370 Absatz 1, 2 bestraft, wenn die Tat nicht in anderen Vorschriften als Zuwiderhandlung gegen ein Einfuhr-, Ausfuhr- oder Durchfuhrverbot mit Strafe oder mit Geldbuße bedroht ist.**

Schrifttum:
A. Fuchs, Ist § 401a AO (Bannbruch) zur Zeit anwendbar? ZfZ 1954, 65, 67; *Frydecky,* Der Tatbestand des Verbringens, AWRundsch 1963, 169; *Willms,* Zum Verbot der Einfuhr verfassungsfeindlicher Schriften, NJW 1965, 2177; *P. Bender,* Welche Bedeutung hat die Subsidiaritätsklausel beim Bannbruch (§ 401a Abs. 3 AO aF)? ZfZ 1968, 15; *Eggers,* Einfuhr – Eine Untersuchung über die Begriffswerte deutscher Rechtsnormen, ZfZ 1972, 36; *G. Schmidt,* Der neue Einfuhrbegriff, ZfZ 1972, 294; *Eggers,* Einfuhrverbote, Einfuhrbeschränkungen, ZfZ 1973, 333; *Hübner,* Reform des Steuerstrafrechts, Neuerungen – Atavismen, JR 1977, 58, 60ff.

Übersicht

1. Entstehungsgeschichte

1 Der Straftatbestand des Bannbruchs wurde aus §§ 134, 136 VZollG v. 1. 7. 1869 (BGBl. des NorddBundes S. 317) gem. Art. I Nr. 15 G v. 4. 7. 1939 (RGBl. I 1181) als § 401a in die RAO 1931 übernommen. § 401a II 2 RAO über Einziehung wurde durch Art. 17 Nr. 16 StÄndG 1961 v. 13. 7. 1961 (BGBl. I 981, 996) gestrichen (Schriftl. Ber. BT-Drucks. zu III/2706 S. 11). In § 401a III RAO wurden gem. § 48 III AWG v. 28. 4. 1961 (BGBl. I 481) die Worte *„in anderen Vorschriften mit Strafe bedroht"* ersetzt durch die Worte *„nach anderen Vorschriften zu ahnden"* (Schriftl. Ber. zu BT-Drucks. III/2386 S. 20). Durch Art. 1 Nr. 9 des 2. AOStrafÄndG v. 12. 8. 1968 (BGBl. I 953) wurde die Vorschrift als § 396 bezeichnet; gleichzeitig wurden die früheren Abs. II u. III zusammengefaßt (Begr. BT-Drucks. V/1812 S. 24; krit. *Hübner* 1 u. 12ff. vor §§ 396, 397 RAO). Demgegenüber brachte § 372 AO 1977 nur redaktionelle Änderungen mit sich; dabei wurde in Abs. I abw. von § 355 I RegE (BT-Drucks. VI/1982) „der typisch zollrechtliche Begriff *„gestellen"* durch das Wort *„anzeigen"* ersetzt" (Schriftl. Ber. BT-Drucks. 7/4292 S. 44; krit. *Hübner* JR 1977, 60).

2. Begriff, Zweck und Anwendungsbereich

2 Als **„Bannbruch"** (früher: *„Kontrebande"*) bezeichnet § 372 I AO die Zuwiderhandlung gegen ein Ein-, Aus- oder Durchfuhrverbot. Solche Ver-

bote sind aus steuerfremden Gründen in zahlreichen nichtsteuerlichen Gesetzen und VOen normiert (s. Rdnr. 12–18); sie dienen vornehmlich dem Schutz der Gesundheit von Menschen und Tieren, dem Pflanzenschutz, der öffentlichen Sicherheit sowie dem Schutz des Branntwein- und des Zündwarenmonopols, aber auch der Außenwirtschafts- und Verteidigungspolitik. Nur in den Fällen der verbotenen Einfuhr von Branntwein und Zündwaren (s. Rdnr. 40) und neuerdings auch von Gasöl oder Mineralöl, das rotfärbende Stoffe enthält (Rdnr. 19), bezweckt § 372 AO den Schutz der Abgaben, die beim grenzüberschreitenden Warenverkehr entstehen.

3 **Der Zweck des § 372 AO** besteht seit jeher in dem Schutz der Einfuhrverbote nach den Monopolgesetzen (s. Rdnr. 40). An dem weitergehenden Zweck, als „Auffangtatbestand" sonstige Ein-, Aus- und Durchfuhrverbote zu schützen, ist der Gesetzgeber vorbeigegangen, da er jedes andere Verbringungsverbot (s. Rdnr. 19) mit besonderen Straf- oder Bußgeldtatbeständen ausgestattet hat. Die durch die Subsidiaritätsklausel beschränkte Bedeutung des § 372 AO als eigenständiger Straftatbestand erklärt die verhältnismäßig geringe Zahl der Bestrafungen: 1975 (1974) wurden in 364 (280) Fällen Freiheitsstrafen von insgesamt 124 Jahren und 9 Monaten (70 Jahre und 5 Monate) und Geldstrafen von insgesamt 27315 DM (46245 DM) verhängt. Erheblich größere Bedeutung hat demgegenüber der Schmuggel von Rauschgiften (vgl. ZfZ 1975, 220; 1976, 95) sowie von Waffen, Munition und Sprengstoffen (vgl. ZfZ 1973, 215), der jedoch bei der Einfuhr regelmäßig mit Steuerhinterziehung zusammentrifft und bei der Ausfuhr allein nach § 11 BetäubmG mit Strafe bedroht ist.

4 **Erhebliche praktische Bedeutung** erlangt die Kennzeichnung einer Tat als Bannbruch iS des § 372 I AO, wenn die Zuwiderhandlung gegen ein Ein-, Aus- oder Durchfuhrverbot mit Waffen oder bandenmäßig begangen wird und deshalb ohne Rücksicht auf die für einfache Tatausführung angedrohte Strafe oder Geldbuße (insoweit aM *Hübner* 20 vor §§ 396, 397 RAO 1968 u. *Ehlers* S.63) der verschärften Strafandrohung des § 373 II AO unterliegt. Daß der Gesetzgeber mit § 372 (und § 373) AO auch Ordnungswidrigkeiten erfassen wollte und erfaßt hat, ergibt sich zweifelsfrei aus den Materialien (s. Begr. zu § 396 RAO 1968, BT-Drucks. V/1812 S. 24) wie aus dem Wortlaut („*oder mit Geldbuße* bedroht") des § 372 II AO (glA BGH v. 4. 7. 1973, NJW 1707f.; *Bender* S. 241f.; *Eggers* ZfZ 1973, 337f.; *Leise* 9 zu § 396 RAO 1968).

5 **Der Anwendungsbereich des § 372 I (iVm § 373 II) AO** muß wegen der weiten Fassung des Wortlauts, der Zuwiderhandlungen gegen jedes Ein-, Aus- oder Durchfuhrverbot erfaßt, eingegrenzt werden, damit nicht aus Verbotsnormen, von denen manche weder untereinander noch mit dem Strafrecht abgestimmt sind, Folgerungen gezogen werden, die unter strafrechtlichen Gesichtspunkten *systemwidrig* erscheinen. Kein geeignetes Abgrenzungskriterium ist dagegen die Seltenheit einer Fallgestaltung, für die – das ist *Hübner* (25 vor §§ 396, 397 RAO) zuzugeben – viele Beispiele gebildet werden können, besonders mit Blick auf die Lage an der Grenze zur DDR. Straf- oder Bußgeldvorschriften, die nur selten und unter den Voraussetzun-

gen des § 373 II AO vielleicht niemals verletzt werden, sind jedoch systematisch unbedenklich, weil die für den Fall ihrer Verwirklichung angedrohten Folgen im Vergleich zu ähnlichen Tatbeständen im Rahmen der Rechtsordnung liegen.

Aus systematischen Gründen sind aus dem Anwendungsbereich des § 372 I AO auszuscheiden:

6 a) **Verbringungsverbote, die nur aus Straftatbeständen des StGB erschlossen werden können,** namentlich die Verbote der

Einfuhr von Propagandamitteln, deren Inhalt gegen die freiheitliche demokratische Grundordnung oder den Gedanken der Völkerverständigung gerichtet ist, strafbar gem. § 86 I Nr. 4, II, III StGB;

Einfuhr von **Sabotagemitteln,** strafbar gem. § 87 I Nr. 3 StGB;

Ein- und Durchfuhr von **Schriften,** die eine verfassungsfeindliche Befürwortung einer der in § 126 I Nr. 1–6 StGB genannten Straftaten enthalten, strafbar gem. § 88a I Nr. 3 StGB;

Ein- und Ausfuhr von **pornographischen Schriften,** strafbar gem. § 184 I Nr. 4, 8 oder 9 oder III Nr. 3 StGB;

Einfuhr von **Vorrichtungen oder Papier zur Fälschung von amtlichen Ausweisen,** strafbar gem. § 275 I StGB;

denn es ist davon auszugehen, daß der Gesetzgeber die Rechtsfolgen dieser Taten im StGB *abschließend* geregelt und nicht etwa die Regelung von Strafschärfungsgründen dem Nebenstrafrecht vorbehalten hat (aM *Hübner* 16 vor §§ 396, 397 RAO 1968 u. *Bender* S. 237; die von ihnen angeführten Urteile des BGH v. 7. 9. 1956, NJW 1805, und des OLG Zweibrücken v. 30. 6. 1970, NJW 1758f., behandeln die Frage, ob Zollbeamte bei Verdacht von Straftaten nach § 93 StGB aF bzw. nach § 184 I 1 Nr. 1a StGB aF zur Öffnung von Postsendungen befugt waren; im Ergebnis wie hier *Dreher* 21 zu § 184 StGB unter Aufgabe seiner früheren Meinung).

7 b) **Verbringungsverbote wettbewerbsrechtlichen Ursprungs,** namentlich das Verbot der

Ausfuhr **von Vermehrungsgut einer geschützten Sorte** nach § 15 IV SortG idF v. 4. 1. 1977 (BGBl. I 105); denn die Wahrung der Rechte aus dem SortG obliegt dem Sortenschutzinhaber, und Verletzungen des Ausfuhrverbots, die gem. § 49 I Nr. 4 SortG strafbar sind, werden nach § 49 II SortG nur *auf Antrag des Verletzten* verfolgt; vgl. ferner die wie ein Verbot wirkenden Vorschriften über die Beschlagnahme und ggf. Einziehung bei der

Ein- oder Durchfuhr **ausländischer Waren,** die widerrechtlich mit einer deutschen Firma und Ortsbezeichnung oder mit einer geschützten Warenbezeichnung versehen sind, nach § 28 WZG idF v. 2. 1. 1968 (BGBl. I 29), geänd. durch Art. 137 EGStGB v. 2. 3. 1974 (BGBl. I 469, 572), sowie bei der

Ein- oder Durchfuhr von **Waren,** die Warenzeichen, Namen, Unterschriften oder sonstige Zeichen tragen, die falsche Angaben über Ursprung, Gattung, Art oder charakteristische Eigenschaften dieser Waren darstellen, nach § 2 des Gesetzes über den Beitritt des Reichs zu dem Madrider Abk. betr. die

Unterdrückung falscher Herkunftsangaben auf Waren v. 21. 3. 1925 (RGBl. II 115), geänd. durch Art. 6 G v. 4. 9. 1967 (BGBl. I 953) und Art. 143 EGStGB.

3. Objektive Tatbestandsmerkmale

a) Ein-, Aus- und Durchführen

8 **Einfuhr ist**

„das Verbringen von Sachen aus fremden Wirtschaftsgebieten in das Wirtschaftsgebiet; als Einfuhr gilt auch das Verbringen aus einem Zollfreigebiet, Zollausschluß oder Zollverkehr in den freien Verkehr des Wirtschaftsgebietes, wenn die Sachen aus fremden Wirtschaftsgebieten in das Zollfreigebiet, den Zollausschluß oder den Zollverkehr verbracht worden waren" nach § 4 II Nr. 4 AWG sowie nach § 27 I WaffG u. § 3 VIII SprengG;

„das Verbringen aus fremden Wirtschaftsgebieten in das Wirtschaftsgebiet (§ 4 I Nr. 1 und 2 AWG)" nach § 7a I ViehsG;

„jedes Verbringen in den Geltungsbereich dieses Gesetzes" nach § 2 Nr. 7 PflanzSchG;

„das Verbringen von Waren in das Zollgebiet" nach § 1 II 2 ZollG.

Die gesetzlichen Definitionen stimmen allgemeingültig darin überein, daß der *Vorgang* der Einfuhr als Verbringen (s. Rdnr. 12) von Sachen in ein bestimmtes Gebiet beschrieben wird. Unterschiedlich kann das *Zielgebiet* sein, dessen Bestimmung dem jeweiligen Verbotsgesetz als einer blankettausfüllenden Norm obliegt (s. Rdnr. 15f.), sei es mit oder ohne eine Fiktion *(„als Einfuhr gilt")*, wie sie § 4 II Nr. 4 Halbs. 2 AWG enthält.

9 **Zur Begrenzung des Einfuhrbegriffs** und/oder zur Abgrenzung von der Durchfuhr (s. Rdnr. 11) bestimmen einzelne Gesetze mit unterschiedlichem Wortlaut, daß die Einfuhrvorschriften nicht gelten

„für das Verbringen von Arzneimitteln/Lebensmitteln in andere Zollfreigebiete als Helgoland" (§ 73 I ArzneimG, § 47 I 2 LebmG) oder

„solange sich Saatgut in einem Freihafen oder unter zollamtlicher Überwachung befindet" (§ 27 SaatgG) oder

„für die Beförderung explosionsgefährlicher Stoffe durch den Geltungsbereich des Gesetzes unter zollamtlicher Überwachung sowie für ihre Lagerung in Zollniederlassungen, Zollverschlußlagern oder Freihäfen" (§ 15 II SprengG) oder

„für Arzneimittel, die unter zollamtlicher Überwachung durch den Geltungsbereich des Gesetzes befördert oder nach Zwischenlagerung in Zollniederlagen oder Zollverschlußlagern wieder ausgeführt werden" (§ 73 II Nr. 3 ArzneimG) oder

„für die Durchfuhr aus und nach Gebieten außerhalb des Geltungsbereichs der Verordnung" (§ 11 IV StrlSchV) oder

„wenn die Sachen unter zollamtlicher Überwachung durch den Geltungsbereich des Gesetzes gebracht werden" (§ 13 I 1 AbfG).

10 **Ausfuhr ist**

„das Verbringen von Sachen aus dem Wirtschaftsgebiet nach fremden Wirtschaftsgebieten" nach § 4 II Nr. 3 AWG und § 7a III ViehsG;

„das Verbringen aus dem Zollgebiet" nach § 1 II 2 ZollG.

Auch hier wird der Vorgang einheitlich bestimmt, während das Zielgebiet und eine nähere, vom Hoheitsgebiet etwa abweichende Bestimmung der maßgebenden Grenze der jeweiligen blankettausfüllenden Verbotsvorschrift überlassen bleibt (s. Rdnr. 8f., 15f.).

11 **Durchfuhr ist**

„die Beförderung von Sachen aus fremden Wirtschaftsgebieten durch das Wirtschaftsgebiet, ohne daß die Sachen in den freien Verkehr des Wirtschaftsgebiets gelangen" nach § 4 II Nr. 5 AWG;

„die Beförderung unter zollamtlicher Überwachung ohne Umladung und Zwischenlagerung aus fremden Wirtschaftsgebieten durch das Wirtschaftsgebiet. Das Umladen

1. aus einem Seeschiff oder Flugzeug nach Ankunft im Wirtschaftsgebiet unmittelbar in ein anderes Seeschiff, Flugzeug oder auf ein anderes Beförderungsmittel oder

2. von einem Beförderungsmittel in ein Seeschiff oder Flugzeug zur direkten Weiterbeförderung aus dem Wirtschaftsgebiet

gilt nicht als Umladung im Sinne des Satzes 1" nach § 7a II ViehsG.

Wie die vorstehenden Definitionen übereinstimmend und allgemeingültig ergeben, bildet das Durchführen einen *selbständigen* Vorgang, nicht etwa die Zusammenfassung eines Einfuhr- und eines Ausfuhrvorgangs (aM OLG Schleswig v. 15. 7. 1971, NJW 2319, zu § 184 StGB aF). Der Unterschied besteht darin, daß die Ware sich bei einer tatbestandsmäßigen Durchfuhr zu keiner Zeit im freien Verkehr des durchfahrenen Gebietes befindet; sie kann daher innerhalb des zu schützenden Gebietes nicht verbreitet werden und deshalb meistens auch nicht diejenige Gefahr hervorrufen, die den Beweggrund für den Erlaß eines Einfuhrverbots bildet (s. auch Rdnr. 9). Aus diesem Grund kann das Durchführen von Waren nur dann geahndet werden, wenn ausdrücklich *diese* Art des Verbringens verboten und mit Strafe oder Geldbuße bedroht ist. Beispielsweise ist das nicht genehmigte Verbringen von Betäubungsmitteln verbotene Durchfuhr iS des § 11 I Nr. 2 BetäubmG, wenn die Ware während des Transportes zu keiner Zeit zur Disposition des Durchführenden oder einer anderen Person steht und der durch die Beförderung bedingte Aufenthalt im Inland auf die dafür notwendige Zeit beschränkt ist (so zutr. BGH v. 28. 11. 1973, NJW 1974, 429, m. Anm. *Hübner* 913). Anders ist die Lage, wenn ein Bahnreisender Betäubungsmittel im Handgepäck von Luxemburg durch die BRD nach Kopenhagen befördert; hier ist wegen seiner freien Verfügungsmacht in der BRD keine Durchfuhr, sondern eine Einfuhr und eine Ausfuhr anzunehmen (zutr. BGH v. 21. 11. 1972, zit. in BGH aaO).

12 **Verbringen** ist der Oberbegriff und der Sammelbegriff für Ein-, Aus- und Durchführen. Verbringen bedeutet, eine Sache durch Einwirken eines Menschen – gleichviel auf welche Weise und in welche Richtung – über eine Außengrenze zu schaffen. Gelangt eine Ware ohne *menschliches Zutun* über die Grenze in das Inland, so wird sie nicht eingeführt. Daher kann nicht wegen verbotener Einfuhr schuldig sein, wer sich nachher der Ware bemächtigt (RG

40, 326f. v. 22. 10.1907 für Tiere, die über die Grenze gelaufen waren); vgl. die abweichende Vorschrift des § 1 II 3 ZollG. Anderseits erfordert das Verbringen nicht, daß der Täter an der Warenbewegung *körperlich* mitwirkt. Es genügt, daß jemand eine Ware, deren Einfuhr verboten ist, im Ausland bestellt und der Lieferer sie mit der Post ins Inland versendet (RG 67, 345, 347f. v. 9. 11. 1933 für eine Postsendung mit Kodein, das als Arzneimittel ausgegeben worden war). Das Überschreiten einer *Außengrenze* ist erforderlich, da Bannbruch begrifflich voraussetzt, daß ein-, aus- und durchgeführte Sachen bei der zuständigen Zollstelle hätten angezeigt werden müssen (s. Rdnr. 21 ff.). Daher wird die verbotswidrige Ein- oder Ausfuhr von Reben über die Grenze eines deutschen Weinbaubezirks in einen anderen deutschen Weinbaubezirk (§ 10 Nr. 1 ReblausG) oder das Verbringen von Tieren über die innerdeutschen Grenzen eines Seuchensperrbezirks von § 372 AO nicht erfaßt.

13 **Sonstiges Verbringen** ist eine Umschreibung für den Willen des Gesetzgebers, daß auch das Verbringen einer Sache über die Grenze zwischen der BRD und der DDR erfaßt werden soll *(Eggers* ZfZ 1972, 41). In einzelne ältere Gesetze ist dieser scheinbar nichtssagende Ausdruck nachträglich eingefügt worden, zB in § 8 I u. § 15 I des Gesetzes über forstliches Saat- und Pflanzgut v. 25. 9. 1957 (BGBl. I 1388) durch Art. 118 EGOWiG sowie in § 19 I u. § 64 II BSeuchG v. 18. 7. 1961 (BGBl. I 1012), in § 1 IV u. § 16 I des Gesetzes zum Schutz deutschen Kulturgutes gegen Abwanderung v. 6. 8. 1955 (BGBl. I 501) und in § 45 I Nr. 1 AtomG v. 23. 12. 1959 (BGBl. I 814) durch Art. 65, 86 u. 192 EGStGB. In anderen Gesetzen ist es bei den herkömmlichen Begriffen geblieben, zB beim *„Einführen“* in § 2 BranntwMonG, obwohl dieses Gesetz sonst häufig geändert worden ist; hier erscheint sogar der Umkehrschluß gerechtfertigt, daß das Verbringen von Branntwein aus der DDR in die BRD den Tatbestand des § 372 I AO *nicht* erfüllt. Die durch den unterschiedlichen Sprachgebrauch hervorgerufene Unsicherheit hat der Gesetzgeber vereinzelt dadurch vermieden, daß ausdrücklich das Ein- oder Durchführen *aus der DDR* oder das Ausführen *in die DDR* angesprochen wird (vgl. die TiersSchV-DDR v. 6. 8.1971, BGBl. I 1242; § 7 II Nr. 2 QualitätsNV Obst und Gemüse v. 9. 10. 1971, BGBl. I 1637; § 4 II Nr. 2 QualitätsNV Blumen v. 12. 11. 1971, BGBl. I 1815; § 21 GFlHG v. 12. 7. 1973, BGBl. I 776) oder daß statt eines Ein-, Aus- oder Durchführens, dem ein sonstiges Verbringen gleichgestellt ist, unter Verzicht auf die herkömmlichen Begriffe und die mit ihnen scheinbar verbundene staatsrechtliche Problematik nur noch *„das Verbringen einer Sache in den, aus dem oder durch den Geltungsbereich des Gesetzes“* verboten wird (vgl. § 47 I 1 LebmG idF des LMRG v. 15. 8. 1974, BGBl. I 1945).

14 **Verbringenlassen**

Einzelne Verbringungsverbote und die zu ihrem Schutz erlassenen Straf- oder Bußgeldvorschriften erwähnen neben dem Ein-, Aus- oder Durchführen oder Verbringen noch ein Ein-, Aus- oder Durchführen*lassen* oder ein Verbringen*lassen,* vgl. zB § 32 II Nr. 1 MOG v. 31. 8. 1972 (BGBl. I 1617); § 8 I

1, § 23 I, § 71 II 1 AWV idF v. 31. 8. 1973 (BGBl. I 1069); § 27 I 1, § 53 I Nr. 2 WaffG idF v. 8. 3. 1976 (BGBl. I 432) abw. von § 37 I Nr. 7, § 53 I Nr. 4, III Nr. 3 WaffG; § 15 I 1, § 40 II Nr. 1 SprengG v. 13. 9. 1976 (BGBl. I 2737; vgl. ferner § 14 I 1, II 1 AHStatDV idF v. 14. 7. 1977 (BGBl. I 1281).

Jemanden *eine Ware verbringen zu lassen,* soll nach *Hübner* (17 zu § 396 RAO 1968) bedeuten, sich seiner zur Ein-, Aus- oder Durchfuhr *zu bedienen,* sich von ihm hierbei *helfen zu lassen,* ihn zur Ein-, Aus- oder Durchfuhr *zu veranlassen* oder ihn dabei *gewähren zu lassen.* Nicht zutreffend ist, daß die Ausdrucksweise der og. Gesetze den Täterkreis erweitert (aM *Hübner* aaO). Vielmehr handelt es sich beim Verbringenlassen nur um eine „vorsorglich" im Gesetzeswortlaut erscheinende Ausprägung der intellektuellen Täterschaft und der mittelbaren Täterschaft (s. Rdnr. 68 zu § 369 AO). Sich von jemandem helfen zu lassen oder ihn zur Tat zu veranlassen, kennzeichnet die Teilnahmeformen der Beihilfe (§ 27 StGB) und der Anstiftung (§ 26 StGB). Ein Gewährenlassen ist nach § 13 I StGB nur strafbar, sofern jemand rechtlich dafür einzustehen hat, daß der Erfolg (iS von tatbestandsmäßigem Ereignis) nicht eintritt. Für Zollbeamte besteht zwar eine Rechtspflicht zum Einschreiten und Verhindern von Schmuggeltaten; denn es gehört zu ihren Aufgaben und Dienstpflichten, verbotswidriges Verbringen von Waren über die Grenze zu unterbinden (vgl. § 1 I 2 ZollG). Das gilt aber unabhängig von dem oben wiedergegebenen Sprachgebrauch einzelner Verbringungsverbote.

15 **Das Zielgebiet** für Ein-, Aus- oder Durchführen ist nicht einheitlich zu bestimmen; es hat sich durch die staatsrechtliche Entwicklung nach 1945 und die Entwicklung der EG (vgl. dazu *G. Schmidt* ZfZ 1972, 294) gewandelt. Zur Abgrenzung zwischen BRD und DDR werden sogar für denselben Vorgang und dieselben Gebiete unterschiedliche Umschreibungen verwendet (s. u.). Im einzelnen beziehen sich Verbringungsverbote (s. Rdnr. 19) auf

das Gebiet der *Mitgliedstaaten der EG* gegenüber *dritten Ländern,* zB in § 72 ArzneimG v. 24. 8. 1976 (BGBl. I 2445), § 16a FertigpackV idF v. 20. 12. 1976 (BGBl. I 3730);

das Gebiet der BRD gegenüber *anderen Mitgliedstaaten der EG,* zB in § 15 GFlHG v. 12. 7. 1973 (BGBl. I 776), § 2 AusfV Rinder und Schweine (EWG) v. 26. 7. 1972 (BGBl. I 1306) u. § 2 AusfV frisches Fleisch (EWG) v. 12. 12. 1973 (BGBl. I 1903);

am häufigsten auf den *Geltungsbereich des jeweiligen Gesetzes* oder der jeweiligen RechtsV zur Abgrenzung der BRD gegenüber anderen Staaten mit oder ohne die DDR – je nachdem, ob

dem Ein-, Aus- oder Durchführen (oder zusammenfassend: Verbringen) ein *sonstiges Verbringen* gleichsteht (s. Rdnr. 13) oder

vom Ausführen ins Ausland oder Verbringen *in sonstige Gebiete außerhalb des Bundesgebietes,* zB in § 21 I Nr. 2 GetreideG idF v. 3. 8. 1977 (BGBl. I 1521), gesprochen oder

ausdrücklich das *Währungsgebiet der DM-Ost* oder das *Währungsgebiet der Mark der DDR,* vgl. § 7 IV ViehsG idF vor und nach dem ÄndG v. 7. 8. 1972 (BGBl. I 1363), oder unmittelbar die *DDR* angesprochen wird, vgl. § 21 GFlHG, oder auf das Gebiet der BRD *allein* gegenüber dem Gebiet der DDR, vgl. TiersSchV-DDR v. 6. 8. 1971 (BGBl. I 1242).

Als weitere Begriffe werden verwendet

das *Bundesgebiet* ohne Berlin-West nach § 3 III, § 28 KriegswaffG v. 20. 4. 1961 (BGBl. I 444);

das *Wirtschaftsgebiet* gegenüber *fremden Wirtschaftsgebieten,* in § 4 I Nr. 1 u. 2 AWG v. 28. 4. 1961 (BGBl. I 481), geänd. durch Art. 1 des 3. ÄndG v. 29. 3. 1976 (BGBl. I 869);

das *Einfuhrüberwachungsgebiet* gem. § 52 X WeinG aF v. 16. 7. 1969 (BGBl. I 781);

das *Inland* gegenüber dem *Ausland,* neuerdings wieder verwendet im WeinG v. 14. 7. 1971 (BGBl. I 893), wobei nach § 45 XI unter „Inland" das Überwachungsgebiet iS des Geltungsbereichs des WeinG ohne die Zollausschlüsse und Freihäfen zu verstehen ist;

das *Zollinland* gegenüber dem *Zollausland* nach § 12 FleischBG in der bis zum ÄndG v. 5. 7. 1973 (BGBl. I 709) geltenden Fassung v. 29. 10. 1940 (RGBl. I 1463) iVm § 2 ZollG 1939;

das *deutsche Zollgebiet,* jedoch nur für die Durchfuhr nach § 11 I Nr. 2 BetäubmG idF v. 10. 1. 1972 (BGBl. I 1);

das *Monopolgebiet* in § 2 BranntwMonG und § 3 ZündwMonG (vgl. dazu BGH v. 5. 2. 1963, ZfZ 1968, 18, m. Anm. *Skuhr*).

16 **Von der Hoheitsgrenze** kann die für ein Ein-, Aus- oder Durchfuhrverbot maßgebende Grenzlinie abweichen.

Allgemein werden Waren beim Verkehr über den Bodensee aus der Schweiz oder aus Österreich erst dann eingeführt, wenn sie an einen deutschen Hafen, an das deutsche Ufer oder an damit verbundene Anlagen gelangt sind (§ 1 IV AZO).

Aufgrund besonderer Vorschriften in einzelnen Verbotsgesetzen werden bestimmte Teile des deutschen Hoheitsgebietes von Verbringungsverboten ausdrücklich ausgenommen, etwa

Zollausschlüsse (§ 2 II 2 AZO), wie zB die deutsche Gemeinde Büsingen (Oberrhein) aufgrund des deutsch-schweizerischen Vertrages v. 23. 11. 1964 (BGBl. 1967 II 2029), oder

Zollfreigebiete (§ 2 III AZO), namentlich

deutsche Schiffe und Luftfahrzeuge in Gebieten, die zu keinem Zollgebiet gehören, zB Schiffe auf hoher See, oder

die Insel Helgoland oder

die Freihäfen als vom Zollgebiet ausgeschlossene Teile deutscher Seehäfen (s. Einl 178).

Umgekehrt gelten *Zollanschlüsse* (§ 2 II 1 AZO), die außerhalb des deutschen Hoheitsgebietes liegen, als Teil des Wirtschaftsgebietes iS des § 4 I Nr. 1 AWG sowie des § 7a I ViehsG, wie zZ die österreichischen Gemeinden Jungholz aufgrund des bayerisch-österreichischen Vertrages v. 3. 5. 1968

(BayRegBl. 1245) und Mittelberg (Kleines Walsertal) aufgrund des deutsch-österreichischen Vertrages v. 2. 12. 1890 (RGBl. 1891, 59). Über *vorgeschobene Zollstellen* s. Rdnr. 17.

17 **Vorgeschobene Zollstellen auf fremdem Hoheitsgebiet** können die für ein Ein- oder Durchfuhrverbot maßgebende Grenzlinie auf das benachbarte Hoheitsgebiet ausdehnen. Voraussetzung ist ein ratifizierter Staatsvertrag, der nicht nur die Grenzabfertigung durch deutsche Amtsträger auf fremdem Gebiet gestattet, sondern darüber hinaus bestimmt, daß (auch) Zuwiderhandlungen gegen Verbote des grenzüberschreitenden Warenverkehrs an der vorgeschobenen Zollstelle oder in der Zone zwischen ihr und der Hoheitsgrenze so zu beurteilen sind, als seien sie auf deutschem Hoheitsgebiet begangen. Nationale Rechtsvorschriften wie § 2 VII ZollG und kriminologische Erwägungen, daß hinter einer vorgeschobenen Zollstelle keine Kontrolle mehr stattfinde, reichen nicht aus.

Zweifelsfreie Sonderregelungen enthalten das *deutsch-schweizerische* Abkommen v. 1. 6. 1961 (ratifiziert durch G v. 1. 8. 1962, BGBl. II 877; in Kraft ab 13. 5. 1964, BGBl. II 675) und das *deutsch-niederländische* Abkommen v. 30. 5. 1958 (ratifiziert durch G v. 25. 8. 1960, BGBl. II 2181; in Kraft ab 28. 9. 1960, BGBl. II 2316), dessen Art. 4 wie folgt lautet:

„(1) Die Rechts- und Verwaltungsvorschriften des Nachbarstaates, die sich auf die Grenzabfertigung beziehen, gelten in der Zone, wie sie in der Gemeinde gelten, der die Grenzabfertigungsstelle des Nachbarstaates zugeordnet wird.

(2) Im Sinne der im Absatz 1 genannten Vorschriften des Nachbarstaates findet innerhalb der Zone der Übergang über die Grenze statt, wenn die Grenzabfertigung des Ausgangsstaates beendet ist.

(3) Wird in der Zone gegen diese Vorschriften verstoßen, so üben die Gerichte *und Behörden* des Nachbarstaates die Strafgerichtsbarkeit aus und urteilen, als ob diese Zuwiderhandlungen in der Gemeinde begangen worden wären, der die Dienststelle zugeordnet ist."

Unter diesen Voraussetzungen ist die in einem von Oldenzaal/Holland nach Bentheim fahrenden Eisenbahnzug begangene, von deutschen Zollbeamten noch vor dem Überfahren der Hoheitsgrenze entdeckte Einfuhr von LSD-Tabletten zu Recht als vollendete Straftat nach § 11 I Nr. 1 BetäubmG beurteilt worden (OLG Oldenburg v. 11. 12. 1973, ZfZ 1974, 50; zust. *Bender* S. 239 und *Hübner* 10f., abl. *Kohlmann* 9 – beide zu § 396 RAO 1968).

Vgl. ferner die sinngleichen Abkommen mit *Belgien* (BGBl. 1958 II 191, 1960 II 2320), *Frankreich* (BGBl. 1960 II 1533, 2324), *Luxemburg* (BGBl. 1963 II 141, 1964 II 99) und *Dänemark* (BGBl. 1967 II 1521, 2329).

Weniger zweifelsfrei ist die Anwendung des materiellen deutschen Einfuhrrechts und die „Vorverlegung" seiner maßgebenden Grenze geregelt im *deutsch-österreichischen* Abkommen v. 14. 9. 1955 (ratifiziert durch G v. 4. 7. 1957, BGBl. II 581; in Kraft ab 31. 10. 1957, BGBl. 1958 II 13) für die Einfuhr über die deutschen Eisenbahnzollämter Kufstein und Salzburg auf österreichischem Hoheitsgebiet. Dennoch hat das BayObLG unter Berufung auf § 2 VII ZollG nicht Versuch, sondern Vollendung einer Einfuhrstraftat in Salzburg angenommen (BayObLG v. 9. 4. 1970, ZfZ 1971, 117; krit., aber im Ergebnis zust. *Hübner* aaO).

b) Ein-, Aus- und Durchfuhrverbote

18 iS des § 372 I AO müssen **durch Gesetz oder RechtsV** oder durch Rechtsakte des Rates oder der Kommission der EG angeordnet sein. Gleichgültig ist, welchem Schutzzweck das Verbot dient. Auch ist unerheblich, ob es sich um ein *absolutes* Verbot handelt oder um ein *relatives* Verbot, das Ausnahmen zuläßt, wenn bestimmte Voraussetzungen erfüllt sind, zB die veterinärpolizeiliche Untersuchung von Tieren (ausf. *Eggers* ZfZ 1973, 333ff.). Nicht ausreichend ist dagegen ein Zuwiderhandeln gegen Bedingungen oder Auflagen, welche die Überwachung der Verbote des grenzüberschreitenden Warenverkehrs nur erleichtern oder vereinfachen sollen; denn in solchen Fällen liegt es in der Hand der Zollbehörden, die Einfuhr an ungeeigneter Stelle zurückzuweisen (RG 63, 357 v. 7. 11. 1929). Bei den sehr unterschiedlichen Vorschriften kommt es weniger darauf an, ob die Ein-, Aus- oder Durchfuhr grundsätzlich verboten und ausnahmsweise zugelassen ist oder umgekehrt (aM *Fuchs* ZfZ 1954, 67; zutr. *Eggers* aaO); dies ist oft nur eine Frage der Formulierung, die bei der Verschiedenheit der Epochen und Ressorts, denen die Verbotsvorschriften entstammen, ohnehin nicht einheitlich sein kann. Entscheidend ist vielmehr, ob der Zweck eines (relativen) Verbots unter dem Gesichtspunkt der Gefahrenabwehr auch dann noch gewahrt ist, wenn eine bestimmte Bedingung oder Auflage nicht erfüllt wird.

19 **Verboten ist namentlich[1]:**

Die Ein-, Aus- und Durchfuhr von **Kriegswaffen** iS der Kriegswaffenliste idF v. 29. 8. 1973 (BGBl. I 1052) ohne Genehmigung nach § 3 III KriegswaffG v. 20. 4. 1961 (BGBl. I 444), strafbar gem. § 16 II Nr. 1 KriegswaffG, geänd. durch Art. 35 EGStGB v. 2. 3. 1974 (BGBl. I 469, 545);

die Ein- und Ausfuhr von **Betäubungsmitteln** (Opium, Morphin, Thebain, Kokain, Ekgonin, Cannabis, Kodein usw.) oder von **gleichgestellten Stoffen** gem. Liste idF v. 4. 9. 1972 (BGBl. I 1732), zuletzt geänd. durch 7. Betäubungsmittel-GleichstellungsV v. 24. 10. 1975 (BGBl. I 2771), ohne personenbezogene Erlaubnis nach § 3 BetäubmG idF v. 10. 1. 1972 (BGBl. I 1) oder ohne jeweilige Genehmigung des Bundesgesundheitsamtes nach § 6 I BetäubmG,

die Durchfuhr von Betäubungsmitteln ohne zollamtliche Überwachung sowie

die Ein-, Aus- und Durchfuhr von **Rückständen des Rauchopiums, Cannabis-Harz oder seiner Zubereitungen** ohne Ausnahmegenehmigung des Bundesgesundheitsamtes nach § 9 BetäubmG,

strafbar gem. § 11 I Nr. 1, 2 oder 6a BetäubmG, geänd. durch Art. 48 EGStGB v. 2. 3. 1974 (BGBl. I 469, 549). Die Strafvorschriften des § 11 I Nr. 1 und 6a sind nach § 12 BetäubmG auch anzuwenden, wenn die Hand-

---

[1] Die Verbotsgesetze sind in der Reihenfolge aufgeführt, in der sie im Fundstellennachweis des Bundesrechts erscheinen.

lung sich auf Sachen bezieht, die keine Betäubungsmittel sind, aber als solche ausgegeben werden. Wegen der Konkurrenz zwischen § 11 IV Nr. 4 BetäubmG (bandenmäßiges Verbringen) und § 373 II Nr. 3 AO s. Rdnr. 8 zu § 373 AO;

die gewerbs- oder berufsmäßige Einfuhr von **Fertigarzneimitteln, Testsera, Testantigenen oder chirurgischem Nahtmaterial** aus Ländern, die nicht Mitgliedstaaten der EG sind, ohne die nach § 72 I ArzneimG v. 24. 8. 1976 (BGBl. I 2445) erforderliche Erlaubnis oder die nach § 72 II ArzneimG erforderliche Bestätigung oder Bescheinigung, bei Vorsatz strafbar gem. § 96 Nr. 4 ArzneimG, bei Fahrlässigkeit mit Geldbuße bedroht gem. § 97 I iVm § 96 Nr. 4 ArzneimG, sowie

die Einfuhr von Arzneimitteln, für welche die Zulassung zurückgenommen oder widerrufen ist oder ruht (§ 30 IV Nr. 2 ArzneimG) oder für deren Einfuhr eine Ausnahme von dem Verbot des § 73 I ArzneimG nicht zutrifft, mit Geldbuße bedroht gem. § 97 II Nr. 8 ArzneimG;

die Ein- und Ausfuhr von **DDT und DDT-Zubereitungen** entgegen § 1 I DDT-G v. 7. 8. 1972 (BGBl. I 1385), strafbar gem. § 7 DDT-G, geänd. durch Art. 50 EGStGB v. 2. 3. 1974 (BGBl. I 469, 549), sowie

die Einfuhr eines in § 3 DDT-G bezeichneten **DDT-Erzeugnisses** ohne die nach § 4 I DDT-G vorgeschriebene Kennzeichnung, mit Geldbuße bedroht gem. § 8 I Nr. 1, II DDT-G;

die Einfuhr von **Absinth,** ähnlichen Erzeugnissen und den zur Herstellung solcher Getränke dienenden Grundstoffen nach § 1 Nr. 1 AbsinthG v. 27. 4. 1923 (RGBl. I 257), strafbar gem. § 3 I AbsinthG, zuletzt geänd. durch Art. 58 EGStGB v. 2. 3. 1974 (BGBl. I 469, 550);

die Einfuhr von **Lebensmitteln, Tabakerzeugnissen, kosmetischen Mitteln und Bedarfsgegenständen,** die nicht den in der BRD geltenden lebensmittelrechtlichen Bestimmungen entsprechen, nach § 47 I 1 LebmG idF des LMRG v. 15. 8. 1974 (BGBl. I 1945), mit Geldbuße bedroht gem. § 54 I Nr. 4 LebmG;

die Einfuhr von **Milch** entgegen § 1 I, II 1 oder **Milcherzeugnissen** entgegen § 2 oder § 2a MilchEinfV v. 23. 12. 1969 (BGBl. I 2423), mit Geldbuße bedroht gem. § 4 II MilchEinfV, neugefaßt durch Art. 14 VO v. 16. 5. 1975 (BGBl. I 1281), iVm § 54 II Nr. 3 LebmG;

die Ein- und Ausfuhr von **ausländischen Weinen, Traubenmost, Likörweinen, Schaumweinen, weinhaltigen Getränken, Weindestillaten, Brennweinen oder von Branntweinen aus Wein,** die wegen ihrer Beschaffenheit oder Herstellung, des Zusetzens oder des Gehalts an bestimmten Stoffen nach § 18 II Nr. 1–6 oder III, § 19 IV, § 22 II Nr. 1–6 oder III, § 27 II Nr. 1–5 oder III, § 32 II Nr. 1–4 oder III, § 36 IV 2, § 37 III 2 Nr. 1–3, § 42 II Nr. 1–3 oder III WeinG v. 14. 7. 1971 (BGBl. I 893) vom Verbringen ins Inland ausgeschlossen sind, strafbar gem. § 67 I, II Nr. 9 WeinG; § 67 I WeinG geänd. durch Art. 62 EGStGB v. 2. 3. 1974 (BGBl. I 469, 551);

die Ein- und Ausfuhr von **inländischen Weinen** mit einem unzulässig hohen Gehalt an Restzucker entgegen § 9 II–IV WeinG, mit Geldbuße bedroht gem. § 69 II Nr. 4 WeinG;

die Ein- und Ausfuhr von **Erzeugnissen,** die durch eine nach § 67 I oder II Nr. 1–6, 10 oder 11 WeinG strafbare Handlung hervorgebracht worden sind oder auf die sich eine solche Handlung bezieht, strafbar gem. § 67 I, II Nr. 12 WeinG, sowie

die Ein- und Ausfuhr von Erzeugnissen,
- die nach § 18 I 1, § 19 IV, § 22 I 1, § 27 I, § 32 I, § 36 IV 1, § 37 III 1 oder § 42 I 1 WeinG – jeweils iVm § 52 I WeinG – oder nach § 20 II Nr. 1 SchaumwBranntwV v. 15. 7. 1971 (BGBl. I 939) nicht ins Inland verbracht werden dürfen,
- die einer Vorschrift über Bezeichnungen, Angaben, Aufmachungen oder Hinweisen nicht entsprechen, vgl. § 24 II WeinÜberwV v. 15. 7. 1971 (BGBl. I 926), geänd. durch VO v. 30. 3. 1973 (BGBl. I 245), oder
- die durch eine in § 67 I–III, § 69 I, II Nr. 1, 3, 6, 7 oder III Nr. 3 WeinG bezeichnete Handlung hervorgebracht worden sind oder auf die sich eine solche Handlung bezieht,

mit Geldbuße bedroht gem. § 69 III Nr. 1 oder 2 oder IV WeinG, ferner

die Ein- und Ausfuhr von Erzeugnissen unter Verstoß gegen das Täuschungsverbot des § 46 I–III WeinG oder entgegen § 47 I WeinG mit nicht zugelassenen gesundheitsbezogenen Angaben oder von Getränken, die entgegen § 53 I WeinG mit einem Erzeugnis verwechselt werden können, bei Vorsatz strafbar gem. § 67 V Nr. 2, 3 oder 4 WeinG, bei Fahrlässigkeit mit Geldbuße bedroht gem. § 69 I, VII WeinG;

die Einfuhr von **Phosphorzündwaren** nach § 1 III PhosphorzündwG v. 10. 5. 1903 (RGBl. 217), mit Geldbuße bedroht aufgrund § 2 I PhosphorzündwG, zuletzt geänd. durch Art. 64 EGStGB v. 2. 3. 1974 (BGBl. I 469, 552), und Art. 2 II LMRG gem. § 54 I Nr. 4, III LebmG;

die Einfuhr von **methylalkoholhaltigen Zubereitungen** nach § 115 I BranntwMonG v. 8. 4. 1922 (RGBl. I 335, 405), mit Geldbuße bedroht aufgrund § 129 II BranntwMonG und Art. 2 II LMRG gem. § 54 I Nr. 4, III LebmG;

die Ein- und Ausfuhr von lebenden **Krankheitserregern** ohne Erlaubnis nach § 19 I BSeuchG v. 18. 7. 1961 (BGBl. I 1012), geänd. durch Art. 65 EGStGB v. 2. 3. 1974 (BGBl. I 469, 552), strafbar gem. § 64 II Nr. 1 BSeuchG, geänd. durch Art. 65 EGStGB;

die Einfuhr von **Ottokraftstoff** mit einem unzulässigen Gehalt an Bleiverbindungen entgegen § 2 I BzBlG v. 5. 8. 1971 (BGBl. I 1234), geänd. durch G v. 25. 11. 1975 (BGBl. I 2919), sowie

die gewerbsmäßige Einfuhr von Ottokraftstoffen, die entgegen § 2 II BzBlG anstelle von Bleiverbindungen nicht zugelassene Zusätze mit anderen Metallverbindungen enthalten, mit Geldbuße bedroht gem. § 7 I Nr. 1, II BzBlG, geänd. durch Art. 71 EGStGB v. 2. 3. 1974 (BGBl. I 469, 554);

die Einfuhr von **Abfällen** entgegen § 13 I 1 AbfG idF v. 5. 1. 1977 (BGBl. I 41) ohne Genehmigung der zuständigen Landesbehörde nach der AbfEinfV v. 29. 7. 1974 (BGBl. I 1584), mit Geldbuße bedroht gem. § 18 I Nr. 10, II AbfG;

die gewerbsmäßig oder im Rahmen wirtschaftlicher Unternehmungen bewirkte Einfuhr von **Rasenmähern,** die entgegen § 2 I Nr. 1 oder 2, II der 8. BImSchV v. 28. 7. 1976 (BGBl. I 2024) nicht, unvollständig oder mit einer zu niedrigen Emissionsangabe gekennzeichnet sind oder die festgesetzten Emissionswerte nicht einhalten, mit Geldbuße bedroht gem. § 5 Nr. 1 der 8. BImSchV iVm § 62 I Nr. 7 BImSchG v. 15. 3. 1974 (BGBl. I 721);

die Ausfuhr eines **Kunstwerkes** oder anderen **Kultur- oder Archivgutes** ohne Genehmigung nach § 1 IV, § 10 III G zum Schutz deutschen Kulturgutes gegen Abwanderung v. 6. 8. 1955 (BGBl. I 501), strafbar gem. § 16 I, II dieses Gesetzes, geänd. durch Art. 86 EGStGB v. 2. 3. 1974 (BGBl. I 469, 557);

die Einfuhr von **Gasöl oder Mineralöl,** das rotfärbende Stoffe enthält, entgegen § 12 VIII 1 MinöStG, eingefügt durch G v. 19. 3. 1975 (BGBl. I 721), mit Geldbuße bedroht gem. § 14 II Nr. 5 MinöStG, geänd. durch Art. 32 EGAO, iVm § 381 I Nr. 2 AO;

die Ausfuhr von **alkoholischen Waren** (Weingeist und alkoholhaltige Flüssigkeiten, die zum Genuß oder zur Herstellung von Getränken geeignet sind) entgegen § 2 AlkVfrG idF v. 2. 1. 1975 (BGBl. I 289) auf Schiffen von weniger als 100 NRT oder entgegen § 3 AlkVfrG auf Schiffen von weniger als 500 NRT ohne schriftliche Genehmigung der Hafenbehörde des Heimathafens oder entgegen § 5 Nr. 2 AlkVfrG ohne schriftliche Erklärung des Kapitäns, seines Vertreters oder des Abladers, daß die an Bord verladenen alkoholischen Waren rechtmäßig ausgeführt und am Bestimmungsort rechtmäßig eingeführt werden sollen, mit Geldbuße bedroht gem. § 8 AlkVfrG;

die Einfuhr von **Schußwaffen und Munition** iS der §§ 1–3 WaffG idF v. 8. 3. 1976 (BGBl. I 432) entgegen § 27 I 1 WaffG ohne Erlaubnis der zuständigen Behörde oder von verbotenen Gegenständen iS des § 37 I 1 Nr. 7 WaffG, strafbar gem. § 53 I Nr. 2 oder 4, IV WaffG, und

die Einfuhr **verbotener Gegenstände** iS des § 37 I 1 Nr. 1–6 WaffG, strafbar gem. § 53 III Nr. 3 WaffG;

die Einfuhr von **Handfeuerwaffen, Schußapparaten oder Einsteckläufen, Schreckschuß-, Reizstoff- und Signalwaffen,** wenn sie entgegen § 21 I oder II oder § 22 I WaffG von der Physikalisch-Technischen Bundesanstalt nicht zugelassen sind, sowie von **pyrotechnischer Munition,** wenn sie entgegen § 23 I WaffG von der Bundesanstalt für Materialprüfung nicht zugelassen ist, mit Geldbuße bedroht gem. § 55 I Nr. 9, 10 oder 11, III WaffG;

die Einfuhr von **Munition für Handfeuerwaffen,** wenn sie entgegen § 25 I WaffG nicht den Anforderungen einer RechtsV nach § 25 II WaffG entspricht, von **Geschossen mit Betäubungsstoffen** entgegen § 37 I 1 Nr. 8 WaffG, von Geschossen oder sonstigen Gegenständen, wenn sie entgegen § 37 I 1 Nr. 9 WaffG nicht den Anforderungen einer RechtsV nach § 6 IV Nr. 4 WaffG entsprechen, mit Geldbuße bedroht gem. § 55 I Nr. 13 oder 22a, III WaffG;

die Einfuhr von **Nachbildungen von Schußwaffen** oder von **unbrauchbar gemachten Schußwaffen** entgegen § 37 I 1 Nr. 10 oder 11 WaffG, mit Geldbuße bedroht gem. § 55 I Nr. 22b, III WaffG;

die Einfuhr von **Nadelgeschossen, Hohlspitzgeschossen, Teilmantelgeschossen** mit Sollbruchstellen sowie Gegenständen, die nach ihrer Beschaffenheit und Handhabung dazu bestimmt sind, durch Würgen die Gesundheit zu beschädigen, nach § 8 I Nr. 1–3 der 1. WaffV v. 24. 5. 1976 (BGBl. I 1285), neugefaßt durch § 22 der 3. WaffV v. 22. 12. 1976 (BGBl. I 3770), strafbar gem. § 42a Nr. 1–3 der 1. WaffV, eingefügt durch § 22 der 3. WaffV, iVm § 53 III Nr. 3, IV WaffG;

die Einfuhr von **explosionsgefährlichen Stoffen** entgegen § 15 I 1 SprengG v. 13. 9. 1976 (BGBl. I 2737) ohne Nachweis der persönlichen Berechtigung, bei Vorsatz strafbar gem. § 40 II Nr. 1 SprengG, bei Fahrlässigkeit strafbar gem. § 40 IV, II Nr. 1 SprengG, sowie die Einfuhr von explosionsgefährlichen Stoffen oder **Sprengzubehör** ohne Zulassung nach § 5 I oder § 47 I SprengG, mit Geldbuße bedroht gem. § 41 I Nr. 2, II SprengG;

die Einfuhr von **Fertigpackungen oder offenen Packungen,** die entgegen § 17a oder § 17d I EichG v. 11. 7. 1969 (BGBl. I 759), neugefaßt durch 2. ÄndG v. 20. 1. 1976 (BGBl. I 141), gestaltet sind oder deren Füllmenge entgegen § 15 I oder II EichG die Nennfüllmenge unterschreitet, mit Geldbuße bedroht gem. § 35 I Nr. 1 oder II Nr. 6, ggf. iVm III EichG, jeweils idF des 2. ÄndG;

die Einfuhr von **Flaschen als Maßbehältnissen,** deren Randvollvolumen nicht den Vorschriften des § 3 II 1 oder 2 FertigpackV idF v. 20. 12. 1976 (BGBl. I 3730) entspricht,

die Einfuhr von **Fertigpackungen** mit dem EWG-Zeichen aus Staaten außerhalb der EG, ohne daß die Anforderungen des § 16a I FertigpackV erfüllt sind,

die Einfuhr von Fertigpackungen ohne die in § 21 I 1 oder 2 vorgeschriebenen Angaben,

die Einfuhr von **Backwaren,** deren Gewicht im Mittel das Nenngewicht unterschreitet, entgegen § 21 c I oder II FertigpackV sowie

die Einfuhr von **Verkaufseinheiten,** deren Gewicht, Länge oder Fläche im Mittel das Nenngewicht, die Nennlänge oder Nennfläche unterschreitet, entgegen § 21 d I oder II FertigpackV,

mit Geldbuße bedroht gem. § 24 I Nr. 3, 8, 15, 16 oder 17 FertigpackV iVm § 35 II Nr. 12 EichG;

die Ausfuhr von **Waren,** die in die Ausfuhrliste – Anlage AL zur AWV – idF v. 24. 9. 1973 (BAnz 183), zuletzt geänd. durch 34. ÄndV v. 12. 10. 1977 (BAnz 194), aufgenommen sind, ohne Genehmigung nach § 5 I oder § 5a AWV idF v. 31. 8. 1973 (BGBl. I 1069), mit Geldbuße bedroht gem. § 70 I Nr. 1a AWV, neugefaßt durch 35. ÄndV v. 3. 4. 1976 (BGBl. I 891), iVm § 33 I, VI AWG v. 28. 4. 1961 (BGBl. I 481), neugefaßt durch 3. ÄndG v. 29. 3. 1976 (BGBl. I 869), ferner

die Ausfuhr von Waren ohne Genehmigung nach den §§ 6, 6a oder 20d I AWV, geänd. durch 37. ÄndV v. 22. 12. 1976 (BGBl. I 3679), mit Geldbuße bedroht gem. § 70 III Nr. 1 AWV iVm § 33 III Nr. 2, VI AWG;

die Durchfuhr von Waren, die in die Ausfuhrliste (s. o.) aufgenommen sind, entgegen dem Verbot des § 38 I AWV, mit Geldbuße bedroht gem. § 70 I Nr. 2 AWV iVm § 33 I Nr. 2 AWV, ferner

die Durchfuhr von Waren ohne Genehmigung nach § 38 III AWV, mit Geldbuße bedroht gem. § 70 III Nr. 2 AWV iVm § 33 III Nr. 2, VI AWG;

die Einfuhr von Waren, die in die Einfuhrliste – Anlage EL zur AWV – idF v. 17. 12. 1974 (BAnz 237), zuletzt geänd. durch 59. ÄndV v. 18. 3. 1977 (BAnz 56), aufgenommen sind, ohne Genehmigung nach § 10 AWG, mit Geldbuße bedroht gem. § 33 II Nr. 1, V AWG;

die Ein- und Ausfuhr von **Kernbrennstoffen** nach § 3 I AtomG idF v. 31. 10. 1976 (BGBl. I 3053), strafbar gem. § 45 I Nr. 1, III oder IV AtomG;

die Ein- und Ausfuhr von **radioaktiven Stoffen** ohne Genehmigung nach § 11 I, IV iVm §§ 12–14 StrlSchV v. 13. 10. 1976 (BGBl. I 2905), mit Geldbuße bedroht gem. § 81 I Nr. 1 c StrlSchV iVm § 46 I Nr. 3 AtomG;

die gewerbsmäßige Einfuhr von **Textilerzeugnissen** entgegen § 1 I Nr. 2 TextKzG idF v. 25. 8. 1972 (BGBl. I 1545), Anlagen 1–3 geänd. durch VO v. 25. 7. 1974 (BGBl. I 1572), ohne Rohstoffangabe, die den Anforderungen der §§ 3–10 TextKzG entspricht, mit Geldbuße bedroht gem. § 14 I Nr. 1 TextKzG;

die gewerbsmäßige Einfuhr von **Kristallglaserzeugnissen,** die nach § 3 I oder § 4 I KristKzG v. 25. 6. 1971 (BGBl. I 857), § 3 I neugefaßt durch G v. 29. 8. 1975 (BGBl. I 2307), nicht vorschriftsmäßig gekennzeichnet sind, mit Geldbuße bedroht gem. § 7 I Nr. 1 KristKzG;

die Einfuhr von **Saatgut** entgegen § 23 I SaatgG idF v. 23. 6. 1975 (BGBl. I 1453) oder von **Saatgutmischungen** entgegen § 23 IV 1 SaatgG oder von **Pflanzgut von Kartoffeln** entgegen einer aufgrund § 26 SaatgG erlassenen RechtsV, mit Geldbuße bedroht gem. § 76 I Nr. 6 oder 8, III SaatgG;

die Einfuhr von **Pflanzenbehandlungsmitteln,** die entgegen § 7 I 1 PflanzSchG idF v. 2. 10. 1975 (BGBl. I 2591) von der Biologischen Bundesanstalt nicht zugelassen oder entgegen § 12 I PflanzSchG nicht vorschriftsmäßig gekennzeichnet sind, mit Geldbuße bedroht gem. § 25 I Nr. 4 oder 5, II PflanzSchG;

die Ein- und Durchfuhr von **seuchenkranken oder verdächtigen Tieren,** von Erzeugnissen und Rohstoffen solcher Tiere, von toten Tieren, Teilen, Erzeugnissen und Rohstoffen von Tieren, die zur Zeit ihres Todes seuchenkrank oder verdächtig waren, und von Gegenständen jeder Art, von denen anzunehmen ist, daß sie Träger von Ansteckungsstoff sind, nach § 6 I ViehsG idF v. 23. 2. 1977 (BGBl. I 313), strafbar gem. § 74 I Nr. 2, II–IV ViehsG;

die Ausfuhr von lebenden **Rindern und Schweinen** in einen anderen Mitgliedstaat der EG ohne amtstierärztliche Gesundheitsbescheinigung nach § 2 AusfV Rinder und Schweine (EWG) v. 26. 7. 1972 (BGBl. I 1306); mit Geldbuße bedroht ist gem. § 10 AusfV iVm § 76 II Nr. 2, III ViehsG, wer ein Rind oder Schwein entgegen § 5 I 1 AusfV nicht unmittelbar der Grenzübergangsstelle zuleitet;

die Einfuhr von **Bienenvölkern oder Bienenköniginnen** entgegen § 1 BienenEinfV v. 6. 12. 1972 (BGBl. I 2238) ohne veterinärpolizeiliche Genehmigung, die Einfuhr von **gebrauchten Bienenwohnungen** entgegen § 4 BienenEinfV sowie die Durchfuhr von Bienenvölkern, Bienenköniginnen oder gebrauchten Bienenwohnungen, ohne daß die Transportbehältnisse nach § 5 BienenEinfV bienendicht verschlossen sind, mit Geldbuße bedroht gem. § 8 Nr. 1, 4 oder 5 BienenEinfV iVm § 76 II Nr. 2, III ViehsG;

die Ein- und Durchfuhr von **Affen und Halbaffen** nach der VO v. 9. 11. 1967 (BAnz 212), geänd. durch VO v. 10. 4. 1968 (BAnz 80), mit Geldbuße bedroht gem. § 76 II, III iVm § 77a ViehsG;

die Ein- und Durchfuhr von **Klauentieren** (Haus- und Wildwiederkäuern, Haus- und Wildschweinen), Teilen, Erzeugnissen und Rohstoffen von Klauentieren, von **tierischem Dünger** sowie **Rauhfutter und Stroh** ohne veterinärpolizeiliche Genehmigung nach der KlauentiereEinfV idF v. 30. 8. 1972 (BGBl. I 1593), zuletzt geänd. durch VO v. 5. 4. 1976 (BGBl. I 914), mit Geldbuße bedroht gem. § 16 Nr. 1, 3 oder 4 KlauentiereEinfV iVm § 76 II Nr. 2, III ViehsG;

die Ein- und Durchfuhr von lebenden oder toten **Einhufern** (Pferden, Eseln, Maultieren, Mauleseln, Zebras oder Zebroiden) entgegen § 3 oder § 16 I Nr. 2 EinhuferEinfV idF v. 16. 3. 1976 (BGBl. I 706) ohne veterinärpolizeiliche Genehmigung sowie die Einfuhr von **Sperma oder Fleisch von Einhufern,** das nicht zum menschlichen Genuß bestimmt ist, entgegen § 16 I Nr. 1 EinhuferEinfV, mit Geldbuße bedroht bem. § 18 Nr. 1 EinhuferEinfV iVm § 76 II Nr. 2, III ViehsG;

die Ein- und Durchfuhr lebender **Hasen und Kaninchen** entgegen § 1 I HasenEinfV v. 6. 7. 1970 (BGBl. I 1062), geänd. durch VO v. 4. 4. 1973 (BGBl. I 305) sowie toter Hasen und Kaninchen oder Teilen von ihnen entgegen § 4 I oder III HasenEinfV ohne veterinärpolizeiliche Genehmigung, mit Geldbuße bedroht gem. § 6 Nr. 1 HasenEinfV iVm § 76 II Nr. 2, III ViehsG;

die Ausfuhr von **frischem Fleisch** in Mitgliedstaaten der EG, wenn das Fleisch von Tieren gewonnen wurde, die aus Betrieben oder Zonen stammen, die einer veterinärpolizeilichen Sperre unterliegen, oder die in einem verseuchten Schlachthaus geschlachtet wurden oder deren Verfügungsberechtigter nicht vorschriftsgemäß erklärt hat, daß sie seit mindestens 21 Tagen vor der Schlachtung im Gebiet der EG gehalten wurden, mit Geldbuße bedroht aufgrund § 6 Nr. 1 iVm § 2 AusfV frisches Fleisch (EWG) v. 12. 12. 1973 (BGBl. I 1903) gem. § 76 II Nr. 2, III ViehsG;

die Ein- und Durchfuhr von **Geflügel** entgegen § 3 I oder § 7 I GeflügelEinfV v. 24. 7. 1974 (BGBl. I 1540) ohne veterinärpolizeiliche Genehmigung, die Einfuhr von **Bruteiern** entgegen § 9 I GeflügelEinfV sowie die Ein- und Durchfuhr von **unbearbeiteten Federn und Federteilen** entgegen § 11 I 1 oder III GeflügelEinfV, mit Geldbuße bedroht gem. § 13 Nr. 1, 2 oder 3 GeflügelEinfV iVm § 76 II Nr. 2, III ViehsG;

die Ein- und Durchfuhr von **Papageien und Sittichen** ohne veterinärpolizeiliche Genehmigung nach § 1 PapageienEinfV v. 3. 3. 1975 (BGBl. I 653), mit Geldbuße bedroht gem. § 9 Nr. 1 PapageienEinfV iVm § 76 II Nr. 2, III ViehsG;

die Ein- und Durchfuhr lebender **Klauentiere, Einhufer, Hasen, Haus- und Wildkaninchen, lebenden Geflügels, lebender Papageien, Sittichen, Affen und Halbaffen aus der DDR** entgegen § 2 I TiersSchV-DDR v. 6. 8. 1971 (BGBl. I 1242) ohne veterinärpolizeiliche Genehmigung,

die Einfuhr von **Fleisch von Klauentieren oder ganzer Körper dieser Tiere aus der DDR** entgegen § 4 I TiersSchV-DDR ohne amtstierärztliche Gesundheitsbescheinigung,

die Einfuhr von geschlachtetem **Hausgeflügel oder Geflügelteilen aus der DDR** entgegen § 5 TiersSchV-DDR sowie

die Einfuhr **tierischer Teile außer Fleisch, tierischer Erzeugnisse und Rohstoffe oder Rauhfutter und Stroh aus der DDR** entgegen § 6 TiersSchV-DDR ohne veterinärpolizeiliche Genehmigung,

mit Geldbuße bedroht gem. § 10 Nr. 1, 2, 3 oder 4 TiersSchV-DDR iVm § 76 II Nr. 2, III ViehsG;

die Einfuhr von **lebenden Tierseuchenerregern** und von Impfstoffen, die lebende Tierseuchenerreger enthalten, nach § 6 II ViehsG ohne Genehmigung nach den §§ 2–7 TierseuchenerregerEinfV v. 7. 12. 1971 (BGBl. I 1960), geänd. durch VO v. 22. 7. 1977 (BGBl. I 1421), strafbar gem. § 74 I Nr. 3, II–IV ViehsG;

die Einfuhr von **Fleisch,** das entgegen § 21 I 1, II, III FleischBG idF v. 29. 10. 1940 (RGBl. I 1463) mit unzulässigen Stoffen oder Verfahren behandelt oder zubereitet worden ist, strafbar gem. § 26 Nr. 3 FleischBG;

die Einfuhr von **Fleisch von Hunden, Katzen, Füchsen, Dachsen oder Affen** sowie von zubereitetem Fleisch von Pferden oder anderen Einhufern nach § 12 FleischBG, bei Vorsatz strafbar gem. § 26 Nr. 2 FleischBG, bei Fahrlässigkeit mit Geldbuße bedroht gem. § 27 I, III FleischBG;

die Einfuhr von frischem oder zubereitetem Fleisch anderer Tiere oder von **Wildbret** entgegen §§ 12a–12c FleischBG oder ohne Einfuhruntersuchung nach § 13 I, § 14 I oder § 24 I FleischBG, mit Geldbuße bedroht gem. § 27 II Nr. 8 oder 9, III FleischBG;

die Einfuhr von **Pferdefleisch** oder Fleisch anderer Einhufer entgegen § 18 II FleischBG ohne Bezeichnung, mit Geldbuße bedroht gem. § 27 II Nr. 10, III FleischBG;

§§ 12, 12a, 12c, 13, 14, 24 neugefaßt und §§ 12b, 18 FleischBG geänd. durch G v. 5. 7. 1973 (BGBl. I 709), §§ 26, 27 FleischBG neugefaßt durch Art. 213 EGStGB v. 2. 3. 1974 (BGBl. I 469, 598);

die Ausfuhr von frischem **Geflügelfleisch** in einen anderen Mitgliedstaat der EG entgegen § 15 I GFlHG v. 12. 7. 1973 (BGBl. I 776), zuletzt geänd. durch G v. 25. 2. 1976 (BGBl. I 385), wenn es nach den §§ 3–13 GFlHG nicht vorschriftsmäßig gewonnen, gelagert, verpackt, befördert oder behandelt oder nicht als tauglich beurteilt und gekennzeichnet worden ist, bei Vorsatz strafbar gem. § 38 Nr. 8 GFlHG, bei Fahrlässigkeit mit Geldbuße bedroht gem. § 40 I, III GFlHG, oder wenn die Sendung entgegen § 16 GFlHG nicht von einer Genußtauglichkeitsbescheinigung begleitet wird, mit Geldbuße bedroht gem. § 40 II Nr. 2, III GFlHG, sowie

die Einfuhr von frischem Geflügelfleisch entgegen § 17 I iVm § 15 I GFlHG und von frischem oder zubereitetem Geflügelfleisch aus Drittländern entgegen § 18 I, II oder IV GFlHG oder aus der DDR entgegen § 21 I, II oder IV GFlHG, bei Vorsatz strafbar gem. § 38 Nr. 9 oder 11 GFlHG, bei Fahrlässigkeit mit Geldbuße bedroht gem. § 40 I, III GFlHG;

die Einfuhr von **Wirbeltieren** entgegen § 12 S. 1 TierSchG v. 24. 7. 1972 (BGBl. I 1277), mit Geldbuße bedroht gem. § 18 II Nr. 12 TierSchG;

die Einfuhr von **Futtermitteln, Zusatzstoffen und Vormischungen,** die den in der BRD geltenden futtermittelrechtlichen Vorschriften nicht entsprechen, entgegen § 14 I 1 FuttmG v. 2. 7. 1975 (BGBl. I 1745), mit Geldbuße bedroht gem. § 21 I Nr. 8 FuttmG;

die Einfuhr von **Getreide(-erzeugnissen)** oder bestimmten **Futtermitteln,** ohne sie entgegen § 8 I GetreideG idF v. 3. 8. 1977 (BGBl. I 1521) spätestens bei der Zoll- oder Grenzabfertigung der Bundesanstalt für landwirtschaftliche Marktordnung zum Kauf anzubieten, mit Geldbuße bedroht gem. § 21 I Nr. 1, II GetreideG, sowie die Ausfuhr entgegen § 8 VII iVm § 14 GetreideG ohne Zustimmung der Bundesanstalt, mit Geldbuße bedroht gem. § 21 I Nr. 2, II GetreideG; ferner unter den gleichen Voraussetzungen

die Einfuhr von **Fetten** entgegen § 16 I Milch- und FettG idF v. 10. 12. 1952 (BGBl. I 811), mit Geldbuße bedroht gem. § 30 I Nr. 5, II Milch- und FettG, geänd. durch Art. 103 EGOWiG, Art. 220 EGStGB und § 20 G v. 21. 6. 1976, sowie die Ausfuhr von **Milch(-erzeugnissen) und Fetten** entgegen § 16 VII Milch- und FettG, mit Geldbuße bedroht gem. § 30 I Nr. 6, II Milch- und FettG;

die Einfuhr von **Schlachtvieh oder Fleisch(-erzeugnissen)** entgegen § 17 I Vieh- und FleischG idF v. 21. 3. 1977 (BGBl. I 477), mit Geldbuße bedroht gem. § 26 I Nr. 4, II Vieh- und FleischG, sowie die Ausfuhr entgegen § 17 VI Vieh- und FleischG, mit Geldbuße bedroht gem. § 26 I Nr. 5, II Vieh- und FleischG;

die Einfuhr von **Zucker** entgegen § 9 I 2 ZuckerG v. 5. 1. 1951 (BGBl. I 47), mit Geldbuße bedroht gem. § 17 I Nr. 2, II ZuckerG, geänd. durch Art. 113 EGOWiG, Art. 226 EGStGB und § 19 G v. 21. 6. 1976, sowie die Ausfuhr entgegen § 9 V ZuckerG, mit Geldbuße bedroht gem. § 17 I Nr. 3, II ZuckerG;

die Einfuhr von **Labaustauschstoffen** entgegen § 21 II KäseV idF v. 19. 2. 1976 (BGBl. I 321), mit Geldbuße bedroht gem. § 30 IV Nr. 2 KäseV iVm § 54 II Nr. 3 LebmG;

die Einfuhr der **Käsesorte „Provolone“** entgegen § 28 IV KäseV mit einem unzulässig hohen Gehalt an Hexamethylentetramin oder ohne die vorgeschriebene Kenntlichmachung, strafbar gem. § 30 V Nr. 3 KäseV iVm Art. 3 III 2 LMRG;

die Ein- und Ausfuhr von **Marktordnungswaren** ohne die nach § 13 MOG v. 31. 8. 1972 (BGBl. I 1617) vorgeschriebenen Bescheide oder ohne Abfertigung der Waren zu einem zollrechtlich beschränkten Verkehr, obwohl die Ein- oder Ausfuhr nach Rechtsakten des Rates oder der Kommission der EG oder nach RechtsVOen aufgrund § 21 I Nr. 2b MOG, geänd. durch Art. 38

G v. 18. 3. 1975 (BGBl. I 705), ausgesetzt ist, mit Geldbuße bedroht gem. § 32 II Nr. 1 oder 2, IV und V Nr. 1 MOG, geänd. durch Art. 8 des 1. StVRG v. 9. 12. 1974 (BGBl. I 3393, 3533);

die Ein- und Ausfuhr von **Erzeugnissen der Landwirtschaft und Fischerei,** die den Anforderungen einer aufgrund §§ 1–3 HKlG idF v. 23. 11. 1972 (BGBl. I 2201) erlassenen RechtsV nicht entsprechen, namentlich

die Ausfuhr von **Obst und Gemüse** in dritte Länder bzw. in die DDR entgegen Art. 4 III VO (EWG) Nr. 496/70 v. 17. 3. 1970 (ABl. EG L 62/11) ohne vorgeschriebene Kontrollbescheinigung, mit Geldbuße bedroht gem. § 7 I Nr. 6 QualitätsNV Obst und Gemüse v. 9. 10. 1971 (BGBl. I 1637), geänd. durch VO v. 3. 8. 1976 (BGBl. I 2057), iVm § 1 III Nr. 2 HKlG idF v. 23. 11. 1972 (BGBl. I 2201) bzw. gem. § 7 II Nr. 2b QualitätsNV iVm § 7 I Nr. 3 HKlG, sowie

die Einfuhr von Obst und Gemüse aus dritten Ländern bzw. aus der DDR entgegen Art. 11 VO (EWG) Nr. 1035/72 v. 18. 5. 1972 (ABl. EG L 118/1), wenn das Erzeugnis in deren Anhang I aufgeführt ist, mit Geldbuße bedroht gem. § 7 I Nr. 1 QualitätsNV iVm § 1 III Nr. 2 HKlG bzw. gem. § 7 II Nr. 2a QualitätsNV iVm § 7 I Nr. 3 HKlG;

die Ausfuhr von **Blumen(-bulben, -zwiebeln, -knollen),** die bestimmten Qualitätsnormen nicht entsprechen, in dritte Länder bzw. in die DDR entgegen Art. 2 I VOen (EWG) Nr. 315 und 316/68 v. 12. 3. 1968 (ABl. EG L 71/1, 8), mit Geldbuße bedroht gem. § 4 I Nr. 1b oder Nr. 2b QualitätsNV Blumen v. 12. 11. 1971 (BGBl. I 1815) iVm § 1 III Nr. 2 HKlG bzw. gem. § 4 II Nr. 2a QualitätsNV iVm § 7 I Nr. 3 HKlG, sowie

die Einfuhr solcher Erzeugnisse aus dritten Ländern bzw. aus der DDR, mit Geldbuße bedroht gem. § 4 I Nr. 2b QualitätsNV iVm § 1 III Nr. 2 HKlG bzw. gem. § 4 II Nr. 2b QualitätsNV iVm § 7 I Nr. 3 HKlG;

die Einfuhr von **forstlichem Saat- und Pflanzgut,** das nicht in der BRD gewonnen oder erzeugt wurde, nach § 8 I G über forstliches Saat- und Pflanzgut idF v. 29. 10. 1969 (BGBl. I 2057), mit Geldbuße bedroht gem. § 15 I Nr. 3, III dieses Gesetzes;

die Ein-, Aus- oder Durchfuhr von (Teilen von) **Pflanzen** sowie hieraus gewonnenen Erzeugnissen und von (Teilen von) **Tieren,** ihren Eiern, Larven, Puppen, sonstigen Entwicklungsformen oder Nestern sowie hieraus gewonnenen Erzeugnissen aufgrund einer RechtsV nach § 23 I Nr. 1 oder 2 BNatSchG v. 20. 12. 1976 (BGBl. I 3573), mit Geldbuße bedroht gem. § 30 BNatSchG;

20 **Der Abfertigung durch die Zolldienststellen stehen nicht entgegen** die in Rdnr. 19 angeführten Ein- und Ausfuhrverbote nach dem LebmG, TextKzG, KristKzG, TierSchG, FuttmG und HKlG. Die entsprechenden Klauseln (vgl. § 47 I 2 LebmG, § 15 S. 1 TextKzG, § 8 S. 1 KristKzG, § 12 S. 2 TierSchG, § 14 I 3 FuttmG, § 9 I 1 HKlG) dienen nur der Entlastung der Zolldienststellen; diese werden freigestellt von der ihnen sonst obliegenden Amtspflicht, bei der Abfertigung zu prüfen, ob Zuwiderhandlungen gegen die genannten Verbote des grenzüberschreitenden Warenverkehrs vorliegen. Die materielle

Verbindlichkeit des jeweiligen Verbringungsverbots wird dadurch nicht beeinträchtigt, namentlich hat das Unterlassen einer Prüfung bei der Abfertigung keine rechtfertigende Wirkung für die Verletzung der Verbotsvorschrift. Daher besteht auch kein Grund (anders 1. Aufl. Rdnr. 14 zu § 396 RAO), die oben genannten Ein- und Ausfuhrverbote unter dem Blickwinkel der Begriffsbestimmung und des Anwendungsbereichs des § 372 I AO anders zu beurteilen als die übrigen Verbote, die bei der Abfertigung durch die Zolldienststellen pflichtgemäß geprüft werden müssen und ggf. einer Abfertigung entgegenstehen (grundsätzlich glA *Hübner* 16 vor §§ 396, 397 RAO 1968).

c) Ordnungsgemäßes Anzeigen

21 **Systematisch** bedeutet die Wendung *„wer einführt, ohne anzuzeigen"*, daß das Verbringen einer Ware über eine Grenze jedenfalls nach § 372 AO nicht strafbar ist, wenn die Ein-, Aus- oder Durchfuhr ordnungsgemäß angezeigt worden ist. *Tathandlung* des Bannbruchs bleibt die Ein-, Aus- oder Durchfuhr. Ein *Unterlassungsdelikt,* das durch Nichtanzeigen der Warenbewegung verwirklicht wird, liegt nicht vor (aM *Hübner* 1 zu § 396 RAO 1968 mwN). Vielmehr stellt das Anzeigen ein negatives Tatbestandsmerkmal dar: die Strafdrohung des § 372 AO greift *nicht* ein, wenn das Verbringen der Bannware angezeigt worden ist. Nicht erforderlich ist, daß derjenige, der die Warenbewegung bewirkt oder daran mitwirkt, die Ein-, Aus- oder Durchfuhr *selbst* anzeigt; die Anzeige eines Dritten genügt.

22 **Das Wort „anzeigen"** wurde während der parlamentarischen Beratungen des Entwurfs der AO 1977 auf Anregung des Regierungsvertreters an die Stelle des *typisch zollrechtlichen Wortes* **„gestellen"** gesetzt, ohne daß dieser Austausch der Begriffe im Bericht des Finanzausschusses des BTages erläutert worden ist (s. BT-Drucks. 7/4292 S. 44). Sachlich besteht zwischen *gestellen* iS des § 396 I RAO (und den damit in bezug genommenen Vorschriften des Zollrechts) und *anzeigen* iS des § 372 II AO folgender Unterschied:

Der zollrechtlichen Gestellungspflicht wird bereits dadurch genügt, daß das Zollgut *unverzüglich und unverändert der zuständigen Zollstelle vorgeführt,* dh an den Amtsplatz der Zollstelle oder an den von ihr bestimmten Ort gebracht und ihr dort zur Verfügung gestellt wird (vgl. § 6 I, IV ZollG sowie im einzelnen für das Gestellen von Waren im Reiseverkehr §§ 5, 12 III AZO, im übrigen Warenverkehr § 12 II AZO). Wer bis zum 31. 12. 1976 Bannware mitführte und an der Grenze im Drange der Geschäfte durchgewunken wurde, ohne nach Waren befragt zu werden, hatte *„ordnungsmäßig gestellt"*. Demgegenüber muß der nach Sondervorschriften oder nach § 372 II AO zur Anzeige Verpflichtete *von sich aus* tätig werden und auf die von ihm mitgeführte Ware ausdrücklich hinweisen. Bisher war ein Zuwiderhandeln gegen Verbringungsverbote ohne eine Zollhinterziehung nur denkbar, wenn *Ausfuhr*verbote verletzt wurden, weil für die Ausfuhr Abgaben nicht erhoben werden. Nach dem ab 1. 1. 1977 geltenden Recht treffen den, der eine Ware über die Grenze bringt, nach den Zollvorschriften und nach den Vorschriften über Verbote und Beschränkungen des grenzüberschreitenden Warenverkehrs unterschiedliche Pflichten; häufiger als vorher können Ein-, Aus- oder Durchfuhrverbote verletzt werden, ohne daß gleichzeitig zollrechtliche Pflichten verletzt und Abgaben hinterzogen werden.

23 **Ordnungsgemäßes Anzeigen** ist im ZollG und in der AZO bisher nicht geregelt; besondere Vorschriften enthalten zB § 4 I BzBlG, § 12 I Nr. 2, III Nr. 2 StrlSchV und § 7a KlauentiereEinfV. Die allgemeinen zollrechtlichen Gestellungsvorschriften bieten unter dem Blickwinkel des § 372 I AO nur noch *Anhaltspunkte* für eine zweckgerechte Unterscheidung zwischen ordnungsgemäßem und nicht ordnungsgemäßem Anzeigen. Entscheidend ist, daß die Anzeige der zuständigen Zollstelle die Möglichkeit eröffnet, die fragliche Ware auf die Merkmale von Ein-, Aus- und Durchfuhrverboten zu prüfen und ggf. die vorgeschriebenen oder zulässigen Schutzmaßnahmen zu treffen. In zeitlicher Hinsicht ist erforderlich, daß die Warenbewegung spätestens beim Übergang der Ware über die jeweils maßgebende Grenzlinie (s. Rdnr. 16) angezeigt wird. Inhaltlich darf die Anzeige keine unrichtigen Angaben über verbotserhebliche Merkmale der Ware enthalten, zB über Herkunft, Art, Beschaffenheit usw. An einem ordnungsgemäßen Anzeigen fehlt es erst recht dann, wenn die Zollstelle über den Vorgang der Ein-, Aus- oder Durchfuhr völlig in Unkenntnis gehalten wird oder wenn ihr Begleitpapiere vorgelegt werden, die unrichtig oder gefälscht sind, zB amtstierärztliche Gesundheitsbescheinigungen.

24 **Bei der zuständigen Zollstelle** anzuzeigen bedeutet, daß nicht jede Stelle der Zollverwaltung zur Wahl steht. Aber auch nicht jede für zollrechtliches Gestellen bei der Ein- und Ausfuhr zuständige Zollstelle (vgl. §§ 7, 10 AZO) ist für die Abfertigung einer Ware zuständig, die Verboten des grenzüberschreitenden Warenverkehrs unterliegt (vgl. § 7 III AZO). Für bestimmte Waren, deren Untersuchung besondere Kenntnisse und Vorrichtungen erfordert (vgl. zB § 59 II 3 WeinG, § 27 VI WaffG, § 15 V SprengG, § 28 III 2, IV SaatgG, § 21 PflanzSchG, § 2a I ViehsG, § 5 I KlauentiereEinfV, § 5 I EinhuferEinfV, § 30 GFlHG, § 23 III 6 BNatSchG), sind nur bestimmte Eingangsstellen zuständig, die im BAnz bekanntgemacht werden.

4. Subjektiver Tatbestand

25 **In subjektiver Hinsicht erfordert § 372 AO Vorsatz,** also das Wissen und Wollen aller objektiven Tatbestandsmerkmale; *bedingter* Vorsatz (s. Rdnr. 44 zu § 369 AO) genügt in jeder Beziehung. Zum Tatbestand gehört auch das (mindestens bedingte) Wissen um das Verbotensein der Ein-, Aus- oder Durchfuhr (*Hartung* II 4 zu § 401a RAO 1939, *Hübner* 8 u. *Kohlmann* 18 zu § 396 RAO 1968, *Bender* S. 240). Fehlt dem Täter zur Tatzeit dieses Wissen, handelt er im *Irrtum über Tatumstände* iS des § 16 StGB, nicht etwa im *Verbotsirrtum* iS des § 17 StGB (s. Rdnr. 90ff. zu § 369 AO; aM zum Irrtum eines Außenhandelskaufmanns, unter welche Warennummer ein Einfuhrgut einzuordnen ist, OLG Hamburg v. 6. 5. 1974, ZfZ 215, im Anschluß an OLG Hamm v. 6. 5. 1970, ZfZ 1971, 340f.). Unkenntnis des Einfuhrverbots wird

als Schutzbehauptung häufig geltend gemacht; oft ergeben aber die Begleitumstände der Tat eindeutig das Wissen des Täters, verbotswidrig zu handeln. Ist ein Irrtum über Tatumstände unwiderlegbar, kommt nach § 16 I 1 StGB eine Bestrafung nach § 372 II iVm § 370 I oder II AO (sowie ggf. nach § 373 AO) auch dann nicht in Betracht, wenn die Unkenntnis des Täters auf fahrlässiger Gedankenlosigkeit beruht; denn im Hinblick auf § 15 StGB ist fahrlässiger Bannbruch nach § 372 AO nicht strafbar; anders zB nach § 16 IV KriegswaffG, § 11 III BetäubmG, § 7 III DDT-G, § 67 IV WeinG, § 64 IV BSeuchG, § 53 IV WaffG, § 40 IV SprengG, § 45 IV AtomG, § 74 IV ViehsG, § 70 II AWV iVm § 34 II AWG.

5. Vorbereitung und Versuch

26 **Die Unterscheidung zwischen Vorbereitung und Versuch** des Bannbruchs ist von einschneidender Bedeutung, da bloße Vorbereitungshandlungen straflos sind, hingegen Handlungen, mit denen der Täter zur Verwirklichung des Tatbestandes ansetzt (§ 22 StGB), als versuchter Bannbruch gem. § 372 II iVm § 370 II AO derselben Strafdrohung unterliegen wie versuchte Zollhinterziehung. Ob bei Zollhinterziehung ein Versuch erst in Betracht kommen kann, sobald das Schmuggelgut die Zollgrenze erreicht hat und der Anspruch auf Eingangsabgaben entsteht, war str. (BGH v. 23. 10. 1953, BZBl. 1954, 46). Bei dem von § 370 AO unabhängigen Tatbestand des § 372 AO kommt es von vornherein nicht darauf an, ob und wann durch das Verbringen der Sache über eine Grenze ein Abgabenanspruch entsteht (s. Rdnr. 2). Es ist daher auch nicht begründet, in bezug auf den Beginn des Versuchsstadiums beim Bannbruch zwischen Einfuhr und Ausfuhr zu unterscheiden (aM *Hartung* III 1 zu § 401 a RAO 1939; abw. auch *Hübner* 32f. zu § 396 RAO 1968, der darauf abstellt, *wann die deutschen Grenzhoheitsrechte in unmittelbare Gefahr geraten*). Vielmehr wird in *beiden* Fällen mit dem Verbringen einer Sache über die Grenze – gleichgültig in welche Richtung – bereits in dem Zeitpunkt begonnen, in dem der Täter den Entschluß, die Sache verbotswidrig ein- oder auszuführen, dadurch verwirklicht, daß er sie *nach der Grenze hin in Bewegung setzt,* sofern dies mit dem Willen geschieht, den Grenzübergang *in einem Zuge* anzuschließen.

27 **Bei verbotener Einfuhr** sind die Voraussetzungen eines versuchten Bannbruchs zB erfüllt, wenn der Täter eine Ware, etwa mit irreführender Kennzeichnung, bei der Post oder Eisenbahn im Ausland zur Beförderung in das Inland aufgibt. Wird eine Ware zwar in Grenznähe gebracht, dort aber nach vorgefaßtem Plan zunächst versteckt, um eine günstige Gelegenheit zum unbeobachteten Grenzübertritt abzuwarten, liegt ein versuchter Bannbruch erst vor, *wenn der Täter mit der Ware zum eigentlichen Grenzübertritt aufbricht.* Daß der Versuch bei verbotswidriger Einfuhr über die grüne Grenze stets im Ausland unternommen wird und der Täter dort für die deutschen Verfolgungsbehörden nicht greifbar ist, kann die Tatbestandsmäßigkeit und Strafbarkeit des Verhaltens nicht beeinträchtigen; zum Tatort vgl. § 9 StGB. Zutr. hat der BGH (4, 333 v. 10. 9. 1953) den Versuch einer Steuerhinterziehung in

einem Falle bejaht, in dem die Ware die Zollgrenze noch nicht überschritten hatte und das Vorhaben in unmittelbarer Grenznähe durch ausländische Zollbeamte verhindert worden war (abl. *Hartung* III 1 zu § 401 a RAO 1939 und NJW 1952, 556). Von See her ist der Versuch einer verbotswidrigen Einfuhr angenommen worden beim Verbringen der Bannware in einen Freihafen (RG 45, 419, 423 v. 25. 1. 1912) sowie bereits beim Verbringen in Küstengewässer und Annäherung an das Ufer (RG 56, 135, 138 v. 11. 7. 1921).

28 **Für verbotene Ausfuhr** nach § 34 I AWG (s. Rdnr. 19) hat der BGH (20, 150 v. 19. 1. 1965) ausgeführt: „*Während bei der Einfuhr die Behörden des eigenen Landes den Beginn des Vorgangs bis zum Erreichen der Hoheitsgrenze nicht unter Kontrolle haben können, dagegen nach Vollendung der Tat die Möglichkeit des Zugriffs haben, da sich die eingeführte Ware und die dafür Verantwortlichen nun in ihrem Machtbereich befinden, verhält es sich bei der Ausfuhr gerade umgekehrt. Sobald die Ware über die Grenze gebracht ist, bleibt den eigenen Behörden regelmäßig nur noch das Nachsehen. Das aber bedeutet nichts anderes, als daß die ernsthafte Gefährdung des geschützten Rechtsguts hier in aller Regel gerade in dem Zeitpunkt beginnt, in dem die Ware auf den Weg zur Grenze gebracht wird. Da auch die Grenzkontrollen sich erfahrungsgemäß häufig auf die Überprüfung der Papiere und die Vornahme von Stichproben beschränken, entspricht es der sich aus der tatsächlichen Unmöglichkeit der Strafverfolgung nach Vollendung der Tat ergebenden besonderen Gefährdung des geschützten Rechtsguts, den Versuch regelmäßig schon im Bereich der Maßnahmen beginnen zu lassen, die den Transportvorgang einleiten ... Ob freilich schon das Bereitstellen der für die ungenehmigte Ausfuhr vorgesehenen Waren als Anfang der Ausführung anzusehen ist, wie das RG für die Devisengesetze von 1935 und 1938 angenommen hat* (RG 71, 49, 53 v. 8. 2. 1937; v. 5. 1. 1940, HRR Nr. 1051), *kann offenbleiben. Jedenfalls ist mit dem Aufladen der Waren auf das zum Grenzübertritt vorgesehene Transportmittel, wenn sich dieses nach dem Plane der Täter alsbald zur Grenze in Bewegung setzen soll, ein solcher Grad der Gefährdung erreicht, daß die Annahme des Versuchs gerechtfertigt ist; ob die Täter nach der Beladung unmittelbar zur Grenze fahren oder noch einen Umweg machen oder einen Zwischenaufenthalt nehmen wollen, kann dabei keinen Unterschied begründen, vor allem dann nicht, wenn ... der Umweg stattfindet, um andere Waren zuzuladen, mit deren Hilfe die verbotswidrig über die Grenze zu bringende Ware besser verborgen werden soll.*" Die abw. Auffassung von *Langen* (8 zu § 33 AWG), der einen Versuch erst *mit der Annäherung der Ausfuhrware an die Grenze* annimmt, wurde mit Rücksicht auf die vom AWG geschützten Belange der deutschen Außenwirtschaft abgelehnt.

Nach § 22 StGB kommt es darauf an, wann der Täter *unmittelbar zur Tat ansetzt* (vgl. grundsätzlich BGH 26, 201 ff. v. 16. 9. 1975). Die Übernahme der Bannware oder das Anbringen eines Geheimfaches im Autotank (RG aaO) oder das Aufladen der Ware (BGH aaO) sind noch Vorbereitungshandlungen. Entscheidend ist der *Beginn der Beförderung zur Grenze;* auf den *Abstand von der Grenze* kommt es nicht an (s. Rdnr. 26 aE).

6. Vollendung und Beendigung der Tat

29 **Rechtlich vollendet** ist eine Straftat, sobald alle Merkmale des gesetzlichen Tatbestandes erfüllt sind. Falls weitere zur Tat gehörige Wirkungen erst zu einem späteren Zeitpunkt eintreten, ist die Tat erst zu diesem Zeitpunkt *tatsächlich beendet* (BGH 3, 40, 43 v. 24. 6. 1952). Der Zeitpunkt der Vollendung ist maßgebend für die Abgrenzung vom Versuch (s. Rdnr. 26f.). Die Beendigung entscheidet über die Möglichkeit einer Teilnahme an der Tat (s. Rdnr. 33f.), über die Zurechnung tatbestandsmäßiger Strafschärfungsgründe (BGH 20, 194, 197 v. 6. 4. 1965 zu § 250 I Nr. 1 StGB) sowie über den Beginn der Verfolgungsverjährung (RG 62, 418 v. 20. 12. 1928). Wann Bannbruch vollendet und wann er beendet ist, hängt von den Umständen ab, unter denen die Bannware über die Grenze gebracht wird:

30 **Wird die Bannware der Zollstelle vorgeführt** und dort zum freien Verkehr abgefertigt, weil der Zollbeamte über verbotserhebliche Merkmale getäuscht oder in Unkenntnis gehalten worden ist oder sich über die Rechtslage geirrt hat, ist die Tat idR *gleichzeitig* vollendet und beendet. *Nach* der zollamtlichen Abfertigung braucht der Täter einen Zugriff der Zollbehörde regelmäßig nicht mehr zu befürchten; er hat die Einfuhr erfolgreich abgeschlossen, sobald er die Abfertigungspapiere in der Hand hat. *Vor* der Abfertigung ist der Bannbruch auch nicht vollendet, und zwar selbst dann nicht, wenn die Bannware im Fahrzeug oder am Körper versteckt gehalten wird (zutr. BayObLG v. 9. 4. 1970, ZfZ 1971, 117; aM neuerdings BGH 24, 178, 180f. v. 20. 7. 1971 m. abl. Anm. *Schleeh* NJW 1973, 2138, ergänzend BGH 25, 137, 139f. v. 22. 2. 1973 und im Ergebnis übereinstimmend BGH v. 28. 11. 1973, NJW 1974, 429). Zum ersten Fall wird unter steuerrechtlichen Gesichtspunkten ausgeführt, daß der Wille des Täters, das Zollgut nicht zu gestellen, durch das Versteckthalten der Ware beim Erreichen der Zollstelle in gleicher Weise konkretisiert sei wie beim heimlichen Grenzübertritt durch Umgehen der Zollstraße. Im zweiten Fall geht der BGH unter einfuhrrechtlichen Gesichtspunkten davon aus, daß der strafrechtlich mißbilligte Erfolg in der Erlangung einer günstigeren Ausgangsposition für die spätere Veräußerung der Ware (Morphinbase) im Inland bestehe. Aber gerade unter diesem Blickwinkel erlangt der Täter eine günstigere Position erst dann, wenn die (im Zusatztank des LKW) versteckte Ware bei der Abfertigung am Amtsplatz der Zollstelle nicht entdeckt und ihm der Weg ins Inland freigegeben wird. Bis zur Abfertigung liegt nur ein Versuch vor, dessen Gelingen vom Spürsinn der Zollbeamten abhängt; entdecken sie die Bannware, so schlägt der versuchte Bannbruch fehl und die verbotene Einfuhr wird verhindert (im Ergebnis ebenso OLG Neustadt v. 30. 11. 1962, NJW 1963, 550; *Hartung* III 2 zu § 401 a RAO 1939; *Bender* S. 194; *Kohlmann* 20, aM *Hübner* 37 – beide zu § 396 RAO 1968).

31 **Wird die Zollstelle umgangen,** ist die Tat bereits mit dem Überschreiten der Zollgrenze oder der sonst maßgebenden Grenzlinie vollendet (einhM); das Betreten eines Grabens, der die Grenze bildet, genügt noch nicht (OLG Köln v. 4. 1. 1952, NJW 556f., aM nur *Hartung* in Anm. ebenda). Beendet ist die Tat erst dann, wenn die Bannware *„in Sicherheit gebracht“, „zur Ruhe gekom-*

men", „am Ort ihrer endgültigen Bestimmung angelangt ist" (BGH 3, 40, 44 v. 24. 6. 1952 im Anschluß an stRspr des RG). Bestimmungsort in diesem Sinne ist nicht eine bestimmte Ortschaft, sondern der *„eng begrenzte Raum, der das Ziel der Beförderung ist",* zB die Geschäftsräume des Täters, wenn die Ware dorthin bestellt ist und demgemäß der Bahnhof, das Postamt oder das Zollamt Post nur als Durchgangsstellen des Beförderungsweges anzusehen sind (RG 67, 345, 348f. v. 9. 11. 1933). Eine Weiterbeförderung bleibt außer Betracht, wenn sie der Verwertung der Ware, nicht der Festigung eines noch ungesicherten rechtswidrigen Zustands dient (BGH v. 18. 6. 1953, zit. bei *Herlan* GA 1954, 58). Diese Entscheidung erhellt, daß der bildhafte Ausdruck, die Bannware sei zur Ruhe gekommen, den Kern der Rechtsfrage ebensowenig trifft wie die Wendung, sie sei am Ort ihrer endgültigen (?) Bestimmung angelangt; entscheidend ist nämlich, ob die Ware *in Sicherheit gebracht ist,* ob die *Einfuhr gelungen und gesichert erscheint.* Dies ist bereits der Fall, sobald die eingeschmuggelte Ware den Zollgrenzbezirk verlassen hat, weil dann die besonderen Nachschaubefugnisse der Zollbehörden nach den §§ 69ff. ZollG nicht mehr bestehen (so zutr. *Bender* S. 194).

32 Für den Beginn und die Beendigung des Bannbruchs in bezug auf Sachen, die von oder für **fremde Truppen oder exterritoriale Personen** zollfrei eingeführt werden können, gilt regelmäßig nichts besonderes; denn eine persönliche Befreiung von Eingangsabgaben entbindet nicht von der Beachtung nichtsteuerlicher Einfuhrverbote. Ausnahmsweise kann beides zusammentreffen, zB beim Verbringen von Kriegswaffen, die zur Ausrüstung fremder Truppen gehören, oder bei der Einfuhr von Spirituosen für den Bedarf von Diplomaten. War in solchen Fällen die Einfuhr *erlaubt,* kann ein Bannbruch – im Gegensatz zu Steuerhinterziehung – auch dann nicht mehr begangen werden, wenn die rechtmäßig eingeführte Ware nachträglich in unbefugte Hände übergeht (glA *Lenkewitz* ZfZ 1966, 137, 139; *Kröner* ddz 1970, 190; *Hübner* 45 zu § 396 RAO 1968). War die Einfuhr einer Ware – wie im Regelfall – auch für die Exterritoriale und Angehörige fremder Truppen *verboten* (vgl. zB Art. XI [1] und XI [7] des NATO-Truppenstatuts, BGBl. 1961 II 1183, 1206f.) und die verbotswidrig eingeführte Ware im Inland zur Ruhe gelangt (s. Rdnr. 31), können Dritte durch Übernahme der Ware zwar Steuerhehlerei (§ 374 AO), aber nicht mehr Bannbruch begehen (s. Rdnr. 35).

7. Täterschaft und Teilnahme

33 **Besondere Tätereigenschaften** setzt § 372 AO nicht voraus; als Täter kann jeder Beteiligte in Betracht kommen: der *Lieferant,* der das Verbringen in Gang setzt, der *Abnehmer,* der es veranlaßt, und vor allem derjenige, der die Bannware zur Grenze und/oder über die Grenze und/oder von der Grenze zum Bestimmungsort *befördert* (glA *Hübner* 26 zu § 396 RAO 1968). Einschränkungen ergeben sich – nur für den jeweiligen Anwendungsbereich – aus den §§ 8, 9, 39 I AWV, aus § 8 II GetreideG, § 16 II Milch- und FettG, § 17 II Vieh- und FleischG sowie § 9 II ZuckerG, die den Begriff des *Einführers* auf den Verfügungsberechtigten, hilfsweise auf den Empfänger beschränken und damit Spediteure und Frachtführer, die auftragsgemäß verbotene Handelsware über die Grenze schaffen, von vornherein nur als Gehilfen ihrer Auftraggeber in Betracht kommen lassen. Im übrigen hängt es von den Tatumständen ab, ob jemand als (Mit-)Täter oder Gehilfe gehandelt hat; Beispiele für Täterschaft: BGH v. 28. 11. 1973, NJW 1974, 429, 430 (PKW-Fahrer im Auftrag eines Ausländers); für Mittäterschaft: BGH 26, 4 v. 9. 10. 1974 (Niederlassungsleiter der Luftfrachtabteilung einer Spedition im Zusammenwirken mit Kaufleuten); für Beihilfe: BGH 25, 137 v. 22. 2. 1973 (Fahrer eines LKW).

34 **Mittäterschaft und Beihilfe** erfordern nicht, daß der Beteiligte *körperlich* am Verbringen mitwirkt oder daß sich sein (körperlicher oder geistiger) Tatbeitrag *unmittelbar* auf die Ausführungshandlung bezieht; auch ein Mitwirken an der *Vorbereitung* des Bannbruchs genügt (str., wie hier *Schönke/Schröder* 51 u. *Dreher* 7 zu § 25 StGB), und zwar auch im *Ausland.* Zum Tatort der Teilnahmehandlung vgl. § 9 II StGB. Bis zur Beendigung der Tat bleibt nach hM die Möglichkeit offen, sich als Mittäter (§ 25 II StGB) oder Gehilfe (§ 27 StGB) am Bannbruch zu beteiligen. Namentlich Beihilfe kommt auch dann noch in Betracht, wenn sich die verbotswidrig eingeführte Ware bereits *diesseits* der Grenze, aber noch nicht in Sicherheit befindet (s. Rdnr. 31). Solange sich jemand als Mittäter oder Gehilfe beteiligen kann, kann ein Dritter ihn dazu **anstiften** (§ 26 StGB). Fraglich erscheint jedoch, ob jemand die von einem anderen bewirkte Einfuhr diesseits der Grenze als Alleintäter fortsetzen kann, wenn der ursprüngliche Täter sein Vorhaben aufgegeben hat, bevor die Tat beendet war (*bejahend* RG v. 13. 1. 1922, RECHT Nr. 700; OLG Hamburg v. 15. 6. 1966, ZfZ 277, 280).

35 **Nach Beendigung des Bannbruchs** ist eine *Teilnahme* iS von § 25 II, §§ 26, 27 StGB nicht mehr möglich. Eine selbständige Anschlußtat begeht in Form einer

Begünstigung nach § 257 StGB iVm § 369 I Nr. 2 u. 4 AO, wer einem Täter oder einem Teilnehmer am Bannbruch beisteht, um ihm die Vorteile der Tat zu sichern;

Strafvereitelung nach § 258 StGB, wer vereitelt, daß ein anderer wegen Bannbruchs bestraft oder einer Maßnahme nach § 11 I Nr. 8 StGB, zB einer Einziehung der Bannware oder des Beförderungsmittels nach § 375 II AO, unterworfen wird;

Steuerhehlerei nach § 374 AO, wer die verbotswidrig eingeführte Ware ankauft oder sonst sich oder einem Dritten verschafft oder absetzt oder absetzen hilft (vgl. zB OLG Hamburg v. 15. 6. 1966, ZfZ 277, zum Ankauf eingeschmuggelter Papageien).

8. Subsidiarität der Strafdrohung

36 Ist eine Tat als Zuwiderhandlung gegen ein Ein-, Aus- oder Durchfuhrverbot in anderen Vorschriften (als § 372 I AO) **mit Strafe bedroht,** wird der Täter gem. § 372 II Halbs. 2 AO nicht nach § 372 II Halbs. 1 iVm § 370 I, II AO, sondern nach der anderen Vorschrift bestraft. Bei der Bestimmung des Vorrangs der anderen Strafvorschriften ist der Gesetzgeber davon ausgegan-

gen, daß § 372 I AO die allgemeinste Umschreibung einer Zuwiderhandlung gegen Ein-, Aus- und Durchfuhrverbote darstellt. § 372 II Halbs. 2 AO enthält daher nur eine Ausprägung des Vorrangs der speziellen Strafnorm, der allgemeinen Grundsätzen der Gesetzeskonkurrenz entspricht (s. Rdnr. 106 zu § 369 AO).

37 Ist eine Tat als Zuwiderhandlung gegen ein Ein-, Aus- oder Durchfuhrverbot in anderen Vorschriften nur **mit Geldbuße bedroht,** bewirkt § 372 II Halbs. 2 AO eine Umkehrung des allgemeinen Grundsatzes, nach dem – abgesehen von Nebenfolgen – nur das Strafgesetz angewendet wird, wenn eine Handlung gleichzeitig Straftat und Ordnungswidrigkeit ist (§ 21 I OWiG). Daß der Gesetzgeber für den Bereich des Bannbruchs bewußt die gegenteilige Folge angeordnet hat, ergab sich bereits für § 401 a RAO 1939 einwandfrei aus der Änderung des § 401 a III durch § 48 I AWG 1961 (s. Rdnr. 1). Die durch Art. 1 Nr. 9 des 2. AOStrafÄndG 1968 abermals geänderte Fassung *(„mit Strafe oder Geldbuße bedroht")* nahm Rücksicht darauf, daß die Ahndung von Ordnungswidrigkeiten dem Opportunitätsprinzip unterliegt (§ 47 I OWiG). Zugleich bringt diese unverändert fortgeltende Fassung zum Ausdruck, daß § 372 AO gegenüber einer einschlägigen Bußgeldvorschrift auch dann zurücktritt, wenn die für die Verfolgung der Ordnungswidrigkeit zuständige Behörde oder das Gericht nach pflichtgemäßem Ermessen von der Verfolgung und Ahndung der Tat als Ordnungswidrigkeit absehen; insofern weicht § 372 II AO auch von dem allgemeinen Grundsatz des § 21 II OWiG ab.

38 **Ist der Bannbruch nur versucht worden** (s. Rdnr. 26f.), entfällt die Strafdrohung nach § 372 II iVm § 370 II AO u. § 23 I StGB auch dann, wenn die andere Straf- oder Bußgeldvorschrift nur die vollendete Zuwiderhandlung, nicht auch die versuchte Tat mit Strafe oder Geldbuße bedroht (ausf. *Hübner* 25 zu § 396 RAO 1968). Die versuchte Tat ist also – umgekehrt gewendet – nach § 372 II iVm § 370 II AO nur dann strafbar, wenn sie bei Vollendung nach § 372 II iVm § 370 I AO strafbar gewesen wäre. Wird dagegen § 372 II AO bei vollendeter Tat durch ein anderes Gesetz verdrängt, bestimmt allein das andere Gesetz, ob die versuchte Tat mit Strafe oder mit Geldbuße bedroht ist oder überhaupt nicht geahndet werden kann (aM *Klein/Orlopp* 5 zu § 372 AO).

39 **Die Subsidiaritätsklausel gilt nur bei einfacher Tatausführung.** Wird die Zuwiderhandlung gegen ein Ein-, Aus- oder Durchfuhrverbot gewerbsmäßig, mit Waffen oder bandenmäßig begangen, ist der Täter nach § 373 AO zu bestrafen (glA insoweit *Hüber* 27 zu § 396 RAO 1968), und zwar auch dann, wenn die Zuwiderhandlung ohne die erschwerenden Merkmale nur als Ordnungswidrigkeit mit einer Geldbuße hätte geahndet werden können (aM *Hübner* 28 zu § 396 RAO 1968 unter Hinweis auf § 369 I Nr. 2 AO). Diese Auffassung hatte *Hartung* (VI zu § 401 a RAO 1939) bereits zu der bis 1968 geltenden Fassung des Gesetzes vertreten, seinerzeit jedoch zu Unrecht (ausf. 1. Aufl. Rdnr. 35 zu § 396 RAO mwN). Erst mit der Neufassung der Subsidiaritätsklausel durch Art. 1 Nr. 9 des 2. AOStrafÄndG hat der Gesetzgeber das von *Hartung* angestrebte Ergebnis herbeigeführt (s. Begr. BT-Drucks.

V/1812 S. 24), da die aus dem klassischen Strafrecht (vgl. § 244 I, § 250 I u. § 260 StGB) übernommenen Merkmale des § 373 AO eine erheblich stärkere gesetzwidrige Willensbetätigung des Täters sowie eine stärkere Gefährdung des geschützten Rechtsgutes und/oder eine stärkere Gefährdung der zum Schutz eingesetzten Beamten des Zollgrenzdienstes und des BGS begründen als die einfache Tatausführung, und zwar unabhängig davon, ob diese mit Strafe oder nur mit Geldbuße bedroht ist. Der Hinweis von *Hübner* (aaO 28), daß § 369 I Nr. 2 AO die Begriffsbestimmung des Bannbruchs iS von § 372 I AO auf Straftaten beschränke, geht fehl. Vielmehr ist umgekehrt davon auszugehen, daß die Begriffsbestimmung des Bannbruchs nach ihrem unbeschränkten Wortlaut auch Ordnungswidrigkeiten umfaßt; sonst wären in § 372 II AO die Worte „... *oder mit Geldbuße*" überflüssig. Allerdings besteht ein redaktionelles Versäumnis darin, daß § 369 I Nr. 2 AO nicht auf strafbare Zuwiderhandlungen gegen Ein-, Aus- und Durchfuhrverbote beschränkt und § 377 I AO nicht auf solche Zuwiderhandlungen gegen Ein-, Aus- und Durchfuhrverbote erweitert worden ist, die mit Geldbuße bedroht sind; zugleich hätte ausdrücklich bestimmt werden können, daß die Vorschriften der AO über das Straf- oder Bußgeldverfahren für Bannbruch nicht gelten sollen (s. Rdnr. 49f.).

40 **Der unmittelbare Anwendungsbereich des § 372 AO** ist zZ auf Zuwiderhandlungen gegen § 3 BranntwMonG und § 2 ZündwMonG beschränkt, nachdem alle anderen Ein-, Aus- und Durchfuhrverbote mit eigenen Straf- oder Bußgeldvorschriften bewehrt sind (s. Rdnr. 19).

§ 3 I 1, 2 BranntwMonG verbietet, **Branntwein** mit Ausnahme von Rum, Arrak, Cognac und Likören in das Monopolgebiet einzuführen, wenn nicht die Monopolverwaltung eine Ausnahme zugelassen hat. Wer diesem Einfuhrverbot vorsätzlich zuwiderhandelt, begeht Bannbruch iS des § 372 I AO und ist nach § 372 II Halbs. 1 iVm 370 I oder II AO zu bestrafen (einhM; RFH 30, 160, 166 v. 20. 1. 1932; *Hoppe/Heinricht* 7 u. *Weidner/Seydel* 2 – beide zu § 3 BranntwMonG; *Bender* S. 241).

Die Anwendbarkeit des § 372 iVm § 370 AO auf die Ein- und Ausfuhr von **Zündwaren** folgt aus §§ 1, 2 I Nr. 2 u. 3 ZündwMonG. Danach umfaßt das Zündwarenmonopol auch die Ein- und Ausfuhr von Zündwaren in das oder aus dem Monopolgebiet; an jeden Dritten richtet sich ein Ein- und Ausfuhrverbot (vgl. § 4 I 1 Halbs. 2 ZündwMonG), sofern nicht *„Reisende zum persönlichen Gebrauch Zündwaren in solcher Menge mit sich führen, als nach den Vorschriften des Zollrechts zollfrei eingebracht werden dürfen"* (§ 2 II ZündwMonG). Ein besonderer Straf- oder Bußgeldtatbestand für verbotenes Ein- und Ausführen von Zündwaren fehlt; § 40 ZündwMonG bedroht nur das unerlaubte Herstellen, Verbreiten oder Erwerben mit Strafe (s. Anh IX).

9. Sonstige Konkurrenzfragen

41 **Bannbruch und Steuerhinterziehung** (§ 370 AO) treffen bei verbotswidriger Einfuhr regelmäßig in Tateinheit (§ 52 StGB) zusammen, wenn – wie

meist – bei der Einfuhr zugleich Eingangsabgaben (Zoll, Abschöpfung, VerbrauchSt oder EUSt) hinterzogen werden (RG 69, 35 v. 8. 1. 1935). Zuvor hatte das RG in stRspr (65, 344 v. 9. 7. 1931) entschieden, daß Zollhinterziehung an verbotswidrig eingeführten Waren begrifflich unmöglich sei, während der RFH (30, 210 v. 2. 3. 1932) die Zollpflicht mit der Begründung bejaht hatte, daß steuerrechtliche Pflichten durch unerlaubtes Verhalten unberührt bleiben (vgl. *Mundt* ZfZ 1932, 87). Der Streit wurde beendet durch die Einfügung des § 396 VI RAO (heute § 370 V AO) gem. Kap. III Art. 2 Nr. 1 NotV v. 18. 3. 1933 (RGBl. I 109).

42 Tateinheit zwischen Bannbruch und **mittelbarer Falschbeurkundung** (§ 271 StGB) hat das RG (70, 229 f. v. 4. 6. 1936) in einem Fall angenommen, in dem ein (landesrechtlich vorgeschriebenes) Ursprungszeugnis für ein geschmuggeltes Pferd erschlichen worden war.

43 Denkbar ist auch Tateinheit zwischen Bannbruch und

§ 297 StGB – Schiffsgefährdung durch Bannware

Ein Reisender oder Schiffsmann, welcher ohne Vorwissen des Schiffers, desgleichen ein Schiffer, welcher ohne Vorwissen des Reeders Gegenstände an Bord nimmt, welche das Schiff oder die Ladung gefährden, indem sie die Beschlagnahme oder Einziehung des Schiffes oder der Ladung veranlassen können, wird mit Freiheitsstrafe bis zu zwei Jahren oder mit Geldstrafe bestraft.

10. Strafen und Nebenfolgen

44 **Wegen der Strafdrohung für Bannbruch** verweist § 372 II AO auf § 370 I, II AO. Nach § 370 I AO ist die vollendete Tat mit Freiheitsstrafe bis zu 5 Jahren oder mit Geldstrafe bedroht. Die Freiheitsstrafe beträgt mindestens 1 Monat (§ 38 II StGB). Die Geldstrafe beträgt mindestens 5 und höchstens 360 Tagessätze (§ 40 I 2 StGB); ein Tagessatz wird auf mindestens 2 DM und höchstens 10000 DM festgesetzt (§ 40 II 3 StGB).

Die versuchte Tat *kann* nach § 370 II AO iVm § 23 II u. § 49 I StGB *milder* bestraft werden. In Ausübung seines Ermessens muß sich das Gericht zunächst darüber schlüssig werden, ob der gewöhnliche Strafrahmen oder der engere Strafrahmen nach § 49 I StGB angewandt werden *soll*. Entscheidet sich das Gericht *für* eine Strafmilderung, darf es gem. § 49 I Nr. 2 StGB wegen versuchten Bannbruchs nur eine Freiheitsstrafe von höchstens 3 Jahren und 9 Monaten oder eine Geldstrafe von höchstens 270 Tagessätzen verhängen; auf die *Höhe* des Tagessatzes hat die Milderung der Strafdrohung keinen Einfluß.

Anstelle einer Freiheitsstrafe ist eine Geldstrafe vorgeschrieben, wenn im Einzelfall eine Freiheitsstrafe von 6 Monaten oder darüber nicht in Betracht kommt und wenn nicht besondere Umstände, die in der Tat oder der Persönlichkeit des Täters liegen, die Verhängung einer Freiheitsstrafe zur Einwirkung auf den Täter oder zur Verteidigung der Rechtsordnung unerläßlich machen (§ 47 II, I StGB). *Neben einer Freiheitsstrafe* kann eine Geldstrafe verhängt werden, wenn der Täter sich durch die Tat bereichert oder zu bereichern versucht hat und wenn eine Geldstrafe auch unter Berücksichtigung der persönlichen und wirtschaftlichen Verhältnisse des Täters angebracht ist (§ 41 StGB).

Wegen der Möglichkeit einer Aberkennung der Amtsfähigkeit und Wählbarkeit vgl. § 375 I AO iVm § 45 II StGB.

45 **Die Möglichkeit einer Einziehung** der Erzeugnisse, Waren und anderen Sachen, auf die sich der Bannbruch bezieht („*Bannware*") und der *Beförderungsmittel,* die zur Tat benutzt worden sind, ist vorgesehen in § 375 II Nr. 1 AO; die Einzelheiten regelt § 74a StGB (s. Rdnr. 47 zu § 375 AO). Auf den Bannbruch *beziehen sich* alle Sachen, die der Täter einem gesetzlichen Verbot zuwider ein-, aus- oder durchgeführt hat, falls die Tat nach § 372 II Halbs. 1 iVm § 370 I oder II AO strafbar ist (s. Rdnr. 40). Ist die Tat in *anderen* Vorschriften mit Strafe oder Geldbuße bedroht, richtet sich auch die Möglichkeit der Einziehung nach den anderen Gesetzen, die zT über Beförderungsmittel hinaus *alle* Sachen erfassen, die zur Begehung oder Vorbereitung gebraucht worden sind oder bestimmt gewesen sind (vgl. zB § 56 I WaffG), zT enger die Beförderungsmittel *nicht* erfassen (vgl. zB § 11 VI 1 BetäubmG, § 55 LebmG). Zum Bannbruch benutzt sind auch Beförderungsmittel, die der Täter oder ein Teilnehmer erst *nach* dem Überschreiten der Grenze einsetzt, um die Bannware in Sicherheit zu bringen (s. Rdnr. 31).

46 **Die Anordnung des Verfalls** eines Vermögensvorteils, den der Täter oder ein Teilnehmer aus der Tat erlangt hat, ist gem. §§ 73–73d StGB geregelt (s. *Brenner* DRiZ 1977, 203). Soweit der Täter durch Bannbruch Abgaben nach dem BranntwMonG (s. Einl 203f.) erspart hat, wird dieser Vermögensvorteil durch nachträgliche Festsetzung und Erhebung dieser Abgaben beseitigt; andere Vermögensvorteile, die sich nicht in einer vorübergehenden Ersparnis von Abgaben auswirken, können in einem Entgelt oder einer Belohnung für die Tatausführung bestehen. Der Gewinn aus der Veräußerung von Bannware unterliegt nicht dem Verfall des Wertersatzes nach § 73a StGB, sondern der Einziehung des Wertersatzes nach § 74c StGB (s. Rdnr. 69ff. zu § 375 AO).

47 **Straffreiheit durch Selbstanzeige** kann für Bannbruch nicht erlangt werden, da sich § 371 I AO – wie vorher § 395 I RAO 1968, jedoch abw. von § 410 RAO 1951 – ausdrücklich nur auf *die Fälle des § 370 AO* bezieht. Wird Selbstanzeige wegen einer mit Bannbruch in Tateinheit zusammentreffenden Steuer- oder Monopolhinterziehung (§ 370 AO; § 119 BranntwMonG) erstattet, bleibt die strafbefreiende Wirkung auf die Abgabenhinterziehung beschränkt (s. Rdnr. 20f. zu § 371 AO), jedoch kann die Selbstanzeige der Tat bei der Strafzumessung aus § 372 AO mildernd berücksichtigt werden. Auch kann bei weniger schwerwiegenden Zuwiderhandlungen gegen das Ein-, Aus- oder Durchfuhrverbot eine Einstellung des Strafverfahrens nach § 153 StPO eher in Betracht gezogen werden als in den Fällen, in denen die Tat ohne Selbstanzeige zur Kenntnis der Strafverfolgungsbehörden gelangt ist.

11. Verfahrensfragen

48 **Die besonderen Verfahrensvorschriften der §§ 385–408 AO** gelten, sofern Bannbruch iS des § 372 I AO nach § 372 II Halbs. 1 iVm § 370 I oder II AO strafbar ist (s. Rdnr. 40, wohl einhM). Ausgenommen sind naturgemäß diejenigen Vorschriften, die eine „*Abgabenangelegenheit*" (§ 388 I Nr. 2, II 2 AO), ein „*Besteuerungsverfahren*" (§ 393 AO) oder einen „*Steueranspruch*" oder „*Steuervorteil*" (§ 396 AO) voraussetzen.

49 Sofern Bannbruch iS des § 372 I AO *in anderen Vorschriften mit Strafe bedroht ist* (§ 372 II Halbs. 2 AO), gelten die §§ 385–408 AO – entgegen dem Wortlaut des § 369 I Nr. 2 AO und des § 385 I AO – nicht (glA *Bender* S. 243 unter Hinweis auf die Praxis der Zollverwaltung; aM *Hübner* 50 zu § 396 RAO 1968, der die von ihm aus dem Wortlaut der AO-Vorschriften abgeleitete gegenteilige Folgerung zu Recht als *unpraktikabel* ansieht, sowie *Kohlmann* 36 zu § 396 RAO 1968). Die hier vertretene Auffassung ergibt sich aus den Sondervorschriften der anderen Gesetze, die den Zollbehörden zum Zweck einer wirksamen Verfolgung von Zuwiderhandlungen gegen Ein-, Aus- und Durchfuhrverbote Mitwirkungsbefugnisse zuordnen, die hinter ihren Befugnissen nach den §§ 385–408 AO zurückbleiben (vgl. zB §§ 33, 34 MOG, Anh XII; § 74 ArzneimG, § 48 LebmG, § 27 VI WaffG, § 15 I 1 SprengG) und damit den Willen des Gesetzgebers erkennen lassen, daß die Begriffsbestimmung *aller* Zuwiderhandlungen gegen Ein-, Aus- und Durchfuhrverbote als Bannbruch in § 372 I AO und die Kennzeichnung des Bannbruchs als *Steuer*straftat in § 369 I Nr. 2 AO nur für das *materielle* Recht, namentlich für § 373 AO, gelten soll (vgl. ferner § 374 I, § 375 I Nr. 2, II AO).

50 **Die besonderen Verfahrensvorschriften der §§ 409–412 AO** gelten nicht, sofern Bannbruch iS des § 372 I AO *in anderen Vorschriften mit Geldbuße bedroht ist* (§ 372 II Halbs. 2 AO); insoweit glA auch *Hübner* (50 zu § 396 RAO 1968), jedoch mit der Begründung, daß in § 377 AO eine dem § 369 I Nr. 2 AO entsprechende Vorschrift fehle, das Gesetz also nur *Straf*taten als Bannbruch bezeichne. Die in Rdnr. 49 für die Nichtanwendung der §§ 385–408 AO auf Straftaten gegebene Begründung gilt aber auch für die mit Geldbuße bedrohten Zuwiderhandlungen gegen Ein-, Aus- und Durchfuhrverbote; sie wird hier u. a. bestätigt durch die VO über die Zuständigkeit der HZÄ zur Verfolgung und Ahndung bestimmter Ordnungswidrigkeiten nach dem WaffG und dem SprengG v. 1. 6. 1976 (BGBl. I 1616).

Ist ein *Einfuhr*verbot als Ordnungswidrigkeit mit Geldbuße bedroht und trifft die Zuwiderhandlung – wie regelmäßig – mit der Hinterziehung von Eingangsabgaben zusammen, so ist in diesen Fällen nach § 21 I 1 OWiG nur das Strafgesetz des § 370 AO und damit auch das besondere Strafverfahrensrecht der §§ 385–408 AO anzuwenden.

51 **Zollstraftat iS des § 80 ZollG** (Anh X) ist Bannbruch nicht (glA *Bender* S. 243, 215; aM *Kohlmann* 36 zu § 396 RAO 1968). Zuwiderhandlungen gegen ein Ein-, Aus- oder Durchfuhrverbot sind daher – vorbehaltlich § 153 StPO – auch dann zu verfolgen, wenn sich die Tat auf Waren bezieht, die weder zum Handel noch zur gewerblichen Verwendung bestimmt und insgesamt nicht mehr als 240 DM wert sind (vgl. § 80 I ZollG). Diese Folge ist sachgerecht, weil die Ein-, Aus- und Durchfuhrverbote nicht zum Schutz des Steueraufkommens erlassen sind, sondern der Abwehr von Gefahren für andere Rechtsgüter dienen (s. Rdnr. 2), deren Gefährdung allein von der Art, Beschaffenheit und Verbreitung der Bannware, nicht von ihrem Handelswert abhängt. Auch bei Zuwiderhandlungen gegen die Verbringungsverbote der Monopolgesetze, die nach § 372 II iVm § 370 I oder II AO zu bestrafen sind (s. Rdnr. 40), gilt § 80 ZollG nicht; dies wird bestätigt durch § 129a BranntwMonG (Anh VIII), der eine entsprechende Anwendung des § 80 ZollG nur für Steuerstraftaten und Steuerordnungswidrigkeiten in bezug auf den Monopolausgleich und die EssigsäureSt anordnet.

§ 373 Gewerbsmäßiger, gewaltsamer und bandenmäßiger Schmuggel

(1) Wer gewerbsmäßig Eingangsabgaben hinterzieht oder gewerbsmäßig durch Zuwiderhandlungen gegen Monopolvorschriften Bannbruch begeht, wird mit Freiheitsstrafe von drei Monaten bis zu fünf Jahren bestraft.

(2) Ebenso wird bestraft, wer

1. **eine Hinterziehung von Eingangsabgaben oder einen Bannbruch begeht, bei denen er oder ein anderer Beteiligter eine Schußwaffe bei sich führt,**
2. **eine Hinterziehung von Eingangsabgaben oder einen Bannbruch begeht, bei denen er oder ein anderer Beteiligter eine Waffe oder sonst ein Werkzeug oder Mittel bei sich führt, um den Widerstand eines anderen durch Gewalt oder Drohung mit Gewalt zu verhindern oder zu überwinden, oder**
3. **als Mitglied einer Bande, die sich zur fortgesetzten Begehung der Hinterziehung von Eingangsabgaben oder des Bannbruchs verbunden hat, unter Mitwirkung eines anderen Bandenmitglieds die Tat ausführt.**

Vgl. § 38 ÖsterrFinStrG sowie § 11 I Nr. 1, 2, 6a, IV Nr. 4 BetäubmG. Zu § 373 II AO vgl. auch § 125a S. 2 Nr. 1 u. 2, § 244 I Nr. 1–3 und § 250 I Nr. 1, 2 u. 4 StGB.

Schrifttum:
P. Bender, Das Ende des schweren Schmuggels? ddz 1968 F. 29; weiteres Schrifttum s. vor Rdnr. 10, 15, 30, 40.

Übersicht

1. Entstehungsgeschichte

1 Eine dem § 373 AO entsprechende Vorschrift wurde durch Art. 1 Nr. 15 G v. 4. 7. 1939 (RGBl. I 1181) als § 401b in die RAO eingefügt; Abs. I war neu, Abs. II wurde übernommen aus §§ 146, 148 VZollG v. 1. 7. 1869 (BGBl. des Nordd. Bundes 317). Durch Art. 1 Nr. 10 des 2. AOStrafÄndG v. 12. 8. 1968 (BGBl. I 953) wurde die Vorschrift als § 397 bezeichnet und auf die Hinterziehung von *„Eingangsabgaben"* – anstelle von *„Zöllen"* – erweitert (Begr. BT-Drucks. V/1812 S. 24f.); ferner wurden in Abs. II Nr. 1 die Worte *„gemeinschaftlich mit ihnen"* der Klarheit halber durch die Worte *„mit mindestens zwei von ihnen"* ersetzt (Schriftl. Ber. zu BT-Drucks. V/2928 S. 2).

Art. 4 des 1. StrRG v. 25. 6. 1969 (BGBl. I 645, 657) paßte die Strafdrohung mit *Freiheitsstrafe von drei Monaten bis zu fünf Jahren* dem StGB an.

In der Fassung des § 373 AO 1977 v. 16. 3. 1976 (BGBl. I 613) entspricht die Vorschrift wörtlich § 356 RegE (vgl. BT-Drucks. VI/1982 S. 80, Begr. S. 196). Abw. von § 397 I RAO 1968 wurde der sachliche Anwendungsbereich bei gewerbsmäßigem Bannbruch auf Zuwiderhandlungen gegen *Monopol*vorschriften begrenzt. Zugleich wurden die Vorschriften über den Schmuggel mit Waffen und über Bandenschmuggel an § 244 I StGB (Diebstahl mit Waffen und Bandendiebstahl) angepaßt. Abw. von § 397 II Nr. 1 RAO 1968 ist es nach § 373 II Nr. 3 AO ausreichend, daß die Tat mit *einem* weiteren Bandenmitglied begangen wird (str., s. Rdnr. 31), sofern sich die Bande *„zur fortgesetzten Begehung der Hinterziehung von Eingangsabgaben oder des Bannbruchs verbunden hat."*

2. Zweck und Anwendungsbereich

2 § 373 AO bildet keinen selbständigen Straftatbestand, sondern enthält **Strafschärfungsgründe** für den Fall, daß die Hinterziehung von Eingangsabgaben (§ 370 AO) oder Bannbruch (§ 372 I AO) unter erschwerenden Begleitumständen begangen wird. In der Überschrift des § 373 AO werden die beiden Grundtatbestände unter der populären, in der Gesetzessprache sonst nicht verwendeten Bezeichnung *„Schmuggel"* zusammengefaßt. Diese Bezeichnung macht deutlich, daß § 373 AO sich nicht auf die Hinterziehung einer beliebigen Steuer bezieht, sondern nur auf *Eingangsabgaben,* die beim Verbringen einer Ware über die Grenze entstehen (s. Rdnr. 5).

3 **Der Zweck der Vorschrift,** Steuerhinterziehung und Bannbruch bei bestimmten Begleitumständen der Tat mit einer Freiheitsstrafe von mindestens 3 Monaten zu bedrohen, beruht in allen Fällen des § 373 AO darauf, daß der jeweilige Täter einen stärkeren gesetzwidrigen Willen entfaltet als ein Täter, der nur einer gelegentlichen Versuchung zum Schmuggel nicht widerstehen kann; zugleich begründet der *gewerbsmäßig* handelnde Täter eine erhöhte Gefahr für die Eingangs- oder Monopolabgaben und der *gewaltsam* oder *bandenmäßig* handelnde Täter eine erhöhte persönliche Gefahr für die im Zollgrenzdienst eingesetzten Beamten (stRspr., vgl. BayObLG v. 25. 2. 1932, JW 2820f.; RG 69, 105, 107 v. 11. 2. 1935; OLG Köln v. 18. 1. 1952, MDR 438; BGH 6, 260, 262 v. 13. 7. 1954; BGHGrS 12, 220, 225 v. 10. 11. 1958). Diese Erwägungen hatten die BReg unter dem Eindruck des „Kaffeekrieges", der nach der Währungsreform an der deutsch-belgischen Grenze gegen bewaffnete und gepanzerte Schmuggelfahrzeuge geführt werden mußte, veranlaßt, in dem Entwurf eines Gesetzes zur Änderung von steuerstrafrechtlichen Vorschriften der AO usw. v. 23. 10. 1952 (BR-Drucks. 430/52) für *besonders schwere Fälle* gewerbsmäßigen, bandenmäßigen oder gewaltsamen Schmuggels Zuchthausstrafe bis zu 10 Jahren vorzuschlagen. Wenngleich der Gesetzgeber diesem Vorschlag nicht gefolgt ist (vgl. G v. 11. 5. 1956, BGBl. I 1181), darf doch die kriminologische Verwandtschaft schweren Schmuggels zu gewerbsmäßiger Jagdwilderei (§ 292 III StGB), Diebstahl oder Raub mit Waffen (§ 244 I Nr. 1, 2, § 250 I Nr. 1, 2 StGB)

sowie Bandendiebstahl und Bandenraub (§ 244 I Nr. 3, § 250 I Nr. 4 StGB) nicht übersehen werden.

4 **Der Anwendungsbereich** des § 373 AO erstreckt sich auf Steuerhinterziehung (§ 370 AO), Bannbruch (§ 372 I AO) und Steuerhehlerei (§ 374 AO) ohne Unterschied, ob die jeweilige Tat *vollendet* oder nur *versucht* worden ist.

5 a) **In den Fällen des § 370 AO** ist die Anwendung des § 373 AO beschränkt auf die *Hinterziehung von Eingangsabgaben.* Dieser Begriff ist durch Art. 1 Nr. 10 des 2. AOStrafÄndG aus § 1 III ZollG in § 397 RAO übernommen worden, um die Streitfrage zu klären, ob die Strafschärfungsgründe des § 397 RAO auch bei der Hinterziehung von anderen Abgaben als „Zöllen" eingreifen, die wie Zölle beim grenzüberschreitenden Warenverkehr entstehen können, nämlich Verbrauchsteuern, EUSt und Abschöpfungen. Diese Frage war nach § 401 b RAO 1939 für die frühere AusglSt wegen der unbeschränkten Verweisung des § 15 UStG 1951 auf die für Zölle geltenden Vorschriften bejaht (BGH 10, 217, 219f. v. 5. 4. 1957), jedoch für Verbrauchsteuern verneint worden (BGH v. 3. 2. 1955, ZfZ 305; v. 27. 3. 1956, ZfZ 275f.). Eine solche Unterscheidung mag nach dem früheren Gesetzeswortlaut wegen des strafrechtlichen Analogieverbots (s. Rdnr. 18f. zu § 369 AO) unausweichlich gewesen sein; sie war jedoch mit Rücksicht auf den rechtspolitischen Zweck der Vorschrift (s. Rdnr. 3) nicht sinnvoll. Unter den Voraussetzungen des § 370 VI AO gilt § 373 I AO auch für die Hinterziehung *ausländischer* Eingangsabgaben.

6 b) **In den Fällen des § 372 I AO** gilt § 373 II AO – wie vorher § 397 II RAO – nach der Änderung der Subsidiaritätsklausel für den Bannbruchtatbestand gem. Art. 1 Nr. 9 des 2. AOStrafÄndG ohne Unterschied, ob eine Tat iS der gesetzlichen Begriffsbestimmung des Bannbruchs nach § 372 II AO strafbar ist oder ob sie bei einfacher Tatausführung nach anderen Vorschriften mit Strafe bedroht ist oder als Ordnungswidrigkeit nur mit Geldbuße geahndet werden kann (str., s. Rdnr. 39 zu § 372 AO). Die Änderung berücksichtigt die übergeordnete rechtspolitische Zielsetzung des § 373 II AO (s. Rdnr. 3) bei den Zuwiderhandlungen gegen diejenigen Ein-, Aus- und Durchfuhrverbote, die durch selbständige Straf- oder Bußgeldvorschriften gesichert sind (s. Rdnr. 19 zu § 372 AO). Diese Zuwiderhandlungen waren durch § 401 a III RAO 1939 bei bandenmäßiger oder gewaltsamer Ausführung ohne inneren Grund der Strafschärfung nach § 401 b RAO 1939 entzogen. Wer mit Waffen oder als Mitglied einer Bande schmuggelt, begeht stets eine *Straftat,* auch wenn die verbotswidrige Einfuhr usw. ohne die erschwerenden Umstände nur mit Geldbuße bedroht ist. Diese Unterscheidung ist sinnvoll und einleuchtend (aM *Hübner* 17ff. vor §§ 396, 397 RAO), auch wenn ein gewaltsames oder bandenmäßiges Zuwiderhandeln gegen Verbringungsverbote, die sonst nur als Ordnungswidrigkeiten geahndet werden können, selten vorkommt.

7 **Eingeschränkt ist die Anwendung des § 373 I AO** ab 1. 1. 1977 auf die gewerbsmäßige Hinterziehung von Eingangsabgaben sowie auf Bannbruch

durch gewerbsmäßiges Zuwiderhandeln gegen Monopolvorschriften, vgl. § 3 BranntwMonG (Anh VIII) und § 2 ZündwMonG (Anh IX). Für gewerbsmäßiges Zuwiderhandeln gegen andere Ein-, Aus- und Durchfuhrverbote (s. Rdnr. 19 zu § 372 AO) ist in der AO ein erhöhter Strafrahmen nicht mehr vorgesehen (krit. *Hübner* 4 vor §§ 396, 397 RAO). Die bei den parlamentarischen Beratungen dazu abgegebene Erklärung des Regierungsvertreters, daß außer in Monopolsachen für gewerbsmäßigen Bannbruch kein Strafschärfungs*bedürfnis* bestehe, erscheint nur aus dem Blickwinkel des Finanzressorts verständlich, ist aber nicht überzeugend. Die Belange einer verstärkten Abwehr von gewerbsmäßigem Branntwein- und Zündwarenschmuggel und einer verstärkten Bekämpfung von bewaffneten oder bandenmäßig handelnden Schmugglern sind berücksichtigt, während die Belange anderer Ressorts in bezug auf gewerbsmäßiges Zuwiderhandeln gegen andere Ein-, Aus- und Durchfuhrverbote vernachlässigt worden sind.

8 **Ausgeschlossen ist die Anwendung des § 373 AO,** sofern ein Verbotsgesetz für den Fall einer verbotswidrigen Ein-, Aus- oder Durchfuhr unter erschwerenden Umständen bereits *von sich aus* eine erhöhte Strafe androht, wie namentlich § 11 IV Nr. 4 iVm § 11 I Nr. 1, 2 oder 6a BetäubmG für Täter, die gewerbsmäßig oder als Mitglied einer Bande handeln. Wer diese Merkmale nicht erfüllt, aber beim Schmuggel von Betäubungsmitteln eine (Schuß-)Waffe bei sich führt, unterliegt nach § 11 BetäubmG keiner erhöhten Strafdrohung. Die Frage, ob insoweit § 373 II Nr. 1 oder 2 AO anzuwenden ist, muß verneint werden. Die besondere Regelung in § 11 BetäubmG läßt darauf schließen, daß der Gesetzgeber die straferhöhenden Merkmale für das Schmuggeln von Betäubungsmitteln im BetäubmG unabhängig von der AO, also *abschließend* regeln wollte. Rechtspolitisch muß die bestehende Regelung als systemwidrig und ungereimt empfunden werden; denn es ist nicht einzusehen, aus welchem Grunde ein bewaffneter Täter, der Betäubungsmittel schmuggelt, weniger strafwürdig oder für die Beamten des Zollgrenzdienstes weniger gefährlich erscheinen soll (s. Rdnr. 3) als bewaffnete Täter, die andere Waren schmuggeln.

9 c) **In den Fällen des § 374 AO** gilt § 373 I AO kraft ausdrücklicher Verweisung des § 374 II AO, soweit die Steuerhehlerei sich auf Erzeugnisse oder Waren bezieht, *„hinsichtlich deren Verbrauchsteuer oder Zoll hinterzogen“* worden ist. Die scheinbare Beschränkung des § 374 AO auf Verbrauchsteuern und Zölle bedeutet bei näherer Betrachtung im Vergleich zu Eingangsabgaben iS des § 373 AO eine Erweiterung in bezug auf diejenigen Verbrauchsteuern, die mit der Entfernung verbrauchsteuerpflichtiger Erzeugnisse aus *inländischen* Herstellungsbetrieben entstehen. Besteht die Vortat der Steuerhehlerei in der Hinterziehung von EUSt, gilt § 373 I iVm § 374 AO nach der Verweisung des § 21 II UStG auf die für Zölle geltenden Vorschriften (s. Rdnr. 5). Besteht die Vortat in der Hinterziehung von Abschöpfungen, gilt § 373 I iVm § 374 AO gem. § 2 I AbschG (Anh XI), nach dem die *„für Zölle sowie Zollstraftaten“* geltenden Vorschriften anzuwenden sind.

3. Gewerbsmäßiger Schmuggel

Schrifttum:
Laubereau, Ist gewerbsmäßiger Schmuggel nach § 401 b RAO ein Sondertatbestand oder lediglich ein Strafschärfungsgrund? NJW 1952, 171; *Kröner,* Die Gewerbsmäßigkeit bei Zoll- und Steuervergehen, ZfZ 1964, 195.

10 **Die Gewerbsmäßigkeit** ist als Strafschärfungsgrund (BGH v. 27. 3. 1956, ZfZ 275; BayObLG 1, 369 v. 11. 4. 1951) erst 1939 in das Zollstrafrecht eingeführt worden (s. Rdnr. 1). Eine gesetzliche Begriffsbestimmung fehlt, obwohl gewerbsmäßiges Handeln in vielen Tatbeständen des StGB (vgl. § 180a I, II Nr. 1, III, § 181a II, § 243 I Nr. 3, § 260, § 292 III, § 293 III, § 302a II Nr. 2) und des Nebenstrafrechts (vgl. § 124 II BranntwMonG, § 11 IV Nr. 4 BetäubmG) als strafbegründendes oder straferhöhendes Merkmal vorkommt. Allgemein anerkannt ist der Begriff, den die Rspr, insbes. zu § 260 StGB, entwickelt hat: *Gewerbsmäßig handelt derjenige Täter oder Teilnehmer, der die Absicht hat, sich durch wiederholte Begehung von Straftaten der fraglichen Art eine fortlaufende Einnahmequelle zu verschaffen* (BGH 1, 383f. v. 8. 11. 1951). Schon eine *einzelne* Handlung kann ausreichen, wenn sie einen auf Wiederholung gerichteten Willen erkennen läßt (BGH 19, 63, 76 v. 25. 7. 1963). Bei *einer* fortgesetzten Handlung kann sogar die Wiederholungsabsicht fehlen (BGH 26, 4 v. 9. 10. 1974 zu einem fortgesetzten Schmuggel von Goldbarren, begangen in mehr als 200 Einzelakten). Umgekehrt kann die Absicht der Gewerbsmäßigkeit bei einer einmaligen Betätigung uU auch dann fehlen, wenn die Tat im Rahmen der Ausübung eines Gewerbes begangen worden ist. Darüber hinaus hat der BGH gewerbsmäßiges Handeln eines Fuhrunternehmers verneint, der für andere einige Schmuggelfahrten ausgeführt hatte, um sich für die Zukunft gesetzmäßige Fuhraufträge zu sichern (BGH v. 16. 7. 1953, zit. bei *Herlan* GA 1953, 178).

11 **Gewerbsmäßiges Handeln** erfordert nicht, daß der Täter in Ausübung seines Berufes oder Gewerbes tätig wird (OLG Frankfurt v. 25. 5. 1949, ZfZ 1950, 45f.) oder daß der Täter (bei § 260 StGB) „*ein typisch gewerbsmäßiger Hehler*" ist oder aus der Tat „*ein kriminelles Gewerbe gemacht hat*" (BGH aaO, Rdnr. 10) oder daß er den Schmuggel wie einen Beruf betreibt und aus den Einkünften seinen Unterhalt bestreitet (vgl. § 238 E 1962 im Gegensatz zu § 236 Nr. 3 E 1962). Die von dem Täter eröffnete Einnahmequelle braucht nach seiner Vorstellung nicht *ständig* zu fließen; jedoch muß er sich eine *Einnahme von einer gewissen, wenn auch nicht unbegrenzten Dauer* verschaffen wollen (RG 58, 19 v. 27. 11. 1923; BGH aaO). Daran fehlt es zB, wenn jemand für gelegentliches Wagenwaschen unverzollte und unversteuerte Zigaretten annimmt (BayObLG v. 7. 5. 1952, ZfZ 249). Anderseits setzt eine Einnahmequelle iS der Rspr nicht voraus, daß *Bareinnahmen* erzielt werden; auch andere Vermögensvorteile können genügen (RG 54, 184f. v. 5. 12. 1919). Schließlich kann ein Vermögensvorteil auch in der Ersparnis liegen, die der Täter macht, wenn er die auf strafbare Weise erlangten Waren fortlaufend zur Deckung seiner eigenen Bedürfnisse verwendet. Indessen liegt bei Genußmitteln wie Spirituosen eine Ersparnis nur vor, wenn der Täter sie sich auf

jeden Fall, also auch auf gesetzmäßige Weise zu einem höheren Preis, verschafft und nicht etwa darauf verzichtet hätte (OLG Köln v. 7. 10. 1952, ZfZ 373 in bezug auf Kaffee). Die Ersparnis *notwendiger* Ausgaben ist stets ein Vermögensvorteil (OLG Hamm v. 24. 5. 1957, ZfZ 339). Auf einen *erheblichen* Gewinn braucht die Absicht des Täters nicht gerichtet zu sein (BayObLG – 4 St 272/62 – v. 22. 11. 1962, zit. bei *Kröner* aaO).

12 **Jede einzelne Betätigung der Absicht gewerbsmäßigen Handelns** bildet eine *selbständige* Straftat. Die Absicht, gleichartige Schmuggeltaten gewerbsmäßig auszuführen, hat nicht zur Folge, daß alle Handlungen, die aus derselben Absicht erwachsen, rechtlich zu einer sog. Sammelstraftat *(„Kollektivdelikt")* vereinigt werden (stRspr ab RGGrS 72, 164 v. 21. 4. 1938; vgl. BGH 1, 41 v. 20. 2. 1951; BGH v. 10. 4. 1953, NJW 955; zust. *Hübner* 3 zu § 397 RAO, *Schönke/Schröder* 99 vor §§ 52ff. StGB mwN).

13 **Die Abgrenzung zwischen gewerbsmäßigem und fortgesetztem Schmuggel** kann in der Praxis Schwierigkeiten bereiten. Der nach hM für Fortsetzungszusammenhang erforderliche Gesamtvorsatz muß von vornherein den Gesamterfolg umfassen und auf dessen stoßweise Erfüllung gerichtet sein (s. Rdnr. 86 zu § 369 AO). Bei der gewerbsmäßigen Handlung wird nicht ein bestimmter Gesamterfolg erstrebt, sondern eine Handlung mit der Absicht begangen, weitere gleichartige Handlungen bei gegebener Gelegenheit zu wiederholen. Zu Recht hat das OLG Köln (Urt. v. 7. 10. 1952, ZfZ 373) davor gewarnt, *jede* fortgesetzte Zollhinterziehung durch schematische und formelhafte Anwendung der von der Rspr entwickelten Grundsätze zu einer gewerbsmäßigen Tat zu stempeln, und betont, daß der Gesetzgeber durch die ohne Rücksicht auf mildernde Umstände vorgeschriebene Mindestfreiheitsstrafe den Willen zum Ausdruck gebracht hat, der besonderen rechtsbrecherischen Energie entgegenzutreten, die sich über eine (einfache oder fortgesetzte) Tat hinaus in einer gewerbsmäßigen Willensbetätigung offenbart. Die Merkmale der Gewerbsmäßigkeit sind daher nach den jeweiligen Umständen des Einzelfalles mit besonderer Sorgfalt abzugrenzen.

14 **Nur demjenigen Täter oder Teilnehmer ist die Absicht der Gewerbsmäßigkeit zuzurechnen,** bei dem sie vorliegt (BGH 6, 260f. v. 13. 7. 1954). Wer nicht selbst gewerbsmäßig handelt, unterliegt nach § 28 II StGB nicht der verschärften Strafdrohung. Handelt ein Gehilfe selbst gewerbsmäßig, ist er wegen gewerbsmäßiger Beihilfe zu Zollhinterziehung oder Bannbruch zu bestrafen, nicht etwa wegen Beihilfe zur gewerbsmäßigen Zollhinterziehung; denn für die Schuld eines Teilnehmers ist es ohne Bedeutung, ob sich der Haupttäter durch die Schmuggelgeschäfte eine laufende Einnahme verschaffen will (BGH v. 4. 11. 1954, GA 1955, 366; zust. *Hartung* II zu § 401b RAO 1939 u. *Hübner* 3 zu § 397 RAO 1968).

4. Gewaltsamer Schmuggel

Schrifttum:

Theis, Um den Straferschwerungsgrund des Waffenbesitzes, MDR 1950, 328; *Meister,* Zur strafrechtlichen Beurteilung der Verwendung nur scheinbar gefährlicher Waffen, JZ 1952, 676;

Krüger, Der Schußwaffenbegriff im Waffenrecht des Bundes und der Länder, DRiZ 1970, 88; *Schröder,* Diebstahl und Raub mit Waffen (§§ 244, 250 StGB), NJW 1972, 1833; *Blei,* Strafschutzbedürfnis und Auslegung, Henkel-Festschr. 1974, 109, 121ff.; *Braunsteffer,* Schwerer Raub gemäß § 250 I Nr. 2 StGB bei (beabsichtigter) Drohung mit einer Scheinwaffe? NJW 1975, 623; *Küper,* Zum Raub mit einer ,,Scheinwaffe" (§ 250 I Nr. 2 StGB) – BGH, NJW 1976, 248, JuS 1976, 645.

15 **Die Strafschärfungsgründe des § 373 II Nr. 1 u. 2 AO** berücksichtigen die stärkere verbrecherische Willensbetätigung bewaffneter Schmuggler und die von ihnen ausgehende erhöhte Gefahr für die Beamten des Zollgrenzdienstes (s. Rdnr. 3). Die mit § 373 II AO 1977 auch für Schmuggel eingeführte Unterscheidung zwischen Schußwaffen (Nr. 1) und sonstigen Waffen, Werkzeugen oder Mitteln (Nr. 2) hat die gleichartige Unterscheidung in § 244 I Nr. 1 u. 2 sowie in § 250 I Nr. 1 u. 2 StGB zum Vorbild, die Art. 1 Nr. 66 des 1. StrRG v. 25. 6. 1969 (BGBl. I 645, 655) und Art. 1 Nr. 127 EGStGB v. 2. 3. 1974 (BGBl. I 469, 490) mWv 1. 1. 1975 für Diebstahl und Raub mit Waffen getroffen haben (ähnl. § 125a S. 2 Nr. 1 u. 2 StGB). Dabei wurden aus dem allgemeinen Bereich der Waffen die Schußwaffen wegen ihrer Lebensgefährlichkeit herausgehoben und allein ihr Beisichführen mit erhöhter Strafe bedroht, selbst wenn ihr Träger nicht den Vorsatz hat, bei der Tat davon Gebrauch zu machen (vgl. BGH 24, 136, 137f. v. 6. 5. 1971). Die mit unterschiedlichen Anforderungen an den Vorsatz des Täters verbundene Unterscheidung zwischen Schußwaffen und weniger gefährlichen sonstigen Waffen muß bei der Abgrenzung dieser Gewaltmittel ab 1. 1. 1975/77 stärker berücksichtigt werden als vorher (s. Rdnr. 18ff.).

16 **Die zusammenfassende Bezeichnung** der Straftaten nach § 373 II Nr. 1 u. 2 AO als *gewaltsamer Schmuggel* in der Überschrift zu § 373 AO ist ungenau, da der Schmuggel mit Schußwaffen, sonstigen Waffen, Werkzeugen und Mitteln in keinem Falle die *Anwendung* von Gewalt voraussetzt.

17 **Als Hilfsmittel der Tat** müssen die (Schuß-)Waffen, Werkzeuge oder Mittel mitgeführt werden; § 373 II Nr. 1 u. 2 AO greift nicht ein, wenn sie selbst das Schmuggelgut bilden. Beides kann zusammentreffen, wenn der Täter eine zu schmuggelnde (Schuß-)Waffe griffbereit bei sich führt; anders, wenn er sie verpackt oder in einem Fahrzeug an einer schwer zugänglichen Stelle versteckt hat. Das bloße Befördern einer (Schuß-)Waffe ist kein ,,Beisichführen" (vgl. OLG Braunschweig v. 31. 7. 1964, JR 1965, 266f. zu § 14 WaffG 1938).

a) Schmuggel mit Schußwaffen (§ 373 II Nr. 1 AO)

18 **Schußwaffen** sind iS des Waffenrechts *Geräte, die zum Angriff, zur Verteidigung, zum Sport, Spiel oder zur Jagd bestimmt sind und bei denen Geschosse durch einen Lauf getrieben werden* (§ 1 I WaffG). Unter dem Gesichtspunkt der für § 373 II Nr. 1 AO wie für § 244 I Nr. 1 u. § 250 I Nr. 1 StGB maßgebenden besonderen Gefährlichkeit eines mit Schußwaffen ausgerüsteten Täters (s. Rdnr. 15) ist der strafrechtliche Schußwaffenbegriff jedoch *enger* zu bestimmen als der waffenrechtliche Begriff. Dem Zweck der Strafvorschriften entsprechen nur solche Schußwaffen, deren Anwendung gegen Menschen ohne weiteres *lebensgefährliche* Wirkung hat; die Gefahr einer Körperverletzung

kann nicht (mehr) genügen, weil sie auch durch den Gebrauch von Waffen iS von § 373 II Nr. 2 AO, § 244 I Nr. 2 u. § 250 I Nr. 2 StGB hervorgerufen wird. Keine Schußwaffen im strafrechtlichen Sinne sind daher *Luftpistolen* (glA BGHGrS 26, 167, 169 v. 10. 7. 1975; BGH v. 29. 11. 1966, GA 1967, 315; aM *Schönke/Schröder* 4, *Dreher* 3, *Lackner* 2b, *Heimann-Trosien* in LK 3 zu § 244 StGB) und *Signalpistolen;* andernfalls wäre jeder Berufs- oder Sportschiffer, der Spirituosen oder Tabakwaren schmuggelt und eine Signalpistole nur aus nautischen Sicherheitsgründen bei sich führt, wegen gewaltsamen Schmuggels nach § 373 II Nr. 1 AO strafbar.

19 **Chemisch, akustisch oder optisch wirkende Schießgeräte,** bei denen keine Geschosse durch den Lauf getrieben werden, sind keine Schußwaffen, sondern Waffen iS des § 373 II Nr. 2 AO. Das gilt namentlich für *Gaspistolen* (BGH 4, 125, 127 v. 16. 4. 1955; BGH v. 21. 11. 1961, GA 1962, 145f.; BayObLG v. 30. 9. 1970, NJW 1971, 392; *Schönke/Schröder* 4, *Heimann-Trosien* in LK 3, *Lackner* 2b zu § 244 StGB; aM BGH 24, 136, 139f. v. 6. 5. 1971, 1663, zust. *Dreher* 3 zu § 244 StGB). Desgleichen fehlt es an der Eigenschaft einer Schußwaffe, wenn eine Pistole (BGH v. 16. 3. 1962, GA 337) oder Gaspistole (BGH v. 3. 8. 1965, NJW 2115) mit akustisch wirkenden Platzpatronen (BGH v. 28. 7. 1972, zit. bei *Dallinger* MDR 1972, 925) oder mit optisch wirkenden Blitzpatronen geladen ist (auch insoweit aM *Dreher* aaO).

20 **Nur eine funktionsfähige Schußwaffe** entspricht unter dem Gesichtspunkt der Gefährlichkeit des Täters dem Zweck der erhöhten Strafdrohung (s. Rdnr. 15). Die Schußwaffe iS des § 373 II Nr. 1 AO muß daher *zum Einsatz geeignet* sein. Die Funktionsfähigkeit fehlt einer *defekten* Waffe, aber auch einer Waffe, zu welcher der Täter *keine Munition* bei sich führt (BGH 3, 229, 232f. v. 2. 10. 1952, zust. *Hartung* II 3a zu § 401b RAO 1939; ebenso hier *Dreher* 4 zu § 244 StGB). Erst recht genügt nicht eine *Attrappe,* zB eine Kinderpistole (BGH 20, 194, 196 v. 6. 4. 1965), oder das *Vortäuschen einer Schußwaffe,* zB durch eine umgedrehte Tabakpfeife (OLG Hamburg v. 12. 11. 1947, NJW 1948, 699).

21 **Bei sich führen** muß der Täter oder ein Teilnehmer die Schußwaffe. Hierbei ist jedoch – zum Unterschied von § 373 II Nr. 2 AO – eine bestimmte Gebrauchsabsicht *nicht* erforderlich; ausreichend ist die bereits aus der bewußten Verfügbarkeit erwachsende Gefahr, die Schußwaffe bei der Straftat auch anzuwenden. Bei sich führen bedeutet nicht, daß die Schußwaffe während des ganzen Tathergangs am Körper getragen werden muß; es genügt, wenn der Täter oder Teilnehmer sie zu irgendeinem Zeitpunkt zwischen dem Versuch und der Beendigung der Tat einsatzbereit ergreifen kann. Die Rspr hat ein Beisichführen sogar dann angenommen, wenn der Täter die Waffe erst am Tatort an sich nimmt (BGH 20, 194, 197 v. 6. 4. 1965 mwN; vgl. auch BGH v. 23. 9. 1975, NJW 1976, 248), zB der Schmuggler einem Zollbeamten die Dienstwaffe entreißt und sie bei sich behält.

22 **Subjektiv** ist Vorsatz des jeweiligen Täters oder Teilnehmers erforderlich, dh sein Wissen und Wollen, daß entweder er selbst oder ein (Mit-)Täter oder

Teilnehmer bei Begehung der Tat eine funktionsfähige Schußwaffe einsatzbereit bei sich führt; bedingter Vorsatz genügt. Ein *Tatumstandsirrtum* liegt vor, wenn der unbewaffnete Täter oder Teilnehmer irrtümlich annimmt, der bewaffnete (Mit-)Täter oder Teilnehmer verfüge nur über eine ungeladene oder sonst gebrauchsunfähige Schußwaffe. Bezieht sich der Irrtum dagegen auf die Unterscheidung zwischen Schußwaffen und anderen Waffen, liegt nur ein *Subsumtionsirrtum* vor. Weiß der Täter nicht, daß sein Gehilfe eine Schußwaffe bei sich führt, fehlt es (insoweit auch mit Wirkung für den Gehilfen) in bezug auf § 373 II Nr. 1 AO an einer *vorsätzlich begangenen Haupttat* (ausf. *Schönke/Schröder* 10 zu § 244 StGB).

23 **b) Schmuggel mit sonstigen Waffen (§ 373 II Nr. 2 AO)**

Waffe iS des § 373 II Nr. 2 AO ist jede Sache, deren Bestimmung darin besteht, ihrem Besitzer *„bei einem Kampfe, in den er verwickelt werden sollte, als Angriffs- oder Verteidigungsmittel zu dienen“* (RG v. 10. 12. 1931, JW 1932, 952; dort verneint für ein 25 cm langes, feststellbares Taschenmesser). Zum Begriff der Waffe gehört nicht, daß sie *tödliche* Wirkung haben kann, jedoch muß von einer Waffe bei ihrem Einsatz wenigstens die *Gefahr einer Körperverletzung* ausgehen. Waffe im technischen Sinne ist auch eine *Gaspistole,* weil sie dazu bestimmt und geeignet ist, Menschen auf chemischem oder (bei Nahschüssen) auf mechanischem Wege zu verletzen (BGH 24, 136, 139f. v. 6. 5. 1971; BGH 3, 229, 233 v. 2. 10. 1952). Gleiches gilt für Pistolen, die mit *Platzpatronen* geladen sind, wegen ihrer akustisch hervorgerufenen Schockwirkung (aM BGH v. 23. 9. 1975, NJW 1976, 248; abw. BGH 4, 125, 127 v. 16. 4. 1953 u. BGH v. 16. 3. 1962, GA 337, mit Rücksicht auf mögliche Gehörschäden) sowie für *Blitzmunition* (Halo-Blitz) wegen ihrer starken Blendwirkung und erst recht für *Signalpistolen,* deren Raketenmunition außer der Blendwirkung auch Verbrennungen hervorrufen kann. Schließlich kommen auch Hieb-, Stoß- oder Stichwaffen, Schlagringe sowie Tränengassprühdosen (BGH 22, 230f. v. 30. 8. 1968) in Betracht.

24 **Sonst ein Werkzeug** ist eine Sache, die zwar nicht als Waffe hergestellt worden ist, aber als Waffe benutzt werden kann, zB ein schwerer *Schraubenschlüssel* (BGH v. 10. 9. 1968, NJW 2386) und andere Sachen, die zum Zuschlagen geeignet sind, aber auch ein *Kraftfahrzeug,* mit dem ein Mensch angefahren wird (BGH v. 11. 2. 1958, VRS 14, 286, 288 zu § 223a StGB), oder ein *Hund,* der auf Menschen gehetzt wird (BGH 14, 152, 153ff. v. 26. 2. 1960 zu § 223a StGB). **Andere Mittel** sind Sachen ohne feste Form, die zum Angriff auf oder zur Abwehr gegen Menschen gebraucht werden können, zB Pfeffer, Säuren, Narkotika, Gase und Vernebelungsmittel; ein Spraymittel zur Abwehr gegen Hunde reicht nicht aus.

25 **Ob die scheinbare Gefährlichkeit oder das Vortäuschen einer Waffe** abw. von § 373 II Nr. 1 AO (s. Rdnr. 20) unter dem Gesichtspunkt der Drohung mit Gewalt für die erhöhte Strafe nach § 373 II Nr. 2 AO genügt, ist umstritten. Die Frage ist zu *verneinen* (glA *Schönke/Schröder* 14 zu § 244 I Nr. 2 StGB

mwN; BGH 24, 276f. v. 22. 12. 1971 zu § 250 I Nr. 1 StGB für KK-Gewehr und Luftpistole ohne Munition; aM *Dreher* 8 und BGH 24, 339, 340ff. v. 4. 5. 1972 zu § 244 I Nr. 2 StGB für ungeladene Pistole; vermittelnd 1. Aufl. Rdnr. 25 zu § 397 RAO im Anschluß an *Meister* JZ 1952, 676, 678 aE). Entscheidend ist sowohl für § 373 II Nr. 2 AO wie für § 244 I Nr. 2 u. § 250 I Nr. 2 StGB die *erhöhte objektive Gefährlichkeit der Tat und des Täters;* denn die Strafvorschriften, die bewaffneten Tätern höhere Strafen androhen, wollen den gewalttätigen, nicht den trickreichen Täter treffen. Die objektiv ungefährliche (Be-)Drohung mit ungeladenen Waffen, Schein- oder Spielzeugwaffen und harmlosen Mitteln (Wasser, das als Salzsäure ausgegeben wird) erhöht weder den verbrecherischen Willen des Täters noch das Schutzbedürfnis seiner potentiellen Gegner (glA *Blei* aaO zu § 244 I Nr. 2 StGB sowie *Küper* aaO und LG Hamburg v. 1. 3. 1977, NJW 1931, zu § 250 I Nr. 2 StGB).

26 **Das Beisichführen einer Waffe, um den Widerstand eines anderen zu überwinden,** erfordert, daß der Schmuggler (sei er Täter oder nur Gehilfe) die Waffe oder sonst ein Werkzeug oder Mittel zu dem Zweck mitgenommen hat, um sie gegen Personen einzusetzen, die sich ihm bei der Ausführung der Tat in den Weg stellen oder ihn am Rückzug hindern wollen, namentlich Zollbeamte, Beamte der Polizei oder des BGS, ggf. aber auch Personen, die keine Amtsträger sind. Der Zweck, den Rückzug zu decken, falls die Tat fehlschlagen sollte, genügt (BGH 22, 230f. v. 30. 8. 1968; 20, 194, 197 v. 6. 4. 1965 – jeweils zu § 250 I Nr. 1 StGB). Zum Beisichführen iS des § 373 II Nr. 2 AO gehört abw. von § 373 II Nr. 1 AO eine *Zweckbestimmung* (s. Rdnr. 27); indessen ist nicht erforderlich, daß die Waffe gegen einen Widersacher wirklich benutzt wird. Wird sie benutzt, hat der Täter die Waffe auch dann „bei sich geführt", wenn er sie erst während der Tat und nur für kurze Zeit an sich genommen hat; denn die Benutzung einer Waffe ist der deutlichste Ausdruck, den das Beisichführen einer Waffe überhaupt finden kann (vgl. OLG Schleswig v. 8. 11. 1967, SchlHA 1968, 266 zu § 14 I 1 WaffG 1938).

27 **Die Anwendung von Gewalt oder die Drohung mit Gewalt,** um den Widerstand eines anderen zu verhindern oder zu überwinden, muß den Zweck bilden, zu dem der Täter die Waffe, das Werkzeug oder Mittel bei sich führt. Ohne diese Zweckbestimmung erfüllt das Beisichführen solcher Sachen den Tatbestand des § 373 II Nr. 2 AO nicht, zB wenn ein Schmuggler wegen des beschwerlichen Weges einen Knotenstock benutzt oder ein schmuggelnder Sportschiffer eine Signalpistole bei sich führt, um für einen Seenotfall gerüstet zu sein. Nicht tatbestandsmäßig ist ferner eine beabsichtigte Gewaltanwendung *gegen Sachen,* zB die Mitnahme einer Brechstange, um eine Tür oder einen Zaun zu öffnen.

28 **Zum subjektiven Tatbestand** gehören das Wissen und der Wille des Schmugglers, die Waffe für den tatbestandsmäßigen Zweck (s. Rdnr. 27) gebrauchsfertig bei sich zu haben. Während bei Schußwaffen das Bewußtsein der Verfügbarkeit genügt (s. Rdnr. 15 u. 22), muß der Schmuggler bei sonstigen Waffen, Werkzeugen oder Mitteln wenigstens mit der Möglichkeit rechnen, sie bei der Tat als Mittel zur Anwendung von Gewalt oder zur Drohung

mit Gewalt benutzen zu können und damit für alle Fälle eines Widerstandes gerüstet zu sein. Nähere Vorstellungen über die Verwendungsweise sind für den subjektiven *Tatbestand* nicht erforderlich. Wieweit der Täter von vornherein entschlossen war, bei Widerstand von der Waffe nur als Drohmittel oder auch als Gewaltmittel Gebrauch zu machen, ist nur für die *Strafzumessung* bedeutsam.

29 **Auf (Mit-)Täter und Gehilfen,** die selbst keine Waffen bei sich führen, ist § 373 II Nr. 2 AO nur dann anzuwenden, wenn sie an demjenigen Teilabschnitt der Tat körperlich mitwirken, an dem ein anderer Täter oder Gehilfe bewaffnet ist, und wenn sie diesen Tatumstand (§ 16 StGB) kennen und billigen (glA *Hartung* II 3 c zu § 401 b RAO 1939 u. *Hübner* 19 zu § 397 RAO 1968; aM *Kohlmann* 31 zu § 397 RAO). Weiß der Gehilfe nicht, daß der Täter eine Waffe bei sich führt, ist § 373 II Nr. 2 AO auf ihn nicht anzuwenden. Weiß der Täter nicht, daß der Gehilfe eine Waffe trägt, fehlt es an einer vorsätzlich begangenen Haupttat nach § 373 II Nr. 2 AO (s. Rdnr. 22).

5. Bandenschmuggel (§ 373 II Nr. 3 AO)

Schrifttum:
H.-J. Vogel, Kann Bandenschmuggel im Zollbinnenland begangen werden? ZfZ 1951, 100; *Lenkewitz,* Der Bandenschmuggel in der Rechtsprechung des Bundesgerichtshofes, ZfZ 1955, 166.

30 **Die erhöhte Strafbarkeit des Bandenschmuggels** entspricht der erhöhten Gefährlichkeit, die von einer Täter*gruppe* ausgeht, und zwar weniger in bezug auf das geschützte Rechtsgut, als in bezug auf die zu seinem Schutz eingesetzten Beamten des Zollgrenzdienstes (s. Rdnr. 3). Hieraus ergeben sich wichtige Folgerungen für die Auslegung des § 373 AO. Namentlich muß sich die Verbindung zur fortgesetzten Begehung von Schmuggeltaten *gegen* die Beamten richten, zu deren Schutz der Strafschärfungsgrund des § 373 II Nr. 3 AO eingeführt worden ist. Keinen Bandenschmuggel begeht zB ein Schmuggler, der Zollbeamte besticht, damit sie ihn mit zu geringem Zoll durchlassen (RG 23, 330, 333 v. 1. 12. 1892; RG 69, 105, 106 f. v. 11. 2. 1935; BGH v. 24. 5. 1955, GA 1955, 366 = 1956, 350; aM OLG Hamburg v. 30. 1. 1952, ZfZ 314, bei Beteiligung eines Wasserschutzpolizisten).

31 **Eine Bande** iS des § 373 II Nr. 3 AO besteht, wenn sich *mindestens 2 Personen* zur fortgesetzten Begehung der Hinterziehung von Eingangsabgaben oder des Bannbruchs verbunden haben (BGH v. 29. 8. 1973, GA 1974, 308; BGH 23, 239 v. 3. 4. 1970 zu § 244 I Nr. 3 StGB m. zust. Anm. *Schröder* JR 1970, 388; weitere BGH-Urteile zit. bei *Dallinger* MDR 1970, 560; glA *Schönke/Schröder* 24, *Heimann-Trosien* in LK 14 u. *Lackner* 4 a zu § 244 StGB); auch Ehegatten können eine Bande bilden (BGH v. 4. 10. 1966, zit. bei *Dallinger* MDR 1967, 369 zu § 243 I Nr. 6 StGB aF). Nach der Gegenmeinung von *Dreher* (10 zu § 244 StGB, ausf. NJW 1970, 1802; glA *Tröndle* GA 1973, 328; *Kohlmann* 18 zu § 397 RAO) erfordert eine Bande *mindestens 3 Personen.*

32 **Zur fortgesetzten Begehung** von Schmuggeltaten haben sich Personen verbunden, wenn ihre Verbindung auf die Begehung *mehrerer selbständiger,* im einzelnen noch unbestimmter Straftaten gerichtet ist (BGH v. 25. 9. 1956, GA

1957, 85). Die Planung *einer* Tat, die aufgrund eines Gesamtvorsatzes in mehreren Einzelakten, also in Fortsetzungszusammenhang, verwirklicht werden soll, reicht nicht aus (BGH v. 4. 10. 1966, zit. bei *Dallinger* MDR 1967, 369). Sofern die Verbindung aber auf mehrere Taten *abzielt,* genügt die Verwirklichung *einer* Tat, wenn sie in Ausführung der weitergehenden Absicht begangen worden ist (BGH v. 4. 10. 1966 aaO), maW: wenn die *einzige* abzuurteilende Tat nach der Vorstellung der Täter die *erste* von mehreren Taten sein sollte (BGH v. 25. 9. 1956 aaO).

33 **Eine feste Verabredung** mit gegenseitigen Verpflichtungen braucht nicht vorzuliegen, eine Organisation mit bestimmter Rollenverteilung und einheitlicher Führung nicht eingerichtet zu sein (BGH v. 29. 8. 1973, GA 1974, 308 zu § 244 I Nr. 3, § 250 I Nr. 2 StGB). Es kann genügen, daß eine *lose* Übereinkunft, eine bestimmte Tat bei künftigen Gelegenheiten gemeinsam zu wiederholen, verwirklicht wird. Auch kann eine solche Übereinkunft noch *während* der ersten Tat getroffen werden, jedoch ist ein *stillschweigendes* Zusammenwirken mehrerer Personen bei einer Tat nicht mehr ausreichend; insoweit sind der Anwendung des § 373 II Nr. 3 AO engere Grenzen gesetzt als der Anwendung des § 397 II Nr. 1 RAO 1968 oder des § 401 b II Nr. 1 RAO 1939, für den es genügte, daß sich 3 Schmuggler während des Grenzübertritts zu einer Kolonne formiert hatten, weil sie sich gemeinsam stärker fühlten (vgl. BGH v. 17. 6. 1952, zit. bei *Herlan* GA 1953, 178).

34 **Mitglied einer Bande** ist jede Person, die an der bandenmäßigen Verbindung (s. Rdnr. 32f.) mit dem Willen beteiligt ist, an der Ausführung der beabsichtigten Straftaten selbst teilzunehmen, sei es als (Mit-)Täter oder als Gehilfe (§§ 25, 27 StGB). Wer andere zur fortgesetzten Begehung von Schmuggeltaten anstiftet (§ 26 StGB), aber zur Teilnahme an der Tatausführung nicht bereit ist, gehört nicht zur Bande; er kann daher auch nicht wegen Anstiftung zum Bandenschmuggel nach § 373 AO, sondern nur wegen Anstiftung zur Steuerhinterziehung nach § 370 AO oder/und zum Bannbruch nach § 372 AO bestraft werden (vgl. BGHGrS 12, 220 v. 10. 11. 1958). Andererseits wird die Zugehörigkeit zu einer Bande nicht dadurch in Frage gestellt, daß Bandenmitglieder untereinander keine „ehrlichen" Partner sind und einer die anderen hintergehen und das Schmuggelgut allein an sich bringen will (OLG Köln v. 19. 10. 1956, GA 1957, 124).

35 **Die bandenmäßige Tatausführung** erfordert, daß die als Bandenmitglieder beteiligten Personen während der Ausführung des Schmuggels zu irgendeinem Zeitpunkt *zeitlich und örtlich zusammenwirken* (BGH 3, 40 v. 24. 6. 1952; 7, 291 f. v. 5. 4. 1955), ohne daß dies gerade in dem Augenblick geschehen muß, in dem die Ware über die Grenze gebracht wird (RG 54, 246 v. 20. 2. 1920; OLG Bremen v. 8. 6. 1950, NJW 882). Ein Zusammenwirken bei einer *Vorbereitungshandlung,* etwa beim Einkauf der Schmuggelware im Ausland, reicht jedoch nicht aus (BGH 7, 291 f.); vielmehr muß der Zeitpunkt des Zusammenwirkens in demjenigen Zeitraum liegen, der sich vom Beginn der Ausführungshandlung bis zur Beendigung der Tat erstreckt. Da der Schmuggel bereits jenseits der Grenze beginnen kann (s. Rdnr. 26 zu § 372 AO) und

erst beendet ist, wenn die Ware diesseits in Sicherheit gebracht worden ist (s. Rdnr. 31; zu § 372 AO), braucht ein bandenmäßiges Zusammenwirken erst nach dem Überschreiten der Grenze einzusetzen (stRspr, vgl. DOG v. 25. 10. 1950, NJW 1951, 40; BGH v. 21. 4. 1955, NJW 959; v. 24. 5. 1955, ZfZ 256; OLG Bremen aaO; OLG Köln v. 18. 1. 1952, MDR 438; v. 19. 10. 1956, ZfZ 1957, 23).

36 **Ohne unmittelbares körperliches Zusammenwirken** von mindestens 2 Bandenmitgliedern an derselben Stelle liegt eine bandenmäßige Tatausführung nicht vor. Bloße Verabredungen, das Bereitstellen von Beförderungsmitteln oder ähnliche nebenhergehende Tätigkeiten, die sich fern vom Schmuggelgut abspielen, reichen nicht aus (BayObLG 3, 60 v. 25. 3. 1953). Die geistige Leitung oder die Hilfeleistung vom grünen Tisch aus kann im Hinblick auf den Zweck der Strafschärfung (s. Rdnr. 30) nicht genügen. Wenngleich häufig gerade die fernab von der Grenze tätigen Hintermänner die Initiatoren und Hauptnutznießer eines Schmuggelunternehmens sind, wirken sie nicht *bandenmäßig* mit; indessen handeln sie beim Schmuggel von Spirituosen oder Rauschgift häufig *gewerbsmäßig* und unterliegen dann der Strafschärfung nach § 373 I AO bzw. § 11 IV Nr. 4 BetäubmG. Körperliches Zusammenwirken bedeutet nicht, daß die Beteiligten bei der Tatausführung Tuchfühlung halten müßten. Das Merkmal ist zB auch erfüllt, wenn ein Späher zur Sicherung allein vorgeht und die Träger des Schmuggelgutes in einem gewissen Abstand folgen (RG v. 20. 10. 1936, RZBl. 376) oder wenn ein Teilnehmer zur Deckung der Träger jenseits der Grenze, aber in Sicht- und Hörweite von einem Grenzposten zurückbleibt (RG – 3 D 573/37 – v. 21. 10. 1937, zit. bei *Hartung* II 2b zu § 401 b RAO 1939) oder wenn zwischen den Insassen des Schmuggelfahrzeugs und denen eines (vorausfahrenden oder nachfolgenden) Sicherungsfahrzeugs eine derartige Verbindung besteht, daß sie sich, wenn nötig, alsbald vereinigen und dann zusammen auftreten können (BGH 7, 33 v. 23. 11. 1954).

37 **Bei Bandenschmuggel im Freihafengebiet** muß das bandenmäßige Zusammenwirken regelmäßig *in Sicht- und Hörweite der Zollstelle oder eines Zollbeamten* erfolgen. Das OLG Hamburg (Urt. v. 27. 2. 1951, ZfZ 284) hat zB als nicht ausreichend erachtet, daß zwei Schmuggler im Freihafen mit dem Schmuggelgut in einem LKW, dessen Fahrer und Beifahrer eingeweiht waren, in die Höhe der Übergangsstelle mitgefahren, dann unter Zurücklassung des Schmuggelgutes ausgestiegen sind, um die Übergangsstelle zu Fuß zu passieren und das Gut später im Zollinland wieder an sich zu nehmen. Dagegen soll Sicht- und Hörweite nicht erforderlich sein, wenn die Gefährdung im Hafen gegenüber schwimmenden Zollfahrzeugen besteht (OLG Hamburg v. 21. 5. 1951, ZfZ 271).

38 **Sowohl Mittäter wie Gehilfen** können bandenmäßig handeln; dagegen ist ein bandenmäßig mitwirkender *Anstifter* nicht denkbar (s. Rdnr. 34). Einen Bandenschmuggel mit unterschiedlichen Teilnahmeformen bietet das Beispiel eines Schmuggelunternehmers, der das Schmuggelgut mit Hilfe eines eingeweihten Kraftfahrers beim eigentlichen „Schwärzer", der das Gut über

die Grenze gebracht hat, aus einem grenznahen vorläufigen Versteck übernimmt; denn im Augenblick der Übernahme des Schmuggelgutes wirken die beiden Mittäter und der Gehilfe an derselben Stelle körperlich zusammen und bilden eine Bande, obwohl der Kraftfahrer, der nur eine fremde Tat fördern wollte, lediglich wegen bandenmäßig begangener Beihilfe zum Schmuggel bestraft werden kann (so zutr. die Rspr des 2. StrS des BGH, Urt. v. 20. 5. 1952, NJW 945, mit zust. Anm. *Hartung*). Nach der Rspr des 1. StrS sollte dagegen auch derjenige als Täter zu bestrafen sein, der durch seine körperliche Teilnahme nur die fremde Tat fördern wollte (BGH 3, 40 v. 24. 6. 1952; vgl. auch BGH 6, 260 v. 13. 7. 1954; 8, 70, 72 v. 21. 6. 1955). Hiergegen urteilte wiederum der 2. StrS: „*Wer keine Tatherrschaft hat, kann nicht Mittäter sein, auch nicht beim Bandenschmuggel*" (BGH 4, 32, 34f. v. 13. 2. 1953; ferner BGH 8, 205, 208ff. v. 6. 10. 1955). Die Streitfrage wurde entschieden durch Beschluß des GrS v. 10. 11. 1958: „*Wer mit dem Vorsatz, einem anderen zu einer Zollhinterziehung Hilfe zu leisten, sich mit zwei oder mehr Personen zur gemeinschaftlichen Ausübung der Hinterziehung verbindet, ist wegen bandenmäßiger Beihilfe zur Zollhinterziehung strafbar. Der Teilnehmer, der selbst nicht Mitglied der Bande gewesen ist, kann auch dann nicht nach dem § 401b bestraft werden, wenn er um die bandenmäßige Ausführung der Tat gewußt hat*" (BGH 12, 220). Nach dieser Rspr ist es möglich, daß *sämtliche* Teilnehmer am Bandenschmuggel iS des § 373 II Nr. 3 AO nur *Gehilfen* eines Täters sind, der selbst nicht bandenmäßig mitwirkt (OLG Bremen v. 5. 10. 1955, ZfZ 371).

39 **Subjektiv** erfordert die Anwendung des § 373 II Nr. 3 AO, daß derjenige, der als Täter oder Gehilfe an einem Schmuggel persönlich teilgenommen hat, wußte und wollte, daß er mit mindestens *einer* weiteren Person (s. Rdnr. 31) zu *mehreren* Schmuggelunternehmen verbunden war (s. Rdnr. 32f.), und daß er bei der Tatausführung mit mindestens einem (demselben oder anderen) Bandenmitglied *zeitlich, örtlich und körperlich* zusammengewirkt hat (BGH 4, 32, 35 v. 13. 2. 1953; 8, 205, 208 v. 6. 10. 1955). Gegen die abw. Rspr des 1. StrS (BGH 3, 40, 46 v. 24. 6. 1952; 6, 260, 262 v. 13. 7. 1954; 8, 70, 72 v. 21. 6. 1955), nach der bei Gehilfen, die nicht zur Bande gehören, die Kenntnis der bandenmäßigen Handlungsweise der anderen Beteiligten genügen sollte, weil die Bandenmäßigkeit keine persönliche Eigenschaft und kein besonderes persönliches Verhältnis iS des § 50 II StGB aF sei, hat der GrS aaO ausgesprochen: „*Auf Teilnehmer (Mittäter, Anstifter, Gehilfen), die selbst nicht bandenmäßig mitwirken, findet die Strafschärfung des § 401b II Nr. 1 RAO keine Anwendung*" (s. Rdnr. 35f.).

6. Strafen und Nebenfolgen

Schrifttum:

Lenkewitz, Das Zusammentreffen mehrerer Strafschärfungsgründe, ZfZ 1952, 298; 1953, 202.

40 **Die Strafdrohung des § 373 AO umfaßt Freiheitsstrafe** von 3 Monaten bis zu 5 Jahren. Abw. von der bis zum 31. 12. 1974 bestehenden Rechtslage (s. 1. Aufl. Rdnr. 29 zu § 397 RAO 1968) droht § 373 I (iVm § 370) AO keine Geldstrafe an (Art. 12 III EGStGB). Gleichwohl kann nach allgemeinen Vor-

schriften eine **Geldstrafe** unter zwei verschiedenen Gesichtspunkten verhängt werden:

a) *anstelle* einer Freiheitsstrafe *zwingend* dann, wenn im Einzelfall eine Freiheitsstrafe von 6 Monaten oder darüber nicht in Betracht kommt und wenn nicht *besondere Umstände, die in der Tat oder der Persönlichkeit des Täters liegen, die Verhängung einer Freiheitsstrafe zur Einwirkung auf den Täter oder zur Verteidigung der Rechtsordnung unerläßlich machen* (§ 47 II, I StGB); unter diesen Voraussetzungen beträgt das Mindestmaß der Geldstrafe wegen gewerbsmäßigen, gewaltsamen oder bandenmäßigen Schmuggels 90 Tagessätze (§ 47 II 2 StGB);

b) *neben* einer Freiheitsstrafe *fakultativ* dann, *wenn der Täter sich durch die Tat bereichert oder zu bereichern versucht hat,* falls eine Geldstrafe *auch unter Berücksichtigung der persönlichen und wirtschaftlichen Verhältnisse des Täters angebracht ist* (§ 41 StGB); für die Bemessung einer solchen zusätzlichen Geldstrafe gilt § 40 StGB (s. Rdnr. 124ff. zu § 369 AO).

Wegen der Möglichkeit der **Aberkennung der Amtsfähigkeit und Wählbarkeit** vgl. § 375 I AO iVm § 45 II StGB, wegen der Möglichkeit der **Einziehung** des Schmuggelgutes und der zur Tat benutzten Beförderungsmittel vgl. § 375 II AO iVm § 74a StGB.

41 **Die Beihilfemilderung** nach § 27 II StGB bedeutet eine zwingende Beschränkung des Höchstmaßes der Freiheitsstrafe von 5 Jahren auf 3 Jahre und 9 Monate (§ 49 I Nr. 2 S. 2 StGB); die Mindeststrafe von 3 Monaten bleibt unverändert (§ 49 I Nr. 3 letzter Halbs. StGB). Wegen der nach § 47 StGB vorgeschriebenen oder nach § 41 StGB möglichen Verhängung einer Geldstrafe s. Rdnr. 40.

42 **Den Täter einer Begünstigung oder Strafvereitelung** treffen die Strafschärfungsgründe des § 373 AO auch dann nicht, wenn er gewußt hat, daß der Vortäter gewerbsmäßig, gewaltsam oder bandenmäßig gehandelt hat; die Strafe ist allein aus den §§ 257, 258 StGB zu entnehmen. Die Strafdrohung umfaßt Freiheitsstrafe bis zu 5 Jahren oder Geldstrafe; § 371 AO ist nicht anzuwenden. Bei der Strafzumessung wegen Begünstigung oder Strafvereitelung können jedoch außer den Umständen der begünstigenden oder strafvereitelnden Handlung die Umstände der Vortat und unter diesen auch die Merkmale des § 373 AO berücksichtigt werden.

43 **Ein Zusammentreffen mehrerer Strafschärfungsgründe** in derselben Tat hat nicht zur Folge, daß die von § 373 AO angedrohte Mindestfreiheitsstrafe von 3 Monaten ggf. verdoppelt oder verdreifacht wird. Eine Häufung von Freiheitsstrafen, auch Mindeststrafen, ist dem Strafrecht fremd (ausf. *Lenkewitz* ZfZ 1952, 298 sowie ZfZ 1953, 202 mit teilweiser Wiedergabe eines unveröffentlichten Urt. des OLG Düsseldorf – Ss 399/52 – v. 6. 10. 1952). Die ursprünglich abw. Meinung von *Fuchs* (ZfZ 1952, 168) war auf ein Urt. des RG (68, 400 v. 26. 11. 1934) gestützt, das zu der 1939 aufgehobenen, in die RAO nicht übernommenen Sondervorschrift des § 146 VZollG ergangen war.

44 **Für die schuldgerechte Strafzumessung** ist bedeutsam, ob ein Schmuggler bei derselben Tat mehrere Strafschärfungsgründe des § 373 AO erfüllt hat, etwa als Mitglied einer bewaffneten Bande gewerbsmäßig tätig geworden ist. Ferner fällt bei Anwendung der Rückfallvorschrift des § 48 StGB im Hinblick auf Art und Umstände der begangenen Straftaten ins Gewicht, ob und in welchem Maße sie gleichartig sind; ist § 48 StGB bei der Bestrafung wegen einer Straftat nach § 373 AO anzuwenden, so erhöht sich die Mindestfreiheitsstrafe von 3 Monaten auf 6 Monate.

Im einzelnen sind besonders zu berücksichtigen

bei gewerbsmäßigem Schmuggel der Umfang der mit dem Schmuggel erschlossenen Einnahmequelle;

bei gewaltsamem Schmuggel die Gefährlichkeit der (Schuß-)Waffe und der Munition, des sonstigen Werkzeugs oder Mittels und der Grad der Entschlossenheit, von den verfügbaren Gewaltmitteln Gebrauch zu machen;

bei bandenmäßigem Schmuggel die Größe der Bande und die Dauer der Verbindung, ihre (fortlaufende, gelegentliche oder nur vereinzelte) Aktivität, die Stellung des einzelnen Mitglieds innerhalb der Bande (Anführer oder Mitläufer) und die Bedeutung seines Tatbeitrags.

7. Konkurrenzfragen

45 **Auf eine fortgesetzte Handlung** gewerbsmäßigen Schmuggels in Tateinheit mit Urkundenfälschung (§ 267 StGB) hat der BGH in einem Fall erkannt, in dem die Täter aufgrund eines von vornherein in allen Einzelheiten festgelegten Planes, „so lange wie möglich" die EUSt zu hinterziehen, in mindestens 200 Einzelakten Barrengold aus der Schweiz eingeschmuggelt und mit Hilfe gefälschter Belege über die Zollabfertigung zum freien Verkehr und über die Entrichtung der EUSt im Inland unter Berechnung der USt wieder verkauft hatten (BGH 26, 4, 7ff. v. 9. 10. 1974).

46 **Tateinheit (§ 52 StGB)** kann ferner bestehen zwischen

gewaltsamem Schmuggel und *Widerstand* (§ 113 StGB), wenn ein Täter oder Teilnehmer von der bei sich geführten (Schuß-)Waffe, dem sonstigen Werkzeug oder Mittel gegenüber Zollbeamten oder anderen Vertretern der vollziehenden Staatsgewalt, namentlich Beamten der Polizei oder des BGS, Gebrauch macht, zB wenn Schmugglerfahrzeuge gewaltsam Straßensperren durchbrechen und dabei Zollbeamte gefährdet werden (OLG Köln v. 12. 5. 1953, ZfZ 249). Werden die Beamten verletzt, kommt *gefährliche Körperverletzung* (§ 223a StGB) hinzu, zB wenn Schmuggler mit Stöcken auf Zollbeamte einschlagen (RG v. 19. 11. 1937, RZBl. 824);

gewaltsamem Schmuggel und unerlaubtem *Führen einer Schußwaffe* (§ 53 III Nr. 1b iVm § 35 I 1 WaffG) oder – wenn die Schußwaffe das Schmuggelgut bildet – unerlaubter *Einfuhr einer Schußwaffe* (§ 53 I Nr. 2 iVm § 27 I 1 WaffG);

Bandenschmuggel und *Diebstahl* (§ 242 StGB), wenn die von Schmugglern gestohlenen Sachen in unmittelbarem Anschluß an die Wegnahme über die Grenze geschafft werden (RG 54, 246f. v. 20. 2. 1920).

8. Verfahrensfragen

47 **Ein Absehen von der Strafverfolgung nach § 80 ZollG** (Anh X) soll bei den nach § 373 AO zu beurteilenden Schmuggeltaten „naturgemäß" ausgeschlossen sein (so *Hartung* V zu § 401 b RAO 1939, ebenso *Bender* S. 215 f. u. *Kohlmann* 39 zu § 397 RAO 1968; weniger eng *Hübner* 45 zu § 397 RAO 1968). Dies mag aus tatsächlichen Gründen für die Fälle bandenmäßiger Tatausführung zutreffen. Dagegen ist es durchaus denkbar, daß gewerbsmäßiger Schmuggel *„im Reiseverkehr"* begangen wird und die Tat sich auf Waren bezieht, *„die weder zum Handel noch zur gewerblichen Verwendung bestimmt und insgesamt nicht mehr als 240 DM wert sind"*, zB bei fortlaufendem Schmuggel von Tabakwaren oder Treibstoffen im kleinen Grenzverkehr für den eigenen Bedarf (s. Rdnr. 11). Gewaltsamer Schmuggel im Reiseverkehr ist denkbar bei einem Sportschiffer, der eine Signalpistole bei sich führt (falls diese entgegen der in Rdnr. 18 vertretenen Auffassung als „Schußwaffe" angesehen wird). In solchen Fällen erscheint es bei der Hinterziehung von Eingangsabgaben nicht berechtigt, die Anwendbarkeit des § 80 ZollG *von vornherein* zu verneinen; gleiches gilt nach der Einschränkung des Tatbestandes auch für gewerbsmäßigen Bannbruch (vgl. § 129 a BranntwMonG).

48 **Die Kompetenz, das Ermittlungsverfahren** in den Grenzen des § 399 I und der §§ 400, 401 AO **selbständig durchzuführen,** ist für das FA (HZA) nicht nur dann gegeben, wenn der Grundtatbestand in der Hinterziehung von Eingangsabgaben oder Steuerhehlerei besteht, sondern auch bei Bannbruch iS des § 372 I AO, und zwar insoweit ohne Unterschied,

ob die Tat ohne die besonderen Merkmale des § 373 AO durch Rechtsvorschriften innerhalb oder außerhalb der AO mit Strafe oder Geldbuße bedroht ist (BGH v. 4. 7. 1973, NJW 1707 f. mit Rücksicht auf das gesetzgeberische Motiv; ebenso *Bender* S. 242 u. *Leise* 9 zu § 396 RAO) oder

ob die Tat jedenfalls mit Strafe bedroht ist und deshalb als Bannbruch iS des § 373 I AO angesehen werden kann (so *Hübner* 29 zu § 396 RAO 1968 im Hinblick auf § 369 I Nr. 2 AO) oder

ob die Strafe, wie bei Zuwiderhandlungen gegen § 3 BranntwMonG oder § 2 ZündwMonG, aus § 372 II iVm § 370 I, II AO zu entnehmen ist (so *Ehlers* S. 63).

49 **Durch Strafbefehl** können Straftaten iS des § 373 AO nur geahndet werden, wenn nach § 47 StGB (s. Rdnr. 40) anstelle einer Freiheitsstrafe eine Geldstrafe verhängt werden soll; denn nach § 407 II StPO idF des Art. 21 Nr. 104 EGStGB ist die Verhängung einer Freiheitsstrafe in dieser Form nicht mehr zulässig. Für Geldstrafen enthält § 407 StPO keine Begrenzung. Demgemäß kann durch Strafbefehl das allgemeine Höchstmaß der Geldstrafe von 360 Tagessätzen (§ 40 I StGB) und bei Bildung einer Gesamtstrafe sogar das Höchstmaß von 720 Tagessätzen (§ 54 II StGB) ausgeschöpft werden, obwohl jeder Tagessatz einen Tag Ersatzfreiheitsstrafe bedeutet (§ 43 S. 2 StGB) und auf diese Weise – weit über die frühere Begrenzung der primären Freiheitsstrafe nach § 407 II Nr. 1 StPO aF hinaus – eine (Ersatz-)Freiheitsstrafe von nahezu 2 Jahren zustandekommen kann. Der Gesetzgeber hat diese Mög-

lichkeit bewußt in Kauf genommen (ausf. *Schäfer* bei *Löwe-R* 5ff. zu § 407 StPO). Unabhängig davon ist nicht zuletzt bei höheren Geldstrafen von dem FA, der StA und dem Strafrichter zu prüfen, ob nicht dem summarischen Strafbefehlsverfahren iS des § 408 I 2 StPO „Bedenken entgegenstehen" (*Kleinknecht* 4 zu § 407 StPO).

50 **Einer abgetrennten Beurteilung** sind die straferhöhenden Merkmale des § 373 AO nicht zugänglich, da sie einen untrennbaren Bestandteil der Schuldfrage bilden. Aus diesem Grunde ist es nicht möglich, ein Rechtsmittel wirksam auf die Nachprüfung der straferhöhenden Merkmale zu beschränken, vgl. grundsätzlich BGH 19, 46, 48 v. 24. 7. 1963, ferner namentlich

für *gewerbsmäßiges Handeln* RG 64, 151, 153 v. 5. 5. 1930 zu § 260 StGB, BayObLG v. 7. 5. 1952, ZfZ 249, zu § 401b RAO;

für das *Beisichführen von Waffen* RG 65, 312, 313 v. 15. 6. 1931 zu § 148 VZollG;

für *bandenmäßiges Handeln* RG 69, 110, 114 v. 29. 1. 1935 zu §§ 146, 148 VZollG.

Wird ein solcher Antrag dennoch gestellt, muß die Schuldfrage in der Rechtsmittelinstanz von Amts wegen in vollem Umfang nachgeprüft werden, falls nicht das Rechtsmittel gem. §§ 302, 303 StPO vor Beginn der Hauptverhandlung oder später mit Zustimmung der StA zurückgenommen wird.

§ 374 Steuerhehlerei

(1) Wer Erzeugnisse oder Waren, hinsichtlich deren Verbrauchsteuern oder Zoll hinterzogen oder Bannbruch nach § 372 Abs. 2, § 373 begangen worden ist, ankauft oder sonst sich oder einem Dritten verschafft, sie absetzt oder abzusetzen hilft, um sich oder einen Dritten zu bereichern, wird nach § 370 Abs. 1 und 2, wenn er gewerbsmäßig handelt, nach § 373 bestraft.

(2) Absatz 1 gilt auch dann, wenn Eingangsabgaben hinterzogen worden sind, die von einem anderen Mitgliedstaat der Europäischen Gemeinschaften verwaltet werden oder die einem Mitgliedstaat der Europäischen Freihandelsassoziation oder einem mit dieser assoziierten Staat zustehen; § 370 Abs. 6 Satz 2 ist anzuwenden.

Schrifttum:

Bockelmann, Über das Verhältnis der Hehlerei zur Vortat, NJW 1950, 850; *Jaeger,* Zollhinterziehung als Vortat der Zollhehlerei, ZfZ 1952, 307; *Maurach,* Bemerkungen zur neuesten Hehlereirechtsprechung des BGH, JZ 1952, 714; *Sax,* Der Begriff der ,,strafbaren Handlung" im Hehlereitatbestand, MDR 1954, 65; *Meister,* Beteiligung an der Vortat und Hehlerei, MDR 1955, 715; *Münsterer,* Abhängigkeit der Steuerhehlerei von der Vortat und Haftung des Steuerhehlers beim Erwerb ohne Entrichtung der Eingangsabgaben eingeführter Tabakerzeugnisse, ZfZ 1955, 136; *Stree,* Die Ersatzhehlerei als Auslegungsproblem, JuS 1961, 50; *ders.,* Abgrenzung der Ersatzhehlerei von der Hehlerei, JuS 1961, 83; *ders.,* Probleme der Hehlerei und Vernachlässigung der Aufsichtspflicht, JuS 1963, 427; *Waider,* Zum sog. ,,derivativ-kollusiven" Erwerb des Hehlers, GA 1963, 312; *Oellers,* Der Hehler ist schlimmer als der Stehler, GA 1967, 6; *D. Meyer,* Zum Problem der Ersatzhehlerei an Geld, MDR 1970, 379; *Küper,* Die Merkmale ,,absetzen" und ,,absetzen hilft" im neuen Hehlereitatbestand, JuS 1975, 633; *D. Meyer,* Zur Auslegung des Merkmales ,,oder absetzen hilft" der neuen Hehlereivorschrift, MDR 1975, 721; *Stree,* Begünstigung, Strafvereitelung, Hehlerei, JuS 1976, 137.

Übersicht

1. Entstehungsgeschichte

1 § 374 AO geht zurück auf § 403 AO 1931 (= § 368 AO 1919). § 403 AO 1931 wurde durch Art. I Nr. 16 G v. 4. 7. 1939 (RGBl. I 1181) neu gefaßt und hinsichtlich der Vortat erweitert auf den Tatbestand des Bannbruchs, der zugleich als § 401 a in die AO übernommen wurde (vorher §§ 134, 136 VZollG); ferner wurde in Angleichung an § 259 StGB aF das ,,Inpfandnehmen" ausdrücklich mit Strafe bedroht und die Schuldvermutung *(,,... den*

Umständen nach annehmen muß") beseitigt. Abs. II S. 2 über Einziehung wurde durch Art. 17 Nr. 16 StÄndG 1961 v. 13. 7. 1961 (BGBl. I 981, 996) gestrichen (s. Schriftl. Ber. zu BT-Drucks. III/2706 S. 11). Durch Art. 1 Nr. 11 des 2. AOStrafÄndG v. 12. 8. 1968 (BGBl. I 953) wurde die Vorschrift umnumeriert in § 398 RAO, Abs. II aus redaktionellen Gründen neu gefaßt und Abs. III als überflüssig gestrichen; Begr. s. BT-Drucks. V/1812 S. 25. § 398 I RAO wurde durch Art. 161 EGStGB an § 259 StGB angepaßt, insbesondere erhielten die Tathandlungen die jetzt gültige Fassung. Die *Vorteils*absicht wurde durch die *Bereicherungs*absicht ersetzt. § 374 AO weist in Abs. I überwiegend redaktionelle Änderungen auf. Die Strafdrohung bezieht sich jetzt auf § 370 I, II, § 373 AO; als Vortat genügt – außer Steuerhinterziehung – nur noch ein Bannbruch nach § 372 II AO. § 374 II AO erweitert den Tatbestand der Hehlerei auf Vortaten gegen Eingangsabgaben iS von § 370 VI AO.

2. Zweck und Bedeutung des § 374 AO

2 **Als geschütztes Rechtsgut** sieht die hM bei der Sachhehlerei (§ 259 StGB) das Vermögen an; das Wesen der Handlung des Hehlers wird in der Aufrechterhaltung des durch die Vortat verursachten rechtswidrigen Vermögenszustandes gesehen (BGHGrS 7, 134, 137 v. 20. 12. 1954; BGH v. 8. 5. 1959, NJW 1377; *Maurach* BT S. 363ff.; *Welzel* S. 375, 380). Gegen die abw. Meinung, die das Wesen der Hehlerei in erster Linie in der Ausbeutung eines strafbaren Erwerbs erblickt (OLG Düsseldorf v. 31. 5. 1948, SJZ 1949, 204, 207; OLG Koblenz v. 24. 11. 1949, DRZ 1950, 69; *Geerds* GA 1958, 131f.), spricht, daß die Vorteile, die der Hehler erstrebt, nicht aus der Beute der Vortat zu stammen brauchen (s. Rdnr. 30). Freilich sind die Parallelen zwischen Sachhehlerei und Steuerhehlerei begrenzt. Das Unrecht der Vortat der Sachhehlerei besteht in der rechtswidrigen Besitzposition, weil sich die Vortat dadurch gegen fremdes Vermögen richtet, daß sie diesem die Sache entzieht. Demgegenüber ist der Besitz einer Sache, hinsichtlich deren Verbrauchsteuern oder Zölle hinterzogen oder Bannbruch begangen wurden, nicht selbst rechtswidrig. Auch ist die Abwandlung von *Kohlmann* (10 zu § 398 RAO), das Unrecht liege in der Vertiefung einer steuerrechtswidrig erlangten Rechtsposition, noch zu wenig präzise. Man wird das *Unrecht der Steuerhehlerei* vielmehr so beschreiben müssen: Befindet sich der Täter einer Verbrauchsteuer- oder Zollhinterziehung bzw. eines Bannbruchs noch im Besitz der Sache, dann besteht häufig noch eine gewisse Chance, daß die Tat entdeckt und der Erfolg der Vortat rückgängig gemacht wird. Mit der Weitergabe der Sache an einen anderen wird diese Chance verringert. Das Gesetz erfaßt demnach in § 374 AO typische Verhaltensweisen, die regelmäßig die Restitutionsvereitelung bewirken. Die Steuerhehlerei ist damit ein abstraktes Gefährdungsdelikt gegen die durch §§ 370, 372 AO geschützten Rechtsgüter. Soweit die Vortat Steuerhinterziehung ist, dient der Tatbestand dem Schutz des Steueraufkommens. In bezug auf den Bannbruch als Vortat werden die – sehr verschiedenen – Rechtsgüter des § 372 AO geschützt.

3 **Die kriminalpolitische Bedeutung** des Straftatbestandes der Steuerhehlerei besteht nicht zuletzt darin, daß § 374 AO eine Bestrafung derjenigen Personen ermöglicht, denen zwar der Umgang mit unversteuerten Waren (bzw. verbotswidrig eingeführten Waren), jedoch nicht die Hinterziehung der Steuern (bzw. das verbotswidrige Verbringen) bewiesen werden kann; zur Zulässigkeit einer Wahlfeststellung zwischen Steuerhinterziehung und Steuerhehlerei s. Rdnr. 47, 48.

Im Jahre 1976 (1975) wurden 3845 (3353) Urteile und Strafbefehle rechtskräftig, durch die wegen Steuerhehlerei Freiheitsstrafen von insgesamt 2641 (2086) Jahren sowie Geldstrafen von insgesamt 597000 DM (769000 DM) in Form von 18740 (16565) Tagessätzen verhängt wurden. Die Summe der Abgaben, die mit den gehehlten Waren oder Erzeugnissen hinterzogen worden waren, betrug 5,5 Mio DM (2,8 Mio DM).

3. Gegenstand der Steuerhehlerei

4 **Als Gegenstand der Steuerhehlerei** kommen – abw. von § 259 StGB – nur Erzeugnisse oder Waren in Betracht, deren Herstellung oder Einfuhr einer Verbrauchsteuer oder deren Einfuhr einem Zoll oder einer Abschöpfung (s. Rdnr. 5) unterliegen, sowie solche Waren, hinsichtlich deren Eingangsabgaben bestimmter europäischer Staaten hinterzogen wurden. § 374 II AO stimmt insoweit mit § 370 VI AO überein (vgl. Rdnr. 17ff. zu § 370 AO). Die Begriffshäufung *„Erzeugnisse oder Waren"* erklärt sich aus dem unterschiedlichen Sprachgebrauch der Zoll- und Verbrauchsteuergesetze. Einer Verbrauchsteuer unterliegen Bier, Tabakerzeugnisse und Zigarettenpapier, Kaffee, Tee, Leuchtmittel (elektrische Glühlampen, Leuchtröhren usw.), Mineralöl, Schmiermittel und Additives, Zucker und zuckerhaltige Waren (Kunsthonig, Kekse, Waffeln, Honigkuchen, Lebkuchen, Zitronat usw.), Salz, Schaumwein und schaumweinähnliche Getränke, Spielkarten, Zündwaren, Branntwein und Essigsäure (s. Einl 186ff.). Einem Zoll unterliegt die Einfuhr von Waren nach Maßgabe des Zolltarifs (s. Einl 177). Über Abschöpfungen s. Rdnr. 5.

5 **Die Abschöpfungen** (s. Einl 183) stehen nach § 2 I AbschG (Anh XI) den Zöllen gleich (s. Einl 183f.). Abw. von § 373 AO spricht § 374 AO nicht von *„Eingangsabgaben"*, weil die Hinterziehung von Verbrauchsteuern als Vortat einer Steuerhehlerei auch dann in Betracht kommen soll, wenn eine Verbrauchsteuer nicht bei der Einfuhr, sondern bei der Entfernung einer Ware aus dem inländischen Herstellungsbetrieb entstanden ist. Die von *Hübner* (7 zu § 398 RAO) allein aus dem unterschiedlichen Wortlaut der §§ 373, 374 AO gezogene Folgerung, die Hinterziehung einer Abschöpfung könne nicht Vortat einer Steuerhehlerei sein, ist im Hinblick auf § 2 I AbschG unrichtig (BGH 25, 190 v. 6. 6. 1973; vgl. § 3 I 2 AO: *„Zölle und Abschöpfungen sind Steuern im Sinne dieses Gesetzes"*).

6 **Auch Sachen, deren Ein-, Aus- oder Durchfuhr verboten ist** (s. Rdnr. 19 zu § 372 AO), können Gegenstand einer Steuerhehlerei sein. Dies gilt jedoch

nur, wenn die Vortat über § 372 II AO nach § 370 AO oder nach § 373 AO mit Strafe bedroht ist. Als Vortat scheidet daher aus: der Bannbruch nach § 372 I AO, der nach einem Sondergesetz als Ordnungswidrigkeit oder als Vergehen einzuordnen ist (s. Rdnr. 19 zu § 372 AO).

7 Ob Sachhehlerei nach § 259 StGB nur an den unmittelbar durch die Vortat erlangten Sachen begangen werden kann oder auch an **Ersatzsachen,** die der Vortäter mittels der gestohlenen Sachen beschafft, insbes. mit gestohlenem Geld gekauft hat, ist str. (vgl. *Stree* JuS 1961, 50, 83). Nach heute hM ist Ersatzhehlerei nicht möglich (BGH 9, 137, 139 v. 12. 4. 1956; *Schönke/Schröder* 14 zu § 259 StGB mwN). Dasselbe gilt für die Steuerhehlerei, die nicht am Erlös begangen werden kann, den der Vortäter für die durch die Vortat betroffene Sache erlangt hat (*Kohlmann* 49 zu § 398 RAO). An einer **neuen Sache,** die aus dem Stoff der durch die Vortat geschmuggelten Sache hergestellt worden ist, kann Steuerhehlerei nicht begangen werden (RG 57, 159 v. 1. 12. 1922 zu § 259 StGB).

4. Die Vortat der Steuerhehlerei

8 Nach dem Wortlaut des § 374 I AO muß hinsichtlich der tatbefangenen Sachen Verbrauchsteuer oder Zoll hinterzogen oder Bannbruch begangen sein. Zur Hinterziehung von Abschöpfungen s. Rdnr. 5. Damit erfordert die Steuerhehlerei in jedem Falle die **Erfüllung aller objektiven Merkmale** des § 370 AO oder des § 372 II AO (s. dazu Rdnr. 6).

9 Ob und wieweit der Vortäter auch die **subjektiven Merkmale der Vortat** verwirklicht haben muß, war lange streitig. Nach dem früheren Grundsatz der extremen Akzessorietät war Sach- und Steuerhehlerei nur möglich, wenn der Vortäter *sämtliche* subjektiven Voraussetzungen des Diebstahls oder der Steuerhinterziehung erfüllt hatte, dh wenn er schuldfähig war, vorsätzlich gehandelt hatte, keinem Irrtum unterlegen war und kein sonstiger Schuldausschließungsgrund vorlag. Diese unbeschränkte Abhängigkeit der Hehlerei von der Vortat wurde zuerst bei der Steuerhehlerei durch § 403 III RAO idF des Art. I Nr. 16 des Gesetzes v. 4. 7. 1939 (RGBl. I 1181) gelockert: *„Der Steuerhehler ist auch dann strafbar, wenn die Person, die die Steuerhinterziehung oder den Bannbruch begangen hat, nicht schuldfähig ist."* Durch § 50 I StGB idF des Art. 2 der VO v. 29. 5. 1943 (RGBl. I 339): *„Sind mehrere an einer Tat beteiligt, so ist jeder ohne Rücksicht auf die Schuld des anderen nach seiner Schuld strafbar"* wurde der Grundsatz einer limitierten Akzessorietät allgemein verankert und von der Rspr auf Fälle ausgedehnt, in denen zwar keine Beteiligung, aber eine Tat vorlag, die von einer anderen Tat abhängig war (BGH 1, 47 v. 27. 2. 1951 zu § 259 StGB). Seitdem ist unstreitig, daß *Schuldunfähigkeit des Vortäters* (vgl. § 20 StGB; § 1 III JGG) der Annahme von Hehlerei beim Nachtäter nicht entgegensteht – gleichgültig, welche Vorstellung dieser von der Schuldfähigkeit des Vortäters hatte. § 403 III RAO 1939 wurde, um unerwünschten Umkehrschlüssen vorzubeugen, durch Art. 1 Nr. 11 des 2. AOStrafÄndG mit der Begründung gestrichen, in Rspr und Rechtslehre bestehe Einigkeit,

daß der Tatbestand der Hehlerei auch bei Schuldunfähigkeit des Vortäters verwirklicht werden könne (BT-Drucks. V/1812 S. 25).

10 Die Frage, ob Hehlerei auch dann möglich ist, wenn der Vortäter in einem **Tatumstands- oder Verbotsirrtum** (s. Rdnr. 90ff. zu § 369 AO) gehandelt hat, wurde zunächst bejaht vom OFH (Urt. v. 1. 3. 1950, NJW 883) sowie vom 4. StrS des BGH (1, 47 v. 27. 2. 1951; v. 29. 11. 1951, NJW 1952, 945; 4, 355, 358 v. 1. 10. 1953; 5, 47 v. 22. 10. 1953; ebenso früher *Hartung* NJW 1949, 324 u. ZfZ 1949, 378). Die im Anschluß an *Bockelmann* (NJW 1950, 850) heute hM des 5. StrS des BGH besagt, daß nur der Irrtum des Vortäters über ein Merkmal des gesetzlichen Tatbestandes die Annahme der Hehlerei beim Nachtäter ausschließt, dagegen ein Verbotsirrtum oder ein Schuldausschließungsgrund die Möglichkeit einer anschließenden Hehlerei offenläßt (BGH 4, 76 v. 26. 2. 1953 m. zust. Anm. *Niese* JZ 1953, 637 und *Welzel* JR 1953, 186; *Kohlmann* 32ff. zu § 398 RAO; *Schönke/Schröder* 10f. zu § 259 StGB sowie *Hartung* II 2a zu § 403 RAO unter Aufgabe seiner früheren Auffassung).

11 **Hat der Vortäter schuldlos oder fahrlässig** ein Tatbestandsmerkmal der Steuerhinterziehung oder des Bannbruchs nicht gekannt, etwa nicht gewußt, daß das Entfernen einer verbrauchsteuerbaren Sache aus dem Herstellungsbetrieb oder der Verbrauch einer solchen Sache im Herstellungsbetrieb oder das Einführen einer Sache verbrauchsteuer- oder zollpflichtig oder die Ein-, Aus- oder Durchfuhr einer Sache verboten ist, so begeht derjenige, der die Sache in Kenntnis(!) der Abgabepflicht oder des Ein-, Aus- oder Durchfuhrverbots ankauft, zum Pfande nimmt, an sich bringt, verheimlicht oder absetzt, keine Steuerhehlerei, weil es ohne *vorsätzliche* Vortat an einem objektiven Tatbestandsmerkmal des § 374 AO fehlt (*Kohlmann* 45ff. zu § 398 RAO). Eine *fahrlässige* Steuerverkürzung ist als Vortat für eine Steuerhehlerei nicht geeignet, gleichgültig, ob sie gem. § 378 AO als Steuerordnungswidrigkeit geahndet werden kann oder nicht. Ebensowenig genügt eine fahrlässige Vortat, welche die objektiven Merkmale des § 372 I AO erfüllt.

12 Die Feststellung, daß der Vortäter *ohne Kenntnis,* der Nachtäter dagegen *in Kenntnis* der Tatbestandsmerkmale der Vortat gehandelt habe, erfordert in der Praxis eine sorgfältige Prüfung, ob nicht in Wahrheit der Nachtäter den Vortäter von vornherein als „Werkzeug" benutzt und als mittelbarer Täter (s. Rdnr. 68 zu § 369 AO) seinerseits Steuerhinterziehung oder Bannbruch begangen hat.

13 Zum Begriff der Steuerhehlerei gehört nach hM, daß die **Vortat abgeschlossen,** dh die Zollhinterziehung oder der Bannbruch nicht nur rechtlich *vollendet,* sondern auch tatsächlich *beendet* ist (s. aber Rdnr. 72 zu § 369 AO sowie *Schönke/Schröder* 15 zu § 259 StGB u. Rdnr. 29ff. zu § 372 AO). Bei *fortgesetzter* Vortat genügt, daß derjenige Teilakt abgeschlossen ist, auf den sich die Handlung des Nachtäters bezieht; ob noch weitere Teilakte folgen, ist hinsichtlich einer Hehlerei an Sachen aus abgeschlossenen Teilakten der Vortat unerheblich.

5. Verhältnis der Steuerhehlerei zur Teilnahme an der Vortat

14 **Der Täter einer Steuerhinterziehung oder eines Bannbruchs** kann idR nicht noch Steuerhehlerei an derselben Sache begehen, auf die sich seine Vortat bezieht; denn Hehlerei ist die Aufrechterhaltung des durch einen anderen Vortäter geschaffenen rechtswidrigen Zustandes (s. Rdnr. 2). Eine Ausnahme gilt aber dann, wenn der Täter der Vortat die von ihm selbst geschmuggelte Sache *nachträglich aus dritter Hand oder nach Verteilung der Beute von einem Mittäter erwirbt* (RG 71, 49 v. 8. 2. 1937; BGH 3, 191, 194 v. 2. 10. 1952; BGHGrS 7, 134 v. 20. 12. 1954; 8, 390 v. 10. 1. 1956 – sämtl. zu § 259 StGB; aM früher RG 34, 304 v. 1. 7. 1901); denn in solchen Fällen besteht zwischen der Vortat und der Nachtat kein innerer Zusammenhang mehr (aM *Schönke/Schröder* 54 zu § 259 StGB; der Wortlaut von § 259 StGB unterscheidet sich aber hier von § 374 I AO).

15 **Anstifter und Gehilfen der Vortat,** die im Anschluß an die von ihnen angeregte oder unterstützte fremde Schmuggeltat an den geschmuggelten Sachen Hehlereihandlungen begehen, sind nicht nur der Anstiftung (§ 26 StGB) oder Beihilfe (§ 27 StGB) zur Vortat schuldig, sondern zusätzlich einer (rechtlich selbständigen) Hehlerei, und zwar auch dann, wenn sie bereits bei der Teilnahmehandlung auf die Beute abgezielt hatten (BGHGrS aaO, s. Rdnr. 14).

6. Tathandlungen der Steuerhehlerei

a) Ankaufen

16 **Ankaufen ist ein Unterfall des „Sich-Verschaffens“** (s. Rdnr. 17ff.; BGH v. 16. 10. 1952, zit. bei *Herlan* GA 1954, 58), der im Gesetz an erster Stelle erwähnt wird, weil er besonders häufig vorkommt. Demgemäß genügt nicht der Abschluß eines Kaufvertrages iS des § 433 BGB; gemeint ist vielmehr *käufliches Erwerben der tatsächlichen Verfügungsgewalt* durch den Nachtäter = Steuerhehler von dem Vortäter = Steuerhinterzieher oder dessen Mittelsmann (stRspr, vgl. RG 73, 104 v. 10. 2. 1939; BGH aaO; glA *Hartung* II 3a zu § 403 RAO 1931, *Hübner* 28 zu § 398 RAO 1968, *Schönke/Schröder* 30 zu § 259 StGB; abw. *Maurach* BT S. 371 u. JZ 1952, 714). Ist bereits ein Kaufvertrag abgeschlossen, aber die Sache noch nicht auf den Erwerber übergegangen, kommt versuchte Steuerhehlerei in Betracht.

b) Sich oder einem Dritten verschaffen

17 Das „Sich-Verschaffen“ entspricht dem „Ansichbringen“ der früheren Fassung. Diese Fassung bereitete jedoch Schwierigkeiten, wenn Angestellte Sachen für ihren Geschäftsherrn ohne dessen Wissen erwarben (*Schönke/Schröder* 27 zu § 259 StGB). Die Neufassung hat diese Schwierigkeiten beseitigt, da es nun genügt, wenn der Täter die Sachen einem Dritten verschafft.

18 Die hM versteht unter dem Verschaffen iS von § 259 StGB das **Erlangen der Verfügungsgewalt im Einvernehmen mit dem Vortäter** (*Schönke/Schrö-*

der 18ff. zu § 259 StGB mwN). Daraus erfolgt, daß keine Hehlerei begeht, wer sich die Verfügungsgewalt ohne Einvernehmen des Vortäters, etwa durch Diebstahl, verschafft (*Schönke/Schröder* 42f. zu § 259 StGB), und daß Hehlerei nicht notwendig die Besitzerlangung voraussetzt (die Sache bleibt beim Vortäter, der Hehler darf aber frei über sie verfügen) und auch bei bloßer Besitzerlangung ohne eigene Verfügungsgewalt noch nicht erfüllt ist (Miete, Leihe sollen keine Hehlerei begründen); vgl. *Schönke/Schröder* 19ff. zu § 259 StGB. Diese Grundsätze werden von der hM ohne Modifikation auf die Steuerhehlerei übertragen (*Hübner* 25, 27 u. *Kohlmann* 52ff. zu § 398 AO). Eine derartige Übertragung der Kriterien der Sachhehlerei auf die Steuerhehlerei ist in hohem Maße bedenklich. Das Merkmal des Einvernehmens dient dazu, das Vermögensdelikt der Sachhehlerei von Raub, Diebstahl und Unterschlagung abzugrenzen (*Schönke/Schröder* 18 zu § 259 StGB). Da § 374 AO nicht das Eigentum an der Sache, sondern ganz andere Rechtsgüter schützt (s. Rdnr. 2), spricht bei eigenmächtigem Verschaffen nichts gegen Idealkonkurrenz von Steuerhehlerei und zB Diebstahl. Die eigene Verfügungsgewalt wird bei § 259 StGB gefordert, weil die Sachhehlerei als Vermögensdelikt die Übernahme des in der Sache steckenden Wertes durch den Hehler voraussetzt (*Schönke/Schröder* 19 zu § 259 StGB). Richtet sich demgegenüber die Steuerhehlerei nicht gegen den in der Sache verkörperten Vermögenswert, dann besteht auch kein Anlaß, dieses Merkmal zu übernehmen. Sieht man den Unrechtsgehalt der Steuerhehlerei darin, daß die Verschiebung der Sache auf einen anderen die Restitution der durch die §§ 370, 372 AO geschützten Rechtsgüter erschwert (s. Rdnr. 2), dann spricht alles dafür, auch die eigenmächtige Übernahme der Sache und die Besitzerlangung ohne eigene Verfügungsgewalt für die Steuerhehlerei ausreichen zu lassen.

19 **Bloßes Mitverzehren oder Mitgenießen** von Nahrungs- oder Genußmitteln in der Form unmittelbaren Verbrauchs kann nach hM keine (Sach- oder Steuer-)Hehlerei sein, weil das Ansichbringen ein *„äußeres Verhältnis"* erfordert, das *„eine selbständige Verfügung"* ermöglicht (RG 39, 308, 310 v. 13. 12. 1906; 55, 281 v. 21. 3. 1921; 63, 35, 38 v. 31. 1. 1929; 71, 341 v. 28. 9. 1937; OLG Kiel HESt 1, 108 v. 18. 11. 1946; OLG Hamm v. 16. 11. 1946, DRZ 1947, 416; OLG Saarbrücken v. 7. 3. 1947, DRZ 1948, 68; OLG Düsseldorf v. 31. 5. 1948, SJZ 1949, 203 m. zust. Anm. *Mezger;* OGH 1, 175, 178 v. 23. 11. 1948; OFH v. 14. 12. 1949, DStZ/B 1950, 127, 129; BGH v. 17. 4. 1952, NJW 754; BGH 9, 137f. v. 12. 4. 1956; BFH v. 4. 7. 1957, ZfZ 306; OLG Braunschweig v. 18. 3. 1963, GA 211; zust. *Ruß* LK 14 zu § 259 StGB; *Hartung* II 3d zu § 403 RAO 1931, *Hübner* 29 zu § 398 RAO 1968); aM *Robert v. Hippel,* der den Satz geprägt hat, „Insichbringen" sei die intensivste Form des „Ansichbringens" (Lehrbuch des Strafrechts, 1932, S. 267 Anm. 3); vgl. auch OLG Koblenz v. 24. 11. 1949, DRZ 1950, 69; *Maurach* BT S. 372 sowie *Schönke/Schröder* 24 zu § 259 StGB, nach deren Auffassung es jedoch beim Mitgenuß meist an der Bereicherungsabsicht (s. Rdnr. 27ff.) fehlt.

c) Absetzen

20 **Absetzen** heißt, eine Sache an (gut- oder bösgläubige) Dritte zu veräußern, gleichviel in welcher Form; in Betracht kommt namentlich verkaufen, versteigern, verpfänden, aber auch verschenken, also jede Form der Veräußerung, der auf seiten des Dritten ein Ankaufen (s. Rdnr. 16) oder Sich-Verschaffen (s. Rdnr. 17–19) entspricht. Ein bloßes Verleihen, Vermieten oder In-Verwahrung-Geben nach hM genügt nicht, da der Empfänger dadurch keine *eigene* Verfügungsmacht erlangt, vielmehr zur Rückgabe der Sache verpflichtet ist (*Schönke/Schröder* 32 zu § 259 StGB).

Vollendet ist das Absetzen einer Sache, sobald sie in die Hand des neuen Besitzers gelangt ist (*Schönke/Schröder* 32 zu § 259 StGB; *Stree* GA 1961, 40; BGH v. 26. 5. 1976, NJW 1698). Nach hM zu § 259 StGB reicht jedoch bereits eine *auf Absatz hinzielende Handlung* (RG 56, 191 f. v. 18. 10. 1921; RG v. 29. 8. 1935, JW 3312; BGH v. 7. 12. 1954, NJW 1955, 350; v. 4. 11. 1976, NJW 1977, 205; vgl. *Küper* JuS 1975, 633 u. NJW 1977, 58).

d) Absatzhilfe

21 Das Merkmal der Absatzhilfe erfaßt diejenigen Handlungen, mit denen sich der Hehler am Absatz des Vortäters oder Zwischenhehlers **unselbständig beteiligt.** Für die Vollendung der Absatzhilfe ist ebenfalls erforderlich, daß der Absatz *gelungen,* die Sache also in den Besitz eines anderen gelangt ist (BGH v. 26. 5. 1976, NJW 1698 m. zust. Anm. *Küper* NJW 1977, 58; OLG Köln v. 28. 2. 1975, NJW 987; *Schönke/Schröder* 38 u. *Lackner* 4b zu § 259 StGB; *Küper* JuS 1975, 633; *Stree* JuS 1976, 143; *Franke* NJW 1977, 857). Nach anderer Ansicht genügt der *Versuch* der Absatzhilfe für die Vollendung der Hehlerei (BGH v. 16. 6. 1976, NJW 1900; v. 4. 11. 1976, NJW 205; *Meyer* MDR 1975, 721 u. JR 1977, 80; *Fezer* NJW 1975, 1982; *Dreher* 19 zu § 259 StGB).

e) Steuerhehlerei durch Unterlassen

22 Durch Unterlassen kann Steuerhehlerei in jeder Form der Tatausführung durch jemanden begangen werden, dem eine **besondere Rechtspflicht** obliegt, das Ankaufen, Sich-Verschaffen oder Absetzen von Schmuggelware zu verhindern. Eine solche Rechtspflicht hat die Rspr bejaht für einen *Geschäftsherrn,* der die Verwendung „heißer Ware“ in seinem Betrieb duldet, sowie für *Ehegatten* in bezug auf die Verwendung solcher Sachen im Haushalt (RG 52, 203f. v. 9. 7. 1918; OLG Celle HESt 1, 109f. v. 15. 3. 1947); sie besteht aber in noch stärkerem Maße für *Eltern* im Verhältnis zu ihren minderjährigen Kindern und gebietet ihnen, etwa anläßlich einer Party des 15jährigen Sohnes mit gestohlenen Spirituosen und Zigaretten einzuschreiten (OLG Braunschweig v. 18. 3. 1963, GA 211), sowie für *Zollbeamte* und andere *Strafverfolgungsbeamte,* die von Amts wegen zum Einschreiten verpflichtet sind (über die Konkurrenz mit Begünstigung s. Rdnr. 40). Keine Rechtspflicht zur Anzeige hat, wer Schmuggelware gutgläubig erworben hat, dann

aber von der Vortat erfährt. Zur Frage, welche Beteiligungsform in Betracht kommt, s. Rdnr. 82 zu § 369 AO.

7. Subjektiver Tatbestand

a) Vorsatz

23 **Der innere Tatbestand des § 374 AO** erfordert zunächst Vorsatz (§ 15 StGB), dh der Täter muß

1. *wissen,* daß hinsichtlich der Sache, die den Gegenstand seiner Handlung bildet, Zoll, Verbrauchsteuer oder Abschöpfung hinterzogen oder Bannbruch begangen worden ist, ohne daß er über Einzelheiten der Vortat, die Höhe der hinterzogenen Abgabe oder die Art der Tatausführung unterrichtet zu sein braucht (RG 55, 234 v. 12. 2. 1921 zu § 259 StGB);
2. trotz Kenntnis der Vortat *den Willen haben,* die Sache anzukaufen, sich oder einem anderen zu verschaffen, abzusetzen oder absetzen zu helfen.

24 **Bedingter Vorsatz** genügt (RG 55, 204ff. v. 22. 12. 1920; RG v. 4. 11. 1941, HRR 1942 Nr. 290 zu § 250 StGB; OLG Bremen v. 10. 3. 1954, ZfZ 285), dh Hehlerei liegt auch dann vor, wenn der Täter zwar nicht *bestimmt* weiß, ob die fragliche Sache geschmuggelt worden ist, wenn er aber damit rechnet und die Tat auch für den Fall will, daß seine Vermutung zutrifft. Zur Abgrenzung von bedingtem Vorsatz und Fahrlässigkeit, die gem. § 369 II AO, § 15 StGB für § 374 AO nicht genügt, s. Rdnr. 44 zu § 369 AO. Ob der Täter den Umständen nach hätte wissen müssen, daß es sich um Schmuggelgut handelte („vermuteter Vorsatz") ist abw. von § 259 StGB aF für § 374 AO unerheblich.

25 **Zur Zeit des Erwerbs** müssen die Merkmale des Vorsatzes beim Sich-Verschaffen vorhanden sein. Erfährt der Erwerber den steuerrechtlichen Makel einer bereits erworbenen Sache erst später, kommt Steuerhehlerei nur in Betracht, wenn er anschließend eine andere Handlung begeht, welche die Merkmale des § 374 AO erfüllt, also die Sache nicht nur behält, sondern zB bei einem weiteren Absetzen hilft (*Schönke/Schröder* 45 zu § 259 StGB).

26 Im allgemeinen kann (Sach- oder Steuer-)Hehlerei durch Absetzen auch dann begangen werden, wenn ein gutgläubiger Erwerber die Sache veräußert, *nachdem* er von der Vortat erfahren hat (aM *Schönke/Schröder* 45 zu § 259 StGB); anders jedoch dann, wenn jemand eine gutgläubig in Verwahrung genommene Sache nach Kenntnis von der Vortat veräußert, ohne daß er insoweit im Einvernehmen mit dem Vortäter handelt (BGH 10, 151 v. 21. 2. 1957).

b) Bereicherungsabsicht

27 Bereits das EGStGB hatte in § 398 RAO das subjektive Merkmal *„seines Vorteils wegen"* durch die Absicht, sich oder einen Dritten zu bereichern, ersetzt. Damit wurden zwei Veränderungen vorgenommen. Einerseits genügt nun nicht mehr jeder beliebige Vorteil; der Hehler muß einen **Vermö-**

gensvorteil erstreben. Andererseits ist es nicht mehr erforderlich, daß der Täter den Vorteil für sich erstrebt; es genügt, wenn er die **Bereicherung eines Dritten** will. § 374 AO ist daher gegenüber der alten Fassung von § 398 RAO teilweise enger und teilweise weiter.

28 Die Hehlerei ist ein **Delikt mit überschießender Innentendenz** (Rdnr. 47 zu § 369 AO). Die Bereicherung braucht daher nicht eingetreten zu sein; das Delikt ist auch dann vollendet, wenn der Täter die Bereicherung erstrebt, aber nicht erreicht hat. Der Täter muß in bezug auf die Bereicherung Absicht in der Form des dolus directus 1. Grades haben (*Schönke/Schröder* 46 zu § 259 StGB). Die Bereicherung muß End- oder Zwischenziel eines Handelns sein (Rdnr. 44 zu § 369 AO). Das bedeutet einerseits, daß die Bereicherung nicht Motiv iS eines Endzieles zu sein braucht, daß es aber andererseits nicht genügt, wenn die Bereicherung lediglich als sicher erkannte notwendige Nebenfolge seiner Handlung vorausgesehen wird. Das wäre dolus directus 2. Grades (Rdnr. 44 zu § 369 AO), der für § 374 AO nicht ausreicht. Bereicherungsabsicht weist daher nicht auf, wer eine Sache nur deshalb abzusetzen hilft, weil er dadurch die Entdeckung der Vortat abzuwenden helfen will, mag er auch sicher wissen, daß für den Absatz ein Entgelt gezahlt wird.

29 Bereicherung ist das **Erlangen eines Vermögensvorteils.** Vermögensvorteil ist jede Verbesserung der Vermögenslage. Er ist nicht gegeben, wenn gleichwertige Leistungen ausgetauscht werden, da sonst die Bereicherungsabsicht bei der Tathandlung des Ankaufens überflüssig wäre (OLG Stuttgart v. 16. 8. 1976, MDR 1977, 161: Keine Bereicherung bei Ankauf von Betäubungsmitteln zu Schwarzmarktpreisen zum Eigenverbrauch). Freilich genügt der übliche Geschäftsgewinn; eine außergewöhnliche Verbesserung der Vermögenslage ist nicht erforderlich (*Schönke/Schröder* 47 zu § 259 StGB).

30 Die Bereicherung muß **nicht unmittelbar aus der Tathandlung** stammen, Stoffgleichheit wie beim Betrug (*Schönke/Schröder* 123 zu § 263 StGB) ist bei § 374 AO nicht erforderlich. Das ergibt sich schon aus der Tatsache, daß die Hehlerei kein Vermögensverschiebungsdelikt ist (hM, *Schönke/Schröder* 48 zu § 259 StGB; *Stree* JuS 1976, 144; *Blei* JA 1976, 310; aM *Dreher* 23 zu § 259 StGB).

8. Strafen und Nebenfolgen

31 Für die Bestrafung des Steuerhehlers verweist § 374 AO auf die §§ 370, 373 AO. Zur Strafdrohung nach § 370 AO s. Rdnr. 215 zu § 370 AO.

32 **Gewerbsmäßige Steuerhehlerei** unterliegt der verschärften Strafdrohung des § 373 I AO (s. Rdnr. 40ff. zu § 373 AO). Zu den Merkmalen gewerbsmäßigen Handelns s. Rdnr. 10ff. zu § 373 AO. Gewerbsmäßige Steuerhehlerei erfordert nicht die Absicht, das hehlerisch erlangte Schmuggelgut weiterzuveräußern, insbes. zu verkaufen; es genügt die Absicht, durch unmittelbare Verwendung eigene Bedürfnisse zu befriedigen (RG 54, 184f. v. 5. 12. 1919 zu § 259 StGB). Bedingter Vorsatz (s. Rdnr. 28) schließt die Gewerbsmäßigkeit einer Steuerhehlerei nicht aus (OLG Bremen v. 10. 3. 1954, ZfZ 285). Die

Tatsache, daß ein gewerbsmäßiger Hehler den Täter zu weiteren Straftaten ermuntert hat, darf nicht strafschärfend berücksichtigt werden; denn der Gesetzgeber hat die verschärfte Strafdrohung des § 374 I iVm § 373 AO für gewerbsmäßige Steuerhehlerei gerade deshalb vorgesehen, weil der gewerbsmäßige Hehler dem Schmuggler immer wieder neuen Rückhalt bietet (vgl. BGH v. 4. 10. 1967, NJW 2416, zu § 260 I StGB).

33 **Die Amtsfähigkeit und Wählbarkeit** kann dem Steuerhehler gem. § 375 I AO auf die Dauer von zwei bis zu fünf Jahren aberkannt werden, wenn gegen ihn auf eine Freiheitsstrafe von mindestens einem Jahr erkannt wird (s. Rdnr. 8ff. zu § 375 AO).

34 Nach § 375 II AO können Sachen, auf die sich die Steuerhehlerei bezieht, sowie die bei der Tat benutzten Beförderungsmittel **eingezogen werden** (s. Rdnr. 35ff. zu § 375 AO).

35 **Straffreiheit durch Selbstanzeige** ist bei Steuerhehlerei nicht möglich, da § 371 I AO nur die *„Fälle des § 370"* erwähnt. Läßt sich nicht ermitteln, ob der Anzeigeerstatter Steuerhinterziehung oder Steuerhehlerei begangen hat, ist im Hinblick auf § 371 AO zu seinen Gunsten Steuerhinterziehung anzunehmen.

36 **Als steuerrechtliche Nebenfolge** bestimmt § 71 AO die Haftung des Steuerhehlers *„für die verkürzten Steuern und die zu Unrecht gewährten Steuervorteile sowie für die Zinsen nach § 235",* weil die verkürzte Steuer nach Aufdeckung der Steuerhehlerei von dem Erstschuldner (dem Steuerhinterzieher oder dem, zu dessen Vorteil der Steuerhinterzieher gehandelt hat) oft nicht mehr zu erlangen ist. Das FA ist bei der Geltendmachung der Haftung an die im Strafverfahren getroffenen Feststellungen nicht gebunden (RFH v. 24. 11. 1931, StW 1932 Nr. 363), jedoch ist die Aussetzung eines steuerlichen Rechtsbehelfsverfahrens gem. § 363 AO oder § 74 FGO zweckmäßig, um divergierende Entscheidungen zu vermeiden. Der strafrechtliche Grundsatz *in dubio pro reo* gilt auch bei der Anwendung des § 71 AO (BFH v. 14. 12. 1951, BStBl. 1952, 21; vgl. auch Rdnr. 217 zu § 370 AO).

9. Konkurrenzfragen

37 Begeht der Steuerhehler an derselben Sache nacheinander **verschiedene hehlerische Handlungen,** zB zuerst Ankaufen, dann Absetzen, so ist die zweite Handlung im Verhältnis zur ersten mitbestrafte Nachtat (s. Rdnr. 109 zu § 369 AO).

38 **Hehlerische Handlungen eines Steuerhinterziehers,** die ein Absetzen einer Ware darstellen, zu der er selbst Zoll, Abschöpfung oder Verbrauchsteuern hinterzogen hat, sind im Verhältnis zur Steuerhinterziehung mitbestrafte Nachtat (s. Rdnr. 109 zu § 369 AO). Dagegen können Anstifter und Gehilfen der Vortat, unter besonderen Voraussetzungen auch Mittäter, nach abgeschlossener Steuerhinterziehung an derselben Sache eine Steuerhehlerei begehen (s. Rdnr. 14f.), die zu der Vortat in Realkonkurrenz (§ 53 StGB) steht

(vgl. BGH 22, 206, 207 ff. v. 16. 7. 1968 zu § 259 StGB m. zust. Anm. *Schröder* JZ 1969, 32).

39 **Die Steuerhinterziehung eines Steuerhehlers,** der die Einnahmen aus einer Veräußerung der von ihm hehlerisch erlangten Ware nicht versteuert, ist eine selbständige Straftat. Beide Taten bilden nicht etwa eine natürliche Handlungseinheit. Tateinheit besteht nicht, da die Tatbestände keine gemeinsamen Merkmale aufweisen. Mitbestrafte Nachtat kann die Steuerhinterziehung nicht sein, weil durch sie andere Steuerarten (namentlich USt, GewSt und ESt) beeinträchtigt werden als durch die vorausgegangene Steuerhehlerei. Auch können die Grundsätze über die fortgesetzte Handlung (s. Rdnr. 102 ff. zu § 369 AO) trotz eines von vornherein auf beide Straftaten ausgerichteten Vorsatzes weder unmittelbar noch entsprechend angewendet werden (RG v. 12. 2. 1937, *Mrozek* 15 u. 16 zu § 403 RAO; BGH 8, 34 v. 30. 6. 1955), und zwar unter keinen Umständen (*Hartung* III zu § 403 RAO), nicht nur nicht *„im Regelfalle"* (BGH aaO). Schließlich bilden die Steuerhehlerei und eine nachfolgende Steuerhinterziehung auch verfahrensrechtlich keinen einheitlichen Lebensvorgang, der von einem früheren, nur die Steuerhehlerei ergreifenden Eröffnungsbeschluß mit umfaßt wird. Eine der Steuerhinterziehung vorausgegangene Verurteilung wegen Steuerhehlerei steht daher der Verfolgung der Steuerhinterziehung nicht entgegen (OLG Hamburg v. 20. 12. 1961, NJW 1962, 754).

40 Steuerhehlerei kann in Tateinheit mit **Begünstigung** (§ 257 StGB) des Vortäters (sei er Steuerhinterzieher oder ebenfalls Steuerhehler) begangen werden, wenn der Hehler durch seine Tat nicht nur in Bereicherungsabsicht handelt (s. Rdnr. 27 ff.), sondern zugleich dem Vortäter durch Abnahme oder Absatzhilfe der Schmuggelware Beistand leistet (RG 57, 105 v. 22. 11. 1922).

41 Zwischen **Sachhehlerei** (§ 259 StGB) und Steuerhehlerei besteht Tateinheit (§ 52 StGB), wenn jemand Schmuggelware erwirbt, von der er weiß (oder den Umständen nach annehmen muß), daß sie gestohlen ist (RG 57, 105 v. 22. 12. 1922 sowie RG 63, 66 v. 28. 2. 1929 zum Verhältnis zwischen Sachhehlerei und Monopolhehlerei iS des § 124 BranntwMonG).

42 Wer eine Sache, hinsichtlich deren ein anderer Täter Zoll, Abschöpfung oder Verbrauchsteuer hinterzogen hat, durch **Diebstahl** (§§ 242 f. StGB) oder **Raub** (§§ 249 ff. StGB) an sich bringt, begeht nach hM keine Steuerhehlerei, da die Hehlerei durch Sich-Verschaffen das Einverständnis mit dem Vortäter voraussetzt (s. aber Rdnr. 18). Bei **Unterschlagung** (§ 246 StGB) besteht zwar Einvernehmen über den Übergang des Besitzes oder Gewahrsams an der Sache, jedoch gestattet dieses Einverständnis dem Gewahrsamsnehmer nicht, die tatsächliche Verfügungsmacht über die Sache *zu eigenen Zwecken* auszuüben. Hat zB der Dieb ein gestohlenes Kraftrad einem gutgläubigen Mechaniker zum Umbau übergeben und hat dieser es nach Kenntnis von der Vortat veräußert, liegt mangels einverständlichen Zusammenwirkens mit dem Vortäter allein Unterschlagung, nicht auch Hehlerei vor (BGH 10, 151 f. v. 21. 2. 1957).

43 Zwischen **Betrug** (§ 263 StGB) und Steuerhehlerei ist Tateinheit möglich, wenn der Hehler die Schmuggelware dadurch an sich bringt, daß er den Vortäter durch Täuschung veranlaßt, ihm die Ware zu überlassen. Auch zwischen Steuerhehlerei durch Absetzen und Betrug kommt Tateinheit in Betracht, wenn der Steuerhehler dem Abnehmer vorschwindelt, die Ware sei ordnungsgemäß verzollt oder versteuert. Die Steuerhehlerei beeinträchtigt zwar nicht den Eigentumserwerb des Abnehmers, jedoch erleidet der Abnehmer einen Vermögensschaden dadurch, daß die Waren gem. § 76 AO für die hinterzogene Abgabe auch dann haftet, wenn der Abnehmer gutgläubig der Täuschung des Steuerhehlers zum Opfer gefallen ist.

44 **Vorteilsannahme** und **Bestechlichkeit** (§§ 331, 332 StGB) und Steuerhehlerei können in Tateinheit zusammentreffen, wenn ein Beamter Schmuggelware als Geschenk annimmt (BGH 5, 155, 162 v. 30. 10. 1953).

45 Im Verhältnis zwischen Steuerhehlerei und **Monopolhehlerei** ist § 124 BranntwMonG das spezielle Gesetz, das nach den Grundsätzen der Gesetzeskonkurrenz (s. Rdnr. 106ff. zu § 369 AO) die Anwendung des § 374 AO idR ausschließt. Tateinheit kann jedoch dann vorliegen, wenn hinsichtlich derselben Sache zugleich Monopoleinnahmen und eine Verbrauchsteuer, zB ZuckSt, hinterzogen worden sind. Der Branntweinaufschlag (§§ 78ff. BranntwMonG) ist zugleich Monopoleinnahme und Verbrauchsteuer; für strafbare Handlungen gelten jedoch allein die §§ 119ff. BranntwMonG als spezielle Strafvorschriften gegenüber den §§ 370ff. AO (BFH v. 14. 12. 1951, BStBl. 1952, 21; aM *Hartung* III zu § 403 RAO; s. auch Einl 204).

46 Steuerhehlerei und **Hinterziehung von Monopoleinnahmen** (§§ 119ff. BranntwMonG) können in Tateinheit begangen werden, zB wenn jemand beim Einmaischen und Abbrennen von Zucker geholfen hat (RG v. 1. 11. 1935, JW 1936, 327).

10. Wahlfeststellung zwischen Steuerhinterziehung und Steuerhehlerei

47 **Die Zulässigkeit einer Wahlfeststellung** (s. Rdnr. 117f. zu § 369 AO) zwischen Steuerhinterziehung und Steuerhehlerei ist von der Rspr gem. den Grundsätzen, welche die Vereinigten StrS des RG geprägt haben (RG 68, 257 v. 2. 5. 1934), allgemein anerkannt (OGH 2, 89 v. 20. 6. 1949; BayObLG v. 22. 11. 1951, NJW 1952, 395; v. 7. 10. 1953, ZfZ 1954, 154; OLG Hamburg v. 28. 1. 1953, ZfZ 153; OLG Braunschweig, v. 20. 3. 1953, NJW 956). Dies gilt auch für das Verhältnis zwischen *gewerbsmäßiger* Steuerhinterziehung nach § 373 I AO und *gewerbsmäßiger* Steuerhehlerei nach § 374 I AO (BGH 4, 128, 130 v. 16. 4. 1953) und zwischen Beihilfe zur Steuerhinterziehung und Beihilfe zur Steuerhehlerei (BFH v. 14. 12. 1951, BStBl. 1952, 21; v. 12. 5. 1955, BStBl. 215; OLG Celle v. 28. 11. 1956, NJW 1957, 436).

48 **Zu bestrafen** ist der Täter im Falle einer Wahlfeststellung *„wegen Steuerhinterziehung oder Steuerhehlerei“*. Die Strafzumessung bietet keine besonderen Schwierigkeiten, da § 374 I AO den Strafrahmen des § 370 AO in bezug nimmt und § 375 I und II AO wegen der strafrechtlichen Nebenfolgen zwischen Steuerhinterziehung und Steuerhehlerei keinen Unterschied macht.

49 Eine wahldeutige Feststellung genügt auch für die **steuerrechtliche Haftung** gem. § 71 AO (BFH v. 11. 1. 1952, BStBl. 43; v. 12. 5. 1955, BStBl. 215) und damit für die Pflicht zur Zahlung der hinterzogenen Steuern (*Felix* FR 1958, 459); denn im Falle der Steuerhehlerei läuft die Haftung nach § 71 AO auf dasselbe Ergebnis hinaus wie die Steuerschuld im Falle einer Steuerhinterziehung.

11. Verfahrensfragen

50 Zwischen Steuerhinterziehung und Steuerhehlerei besteht regelmäßig ein **sachlicher Zusammenhang iS des § 3 StPO,** der gem. § 13 StPO einen einheitlichen Gerichtsstand und gem. § 388 AO eine einheitliche örtliche Zuständigkeit des FA im Strafverfahren ermöglicht.

51 **Die Anwendung des § 80 ZollG** (Anh X) auf Steuerhehlerei erscheint nach den einleitenden Worten der Vorschrift möglich, da ohne weitere Unterscheidung auf *„Zollstraftaten (§ 369 AO)"* Bezug genommen wird. Ein Anwendungsfall ist jedoch kaum denkbar, da einerseits § 374 AO ein abgeschlossenes Vergehen der Steuerhinterziehung oder des Bannbruchs voraussetzt (s. Rdnr. 13), andererseits aber § 80 ZollG nur solche Zollstraftaten zum Gegenstand haben kann, die im Reiseverkehr über die Grenze im Zusammenhang mit der Zollbehandlung begangen werden (im Ergebnis glA *Bender* S. 215).

§ 375 Nebenfolgen

(1) Neben einer Freiheitsstrafe von mindestens einem Jahr wegen

1. Steuerhinterziehung,
2. Bannbruchs nach § 372 Abs. 2, § 373,
3. Steuerhehlerei oder
4. Begünstigung einer Person, die eine Tat nach den Nummern 1 bis 3 begangen hat,

kann das Gericht die Fähigkeit, öffentliche Ämter zu bekleiden, und die Fähigkeit, Rechte aus öffentlichen Wahlen zu erlangen, aberkennen (§ 45 Abs. 2 des Strafgesetzbuches).

(2) Ist eine Steuerhinterziehung, ein Bannbruch nach § 372 Abs. 2, § 373 oder eine Steuerhehlerei begangen worden, so können

1. die Erzeugnisse, Waren und andere Sachen, auf die sich die Hinterziehung von Verbrauchsteuer oder Zoll, der Bannbruch oder die Steuerhehlerei bezieht, und
2. die Beförderungsmittel, die zur Tat benutzt worden sind,

eingezogen werden. § 74a des Strafgesetzbuches ist anzuwenden.

Schrifttum:

S. vor Rdnr. 8, 33, 47, 52 u. 69; ferner: *Wuttke,* Die Neuregelung des strafrechtlichen Einziehungsrechts, SchlHA 1968, 246; *Bode,* Das neue Recht der Einziehung, NJW 1969, 1052; *Eser,* Die strafrechtlichen Sanktionen gegen das Eigentum, 1969; *ders.,* Zum Eigentumsbegriff im Einziehungsrecht, JZ 1972, 146; *Bäckermann,* Verfall und Einziehung im Steuerstrafrecht, ZfZ 1976, 366; *K. Schäfer,* Zum Eigentumsbegriff im Einziehungsrecht, Dreher-Festschr. 1977, 283.

Übersicht

I. Allgemeines

1. Entstehungsgeschichte

1 § 401 RAO 1931 (= § 365 AO 1919), der bei Steuerhinterziehung, Bannbruch und Steuerhehlerei die Einziehung stpfl. Erzeugnisse, der zur Tat benutzten Beförderungsmittel und des Wertersatzes zwingend vorgeschrieben hatte, war nach verschiedenen Änderungen gem. § 3 Nr. 2 des 2. Teils der NotVO v. 23. 12. 1931 (RGBl. I 779), Kap. II Art. 2 Nr. 2 der NotVO v. 18. 3. 1933 (RGBl. I 109), Art. I Nr. 14 G v. 4. 7. 1939 (RGBl. I 1181) u. § 9 Nr. 2 G v. 20. 4. 1949 (WiGBl. 69) schließlich durch Art. 17 Nr. 16 StÄndG 1961 v. 13. 7. 1961 (BGBl. I 981, 996) aufgehoben und nach dem Vorbild der §§ 113, 115, 119 E 1960 (BT-Drucks. III/2150) durch die §§ 414–414b RAO ersetzt worden (Schriftl. Ber. zu BT-Drucks. III/2706); s. auch Einl 61.

§ 401 RAO idF des Art. 1 Nr. 15 des 2. AOStrafÄndG v. 12. 8. 1968 (BGBl. I 953) faßte die strafrechtlichen Nebenfolgen bestimmter Steuervergehen zusammen; Begr. s. BT-Drucks. V/1812 S. 25f.

Art. 65 des 1. StrRG (v. 25. 6. 1969, BGBl. I 645) ersetzte wegen der Einführung einer einheitlichen Freiheitsstrafe in § 401 I 1 RAO das Wort „*Gefängnisstrafe*" durch das Wort „*Freiheitsstrafe*". Ferner wurden die Worte „*auf die Dauer von zwei bis zu fünf Jahren*" sowie § 401 I 2 RAO gestrichen, weil sie im Hinblick auf die allgemeine Regelung in § 31 II, III StGB entbehrlich geworden waren. Durch Art. 161 EGStGB v. 2. 3. 1974 (BGBl. I 469) wurde in § 401 I RAO der Bruch des Steuergeheimnisses (§ 355 StGB) gestrichen. § 375 AO hat einerseits den Bannbruch auf die Fälle nach §§ 372 II, 373 AO beschränkt und andererseits die Begünstigung zu Taten nach § 375 I Nr. 1–3 AO neu aufgenommen.

2. Systematik

2 § 375 I AO ermöglicht die **Aberkennung der Amtsfähigkeit und Wählbarkeit** und macht damit von der Möglichkeit nach § 45 II StGB Gebrauch.

3 § 375 II AO ermöglicht die **Einziehung von Sachen** bei Steuerhinterziehung, Bannbruch oder Steuerhehlerei gem. § 74 IV StGB über § 74 I StGB hinaus. Die Verweisung des Satzes 2 auf § 74a StGB geht davon aus, daß die Einziehung gem. § 74 II StGB regelmäßig nur zulässig ist, wenn die Sachen zur Zeit der Entscheidung dem Täter oder Teilnehmer gehören oder wenn sie die Allgemeinheit gefährden oder wenn die Gefahr besteht, daß sie der Begehung neuer Straftaten dienen werden. Im übrigen gelten gem. § 369 II AO sämtliche Vorschriften der §§ 73ff. StGB.

3. Sachlicher Anwendungsbereich

4 **Der Anwendungsbereich des § 375 AO ist dadurch begrenzt,** daß die Vorschrift an die Begehung *bestimmter* Steuerstraftaten anknüpft, in erster Linie an Steuerhinterziehung (§ 370 AO), Bannbruch (§ 372 II, § 373 AO),

Steuerhehlerei (§ 374 AO) und Begünstigung zu diesen Taten (§ 257 StGB). Im Verhältnis zu § 375 II AO ist der Anwendungsbereich des § 375 I AO weiter, weil ein Verlust der Amtsfähigkeit und Wählbarkeit bei der Hinterziehung *irgendeiner* Steuer sowie bei Begünstigung (§ 257 StGB) zulässig ist. Die Einziehung nach § 375 II AO ist nur möglich, wenn Verbrauchsteuer oder Zoll hinterzogen worden ist, ferner gem. § 2 I AbschG bei der Hinterziehung von Abschöpfungen.

5 **Bei Verurteilungen wegen Steuerzeichenvergehen** (§§ 148f. StGB) ist § 375 AO nicht anzuwenden. Ein Verlust der Amts- und Wahlfähigkeit kommt hier nur in Betracht, wenn das Steuerzeichenvergehen in Tateinheit (§ 52 StGB) mit Steuerhinterziehung, Bannbruch oder Steuerhehlerei begangen worden ist. Die Einziehung der falschen, wiederverwendeten oder zur Wiederverwendung bestimmten Steuerzeichen sowie der zur Tat benutzten Formen, Gerätschaften usw. ist nach § 150 StGB – unabhängig von § 375 II AO – *zwingend* vorgeschrieben (s. Rdnr. 155 zu § 369 AO).

6 **Bei Branntweinmonopolstraftaten** iS der §§ 119ff. BranntwMonG ist § 375 I AO gem. § 128 I BranntwMonG entsprechend anzuwenden. Für die Einziehung gelten anstelle des § 375 II AO die selbständigen Vorschriften des § 123 BranntwMonG für Branntweinmonopolstraftaten und des § 42 ZündwMonG für Monopolstraftaten nach § 40 ZündwMonG.

7 **Als Nebenfolge einer Ordnungswidrigkeit** dürfen Gegenstände nach § 22 OWiG nur eingezogen werden, soweit das Gesetz es ausdrücklich zuläßt. Dies ist bei den Steuerordnungswidrigkeiten nach den §§ 378–383 AO nicht der Fall, wohl aber gem. § 18 III BierStG bei Ordnungswidrigkeiten nach § 18 I BierStG und gem. § 42 I ZündwMonG bei Ordnungswidrigkeiten nach § 41 ZündwMonG.

II. Aberkennung der Amtsfähigkeit und Wählbarkeit (§ 375 I AO)

Schrifttum:
Jekewitz, Der Ausschluß vom aktiven und passiven Wahlrecht zum Deutschen Bundestag und zu den Volksvertretungen der Länder auf Grund richterlicher Entscheidung, GA 1977, 161.

§ 45 StGB – Verlust der Amtsfähigkeit, der Wählbarkeit und des Stimmrechts

(1) **Wer wegen eines Verbrechens zu Freiheitsstrafe von mindestens einem Jahr verurteilt wird, verliert für die Dauer von fünf Jahren die Fähigkeit, öffentliche Ämter zu bekleiden und Rechte aus öffentlichen Wahlen zu erlangen.**

(2) **Das Gericht kann dem Verurteilten für die Dauer von zwei bis zu fünf Jahren die in Absatz 1 bezeichneten Fähigkeiten aberkennen, soweit das Gesetz es besonders vorsieht.**

(3) **Mit dem Verlust der Fähigkeit, öffentliche Ämter zu bekleiden, verliert der Verurteilte zugleich die entsprechenden Rechtsstellungen und Rechte, die er innehat.**

(4) **Mit dem Verlust der Fähigkeit, Rechte aus öffentlichen Wahlen zu erlangen, verliert der Verurteilte zugleich die entsprechenden Rechtsstellungen und Rechte, die er innehat, soweit das Gesetz nichts anderes bestimmt.**

(5) ...

1. Zweck und Rechtsnatur einer Anordnung nach § 375 I AO

8 Die Aberkennung der Amtsfähigkeit und Wählbarkeit nach § 45 II StGB ist eine **Nebenstrafe,** keine Maßregel der Besserung und Sicherung (str.; für Nebenstrafe *Dreher* 7 u. *Schönke/Schröder* 4, dagegen *Horn* 12 zu § 45 StGB). Sie soll den zu schwerer Strafe Verurteilten nicht allgemein als ehrlos brandmarken, ihn aber für eine befristete Zeit als ungeeignet kennzeichnen, öffentliche Ämter und Rechte aus öffentlichen Wahlen auszuüben. Objektiv dient § 375 I AO dem Zweck, öffentliche Ämter und die durch öffentliche Wahlen vermittelten Rechtsstellungen zum Schutz der ihnen innewohnenden Staatsautorität von ungeeigneten Personen freizuhalten. Zugleich wird dem Verurteilten nachdrücklich bewußt gemacht, daß eine Repräsentation der Staatsautorität mit schweren Zuwiderhandlungen gegen die vom Staat erlassenen Gesetze unvereinbar ist.

9 Abweichend von der 5-jährigen Unfähigkeit zur Bekleidung öffentlicher Ämter, die bei Verurteilung wegen eines Verbrechens zu Freiheitsstrafe von mindestens einem Jahr gem. § 45 I StGB kraft Gesetzes eintritt, steht die Anordnung einer Nebenstrafe nach § 375 I AO im **Ermessen des Strafrichters.**

10 **Jugendlichen** darf die Amtsfähigkeit und Wählbarkeit nicht aberkannt werden (§ 6 JGG). Gegenüber **Ausländern** gelten keine Besonderheiten, auch nicht unter dem Gesichtspunkt, daß der Schutzzweck des § 375 I AO nur *innerstaatliche* öffentliche Ämter und Wahlen umfaßt und diese (in den meisten Fällen) Deutschen vorbehalten sind (vgl. BGH v. 4. 12. 1951, NJW 1952, 234, zu § 32 StGB aF).

11 **Amtsfähigkeit und Wählbarkeit** können nach § 375 I AO nur *zusammen* aberkannt werden. Dies folgt aus dem Wortlaut (*„und“* statt *„oder“*) und entspricht auch dem Zweck der Nebenstrafe (s. Rdnr. 8), da Amtsfähigkeit und Wählbarkeit grundsätzlich gleichen Rang haben und eine scharfe Grenze nicht besteht. Viele öffentliche Ämter werden aus Wahlen erlangt, zB die Ämter der kommunalen Wahlbeamten, der Gemeinde- und Stadträte (OVG Münster v. 13. 1. 1954, DÖV 439) und die Ehrenämter in der Selbstverwaltung der Sozialversicherung (§§ 3, 4 SVwG).

2. Schutzgegenstand des § 375 I AO

12 **Öffentliche Ämter** iS des § 375 I AO sind solche, deren Träger Dienste verrichten, die aus der (inländischen) Staatsgewalt abzuleiten sind und dem Staatszweck dienen (vgl. RG 62, 24, 27 v. 2. 3. 1928). Dem Staatszweck dienen regelmäßig auch die Ämter der Körperschaften und Anstalten des öffentlichen Rechts sowie Ämter im Bereich der Sozialversicherung (RG 41,

121, 129 v. 30. 1. 1908; s. aber § 17 SVwG). **Kirchliche Ämter** fallen nicht unter § 375 I AO – auch nicht bei den Religionsgesellschaften, die als Körperschaften des öffentlichen Rechts anerkannt sind, da sie keine *staatlichen* Zwecke verfolgen (RG 47, 49, 51 v. 20. 2. 1913; OVG Münster aaO, s. Rdnr. 11).

13 **Öffentliche Wahlen** sind – weitergehend als Wahlen iS des § 108d StGB – alle Wahlen in öffentlichen Angelegenheiten, nicht nur Wahlen zu den Volksvertretungen in Bund, Ländern, Gemeinden und Gemeindeverbänden, sondern zB auch Wahlen zu öffentlich-rechtlichen Gewerbe- und Berufsorganisationen (Industrie- und Handelskammern, Handwerkskammern, Ärzte-, Rechtsanwalts-, Steuerberaterkammern usw.), zu den Vertretungen der Sozialversicherung, zum Personalrat (§§ 9ff. PersVG), zum Betriebsrat (§§ 6ff. BetrVG) usw. Den Gegensatz zu öffentlichen Wahlen bilden Wahlen aufgrund privaten Rechts, zB zu den Organen eines Vereins, einer AG oder Genossenschaft oder einer politischen Partei.

14 **Nur auf die passive Wahlfähigkeit** bezieht sich § 375 I AO. Das Recht, sich durch Stimmabgabe an öffentlichen Wahlen *aktiv* zu beteiligen, bleibt von Anordnungen nach § 375 I AO unberührt; anders bei einer Aberkennung der aktiven Wahlfähigkeit nach § 45 V StGB.

15 **Würden, Titel, Orden und Ehrenzeichen,** die nicht mit einem öffentlichen Amt verbunden oder durch eine öffentliche Wahl erlangt worden sind oder verliehen werden können, werden von § 375 I AO ebenfalls nicht erfaßt.

3. Voraussetzungen des § 375 I AO

16 Die Aberkennung der Amtsfähigkeit und Wählbarkeit setzt voraus, daß gegen jemanden wegen Steuerhinterziehung (§ 370 AO, ggf. iVm § 373 AO), Bannbruchs (§§ 372 II, 373 AO), Steuerhehlerei (§ 374 AO) oder Begünstigung zu einer dieser Taten (§ 257 StGB) eine **Freiheitsstrafe von mindestens einem Jahr** verhängt wird. Bei Bannbruch greift § 375 I AO nur ein, wenn die Tat gem. § 372 II AO nach § 370 AO oder §§ 370, 373 AO bestraft wird, nicht schon dann, wenn die Begriffsmerkmale des § 372 I AO erfüllt sind.

17 **Ob die Straftat vollendet war oder nur versucht wurde,** ist bei den Vergehen nach § 370, § 372 II oder § 374 AO unerheblich; dagegen ist der Versuch der Begünstigung überhaupt nicht mit Strafe bedroht (§ 23 II StGB).

18 Für eine Nebenstrafe nach § 375 I AO ist auch unerheblich, ob der zu einer Hauptstrafe von mindestens einem Jahr Freiheitsstrafe Verurteilte eine der im Gesetz genannten Steuerstraftaten (s. Rdnr. 17) als **Täter, Anstifter oder Gehilfe** begangen hat (vgl. RG 60, 126 v. 5. 3. 1926 zu § 32 StGB aF).

19 Die formalen Voraussetzungen des § 375 I AO sind auch erfüllt, wenn die Hauptstrafe von mindestens einem Jahr Freiheitsstrafe wegen einer Tat verhängt wird, die **mehrere Gesetze verletzt** hat, und § 370, § 372 II, § 374 AO oder § 257 StGB nur *eines* der verletzten Gesetze darstellt – unabhängig davon, ob die Hauptstrafe gem. § 52 StGB aus dem Steuergesetz oder einem schärfe-

ren nichtsteuerlichen Strafgesetz entnommen wird (RGGrS 73, 148, 150f. v. 22. 3. 1939).

20 Wird wegen mehrerer selbständiger Straftaten gem. § 53 StGB eine **Gesamtstrafe** von mindestens einem Jahr Gefängnis verhängt, ist die Zulässigkeit einer Aberkennung der Amtsfähigkeit und Wählbarkeit nach § 375 I AO gem. § 53 III, § 52 IV StGB davon abhängig, daß eine der in der Gesamtstrafe aufgegangenen Einzelstrafen sich auf eine Steuerstraftat iS von § 375 I AO bezieht und daß *diese* Einzelstrafe mindestens ein Jahr Freiheitsstrafe beträgt. Es genügt nicht, wenn das Mindestmaß von einem Jahr Freiheitsstrafe erst durch die Gesamtstrafe erreicht wird (BGH v. 25. 6. 1958, GA 367). Die Voraussetzungen des § 375 I AO sind also nicht erfüllt, wenn zB aus einer Einzelstrafe von 7 Monaten wegen Diebstahls und einer weiteren Einzelstrafe von 7 Monaten Freiheitsstrafe wegen Steuerhinterziehung eine Gesamtstrafe von einem Jahr Freiheitsstrafe gebildet wird, aber auch dann nicht, wenn beide Einzelstrafen wegen Steuerhinterziehung verhängt werden, jedoch jede für sich geringer ist als ein Jahr.

4. Wirkung einer Entscheidung nach § 375 I AO

21 **Die Aberkennung der Amtsfähigkeit und Wählbarkeit hat unmittelbar zur Folge,** daß der Verurteilte dauernd die öffentlichen Ämter und die aus öffentlichen Wahlen erlangten Rechte und Rechtsstellungen verliert, die er im Zeitpunkt des Eintritts der Rechtskraft des Urteils innehat (§ 45 III, IV, § 45a I StGB). Diese Wirkung des § 45 IV StGB steht unter dem Vorbehalt, daß nicht Sondergesetze bereits unter der Voraussetzung der Verurteilung zu einer Freiheitsstrafe den Verlust eines bestimmten öffentlichen Amtes usw. bestimmen oder den Verlust eines bestimmten Mandats abw. von § 45 IV StGB von einer zusätzlichen (außerstrafrechtlichen) Entscheidung abhängig machen (s. Rdnr. 23).

22 **Sondergesetze,** nach denen jemand durch Verurteilung wegen einer vorsätzlichen Tat zu einer Freiheitsstrafe von mindestens einem Jahr (oder 6 Monaten) ein bestimmtes öffentliches Amt kraft Gesetzes verliert, sind zB § 48 S. 1 Nr. 2 BBG (= § 24 I Nr. 1 BRRG) über die Beendigung des Beamtenverhältnisses und § 59 I BeamtVG iVm § 48 BBG über das Erlöschen der Versorgungsbezüge eines Ruhestandsbeamten, § 24 Nr. 2 DRiG über die Beendigung des Richterverhältnisses, § 49 BNotO über den Verlust des Notaramts, § 30 iVm § 10 I Nr. 2 WehrpflG über den Ausschluß eines Wehrpflichtigen aus der Bundeswehr und den Verlust seines Dienstgrades, §§ 48, 49 I, II iVm § 38 SoldG über den Verlust der Rechtsstellung eines Berufssoldaten, das Ende seiner Zugehörigkeit zur Bundeswehr und den Verlust seines Dienstgrades, § 54 II Nr. 2 SoldG über die gleichen Folgen für Soldaten auf Zeit, ferner § 9 Nr. 2 iVm § 45 I ZDG über den Ausschluß aus dem Zivildienst; § 21 Nr. 1 VwGO, § 18 Nr. 1 FGO u. § 17 I Nr. 1 SGG über den Ausschluß vom Amt eines ehrenamtlichen Verwaltungs-, Finanz- oder Sozialrichters; § 54 I Nr. 1 BDO u. § 72 II Nr. 1 WDO über das Erlöschen des Amtes eines Beamtenbeisitzers beim Bundesdisziplinargericht bzw. eines

Beisitzers des Truppendienstgerichts; § 32 Nr. 1 GVG über die Unfähigkeit für das Amt eines Schöffen oder Geschworenen. Wegen solcher Sondervorschriften entfaltet § 375 I 2 AO eine unmittelbare Wirkung nur auf öffentliche Ämter, deren Voraussetzungen weniger genau umschrieben sind, zB bei dem Amt des Handelsrichters (§ 109 GVG), des Vormunds (§§ 1780f. BGB) usw.

23 **Mittelbare Wirkungen** ergeben sich aus einer Entscheidung nach § 375 I AO aufgrund solcher Sondergesetze, die zwar an die strafgerichtliche Aberkennung der Amtsfähigkeit und Wählbarkeit anknüpfen, aber den Verlust eines Mandats *einer besonderen Entscheidung vorbehalten,* vgl. zB § 47 I Nr. 3 iVm § 46 I Nr. 3 BWahlG über den Verlust der Mitgliedschaft im BTag – über den der Vorstand des BTages beschließt – oder die den *Verlust bestimmter beruflicher Qualifikationen anordnen,* zB § 14 I Nr. 3 BRAO die Zulassung zur Rechtsanwaltschaft, § 21 I Nr. 3 PatAnwO die Zulassung als Patentanwalt, § 20 II Nr. 2 WprO die Bestellung als Wpr, § 46 II Nr. 3 StBerG die Bestellung als StBer oder StBev.

24 Über die aktuelle (mittelbare oder unmittelbare) Wirkung hinaus versperrt eine Entscheidung nach § 375 I AO dem Verurteilten innerhalb der im Urteil bestimmten Frist (s. Rdnr. 25) den **Zugang zu einem öffentlichen Amt** und die Möglichkeit, neue Rechte oder Rechtsstellungen aus öffentlichen Wahlen zu erlangen – eine Folge, die § 15 II Nr. 3 BWahlG noch zusätzlich ausspricht. Ferner hat die Aberkennung der Amtsfähigkeit und Wählbarkeit aufgrund der meisten Berufsordnungen eine **Zulassungssperre für bestimmte Berufe** zur Folge, vgl. § 7 Nr. 2 BRAO, § 14 I Nr. 2 PatAnwO, § 10 I Nr. 1 WprO, § 37 II Nr. 2 StBerG.

25 **Die Bemessung der Frist** liegt innerhalb des gesetzlichen Rahmens von zwei bis zu fünf Jahren im Ermessen des Strafrichters. Die Wirksamkeit der Aberkennung und die Berechnung der Frist richtet sich gem. § 369 II AO nach § 45a StGB. Nach § 45 II StGB beginnt die Frist mit dem Tage, „*an dem die Freiheitsstrafe verbüßt, verjährt oder erlassen ist*“. Bei Aussetzung der Vollstreckung der Strafe wird die Bewährungszeit gem. § 45a III StGB auf die Frist angerechnet.

5. Verfahrensfragen

a) Form der Entscheidung

26 Da die Aberkennung der Amtsfähigkeit und Wählbarkeit nicht Inhalt einer Freiheitsstrafe, sondern Nebenstrafe ist (s. Rdnr. 8), muß sie im Urteil ausdrücklich ausgesprochen werden. Eine Anordnung durch Strafbefehl ist nicht zulässig (§ 407 II StPO). Bei einer Gesamtstrafenbildung (s. Rdnr. 20) ist die Nebenstrafe nach § 375 I AO neben der Gesamtstrafe, nicht etwa neben einer Einzelstrafe anzuordnen (RG 75, 212 v. 15. 5. 1941).

b) Beschränkung eines Rechtsmittels

27 Soweit gegen das Urteil die Berufung zulässig ist (vgl. § 312 StPO), kann sie gem. § 318 StPO auf die Verurteilung zu der Nebenstrafe nach § 375 I AO

beschränkt werden (vgl. § 327 StPO). Gleiches gilt für die Revision (vgl. § 344 I StPO).

III. Einziehung

1. System der Einziehungsvorschriften

28 **§ 375 II AO ermöglicht die Einziehung von Schmuggelware und Beförderungsmitteln** bei Schmuggelvergehen. Die *allgemeinen* Vorschriften des StGB regeln,

unter welchen Voraussetzungen *andere* Sachen eingezogen werden können (§ 74 I StGB),

unter welchen Voraussetzungen Sachen iS des § 375 II AO oder des § 74 I StGB auch dann eingezogen werden können, wenn sie dem Täter oder Teilnehmer *nicht gehören* (§ 74 II Nr. 2, § 74a StGB),

wieweit der *Grundsatz der Verhältnismäßigkeit* die Einziehung einschränkt (§ 74b StGB),

daß auf *Wertersatz* zu erkennen ist, wenn der Täter oder Teilnehmer die Einziehung einer Sache vereitelt hat (§ 74c StGB),

unter welchen Voraussetzungen die Einziehung *selbständig* (unabhängig von einer Bestrafung) angeordnet werden kann (§ 76a StGB),

welche *Rechtsfolgen* die Einziehung hat (§ 74e StGB) und unter welchen besonderen Voraussetzungen für den durch Einziehung herbeigeführten Verlust dinglicher Rechte eine *Entschädigung* zu gewähren ist (§ 74f StGB). § 75 StGB enthält Vorschriften, die *juristische Personen* den natürlichen Personen gleichstellen.

Die *verfahrensrechtlichen* Vorschriften über die Einziehung sind in den §§ 430–441 StPO geregelt, von denen § 440 StPO über die Einziehung im selbständigen Verfahren durch das Antragsrecht des FA nach § 406 II AO ergänzt wird.

29 **Über die Einziehung bei Steuerordnungswidrigkeiten** enthält die AO keine Sondervorschriften; hier gelten allein die materiellen Vorschriften der §§ 22–29 OWiG und die verfahrensrechtliche Vorschrift des § 87 OWiG. Gem. § 22 OWiG kommt eine Einziehung im Bußgeldverfahren nach der AO nur in Fällen des § 18 III BierStG u. § 42 I ZündwMonG in Betracht (s. Rdnr. 7).

2. Zweck und Rechtsnatur der Einziehung

30 **Die Rechtsnatur der Einziehung** ist str.; die hM mißt der Einziehung nach § 74 StGB (*Schönke/Schröder* 13ff. vor § 73 StGB) und nach § 375 II AO (*Hartung* I zu § 414 RAO 1961) eine Doppelnatur zu: sie ist Nebenstrafe (BGH 2, 337 v. 18. 10. 1951), erfüllt jedoch in den meisten Fällen zugleich den Zweck, die Allgemeinheit durch Wegnahme der Sache von weiteren Straftaten zu schützen. Der Sicherungszweck wird durch die Zulassung einer selbständigen Einziehung nach § 76a StGB deutlich (Begr. vor § 109 E 1962,

BT-Drucks. IV/650 S. 240). Soweit die Einziehung nach dem Inkrafttreten des EGOWiG noch zwingend vorgeschrieben ist, wie zB in § 150 StGB, ist sie vorwiegend Sicherungsmaßnahme. Eine reine Sicherungsmaßnahme ist die Einziehung, wenn der Gegenstand rechtmäßig gar nicht verwendet werden kann, wie zB gefälschte Steuerzeichen (*Hartung* IV zu § 405 RAO 1931), und zwar auch dann, wenn sie nur einen Tatbeteiligten trifft.

31 Soweit 375 II 2 AO iVm § 74a StGB die **Einziehung auch einem Tatunbeteiligten gegenüber** zuläßt, soll sie *„strafähnliche Bedeutung"* haben und *„vorwiegend generalpräventiven Zwecken"* dienen (s. Begr. vor § 109 E 1962, BT-Drucks. IV 1650 S. 241; *Schönke/Schröder* 17 vor § 73 StGB). Zwar ist der Betroffene nicht Täter oder Teilnehmer, jedoch muß er nach § 74a StGB entweder *„wenigstens leichtfertig"* dazu beigetragen haben, daß seine Sache Mittel oder Gegenstand der Tat oder ihrer Vorbereitung gewesen ist, oder er muß die Sache in Kenntnis der einziehungsbegründenden Umstände *„in verwerflicher Weise"* erworben haben. Im ersten Fall wird die schuldhafte Beziehung des Dritten zur Tat, im zweiten Fall der vorsätzliche Erwerb einer tatbefangenen Sache mißbilligt.

32 Da die Einziehung – außer im Sonderfall der selbständigen Einziehung nach § 76a StGB – **Nebenstrafe** ist, setzt sie regelmäßig voraus, daß der Täter oder Teilnehmer wegen der Tat zu einer Hauptstrafe verurteilt wird. Ausnahmsweise kann eine Sache jedoch wegen Gefährdung der Allgemeinheit unter den Voraussetzungen des § 74 II Nr. 2 StGB auch dann eingezogen werden, wenn der Täter oder Teilnehmer zwar rechtswidrig, aber nicht schuldhaft gehandelt hat (§ 74 III, IV StGB, Begr. s. BT-Drucks. V/1319 S. 54). Gleiches gilt mit Rücksicht auf § 74b StGB, wenn das Strafverfahren wegen geringfügigen Verschuldens nach § 153 StPO eingestellt wird (vor Einfügung des § 40b StGB aF allgemein abl. LG Bremen v. 29. 3. 1955, NJW 959).

3. Der Einziehung unterliegende Sachen

Schrifttum:
Mann, Wann ist ein auf der Zollstraße eingefahrenes Kraftfahrzeug gem. § 401 AO zur Begehung einer Steuerhinterziehung benutzt? ZfZ 1955, 139; *Trapp,* Die Einziehung der Umschließungen von Flüssigkeiten gemäß § 401 AO, ZfZ 1957, 336; ZfZ 1958, 272.

a) Erzeugnisse, Waren und andere Sachen (§ 375 II Nr. 1 AO)

33 § 375 II Nr. 1 AO umschreibt diejenigen Sachen, die eingezogen werden können, weil sie Gegenstand einer Hinterziehung von Verbrauchsteuer, Zoll oder Abschöpfung (§ 370 AO), eines Bannbruchs (§ 372 II AO) oder einer Steuerhehlerei (§ 374 AO) waren. **Verbrauchsteuerpflichtige Erzeugnisse** sind Bier, Tabakerzeugnisse und Zigarettenpapier; Kaffee, Tee; Mineralöl, Schmiermittel und Additives; Zucker und zuckerhaltige Waren; Salz; Schaumwein und schaumweinähnliche Getränke; Zündwaren; Glühlampen, Leuchtröhren usw.; Spielkarten; Branntwein und Essigsäure (s. Einl 186–208); ferner Gegenstände, die (bis 1967) der AusglSt oder (ab 1968) der

EUSt unterliegen (s. Einl 185). Die **zollpflichtigen Waren** ergeben sich aus dem Deutschen Teil-Zolltarif (s. Einl 178). **Andere Sachen** sind solche, deren Ein-, Aus- oder Durchfuhr verboten ist (s. Rdnr. 19 zu § 372 AO), ohne daß sie einem Zoll, einer Abschöpfung oder einer Verbrauchsteuer unterliegen.

34 Die Frage, ob § 375 II Nr. 1 AO bei Flüssigkeiten und Gasen auch die **Behältnisse** erfaßt, wurde zu früheren Einziehungsvorschriften zunächst allgemein bejaht (RG 51, 75, 77 v. 19. 6. 1917 für Flaschen; RG 73, 289, 291 v. 3. 8. 1939 für Bierfässer). Nach der neueren Rspr ist maßgebend, ob das Behältnis nach der Verkehrsauffassung die Eigenschaft reinen „Zubehörs" hat, wie zB Einwegflaschen; anders dagegen bei Bierfässern, Siphons, Tanks usw., die regelmäßig auch nicht zusammen mit dem Inhalt übereignet werden (BGH 7, 78 v. 3. 12. 1954; *Hübner* 31 zu § 401 RAO 1968). Die Einziehung solcher Behältnisse ist auch nicht aufgrund § 375 II Nr. 2 AO (s. Rdnr. 35), sondern allenfalls aufgrund § 74 I StGB möglich (s. Rdnr. 42, 44).

b) Beförderungsmittel (§ 375 II Nr. 2 AO)

35 Als Beförderungsmittel, die zur Tat benutzt worden sind, kommen nur solche Sachen in Betracht, *„durch die die Beförderung, die Fortbewegung von Personen oder Sachen von einem Ort zum anderen bewirkt wird, nicht aber auch Umhüllungen, wie Rucksäcke, Koffer, Handtaschen, die selbst mit befördert werden und Beförderungsgegenstände im Gegensatz zu den Beförderungsmitteln sind"* (so RG 68, 44f. v. 6. 2. 1934; OLG Köln v. 18. 9. 1956, ZfZ 341). Der Begriff des Beförderungsmittels ist danach auf **Fahrzeuge und Tiere** beschränkt, sofern sie nicht selbst Schmuggelgut sind (vgl. RG 69, 193 v. 15. 4. 1935 zu einem Fall, in dem der Täter zur Verdeckung eines Pferdeschmuggels einspännig über die Grenze und zweispännig zurückgefahren war).

36 Mit einem Kfz können als dessen Zubehör auch die Fahrzeugpapiere, namentlich Kfz-Schein und Kfz-Brief, eingezogen werden (BayObLG v. 7. 5. 1952; VRS 7, 513).

37 **Fahrzeuge, die dem öffentlichen Verkehr dienen** und unabhängig von den Weisungen des Fahrgastes verkehren, sind abw. von § 401 RAO 1931 nicht mehr ausdrücklich von der Einziehung ausgenommen. Das dem Richter nach § 375 II AO eingeräumte Ermessen und seine ausdrückliche Bindung an den Grundsatz der Verhältnismäßigkeit nach § 74b StGB (s. Rdnr. 65ff.) schließen aus, daß zB ein Reisebus eingezogen wird, dessen Halter, Fahrer oder Fahrgäste Schmuggelgut mit sich führen.

38 **Zur Tat benutzt ist ein Beförderungsmittel,** wenn es der Täter gebraucht hat, um Sachen zu befördern, auf die sich das Steuervergehen bezieht (RG 69, 193 v. 15. 4. 1935); ausf.: *„wenn Gegenstände zur Erreichung eines dem Steuer- oder Zollrecht widersprechenden Zweckes von einem Ort zum anderen verbracht werden sollen und das Beförderungsmittel hierzu unmittelbar verwendet wird. Die Verbringung der steuerpflichtigen Erzeugnisse oder zollpflichtigen Waren braucht nicht der einzige Zweck der Fortbewegung zu sein. Die Einziehung ist auch dann* *geboten* (heute: auch dann zulässig), *wenn außer dem abgabepflichtigen Gut andere Sachen und Personen (der Täter, weitere Teilnehmer oder unbeteiligte Dritte) mit befördert werden. Es ist auch unerheblich, ob die Verbringung der steuerpflichtigen Erzeugnisse oder zollpflichtigen Waren hinter der Beförderung der steuerlich belanglosen Gegenstände sowie der mitfahrenden Personen wesentlich zurückstand*" (BGH 3, 1f. v. 23. 5. 1952; ähnl. OLG Hamm v. 21. 5. 1954; VRS 7, 233). Demgegenüber hat der BdF-Erl. v. 31. 12. 1954 eine Benutzung zur Tat verneint, „*wenn das im Fahrzeug befindliche Schmuggelgut nach Gewicht und Menge nicht über das hinausgeht, was der Durchschnittsmensch im täglichen Leben üblicherweise bei sich trägt, ohne zu dessen Beförderung ein Fahrzeug in Anspruch zu nehmen*" (zit. bei *Rümelin* ZfZ 1961, 209). Zwischen diesen Auffassungen besteht im Ergebnis kein Unterschied, wenn man den Grundsatz der Verhältnismäßigkeit (§ 74b StGB) berücksichtigt (*Hartung* III 2 zu § 414 RAO 1961). Dies erweist die Rspr zu § 401 RAO 1931, nach der ein Kfz bei Kleinschmuggel nicht als Beförderungsmittel anzusehen war, zB wenn im Tank Treibstoff in einer Menge eingeführt wurde, welche die Freigrenze überstieg (KG v. 31. 3. 1957, NJW 841; OLG Köln v. 4. 9. 1959, NJW 2128; ebenso *Hübner* 35f. zu § 401 RAO 1968).

39 **Nach der Art der Verwendung** ist zur Tat auch ein Kfz benutzt, das dem mit Schmuggelware beladenen Fahrzeug vorausfährt, um den Transport gegen Grenz- und Zollkontrollen zu sichern (BGH 3, 355 v. 14. 10. 1952), oder ein nachfolgendes Sicherungsfahrzeug (OLG Köln v. 21. 8. 1955, ZfZ 370; v. 4. 10. 1955, GA 1956, 328). Dagegen genügt es nicht, wenn sich der Täter des Fahrzeugs nur für seine Person bedient hat, um in die Nähe der Zollgrenze zu gelangen (RG 68, 42, 44 v. 6. 2. 1934) oder um allein sich selbst nach der Tat in Sicherheit zu bringen.

40 **Nach dem Zeitpunkt der Verwendung** ist ein Kfz auch dann zur Tat benutzt, wenn es zur Beförderung des Schmuggelgutes erst nach der Vollendung, aber noch vor der Beendigung der Tat eingesetzt wird (RG 73, 104, 106 v. 10. 2. 1939); s. Rdnr. 29ff. zu § 372 AO.

41 **Nach der handelnden Person** ist ein Fahrzeug auch dann zur Tat benutzt, wenn es nicht der Täter, sondern ein Gehilfe zu dem verbotenen Zweck gebraucht hat (RG 65, 283, 285 v. 30. 4. 1931; 68, 11f. v. 16. 1. 1934; OLG Köln v. 9. 7. 1954, ZfZ 345; v. 13. 4. 1954 – Ss 344/53 – zit. bei *Felix* FR 1957, 418), nicht aber dann, wenn der Täter mit einem gutgläubigen Fuhrunternehmer oder Spediteur einen Werkvertrag über die Beförderung schließt und diesem die Einzelheiten der Beförderung, zB die Wahl des Fahrzeugs und des Weges, überlassen bleiben (RG 71, 58 v. 11. 2. 1937; RG v. 26. 6. 1941, HRR Nr. 1030).

c) Tatprodukte oder Tatwerkzeuge (§ 74 I StGB)

42 Außer den in § 375 II AO angeführten Sachen können gem. § 369 II AO bei sämtlichen Steuervergehen auch Sachen eingezogen werden, welche nur die allgemeinen Merkmale des § 74 I StGB erfüllen:

§ 74 StGB – Voraussetzungen der Einziehung

(1) **Ist eine vorsätzliche Straftat begangen worden, so können Gegenstände, die durch sie hervorgebracht oder zu ihrer Begehung oder Vorbereitung gebraucht worden oder bestimmt gewesen sind, eingezogen werden.**

(2) . . . [s. Rdnr. 47]

43 **Durch die Tat hervorgebracht** sind nur Sachen, die *unmittelbar* durch die Tat entstanden sind *(producta sceleris)*. Dies trifft auf Erlöse aus dem Verkauf geschmuggelter Sachen nicht zu (RG 54, 223f. v. 30. 1. 1920 zu § 259 StGB). Die erste Alternative des § 74 I StGB kann daher im Steuerstrafrecht neben § 150 StGB und § 375 II AO keine praktische Bedeutung entfalten.

44 **Zur Begehung einer Tat gebraucht** sind Sachen, die als Mittel oder Werkzeug zur Tathandlung oder ihrer Vorbereitung gedient haben (*instrumenta sceleris*). Das trifft auch auf Sachen zu, die erst *nach* Vollendung der Tat, aber *vor* ihrer Beendigung benutzt worden sind (RG 73, 106, 108 v. 24. 2. 1939; BGH v. 27. 5. 1952, NJW 892), zB Koffer und Rucksäcke zum Fortschaffen des Schmuggelgutes nach dem Überschreiten der Grenze. In Betracht kommen ferner Schmuggelwesten und „Zampelsäcke" sowie Waffen, die der Täter eines Vergehens nach § 373 AO mit sich führt (s. Rdnr. 26 zu § 373 AO).

45 Nach dem ausdrücklichen Wortlaut des § 74 I StGB genügt, daß die Hilfsmittel zur Begehung oder Vorbereitung einer konkreten Tat *bestimmt gewesen sind;* auf eine tatsächliche Benutzung kommt es nicht an. Es genügt jedoch nicht, daß eine Sache nur zur Herstellung eines Tatwerkzeugs benutzt worden ist (RG 59, 250f. v. 12. 6. 1925).

46 Erforderlich ist, daß die Tat (in der vorbereiteten Weise) *mindestens versucht worden ist,* sofern der Versuch als solcher – wie nach § 370 II, §§ 372, 374 AO – mit Strafe bedroht ist (BGH 8, 205, 212 v. 6. 10. 1955; weitergehend RG 49, 208, 211 v. 8. 3. 1915). Ist die Tat zwar versucht worden, der Versuch aber – wie bei § 257 StGB – nicht mit Strafe bedroht, steht der Charakter der Nebenstrafe einer Einziehung entgegen (BGH 13, 311f. v. 23. 9. 1959).

4. Einziehung und Eigentum

Schrifttum:

Zeidler, Strafrechtliche Einziehung und Art. 14 GG, NJW 1954, 1148; *Kröner,* Die Einziehung und Art. 14 GG, NJW 1959, 81.

a) Allgemeines

47 **Die Einziehung von Sachen, die dem Täter nicht gehören,** ist nunmehr in § 74 II, § 74a StGB allgemein geregelt:

§ 74 StGB – Voraussetzungen der Einziehung

(1) . . . [s. Rdnr. 42]

(2) **Die Einziehung ist nur zulässig, wenn**

1. die Gegenstände zur Zeit der Entscheidung dem Täter oder Teilnehmer gehören oder zustehen oder
2. die Gegenstände nach ihrer Art und den Umständen die Allgemeinheit gefährden oder die Gefahr besteht, daß sie der Begehung rechtswidriger Taten dienen werden.

(3) **Unter den Voraussetzungen des Absatzes 2 Nr. 2 ist die Einziehung der Gegenstände auch zulässig, wenn der Täter ohne Schuld gehandelt hat.**

(4) **Wird die Einziehung durch eine besondere Vorschrift über Absatz 1 hinaus vorgeschrieben oder zugelassen, so gelten die Absätze 2 und 3 entsprechend.**

§ 74a StGB – Erweiterte Voraussetzungen der Einziehung

Verweist das Gesetz auf diese Vorschrift, so dürfen die Gegenstände abweichend von § 74 Abs. 2 Nr. 1 auch dann eingezogen werden, wenn derjenige, dem sie zur Zeit der Entscheidung gehören oder zustehen,
1. wenigstens leichtfertig dazu beigetragen hat, daß die Sache oder das Recht Mittel oder Gegenstand der Tat oder ihrer Vorbereitung gewesen ist, oder
2. die Gegenstände in Kenntnis der Umstände, welche die Einziehung zugelassen hätten, in verwerflicher Weise erworben hat.

Aus dem Zusammenhang der Vorschriften des § 375 II AO mit § 74 II und § 74a StGB ergibt sich folgende Regelung: Nach dem Grundsatz des § 74 II Nr. 1 StGB ist die Einziehung regelmäßig nur zulässig, wenn die Sachen dem Täter oder Teilnehmer gehören. Gehören Sachen iS des § 74 I StGB *(producta et instrumenta sceleris)* nicht dem Täter oder einem Teilnehmer, ist die Einziehung nur zulässig, wenn die Sachen gem. § 74 II Nr. 2 StGB gefährlich sind. Darüber hinaus ist die Einziehung von Sachen iS des § 375 II AO (stpfl. Erzeugnisse usw. und Beförderungsmittel) auch dann zulässig, wenn der Dritteigentümer leichtfertig zur Tat beigetragen (§ 74a Nr. 1 StGB) oder die Sachen in verwerflicher Weise erworben hat (§ 74a Nr. 2 StGB).

48 **Die Eigentumsgarantie des Grundgesetzes** steht unter dem Vorbehalt, daß die Schranken des Eigentums durch die Gesetze – auch die Strafgesetze – bestimmt werden (Art. 14 I 2 GG). Hat der Eigentümer die strafrechtlichen Grenzen des Eigentumsgebrauchs überschritten und wird ihm deshalb das Eigentum durch Einziehung der Sache entzogen (§ 74e StGB), liegt eine Enteignung iS des Art. 14 III GG nicht vor (*Zeidler* NJW 1954, 1149; *Kröner* NJW 1959, 81; *Maurach* JZ 1964, 529; vgl. auch BVerfG 22, 387, 422 v. 12. 12. 1967), da sie nicht der *„Güterbeschaffung für ein konkretes Vorhaben des öffentlichen Wohles“* dient (*W. Weber* NJW 1950, 402). Die Einziehung, die sich gegen den Täter oder Teilnehmer richtet (s. Rdnr. 53), begründet materiell vor allem deshalb keine Entschädigungspflicht, weil der Eigentümer sie durch schuldhaftes Verhalten selbst verursacht hat. Richtet sich die Einziehung gegen einen Dritten, so ist sie ebenfalls keine Enteignung, wenn die Einziehung unter den Voraussetzungen der §§ 74a, 74f StGB durch ein dem Eigentümer vorwerfbares Verhalten gerechtfertigt ist (s. Rdnr. 59ff.). Dasselbe gilt, wenn die Einziehung zwar allein aus Gründen des Allgemeinwohls zugelassen ist (vgl. zB § 74 II Nr. 2 StGB), damit aber nur die Grenzen des Eigentums iS des

Art. 14 I 2 GG bestimmt werden (s. Rdnr. 47 f.). Für die übrigen Fälle wird das Entschädigungsgebot, das aus dem allgemeinen Rechtsgedanken des Art. 14 III GG folgt, gem. § 74f StGB erfüllt (s. Rdnr. 91 ff.).

b) Unerheblichkeit des Eigentums (§ 74 II Nr. 2 StGB)

49 Ohne Rücksicht auf die Eigentumsverhältnisse unterliegen Sachen der Einziehung, wenn sie gem. § 74 II Nr. 2 StGB *„nach ihrer Art und den Umständen die Allgemeinheit gefährden“* (1. Alternative) oder wenn *„die Gefahr besteht, daß sie der Begehung rechtswidriger Taten dienen werden“* (2. Alternative). In diesen Fällen kommt es nicht darauf an, ob der Täter oder Teilnehmer oder ein Dritter zur Zeit der Entscheidung oder zu einem anderen Zeitpunkt Eigentümer der Sache (gewesen) ist (s. Rdnr. 48).

50 **Die 1. Alternative des § 74 II Nr. 2 StGB** ermöglicht die Einziehung von Sachen, die nach ihrer Art und den Umständen die Allgemeinheit gefährden. Beide Voraussetzungen müssen zusammentreffen. Allein die Art einer Sache, die aus ihren physikalischen oder chemischen Eigenschaften erwachsende Gefährlichkeit rechtfertigt die Einziehung nicht, wenn sie nicht auch nach den Umständen ihrer Verwahrung, Behandlung, Beaufsichtigung usw. geboten erscheint, um die Allgemeinheit zu schützen, zB bei Sprengstoffen, Waffen, Rauschgift usw.

51 **Die 2. Alternative des § 74 II Nr. 2 StGB** setzt die begründete Befürchtung voraus, daß die Sache in der Hand des Täters der bereits begangenen Straftaten oder in den Händen anderer potentieller Täter der Begehung weiterer rechtswidriger Taten dienen wird, wie zB Schmuggelwesten, Zolluniformen, zum Schmuggel besonders hergerichtete Fahrzeuge oder dazu abgerichtete Hunde, Funkgeräte usw. Indessen ist nicht erforderlich, daß die zu befürchtende Tat der bereits begangenen Tat ähnlich sein muß (so schon *Hartung* IV 2b zu § 414 RAO 1961). Im Gegensatz zur 1. Alternative kommt es bei der 2. Alternative auf eine objektiv gefährliche Beschaffenheit der Sache nicht an.

52 Die Feststellung der besonderen Voraussetzungen des § 74 II Nr. 2 StGB erübrigt sich bei solchen Sachen, deren Einziehung das Gesetz aus Sicherheitsgründen *vorschreibt*, zB bei gefälschten Steuerzeichen usw. nach § 150 StGB.

c) Eigentum des Täters oder Teilnehmers (§ 74 II Nr. 1 StGB)

Schrifttum:

Ritter, Die Einziehung von unter Eigentumsvorbehalt gekauften oder sicherungsübereigneten Beförderungsmitteln, ZfZ 1957, 334; *Rümelin*, Die Neuregelung der Einziehung in der Reichsabgabenordnung, ZfZ 1961, 206 (209f.).

53 Dem Täter oder Teilnehmer gehört eine Sache, wenn er **Alleineigentümer** ist (s. Rdnr. 54f.). Gehört eine Sache dem Ehegatten des Täters oder Teilnehmers, kann sie nur unter den besonderen Voraussetzungen des § 74 II Nr. 2 StGB (s. Rdnr. 50f.) oder des § 74a StGB iVm § 374 II 2 AO (s. Rdnr. 60ff.) eingezogen werden (OLG Köln v. 21. 8. 1955, ZfZ 370; v. 4. 10. 1955, GA 1956, 328).

54 Steht ein Gegenstand im Gesamthands- oder Miteigentum mehrerer Personen, so kann der Gegenstand selbst nur bei Beteiligung aller Personen eingezogen werden. Anders als zu § 40 StGB aF nimmt die hM zu § 74 StGB jedoch an, daß bei Beteiligung von einzelnen Gesamthands- oder Miteigentümern deren Eigentumsanteile eingezogen werden können. Das ergebe sich daraus, daß § 74a Nr. 1 u. § 74e StGB von Sachen und Rechten spreche (*Schönke/Schröder* 6, 23 zu § 74 StGB; *Jescheck* S. 598; *Hartung* JZ 1952, 486).

55 **Bei Sicherungs- oder Vorbehaltseigentum** ist nicht die formale Rechtsposition maßgebend, sondern die wirtschaftliche Vermögenszugehörigkeit (*Schönke/Schröder* 24, *Horn* 16 u. *Dreher* 12 zu § 74 StGB; *Hartung* IV 2c, dd zu § 414 RAO 1961; *Eser* JZ 1972, 146; 1973, 171; aM BGH 24, 222 v. 28. 9. 1971; 25, 10 v. 24. 8. 1972). Diese Abweichung vom Zivilrecht berücksichtigt, daß das Sicherungs- oder Vorbehaltseigentum in Wahrheit nur der Begründung eines im BGB nicht vorgesehenen besitzlosen Pfandrechts dient und die Sache sich im tatsächlichen Herrschaftsbereich des Sicherungsgebers oder Vorbehaltskäufers befindet. Sicherungsnehmer und Vorbehaltsverkäufer sind *„als Eigentümer getarnte Sicherungsgläubiger“* (*Hartung* aaO). Deshalb kann die sicherungsübereignete oder unter Eigentumsvorbehalt verkaufte Sache eingezogen werden, wenn der Sicherungsgeber oder Vorbehaltskäufer sie zur Begehung der Straftat benutzt hat, jedoch ist der Sicherungsnehmer oder Vorbehaltsverkäufer – wie ein Pfandgläubiger – gem. § 74f StGB zu entschädigen (s. Rdnr. 91ff.). Hat umgekehrt der Sicherungsnehmer oder Vorbehaltsverkäufer die Sache für eine Straftat benutzt (Beispiel: A hat seinen LKW unter Eigentumsvorbehalt an B verkauft und sich den Wagen, der wirtschaftlich dem B gehört, für eine Schmuggelfahrt ausgeliehen), kann die Sache trotz der formalen Eigentümerstellung des Täters nicht nach § 74 II Nr. 1 StGB, sondern nur unter den Voraussetzungen des § 74 II Nr. 2 oder des § 74a StGB eingezogen werden. Dagegen hält der BGH (aaO) die Einziehung des Anwartschaftsrechts für angemessen.

56 **Die Einziehbarkeit von Verbandseigentum** regelt:

§ 75 StGB – Sondervorschrift für Organe und Vertreter

Hat jemand

1. **als vertretungsberechtigtes Organ einer juristischen Person oder als Mitglied eines solchen Organs,**
2. **als Vorstand eines nicht rechtsfähigen Vereins oder als Mitglied eines solchen Vorstandes oder**
3. **als vertretungsberechtigter Gesellschafter einer Personenhandelsgesellschaft**

eine Handlung vorgenommen, die ihm gegenüber unter den übrigen Voraussetzungen der §§ 74 bis 74c und 74f die Einziehung eines Gegenstandes oder des Wertersatzes zulassen oder den Ausschluß der Entschädigung begründen würde, so wird seine Handlung bei Anwendung dieser Vorschriften dem Vertretenen zugerechnet. § 14 Abs. 3 gilt entsprechend.

Die Verweisung auf § 14a III StGB besagt, daß § 75 StGB auch anzuwenden ist, wenn die Rechtshandlung, welche die Vertretungsbefugnis begründen sollte, unwirksam ist.

57 **Die Einziehungsvorschriften setzen nicht voraus,** daß die Sache gerade *demjenigen* Täter oder Teilnehmer gehört, der sie bei der Tat gebraucht hat; es genügt, daß die Sache *einem* von mehreren Tatbeteiligten gehört und mit *dessen* Willen benutzt worden ist (*Schönke/Schröder* 21 zu § 74 StGB). Der Begünstiger oder (Steuer-)Hehler ist kein Teilnehmer iS des § 74 II Nr. 2 und des § 74a StGB. Eine Einziehung kommt daher ihm gegenüber nur in Betracht, wenn seine Sache zur Begünstigung (vgl. § 369 I Nr. 2 AO) oder (Steuer-)Hehlerei (§ 374 AO) benutzt worden ist (OLG Hamm v. 22. 10. 1951, JZ 1952, 39).

58 **Zur Zeit der Entscheidung** müssen die Sachen dem Täter oder Teilnehmer gehören (§ 74 II Nr. 1, § 74a StGB); wem sie zZ der Tat gehört haben, ist unerheblich (BGH 6, 11, 13f. v. 2. 7. 1953). *Entscheidung* ist jedes Urteil – gleichviel welcher Instanz –, in dessen Tenor die Einziehung angeordnet wird. Ist der Täter oder Teilnehmer, dem die Sache gehörte, vor Verkündung eines Urteils verstorben, ist eine Einziehung gem. § 76a StGB möglich (str., s. Rdnr. 81).

d) Dritteigentum (§ 74a StGB)

59 aa) Ein Dritteigentümer hat iS des § 74a Nr. 1 StGB *„wenigstens leichtfertig dazu beigetragen, daß die Sache Mittel oder Gegenstand der Tat oder ihrer Vorbereitung gewesen ist“*, wenn er die Beziehung zwischen seiner Sache und der fremden Tat durch grobfahrlässiges (s. Rdnr. 22ff. zu § 378 AO) oder vorsätzliches Verhalten hergestellt hat, ohne daß die Voraussetzungen einer Mittäterschaft oder Beihilfe vorliegen (oder bewiesen werden können). Der Schuldvorwurf, den § 74a Nr. 1 StGB voraussetzt, bezieht sich nicht auf die Straftat, sondern darauf, daß ein an der Tat unbeteiligter Dritter seine Sache einem Tatbeteiligten zur Verfügung gestellt hat, obwohl er schon bei geringer Sorgfalt hätte voraussehen können (oder: vorausgesehen hat), daß seine Sache in der Hand des Täters Mittel oder Gegenstand einer Straftat oder ihrer Vorbereitung werden würde, wie etwa dann, wenn der Verleiher oder Vermieter eines Kfz erkannt hat, daß der Entleiher oder Mieter damit Schmuggelfahrten unternehmen will (aM *Hartung* IV 2c, aa zu § 414 RAO 1961 im Anschluß an OLG Hamburg v. 12. 6. 1953, ZfZ 347). Ist dem Eigentümer bekannt, daß der Entleiher oder Mieter die Sache für eine bestimmte, bereits in Einzelheiten geplante Tat benutzen will, liegt regelmäßig bereits Beihilfe zur Tat vor. Ist die Sache jedoch gegen den Willen des Eigentümers in die Hände des Täters gelangt, zB durch Diebstahl (§ 242 StGB) oder Gebrauchsentwendung (§ 248b StGB), sind die Voraussetzungen der Einziehung nach § 74a Nr. 1 StGB auch dann nicht erfüllt, wenn der Eigentümer das Fahrzeug aus allgemeiner Sorglosigkeit nicht genügend gegen Diebstahl gesichert hatte.

60 Abw. von § 414 II Nr. 2b RAO 1961 fehlen in § 74a Nr. 1 StGB die Worte *„oder einer mit* [der Tat] *in Zusammenhang stehenden anderen mit Strafe bedrohten Handlung“*. Der BTag hielt diese Regelung für zu weitgehend, weil die Einziehung danach möglich gewesen wäre, obwohl die Zusammenhangstat – für sich allein betrachtet – die Maßnahme nicht begründen könnte; auch erschien

der Begriff der Zusammenhangstat zu unbestimmt (s. Schriftl. Ber. zu BT-Drucks. V/2601 S. 14).

61 bb) § 74a Nr. 2 StGB ermöglicht **die Einziehung einer Sache, die der Täter oder Teilnehmer nach der Tat an einen Dritten veräußert hat.** Voraussetzung ist zunächst, daß der Dritte die Sache *„in Kenntnis der Umstände, welche die Einziehung zugelassen hätten"*, erworben hat. Dadurch ist die Einziehung „gutgläubig" erworbener Sachen ausgeschlossen. Bei „bösgläubigem" Erwerb ist weiter erforderlich, daß der Dritte die Sache *„in verwerflicher Weise"* erworben hat. Dieses Merkmal beschränkt die Zulässigkeit der Einziehung nach § 74a Nr. 2 StGB auf Fälle, in denen Erwerber (= Dritter) und Veräußerer (= Täter oder Teilnehmer) zusammengewirkt haben, namentlich um die Anordnung der Einziehung zu verhindern. Daran fehlt es zB dann, wenn der Dritte die Sache im Wege der Zwangsvollstreckung (§§ 816ff. ZPO) oder Notveräußerung (§ 101a StPO) erworben hat.

62 Nicht erforderlich ist, daß sich der von § 74a Nr. 2 StGB mißbilligte Erwerbsvorgang *unmittelbar* zwischen dem Täter oder Teilnehmer und demjenigen Dritten abgespielt hat, dem die Sache zZ der Entscheidung gehört. Die Sache kann in der Zeit zwischen der Tat und der Aburteilung auch durch *mehrere* Hände gegangen sein, wenn nur die Voraussetzungen des § 74a Nr. 2 StGB bei demjenigen vorliegen, dem die Sache zZ der Entscheidung gehört.

63 Hat der Täter oder Teilnehmer die Sache nach der Tat an einen „gutgläubigen" Dritten veräußert und dadurch die Einziehung unmöglich gemacht, kann gegen den Täter oder Teilnehmer die Einziehung von Wertersatz nach § 74c StGB angeordnet werden (s. Rdnr. 70ff.).

5. Grundsatz der Verhältnismäßigkeit

64 Die Einziehung einer Sache nach § 74 I StGB oder § 375 II AO steht im **Ermessen des Strafrichters.** Für die Ermessensausübung war bereits zu § 40 StGB in der bis zum Inkrafttreten der EGOWiG geltenden Fassung anerkannt, daß die Anordnung der Einziehung in einem angemessenen Verhältnis zur Tat und zur Schuld des Täters stehen mußte und daß der Strafrichter bei verfassungskonformer Auslegung des Gesetzes selbst dort einen Ermessensspielraum hatte, wo die Einziehung als Sicherungsmaßnahme zwingend vorgeschrieben war (OLG Celle v. 9. 1. 1964, NJW 1381). Diese Auffassung gilt für zwingende Einziehungsvorschriften fort (*Schönke/Schröder* 2 zu § 74b StGB); im übrigen vgl. jetzt § 74b StGB (s. Rdnr. 65).

65 Gem. Art. 1 Nr. 2 EGOWiG wurde folgende allgemeine Vorschrift, die gem. § 369 II AO auch für die Einziehung nach § 375 II AO gilt, eingeführt:

§ 74b StGB – Grundsatz der Verhältnismäßigkeit

(1) **Ist die Einziehung nicht vorgeschrieben, so darf sie in den Fällen des § 74 Abs. 2 Nr. 1 und des § 74a nicht angeordnet werden, wenn sie zur Bedeutung der begangenen Tat und zum Vorwurf, der den von der Einziehung betroffenen Täter oder Teilnehmer oder in den Fällen des § 74a den Dritten trifft, außer Verhältnis steht.**

(2) **Das Gericht ordnet in den Fällen der §§ 74 und 74a an, daß die Einziehung vorbehalten bleibt, und trifft eine weniger einschneidende Maßnahme, wenn der Zweck der Einziehung auch durch sie erreicht werden kann. In Betracht kommt namentlich die Anweisung,**

1. die Gegenstände unbrauchbar zu machen,
2. an den Gegenständen bestimmte Einrichtungen oder Kennzeichen zu beseitigen oder die Gegenstände sonst zu ändern oder
3. über die Gegenstände in bestimmter Weise zu verfügen.

Wird die Anweisung befolgt, so wird der Vorbehalt der Einziehung aufgehoben; andernfalls ordnet das Gericht die Einziehung nachträglich an.

(3) **Ist die Einziehung nicht vorgeschrieben, so kann sie auf einen Teil der Gegenstände beschränkt werden.**

Die in Anlehnung an den Wortlaut des § 112 I 2 StPO gefaßte Vorschrift bestimmt, daß der Richter sowohl die Bedeutung der Tat wie auch den persönlichen Schuldvorwurf zu würdigen und mit der Schwere des Eingriffs zu vergleichen hat (Begr. BT-Drucks. V/1319 S. 56). Die Bedeutung der Tat ergibt sich bei Schmuggeltaten nicht allein aus dem hinterzogenen Abgabenbetrag oder bei Bannbruch aus der Gefährlichkeit der verbotswidrig eingeführten Sachen, sondern auch aus den Begleitumständen der Tat, vgl. zB die Merkmale des § 373 AO und des § 80 II ZollG (Anh X). Auch die Schwere des Schuldvorwurfs kann sich in den objektiven Begleitumständen widerspiegeln; von Bedeutung sind ferner die Motive und die innere Einstellung des Täters, Teilnehmers oder des Dritteigentümers. Die Schwere des Eingriffs ergibt sich hauptsächlich aus dem objektiven Wert der Sache, deren Einziehung in Frage steht, den Umständen, unter denen der Betroffene sie erworben hat, und ihrer Bedeutung für seine gesetzmäßige Lebensgestaltung. Ausschlaggebend ist die Würdigung aller Umstände. Danach kann zB auch der PKW eines Schwerbeschädigten eingezogen werden, wenn er zu umfangreichen, wiederholten oder gewerbsmäßigen Schmuggelunternehmen benutzt worden ist; vgl. andererseits OLG Hamm v. 13. 10. 1961, NJW 1962, 829: Unverhältnismäßigkeit der Einziehung eines PKW bei Zollhinterziehung in bezug auf 600 Zigaretten.

66 **Die Anordnung einer weniger einschneidenden Maßnahme** unter Vorbehalt ermöglicht § 74b II StGB, wenn der Straf- und Sicherungszweck durch sie auch erreicht werden kann, ohne daß dem Betroffenen das Eigentum an der Sache entzogen wird (vgl. § 74e I StGB). Von den in § 74b II 2 StGB beispielhaft (arg.: *„namentlich“*) angeführten Anweisungen steht das **Unbrauchbarmachen der Sache** hinter der Einziehung kaum zurück. Besondere Bedeutung dürfte im Steuerstrafrecht dem § 74b II 2 Nr. 2 StGB zukommen; danach kann der Richter anordnen, daß die einziehungsbefangene **Sache in bestimmter Weise geändert wird,** zB Schmuggeleinrichtungen an einem Kfz oder in einem Schiff beseitigt werden. § 74b II 2 Nr. 3 StGB wird bei Bannbruch kaum in Betracht kommen; wenn schon von eingeschwärzten Sachen eine Gefahr ausgeht, zB Sprengstoff, Rauschgift usw. (s. Rdnr. 3 zu § 372 AO), werden sie dem Betroffenen regelmäßig nicht zur Veräußerung an

eine befugte Stelle (s. Begr. BT-Drucks. V/1319 S. 56f.) überlassen bleiben können. Denkbar wäre dagegen die (in § 74b StGB nicht genannte) Anweisung, verbotswidrig eingeführte Tiere, tierische Erzeugnisse oder Pflanzen von zuständiger Stelle auf Verseuchung untersuchen zu lassen.

67 **Der Vorbehalt der Einziehung** darf erst aufgehoben werden, wenn die zunächst angeordnete mildere Maßnahme zum Erfolg geführt hat. Andernfalls muß das Gericht die Einziehung nachträglich anordnen (§ 74b II 3 StGB). Diese Regelung erfordert daß das Gericht dem Betroffenen von vornherein eine Frist für die Erfüllung der zunächst erteilten Anweisung setzt (*Schönke/Schröder* 10 zu § 74b StGB). Das Verfahren für die nachträgliche Anordnung der Einziehung regelt § 462 StPO.

68 Die Möglichkeit, die Einziehung nach § 74b III StGB **auf einen Teil der Sache zu beschränken,** war bei Beförderungsmitteln bereits in § 414 I Nr. 2 RAO 1961 vorgesehen. Der Begriff *„Teil einer Sache"* umfaßt sowohl den Anteil einer teilbaren Sache wie Bestandteile einer unteilbaren Sache, zB geschmuggelte Reifen als Teile eines PKW. Eine nur teilweise Einziehung kommt wegen mangelnder Identität nicht in Betracht, wenn aus der einziehungsbefangenen Sache durch Verarbeitung oder Vermischung mit anderen Sachen eine neue selbständige Sache entstanden ist. Ob eine neue Sache vorliegt, entscheidet die Verkehrsanschauung (*bejahend* RG 42, 123, 125 v. 21. 12. 1908 und 52, 47f. v. 25. 10. 1917 für verschnittene Weine; *verneinend* RG 65, 175, 177ff. v. 23. 2. 1931 für den Zusatz von Monopolsprit zu selbst hergestelltem Branntwein sowie BGH 8, 98, 102 v. 19. 7. 1955 für die Herstellung von „klarem Trinkbranntwein" durch Verdünnung von 96%igem Primasprit mit Wasser).

6. Einziehung des Wertersatzes (§ 74c StGB)

Schrifttum:
P. Bender, Fragen der Wertersatzeinziehung, NJW 1969, 1056.

69 **Die Einziehung des Wertersatzes** regelt § 74c StGB nunmehr für das gesamte Strafrecht einheitlich. Dabei wurden die Erfahrungen bei der Anwendung einzelner Vorschriften des Nebenstrafrechts berücksichtigt, insbes. klargestellt, daß die Einziehung des Wertersatzes zulässig ist, wenn die Sache auch bei dem Dritterwerber nicht mehr vorhanden ist, weil dieser sie in der Zeit bis zur Entscheidung verbraucht hat (vgl. BGH 16, 282, 292ff. v. 17. 10. 1961 zu § 414a RAO 1961). Die Vorschrift lautet:

§ 74c StGB – Einziehung des Wertersatzes

(1) **Hat der Täter oder Teilnehmer den Gegenstand, der ihm zur Zeit der Tat gehörte oder zustand und auf dessen Einziehung hätte erkannt werden können, vor der Entscheidung über die Einziehung verwertet, namentlich veräußert oder verbraucht, oder hat er die Einziehung des Gegenstandes sonst vereitelt, so kann das Gericht die Einziehung eines Geldbetrages gegen den Täter oder Teilnehmer bis zu der Höhe anordnen, die dem Wert des Gegenstandes entspricht.**

(2) **Eine solche Anordnung kann das Gericht auch neben der Einziehung eines Gegenstandes oder an deren Stelle treffen, wenn ihn der Täter oder Teilnehmer vor der Entscheidung über die Einziehung mit dem Recht eines Dritten belastet hat, dessen Erlöschen ohne Entschädigung nicht angeordnet werden kann oder im Falle der Einziehung nicht angeordnet werden könnte (§ 74e Abs. 2, § 74f); trifft das Gericht die Anordnung neben der Einziehung, so bemißt sich die Höhe des Wertersatzes nach dem Wert der Belastung des Gegenstandes.**

(3) **Der Wert des Gegenstandes und der Belastung kann geschätzt werden.**

(4) **Für die Bewilligung von Zahlungserleichterungen gilt § 42.**

70 **Die Einziehung des Wertersatzes knüpft daran an,** daß der Täter oder Teilnehmer durch sein Verhalten die Ursache dafür gesetzt hat, daß die Sache selbst für die Einziehung nicht mehr greifbar ist. Die Einziehung des Wertersatzes *(„Ersatzeinziehung")* ist daher nicht mehr allein Sühne für die Straftat, welche die Grundlage für das Strafverfahren bildet, sondern zugleich Sühne für das Verhalten, mit dem Täter oder Teilnehmer den durch ihre Straftat begründeten Anspruch auf Einziehung der Sache nachträglich vereitelt haben. Nur gegenüber dem Täter oder Teilnehmer ist die Einziehung des Wertersatzes zulässig, nicht gegenüber einem unbeteiligten Dritten; sie ist daher Nebenstrafe, keine Sicherungsmaßnahme (*Schönke/Schröder* 2 u. *Horn* 8 zu § 74c StGB).

71 **§ 74c I StGB setzt voraus,** daß ohne das nachträgliche Verhalten des Täters oder Teilnehmers auf Einziehung einer bestimmten Sache hätte erkannt werden können (vgl. § 46 KO), jedoch unter den herbeigeführten Umständen die Einziehung der Sache nicht mehr angeordnet werden kann. Dabei ist gleichgültig, ob die Einziehung der Sache aus rechtlichen Gründen unzulässig oder aus tatsächlichen Gründen unmöglich geworden ist (BGH 4, 62, 64 v. 20. 2. 1953, OLG Köln v. 10. 6. 1955, ZfZ 307). Ein rechtliches Hindernis für die Einziehung entsteht namentlich dann, wenn der Täter oder Teilnehmer seine von der Einziehung bedrohte Sache nach der Tat an einen „gutgläubigen" Dritten veräußert und die Voraussetzungen des § 74 II Nr. 2 StGB (s. Rdnr. 49–51) oder des § 74a StGB (s. Rdnr. 59–62) nicht vorliegen. Unmöglich ist die Einziehung der Sache, wenn sie nicht mehr vorhanden ist (s. Rdnr. 73). Der absoluten Unmöglichkeit steht es gleich, wenn die Einbeziehung der Sache auf erhebliche Schwierigkeiten stößt, zB dann, wenn der Täter sie an einen Unbekannten veräußert hat und deswegen ungewiß bleibt, ob die Sache diesem gegenüber eingezogen werden kann (Begr. BT-Drucks. V/1319 S. 57).

72 **Vereitelt ist die Einziehung der Sache,** wenn eine entsprechende Anordnung infolge eines nachträglichen Verhaltens des Täters oder Teilnehmers unzulässig oder unmöglich ist (s. Rdnr. 74), zB weil der Täter oder Teilnehmer die Sache für sich verwertet, namentlich *veräußert oder verbraucht* hat. Bei entgeltlicher Veräußerung oder bestimmungsgemäßem Verbrauch der Sache macht sich der Täter oder Teilnhemer den Wert der Sache zunutze. *Sonst vereitelt* wird die Einziehung dann, wenn der Täter oder Teilnehmer die Sache verschenkt, zerstört, verkommen läßt oder beiseite schafft. Behauptet der

Täter oder Teilnehmer, daß ihm die Sache nach der Tat abhanden gekommen (verlorengegangen oder gestohlen) sei, ist ein Vereiteln der Einziehung nur anzunehmen, wenn ihm der Verlust der Sache vorgeworfen werden kann, nicht auch dann, wenn er den Verlust nach den Umständen des Einzelfalles nicht zu vertreten hat (str., vgl. *Schönke/Schröder* 6 u. *Horn* 7 zu § 74c StGB). Das im Regierungsentwurf des § 40c I aF (= § 74c) StGB vorgesehene Wort „*vorwerfbar*" hat der BTag nur gestrichen, „*weil bereits in dem Merkmal ‚vereitelt' zum Ausdruck kommt, daß den Handelnden ein Vorwurf trifft*" (Schriftl. Ber. zu BT-Drucks. V/2601 S. 15).

73 **Einziehung des Wertersatzes ist nicht zulässig,** wenn die Hindernisse, die der Einziehung der Sache entgegenstehen, nicht *nach* der Tat oder nicht *durch* den Täter oder Teilnehmer geschaffen worden sind. An der Voraussetzung eines ursächlichen Verhaltens des Täters oder Teilnehmers fehlt es zB dann, wenn die beschlagnahmte und vom Staat in Besitz genommene Sache verlorengeht (BGH 4, 62, 65f. v. 20. 2. 1953) oder wenn sie *nach* der Straftat, aber *vor* der Hauptverhandlung durch ein zufälliges Ereignis so zerstört wird, daß das Eigentum untergeht (BGH v. 16. 4. 1953, NJW 1521, für ein durch Verkehrsunfall verbranntes Kfz). An der Ursächlichkeit *nachträglichen* Verhaltens fehlt es zB dann, wenn die Einziehung der Sache von vornherein nicht zulässig gewesen wäre, weil der Täter sie vor der Tat gestohlen hatte (zum früheren Recht ebenso OLG Bremen v. 24. 8. 1950, NJW 797; OLG Köln v. 10. 6. 1955, ZfZ 307; aM BGH 3, 163 v. 30. 9. 1952; OLG Bremen v. 10. 2. 1954, NJW 691).

74 Unzulässig ist die Anordnung von Wertersatz auch dann, wenn die Einziehung der Sache zwar in dem jeweils anhängigen Strafverfahren nicht möglich ist, wohl aber in einem Verfahren gegen andere Personen bereits ausgesprochen oder noch zu erwarten ist (BGH 8, 98, 102 v. 19. 7. 1955).

75 **§ 74c II StGB soll verhindern,** daß der Täter oder Teilnehmer die Wirkung der Einziehung der Sache dadurch beeinträchtigen kann, daß er die Sache vor der Entscheidung über die Einziehung mit dem Recht eines Dritten, zB Pfandrecht, belastet und auf diese Weise die wirtschaftliche Einbuße, die sonst mit der Einziehung verbunden wäre, von sich abwendet. Kann in einem solchen Fall das Erlöschen des Rechts des Dritten nach § 74f I StGB nicht ohne Entschädigung angeordnet werden, eröffnet § 74c II StGB die Möglichkeit, gegen den Täter oder Teilnehmer *neben* der Einziehung der Sache auch die Einziehung eines dem Wert ihrer dinglichen Belastung entsprechenden Geldbetrages anzuordnen. Die Vorschrift läßt es ferner zu, daß das Gericht die Leistung eines solchen Wertersatzes *anstelle* der Einziehung der Sache anordnet. Dies ist insbes. dann zweckmäßig, wenn die Sache infolge ihrer Belastung – wirtschaftlich betrachtet – keinen Vermögenswert mehr darstellt und ihre Einziehung aus Sicherungsgründen (§ 75 II Nr. 2 StGB) nicht erforderlich ist (Schriftl. Ber. zu BT-Drucks. V/2601 S. 15).

76 **Die Höhe des Wertersatzes** *kann* nach § 74c I StGB den Betrag erreichen, die dem Wert der nicht mehr einziehbaren Sache entspricht; nach § 74c II StGB *bemißt sich* der Wertersatz nach dem Wert der dinglichen Belastung. Aus dem Gesetzeswortlaut folgt, daß der Richter im Falle des § 74c I StGB einen Ermessensspielraum hat, der es ihm ermöglicht, die Einziehung mit Rücksicht auf die wirtschaftlichen Verhältnisse des Täters oder Teilnehmers auf einen Teil des Sachwertes zu beschränken. Dagegen besteht in den Fällen des § 74c II StGB kein Ermessensspielraum.

77 **Dem Sachwert entspricht der Preis,** der unter gewöhnlichen Umständen im Inland für Sachen gleicher Art, Güte und Menge erzielbar ist. Bei großen Warenmengen ist der Großhandelspreis anzunehmen (BGH v. 14. 9. 1954, ZfZ 1955, 82). Soweit Sachen der fraglichen Art nur in versteuertem oder verzolltem Zustand in den freien Verkehr kommen dürfen, ist der erzielbare Preis einschl. der Abgaben zu ermitteln (RG 75, 100, 103 v. 21. 1. 1941; OLG Hamburg v. 1. 6. 1953, ZfZ 382), gleichgültig, ob daneben die hinterzogenen Abgaben bereits von dem Täter nachgefordert sind (OLG Stuttgart v. 3. 11. 1950, NJW 1951, 43). Ohne Bedeutung ist, ob der Fiskus eingezogene Waren entsprechender Art und Güte nur zu einem geringeren Preis veräußert oder sogar vernichtet (OLG Neustadt v. 13. 2. 1957, ZfZ 123). Der im Inland erzielbare Preis ist auch dann maßgebend, wenn der Fiskus entsprechende Waren nicht auf dem inländischen Markt verwertet (BGH 4, 13f. v. 6. 2. 1953).

78 **Maßgebend für den Zeitpunkt der Preisfeststellung** ist die letzte tatrichterliche Entscheidung; denn das Revisionsgericht darf eine tatsächliche Würdigung nicht mehr vornehmen (BGH 4, 305f. v. 27. 8. 1953; OLG Hamm v. 17. 3. 1949, MDR 438; OLG Bremen v. 26. 1. 1950, ZfZ 171; v. 18. 7. 1951, NJW 976). Soweit es jedoch auf die Beschaffenheit der Sache ankommt, ist der Zeitpunkt maßgebend, in dem der Täter oder Teilnehmer die Sache der Einziehung entzogen hat; der Einwand, daß eine Ware im Zeitpunkt der letzten tatrichterlichen Entscheidung bereits verdorben gewesen wäre, ist daher unbeachtlich (BGH 4, 305, 307 v. 27. 8. 1953).

79 § 74c III StGB gestattet dem Strafrichter, den Wert der Sache oder ihrer dinglichen Belastung zu schätzen. Die **Schätzung** zielt darauf ab, aufgrund der bekannten Umstände ohne weitere umfangreiche und kostspielige Ermittlungen sonstiger, für die Preisfeststellung möglicherweise maßgebender Umstände einen Wert anzunehmen, der dem tatsächlichen Wert der Sache oder ihrer Belastung möglichst nahekommt.

80 **Die nachträgliche Einziehung des Wertersatzes** ermöglicht § 76 StGB, falls eine der in § 74c I StGB bezeichneten Voraussetzungen erst *nach* Anordnung der Einziehung der Sache eingetreten oder bekannt geworden ist. Ohne die Vorschrift könnte die Einziehung des Wertersatzes nicht mehr nachgeholt werden, wenn das Gericht die Einziehung der Sache aufgrund der unzutreffenden Annahme angeordnet hat, daß sie sich noch in den Händen des Täters oder Teilnehmers befinde, oder wenn der Täter oder Teilnehmer die Sache nach der Anordnung ihrer Einziehung verbraucht, an einen unbekannten oder „gutgläubigen" Dritten veräußert oder die Einziehung sonst vereitelt (zum Verfahren vgl. § 462 StPO).

7. Selbständige Einziehung (§ 76a StGB)

81 **Kann wegen der Tat keine bestimmte Person verfolgt oder verurteilt werden,** ist die selbständige Einziehung (oder Unbrauchbarmachung) einer Sache oder des Wertersatzes möglich nach:

§ 76a StGB – Selbständige Anordnung

(1) **Kann wegen der Straftat aus tatsächlichen Gründen keine bestimmte Person verfolgt oder verurteilt werden, so muß oder kann auf Verfall oder Einziehung des Gegenstandes oder des Wertersatzes oder auf Unbrauchbarmachung selbständig erkannt werden, wenn die Voraussetzungen, unter denen die Maßnahme vorgeschrieben oder zugelassen ist, im übrigen vorliegen.**

(2) **In den Fällen des § 74 Abs. 2 Nr. 2, Abs. 3 und des § 74d ist Absatz 1 auch dann anzuwenden, wenn aus rechtlichen Gründen keine bestimmte Person verfolgt werden kann und das Gesetz nichts anderes bestimmt. Einziehung oder Unbrauchbarmachung dürfen jedoch nicht angeordnet werden, wenn Antrag, Ermächtigung oder Strafverlangen fehlen.**

(3) **Absatz 1 ist auch anzuwenden, wenn das Gericht von Strafe absieht oder wenn das Verfahren nach einer Vorschrift eingestellt wird, die dies nach dem Ermessen der Staatsanwaltschaft oder des Gerichts oder im Einvernehmen beider zuläßt.**

82 **Das selbständige Verfahren** (vgl. § 440 StPO) **ist nach § 76a I StGB grundsätzlich nur zulässig,** wenn ein subjektives Verfahren aus tatsächlichen Gründen nicht durchgeführt werden kann, weil zB der Täter oder sein Aufenthalt unbekannt sind oder er verstorben ist (für diesen Fall glA RG 53, 181, 183 v. 17. 1. 1919; 74, 41 42f. v. 25. 1. 1940; *Hartung* IX zu § 414a RAO 1961; aM *Schönke/Schröder* 5 zu § 76a StGB). Von dem Grundsatz des § 76a I StGB macht § 76a II StGB eine Ausnahme für die Einziehung und Unbrauchbarmachung aus Sicherungsgründen. Für diese Fälle ist das selbständige Verfahren auch zulässig, wenn aus rechtlichen Gründen keine bestimmte Person verfolgt werden kann, weil zB die Strafverfolgung verjährt ist. Die Rückausnahme des § 76a II 1 StGB *(„wenn das Gesetz nichts anderes bestimmt")* liegt zB vor, wenn die Voraussetzungen der deutschen Gerichtsbarkeit fehlen. Die weitere Rückausnahme des § 76a II 2 StGB betrifft Fälle, in denen ein subjektives Strafverfahren nicht möglich ist, weil bestimmte strafverfahrensrechtliche Erklärungen fehlen.

83 **Außer der Verfolgbarkeit einer bestimmten Person müssen die Voraussetzungen der Einziehung „im übrigen" vorliegen,** dh alle Voraussetzungen, die sich aus den §§ 74ff. StGB, ggf. iVm § 375 II AO ergeben. Der Nichtverfolgbarkeit steht es nach § 76a III StGB gleich, wenn das Gericht von Strafe absieht (vgl. zB § 157 StGB) oder das subjektive Verfahren gem. §§ 153ff. StPO oder §§ 45, 47 JGG nach dem Ermessen der Strafverfolgungsbehörde oder des Gerichts eingestellt wird.

84 **Eine schuldhafte, nicht nur rechtswidrige Tat** setzt § 76a I StGB voraus (arg.: *„Straftat"*). Demgegenüber genügt für eine Anordnung nach § 76a II 1 StGB ein nur rechtswidriges tatbestandsmäßiges Verhalten. Dies entspricht

dem ausdrücklichen Willen des Gesetzgebers (s. Schriftl. Ber. zu BT-Drucks. V/2601 S. 15).

85 Die Anordnung der Einziehung im selbständigen Verfahren steht im **Ermessen des Strafrichters,** sofern sie im subjektiven Verfahren im richterlichen Ermessen stünde (s. Rdnr. 64); sonst ist sie auch im selbständigen Verfahren zwingend vorgeschrieben (arg.: *„muß oder kann"*). Für die StA oder das FA (vgl. § 440 StPO; § 401 AO) besteht jedoch auch bei vorgeschriebener Einziehung kein dem Legalitätsprinzip entsprechender Antragszwang (BGH 2, 29, 34 v. 7. 12. 1951).

8. Wirkung der Einziehung

86 **Die Rechtsfolgen der Einziehung** sind in § 74e StGB für das gesamte Strafrecht zusammenfassend geregelt, und zwar auch für den Fall, daß die Einziehung aufgrund § 76a StGB im selbständigen Verfahren ausgesprochen wird.

§ 74e StGB – Wirkung der Einziehung

(1) **Wird ein Gegenstand eingezogen, so geht das Eigentum an der Sache oder das eingezogene Recht mit der Rechtskraft der Entscheidung auf den Staat über.**

(2) **Rechte Dritter an dem Gegenstand bleiben bestehen. Das Gericht ordnet jedoch das Erlöschen dieser Rechte an, wenn es die Einziehung darauf stützt, daß die Voraussetzungen des § 74 Abs. 2 Nr. 2 vorliegen. Es kann das Erlöschen des Rechtes eines Dritten auch dann anordnen, wenn diesem eine Entschädigung nach § 74f Abs. 2 Nr. 1 oder 2 nicht zu gewähren ist.**

(3) **§ 73d Abs. 2 gilt entsprechend für die Anordnung der Einziehung und die Anordnung des Vorbehalts der Einziehung, auch wenn sie noch nicht rechtskräftig ist.**

§ 73d StGB – Wirkung des Verfalls

(1) **Wird der Verfall eines Gegenstandes angeordnet, so geht das Eigentum an der Sache oder das verfallene Recht mit der Rechtskraft der Entscheidung auf den Staat über, wenn es dem von der Anordnung Betroffenen zu dieser Zeit zusteht. Rechte Dritter an dem Gegenstand bleiben bestehen.**

(2) **Vor der Rechtskraft wirkt die Anordnung als Veräußerungsverbot im Sinne des § 136 des Bürgerlichen Gesetzbuches; das Verbot umfaßt auch andere Verfügungen als Veräußerungen.**

a) Eigentum

87 Wie § 415 S. 1 RAO 1961 bestimmt § 74e I StGB, daß das Eigentum an der eingezogenen Sache mit der Rechtskraft der Entscheidung auf den Staat (s. Rdnr. 88) übergeht. Diese Wirkung der Einziehung hängt nicht davon ab, ob das Gericht ihre Voraussetzungen zutreffend beurteilt hat oder nicht; sie tritt auch dann ein, wenn die Einziehung auf § 74 II Nr. 1 StGB oder § 375 II AO gestützt ist, die Sache aber zZ der Entscheidung einem Dritten gehörte, oder wenn der Täter oder Teilnehmer die Sache *nach* der Anordnung, aber *vor*

Eintritt der Rechtskraft an einen Dritten veräußert hatte. Führt die Einziehung zum Eigentumsverlust eines Dritten, ist dieser gem. § 74f I StGB zu entschädigen, sofern die Entschädigungspflicht nicht nach § 74f II StGB entfällt (s. Rdnr. 91ff.).

88 **„Staat“ iS des § 74e StGB** ist dasjenige Land der BRD, dessen Gericht die Einziehung angeordnet hat. Wird die (zwingend vorgeschriebene) Einziehung einer Sache (vgl. § 150 StGB) auf Revision der StA erst durch den BGH angeordnet, geht das Eigentum auf den Bund über. Ob die in den Fällen des § 375 II Nr. 1 AO hinterzogenen Abgaben dem Bund oder – wie bei der BierSt – einem Land zustehen, ist unerheblich (glA zur früheren Rechtslage BFH 57, 108 v. 20. 11. 1952).

89 Die Durchführung der Einziehung sichert § 74e III iVm § 73d II StGB dadurch, daß die Anordnung der Einziehung vor ihrer Rechtskraft als **Veräußerungsverbot** iS des § 136 BGB wirkt. Ebenso wirkt nach § 74e III StGB die Anordnung des Vorbehalts der Einziehung (vgl. § 74b II StGB). Durch die Bezugnahme auf § 136 BGB bleibt die Einziehung in einer höheren Instanz zulässig, wenn die Sache nach der ersten Entscheidung über die Einziehung veräußert wird und die Einziehung zZ der Entscheidung gerechtfertigt war. Eine unwirksame Veräußerung der eingezogenen Sache läßt auch keine Entschädigungsansprüche nach § 74f I StGB entstehen. „Gutgläubige“ Erwerber, die nach § 135 II BGB geschützt sind, verlieren zwar gem. § 74e I StGB das Eigentum, sind aber gem. § 74f StGB zu entschädigen (s. Rdnr. 91ff.).

b) Rechte an der Sache

90 Rechte an der Sache (= beschränkte dingliche Rechte) sind iS des § 74e StGB hauptsächlich das Pfandrecht (§§ 1204ff. BGB) sowie das Sicherungs- oder Vorbehaltseigentum (s. Rdnr. 55). Abw. von § 415 S. 2 RAO 1961 läßt § 74e II 1 StGB die Rechte an einer eingezogenen Sache grundsätzlich bestehen. Im Hinblick auf Art. 14 GG (s. Rdnr. 47) können auch beschränkte dingliche Rechte einem Dritten nur gem. § 74e II 2 StGB unter den Voraussetzung des § 74 II Nr. 2 StGB oder gem. § 74e II 3 StGB dann entzogen werden, wenn dem Dritten eine Entschädigung nach § 74f II Nr. 1–3 StGB nicht zu gewähren ist, weil ihn ein Schuldvorwurf trifft (s. Rdnr. 93).

9. Entschädigung (§ 74f StGB)

91 Mit Rücksicht auf Art. 14 III GG sieht § 74f StGB eine Entschädigung zugunsten des Dritten vor, der sein Eigentum infolge der Einziehung eingebüßt hat oder dessen Recht an der Sache (s. Rdnr. 90) erloschen oder beeinträchtigt ist.

§ 74f StGB – Entschädigung

(1) **Stand das Eigentum an der Sache oder das eingezogene Recht zur Zeit der Rechtskraft der Entscheidung über die Einziehung oder Unbrauchbarmachung einem Dritten zu oder war der Gegenstand mit dem Recht eines Dritten belastet, das durch die Entscheidung erloschen oder beeinträchtigt ist, so wird der**

Dritte aus der Staatskasse unter Berücksichtigung des Verkehrswerters angemessen in Geld entschädigt.

(2) **Eine Entschädigung wird nicht gewährt, wenn**

1. **der Dritte wenigstens leichtfertig dazu beigetragen hat, daß die Sache oder das Recht Mittel oder Gegenstand der Tat oder ihrer Vorbereitung gewesen ist,**
2. **der Dritte den Gegenstand oder das Recht an dem Gegenstand in Kenntnis der Umstände, welche die Einziehung oder Unbrauchbarmachung zulassen, in verwerflicher Weise erworben hat oder**
3. **es nach den Umständen, welche die Einziehung oder Unbrauchbarmachung begründet haben, auf Grund von Rechtsvorschriften außerhalb des Strafrechts zulässig wäre, den Gegenstand dem Dritten ohne Entschädigung dauernd zu entziehen.**

(3) **In den Fällen des Absatzes 2 kann eine Entschädigung gewährt werden, soweit es eine unbillige Härte wäre, sie zu versagen.**

92 **Das Erlöschen des Eigentums** folgt aus § 74e I StGB. Beschränkte dingliche Rechte bleiben zwar nach § 74e II 1 StGB grundsätzlich bestehen, erlöschen jedoch kraft ausdrücklicher Anordnung des Gerichts, wenn es die Einziehung darauf stützt, daß die Voraussetzungen des § 74 II Nr. 2 StGB vorliegen (§ 74e II 2 StGB). Beeinträchtigt ist ein (bestehenbleibendes) Recht an der Sache dann, wenn das Gericht gem. § 74b II Nr. 1 StGB statt auf Einziehung auf Unbrauchbarmachung der Sache erkannt hat und durch diese Maßnahme das beschränkte dingliche Recht wirtschaftlich entwertet wird.

93 **Nach § 74f II StGB besteht keine Entschädigungspflicht,**

wenn der Dritte wenigstens *leichtfertig* dazu beigetragen hat, daß die Sache Mittel oder Gegenstand der Tat oder ihrer Vorbereitung gewesen ist (s. Rdnr. 59), oder

wenn der Dritte die Sache oder das Recht an der Sache in Kenntnis der Umstände, welche die Einziehung oder Unbrauchbarmachung zulassen, *in verwerflicher Weise erworben* hat (s. Rdnr. 61 f.) oder

wenn eine dauernde Entziehung der Sache ohne Entschädigung aufgrund von *Rechtsvorschriften außerhalb des Strafrechts* zulässig wäre. Mit dieser Wendung verweist § 74f II Nr. 3 StGB namentlich auf § 216 iVm § 215 AO sowie auf § 51 c iVm § 51 b BranntwMonG (sog. Sicherstellung im Aufsichtsweg).

94 Auch wenn eine Entschädigungspflicht gem. § 74f II StGB ausgeschlossen ist (s. Rdnr. 93), kann eine Entschädigung gem. § 74f III StGB gewährt werden, soweit es eine **unbillige Härte** wäre, sie zu versagen. Eine unbillige Härte liegt namentlich dann vor, wenn den Dritten in den Fällen des § 74f II Nr. 1 und 2 StGB nur ein geringer Schuldvorwurf trifft, angesichts dessen ein entschädigungsloser Rechtsverlust unangemessen wäre.

95 **Über die Art und Höhe des Entschädigungsanspruchs** besagt § 74f I StGB, daß der Dritte *„unter Berücksichtigung des Verkehrswertes angemessen in Geld"* zu entschädigen ist. Damit ist eine Entschädigung *in natura* nur möglich, wenn der entschädigungsberechtigte Dritte und der entschädigungspflichtige Staat sich auf diese Art der Entschädigung besonders einigen. Der

Hinweis auf den Verkehrswert schließt aus, daß *persönliche* Umstände die Entschädigung über den Verkehrswert hinaus erhöhen können (vgl. BGHZ v. 30. 5. 1963, NJW 1916f.). Verkehrswert ist der Wert, der für Sachen gleicher Art, Güte und Menge unter gewöhnlichen Umständen im Inland erzielbar ist (s. Rdnr. 77). Zur Frage, auf welchen Zeitpunkt es bei schwankenden Preisen für die Bemessung ankommt, vgl. BGHZ 25, 225, 230 v. 23. 9. 1957; 26, 373f. v. 24. 2. 1958; 30, 281, 284 v. 8. 6. 1959; 40, 87ff. v. 27. 6. 1963. Danach ist grundsätzlich derjenige Zeitpunkt maßgebend, welcher der Auszahlung möglichst nahe liegt, dh im Streitfall die letzte gerichtliche Tatsachenverhandlung.

96 **Zur Höhe der Entschädigung aus Billigkeitsgründen** ist dem Wort *„soweit"* in § 74f III StGB zu entnehmen, daß dem richterlichen Ermessen nicht nur unterliegt, ob eine Entschädigung überhaupt in Betracht kommt, sondern auch, ob und in welchem Maße sie – je nach Billigkeit – hinter dem Verkehrswert zurückbleibt.

97 Ist der Berechtigte Pfandgläubiger, Sicherungs- oder Vorbehaltseigentümer, so ist die Höhe der Entschädigung nach oben auch durch die jeweilige Höhe der Forderung begrenzt, für die ihm das Sicherungsrecht an der Sache eingeräumt worden ist.

98 Die Entschädigung kraft Gesetzes (§ 74f I StGB) oder aufgrund einer Billigkeitsentscheidung (§ 74f III StGB) obliegt der Gebietskörperschaft (Land oder Bund), auf die das Eigentum nach § 74e StGB übergegangen ist (s. Rdnr. 88).

99 **Zuständig für die Entscheidung** über die Entschädigung aufgrund § 74f I StGB ist im Streitfall der Zivilrichter, da es sich um einen Anspruch aus Eingriffen handelt, die eine bürgerlich-rechtliche Wirkung haben (Begr. BT-Drucks. V/1319 S. 60). Über eine Entschädigung aus Billigkeitsgründen aufgrund § 74f III StGB entscheidet jedoch nach § 436 III 2 StPO der Strafrichter, weil die Höhe der Entschädigung hier hauptsächlich von der Beurteilung des Schuldvorwurfs abhängt.

§ 376 Unterbrechung der Verfolgungsverjährung

Die Verjährung der Verfolgung einer Steuerstraftat wird auch dadurch unterbrochen, daß dem Beschuldigten die Einleitung des Bußgeldverfahrens bekanntgegeben oder diese Bekanntgabe angeordnet wird.

§ 376 AO ergänzt den Katalog der Unterbrechungshandlungen in § 78c StGB (s. Rdnr. 17); vorweg anzuwenden sind:

§ 78 StGB – Verjährungsfrist

(1) **Die Verjährung schließt die Ahndung der Tat und die Anordnung von Maßnahmen (§ 11 Abs. 1 Nr. 8) aus.**

(2) **Verbrechen nach § 220a (Völkermord) verjähren nicht.**

(3) **Die Verjährungsfrist beträgt**

1. **dreißig Jahre bei Taten, die mit lebenslanger Freiheitsstrafe bedroht sind,**
2. **zwanzig Jahre bei Taten, die im Höchstmaß mit Freiheitsstrafe von mehr als zehn Jahren bedroht sind,**
3. **zehn Jahre bei Taten, die im Höchstmaß mit Freiheitsstrafe von mehr als fünf Jahren bis zu zehn Jahren bedroht sind,**
4. **fünf Jahre bei Taten, die im Höchstmaß mit Freiheitsstrafe von mehr als einem Jahr bis zu fünf Jahren bedroht sind,**
5. **drei Jahre bei den übrigen Taten.**

(4) **Die Frist richtet sich nach der Strafdrohung des Gesetzes, dessen Tatbestand die Tat verwirklicht, ohne Rücksicht auf Schärfungen oder Milderungen, die nach den Vorschriften des Allgemeinen Teils oder für besonders schwere oder minder schwere Fälle vorgesehen sind.**

und:

§ 78a StGB – Beginn

Die Verjährung beginnt, sobald die Tat beendet ist. Tritt ein zum Tatbestand gehörender Erfolg erst später ein, so beginnt die Verjährung mit diesem Zeitpunkt.

Schrifttum:

Moser, Zur Frage der rechtlichen Natur der Strafverfolgungsverjährung, §§ 66ff. StGB, GA 1954, 301; *Bräuel,* Die Verjährung der Strafverfolgung und der Vollstreckung von Strafen . . ., Mat. II S. 429; *Goebel,* Die Strafverfolgungsverjährung von Zoll- und Verbrauchsteuervergehen unter besonderer Berücksichtigung der Unterbrechung der Verjährung, ZfZ 1955, 171; *Suhr,* Die Verjährung und die Unterbrechung der Verjährung im Steuerstrafrecht, Aktuelle Fragen S. 225; *Bruns,* Wann beginnt die Verfolgungsverjährung beim unbewußt fahrlässigen Erfolgsdelikt? NJW 1958, 1257; *Lohmeyer,* Verjährung der Strafverfolgung nach § 419 AO, BlStA 1959, 197; *Kohlmann,* Schließt die Verjährung der Vortat auch die Verjährung wegen der Nachtat aus? JZ 1964, 492; *Kopacek,* Die Verjährung der Strafverfolgung von Steuervergehen, FR 1965, 275 mit Erwiderung *von Stier,* Zuständigkeit und Unterbrechung der Verjährung der Strafverfolgung, FR 1966, 50, und Schlußwort von *Kopacek* FR 1966, 51; *Ludwig Schmidt,* Beginn der Verjährung der Strafverfolgung bei unechten Unterlassungsdelikten im Steuerstrafrecht, JR 1966, 127; *Lorenz,* Über das Wesen der strafrechtlichen Verjährung, GA 1966, 371; *Lohmeyer,* Die Verjährung der Strafverfolgung von Steuer- und Monopolvergehen, ZfZ 1966, 197; *ders.,* Die Verjährung der Strafverfolgung im Steuerstrafrecht, SchlHA 1967, 34; *Schröder,* Probleme strafrechtlicher Verjährung, Gallas-Festschr. 1973, 329; *Schoene,* Verfolgungsverjährung nach Bundes- und Landesrecht, NJW 1975, 1544; zur Unterbrechung der Verjährung s. auch vor Rdnr. 17.

Übersicht

1. Entstehungsgeschichte

1 § 376 AO entspricht § 402 RAO; dieser geht zurück auf § 419 AO 1931 (= § 384 AO 1919). Gem. § 21 Nr. 36 StAnpG v. 16. 10. 1934 (RGBl. I 925) wurde als § 419 III RAO eine Sondervorschrift über den Beginn der Verfolgungsverjährung bei Wechselsteuervergehen aus § 22 WStG in die RAO übernommen. Die Neufassung des § 419 II RAO durch Art. 1 Nr. 9 AOStrafÄndG v. 10. 8. 1967 (BGBl. I 877) berücksichtigte die Beseitigung der Strafbefugnis der Finanzbehörden durch Urt. des BVerfG v. 6. 6. 1967 (BGBl I 626) und die neue Begriffsbestimmung der Einleitung des Strafverfahrens nach § 432 I RAO idF des Art. 1 Nr. 1 AOStrafÄndG v. 10. 8. 1967 (BGBl. I 877; s. Schriftl. Ber. BT-Drucks. zu V/1941 S. 1 f.). Durch Art. 1 Nr. 17 des 2. AOStrafÄndG v. 12. 8. 1968 (BGBl. I 953) wurde die Vorschrift mit Rücksicht auf die Einführung von Steuerordnungswidrigkeiten im ganzen neu gefaßt, als § 402 RAO bezeichnet und mit einer Überschrift versehen; der frühere § 419 III RAO (Verjährung von Wechselsteuervergehen) wurde weggelassen (s. Begr. BT-Drucks. V/1812 S. 26). Durch Art. 161 EGStGB v. 2. 3. 1974 (BGBl. I 469) wurde die Anordnung einer 5-jährigen Verjährung für Steuerstraftaten in § 402 I RAO als überflüssig gestrichen. Damit verblieb die jetzt in § 376 AO übernommene Regelung über die Unterbrechung der Verfolgungsverjährung durch Einleitung des Bußgeldverfahrens.

2. Anwendungsbereich

2 **Das Gesetz unterscheidet zwischen Verjährung von Strafverfolgung und Strafvollstreckung.** § 376 AO regelt nur die *Verfolgungs*verjährung, und zwar unter Berücksichtigung der besonderen kriminalpolitischen Umstände bei der Aufdeckung von Zuwiderhandlungen gegen Steuergesetze. Ergänzend gelten die §§ 78–78c StGB (§ 369 II AO). Die Verjährung der Straf*vollstreckung* richtet sich mangels Sondervorschriften in der AO ausschließlich nach den §§ 79–79b StGB.

3 **Für die Verjährung leichtfertiger Steuerverkürzungen** (§ 378 AO) sowie der **Steuerordnungswidrigkeiten gem. §§ 379, 380 AO** gilt § 384 AO. Im allgemeinen verjährt die Verfolgung von Ordnungswidrigkeiten in 6 Monaten bis höchstens 3 Jahren (§ 31 OWiG). Die Verjährung von Ordnungswidrigkeiten nach §§ 378–380 AO ist mit der Begründung auf 5 Jahre verlängert worden, daß die Entdeckung von Steuerordnungswidrigkeiten von denselben

Umständen abhängig sei wie die Entdeckung einer vorsätzlichen Steuerverkürzung (Begr. BT-Drucks. V/1812 S. 27; BT-Drucks. V/3013). Im Falle des § 378 I AO erscheint die lange Verjährungsfrist gerechtfertigt, weil auch leichtfertige Steuerverkürzungen meist erst anläßlich von Betriebsprüfungen entdeckt werden. Das gilt jedoch nicht für Steuergefährdungen gem. §§ 379, 380 AO. Der Tatbestand des § 380 AO greift nur ein, wenn die Steuer rechtzeitig und vollständig angemeldet war (s. Rdnr. 3 zu § 380 AO). Eine Tat iS des § 379 AO wird nach Ablauf von 2 Jahren den Tatbestand des § 378 AO, wenn nicht sogar des § 370 AO erfüllen. Auch ist nicht einzusehen, warum die §§ 379, 380 AO einerseits und § 381 AO anderseits bezüglich der Verjährungsfrist unterschiedlich zu behandeln sind.

3. Wesen und Wirkung der Verjährung

4 **Das Institut der Verjährung dient dem Rechtsfrieden** und berücksichtigt, daß sich der staatliche Strafanspruch schon aus Gründen der sicheren Beweisführung nur binnen einer gewissen Zeitspanne nach der Tat verwirklichen läßt (vgl. zur Begründung der Verjährung in rechtsvergleichender Sicht *Bräuel,* Mat. II S. 429). Durch die Verjährung werden Strafverfolgung und -vollstreckung ausgeschlossen (§§ 78, 79 StGB). Die Strafvollstreckungsverjährung beginnt mit dem Tag, an dem die Entscheidung rechtskräftig geworden ist (§ 79 VI StGB).

5 **Nach hM ist die Verjährung ein Verfahrenshindernis,** kein Strafaufhebungsgrund und auch nicht beides zugleich (BGH 2, 301 v. 22. 4. 1952; 4, 135 v. 21. 4. 1953; *Schönke/Schröder* 3 zu § 78 StGB; aM *Rudolphi* 8ff. vor § 78 StGB mwN). Aus der prozessualen Rechtsnatur der Verjährung folgt, daß sie in jeder Lage des Verfahrens, auch in der Revisionsinstanz, *von Amts wegen* nachzuprüfen ist (BGH 11, 394 v. 26. 6. 1958). Die eingetretene Verjährung steht bereits der Einleitung der Untersuchung entgegen (vgl. *Kopacek* FR 1965, 275). Wird die Untersuchung gleichwohl eingeleitet oder das Hauptverfahren eröffnet, so ergeht nicht etwa ein Freispruch; vielmehr muß das Verfahren eingestellt werden (§§ 206a, 260 StPO iVm § 385 AO; BGH 15, 203 v. 9. 11. 1960). Das Gericht kann jedoch gem. § 467 III Nr. 2 StPO davon absehen, die notwendigen Auslagen des Angeschuldigten der Staatskasse aufzuerlegen.

6 **Die Verjährung einer Vortat** schließt die Bestrafung wegen einer (straflosen) Nachtat (s. Rdnr. 109 zu § 369 AO) aus, weil Vor- und Nachtat strafrechtlich *einheitlich* zu bewerten sind (OLG Braunschweig v. 28. 6. 1963, JZ 1964, 524; *Schönke/Schröder* 116 u. *Samson* 74 vor § 52 StGB; aM *Kohlmann* JZ 1964, 492; *Mösl* LK 58 vor § 73 StGB; BGH v. 23. 8. 1968, NJW 2113).

4. Verjährungsfrist

a) Allgemeines

7 **Die Verfolgung von Steuerstraftaten der AO verjährt ausnahmslos in 5 Jahren,** da die Höchststrafe 5 Jahre nicht überschreitet (§ 78 III Nr. 4 StGB).

Lediglich bei der Wiederverwendung gebrauchter Steuerzeichen beträgt die Verjährungsfrist gem. § 78 III Nr. 5 StGB drei Jahre, da die Höchststrafe gem. § 148 II StGB ein Jahr nicht übersteigt.

8 **Der Beginn der Verjährungsfrist** ist in § 78a StGB geregelt. Gem. § 78a S. 1 StGB beginnt die Verjährung an dem Tage, an dem die Tat beendet ist. Unter Beendigung ist nicht der Eintritt desjenigen Erfolges zu verstehen, den das vollendete Delikt voraussetzt. Die Beendigung liegt vielmehr häufig später als die Vollendung. Während bei den reinen Erfolgsdelikten mit dem Erfolgseintritt auch zugleich die Beendigung gegeben ist (zB ist beim Totschlag nach § 212 StGB die Tat mit dem Todeserfolg vollendet und beendet), fallen Beendigung und Vollendung bei den Delikten mit überschießender Innentendenz (s. Rdnr. 47, 72 zu § 369 AO) auseinander. Das bedeutet zB für die Steuerhehlerei nach § 374 AO, daß die Tat mit dem Ankaufen vollendet, aber erst dann beendet ist, wenn die beabsichtigte Bereicherung tatsächlich eingetreten ist. Erst von diesem Zeitpunkt beginnt die Verjährungsfrist zu laufen. Die Beendigung ist aber auch dann mit der Vollendung nicht identisch, wenn der Tatbestand Vorstufen der Rechtsgutsverletzung bereits als vollendete Tat erfaßt, sowie bei Dauerdelikten (Einzelheiten *Rudolphi* 3 zu § 78a, 7ff. vor § 22 StGB mwN; *Jescheck,* Welzel-Festschr. S. 685). Obwohl § 67 IV StGB aF den Verjährungsbeginn für den Tag anordnete, an dem die Handlung begangen worden war, hat auch die damals hM die Beendigung der Tat für maßgeblich gehalten (vgl. BGH 11, 345 v. 22. 5. 1958 sowie 1. Aufl. Rdnr. 9 zu § 402 RAO). Die Entscheidungen aus der Zeit vor dem 1. 1. 1975 sind daher auch für § 78a StGB von Bedeutung.

9 **Nach § 78a S. 2 StGB** soll die Verjährungsfrist jedoch dann erst mit dem Erfolgseintritt zu laufen beginnen, wenn ein zum Tatbestand gehörender Erfolg erst nach Beendigung eintritt. Der Sinn dieser – sehr unklaren – Vorschrift ist im allgemeinen Strafrecht umstritten (vgl. einerseits *Rudolphi* 4, andererseits *Schönke/Schröder* 3 zu § 78a StGB). Für das Steuerstrafrecht ist § 78a S. 2 StGB jedoch ohne Bedeutung, da hier kein Tatbestand existiert, bei dem ein zum Tatbestand gehöriger Erfolg erst nach materieller Beendigung der Tat eintreten könnte.

10 **Bei der Fristberechnung** ist derjenige Tag, an dem die Tat beendet wurde, mitzuzählen. Wurde die Tat am 10. Januar beendet, dann läuft die Frist daher an einem 9. Januar um 24.00 Uhr ab (RG 65, 290 v. 4. 5. 1931; *Rudolphi* 1 u. *Dreher* 11 zu § 78a StGB). Dabei ist es unerheblich, ob der letzte Tag auf einen Sonn- oder Feiertag fällt (*Dreher* aaO). Ist nicht feststellbar, wann eine Tat beendet wurde, so wirkt sich der Zweifel, ob sie verjährt ist, nach dem Grundsatz *in dubio pro reo* zu Gunsten des Beschuldigten aus (BGH 18, 274 v. 19. 2. 1963 m. Anm. *Dreher* MDR 1963, 857).

b) Bei positivem Tun

11 Wird eine Steuerstraftat durch Abgabe einer unrichtigen Steuererklärung oder durch andere Formen positiven Tuns begangen, ist **zwischen Veranla-**

gung- und Fälligkeitsteuern zu unterscheiden. Bei *Veranlagungsteuern* (s. Einl 92) ist der durch die Abgabe einer unrichtigen Steuererklärung verursachte Erfolg der Steuerverkürzung eingetreten und die Straftat damit vollendet und auch beendet, wenn aufgrund der unrichtigen Erklärung die Steuer zu niedrig festgesetzt und dies dem Stpfl bekanntgegeben worden ist (*Kohlmann* 16 zu § 402 RAO). Mit der Zustellung des Steuer- (nicht des Grundlagen-)bescheides beginnt die Verjährung. Der Zeitpunkt der Abschlußzahlung ist ebenso unbeachtlich (*Suhr,* Aktuelle Fragen S. 229) wie der Zeitpunkt zu niedriger Vorauszahlungen, die für das folgende Jahr in dem unrichtigen Bescheid festgesetzt werden (RG 75, 32, 34 v. 29. 11. 1940). Die Tat ist auch mit der Bekanntgabe eines *vorläufigen* Bescheides beendet (s. Rdnr. 31 ff. zu § 370 AO). Nur bei der *Vermögensteuer* ist die Tat mit der Bekanntgabe des unrichtigen Bescheides zwar vollendet, aber nicht beendet. Beendet ist die Handlung mit Eintritt des letzten Teilerfolges, dh mit der letzten Zahlung für den betreffenden Hauptveranlagungszeitraum. Erst dann beginnt folglich die Verjährung (RG 71, 59, 64 v. 12. 2. 1937). Entsprechendes gilt für die *Vermögensabgabe* nach dem LAG, die ebenfalls aufgrund eines für mehrere Jahre geltenden Bescheides zu zahlen ist (*Suhr* aaO; *Kopacek* FR 1965, 275). Bei *Fälligkeitsteuern* (s. Einl 92) ist die durch ein positives Tun bewirkte Tat vollendet und beendet, wenn die Steuer bei Fälligkeit nicht oder zu niedrig entrichtet wird. Die Verjährung der Strafverfolgung beginnt daher mit dem gesetzlichen Fälligkeitstermin (zB § 18 UStG).

c) Bei Unterlassen

12 **Vorsätzliche oder leichtfertige Steuerverkürzungen werden durch Unterlassen begangen,** wenn entgegen gesetzlicher Verpflichtung keine Erklärungen abgegeben und keine Zahlungen geleistet wurden. Unterlassungsdelikte sind bei *Veranlagungsteuern* zu dem Zeitpunkt vollendet, zu dem die Veranlagungsarbeiten des zuständigen FA „im großen und ganzen" abgeschlossen sind, bei Fälligkeitsteuern mit Ablauf des Fälligkeitstages (s. Rdnr. 24 zu § 370 AO). Die Verfolgungsverjährung setzt jedoch erst mit der Beendigung der Tat ein. Nach hM soll ein Unterlassungsdelikt erst beendet sein, wenn der Täter das Versäumte nachgeholt hat (RG v. 1. 6. 1933, RStBl. 543; OLG Hamburg v. 27. 1. 1970, MDR 441) oder wenn die Rechtspflicht zum Handeln weggefallen oder gegenstandslos geworden ist (RG 61, 42, 45 v. 25. 11. 1926; *Hartung* II zu § 419 RAO 1931; *Kopacek* FR 1965, 275 mwN). Gegenstandslos soll die Rechtspflicht vor allem dann sein, wenn ihre Erfüllung dadurch unmöglich geworden ist, daß die Steuer – ggf. im Wege der Schätzung – festgesetzt (*Lohmeyer* SchlHA 1967, 34) oder das Strafverfahren eingeleitet worden ist (RG 68, 45, 60 v. 6. 2. 1934). Beruht das Unterlassungsdelikt auf *Fahrlässigkeit,* ist für die Beendigung der Zeitpunkt maßgebend, zu dem die Unterlassung nicht mehr schuldhaft ist. Hier ist die Tat nur bis zu dem Zeitpunkt begangen, *„von dem ab der Täter ohne seine Schuld seine Pflicht nicht mehr im Gedächtnis hat, das Unterlassen also nicht mehr fahrlässig ist"* (BGH 11, 119 v. 18. 12. 1957 zu § 1 StFG 1954; ferner RG 75, 296 v. 8. 8. 1941; LG Stade v. 11. 11. 1957, NJW 1958, 1311). Das Aufhören des Verschuldens kann

darauf beruhen, *„daß ein Sinneseindruck, der von einem Ereignis ausgeht und zu der unterlassenen Betätigung hätte Anlaß geben müssen, allmählich verblaßt und verschwindet"* (*Hartung* aaO).

13 **Die hM,** die Strafverfolgungsverjährung beginne bei Unterlassungsdelikten erst mit dem Wegfall der Rechtspflicht zum Handeln bzw. dem Aufhören der Schuld, **führt jedoch zu einer unterschiedlichen Behandlung von Begehungs- und Unterlassungstaten** (vgl. *Schmidt* JR 1966, 127). Gibt jemand eine unrichtige Steuererklärung ab, so beginnt die Verjährung mit der Bekanntgabe des Steuerbescheides (Rdnr. 11). Wird die Abgabe der Steuererklärung unterlassen, so beginnt die Verjährung regelmäßig weitaus später, wenn man den Zeitpunkt des Wegfalls der Rechtspflicht zum Handeln für entscheidend erachtet. In beiden Fällen besteht jedoch der Erfolg der vorsätzlichen oder leichtfertigen Tat in einer Steuerverkürzung. Bereits aus diesem Grund ist nicht einzusehen, warum – jedenfalls im Bereich des Steuerstrafrechts – die durch positives Tun bewirkte Tat anders zu beurteilen sein soll als eine Unterlassungstat, die zu demselben Erfolg führt. Die durch (einmalige) Unterlassung begangene Steuerverkürzung ist auch keine Dauerstraftat, wie zB die Freiheitsberaubung gem. § 239 StGB, bei der die Straftat erst abgeschlossen ist, wenn der Gefangene seine Freiheit wieder erlangt hat (glA *Schmidt* aaO). Schließlich ist das Ereignis, mit dem die hM die Rechtspflicht zum Handeln wegfallen und damit die Verjährung beginnen lassen will, hinsichtlich seines Eintritts ungewiß und vom Zufall abhängig. Wenn der Stpfl, der vorschriftswidrig keine Erklärung abgegeben hat, beim FA unbekannt ist (vgl. zB OLG Frankfurt v. 18. 10. 1961, NJW 1962, 974), kann regelmäßig weder eine Schätzung erfolgen, noch ein Strafverfahren eingeleitet werden. Mithin wird die Rechtspflicht zum Handeln auch nicht „gegenstandslos" im oben beschriebenen Sinn. Aus Rechtsgründen fällt die Pflicht des nichtveranlagten Stpfl zur Abgabe von Steuererklärungen niemals weg, da zwar gem. § 169 II 2 AO die Festsetzungsfrist bei hinterzogenen Steuern nach 10 Jahren endet, jedoch gem. § 171 VII AO nicht abläuft, bevor die Verfolgungsverjährung wegen der Steuerhinterziehung eingetreten ist. Diese kann jedoch nach hM nicht eintreten, da die Tat mangels Erlöschens der Pflicht nicht beendet ist. Die hM führt also dazu, die Verfolgung in diesen Fällen überhaupt nicht verjähren zu lassen. *Stpfl, die vorsätzlich oder leichtfertig keine Steuererklärung abgeben und dadurch eine Steuerverkürzung bewirken, sind daher ebenso zu behandeln wie diejenigen, die eine unrichtige Erklärung abgeben.* Demnach ist die durch Unterlassen begangene Zuwiderhandlung nach § 370 oder § 378 I AO in dem Zeitpunkt vollendet und auch beendet, in dem eine (hypothetische) Veranlagung wirksam geworden wäre. Das ist der Termin, zu dem die Veranlagungsarbeiten des zuständigen FA abgeschlossen und die entsprechenden Steuerbescheide zugestellt worden sind. Wird der säumige Stpfl vor Erledigung der übrigen Veranlagungen aufgrund einer Schätzung (§ 162 AO) veranlagt, beginnt die Verjährung – wie sonst – bereits mit der Bekanntgabe dieses Bescheides (wie hier *Suhr* S. 295; *Leise* 3 B zu § 402 RAO; unentschieden *Kohlmann* 17 zu § 402 RAO).

d) Versuch

14 Bei einer versuchten Steuerstraftat (§ 370 II, § 372 II, § 374 I AO) beginnt die Verjährung mit der **Beendigung des Versuchs.** Der Versuch ist beendet, wenn der Täter alle Handlungen ausgeführt hat, die er bei Beginn der Tat zur Tatbestandsverwirklichung für erforderlich hielt und vornehmen wollte (BGH 14, 75 v. 15. 1. 1960). Bei *Fälligkeitsteuern* fallen Versuch und Vollendung regelmäßig zusammen (s. Rdnr. 198 aE zu § 370 AO). Bei *Veranlagungsteuern* ist der Versuch mit der Betätigung des Entschlusses, eine Steuerverkürzung zu verüben, beendet, also mit der Abgabe unrichtiger oder dem Unterlassen pflichtgemäß gebotener Erklärungen.

e) Fortgesetzte Handlung

15 **Fortgesetzte Handlungen sind mit dem letzten Teilakt beendet** (BGH 1, 84 v. 3. 4. 1951; 24, 221 v. 23. 9. 1971; *Rudolphi* 8 zu § 78a StGB; *Hartung* II zu § 419 RAO 1931; aM *Schönke/Schröder* 9, 33 vor § 52 StGB). Die Verjährung beginnt daher mit der Bekanntgabe des letzten unrichtigen Steuerbescheides oder zB mit der Abgabe der letzten unrichtigen (Vor-)Anmeldung einer Fälligkeitsteuer.

f) Teilnahme

16 **Die Verjährung der Verfolgung des Teilnehmers** beginnt grundsätzlich mit der Vollendung, uU mit der Beendigung der Haupttat (RG v. 2. 6. 1936, RStBl. 930; BGH 20, 327 v. 11. 6. 1965); denn strafbar wird die Mitwirkung des Teilnehmers erst durch die Begehung der Haupttat (hM, vgl. *Rudolphi* 10 zu § 78a StGB mwN). Auf die Beendigung der Tätigkeit des Teilnehmers kommt es regelmäßig nicht an; anders dann, wenn sich dessen Mitwirkung nur auf einen rechtlich abtrennbaren Teil bezieht (OLG Stuttgart v. 14. 9. 1962, NJW 2311; *Troeger/Meyer* S. 285). Gleiches gilt für Mittäterschaft (RG 75, 394 v. 1. 4. 1943).

5. Unterbrechung

a) Allgemeines

§ 78c StGB – Unterbrechung

(1) **Die Verjährung wird unterbrochen durch**

1. **die erste Vernehmung des Beschuldigten, die Bekanntgabe, daß gegen ihn das Ermittlungsverfahren eingeleitet ist, oder die Anordnung dieser Vernehmung oder Bekanntgabe,**
2. **jede richterliche Vernehmung des Beschuldigten oder deren Anordnung,**
3. **jede Beauftragung eines Sachverständigen durch den Richter oder Staatsanwalt, wenn vorher der Beschuldigte vernommen oder ihm die Einleitung des Ermittlungsverfahrens bekanntgegeben worden ist,**
4. **jede richterliche Beschlagnahme- oder Durchsuchungsanordnung und richterliche Entscheidungen, welche diese aufrechterhalten,**
5. **den Haftbefehl, den Unterbringungsbefehl, den Vorführungsbefehl und richterliche Entscheidungen, welche diese aufrechterhalten,**

6. die Erhebung der öffentlichen Klage oder die Stellung des ihr entsprechenden Antrags im Sicherungsverfahren oder im selbständigen Verfahren,
7. die Eröffnung des Hauptverfahrens,
8. jede Anberaumung einer Hauptverhandlung,
9. den Strafbefehl oder eine andere dem Urteil entsprechende Entscheidung,
10. die vorläufige gerichtliche Einstellung des Verfahrens wegen Abwesenheit des Angeschuldigten sowie jede Anordnung des Richters oder Staatsanwalts, die nach einer solchen Einstellung des Verfahrens oder im Verfahren gegen Abwesende zur Ermittlung des Aufenthalts des Angeschuldigten oder zur Sicherung von Beweisen ergeht,
11. die vorläufige gerichtliche Einstellung des Verfahrens wegen Verhandlungsunfähigkeit des Angeschuldigten sowie jede Anordnung des Richters oder Staatsanwalts, die nach einer solchen Einstellung des Verfahrens zur Überprüfung der Verhandlungsfähigkeit des Angeschuldigten ergeht, oder
12. jedes richterliche Ersuchen, eine Untersuchungshandlung im Ausland vorzunehmen.

(2) **Die Verjährung ist bei einer schriftlichen Anordnung oder Entscheidung in dem Zeitpunkt unterbrochen, in dem die Anordnung oder Entscheidung unterzeichnet wird. Ist das Schriftstück nicht alsbald nach der Unterzeichnung in den Geschäftsgang gelangt, so ist der Zeitpunkt maßgebend, in dem es tatsächlich in den Geschäftsgang gegeben worden ist.**

(3) **Nach jeder Unterbrechung beginnt die Verjährung von neuem. Die Verfolgung ist jedoch spätestens verjährt, wenn seit dem in § 78a bezeichneten Zeitpunkt das Doppelte der gesetzlichen Verjährungsfrist und, wenn die Verjährungsfrist nach besonderen Gesetzen kürzer ist als drei Jahre, mindestens drei Jahre verstrichen sind. § 78b bleibt unberührt.**

(4) **Die Unterbrechung wirkt nur gegenüber demjenigen, auf den sich die Handlung bezieht.**

(5) **Wird ein Gesetz, das bei der Beendigung der Tat gilt, vor der Entscheidung geändert und verkürzt sich hierdurch die Frist der Verjährung, so bleiben Unterbrechungshandlungen, die vor dem Inkrafttreten des neuen Rechts vorgenommen worden sind, wirksam, auch wenn im Zeitpunkt der Unterbrechung die Verfolgung nach dem neuen Recht bereits verjährt gewesen wäre.**

Schrifttum:

Lüdecke, Zur Unterbrechung der Verjährung, NJW 1953, 1335; *Mittelbach,* Zur Unterbrechung der Strafverfolgungsverjährung, MDR 1954, 138; *Woesner,* Künstliche Unterbrechung der Verjährung, NJW 1957, 1862; *H. W. Schmidt,* Das Unterbrechen der Strafverfolgungsverjährung, SchlHA 1960, 251; *Haberkorn,* Die Unterbrechung der Strafverfolgungsverjährung durch Aktenübersendung, DRiZ 1961, 85; *Preisendanz,* Eröffnungsbeschluß eines örtlich unzuständigen Amtsgerichts und Strafverfolgungsverjährung, NJW 1961, 1805 mit Erwiderung von *Schreiber* NJW 1961, 2344; *Pfaff,* Unterbrechung der Strafverfolgungsverjährung im Steuerrecht, FR 1962, 85; *Kaiser,* Die Unterbrechung der Strafverfolgungsverjährung und ihre Problematik, NJW 1962, 1420 mit Erwiderung von *Winter* NJW 1962, 1853; *Hans,* Die Aussetzung des Verfahrens nach Art. 100 GG und die Strafverfolgungsverjährung, MDR 1963, 6; *Herzig,* Zur Frage der Verjährungsunterbrechung im Strafverfügungsverfahren, NJW 1963, 1344; *Oppe,* Die Pflicht des Staatsanwalts zur Unterbrechung der Verjährung und die neuere Rechtsprechung, NJW 1964, 2092; *Herdemerten,* Ist § 419 Abs. 2 a. F. und n. F. AO mit dem Grundgesetz vereinbar? NJW 1968, 1415 mit Erwiderung von *Leise* NJW 1968, 1919; *Henneberg,* Ist § 419 Abs. 2 AO verfassungswidrig? DStR 1968, 719; *Hansgeorg Vogel,* Wer kann die Verfolgungsverjährung bei Steuervergehen unterbrechen? NJW 1970, 130.

17 Wird die Verjährung unterbrochen, so bedeutet dies, daß die Verjährungsfrist **vom Tage der Unterbrechung an** (RG 65, 290 v. 4. 5. 1931) **erneut zu laufen beginnt** (§ 78c III 1 StGB). Die Verjährung kann auf diese Weise beliebig oft unterbrochen werden. Allerdings ist die Strafverfolgung gem. § 78c III StGB jedenfalls nach Ablauf der doppelten Verjährungsfrist verjährt. Unterbrochen wird die Verjährung durch bestimmte Strafverfolgungshandlungen. Während § 68 I StGB aF anordnete, daß jede gegen den Täter gerichtete richterliche Handlung die Verjährung unterbreche, weist die Neuregelung in § 78c StGB demgegenüber zwei grundsätzliche Änderungen auf. Nunmehr sind nicht mehr allein richterliche Handlungen zur Unterbrechung geeignet, es genügen vielmehr auch bestimmte Handlungen des Staatsanwaltes und der Polizei. Darüber hinaus bestimmt das Gesetz jetzt selbst abschließend, *welche* Handlungen zur Unterbrechung geeignet sind. Die reichhaltige Kasuistik zu § 68 StGB aF ist damit überholt.

18 **§ 376 AO ergänzt den Katalog der Unterbrechungshandlungen** in § 78c StGB. Während nach § 78c I Nr. 1 StGB nur die Bekanntgabe der Einleitung des Ermittlungsverfahrens bzw. deren Anordnung die Verjährung unterbricht, genügt bei Steuerstraftaten gem. § 376 AO auch die Bekanntgabe der Einleitung eines *Bußgeld*verfahrens bzw. deren Anordnung. Die Verfassungsmäßigkeit der entsprechenden Regelung in § 402 II RAO 1967 war im Hinblick darauf, daß nach § 68 StGB aF nur richterliche Handlungen genügten, umstritten. Nachdem das BVerfG (BVerfG 29, 148 v. 6. 10. 1970) die entsprechende Regelung in § 419 RAO 1931 für verfassungsgemäß erklärt und der Gesetzgeber in § 78c StGB nichtrichterliche Unterbrechungshandlungen in größerem Umfang zugelassen hat, ist die Frage überholt (krit. aber *Hübner* 8ff. zu § 402 RAO 1967).

b) Gemeinsame Vorschriften

19 Für die in § 78c I StGB und in § 376 AO aufgeführten Unterbrechungshandlungen gelten folgende gemeinsame Regeln:

20 Die Unterbrechungshandlung muß sich auf **eine konkretisierte Tat und einen konkreten Täter** richten. Die Handlung muß sich demnach zunächst auf *eine* Tat im prozessualen Sinne (§§ 155, 264 StPO) beziehen. Das bedeutet, daß die Tat als historisches Ereignis zeitlich und räumlich wenigstens ungefähr bestimmbar sein muß. Dagegen ist es nicht erforderlich, daß sämtliche für die rechtliche Beurteilung erforderlichen Umstände bereits bekannt sind. Dies ist regelmäßig erst das Endergebnis des Strafverfahrens. Der Täter muß als konkretisierbare Person feststehen; ist sein Name unbekannt, so muß er aufgrund anderer Umstände bestimmbar sein. Maßnahmen innerhalb eines Verfahrens gegen „Unbekannt" genügen daher nicht (vgl. zum Ganzen *Rudolphi* 4ff. zu § 78c StGB mwN).

21 Die Unterbrechungshandlung muß **zur Förderung der Strafverfolgung geeignet** sein. Bei der Mehrzahl der aufgezählten Handlungen ist dies immer der Fall. Dient jedoch zB die erneute richterliche Vernehmung des Beschuldigten (§ 78c I Nr. 2 StGB) ausschließlich dem Zweck, die Verjährung zu unterbrechen, so ist sie zur Förderung der Strafverfolgung nicht geeignet, die Unterbrechung tritt nicht ein. Die entsprechenden Grundsätze der Rechtsprechung zu § 68 StGB aF (BGH 25, 8 v. 24. 8. 1972) behalten daher auch zu § 78c StGB ihre Bedeutung (*Rudolphi* 7 zu § 78c StGB).

22 **Bei schriftlichen Anordnungen und Entscheidungen** tritt gem. § 78c II StGB die Unterbrechung im Zeitpunkt der Unterzeichnung ein, sofern das Schriftstück alsbald nach der Unterzeichnung in den Geschäftsgang gelangt. Maßgeblich ist hier der *übliche* Abstand zwischen Unterzeichnung und Übergabe in den Geschäftsgang (*Rudolphi* 10 zu § 78c StGB). Wird das Schriftstück *später* in den Geschäftsgang gegeben, so ist gem. § 78c II 2 StGB der spätere Zeitpunkt maßgeblich.

23 Wird die Verjährung bereits durch die **Anordnung einer Maßnahme** unterbrochen, so tritt durch die Ausführung dieser Anordnung keine erneute Unterbrechung ein (BayObLG v. 24. 5. 1976, MDR 779; *Rudolphi* 17 zu § 78c StGB).

24 **c) Die Unterbrechungshandlungen**

Nach § 78c I Nr. 1 StGB unterbrechen die Verjährung **die erste Vernehmung des Beschuldigten, die Bekanntgabe der Einleitung eines gegen ihn gerichteten Ermittlungsverfahrens und die Anordnung dieser Bekanntgabe.** Die erste Vernehmung des Beschuldigten ist die erste Gelegenheit, bei der sich der Beschuldigte zu den Vorwürfen äußern kann. Ob er sich äußert oder schweigt, ist unerheblich. Eine Vernehmung als Zeuge und eine informatorische Anhörung genügen nicht (*Rudolphi* 14 zu § 78c StGB). Auch genügt die erste Vernehmung in einem *Bußgeld*verfahren nicht. Die Bekanntgabe der Einleitung eines Ermittlungsverfahrens muß wenigstens die dem Beschuldigten zur Last gelegte Tat in groben Umrissen kennzeichnen. Eine besondere Form ist dafür nicht erforderlich (*Rudolphi* 15 u. *Schönke/Schröder* 7 zu § 78c StGB). Die Auffassung des BGH (BGH 25, 8 v. 24. 8. 1972; 25, 345 v. 9. 7. 1974), die Bekanntgabe sei auch dann erfolgt, wenn sie dem Beschuldigten nicht zugegangen sei, ist nicht unbedenklich. Auch bedarf es dieser Annahme nicht, weil regelmäßig die *Anordnung* der Bekanntmachung vorliegen wird (*Rudolphi* 15 zu § 78c StGB).

25 Nach § 376 AO wird die Strafverfolgungsverjährung auch durch die **Bekanntgabe der Einleitung des Bußgeldverfahrens und deren Anordnung** unterbrochen. Das Gesetz weitet die Unterbrechungshandlungen für Steuerstraftaten gegenüber dem allgemeinen Strafrecht aus, bei dem nur Handlungen im Rahmen eines *Straf*verfahrens die Verfolgungsverjährung unterbrechen. Von praktischer Bedeutung ist hier die Übersendung des Anhörungsbogens, mit dem regelmäßig die Bekanntgabe der Einleitung eines *Bußgeld*verfahrens verbunden ist (BGH 25, 6 v. 24. 8. 1972; 25, 345 v. 9. 7. 1974).

26 Nach § 78c I Nr. 2 StGB unterbricht jede **richterliche Vernehmung des Beschuldigten oder deren Anordnung.** Bei der Vernehmung durch einen ersuchten Richter unterbricht allein die Anordnung durch den ersuchenden Richter (*Rudolphi* 17 zu § 78c StGB).

27 Die **Beauftragung eines Sachverständigen** durch den Richter oder Staatsanwalt unterbricht die Verjährung nach § 78c I Nr. 3 StGB nur dann, wenn dem Beschuldigten zuvor die Einleitung des Ermittlungsverfahrens bekanntgegeben oder er vernommen worden war.

28 Nach § 78c I Nr. 4 StGB unterbrechen auch die **richterliche Beschlagnahme- und Durchsuchungsanordnungen** (§§ 98, 100, 111a III, § 111e StPO) die Verjährung ebenso wie richterliche Entscheidungen, die diese **aufrechterhalten.**

29 Die Verjährung wird ferner gem. § 78c I Nr. 5 StGB unterbrochen durch den **Haftbefehl** (§ 114 StPO), den **Unterbringungsbefehl** (§ 126a StPO), den **Vorführungsbefehl** (§ 134 StPO) und durch diese Entscheidungen **aufrechterhaltende richterliche Entscheidungen.** Entscheidungen nach § 116 StPO über die Aussetzung oder den Vollzug eines Haftbefehls unterbrechen die Verjährung nicht (*Rudolphi* 20, aM *Dreher* 15 zu § 78c StGB).

30 Nach § 78c I Nr. 6 StGB unterbricht die **Erhebung der öffentlichen Klage** (also auch der Antrag auf Erlaß eines Strafbefehls nach § 407 StPO) und die Stellung des entsprechenden Antrags im Sicherungsverfahren (§ 414 II StPO) und im selbständigen Verfahren (§ 440 StPO).

31 Die nach § 78c I Nr. 7 StGB unterbrechende Wirkung der **Eröffnung des Hauptverfahrens** tritt nicht erst mit der Zustellung, sondern nach § 78c II StGB bereits mit der Unterzeichnung ein.

32 Nach § 78c I Nr. 8 StGB unterbricht auch jede **Anberaumung einer Hauptverhandlung** die Verjährung. Die Frage, ob dazu auch die Anberaumung eines neuen Termins nach unterbrochener Hauptverhandlung genügt, ist umstritten (s. *Rudolphi* 23, *Dreher* 18 zu § 78c StGB).

33 Nach § 78c I Nr. 9 StGB unterbricht der **Strafbefehl** sowie eine andere **dem Urteil entsprechende Entscheidung** die Verjährung. Das Urteil selbst ist nicht aufgeführt, weil es gem. § 78b III StGB die Verjährung *ruhen* läßt (s. Rdnr. 37).

34 § 78c I Nr. 10 StGB faßt verschiedene **Entscheidungen** zusammen, die **aus Gründen der Abwesenheit** des Angeschuldigten gefällt werden. Dazu gehört die vorläufige Einstellung des Verfahrens wegen Abwesenheit (§ 205 StPO) sowie die Anordnungen von Richter oder Staatsanwalt zur Aufenthaltsermittlung oder Beweissicherung, soweit sie nach der vorläufigen Einstellung oder im Verfahren gegen Abwesende ergehen.

35 Nach § 78c I Nr. 11 StGB unterbrechen die Verjährung **die vorläufige Einstellung des Verfahrens wegen Verhandlungsunfähigkeit** nach § 209 StPO sowie von Richter oder Staatsanwalt getroffene **Anordnungen zur Überprüfung der Verhandlungsfähigkeit.**

36 § 78c I Nr. 12 StGB bestimmt schließlich, daß jedes **richterliche Ersuchen, eine Untersuchungshandlung im Ausland** vorzunehmen, die Verjährung unterbricht.

6. Ruhen der Verjährung

§ 78b StGB – Ruhen

(1) **Die Verjährung ruht, solange nach dem Gesetz die Verfolgung nicht begonnen oder nicht fortgesetzt werden kann. Dies gilt nicht, wenn die Tat deshalb nicht verfolgt werden kann, weil Antrag, Ermächtigung oder Strafverlangen fehlen.**

(2) **Steht der Verfolgung entgegen, daß der Täter Mitglied des Bundestages oder eines Gesetzgebungsorgans eines Landes ist, so beginnt die Verjährung erst mit Ablauf des Tages zu ruhen, an dem**

1. **die Staatsanwaltschaft oder eine Behörde oder ein Beamter des Polizeidienstes von der Tat und der Person des Täters Kenntnis erlangt oder**
2. **eine Strafanzeige oder ein Strafantrag gegen den Täter angebracht wird (§ 158 der Strafprozeßordnung).**

(3) **Ist vor Ablauf der Verjährungsfrist ein Urteil des ersten Rechtszuges ergangen, so läuft die Verjährungsfrist nicht vor dem Zeitpunkt ab, in dem das Verfahren rechtskräftig abgeschlossen ist.**

37 **Das Ruhen der Verjährung verschiebt den Beginn einer Frist oder hemmt den Weiterlauf** einer begonnenen Frist. Während mit jeder Unterbrechungshandlung eine neue Frist beginnt, bleibt nach dem Aufhören des Ruhens ein bereits abgelaufener Teil der Frist bedeutsam. Das Ruhen der Verjährung soll den Eintritt der Verjährung in den Fällen verhindern, in denen jede Verfolgungsmaßnahme, also auch eine Unterbrechung der Verjährung, rechtlich unmöglich ist (vgl. *Rudolphi* 2 zu § 78b StGB).

38 **Gemäß § 78b I StGB ruht die Verjährung während der Zeit,** in welcher die Strafverfolgung aufgrund *gesetzlicher Vorschrift* nicht begonnen oder nicht fortgesetzt werden kann. Das gilt sowohl für die Unmöglichkeit der Strafverfolgung im Einzelfall als auch dann, wenn gesetzliche Vorschriften die Strafverfolgung allgemein unmöglich machen (BGH 1, 84 v. 3. 4. 1951). Die Unzulässigkeit *einzelner* Verfahrenshandlungen genügt nicht (zB RG 52, 36f. v. 5. 10. 1917 betr. Geisteskranke). Vielmehr muß die Verfolgung insgesamt *kraft Gesetzes* ausgeschlossen sein, wie zB bei Angehörigen der in der BRD stationierten fremden Truppen bis zu einem ausländischen Ersuchen um Übernahme der Gerichtsbarkeit (OLG Celle v. 26. 4. 1965, NJW 1673) oder bei Abgeordneten des BTages (Art. 46 II GG). Die Immunität führt jedoch erst von dem Zeitpunkt ab zum Ruhen der Verjährung, zu dem die Strafverfolgungsbehörde von Tat und Täter Kenntnis erlangt hat (§ 78b II StGB). Gleiches gilt für den BPräs (Art. 60 IV GG), obwohl das Gesetz dies nicht ausdrücklich vorsieht (*Rudolphi* 5 zu § 78b StGB). Während der Zeit vom Erlaß eines *Vorlagebeschlusses* gem. Art. 100 GG bis zur Bekanntgabe der Entscheidung des BVerfG an das vorlegende Gericht ruht die Verjährung gem. § 78b I 1 StGB, da die Aussetzung des Verfahrens in Art. 100 GG zwingend vorgeschrieben ist (OLG Schleswig v. 17. 11. 1961, NJW 1962,

1580 mwN; ebenso *Rudolphi* 7 zu § 78b StGB). Die Erhebung der *Verfassungsbeschwerde* gegen eine strafgerichtliche Entscheidung hingegen bewirkt kein Ruhen der Verfolgungsverjährung (OLG Düsseldorf v. 13. 10. 1967, NJW 1968, 117), es sei denn, das BVerfG untersagt die Weiterführung des Strafverfahrens gem. § 32 BVerfGG. Gemäß § 78b III StGB ist die Verjährung zwischen erstinstanzlichem Urteil und Rechtskraft gehemmt.

39 **Sind Beginn oder Fortsetzung eines Strafverfahrens von einer Vorfrage abhängig,** deren Entscheidung in einem anderen Verfahren erfolgen muß, ruht die Verjährung bis zu dessen Beendigung (*Rudolphi* 6 zu § 78b StGB). Von einer Vorfrage „*abhängig*" ist die Durchführung des Strafverfahrens, wenn die Beurteilung der Vorfrage für das Strafverfahren bindend ist, wie zB im Falle des § 396 AO (s. auch § 153a III, § 154e StPO). Die Verjährung ruht nicht, wenn im Strafverfahren aus Zweckmäßigkeitsgründen die Entscheidung eines *Musterprozesses* abgewartet wird.

§ 377 Steuerordnungswidrigkeiten

(1) **Steuerordnungswidrigkeiten (Zollordnungswidrigkeiten) sind Zuwiderhandlungen, die nach den Steuergesetzen mit Geldbuße geahndet werden können.**

(2) **Für Steuerordnungswidrigkeiten gelten die Vorschriften des Ersten Teils des Gesetzes über Ordnungswidrigkeiten, soweit die Bußgeldvorschriften der Steuergesetze nichts anderes bestimmen.**

Vgl. zu Abs. I: § 369 I AO, § 1 I OWiG; zu Abs. II: § 369 II AO.

Schrifttum:
Göhler, Gesetz über Ordnungswidrigkeiten, Kurzkommentar, 5. Aufl., 1977 *Rebmann/Roth/Herrmann,* Gesetz über Ordnungswidrigkeiten, Kommentar (Losebl.), 1976; *Rotberg,* Ordnungswidrigkeitengesetz, Kommentar, 5. Aufl. 1975 bearbeitet von *Kleinewefers/Boujong/Wilts; Peltzer,* Die Berücksichtigung des wirtschaftlichen Vorteils bei der Bußgeldbemessung im Ordnungswidrigkeitenrecht, DB 1977, 1445.

Übersicht

I. Allgemeines

1. Entstehungsgeschichte

1 Die inhaltsgleiche Vorschrift des § 403 RAO war nach dem Vorbild des § 391 RAO durch Art. 2 Nr. 18 des 2. AOStrafÄndG v. 12. 8. 1968 (BGBl. I 953) in das Gesetz eingefügt worden (Begr. s. BT-Drucks. V/1812 S. 26). § 377 I AO 1977 weicht von § 403 I RAO nur redaktionell ab; statt von „*Zuwiderhandlungen gegen Steuergesetze*" spricht das Gesetz nun von „*Zuwiderhandlungen, die nach den Steuergesetzen mit Geldbuße geahndet werden können*" (Begr. s. BT-Drucks. VI/1982 S. 197 iVm S. 193).

2. Zweck der Vorschrift

2 § 377 I AO grenzt Steuerordnungswidrigkeiten (s. Rdnr. 3ff.) von Steuerstraftaten iS des § 369 I AO ab. Die Sammelbezeichnung für alle Ordnungswidrigkeiten der §§ 378–383 AO erleichtert die Gesetzestechnik. Durch den

Begriff *„Steuerordnungswidrigkeit“* werden die §§ 409ff. AO ohne weiteres auf die genannten Zuwiderhandlungen bezogen. § 377 II AO hat – ebenso wie § 369 II AO – nur klarstellende Bedeutung, da die §§ 378–384 AO offensichtlich keine vollständige Regelung des materiellen Rechts der Steuerordnungswidrigkeiten darstellen (s. Rdnr. 4 zu § 369 AO).

II. Begriff der Steuerordnungswidrigkeit

3 **Eine Ordnungswidrigkeit** ist eine rechtswidrige und vorwerfbare Handlung, die den Tatbestand eines Gesetzes verwirklicht, das die Ahndung mit einer Geldbuße zuläßt (§ 1 OWiG). Über die wesensmäßigen Unterschiede zwischen Kriminalstrafrecht und Ordnungsunrecht vgl. *Göhler* 2 u. 5 vor § 1 OWiG. Entscheidend ist die abstrakte Tatbestandsbewertung durch den Gesetzgeber. Es kommt nicht darauf an, ob die zur Ahndung zuständige Verwaltungsbehörde oder das Gericht die Tat im Einzelfall nach ihrem materiellen Unrechtsgehalt als Ordnungsunrecht oder Kriminalunrecht ansieht (s. *Göhler* 5 B vor § 1 OWiG). § 377 I AO definiert *Steuerordnungswidrigkeiten* (Zollordnungswidrigkeiten s. Rdnr. 7) als diejenigen Zuwiderhandlungen gegen Steuergesetze, die mit Geldbuße bedroht sind. Die Vorschrift verweist damit auf die §§ 378–383 AO.

4 **Steuergesetz** iS des § 377 I AO ist jede Rechtsnorm, welche die Ermittlung oder Erklärung von Besteuerungsgrundlagen oder die Anmeldung, Festsetzung, Erhebung oder Vollstreckung einer Steuer regelt, für deren Verwaltung die AO gilt. Der Gesetzesbegriff ist im materiellen Sinn aufzufassen (s. Rdnr. 5 zu § 369 AO). Auf die Bezeichnung des Gesetzes kommt es nicht an. Steuergesetz ist auch die AO selbst, so daß – wenn die Tatbestände der §§ 378–383 AO erfüllt sind – nicht geprüft zu werden braucht, ob es sich im Einzelfall wesensmäßig um eine Steuerverfehlung handelt (s. Rdnr. 11 zu § 381 AO).

5 **Zuwiderhandlung** ist ein Verstoß gegen eine bestimmte Rechtspflicht, die sich sowohl aus dem Bußgeldtatbestand selbst wie auch aus anderen Normen ergeben kann. Als *Ordnungswidrigkeit* kann nur ein tatbestandsmäßiges, rechtswidriges und vorwerfbares Handeln geahndet werden. Die Grundvoraussetzungen des Art. 103 II GG gelten im Bereich des Ordnungsunrechts ebenso wie im Strafrecht (vgl. *Göhler* 4 vor § 1 OWiG). Auch im Recht der Ordnungswidrigkeiten gelten die Rechtssätze *nulla poena sine culpa* (BVerfG 20, 323, 333 v. 25. 10. 1966) und *in dubio pro reo* (BVerfG 9, 167, 170 v. 4. 2. 1959).

6 **Blankettatbestände,** dh Bußgeldvorschriften, die selbst nur die Bußgelddrohung enthalten, jedoch wegen der mit Geldbuße bedrohten Handlung auf andere Vorschriften verweisen, sind nur dann mit Art. 103 II GG vereinbar, wenn die Blankettnorm die Regelungen, die zu ihrer Ausfüllung in Betracht kommen, sowie deren möglichen Inhalt und Gegenstand genügend deutlich bezeichnet und abgrenzt (BVerfG 23, 265, 269 v. 7. 5. 1968). Wird der

Tatbestand eines Blankettgesetzes durch ein anderes *Gesetz* ergänzt, genügt im Blankettgesetz eine Verweisung auf die ausfüllende Norm. Erfolgt die Ergänzung jedoch durch eine *RechtsVO,* so genügt eine derartige Verweisung allein nicht; vielmehr müssen zugleich die Voraussetzungen für die Verhängung einer Geldbuße sowie deren Maß im Blankettgesetz selbst oder in einer anderen gesetzlichen Vorschrift, auf die das Blankettgesetz Bezug nimmt, hinreichend deutlich umschrieben werden (BVerfG 14, 245, 252 v. 25. 7. 1962; bejahend OLG Frankfurt v. 31. 1. 1963, ZfZ 1964, 118, zu § 413 I Nr. 1a RAO 1939.

7 **Zollordnungswidrigkeiten** sind an sich Steuerordnungswidrigkeiten, weil „Zölle" begrifflich zu den „Steuern" gehören (§ 3 I 2 AO). Die Abgrenzung ist aber insofern bedeutsam, als andere Gesetze auf die Vorschriften für Zölle verweisen. Eine „Teesteuer-"Ordnungswidrigkeit gem. § 382 AO zB ist iS des § 377 I AO eine „Zollordnungswidrigkeit", auf die § 80 ZollG auch dann anwendbar wäre, wenn das TeeStG keine Verweisung enthielte.

III. Geltung des OWiG

1. Umfang der Verweisung

8 **Die Vorschriften des 1. Teils des OWiG** (s. Rdnr. 10ff.) gelten auch für Steuerordnungswidrigkeiten, soweit die Bußgeldvorschriften der Steuergesetze nichts anderes bestimmen (§ 377 II AO). Grundvoraussetzung einer Ordnungswidrigkeit ist – ebenso wie im Strafrecht – eine tatbestandsmäßige (s. Rdnr. 31, 32 zu § 369 AO), rechtswidrige (s. Rdnr. 33 zu § 369 AO sowie Rdnr. 25) und vorwerfbare (s. Rdnr. 12ff.) Handlung.

9 **Eine von den allgemeinen Vorschriften abw. Regelung** trifft § 384 AO über die Verfolgungsverjährung. Die Vorschrift gilt für die leichtfertige Steuerverkürzung (§ 378 AO) und für die Steuergefährdungen iS der §§ 379, 380 AO. Während nach § 10 OWiG auch fahrlässiges Handeln (s. Rdnr. 15ff.) geahndet werden kann, setzen die Steuerordnungswidrigkeiten nach §§ 378–381 AO „Leichtfertigkeit" (s. Rdnr. 22ff. zu § 378 AO) voraus; anders § 382 AO. Das Höchstmaß der zulässigen Geldbuße ist bei den Steuerordnungswidrigkeiten ebenfalls abw. von § 17 I OWiG geregelt (§ 378 II, § 379 IV, § 380 II, § 381 II, § 382 III, § 383 II AO).

2. Einzelheiten

a) Geltungsbereich des OWiG

10 **Über die zeitliche Geltung** von Bußgeldvorschriften bestimmen:

§ 3 OWiG – Keine Ahndung ohne Gesetz

Eine Handlung kann als Ordnungswidrigkeit nur geahndet werden, wenn die Möglichkeit der Ahndung gesetzlich bestimmt war, bevor die Handlung begangen wurde.

§ 4 OWiG – Zeitliche Geltung

(1) **Die Geldbuße bestimmt sich nach dem Gesetz, das zur Zeit der Handlung gilt.**

(2) **Wird die Bußgelddrohung während der Begehung der Handlung geändert, so ist das Gesetz anzuwenden, das bei Beendigung der Handlung gilt.**

(3) **Wird das Gesetz, das bei Beendigung der Handlung gilt, vor der Entscheidung geändert, so ist das mildeste Gesetz anzuwenden.**

(4) **Ein Gesetz, das nur für eine bestimmte Zeit gelten soll, ist auf Handlungen, die während seiner Geltung begangen sind, auch dann anzuwenden, wenn es außer Kraft getreten ist. Dies gilt nicht, soweit ein Gesetz etwas anderes bestimmt.**

(5) **Für Nebenfolgen einer Ordnungswidrigkeit gelten die Absätze 1 bis 4 entsprechend.**

Die Vorschriften sind den §§ 1, 2 StGB nachgebildet; s. daher Rdnr. 18ff. zu § 369 AO. Im Verhältnis zu Strafvorschriften sind Bußgeldvorschriften das *mildeste Gesetz* iS des § 4 III OWiG (*Göhler* 4 B zu § 4 OWiG mwN).

11 **Über den räumlichen Geltungsbereich** bestimmen:

§ 5 OWiG – Räumliche Geltung

Wenn das Gesetz nichts anderes bestimmt, können nur Ordnungswidrigkeiten geahndet werden, die im räumlichen Geltungsbereich dieses Gesetzes oder außerhalb dieses Geltungsbereichs auf einem Schiff oder Luftfahrzeug begangen werden, das berechtigt ist, die Bundesflagge oder das Staatszugehörigkeitszeichen der Bundesrepublik Deutschland zu führen.

§ 7 OWiG – Ort der Handlung

(1) **Eine Handlung ist an jedem Ort begangen, an dem der Täter tätig geworden ist oder im Falle des Unterlassens hätte tätig werden müssen oder an dem der zum Tatbestand gehörende Erfolg eingetreten ist oder nach der Vorstellung des Täters eintreten sollte.**

(2) **Die Handlung eines Beteiligten ist auch an dem Ort begangen, an dem der Tatbestand des Gesetzes, das die Ahndung mit einer Geldbuße zuläßt, verwirklicht worden ist oder nach der Vorstellung des Beteiligten verwirklicht werden sollte.**

b) Vorwerfbarkeit

12 **Eine Ordnungswidrigkeit kann nur geahndet werden,** wenn sie „vorwerfbar" begangen ist (§ 1 I OWiG). Im Strafrecht ist „Schuld" = Vorwerfbarkeit (s. Rdnr. 87ff. zu § 369 AO). Auch iS des § 1 OWiG deckt sich der Begriff „vorwerfbar" inhaltlich mit dem strafrechtlichen Begriff „schuldhaft" (vgl. *Göhler* 4 D vor § 1 OWiG). Das OWiG spricht aber bewußt *nicht* von „Schuld" des Täters, weil *„mit dem Schuldbegriff das Element sozialethischer Mißbilligung verbunden werden kann, das in dem Vorwurf eines bloßen Ordnungsverstoßes nicht enthalten ist"* (s. Begr. BT-Drucks. V/1269 S. 46). Nicht vorwerfbares Handeln liegt zB vor bei fehlender Verantwortlichkeit gem. § 12 OWiG oder bei unvermeidbarem Verbotsirrtum (s. Rdnr. 14).

Zu den Begriffen **Vorsatz** s. Rdnr. 42ff. zu § 369 AO, **Fahrlässigkeit** s. Rdnr. 15ff., **Leichtfertigkeit** s. Rdnr. 22ff. zu § 378 AO.

13 **Über den Irrtum** bestimmt:

§ 11 OWiG – Irrtum

(1) **Wer bei Begehung einer Handlung einen Umstand nicht kennt, der zum gesetzlichen Tatbestand gehört, handelt nicht vorsätzlich. Die Möglichkeit der Ahndung wegen fahrlässigen Handelns bleibt unberührt.**

(2) **Fehlt dem Täter bei Begehung der Handlung die Einsicht, etwas Unerlaubtes zu tun, namentlich weil er das Bestehen oder die Anwendbarkeit einer Rechtsvorschrift nicht kennt, so handelt er nicht vorwerfbar, wenn er diesen Irrtum nicht vermeiden konnte.**

Die Regelung des **Tatumstandsirrtums** durch § 11 I OWiG ist § 16 I StGB nachgebildet (Einzelheiten s. Rdnr. 89ff. zu § 369 AO). Bei den Blankettvorschriften (s. Rdnr. 6) gehören die Merkmale, auf die das Blankett verweist, zum Tatbestand (*Göhler* 2 A zu § 11 OWiG). Ein Tatumstandsirrtum schließt den Vorsatz aus (anders der Verbotsirrtum s. Rdnr. 14). Beruht die Unkenntnis der Tatbestandsmerkmale auf Fahrlässigkeit (Leichtfertigkeit), kommt eine Ahndung gem. § 11 I 2 OWiG in Betracht, falls das Gesetz fahrlässiges (leichtfertiges) Handeln mit Geldbuße bedroht, wie zB §§ 378–382 AO (anders § 383 AO).

14 **Der Verbotsirrtum** iS des § 11 II OWiG bezieht sich nicht auf Tatumstände, sondern auf die *Rechtswidrigkeit* der Tat. Er läßt den Vorsatz unberührt (s. Rdnr. 90ff. zu § 369 AO). Die Vorschrift gilt in gleicher Weise für den Täter, der sich irrig die Rechtmäßigkeit seines Handelns vorgestellt hat, wie auch für den, der überhaupt nicht nachgedacht hat (anders § 21 E 1962). Gerade im Recht der Ordnungswidrigkeiten sind die *Gebots*tatbestände besonders zahlreich. Der Täter wird daher *„häufig keinen Anlaß finden, über die rechtliche Beurteilung seiner Untätigkeit nachzudenken“* (s. Begr. BT-Drucks. V/1269 S. 46). Während der strafrechtliche Verbotsirrtum bei fehlendem „Unrechtsbewußtsein“ vorliegt (s. Rdnr. 91 zu § 369 AO), spricht § 11 II OWiG von dem fehlenden Bewußtsein, etwas „Unerlaubtes“ zu tun. Diese Fassung soll ausdrücken, daß den Ordnungswidrigkeiten Verstöße gegen Ge- und Verbote zugrunde liegen, die nicht auf sozialethischen Wertmaßstäben beruhen, sondern nur aus Zweckmäßigkeitsgründen geschaffen worden sind (vgl. *Göhler* 3 B zu § 11 OWiG). Gem. § 11 II OWiG ist eine Ahndung nur dann ausgeschlossen, wenn dem Täter das fehlende Bewußtsein, etwas Unerlaubtes zu tun, nicht „vorzuwerfen“ ist. Der Irrtum ist vorwerfbar, wenn der Täter bei Anwendung der Sorgfalt, die nach der Sachlage objektiv zu fordern war und die er nach seinen persönlichen Verhältnissen erbringen konnte, das Unerlaubte seines Handelns zu erkennen vermochte (s. Rdnr. 91 zu § 369 AO). Eine besondere Anspannung des „Gewissens“ kann jedoch regelmäßig schon deshalb nicht gefordert werden, *„weil die im Recht der Ordnungswidrigkeiten zum Ausdruck kommenden Werturteile den Bereich des Gewissens in vielen Fällen nicht berücksichtigen“* (Begr. BT-Drucks. V/1269 S. 46; BGH 21, 18, 21

v. 27. 1. 1966). Der vorwerfbare Verbotsirrtum kann bei der Bemessung der Geldbuße mildernd berücksichtigt werden. Die für die Ahndung zuständige Stelle ist dabei nicht auf den Bußgeldrahmen für fahrlässiges (leichtfertiges) Handeln (§ 17 II OWiG) beschränkt (s. Begr. BT-Drucks. V/1269 S. 47). Über die Unterscheidung von Tatumstands- und Verbotsirrtum in Grenzfällen vgl. *Göhler* 2 B u. 4 zu § 11 OWiG.

c) Fahrlässigkeit

15 Die Steuerordnungswidrigkeiten nach §§ 378–382 AO können leichtfertig (§§ 378–381 AO) oder fahrlässig (§ 382 AO) begangen werden. Da Leichtfertigkeit ein gesteigertes Maß der Fahrlässigkeit ist (s. Rdnr. 22ff. zu § 378 AO), ist für alle Steuerordnungswidrigkeiten nach §§ 378–382 AO die Fahrlässigkeit von Bedeutung. Zwischen der fahrlässigen Straftat und der fahrlässigen Ordnungswidrigkeit bestehen keine dogmatischen Unterschiede. Literatur und Rspr zum Fahrlässigkeitsdelikt sind daher auch für die fahrlässige Ordnungswidrigkeit von Bedeutung. Ebenso wie beim Vorsatzdelikt sind auch beim Fahrlässigkeitsdelikt die Stufen der Tatbestandsmäßigkeit, Rechtswidrigkeit und Schuld zu unterscheiden. Abgesehen davon, daß das Fahrlässigkeitsdelikt das Fehlen des Vorsatzes wenigstens in bezug auf ein Tatbestandsmerkmal und statt des Vorsatzes entsprechende Fahrlässigkeit voraussetzt, bestehen sonst zwischen Vorsatz- und Fahrlässigkeitsdelikt kaum Unterschiede.

16 **Der Begriff der Fahrlässigkeit** ist umstritten. Streitig ist zunächst die Frage, ob die Fahrlässigkeit ein Merkmal des Tatbestandes (heute hM: *Welzel* S. 130, 175; *Stratenwerth* 1123ff.; *Samson* 6ff., Anh zu § 16 StGB) oder der Schuld (*Dreher* 15 zu § 15 StGB; *Baumann* S. 288f.) ist. Da die Eliminierung der Fahrlässigkeit aus dem Tatbestand dazu führte, daß die schlichte Erfolgsverursachung das Unrecht und damit die Rechtswidrigkeit des Verhaltens auch dann begründete, wenn die Erfolgsverursachung für den Täter unvermeidbar ist, ist die Zuordnung der Fahrlässigkeit zum Tatbestand vorzuziehen (*Samson* aaO). Die hM im Strafrecht zerlegt daher die Fahrlässigkeit in eine im Tatbestand angesiedelte *generelle* Sorgfaltswidrigkeit und eine *individuelle* Sorgfaltswidrigkeit, die die Schuld betrifft (so zB *Jescheck* S. 426ff.; *Welzel* S. 131f.). Generell sorgfaltswidrig sei ein Verhalten bereits dann, wenn ein gedachter – und mit bestimmten Kenntnissen ausgestatteter – Beobachter erkannt hätte, daß das Verhalten für das Schutzobjekt gefährlich sei. Ob dagegen auch der konkrete Täter diese Gefahr hätte erkennen können, sei erst in der Schuld von Bedeutung (individuelle Sorgfaltswidrigkeit). Für die generelle Sorgfaltswidrigkeit komme es auf das *Leitbild eines „einsichtigen Menschen" aus dem Verkehrskreis des Täters* an. Im Tatbestand ist daher zu prüfen, ob zB ein ordentlicher und einsichtiger Buchhalter oder ein gewissenhafter Steuerberater die Gefahr einer Steuerverkürzung erkannt hätte, sofern der Täter Buchhalter oder Steuerberater ist. Daß der Täter selbst wegen seiner unterdurchschnittlichen Fähigkeiten diese Einsicht nicht hätte gewinnen können, beseitigt nicht das Unrecht der Tat, sondern lediglich seine Schuld (bzw. Verantwortlichkeit). Eine Mindermeinung in der Literatur will demgegenüber bereits im Tatbestand allein die individuellen Fähigkeiten des Täters maßgeblich sein lassen (*Samson* 12ff., Anh zu § 16 StGB mwN). Weist der Täter *unterdurchschnittliche* Fähigkeiten und Kenntnisse auf, bestehen zwischen den verschiedenen Ansichten keine praktischen Unterschiede; entweder entfällt die Tatbestandsmäßigkeit oder die Schuld. Sofern der Täter jedoch *überdurchschnittliche* Fähigkeiten und Kenntnisse besitzt, kommt nur die Mindermeinung zu einem Fahrlässigkeitsdelikt, während die hM Fahrlässigkeit ablehnt (zum Streitstand s. *Samson* aaO).

17 Nach jeder Auffassung wird das Unrecht des fahrlässigen Delikts durch die Rechtsfigur des **erlaubten Risikos** begrenzt. Da nahezu jedes menschliche Verhalten im sozialen Kontakt vorhersehbare Gefahren für strafrechtlich oder ordnungsrechtlich geschützte Güter begründet, würde ein generelles Verbot der Vornahme gefährlicher Handlungen einem allgemeinen Handlungsverbot nahekommen. Bestimmte Risiken werden daher vom Recht hingenommen. Der Umfang dieses „erlaubten Risikos" läßt sich jedoch abstrakt kaum definieren. Er wird vor allem durch bestimmte Kunstregeln, die sich in einzelnen Verkehrskreisen herausgebildet haben, umrissen (s. *Samson* 16ff., Anh zu § 16 StGB mwN). Obwohl zB die Möglichkeiten von Fehlern bei jeder Warenbestandsaufnahme ohne weiteres erkennbar sind, handelt nicht rechtswidrig, wer die üblichen und als ausreichend anerkannten organisatorischen Vorkehrungen gegen Fehler getroffen hat. Auch das Verhalten der Angehörigen steuerberatender Berufe wird in stärkerem Maße von dem erlaubten Risiko als von der Erkennbarkeit von Fehlern bestimmt (s. Rdnr. 37ff. zu § 378 AO).

d) Versuch

18 Versuchte Steuerordnungswidrigkeiten können mangels einer ausdrücklichen Vorschrift gem. § 13 II OWiG nicht geahndet werden.

e) Beteiligung

19 Das OWiG verzichtet auf eine Unterscheidung zwischen dem Täter und den verschiedenen Formen der Teilnahme (s. Rdnr. 61ff. zu § 369 AO). Stattdessen ist der Begriff des **Einheitstäters** eingeführt worden:

§ 14 OWiG – Beteiligung

(1) **Beteiligen sich mehrere an einer Ordnungswidrigkeit, so handelt jeder von ihnen ordnungswidrig. Dies gilt auch dann, wenn besondere persönliche Merkmale (§ 9 Abs. 1), welche die Möglichkeit der Ahndung begründen, nur bei einem Beteiligten vorliegen.**

(2) **Die Beteiligung kann nur dann geahndet werden, wenn der Tatbestand eines Gesetzes, das die Ahndung mit einer Geldbuße zuläßt, rechtswidrig verwirklicht wird oder in Fällen, in denen auch der Versuch geahndet werden kann, dies wenigstens versucht wird.**

(3) **Handelt einer der Beteiligten nicht vorwerfbar, so wird dadurch die Möglichkeit der Ahndung bei den anderen nicht ausgeschlossen. Bestimmt das Gesetz, daß besondere persönliche Merkmale die Möglichkeit der Ahndung ausschließen, so gilt dies nur für den Beteiligten, bei dem sie vorliegen.**

(4) **Bestimmt das Gesetz, daß eine Handlung, die sonst eine Ordnungswidrigkeit wäre, bei besonderen persönlichen Merkmalen des Täters eine Straftat ist, so gilt dies nur für den Beteiligten, bei dem sie vorliegen.**

Täter einer Ordnungswidrigkeit ist jeder, der durch sein Verhalten dazu beiträgt, daß die Ordnungswidrigkeit begangen wird. Abw. vom Strafrecht (s. Rdnr. 62ff. zu § 369 AO) kommt es nicht darauf an, auf welche Weise und in welchem Umfang er sich an der Tat beteiligt. Die Einführung des einheitlichen Täterbegriffs soll die Rechtsanwendung erleichtern (s. Begr. BT-Drucks. V/1268 S. 48). Für eine Unterscheidung der Teilnahmeformen besteht im Ordnungsunrecht kein Bedürfnis, weil es keine von § 17 I OWiG abweichende Mindestbußgelddrohung mehr gibt; ausführlich zum Einheitstäterbegriff im OWiG: *Cramer* NJW 1969, 1929; *Dreher* NJW 1970, 217; *Kienapfel* JuS 1974, 1.

20 **Als Beteiligter handelt nur,** wer an einer nicht nur allein von ihm begangenen Tat bewußt und gewollt (vorsätzlich) mitwirkt. Wer nur fahrlässig (leichtfertig) verursacht, daß ein anderer eine Vorsatztat begeht, ist nicht Beteiligter iS des § 14 OWiG. Beteiligung liegt jedoch vor, wenn jemand vorsätzlich verursacht, daß ein anderer eine Tat ausführt, der selbst nicht vorsätzlich handelt (str.; *Göhler* 1 B zu § 14 OWiG mwN). Der Begriff der Beteiligung erfaßt also unmittelbare und mittelbare Täterschaft (s. Rdnr. 62ff. zu § 369 AO), Mittäterschaft (s. Rdnr. 69 zu § 369 AO), Anstiftung (s. Rdnr. 71 zu § 369 AO) und Beihilfe (s. Rdnr. 71 zu § 369 AO), ohne daß im einzelnen eine Abgrenzung erforderlich ist. **Die Ahndung der Beteiligung** setzt eine rechtswidrige Handlung voraus (§ 14 II OWiG). Die Beteiligung selbst muß vorwerfbar sein; daß *alle* Beteiligten vorwerfbar gehandelt haben, ist nicht erforderlich (§ 14 III 1 OWiG). Eine erfolglose Beteiligung (zB das Verabreden zu einer Ordnungswidrigkeit) kann nicht geahndet werden (anders § 30 StGB).

21 **Besondere persönliche Merkmale** (§ 14 I 2 OWiG, s. auch Rdnr. 23), welche die Möglichkeit der Ahndung begründen, brauchen nur bei *einem* der Beteiligten gegeben zu sein. Fehlen sie bei *allen,* kann der Bußgeldtatbestand nicht erfüllt werden. Eine dem § 28 I StGB entsprechende Vorschrift gibt es im OWiG nicht. Da eine von § 17 I OWiG abweichende Mindestgeldbuße nicht vorgeschrieben ist, kann das Fehlen persönlicher Merkmale bei der Bemessung der Geldbuße mildernd berücksichtigt werden oder im Rahmen des Opportunitätsprinzips (§ 47 OWiG) sogar dazu führen, daß von der Verfolgung abgesehen wird (s. Begr. BT-Drucks. V/1269 S. 49). Ahndungsausschließende persönliche Merkmale kommen nur dem Beteiligten zugute, bei dem sie vorliegen (§ 14 III 2 OWiG).

f) Handeln für einen anderen

§ 9 OWiG – Handeln für einen anderen

(1) **Handelt jemand**

1. **als vertretungsberechtigtes Organ einer juristischen Person oder als Mitglied eines solchen Organs,**

2. als vertretungsberechtigter Gesellschafter einer Personenhandelsgesellschaft oder
3. als gesetzlicher Vertreter eines anderen,
so ist ein Gesetz, nach dem besondere persönliche Eigenschaften, Verhältnisse oder Umstände (besondere persönliche Merkmale) die Möglichkeit der Ahndung begründen, auch auf den Vertreter anzuwenden, wenn diese Merkmale zwar nicht bei ihm, aber bei dem Vertretenen vorliegen.

(2) **Ist jemand von dem Inhaber eines Betriebes oder einem sonst dazu Befugten**
1. beauftragt, den Betrieb ganz oder zum Teil zu leiten, oder
2. ausdrücklich beauftragt, in eigener Verantwortung Pflichten zu erfüllen, die den Inhaber des Betriebes treffen,
und handelt er auf Grund dieses Auftrages, so ist ein Gesetz, nach dem besondere persönliche Merkmale die Möglichkeit der Ahndung begründen, auch auf den Beauftragten anzuwenden, wenn diese Merkmale zwar nicht bei ihm, aber bei dem Inhaber des Betriebes vorliegen. Dem Betrieb im Sinne des Satzes 1 steht das Unternehmen gleich. Handelt jemand auf Grund eines entsprechenden Auftrages für eine Stelle, die Aufgaben der öffentlichen Verwaltung wahrnimmt, so ist Satz 1 sinngemäß anzuwenden.

(3) **Die Absätze 1 und 2 sind auch dann anzuwenden, wenn die Rechtshandlung, welche die Vertretungsbefugnis oder das Auftragsverhältnis begründen sollte, unwirksam ist.**

22 **Im Recht der Steuerordnungswidrigkeiten hat § 9 OWiG** – anders als die entsprechende Regelung des § 14 StGB – nicht unerhebliche Bedeutung. Zahlreiche steuerliche Pflichtnormen wenden sich entweder ausdrücklich (*„Arbeitgeber“, „Betriebsinhaber“, „Unternehmer“, „Gestellungspflichtiger“*) oder nach dem Sachzusammenhang nur an einen bestimmten Personenkreis. Diese Personen handeln selten selbst. Sie können also nicht zur Verantwortung gezogen werden (über die Verantwortlichkeit des Normadressaten s. Rdnr. 45 ff.). Ohne eine ausdrückliche Regelung könnte auch der Handelnde nicht verantwortlich gemacht werden, weil die besonderen persönlichen Merkmale in seiner Person nicht gegeben sind (vgl. auch § 214 AO). Diese Lücke schließt § 9 OWiG.

23 **§ 9 OWiG setzt besondere persönliche Merkmale** des Normadressaten voraus. Dazu rechnet im Steuerstrafrecht zB die Stellung als Arbeitgeber, Inhaber des Betriebes, Unternehmer, Hersteller, Lagerinhaber, Tierhalter, Erlaubnisscheinnehmer, Einführer, Tabakpflanzer usw. Die gesetzlichen Vertreter einer juristischen Person (Vorstand oder Geschäftsführer) sowie die vertretungsberechtigten Gesellschafter einer Personenhandelsgesellschaft (zB Komplementär) müssen sich so behandeln lassen, als lägen die persönlichen Merkmale auch bei ihnen vor. Gleiches gilt für allgemeine gesetzliche Vertreter, vor allem Eltern und Vormünder, sowie „Parteien kraft Amtes“, wie Konkurs- und Vergleichsverwalter, Liquidator, Testamentsvollstrecker und Nachlaßverwalter (*Göhler* 4 D zu § 9 OWiG). Vertreter von nichtrechtsfähigen Vereinen oder Gesellschaften des bürgerlichen Rechts fallen nicht unter § 9 I OWiG (*Göhler* 4 C zu § 9 OWiG). Gewillkürte Vertreter, zB Angehöri-

ge der steuerberatenden Berufe, können nur unter den einschränkenden Voraussetzungen des § 9 II OWiG verantwortlich gemacht werden (s. Rdnr. 24).

24 **Betriebsleiter** ist derjenige, dem die selbständige Leitung eines Betriebes oder eines organisatorisch abgegrenzten Teilbetriebes übertragen worden ist, ohne daß es auf die Bezeichnung „*Betriebsleiter*" ankommt (*Göhler* 6 A zu § 9 OWiG). Ein *Prokurist* kann ebenso Betriebsleiter sein wie zB ein „*Direktor*". § 9 II Nr. 2 OWiG ist nur anwendbar, wenn ein *ausdrücklicher Auftrag* festgestellt werden kann. Die Gleichstellungsklausel (§ 9 II 2 OWiG) soll gewährleisten, daß alle Einrichtungen erfaßt werden, die als Betrieb oder Unternehmen angesehen werden können (vgl. *Göhler* 7 zu § 9 OWiG). Eine eindeutige Abgrenzung ist schwierig und nicht erforderlich. Die Rechtswirksamkeit der Vertretungsbefugnis (zB fehlende Eintragung im Handelsregister) oder des Auftragsverhältnisses (zB Nichtigkeit eines Vertrages mit einem nicht zur Hilfeleistung in Steuersachen Befugten) ist gem. § 9 III OWiG unerheblich.

g) Rechtfertigungsgründe

25 **Die Rechtswidrigkeit** einer positiven Handlung folgt idR aus der Tatbestandsmäßigkeit. Ein Unterlassen ist rechtswidrig, wenn der Täter seine Rechtspflicht zum Handeln vernachlässigt hat (s. Rdnr. 79 zu § 369 AO). Rechtfertigungsgründe (§§ 15, 16 OWiG) sind im Bereich der Steuerordnungswidrigkeiten selten. In Betracht kommen vor allem behördliche Erlaubnisse durch allgemeine Verwaltungsanordnung oder durch Einzelverfügung, zB Stundung einbehaltener LSt (vgl. § 380 AO), soweit sie *vor* der Handlung erteilt wurden (s. Rdnr. 20 zu § 380 AO). War die Behörde nicht zuständig, bleibt die Handlung zwar rechtswidrig, kann aber uU im Einzelfall nicht vorwerfbar sein (s. Rdnr. 14ff.). Ist nur die *unerlaubte* Handlung mit Geldbuße bedroht, handelt der Täter, der eine Erlaubnis hat, gar nicht tatbestandsmäßig (*Göhler* 4 C vor § 1 OWiG).

h) Geldbuße

26 **Über den Rahmen sowie die Zumessung** der Geldbuße bestimmt:

§ 17 OWiG – Höhe der Geldbuße

(1) **Die Geldbuße beträgt mindestens fünf Deutsche Mark und, wenn das Gesetz nichts anderes bestimmt, höchstens tausend Deutsche Mark.**

(2) **Droht das Gesetz für vorsätzliches und fahrlässiges Handeln Geldbuße an, ohne im Höchstmaß zu unterscheiden, so kann fahrlässiges Handeln im Höchstmaß nur mit der Hälfte des angedrohten Höchstbetrages der Geldbuße geahndet werden.**

(3) **Grundlage für die Zumessung der Geldbuße sind die Bedeutung der Ordnungswidrigkeit und der Vorwurf, der den Täter trifft. Auch die wirtschaftlichen Verhältnisse des Täters kommen in Betracht; bei geringfügigen Ordnungswidrigkeiten bleiben sie jedoch unberücksichtigt.**

(4) **Die Geldbuße soll den wirtschaftlichen Vorteil, den der Täter aus der Ordnungswidrigkeit gezogen hat, übersteigen. Reicht das gesetzliche Höchstmaß hierzu nicht aus, so kann es überschritten werden.**

Die höchstzulässige Geldbuße bei Steuerordnungswidrigkeiten beträgt – mit der Einschränkung des § 17 II OWiG – bei §§ 378, 383 AO 100000 DM, sonst 10000 DM. Geldbuße und Zwangsmittel (§ 328 AO) sind nebeneinander zulässig (vgl. *Tipke* 20 zu § 202 RAO). Ein Zwangsgeld kann aber bei der Zumessung der Geldbuße berücksichtigt werden (ähnl. BVerfG 21, 378, 388 v. 2. 5. 1967 betr. Kriminal- und Disziplinarstrafen).

27 § 17 III OWiG bestimmt, daß auch die **Bedeutung der Ordnungswidrigkeit und der Vorwurf,** der den Täter trifft, Grundlagen für die Zumessung der Geldbuße sind. Die Bedeutung der Ordnungswidrigkeit wird durch den „sachlichen Umfang der Tat" (s. Begr. BT-Drucks. V/1269 S. 51) bestimmt. Das Nichtabführen von Steuerabzugsbeträgen (§ 380 AO) wiegt zB ungleich schwerer als das Verweigern der „dienlichen Hilfe" bei Prüfungen im Zollgrenzbezirk (§ 382 I Nr. 2 AO iVm § 71 II 4 ZollG). Das vorwerfbare Verhalten des Täters wird bei erstmaligen Zuwiderhandlungen oder bei einer nur geringfügigen Beteiligung (s. Rdnr. 21) weniger gewichtig sein als bei wiederholter Mißachtung des geschützten Rechtsgutes. Im übrigen gelten für die Bemessung der Geldbuße die gleichen Grundsätze wie bei der Strafzumessung (s. Rdnr. 119 zu § 369 AO).

28 Nach § 17 IV OWiG soll die Geldbuße den **wirtschaftlichen Vorteil** übersteigen, den der Täter aus der Ordnungswidrigkeit gezogen hat. Die Vorschrift ersetzt für das OWiG den im StGB gesondert geregelten Verfall (§§ 73ff. StGB). Zu diesem Zweck kann gem. § 17 IV 2 OWiG das gesetzliche Höchstmaß der Geldbuße überschritten werden. Wieweit der nachträgliche Wegfall des Vorteils zu berücksichtigen ist, ist umstritten. *Göhler* (4 A zu § 17 OWiG mwN) lehnt dies ab, während *Peltzer* (DB 1977, 1445) sämtliche den Vorteil kompensierende Nachteile abziehen will. Diese für Steuerordnungswidrigkeiten praktisch bedeutsame Frage ist iS der Auffassung *Peltzers* zu beantworten. Einmal entspricht sie der Regelung für den Verfall in § 73 I 2 StGB. Zum anderen ist das Argument *Göhlers* (4 A zu § 17 OWiG), die Berücksichtigung des nachträglichen Wegfalls des Vorteils beseitige das gesteigerte Täterrisiko, schon deshalb unrichtig, weil die nach § 17 III OWiG zugemessene Geldbuße bleibt. Schließlich hat der BGH (BGH 23, 23 v. 18. 6. 1969), auf den sich *Göhler* beruft, zu § 27 c StGB aF den Abzug von Ersatzansprüchen ausdrücklich nur deshalb abgelehnt, weil der Täter die Vorteile beiseite gebracht hatte und der Ersatzberechtigte seine Ansprüche nicht durchsetzen konnte. Als wirtschaftlicher Vorteil ist also nur das anzusehen, was dem Täter nach Durchsetzung von Ersatzansprüchen verbleiben würde (*Peltzer* aaO).

29 **Zahlungserleichterungen** sind dem Betroffenen unter den Voraussetzungen des § 18 OWiG *von Amts wegen,* also auch ohne Antrag, in der Bußgeldentscheidung zu gewähren (*Göhler* 1 zu § 18 OWiG). Über *nachträgliche* Zahlungserleichterungen vgl. § 93 OWiG. Solange eine Zahlungserleichterung bewilligt ist, ruht die Vollstreckungsverjährung (§ 34 IV Nr. 3 OWiG).

i) Zusammentreffen mehrerer Gesetzesverletzungen

30 **Tateinheit** liegt vor, wenn dieselbe Handlung (s. Rdnr. 98ff. zu § 369 AO) mehrere Tatbestände oder denselben Tatbestand mehrmals erfüllt (§ 19 I OWiG). Ebenso wie im Strafrecht (§ 52 StGB) wird in diesem Fall nur *eine* Sanktion verhängt, und zwar nach dem Gesetz, das die *höchste* Geldbuße androht (§ 19 II OWiG). Trifft die Ordnungswidrigkeit tateinheitlich mit einer Straftat zusammen, wird gem. § 21 I OWiG nur das Strafgesetz angewendet; die Handlung kann jedoch gem. § 21 II OWiG als Ordnungswidrigkeit geahndet werden, wenn eine Strafe – etwa wegen eines Verfahrenshindernisses – nicht verhängt wird:

§ 21 OWiG – Zusammentreffen von Straftat und Ordnungswidrigkeit

(1) **Ist eine Handlung gleichzeitig Straftat und Ordnungswidrigkeit, so wird nur das Strafgesetz angewendet. Auf die in dem anderen Gesetz angedrohten Nebenfolgen kann erkannt werden.**

(2) **Im Falle des Absatzes 1 kann die Handlung jedoch als Ordnungswidrigkeit geahndet werden, wenn eine Strafe nicht verhängt wird.**

Die Verfolgung einer Zuwiderhandlung als Straftat im Anschluß an einen rechtskräftigen Bußgeldbescheid (anders im Falle eines Urteils) ist zulässig (§ 84 II, § 86 OWiG, s. Begr. BT-Drucks. V/1269 S. 109; ferner *Göhler* 3 A zu § 84 OWiG).

31 **Bei Tatmehrheit** (s. Rdnr. 106ff. zu § 369 AO) werden (anders § 53 StGB) gesonderte Geldbußen festgesetzt (§ 20 OWiG).

k) Einziehung

32 **Eine Einziehung als Nebenfolge einer Ordnungswidrigkeit** ist gem. § 22 I OWiG nur aufgrund ausdrücklicher gesetzlicher Ermächtigung zulässig (weitergehend § 74 I StGB, s. Rdnr. 42ff. zu § 375 AO). Bei den Steuerordnungswidrigkeiten der §§ 378–383 AO ist *keine* Einziehung zulässig, wohl aber gem. § 18 III BierStG bei Ordnungswidrigkeiten nach § 18 I BierStG und gem. § 42 II ZündwMonG bei Ordnungswidrigkeiten nach § 41 II ZündwMonG. Soweit in den Nebengesetzen eine ausdrückliche Einziehungsermächtigung besteht, greifen die Vorschriften der §§ 22, 24–29 OWiG ohne weiteres ein; nur die Anwendung des § 23 OWiG setzt eine zusätzliche Verweisung voraus. Die Anordnung der Einziehung in einem selbständigen Verfahren (§ 27 OWiG) ist *ohne* besondere Ermächtigung in einer anderen Vorschrift zulässig (vgl. *Göhler* 1 zu § 27 OWiG).

33 **Die Vorschriften des OWiG über die Einziehung** stimmen mit dem StGB idF des EGOWiG weitgehend wörtlich überein:

§ 22 II–III OWiG über die Voraussetzungen der Einziehung entspricht § 74 II–III StGB (s. Rdnr. 47 zu § 375 AO);

§ 23 OWiG über Dritteigentum entspricht § 74a StGB (s. Rdnr. 47 zu § 375 AO);

§ 24 OWiG über den Grundsatz der Verhältnismäßigkeit entspricht § 74b StGB (s. Rdnr. 65ff. zu § 375 AO);

§ 25 OWiG über die Einziehung des Wertersatzes entspricht § 74c StGB (s. Rdnr. 69ff. zu § 375 AO);

§ 26 OWiG über die Wirkung der Einziehung entspricht § 74e StGB (s. Rdnr. 86ff. zu § 375 AO);

§ 27 OWiG über die selbständige Einziehung entspricht § 76a StGB (s. Rdnr. 81ff. zu § 375; ferner Rdnr. 32);

§ 28 OWiG über Entschädigungen entspricht § 74f StGB (s. Rdnr. 91ff. zu § 375 AO);

§ 29 OWiG über Organe und Vertreter entspricht § 75 StGB (s. Rdnr. 56ff. zu § 375 AO).

l) Geldbuße gegen juristische Personen und Personenvereinigungen

§ 30 OWiG

(1) **Hat jemand als vertretungsberechtigtes Organ einer juristischen Person oder als Mitglied eines solchen Organs, als Vorstand eines nicht rechtsfähigen Vereins oder als Mitglied eines solchen Vorstandes oder als vertretungsberechtigter Gesellschafter einer Personenhandelsgesellschaft eine Straftat oder Ordnungswidrigkeit begangen, durch die**

1. Pflichten, welche die juristische Person oder die Personenvereinigung treffen, verletzt worden sind, oder

2. die juristische Person oder die Personenvereinigung bereichert worden ist oder werden sollte,

so kann gegen diese als Nebenfolge der Straftat oder Ordnungswidrigkeit eine Geldbuße festgesetzt werden.

(2) **Die Geldbuße beträgt**

1. im Falle einer vorsätzlichen Straftat bis zu hunderttausend Deutsche Mark,

2. im Falle einer fahrlässigen Straftat bis zu fünfzigtausend Deutsche Mark.

Im Falle einer Ordnungswidrigkeit bestimmt sich das Höchstmaß der Geldbuße nach dem für die Ordnungswidrigkeit angedrohten Höchstmaß der Geldbuße.

(3) **§ 17 Abs. 4 und § 18 gelten entsprechend.**

(4) **Kann wegen der Straftat oder Ordnungswidrigkeit aus tatsächlichen Gründen keine bestimmte Person verfolgt oder verurteilt oder eine Geldbuße gegen eine bestimmte Person nicht festgesetzt werden, so kann gegen die juristische Person oder die Personenvereinigung eine Geldbuße selbständig festgesetzt werden, wenn die Voraussetzungen des Absatzes 1 im übrigen vorliegen. Dasselbe gilt, wenn das Gericht von Strafe absieht, oder das Verfahren nach einer Vorschrift eingestellt wird, die dies nach dem Ermessen der Verfolgungsbehörde oder des Gerichts oder im Einvernehmen beider zuläßt.**

(5) **Die Festsetzung einer Geldbuße gegen die juristische Person oder Personenvereinigung schließt es aus, gegen sie wegen derselben Tat den Verfall nach den §§ 73, 73a des Strafgesetzbuches anzuordnen.**

34 **Zweck des § 30 OWiG** ist, einen Ausgleich dafür zu ermöglichen, *„daß der juristischen Person, die nur durch ihre Organe zu handeln imstande ist, zwar die Vorteile dieser in ihrem Interesse vorgenommenen Betätigung zufließen, daß sie aber beim Fehlen einer Sanktionsmöglichkeit nicht den Nachteilen ausgesetzt wäre, die als Folge der Nichtbeachtung der Rechtsordnung im Rahmen der für sie vorgenommenen Betätigung eintreten können. Die juristische Person wäre dann gegenüber der natürlichen Person besser gestellt"* (s. Begr. BT-Drucks. V/1269 S. 59). Eine juristische Person oder Personenvereinigung ist jedoch einer Tat im natürlichen Sinn

nicht fähig. Deshalb ist die Geldbuße gegen eine juristische Person die „*Nebenfolge*" der Tat einer natürlichen Person (s. Rdnr. 40).

35 Unter den **Begriff „juristische Person"** fallen alle Gebilde mit eigener Rechtspersönlichkeit (AG, GmbH, KGaA, Genossenschaft, eingetragener Verein), auch juristische Personen des öffentlichen Rechts (vgl. *Göhler* 1 A zu § 30 OWiG). Ihnen gleichgestellt sind der nichtrechtsfähige Verein (§ 54 BGB) sowie die Personenhandelsgesellschaften (KG, OHG). Indessen darf gegen Gesellschaften des bürgerlichen Rechts (§§ 705 ff. BGB) keine Geldbuße festgesetzt werden, da der vertretungsberechtigte Gesellschafter stets zugleich für sich selbst handelt, also *eigene* Pflichten verletzt.

36 **Als Täter** einer Handlung, welche die Rechtsfolgen des § 30 OWiG auslösen kann, kommen in Betracht:

- bei juristischen Personen das vertretungsberechtigte Organ oder deren Mitglieder. Ob das Vorstandsmitglied nur in Gemeinschaft mit einem anderen Vorstandsmitglied oder einem Prokuristen zur Vertretung befugt ist, ist unerheblich (*Göhler* 2 A zu § 30 OWiG);
- bei nichtrechtsfähigen Vereinen der Vorstand oder dessen Mitglieder;
- bei einer KG oder OHG deren vertretungsberechtigter Gesellschafter (bei einer GmbH & Co. KG die Geschäftsführer der Komplementär-GmbH).

Handlungen *minder* qualifizierter Vertreter (Prokurist, Handlungsbevollmächtigter) reichen nicht aus (Ausnahme: Geschäftsleiter von Kreditinstituten, § 1 II, § 59 KWG, § 39 HypBG). Bei Handlungen dieser Personen kann § 30 OWiG aber als Nebenfolge einer Ordnungswidrigkeit gem. § 130 OWiG (s. Rdnr. 45 ff.) anwendbar sein. Das Merkmal „vertretungsberechtigt" soll die in Betracht kommenden Täter gegen andere Organe (zB Aufsichtsrat, Mitgliederversammlung) abgrenzen. Auf die rechtsgeschäftliche Vertretungsbefugnis im Einzelfall kommt es nicht an (*Göhler* 2 A zu § 30 OWiG).

37 **Das Organ** (s. Rdnr. 36) muß eine Straftat oder Ordnungswidrigkeit begangen, also rechtswidrig und vorwerfbar gehandelt haben, und zwar in seiner Eigenschaft „als" Organ, nicht im eigenen Interesse. Diese Handlung muß zu einer Pflichtverletzung (s. Rdnr. 38) oder zu einer Bereicherung (s. Rdnr. 39) führen.

38 **„Pflichten" iS des § 30 I Nr. 1 OWiG** sind nur solche, „*die sich für die juristische Person und Personenvereinigung aus dem besonderen Wirkungskreis ergeben*", also namentlich die „*betriebsbezogenen Pflichten*" (s. Begr. BT-Drucks. V/1269 S. 60). Dazu gehören zB Pflichten, welche die juristische Person als Stpfl treffen, sowie die Pflichten als „*Arbeitgeber*", „*Hersteller*", „*Einführer*", „*Gewerbetreibender*" usw. Die Aufsichtspflicht gem. § 130 OWiG (s. Rdnr. 45 ff.) ist ebenfalls eine „Pflicht" iS des § 30 I Nr. 1 OWiG.

39 **Eine Bereicherung** erfüllt den Tatbestand des § 30 I Nr. 2 OWiG auch dann, wenn keine betriebsbezogenen Pflichten (s. Rdnr. 38) verletzt worden sind. Voraussetzung ist aber auch hier ein innerer Zusammenhang zwischen der Tat des Organs und dem Wirkungsbereich des Vertretenen (*Göhler* 2 D zu § 30 OWiG). Bei vorsätzlicher oder leichtfertiger Steuerverkürzung (§§ 370,

378 AO) oder bei Verletzung von Steuerabzugspflichten (§ 380 AO) ist regelmäßig eine Bereicherung der juristischen Person eingetreten. Hat das Organ einbehaltene Abzugsbeträge für sich verbraucht, greift § 30 I Nr. 1 AO ein.

40 **Als Nebenfolge** der Straftat oder Ordnungswidrigkeit einer natürlichen Person wird die Geldbuße gegen eine juristische Person regelmäßig nicht in einem selbständigen Verfahren (s. aber Rdnr. 41), sondern im Verfahren gegen die betroffene natürliche Person festgesetzt. Über das Verfahren vgl. § 88 OWiG, § 444 StPO.

41 **Eine selbständige Festsetzung der Geldbuße** ist möglich, wenn das Verfahren gegen eine bestimmte Person nicht durchgeführt werden kann oder eingestellt worden ist oder wenn das Gericht von Strafe absieht (§ 30 IV OWiG). Erforderlich ist aber auch in diesem Fall die Feststellung, daß eine *bestimmte* Person eine vorwerfbare Straftat oder Ordnungswidrigkeit begangen hat (*Göhler* 8 zu § 30 OWiG). Über das Verfahren vgl. § 88 II OWiG, § 444 III StPO.

42 **Das Opportunitätsprinzip** gilt für die Festsetzung der Geldbuße (arg.: „... *kann*") ebenso wie für die Verfolgung der Ordnungswidrigkeit gem. § 47 OWiG. Danach „sollte im Einzelfall geprüft werden, welche Sanktion ausgesprochen worden wäre, wenn das Organ die Tat als Einzelunternehmer begangen hätte" (*Göhler* 4 zu § 30 OWiG). Diese Bewertung kann dazu führen, das Verfahren gegen das Organ einzustellen und gegen die juristische Person oder Personenvereinigung ein selbständiges Verfahren (s. Rdnr. 41) zu betreiben.

43 **Die Geldbuße** beträgt bei Steuerordnungswidrigkeiten mindestens 5 DM, höchstens 100000 DM; bei Straftaten mindestens 5 DM, höchstens 100000 DM bei Vorsatz oder 50000 DM bei Fahrlässigkeit.

44 **Die Verjährung der Verfolgung** der Straftat oder Ordnungswidrigkeit schließt auch die Festsetzung einer Geldbuße gem. § 30 OWiG aus (§ 31 I OWiG).

3. Verletzung der Aufsichtspflicht in Betrieben und Unternehmen

§ 130 OWiG

(1) **Wer als Inhaber eines Betriebes oder Unternehmens vorsätzlich oder fahrlässig die Aufsichtsmaßnahmen unterläßt, die erforderlich sind, um in dem Betrieb oder Unternehmen Zuwiderhandlungen gegen Pflichten zu verhindern, die den Inhaber als solchen treffen und deren Verletzung mit Strafe oder Geldbuße bedroht ist, handelt ordnungswidrig, wenn eine solche Zuwiderhandlung begangen wird, die durch gehörige Aufsicht hätte verhindert werden können. Zu den erforderlichen Aufsichtsmaßnahmen gehört auch die Bestellung, sorgfältige Auswahl und Überwachung von Aufsichtspersonen.**

(2) **Dem Inhaber eines Betriebes oder Unternehmens stehen gleich**
1. **sein gesetzlicher Vertreter,**
2. **die Mitglieder des zur gesetzlichen Vertretung berufenen Organs einer juristischen Person sowie die vertretungsberechtigten Gesellschafter einer Personenhandelsgesellschaft,**

3. Personen, die beauftragt sind, den Betrieb oder das Unternehmen ganz oder zum Teil zu leiten, soweit es sich um Pflichten handelt, für deren Erfüllung sie verantwortlich sind.

(3) **Betrieb oder Unternehmen im Sinne der Absätze 1 und 2 ist auch das öffentliche Unternehmen.**

(4) **Die Ordnungswidrigkeit kann, wenn die Pflichtverletzung mit Strafe bedroht ist, mit einer Geldbuße bis zu hunderttausend Deutsche Mark geahndet werden. Ist die Pflichtverletzung mit Geldbuße bedroht, so bestimmt sich das Höchstmaß der Geldbuße wegen der Aufsichtspflichtverletzung nach dem für die Pflichtverletzung angedrohten Höchstmaß der Geldbuße.**

45 **Zweck des § 130 OWiG** ist eine abschließende, für *alle* Ordnungswidrigkeiten einheitlich geltende Regelung der bußrechtlichen Verantwortlichkeit des Geschäftsherrn bei Vernachlässigung seiner Aufsichtspflicht (s. Begr. BT-Drucks. V/1269 S. 67). Der Gesetzgeber wollte mit dieser Vorschrift eine Lücke schließen, die sich daraus ergeben kann, daß Adressat gewisser Pflichtnormen lediglich der Betriebsinhaber ist, dieser aber andere für sich handeln läßt. Jenem Dritten sind zwar gem. § 9 OWiG unter gewissen Voraussetzungen bestimmte persönliche Merkmale zuzurechnen. Die Geldbuße kann aber nur nach den (regelmäßig schwächeren) wirtschaftlichen Verhältnissen des Handelnden bemessen werden, und die Ursache der Gesetzesverletzung liegt häufig in einer mangelhaften Organisation des Betriebes. Wegen seiner garantenähnlichen Stellung ist der Betriebsinhaber dafür verantwortlich, daß die ihm obliegenden, sich aus der Führung des Betriebs ergebenden Pflichten beachtet werden.

46 **Als Täter** kommen in Anlehnung an die Vorschrift des § 9 OWiG (s. Rdnr. 22ff.) in Betracht:
– der Inhaber eines Betriebes oder Unternehmens sowie dessen gesetzlicher Vertreter;
– die gesetzlichen Vertreter einer juristischen Person bzw. die vertretungsberechtigten Gesellschafter einer Personengesellschaft (s. Rdnr. 36);
– Betriebsleiter, soweit sie mit der verantwortlichen Erfüllung bestimmter Pflichten beauftragt worden sind (s. Rdnr. 24). Bei größeren Betrieben sind die Aufgaben der Betriebsleitung regelmäßig auf mehrere Personen verteilt, so daß es gerechtfertigt ist, sie für das Unterlassen der erforderlichen Aufsichtsmaßnahmen verantwortlich zu machen. Der Leiter der Steuerabteilung eines Unternehmens kann zB den Tatbestand des § 130 OWiG erfüllt haben, wenn im Bereich des Betriebes mangels gehöriger Beaufsichtigung steuerrechtliche Pflichten iS der §§ 379, 380 AO verletzt worden sind.

47 **Nur das Unterlassen der erforderlichen Aufsichtsmaßnahmen ist Tatbestand** der Aufsichtspflichtverletzung. Eine Zuwiderhandlung gegen betriebliche Pflichten ist nur objektive Bedingung der Ahndung, braucht also vom subjektiven Tatbestand *nicht* umfaßt zu sein (*Göhler* 6 zu § 130 OWiG). Zu den ,,erforderlichen" Aufsichtsmaßnahmen gehört gem. § 130 I 2 OWiG die Bestellung, sorgfältige Auswahl und Überwachung von Aufsichtspersonen. Der Betriebsinhaber und die ihm gleichgestellten Personen (§ 130 II OWiG)

können sich daher bei Fehlen von Aufsichtspersonen nicht darauf berufen, ihnen selbst sei eine „eigene" Beaufsichtigung nicht möglich gewesen (Organisationsmangel). Im übrigen hängt das Ausmaß der Aufsichtspflicht von der Größe der Organisation des Betriebes, von der (objektiven) Bedeutung der zu beachtenden Vorschriften und von den Überwachungsmöglichkeiten ab. Gelegentliches Aufsuchen der Angestellten genügt nicht; erforderlich ist eine ständige und unmittelbare Überwachung mit gelegentlichen Stichproben sowie fortlaufende Unterrichtung der Hilfskräfte über die einschlägige Rechtsentwicklung (BGH 9, 319, 323 v. 11. 7. 1956).

48 **Der subjektive Tatbestand** setzt Vorsatz (s. Rdnr. 42ff. zu § 369 AO) oder Fahrlässigkeit (s. Rdnr. 15ff.) voraus. Die subjektiven Merkmale brauchen jedoch nur die mangelhafte Aufsicht zu umfassen, nicht dagegen deren Folge, nämlich die Verletzung betriebsbezogener Pflichten (s. Rdnr. 47).

49 **Eine betriebsbezogene Pflicht** muß verletzt worden sein (s. Begr. BT-Drucks. V/1269 S. 68). Steuerrechtliche Pflichten, die mit der Führung des Unternehmens zusammenhängen, sind stets „betriebsbezogen", nicht dagegen zB Vorgänge, welche die private VSt-Erklärung des Inhabers betreffen. Der Zuwiderhandelnde braucht nicht Betriebsangehöriger zu sein. Es genügt, daß er – mit oder ohne Auftrag – vorübergehend im Betrieb tätig ist, zB als freiberuflicher „Stundenbuchhalter". Voraussetzung ist aber, daß die Zuwiderhandlung bei gehöriger Aufsicht hätte verhindert werden können (§ 130 I 1 OWiG). Daraus folgt auch, daß die Feststellung eines *bestimmten* Täters *nicht* notwendig ist. Würde die Vorschrift in dem Sinne eingeengt, daß der Täter „in Wahrnehmung der ihm übertragenen Aufgaben" (§ 9 OWiG; s. Rdnr. 24) gehandelt haben muß, so wären die Fälle ausgenommen, in denen die Aufsichtspflichtverletzung in einem *Organisationsmangel* besteht und gerade deshalb nicht festgestellt werden kann, wer der Täter gewesen ist und ob er innerhalb seines Aufgabenbereichs gehandelt hat (s. Begr. BT-Drucks. V/1269 S. 69). Die Zuwiderhandlung gegen betriebliche Pflichten muß *„mit Strafe oder Geldbuße bedroht"* sein (§ 130 I 1 OWiG). Vorausgesetzt wird also eine tatbestandsmäßige und rechtswidrige Handlung (§ 1 II OWiG). Der Zuwiderhandelnde braucht selbst *keine* Straftat oder Ordnungswidrigkeit (§ 1 I OWiG) begangen zu haben, zB weil er nicht – auch nicht aufgrund des § 9 OWiG (s. Rdnr. 23) – Normadressat ist oder weil sein Verhalten nicht vorwerfbar war.

50 **Das Höchstmaß der Geldbuße** beträgt, falls die zugrunde liegende Pflichtverletzung mit Strafe bedroht ist, 100000 DM. Ist die zugrunde liegende Zuwiderhandlung mit Geldbuße bedroht, so bestimmt sich das Höchstmaß der Geldbuße wegen der Aufsichtspflichtverletzung nach dem für jene Zuwiderhandlung angedrohten Höchstmaß (§ 130 IV OWiG iVm § 17 II OWiG).

51 **Sachlich zuständig für die Verfolgung und Ahndung** einer Ordnungswidrigkeit iS des § 130 OWiG, der eine Zuwiderhandlung gegen Steuergesetze zugrundeliegt, ist regelmäßig die Finanzbehörde iS des § 386 I 2 AO (§ 131 III, § 36 I OWiG; § 409 iVm § 387 AO).

§ 378 Leichtfertige Steuerverkürzung

(1) **Ordnungswidrig handelt, wer als Steuerpflichtiger oder bei Wahrnehmung der Angelegenheiten eines Steuerpflichtigen eine der in § 370 Abs. 1 bezeichneten Taten leichtfertig begeht. § 370 Abs. 4 bis 6 gilt entsprechend.**

(2) **Die Ordnungswidrigkeit kann mit einer Geldbuße bis zu hunderttausend Deutsche Mark geahndet werden.**

(3) **Eine Geldbuße wird nicht festgesetzt, soweit der Täter unrichtige oder unvollständige Angaben bei der Finanzbehörde berichtigt oder ergänzt oder unterlassene Angaben nachholt, bevor ihm oder seinem Vertreter die Einleitung eines Straf- oder Bußgeldverfahrens wegen der Tat bekanntgegeben worden ist. § 371 Abs. 3 und 4 gilt entsprechend.**

Schrifttum:

S. vor Rdnr. 19, 22, 37, 45, 55.

Übersicht

I. Allgemeines

1. Entstehungsgeschichte

1 **Schon vor der RAO 1919** enthielten die meisten Steuergesetze der Länder und des Reiches Vorschriften, in denen unbeabsichtigte Steuerverkürzungen mit einer minderen Multiplarstrafe oder mit einer betragsmäßig begrenzten, vom verkürzten Steuerbetrag unabhängigen „*Ordnungsstrafe*" bedroht waren. Dabei wurde zT die Beweislast für fehlenden Vorsatz dem Beschuldigten aufgebürdet, vgl. zB Art. 12 WürttEStG v. 19. 9. 1852 (RegBl. 230): „*Wenn im Falle einer* [Steuerverkürzung] *der Angeschuldigte nachweist, daß er eine Steuergefährdung* [iS von Hinterziehung] *nicht habe verüben können oder wollen, so ist von der Centralsteuerbehörde ... anstatt der ... verwirkten Strafe eine Controllstrafe bis 30 fl. zu erkennen*", ferner Art. 29 BadKapitalrentenStG (GVBl. 361): „*Wird dargethan, daß die unterbliebene oder zu niedere Steuererklärung auf einem Versehen beruhe, so tritt ... statt der Strafe ... ein Ordnungsstrafe von höchstens dem einfachen Betrage der ... gar nicht oder zu wenig angesetzten Steuer ein*"; ähnl. Art. 27 BadEStG v. 20. 6. 1884 (GVBl. 321): „*Wird dargethan, daß eine der ... mit Strafe bedrohten Verfehlungen nur auf einem Versehen beruht, so tritt ... anstelle der ... angedrohten Strafe nur eine Ordnungsstrafe bis zu 300 Mark*"; Art. 66 III BayEStG v. 19. 5. 1881 (GVBl. 441): „*Ist aus den obwaltenden Umständen anzunehmen, daß die Abgabe unrichtiger oder unvollständiger Erklärungen oder die Ertheilung unrichtiger oder unvollständiger Aufschlüsse nicht in der Absicht, die Steuer zu*

hinterziehen, erfolgte, so tritt eine Ordnungsstrafe bis zu hundert Mark ein"; ähnl. Art. 68 III BayEStG v. 9. 6. 1899 (GVBl. 227): *,,Ist als nachgewiesen anzusehen, daß . . . eine Hinterziehung nicht beabsichtigt gewesen ist, dann ist eine Ordnungsstrafe bis zu 100 Mark zu verhängen . . .''*; abw. § 66 II PreußEStG v. 24. 6. 1891 (GS 175): *,,An die Stelle* [der Strafe für Hinterziehung] *tritt eine Geldstrafe von 20 bis 100 Mark, wenn aus den Umständen zu entnehmen ist, daß die unrichtige oder unvollständige Angabe oder die Verschweigung steuerpflichtigen Einkommens zwar wissentlich, aber nicht in der Absicht der Steuerhinterziehung erfolgt ist''*. Die Unterscheidung *,,wissentlich, aber nicht absichtlich''* enthielt außer § 79 II PreußKAG v. 14. 7. 1893 (GS 152) u. a. auch Art. 74 III BayEStG v. 14. 8. 1910 (GVBl. 493); anders dagegen Art. 67 II OldenbEStG v. 12. 5. 1906 (GBl. 833): *,,Ist die Falschmeldung zwar nicht wissentlich erfolgt, aber auf grobe Fahrlässigkeit zurückzuführen, so tritt eine Geldstrafe bis zu 100 Mark ein''*. Eine wenig überzeugende Lösung enthielt Art. 71 WürttEStG v. 8. 8. 1903 (RegBl. S. 261), nach dem wissentlich unrichtige Angaben nur mit Geldstrafe bis zu 300 Mark bedroht und dann die gleiche Strafe vorgesehen war, falls sich ein wissentliches Handeln nicht nachweisen ließ, aber festgestellt werden konnte, *,,daß die unrichtige oder unvollständige Angabe oder die Verschweigung bei Anwendung der pflichtgemäßen Sorgfalt und Aufmerksamkeit hätte vermieden werden können''*. Außergewöhnlich war auch der dem § 67 I SächsEStG v. 22. 12. 1874 (GVBl. 471) nachgebildete § 70 SächsEStG v. 24. 7. 1900 (GVBl. 562), nach dem mit Geldstrafe bis zu 100 Mark belegt werden konnte, *,,wer in den zum Zwecke der Einschätzung eines Einkommens . . . oder der Verhandlung eines Rechtsmittels von ihm gemachten Angaben sich in wesentlichen Punkten Unrichtigkeiten zu Schulden kommen läßt, sofern diese zur Bestrafung* [wegen Hinterziehung] *nicht geeignet sind''*.

Entsprechende Vorschriften enthielten die Steuergesetze des Reiches zB in § 32/§ 43 BrauStG v. 31. 5. 1872 (RGBl. 153)/3. 6. 1906 (RGBl. 675). *,,Kann der Angeschuldigte nachweisen, daß er eine Defraudation nicht habe verüben können oder eine solche nicht beabsichtigt gewesen sei, so findet nur eine Ordnungsstrafe* [bis zu 50 Thalern/150 Mark] *statt''*, ähnl. § 49 II ErbStG v. 3. 6. 1906 (RGBl. 654): *,,Ist nach den obwaltenden Umständen anzunehmen, daß die rechtzeitige Erfüllung der Verpflichtung* [zur Abgabe einer Steuererklärung] *nicht in der Absicht, die Erbschaftsteuer zu hinterziehen, unterlassen worden ist, tritt statt der* [Strafe für Hinterziehung] *eine Ordnungsstrafe bis zu 150 Mark ein''*, ferner § 51 I ZuwachsStG v. 14. 2. 1911 (RGBl. 33), § 58 WehrbeitragsG u. § 78 BesitzStG v. 3. 7. 1913 (RGBl. 505, 524).

2 **Mit § 367 RAO 1919 wurde erstmalig eine allgemeine Vorschrift über fahrlässige Steuerverkürzung eingeführt,** deren Strafdrohung gem. Art. VIII Nr. 6 der 3. StNotV v. 14. 2. 1924 (RGBl. I 74, 88) neu gefaßt wurde; neu bekanntgemacht als § 402 RAO 1931. In der Neufassung gem. Art. I Nr. 2 und 3 G v. 11. 5. 1956 (BGBl. I 418) wurde in Abs. I die ursprüngliche Bezeichnung *,,Steuergefährdung''* in ,,fahrlässige Steuerverkürzung'' und das subjektive Merkmal *,,fahrlässig''* in ,,leichtfertig'' geändert sowie in Abs. II (leichtfertige Steuerumgehung) der Hinweis auf § 10 RAO 1931 gestrichen (Begr. s. BT-Drucks. II/1593 S. 4f.).

Durch Art. 1 Nr. 15 des **2. AOStrafÄndG** v. 12. 8. 1968 (BGBl. I 1953) wurde die Vorschrift als Bußgeldtatbestand neugefaßt, als § 404 RAO bezeichnet und mit einer Überschrift versehen. In Abs. I wurden die Worte *,,oder als Vertreter''* im Hinblick auf § 50a StGB idF des Art. 1 Nr. 7 EGOWiG sowie die Worte *,,wegen fahrlässiger Steuerverkürzung''* im Hinblick auf die Überschrift weggelassen. Auf einen besonderen Absatz über leichtfertige

Steuerumgehung wurde – wie in § 392 RAO – verzichtet. Neu angefügt wurde Abs. III über die Selbstanzeige, dessen Vorläufer § 411 RAO 1931 war, sowie Abs. IV über die Verfolgungsverjährung, der abw. von § 27 II Nr. 1 OWiG aF – wie vorher § 419 I RAO 1931 – eine 5-jährige Verjährungsfrist bestimmte (Begr. s. BT-Drucks. V/1812 S. 27). Durch Art. 161 EGStGB wurde § 404 IV RAO im Hinblick auf die generelle Regelung in § 410 RAO gestrichen. § 378 AO unterscheidet sich von § 404 RAO idF von Art. 161 EGStGB nur noch dadurch, daß die Tathandlungen nicht mehr selbständig, sondern durch Verweisung auf § 370 AO beschrieben werden.

2. Zweck und Bedeutung

3 § 378 AO schützt als Bußgeldtatbestand – wie vorher der Straftatbestand des § 402 RAO 1931 – *„den vollen Ertrag aus jeder einzelnen Steuerart“* (vgl. BGH v. 28. 11. 1957, ZfZ 1958, 145; ausf. s. Einl 8) gegen leichtfertige Verkürzungen. Der objektive Tatbestand des § 378 AO stimmt in bezug auf Tathandlung und Erfolg mit dem objektiven Tatbestand der Steuerhinterziehung nach § 370 AO überein, jedoch sind Amtsträger und Auskunftspersonen aus dem Täterkreis ausgenommen (s. Rdnr. 6). Nach dem subjektiven Tatbestand wird der Schutz des vollen Steuerertrags durch § 378 AO weiter ausgedehnt als der Schutz des Eigentums und privater Vermögensansprüche gem. §§ 242, 246, 263 usw. StGB, die nur bei vorsätzlicher Tat eingreifen; eine Parallele findet sich neuerdings im Straftatbestand des leichtfertigen Subventionsbetruges (§ 264 StGB). Über die besondere Schutzbedürftigkeit des Steueraufkommens s. Einl 10.

4 **Dogmatisch** bietet die Steuerordnungswidrigkeit der leichtfertigen Steuerverkürzung nach § 378 AO ein wichtiges Beispiel dafür, daß dem Ordnungsunrecht nicht nur ein *folgenloses* rechtswidriges Verhalten – namentlich Vorbereitungs- oder Gefährdungshandlungen – zugeordnet werden kann, sondern auch eine Zuwiderhandlung, die das geschützte Rechtsgut unmittelbar *verletzt,* vgl. außer § 125 BranntwMonG zB § 39 Nr. 8 BJagdG. § 378 AO verstärkt die Zweifel, ob zwischen Straftaten und Ordnungswidrigkeiten ein dem Gesetzgeber vorgegebener qualitativer Unterschied besteht, den sich die Fürsprecher der Trennung zwischen kriminellem Unrecht und Ordnungsunrecht ursprünglich vorgestellt hatten.

5 **Nach den Erfahrungen der Praxis** bezieht sich die Anwendung des § 378 AO zu einem erheblichen Teil auf Fälle, in denen der Verdacht vorsätzlicher Handlungsweise fortbesteht, aber der Beweis des Vorsatzes nicht geführt werden kann, zB weil ein vom Täter geltend gemachter Tatumstandsirrtum (s. Rdnr. 89ff. zu § 369 AO) nicht widerlegt werden kann und daher im Zweifel als wahr unterstellt werden muß. In solchen Fällen wirkt § 378 AO als „Auffangtatbestand“. Hierbei dürfte die vorbeugende Wirkung einer Geldbuße besonders nachhaltig sein, weil der Betroffene weiß, daß er denselben Irrtum nicht noch einmal vorschützen kann (s. Rdnr. 31).

Im Jahre 1976 (1975) wurde leichtfertige Steuerverkürzung in 9993 (9365) Fällen durch rechtskräftige Bußgeldbescheide und in 108 (89) Fällen durch rechtskräftige Gerichtsurteile mit Geldbußen von insgesamt 4,7 (5,4) Mio DM geahndet. Die Summe der leichtfertig verkürzten Steuern betrug 78,8 (64,2) Mio DM.

II. Tatbestand des § 378 I AO

1. Täterkreis

6 **Als Täter** kommt gem. § 378 I AO nur in Betracht, wer die Steuerverkürzung *„als Steuerpflichtiger“* (s. Rdnr. 9) oder *„bei Wahrnehmung der Angelegenheiten eines Steuerpflichtigen“* (s. Rdnr. 10ff.) bewirkt. Bußrechtlich nicht verantwortlich sind daher Amtsträger der Finanzverwaltung, die bei der Ermittlung der Besteuerungsgrundlagen, der Festsetzung, Erhebung und Beitreibung der geschuldeten Steuer leichtfertig Fehler begehen, die den Steuerertrag schmälern (vgl. BGH v. 9. 5. 1956, ZfZ 1957, 186). Gleiches gilt für Amtsträger anderer Verwaltungen, die dem FA leichtfertig falsche Auskünfte erteilen. Indessen kann ein leichtfertiges Verhalten, das bei Stpfl als Steuerordnungswidrigkeit nach § 378 AO geahndet werden kann, bei Amtsträgern als Dienstvergehen mit einer Disziplinarmaßnahme, namentlich Verweis oder Geldbuße, im Disziplinarverfahren nach der BDO bzw. den Disziplinarordnungen der Länder geahndet werden. Diese Möglichkeit besteht nicht für Angestellte, die in der Außenprüfung, den Veranlagungsstellen, der Finanzkasse oder im Innendienst der Vollstreckungsstelle eingesetzt sind und durch leichtfertiges Verhalten eine Steuerverkürzung bewirken. Ebensowenig wie Amtsträger können Auskunftspersonen (§§ 93ff. AO) und Sachverständige (§ 96 AO) gem. § 378 AO bußrechtlich belangt werden (s. Rdnr. 9).

7 **Die außerhalb des Täterkreises stehenden Amtsträger, Auskunftspersonen und Sachverständigen** können sich iS des § 14 I OWiG in keiner Form an einer Steuerordnungswidrigkeit nach § 378 AO beteiligen, außer als Stpfl in *eigener* Sache. Sofern sie in ihrer Eigenschaft als Amtsträger usw. in *fremder* Sache tätig sind, ist eine Beteiligung als Täter iS des Strafrechts (s. Rdnr. 62ff. zu § 369 AO) gem. § 378 I AO ausgeschlossen. Eine Beteiligung durch Anstiftung oder Beihilfe (s. Rdnr. 70 zu § 369 AO) ist schon deshalb nicht möglich, weil diese Formen der Beteiligung begrifflich ein *vorsätzliches* Mitwirken an der Haupttat voraussetzen.

8 **Nicht privilegiert** sind Amtsträger, Sachverständige und Auskunftspersonen, wenn sie in einer Abgabenangelegenheit oder in einer Steuerstraf- oder -bußgeldsache vor dem Richter oder dem Vorsteher eines FA (§§ 94, 95, 96 VII AO) fahrlässig unrichtige Aussagen oder Gutachten beschwören oder fahrlässig unrichtige eidesstattliche Versicherungen abgeben und sich dadurch einer Straftat nach § 163 iVm §§ 154–156 StGB schuldig machen.

9 **Der Begriff des Steuerpflichtigen** ist in § 33 AO nunmehr auch für § 378 AO definiert. Nach § 97 I RAO war Steuerpflichtiger nur, wer eine Steuer als Steuerschuldner zu entrichten hatte. Da diese ausschließlich für das Besteuerungsverfahren bestimmte Definition für den Tatbestand der leichtfertigen Steuerverkürzung (§ 404 RAO) zu eng war, wurde auf die Definition in der

VO zur Durchführung der §§ 402 und 413 RAO v. 17. 8. 1940 (RMBl. 209) zurückgegriffen (s. *Kohlmann* 10 zu § 404 RAO). § 33 AO hat diese Definition nunmehr weitgehend übernommen:

§ 33 AO - Steuerpflichtiger

(1) **Steuerpflichtiger ist, wer eine Steuer schuldet, für eine Steuer haftet, eine Steuer für Rechnung eines Dritten einzubehalten und abzuführen hat, wer eine Steuererklärung abzugeben, Sicherheit zu leisten, Bücher und Aufzeichnungen zu führen oder andere ihm durch die Steuergesetze auferlegte Verpflichtungen zu erfüllen hat.**

(2) **Steuerpflichtiger ist nicht, wer in einer fremden Steuersache Auskunft zu erteilen, Urkunden vorzulegen, ein Sachverständigengutachten zu erstatten oder das Betreten von Grundstücken, Geschäfts- und Betriebsräumen zu gestatten hat.**

Die Definition in § 33 I AO wird maßgeblich bestimmt durch die Formulierung ,,... *oder andere ihm durch die Steuergesetze auferlegte Verpflichtungen zu erfüllen hat*". Durch diese Generalklausel werden die übrigen angeführten Fälle zu bloßen Beispielen. Gegenüber § 97 I RAO besteht die Erweiterung vor allem darin, daß auch der *potentielle* Steuerschuldner Täter nach § 378 AO sein kann, soweit er Aufzeichnungs- oder Erklärungspflichten hat. Dieses Ergebnis konnte vor Inkrafttreten der AO nur über die VO 1940 erzielt werden. Zu den Steuerpflichtigen gehören vor allem auch diejenigen Personen, die steuerliche Pflichten aufgrund eines Gesetzes für andere zu erfüllen haben wie zB die gesetzlichen Vertreter, Geschäftsführer (§ 34 I AO), die Mitglieder und Gesellschafter nicht rechtsfähiger Personenvereinigungen ohne Geschäftsführer (§ 34 II AO) sowie die Vermögensverwalter (§ 34 III AO). Wird die Wahrnehmung steuerlicher Pflichten kraft Rechtsgeschäftes delegiert und greift kein Pflichtenübergang kraft Gesetzes ein, so kommt die zweite Tätereigenschaft in § 378 AO (,,*bei Wahrnehmung der Angelegenheiten eines Steuerpflichtigen*") in Betracht (Rdnr. 10ff.). Soweit die Vertreter gem. § 34 AO selbst Steuerpflichtige sind, bedarf es der Anwendung von § 9 OWiG (Rdnr. 22ff. zu § 377 AO) nicht. Dagegen sind gem. § 33 II AO nicht Steuerpflichtige die Auskunftspflichtigen (§ 93 AO), die zur Vorlage von Urkunden Verpflichteten, soweit sie nur hierzu verpflichtet sind (§ 97 AO), die Sachverständigen (§ 96 AO) sowie diejenigen, die verpflichtet sind, das Betreten von Grundstücken und Räumen zu gestatten (§ 99 AO).

10 **Bei Wahrnehmung der Angelegenheiten eines Stpfl** iS des § 378 AO handelt jeder, dessen Tun oder pflichtwidriges Unterlassen mit den steuerrechtlichen Pflichten eines Stpfl in Zusammenhang steht. Der Begriff ist *weit* auszulegen (RG 57, 218, 219 v. 12. 4. 1923; v. 15. 1. 1931, JW 2311; *Kohlmann* 15 zu § 404 RAO). In Wahrnehmung der Angelegenheiten seiner Angehörigen handelt zB auch das Familienoberhaupt, wenn es bei gemeinschaftlicher Einreise schlüssig zu erkennen gibt, daß es die Zollformalitäten für alle Familienmitglieder erledigen will (vgl. OLG Hamm v. 20. 11. 1958, ZfZ 1959, 122).

Unerheblich ist,

11 – ob die Wahrnehmung der Angelegenheiten *geschäftsmäßig* oder *berufsmäßig* erfolgt, wie zB bei Rechtsanwälten, Notaren, StBer, Wpr, vBpr usw.;

12 – ob eine etwa geschäftsmäßig ausgeübte Hilfeleistung in Steuersachen *befugt* oder *unbefugt* ist;

13 – ob der Handelnde diejenige Tätigkeit (oder Untätigkeit), die eine Steuerverkürzung zur Folge hat, mit oder ohne *Vertretungsmacht,* mit oder ohne *Auftrag,* auf oder gegen eine *Weisung* des Stpfl ausübt (*Kohlmann* 19 zu § 404 RAO);

14 – ob der Handelnde *nach außen,* namentlich dem FA gegenüber, in Erscheinung tritt oder nicht (hM, vgl. RG 57, 218, 219 v. 12. 4. 1923; BGH v. 26. 1. 1954, StRK R. 1 zu § 402 RAO 1931; v. 26. 9. 1959, DStZ/B 439; BayObLG v. 24. 9. 1958, ZfZ 1960, 343; *Mattern* I S. 66; *Barske/Gapp* S. 63; *Hartung* II 2c zu § 402 RAO 1931; *Kohlmann* 17 zu § 404 RAO 1968; aM *Troeger/Meyer* S. 17ff.);

15 – ob ein für den Stpfl tätiger Angestellter sich in *leitender* Stellung befindet, zB als Prokurist, oder nur *untergeordnete* Arbeiten ausführt, zB als Buchhalter.

16 **Ein Zusammenhang mit der Erfüllung** (oder Nichterfüllung) **steuerrechtlicher Pflichten fehlt,** wenn der Handelnde (oder Untätige) zu den Angelegenheiten des Stpfl überhaupt keine Beziehung hat und sein Verhalten nur durch ein zufälliges Zusammenspiel äußerer Umstände zu einer Steuerverkürzung führt, zB wenn jemand einen anderen aus Gefälligkeit mit seinem Kfz aus dem Freihafen ins Zollinland mitnimmt (aM DOG v. 5. 7. 1950, ZfZ 272; abl. auch *Hartung* II 2c zu § 402 RAO 1931; *Kohlmann* 20 zu § 404 RAO 1968).

17 **Steuerberatungs- oder Wirtschaftsprüfungsgesellschaften** (§§ 32, 49ff. StBerG; §§ 1, 27ff. WprO), die in der Rechtsform einer AG, KGaA oder GmbH organisiert sein müssen, handeln zwar in Wahrnehmung der Angelegenheiten eines Stpfl, jedoch wird die Steuerberatung nicht durch die Gesellschaft als solche, sondern durch natürliche Personen eigenverantwortlich ausgeübt (vgl. § 60 StBerG, § 44 WprO). Regelmäßig können daher nur die im Einzelfall eigenverantwortlich tätigen Personen eine leichtfertige Steuerverkürzung nach § 378 AO begehen. Bei gesetzwidrigen Weisungen eines Vorstands oder Geschäftsführers kann eine Beteiligung (§ 14 OWiG, s. Rdnr. 18ff. zu § 377 AO) dieser Organmitglieder in Betracht kommen (vgl. *Neflin* DStZ 1962, 311, 313f.). Verletzungen der Aufsichtspflicht eines Vorstands oder Geschäftsführers können mit einer Geldbuße nach § 130 OWiG geahndet werden (s. Rdnr. 45ff. zu § 377 AO). In diesen Fällen kann auch die Steuerberatungs- oder Wirtschaftsprüfungsgesellschaft selbst mit einer Geldbuße nach § 30 I Nr. 1, II S. 2 OWiG belegt werden (s. Rdnr. 34ff. zu § 377 AO).

18 **Die Worte „als Vertreter eines Steuerpflichtigen“** sind – abw. von § 402 RAO 1931 – in § 378 AO nicht mehr enthalten (s. Rdnr. 2). Eine sachliche

Änderung ist dadurch nicht eingetreten. Wer als gesetzlicher Vertreter eines geschäftsunfähigen oder beschränkt geschäftsfähigen Stpfl (vgl. §§ 104, 106 BGB; § 34 I, § 35 AO) handelt oder als vertretungsberechtigtes Organ einer juristischen Person oder als Mitglied eines solchen Organs oder als vertretungsberechtigter Gesellschafter einer Personenhandelsgesellschaft im Namen des Stpfl tätig wird oder als Rechtsnachfolger, Testamentsvollstrecker, Erbschaftsbesitzer, Pfleger, Liquidator oder Verwalter für einen weggefallenen Stpfl handelt, wird gem. §§ 34, 35, 153 AO dem vertretenen oder weggefallenen Stpfl gleichgestellt (vgl. auch § 9 OWiG). Solche „Vertreter" sind daher *selbst* Stpfl iS des § 378 I AO (s. Rdnr. 9). Dasselbe gilt für Verfügungsberechtigte iS des § 35 AO, zB Treuhänder (RFH v. 6. 4. 1932, RStBl. 517), sowie für Betriebsleiter iS des § 214 S. 1 AO.

2. Tathandlung, Kausalität und Erfolg

Schrifttum:

Hintzen, Steuergefährdung durch wahrheitswidrige Stundungsbegründung, DB 1953, 874; *Lohmeyer,* Fahrlässige Steuerverkürzung durch die zu hohe Abschreibung zweifelhafter Forderungen, StBp 1963, 136; *Franzen,* Zur schuldgerechten Aufteilung der Steuerverkürzung (§§ 396, 402 AO), DStR 1964, 380.

19 **Als Tathandlung** kommen wegen der Verweisung in § 378 I AO nur die Verhaltensweisen nach § 370 I Nr. 1–3 AO in Betracht. Der Täter muß daher entweder unrichtige oder unvollständige Angaben machen (s. Rdnr. 90ff. zu § 370 I Nr. 1 AO), die Finanzbehörden pflichtwidrig in Unkenntnis lassen (s. Rdnr. 123ff. zu § 370 I Nr. 2 AO) oder pflichtwidrig die Verwendung von Steuerzeichen oder Steuerstemplern unterlassen (s. Rdnr. 162 zu § 370 I Nr. 3 AO). Soweit der Täter handelt, gilt das zur vorsätzlichen Steuerverkürzung Ausgeführte entsprechend. Auch bestehen dann keine Probleme, wenn der Täter, der eine Unterlassung nach § 370 I Nr. 2, 3 AO begeht, selbst Steuerpflichtiger ist. Bei denjenigen Tätern jedoch, die bei Wahrnehmung der Angelegenheiten eines Steuerpflichtigen unterlassen, erhebt sich die Frage, ob die lediglich *rechtsgeschäftliche Verpflichtung gegenüber dem Steuerpflichtigen* eine Pflicht iS von § 370 I Nr. 2, 3 AO ist. Aus § 378 I AO läßt sich entnehmen, daß rechtsgeschäftlich begründete Pflichten nicht generell ausscheiden, da sonst die Alternative *„bei Wahrnehmung der Angelegenheiten eines Steuerpflichtigen"* bei Unterlassungstaten keinen Anwendungsbereich hätte. Andererseits wird man jedoch nicht jegliche Verpflichtung zB des Arbeitnehmers gegenüber dem Arbeitgeber, als Pflicht zur Aufklärung der Finanzbehörden (§ 370 I Nr. 2 AO) oder als Pflicht zur Verwendung von Steuerzeichen oder Steuerstemplern (§ 370 I Nr. 3 AO) ansehen dürfen. Dies beruht darauf, daß in zahlreichen Arbeitsverhältnissen Nebenpflichten bestehen, deren Verletzung zur Herbeiführung einer Steuerverkürzung führen kann. Würde man zB die Pflicht des Chauffeurs zur Führung eines innerbetrieblichen Fahrtenbuches nur deshalb als Pflicht iS von § 370 I Nr. 2 AO ansehen, weil mit Hilfe der Eintragungen auch die private Nutzung des Pkw ermittelt und in Steuererklärungen angegeben wird, dann würde dadurch die leichtfertige Verletzung von

– steuerfernen – Pflichten aus dem Arbeitsvertrag in nicht zu vertretendem Umfang als Steuerordnungswidrigkeit geahndet. Eine Einschränkung des für §§ 378, 370 I Nr. 2, 3 AO relevanten Pflichtenkreises läßt sich nur in der Weise vornehmen, daß die verletzte Pflicht *Hauptpflicht* des Arbeits- oder Anstellungsvertrages ist. Damit scheiden die Pflichtverletzungen zB von Verkäufern, die bei der Inventur am Jahresende eingesetzt werden, von Fahrern, die Fahrtenbücher zu führen haben, und von Sekretärinnen, welche die Portokasse verwalten, aus. Dagegen können die Ordnungswidrigkeit nach § 378 AO durch Unterlassen begehen: die angestellten oder beauftragten Steuerberater, Wirtschaftsprüfer, Buchhalter, Leiter des Rechnungswesens oder Angestellte, die den Warenbestand hauptamtlich zu kontrollieren und zu erfassen haben.

20 **Der tatbestandsmäßige Erfolg** besteht bei § 378 AO – wie bei § 370 AO – darin, daß Steuern verkürzt oder ungerechtfertigte Steuervorteile erlangt werden. Für die Auslegung dieser Begriffe gelten die Erläuterungen zum Tatbestand der Steuerhinterziehung (s. Rdnr. 14ff. zu § 370 AO). Die Verweisung in § 378 I 2 AO stellt klar, daß auch die Vorschriften in § 370 IV–VI AO anzuwenden sind. Die leichtfertige Steuerverkürzung ist ein Erfolgsdelikt. Da der Versuch nicht mit Geldbuße bedroht ist, liegt vor Eintritt des steuerverkürzenden Erfolges noch keine Ordnungswidrigkeit vor. Jedoch kann in diesem Stadium bereits ein Gefährdungstatbestand nach den §§ 379–382 AO erfüllt sein.

21 Zwischen Täterverhalten und tatbestandsmäßigem Erfolg muß **Kausalität** bestehen (Einzelheiten s. Rdnr. 39ff. zu § 369 AO). Unerheblich ist es, in welcher Lage des Besteuerungsverfahrens die Ursache für die Steuerverkürzung gesetzt wird, ob bereits bei den laufenden Aufzeichnungen, bei den Bestandsaufnahmen, den Abschlußbuchungen, der Fertigung der Steuererklärung usw.; entscheidend ist nur, daß sich die Ursache in einer vollendeten Steuerverkürzung ausgewirkt hat.

3. Subjektiver Tatbestand

Schrifttum:

Hall, Über die Leichtfertigkeit, Mezger-Festschr. 1954, 229; *Hartung,* Schuldprobleme im Steuerstrafrecht, Aktuelle Fragen S. 37f.; *Lohmeyer,* Was ist „leichtfertig" i. S. des § 402 RAbgO? NJW 1960, 1708; *Kopacek,* Die Leichtfertigkeit bei Steuerverkürzungen, BB 1961, 447; *Lohmeyer,* Zum Begriff „leichtfertig" i. S. des Steuerstrafrechts, Inf 1963, 134; *ders.,* Zum Begriff der Fahrlässigkeit im Steuerstrafrecht, StW 1963, 773; *ders.,* Die Leichtfertigkeit bei Steuervergehen iS des § 402 AO, FR 1964, 374; *Ehlers,* Der Begriff der Leichtfertigkeit im Steuerstrafrecht, StW 1965, 225; *Mahlberg,* Die Leichtfertigkeit im Steuerstrafrecht, jur. Diss. München 1965; *Mangold,* Der Begriff der Leichtfertigkeit als Merkmal erfolgsqualifizierter Delikte, GA 1974, 257; *Tenckhoff,* Die leichtfertige Herbeiführung qualifizierter Tatfolgen, ZStW 88 (1976) 897.

22 **Der die Fahrlässigkeit einengende Begriff „leichtfertig"** (s. Rdnr. 23) wurde erstmalig bei der Änderung des § 402 AO 1931 durch Art. I Nr. 2 G v. 11. 5. 1956 (BGBl. I 418) in das Steuerstrafrecht eingeführt und durch das 2. AOStrafÄndG (s. Rdnr. 2) außer in § 404 RAO auch in die Bußgeldtatbestände der §§ 405–407 RAO übernommen, jedoch nicht in § 408 RAO. Der

Gesetzgeber ist dabei auf dem Wege fortgeschritten, die ursprünglich nur im Zivilrecht nach dem Grade der Fahrlässigkeit differenzierte Haftung (vgl. zB §§ 277, 300 I, § 932 II BGB: *„grobe Fahrlässigkeit"*, anderseits § 839 I BGB: *„Fahrlässigkeit"*) im Straf- und Bußgeldrecht dort zu verwirklichen, wo leichtes, uU aber folgenschweres fahrlässiges Verhalten eine Strafe nicht gerechtfertigt erscheinen läßt (vgl. § 97 II, § 138 III, § 311 III StGB) und auch eine Geldbuße bei leichter Fahrlässigkeit nicht geboten erscheint (vgl. §§ 379–380 AO; § 19 BierStG, § 94 TabStG, § 125 BranntwMonG). Nach § 378 AO ist die Verfolgungsbehörde bei nur fahrlässigen, nicht leichtfertigen Steuerverkürzungen von vornherein der Ermessensentscheidung nach § 47 I OWiG, ob nach den Umständen des Einzelfalles ein Einschreiten geboten ist, enthoben.

23 **Der Begriff „leichtfertig" bezeichnet einen erhöhten Grad von Fahrlässigkeit** (s. Rdnr. 15ff. zu § 377 AO). Die in § 18 III E 1962 vorgesehene Legaldefinition lautete: *„Leichtfertig handelt, wer grob fahrlässig handelt"* (Begr. s. BT-Drucks. IV/650 S. 18f.). Diese Begriffsbestimmung entspricht der hM zu § 402 RAO 1931 und den übrigen Vorschriften, die denselben Begriff verwenden. Regelmäßig hat die Rspr ausgesprochen, daß die Leichtfertigkeit *„etwa"* einer groben Fahrlässigkeit entspreche (vgl. RG v. 9. 10. 1935, JW 1936, 388f.; RG 71, 34, 37 v. 8. 12. 1936; 71, 174, 176 v. 12. 4. 1937; BGH v. 20. 3. 1956, zit. bei *Dallinger* MDR 1956, 396; OLG Schleswig v. 6. 2. 1963, ZfZ 1964, 343; OLG Hamm v. 14. 2. 1964, BB 1032; zust. *Schönke/Schröder* 203 zu § 15 StGB; *Samson* 4, Anh zu § 16 StGB; *Schroeder* LK 231 zu § 59 StGB sowie *Göhler* 3 C zu § 10 OWiG). Zu § 402 RAO 1931 hat der 2. StrS des BGH im Urt. v. 29. 4. 1959 (DStZ/B 351) festgestellt, daß Anhaltspunkte für eine andere Auslegung des Begriffes im Steuerstrafrecht nicht ersichtlich sind (zust. *Troeger/Meyer* S. 117, 154, 235 u. 263; *Hartung* II 5 a zu § 402 RAO 1931 u. *Kohlmann* 49 zu § 404 RAO 1968; aM *Ehlers* StW 1965, 226).

24 **Die Versuche einer näheren Umschreibung der Leichtfertigkeit** sind in unterschiedliche Richtungen verlaufen. Der 4. StrS des BGH hat im Urt. v. 25. 9. 1959 (DStZ/B 499 zu § 402 RAO 1931) ausgeführt, unter Leichtfertigkeit im strafrechtlichen Sinne sei eine *„an Vorsatz grenzende grobe Fahrlässigkeit"* zu verstehen (zust. *Lohmeyer* NJW 1960, 1798; ebenso BayObLG v. 18. 12. 1958, NJW 1959, 734, zu §§ 21, 41 III WehrStG). Diese Wendung ist – im Ergebnis zutreffend – auf Sachverhalte gemünzt, in denen die Umstände ein nur fahrlässiges Verhalten des Täters kaum mehr glaubhaft erscheinen lassen, vielmehr den Verdacht vorsätzlicher Handlungsweise aufdrängen. Die Formulierung erweckt jedoch dogmatische Bedenken, da sie den Vorsatz nicht als einen Schuldvorwurf anderer Art erscheinen läßt, sondern als eine gesteigerte Form der Fahrlässigkeit.

25 **Über grobe Fahrlässigkeit hinaus** gehen die Begriffsbestimmungen von *Kohlrausch/Lange* (XIII zu § 164 StGB), leichtfertig sei *„hochgradig fahrlässig"*, und von *Maurach* (AT S. 536), der als Leichtfertigkeit eine *„besonders grobe, offensichtliche Verletzung elementarer Sorgfaltspflichten"* ansieht.

Auch *Gewissenlosigkeit* ist mehr als Leichtfertigkeit. Es ist daher verfehlt, sie als kennzeichnendes Merkmal der Leichtfertigkeit anzusehen. Hierbei werden unterschiedliche Begriffe gegeneinander mit dem Ergebnis ausgetauscht, daß der gesetzliche Tatbestand nur in extremen Fällen grober Fahrlässigkeit erfüllt wäre. Abzulehnen ist auch die Erläuterung, Leichtfertigkeit sei eine *„an Gewissenlosigkeit grenzende Nachlässigkeit"* (*Kühn/Kutter* 3b zu § 378 AO; abl. BGH v. 29. 4. 1959, DStZ/B 351; OLG Düsseldorf v. 15. 10. 1958, DStZ/B 1959, 352). Die Zustimmung von *Ehlers* (StW 1965, 225) war hauptsächlich auf die verfahrensrechtliche Vorschrift des § 477 II RAO 1931 gestützt, die bereits durch die Änderung des § 153 StPO gem. Art. 10 Nr. 3 StPÄG v. 19. 12. 1964 (BGBl. I 1067) ihre Besonderheit verloren hatte und durch das AOStrafÄndG v. 10. 8. 1967 (BGBl. I 877) aufgehoben worden ist. Das weitere Argument, der Gesetzgeber habe im Steuerstrafrecht nur von *„grober Fahrlässigkeit"* zu sprechen brauchen, wenn er nicht eine noch stärkere Beschränkung des subjektiven Tatbestandes gewollt hätte (*Kühn/Kutter* u. *Ehlers* aaO), kann angesichts des Sprachgebrauchs in den anderen Gesetzen (s. Rdnr. 22) und der im E 1962 vorgesehenen Legaldefinition (s. Rdnr. 23) nicht überzeugen; desgl. nicht der Hinweis auf die *„Kompliziertheit der Steuergesetze"* (*Kühn/Kutter* u. *Ehlers* aaO), da sie gerade den Grund dafür gebildet hat, den Grad des tatbestandsmäßigen Verschuldens von einfacher Fahrlässigkeit mit Wirkung ab 15. 5. 1956 (s. Rdnr. 2) auf Leichtfertigkeit zu beschränken.

26 Nach *Kühn/Kutter* (3a zu § 378 AO) muß der Stpfl, der den Vorwurf der Leichtfertigkeit vermeiden will, *„in steuerlichen Angelegenheiten zumindest so sorgfältig verfahren, wie er es in sonstigen Angelegenheiten beruflicher oder geschäftlicher Natur zu halten pflegt"* (zust. *Ehlers* StW 1965, 231). Diese Auffassung ist unrichtig. Sie entspricht der sog. **konkreten Fahrlässigkeit,** die im Zivilrecht als milderer Haftungsmaßstab der „Sorgfalt in eigenen Angelegenheiten" mit Rücksicht auf die besondere Lage eines unentgeltlich tätigen Verwahrers (§ 690 BGB), eines Gesellschafters (§ 708 BGB), eines Ehegatten (§ 1359 BGB) usw. bestimmt ist und selbst dort nur mit der Einschränkung gilt, daß die privilegierte Person *„von der Haftung wegen grober Fahrlässigkeit nicht befreit ist"* (§ 277 BGB).

27 **Eine treffende Umschreibung der Leichtfertigkeit** iS von grober Fahrlässigkeit bietet die im Anschluß an die bei der Strafrechtsreform 1936 in Aussicht genommene (vgl. RG 71, 174, 176), vom OLG Düsseldorf im Urt. v. 15. 10. 1958 (DStZ/B 1959, 352, zu § 402 RAO 1931) wieder aufgegriffene Begriffsbestimmung, nach der leichtfertig handelt, wer *„aus besonderem Leichtsinn oder besonderer Gleichgültigkeit fahrlässig handelt"* (ebenso OLG Karlsruhe v. 9. 3. 1971, DB 1972, 661). Dem entspricht in objektivierender Sicht die Formulierung, die Gefahr der Tatbestandsverwirklichung *„hätte sich dem Täter aufdrängen müssen"* (*Hübner* 28 u. *Kohlmann* 51 zu § 404 RAO 1968).

28 **Hinter den Anforderungen der Leichtfertigkeit zurück** bleibt die von *Kopacek* (BB 1961, 447) vorgeschlagene Erläuterung. Wer nämlich *„die Sorgfalt verletzt, zu der er nach den Steuergesetzen und deren Ausführungsbestimmungen sowie wegen besonderer Umstände des Falles verpflichtet und nach seinen persönlichen*

Verhältnissen fähig ist", handelt zwar fahrlässig, aber nicht leichtfertig (zutr. *Lohmeyer* FR 1964, 375).

29 **Bewußte Fahrlässigkeit** ist nach einhM für die Annahme leichtfertigen Verhaltens nicht erforderlich (BGH v. 29. 4. 1959, DStZ/B 351), aber auch nicht ohne weiteres ausreichend (*Lohmeyer* FR 1964, 375). Auch Fälle unbewußter Fahrlässigkeit können bei entsprechend grober Schlamperei, grober Gleichgültigkeit oder Nachlässigkeit den Vorwurf der Leichtfertigkeit begründen (*Hartung*, Aktuelle Fragen S. 37f.; *Suhr* S. 313; OLG Hamm v. 20. 11. 1958, ZfZ 1959, 122).

30 Schließlich setzt Leichtfertigkeit iS des § 378 AO nicht voraus, daß das **Ausmaß der Steuerverkürzung** besonders groß sein muß. Tatsächlich besteht jedoch zwischen dem Grad der Fahrlässigkeit und dem Umfang der Steuerverkürzung eine gewisse Wechselbeziehung, da ein Versehen umso eher hätte auffallen und berichtigt werden müssen, je mehr die fraglichen Beträge von den tatsächlichen Besteuerungsgrundlagen abweichen. Während ein Posten von 10000 DM in der Buchführung, bei der Inventur oder bei den Abschlußbuchungen in einem Kleinbetrieb allenfalls aus grober Fahrlässigkeit „übersehen" werden kann, sind in einem Großbetrieb in stärkerem Maße die Umstände des Einzelfalles ausschlaggebend.

31 **Die verschiedenen Versuche einer näheren positiven Umschreibung** desjenigen Grades von grober Fahrlässigkeit, den das Gesetz mit dem Wort *„leichtfertig"* kennzeichnet, können – wie bei der Auslegung anderer unbestimmter Rechtsbegriffe – nur einen bedingten Wert haben. Da die grobe Fahrlässigkeit keinen fest umrissenen Inhalt hat, kommt es für ihre Abgrenzung gegenüber der einfachen Fahrlässigkeit vornehmlich auf die Umstände des einzelnen Falles an und auf den Blickwinkel, aus dem die Schuld des Täters beurteilt wird. Dabei besteht die Gefahr, daß der Fachmann des Steuerrechts zu strenge, der Laie zu milde Maßstäbe anlegt. Anhaltspunkte ergeben sich aus einem Vergleich des konkreten Verhaltens eines bestimmten Täters mit dem Verhalten, das unter gleichen Umständen andere Stpfl mit etwa gleicher Vorbildung, Ausbildung, betriebswirtschaftlicher und steuerrechtlicher Berufserfahrung an den Tag legen. Von besonderem Gewicht sind diejenigen Erfahrungen, die der Stpfl aus vorausgegangenen Hinweisen und Belehrungen durch steuerliche Berater oder aus früheren Beanstandungen seiner Buchführung, Gewinnermittlung und seiner Steuererklärungen durch die Veranlagungsstelle oder den Betriebsprüfer des FA gewonnen hat. Ist eine fehlerhafte Verfahrensweise – etwa in einem besonderen Schreiben oder Bp-Bericht – ausdrücklich beanstandet worden, ohne daß der Stpfl in der Folgezeit die gegebenen Lehren beachtet hat, wird idR mindestens Leichtfertigkeit, vielfach sogar bedingter oder unbedingter Vorsatz vorliegen.

4. Einzelheiten zum Vorwurf leichtfertiger Handlungsweise

32 Leichtfertige Steuerverkürzungen können in erster Linie dadurch bewirkt werden, daß dem Täter ein grobes Versehen, eine grobe Achtlosigkeit oder Nachlässigkeit unmittelbar bei der Aufzeichnung, Zusammenstellung oder

Erklärung der Besteuerungsgrundlagen unterläuft. Hierfür ist die oft geltend gemachte *„Unkenntnis der komplizierten Steuergesetze"* nur selten ursächlich. Um die Betriebseinnahmen und die Gegenstände des Betriebsvermögens vollständig zu erfassen und zu erklären, sind besondere Kenntnisse der Steuergesetze im allgemeinen nicht erforderlich.

33 **Eine weitgehende Erkundigungspflicht** trifft den Stpfl, wenn er bei der Gewinnermittlung, der Fertigung seiner Steuererklärung oder bei der Inanspruchnahme von Steuervergünstigungen über die Rechtslage nicht unterrichtet ist oder auf rechtliche Zweifel stößt, zB in bezug auf die Bewertung, die Abgrenzung der Betriebsausgaben von Privatausgaben usw. Jeder Stpfl muß sich über diejenigen steuerlichen Verpflichtungen unterrichten, die ihn im Rahmen seines Lebenskreises treffen. Dies gilt in besonderem Maße in bezug auf solche steuerrechtlichen Pflichten, die aus der Ausübung eines Gewerbes oder einer freiberuflichen Tätigkeit erwachsen (vgl. FG Freiburg v. 18. 11. 1958, EFG 1959 Nr. 280); sie erfordern, daß der Unternehmer sich ständig auf dem laufenden hält (OLG Hamm v. 28. 6. 1963, BB 1004; v. 14. 2. 1964, BB 1032) und in Zweifelsfällen von sachkundiger Seite Rat einholt (RG v. 10. 5. 1927, StW Nr. 209; BayObLG v. 21. 10. 1971, BB 1544). Die Erkundigungspflicht kann, braucht aber nicht durch Anfrage bei dem zuständigen FA erfüllt zu werden. Es genügt jede sonstige zuverlässige Auskunftsperson oder Stelle (OLG Hamm v. 28. 6. 1963, BB 1004), namentlich ein StBer, StBev, Wpr oder vBpr, Rechtsanwalt, Notar, Patentanwalt usw., aber auch Berufsorganisationen, Grundstücksverwalter in bezug auf Einkünfte aus Vermietung und Verpachtung, Speditionsunternehmer in bezug auf Eingangsabgaben, ArbG in LSt-Sachen usw (s. § 4 StBerG).

34 **Die Inanspruchnahme eines steuerlichen Beraters** befreit den Stpfl nicht von eigener Sorgfalt. Vor allem muß der Stpfl den Berater über seine Verhältnisse zutreffend unterrichten, ihm vollständige Unterlagen vorlegen und erbetene Auskünfte gewissenhaft erteilen (vgl. BGH v. 18. 6. 1953, DStR 474; v. 20. 12. 1954, BStBl. 1955 I 365). Aus besonderem Anlaß kann auch gegenüber einem Angehörigen der steuerberatenden Berufe eine Pflicht des Stpfl zur Mitprüfung bestehen, zB wenn sich der Berater schon einmal als unzuverlässig erwiesen hat oder wenn die von ihm erstellten Abschlüsse und Steuererklärungen augenscheinlich unrichtig sind. In keinem Falle darf der Stpfl die zur Weiterleitung an das FA bestimmten Erklärungen und Anlagen *blindlings* unterschreiben (vgl. RG 59, 281, 286 v. 7. 7. 1925; BGH v. 18. 6. 1953, DStZ/B 477; BGH 7, 336, 349 v. 3. 6. 1954; v. 20. 12. 1954, BStBl. 1955 I 365, 367).

35 **Bei der Auswahl von Hilfspersonen** kann ein leichtfertiges Verschulden darin liegen, daß der Stpfl die Erledigung seiner Buchführung oder die Fertigung seiner Abschlüsse und Steuererklärungen Personen überträgt, von denen er aufgrund bestimmter Anhaltspunkte im voraus hätte annehmen müssen, daß sie der Aufgabe nicht gewachsen oder hierfür aus charakterlichen Gründen nicht oder nur bedingt geeignet sein würden. Dies gilt in erhöhtem Maße, wenn der Stpfl selbst nicht über die erforderlichen Kenntnisse oder die

erforderliche Zeit verfügt, um die Tätigkeit bedingt geeigneter Hilfskräfte eingehend zu überwachen (vgl. OLG Schleswig v. 6. 2. 1963, ZfZ 1964, 343, 345).

36 **Eine Überwachung von Hilfspersonen** ist auch bei gegebener fachlicher und charakterlicher Eignung erforderlich, mindestens in Form gelegentlicher Stichproben. Jeder Stpfl, der sich der Hilfe anderer, fachkundiger Personen bedient, muß sich im Rahmen des ihm Möglichen und Zumutbaren vergewissern, ob seine Angestellten die ihnen übertragenen Aufgaben ordnungsmäßig ausführen (OLG Karlsruhe v. 9. 3. 1971, DB 1972, 661). Eine besondere, auf einen einzelnen Vorgang bezogene Prüfungspflicht ist jedoch bei Routinegeschäften nur ausnahmsweise anzunehmen (OLG Karlsruhe v. 17. 11. 1960, BB 1961, 437). Diese Grundsätze gelten auch im Verhältnis zwischen Mitunternehmern, zB wenn ein Gesellschafter für den anderen die sich aus der Veranlagung zu den Personensteuern ergebenden Pflichten übernimmt (vgl. BGH 7, 336, 349 v. 3. 6. 1954).

5. Leichtfertigkeit steuerlicher Berater

Schrifttum:

Suhr, Die strafrechtliche Verantwortung der steuerberatenden Berufsangehörigen, NWB Fach 13, 29 (Stand: 1951); H. *Meyer,* Zur strafrechtlichen Verantwortlichkeit der steuerberatenden Berufe, DStZ 1952, 321; *Greiffenhagen,* Von den Berufspflichten des steuerberatenden Berufs, WPg 1952, 249; *Braitinger,* Sorgfaltspflichten im Zusammenhang der steuerberatenden Tätigkeit, WPg 1952, 389; *Brönner,* Zur zivil- und strafrechtlichen Haftung der Steuerberater, WPg 1952, 444; *Sudau,* Strafrechtliche Verantwortung des Steuerberaters bei Stundungsanträgen, FR 1953, 366; *H. Hartung,* Keine Pflicht des Steuersachverständigen zur Angabe von Buchführungsmängeln in Steuererklärungen, WT 1954, 148; *Sendt,* Die strafrechtliche Verantwortlichkeit des Steuerbevollmächtigten, Wpr 1954, 261; *Thier,* Die zivilrechtliche, steuerrechtliche und steuerstrafrechtliche Haftung des Steuerberaters, 1955; *Dreyer,* Die steuerstrafrechtliche Verantwortlichkeit der Angehörigen der steuerberatenden Berufe, StP 1956, 338; *Ahrens,* Strafrechtliche Verantwortung der steuerberatenden Berufe, DStZ 1957, 49 mit Erwiderungen von *Hauffen,* MStb 1957, 118 u. *Paulick* DStZ 1957, 181; *Brönner,* Das Strafrecht der Steuerberatung, DB 1957, 588; *Thoma,* Steuervergehen und Steuerberatung, Spitaler-Festschr. 1958, 241; Spitaler, Der beratende Fachmann und das Steuerstrafrecht, Aktuelle Fragen S. 67; *H. Meyer,* Die strafrechtliche Verantwortlichkeit Nichtsteuerpflichtiger, Aktuelle Fragen S. 118; *Buschmann,* Steuerberater und Steuervergehen, BlStA 1959, 177; *Lohmeyer,* Die strafrechtliche Verantwortlichkeit der Angehörigen der steuerberatenden Berufe, BB 1961, 1121; *Henke/Thoma,* Die strafrechtliche Verantwortung des Steuerberaters bei der Beschäftigung von Angestellten als Erfüllungsgehilfen, MStb 1962, 54; *Neflin,* Zur strafrechtlichen Verantwortung einer Steuerberatungsgesellschaft des Steuerberatungsgesetzes, DStZ 1962, 311; *Thoma,* Die ... strafrechtliche Verantwortlichkeit des angestellten Steuerberaters und seines Arbeitgebers, STB 1964, 126; *Lohmeyer,* Zur strafrechtlichen Verantwortung des Steuerberaters, SchlHA 1965, 53; *Burchardt,* Fehlerhafte Beratung und steuerstrafrechtliche Verantwortlichkeit, StKRep 1965, 168; *Lohmeyer,* Die steuerstrafrechtliche Verantwortung des steuerlichen Beraters bei Übernahme der Buchführung des Steuerpflichtigen, BlStA 1966, 1; s. auch STB 1969, 145 u. JR 1969, 247; *Kopacek,* Die strafrechtliche Verantwortlichkeit steuerberatender Berufe, DStR 1966, 470; *Lohmeyer,* Die steuerstraf- und bußgeldrechtliche Verantwortlichkeit der Angehörigen der steuerberatenden Berufe, 2. Aufl. 1971; *Tipke,* An den Grenzen der Steuerberatung: Steuervermeidung, Steuerumgehung, Steuerhinterziehung, StbJb 1972/73, 509; *Lohmeyer,* Umfang und Grenzen der steuerstraf- und bußgeldrechtlichen Haftung der Angehörigen der rechts- und steuerberatenden Berufe, GA 1973, 97; *Späth,* Der Steuerberater und seine Verpflichtung zur ständigen Unterrichtung über die Entwicklung des Steuerrechts, STB 1975, 85; *ders.,* Zu den Anforderungen an die Sorgfaltspflicht eines Steuerberaters bei der Ausübung seiner beruflichen Tätigkeit, STB 1975, 229.

37 **Steuerliche Berater** (StBer, StBev, Wpr, vBpr) können sich dem Vorwurf leichtfertigen Verhaltens nach § 378 AO aussetzen, wenn sie bei Wahrnehmung der Angelegenheiten eines Stpfl (s. Rnr. 10), sei es als Berater (s. Rdnr. 38) oder bei Führung der Bücher für den Stpfl (s. Rdnr. 40), die ihnen im Rahmen des jeweiligen Auftrags (s. Rdnr. 38, 39) obliegende Sorgfaltspflicht grob fahrlässig verletzen und dadurch Verkürzungen der Steuern bewirken, die der Auftraggeber schuldet. Da die Zulassung zur berufsmäßigen Ausübung einer steuerberatenden Tätigkeit in bezug auf Vorbildung, Ausbildung, Erfahrung und Fähigkeiten an strenge Voraussetzungen geknüpft ist, versteht sich von selbst, daß der Maßstab für die anzuwendende Sorgfalt bei steuerlichen Beratern erheblich höher ist als bei Stpfl, die eine entsprechende Ausbildung und Berufserfahrung nicht haben und sich bei der Ausübung ihres Gewerbes oder Berufes nur am Rande und nur in eigener Sache mit steuerrechtlichen Fragen befassen und gerade deshalb auf die Hilfeleistung eines steuerberatenden Fachmannes angewiesen sind. Als allgemeines Mindestmaß dessen, was jeder steuerliche Berater an Steuerrechtskenntnissen bei Ausübung seines Berufes (und erst recht in eigener Sache) anzuwenden hat, können die EStR, LStR, KStR, VStR und GewStR sowie die USt-Erlasse angesehen werden, die der BdF unter Berücksichtigung der Rspr herausgibt (krit. *Tipke* StbJb 1972/73, 526ff.). Darüber hinaus und abseits von den hauptsächlichen Steuerarten sind die Ansprüche an den jeweiligen Berater von der Dauer und Intensität seiner Berufserfahrung und von der Zusammensetzung seiner Klientel abhängig. Indessen muß von jedem Berater erwartet werden, daß er die Rspr des BFH verfolgt (vgl. *Späth* STB 1975, 86 sowie LG Hannover v. 27. 1. 1964, DStR 304) und bei schwierigen Aufgaben, die ihm zum ersten Mal begegnen, Fachliteratur heranzieht oder seinerseits den Rat seiner Berufsorganisation oder eines erfahrenen oder spezialisierten Kollegen oder Rechtsanwalts einholt oder die Angelegenheit mit der zuständigen Stelle der Finanzverwaltung erörtert (vgl. dazu OLG Nürnberg v. 27. 1. 1964, WPg 243). Verläßt der Berater sich bei richtiger Darstellung des Sachverhalts auf eine unrichtige Auskunft der Finanzbehörde, kann ihn kein Schuldvorwurf treffen (vgl. LG Münster v. 11. 10. 1960, DStR 1966, 455; abw. FG Hamburg v. 16. 12. 1959, DB 1960, 166).

38 **Art und Umfang des Beratungsvertrags** sind für die Verantwortlichkeit der StBer oder StBev nur dann erheblich, wenn er nicht der Finanzbehörde als Handelnder gegenübertritt, sondern dem Stpfl nur beratend zur Seite steht (vgl. RG v. 7. 7. 1924, JW 1879). Zwar kann der Beratungsvertrag das Maß der von einem Berater nach § 378 AO geforderten Sorgfalt (s. Rdnr. 37) nicht einschränken, wohl aber den sachlichen Rahmen seiner Tätigkeit, der insbes. die Pflichtwidrigkeit eines Unterlassens begrenzt. Die Verantwortlichkeit des Beraters wächst, je weitergehender der Stpfl ihn mit der Wahrnehmung seiner steuerlichen Belange betraut. Umgekehrt bedeutet jede Einschränkung des Auftrags auch eine Einschränkung des Pflichtenkreises (*Paar* in Anm. zu OLG Stettin v. 1. 10. 1932, JW 1933, 345; RG 61, 42, 45 v. 25. 11. 1926; *Brönner* DB 1957, 588). Unrichtig ist die Auffassung, daß eine nur vorbereitende (oder partiell beschränkte) Tätigkeit des Beraters für ihn die Voraussehbarkeit der Steuerverkürzung in Frage stelle (so *Alsberg* JW 1927, 517); denn keinesfalls darf sich der Berater darauf verlassen, daß die von ihm innerhalb seines Auftrags begangenen Fehler bei der Fertigung der Steuererklärungen noch entdeckt und berichtigt werden.

39 **Innerhalb der Breite des Auftrags,** die zB auf die „ESt-Erklärung 1975" oder die „Bilanz 1975" bezogen oder noch enger gefaßt sein kann, ergibt sich die Frage, ob der Berater verpflichtet ist, in die Tiefe zu gehen und die ihm übermittelten Unterlagen und Angaben auf ihre Vollständigkeit und Richtigkeit zu prüfen, oder ob er sich „auftragsgemäß" damit begnügen darf, die Unterlagen und Angaben des Stpfl ohne jede Prüfung rechnerisch und rechtlich auszuwerten. Hierbei ist davon auszugehen, daß der Berater seiner Funktion nach als Helfer des Stpfl, nicht als Prüfer des FA tätig wird und deshalb seinem Auftraggeber nicht von vornherein mit Mißtrauen zu begegnen braucht (RG v. 9. 5. 1933, RStBl. 85; OLG Königsberg v. 13. 6. 1929, JW 1930, 735), daß ihm einerseits nicht dieselben umfassenden Pflichten obliegen wie dem Stpfl (RG v. 7. 7. 1924, JW 1879; OLG Stettin v. 1. 10. 1932, JW 1933, 345) und ihm auch nicht dieselben Machtmittel zur Verfügung stehen wie den Amtsträgern der Finanzverwaltung (RG v. 12. 10. 1936, RStBl. 1937, 483). Demgemäß braucht der Berater in eine Prüfung der Unterlagen nur einzutreten,

a) wenn sein *Auftrag* dies (ausdrücklich oder stillschweigend) einschließt (vgl. *Paulick* DStZ 1957, 181) oder wenn der Berater von sich aus gegenüber dem FA über die ursprünglichen Grenzen des Auftrags *hinausgeht* (BayObLG v. 24. 9. 1958, BB 1158),
b) falls eine Prüfungspflicht sich *aus vorausgegangenem Tun* des Beraters ergibt, zB wenn er sich nach Übernahme der Tätigkeit für eine bestimmte Firma gegen weitere Prüfungen des FA verwahrt und die Steuererklärungen der Firma mit seinem Namen gedeckt hatte (RG v. 4. 7. 1938, RStBl. 657) oder
c) sofern sich dem Berater aufgrund seiner Kenntnisse vom Geschäftsumfang (RG 76, 283 v. 26. 11. 1942) oder aufgrund der von ihm errechneten Ergebnisse im Vergleich zu anderen Betrieben oder in Anbetracht des Lebensstils des Stpfl oder anderer offensichtlicher Anhaltspunkte *Zweifel aufdrängen oder hätten aufdrängen müssen,* daß die ihm vorgelegten Unterlagen „unmöglich stimmen können" (vgl. *Ahrens* DStZ 1957, 49 mit Auszügen aus BGH – 5 StR 433/53 – v. 26. 1. 1954).

Unterdrückt der Berater solche Zweifel oder „macht er sich keine Gedanken" über ein offensichtliches Mißverhältnis zwischen dem Ergebnis der Buchführung und anderen Anhaltspunkten, so kann es – je nach Art und Umfang der Unstimmigkeiten – leichtfertig sein, wenn der Berater davon absieht, die Unterlagen zu prüfen oder sich sonstwie um eine Aufklärung des wirklichen Sachverhalts zu bemühen; enger *Paulick* (DStZ 1957, 182), der außer Acht läßt, daß sich Sorgfaltspflichten unmittelbar aus § 378 AO ergeben.

40 **Stellt sich der Stpfl einer Aufklärung in den Weg** oder entzieht er sich

entsprechenden Bemühungen des Beraters, ist dieser zwar nicht verpflichtet, das Mandat niederzulegen oder das FA positiv auf die bestehenden Zweifel hinzuweisen (insoweit zutr. *Paulick* DStZ 1957, 182). Der Berater muß jedoch dann gegenüber dem FA den Anschein vermeiden, daß er in umfassender Weise an den Abschlüssen und Steuererklärungen mitgewirkt habe und die darin von ihm zusammengefaßten Ergebnisse auf dem *von ihm geprüften* Zahlenwerk der Buchführung beruhen. Ein solcher Anschein wird ausgeschlossen, wenn der Berater in geeigneter Form zum Ausdruck bringt, daß die Gewinnermittlung ,,ausschließlich nach den Angaben des Stpfl" vorgenommen worden sei. Überdies kann der Berater seine Sorgfaltspflicht auch in der Weise erfüllen, daß er lückenhafte Unterlagen oder krasse Mißverhältnisse, zB zwischen den vom Stpfl angegebenen Betriebseinnahmen und -ausgaben, durch Hinzuschätzungen ausgleicht (vgl. RG v. 12. 10. 1936, RStBl. 1937, 483; v. 16. 12. 1937, *Mrozek* § 396 RAO R. 115).

41 **Geringere Anforderungen** gelten für einen Berater, der mit den Verhältnissen und der Mentalität seines Auftraggebers noch nicht vertraut ist oder nur vorübergehend und erst kurz vor dem Ablauf einer Erklärungsfrist zugezogen wird; vgl. RG v. 11. 12. 1933 (HRR 1934 Nr. 622), wo der Berater nur aushilfsweise für einen Tag zur Aufstellung der Steuerbilanz bestellt war.

42 **Sofern der Berater von Rspr und hM zum Steuerrecht abweicht,** weil er bestimmte Grundsätze für unrichtig oder unter den besonderen Umständen des Einzelfalles für unanwendbar erachtet, dürfen sich solche Abweichungen nicht *unerkennbar* auf die Steuererklärung und ihre Anlagen auswirken; denn dies begründet die Gefahr, daß das FA bei der Veranlagung von einem anderen als dem wirklichen Sachverhalt ausgeht und die Steuer – von der hM aus betrachtet – zu niedrig festsetzt. Je weiter die von einem Berater angewendete Auffassung sich von allgemein anerkannten Grundsätzen entfernt, umso stärker ist er verpflichtet, den gegebenen Sachverhalt durch nähere Aufgliederung der Gewinnermittlung oder durch entsprechende Erläuterungen und Anmerkungen zur Steuererklärung erkennbar zu machen oder auf die von ihm zugrundegelegte Rechtsauffassung ausdrücklich hinzuweisen (vgl. RG v. 26. 6. 1934, RStBl. 822).

43 **Übernimmt der steuerliche Berater auch die Führung der Bücher für seinen Mandanten,** obliegt ihm eine erweiterte und erhöhte Sorgfaltspflicht. Wer in der Vertrauensstellung eines steuerlichen Beraters mit der Buchführung für einen Gewerbetreibenden oder einen freiberuflich Tätigen beauftragt ist, trägt auch die Verantwortung für die Ordnungsmäßigkeit und Richtigkeit der Buchführung. Dies gilt in formaler Hinsicht ohne Einschränkung. In sachlicher Hinsicht muß der Berater darauf achten, daß er keine Belege verbucht, die – für ihn erkennbar – unrichtig sind, dh schriftliche Lügen enthalten; vgl. RG v. 4. 7. 1938 (JW 3109) zu unrichtigen Inventuren, die der Berater vom Prokuristen ohne jegliche Nachprüfung übernommen hatte, obwohl eine Prüfung angezeigt gewesen wäre. Der Berater darf sich nicht darauf beschränken, aus fehlerhaften, widersprüchlichen oder lückenhaften Aufzeichnungen des Stpfl eine Buchführung herzustellen, die nur äußerlich ordnungsmäßig erscheint (vgl. RG v. 26. 1. 1933, RStBl. 86). Bei undurchsichtigen Sachverhalten muß er Erkundigungen anstellen; vgl. RG v. 26. 11. 1942 (RStBl. 1943, 217) zu einem Berater, der ohne jede Nachfrage stillschweigend angenommen hatte, daß bei einem Bauunternehmer der bedeutende Aktivposten ,,halbfertige Bauten" in der ihm vorgelegten Aufstellung der Forderungen enthalten war.

44 **Überläßt der Berater die Führung der Bücher des Mandanten seinen Angestellten,** muß er deren Tätigkeit sorgfältig überwachen und die Richtigkeit und Ordnungsmäßigkeit der Buchführung *persönlich* nachprüfen. Dies gilt besonders dann, wenn die Angestellten des Beraters in der Buchführung noch nicht sonderlich erfahren sind; vgl. RG v. 13. 7. 1932 (RStBl. 697) zu dem Fall, daß Angestellte zur Ausgleichung von Kassenfehlbeträgen in der Kassenkladde und im Tagebuch des Stpfl die Tageseinnahmen von sich aus erhöht hatten, um die Bücher ,,stimmend zu machen" und äußerlich beweiskräftig erscheinen zu lassen.

III. Konkurrenzfragen

Schrifttum:

Lohmeyer, Dauervergehen im Steuerstrafrecht, NJW 1956, 1546; *Bauerle,* Fortsetzungszusammenhang und Dauerdelikt im Steuerstrafrecht, Aktuelle Fragen S. 201; *Buschmann,* Die leichtfertige Steuerverkürzung als Dauerstraftat, BlStA 1960, 100; *Kopacek,* Das Dauervergehen der fahrlässigen Steuerverkürzung, FR 1963, 524; *Lohmeyer,* Fortgesetzte Handlung und Dauervergehen im Steuerstrafrecht, ZfZ 1963, 358; *Rombach,* Dauervergehen im Steuerstrafrecht, jur. Diss. Köln 1968.

1. Mehrfache leichtfertige Steuerverkürzungen

45 Führt dasselbe leichtfertige Verhalten des Täters zur **Verkürzung mehrerer Steuerarten,** so liegt Tateinheit (s. Rdnr. 98ff. zu § 369 AO) vor, wenn hierfür ein und derselbe Fehler ursächlich ist, zB bei grob fahrlässiger Nichtverbuchung einer Betriebseinnahme, aus der in einem Veranlagungszeitraum gleichsam automatisch entsprechende Verkürzungen der USt, GewSt und ESt erwachsen.

46 Führt mehrmaliges leichtfertiges Verhalten zur **mehrmaligen Verkürzung derselben Steuer** über mehrere Steuerabschnitte (Veranlagungs- oder [Vor-]-Anmeldungszeiträume), liegen grundsätzlich *mehrere* Zuwiderhandlungen vor. Dies gilt namentlich bei *ungleichartigem* Fehlverhalten, zB bei Nichtverbuchung einer Betriebseinnahme in 1974 und Verbuchung einer Privatausgabe als Betriebsausgabe in 1975. Aber auch *gleichartiges* Fehlverhalten in mehreren aufeinanderfolgenden Jahren führt idR zur Annahme *mehrerer* Zuwiderhandlungen, zB wenn in der G + V-Rechnung 1974 Betriebseinnahmen aus der Geschäftsverbindung mit den Kunden A und B, in der G + V-Rechnung 1975 gleichartige Betriebseinnahmen aus der Geschäftsverbindung mit B und C fehlen. Regelmäßig entspricht die Anzahl der Zuwiderhandlungen der Zahl der abgegebenen unrichtigen Steuererklärungen (oder – [vor-]anmeldungen), aufgrund derer das FA unrichtige Steuerbescheide erteilt hat.

47 **Ein Dauerdelikt** (s. Rdnr. 101 zu § 369 AO) der leichtfertigen Steuerverkürzung liegt nach der Rspr nur dann vor, *„wenn sich der Stpfl eines in dauernder Unachtsamkeit bestehenden Gesamtverhaltens schuldig macht, aus dem mehrere, bei gehöriger Achtsamkeit voraussehbare Verletzungen der Steuerpflicht von selbst, also ohne sein weiteres Zutun entspringen"* (RG 76, 68, 70 v. 12. 2. 1942; 76, 283, 285 v. 26. 11. 1942; BGH v. 17. 3. 1953, zit. bei *Herlan* GA 1954, 58). Dies trifft nach der Rspr namentlich dann zu, wenn der Stpfl *„es ein für allemal versäumt hat, sich die nötige Kenntnis seiner Steuerpflichten zu verschaffen; wenn als Folge dieser einen Fahrlässigkeit die (hier allmonatliche) Einbehaltung, Anmeldung und Abführung der LSt unterblieben ist, ohne daß sich inzwischen neue Anlässe zur Behebung des rechtswidrigen Zustandes ergeben haben"* (BGH v. 25. 9. 1952, DStZ/B 1953, 102; v. 22. 12. 1959, DStZ/B 1960, 130). Diese Ausführungen sind in mehrfacher Hinsicht mißverständlich (s. Rdnr. 48–50).

48 Für die Verklammerung mehrerer leichtfertiger Steuerverkürzungen zu *einem* Dauerdelikt ist maßgebend, daß für alle Steuerverkürzungen **dieselbe konkrete Fehlerquelle** ursächlich war. Nicht ausreichend ist, daß ein wiederholtes Fehlverhalten aus derselben charakterlichen Schwäche des Stpfl erwachsen ist, zB aus einer allgemeinen Nachlässigkeit in Angelegenheiten der Buchführung oder aus allgemeiner Gleichgültigkeit gegen steuerrechtliche Pflichten.

49 **Auch ist unerheblich,** ob der Stpfl es *„ein für allemal"* versäumt hat, sich über seine (sämtlichen) steuerrechtlichen Pflichten zu unterrichten. Bei einem leichtfertigen Tatbestandsirrtum über steuerliche Pflichten (s. Rdnr. 90 zu § 369 AO) ist zB maßgebend, ob der Stpfl gerade diejenige Pflicht verkannt hat, deren Vernachlässigung über die Grenzen eines Steuerabschnitts hinweg Steuerverkürzungen hervorgerufen hat, mag er auch andere steuerrechtliche Pflichten gekannt und erfüllt haben. War der Stpfl zB längere Zeit in dem groben Irrtum befangen, daß die Erlöse aus dem Verkauf abgeschriebener Maschinen als Schrott steuerfrei seien, so bilden alle aus diesem *einen* Irrtum entstandenen Steuerverkürzungen *eine* Zuwiderhandlung nach § 378 AO.

50 **Unrichtig ist auch der Ausspruch,** leichtfertige Steuerverkürzungen könnten als Dauerdelikt **nur durch Unterlassen begangen werden** (RG 59, 53, 54 v. 22. 1. 1925; 59, 281, 287f. v. 7. 7. 1925; 62, 212, 214 v. 2. 7. 1928; 72, 119, 123 v. 4. 3. 1938; 73, 230f. v. 8. 6. 1939; BGH v. 22. 12. 1959, DStZ/B 1960, 130; OLG Schleswig v. 6. 2. 1963, ZfZ 1964, 343; *Hartung* IV 2 zu § 402 RAO 1931), zB wenn ein ArbG überhaupt keine LSt angemeldet, einbehalten und abgeführt habe (s. Rdnr. 47). Hat er zB angenommen, daß Überstundenvergütungen lohnsteuerfrei seien, bilden auch die aufgrund dieses Irrtums abgegebenen unvollständigen LSt-Anmeldungen ein Dauerdelikt (im Ergebnis ebenso *Lohmeyer* NJW 1956, 1546; *Barske/Gapp* S. 45; *Kopacek* FR 1963, 524). Die positive Handlung der Abgabe einer unrichtigen Steuererklärung schließt die Annahme eines Dauerdelikts nicht aus, wenn die Unrichtigkeit letzten Endes auf *eine* Unterlassung zurückgeht; Beispiel: der stpfl ArbN hat aufgrund des Irrtums, Zinsen aus prämienbegünstigten Sparguthaben seien steuerfrei, für 1961–1965 keine ESt-Erklärung abgegeben. Nachdem er 1966 ein Mietgrundstück geerbt hat, erklärt er für 1966 seine Einkünfte aus Vermietung und Verpachtung (§ 21 EStG), läßt aber die Einkünfte aus Kapitalvermögen (§ 20 EStG) weiterhin unerwähnt. Auch hier liegt nur *eine* Zuwiderhandlung nach § 378 AO vor, begangen durch andauernd unterlassene Erklärung seiner Einkünfte aus Kapitalvermögen in den Jahren 1961–1966.

2. Verhältnis des § 378 AO zu anderen Straf- und Bußgeldtatbeständen

51 **Treffen vorsätzliche und leichtfertige Steuerverkürzungen zusammen,** zB durch Abgabe einer Steuererklärung, die zT leichtfertig, zT vorsätzlich unrichtige Angaben enthält, wird die Steuerordnungswidrigkeit nach § 378 AO gem. § 21 I 1 OWiG durch die Straftat nach § 370 AO verdrängt. Der Bußgeldtatbestand des § 378 AO gilt gegenüber dem Straftatbestand des § 370 AO nur subsidiär. Diese Regelung des § 21 I 1 OWiG beruht auf der Erwägung, daß die Strafe – namentlich wegen des mit ihr verbundenen Unwerturteils – stets eine stärkere Wirkung hat als die Geldbuße (BVerfG 22, 49, 80 v. 6. 6. 1967) und daß der Unrechtsgehalt einer Straftat regelmäßig das Unrecht einer Ordnungswidrigkeit übertrifft (*Göhler* 1 zu § 21 OWiG). Wird jedoch eine Strafe nicht verhängt, so kann die Tat gem. § 21 II OWiG als Ordnungswidrigkeit geahndet werden. Aus *welchem* Grunde es zu einer Bestrafung nicht gekommen ist oder nicht kommen kann, ist unerheblich. In Betracht kommt im Verhältnis zwischen § 370 AO und § 378 AO namentlich das Fehlen einer Verfahrensvoraussetzung, zB bei Immunität (Art. 46 II GG, § 152a StPO), oder ein Absehen von der Strafverfolgung nach den §§ 153ff. StPO (OLG Hamm v. 9. 1. 1964, BB 1965, 648), zB die Einstellung des Strafverfahrens wegen Geringfügigkeit nach § 153 II StPO, wenn der vorsätzlich verkürzte Steuerbetrag nur gering ist und mit anderen Umständen insoweit auf ein geringes Verschulden des Täters schließen läßt. Bei Tatmehrheit zwischen Steuerhinterziehung und leichtfertiger Steuerverkürzung kann stets eine Geldbuße nach § 378 AO festgesetzt werden.

52 **Den Gefährdungstatbeständen der §§ 379–382 AO geht § 378 AO vor.** Diese Folge hätte sich auch ohne § 379 IV, § 380 II, § 381 II u. § 382 III AO aus der allgemeinen Regel ergeben, daß ein Gefährdungstatbestand gegenüber einem Verletzungstatbestand keine selbständige Bedeutung haben kann. Bei deckungsgleichem Täterkreis (s. Rdnr. 6ff.) ist die Subsidiarität der §§ 379–382 AO gegenüber § 378 AO davon abhängig, ob eine leichtfertige (oder vorsätzliche) Gefährdungshandlung zu einer *vollendeten* leichtfertigen Steuerverkürzung geführt hat oder nicht (s. dazu Rdnr. 22ff. zu § 370 AO).

53 **Im Verhältnis zur Gefährdung der Eingangsabgaben nach § 382 AO** besteht jedoch die Besonderheit, daß § 382 AO auch bei einer vollendeten Steuerverkürzung anzuwenden ist, wenn die Verkürzung nicht leichtfertig, sondern nur durch gewöhnliche Fahrlässigkeit bewirkt worden ist.

54 **Im Verhältnis zu dem Straftatbestand des § 283b II StGB** besteht wegen der Verschiedenheit der Ausführungshandlungen Tateinheit, mag die Steuerverkürzung auch eine Folge der unordentlichen Buchführung sein (BGH v.

1. 3. 1956, EFG 1957, Beilage Nr. 2). Gleiches gilt bei leichtfertiger KraftSt-Verkürzung für das Verhältnis des § 378 AO zu dem Straftatbestand des § 6 PflVersG. In beiden Fällen ist nach § 21 I OWiG nur das Strafgesetz anzuwenden.

IV. Selbstanzeige (§ 378 III AO)

Schrifttum (zu § 411 RAO 1951):
Buschmann, Die Selbstanzeige bei leichtfertiger Steuerverkürzung, BlStA 1960, 228; *Kopacek,* Die Offenbarungspflicht und die Selbstanzeige leichtfertiger Verletzungen von Steuerpflichten, BB 1962, 875; *Lohmeyer,* Zur Frage der ,,Berichtigung" i. S. des § 411 AO, BlStA 1962, 177; FR 1963, 186; ZfZ 1964, 298; *ders.,* Erstattung einer Selbstanzeige nach § 411 AO im Rahmen der Betriebsprüfung, NBW 1963, 192; *Coring,* Einzelfragen zur Selbstanzeige während der Betriebsprüfung, DStR 1963, 373; *Schuhmacher,* Die Selbstanzeige nach § 411 AO und ihre Bedeutung im Rahmen der Betriebsprüfung, StWa 1964, 33; *Kopacek,* Die Selbstanzeige nach § 411 AO, DStR 1965, 105, 137, 164, 201; *Lohmeyer,* Die strafbefreiende Selbstanzeige bei fahrlässiger Steuerverkürzung, GA 1965, 217.

55 **§ 378 III AO schreibt zwingend vor,** daß eine Geldbuße nicht festgesetzt wird, soweit der Täter eine Berichtigungserklärung (s. Rdnr. 30ff. zu § 371 AO) *vor* der Bekanntgabe der Einleitung eines Straf- oder Bußgeldverfahrens (s. Rdnr. 91ff. zu § 371 AO) abgibt und die verkürzten Steuern fristgerecht nachzahlt (s. Rdnr. 131ff. zu § 371 AO). Wie § 371 AO bezweckt auch § 378 III AO, dem Staat eine bisher unbekannte Steuerquelle zu eröffnen (s. Rdnr. 11ff. zu § 371 AO).

56 **Der Anwendungsbereich** des § 378 III AO erstreckt sich gem. § 128 II BranntwMonG auch auf die leichtfertige Verkürzung von Monopoleinnahmen nach § 125 BranntwMonG. Die Vorschrift umfaßt jedoch nicht die Gefährdungshandlungen nach den §§ 379–382 AO und nach § 126 BranntwMonG. Eine analoge Anwendung auf diese Zuwiderhandlungen mit geringerem Unrechtsgehalt ist nicht möglich (*Kohlmann* 103 zu § 404 RAO 1968; aM *Stuber* DStZ 1960, 107 zu § 413 I Nr. 1a RAO 1939); denn sämtliche Gefährdungshandlungen sind dadurch gekennzeichnet, daß der Stpfl seine Erklärungspflichten gegenüber dem FA noch nicht versäumt hat und die steuergefährdende Wirkung seines pflichtwidrigen Verhaltens in anderer Weise als durch eine Berichtigungserklärung wieder aus der Welt schaffen kann, sobald er sich der Zuwiderhandlung bewußt geworden ist. Geschieht dies, so sind die Bemühungen des Stpfl bei der Ermessensausübung im Rahmen des Opportunitätsprinzips nach § 47 OWiG zu berücksichtigen. Auch erscheint eine analoge Anwendung von § 311c StGB diskutabel.

57 **Die zeitlichen Ausschließungsgründe,** die einem Anspruch auf Bußfreiheit entgegenstehen, sind abw. von § 371 II AO auf die Bekanntgabe der Einleitung des Straf- oder Bußgeldverfahrens beschränkt; denn eine ohne Vorsatz bewirkte Steuerverkürzung wird der Täter stets erst *nach* der Tat gewahr, und zwar idR dann, wenn er sich nach dem Erscheinen eines Amtsträgers der Finanzbehörde an der Prüfung seiner Verhältnisse in vergangenen Zeiträumen beteiligt. Daher ist eine Selbstanzeige nach § 378 III AO – abw. von § 371 II Nr. 1a AO – auch nach dem Erscheinen des Amtsträgers noch

wirksam. Da der Gesetzgeber auch die Vorschrift des § 371 II Nr. 2 AO in § 378 III AO nicht übernommen hat, ist der Schluß begründet, daß eine Berichtigung iS des § 378 III 1 AO uU auch dann noch möglich und wirksam sein kann, wenn der Stpfl *„im Zeitpunkt der Berichtigung ... wußte oder ... damit rechnen mußte, daß die Tat ganz oder zum Teil bereits entdeckt war"*.

58 **Die Erfordernisse einer Berichtigung** iS des § 378 III AO sind str., da eine dem § 371 II Nr. 1 AO entsprechende Vorschrift (s. Rdnr. 57) fehlt. Nach verbreiteter Auffassung soll es für die Berichtigung bei einer leichtfertigen Steuerverkürzung – abw. von der Berichtigung bei einer vorsätzlichen Steuerverkürzung nach § 371 I AO – genügen, wenn der Täter das Ergebnis einer Prüfung der Finanzbehörde anerkennt und dabei zum Ausdruck bringt, daß es richtig und vollständig sei, oder wenn er unrichtige Steuererklärungen *„nach der Prüfung unter Verwertung der vom Prüfer ermittelten Ergebnisse"* durch richtige Steuererklärungen berichtigt (*List* S. 56) oder wenn der Täter die Berichtigung nur anbahnt (OLG Celle v. 19. 12. 1963, NJW 1964, 989, m. abl. Anm. *Wolter* NJW 1964, 1735). Solche extensiven Auslegungen widersprechen dem Zweck und dem Wortlaut des Gesetzes. Ein bloßes Anerkenntnis bereits vorliegender Prüfungsergebnisse, sei es auch in der Form einer „Berichtigungserklärung", ist weniger als eine Berichtigung iS des § 371 I AO (s. Rdnr. 30ff. zu § 371 AO) und kann nicht mehr dem (bereits erreichten) Zweck dienen, dem Staat eine bisher unbekannte Steuerquelle zu eröffnen (s. Rdnr. 55). Auch iS des § 378 III 1 AO verlangt eine Berichtigung einen *eigenen, von der Ermittlungstätigkeit der Behörde unabhängigen Beitrag des Täters zur Richtigstellung der bisher unrichtigen Angaben* (BGH v. 29. 4. 1959, DStZ/B 499; glA *Terstegen* S. 121, *Hartung* III 2 zu §§ 410, 411 RAO 1931; *Troeger/Meyer* S. 257; *Barske/Gapp* S. 89; *Buschmann* BlStA 1960, 228; aM *Mattern* NJW 1951, 941; DStZ 1952, 414; DStR 1952, 76; 1954, 457; *List* S. 56; unklar *Firnhaber* S. 71ff.; *Kohlmann* 107f. zu § 404 RAO 1968). Eine Berichtigung kann auch hier nur in einer Handlung bestehen, durch die bestimmte Tatsachen, die dem FA bisher unbekannt waren, aufgeklärt werden (glA *Suhr* S. 374). Allerdings ist dies auch möglich in der Form mündlicher Auskünfte und Hinweise oder durch Vorlage bestimmter Belege an einen Betriebsprüfer (aM OLG Frankfurt v. 17. 11. 1960, BB 1961, 628). Hierbei ist zu beachten, daß sich die Entdeckung einer Steuerverkürzung, sofern sie nicht auf einem einzigen Buchungsfehler usw. beruht, durch den Betriebsprüfer *schrittweise* vollzieht; von der Entdeckung einer einzelnen unverbuchten Betriebseinnahme bis zur Überprüfung aller Einnahmen innerhalb des Prüfungszeitraums und der Feststellung der Auswirkungen auf sämtliche geprüften Steuerarten ist oft ein langer Weg zurückzulegen, auf dem der Stpfl dem Prüfer mit berichtigenden Angaben entgegenkommen und sich insoweit gem. § 378 III AO einen Anspruch auf Bußfreiheit erwerben kann. Die Vorlage aller Geschäftsbücher und Belege ist keine Berichtigung, geschweige denn die *„rückhaltlose Bereitschaft"* hierzu (glA *Coring* DStR 1963, 375f.; aM *Vogel* FR 1960, 443). In je größerem Maße die insgesamt leichtfertig verkürzten Steuern noch während einer Prüfung durch Ergänzung der ursprünglich erklärten Besteuerungs-

grundlagen seitens des Stpfl erbracht werden kann, umso eher ist es geboten, wegen der allein vom Prüfer ermittelten Mehrergebnisse gem. § 47 I OWiG von der Verfolgung der Zuwiderhandlung nach § 378 AO abzusehen. Überdies kann der Prüfer, sobald er den ersten Fehler einer bestimmten Art festgestellt hat, es dem Stpfl überlassen, weitere gleichartige Fehler zunächst einmal von sich aus festzustellen und die Ergebnisse dieser Selbstprüfung anzuzeigen. Hat dagegen der Prüfer den Grund und das gesamte Ausmaß einer leichtfertigen Steuerverkürzung auf einen Blick entdeckt, bleibt kein Raum mehr für eine Berichtigung des Stpfl; „Billigkeitserwägungen" sind im Rahmen des § 378 III AO – wie bei § 371 AO – verfehlt (aM *Coring* aaO).

59 **Zur Erstattung einer Selbstanzeige durch Beauftragte** wird im Anschluß an das Urt. des RG v. 24. 3. 1930 (RG 64, 76) im Schrifttum die Auffassung vertreten, daß es bei der leichtfertigen Steuerverkürzung – abw. von der vorsätzlichen Steuerverkürzung – eines besonderen, nach der Tat erteilten Auftrags nicht bedürfe (*Fuchs* S. 59; *Barske/Gapp* S. 85 Fußn. 59; *Hartung* III 1 zu §§ 410, 411 RAO 1951; *Kopacek* DStR 1965, 137). Die angeführte Entscheidung läßt jedoch nicht erkennen, ob und in welcher Weise der Stpfl seine eigene Sorgfaltspflicht vernachlässigt hat. Bei fehlendem Verschulden des Stpfl kann es sich nicht um eine Selbstanzeige zugunsten des Stpfl, sondern nur um eine *eigene* Selbstanzeige des Beauftragten gehandelt haben (zutr. *List* S. 57; ausf. *Firnhaber* S. 85f.).

60 **Nur die Bekanntgabe der Einleitung eines Straf- oder Bußgeldverfahrens** wegen (vorsätzlicher oder leichtfertiger) Steuerverkürzung (§§ 370, 378 AO) schließt die Wirkung einer Selbstanzeige gem. § 371 II Nr. 1b AO oder § 378 AO aus. Für den Ausschluß der strafbefreienden Wirkung einer Selbstanzeige wegen Vergehens nach § 370 AO genügt auch die Bekanntgabe der Einleitung eines Bußgeldverfahrens wegen einer Steuerordnungswidrigkeit nach § 378 AO.

V. Verfahrensfragen

61 **Der Erlaß eines Bußgeldbescheides gegen einen RA, StBer, StBev, Wpr oder vBpr** wegen leichtfertiger Steuerverkürzung, die sie in Ausübung ihres Berufes bei der Beratung in Steuersachen begangen haben, ist von den besonderen Voraussetzungen des § 411 AO abhängig. Diese Sondervorschrift bezieht sich nur auf die Beratung, nicht auf die Führung der Bücher des Stpfl (s. Rdnr. 43) oder die Wahrnehmung der Pflichten des Stpfl in der Eigenschaft eines gesetzlichen Vertreters iS des § 34 AO und erst recht nicht auf die Erfüllung der eigenen steuerrechtlichen Pflichten des RA, StBer, StBev, Wpr oder vBpr.

62 **Vom Bußgeldverfahren muß zum Strafverfahren übergegangen werden,** wenn sich im Verlauf des *Bußgeld*verfahrens herausstellt, daß durch ein und dieselbe Handlung außer § 378 AO oder anstelle des § 378 AO ein *Straf*gesetz verletzt worden ist. Hat der Verdächtige anstelle einer leichtfertigen eine vorsätzliche Steuerverkürzung begangen, ändert sich die Zuständig-

keit des FA im Ermittlungsverfahren nicht. Nur wenn der Verdächtige außer einer Steuerordnungswidrigkeit nach § 378 AO eine *nichtsteuerliche* Straftat begangen hat, verliert das FA seine Ermittlungskompetenz (vgl. § 386 II AO) und gibt die Akten an die StA ab. Im gerichtlichen Verfahren, das zB wegen Einspruchs gegen einen Bußgeldbescheid angelaufen ist, erkennt der Amtsrichter durch Urteil auf eine Strafe wegen Vergehens nach § 370 AO, nachdem er den Angeklagten zuvor auf die Veränderung des rechtlichen Gesichtspunktes gem. § 265 StPO hingewiesen hat. Zum Risiko des Einspruchs gegen einen Bußgeldbescheid vgl. *Henneberg* BB 1969, 398f.

63 **Bei nachträglicher Feststellung einer Steuerhinterziehung** (§ 370 AO) kann die Tat trotz eines rechtskräftigen Bußgeldbescheides wegen leichtfertiger Steuerverkürzung (§ 378 AO) strafrechtlich verfolgt werden. Dies folgt durch Umkehrschluß aus § 84 II OWiG. Falls der Betroffene wegen Steuerhinterziehung verurteilt wird, wird der Bußgeldbescheid gem. § 86 OWiG aufgehoben.

64 **Bei Tatmehrheit** zwischen der Steuerordnungswidrigkeit nach § 378 AO und einer Straftat können beide Handlungen in einem einheitlichen Verfahren geahndet werden (vgl. §§ 42, 45, 83 OWiG).

§ 379 Steuergefährdung

(1) Ordnungswidrig handelt, wer vorsätzlich oder leichtfertig

1. Belege ausstellt, die in tatsächlicher Hinsicht unrichtig sind, oder
2. nach Gesetz buchungs- oder aufzeichnungspflichtige Geschäftsvorfälle oder Betriebsvorgänge nicht oder in tatsächlicher Hinsicht unrichtig verbucht oder verbuchen läßt

und dadurch ermöglicht, Steuern zu verkürzen oder nicht gerechtfertigte Steuervorteile zu erlangen. Satz 1 Nr. 1 gilt auch dann, wenn Eingangsabgaben verkürzt werden können, die von einem anderen Mitgliedstaat der Europäischen Gemeinschaften verwaltet werden oder die einem Staat zustehen, der für Waren aus den Europäischen Gemeinschaften auf Grund eines Assoziations- oder Präferenzabkommens eine Vorzugsbehandlung gewährt; § 370 Abs. 6 Satz 2 ist anzuwenden.

(2) Ordnungswidrig handelt, wer vorsätzlich oder leichtfertig

1. der Mitteilungspflicht nach § 138 Abs. 2 nicht, nicht vollständig oder nicht rechtzeitig nachkommt,
2. die Pflicht zur Kontenwahrheit nach § 154 Abs. 1 verletzt.

(3) Ordnungswidrig handelt, wer vorsätzlich oder fahrlässig einer Auflage nach § 120 Abs. 2 Nr. 4 zuwiderhandelt, die einem Verwaltungsakt für Zwecke der besonderen Steueraufsicht (§§ 209 bis 217) beigefügt worden ist.

(4) Die Ordnungswidrigkeit kann mit einer Geldbuße bis zu zehntausend Deutsche Mark geahndet werden, wenn die Handlung nicht nach § 378 geahndet werden kann.

Vgl. § 283 I Nr. 5–7 StGB über Verletzung der Buchführungspflicht; § 1430 RVO idF des Art. 252 Nr. 48 EGStGB sowie § 152 AVG idF des Art. 253 Nr. 6 EGStGB über unrichtige Eintragungen in Nachweisen oder Anzeigen zur Sozialversicherung; § 230 I Nr. 3 AFG betr. pflichtwidrig unterlassene Aufzeichnungen des ArbG über geleistete Arbeitsstunden.

Schrifttum:

Zu § 405 RAO 1968: *Pfaff,* Die Steuergefährdung nach § 405 AO, StBp 1972, 142; *Suhr,* Ahndung wegen der Steuerordnungswidrigkeiten der §§ 405, 406 AO bei Nichtverfolgung der Verkürzungstatbestände der §§ 392, 404 AO? StBp 1973, 224.

Weiteres Schrifttum s. vor Rdnr. 9, 32, 36, 52.

Übersicht

Übersicht

1. Entstehungsgeschichte

1 **Vorläufer des § 379 AO waren §§ 406 u. 413 I Nr. 3 RAO** idF des Art. I Nr. 5, 6 des Gesetzes v. 11. 5. 1956 (BGBl. I 418); Begr. s. BT-Drucks. II/1593. Nach § 406 I RAO 1956 waren das Ausstellen unrichtiger Belege (Nr. 1) sowie die mangelhafte Buchung von Geschäftsvorfällen (Nr. 2) und Betriebsvorgängen (Nr. 3) als „*Steuergefährdung*" mit Geldstrafe bis zu 100 000 DM bedroht, neben der auf Gefängnis bis zu 2 Jahren erkannt werden konnte; subjektive Voraussetzung war die „*Absicht, eine Verkürzung von Steuereinnahmen zu ermöglichen*". § 406 II RAO 1956 enthielt eine Sonderregelung über tätige Reue.

2 **Durch Art. 1 Nr. 19 des 2. AOStrafÄndG v. 12. 8. 1968** (BGBl. I 953) wurde die Vorschrift unter der Bezeichnung „§ 405" als Bußgeldtatbestand neugefaßt (Begr. s. BT-Drucks. IV/1812 S. 27). Die Ordnungswidrigkeiten nach § 405 I Nr. 1 u. 2 RAO 1968 entsprachen den früheren Vergehen nach § 406 I RAO 1956 mit der Abweichung, daß (bedingt) vorsätzliches oder leichtfertiges Handeln genügte; „Absicht" war nicht mehr erforderlich, jedoch mußte die Tathandlung es objektiv ermöglichen, Steuereinnahmen zu verkürzen. Die in § 405 I Nr. 2 RAO 1968 mitgeregelte Zuwiderhandlung gegen eine Pflicht zur Aufzeichnung von Betriebsvorgängen wurde durch den BTag aus § 407 RAO idF des Entwurfs (Verbrauchsteuergefährdung) übernommen (Schriftl. Ber. zu BT-Drucks. V/2928 S. 2). Die Ordnungswidrigkeit nach § 405 II RAO 1968 entsprach dem früheren Vergehen nach § 413 I Nr. 3 RAO 1956 mit der Abweichung, daß die Tathandlung mindestens leichtfertig begangen sein mußte.

3 **Durch Art. 5 Nr. 3 AStG v. 8. 9. 1972** (BGBl. I 1713, 1724) wurde § 405 II RAO 1968 mit Wirkung ab 13. 9. 1972 neugefaßt. Dabei wurde als neue Ordnungswidrigkeit unter Nr. 2 ein *Verstoß gegen die Meldepflichten* des § 165e III RAO (nachträglicher Wegfall von Voraussetzungen der Steuerbefreiung bei der GrSt) und des § 165e IV RAO (nachträglicher Wegfall von Voraussetzungen der Steuerbefreiung bei der GrESt) eingefügt. § 165e III RAO wurde durch das GrStRG v. 7. 8. 1973 (BGBl. I 965) „*mit erstmaliger Wirkung für die GrSt des Kalenderjahrs 1974*" gestrichen. Gem. Art. 161 Nr. 9a EGStGB erhielt § 405 I 2 RAO 1968 mit Wirkung ab 10. 3. 1974 (Art. 326 II EGStGB) folgende Fassung: „*Satz 1 Nr. 1 gilt auch dann, wenn Eingangsabgaben verkürzt werden können, die von einem anderen Mitgliedstaat der Europäischen*

Gemeinschaften verwaltet werden oder die einem Mitglied der Europäischen Freihandelsassoziation oder einem mit dieser assoziierten Staat zustehen; § 392 Abs. 5 Satz 2 ist anzuwenden." Gleichzeitig wurde § 405 VI RAO mit Wirkung ab 1. 1. 1975 gestrichen (Art. 161 Nr. 9b, Art. 326 I EGStGB). Bereits wenige Monate später erhielt § 405 I Satz 2 idF des Art. 161 Nr. 9a EGStGB – ebenfalls mit Wirkung ab 1. 1. 1975 – folgende Fassung (§ 1 Nr. 9 G v. 15. 8. 1974, BGBl. I 1942): „*Satz 1 Nr. 1 gilt auch dann, wenn Eingangsabgaben verkürzt werden können, die von einem anderen Mitgliedstaat der Europäischen Gemeinschaften verwaltet werden oder die einem Mitgliedstaat der Europäischen Freihandelsassoziation oder einem mit den Europäischen Gemeinschaften oder der Europäischen Freihandelsassoziation assoziierten Staat zustehen; § 392 Abs. 5 Satz 2 ist anzuwenden*".

4 **§ 379 I Nr. 1 und 2 AO** (= § 363 EAO 1974; Begr. s. BT-Drucks. VI/1982 S. 197) entsprechen dem § 405 I Nr. 1 und 2 RAO 1968. Der Tatbestand ist allerdings insofern erweitert worden, als neben der Möglichkeit der Steuerverkürzung nunmehr als alternatives Tatbestandsmerkmal ausdrücklich die Möglichkeit der Erlangung ungerechtfertigter *Steuervorteile* erwähnt wird. Dadurch ist jedoch die materielle Rechtslage nicht verändert worden; denn Steuereinnahmen können auch durch die ungerechtfertigte Inanspruchnahme von Steuervorteilen verkürzt werden (s. Rdnr. 14ff. zu § 370 AO). Über die Auswirkungen der Neufassung des § 381 I Nr. 1 AO im Vergleich zu § 407 I Nr. 1 RAO 1968 auf die Verletzung von Aufzeichnungspflichten, die sich aus Verbrauchsteuergesetzen ergeben, s. Rdnr. 6 u. 10 zu § 381 AO.

Die Formulierung des **§ 379 I Satz 2 AO** erfaßt neben unrichtigen Erklärungen zum Nachteil eines EFTA-Staates nunmehr auch unrichtige Erklärungen zum Nachteil aller übrigen Staaten, die für Waren aus der EG aufgrund eines Assoziations- oder Präferenzabkommens eine Vorzugsbehandlung gewähren. Das sind fast alle Staaten des Mittelmeerraums (s. Rdnr. 29ff.). Da das Rechts- und Verwaltungssystem dieser Staaten (im Gegensatz zu den EFTA-Staaten) nur bedingt mit dem der EG-Mitgliedstaaten vergleichbar ist, können unrichtige Erklärungen zum Nachteil dieser Staaten lediglich als Ordnungswidrigkeit geahndet werden (BT-Drucks. 7/4299 S. 45).

§ 379 II Nr. 1 AO ist neu eingefügt worden, und zwar zur Sicherung der Belange des StGläubigers bei Auslandsbeziehungen (s. BT-Drucks. VI/1982 S. 197). Die Verletzung der Pflicht zur Kontenwahrheit gem. § 379 II Nr. 2 AO entspricht § 405 II RAO 1968.

Der neu eingefügte **§ 379 III AO** soll das frühere Sicherungsgeld ablösen, das gem. § 203 RAO im Rahmen der Steueraufsicht als Ungehorsamsfolge verhängt werden konnte. Subjektiv genügt hier abw. von allen anderen Bußgeldtatbeständen des § 379 AO einfache Fahrlässigkeit (s. Rdnr. 49). Die Ersetzung des Begriffes „*Tat*" durch „*Handlung*" in Abs. IV entspricht der Sprachregelung des OWiG.

2. Zweck und Anwendungsbereich

5 Handlungen, die zur **Vorbereitung einer Steuerverkürzung** geeignet sind, werden durch § 379 AO zu selbständigen Bußgeldtatbeständen erhoben. Sowohl die Ausstellung unrichtiger Belege (§ 379 I Nr. 1 AO) als auch die unrichtige, unvollständige oder unterlassene Buchung von Geschäftsvorfällen iS des § 379 I Nr. 2 AO gehören in den Bereich der (strafrechtlich noch nicht erheblichen) Vorbereitungshandlungen, die ohne § 379 AO nicht – auch nicht als Versuch – geahndet werden könnten (Rdnr. 196ff. zu § 370 AO; KG v. 6. 10. 1966, NJW 1967, 991). Andererseits handelt es sich bei den einzelnen Tatbeständen des § 379 AO um typische Maßnahmen, mit denen Steuerverkürzungen häufig angebahnt werden (zB Gefälligkeitsrechnungen und OR-Geschäfte, Kontoerrichtung auf falschen Namen usw) und die daher das Steueraufkommen besonders gefährden. Der bußrechtliche Schutz des staatlichen Anspruchs auf Vollständigkeit und Wahrheit der Besteuerungsunterlagen (*Bremer,* Aktuelle Fragen S. 160) ist rechtspolitisch vor allem deshalb erforderlich, weil zwischen den in § 379 AO erfaßten Vorbereitungshandlungen und dem Versuch oder der Vollendung einer Steuerverkürzung, insbes. bei den Veranlagungsteuern, meist ein längerer Zeitraum liegt (vgl. auch *Pfaff* StBp 1972, 142; *Suhr* StBp 1973, 224).

6 **Die Verletzung verbrauchsteuerlicher Aufzeichnungs- und Buchführungspflichten** wird (seit dem 1. 1. 1977) durch die Spezialvorschrift des § 381 I Nr. 1 AO erfaßt (s. Rdnr. 10 zu § 381 AO). Über Zuwiderhandlungen gegen Auflagen s. Rdnr. 41 ff.

7 Auf **Monopolabgaben** ist nicht § 379 I Nr. 2 AO, sondern die im objektiven Tatbestand entsprechend gefaßte Sondervorschrift des § 126 II Nr. 1 BranntwMonG (Anh VIII) anwendbar. Über die Unterschiede im subjektiven Tatbestand s. Rdnr. 49. **Monopolausgleich** und **EssigsäureSt** sind keine Monopolabgaben, sondern Verbrauchsteuern (s. Einl 206, 208 sowie Rdnr. 5 zu § 381 AO).

8 § 379 AO ist ein **Gefährdungstatbestand** und gilt daher nur subsidiär. Die Vorschrift ist nicht anwendbar, wenn die Tat zugleich einen Verletzungstatbestand erfüllt (s. Rdnr. 52).

3. Ausstellen unrichtiger Belege

Schrifttum (zu § 406 RAO 1956):

Bremer, Die Falschbelegung und Falschbuchung nach § 406 AO, Aktuelle Fragen S. 155; *Lohmeyer,* Einzelheiten zur Steuergefährdung nach § 406 AO, Stbg. 1960, 109; *ders.,* Einzelheiten zur Steuergefährdung (§ 406 AO), DB 1965, 51; *ders.,* Steuerliche Bilanzdelikte und ihre strafrechtliche Würdigung, WPg 1965, 479; *Kulla,* Wann erfüllt die Ausfüllung falscher Belege den Tatbestand der Steuergefährdung (§ 406 AO)? StBp 1965, 210; *König,* Wann liegt eine „Steuergefährdung" im Sinne von § 406 AO vor? NBW 1966, 169; *Lohmeyer,* Die Steuergefährdung im Sinne des § 406 AO, ZfZ 1966, 294; *ders.,* Steuergefährdung durch Ausstellen unrichtiger Belege, SchlHA 1968, 179; *Pfaff,* Die Steuergefährdung nach § 405 AO, StBp 1972, 142; *Lohmeyer,* Ausstellung unrichtiger Belege und falsche Buchführung, Stbg. 1976, 65.

a) Begriff

9 **Belege iS des § 379 I Nr. 1 AO** sind alle Schriftstücke, die geeignet sind, steuerlich erhebliche Tatsachen zu beweisen. Gleichgültig ist, ob die Schriftstücke als Buchungsunterlagen oder als Nachweis für die Inanspruchnahme von Steuerermäßigungen oder -vergünstigungen verwertbar sind. Weder aus dem Wortlaut noch aus dem Zweck des § 379 Nr. 1 AO folgt, daß es sich um Belege handeln muß, deren objektive Zweckbestimmung darin besteht, als Buchungsunterlage zu dienen, und daß daher zB Spendenquittungen und Bescheinigungen über einen Kuraufenthalt nicht von § 379 I Nr. 1 AO erfaßt werden (glA *Hübner* 4a u. *Kohlmann* 10 zu § 405 RAO; *Bremer* Aktuelle Fragen S. 159: *Pfaff* StBp 1972, 142; aM *Kulla* StBp 1965, 210). Maßgebend ist allein, ob das Schriftstück Aussagen über einen steuerlich erheblichen Vorgang enthält. Es kommt auch nicht darauf an, ob der Beleg dazu *„bestimmt"* ist, *„steuerlichen"* Zwecken zu dienen (so offenbar *Bremer* aaO S. 169; *Lohmeyer* ZfZ 1966, 295); vielmehr genügt die Eignung. *Hübner* (4 zu § 405 RAO) weist jedoch zu Recht darauf hin, daß die Beweiseignung nicht das *alleinige* Wesen des Belegs ausmache; der übungshalber gefertigte Einnahme- oder Ausgabe-„Beleg" des Finanzschülers sei zB kein „Beleg", weil er nichts beweisen „solle". Aus diesen überzeugenden Ausführungen kann aber nicht gefolgert werden, daß sich die Beweisbestimmung auch auf *„steuerlich"* erhebliche Tatsachen erstrecken muß (im Ergebnis wohl ebenso *Kohlmann* 13 zu § 405 RAO). Nach der ratio des § 379 I Nr. 1 AO (s. Rdnr. 5) ist zB eine fälschlich auf einen Werktag statt Sonntag datierte Tankquittung ein unrichtiger „Beleg" iS dieser Vorschrift, obwohl diese Quittung durchaus dazu bestimmt (und geeignet) sein kann, außersteuerlichen Zwecken zu dienen (Reisekostenabrechnung).

10 **Die Belege haben Urkundencharakter** (*Bremer,* Aktuelle Fragen S. 169; vgl. auch BGH v. 11. 11. 1958, StRK AO § 410 R. 5). Eine Unterschrift ist nicht erforderlich; es genügt die Erkennbarkeit des Ausstellers aus dem Schriftstück selbst (RG 61, 161 v. 13. 1. 1927 mwN), zB aus dem Firmenkopf oder einem Stempel. Über die *„schriftliche Lüge"* s. Rdnr. 12.

11 **Zu den „Belegen" gehören** zB Rechnungen, Lieferscheine, Quittungen über erhaltene Zahlungen oder sonstige Leistungen, Vertragsurkunden, Spesen- und Reisekostenabrechnungen, ärztliche Bescheinigungen, Kassenzettel, Frachtbriefe, Handelsbriefe, Ursprungszeugnisse, Nachnahmekarten, Warenverkehrsbescheinigungen sowie alle sonstigen Urkunden, die im rechtsgeschäftlichen Verkehr bedeutsam sind. Pläne oder Zeichnungen können für steuerliche Zwecke (vgl. zB § 7b EStG) ebenfalls erheblich sein (glA *Kohlmann/Sandermann* StW 1974, 221; ferner *Pfaff* StBp 1972, 142; *Kulla* StBp 1965, 210). Auch Eigenbelege zählen zu den „Belegen" iS des § 379 I Nr. 1 AO (zust. *Hübner* 4b u. *Kohlmann* 8 zu § 405 RAO; aM *Troeger/Meyer* S. 42), wenn sie als Buchungsunterlage geeignet sind, zB die Anweisung, Privatausgaben als Betriebsausgaben (Werbungskosten) zu verbuchen (glA *Bremer,* Aktuelle Fragen S. 1970). Unrichtige Eigenbelege können auch den innerbetrieblichen Wertefluß betreffen (anders noch *Franzen/Gast* 1. Aufl.

Rdnr. 7 zu § 405 RAO), zB bei Warenlieferungen zwischen in- und ausländischen Betriebstätten (vgl. *Kohlmann* 9 zu § 405 RAO; *Kühn/Kutter* 2a zu § 379 AO).

b) Unrichtig

12 **In tatsächlicher Hinsicht unrichtig ist ein Beleg,** wenn er von den richtigen Tatsachen, zB Ort und Datum, abweicht oder einen anderen als den wirklichen Sachverhalt bekundet, zB den Kauf von Fachzeitschriften anstatt von Tageszeitungen. Streitig ist, ob § 379 I Nr. 1 AO nur solche Belege betrifft, die zwar in tatsächlicher Hinsicht unrichtig sind, aber wirklich von der Person herrühren, auf die sie als den Aussteller hinweisen (sog. schriftliche Lüge), oder ob sich die Unrichtigkeit auch auf den Aussteller beziehen kann (abl. *Hübner* 6 zu § 405 RAO u. *Hartung* II 1c zu § 406 RAO 1956; bejahend *Bremer,* Aktuelle Fragen S. 171; *Pfaff* StBp 1972, 142; *Kühn/Kutter* 2a zu § 379 AO). Der BGH neigt offenbar dazu, nur die schriftliche Lüge durch § 379 I Nr. 1 AO zu erfassen, hat jedoch die Frage ausdrücklich nicht endgültig entschieden (12, 100, 103 v. 11. 11. 1958). Der Wortlaut des § 379 I Nr. 1 AO läßt beide Deutungen zu, jedoch vermag § 379 I Nr. 1 AO die Vorschrift des § 267 StGB nicht zu verdrängen (so schon BGH aaO zu der Strafvorschrift des § 406 RAO 1956). Ist der Beleg unrichtig und zugleich der Name des Ausstellers gefälscht, kommt nach § 21 OWiG nur eine Bestrafung aus § 267 StGB in Betracht. Praktisch ist daher die Tragweite des § 379 I Nr. 1 AO auf die sog. schriftliche Lüge beschränkt (vgl. auch *Kohlmann* 16 zu § 405 RAO). Eine Rechnung mit gesondertem Steuerausweis durch einen Nichtunternehmer ist (ohne Rücksicht auf § 14 III UStG) ein unrichtiger Beleg (ebenso *Leise* 2 zu § 405 RAO; vgl. auch *Helsper* UStR 1974, 152).

c) Ausstellen

13 **Nicht das Herstellen, sondern nur das Ausstellen** einer unrichtigen Urkunde ist ordnungswidrig. Ein Beleg ist „ausgestellt", wenn er in den Verfügungsbereich dessen gelangt ist, für den er bestimmt ist (ebenso *Hübner* 5 u. *Kohlmann* 17f. zu § 405 RAO; *Lohmeyer* SchlHA 1968, 181; *Pfaff* StBp 1972, 142). Ob der Empfänger von dem Beleg Gebrauch gemacht hat, ist für das Ausstellen ebenso bedeutungslos (glA *Suhr* NWB Fach 13, 454) wie die Frage, ob der Aussteller aus der Tat irgendwelche Vorteile gezogen hat (zust. *Pfaff* StBp 1972, 142).

d) Täterkreis

14 **Täter iS des § 405 I Nr. 1 AO kann jeder sein,** der sich oder einem anderen einen tatsächlich unrichtigen Beleg ausstellt (*Troeger/Meyer* S. 41; *Kulla* StBp 1965, 210). In Betracht kommen daher nicht nur Gewerbetreibende, die sich – ggf. gegenseitig – Gefälligkeitsbelege ausstellen, sondern ebenso zB Ärzte, die einen Kuraufenthalt wahrheitswidrig bescheinigen, sowie Angehörige sonstiger freier Berufe, Privatpersonen oder der Stpfl selbst (vgl. *Bremer,* Aktuelle Fragen S. 166). Veranlaßt der Stpfl die Ausstellung eines unrichtigen

Belegs oder wirkt er in irgendeiner Form mit, so handelt er als Beteiligter auch selbst ordnungswidrig (§ 14 I OWiG). Beschränkt sich der Empfänger darauf, den Beleg lediglich entgegenzunehmen, so ist er notwendiger Teilnehmer (vgl. *Samson* 43ff. vor § 26 StGB) und kann als solcher nicht belangt werden.

4. Fehlerhafte Buchungen und Aufzeichnungen

Schrifttum:
S. vor Rdnr. 9.

a) Allgemeines

15 **„Gesetz" iS der AO ist jede Rechtsnorm** (§ 4 AO); der Begriff umfaßt also Gesetze im formellen und materiellen Sinn. Die „gesetzliche" Buchführungs- oder Aufzeichnungspflicht kann daher auch auf einer RechtsV beruhen (s. auch BT-Drucks. zu V/2928). *Verwaltungsanweisungen,* die auf einem Gesetz beruhen, sind keine Rechtsnormen (zB § 31 I MinöStDV: Belegheft nach näherer Weisung durch den Oberbeamten; § 17 II SpielkStDB: Anordnungen des HZA; bedenklich daher § 49 I Nr. 5 MinöStDV und § 24b I Nr. 2 SpielkStDB). Vielmehr muß sich *unmittelbar* aus der Rechtsnorm selbst ergeben, welche Betriebsvorgänge oder Geschäftsvorfälle aufzuzeichnen sind. Die Anwendbarkeit des § 379 I Nr. 2 AO beschränkt sich nicht auf Pflichten, die sich unmittelbar aus *Steuer*gesetzen ergeben (vgl. § 140 I AO); die bußrechtliche Ahndung einer Pflichtverletzung setzt aber voraus, daß die fehlerhafte Buchung die Verkürzung von Steuereinnahmen ermöglicht. Führt der Stpfl unrichtige Bücher, ohne zur Buchführung verpflichtet zu sein, ist § 405 AO nicht anwendbar (ebenso *Hübner* 9 u. *Kohlmann* 25 zu § 405 RAO; vgl. auch *Hartung* II 2a zu § 406 RAO 1956). § 146 VI AO begründet keine gesetzliche Verpflichtung iS des § 379 I Nr. 2 AO.

16 **Geschäftsvorfälle und Betriebsvorgänge** sind Sammelbegriffe, die nicht gleichbedeutend sind, für die aber eine gesetzliche oder durch die Rspr herausgearbeitete Definition fehlt. Unter Geschäftsvorgängen versteht man überwiegend Vorgänge des rechtsgeschäftlichen Liefer- oder Leistungsverkehrs des Unternehmers mit Dritten. Betriebsvorgänge hingegen betreffen den Wertefluß innerhalb des Unternehmens (Betriebes) oder zwischen mehreren zu einem Unternehmen gehörigen Betrieben (vgl. *Kühn/Kutter* 2b zu § 379 AO; *Kohlmann* 23 zu § 405 RAO; *Pfaff* StBp 1972, 142). Praktisch ist die Abgrenzung unerheblich, da das Gesetz beide Begriffe gleichwertig nebeneinander verwendet (glA *Hübner* 8 zu § 405 RAO).

17 **Die Abgrenzung zwischen der Verletzung einer Buchführungs- und einer Aufzeichnungspflicht** ist bedeutsam für die Vollendung des objektiven Tatbestandes. Während der Aufzeichnungspflichtige nur tatsächliche Geld- und Warenbewegungen (§§ 143, 144 AO) zu verbuchen hat, muß der Buchführungspflichtige zB bereits die Entstehung von Forderungen und Schulden buchmäßig festhalten (vgl. *Bremer,* Aktuelle Fragen S. 173; zust. *Kohlmann* 24 zu § 405 RAO). Der objektive Tatbestand des § 379 I Nr. 2 AO verlangt die Verletzung einer Buchungs*pflicht.* Eine solche Pflichtverletzung liegt nicht vor, wenn der Stpfl Buchungen oder Aufzeichnungen unterlassen hat, die

Schätzungen vermeiden sollen (§ 162 AO) oder nur Voraussetzungen für einen begründeten Antrag auf Steuerfreiheit oder -ermäßigung sind (vgl. zB § 4 VI EStG, § 11b EStDV). Auch die Verletzung einer Sollvorschrift (vgl. § 146 I AO) ist – trotz § 146 VI AO – nicht ordnungswidrig (s. Rdnr. 15).

18 **Aufbewahrungspflichten,** zB gem. § 44 HGB, § 147 AO, ergänzen die Buchführungs- und Aufzeichnungspflichten (vgl. *Kruse* 12 zu § 162 RAO; *Kohlrust* StBp 1962, 146). In ihrer Wirkung, dh in bezug auf die Möglichkeit der Verkürzung von Steuern, steht die *Vernichtung* von Büchern und Aufzeichnungen der Nichtverbuchung von Geschäftsvorfällen jedenfalls dann gleich, solange noch keine Steuerverkürzung eingetreten ist. Wegen des Schutzzwecks des § 379 I Nr. 2 AO (s. Rdnr. 5) ist es im Grunde auch nicht einzusehen, daß die Nichtverbuchung mit Geldbuße bedroht, die unmittelbar an eine Verbuchung anschließende Vernichtung der Bücher hingegen nicht mit einer Sanktion bewehrt sein soll. *Kohlmann/Sandermann* (StW 1974, 221, 245) haben jedoch (und zwar geraume Zeit vor Inkrafttreten der AO-Reform) mit Recht darauf hingewiesen, daß eine Ausdehnung des § 379 I Nr. 1 AO auf Zuwiderhandlungen gegen Aufbewahrungspflichten eine gem Art. 103 II GG, § 3 I OWiG unzulässige Analogie zuungunsten des Täters wäre (anders noch *Franzen/Gast* 1. Aufl. Rdnr. 12 zu § 405 RAO; zust. *Pfaff* StBp 1972, 142). Hinzu kommt noch, daß die Aufbewahrungsfristen seit dem 1. 1. 1977 so flexibel gehalten sind (vgl. § 147 III 2 AO), daß sie in der Praxis nicht als verläßliche Grenze angesehen werden können (vgl. *Hintzen* BB 1977, 342). Hätte der Gesetzgeber die Verletzung von Aufbewahrungsfristen mit einem Bußgeld bewehren wollen, so hätte er das – ebenso wie zB in § 103 I Nr. 2 HGB; vgl. auch § 283b I Nr. 2 StGB – zum Ausdruck bringen können und müssen.

19 **Nichtverbuchen** ist das Unterlassen der vorgeschriebenen Eintragungen einzelner Vorgänge sowie das Unterlassen der Führung der vorgeschriebenen Bücher schlechthin (vgl. *Pfaff* StBp 1972, 142). Die Tat ist mit dem Verstreichen des Zeitpunktes vollendet, in dem die Eintragung nach den Grundsätzen ordnungsmäßiger Buchführung hätte vorgenommen werden müssen (vgl. dazu *Kohlmann* 32 zu § 405 RAO). Zu der Frage, ob die Vernichtung von Aufzeichnungen dem Nichtverbuchen gleichzusetzen ist, s. Rdnr. 18. Das *Nichtverbuchenlassen* kann sowohl durch Anweisung (positive Handlung) als auch durch bloßes Geschehenlassen (Unterlassen) bewirkt werden. Die Tat ist vollendet, sobald die falsche Buchung vorgenommen oder die rechtzeitige Buchung unterlassen worden ist (über den Täterkreis s. Rdnr. 21).

20 **In „tatsächlicher Hinsicht unrichtig" ist die Buchung oder Aufzeichnung,** wenn der dargestellte Vorgang mit der Wirklichkeit nicht übereinstimmt. Sind zB Ausgaben, welche die betriebliche Sphäre nicht oder nur zum Teil berühren, als Betriebsausgaben verbucht worden (etwa Aufwendungen für den privaten Reitstall des Inhabers), so liegt darin zwar auch eine rechtliche Unrichtigkeit, nämlich die fehlerhafte Anwendung des § 4 IV EStG (vgl. *Troeger/Meyer* S. 42f.). Zugleich sind aber die Tatsachen („Geschäftsvorfall") buchmäßig unrichtig dargestellt worden; denn die den betreffenden

Ausgaben zugrunde liegenden Leistungen sind entweder überhaupt nicht oder nur teilweise für den Betrieb erbracht worden. *Fälschungen* werden ebenso wie Belegfälschungen nach § 267 StGB bestraft (s. Rdnr. 12). § 379 I Nr. 2 AO greift ebenfalls nicht ein, wenn die Buchungen zwar vollständig und richtig sind, die Buchführung als solche aber nicht ordnungsgemäß ist (*Lohmeyer* ZfZ 1966, 294). In Grenzfällen kann jedoch eine nicht ordnungsgemäße Buchführung einer Nichtverbuchung gleichstehen (s. auch Rdnr. 18 sowie § 283b Nr. 2 StGB).

b) Täterkreis

21 Täter einer Falschbuchung kann jeder sein, der tatsächlich die Möglichkeit hat, eine Buchung vorzunehmen (*Hübner* 15 u. *Kohlmann* 20f. zu § 405 RAO; *Kohlmann/Sandermann* StW 1974, 221, 245; *Suhr* NWB Fach 13, 453; aM *Kühn/Kutter* 2b zu § 379 AO). In der Begehungsform des Nicht- oder Falschverbuchen-Lassens hingegen kann der objektive Tatbestand nur durch denjenigen erfüllt werden, der als Stpfl oder kraft seiner Stellung für die Führung der Bücher und Aufzeichnungen verantwortlich ist; das sind bei Einzelunternehmen der Inhaber oder gesetzliche Vertreter, bei Personengesellschaften der oder die geschäftsführenden Gesellschafter, ferner Liquidatoren, Konkursverwalter oder Testamentsvollstrecker (vgl. *Kruse* 5 zu § 160 RAO). Bei juristischen Personen trifft die persönliche Verantwortung sämtliche Vorstandsmitglieder einer AG (§§ 91, 94 AktG), alle GmbH-Geschäftsführer und deren Stellvertreter (§§ 41, 44 GmbHG) sowie alle Vorstandsmitglieder einer Genossenschaft (§§ 33, 35 GenG). Wird die Buchführung einem Dritten übertragen, so muß der kraft Gesetzes Verantwortliche bei Auswahl und Überwachung dieses Dritten die erforderliche Sorgfalt walten lassen. Durch privatrechtlichen Vertrag kann er sich nicht restlos von seiner öffentlich-rechtlichen Pflicht befreien (RFH 36, 28, 31 v. 9. 4. 1934; arg. § 379 I Nr. 2 AO: „... *verbuchen läßt*").

c) Buchführungs- und Aufzeichnungspflichten im einzelnen

22 **Die Buchführungs- und Aufzeichnungspflichten,** deren Verletzung den objektiven Tatbestand des § 379 I Nr. 2 AO erfüllt, **sind in einer Vielzahl von Gesetzen verstreut.** Wer nach anderen Gesetzen als den Steuergesetzen Bücher und Aufzeichnungen zu führen hat, „die für die Besteuerung von Bedeutung sind", hat die Verpflichtungen, die ihm nach den anderen Gesetzen obliegen, auch für die Besteuerung zu erfüllen (§ 140 AO). Die Verletzung *verbrauchsteuerlicher* Buchführungs- und Aufzeichnungsvorschriften fällt (seit dem 1. 1. 1977) unter die Spezialvorschrift des § 381 Nr. 1 AO (s. Rdnr. 10 zu § 381 AO).

23 **Aufgrund Handelsrechts bestehen insbesondere folgende Buchführungsvorschriften:**

§§ 38–44 HGB (Buchführungspflicht der Kaufleute);
§§ 148–159 AktG (Sondervorschriften für Aktiengesellschaften);
§§ 41–42 GmbHG (Sondervorschriften für Gesellschaften mbH);

§§ 33, 33b–33f GenG (Sondervorschriften für Genossenschaften);
§ 16 VersAG (Versicherungsvereine auf Gegenseitigkeit).

24 Für Stpfl, die nicht bereits nach Handelsrecht Bücher führen müssen, gilt:

§ 141 AO – Buchführungspflicht bestimmter Steuerpflichtiger

(1) **Gewerbliche Unternehmer sowie Land- und Forstwirte, die nach den Feststellungen der Finanzbehörde für den einzelnen Betrieb**

1. **Umsätze einschließlich der steuerfreien Umsätze, ausgenommen die Umsätze nach § 4 Nr. 8 und 9 des Umsatzsteuergesetzes, von mehr als 360000 Deutsche Mark im Kalenderjahr oder**
2. **ein Betriebsvermögen von mehr als 100000 Deutsche Mark oder**
3. **ein land- und forstwirtschaftliches Vermögen von mehr als 100000 Deutsche Mark oder**
4. **einen Gewinn aus Gewerbebetrieb von mehr als 24000 Deutsche Mark im Wirtschaftsjahr oder**
5. **einen Gewinn aus Land- und Forstwirtschaft von mehr als 15000 Deutsche Mark im Kalenderjahr**

gehabt haben, sind auch dann verpflichtet, für diesen Betrieb Bücher zu führen und auf Grund jährlicher Bestandsaufnahmen Abschlüsse zu machen, wenn sich eine Buchführungspflicht nicht aus § 140 ergibt. Die §§ 38 bis 41 des Handelsgesetzbuches gelten entsprechend. Bei Land- und Forstwirten, die nach Nummern 1, 3 oder 5 zur Buchführung verpflichtet sind, braucht sich die Bestandsaufnahme nicht auf das stehende Holz zu erstrecken.

(2) **Die Verpflichtung nach Absatz 1 ist vom Beginn des Wirtschaftsjahres an zu erfüllen, das auf die Bekanntgabe der Mitteilung folgt, durch die die Finanzbehörde auf den Beginn dieser Verpflichtung hingewiesen hat. Die Verpflichtung endet mit dem Ablauf des Wirtschaftsjahres, das auf das Wirtschaftsjahr folgt, in dem die Finanzbehörde feststellt, daß die Voraussetzungen nach Absatz 1 nicht mehr vorliegen.**

(3) **Die Buchführungspflicht geht auf denjenigen über, der den Betrieb im ganzen übernimmt.**

„*Gewerblich*" sind nur solche Unternehmer, die einen Gewerbebetrieb iS des § 1 GewStDV ausüben; Freiberufler fallen nicht unter diese Vorschriften. Die §§ 143, 144 AO enthalten Vorschriften über die Aufzeichnung des Wareneingangs und -ausgangs; besondere Aufzeichnungspflichten für umsatzsteuerliche Zwecke folgen aus § 22 UStG.

25 **Nach dem Einführungserlaß zur AO 1977** v. 1. 10. 1976 (BStBl. I 576) sind aufgrund außersteuerlicher Gesetze und Verordnungen zB folgende Bücher zu führen bzw. Aufzeichnungen zu machen:

1. Von **Einsammlern oder Beförderern von Abfällen** sowie von **Abfallbeseitigern** Nachweisbücher nach § 2 II u. III AbfallnachweisV v. 29. 7. 1974 (BGBl. I 1574);

2. von Unternehmen, in denen **Altöle** in einem gewissen Umfange anfallen oder die Altöle in einem gewissen Umfange übernehmen, Nachweisbücher über Art, Menge und Verbleib der Altöle nach § 6 I AltölG v. 23. 12. 1968 (BGBl. I 1419) iVm §§ 1–3 der 2. DV v. 2. 12. 1971 (BGBl. I 1939);

3. von **Apotheken** Herstellungsbücher und Prüfungsbücher nach § 6 IV u. § 7 VI Apothekenbetriebsordnung v. 7. 8. 1968 (BGBl. I 939);

4. von **Auskunfteien** und Detekteien Aufzeichnungen über die erteilten Aufträge, so zB in Bayern nach § 1 Auskunftei- und DetekteiV v. 19. 10. 1964 (GVBl. 188), in Nordrhein-Westfalen nach § 1 Auskunftei- und DetekteiV v. 25. 1. 1972 (GV. 22);

5. von **Baugewerbetreibenden** und **Baugeldempfängern,** die die Herstellung eines Neubaues unternehmen, Baubücher nach § 2 G über die Sicherung von Bauforderungen v. 1. 6. 1909 (RGBl. 449);

6. [gegenstandslos]

7. von Inhabern von **Beherbergungsstätten** Fremdenverzeichnisse nach Landesrecht, so zB nach § 18 I des Meldegesetzes des Landes Nordrhein-Westfalen v. 28. 4. 1950 (GV. 117);

8. von Betrieben, die eine **Besamungsstation** betreiben, Aufzeichnungen u. a. über die Gewinnung, Abgabe und Verwendung des Samens nach § 18 III TierZG v. 20. 4. 1976 (BGBl. I 1045);

9. von Unternehmen, die unter das **Betäubungsmittelgesetz** fallende Stoffe einführen, ausführen, anbauen, gewinnen, gewerbsmäßig herstellen und verarbeiten, mit ihnen handeln, sie erwerben, abgeben und veräußern, Lagerbücher über den Eingang und Ausgang sowie die Verarbeitung der Betäubungsmittel nach § 5 I BetäubmG idF v. 10. 1. 1972 (BGBl. I 1);

10. von Apotheken, ärztlichen und tierärztlichen Hausapotheken, Praxen und Kliniken Bücher oder Karteikarten über den Verbleib der **Betäubungsmittel** (Betäubungsmittelbücher) nach § 15 BtMVV v. 24. 1. 1974 (BGBl. I 110);

11. von Unternehmen des **Bewachungsgewerbes** Aufzeichnungen über die Bewachungsverträge nach § 11 I BewachV idF v. 1. 6. 1976 (BGBl. I 1341);

12. von **Bezirksschornsteinfegermeistern** Kehrbücher nach § 14 I v. 19. 12. 1969 (BGBl. I 2363);

13. von Inhabern und Leitern von **Blindenwerkstätten** Aufzeichnungen über Menge und Erlös der verkauften Blindenwaren und Zusatzwaren nach § 3 I DVBliwaG idF der ÄndV v. 25. 3. 1969 (BGBl. I 283);

14. von **Buchmachern** Durchschriften der Wettscheine oder Wettbücher, Aufstellungen und Abrechnungen mit den Buchmachergehilfen und Geschäftsbücher nach § 4 I RennwLottG v. 8. 4. 1922 (RGBl. I 335, 393), §§ 10–13 RennwLottAB v. 16. 6. 1922 (ZBl. 351);

15. von Betrieben, die **Butter** verarbeiten, besondere Aufzeichnungen nach § 7 MilchfettverbV I v. 26. 3. 1974 (BGBl. I 785); vgl. auch § 11 II 7 MilchfettverbV I, geänd. durch VO v. 26. 1. 1976 (BGBl. I 235), sowie § 6 I Nr. 2 MilchfettverbV II v. 26. 3. 1974 (BGBl. I 790);

16. von **Denaturierungsbetrieben** (Denaturierung von Weichweizen) Aufzeichnungen u. a. über Herkunft und Verbleib des Weichweizens sowie über die täglich denaturierten Mengen an Weichweizen nach § 12 I Nr. 1, II Nr. 1 VO Denaturierungsprämie Getreide v. 19. 11. 1971 (BGBl. I 1831);

17. von **Effektenverwahrern** Verwahrungsbücher für die verwahrten Wertpapiere nach § 14 I DepotG v. 4. 2. 1937 (RGBl. I 171);

18. von Betrieben, die **Eiprodukte** vorbehandeln, Aufzeichnungen u. a. über die ein- und ausgehenden Eiprodukte nach § 5 II Nr. 2 EiprodukteV v. 19. 2. 1975 (BGBl. I 537);

19. von Inhabern von **Fahrschulen** Aufzeichnungen über die Ausbildung eines jeden Fahrschülers sowie über das erhobene Entgelt nach § 18 I u. II FahrlG v. 25. 8. 1969 (BGBl. I 1336), geänd. durch Art. 1 Nr. 9 G v. 3. 2. 1976 (BGBl. I 257);

20. von den verantwortlichen Leitern der amtlich anerkannten **Fahrlehrerausbildungsstätten** Aufzeichnungen über die Ausbildung eines jeden Fahrlehreranwärters nach § 28 I FahrlG;

21. von Haltern der mit **Fahrtschreibern oder Kontrollgeräten auszurüstenden Kraftfahrzeuge** Schaublätter nach § 57a StVZO idF v. 15. 11. 1974 (BGBl. I 3193);

22. von **Forstsamen- und Forstpflanzenbetrieben** Kontrollbücher über alle Vorräte, Eingänge, Vorratsveränderungen und Ausgänge von Saat- und Pflanzgut nach § 12 I G über forstliches Saat- und Pflanzgut idF v. 29. 10. 1969 (BGBl. I 2057);

23. von **Gasöl-Beihilfeberechtigten** Verwendungsbücher für Gasöl nach § 9 I Gasöl-Betriebsbeihilfe-VO-Werkfernverkehr v. 20. 3. 1961 (BGBl. I 260), § 8 I Gasöl-Betriebsbeihilfe-VO-Wirtschaft v. 20. 3. 1961 (BGBl. I 264), § 8 Gasöl-Betriebsbeihilfe-VO-Schienenverkehr v. 11. 12. 1973 (BGBl. I 1900) und § 8 Gasöl-Betriebsbeihilfe-VO-Straßenverkehr v. 21. 12. 1973 (BGBl. I 1962)[1];

24. von Betrieben, die gewerbsmäßig mit **Geflügel** handeln, Kontrollbücher über Bestand, Zu- und Abgang von Geflügel nach § 2 GeflügelpestV v. 19. 12. 1972 (BGBl. I 2509);

25. von Landwirten, die frisches **Geflügelfleisch** abgeben oder liefern, besondere Aufzeichnungen über Abgabe oder Lieferung nach § 3 II GFlAusnV v. 19. 7. 1976 (BGBl. I 1857);

26. von Bearbeitungs- und Verarbeitungsbetrieben der **Getreide- und Futtermittelwirtschaft** unter bestimmten Voraussetzungen Bücher über sämtliche Geschäftsvorfälle, insbesondere über die Einzelheiten des Erwerbs, der Lagerung, der Be- und Verarbeitung, der Veräußerung sowie der Vermittlung der Waren nach § 16 I GetreideG idF v. 3. 8. 1977 (BGBl. I 1521);

27. von **Gebrauchtwaren- und Edelmetallhändlern** über ihre Geschäfte Gebrauchtwarenbücher nach Landesrecht, so zB nach § 1 II, § 2 I GebrauchtwarenV des Landes Nordrhein-Westfalen v. 19. 3. 1958 (GV. 79);

28. von Unternehmen des **Güterfernverkehrs** Fahrtenbücher, Bücher über den Güterfernverkehr, Beförderungs- und Begleitpapiere und Bücher über die Vermittlung von Ladegut oder Laderaum nach § 28 I u. II, § 29 S. 1 und § 32 I GüKG idF v. 6. 8. 1975 (BGBl. I 2132) iVm §§ 1–3a GüKTV idF v. 7. 6. 1973 (BGBl. I 573), geänd. durch VO v. 30. 9. 1974 (BGBl. I 2428);

29. von **Hebammen** Rechnungsbücher über ihre Berufstätigkeit nach § 10 der 2. DV zum HebammenG v. 13. 9. 1939 (RGBl. I 1764);

30. von Unternehmern, die **Heimarbeit** ausgeben, weitergeben oder abnehmen, Beschäftigtenlisten, Entgeltverzeichnisse und Entgeltbücher nach § 6 S. 1 u. § 8 I HeimarbG v. 14. 3. 1951 (BGBl. I 191) iVm §§ 9ff. der 1. DV v. 27. 1. 1976 (BGBl. I 222);

31. von Herstellern, Vermischern, Einführern oder Großverteilern von **leichtem Heizöl** oder **Dieselkraftstoff** Tankbelegungsbücher, aus denen sich die Lieferanten ergeben, nach § 5 I der 3. BImSchV v. 15. 1. 1975 (BGBl. I 264);

32. von **Hopfenerzeugern** Aufzeichnungen über den verkauften und gelieferten Hopfen nach § 6 der VO flächenbezogene Hopfenbeihilfe v. 18. 12. 1975 (BGBl. I 3135);

---

[1] Die Unterlassung derartiger Aufzeichnungen oder deren Fehlerhaftigkeit kann jedoch nicht nach § 379 I Nr. 2 AO geahndet werden, weil Gasöl-Betriebsbeihilfen keine Steuervorteile sind (s. Einl 194).

33. von Unternehmern, die **Kriegswaffen** herstellen, befördern lassen oder selbst befördern oder die tatsächliche Gewalt über Kriegswaffen von einem anderen erwerben oder einem anderen überlassen, Kriegswaffenbücher zum Nachweis des Verbleibs der Kriegswaffen nach § 12 II KriegswaffG v. 20. 4. 1961 (BGBl. I 444);

34. von **Kursmaklern** Tagebücher nach § 33 I BörsG idF v. 27. 5. 1908 (RGBl. 215);

35. von **Lagerhaltern** Lagerscheinregister und Lagerbücher nach § 27 I u. § 38 III Nr. 1 VO über Orderlagerscheine v. 16. 12. 1931 (RGBl. I 763);

36. von **Lohnsteuerhilfevereinen** besondere Aufzeichnungen u. a. über die Einnahmen, Ausgaben und Vermögenswerte nach § 21 StBerG idF v. 4. 11. 1975 (BGBl. I 2735);

37. von Herstellern von **Luftfahrtgeräten** Aufzeichnungen über die ordnungsmäßige Durchführung der Stückprüfung nach § 23 LuftGerPO v. 16. 5. 1968 (BGBl. I 416);

38. von luftfahrttechnischen Betrieben Aufzeichnungen über die Durchführung der Nachprüfung von Luftfahrtgeräten nach § 38 LuftGerPO;

39. von Haltern von **Luftfahrzeugen** Aufzeichnungen bei den genehmigungspflichtigen Selbstkostenflügen über Flugstrecke, Flugzeug und Kosten je Flugstunde nach § 72 LuftVZO idF v. 28. 11. 1968 (BGBl. I 1263);

40. von Betrieben, die **Magermilchpulver** verarbeiten, besondere Aufzeichnungen u. a. über Zugang, Abgang und Bestand an Magermilchpulver nach § 7 Magermilch-VerbilligungsV v. 19. 2. 1976 (BGBl. I 346);

41. von **Maklern, Darlehens- und Anlagevermittlern, Bauträgern und Baubetreuern** Angaben über die Aufträge bzw. Bauvorhaben nach § 10 MaBV v. 11. 6. 1975 (BGBl. I 1351);

42. von **Metallhändlern** Geschäftsbücher (Metallbücher) über ihre Erwerbungen nach § 6 I UnedelMetG v. 23. 7. 1926 (RGBl. I 415) sowie den hierzu ergangenen Landesverordnungen, so zB nach § 4 VO des Landes Nordrhein-Westfalen über den Handel mit unedlen Metallen und über den Kleinhandel mit Schrott v. 19. 3. 1958 (GV. 82);

43. von Betrieben der **Milch- und Fettwirtschaft** Bücher über sämtliche Geschäftsvorfälle, insbesondere über Einzelheiten des Erwerbs, der Lagerung, der Be- und Verarbeitung, der Veräußerung sowie der Vermittlung bestimmter Erzeugnisse nach § 23 I MilchFettG idF v. 10. 12. 1952 (BGBl. I 811);

44. von Betrieben, die **Mischfuttermittel,** Zusatzstoffe oder Vormischungen herstellen oder in den Verkehr bringen, Bücher über die Herstellung, Bestände, Eingänge und Ausgänge nach § 17 III FuttmG v. 2. 7. 1975 (BGBl. I 1745) iVm § 31 FuttmV v. 16. 6. 1976 (BGBl. I 1497);

45. von Züchtern und Händlern von **Papageien und Sittichen** Bücher u. a. über Art und Zahl der Tiere nach § 7 PapageienEinfV v. 3. 3. 1975 (BGBl. I 653); Bücher nach § 4 PsittakoseV v. 18. 6. 1975 (BGBl. I 1429);

46. von **Pfandleihern** Aufzeichnungen über jedes Pfandleihgeschäft und seine Abwicklung nach § 3 I VO über den Geschäftsbetrieb der gewerblichen Pfandleiher idF v. 1. 6. 1976 (BGBl. I 1334);

47. von **Prüfstellen** für die Beglaubigung von Meßgeräten für Elektrizität, Gas, Wasser oder Wärme nachprüfbare Unterlagen über die von ihnen durchgeführten Beglaubigungen, Befundprüfungen und Sonderprüfungen nach § 17 PrüfstellenV v. 18. 6. 1970 (BGBl. I 795);

48. von **Reisebüros** und **Unterkunftsvermittlern** besondere Aufzeichnungen nach § 3 BadWürttVO v. 7. 3. 1964 (GBl. 201), § 1 BayVO v. 26. 7. 1965 (GVBl. 272), § 2 BlnVO v. 15. 7. 1965 (GVBl. 886), BremVO v. 9. 9. 1975 (GBl. 339), § 2 HmbVO v. 19. 5. 1964 (GVBl. 99), § 3 HessVO v. 14. 12. 1958 (GVBl. 188), § 3 NdsVO v. 16. 1. 1959 (GVBl. 1), § 1 NWVO v. 14. 5. 1963 (GV. 197), § 3 RPfVO v. 30. 9. 1958 (GVBl. 173), § 3 SaarlVO v. 6. 4. 1959 (ABl. 717), § 1 SchlHVO v. 16. 8. 1963 (GVBl. 91);

49. von Betrieben, die bestimmtes **Saatgut** erzeugen oder vertreiben, Aufzeichnungen über Gewicht oder Stückzahl des von ihnen abgegebenen, im eigenen Betrieb verwendeten oder vertriebenen Saatguts nach §§ 13, 19 II, § 21 II SaatgG idF v. 23. 6. 1975 (BGBl. I 1453);

50. von Betrieben, die Saatgut vertreiben, gewerbsmäßig abfüllen oder für andere bearbeiten, Kontrollbücher über den Eingang und Vertrieb von Saatgut nach § 35 II SaatgG; iVm der SaatgutkontrollbuchV v. 16. 12. 1977 (BGBl. I 2579);

51. von Personen, die die **Schädlingsbekämpfung** mit hochgiftigen Stoffen verantwortlich leiten, Niederschriften über ausgeführte Durchgasungen nach § 12 VO v. 25. 3. 1931 (RGBl. I 83);

52. von Erzeugern von **Schlachtrindern** sowie von **Schlachtbetrieben** Schlachtkarten nach §§ 6 und 11 VO Erzeugerprämie Schlachtrinder v. 28. 4. 1975 (BGBl. I 999);

53. von Verkäufern von **Schlachtvieh** und Agenturen auf den Großviehmärkten über jeden Verkauf auszustellende Marktschlußscheine nach § 10 I Vieh- und FleischG idF v. 21. 3. 1977 (BGBl. I 477);

54. von gewerbsmäßigen Herstellern von **Schußwaffen** Waffenherstellungsbücher, von Unternehmen, die gewerbsmäßig Schußwaffen erwerben, vertreiben oder anderen überlassen, Waffenhandelsbücher und

55. von Unternehmen, die gewerbsmäßig **Munition** herstellen, erwerben, vertreiben oder anderen überlassen, Munitionshandelsbücher nach § 12 I–III WaffG idF v. 8. 3. 1976 (BGBl. I 432) iVm §§ 14–18 der 1. DV v. 24. 5. 1976 (BGBl. I 1285);

56. von Betrieben, in denen mindestens 1250 **Schweine** gehalten werden können, Kontrollbücher über Zu- und Abgänge von Schweinen nach § 13 I MassentierhaltungsV Schweine v. 9. 4. 1975 (BGBl. I 885);

57. von Herstellern eines **Serums** oder Impfstoffes (§ 17c ViehsG idF v. 23. 2. 1977, BGBl. I 313) Bücher über u. a. Datum der Herstellung, Nummer und Menge jeder einzelnen Charge nach § 15 VO über Sera und Impfstoffe v. 27. 2. 1973 (BGBl. I 134);

58. von Unternehmen, die die Erlaubnis für den Umgang und Verkehr mit **Sprengstoffen** haben, Verzeichnisse über die Menge der hergestellten, wiedergewonnenen, erworbenen, eingeführten oder sonst in den Geltungsbereich des Gesetzes verbrachten, überlassenen, verwendeten oder vernichteten Sprengstoffe nach § 16 I SprengG v. 13. 9. 1976 (BGBl. I 2737) iVm §§ 41 ff. SprengV v. 23. 11. 1977 (BGBl. I 2141);

59. von **Tierärzten,** die eine Hausapotheke betreiben, Aufzeichnungen (Nachweise) über den Erwerb, die Herstellung, die Aufbewahrung und die Abgabe von Arzneimitteln nach § 5 II–IV und § 13 VO über tierärztliche Hausapotheken v. 31. 7. 1975 (BGBl. I 2115);

60. von Inhabern von **Tierkörperbeseitigungsanstalten** Aufzeichnungen u. a. über Menge des angelieferten Materials nach § 12 TierkörperbeseitigungsanstaltenV v. 1. 9. 1976 (BGBl. I 2587);

61. von **Versicherungsunternehmen** eine besondere Rechnungslegung nach der Externe RechVUVO v. 11. 7. 1973 (BGBl. I 1207), geänd. durch VO v. 16. 8. 1976 (BGBl. I 2388), und nach der Interne RechVUVO v. 17. 10. 1974 (BGBl. I 2453), geänd. durch VO v. 11. 5. 1976 (BGBl. I 1252);

62. von kleineren **Versicherungsvereinen auf Gegenseitigkeit** eine besondere Rechnungslegung nach der RechbkVVO v. 18. 10. 1974 (BGBl. I 2909), geänd. durch VO v. 24. 3. 1975 (BGBl. I 847);

63. von **Versteigerern** Aufzeichnungen über die Versteigerungsaufträge nach § 21 I VerStV idF v. 1. 6. 1976 (BGBl. I 1345);

64. von **Verwaltern des gemeinschaftlichen Eigentums der Wohnungseigentümer** Wirtschaftspläne, Abrechnungen und Rechnungslegungen nach § 28 I, III und IV WEG v. 15. 3. 1951 (BGBl. I 175);

65. von **Viehhändlern** Kontrollbücher über die in ihrem Besitz befindlichen Pferde, Rinder und Schweine nach § 20 der Ausführungsvorschriften des Bundesrats zum ViehsG v. 7. 12. 1911 (RGBl. 1912, 3);

66. von Inhabern öffentlicher **Waagen** Unterlagen über die beurkundeten öffentlichen Wägungen nach § 8 III Wägeordnung v. 18. 6. 1970 (BGBl. I 799);

67. von Unternehmen, die Erzeugnisse iS des **Weingesetzes** v. 14. 7. 1971 (BGBl. I 893) herstellen, in Verkehr bringen, ins Inland und aus dem Inland verbringen, Weinbücher nach § 57 I Nr. 1 WeinG iVm § 1 WeinÜberwV v. 15. 7. 1971 (BGBl. I 951), geänd. durch VO v. 30. 3. 1973 (BGBl. I 245); über analytische Untersuchungen von Erzeugnissen iS des WeinG für andere Betriebe Analysenbücher nach § 57 I Nr. 3 WeinG iVm § 2 WeinÜberwV;

68. von Inhabern von Betrieben, die gewerbsmäßig **Wildbret** verkaufen, ankaufen, tauschen, verarbeiten oder verbrauchen, Wildhandelsbücher nach § 36 I Nr. 4 BJagdG idF v. 29. 9. 1976 (BGBl. I 2849);

69. von **Wohnungsunternehmen** Bücher (Geschäftsberichte) gemäß den Richtlinien des Spitzenverbandes nach § 23 I und II WGGDV idF v. 24. 11. 1969 (BGBl. I 2141);

70. von den Be- und Verarbeitungsbetrieben und Handelsbetrieben der **Zuckerwirtschaft** und den Lager- und Beförderungsbetrieben, die Zucker einlagern oder befördern, Bücher über sämtliche Geschäftsvorfälle (insbesondere über Erwerb, Lagerung, Be- und Verarbeitung, Veräußerung, Vermittlung) nach § 12 I und III ZuckerG v. 5. 1. 1951 (BGBl. I 47).

Die Aufzählung besonderer Buchführungs- und Aufzeichnungspflichten im Einführungserlaß zur AO 1977 ist nicht vollständig; weitere Sondervorschriften enthalten zB

für den gewerbsmäßigen Betrieb von **Altenheimen, Altenwohnheimen und Pflegeheimen** § 11 BadWürttVO v. 25. 2. 1970 (GBl. 98), § 10 BayVO v. 23. 8. 1968 (GVBl. 319), § 11 BlnVO v. 3. 10. 1967 (GVBl. 1457), § 10 BremVO v. 10. 5. 1968 (GBl. 95), § 10 HmbVO v. 29. 10. 1968 (GVBl. 248), § 10 HessVO v. 7. 10. 1969 (GVBl. 195), § 10 NdsVO v. 3. 10. 1968 (GVBl. 129), § 10 NWVO v. 25. 2. 1969 (GV. 142), § 10 RPfVO v. 25. 7. 1969 (GVBl. 150), § 10 SaarlVO v. 1. 4. 1969 (ABl. 197), § 10 SchlHVO v. 22. 4. 1969 (GVBl. 89);

für gewerbliche **Vermittler von Eheschließungen** § 1 BadWürttVO v. 20. 10. 1975 (GBl. 748), § 1 BayVO v. 27. 8. 1975 (GVBl. 300), § 1 NdsVO v. 8. 6. 1976 (GVBl. 130).

5. Möglichkeit der Verkürzung von Steuereinnahmen

a) Möglichkeit der Steuerverkürzung iS des § 379 I Nr. 1 AO

26 Tathandlungen iS des § 379 I Nr. 1 und 2 AO müssen objektiv geeignet sein, die Verkürzung von Steuereinnahmen oder die ungerechtfertigte Inanspruchnahme von Steuervorteilen zu ermöglichen. Den Begriff der „Steuern", zu denen auch Zölle und Abschöpfungen gehören, bestimmt § 3 I AO (s. Einl 90). *Monopolausgleich* und *EssigsäureSt* sind Verbrauchsteuern iS der AO (s. Einl 206, 208). Die Verletzung entsprechender Aufzeichnungspflichten oder die Ausstellung unrichtiger Belege kann daher eine Verkürzung von „Steuereinnahmen" (§ 379 I AO), nicht von „Monopolabgaben" (§ 126 II Nr. 1 BranntwMonG) ermöglichen. *Subventionen* sind keine Steuervorteile (s. zB Einl 194). Bereits die abstrakte Gefahr einer Steuerverkürzung *(„Möglichkeit")* reicht aus (BT-Drucks. zu V/2928 S. 2 betr. § 405 RAO 1968; glA *Kohlmann* 38 zu § 405 RAO; *Pfaff* StBp 1972, 142; zw. *Henneberg* BB 1968, 909; *Oswald* StW 1968, 147). Ob die Tat geeignet ist, die Verkürzung *eigener* Steuern zu ermöglichen (zB falsche Spesenabrechnung), oder ob fremde Steuern berührt werden (zB falsche Spendenbescheinigung, unrichtiger USt-Ausweis gem. § 14 UStG), ist unerheblich (ebenso *Kühn/Kutter* 3 zu § 379 AO; *Kohlmann* 39 u. *Leise* 2 zu § 405 RAO).

b) Möglichkeit der Verkürzung von Eingangsabgaben iS des § 379 I Nr. 2 AO

27 Die Ausstellung unrichtiger Belege ist auch dann ordnungswidrig, wenn dadurch **ausländische Eingangsabgaben** verkürzt werden können. Im Gegensatz zu § 379 I 1 AO *(„Steuern")* ist § 379 I 2 AO auf *Eingangs*abgaben beschränkt. Auch ist im Verhältnis zu bestimmten ausländischen Staaten nur die Ausstellung unrichtiger Belege (Warenverkehrsbescheinigungen, Ursprungszeugnisse und sonstige Präferenznachweise) geschützt; unrichtige oder *unterlassene Buchungen oder Aufzeichnungen* (§ 379 I Nr. 2 AO) sind nur dann und insoweit tatbestandsmäßig, als sie geeignet sind, die Verkürzung inländischer Steuereinnahmen zu ermöglichen. Über die Bedeutung des § 370 VI 2 AO (§ 379 I 3 AO) s. Rdnr. 17ff. zu § 370 AO; über den Begriff *„Eingangsabgaben"* s. Einl 90.

28 **Eingangsabgaben, die von einem anderen Mitgliedstaat verwaltet werden,** sind Einnahmen aus dem Warenverkehr mit Nichtmitgliedern, die beim Wareneingang in das Wirtschaftsgebiet der EG anfallen und als „eigene Mittel" dem Haushalt der Gemeinschaften zustehen. Das sind nach dem Beschluß des Rates der EG v. 21. 4. 1970 über die Ersetzung der Finanzierungsbeiträge der Mitgliedstaaten durch eigene Mittel der Gemeinschaften (G v. 4. 12. 1970, BGBl. II 1261) insbesondere *Agrarabschöpfungen und Zölle.* § 379 I 1 AO gilt auch, wenn die betreffenden Abgaben nicht von einem „anderen" Mitgliedstaat der EG, sondern von der BRD verwaltet werden *(„...auch...").*

29 **Mitgliedstaaten der Europäischen Gemeinschaften** sind *Belgien,* die Bundesrepublik *Deutschland, Dänemark, Frankreich, Großbritannien* und *Nordirland,* die Republik *Irland, Italien, Luxemburg* und die *Niederlande* (Verträge v. 25. 3.

1957 und 22. 1. 1972; Beschluß des Rates der EG v. 11. 1. 1973 (BGBl. II 1957, 753 ber. 1957, 1678 und 1958, 64; BGBl. II 1972, 1125; BGBl. II 1973, 175). Die einschlägigen Rechtsgrundlagen für den innergemeinschaftlichen Warenverkehr sowie für den Warenverkehr zwischen der EG und den assoziierten Staaten sind in der Vorschriftensammlung der Bundesfinanzverwaltung (VSF), herausgegeben vom Bundesministerium der Finanzen, (Losebl.), abgedruckt.

30 **Vorzugsbehandlungen aufgrund von Assoziations- oder Präferenzabkommen** gewähren vor allem die EFTA-Staaten (European Free Trade Association): *Island, Liechtenstein, Norwegen, Österreich, Portugal, Schweden* und die *Schweiz; Finnland* ist der EFTA assoziiert (VSF Z 4137). Seit der Neufassung des § 379 I 2 AO (s. Rdnr. 4) erfaßt die Vorschrift jedoch neben unrichtigen Erklärungen zum Nachteil eines EG- oder EFTA-Mitgliedes auch unrichtige Erklärungen zum Nachteil aller derjenigen Staaten, die für Waren aus der EG aufgrund eines Assoziations- oder Präferenzabkommens eine Vorzugsbehandlung gewähren. Dazu gehören:

- *Griechenland* (Assoziierungsabkommen v. 9. 6. 1961, BGBl. II 1141; vgl. auch VSF Z 4209);
- *Türkei* (Zusatzabkommen v. 23. 11. 1970 zum Assoziierungsabkommen v. 12. 9. 1963, BGBl. II 1964, 309);
- *Faröer* (VSF 4155; vgl. auch VSF Z 4209);
- Die Länder des Mittelmeerraums: *Israel, Malta, Tunesische Republik, Spanien, Ägypten, Zypern* (VSF 4160).

31 **§ 379 I Nr. 2 AO ist** – seinem Wortlaut entsprechend – **nicht anwendbar, wenn die EG einseitig Präferenzen gewährt,** wie zB im Warenverkehr mit den Überseeischen Ländern und Gebieten (*ÜLG-Staaten;* vgl. VSF 4185). Gleiches gilt, wenn ein assoziierter Staat nicht aufgrund eines Abkommens sondern *autonom* Vorzugsbehandlungen gewährt. Im Warenverkehr mit den Staaten des afrikanischen, karibischen und pazifischen Raums *(AKP-Staaten)* gewährt die Gemeinschaft den AKP-Staaten die im Abkommen AKP-EWG von Lomé v. 28. 2. 1975 vorgesehenen Vorzugsbehandlungen. Präferenzen zugunsten der Gemeinschaft sieht das Abkommen nicht vor (VSF Z 4247). Daher ist – obwohl einige AKP-Staaten autonom Präferenzen gewähren oder die Gewährung der Meistbegünstigung von der Vorlage eines Ursprungsnachweises abhängig machen – § 379 I Nr. 1 AO auf unrichtige Erklärungen und Bescheinigungen zum Nachteil jener Staaten nicht anwendbar.

6. Verletzung der Meldepflicht bei Auslandsbeziehungen

Schrifttum:

Müller-Dott, Meldepflichten nach dem Außensteuerreformgesetz, DB 1974, 2127.

32 **§ 138 AO – Anzeigen über die Erwerbstätigkeit** – lautet:

(1) . . .

(2) **Steuerpflichtige mit Wohnsitz, gewöhnlichem Aufenthalt, Geschäftsleitung oder Sitz im Geltungsbereich dieses Gesetzes haben dem nach §§ 18 bis 20 zuständigen Finanzamt mitzuteilen:**

1. die Gründung und den Erwerb von Betrieben und Betriebstätten im Ausland,
2. die Beteiligung an ausländischen Personengesellschaften,
3. den Erwerb von Beteiligungen an einer Körperschaft, Personenvereinigung oder Vermögensmasse im Sinne des § 2 Abs. 1 Nr. 1 des Körperschaftsteuergesetzes, wenn damit unmittelbar eine Beteiligung von mindestens zehn vom Hundert oder mittelbar eine Beteiligung von mindestens 25 vom Hundert am Kapital oder am Vermögen der Körperschaft, Personenvereinigung oder Vermögensmasse erreicht wird.

(3) **Die Mitteilungen sind in den Fällen des Absatzes 1 innerhalb eines Monats seit dem meldepflichtigen Ereignis, in den Fällen des Absatzes 2 spätestens dann zu erstatten, wenn nach dem meldepflichtigen Ereignis eine Einkommen- oder Körperschaftsteuererklärung oder eine Erklärung zur gesonderten Gewinnfeststellung einzureichen ist.**

Die Vorschrift (= § 165d III RAO) soll die steuerliche Überwachung bei Auslandsbeziehungen erleichtern; die Finanzbehörden sollen rechtzeitig auf einschlägige Sachverhalte, insbes. auf Basisgesellschaften in Steueroasen-Ländern, aufmerksam gemacht werden (vgl. *Tipke* 2 zu § 138 AO).

33 **Meldepflichtig** sind Stpfl (§ 33 AO), dh natürliche Personen mit Wohnsitz (§ 8 AO) oder gewöhnlichem Aufenthalt (§ 9 AO) sowie Körperschaften mit Geschäftsleitung (§ 10 AO) oder Sitz (§ 11 AO) im Geltungsbereich der AO. Dieselben Pflichten treffen gesetzliche Vertreter und Vermögensverwalter nach § 34 AO sowie Verfügungsberechtigte iS des § 35 AO.

34 **Mitzuteilen sind Gründung und Erwerb von Betrieben und Betriebstätten** (§ 12 AO) im Ausland (§ 138 II Nr. 1 AO). Für die Pflicht zur Anzeige der Beteiligung an einer Personengesellschaft (§ 138 II Nr. 2 AO) ist die Höhe dieser Beteiligung – anders als im Falle des § 138 II Nr. 3 AO – unerheblich. Ob ein ausländisches Rechtsgebilde als Körperschaft, Personenvereinigung oder Vermögensmasse iS des § 2 I Nr. 1 KStG zu qualifizieren ist, hängt davon ab, welcher Rechtsform es nach deutschem Recht im wesentlichen entspricht (*Herrmann/Heuer* 4 zu § 2 KStG; vgl. auch *Tipke* 2 zu § 138 AO). Die Mindestbeteiligung iS des § 138 II Nr. 3 AO kann das Kapital *„oder"* das Vermögen betreffen. Mittelbare Auslandsbeteiligungen sind lediglich insoweit zu melden, als sie von ausländischen – nicht von inländischen – Gesellschaften vermittelt werden (ausf. *Müller-Dott* DB 1974, 2127).

35 **Vollständig iS des § 379 II Nr. 1 AO ist die Mitteilung,** wenn die in § 138 II AO normierten Fakten (*„Gründung", „Erwerb"*, s. Rdnr. 34) angezeigt werden. Weiterführende Angaben, die über den meldepflichtigen Vorgang hinausgehen, brauchen nicht gemacht zu werden (ausf. *Müller-Dott* DB 1974, 2127). Die Verletzung etwaiger Mitwirkungspflichten nach § 90 II AO wird durch § 379 II Nr. 1 AO nicht geschützt. Mitteilungen, die erst nach Ablauf der in § 138 III AO (s. Rdnr. 32) bestimmten Frist von einem unzuständigen an das zuständige (§§ 18–20 AO) Finanzamt weitergeleitet werden, sind „nicht rechtzeitig" iS des § 379 II Nr. 1 AO. In derartigen Fällen sollte aber

nach dem Opportunitätsprinzip (§ 47 OWiG, § 377 II AO) von der Verfolgung abgesehen werden.

7. Konto auf falschen Namen

Schrifttum:

Allgemein: *Mordhorst,* Spareinlagen auf fremden Namen, MDR 1956, 4; *Canaris,* Inhaberschaft und Verfügungsbefugnis bei Bankkonten, NJW 1973, 825; *Dhonau,* Zur Zulässigkeit von Nummernkonten aus steuerrechtlicher Sicht, DStR 1974, 617.

Zu § 413 I Nr. 3 RAO: *Gierschmann,* Das Verbot falscher Konten, DStZ 1936, 1442; *Speich,* Das Konto auf den falschen Namen, FR 1963, 398 mit Erwiderung von *Peter* FR 1965, 109 und Schlußwort von *Speich* FR 1965, 112.

36 **§ 154 AO – Kontenwahrheit –** lautet:

(1) **Niemand darf auf einen falschen oder erdichteten Namen für sich oder einen Dritten ein Konto errichten oder Buchungen vornehmen lassen. Wertsachen (Geld, Wertpapiere, Kostbarkeiten) in Verwahrung geben oder verpfänden oder sich ein Schließfach geben lassen.**

(2) **Wer ein Konto führt, Wertsachen verwahrt oder als Pfand nimmt oder ein Schließfach überläßt, hat sich zuvor Gewißheit über die Person und Anschrift des Verfügungsberechtigten zu verschaffen und die entsprechenden Angaben in geeigneter Form, bei Konten auf dem Konto, festzuhalten. Er hat sicherzustellen, daß er jederzeit Auskunft darüber geben kann, über welche Konten oder Schließfächer eine Person verfügungsberechtigt ist.**

(3) **Ist gegen Absatz 1 verstoßen worden, so dürfen Guthaben, Wertsachen und der Inhalt eines Schließfachs nur mit Zustimmung des für die Einkommen- und Körperschaftsteuer des Verfügungsberechtigten zuständigen Finanzamts herausgegeben werden.**

Die Vorschrift soll die formale Kontenwahrheit sichern und verhindern, daß die Nachprüfung steuerlicher Verhältnisse durch Verwendung falscher oder erdichteter Namen erschwert wird (vgl. *Tipke* 1 zu § 154 AO).

37 **Ein Konto wird errichtet,** wenn jemand zu einem anderen in *„eine laufende Geschäftsverbindung tritt, die von diesem buch- und rechnungsmäßig in ihrem jeweiligen Stande festgehalten wird"* (RFH 24, 203, 205 v. 28. 9. 1928; zust. *Kohlmann* 44 zu § 405 RAO). Übertragung steht der Neuerrichtung gleich. Nach der Definition des § 1 DepotG zählen zu den *Wertpapieren* iS des DepotG: Aktien, Kuxe, Zwischenscheine, Zins-, Gewinnanteil- und Erneuerungsscheine, auf den Inhaber lautende oder durch Indossament übertragbare Schuldverschreibungen, ferner andere Wertpapiere, wenn diese vertretbar sind. Banknoten und Papiergeld werden ausdrücklich ausgenommen. Ausländisches Geld zählt daher – wenn man die Definition des § 1 DepotG auch bei § 154 AO zugrundelegt – nicht zu den Wertpapieren, sondern ist „Geld" (so *Kohlmann* 47 zu § 405 RAO; aM *Tipke* 2 zu § 154 AO). *Kostbarkeiten* sind Sachen, deren Wert im Verhältnis zu ihrer Größe und ihrem Gewicht nach der Verkehrsauffassung besonders groß ist, zB Schmuck, alte Münzen, Kunstgegenstände, seltene Bücher oder Teppiche (vgl. *Tipke* aaO). *Postschließfächer* sind keine

„Schließfächer" iS des § 379 II Nr. 2 AO iVm § 154 I AO (aM *Hübner* 40 u. *Kohlmann* 49 zu § 405 RAO). Eine Postkontrolle dient nicht der Nachprüfung steuerlicher Verhältnisse (s. Rdnr. 36). Diese einschränkende Auslegung erscheint um so mehr geboten, als § 379 II Nr. 2 AO – anders als § 379 I AO (s. Rdnr. 26) – die Ermöglichung der Verkürzung von Steuereinnahmen zwar nicht als ausdrückliches Tatbestandselement enthält, der Gesetzgeber aber davon ausgegangen ist, daß die Errichtung „schwarzer" Konten das Merkmal des Ermöglichens einer Steuerverkürzung in sich trägt (dazu BT-Drucks. V/1812 S. 27).

38 **Ein Name ist falsch,** wenn er wohl vorkommen mag, aber nicht den „Verfügungsberechtigten" bezeichnet. Der Gebrauch eines *Künstlernamens* (Pseudonym) ist zulässig, wenn er keine Zweifel über die Identität aufkommen läßt (*Paulick* 3 und *Tipke* 2 zu § 154 AO); ebenso selbstverständlich die Verwendung eines *Firmennamens* (§ 17 HGB). Auch *Nummernkonten* sind nicht anonym und daher gestattet (vgl. *Dhonau* DStR 1974, 617; aM *Tipke* 2f. zu § 154 AO; Nr. 5 zu § 154 Einführungserlaß zur AO 1977). Unter dem *Verfügungsberechtigten* ist nach dem Sinn und Zweck des § 154 AO der Gläubiger der Forderung zu verstehen. Nicht darunter fallen deshalb zB diejenigen, die in fremdem Namen kraft gesetzlicher Vertretung oder Vollmacht verfügen können. Das Konto muß daher auf den Namen des Gläubigers lauten (vgl. auch FinMin NW v. 1. 12. 1969, StEK AO § 163 Nr. 2). Ein Treuhänder ist nach außen Verfügungsberechtigter (vgl. *Canaris* NJW 1973, 825). Schwierigkeiten bereitet die Auslegung des Begriffs „Verfügungsberechtigter", wenn dieser nicht mit dem Kontoinhaber, also mit dem Vollberechtigten, identisch ist. Denkbar ist zB, daß ein Onkel auf den Namen seines Neffen ein Konto anlegen will, das Kind aber erst zu einem späteren Zeitpunkt Gläubiger der Einlage werden soll. Käme es nur auf die formale Verfügungsbefugnis an, müßte das Konto auf den Namen des Onkels lauten (so *Speich* FR 1963, 398 u. FR 1965, 112). Zivilrechtlich sind jedoch verschiedene Vertragsgestaltungen denkbar und zulässig (vgl. *Mordhorst* MDR 1956, 4ff.; ferner *Canaris* NJW 1973, 825ff.). Die Anlegung eines Kontos auf den Namen eines Dritten kann – unbeschadet der dem Dritten (noch) nicht zustehenden Verfügungsbefugnis – auch rechtliche Bedeutung haben (zB BGH v. 9. 11. 1966, BB 1369; v. 29. 4. 1970, Inf 478). § 154 AO soll die Nachprüfung steuerlicher Verhältnisse sicherstellen. Entscheidend ist deshalb, daß sich die Person des Verfügungsbefugten einwandfrei aus dem Konto ergibt (glA *Peter* FR 1965, 109; zust. *Kohlmann* 52 zu § 405 RAO; vgl. auch zu § 154 Einführungserlaß zur AO 1977). Ein *„falscher Name"* iS des § 154 I AO wird daher nicht verwandt, wenn das Konto (Schließfach, Wertpapierdepot) zwar auf den Namen eines Dritten lautet, daneben aber erkennbar den Namen des Verfügungsberechtigten ausweist. Andererseits genügt es, wenn das Konto auf den Verfügungsberechtigten, also auf den Namen desjenigen lautet, an den die Bank mit befreiender Wirkung zahlen darf. Welche Rechtsbeziehungen im Innenverhältnis mit einem Dritten bestehen, ist im Rahmen des Verbots des § 154 AO unerheblich, obgleich es auch für das Besteuerungsverfahren wünschenswert sein mag, wenn neben dem Verfügungsberechtigten auch der Vollberechtigte aus der Bezeichnung des Kontos hervorgeht. Verboten ist die Abwicklung von Geschäftsvorfällen über sogenannte *CpD-Konten,* wenn der Name des Beteiligten bekannt ist oder unschwer ermittelt werden kann und für ihn bereits ein entsprechendes Konto geführt wird (Nr. 3 zu § 154 Einführungserlaß zur AO 1977). CpD-Konten sind bankinterne Sammelkonten, die dazu dienen, einen für eine andere Person (nicht das Kreditinstitut) bestimmten Betrag buchungsmäßig unterzubringen.

39 **Erdichtet ist ein Name,** wenn er frei erfunden ist.

40 **Das Verbot des § 154 I AO richtet sich** *(„niemand")* **sowohl gegen den Bankkunden** (arg.: *„errichten ... lassen"*) **als auch gegen das Kreditinstitut** (arg.: *„errichten";* glA *Tipke* 3 zu § 154 AO; OFD Frankfurt v. 3. 5. 1966, StEK AO § 163 Nr. 1; zust. *Kohlmann* 43 zu § 405 RAO; vgl. auch RG v. 27. 10. 1936, RStBl. 1937, 377; aM *Speich* FR 1963, 398).

8. Zuwiderhandlungen gegen eine Auflage nach § 120 II Nr. 4 AO

41 **Die Vorschrift soll** „aus Gründen der Rechtsvereinheitlichung" **den bisherigen § 203 RAO ersetzen** (s. Rdnr. 4); danach konnte bei einem Verstoß gegen Auflagen im Rahmen der Steueraufsicht ein Sicherungsgeld als Ungehorsamsfolge verhängt werden.

42 **§ 120 AO – Nebenbestimmungen zum Verwaltungsakt –** lautet:

(1) **Ein Verwaltungsakt, auf den ein Anspruch besteht, darf mit einer Nebenbestimmung nur versehen werden, wenn sie durch Rechtsvorschrift zugelassen ist oder wenn sie sicherstellen soll, daß die gesetzlichen Voraussetzungen des Verwaltungsaktes erfüllt werden.**

(2) **Unbeschadet des Absatzes 1 darf ein Verwaltungsakt nach pflichtgemäßem Ermessen erlassen werden mit**

1.–3. ...

oder verbunden werden mit

4. einer Bestimmung, durch die dem Begünstigten ein Tun, Dulden oder Unterlassen vorgeschrieben wird (Auflage),

5. ...

(3) **Eine Nebenbestimmung darf dem Zweck des Verwaltungsaktes nicht zuwiderlaufen.**

43 **Nur Ermessensverwaltungsakte** dürfen mit einer Auflage verbunden werden. Im Gegensatz zu Verwaltungsakten, auf die ein Rechtsanspruch besteht (§ 120 I AO), sind Ermessensverwaltungsakte gegeben, wenn die Behörde die Wahl zwischen mehreren Maßnahmen hat, von denen jede richtig ist (vgl. *Tipke* 16 zu § 118 AO).

44 **Die Auflage** ist eine Nebenbestimmung, durch die dem Begünstigten ein Tun, Dulden oder Unterlassen vorgeschrieben wird (§ 120 II Nr. 4 AO). Sie ist ein mit dem (Haupt-) Verwaltungsakt verbundener (akzessorischer), gleichwohl selbständiger Verwaltungsakt (vgl. *Tipke* 4 zu § 120 AO), dessen Erfüllung von der Behörde ggf. erzwungen werden kann (§§ 328ff. AO),

dessen Nichterfüllung durch den Begünstigten aber auch den Widerruf des Hauptverwaltungsaktes rechtfertigt (§ 131 II Nr. 2 AO). Die Auflage ist „*beigefügt*" iS des § 379 III AO, wenn sie dem Betroffenen bekanntgegeben ist (§ 122 AO). Die Auflage wird mit der Bekanntgabe wirksam (§ 124 AO). Eine *rechtswidrige* (nicht nichtige) Auflage ist solange verbindlich, bis sie von der Behörde widerrufen oder zurückgenommen oder auf Betreiben des Betroffenen im Rechtsbehelfsverfahren aufgehoben worden ist (§ 124 II, III; § 361 AO). Der Adressat handelt also auch dann – zumindest objektiv – tatbestandsmäßig, wenn er eine Auflage, zB zur Führung besonderer Anschreibungen, nicht befolgt, weil er sie angefochten hat.

45 Nur solche Auflagen sind tatbestandserheblich, die einem Verwaltungsakt **für Zwecke der besonderen Steueraufsicht** beigefügt worden sind. Die besondere Steueraufsicht (§§ 209–217 AO) bei Zöllen und Verbrauchsteuern dient – anders als die Außenprüfung (§§ 193–207 AO) – nicht der Ermittlung der Besteuerungsgrundlagen im einzelnen Steuerfall, sondern der laufenden Kontrolle bestimmter Betriebe und Vorgänge. Zölle und Verbrauchsteuern belasten bestimmte Waren im Verhältnis zu ihrem Warenwert oft sehr hoch, was den Anreiz zu Hinterziehungen erhöht. Deshalb ist bei der Herstellung, Bearbeitung, Verarbeitung oder der steuerbegünstigten Verwendung vor allem die Überwachung des technischen Herstellungsprozesses, aber auch der Betriebseinrichtungen und der Buchführung, geboten (s. BT-Drucks. VI/1982 S. 166). Nach dem Grundsatz der Gesetzmäßigkeit der Verwaltung (Art. 20 III GG) bedarf jeder Verwaltungsakt einer gesetzlichen Grundlage. Die Frage, *welche* Auflagen für Zwecke der besonderen Steueraufsicht angeordnet werden dürfen, steht also nicht im freien Ermessen der Verwaltung. In Betracht kommen besondere Aufsichtsmaßnahmen (zB zusätzliche Anschreibungen und Meldepflichten) gegenüber Betrieben oder Unternehmen, deren Inhaber oder leitende Angehörige wegen einer Steuerstraftat rechtskräftig bestraft worden sind (§ 213 AO). Darüber hinaus enthält § 212 AO eine umfassende Ermächtigung, durch RechtsV bestimmte Pflichten zu konkretisieren, die im Rahmen der Steueraufsicht zu erfüllen sind. Die Aufzählung in § 212 I AO ist abschließend und soll besondere Ermächtigungen in Einzelsteuergesetzen künftig entbehrlich machen (s. BT-Drucks. 7/4292 S. 36f.).

46 **Täter** iS des § 379 III AO ist der Adressat der Auflage.

9. Rechtfertigungsgründe

47 Gem. § 148 AO ist das FA berechtigt, für einzelne Fälle oder für bestimmte Gruppen von Fällen (auch rückwirkend) Erleichterungen zu bewilligen, wenn die Einhaltung der durch die Steuergesetze begründeten Buchführungs-, Aufzeichnungs- und Aufbewahrungspflichten Härten mit sich bringt und die Besteuerung durch die Erleichterung nicht beeinträchtigt wird. Eine rückwirkende Bewilligung wirkt jedoch nicht als Rechtfertigungsgrund (s. Rdnr. 20 zu § 380 AO).

10. Subjektiver Tatbestand

48 Subjektiv setzt die Anwendung des § 379 AO in den Fällen der Abs. I u. II ein **vorsätzliches oder leichtfertiges Verhalten** des Täters (s. Rdnr. 22ff. zu § 378 AO) voraus. Die „Absicht", eine Verkürzung von Steuereinnahmen zu ermöglichen, ist nicht mehr erforderlich (s. Begr. BT-Drucks. V/1812 S. 27). Der Vorsatz oder die Leichtfertigkeit muß jedoch den gesamten objektiven Tatbestand umfassen, sich also auch auf das Ermöglichen der Verkürzung von Steuereinnahmen (Eingangsabgaben) erstrecken. Die Möglichkeit der Verkürzung von Steuereinnahmen ist nicht etwa eine objektive Bedingung der Strafbarkeit (s. auch Rdnr. 42ff. zu § 369 AO).

49 Abw. von § 379 I u. II AO kann nach § 379 III AO auch **einfache Fahrlässigkeit** geahndet werden (ebenso nach § 126 BranntwMonG, s. Anh VIII). Diese Regelung erscheint ebenso ungerechtfertigt und daher unbefriedigend wie die entsprechende Vorschrift des § 382 AO (s. Rdnr. 28 zu § 382 AO).

11. Geldbuße

50 Die Geldbuße beträgt mindestens 5 DM, bei Vorsatz höchstens 10000 DM, bei Leichtfertigkeit höchstens 5000 DM (§ 379 IV AO; § 377 II AO, § 17 I u. II OWiG). Bei der Zumessung soll die Höhe der Steuer, deren Verkürzung die Handlung ermöglichen kann, berücksichtigt werden (§ 17 III OWiG; s. Rdnr. 26ff. zu § 377 AO).

12. Selbstanzeige

51 Straffreiheit durch Selbstanzeige kann der Täter einer Ordnungswidrigkeit gem. § 379 AO nicht erlangen (anders noch § 406 II RAO 1956). Die Anwendung der §§ 371, 378 III AO kommt erst dann in Betracht, wenn die Steuergefährdung in einem Verletzungstatbestand aufgegangen ist. Allerdings liegt die Ahndung von Ordnungswidrigkeiten im pflichtgemäßen Ermessen der Verfolgungsbehörde (§ 47 I OWiG). Es ist daher nicht anzunehmen, daß die FÄ einen Bußgeldbescheid erlassen, wenn der Täter den von ihm hervorgerufenen ordnungswidrigen Zustand von sich aus beseitigt, zB die unterlassene Aufzeichnung nachgeholt hat, bevor aus der Tat ein Schaden entstanden ist (s. Begr. BT-Drucks. V/1812 S. 27). Über die Wirkung einer Selbstanzeige nach Steuerhinterziehung oder -verkürzung für die Ahndung einer damit im Zusammenhang stehenden Steuergefährdung s. Rdnr. 159 zu § 371 AO.

13. Konkurrenzfragen

Schrifttum (zu § 406 RAO 1956):

Coring, Die subsidiäre Geltung des § 406 RAbgO, NJW 1962, 424.

52 **Der Bußgeldtatbestand des § 379 AO tritt zurück,** wenn Steuerhinterziehung (§ 370 AO) vorliegt oder wenn der Tatbestand der leichtfertigen Steuerverkürzung (§ 378 AO) erfüllt ist (§ 379 IV AO). Das gilt auch dann, wenn die Tat nur als Beihilfe zur Steuerhinterziehung geahndet werden kann. Die Subsidiarität erfaßt alle Gefährdungswirkungen, unabhängig von deren Stadium und unabhängig von der speziellen Steuerart (aM *Coring* aaO). Bestrafung erfolgt stets nur wegen des Verletzungsdelikts (ebenso *Hartung* IV 1 u. 3 zu § 406 RAO 1956), und zwar auch dann, wenn dieses im Versuchstadium steckengeblieben ist. Ist zB mittels eines OR-Geschäfts die Verkürzung einer Fälligkeitsteuer bewirkt worden, bleibt eine gleichzeitige Ertragsteuergefährdung außer Betracht. Ist eine Pflichtverletzung iS des § 379 AO in einem Sondergesetz mit Strafe oder Geldbuße bedroht, gelten die allgemeinen Regeln der Gesetzeskonkurrenz (s. Rdnr. 106ff. zu § 369 AO). Trifft § 379 AO mit einem Straftatbestand zusammen (zB §§ 100, 103 HGB), so wird gem. § 21 I OWiG nur das Strafgesetz angewendet. Erfüllt die Handlung mehrere Bußgeldtatbestände (zB §§ 28, 99 GüKG), wird gem. § 19 OWiG nur eine einzige Geldbuße festgesetzt (s. Rdnr. 30ff. zu § 377 AO).

53 **Tateinheit** ist möglich mit Urkundenfälschung gem. § 267 StGB, zB wenn der unrichtige Beleg mit einem falschen Namen unterzeichnet ist (BGH v. 11. 11. 1958, StRK AO § 410 R. 5), ferner zB mit Konkursstraftaten gem. § 283b StGB. In derartigen Fällen wird jedoch nur das Strafgesetz angewandt (§ 21 S. 1 OWiG).

54 Wer sich einen unrichtigen Beleg ausstellt oder ausstellen läßt und diesen später als Unterlage für eine Falschbuchung benutzt, begeht Ordnungswidrigkeiten gem. § 379 I Nr. 1 und 2 AO in **Tatmehrheit** (glA *Hartung* IV 3 zu § 406 RAO 1956).

14. Verjährung

55 Die Verfolgung einer Steuerordnungswidrigkeit iS des § 379 AO verjährt gem. § 384 AO in 5 Jahren.

§ 380 Gefährdung der Abzugsteuern

(1) Ordnungswidrig handelt, wer vorsätzlich oder leichtfertig seiner Verpflichtung, Steuerabzugsbeträge einzubehalten und abzuführen, nicht, nicht vollständig oder nicht rechtzeitig nachkommt.

(2) Die Ordnungswidrigkeit kann mit einer Geldbuße bis zu zehntausend Deutsche Mark geahndet werden, wenn die Handlung nicht nach § 378 geahndet werden kann.

Vgl. §§ 529, 1428 RVO (Vorenthalten von Arbeitnehmeranteilen von Kranken- oder Arbeiterrentenversicherungsbeiträgen gegenüber der berechtigten Kasse durch ArbG; Vergehen); § 532 I Nr. 2, § 1429 RVO (verspätetes Abführen von Beiträgen zur Kranken- oder Rentenversicherung; Ordnungswidrigkeit); § 150 AVG (Vorenthalten von Arbeitnehmer- oder Arbeitgeberanteilen bei der Angestelltenversicherung; Straftat); § 152 AVG (verspätetes Abführen von Angestelltenversicherungsbeiträgen; Ordnungswidrigkeit); § 225 AFG (Vorenthalten von Beiträgen, die zugunsten der Bundesanstalt für Arbeit zu entrichten sind; Vergehen); § 230 I Nr. 9 AFG (verspätetes Abführen von Beiträgen an die Einzugsstelle der Bundesanstalt für Arbeit; Ordnungswidrigkeit).

Schrifttum

Zu § 413 I Nr. 1a RAO 1956:

Lohmeyer, Die Strafbarkeit von Lohnsteuervergehen, NJW 1957, 980; *Krämer,* Wird die Anwendbarkeit des § 413 I Nr. 1 AO schon durch das Vorliegen des objektiven Tatbestands eines anderen Steuervergehens ausgeschlossen? ZfZ 1959, 233; *Stuber,* Die strafbefreiende Selbstanzeige bei Steuervergehen nach § 413 I Ziff. 1a AO, DStZ 1960, 107; *Lohmeyer,* Der Straftatbestand des § 413 Abs. 1 Ziff. 1a AO, BlStA 1961, 262; *ders.,* Zur Frage der Täterschaft bei Vergehen des § 413 AO, FR 1964, 289; *Skuhr,* Zur Frage der Strafbarkeit bei Nichtabführung einbehaltener Lohnsteuern, JR 1966, 414; *Hruschka,* Die Nichterfüllung von Steuerabzugspflichten und die Grenzen ihrer Strafbarkeit nach § 413 II 2 AO, DStR 1966, 696; *ders.,* Zur Ahndung der Nichterfüllung von Steuerabzugspflichten im geltenden und im künftigen Recht, DStR 1968, 263; *Lohmeyer,* Steuergefährdung durch Ausstellen unrichtiger Belege, SchlHA 1968, 179.

Zu § 406 RAO 1968: *Kopacek,* Die verspätete Abführung von Lohnsteuer, FR 1968, 36; *Thoma,* Umsatzsteuer keine Abzugsteuer im Sinne des Steuer-Ordnungswidrigkeitenrechts, BB 1970, 572; *Lohmeyer,* Die Ahndung von Steuerordnungswidrigkeiten i. S. des § 406 AO, SchlHA 1970, 169; *Leise,* Nichtabführung von Abzugsteuerbeträgen, Inf 1970, 226; *Pfaff,* Gefährdung von Abzugsteuern, DStZ 1972, 297; *Lohmeyer,* Zweifelsfragen zu § 406 AO (Gefährdung der Abzugsteuern), DStR 1973, 564; *Suhr,* Ahndung wegen der Steuerordnungswidrigkeiten der §§ 405, 406 AO bei Nichtverfolgung der Verkürzungstatbestände der §§ 392, 404 AO? StBp 1973, 224; *Bornemann,* Selbstanzeige bei Gefährdung von Abzugsteuern (§ 406 AO), DStR 1973, 691; *Lohmeyer,* Die Verletzung der Lohnsteuerabzugspflicht, NWB Fach 13, 545 (Stand: 1974).

Übersicht

1. Entstehungsgeschichte

1 Durch § 406 RAO idF des Art. 1 Nr. 19 des 2. AOStrafÄndG v. 12. 8. 1968 (BGBl. I 953) wurde die Nichtabführung von Steuerabzugsbeträgen, die zuvor als Vergehen nach § 413 I Nr. 1a RAO idF des Art. I Nr. 6 des Gesetzes v. 11. 5. 1956 (BGBl. I 418) mit Geldstrafe bedroht war, unter der neuen Bezeichnung *„Gefährdung der Abzugsteuern"* als Steuerordnungswidrigkeit mit Geldbuße bedroht. Abw. von § 413 RAO 1956 forderte § 406 RAO 1968, daß der Täter zumindest *„leichtfertig"* gehandelt hat (Begr. s. BT-Drucks. V/1218 S. 27f.). § 406 III RAO 1968 (Sondervorschrift über die Verjährung und ihre Unterbrechung) wurde auf Antrag des BRates (BT-Drucks. V/3013) und Vorschlag des Vermittlungsausschusses (BT-Drucks. V/3042) in das Gesetz aufgenommen und durch Art. 161 Nr. 10 EGStGB mit Wirkung ab 1. 1. 1975 wieder gestrichen. Gleichzeitig wurde § 410 RAO (= § 384 AO) als zusammenfassende Verjährungsvorschrift für alle Steuerordnungswidrigkeiten nach §§ 404–406 RAO (= §§ 378–380 AO) eingeführt. Der EAO 1974 übernahm den § 406 RAO idF des EGStGB als § 364 (BT-Drucks. 7/79). Dabei wurde durch Einfügung des Wortes *„nicht"* in Abs. I klargestellt, daß die Vorschrift nicht nur bei nicht rechtzeitiger und nicht vollständiger Einbehaltung und Abführung eingreift, sondern auch den Fall trifft, daß Einbehaltung und/oder (s. Rdnr. 6, 15) Abführung überhaupt unterbleiben. In der endgültigen Fassung der Vorschrift als § 380 AO wurde außerdem das Wort *„Tat"* zur Angleichung an die Sprachregelung des OWiG durch den Begriff *„Handlung"* ersetzt (BT-Drucks. 7/4292 S. 45).

2. Zweck und Anwendungsbereich

2 **§ 380 AO bezweckt** den Schutz derjenigen Pflichten, die dritten Personen im Besteuerungsverfahren bezüglich *fremder* Steuerschulden obliegen. Die USt ist keine „fremde" Steuer; § 380 AO ist daher auf sie nicht anwendbar (vgl. *Thoma* BB 1970, 572). Wer zur Einbehaltung und Abführung fremder Steuern verpflichtet ist, steht in einem gewissen Treueverhältnis zum FA und zum StSchuldner. Daher enthält der Tatbestand des § 380 AO einen *„an die Untreue (§ 266 StGB) anklingenden Unrechtsgehalt"* (BGH 2, 183 v. 11. 3. 1952). Hinzu kommt, daß der (gutgläubige) StSchuldner nur durch vorschriftsmäßige Abführung der Steuer von seiner Schuld befreit wird (§ 38 III, § 42d III, § 44 V, § 45 VI, § 50a V EStG). Das Steuerabzugsverfahren soll die zuverlässige und schnelle Erfassung der Steuer an der Quelle sichern. Aus diesen Gründen ist ein besonderer Schutz der ordnungsgemäßen Tilgung fremder Steuerschulden gerechtfertigt.

3 **§ 380 AO ist anwendbar** im LSt-Verfahren (s. Rdnr. 5–7) einschl. der ErgAbg (s. Rdnr. 8), bei der KapSt (s. Rdnr. 10–11) sowie in bestimmten Fällen der beschränkten Steuerpflicht (s. Rdnr. 12–13). Der Geltungsbereich des § 380 AO ist durch die Subsidiarität (s. Rdnr. 28ff.) gegenüber § 370 AO (§ 21 OWiG) und gegenüber § 378 AO (§ 380 II AO) beschränkt. Die Vorschrift tritt zurück, sobald der Tatbestand der vorsätzlichen oder leichtfertigen Steuerverkürzung verwirklicht ist. In LSt-Sachen ist eine Ordnungswidrig-

keit nach § 380 AO zB nur dann gegeben, wenn der ArbG die nichtabgeführten Beträge rechtzeitig und vollständig angemeldet hat. Hat der ArbG auch die Anmeldung (§ 41a EStG) versäumt, obwohl er wußte, daß er hierzu verpflichtet war, hat er das FA über Entstehung und Höhe des Steueranspruchs getäuscht, mithin eine Steuerhinterziehung begangen (OLG Frankfurt v. 8. 11. 1967, NJW 1968, 263). Dabei ist es belanglos, ob dem FA das Bestehen des Betriebes und die Beschäftigung von ArbN bekannt waren (RG v. 22. 4. 1926, RStBl. 187).

3. Objektiver Tatbestand

4 **Welche Pflichtverletzungen bußrechtlich geahndet werden können,** folgt nicht unmittelbar aus § 380 AO, sondern aus verschiedenen Einzelsteuergesetzen, nämlich §§ 38–42f EStG, §§ 43–45b EStG sowie § 50a EStG iVm §§ 73a, 73i EStDV. Insofern ist § 380 AO ein **Blankettgesetz.** Es wird jedoch in verfassungsrechtlich zulässiger Weise (dazu BVerfG 14, 174, 185f. v. 25. 7. 1962; 23, 265, 269 v. 7. 5. 1968) durch besondere Gesetze ausgefüllt (OLG Frankfurt v. 31. 1. 1963, ZfZ 1964, 118; zur Geltung des Art. 103 II GG für Ordnungswidrigkeiten vgl. *Maunz/Dürig* 114 zu Art. 103 GG). Die steuerrechtlichen Pflichten über das Abzugsverfahren belasten die Betroffenen – insbes. ArbG und Banken – arbeitsmäßig und finanziell nicht unerheblich. Es handelt sich aber um herkömmliche, allgemeine und für alle Betroffenen gleiche öffentliche Dienstleistungen, deren Auferlegung im öffentlichen Interesse aus Art. 12 u. 14 GG nicht zu beanstanden ist (BVerfG 22, 380 v. 29. 11. 1967 betr. KuponSt-Abzugsverfahren gem. § 45 III Nr. 1a EStG idF v. 25. 3. 1965, BGBl. I 147; OLG Frankfurt v. 31. 1. 1963, ZfZ 1964, 118, betr. LSt-Abzugsverfahren; BVerfG v. 17. 2. 1977, HFR 295 u. 296 betr. KiLSt bei Pauschalierung der LSt).

5 **Die Lohnsteuer** hat der ArbG gem. §§ 38, 41a EStG bei jeder Lohnzahlung für Rechnung des ArbN einzubehalten. Lohnzahlungen sind auch Vorschuß- und Abschlagzahlungen oder sonstige vorläufige Zahlungen auf erst später fällig werdenden Arbeitslohn. Die Abgrenzung von Vorschüssen und Darlehen kann zweifelhaft sein. Nach der Rechtsprechung besteht jedoch eine allgemeine Vermutung dafür, daß eine Vorschußleistung und nicht ein außerhalb des Arbeitsverhältnisses liegendes Rechtsgeschäft beabsichtigt ist (RFH v. 30. 4. 1935, RStBl. 1173). Als Arbeitslohn gelten auch solche Vorschuß- oder Abschlagzahlungen, die einem Angestellten auf erst später fällig werdende Gewinnanteile gezahlt werden (KG v. 29. 5. 1958, zit. bei *Pfaff* DStZ 1972, 297). Welche Bezüge begrifflich Arbeitslohn sind, folgt aus §§ 19, 8 EStG; §§ 2, 3 LStDV. Reicht der vom ArbG geschuldete Barlohn zur Deckung der LSt nicht aus, hat der ArbN dem ArbG den Fehlbetrag zur Verfügung zu stellen oder der ArbG einen entsprechenden Teil der anderen Bezüge des ArbN zurückzubehalten (§ 38 IV 1 EStG). Kommt der ArbN seinen Verpflichtungen nicht nach und kann der Fehlbetrag auch nicht durch Zurückbehaltung von anderen Bezügen aufgebracht werden, so kann sich der ArbG durch eine Anzeige beim Betriebstättenfinanzamt (§ 41a I Nr. 1 EStG) von seiner Einbehaltungs- und Abführungspflicht befreien (§ 38 IV 2 EStG).

6 Ordnungswidrig handelt, wer **„nicht“ oder „nicht rechtzeitig“ einbehält.** *„Einbehalten“* kann nur *Nichtauszahlen* der rechnerisch ermittelten Abzugsbeträge bedeuten; denn eine Trennung vom sonstigen Vermögen wird vom Abzugsverpflichteten nicht verlangt (ebenso *Kohlmann* 15 zu § 406 RAO; *Kopacek* FR 1969, 36). Das Tatbestandsmerkmal *„einbehalten“* hat aber uE keine praktische Bedeutung (s. Rdnr. 15). Einzubehalten ist *„bei jeder Lohnzahlung“* (§ 38 III EStG). Manche ArbG zahlen aus Vereinfachungsgründen für den üblichen Lohnzahlungszeitraum nur Abschläge in ungefährer Höhe und nehmen eine endgültige Lohnabrechnung für einen längeren Zeitraum erst später vor. In diesen Fällen braucht die LSt grundsätzlich erst bei der Lohnabrechnung einbehalten zu werden (§ 39b V EStG).

7 **Abzuführen** ist die einbehaltene LSt regelmäßig spätestens am 10. Tag nach Ablauf eines jeden Kalendermonats (§ 41 a EStG). Hat die einbehaltene LSt im vorangegangenen Kalenderjahr weniger als 2400 DM betragen, gelten längere Fristen (vgl. § 41 a II EStG). *„Vollständig“* erfüllt ist die Abführungspflicht nur, wenn der ArbG die einbehaltenen Beträge vorschriftsmäßig, dh an das zuständige FA (§ 41 a I EStG), abgeführt hat; erst dann ist auch der ArbN von seiner Steuerschuld befreit (§ 42d EStG). Bei Abführung an ein unzuständiges FA dürfte es jedoch zweifelhaft sein, ob der ArbG leichtfertig gehandelt hat. Jedenfalls fehlt ein öffentliches Interesse an der Verfolgung der Tat, wenn der ArbG die einbehaltenen Beträge zwar an ein unzuständiges FA, jedoch vollständig und pünktlich abgeführt hat (§ 47 I OWiG).

8 Die Vorschriften über die Einbehaltung und Abführung von LSt gelten auch für die **ErgAbg** (§ 6 ErgAbgG, s. Einl 112).

9 Die Abzugsvorschriften des EStG und der LStDV sind zwar auch auf die **KiSt** anzuwenden (vgl. zB § 5 NWKiStG, Einl 175). Jedoch gelten die Straf- und Bußgeldvorschriften der AO für die KiSt nur in Niedersachsen (vgl. § 6 I NdsKiStRG, Anh XXII-7-b); in den anderen Bundesländern ist die Nichteinbehaltung und -abführung von KiSt-Zuschlägen zur LSt keine Ordnungswidrigkeit nach § 380 AO (vgl. § 8 II NWKiStG, Anh XXII-8-b).

10 Auch die **KapSt** (s. Einl 107) wird im Abzugswege erhoben. Der Gläubiger der Kapitalerträge ist StSchuldner (§ 44 I, § 45 I EStG). Der Schuldner der Kapitalerträge haftet steuerlich für die KapSt, die er einzubehalten und abzuführen hat (§ 44 V EStG). In den Fällen des § 43 I Nr. 6 EStG hat die Stelle, welche die Kapitalerträge auszahlt, die Steuer für den StSchuldner einzubehalten (§ 45 II EStG). Wird der Gläubiger nicht zur ESt veranlagt, so darf der Steuerabzug nur unterbleiben, wenn der Gläubiger dem Schuldner eine entsprechende Bescheinigung seines FA vorlegt (§ 44a EStG). Der Steuerabzug ist in dem Zeitpunkt vorzunehmen, in dem die Kapitalerträge dem Gläubiger ausgezahlt oder gutgeschrieben werden (§ 44 I 3, § 45 IV 2 EStG). In den Fällen des § 43 I Nr. 8 EStG entsteht die KapSt in dem Zeitpunkt, in dem die KöSt vergütet wird. In diesem Zeitpunkt hat das Bundesamt für Finanzen den Steuerabzug für Rechnung des Vergütungsberechtigten von der KöSt einzubehalten (§ 45b EStG).

11 **Abzuführen** ist die einbehaltene KapSt innerhalb eines Monats seit Zufluß der Kapitalerträge an das FA (§ 44 I 4 EStG). Die innerhalb eines Kalendervierteljahres einbehaltene KuponSt ist jeweils bis zum 10. des dem Kalendervierteljahr folgenden Monats abzuführen (§ 45 IV 3 EStG).

12 **Bei beschränkt Stpfl** wird die ESt im Abzugswege erhoben (§§ 50a EStG, 73a–73i EStDV):

- bei beschränkt stpfl. Mitgliedern des Aufsichts-(Verwaltungs-)rats inländischer Kapitalgesellschaften (ARSt);
- bei Einkünften aus der Ausübung oder Verwertung einer Tätigkeit als Künstler, Berufssportler, Schriftsteller, Journalist oder Bildberichterstatter;
- bei Einkünften, die aus Vergütungen für die Verwertung von Urheberrechten, gewerblichen Schutzrechten und gewerblichen Erfahrungen herrühren.

Der Schuldner der ARSt oder der sonstigen Vergütungen hat die Steuer für Rechnung des Gläubigers (StSchuldners) in dem Zeitpunkt einzubehalten, in dem die Vergütung dem Gläubiger zufließt (§ 50a V EStG, § 73c EStDV; Ausnahme: § 73f EStDV). Die innerhalb eines Kalendervierteljahrs einbehaltenen Beträge sind jeweils bis zum 10. des dem Vierteljahr folgenden Monats abzuführen (§ 50a V EStG). Bemessungsgrundlage für den Steuerabzug ist der volle Betrag der Einnahmen. Abzüge, zB für Betriebsausgaben, sind unzulässig (§ 50a III EStG; § 73b EStDV). Bleiben die Vergütungen aufgrund eines DBA (s. Einl 96) ganz oder zum Teil steuerfrei, darf der Steuerabzug nur unterbleiben oder nach einem niedrigeren Steuersatz vorgenommen werden, wenn eine entsprechende Bescheinigung des FA vorliegt (§ 73h EStDV).

13 **Neben den gesetzlich auferlegten Steuerabzugspflichten** ist das FA gem. § 50a VII EStG ermächtigt, im Einzelfall einen Steuerabzug bei beschränkt Stpfl (s. Einl 95) anzuordnen. Der vom FA angeordnete Steuerabzug hat zwar materiell dieselbe Rechtsnatur wie eine auf dem Gesetz selbst beruhende Anordnung. Er kann auch nur im voraus angeordnet werden (BFH v. 26. 8. 1954, BStBl. 1955, 63; *Herrmann/Heuer* 25 zu § 50a EStG). Gleichwohl erfüllt eine Verletzung der im Einzelfall angeordneten Abzugspflicht nicht den Tatbestand des § 380 I AO, weil sich die Pflicht nicht unmittelbar aus dem Gesetz, sondern nur aus einem Verwaltungsakt ergibt (§ 3 OWiG).

14 **Tatbestandsmäßige Handlungen iS des § 380 I AO sind „Nichteinbehalten" und „Nichtabführen".** Folglich handelt zB der ArbG, der kein Lohnkonto führt (§ 41 EStG, § 7 LStDV), oder der Schuldner von Aufsichtsratsvergütungen, der die nach § 73d EStDV vorgeschriebenen Aufzeichnungen unterläßt, nicht ordnungswidrig. Eine Verletzung der Vorschriften über die Führung des Lohnkontos (§ 7 II LStDV) kann unter § 379 I Nr. 2 AO fallen. Auch die Weiterbeschäftigung eines ArbN trotz Nichtvorlage einer LSt-Karte oder die Nichtabgabe von LSt-Anmeldungen (§ 41a EStG) fallen nicht unter den Tatbestand des § 380 AO. Die Nichtabgabe von LSt-Anmeldungen kann aber im Zusammenhang mit der Nichteinbehaltung und -abführung der LSt als Steuerhinterziehung strafbar sein (Rdnr. 28). Andererseits kommt es für die Anwendbarkeit des § 380 AO nicht darauf an, ob das von der Entstehung der Steuerschuld unterrichtete FA „untätig" geblieben ist.

15 **Der Tatbestand des § 380 I AO enthält eine Doppelverpflichtung** („*einbehalten*" und „*abführen*"). *Hübner* (7 zu § 406 RAO) spricht von einer „*doppelt verflochtenen Doppelverpflichtung*", weil Einbehalten und Abführen zusätzlich vollständig und rechtzeitig erfolgen müssen. Leider hat der Gesetzgeber keine Veranlassung gesehen, der Empfehlung des Schrifttums zu folgen und den Tatbestand durch Streichung des Wortes „einzubehalten" zu vereinfachen (Begr. s. BT-Drucks. VI/1982 S. 197). Nach hM genügt es, wenn der Täter *eine* der vier Pflichten verletzt. Bereits mit der erstverwirklichten Tatbestandsalternative soll die Tat vollendet sein (BGH 2, 183 v. 13. 11. 1952; *Hübner* 7 ff. zu § 406 RAO; *Kohlmann* 20 zu § 406 RAO; *Pfaff* DStZ 1972, 297; *Lohmeyer* SchlHA 1970, 564). Der Gesetzeswortlaut („*und*") spricht gegen diese Auslegung. Andererseits zwingt der Sinn der Vorschrift dazu, der hM in bezug auf das Merkmal „*abführen*" beizupflichten. Läge eine Ordnungswidrigkeit nur vor, wenn Einbehaltung und Abführung vernachlässigt worden sind, so erfüllte zB derjenige ArbG, der die LSt zwar vollständig einbehält und anschließend zwar anmeldet, aber für sich verbraucht, nicht den Tatbestand des § 380 I AO. Das wäre mit dem Schutzzweck des § 380 AO (Rdnr. 2) nicht zu vereinbaren. Andererseits ist eine Steuerordnungswidrigkeit durch bloße Verletzung der Einbehaltungspflicht nicht denkbar. Bei Vereinbarung sog. Nettolöhne kommt ein Einbehalten begrifflich nicht in Betracht. Führt der ArbG die LSt vollständig ab (die übernommene LSt ist zusätzlicher Arbeitslohn, vgl. dazu Abschn. 89 LStR), so hat er seine Pflicht erfüllt. Aber auch dann, wenn der ArbG in einem zumindest theoretisch denkbaren Fall den Bruttolohn auszahlt und später die LSt – berechnet aus dem entsprechend erhöhten Arbeitslohn – aus eigener Tasche rechtzeitig abführt, handelt er nicht ordnungswidrig, denn eine Aussonderung einbehaltener Beträge verlangt das Gesetz nicht (Rdnr. 6). Zweck der Vorschrift ist, daß der ArbG, die kraft Gesetzes auf den Arbeitslohn entfallende Steuer weder an den ArbN auszahlt noch für sich selbst verbraucht, sondern an das FA abführt. § 380 AO ist im Ergebnis *immer* dann und *nur* dann anwendbar, wenn die geschuldete Steuer nicht, nicht pünktlich oder nicht vollständig abgeführt wird. Jede ordnungswidrige Pflichtverletzung ist daher durch unterlassenes Abführen erfaßt. Die Folge der hier vertretenen Ansicht ist freilich, daß eine Ordnungswidrigkeit iS des § 380 I AO durch die bloße Verletzung der Einbehaltungspflicht nicht vollendet ist; eine Ahndung als Versuch kommt nicht in Betracht (Rdnr. 25).

16 **Die „Versäumnis eines Zahlungstermins für sich allein"** war nach § 413 RAO 1956 nicht strafbar. Die sich hieran anknüpfende Streitfrage, ob jene Vorschrift auch für die Nichterfüllung von Steuerabzugspflichten galt (verneinend BGH 2, 183 v. 11. 3. 1952; 2, 338 v. 3. 4. 1952; aM OLG Frankfurt v. 8. 11. 1967, NJW 1968, 265; vgl. auch *Hruschka* DStR 1966, 696; *Pfaff* DStZ 1972, 297 jeweils mwN), ist nach geltendem Recht gegenstandslos, weil § 380 I AO keine entsprechende Vorschrift mehr enthält (ebenso bereits § 406

I RAO 1968). Der objektive Tatbestand des § 380 I AO ist nicht erfüllt, wenn die Finanzkasse ordnungsgemäß abgeführte Abzugsteuern für andere (eigene) Steuern des Abführungsverpflichteten *verrechnet* (OLG Düsseldorf v. 31. 8. 1932, GA 1933, 68; aM OLG Frankfurt v. 2. 6. 1931, JW 1932, 1260 – beide zu § 533 RVO aF), anders jedoch dann, wenn der Abführungsverpflichtete einbehaltene Abzugsteuern von sich aus zur Zahlung anderer Steuern verwendet (BayObLGSt 1977, 50 v. 25. 3. 1977; aM *Skuhr* JR 1966, 414).

4. Täter

17 **Täter iS des § 380 AO kann jeder durch die Einzelsteuergesetze unmittelbar Verpflichtete sowie jeder gesetzliche oder gewillkürte Vertreter** sein. Dazu gehören vor allem diejenigen Personen, die kraft Gesetzes für die Steuerschulden des Vertretenen haften (§ 69 AO), denn sie treten kraft Gesetzes (§§ 34, 35 AO) in ein unmittelbares Pflichtenverhältnis zur Finanzbehörde und haben die steuerlichen Pflichten der von ihnen Vertretenen zu erfüllen. Unabhängig von einer materiell-rechtlichen Haftung sind sie bußrechtlich jedoch nur dann verantwortlich, wenn sie selbst ordnungswidrig gehandelt haben (vgl. auch KG v. 7. 3. 1963, zit. bei *Lohmeyer* FR 1964, 269 = SchlHA 1970, 169 = DStR 1973, 564).

18 Als **gesetzliche Vertreter** kommen insbesondere die Geschäftsführer und Vorstände juristischer Personen in Betracht (§ 34 I AO) sowie Treuhänder (RFH v. 6. 4. 1932, RStBl. 517) und sonstige Vermögensverwalter (§ 34 III AO). Soweit nichtrechtsfähige Personenvereinigungen ohne Geschäftsführer sind, haben die Mitglieder oder Gesellschafter die steuerlichen Pflichten der Vereinigung zu erfüllen (§ 34 II AO). **Verfügungsberechtigte** (Angehörige oder Fremde) haben die Pflichten eines gesetzlichen Vertreters (§ 35 AO). Im Gegensatz zu § 108 RAO begründet § 35 AO kein unmittelbares Pflichtverhältnis für den „Nur“-Bevollmächtigten. Allein diejenigen Bevollmächtigten, die gleichzeitig verfügungsberechtigt sind, werden von dieser Vorschrift erfaßt. Die Einschränkung hat insbesondere Bedeutung für Berater, also für Angehörige der rechts- und steuerberatenden Berufe. Verfügungsberechtigt iS des § 35 AO ist jeder, der wirtschaftlich über Mittel, die einem anderen gehören, verfügen kann (s. Begr. BT-Drucks. VI/1982 S. 111). Die tatsächliche Verfügungsmöglichkeit reicht nach dem ausdrücklichen Wortlaut des § 35 AO nicht aus, um die Pflichten eines gesetzlichen Vertreters zu begründen. Rechtliche Verfügungsbefugnis erfordert die Fähigkeit, im Außenverhältnis wirksam zu handeln (Ausschußbericht, BT-Drucks. 7/4299 S. 19).

19 Jeder, der sich an einer Zuwiderhandlung nach § 380 AO **beteiligt,** handelt ordnungswidrig, gleichgültig, in welcher Weise er zur Verwirklichung des Tatbestandes beiträgt (§ 14 OWiG; s. auch Rdnr. 19 zu § 377 AO).

5. Stundung als Rechtfertigungsgrund

20 Die Abführung von Steuerabzugsbeträgen *nach* dem gesetzlichen Zahlungstermin ist gerechtfertigt, wenn die Steuer *vor* diesem Termin gestundet worden ist. Dafür, ob eine Handlung rechtswidrig oder rechtmäßig ist, ist der

Zeitpunkt ihrer Begehung entscheidend (*Schönke/Schröder* 14 vor § 32 StGB). Eine nachträglich ausgesprochene Stundung rechtfertigt daher die verspätete Abführung nicht. Das gilt auch dann, wenn die Stundung mit Wirkung vom Fälligkeitstag, also *rückwirkend* ausgesprochen wird (ebenso *Pfaff* DStZ 1972, 297; aM *Lohmeyer* NWB Fach 13, 545). Es dürfte allerdings pflichtgemäßer Ermessensausübung (§ 47 I OWiG) entsprechen, wenn die Ordnungswidrigkeit in einem solchen Fall nicht verfolgt wird.

6. Subjektiver Tatbestand

21 Der subjektive Tatbestand des § 380 I AO erfordert **direkten oder bedingten Vorsatz** (Rdnr. 44 zu § 369 AO) oder Leichtfertigkeit (Rdnr. 22). Eine Absicht des Täters, sich einen Vermögensvorteil zu verschaffen oder jemanden zu schädigen, ist nicht erforderlich. Er muß nur die rechtswidrige Nichtabführung der Steuer gewollt oder mindestens eine solche Möglichkeit gebilligt haben. Jeder Irrtum über Merkmale der die Blankettnorm des § 380 I AO ausfüllenden Einzelsteuergesetze (Berechnungs-, Einbehaltungs- und Abführungspflicht) ist *Tatumstandsirrtum* (BGH 5, 90 v. 13. 11. 1953; ferner Rdnr. 90ff. zu § 369 AO). Hält der Täter Nichteinbehaltung und -abführung für erlaubt, weil er zB glaubt, die entsprechende Steuer werde im LStJA wieder erstattet, liegt *Verbotsirrtum* (Rdnr. 91 ff. zu § 369 AO) vor, der regelmäßig nicht entschuldbar sein wird.

22 Kann ein Vorsatz nicht nachgewiesen bzw. ein Irrtum nicht ausgeschlossen werden, so kommt Ahndung wegen **Leichtfertigkeit** in Betracht. Leichtfertigkeit bedeutet *„einen besonderen, höheren Grad an Fahrlässigkeit“* (BGH v. 29. 4. 1959, DStZ/B 351; näher s. Rdnr. 23ff. zu § 378 AO). Nach einer aus dem E 1936 übernommenen Definition des OLG Düsseldorf handelt leichtfertig, *„wer aus besonderem Leichtsinn oder besonderer Gleichgültigkeit fahrlässig handelt“* (v. 15. 10. 1958, DStZ/B 1959, 350). Ein ArbG, der sich nicht über seine lohnsteuerlichen Verpflichtungen unterrichtet, verhält sich „besonders gleichgültig“. Wer sich von einer fachkundigen Person (StBer, StBev usw.) beraten läßt, ist grundsätzlich entlastet. Gerade im kaufmännischen Bereich werden strenge Anforderungen an die Beachtung gesetzlicher Vorschriften gestellt (RFH v. 8. 8. 1928, RStBl. 1929, 59; BFH v. 19. 2. 1953, BStBl. 161).

23 **Zahlungsschwierigkeiten des ArbG** schließen die Schuld nicht aus, sie können allenfalls bei der Bemessung der Geldbuße berücksichtigt werden (LG Stuttgart v. 2. 4. 1951, FR 311); anders allerdings, wenn der ArbG am Fälligkeitstag wegen Eröffnung des Konkurses nicht mehr über die Masse verfügen darf. Reichen die vorhandenen Mittel zur Zahlung des vollen Lohns einschließlich der darauf entfallenden Steuer nicht aus, muß der Lohn gem. § 38 IV EStG entsprechend gekürzt und von dem herabgesetzten Betrag die entsprechende Steuer abgezogen und abgeführt werden (RG v. 16. 2. 1931, JW 1932, 417; v. 28. 6. 1934, RStBl. 1007; BGH 2, 338 v. 3. 4. 1952). Der ArbG kann sich auch nicht damit entschuldigen, er habe eine Kürzung der Löhne versäumt, um eine Abwanderung der ArbN zu verhindern; denn die ArbN müssen den Steuerabzug ohne Rücksicht auf eigene wirtschaftliche Schwie-

rigkeiten hinnehmen (BFH v. 19. 2. 1953, BStBl. 161; ferner *Weyer* Inf 1971, 285 betr. Sozialversicherungsbeiträge). Ein Vertreter (Rdnr. 18) dürfte ausnahmsweise entlastet sein, wenn ihm von dem unmittelbar Verpflichteten alle Mittel entzogen worden sind und er deshalb außerstande ist, die einbehaltenen Beträge abzuführen.

24 **Auch wer Angestellte und sonstige Hilfskräfte nicht überwacht,** handelt leichtfertig. Selbst dann, wenn der Unternehmer zB seinen Buchhalter aus guten Gründen für zuverlässig halten darf, handelt der Inhaber (Geschäftsführer) grobfahrlässig, wenn er sich nicht im Rahmen des Zumutbaren wenigstens durch gelegentliche Kontrollen die Gewißheit darüber verschafft, ob die übertragenen Aufgaben ordnungsgemäß erledigt werden (BGH v. 3. 6. 1954, BStBl. I 1955, 359; ebenso BGH – 1 StR 594/74 – v. 7. 1. 1975).

7. Versuch

25 Eine versuchte Ordnungswidrigkeit nach § 380 AO kann nicht geahndet werden (§ 13 II OWiG, § 377 II AO).

8. Geldbuße

26 Die Ordnungswidrigkeit kann mit einer Geldbuße von mindestens 5 DM bis zu höchstens 10000 DM bei vorsätzlichem und bis zu 5000 DM bei leichtfertigem Verhalten geahndet werden (§ 380 II AO; § 17 OWiG). Bei Zumessung der Geldbuße sind der sachliche Umfang der Tat, das vorwerfbare Verhalten des Täters sowie – in beschränktem Maße – auch die wirtschaftlichen Verhältnisse des Täters zu berücksichtigen (§ 377 II AO; § 17 III OWiG). Die Geldbuße soll ein Entgelt, das der Täter für die Ordnungswidrigkeit empfangen und einen Gewinn, den er aus ihr gezogen hat, übersteigen. Reicht das gesetzliche Höchstmaß hierzu nicht aus, so kann es überschritten werden (§ 377 II AO; § 17 IV OWiG). „Gewinn" iS dieser Vorschrift ist aber nicht etwa die nicht abgeführte Steuer, weil der Abführungsverpflichtete dafür haftet (zB § 42d EStG), sie also in jedem Fall nachzahlen muß (s. Rdnr. 26ff. zu § 377 AO). Ein Vorteil, den der Täter der von ihm vertretenen juristischen Person verschafft hat, darf nicht zu seinem Nachteil berücksichtigt werden (OLG Celle v. 9. 5. 1975, BB 1976, 633).

9. Selbstanzeige

27 Strafbefreiung durch Selbstanzeige (§ 371 AO) kann der Täter einer Ordnungswidrigkeit nach § 380 AO nicht erlangen. Nach § 380 I AO wird allein die nichtordnungsgemäße Abführung der Steuer geahndet, ohne daß das FA über steuererhebliche Tatsachen in Unkenntnis gehalten wird. Demgemäß ist für eine „Berichtigung oder Ergänzung unterlassener Angaben" kein Raum. § 380 AO verweist daher auch – im Gegensatz zu § 378 III AO – nicht auf § 371 AO. Über die Wirkung einer Selbstanzeige nach Steuerhinterziehung oder -verkürzung für die Ahndung einer damit im Zusammenhang stehenden Gefährdung der Abzugsteuern s. Rdnr. 155ff. zu § 371 AO.

10. Konkurrenzfragen

28 Ein Verhalten, das objektiv und subjektiv den Tatbestand des § 380 AO erfüllt, ist **Steuerhinterziehung** (§ 370 AO) und wird nur als solche bestraft (§ 21 OWiG), wenn der Täter das FA gleichzeitig über Entstehung und Höhe des Steueranspruchs in Unkenntnis gehalten hat, zB durch Unterlassen der vorgeschriebenen LSt-Anmeldung. Der Tatbestand des § 380 AO tritt auch zurück, wenn die Handlung als leichtfertige Steuerverkürzung iS des § 378 AO geahndet werden kann (§ 380 II AO). Die Anwendung des § 380 I AO auf eine tatbestandsmäßige Ordnungswidrigkeit iS dieser Vorschrift wird jedoch nicht dadurch ausgeschlossen, daß (nur) objektiv eine Steuerverkürzung vorliegt (ebenso *Suhr* StBp 1973, 224). Aus der Wortfassung *„geahndet werden kann"* folgt, daß eine Ahndung aus § 380 AO erst dann zulässig ist, wenn die Festsetzung einer Geldbuße aus § 378 AO oder einer Strafe gem. § 370 AO aus Rechtsgründen nicht möglich ist (glA *Hübner* 8 vor §§ 405–408 RAO). Kann eine Steuerhinterziehung oder -verkürzung objektiv und subjektiv nachgewiesen werden, wird jedoch das Verfahren wegen Geringfügigkeit eingestellt oder von der Verhängung einer Geldbuße abgesehen, so kann der auf Grund der Subsidiaritätsklausel aufgezehrte Gefährdungstatbestand des § 380 AO nicht wieder aufleben. Eine Ahndung ist auch nicht über § 21 II OWiG iVm § 377 II AO möglich (*Suhr* StBp 1973, 224). Über die Wirkung einer Selbstanzeige nach Steuerhinterziehung oder -verkürzung für die Ahndung einer damit in Zusammenhang stehenden Gefährdung der Abzugsteuern s. Rdnr. 155ff. zu § 371 AO.

29 Bei Unterlassung der Abführung der angemeldeten LSt ist die Ordnungswidrigkeit mit Ablauf des Fälligkeitstages **abgeschlossen** (OLG Frankfurt v. 22. 2. 1955, DStZ/B 176). Durch anschließende Handlungen – zB erschlichener Billigkeitserlaß, Täuschung des Vollziehungsbeamten – kann tatmehrheitlich eine Steuerhinterziehung iS des § 370 AO begangen werden (ebenso *Suhr* S. 242).

30 Ein ordnungswidriges Handeln iS des § 380 I AO bildet für sich allein keine strafbare **Untreue** iS des § 266 StGB (BGH v. 3. 4. 1952, MDR 502 m. zust. Anm. *Hartung*).

31 In LSt-Sachen treffen Ordnungswidrigkeiten gem. § 380 AO regelmäßig mit Vergehen nach **§§ 529, 1428 RVO; § 150 AVG und/oder § 225 AFG** zusammen. Da die Tatbestände durch mehrere selbständige Handlungen verletzt werden, tritt die Ordnungswidrigkeit nicht zurück. Ist neben der Steuerordnungswidrigkeit eine versicherungsrechtliche Ordnungswidrigkeit (§ 532 I Nr. 2, § 1429 RVO; § 152 AVG; § 230 I Nr. 9 AFG) verwirklicht worden, wird jede Geldbuße gesondert festgesetzt (§ 20 OWiG).

11. Verjährung

32 Die Verfolgung einer Steuerordnungswidrigkeit iS des § 380 AO verjährt gem. § 384 AO in fünf Jahren.

12. Verfolgung

33 Die Verfolgung von Ordnungswidrigkeiten liegt im pflichtgemäßen Ermessen der Verfolgungsbehörde (§ 47 I OWiG). Das Opportunitätsprinzip bezieht sich sowohl auf die Einleitung des Bußgeldverfahrens als auch auf den Umfang der Verfolgung. Die Behörde hat aufgrund der Umstände des Einzelfalls zu entscheiden, ob das öffentliche Interesse eine Verfolgung gebietet. Eine abstrakte Abgrenzung des Ermessensrahmens hat der Gesetzgeber bewußt vermieden (s. für § 406 RAO BT-Drucks. V/1269 S. 80). Beispielsweise dürfte die Verfolgung nicht geboten sein, wenn das FA die Steuer nachträglich gestundet oder wenn der Täter das Versäumte binnen angemessener Frist unaufgefordert nachgeholt hat. Gleiches gilt, wenn die Steuer zwar vollständig, aber an ein unzuständiges FA abgeführt worden ist.

13. Sonstiges

34 Gewerbetreibende, die sich um die Erteilung öffentlicher Aufträge bemühen, müssen bei der zuständigen Vergabestelle innerhalb der Frist des ausgeschriebenen Angebotes eine „steuerliche Unbedenklichkeitsbescheinigung" vorlegen. Das für den Bewerber zuständige Wohnsitz-(Betriebs-)Finanzamt stellt diese Bescheinigung aus und bestätigt darin, daß gegen die Erteilung eines öffentlichen Auftrages keine steuerlichen Bedenken bestehen (vgl. auch Art. 97 § 7 EGAO betr. GrESt). Auf die Erteilung einer **Unbedenklichkeitsbescheinigung** besteht kein Rechtsanspruch, wenn und solange der Gewerbetreibende sich ordnungswidrig iS des § 380 AO verhält (FG Hamburg v. 12. 4. 1972, EFG 395, zust. *Stegmaier* FR 1972, 467).

§ 381 Verbrauchsteuergefährdung

(1) Ordnungswidrig handelt, wer vorsätzlich oder leichtfertig Vorschriften der Verbrauchsteuergesetze oder der dazu erlassenen Rechtsverordnungen

1. über die zur Vorbereitung, Sicherung oder Nachprüfung der Besteuerung auferlegten Pflichten,

2. über Verpackung und Kennzeichnung verbrauchsteuerpflichtiger Erzeugnisse oder Waren, die solche Erzeugnisse enthalten, oder über Verkehrs- oder Verwendungsbeschränkungen für solche Erzeugnisse oder Waren oder

3. über den Verbrauch unversteuerter Waren in den Freihäfen

zuwiderhandelt, soweit die Verbrauchsteuergesetze oder die dazu erlassenen Rechtsverordnungen für einen bestimmten Tatbestand auf diese Bußgeldvorschrift verweisen.

(2) Die Ordnungswidrigkeit kann mit einer Geldbuße bis zu zehntausend Deutsche Mark geahndet werden, wenn die Handlung nicht nach § 378 geahndet werden kann.

Übersicht

1. Entstehungsgeschichte

1 Eine dem § 381 AO entsprechende Vorschrift wurde durch Art. 1 Nr. 19 des 2. AOStrafÄndG als § 407 in die RAO eingefügt. § 407 RAO entsprach dem früheren *Straftatbestand* des § 413 I Nr. 1b RAO idF des Art. I Nr. 6 des Gesetzes v. 11. 5. 1956 (BGBl. I 418) mit der Einschränkung, daß der Täter mindestens leichtfertig gehandelt haben mußte; Begr. s. BT-Drucks. V/1812 S. 28. Die ursprünglich als § 407 I RAO idF des Regierungsentwurfs geregelte Zuwiderhandlung gegen eine Pflicht zur Aufzeichnung von Betriebsvorgängen wurde durch den BTag in den Tatbestand des § 405 I RAO eingearbeitet (s. Rdnr. 2 zu § 379 AO). § 407 RAO idF v. 12. 8. 1968 wurde als § 365 unverändert in den EAO übernommen (s. BT-Drucks. 7/79). In der endgültigen Fassung des § 381 AO wurden auf Antrag des Finanzausschusses in Abs. I Nr. 1 die Worte *„Erklärungs- oder Anzeigepflichten“* durch das Wort *„Pflich-*

ten" ersetzt. Diese Formulierung soll *„der genaueren Herausarbeitung des mit der Vorschrift beabsichtigten Zwecks"* dienen; die Ersetzung des Wortes „Tat" durch den Begriff „Handlung" in Abs. IV bezweckt die Angleichung an die Sprachregelung des OWiG (BT-Drucks. 7/4292 S. 45).

2. Zweck und Anwendungsbereich

2 **Im Interesse der Sicherung des Verbrauchsteueraufkommens** bietet § 381 AO die Möglichkeit, Pflichtverletzungen zu ahnden, die noch keine Steuerverkürzung zur Folge hatten oder bei denen ein auf Steuerverkürzung gerichteter Schuldvorwurf nicht besteht oder nicht bewiesen werden kann.

3 **Der Anwendungsbereich des § 381 AO ist auf Verbrauchsteuern beschränkt** (s. Einl 90). Die EUSt ist zwar auch eine Verbrauchsteuer iS der AO (§ 21 I UStG; s. Einl 185), fällt jedoch als Eingangsabgabe unter § 382 AO (s. Rdnr. 2 zu § 382 AO). § 381 ist eine **Blankettvorschrift,** die durch Ge- oder Verbote der Verbrauchsteuergesetze oder der dazu ergangenen RechtsVOen ausgefüllt wird. §§ 139, 214 AO sind keine blankettausfüllenden Tatbestände, da sich die Pflichten gem. § 381 AO aus *Verbrauch*steuergesetzen oder dazu erlassenen RechtsVOen ergeben müssen. RechtsVOen iS des § 381 AO sind nur gesetzesvertretende Vorschriften (Art. 80, 129 GG). Verwaltungsvorschriften, Richtlinien usw., die nur die Verwaltung binden, kommen nicht in Betracht. Ordnungswidrig kann nur eine Zuwiderhandlung gegen eine unmittelbar auf *Gesetz* beruhende Pflicht sein; Verwaltungsakte, zB *„Anordnungen"* iS des § 35 I u. II TabStDB, genügen nicht. Deshalb ist zB die Rückverweisung in § 38 I Nr. 7 TabStDB gegenstandslos.

4 **Für Abgaben nach dem BranntwMonG** (s. Einl 204ff.) trifft § 126 II Nr. 2 BranntwMonG eine bußrechtliche Sonderregelung.

5 **Für Zuwiderhandlungen bei der EssigsäureSt** (s. Einl 208) gilt § 126 BranntwMonG. Durch § 126 I Nr. 2 u. 12 BranntwMonG, die inhaltlich § 381 I Nr. 1 u. 3 AO entsprechen, und durch § 126 II Nr. 2 BranntwMonG hat der Gesetzgeber eindeutig zum Ausdruck gebracht, daß die Verletzung von Pflichten bezüglich des EssigsäureSt nicht nach § 381 AO geahndet werden kann.

3. Vorbehalt der Rückverweisung

6 **Die Anwendung des § 381 AO ist davon abhängig,** daß Verbrauchsteuergesetze oder dazu ergangene RechtsVOen *„für einen bestimmten Tatbestand"* auf § 381 AO verweisen. Die Verweisung muß sich im Rahmen des Blanketts halten. Eine Verweisung auf § 381 I Nr. 1 AO wegen Verletzung einer Pflicht, die nicht der Vorbereitung, Sicherung oder Nachprüfung der Besteuerung dient, wäre unwirksam (s. aber Rdnr. 11). Ein gleichlautender Rückverweisungsvorbehalt war bereits in § 407 I RAO 1968 enthalten. Er wurde seinerzeit – entsprechend ständiger Übung in vergleichbaren Fällen eines Bußgeldblanketts – „aus Gründen größerer Rechtssicherheit und Rechtsklarheit" in das Gesetz eingefügt (BT-Drucks. V/1812 S. 28). Ein

Rückverweisungsvorbehalt soll ermöglichen, daß Zuwiderhandlungen gegen unbestimmte, nicht sanktionsbedürftige oder bereits anderweitig abgesicherte Ge- oder Verbote von dem Bußgeldblankett ausgenommen werden (*Göhler* 4 B vor § 1 OWiG). Inzwischen sind in allen Verbrauchsteuergesetzen und -verordnungen entsprechende Verweisungen enthalten (Rdnr. 16). Über die Verletzung von *Aufzeichnungspflichten,* die sich aus Verbrauchsteuervorschriften ergeben, s. Rdnr. 10. Mit Rücksicht auf den Bestimmtheitsgrundsatz (Art. 103 II GG, § 3 OWiG) muß die Möglichkeit der Ahndung schon auf Grund des *Gesetzes* (Bußgeldvorschrift iVm der Ermächtigungsnorm zur Setzung von Geboten und Verboten) und nicht erst auf Grund einer VO voraussehbar sein (*Göhler* aaO). Daher ist zB die Qualifizierung einer Zuwiderhandlung gegen § 24 I 3 SpielkStG als Ordnungswidrigkeit iS des § 381 I Nr. 2 AO (§ 24b SpielkStDB, Art. 98 EGAO) durch § 11 iVm § 14 Nr. 4 SpielkStG nicht gedeckt.

7 **Die in § 381 I AO vorgeschriebene Verweisung ist nicht erforderlich,** *„soweit die Vorschriften der dort genannten Gesetze und RechtsVOen vor dem 1. Oktober 1968 erlassen sind“* (Art. 97 § 20 EGAO). Eine gleichlautende Suspendierung des Rückverweisungsvorbehalts war bereits in Art. 12 IV des 2. AOStrafÄndG enthalten (allerdings mit zusätzlicher Bezugnahme auf § 126 II Nr. 2 BranntwMonG). Diese Klausel war verständlich und sinnvoll, denn sie bot dem Gesetzgeber Gelegenheit, die einzelnen Verbrauchsteuergesetze und die dazu gehörigen RechtsVOen, soweit sie vor Inkrafttreten des 2. AOStrafÄndG, also vor dem 1. 10. 1968, erlassen waren, nach und nach der neuen Rechtslage anzupassen. Über Bedeutung und Reichweite des Art. 12 IV des 2. AOStrafÄndG gingen die Meinungen auseinander (vgl. Rdnr. 7 der 1. Auflage einerseits und *Hübner* 27f. zu § 407 RAO andererseits). Dieser Streit ist jedoch gegenstandslos, seitdem sämtliche Verbrauchsteuergesetze und -verordnungen umfassende Verweisungskataloge enthalten (Rdnr. 16). Unverständlich erscheint, warum der Gesetzgeber den Rückverweisungsvorbehalt des § 381 AO wiederum suspendieren, also praktisch die alte Regelung des Art. 12 IV des 2. AOStrafÄndG aufrechterhalten wollte. Bei Erlaß des EGAO (anders bei Vorlage des Entwurfs, vgl. BT-Drucks. 7/261) enthielten sämtliche Verbrauchsteuergesetze und/oder -verordnungen Verweisungen auf § 407 RAO. Damit ist die Suspendierung des Rückverweisungsvorbehalts durch Art. 97 § 20 EGAO gegenstandslos. Möglicherweise hat der Gesetzgeber, ohne dies in den Materialien zum Ausdruck zu bringen (vgl. BT-Drucks. 7/261 S. 61), der Neufassung des § 381 I Nr. 1 AO Rechnung tragen wollen. Während sich § 407 I Nr. 1 RAO auf Zuwiderhandlungen gegen bestimmte *„Erklärungs- oder Anzeigepflichten“* beschränkte, erfaßt § 381 I Nr. 1 AO *„Pflichten“* schlechthin. Nach dem Willen des Gesetzgebers sollen künftig „auch andere als die bisher schon erwähnten Zuwiderhandlungen“ als Ordnungswidrigkeiten geahndet werden können (BT-Drucks. 7/4292 S. 45). Die Tatbestandsmerkmale *„Vorbereitung“* und *„Sicherung“* der Besteuerung sind aber so umfassend, daß kaum eine verbrauchsteuerliche Obliegenheit denkbar erscheint, die sich letzlich nicht darunter subsumieren

ließe. Folglich genügt § 381 I Nr. 1 AO erst im Zusammenhang mit den blankettausfüllenden Normen *(„Pflichten") und* einer auf das Blankett verweisenden Vorschrift rechtsstaatlichen Erfordernissen.

8 **Eine Zuwiderhandlung gegen Verbrauchsteuergesetze kann also nur bei Vorliegen einer Verweisung geahndet werden,** ohne Rücksicht darauf, wann die verletzte Pflicht normiert wurde. Wegen der weiten Fassung des § 381 I Nr. 1 AO dürften Ergänzungen der Verweisungskataloge zulässig sein. Soweit alte Verbrauchsteuergesetze noch auf § 407 RAO verweisen, tritt an deren Stelle § 381 AO (Art. 98 EGAO). Über die Bedeutung des Rückverweisungsvorbehalts für Zuwiderhandlungen gegen verbrauchsteuerliche Aufzeichnungsvorschriften s. Rdnr. 10).

4. Objektive Tatbestände

a) Pflichten iS des § 381 I Nr. 1 AO

9 **§ 381 I Nr. 1 AO erfaßt nur Pflichten,** nicht Obliegenheiten, von denen Steuervergünstigungen abhängen, wie zB Anmeldungen iS des § 7 BierStDB. Die in den Verbrauchsteuergesetzen normierten Pflichten haben vielfach keinen steuerrechtlichen, sondern lebensmittel- oder wettbewerbsrechtlichen Gehalt (zB § 9 BierStG). Eine Vorschrift, die auf das Bußgeldblankett des § 381 I Nr. 1 AO verweist, die sich aber inhaltlich auf außersteuerliche Obliegenheiten bezieht, ist durch § 381 I Nr. 1 AO nicht gedeckt. Einer Aufzählung der Pflichten bedarf es mit Rücksicht auf die umfassenden Verweisungskataloge (Rdnr. 16) nicht.

10 **Buchführungs- und Aufzeichnungspflichten** sind für die Sicherung und Nachprüfung der Besteuerung unverzichtbar. Bis zum 31. 12. 1976 fiel die Verletzung verbrauchsteuerlicher Aufzeichnungspflichten unter die allgemeine Vorschrift des § 405 I Nr. 2 RAO (glA *Hübner* 10 zu § 407 RAO; aM *Kohlmann* 11 zu § 407 RAO), weil Buchführungspflichten nicht unter das Tatbestandsmerkmal *„Erklärungs- oder Anzeigepflichten"* subsumiert werden konnten; anders nach geltendem Recht. Ab 1. 1. 1977 können Zuwiderhandlungen gegen verbrauchsteuerliche Buchführungs- und Aufzeichnungsvorschriften nur noch nach der Spezialvorschrift des § 381 I Nr. 1 AO geahndet werden (aM *Kühn/Kutter* 2b, bb zu § 379 AO). Es bedarf also auch insoweit einer Rückverweisung (s. Rdnr. 8; vgl. auch *Gast-de Haan* DB 1977, 1290). Der Grundsatz der Spezialität gilt auch dann, wenn im Einzelfall eine Verweisung fehlt. Durch ÄndV v. 21. 4. 1977 (BGBl. I 602) sind die Rückverweisungskataloge in den Verbrauchsteuergesetzen und den dazu ergangenen RechtsVOen der neuen Rechtslage angepaßt worden (s. Rdnr. 16). Die neuen Vorschriften sind aber erst am 1. 5. 1977 in Kraft getreten (Art. 10 ÄndV); das bedeutet, daß zB ein Schaumweinhersteller, der Betriebs- und Ausgangslagerbuch (§ 18 SchaumwStDB) nicht oder nicht ordentlich führt, für die Zeit bis zum 30. 4. 1977 nicht mehr belangt werden kann. § 381 I Nr. 1 AO gilt auch für Handlungen, die vor dem 1. 1. 1977 beendet wurden (§ 377 II AO, § 4 III OWiG); denn wegen des Rückverweisungsvorbehalts und wegen der

kürzeren Verjährungsfrist ist § 381 I Nr. 1 AO gegenüber § 379 I Nr. 2 AO das mildere Gesetz (vgl. dazu *Göhler* 4 A zu § 4 OWiG).

b) Pflichten und Beschränkungen iS des § 381 I Nr. 2 AO

11 **Der Wortlaut des § 381 I Nr. 2 AO** im Verhältnis zu Nr. 1 legt den Schluß nahe, daß es bei Nr. 2 nicht darauf ankommt, ob die dort erwähnten Pflichten und Beschränkungen im Interesse der Besteuerung normiert worden sind. Das gilt um so mehr seit der weiten Fassung des § 381 I Nr. 1 AO (s. Rdnr. 1, 10). Würde für die Anwendung des § 381 I Nr. 2 AO auf die Verletzung zB einer Kennzeichnungspflicht *über den Wortlaut der Vorschrift hinaus* zusätzlich verlangt, daß die verletzte Pflicht der Vorbereitung, Sicherung oder Nachprüfung der Besteuerung dient, so könnte die Handlung nach der allgemeinen Vorschrift des § 381 I Nr. 1 AO geahndet werden. Wenn aber der Gesetzgeber den Begriff *„Erklärungs- und Anzeigepflichten"* iS des § 407 I Nr. 1 RAO durch den allgemeinen Begriff *„Pflichten"* ersetzt und gleichzeitig den Wortlaut des § 407 I Nr. 2 RAO in § 381 I Nr. 2 AO unverändert übernommen hat, so scheint er damit zum Ausdruck gebracht zu haben, daß er Ordnungswidrigkeiten iS des § 381 I Nr. 2 AO wesensmäßig nicht als Steuerverfehlungen aufgefaßt wissen wollte. Andererseits ist jedoch zu bedenken, daß Verstöße gegen Verkehrsbeschränkungen und Kennzeichnungspflichten iS des § 10 BierStG, die offensichtlich nur lebensmittelrechtlichen Zwecken dienen, nicht in den Rückverweisungskatalog des § 18 BierStG oder § 96 BierStDB (Rdnr. 16), sondern in die allgemeine Bußgeldvorschrift des § 18 BierStG aufgenommen worden sind. Im Gegensatz dazu sind Zuwiderhandlungen gegen die Vorschriften über die Verwendung von Steuerzeichen gem. § 6 TabStG sowie gegen bestimmte Verpackungsvorschriften (§ 16 TabStG) gewöhnliche Ordnungswidrigkeiten (§ 33 I Nr. 2, 3a TabStG) und keine *Steuer*ordnungswidrigkeit iS des § 34 TabStG. Etwaige Intentionen des Gesetzgebers sind somit nicht durchschaubar. Im Interesse der Rechtssicherheit und Rechtsklarheit muß der Gesetzeswortlaut entscheidend sein. Es braucht daher im Rahmen des § 381 I Nr. 2 AO nicht geprüft zu werden, ob es sich wesensmäßig um eine Zuwiderhandlung gegen steuerliche Pflichten handelt.

12 **Der objektive Tatbestand des § 381 I Nr. 2 AO** bezieht sich nur auf die Verletzung von Verpackungs- und Kennzeichnungsvorschriften sowie auf Verkehrs- und Verwendungsbeschränkungen für verbrauchsteuerpflichtige Erzeugnisse und Waren, die solche Erzeugnisse enthalten; jedoch nicht auf Rohstoffe, die selbst nicht verbrauchsteuerpflichtig sind. Das In-Verkehr-Bringen von Zubereitungen, die zur Herstellung von Bier bestimmt sind, ist zB keine Verkehrsbeschränkung iS des § 381 I Nr. 2 AO; es wird daher mit Recht nicht in § 19 BierStG, sondern als gewöhnliche Ordnungswidrigkeit in § 18 I Nr. 5 BierStG angeführt.

13 **Einer Aufzählung der Verpackungs- und Kennzeichnungsvorschriften** sowie der Verkehrs- und Verwendungsbeschränkungen bedarf es an dieser Stelle nicht, da die bestehenden Rückverweisungskataloge (s. Rdnr. 16) die Ahndbarkeit abschließend regeln.

c) Verbrauch unversteuerter Waren in Freihäfen (§ 381 I Nr. 3 AO)

14 **Freihäfen sind Zollfreigebiete** (§ 2 III Nr. 3, §§ 59–66, 86 ZollG), die als solche nicht zum Erhebungsgebiet der Verbrauchsteuern gehören (zB § 2 I TabStG, § 1 I ZuckStG, § 1 I SalzStG, § 1 BierStG, § 1 III KaffeeStG, § 1 III TeeStG). Deshalb entsteht in diesen Gebieten keine Steuerschuld. Der Verbrauch unversteuerter Waren in Freihäfen ist regelmäßig (s. Rdnr. 16) verboten. Waren sind *„unversteuert"* iS des § 381 I Nr. 3 AO und der dieses Blankett ausfüllenden Vorschriften, wenn sie im Falle der Einfuhr abgabenpflichtig sind oder wenn für sie anläßlich der Ausfuhr in den Freihafen Abgaben erlassen, erstattet oder vergütet worden sind. Das folgt bereits aus § 63 ZollG, der sinngemäß für alle Eingangsabgaben gilt (vgl. die allgemeinen Verweisungen in den Verbrauchsteuergesetzen sowie § 1 III ZollG). Die ausdrücklich normierten Ausnahmen von den gesetzlichen Verboten (s. Rdnr. 16) sind daher überflüssig. Ist eine Ware bei der Einfuhr in das Erhebungsgebiet von der Steuer befreit (zB § 8 I u. II ZuckStG, §§ 1 ff. ZuckStBefrO), so darf sie unter den gleichen Voraussetzungen im Freihafen verbraucht werden (allgemein zB Schiffsvorrat).

15 **Über den Verbrauch von unversteuertem Kaffee und Tee** s. Rdnr. 22. Rückverweisungen s. Rdnr. 16.

d) Rückverweisungskatalog

16 **Im einzelnen normieren die Verbrauchsteuergesetze** und die dazu ergangenen RechtsVOen folgende Verweisungen (soweit noch auf § 407 RAO verwiesen wird, tritt gem. Art. 98 EGAO an dessen Stelle § 381 AO):

§ 19 BierStG[1]

Eine Ordnungswidrigkeit im Sinne des § 381 der Abgabenordnung begeht, wer vorsätzlich oder leichtfertig

1. **entgegen § 12 Abs. 3 Satz 1 Bier in nicht genußfertigem Zustand aus der Brauerei entfernt oder**
2. **eine nach § 13 vorgeschriebene Anzeige über die Erlangung des Besitzes an einer Brauerei nicht oder nicht rechtzeitig erstattet.**

§ 97 BierStDB[2]

Ordnungswidrigkeiten

(1) **Ordnungswidrig im Sinne des § 381 Abs. 1 Nr. 1 der Abgabenordnung handelt, wer vorsätzlich oder leichtfertig**

1. **einer Pflicht nach § 5 Abs. 2 Satz 1, § 14 Abs. 2, Abs. 3 Satz 2 oder Abs. 4 Satz 2, § 15 Abs. 2 Satz 1 oder 2, § 31 Satz 1, § 36 Abs. 1 Satz 2, § 51 Abs. 1 oder 2, § 61 Abs. 1 Satz 4 oder Abs. 4 Satz 1, § 61a oder § 65 Satz 2, auch in Verbindung mit § 95 Abs. 1, zuwiderhandelt,**

---

[1] eingefügt durch das 2. AOStrafÄndG v. 12. 8. 1968 (BGBl. I 953); in Kraft seit 1. 10. 1968; geänd. durch Art. 25 Nr. 13 EGAO v. 14. 12. 1976 (BGBl. I 3341, 3357).

[2] als § 96 eingefügt durch 2. ÄndV v. 5. 12. 1969 (BGBl. I 2169); in Kraft seit 1. 1. 1970; umbenannt und geänd. durch 3. ÄndV v. 22. 10. 1973 (BGBl. I 1505); neugefaßt durch 4. ÄndV v. 18. 5. 1977 (BGBl. I 752); in Kraft seit 26. 5. 1977.

2. einer Meldepflicht nach § 12 Abs. 3 Satz 2, auch in Verbindung mit § 95 Abs. 1, § 54 Abs. 2 Satz 1 oder § 69 Abs. 2 Satz 1 zuwiderhandelt,
3. der Vorschrift des § 14 Abs. 1 Satz 1, auch in Verbindung mit § 95 Abs. 1, über das Verfahren bei der Ausfuhr zuwiderhandelt,
4. einer Anzeigepflicht nach § 15 Abs. 4 Satz 2, § 34, § 35 Satz 1, § 62 Abs. 1 Satz 1, Abs. 2 oder Abs. 3 Satz 3, auch in Verbindung mit § 95 Abs. 1, zuwiderhandelt oder entgegen § 54 Abs. 1 auf Verlangen Tag und Stunde der jeweiligen Einmaischung nicht anzeigt,
5. einer Vorschrift des § 33 Abs. 1, auch in Verbindung mit § 95 Abs. 1, über die Anmeldung des Betriebes zuwiderhandelt oder entgegen § 33 Abs. 2 Satz 2, auch in Verbindung mit § 95 Abs. 1, auf Verlangen weitere Angaben nicht macht oder Auszüge nicht vorlegt,
6. den Vorschriften über die Führung des Sudbuches oder des Biersteuerbuches nach § 61 Abs. 1 Satz 1, 2 oder 3, Abs. 2 Satz 1 oder Abs. 3 Satz 1, auch in Verbindung mit § 95 Abs. 1, oder den Vorschriften über die Führung oder Vorlage des Abfindungsbuches nach § 69 Abs. 3 zuwiderhandelt,
7. einer Vorschrift des § 66 Abs. 1 Satz 1, 2 oder 4 oder Abs. 2 Satz 2, auch in Verbindung mit § 95 Abs. 1, über die Bestandsanmeldung oder über die Anzeige des Zeitpunkts einer Bestandsaufnahme zuwiderhandelt.

(2) Ordnungswidrig im Sinne des § 381 Abs. 1 Nr. 2 der Abgabenordnung handelt, wer vorsätzlich oder leichtfertig
1. den Inhalt von Sendungen mit unversteuertem Bier oder mit unversteuerten bierähnlichen Getränken, die ausgeführt werden sollen, entgegen § 14 Abs. 3 Satz 1 oder Abs. 4 Satz 1, auch in Verbindung mit § 95 Abs. 1, nicht vorschriftsmäßig als verbrauchsteuerpflichtige Ware kennzeichnet,
2. der Vorschrift des § 68 Satz 2, auch in Verbindung mit § 95 Abs. 1, zuwiderhandelt.

(3) Ordnungswidrig im Sinne des § 381 Abs. 1 Nr. 3 der Abgabenordnung handelt, wer vorsätzlich oder leichtfertig entgegen § 4 oder § 95 Abs. 1 unversteuertes Bier oder unversteuerte bierähnliche Getränke in einem Freihafen verbraucht.

§ 29b LeuchtmStDB[1]

Ordnungswidrigkeiten

(1) Ordnungswidrig im Sinne des § 381 Abs. 1 Nr. 1 der Abgabenordnung handelt, wer vorsätzlich oder leichtfertig
1. der Vorschrift des § 7 Abs. 1 Satz 1 über das Verfahren bei der Ausfuhr zuwiderhandelt,
2. einer Pflicht nach § 7 Abs. 2, Absatz 3 Satz 2 oder Absatz 4 Satz 2, § 8 Abs. 2 oder 3 Satz 2, § 10 Abs. 1 oder 2 Satz 2, § 11 Abs. 2 Satz 2 oder Absatz 4, § 14 Abs. 1 oder 2 Satz 1, § 15 Abs. 4 Satz 2, § 20 Abs. 1 Satz 1, Absatz 2 Satz 2 oder Absatz 3, § 22 oder § 27 Abs. 1 Satz 1 oder Absatz 2 Satz 1 zuwiderhandelt,
3. einer Vorschrift des § 8 Abs. 4 Satz 2 über die Anmeldung des Betriebes oder des § 15 Abs. 1 über die Anmeldung des Herstellungsbetriebes zuwiderhan-

[1] als § 29a eingefügt durch 2. ÄndV v. 28. 4. 1971 (BGBl. I 380); in Kraft seit 1. 5. 1971; geänd durch 3. ÄndV v. 21. 8. 1974 (BGBl. I 2072); in Kraft seit 1. 9. 1974; neugefaßt durch ÄndV v. 21. 4. 1977 (BGBl. I 602); in Kraft seit 1. 5. 1977.

delt oder entgegen § 15 Abs. 3 Satz 2 auf Verlangen weitere Angaben nicht macht oder Auszüge nicht vorlegt,

4. einer Anzeigepflicht nach § 15 Abs. 2, § 16, § 17 Abs. 1, § 23 Abs. 1, § 24 Satz 1 oder § 25 Abs. 1 Satz 2 zuwiderhandelt,

5. einer Pflicht zur Führung des Ausgangslagerbuches nach § 21 Abs. 1 Satz 1, 2 oder 4 zuwiderhandelt,

6. einer Vorschrift des § 28 Abs. 1 Satz 1 oder 5 oder Absatz 2 Satz 2 über die Bestandsanmeldung oder über die Anzeige des Zeitpunkts einer Bestandsaufnahme zuwiderhandelt.

(2) **Ordnungswidrig im Sinne des § 381 Abs. 1 Nr. 2 der Abgabenordnung handelt, wer vorsätzlich oder leichtfertig**

1. den Inhalt von Sendungen mit unversteuerten Leuchtmitteln, die ausgeführt werden sollen, entgegen § 7 Abs. 3 Satz 1 oder Absatz 4 Satz 1 nicht vorschriftsmäßig als verbrauchsteuerpflichtige Ware kennzeichnet,

2. einer Vorschrift des § 25 Abs. 1 Satz 1 oder Absatz 2 über die Kennzeichnung oder Verpackung von Leuchtmitteln zuwiderhandelt.

(3) **Ordnungswidrig im Sinne des § 381 Abs. 1 Nr. 3 der Abgabenordnung handelt, wer vorsätzlich oder leichtfertig entgegen § 29a Satz 1 Leuchtmittel in einem Freihafen unversteuert verbraucht.**

§ 14 MinöStG[1]

Ordnungswidrigkeiten

§ 14

(1) **Ordnungswidrig im Sinne des § 381 Abs. 1 Nr. 1 der Abgabenordnung handelt, wer vorsätzlich oder leichtfertig entgegen § 5 die Steuererklärung nicht, nicht richtig, nicht vollständig oder nicht rechtzeitig abgibt.**

(2) **Ordnungswidrig im Sinne des § 381 Abs. 1 Nr. 2 der Abgabenordnung handelt, wer vorsätzlich oder leichtfertig**

1. entgegen § 12 Abs. 1 Satz 1 rohes Erdöl an andere als die dort bezeichneten Betriebe abgibt,

2. entgegen § 12 Abs. 4 Satz 1 mineralölhaltige Waren als Treib- oder Schmierstoff oder zur Herstellung solcher Stoffe verwendet,

3. entgegen § 12 Abs. 5 Satz 1 Zubereitungen aus der Nummer 27.10 oder Waren der Nummer 36.08 des Zolltarifs verheizt,

4. entgegen § 12 Abs. 7 Gasöl oder Mineralöl, das in § 8 Abs. 2 angeführte Kennzeichnungsstoffe enthält, mit nicht gekennzeichnetem Mineralöl mischt oder es als Kraftstoff bereithält, abgibt, mitführt oder verwendet oder Kennzeichnungsstoffe entfernt oder in ihrer Wirksamkeit beeinträchtigt,

5. entgegen § 12 Abs. 8 Satz 1 Gasöl oder Mineralöl, das in § 8 Abs. 2 angeführte Kennzeichnungsstoffe oder andere rotfärbende Stoffe enthält, einführt oder in Verkehr bringt.

(3) **Ordnungswidrig im Sinne des § 381 Abs. 1 Nr. 3 der Abgabenordnung handelt, wer vorsätzlich oder leichtfertig entgegen § 4 unversteuertes Mineral-**

---

[1] Neugefaßt durch ÄndG v. 19. 3. 1975 (BGBl. I 721); § 14 II Nr. 1–3 MinöStG in Kraft seit 23. 3. 1975, Nr. 4 u. 5 in Kraft sei 1. 4. 1976; geänd. durch Art. 32 Nr. 8 EGAO v. 14. 12. 1976 (BGBl. I 3341, 3362).

öl als Treib-, Heiz- oder Schmierstoff oder nach § 8 Abs. 2 steuerbegünstigtes Mineralöl als Treib- oder Schmierstoff in einem Freihafen verbraucht.

§ 49 MinöStDV[1]

Ordnungswidrigkeiten

(1) **Ordnungswidrig im Sinne des *§ 407 Abs. 1 Nr. 1 der Reichsabgabenordnung* handelt, wer vorsätzlich oder leichtfertig**

1. **entgegen § 40 Abs. 1, § 43 Abs. 1, 5, § 44 Abs. 1 Satz 1 oder § 45 Abs. 1 die gewerbsmäßige Herstellung, Gewinnung, Lagerung oder Verwendung oder den gewerbsmäßigen Vertrieb oder Transport von unbearbeitetem Erdöl oder Mineralöl oder Einrichtungen für die Eigenversorgung mit Dieselkraftstoff nicht, nicht richtig, nicht vollständig oder nicht rechtzeitig anmeldet,**
2. **entgegen § 21 Abs. 10, § 31 Abs. 8 Satz 1, § 39 Abs. 4 Satz 3, Abs. 6, § 42 Abs. 8 Satz 1, Satz 4 oder Abs. 10, § 43 Abs. 2 Satz 1, Abs. 5, § 44 Abs. 2 oder § 45 Abs. 2 die Einstellung oder Wiederaufnahme des Betriebes oder eine Änderung der Verhältnisse nicht, nicht richtig oder nicht rechtzeitig anzeigt,**
3. **entgegen § 20 Abs. 7, § 31 Abs. 9 Satz 1 oder Abs. 10, § 42 Abs. 9 Satz 1, § 43 Abs. 2 Satz 2, Abs. 5 oder § 44 Abs. 2 die Nachfolge im Besitz, die Rechtsnachfolge, den Auflösungsbeschluß oder die Konkurseröffnung nicht oder nicht rechtzeitig anzeigt,**
4. **entgegen § 31 Abs. 7 oder § 42 Abs. 7 für die Steueraufsicht wichtige Vorgänge nicht anmeldet,**
5. **entgegen § 21 Abs. 3, § 31 Abs. 1 oder entgegen § 39 Abs. 4 Satz 2, Abs. 6 oder entgegen § 42 Abs. 1 oder § 44 Abs. 3 das Belegheft nicht oder nicht vollständig führt,**
6. **entgegen § 21 Abs. 4 Satz 2, § 25 Abs. 2 Satz 4, § 31 Abs. 2 Satz 2, § 42 Abs. 2 Satz 2 oder § 45 Abs. 4 Anschreibungen nicht oder nicht vollständig führt,**
7. **entgegen § 9 Abs. 4 Nr. 1, Abs. 6, § 27 Abs. 2 Satz 3 oder § 36 Abs. 10 Satz 1 oder entgegen § 23 Abs. 8, auch in Verbindung mit § 24 Abs. 2 Satz 2 oder § 46 Abs. 2, Mineralöl, für das die Steuerschuld unbedingt geworden ist, nicht, nicht richtig oder nicht rechtzeitig zur Steuerfestsetzung anmeldet,**
8. **entgegen § 9 Abs. 4 Nr. 1, Abs. 5, 6 oder § 36 Abs. 10 Satz 1, Abs. 11 oder entgegen § 46 Abs. 3 Satz 1 Additives oder andere mineralölhaltige Waren, für welche die Anteilsteuerschuld unbedingt entstanden oder geworden ist, nicht, nicht richtig oder nicht rechtzeitig zur Steuerfestsetzung anmeldet,**
9. **entgegen § 21 Abs. 6 die verbrauchten oder abgegebenen Mineralölmengen trotz Anforderung nicht, nicht richtig oder nicht rechtzeitig anmeldet,**
10. **entgegen § 21 Abs. 8 Verluste an Mineralöl nicht, nicht richtig oder nicht rechtzeitig anzeigt,**
11. **entgegen § 21 Abs. 7 Satz 1, 2, § 31 Abs. 4 Satz 1, Abs. 5 Satz 2, § 42 Abs. 4 Satz 1, Abs. 5 Satz 2 Anschreibungen nicht aufrechnet oder den Bestand an Mineralölen nicht, nicht richtig oder nicht rechtzeitig anmeldet,**

---

[1] eingefügt als § 47 durch 15. ÄndV v. 16. 12. 1974 (BGBl. I 3521); in Kraft seit 1. 1. 1975, umbenannt in § 49 und geänd. durch 16. ÄndV v. 21. 7. 1976 (BGBl. I 1862).

12. entgegen § 12 Abs. 1 Satz 1, Abs. 4, auch in Verbindung mit § 22 Abs. 1 Satz 2, Abs. 5 Satz 4, § 24 Abs. 2 Satz 2, § 33 Abs. 1 Satz 2, Abs. 2 Satz 3, § 35 Abs. 2, § 43 Abs. 4, 5 oder § 46 Abs. 2, oder entgegen § 14 Abs. 1, 4, auch in Verbindung mit Abs. 5 Satz 3, § 33 Abs. 1 Satz 2 oder Abs. 2 Satz 3, die Versendung von Mineralöl oder von Additives nicht, nicht richtig, nicht rechtzeitig oder nicht in der vorgeschriebenen Weise anmeldet,

13. entgegen § 22 Abs. 2 Satz 3, § 24 Abs. 2 Satz 2 eine Lieferung nicht, nicht richtig oder nicht rechtzeitig im Erlaubnisschein einträgt,

14. entgegen § 21 Abs. 4 Satz 4, § 31 Abs. 3 oder § 42 Abs. 3 Empfangsbescheinigungen oder zugelassene Versandpapiere trotz Anforderung nicht, nicht vollständig oder nicht rechtzeitig zusammenstellt oder vorlegt,

15. entgegen § 19 Abs. 3 Satz 1 den Verlust des Erlaubnisscheins nicht oder nicht rechtzeitig anzeigt.

(2) **Ordnungswidrig im Sinne des *§ 407 Abs. 1 Nr. 2 der Reichsabgabenordnung* handelt, wer vorsätzlich oder leichtfertig**

1. entgegen § 41 Abs. 4 Mineralöl in nicht angemeldeten Betriebsanlagen herstellt, in nicht zugelassenen Lagerstätten aufbewahrt oder an nicht zugelassenen Zapfstellen entnimmt,

2. entgegen § 22 Abs. 4 Satz 1 steuerbegünstigtes Mineralöl nicht oder nicht rechtzeitig in das Mineralölempfangslager aufnimmt oder dort nicht getrennt lagert,

3. entgegen § 22 Abs. 2 Satz 1 steuerbegünstigtes Mineralöl ohne Vorlage des Erlaubnisscheins liefert,

4. entgegen § 46 Abs. 2 Satz 1 oder § 46 Abs. 3 auf die Verwendungsbeschränkung mineralölhaltiger Waren nicht oder nicht in der vorgeschriebenen Weise hinweist,

5. entgegen § 10 Abs. 3 Satz 1, Abs. 7 oder § 35 Abs. 2 Beförderungspapiere nicht oder nicht in der vorgeschriebenen Weise kennzeichnet,

6. entgegen § 44 Abs. 5 unbearbeitetes Erdöl an nicht zum Bezug Berechtigte abgibt.

§ 22b SalzStDB[1]

Ordnungswidrigkeiten

(1) **Ordnungswidrig im Sinne des § 381 Abs. 1 Nr. 1 der Abgabenordnung handelt, wer vorsätzlich oder leichtfertig**

1. der Vorschrift des § 8 Abs. 1 Satz 1 über das Verfahren bei der Ausfuhr zuwiderhandelt,

2. einer Pflicht nach § 8 Abs. 2, Absatz 3 Satz 2 oder Absatz 4 Satz 2, § 10 Abs. 1 Satz 1, 2, 3 oder 5 oder Absatz 2 Satz 2, § 10a Abs. 2 Satz 2 oder Absatz 4, § 12 Abs. 1, § 13 Abs. 3 Satz 2, § 17 Abs. 1 Satz 2, § 18 Abs. 1 Satz 4, § 19 oder § 20 Satz 1 zuwiderhandelt,

3. einer Pflicht zur Führung des Ausfuhrlagerbuches nach § 9 Abs. 2 Satz 3 oder des Salzsteuerbuches nach § 18 Abs. 1 Satz 1 oder 2 zuwiderhandelt,

4. einer Vorschrift des § 13 Abs. 1 über die Anmeldung des Herstellungsbetriebes, von Solquellen oder Solbrunnen zuwiderhandelt oder entgegen § 13

[1] eingefügt durch 2. ÄndV v. 26. 8. 1974 (BGBl. I 2093); in Kraft seit 1. 9. 1974; neugefaßt durch ÄndV v. 21. 4. 1977 (BGBl. I 602); in Kraft seit 1. 5. 1977.

Abs. 2 Satz 2 auf Verlangen weitere Angaben nicht macht oder Auszüge nicht vorlegt,

5. einer Anzeigepflicht nach § 14 oder § 15 Abs. 1 zuwiderhandelt,

6. einer Vorschrift des § 21 Abs. 1 Satz 1 oder 5 oder Absatz 3 Satz 2 über die Bestandsanmeldung oder über die Anzeige des Zeitpunkts einer Bestandsaufnahme zuwiderhandelt.

(2) **Ordnungswidrig im Sinne des § 381 Abs. 1 Nr. 2 der Abgabenordnung handelt, wer vorsätzlich oder leichtfertig den Inhalt von Sendungen mit unversteuertem Salz, das ausgeführt werden soll, entgegen § 8 Abs. 3 Satz 1 oder Absatz 4 Satz 1 nicht vorschriftsmäßig als verbrauchsteuerpflichtige Ware kennzeichnet.**

(3) Ordnungswidrig im Sinne des § 381 Abs. 1 Nr. 3 der Abgabenordnung handelt, wer vorsätzlich oder leichtfertig entgegen § 22a Satz 1 Salz in einem Freihafen unversteuert verbraucht.

§ 14 SBefrO[1]

Ordnungswidrigkeiten

(1) **Ordnungswidrig im Sinne des § 381 Abs. 1 Nr. 1 der Abgabenordnung handelt, wer vorsätzlich oder leichtfertig**

1. einer Pflicht nach § 2 Abs. 5 Satz 2, § 4 Abs. 2 Satz 3 oder Absatz 4 Satz 1, § 5 Abs. 2 Satz 2, Absatz 4 Satz 1 oder Absatz 5 Satz 2, § 6 Abs. 5, § 8 Abs. 1 Satz 3, § 9 Abs. 4 Satz 1, § 10 Abs. 2 Satz 1, 2, 4 oder 5 oder § 13 Abs. 3 Satz 2 oder 3 zuwiderhandelt,

2. einer Anzeigepflicht nach § 4 Abs. 3 Satz 3 oder Absatz 5 Satz 1 oder § 9 Abs. 5 Satz 1 oder Absatz 6 Satz 1 zuwiderhandelt,

3. einer Pflicht zur Führung des Verwendungsbuches nach § 5 Abs. 5 Satz 1 oder des Zwischenlagerbuches nach § 10 Abs. 4 Satz 1 zuwiderhandelt,

4. als Händler nach § 11 abgepacktes Salz im Sinne des § 3 Abs. 3 bezieht, obwohl er mit sonstigem unvergällten unversteuerten Salz handelt,

5. einer Vorschrift des § 13 Abs. 2 in Verbindung mit § 21 Abs. 1 Satz 1 oder 5 oder Absatz 3 Satz 2 der Durchführungsbestimmungen über die Bestandsanmeldung oder über die Anzeige des Zeitpunkts einer Bestandsaufnahme zuwiderhandelt.

(2) **Ordnungswidrig im Sinne des § 381 Abs. 1 Nr. 2 der Abgabenordnung handelt, wer vorsätzlich oder leichtfertig Vermerke auf Verpackungen, Lieferscheinen oder Rechnungen entgegen § 3 Abs. 1 Satz 2, Absatz 2 Satz 2 oder Absatz 3 Satz 2 nicht anbringt.**

§ 23b SchaumwStDB[2]

Ordnungswidrigkeiten

(1) **Ordnungswidrig im Sinne des § 381 Abs. 1 Nr. 1 der Abgabenordnung handelt, wer vorsätzlich oder leichtfertig**

---

[1] eingefügt durch 2. ÄndV v. 26. 8. 1974 (BGBl. I 2093); in Kraft seit 1. 9. 1974; neugefaßt durch ÄndV v. 21. 4. 1977 (BGBl. I 602); in Kraft seit 1. 5. 1977.

[2] eingefügt durch 3. ÄndV v. 8. 3. 1972 (BGBl. I 426), in Kraft seit 1. 4. 1972; geänd. durch Art. I Nr. 3 der 2. VO zur Änderung von Durchführungsbestimmungen zu Verbrauchsteuergesetzen v. 17. 9. 1973 (BGBl. I 1333); in Kraft seit 1. 1. 1974; neugefaßt durch ÄndV v. 21. 4. 1977 (BGBl. I 602); in Kraft seit 1. 5. 1977.

1. Der Vorschrift des § 7 Abs. 1 Satz 1 über das Verfahren bei der Ausfuhr zuwiderhandelt,
2. einer Pflicht nach § 7 Abs. 2, Absatz 3 Satz 2 oder Absatz 4 Satz 2, § 8 Abs. 1 oder 2 Satz 2, § 9 Abs. 2 Satz 2 oder Absatz 4, § 10 Abs. 1 Satz 2, § 11 Abs. 1 oder 2 Satz 1, § 12 Abs. 3 Satz 2, § 16 Abs. 1 Satz 1, Absatz 2 Satz 2 oder Absatz 3, § 19 oder § 21 Satz 1 zuwiderhandelt,
3. einer Pflicht zur Führung des Probenbuches nach § 10 Abs. 1 Satz 1, des Betriebsbuches nach § 18 Abs. 1 oder des Ausgangslagerbuches nach § 18 Abs. 2 Satz 1, 2 oder 4 zuwiderhandelt,
4. einer Vorschrift des § 12 Abs. 1 über die Anmeldung des Herstellungsbetriebes zuwiderhandelt oder entgegen § 12 Abs. 2 Satz 2 auf Verlangen weitere Angaben nicht macht oder Auszüge nicht vorlegt,
5. einer Anzeigepflicht nach § 13 Abs. 1 Satz 1 oder Absatz 2, § 14 Abs. 1, § 20 Abs. 1 oder § 20a Satz 1 zuwiderhandelt,
6. einer Vorschrift des § 22 Abs. 1 Satz 1, 2 oder 6 oder Absatz 3 Satz 2 über die Bestandsanmeldung oder über die Anzeige des Zeitpunkts einer Bestandsaufnahme zuwiderhandelt.

(2) Ordnungswidrig im Sinne des § 381 Abs. 1 Nr. 2 der Abgabenordnung handelt, wer vorsätzlich oder leichtfertig den Inhalt von Sendungen mit unversteuertem Schaumwein, der ausgeführt werden soll, entgegen § 7 Abs. 3 Satz 1 oder Absatz 4 Satz 1 nicht vorschriftsmäßig als verbrauchsteuerpflichtige Ware kennzeichnet.

(3) Ordnungswidrig im Sinne des § 381 Abs. 1 Nr. 3 der Abgabenordnung handelt, wer vorsätzlich oder leichtfertig entgegen § 23a Satz 1 Schaumwein oder Waren, zu deren Herstellung unversteuerter Schaumwein verwendet worden ist, in einem Freihafen unversteuert verbraucht.

§ 24b SpielkStDB[1]

Ordnungswidrigkeiten

(1) Ordnungswidrig im Sinne des § 381 Abs. 1 Nr. 1 der Abgabenordnung handelt, wer vorsätzlich oder leichtfertig
1. der Vorschrift des § 7 Abs. 1 Satz 1 über das Verfahren bei der Ausfuhr zuwiderhandelt,
2. einer Pflicht nach § 7 Abs. 2, Absatz 3 Satz 2 oder Absatz 4 Satz 2, § 9 Abs. 1 oder 2 Satz 2, § 10 Abs. 2 Satz 2 oder Absatz 4, § 11 Abs. 1 oder 2 Satz 1, § 12 Abs. 3 Satz 2, § 16 Abs. 1 Satz 1, Absatz 2 Satz 2 oder Absatz 3, § 17 Abs. 2 Satz 1, § 18 oder § 20 Abs. 1 Satz 1 oder Absatz 2 Satz 1 zuwiderhandelt,
3. einer Vorschrift des § 12 Abs. 1 über die Anmeldung des Herstellungsbetriebes zuwiderhandelt oder entgegen § 12 Abs. 2 Satz 2 auf Verlangen weitere Angaben nicht macht oder Auszüge nicht vorlegt,
4. einer Anzeigepflicht nach § 13, § 14 Abs. 1, § 19 Abs. 1, § 19a Satz 1, § 22 Abs. 1 Satz 1 oder 3, auch in Verbindung mit § 13 Abs. 1, oder § 24 Abs. 1 Satz 4 zuwiderhandelt,
5. einer Pflicht zur Führung des Ausgangslagerbuches nach § 17 Abs. 1 Satz 1, 2 oder 4 zuwiderhandelt,

---

[1] eingefügt durch 2. ÄndV v. 24. 6. 1974 (BGBl. I 1341); in Kraft seit 30. 6. 1974; neugefaßt durch ÄndV v. 21. 4. 1977 (BGBl. I 602); in Kraft seit 1. 5. 1977.

6. einer Vorschrift des § 21 Abs. 1 Satz 1 oder 5 oder Absatz 2 Satz 2 über die Bestandsanmeldung oder über die Anzeige des Zeitpunkts einer Bestandsaufnahme zuwiderhandelt.

(2) Ordnungswidrig im Sinne des § 381 Abs. 1 Nr. 2 der Abgabenordnung handelt, wer vorsätzlich oder leichtfertig

1. den Inhalt von Sendungen mit unversteuerten Spielkarten, die ausgeführt werden sollen, entgegen § 7 Abs. 3 Satz 1 oder Absatz 4 Satz 1 nicht vorschriftsmäßig als verbrauchsteuerpflichtige Ware kennzeichnet,
2. einer Vorschrift des § 24 Abs. 1 Satz 1 oder 2 über die Kennzeichnung oder Verpackung von Spielkarten zuwiderhandelt.

(3) Ordnungswidrig im Sinne des § 381 Abs. 1 Nr. 3 der Abgabenordnung handelt, wer vorsätzlich oder leichtfertig entgegen § 24a Satz 1 Spielkarten in einem Freihafen unversteuert gebraucht.

§ 34 TabStG[1]

Eine Ordnungswidrigkeit im Sinne des § 381 der Abgabenordnung begeht, wer vorsätzlich oder leichtfertig

1. entgegen § 9 Satz 2 oder 3 Kleinverkaufspackungen mit Tabakerzeugnissen oder entgegen § 9 Satz 2 oder 3, § 12 Abs. 2 Kleinverkaufspackungen mit Zigarettenhüllen in den Verkehr bringt, die auch einen anderen Gegenstand enthalten oder denen ein anderer Gegenstand außen beigepackt ist;
2. entgegen § 20 Abs. 1 unversteuerte Tabakerzeugnisse oder Zigarettenhüllen in Freihäfen verbraucht;
3. gegen eine Vorschrift des § 23 über Verkehrsbeschränkungen für Rohtabak verstößt;
4. gegen eine Vorschrift des § 26 Abs. 2 über Verkehrsbeschränkungen für Zigarettenpapier verstößt.

§ 38 TabStDB[2]

Ordnungswidrigkeiten

(1) Ordnungswidrig im Sinne des § 381 Abs. 1 Nr. 1 der Abgabenordnung handelt, wer vorsätzlich oder leichtfertig

1. einer Vorschrift des § 5 Satz 1 über die Ausfertigung eines Empfangscheins als Empfänger
   a) von unversteuerten Tabakerzeugnissen,
   b) von eingeführten unversteuerten Tabakerzeugnissen (§ 20 Abs. 3 Satz 2),
   c) von unversteuerten Zigarettenhüllen (§ 23 Abs. 2),
   d) von Rohtabak (§ 29 Abs. 2) oder
   e) von Zigarettenpapier (§ 30 Abs. 2),
2. einer Vorschrift des § 32 Abs. 1, 2 oder 3 über die Anmeldung einer gewerblichen Tätigkeit zuwiderhandelt,
3. einer Pflicht nach § 32 Abs. 4 Satz 2 zuwiderhandelt,
4. einer Vorschrift des § 33 über die Anzeige einer Änderung zuwiderhandelt,

---

[1] idF v. 1. 9. 1972 (BGBl. I 1633), geänd. durch Art. 20 Nr. 16 EGAO v. 14. 12. 1976 (BGBl. I 3341, 3354).
[2] idF v. 1. 9. 1972 (BGBl. I 1645), geänd. durch Art. 8 Nr. 2 der 2. VO zur Änderung von Durchführungsbestimmungen zu Verbrauchsteuergesetzen v. 17. 9. 1973 (BGBl. I 1333); in Kraft seit 1. 1. 1974, geänd. durch 16. ÄndV v. 14. 3. 1977 (BGBl. I 463).

5. einer Vorschrift des § 34 Satz 1 über die Anmeldung des Vernichtens, Vergällens oder Aufreißens zuwiderhandelt,

6. einer Vorschrift des § 35 Abs. 1 Satz 1 oder Abs. 3 über die Führung von Büchern zuwiderhandelt,

7. einer Pflicht nach § 35 Abs. 1 Satz 2 oder Abs. 2 zuwiderhandelt,

8. entgegen § 37 Abs. 1 Satz 1 oder 2 seine Bestände nicht jährlich aufnimmt oder den Zeitpunkt der Bestandsaufnahme oder ihr Ergebnis nicht rechtzeitig anmeldet.

(2) **Ordnungswidrig im Sinne des § 381 Abs. 1 Nr. 2 der Abgabenordnung handelt, wer vorsätzlich oder leichtfertig**

1. entgegen § 18 Abs. 1 oder 2 Tabakerzeugnisse oder entgegen § 23 Abs. 2, § 18 Abs. 1 Zigarettenhüllen nicht vorschriftsmäßig verpackt,

2. einer Vorschrift des § 18 Abs. 3 oder des § 23 Abs. 1 Satz 3 über den Inhalt der Packungen zuwiderhandelt,

3. entgegen § 18 Abs. 5 eine Packung mit Tabakerzeugnissen oder entgegen § 23 Abs. 2, § 18 Abs. 5 eine Packung mit Zigarettenhüllen nicht vorschriftsmäßig bezeichnet,

4. entgegen § 25 Abs. 3 Satz 1 oder 2 eine Deputatpackung nicht vorschriftsmäßig kennzeichnet.

§ 26b **ZuckStDB**[1]

Ordnungswidrigkeiten

(1) **Ordnungswidrig im Sinne des § 381 Abs. 1 Nr. 1 der Abgabenordnung handelt, wer vorsätzlich oder leichtfertig**

1. der Vorschrift des § 9 Abs. 1 Satz 1 über das Verfahren bei der Ausfuhr zuwiderhandelt,

2. einer Pflicht nach § 9 Abs. 2, Absatz 3 Satz 2 oder Absatz 4 Satz 2, § 11 Abs. 1 Satz 1, 2, 3 oder 5 oder Absatz 2 Satz 2, § 12 Abs. 2 Satz 2 oder Absatz 4, § 12a, § 16 Abs. 1, § 17 Abs. 3 Satz 2, § 21 Abs. 1 Satz 2, § 22 Abs. 1 Satz 4 oder 5, § 23 oder § 24 Satz 1 zuwiderhandelt,

3. einer Pflicht zur Führung des Ausfuhrlagerbuches nach § 10 Abs. 2 Satz 3, des Interventionslagerbuches nach § 12b Abs. 3 Satz 1 oder des Zuckersteuerbuches nach § 22 Abs. 1 Satz 1 oder 2 zuwiderhandelt,

4. einer Vorschrift des § 12b Abs. 1 über die Anmeldung und Abmeldung des Interventionslagers oder des § 17 Abs. 1 über die Anmeldung des Herstellungsbetriebes zuwiderhandelt oder entgegen § 17 Abs. 2 Satz 2 auf Verlangen weitere Angaben nicht macht oder Auszüge nicht vorlegt,

5. einer Anzeigepflicht nach § 18 oder § 19 Abs. 1 zuwiderhandelt,

6. einer Vorschrift des § 25 Abs. 1 Satz 1, 2 oder 6 oder Absatz 3 Satz 2 über die Bestandsanmeldung oder über die Anzeige des Zeitpunkts einer Bestandsaufnahme zuwiderhandelt.

(2) **Ordnungswidrig im Sinne des § 381 Abs. 1 Nr. 2 der Abgabenordnung handelt, wer vorsätzlich oder leichtfertig den Inhalt von Sendungen mit unversteuertem Zucker, der ausgeführt werden soll, entgegen § 9 Abs. 3 Satz 1 oder**

---

[1] eingefügt als § 26a durch 6. ÄndV v. 8. 7. 1970 (BGBl. I 1042); in Kraft seit 1. 8. 1970, umbenannt und neugefaßt durch ÄndV v. 21. 4. 1977 (BGBl. I 602); in Kraft seit 1. 5. 1977.

Absatz 4 Satz 1 nicht vorschriftsmäßig als verbrauchsteuerpflichtige Ware kennzeichnet.

(3) Ordnungswidrig im Sinne des § 381 Abs. 1 Nr. 3 der Abgabenordnung handelt, wer vorsätzlich oder leichtfertig entgegen § 26a Satz 1 Zucker oder Waren, bei deren Ausfuhr die Steuer für den bei ihrer Herstellung verwendeten Zucker erlassen oder vergütet worden ist, in einem Freihafen unversteuert verbraucht.

§ 14 ZuckStBefrO[1]

Ordnungswidrigkeiten

(1) **Ordnungswidrig im Sinne des § 381 Abs. 1 Nr. 1 der Abgabenordnung handelt, wer vorsätzlich oder leichtfertig**

1. **einer Pflicht nach § 2 Abs. 5 Satz 2, § 4 Abs. 2 Satz 3 oder Absatz 4 Satz 1, § 5 Abs. 2 Satz 2, Absatz 4 Satz 1 oder Absatz 5 Satz 2, § 6 Abs. 5, § 11 Abs. 1 Satz 3 oder 4 oder § 13 Abs. 3 Satz 2 oder 3 zuwiderhandelt,**
2. **einer Anzeigepflicht nach § 4 Abs. 3 Satz 3 oder Absatz 5 Satz 1 zuwiderhandelt,**
3. **der Pflicht zur Führung des Verwendungsbuches nach § 5 Abs. 5 Satz 1 zuwiderhandelt,**
4. **einer Vorschrift des § 13 Abs. 2 in Verbindung mit § 25 Abs. 1 Satz 1, 2 oder 6 oder Absatz 3 Satz 2 der Durchführungsbestimmungen über die Bestandsanmeldung oder über die Anzeige des Zeitpunkts einer Bestandsaufnahme zuwiderhandelt.**

(2) **Ordnungswidrig im Sinne des § 381 Abs. 1 Nr. 2 der Abgabenordnung handelt, wer vorsätzlich oder leichtfertig Vermerke auf Verpackungen, Lieferscheinen oder Rechnungen entgegen § 3 Satz 2 oder § 9 Satz 2 nicht anbringt.**

§ 23b ZündwStDB[2]

Ordnungswidrigkeiten

(1) **Ordnungswidrig im Sinne des § 381 Abs. 1 Nr. 1 der Abgabenordnung handelt, wer vorsätzlich oder leichtfertig**

1. **der Vorschrift des § 6 Abs. 1 Satz 1 über das Verfahren bei der Ausfuhr zuwiderhandelt,**
2. **einer Pflicht nach § 6 Abs. 2 oder 3 Satz 2, § 8 Abs. 1 oder 2 Satz 1, § 9 Abs. 3 Satz 2, § 13 Abs. 1 Satz 1, Absatz 2 Satz 2 oder Absatz 3, § 15 oder § 18 Abs. 1 Satz 1 oder Absatz 2 Satz 1 zuwiderhandelt,**
3. **einer Vorschrift des § 9 Abs. 1 über die Anmeldung des Herstellungsbetriebes zuwiderhandelt oder entgegen § 9 Abs. 2 Satz 2 auf Verlangen weitere Angaben nicht macht oder Auszüge nicht vorlegt,**
4. **einer Anzeigepflicht nach § 10, § 11 Abs. 1, § 16 Abs. 1 oder § 17 Satz 1 zuwiderhandelt,**
5. **einer Pflicht zur Führung des Ausgangslagerbuches nach § 14 Abs. 1 Satz 1, 2 oder 4 zuwiderhandelt,**

---

[1] als § 16 eingefügt durch 6. ÄndV v. 8. 7. 1970 (BGBl. I 1042); in Kraft seit 1. 8. 1970; umbenannt und neugefaßt durch ÄndV v. 21. 4. 1977 (BGBl. I 602); in Kraft seit 1. 5. 1977.

[2] eingefügt durch 2. ÄndV v. 22. 5. 1975 (BGBl. I 1260); in Kraft seit 1. 6. 1975; neugefaßt durch ÄndV v. 21. 4. 1977 (BGBl. I 602); in Kraft seit 1. 5. 1977.

6. einer Vorschrift des § 19 Abs. 1 Satz 1 oder 5 oder Absatz 2 Satz 2 über die Bestandsanmeldung oder über die Anzeige des Zeitpunkts einer Bestandsaufnahme zuwiderhandelt.

(2) **Ordnungswidrig im Sinne des § 381 Abs. 1 Nr. 2 der Abgabenordnung handelt, wer vorsätzlich oder leichtfertig**

1. den Inhalt von Sendungen mit unversteuerten Zündwaren, die ausgeführt werden sollen, entgegen § 6 Abs. 3 Satz 1 nicht vorschriftsmäßig als verbrauchsteuerpflichtige Ware kennzeichnet,

2. einer Vorschrift des § 21 Abs. 1 Satz 1 oder Absatz 2 oder des § 22 Abs. 1 über die Verpackung oder Kennzeichnung von Zündwaren zuwiderhandelt,

3. entgegen § 23 Zündwaren vor der Abgabe an den Verbraucher umpackt.

(3) **Ordnungswidrig im Sinne des § 381 Abs. 1 Nr. 3 der Abgabenordnung handelt, wer vorsätzlich oder leichtfertig entgegen § 23a Satz 1 Zündwaren in einem Freihafen unversteuert verbraucht.**

5. Täter

17 Als Täter von Zuwiderhandlungen gegen die der Sicherung des Verbrauchsteueraufkommens dienenden Vorschriften kommen hauptsächlich Inhaber von Betrieben sowie Beauftragte iS des § 214 AO in Betracht. *Gesetzliche oder gewillkürte Vertreter* stehen den Vertretenen gleich, denn sie treten kraft Gesetzes (§§ 34, 35 AO) in ein unmittelbares Pflichtenverhältnis zur Finanzbehörde. Sie haben die steuerlichen Pflichten zu erfüllen, die den von ihnen Vertretenen auferlegt sind. Richten sich bestimmte Ge- oder Verbote gegen jedermann, wie zB in den Fällen des § 381 I Nr. 3 AO, so kann jeder Täter sein. Über die Rechtsfolgen des Handelns für einen anderen gem. § 9 OWiG s. Rdnr. 22ff. zu § 377 AO; über Verletzung von Aufsichtspflichten gem. § 130 OWiG s. Rdnr. 49ff. zu § 377 AO.

6. Subjektiver Tatbestand

18 Der subjektive Tatbestand des § 381 AO erfordert (bedingt) *vorsätzliches* (s. Rdnr. 44ff. zu § 369 AO) oder *leichtfertiges* (s. Rdnr. 32ff. zu § 378 AO) Verhalten (§ 381 AO). Leichtfertigkeit wird vielfach nicht nachweisbar sein, weil die Kenntnis der unübersichtlichen, häufig unsystematischen und unklaren Vorschriften des Verbrauchsteuerrechts nicht unbedingt im Bereich der zumutbaren Sorgfalt liegt (s. auch Rdnr. 32ff. zu § 378 AO). Der Vorwurf mindestens leichtfertigen Verhaltens wird hingegen regelmäßig begründet sein, wenn wegen früherer Zuwiderhandlungen eine Verwarnung ausgesprochen oder gem. § 47 I 1 OWiG von einer Verfolgung abgesehen worden ist. Über die Rechtsfolgen des § 80 ZollG s. Rdnr. 26.

7. Geldbuße

19 Eine vorsätzlich begangene Ordnungswidrigkeit gem. § 381 AO kann mit einer Geldbuße von mindestens 5 DM und höchstens 10000 DM geahndet werden (§ 381 II AO; § 377 II AO; § 17 I OWiG). Bei leichtfertigem Verhalten beträgt das Höchstmaß der Geldbuße 5000 DM, da der abgestufte Bußgeldrahmen des § 17 II OWiG iVm § 377 II AO nicht nur für „fahrlässiges“ Handeln, sondern auch für den gesteigerten Grad der Leichtfertigkeit gilt (*Göhler* 2 zu § 17 OWiG).

20 **Grundlage für die Zumessung** sind die Bedeutung der Ordnungswidrigkeit, der Vorwurf, der den Täter trifft, sowie dessen wirtschaftliche Verhältnisse (§ 377 II AO, § 17 III OWiG). Die Geldbuße soll den *wirtschaftlichen Vorteil,* den der Täter aus der Ordnungswidrigkeit gezogen hat, übersteigen (§ 377 II AO, § 17 IV OWiG). Ob ein zunächst erlangter Vorteil durch Nachversteuerung später wieder weggefallen ist, ist grundsätzlich unerheblich (s. Rdnr. 119ff. zu § 369 AO). Das gilt allerdings nach dem Sinn des § 17 OWiG dann nicht, wenn der Täter durch die verbotene Handlung eine „Strafsteuer“ verwirkt, zB nach § 57 VII ZollG.

8. Selbstanzeige

21 Die Vorschriften über die strafbefreiende Wirkung einer Selbstanzeige (§ 378 III, § 371 AO) sind mangels einer entsprechenden Verweisung in § 381 AO auf Verbrauchsteuergefährdungen *nicht anwendbar* (vgl. im übrigen Rdnr. 22, 155 zu § 371 AO).

9. Konkurrenzfragen

22 **§ 382 AO ist Sondervorschrift gegenüber § 381 AO.** Die Abgrenzung ist erheblich, da der subjektive Tatbestand des § 382 AO auch fahrlässiges Handeln umfaßt, während § 381 AO mindestens leichtfertiges Verhalten voraussetzt (s. Rdnr. 18). Der Vorrang des § 382 AO gegenüber § 381 AO folgt bereits aus der Verwendung des Begriffs „*Eingangsabgaben*“ anstelle des Wortes „*Zölle*“ in der Überschrift des § 382 AO. Außerdem bestimmt § 382 II AO ausdrücklich, daß § 382 I AO auch anwendbar ist, soweit die Zollgesetze und die dazu erlassenen RechtsVOen für Verbrauchsteuern sinngemäß gelten. Durch diese Vorschrift sollte bereits in dem insoweit wortgleichen Vorgänger des § 382 II AO (§ 408 II RAO) klargestellt werden, daß die Gefährdung solcher Verbauchsteuern, die als Eingangsabgaben zu enrichten sind, unter den Voraussetzungen des § 408 II RAO nur nach dieser Sondervorschrift geahndet werden konnten (s. Begr. BT-Drucks. V/1812 S. 28). Der Wortlaut des § 382 II AO führt jedoch bezüglich des Verbrauchs unversteuerter Waren in Freihäfen (§ 381 I Nr. 3 AO) zu Differenzierungen, die nicht sachgerecht erscheinen. Die meisten Verbrauchsteuergesetze verbieten den Verbrauch unversteuerter Waren in Freihäfen unmittelbar und qualifizieren dementsprechend Zuwiderhandlungen als Ordnungswidrigkeit iS des § 381 I Nr. 3 AO (s. Rdnr. 16). Im Gegensatz dazu verweisen § 5 I KaffeeStG und § 5 I TeeStG „*für*“ die KaffeeSt und die TeeSt allgemein auf „*die Vorschriften für Zölle*“. Wer also unversteuerten Kaffee oder Tee in Freihäfen verbraucht, kann bereits bei leichter Fahrlässigkeit belangt werden (§ 382 I Nr. 2 u. II AO; § 5 I KaffeeStG u. § 5 I TeeStG iVm § 63 ZollG). Wer hingegen im Freihafen verbotswidrig Tabak konsumiert, handelt nach § 381 I Nr. 3 AO nur dann ordnungswidrig, wenn ihm Leichtfertigkeit nachgewiesen werden kann. Warum der Gesetzge-

ber diese ungerechtfertigte Unterscheidung bei der Neufassung der AO nicht beseitigt hat, erscheint unverständlich.

23 **Im Verhältnis zu der Steuergefährdung nach § 379 AO** ist § 381 AO vorgehende Sondervorschrift. Über die Bedeutung dieser Spezialität für Zuwiderhandlungen gegen verbrauchsteuerliche Aufzeichnungsvorschriften s. Rdnr. 10.

24 **§ 381 AO tritt zurück,** wenn **Steuerhinterziehung** nach § 371 AO vorliegt (§ 21 OWiG) oder wenn der Tatbestand der **leichtfertigen Steuerverkürzung** nach § 378 AO erfüllt ist (§ 381 III AO). Das gilt auch dann, wenn die Handlung nur als Beihilfe zur Steuerhinterziehung geahndet werden kann.

10. Verjährung

25 Die Verjährung richtet sich – anders als gem. § 384 AO bei den Steuerordnungswidrigkeiten der §§ 378 bis 380 AO – nach den allgemeinen Vorschriften der §§ 31 ff. OWiG (§ 377 II AO). Die Verfolgung einer Verbrauchsteuergefährdung verjährt daher in 2 Jahren (§ 31 II Nr. 2 OWiG, § 377 II AO). Die Verjährung beginnt mit der Verwirklichung sämtlicher Tatbestandsmerkmale, also mit dem Zeitpunkt, in dem eine Verfolgung frühestens möglich gewesen wäre (§ 31 III OWiG, § 377 II AO; über weitere Einzelheiten s. Rdnr. 33 zu § 377 AO).

11. Anwendung des § 80 ZollG

26 Ein Absehen von der Verfolgung nach § 80 ZollG (Anh X) kommt für Ordnungswidrigkeiten iS des § 381 AO nur ausnahmsweise in Betracht, zB bei der Einfuhr unverpackter Spielkarten (§§ 11, 6 IV SpielStG, § 24b SpielkStDB). Zuwiderhandlungen bei der Einfuhr und damit auch *„im Reiseverkehr“* fallen regelmäßig unter § 382 AO (s. Rdnr. 22). Der Verbrauch unversteuerter Waren im Freihafen wird weder *„im Reiseverkehr“* noch *„im Zusammenhang mit der Zollbehandlung“* (§ 80 ZollG) begangen (OLG Bremen v. 11. 12. 1963, ZfZ 281; v. 3. 8. 1964, ZfZ 380; s. aber Rdnr. 33 zu § 382 AO).

§ 382 Gefährdung der Eingangsabgaben

(1) **Ordnungswidrig handelt, wer als Pflichtiger oder bei der Wahrnehmung der Angelegenheiten eines Pflichtigen vorsätzlich oder fahrlässig Vorschriften der Zollgesetze, der dazu erlassenen Rechtsverordnungen oder der Verordnungen des Rates oder der Kommission der Europäischen Gemeinschaften zuwiderhandelt, die**

1. **für die Erfassung des Warenverkehrs über die Grenze oder für die in den §§ 9, 40a und 41 des Zollgesetzes genannten Arten der Zollbehandlung,**
2. **für die Zollfreigebiete, für den Zollgrenzbezirk oder für die der Grenzaufsicht unterworfenen Gebiete**

gelten, soweit die Zollgesetze, die dazu oder die auf Grund von Absatz 4 erlassenen Rechtsverordnungen für einen bestimmten Tatbestand auf diese Bußgeldvorschrift verweisen.

(2) **Absatz 1 ist auch anzuwenden, soweit die Zollgesetze und die dazu erlassenen Rechtsverordnungen für Verbrauchsteuern sinngemäß gelten.**

(3) **Die Ordnungswidrigkeit kann mit einer Geldbuße bis zu zehntausend Deutsche Mark geahndet werden, wenn die Handlung nicht nach § 378 geahndet werden kann.**

(4) **Der Bundesminister der Finanzen kann durch Rechtsverordnungen die Tatbestände der Verordnungen des Rates oder der Kommission der Europäischen Gemeinschaften, die nach den Absätzen 1 bis 3 als Ordnungswidrigkeiten mit Geldbuße geahndet werden können, bezeichnen, soweit dies zur Durchführung dieser Rechtsvorschriften erforderlich ist und die Tatbestände Pflichten zur Gestellung oder Vorführung von Waren, zur Abgabe von Erklärungen oder Anzeigen, zur Aufnahme von Niederschriften sowie zur Ausfüllung oder Vorlage von Zolldokumenten oder zur Aufnahme von Vermerken in solchen Dokumenten betreffen.**

Übersicht

1. Entstehungsgeschichte

1 Eine dem § 382 AO entsprechende Vorschrift wurde durch Art. 1 Nr. 19 des 2. AOStrafÄndG v. 12. 8. 1968 (BGBl. I 953) als § 408 in die RAO eingefügt (Begr. s. BT-Drucks. V/1812 S. 28). § 408 I Nr. 1 u. 2 RAO 1968 ersetzte den früheren *Straftatbestand* des § 413 I Nr. 1 c, aa und bb RAO idF des Art. I Nr. 6 des Gesetzes v. 11. 5. 1956 (BGBl. I 418; Begr. s. BT-Drucks. II/

1593). Anders als § 408 RAO 1968 erfaßt § 382 AO nicht nur die Verletzung von Vorschriften der Zollgesetze und der dazu erlassenen RechtsVOen, sondern auch die Verletzung von VOen des Rates oder der Kommission der Europäischen Gemeinschaften. Dementsprechend wurde Abs. IV neu eingeführt. Mit der Ergänzung in Abs. I Nr. 1 soll erreicht werden, daß auch der Beförderer im Zollgutversandverkehr (s. Einl 181), der nicht Zollbeteiligter ist und auch nicht unter § 9 OWiG fällt, als Täter erfaßt wird (Begr. s. BT-Drucks. VI/1982 S. 197 u. 7/4292 S. 45). Abw. von § 408 I RAO wurde in § 382 AO auf eine genaue Umschreibung des Täterkreises verzichtet. Die Ersetzung des Wortes „*Tat*" durch den Begriff „*Handlung*" in Abs. III dient der Angleichung an die Sprachregelung des OWiG.

2. Zweck und Anwendungsbereich

2 **§ 382 AO dient der Sicherung der zollamtlichen Überwachung des Warenverkehrs über die Grenze.** Die Vorschrift erfaßt Pflichtverletzungen, die (noch) keine Steuerverkürzungen zur Folge hatten. Während sich aber die „*zollamtliche Überwachung*" (§ 1 I 1 ZollG) auch auf die Beachtung der Ein-, Aus- und Durchfuhrverbote und -beschränkungen bezieht (§ 1 IV ZollG), ist § 382 AO nur auf Zuwiderhandlungen anwendbar, die *Abgaben* betreffen. Das folgt zwar nicht aus dem weit gefaßten Tatbestand des § 382 AO, wohl aber aus seiner eindeutigen Überschrift. Die Beachtung der Ein-, Aus- und Durchfuhrverbote und -beschränkungen ist durch §§ 372, 373 AO sowie durch andere einschlägige Gesetze geschützt (s. Rdnr. 2 zu § 372 AO; glA *Hübner* 12 u. 20 zu § 408 RAO 1968). Nach der Legaldefinition des § 1 III ZollG sind *Eingangsabgaben* die Zölle (s. Einl 178ff.) einschließlich der Abschöpfungen (s. Einl 183), die EUSt (s. Einl 185) und die anderen für eingeführte Waren zu erhebenden Verbrauchsteuern (s. Einl 186ff.). Über die Abgrenzung von § 381 AO s. Rdnr. 32 sowie Rdnr. 3, 22 zu § 381 AO. Zur Verwirklichung des Tatbestandes des § 382 AO genügt die *abstrakte* Gefährdung. Anders als bei § 379 AO (s. Rdnr. 26 zu § 379 AO) braucht nicht festgestellt zu werden, daß durch die Zuwiderhandlung tatsächlich die Möglichkeit einer Verkürzung von Eingangsabgaben bzw. Verbrauchsteuern begründet wurde (vgl. auch *Kohlmann* 8ff. zu § 408 RAO 1968).

3 Auch durch die **Verletzung von Vorschriften, die sich auf die Ausfuhr beziehen,** können Eingangsabgaben gefährdet werden. Die Eingangsabgabenschuld entsteht nicht mit der Einfuhr (§ 1 II 2 ZollG), sondern regelmäßig, dh bei Abfertigung zum freien Verkehr, mit der Bekanntgabe des Zollbescheides (§ 36 III 2 ZollG, s. auch Einl 182). In der Zwischenzeit ist die Ware Zollgut (§ 5 I ZollG), was für den Zollbeteiligten bestimmte Pflichten zur Folge hat (§§ 5ff. ZollG, §§ 6ff. AZO). Zollgut kann unter zollamtlicher Überwachung ausgeführt oder vernichtet werden (§ 9 II ZollG). Erfolgt die Ausfuhr ohne zollamtliche Überwachung, so entsteht eine Zollschuld gem. § 57 I 1 ZollG (vgl. auch BFH 99, 509 v. 30. 6. 1970; *Bail/Schädel/Hutter* 3 zu § 9 ZollG). Sofern daher einzelne Vorschriften über die Ausfuhr dazu dienen, das Aufkommen der Eingangsabgaben zu sichern, können Zuwiderhandlun-

gen eine entsprechende Gefährdung (s. Rdnr. 2) iS des § 382 I AO sein. Bedenklich erscheint hingegen die einschränkungslose Verweisung des § 79a I Nr. 3 ZollG (s. Rdnr. 22) auf § 6 III ZollG. Mangels einer generellen Gestellungsverpflichtung für die Ausfuhr in § 6 III ZollG ist nach *Kohlmann* (39 zu § 408 RAO 1968) bei jeder Einzelvorschrift, die eine Gestellung von Waren bei der Ausfuhr vorsieht, zu fragen, ob bei ihrer Verletzung eine Gefährdung von Eingangsabgaben überhaupt denkbar ist. Nach meiner Ansicht fehlt es hier bereits an einer Rückverweisung *„für einen bestimmten Tatbestand"* (§ 382 II AO).

4 **Ausfuhrabgaben** (§ 17 I Nr. 1 MOG) sind zwar Zölle iS der AO (§ 5 MOG); fallen aber nach der eindeutigen Überschrift des § 382 AO nicht unter diese Vorschrift (s. auch § 32 MOG).

5 **Die Verletzung von Sollvorschriften** ist keine Ordnungswidrigkeit; ebenso nicht eine Zuwiderhandlung gegen Mußvorschriften, deren Erfüllung nur die Voraussetzung für den Erwerb bestimmter Rechte ist (zB verbindliche Zolltarifauskunft gem. § 23 ZollG, §§ 28ff. AZO). Wer zB Zollerlaß oder -erstattung aus besonderen Gründen begehrt (§ 40 ZollG), hat als Voraussetzung hierfür bestimmte Obliegenheiten zu erfüllen (§ 80 AZO). Kommt er diesen Obliegenheiten nicht nach, verliert er damit lediglich den Anspruch auf Erlaß oder Erstattung.

6 **Auf Zuwiderhandlungen gegen Verwaltungsvorschriften** ist § 382 AO gem. Art. 103 II GG, § 3 OWiG selbst dann nicht anwendbar, wenn sie auf einer ausdrücklichen gesetzlichen Ermächtigung beruhen, zB Verbot des Aufenthalts im Freihafen gem. § 64 II ZollG (OLG Bremen v. 25. 1. 1961, ZfZ 124 zu § 413 RAO; anders als im Falle des § 64 I ZollG iVm § 79a II Nr. 7 ZollG, Rdnr. 23).

3. Vorbehalt der Rückverweisung

7 **Die Anwendung des § 382 AO ist davon abhängig,** daß die Zollgesetze oder die dazu oder die aufgrund von Abs. IV erlassenen RechtsVOen *„für einen bestimmten Tatbestand"* auf diese Bußgeldvorschrift verweisen (§ 382 I AO). Die Verweisung muß sich im Rahmen des Blanketts halten (s. Rdnr. 12). Ein gleichlautender Rückverweisungsvorbehalt war bereits in § 408 I RAO 1968 enthalten. Er wurde seinerzeit – entsprechend ständiger Übung in vergleichbaren Fällen eines Bußgeldblanketts – *„aus Gründen größerer Rechtssicherheit und Rechtsklarheit"* in das Gesetz eingefügt (BT-Drucks. V/1812 S. 28). Ein Rückverweisungsvorbehalt soll ermöglichen, daß Zuwiderhandlungen gegen unbestimmte, nicht sanktionsbedürftige oder bereits anderweitig abgesicherte Ge- oder Verbote von dem Bußgeldblankett ausgenommen werden (*Göhler* 4 B vor § 1 OWiG).

8 **Die in § 382 I AO vorgeschriebene Verweisung ist nicht erforderlich,** *„soweit die Vorschriften der dort genannten Gesetze und RechtsVOen vor dem 1. Oktober 1968 erlassen sind"* (Art. 97 § 20 EGAO). Eine gleichlautende Suspendierung des Rückverweisungsvorbehalts war in Art. 12 IV des 2. AOStrafÄndG vorgesehen (s. Rdnr. 7 zu § 381 AO). Sowohl das ZollG als auch

die AZO enthalten seit dem 12. ZollÄndG v. 22. 7. 1969 (BGBl. I 879) bzw. der 19. AZOÄndV v. 16. 12. 1969 (BGBl. I 2343) und der 28. AZOÄndV v. 17. 12. 1976 (BGBl. I 3584) umfangreiche Verweisungskataloge (s. Rdnr. 22ff.). Diese Kataloge beziehen sich nicht nur auf Vorschriften, die nach dem 1. 10. 1968 erlassen worden sind; sie bilden deshalb eine abschließende Regelung aller im Rahmen des § 382 AO relevanten Pflichtverletzungen (so bereits *Hübner* 25 u. *Kohlmann* 12 zu § 408 RAO 1968). Art. 97 § 20 EGAO ist daher gegenstandslos (s. auch Rdnr. 9).

9 **§ 382 IV AO ermächtigt den BdF,** durch RechtsV die Tatbestände der in Abs. I genannten VOen des Rates oder der Kommission der Europäischen Gemeinschaften zu bezeichnen, die nach § 382 AO als Ordnungswidrigkeiten mit Geldbuße geahndet werden können. Die Vorschrift enthält also eine Ermächtigung zur Aufstellung eines Rückverweisungskatalogs. Die Regelung war notwendig, weil die VOen des Rates oder der Kommission mangels entsprechender Kompetenzen dieser Gremien keine Straf- oder Bußgeldandrohungen enthalten; andererseits erschiene es wenig sinnvoll, wenn gerade das Gemeinschaftsrecht, welches für die Warenbewegung über die Grenze immer größere Bedeutung erlangt, ungeschützt wäre. Die Tatbestände der Pflichten, die mit einer Buße bewehrt werden dürfen, sind in der Ermächtigung genau bezeichnet. Mit Rücksicht auf den Bestimmtheitsgrundsatz (Rdnr. 12) könnten aber Bedenken insoweit bestehen, als der BdF von der Ermächtigung Gebrauch machen *„kann"*, soweit dies zur Durchführung des supranationalen Rechts *„erforderlich ist"*. Es dürfte für den Bürger schwer voraussehbar sein, was der BdF insoweit für erforderlich hält. Einer Vertiefung dieser Überlegung bedarf es jedoch nicht, da der BdF durch die 28. ÄndV zur AZO von seiner Ermächtigung Gebrauch gemacht und einen Verweisungskatalog *„Verstöße gegen Gemeinschaftsrecht"* als § 148b in die AZO eingefügt hat (s. Rdnr. 24). § 148b AZO hält sich im Rahmen der in § 382 IV AO abstrakt formulierten Pflichtverletzungen und geht – nach Art und Ausmaß der angesprochenen Ge- und Verbote – nicht über die entsprechenden Vorschriften für das nationale Recht hinaus. Durch Erlaß des § 148b AZO hat der BdF zu erkennen gegeben, daß er weitere Zuwiderhandlungen gegen Gemeinschaftsrecht, das vor dem 1. 10. 1968 erlassen wurde, nicht für sanktionsbedürftig hält. Da die Regelung somit als abschließend zu betrachten ist, ist die Suspendierung des Rückverweisungsvorbehalts auch für Zuwiderhandlungen gegen Rechtsakte der EG gegenstandslos.

4. Täterkreis

Schrifttum:

Hälbig, Zur bußrechtlichen Ahndung der unterlassenen Gestellung im Zollgutversand, ddz 1971 F 117.

10 **Pflichtiger und damit Täter iS des § 382 AO** kann jeder durch die in § 382 I AO genannten Vorschriften unmittelbar Verpflichtete sein. Das sind insbesondere der *Gestellungspflichtige* (§ 6 ZollG, §§ 7ff. AZO) sowie der *Zollbeteiligte* (§ 10 III ZollG), dessen Pflichten jedoch erst mit der Annahme des

Zollantrages entstehen (§ 16 II ZollG; *Kraft* ZfZ 1963, 329). Besitz- und Eigentumsverhältnisse sind für die Gestellungspflicht unerheblich; auch der Dieb ist gestellungspflichtig, wenn er mit der Ware die Grenze überschreitet (*Schwarz/Wockenfoth* 3 zu § 6 ZollG). Im Gegensatz zu § 408 I Nr. 1 RAO 1968 verzichtet § 382 AO auf eine genaue Umschreibung des Täterkreises.

11 **Bei Wahrnehmung der Angelegenheiten eines Pflichtigen** handelt jeder, dessen Tun oder Unterlassen mit den Obliegenheiten des ,,Pflichtigen" iS des § 382 I AO im Zusammenhang steht. Zu diesen Personen zählen insbesondere *gesetzliche Vertreter* und *Vermögensverwalter* (§ 34 AO) sowie *Verfügungsbefugte* iS des § 35 AO (s. dazu Rdnr. 17, 18 zu § 380 AO). Der Begriff *,,bei Wahrnehmung"* geht aber noch weiter. Er umfaßt praktisch jede Person, die dem Pflichtigen Hilfe leistet (RG 57, 218, 219 v. 12. 4. 1923; DOG v. 6. 7. 1950, ZfZ 272; *Hübner* 19 zu § 408 RAO u. 16 zu § 404 RAO; *Kohlmann* 34 zu § 408 RAO u. 15 zu § 404 RAO). Maßgebend ist die *tatsächliche* Wahrnehmung (§ 382 I AO: *,,Bei . . ."*); es kommt nicht darauf an, ob der Betreffende im Innenverhältnis dazu verpflichtet ist (glA *Lohmeyer* ZfZ 1965, 330) und auch nicht, ob der Handelnde nach außen in Erscheinung tritt (Näheres s. Rdnr. 6ff. zu § 378 AO). Das Familienoberhaupt nimmt Angelegenheiten seiner Angehörigen wahr, wenn es bei der gemeinschaftlichen Einreise schlüssig zu erkennen gibt, daß es die Zollformalitäten für alle Familienmitglieder erledigen will (OLG Hamm v. 20. 11. 1958, ZfZ 1959, 122). ,,Bei Wahrnehmung" der Angelegenheiten eines Pflichtigen handelt grundsätzlich auch der *Beförderer* (Spediteur), der nicht Zollbeteiligter ist und auch nicht unter § 9 OWiG fällt (s. Ausschußbericht zu § 382 I AO, BT-Drucks. 7/4292 S. 45, der § 366 RegE, BT-Drucks. 6/1982, ausdrücklich mit diesem Ziel ergänzte). Unterläßt jedoch der Spediteur im Zollgutversandverkehr die Gestellung, so handelt er auch nicht *,,bei Wahrnehmung";* folglich kann er insoweit auch nicht Täter iS des § 382 I AO sein (ausf. *Hälbig* ddz 1971 F 117); anders bei Zuwiderhandlungen des Beförderers gegen *eigene* Pflichten gem. § 82 II, § 148a I Nr. 1 AZO.

5. Objektive Tatbestände

a) Allgemeines

12 **§ 408 I Nr. 1 u. 2 AO sind Blankettvorschriften,** die durch Ge- oder Verbotsnormen der Zoll- und Verbrauchsteuergesetze oder der hierzu ergangenen RechtsVOen ausgefüllt werden. *Verwaltungsvorschriften* genügen nicht, zB Verletzung von Anweisungen des Zollansagepostens gem. § 16 II AZO (s. auch Rdnr. 6). Mit Rücksicht auf den Bestimmtheitsgrundsatz (Art. 103 II GG, § 3 OWiG) muß die Möglichkeit der Ahndung bereits aufgrund des *Gesetzes* (Bußgeldvorschriften iVm der Ermächtigungsnorm zur Setzung von Geboten und Verboten) und nicht erst aufgrund einer VO voraussehbar sein (BVerfG 14, 145, 252 v. 25. 7. 1962; 23, 265, 269 v. 7. 5. 1968; ferner *Göhler* 4 B vor § 1 OWiG; s. auch Rdnr. 20).

13 **Zollgesetze und dazu erlassene Rechtsverordnungen** iS des § 382 I AO sind vor allem:

- das Zollgesetz idF v. 18. 5. 1970 (BGBl. I 529), zuletzt geänd. durch Art. 33 EGAO (s. Einl 178 ff.);
- die Allgemeine Zollordnung idF v. 18. 5. 1970 (BGBl. I 560, 1221), zuletzt geänd. durch die 29. ÄndV v. 29. 6. 1977 (BGBl. I 1173; s. Einl 178 ff.);
- das Abschöpfungserhebungsgesetz v. 25. 7. 1962 (BGBl. I 453), zuletzt geänd. durch Art. 34 EGAO (BGBl. I 3341; s. Einl 183).

14 **Zu den Verordnungen des Rates oder der Kommission der Europäischen Gemeinschaft** iS des § 382 I AO zählen insbesondere:
- die VO Nr. 222/77 des Rates v. 13. 12. 1976 über das gemeinschaftliche Versandverfahren (ABl. EG 1977 L 38/1);
- die VO Nr. 223/77 der Kommission v. 22. 12. 1976 über Durchführungsbestimmungen und Vereinfachungsmaßnahmen des gemeinschaftlichen Versandverfahrens (ABl. EG 1977 L 38/20) iVm
- Art. 9 der VO (EWG) Nr. 385/73 der Kommission v. 19. 1 1973 über die Methoden der Zusammenarbeit der Verwaltungen zur Gewährleistung des freien Warenverkehrs im Handel zwischen der Gemeinschaft in ihrer ursprünglichen Zusammensetzung und den neuen Mitgliedstaaten sowie im Handel der neuen Mitgliedstaaten untereinander während der Übergangszeit (ABl. EG L 42/1),
- Art. 1 der VO (EWG) Nr. 2812/72 des Rates v. 21. 11. 1972 über den Abschluß eines Abkommens zwischen der Europäischen Wirtschaftsgemeinschaft und der Schweizerischen Eidgenossenschaft zur Anwendung der Bestimmungen über das gemeinschaftliche Versandverfahren (ABl. EG L 294/1) sowie
- Art. 1 der VO (EWG) Nr. 2813/72 des Rates v. 21. 11. 1972 über den Abschluß eines Abkommens zwischen der Europäischen Wirtschaftsgemeinschaft und der Republik Österreich zur Anwendung der Bestimmungen über das gemeinschaftliche Versandverfahren (ABl. EG L 294/86).

Die Verordnungen des Rates und der Kommission sind in allen ihren Teilen verbindlich und gelten *unmittelbar* in jedem Mitgliedstaat (Art. 189 II EWG-Vertrag). Durch die Ratifizierung des EWG-Vertrages (Art. 1 G v. 27. 7. 1957, BGBl. II 753) ist in Übereinstimmung mit Art. 24 I GG eine eigenständige Rechtsordnung entstanden, die in die innerstaatliche Rechtsordnung hineinwirkt. Die Normen des Gemeinschaftsrechts entfalten neben dem nationalen Recht unmittelbare Rechtswirkungen für Bürger, Verwaltungen und Gerichte (BVerfG 31, 145, 174 v. 9. 6. 1971; 37, 271 v. 29. 5. 1974).

b) § 382 I Nr. 1 AO

15 **Der Begriff „Erfassung von Waren"** entspricht der Überschrift des 1. Teiles des ZollG (§§ 1–8 ZollG iVm §§ 1–17 AZO). Über Ein-, Aus- und Durchfuhrverbote iS des § 1 IV ZollG s. Rdnr. 2. Die in §§ 9, 40a und 41 ZollG genannten Arten der Zollbehandlung sind neben der Abfertigung zum freien Verkehr die sog. besonderen Zollverkehre (Zollgutversand, Zollgutlagerung, Zollgutveredelung, Zollgutumwandlung oder Zollgutverwendung; s. Einl 181). Einer Aufzählung der in diesem Zusammenhang bestehenden

Pflichten bedarf es mit Rücksicht auf die umfassenden Verweisungskataloge (Rdnr. 22, 23) nicht.

c) § 382 I Nr. 2 AO

16 **Zollfreigebiete** sind gem. § 2 III ZollG

„*1. deutsche Schiffe und deutsche Luftfahrzeuge in Gebieten, die zu keinem Zollgebiet gehören,*
2. die Insel Helgoland,
3. vom Zollgebiet ausgeschlossene Teile von Seehäfen (Freihäfen – § 86),
4. Gewässer und Watten zwischen der Hoheitsgrenze und der Zollgrenze an der Küste (Absatz 4)."

17 **Im Freihafen** (s. auch Rdnr. 14 zu § 381 AO) sind zB verboten:

Erwerben, Abgeben und Befördern von Waren in kleinen Mengen (§ 60 III ZollG iVm §§ 135–137 AZO); Diebstahl ist kein „Erwerb" iS des § 136 III AZO (BGH 18, 243f. v. 6. 2. 1963), wohl aber eine schenkweise Übertragung (BGH aaO) oder ein hehlerischer Erwerb (OLG Hamburg v. 24. 1. 1964, ZfZ 116);

Warenbearbeitung und -verarbeitung zu gewerblichen Zwecken ohne besondere Zulassung (§ 62 II, III ZollG);

Verbrauch und Gebrauch unversteuerter Waren (§ 63 II, III ZollG). Für verbrauchsteuerpflichtige Erzeugnisse gilt jedoch regelmäßig § 381 I Nr. 3 AO (s. Rdnr. 14 zu § 381 AO); lediglich der unerlaubte Verbrauch von Kaffee (§ 5 I KaffeeStG) und Tee (§ 5 I TeeStG) kann nach § 408 I Nr. 2, II AO geahndet werden (s. Rdnr. 22 zu § 381 AO);

Bauen ohne Zustimmung des HZA (§ 65 ZollG). Die Anordnung einer persönlichen Beschränkung durch das HZA gem. § 64 II ZollG ist kein „gesetzliches" Verbot (OLG Bremen v. 25. 1. 1961, ZfZ 124).

18 **Über Verkehrsbeschränkungen in anderen Zollfreigebieten** vgl. § 67 ZollG.

19 **Begriff und Umfang des Zollgrenzbezirks** folgen aus § 68 ZollG iVm der VO über die Zollgrenze, die Zollbinnenlinie und die der Grenzaufsicht unterworfenen Gebiete v. 22. 12. 1961 (BGBl. I 2141, zuletzt geänd. durch VO v. 7. 6. 1977) (BGBl. I 1103).

20 **Ge- und Verbote im Zollgrenzbezirk** ergeben sich aus §§ 69–72 I ZollG iVm §§ 143–145 AZO. Gem. § 72 II ZollG kann der BdF durch RechtsV zur Sicherung der Zollbelange gewisse Beschränkungen für den Zollgrenzbezirk anordnen. Von der gleichzeitig eingeräumten Befugnis, diese Ermächtigung durch RechtsV auf die OFD zu übertragen, ist durch § 146 AZO Gebrauch gemacht worden. Ein Verstoß gegen eine auf § 72 II ZollG, § 146 AZO beruhende Anordnung der OFD ist jedoch keine Zuwiderhandlung gegen eine gesetzliche Vorschrift iS des § 382 I AO (Art. 80 I 1 GG; § 3 OWiG; Rdnr. 12).

21 **Die der Grenzaufsicht unterworfenen Gebiete** sind in der VO über die Zollgrenze, die Zollbinnenlinie und die der Grenzaufsicht unterworfenen Gebiete v. 22.12.1961 (BGBl. I 2141), zuletzt geänd. durch VO v. 7. 6. 1977

(BGBl. I 1103), festgelegt (s. auch Rdnr. 20). Für diese Gebiete gelten gem. § 73 II ZollG die gleichen Vorschriften wie für Zollgrenzbezirke.

d) Verweisungskataloge

22 Für **Zuwiderhandlungen gegen Ge- und Verbote des ZollG** bestimmt:

§ 79a ZollG[1] – Zollordnungswidrigkeiten

(1) Ordnungswidrig im Sinne des § 382 Abs. 1 Nr. 1 der Abgabenordnung handelt, wer vorsätzlich oder fahrlässig[2]

1. entgegen § 3 Abs. 1 Satz 1 eine Waren außerhalb einer Zollstraße einführt oder ausführt, entgegen § 3 Abs. 3 Satz 1 außerhalb eines Zollandungsplatzes anlegt oder ablegt, entgegen § 3 Abs. 3 Satz 3 auf einer Zollstraße mit anderen Fahrzeugen oder mit dem Land in Verbindung tritt oder entgegen § 3 Abs. 4 Satz 1 außerhalb eines Zollflugplatzes landet oder abfliegt,[3]

2. entgegen § 4 eine Ware außerhalb der Öffnungszeiten einführt oder ausführt,

3. als Gestellungspflichtiger einer Vorschrift des § 6 Abs. 1, 3 oder 4 Satz 1 oder 3 zuwiderhandelt,

4. entgegen § 6 Abs. 2 nicht beim Zollansageposten hält oder nicht dessen Weisungen einholt,[4]

5. entgegen § 6 Abs. 5 Satz 3 das von der Gestellung befreite Zollgut nicht unverzüglich und unverändert dem Zollbeteiligten übergibt oder nicht der zuständigen Zollstelle gestellt,

6. entgegen § 6 Abs. 5 Satz 4 das von der Gestellung befreite Zollgut nicht unverzüglich und unverändert an den von der Zollstelle bestimmten Ort bringt oder nicht der zuständigen Zollstelle gestellt,[5]

6a. entgegen § 6 Abs. 5 Satz 5 Zollgut, das nicht von der Gestellung befreit ist, nicht unverzüglich oder nicht unverändert der zuständigen Zollstelle gestellt,[6]

7. entgegen § 8 Abs. 3 Zollgut der Zollstelle nicht oder nicht unverändert wieder zur Verfügung stellt,[7]

8. entgegen § 40a Abs. 1 Satz 2, Abs. 4 Satz 1, § 41 Abs. 5 Satz 1 oder Abs. 10 Zollgut nicht, nicht unverzüglich, unvollständig oder unrichtig anschreibt,[8]

9. entgegen § 41 Abs. 5 Satz 2 als Warenempfänger oder entgegen § 41 Abs. 7 als Zollbeteiligter oder als Warenführer oder Warenempfänger, der das Zollgut in Kenntnis dieser Eigenschaft übernommen hat, Zollgut nicht, nicht unverzüglich, nicht fristgemäß oder nicht unverändert gestellt,[8]

10. entgegen § 45 Abs. 6 Satz 2 Zollgut nicht gestellt,[9]

---

[1] eingefügt durch 12. ÄndG v. 22. 7. 1969 (BGBl. I 879); in Kraft seit 1. 10. 1969.
[2] geänd. durch Art. 33 EGAO v. 17. 12. 1976 (BGBl. I 3341).
[3] neugefaßt durch 16. ÄndG v. 18. 3. 1976 (BGBl. I 701).
[4] geänd. durch 14. ÄndG v. 3. 8. 1973 (BGBl. I 933).
[5] geänd. durch 14. ÄndG v. 22. 7. 1969 (BGBl. I 933); in Kraft seit 1. 9. 1973.
[6] eingefügt durch 14. ÄndG v. 3. 8. 1973 (BGBl. I 933); in Kraft seit 1. 9. 1973.
[7] neugefaßt durch 16. ÄndG v. 18. 3. 1976 (BGBl. I 701); in Kraft seit 1. 4. 1976.
[8] neugefaßt durch 14. ÄndG v. 3. 8. 1973 (BGBl. I 933); in Kraft seit 1. 9. 1973.
[9] eingefügt durch 16. ÄndG v. 18. 3. 1976 (BGBl. I 701); in Kraft seit 1. 4. 1976.

11. entgegen § 46 Abs. 3 aus einem Zollager entnommenes Zollgut nicht oder nicht rechtzeitig anmeldet,[1]

12. entgegen § 48 Abs. 5 Satz 1 veredeltes Zollgut oder Ersatzgut nicht gestellt,[2]

13. entgegen § 55 Abs. 6 Satz 2 Zollgut nicht gestellt.[2]

(2) **Ordnungswidrig im Sinne des § 382 Abs. 1 Nr. 2 der Abgabenordnung handelt, wer vorsätzlich oder fahrlässig[3]**

1. entgegen § 59 Abs. 2 eine nicht zugelassene oder nicht vorgesehene gewerbliche Tätigkeit in einem Freihafen ausübt,

2. entgegen § 60 Abs. 2 in einem Freihafen Handel mit Schiffs- oder Reisebedarf ohne schriftliche Erlaubnis des Hauptzollamts betreibt,

3. entgegen § 61 Abs. 1 eine in einem Freihafen gelagerte Ware einer nicht zugelassenen Lagerbehandlung unterzieht,

4. entgegen § 61 Abs. 3 eine Ware in einem Freihafen in nicht zulässiger Weise umwandelt,

5. entgegen § 62 Abs. 2 eine Ware in einem Freihafen bearbeitet oder verarbeitet, ohne daß dies besonders zugelassen ist,

6. entgegen § 63 eine Ware in einem Freihafen verbraucht oder gebraucht,

7. entgegen § 64 Abs. 1 in einem Freihafen ohne besondere Erlaubnis des Hauptzollamts wohnt,

8. entgegen § 65 Abs. 1 in einem Freihafen einen Bau ohne Zustimmung des Hauptzollamts errichtet, wesentlich in seiner Bauart ändert oder anders verwendet,

9. in einem Freihafen ein Grundstück, eine Wasserfläche oder einen Raum
   a) entgegen § 65 Abs. 2 nicht entsprechend dem Zweck der Freihäfen oder den geltenden Beschränkungen benutzt oder
   b) entgegen § 65 Abs. 3 ohne schriftlichen Vertrag mit dem dort vorgeschriebenen Inhalt oder ohne Zustimmung des Hauptzollamts einem anderen überläßt,

10. entgegen § 66 Abs. 1 nicht so Buch führt, daß der Warenbestand jederzeit ersichtlich ist,

11. entgegen § 67 Abs. 2 Satz 1 als Schiffsführer auf Verlangen der Zollbediensteten nicht hält oder ihnen nicht ermöglicht, an Bord oder von Bord zu gelangen, Beförderungsurkunden einzusehen oder Schiff oder Ladung zu prüfen,

12. entgegen § 67 Abs. 2 Satz 2 in einem Gewässer oder Watt, das Zollfreigebiet ist, eine Ware aussetzt,[4]

13. entgegen § 69 Abs. 1 einen Bau ohne Zustimmung des Hauptzollamts errichtet oder ändert,

14. entgegen § 71 Abs. 2 Satz 1 auf Verlangen eines Zollbediensteten nicht stehen bleibt oder sich nicht über seine Person ausweist,

15. entgegen § 71 Abs. 2 Satz 2 als Führer eines Beförderungsmittels auf Verlan-

---

[1] von Nummer 10 in Nummer 11 umbenannt durch 16. ÄndG v. 18. 3. 1976 (BGBl. I 701); in Kraft seit 1. 4. 1976.
[2] eingefügt durch 16. ÄndG v. 18. 3. 1976 (BGBl. I 701); in Kraft seit 1. 4. 1976.
[3] geänd. durch Art. 33 EGAO v. 17. 12. 1976 (BGBl. I 3341).
[4] geänd. durch 14. ÄndG v. 3. 8. 1973 (BGBl. I 933); in Kraft seit 1. 9. 1976.

gen eines Zollbediensteten nicht hält oder es ihm nicht ermöglicht, von Bord oder an Bord zu gelangen,

16. **entgegen § 72 Abs. 1 Handel mit unverzolltem Schiffs- oder Reisebedarf ohne schriftliche Erlaubnis des Hauptzollamts betreibt.**

23 Für **Zuwiderhandlungen gegen Ge- und Verbote der AZO** bestimmt:

§ 148a AZO[1] – Zollordnungswidrigkeiten

(1) **Ordnungswidrig im Sinne des § 382 Abs. 1 Nr. 1 der Abgabenordnung handelt, wer vorsätzlich oder fahrlässig[2]**

1. **eine Anzeige- oder Meldepflicht nach § 2 Abs. 3, § 3 Abs. 3 Satz 2, § 4 Abs. 2 Satz 2, § 11 Abs. 2, § 12 Abs. 3, § 13 Abs. 1, § 80a Abs. 2, § 82 Abs. 2 Satz 1, § 88 Abs. 6 Satz 2, § 90 Abs. 2 Satz 3, § 91 Abs. 2, § 93 Abs. 1 Satz 1, 2 oder 4 oder Abs. 2, § 96 Abs. 2, § 97, § 98 Abs. 2, § 107 Abs. 6 Satz 2, Abs. 8 Satz 1, § 115 Abs. 4 Satz 2, § 116 Abs. 3 Satz 2, § 122 Abs. 3, § 123 Abs. 5 Satz 3, § 125, § 130 Abs. 1, § 131 Abs. 4 Satz 3 oder § 131 Abs. 1 oder 4 nicht, nicht richtig, nicht vollständig oder nicht rechtzeitig erfüllt,[3]**
2. **als Schiffsführer einer Vorschrift des § 8 Abs. 3, des § 11 Abs. 1 Satz 1 oder des § 82 Abs. 1 Satz 2 über das Führen von Zollzeichen zuwiderhandelt,**
3. **einer Vorschrift des § 11 Abs. 1 Satz 2, des § 98 Abs. 1 Satz 3 oder des § 132 Abs. 3 Satz 4 über das Aufbewahren oder des § 22 Abs. 4 oder des § 87 Abs. 1 über die Vorlage von Unterlagen zuwiderhandelt,[4]**
4. **entgegen § 12 Abs. 4 gestellte Ware ohne Einverständnis der Zollstelle vom Platz der Gestellung entfernt,[4]**
5. **entgegen § 86 Abs. 2, § 94 Abs. 2 Satz 2 oder Abs. 3 Satz 2 oder § 120 Abs. 1 Satz 2 oder § 131 Abs. 2 Satz 3 Zollgut nicht vorführt,[5]**
6. **als Niederlagehalter oder Lagerinhaber entgegen § 89 Abs. 4 Satz 1 bauliche Änderungen der Lagerstätten oder Änderungen der zollsicheren Einrichtung von Zollniederlagen oder Zollverschlußlagern ohne vorherige Zustimmung des Hauptzollamts vornimmt,**
7. **als Niederlagehalter oder Lagerinhaber der Vorschrift des § 98 Abs. 1 Satz 1 oder als Veredeler der Vorschrift des § 109 Abs. 1 Satz 1, des § 115 Abs. 7 Satz 1 oder des § 116 Abs. 2 über Aufzeichnungen oder als Verwender der Vorschrift des § 132 Abs. 3 Satz 1 zuwiderhandelt.[6]**

(2) **Ordnungswidrig im Sinne des § 382 Abs. 1 Nr. 2 der Abgabenordnung handelt, wer vorsätzlich oder fahrlässig[7]**

1. **einer Vorschrift des § 135 Abs. 3, 5, 6 Satz 2 oder Abs. 7 über den Handel mit Schiffs- oder Reisebedarf in einem Freihafen oder des § 145 Abs. 3 oder 4 über den Handel mit unverzolltem Schiffs- oder Reisebedarf im Zollgrenzbezirk oder im Zollbinnenland zuwiderhandelt,**

---

[1] eingefügt durch 19. ÄndV v. 16. 12. 1969 (BGBl. I 2343); in Kraft seit 1. 1. 1970.
[2] geänd. durch 28. ÄndV v. 17. 12. 1976 (BGBl. I 3584); in Kraft seit 1. 1. 1970.
[3]. neugefaßt durch 24. ÄndV v. 3. 8. 1973 (BGBl. I 946); in Kraft seit 1. 9. 1973; geänd. durch 26. ÄndV v. 19. 3. 1976 (BGBl. I 718); in Kraft seit 1. 4. 1976.
[4] geänd. durch 24. ÄndV v. 3. 8. 1973 (BGBl. I 946); in Kraft seit 1. 9. 1973.
[5] geänd. durch 26. ÄndV v. 19. 3. 1976 (BGBl. I 718); in Kraft seit 1. 4. 1976.
[6] neugefaßt durch 22. ÄndV v. 14. 4. 1972 (BGBl. I 602); in Kraft seit 1. 5. 1972; geänd. durch 24. ÄndV v. 3. 8. 1973 (BGBl. I 946); in Kraft seit 1. 9. 1973.
[7] geänd. durch 28. ÄndV. v. 17. 12. 1976 (BGBl. I 3584); in Kraft seit 1. 1. 1970.

2. **entgegen § 136 in einem Freihafen ohne Zulassung oder Genehmigung des Hauptzollamts Waren im Reisegewerbe oder in Wohnungen feilbietet oder ankauft oder Warenbestellungen auf Schiffen aufsucht oder Waren in kleinen Mengen verbotswidrig erwirbt oder abgibt,**
3. **entgegen § 137 in einem Freihafen Waren ohne vorgeschriebene Belege befördert,**
4. **als Buchführungspflichtiger in einem Freihafen entgegen § 140 Abs. 2 den Zeitpunkt einer Inventur der zuständigen Zollstelle nicht oder nicht rechtzeitig anzeigt,**
5. **entgegen § 141 Abs. 5 in einem Freihafen ohne Zustimmung des Hauptzollamts Waren innerhalb einer Entfernung von drei Metern vom Zollzaun lagert oder abstellt,**
6. **entgegen § 142 die Freihafengrenze außerhalb zugelassener Übergänge oder Zeiten überschreitet oder den Grenzpfad ohne Erlaubnis des Hauptzollamtes betritt.**

24 Für **Zuwiderhandlungen gegen Ge- und Verbote in Verordnungen des Rates oder der Kommission** der Europäischen Gemeinschaft bestimmt:

§ 148b AZO[1] – Verstöße gegen Gemeinschaftsrecht

(1) **Ordnungswidrig im Sinne des § 382 Abs. 1 Nr. 1 der Abgabenordnung handelt, wer als Pflichtiger oder bei der Wahrnehmung der Angelegenheiten eines Pflichtigen vorsätzlich oder fahrlässig der Verordnung Nr. 222/77 des Rates vom 13. Dezember 1976 über das gemeinschaftliche Versandverfahren (ABl. EG 1977 Nr. L 38 S. 1) zuwiderhandelt, indem er**

1. **entgegen Artikel 13 Buchstabe a oder Artikel 39 Abs. 2 die Waren nicht, nicht fristgemäß, unter Nichtbeachtung der getroffenen Maßnahmen oder nicht unverändert gestellt,**
2. **die ihm ausgehändigten Exemplare des Versandscheins nach Artikel 19 Abs. 1 oder Artikel 39 Abs. 2 bei der Beförderung der Ware nicht mitführt,**
3. **entgegen Artikel 20 oder Artikel 39 Abs. 2 der Zollstelle die Exemplare des Versandscheins nicht vorlegt,**
4. **entgegen Artikel 21 oder Artikel 39 Abs. 2 der Grenzübergangsstelle die Sendung nicht oder nicht unter Vorlage der Exemplare des Versandscheins vorführt,**
5. **entgegen Artikel 22 Abs. 1 oder Artikel 39 Abs. 2 bei der Grenzübergangsstelle einen Grenzübergangsschein nicht abgibt,**
6. **entgegen Artikel 23 oder Artikel 39 Abs. 2 der Zwischenzollstelle die ihm ausgehändigten Exemplare des Versandscheins nicht vorlegt,**
7. **entgegen Artikel 24 Abs. 2 Satz 2 oder Artikel 39 Abs. 2 bei Umladungen den Versandschein nicht mit dem vorgeschriebenen Vermerk versieht oder die nächste Zollstelle, der die Waren vorzuführen sind, nicht unterrichtet,**
8. **entgegen Artikel 25 Abs. 1 Satz 1 oder Artikel 39 Abs. 2 bei Verletzung von Verschlüssen ein Protokoll nicht aufnehmen läßt,**

---

[1] eingefügt durch 28. ÄndV v. 17. 12. 1976 (BGBl. I 3584); in Kraft seit 1. 1. 1977.

9. entgegen Artikel 25 Abs. 3 oder Artikel 39 Abs. 2 die Entladung von Waren im Versandschein nicht vermerkt oder ein Protokoll nicht aufnehmen läßt.[1]

(2) Ordnungswidrig im Sinne des § 382 Abs. 1 Nr. 1 der Abgabenordnung handelt auch, wer als Pflichtiger oder bei der Wahrnehmung der Angelegenheiten eines Pflichtigen vorsätzlich oder fahrlässig der Verordnung Nr. 223/77 der Kommission vom 22. Dezember 1976 über Durchführungsbestimmungen und Vereinfachungsmaßnahmen des gemeinschaftlichen Versandverfahrens (ABl. EG 1977 Nr. L S. 20) zuwiderhandelt, indem er

1. entgegen Artikel 58 Abs. 1 Satz 3 das Feld „Abgangszollstelle" nicht durch Angabe des Versendungstags der Waren vervollständigt oder die Versandanmeldung nicht entsprechend der Bewilligung mit einer Nummer versieht,
2. entgegen Artikel 59 Abs. 1 die ordnungsgemäß ausgefüllte Versandanmeldung nicht spätestens im Zeitpunkt der Versendung vervollständigt,
3. entgegen Artikel 59 Abs. 2 Satz 1 das Exemplar Nr. 1 des Versandscheins nicht rechtzeitig der Abgangszollstelle zuleitet,
4. entgegen Artikel 61 Abs. 1 Buchstabe b den Sonderstempel oder die mit dem Abdruck des Stempels der Abgangszollstelle oder des Sonderstempels versehenen Vordrucke nicht sicher aufbewahrt,
5. die Bestimmungszollstelle entgegen Artikel 65 Abs. 1 Buchstabe a nicht rechtzeitig über etwaige Mehrmengen, Fehlmengen, Vertauschungen oder sonstige Unregelmäßigkeiten unterrichtet oder ihr entgegen Artikel 65 Abs. 1 Buchstabe b nicht rechtzeitig die Exemplare der Versandscheine, die die Sendung begleitet haben, zusendet oder ihr nicht gleichzeitig das Ankunftsdatum und den Zustand etwa angelegter Verschlüsse mitteilt.[2]

(3) Die Absätze 1 und 2 gelten auch, soweit das gemeinschaftliche Versandverfahren nach Artikel 9 der Verordnung (EWG) Nr. 385/73 der Kommission vom 19. Januar 1973 über die Methoden der Zusammenarbeit der Verwaltungen zur Gewährleistung des freien Warenverkehrs im Handel zwischen der Gemeinschaft in ihrer ursprünglichen Zusammensetzung und den neuen Mitgliedstaaten sowie im Handel der neuen Mitgliedstaaten untereinander während der Übergangszeit (Amtsblatt der Europäischen Gemeinschaften Nr. L 42 S. 1) im Verkehr zwischen der Europäischen Wirtschaftsgemeinschaft in ihrer ursprünglichen Zusammensetzung und den neuen Mitgliedstaaten angewendet wird.

(4) Die Absätze 1 bis 3 gelten auch, soweit das gemeinschaftliche Versandverfahren nach Artikel 1 der Verordnung (EWG) Nr. 2812/72 des Rates vom 21. November 1972 über den Abschluß eines Abkommens zwischen der Europäischen Wirtschaftsgemeinschaft und der Schweizerischen Eidgenossenschaft zur Anwendung der Bestimmungen über das gemeinschaftliche Versandverfahren (Amtsblatt der Europäischen Gemeinschaften Nr. L 294 S. 1) und nach Artikel 1 der Verordnung (EWG) Nr. 2813/72 des Rates vom 21. November 1972 über den Abschluß eines Abkommens zwischen der Europäischen Wirtschaftsgemeinschaft und der Republik Österreich zur Anwendung der Bestimmungen über das gemeinschaftliche Versandverfahren (Amtsblatt der Europäischen Gemeinschaften Nr. L 294 S. 86) für Warenbeförderungen angewendet wird, die sowohl das Gebiet der Europäischen Wirtschaftsgemeinschaft als auch das Gebiet der Schweiz oder Österreichs berühren.

---

[1] geänd. durch 29. ÄndV v. 29. 6. 1977 (BGBl. I 1173); in Kraft seit 15. 7. 1977.

e) § 382 II AO

25 **Gem. § 382 II AO ist § 381 AO auch anwendbar,** soweit die Zollgesetze und die dazu erlassenen RechtsVOen für Verbrauchsteuern sinngemäß gelten. Durch diese Vorschrift soll sichergestellt werden, daß die Gefährdung solcher Verbrauchsteuern, die als Eingangsabgaben zu entrichten sind, unter den Voraussetzungen des § 382 I AO nur nach dieser Sondervorschrift geahndet werden können (s. Begr. zu dem gleichlautenden § 408 II RAO 1968, BT-Drucks. V/1812 S. 28, sowie Rdnr. 22 zu § 381 AO).

26 **Eine generelle Verweisung** auf „die Vorschriften für Zölle" enthalten § 5 I KaffeeStG und § 5 I TeeStG. Bei der EUSt gilt das Zollrecht mit bestimmten, ausdrücklich normierten Einschränkungen (§ 21 II UStG).

27 **Für die übrigen Verbrauchsteuern hingegen gelten** bei der Einfuhr grundsätzlich für die Entstehung der Steuer und den Zeitpunkt, der für ihre Bemessung maßgebend ist, für die Person des StSchuldners, die persönliche Haftung, die Fälligkeit, für den Erlaß und die Erstattung der Steuer und für das Steuerverfahren die Vorschriften des ZollG sinngemäß, und zwar auch dann, wenn kein Zoll zu erheben ist (§ 6a BierStG; § 7 LeuchtmStG; § 7 MinöStG; § 6 SalzStG; § 7 SchaumwStG; § 6 SpielkStG; § 11 TabStG; § 8 ZuckStG; § 6 ZündwStG). Aufgrund der in den Verbrauchsteuergesetzen enthaltenen Ermächtigungen, das Verfahren bei der Einfuhr mit Rücksicht auf „die besonderen Verhältnisse" abweichend zu regeln (vgl. zB § 44 Nr. 5 TabStG), enthalten die Durchführungsbestimmungen zu diesen Verbrauchsteuergesetzen für die Einfuhr Sondervorschriften (§ 9a BierStDB; § 6 LeuchtmStDB; § 9 MinöStDB; § 7 SalzStDB; § 6 SchaumwStDB, § 6 SpielkStDB; § 20 TabStDB; § 8 ZuckStDB; § 5 ZündwStDB). Folglich gilt *insoweit* das Zollrecht nicht, so daß etwaige Zuwiderhandlungen auch nicht nach § 382 I u. II AO geahndet werden können (ebenso *Kohlmann* 48 zu § 408 RAO 1968). Die Pflicht zur Gestellung und Anmeldung von Waren, die bei der Einfuhr einer Verbrauchsteuer unterliegen, ergibt sich nicht etwa aus dem Zollrecht, sondern aus den ausdrücklichen Geboten des § 11a BierStDB; § 6 I LeuchtmStDB; § 9 I MinöStDB; § 7 I SalzStDB; § 6 I SchaumwStDB; § 6 I SpielkStDB; § 20 I TabStDB; § 8 I ZuckStDB; § 5 I ZündwStDB. Die Verletzung der Gestellungs- oder Anmeldungspflicht könnte also nur nach § 381 I Nr. 1 AO geahndet werden. Das ist jedoch mangels einer Rückverweisung *„für diesen Tatbestand"* gem. § 381 I AO nicht möglich. Daraus ergibt sich die Konsequenz, daß Zuwiderhandlungen gegen die verbrauchsteuerlichen Gestellungs- oder Anmeldepflichten überhaupt nicht geahndet werden können. Diese Regelung erscheint jedoch gerechtfertigt mit Rücksicht auf die allgemeine Gestellungspflicht zum Zwecke der Verzollung für alle eingeführten Waren (§ 6 ZollG) und die entsprechende Bußgeldandrohung in § 79a I Nr. 3 ZollG. Soweit in den Verbrauchsteuerdurchführungsbestimmungen für *„das Steuerverfahren im übrigen"* (zB § 9 MinöStDB) oder für *„das Verfahren bei der Gestellung und für das weitere Steuerverfahren"* (§ 20 II 1 TabStDB) wieder die sinngemäße Anwendung des Zollrechts vorgeschrie-

ben ist, gelten sinngemäß auch die entsprechenden Verweisungen in § 79a ZollG, § 148a AZO.

6. Subjektiver Tatbestand

28 Der subjektive Tatbestand des § 382 AO umfaßt neben (bedingt) **vorsätzlichem Verhalten** (s. Rdnr. 43ff. zu § 369 AO) auch **fahrlässiges** (s. Rdnr. 76 zu § 369 AO) **Handeln.** Zur Begründung der gleichlautenden Vorschrift des § 408 RAO 1968 wurde seinerzeit ausgeführt: „Eine Beschränkung auf leichtfertiges Verhalten, wie sie in § 407 AO vorgesehen ist, wäre bei der Gefährdung von Eingangsabgaben kriminalpolitisch verfehlt. Als Täter von Zuwiderhandlungen gegen zollrechtliche Gestellungs- und Anmeldepflichten und gegen Beschränkungen in Zollfreigebieten kann jedermann in Betracht kommen. Aus diesem Grunde sind die Eingangsabgaben stärker gefährdet als die Verbrauchsteuern" (BT-Drucks. V/1812 S. 28). Im Schrifttum ist diese Sonderbehandlung der Gefährdung von Eingangsabgaben im Verhältnis zu allen anderen Tatbeständen der Steuergefährdung auf einhellige Ablehnung gestoßen (*Hübner* 24 u. *Kohlmann* 47 zu § 408 RAO 1968; *Henneberg* BB 1968, 910; *Stobbe* ZfZ 1969, 269). Trotz dieser Kritik hat der Gesetzgeber des § 382 AO wiederum fahrlässiges Handeln genügen lassen. Ungerechtfertigt und daher unbefriedigend erscheint die Regelung vor allem deshalb, weil bei fahrlässiger Begehung schon die Herbeiführung einer abstrakten *Gefahr* einer Steuerverkürzung bei jeder noch so geringen Fahrlässigkeit ahndbar ist, während für die vollendete Steuerverkürzung Leichtfertigkeit erforderlich ist.

29 **Kennt der Täter eine Pflicht nicht oder irrt er** über ihr Bestehen, so entfällt der Vorsatz (s. Rdnr. 89ff. zu § 369 AO). Beruht die Unkenntnis oder der Irrtum auf Fahrlässigkeit, so kann die Handlung als Fahrlässigkeit geahndet werden (s. Rdnr. 91 zu § 369 AO).

7. Geldbuße

30 Die Bußgelddrohung des § 408 III AO entspricht § 381 II AO. Es gelten daher die gleichen Grundsätze (s. Rdnr. 19, 20 zu § 381 AO).

8. Selbstanzeige

31 Die Vorschriften über die strafbefreiende Wirkung einer Selbstanzeige sind nicht anwendbar (s. Rdnr. 21 zu § 381 AO).

9. Konkurrenzfragen

32 **§ 382 AO ist Sondervorschrift gegenüber § 381 AO** (s. Rdnr. 22 zu § 381 AO; ferner Rdnr. 27). Das gilt auch dann, wenn Verstöße iS des § 381 I AO zugleich den Tatbestand einer Verbrauchsteuergefährdung erfüllen, zB bei Verletzung einer der zahlreichen verbrauchsteuerlichen Anmeldepflichten (s. *Hübner* 27 zu 408 RAO 1968).

33 **Der Bußgeldtatbestand des § 382 AO tritt zurück,** wenn *Steuerhinterziehung* nach § 370 AO vorliegt (§ 21 OWiG, § 377 II AO) oder wenn der Tatbestand der *leichtfertigen Steuerverkürzung* nach § 378 AO erfüllt ist (§ 382 III AO); vgl. auch BGH 24, 178 v. 20. 7. 1971 betr. Zollhinterziehung bei Entstehung der Zollschuld im Falle des § 57 ZollG; ferner OLG Bremen v. 5. 8. 1964, ZfZ 380. Die Anwendung des § 382 AO auf tatbestandsmäßige Zuwiderhandlungen iS dieser Vorschrift wird aber nicht dadurch ausgeschlossen, daß durch die Zuwiderhandlung nur der objektive Tatbestand der §§ 370 oder 378 AO erfüllt wird (vgl. bereits *Krämer* ZfZ 1959, 233).

34 § 382 I Nr. 2 AO geht als Sondertatbestand dem § 379 AO vor, zB bei der **Verletzung einer Buchführungspflicht** iS des § 66 I ZollG iVm § 79a II Nr. 10 ZollG.

35 **Tateinheit** ist möglich zwischen einem Diebstahl (§ 242 StGB) und einer verbotswidrigen Beförderung iS von § 60 III Nr. 4 ZollG iVm §§ 137, 148a II Nr. 3 AZO (BGH 19, 217 v. 10. 1. 1964). In einem solchen Fall wird nach § 21 OWiG nur das Strafgesetz angewandt.

10. Verjährung

36 Die Verjährung richtet sich – ebenso wie im Falle des § 381 AO – nach den allgemeinen Vorschriften der §§ 31ff. OWiG, § 377 II AO (s. Rdnr. 25 zu § 381 AO).

11. Anwendung des § 80 ZollG

37 Eine Ordnungswidrigkeit iS des § 382 AO, die im **Reiseverkehr** im Zusammenhang mit der Zollbehandlung begangen wird, wird nicht verfolgt, wenn sich die Handlung auf Waren bezieht, die weder zum Handel noch zur gewerblichen Verwendung bestimmt und insgesamt nicht mehr als 240 DM wert sind (§ 80 I ZollG). Voraussetzung ist allerdings, daß der Täter die Ware nicht besonders versteckt (§ 80 II Nr. 1 ZollG; BGH v. 23. 3. 1963, BZBl. 408). *„Reiseverkehr"* ist die Einfuhr und Ausfuhr von Waren, die von Personen im Rahmen des auf einer Reise Üblichen mitgeführt werden, einschließlich der dabei verwendeten Beförderungsmittel. Auch der *Berufsverkehr* über die Zollgrenze, zB der Verkehr der Hafenarbeiter über die Freihafengrenze, ist Reiseverkehr iS des § 80 ZollG (BGH 18, 40 v. 1. 8. 1962). „Mitgeführt" sind auch Waren, die auf dem gleichen Beförderungsweg befördert werden (§ 5 AZO). Kein *„Zusammenhang mit der Zollbehandlung"* besteht, wenn die Ware über die „grüne Grenze" eingeschmuggelt wird.

38 § 80 I ZollG gilt nicht, wenn der Täter durch die Tat den Tatbestand einer Zollstraftat innerhalb von sechs Monaten zum wiederholten Mal verwirklicht (§ 80 II Nr. 2 ZollG). Die **Wiederholung** einer *Zollordnungswidrigkeit* schließt die Verfolgung also *nicht* aus. § 80 ZollG begründet ein Verfahrenshindernis. Für Ermessensentscheidungen des Abfertigungsbeamten bleibt kein Raum (*Bail/Schädel/Hutter* 1 zu § 80 ZollG). § 57 VII ZollG schafft allerdings die Möglichkeit, einen Zollzuschlag zu erheben, wenn das Zollgut im Reisever-

kehr im Zusammenhang mit der Zollbehandlung der zollamtlichen Überwachung vorenthalten oder entzogen wird.

39 **Die Anwendung des § 80 ZollG auf Verbrauchsteuern,** die als Eingangsabgaben erhoben werden, ist vorgeschrieben durch § 6a VI BierStG, § 7 IV LeuchtmStG, § 7 IV MinöStG, § 6 IV SalzStG, § 7 IV SchaumwStG, § 6 IV SpielkStG, § 32 TabStG, § 21 VI UStG, § 8 V ZuckStG, § 6 III ZündwStG.

§ 383 Unzulässiger Erwerb von Steuererstattungs- und Vergütungsansprüchen

(1) **Ordnungswidrig handelt, wer entgegen § 46 Abs. 4 Satz 1 Erstattungs- oder Vergütungsansprüche erwirbt.**

(2) **Die Ordnungswidrigkeit kann mit einer Geldbuße bis zu hunderttausend Deutsche Mark geahndet werden.**

Übersicht

1. Entstehungsgeschichte

1 Die Vorschrift entspricht § 409a RAO idF des Art. 2 Nr. 7 StBerÄndG v. 24. 6. 1975 (BGBl. I 1509). § 409a RAO wurde mit Wirkung ab 1. 7. 1975 als neuer Bußgeldtatbestand eingefügt (Begr. s. BT-Drucks. 7/2852). Gleichzeitig wurde die das Blankett ausfüllende Vorschrift des § 159 RAO (= § 46 AO) ergänzt und neugefaßt. § 46 IV 1 AO (= § 159 III 1 RAO 1975) dient dem Schutz der Lohnsteuerpflichtigen, insbes. der Gastarbeiter.

2. Zweck und Anwendungsbereich

2 **§ 46 AO – Abtretung, Verpfändung, Pfändung –** lautet:

(1) **Ansprüche auf Erstattung von Steuern, Haftungsbeträgen, steuerlichen Nebenleistungen und auf Steuervergütungen können abgetreten, verpfändet und gepfändet werden.**

(2) **Die Abtretung wird jedoch erst wirksam, wenn sie der Gläubiger in der nach Absatz 3 vorgeschriebenen Form der zuständigen Finanzbehörde nach Entstehung des Anspruchs anzeigt.**

(3) **Die Abtretung ist der zuständigen Finanzbehörde unter Angabe des Abtretenden, des Abtretungsempfängers sowie der Art und Höhe des abgetretenen Anspruchs und des Abtretungsgrundes auf einem amtlich vorgeschriebenen Vordruck anzuzeigen. Die Anzeige ist vom Abtretenden und vom Abtretungsempfänger zu unterschreiben.**

(4) **Der geschäftsmäßige Erwerb von Erstattungs- oder Vergütungsansprüchen zum Zwecke der Einziehung oder sonstigen Verwertung auf eigene Rechnung ist nicht zulässig. Dies gilt nicht für die Fälle der Sicherheitsabtretung. Zum geschäftsmäßigen Erwerb und zur geschäftsmäßigen Einziehung der zur Sicherung abgetretenen Ansprüche sind nur Unternehmen befugt, denen das Betreiben von Bankgeschäften erlaubt ist.**

(5) **Wird der Finanzbehörde die Abtretung angezeigt, so müssen Abtretender und Abtretungsempfänger der Finanzbehörde gegenüber die angezeigte Abtretung gegen sich gelten lassen, auch wenn sie nicht erfolgt oder nicht wirksam oder wegen Verstoßes gegen Absatz 4 nichtig ist.**

(6) **Eine Pfändung ist erst zulässig, wenn der Anspruch entstanden ist. Die Vorschriften der Absätze 2 bis 5 sind auf die Verpfändung sinngemäß anzuwenden.**

(7) ....

Mit dem grundsätzlichen Verbot des geschäftsmäßigen Erwerbs von Steuererstattungsansprüchen soll der besonderen Form der Wirtschaftskriminalität begegnet werden, bei der unseriöse „Kreditgeber" den Erstattungsanspruch gegen eine vorbehaltlose Abtretung mit geringen Beträgen „vorfinanzieren" und dabei die Unkenntnis mancher ArbN, namentlich der Gastarbeiter, über die tatsächliche Höhe ihrer voraussichtlichen LSt-Rückzahlung ausnutzen (s. Begr. zu § 159 u. § 409a RAO 1975, BT-Drucks. 7/2852 S. 47f.).

3 **§ 383 AO ist anwendbar** auf alle Erstattungs- und Vergütungsansprüche aus dem StSchuldverhältnis (§ 37 AO). *Privatrechtliche* Ansprüche gegen den StGläubiger – zB Rückgewähransprüche aus vertraglicher Haftungsübernahme iS des § 192 AO – gehören nicht dazu (vgl. *Kruse* 1 zu § 46 AO). Eine Verletzung der Anzeigepflicht des § 46 III AO, sei es dem Grunde oder der Form nach, ist nicht tatbestandsmäßig iS § 383 I AO. Rechtsgrund und Entstehung der Erstattungs- und Vergütungsansprüche sind den Einzelsteuergesetzen zu entnehmen (§§ 37, 38 AO; Rdnr. 6, 8); diese bestimmen auch, wer Gläubiger einer StVergütung ist (§ 43 AO). Ein Verstoß gegen § 46 IV 1 AO hat die *Nichtigkeit* der Abtretung/Verpfändung zur Folge (§ 46 V AO).

4 **Die entsprechende Anwendung des § 383 AO** schreiben vor:
- § 5b II SparPG idF des Art. 74 Nr. 4 EGAO (Anh XIV);
- § 8 II WoPG idF des Art. 50 Nr. 5 EGAO (Anh XV);
- § 13 II des 3. VermBG idF des Art. 83 Nr. 1 EGAO (Anh XVI).

Gem. § 5a I BergPG idF des Art. 82 Nr. 2 EGAO (Anh XVII) sind auf *Bergmannsprämien* die für Steuervergütungen geltenden Vorschriften entsprechend anzuwenden. Unter den gem. § 5a II BergPG analog anzuwendenden Straf- und Bußgeldvorschriften der AO ist § 383 AO jedoch nicht erwähnt. Daraus ist zu schließen, daß die entsprechende Anwendbarkeit der Vorschriften über Steuervergütungen nach dem Willen des Gesetzgebers nicht automatisch die Anwendbarkeit des § 383 AO zur Folge haben soll. Dazu bedarf es vielmehr noch eines besonderen Hinweises. *Investitionszulagen* zB fallen daher nicht unter § 383 AO (s. § 5 V InvZulG idF des Art. 64 Nr. 1 EGAO).

3. Objektive Tatbestände

5 **Erstattungsanspruch** ist der umgekehrte Leistungsanspruch (vgl. *Kruse* 3 vor §§ 150–159 RAO). Er setzt voraus, daß ein Anspruch aus dem Steuerschuldverhältnis (§ 37 I AO) ohne rechtlichen Grund erfüllt wurde oder daß der rechtliche Grund für die Zahlung später weggefallen ist (§ 37 II AO). Der Grundsatz, daß materiell ungerechtfertigte Vermögensverschiebungen unter den Partnern des Steuerschuldverhältnisses wieder auszugleichen sind, wird

durch die *Bestandskraft* der Steuerbescheide, die Grundlage für die Verwirklichung aller Ansprüche aus dem Steuerschuldverhältnis sind (§ 218 I AO), in formeller Hinsicht begrenzt (§§ 155, 172ff. AO). Entgegen §§ 150ff. RAO verzichtet die AO auf eine Differenzierung der einzelnen Erstattungsansprüche nach dem Grund ihrer Entstehung. Maßgebend sind also – neben dem in § 37 II AO geregelten allgemeinen Erstattungsanspruch – die Einzelsteuergesetze.

6 **In den Einzelsteuergesetzen sind namentlich folgende Erstattungsansprüche geregelt:**

- § 8 BierStG (Erstattung für Bier, das in die Brauerei zurückgebracht oder in einen anderen Betrieb eingebracht wird);
- § 42 EStG (LSt-Jahresausgleich);
- §§ 44b, c EStG (Erstattung bei der KapSt);
- § 17 GrEStG (Rückgängigmachung von Erwerbsvorgängen; s. aber Einl 167f.);
- § 7 FeuerschStG (Zurückzahlung oder Herabsetzung des Versicherungsentgelts);
- § 7 KaffeeStG (Erstattung bei Ausfuhr);
- § 14 KraftStG (Vorzeitige Beendigung der Steuerpflicht bei Veräußerung usw. des Kfz);
- § 9 LeuchtmStG iVm § 14 LeuchtmDB (Rückwaren);
- § 10 MinöStG iVm §§ 37f. MinöDV (Rückwaren sowie Erstattung an Diplomaten usw.);
- § 8 SalzStG iVm § 12 SalzStDB (Rückwaren);
- § 9 SchaumwStG iVm § 11 SchaumwStDB (Erstattung bei Rückwaren);
- § 8 SpielkStG (Rückwaren. Die Erstattung erfolgt „nach näherer Bestimmung des BdF"; eine Ermächtigungsgrundlage für § 11 SpielkStDB ist nicht ersichtlich);
- § 15 TabStG iVm § 26 TabStDB (Erstattung bei Übernahme in angemeldeten Herstellungsbetrieb oder bei Ausfuhr);
- § 7 TeeStG (Ausfuhr);
- VO über die Erstattung von USt an ausländische ständige diplomatische Missionen und ihre ausländischen Mitglieder (UStErstVO) v. 3. 4. 1970 (BGBl. I 316);
- § 9 VersStG (Zurückzahlung oder Herabsetzung des Versicherungsentgelts);
- § 11 WStG (Erstattung bei Nichtannahme des Wechsels oder Herabsetzung der Wechselsumme);
- § 10 ZuckStG iVm § 16 ZuckStDB (Rückwaren);
- § 8 ZündwStG iVm § 8 ZündwStDB (Rückwaren).

Für die in den Einzelsteuergesetzen geregelten Erstattungsansprüche ist charakteristisch, daß der Anspruch aus einem nachträglich eintretenden besonderen Sachverhalt erwächst, der die Rechtmäßigkeit der ursprünglichen Steuerfestsetzung nicht in Frage stellt (s. *Kühn/Kutter* 6 zu § 37 AO).

7 Auch der **Steuervergütungsanspruch** ist ein umgekehrter Leistungsanspruch. Er unterscheidet sich von dem Erstattungsanspruch darin, daß im Falle der Vergütung die Steuer regelmäßig zu Recht, im Falle der Erstattung jedoch regelmäßig zu Unrecht geleistet wurde (BFH v. 29. 6. 1971, BStBl. 740). Der Vergütungsanspruch steht nicht dem Steuerentrichtungspflichtigen, sondern grundsätzlich demjenigen zu, der die Steuer infolge Überwälzung wirtschaftlich getragen hat. Steuervergütung ist ein wichtiges Mittel der staatlichen Wirtschafts- und Steuerpolitik (vgl. *Kühn/Kutter* 3 zu § 37 AO). Durch Zubilligung eines solchen Anspruchs soll ein Anreiz für ein wirtschaftlich erwünschtes Verhalten (zB die Ausfuhr) geschaffen werden (BVerfG 10, 372, 377 v. 9. 3. 1960).

8 **Rechtsgrund und Gläubiger eines Steuervergütungsanspruchs ergeben sich aus den Einzelsteuergesetzen** (§ 43 AO):

- § 7 KaffeeStG (Ausfuhr);
- § 11 MinöStG iVm § 39 MinöStDV (Ausfuhr nicht steuerbarer Erzeugnisse);
- § 9 SalzStG (eine die Ermächtigung ausfüllende Vorschrift ist bis jetzt noch nicht erlassen worden);
- § 43 TabStG (Tabakzollvergütung);
- § 7 TeeStG (Ausfuhr);
- § 9 ZuckStG iVm ZuckStVO v. 8. 7. 1970 (BGBl. I 1047) idF des Art. 5 der 2. ÄndV zu VerbrauchStDB v. 17. 9. 1973 (BGBl. I 1333) betr. Ausfuhr von Erzeugnissen, bei deren Herstellung Zucker verwendet wurde.

Der bei der USt durch *Vorsteuerabzug* entstehende Rückzahlungsanspruch des Unternehmers (§§ 16, 18 II, IV UStG) ist zwar abtretbar, zählt aber nicht zu den Steuervergütungsansprüchen im technischen Sinn (BFH v. 27. 5. 1971, BStBl. 649; str., vgl. *Kruse* 2 zu § 46 AO). Soweit die *entsprechende* Anwendbarkeit der Vorschriften über Steuervergütungen vorgeschrieben ist, bedarf es zur Anwendung des § 383 AO noch einer besonderen Vorschrift (Rdnr. 4).

9 **Erwerb** bedeutet Abtretung und Verpfändung, die allerdings bei Verstoß gegen § 46 IV 1 AO nichtig sind (§ 46 V AO). Sicherungsabtretungen sind erlaubt (§ 46 IV 2 AO).

10 **Geschäftsmäßiges Handeln** ist eine selbständige, in Wiederholungsabsicht ausgeübte Tätigkeit (s. Begr. zu § 159 RAO 1975, BT-Drucks. 7/2852 S. 47). Gewinnstreben ist nicht erforderlich.

11 **Befvgt** zum geschäftsmäßigen Erwerb und zur geschäftsmäßigen Einziehung sind Unternehmen, denen das Betreiben von Bankgeschäften gem. § 32 KWG erlaubt ist.

4. Täter

12 Täter iS des § 383 I AO kann jeder sein, der dem Verbot des § 46 IV 1 AO zuwiderhandelt. Da § 46 IV 1 AO nur den „Erwerb" verbietet, kann der Abtretende allenfalls als „Beteiligter" ordnungswidrig handeln (§ 377 II AO; § 14 OWiG).

5. Subjektiver Tatbestand

13 Der subjektive Tatbestand des § 383 I AO umfaßt nur vorsätzliches Handeln (§ 377 II AO; § 10 OWiG).

6. Versuch

14 Eine versuchte Ordnungswidrigkeit nach § 383 AO kann nicht geahndet werden (§ 377 II AO; § 13 II OWiG).

7. Geldbuße

15 Die Ordnungswidrigkeit nach § 383 I AO kann mit einer Geldbuße von 5 bis 100000 DM geahndet werden (§ 383 II, § 377 II AO; § 17 I OWiG). Über die Zumessung der Geldbuße s. Rdnr. 26ff. zu § 377 AO.

8. Selbstanzeige

16 Die Vorschriften über die strafbefreiende Wirkung einer Selbstanzeige sind nicht anwendbar. Für eine Berichtigung oder Ergänzung unterlassener Angaben ist kein Raum. Dementsprechend enthält § 383 AO – anders § 378 III AO – keine Verweisung auf § 371 AO. Es dürfte aber pflichtgemäßem Ermessen entsprechen, von der Verfolgung abzusehen (§ 47 OWiG), wenn der Täter den verbotswidrigen und damit ohnehin nichtigen „Erwerb" (s. Rdnr. 9) in jeder Hinsicht rückgängig macht.

9. Verjährung

17 Eine Ordnungswidrigkeit nach § 383 AO verjährt in 3 Jahren (§ 377 II AO; § 31 II Nr. 1 OWiG).

§ 384 Verfolgungsverjährung

Die Verfolgung von Steuerordnungswidrigkeiten nach den §§ 378 bis 380 verjährt in fünf Jahren.

Übersicht

1. Entstehungsgeschichte

1 Bei Einführung von Steuerordnungswidrigkeiten durch das 2. AOStrafÄndG v. 12. 8. 1968 (BGBl. I 953) enthielten die Bußgeldtatbestände der leichtfertigen Steuerverkürzung in § 404 IV RAO, der Steuergefährdung in § 405 IV RAO und der Gefährdung von Abzugsteuern in § 406 III RAO Verweisungen auf § 402 RAO 1968, der in Abs. I für die Verjährung der Verfolgung von Steuervergehen eine Frist von fünf Jahren bestimmte; für die Verbrauchsteuergefährdung nach § 407 und die Gefährdung der Eingangsabgaben nach § 408 RAO 1968 galt die 2-jährige Verjährungsfrist gem. § 27 II Nr. 2 OWiG 1968. Der RegE hatte die 5-jährige Frist nur für § 404 RAO mit der Begr. vorgesehen, daß eine kürzere Frist die Wirksamkeit dieser Bußgeldvorschrift in einem nicht tragbaren Maße einschränke; denn die Entdeckung einer leichtfertigen Steuerverkürzung sei von denselben Umständen abhängig wie die Entdeckung einer vorsätzlichen Steuerverkürzung (BT-Drucks. V/1812 S. 27). Die weitergehende Regelung des Gesetzes entstammt dem Vermittlungsausschuß (BT-Drucks. V/3042 S. 2). Durch Art. 161 Nr. 8–10 EGStGB v. 2. 3. 1974 (BGBl. I 469, 582) wurde anstelle der einzelnen Verweisungsvorschriften ein neuer § 410 RAO eingeführt (s. Einl 79), dem § 384 AO 1977 wörtlich entspricht.

2. Allgemeine Vorschriften

2 Gem. § 377 II AO richtet sich die Verfolgungsverjährung von Steuerordnungswidrigkeiten grundsätzlich nach den allgemeinen Vorschriften des OWiG. Es sind daher anzuwenden:

§ 31 OWiG – Verfolgungsverjährung

(1) **Durch die Verjährung werden die Verfolgung von Ordnungswidrigkeiten und die Anordnung von Nebenfolgen ausgeschlossen.**

(2) **Die Verfolgung von Ordnungswidrigkeiten verjährt, wenn das Gesetz nichts anderes bestimmt,**

1. **in drei Jahren bei Ordnungswidrigkeiten, die mit Geldbuße im Höchstmaß von mehr als dreißigtausend Deutsche Mark bedroht sind,**
2. **in zwei Jahren bei Ordnungswidrigkeiten, die mit Geldbuße im Höchstmaß von mehr als dreitausend bis zu dreißigtausend Deutsche Mark bedroht sind,**
3. **in einem Jahr bei Ordnungswidrigkeiten, die mit Geldbuße im Höchstmaß von mehr als tausend bis zu dreitausend Deutsche Mark bedroht sind,**
4. **in sechs Monaten bei den übrigen Ordnungswidrigkeiten.**

(3) Die Verjährung beginnt, sobald die Handlung beendet ist. Tritt ein zum Tatbestand gehörender Erfolg erst später ein, so beginnt die Verjährung mit diesem Zeitpunkt.

§ 32 OWiG – Ruhen der Verfolgungsverjährung

(1) Die Verjährung ruht, solange nach dem Gesetz die Verfolgung nicht begonnen oder nicht fortgesetzt werden kann. Dies gilt nicht, wenn die Handlung nur deshalb nicht verfolgt werden kann, weil Antrag oder Ermächtigung fehlen.

(2) Ist vor Ablauf der Verjährungsfrist ein Urteil des ersten Rechtszuges oder ein Beschluß nach § 72 ergangen, so läuft die Verjährungsfrist nicht vor dem Zeitpunkt ab, in dem das Verfahren rechtskräftig abgeschlossen ist.

§ 33 OWiG – Unterbrechung der Verfolgungsverjährung

(1) Die Verjährung wird unterbrochen durch

1. die erste Vernehmung des Betroffenen, die Bekanntgabe, daß gegen ihn das Ermittlungsverfahren eingeleitet ist, oder die Anordnung dieser Vernehmung oder Bekanntgabe,
2. jede richterliche Vernehmung des Betroffenen oder eines Zeugen oder die Anordnung dieser Vernehmung,
3. jede Beauftragung eines Sachverständigen durch die Verfolgungsbehörde oder den Richter, wenn vorher der Betroffene vernommen oder ihm die Einleitung des Ermittlungsverfahrens bekanntgegeben worden ist,
4. jede Beschlagnahme- oder Durchsuchungsanordnung der Verfolgungsbehörde oder des Richters und richterliche Entscheidungen, welche diese aufrechterhalten,
5. die vorläufige Einstellung des Verfahrens wegen Abwesenheit des Betroffenen durch die Verfolgungsbehörde oder den Richter sowie jede Anordnung der Verfolgungsbehörde oder des Richters, die nach einer solchen Einstellung des Verfahrens zur Ermittlung des Aufenthalts des Betroffenen oder zur Sicherung von Beweisen ergeht,
6. jedes Ersuchen der Verfolgungsbehörde oder des Richters, eine Untersuchungshandlung im Ausland vorzunehmen,
7. die gesetzlich bestimmte Anhörung einer anderen Behörde durch die Verfolgungsbehörde vor Abschluß der Ermittlungen,
8. die Abgabe der Sache durch die Staatsanwaltschaft an die Verwaltungsbehörde nach § 43,
9. den Bußgeldbescheid,
10. die Vorlage der Akten an den Richter nach § 69 Abs. 1 Satz 1,
11. jede Anberaumung einer Hauptverhandlung,
12. den Hinweis auf die Möglichkeit, ohne Hauptverhandlung zu entscheiden (§ 72 Abs. 1 Satz 2),
13. die Erhebung der öffentlichen Klage oder die Stellung des ihr entsprechenden Antrags im selbständigen Verfahren,
14. die Eröffnung des Hauptverfahrens,
15. den Strafbefehl oder eine andere dem Urteil entsprechende Entscheidung.

(2) Die Verjährung ist bei einer schriftlichen Anordnung oder Entscheidung in dem Zeitpunkt unterbrochen, in dem die Anordnung oder Entscheidung unterzeichnet wird. Ist das Schriftstück nicht alsbald nach der Unterzeichnung

in den Geschäftsgang gelangt, so ist der Zeitpunkt maßgebend, in dem es tatsächlich in den Geschäftsgang gegeben worden ist.

(3) **Nach jeder Unterbrechung beginnt die Verjährung von neuem. Die Verfolgung ist jedoch spätestens verjährt, wenn seit dem in § 31 Abs. 3 bezeichneten Zeitpunkt das Doppelte der gesetzlichen Verjährungsfrist, mindestens jedoch zwei Jahre verstrichen sind. Wird jemandem in einem bei Gericht anhängigen Verfahren eine Handlung zur Last gelegt, die gleichzeitig Straftat und Ordnungswidrigkeit ist, so gilt als gesetzliche Verjährungsfrist im Sinne des Satzes 2 die Frist, die sich aus der Strafdrohung ergibt. § 32 bleibt unberührt.**

(4) **Die Unterbrechung wirkt nur gegenüber demjenigen, auf den sich die Handlung bezieht. Die Unterbrechung tritt in den Fällen des Absatzes 1 Nr. 1 bis 7, 11, 13 bis 15 auch dann ein, wenn die Handlung auf die Verfolgung der Tat als Straftat gerichtet ist.**

3 Die allgemeinen Vorschriften über die Verjährung der Verfolgung von Ordnungswidrigkeiten entsprechen weitgehend den Vorschriften über die Strafverfolgungsverjährung; im einzelnen entspricht

§ 31 I OWiG über die **Wirkung der Verfolgungsverjährung** dem § 78 I StGB (s. Rdnr. 4ff. zu § 376 AO);

§ 31 III OWiG über den **Beginn der Verjährung** dem § 78a StGB (s. Rdnr. 9ff. zu § 376 AO);

§ 32 OWiG über das **Ruhen der Verjährung** dem § 78b StGB (s. Rdnr. 37ff. zu § 376 AO);

§ 33 I OWiG über **Unterbrechungshandlungen** dem § 78c StGB (s. Rdnr. 17ff. zu § 376 AO), jedoch enthält § 33 I OWiG über § 78c StGB hinaus weitere zur Unterbrechung geeignete Handlungen, die sich aus Besonderheiten des Bußgeldverfahrens ergeben.

3. Verjährung der Steuerordnungswidrigkeiten

4 Für die Steuerordnungswidrigkeiten nach **§§ 381 bis 383 AO** ergeben sich die Verjährungsfristen mangels einer Sonderregelung aus § 31 II OWiG. Die Verbrauchsteuergefährdung (§ 381 AO) und die Gefährdung der Eingangsabgaben (§ 382 AO) sind mit Geldbußen bis zu 10000 DM bedroht. Gem. § 31 II Nr. 2 OWiG beträgt die Verjährungsfrist daher zwei Jahre. Da der unzulässige Erwerb von Steuererstattungs- und Vergütungsansprüchen gem. § 383 II AO mit einer Geldbuße bis zu 100000 DM bedroht ist, tritt die Verjährung hier gem. § 31 II Nr. 1 OWiG in drei Jahren ein.

5 **Abweichend von diesen allgemeinen Vorschriften** des OWiG legt **§ 384 AO** die Verjährungsfrist für Steuerordnungswidrigkeiten nach den §§ 378 bis 380 AO auf fünf Jahre fest. Zu den Gründen für diese Verlängerung s. Rdnr. 3 zu § 376 AO.

III. Teil
Anhang
I. Auszug aus dem Strafgesetzbuch
idF v. 2. 1. 1975 (BGBl. I 1):

§ 263 Betrug

(1) Wer in der Absicht, sich oder einem Dritten einen rechtswidrigen Vermögensvorteil zu verschaffen, das Vermögen eines anderen dadurch beschädigt, daß er durch Vorspiegelung falscher oder durch Entstellung oder Unterdrückung wahrer Tatsachen einen Irrtum erregt oder unterhält, wird mit Freiheitsstrafe bis zu fünf Jahren oder mit Geldstrafe bestraft.

(2) Der Versuch ist strafbar.

(3) In besonders schweren Fällen ist die Strafe Freiheitsstrafe von einem Jahr bis zu zehn Jahren.

(4) § 243 Abs. 2 sowie die §§ 247 und 248a gelten entsprechend.

(5) Das Gericht kann Führungsaufsicht anordnen (§ 68 Abs. 1 Nr. 2).

§ 264[1] Subventionsbetrug

(1) Mit Freiheitsstrafe bis zu fünf Jahren oder mit Geldstrafe wird bestraft, wer

1. einer für die Bewilligung einer Subvention zuständigen Behörde oder einer anderen in das Subventionsverfahren eingeschalteten Stelle oder Person (Subventionsgeber) über subventionserhebliche Tatsachen für sich oder einen anderen unrichtige oder unvollständige Angaben macht, die für ihn oder den anderen vorteilhaft sind,
2. den Subventionsgeber entgegen den Rechtsvorschriften über die Subventionsvergabe über subventionserhebliche Tatsachen in Unkenntnis läßt oder
3. in einem Subventionsverfahren eine durch unrichtige oder unvollständige Angaben erlangte Bescheinigung über eine Subventionsberechtigung oder über subventionserhebliche Tatsachen gebraucht.

(2) In besonders schweren Fällen ist die Strafe Freiheitsstrafe von sechs Monaten bis zu zehn Jahren. Ein besonders schwerer Fall liegt in der Regel vor, wenn der Täter

1. aus grobem Eigennutz oder unter Verwendung nachgemachter oder verfälschter Belege für sich oder einen anderen eine nicht gerechtfertigte Subvention großen Ausmaßes erlangt,
2. seine Befugnisse oder seine Stellung als Amtsträger mißbraucht oder
3. die Mithilfe eines Amtsträgers ausnutzt, der seine Befugnisse oder seine Stellung mißbraucht.

---

[1] eingefügt durch Art. 1 des 1. WiKG v. 29. 7. 1976 (BGBl. I 2034).

(3) Wer in den Fällen des Absatzes 1 Nr. 1 oder 2 leichtfertig handelt, wird mit Freiheitsstrafe bis zu drei Jahren oder mit Geldstrafe bestraft.

(4) Nach den Absätzen 1 und 3 wird nicht bestraft, wer freiwillig verhindert, daß auf Grund der Tat die Subvention gewährt wird. Wird die Subvention ohne Zutun des Täters nicht gewährt, so wird er straflos, wenn er sich freiwillig und ernsthaft bemüht, das Gewähren der Subvention zu verhindern.

(5) Neben einer Freiheitsstrafe von mindestens einem Jahr wegen einer Straftat nach den Absätzen 1 und 2 kann das Gericht die Fähigkeit, öffentliche Ämter zu bekleiden, und die Fähigkeit, Rechte aus öffentlichen Wahlen zu erlangen, aberkennen (§ 45 Abs. 2). Gegenstände, auf die sich die Tat bezieht, können eingezogen werden; § 74a ist anzuwenden.

(6) Subvention im Sinne dieser Vorschrift ist eine Leistung aus öffentlichen Mitteln nach Bundes- oder Landesrecht oder nach dem Recht der Europäischen Gemeinschaften an Betriebe oder Unternehmen, die wenigstens zum Teil
1. ohne marktmäßige Gegenleistung gewährt wird und
2. der Förderung der Wirtschaft dienen soll.

Betrieb oder Unternehmen im Sinne des Satzes 1 ist auch das öffentliche Unternehmen.

(7) Subventionserheblich im Sinne des Absatzes 1 sind Tatsachen,
1. die durch Gesetz oder auf Grund eines Gesetzes von dem Subventionsgeber als subventionserheblich bezeichnet sind oder
2. von denen die Bewilligung, Gewährung, Rückforderung, Weitergewährung oder das Belassen einer Subvention oder eines Subventionsvorteils gesetzlich abhängig ist.

§ 283[1] **Bankrott**

(1) Mit Freiheitsstrafe bis zu fünf Jahren oder mit Geldstrafe wird bestraft, wer bei Überschuldung oder bei drohender oder eingetretener Zahlungsunfähigkeit
1. Bestandteile seines Vermögens, die im Falle der Konkurseröffnung zur Konkursmasse gehören, beiseite schafft oder verheimlicht oder in einer den Anforderungen einer ordnungsgemäßen Wirtschaft widersprechenden Weise zerstört, beschädigt oder unbrauchbar macht,
2. in einer den Anforderungen einer ordnungsgemäßen Wirtschaft widersprechenden Weise Verlust- oder Spekulationsgeschäfte oder Differenzgeschäfte mit Waren oder Wertpapieren eingeht oder durch unwirtschaftliche Ausgaben, Spiel oder Wette übermäßige Beträge verbraucht oder schuldig wird,
3. Waren oder Wertpapiere auf Kredit beschafft und sie oder die aus diesen Waren hergestellten Sachen erheblich unter ihrem Wert in einer den Anforderungen einer ordnungsgemäßen Wirtschaft widersprechenden Weise veräußert oder sonst abgibt,
4. Rechte anderer vortäuscht oder erdichtete Rechte anerkennt,

5. Handelsbücher, zu deren Führung er gesetzlich verpflichtet ist, zu führen unterläßt oder so führt oder verändert, daß die Übersicht über seinen Vermögensstand erschwert wird,
6. Handelsbücher oder sonstige Unterlagen, zu deren Aufbewahrung ein Kaufmann nach Handelsrecht verpflichtet ist, vor Ablauf der für Buchführungspflichtige bestehenden Aufbewahrungsfristen beiseite schafft, verheimlicht, zerstört oder beschädigt und dadurch die Übersicht über seinen Vermögensstand erschwert,
7. entgegen dem Handelsrecht
   a) Bilanzen so aufstellt, daß die Übersicht über seinen Vermögensstand erschwert wird, oder
   b) es unterläßt, die Bilanz seines Vermögens oder das Inventar in der vorgeschriebenen Zeit aufzustellen, oder
8. in einer anderen, den Anforderungen einer ordnungsgemäßen Wirtschaft grob widersprechenden Weise seinen Vermögensstand verringert oder seine wirklichen geschäftlichen Verhältnisse verheimlicht oder verschleiert.

(2) Ebenso wird bestraft, wer durch eine der in Absatz 1 bezeichneten Handlungen seine Überschuldung oder Zahlungsunfähigkeit herbeiführt.

(3) Der Versuch ist strafbar.

(4) Wer in den Fällen
1. des Absatzes 1 die Überschuldung oder die drohende oder eingetretene Zahlungsunfähigkeit fahrlässig nicht kennt oder
2. des Absatzes 2 die Überschuldung oder Zahlungsunfähigkeit leichtfertig verursacht,

wird mit Freiheitsstrafe bis zu zwei Jahren oder mit Geldstrafe bestraft.

(5) Wer in den Fällen
1. des Absatzes 1 Nr. 2, 5 oder 7 fahrlässig handelt und die Überschuldung oder die drohende oder eingetretene Zahlungsunfähigkeit wenigstens fahrlässig nicht kennt oder
2. des Absatzes 2 in Verbindung mit Absatz 1 Nr. 2, 5 oder 7 fahrlässig handelt und die Überschuldung oder Zahlungsunfähigkeit wenigstens leichtfertig verursacht,

wird mit Freiheitsstrafe bis zu zwei Jahren oder mit Geldstrafe bestraft.

(6) Die Tat ist nur dann strafbar, wenn der Täter seine Zahlungen eingestellt hat oder über sein Vermögen das Konkursverfahren eröffnet oder der Eröffnungsantrag mangels Masse abgewiesen worden ist.

§ 283a[1] Besonders schwerer Fall des Bankrotts

In besonders schweren Fällen des § 283 Abs. 1 bis 3 wird der Bankrott mit Freiheitsstrafe von sechs Monaten bis zu zehn Jahren bestraft. Ein besonders schwerer Fall liegt in der Regel vor, wenn der Täter
1. aus Gewinnsucht handelt oder
2. wissentlich viele Personen in die Gefahr des Verlustes ihrer ihm anvertrauten Vermögenswerte oder in wirtschaftliche Not bringt.

§ 283b[1] Verletzung der Buchführungspflicht

(1) Mit Freiheitsstrafe bis zu zwei Jahren oder mit Geldstrafe wird bestraft, wer
1. Handelsbücher, zu deren Führung er gesetzlich verpflichtet ist, zu führen unterläßt oder so führt oder verändert, daß die Übersicht über seinen Vermögensstand erschwert wird,
2. Handelsbücher oder sonstige Unterlagen, zu deren Aufbewahrung er nach Handelsrecht verpflichtet ist, vor Ablauf der gesetzlichen Aufbewahrungsfristen beiseite schafft, verheimlicht, zerstört oder beschädigt und dadurch die Übersicht über seinen Vermögensstand erschwert,
3. entgegen dem Handelsrecht
   a) Bilanzen so aufstellt, daß die Übersicht über seinen Vermögensstand erschwert wird, oder
   b) es unterläßt, die Bilanz seines Vermögens oder das Inventar in der vorgeschriebenen Zeit aufzustellen.

(2) Wer in den Fällen des Absatzes 1 Nr. 1 oder 3 fahrlässig handelt, wird mit Freiheitsstrafe bis zu einem Jahr oder mit Geldstrafe bestraft.

(3) § 283 Abs. 6 gilt entsprechend.

§ 283c[1] Gläubigerbegünstigung

(1) Wer in Kenntnis seiner Zahlungsunfähigkeit einem Gläubiger eine Sicherheit oder Befriedigung gewährt, die dieser nicht oder nicht in der Art oder nicht zu der Zeit zu beanspruchen hat, und ihn dadurch absichtlich oder wissentlich vor den übrigen Gläubigern begünstigt, wird mit Freiheitsstrafe bis zu zwei Jahren oder mit Geldstrafe bestraft.

(2) Der Versuch ist strafbar.

(3) § 283 Abs. 6 gilt entsprechend.

§ 283d[1] Schuldnerbegünstigung

(1) Mit Freiheitsstrafe bis zu fünf Jahren oder mit Geldstrafe wird bestraft, wer
1. in Kenntnis der einem anderen drohenden Zahlungsunfähigkeit oder
2. nach Zahlungseinstellung, in einem Konkursverfahren, in einem gerichtlichen Vergleichsverfahren zur Abwendung des Konkurses oder in einem Verfahren zur Herbeiführung der Entscheidung über die Eröffnung des Konkurs- oder gerichtlichen Vergleichsverfahrens eines anderen

Bestandteile des Vermögens eines anderen, die im Falle der Konkurseröffnung zur Konkursmasse gehören, mit dessen Einwilligung oder zu dessen Gunsten beiseite schafft oder verheimlicht oder in einer den Anforderungen einer ordnungsgemäßen Wirtschaft widersprechenden Weise zerstört, beschädigt oder unbrauchbar macht.

(2) Der Versuch ist strafbar.

(3) In besonders schweren Fällen ist die Strafe Freiheitsstrafe von sechs Monaten bis zu zehn Jahren. Ein besonders schwerer Fall liegt in der Regel vor, wenn der Täter

1. aus Gewinnsucht handelt oder
2. wissentlich viele Personen in die Gefahr des Verlustes ihrer dem anderen anvertrauten Vermögenswerte oder in wirtschaftliche Not bringt.

(4) Die Tat ist nur dann strafbar, wenn der andere seine Zahlungen eingestellt hat oder über sein Vermögen das Konkursverfahren eröffnet oder der Eröffnungsantrag mangels Masse abgewiesen worden ist.

§ 353 Abgabenüberhebung; Leistungskürzung

(1) Ein Amtsträger, der Steuern, Gebühren oder andere Abgaben für eine öffentliche Kasse zu erheben hat, wird, wenn er Abgaben, von denen er weiß, daß der Zahlende sie überhaupt nicht oder nur in geringerem Betrage schuldet, erhebt und das rechtswidrig Erhobene ganz oder zum Teil nicht zur Kasse bringt, mit Freiheitsstrafe von drei Monaten bis zu fünf Jahren bestraft.

(2) Ebenso wird bestraft, wer als Amtsträger bei amtlichen Ausgaben an Geld oder Naturalien dem Empfänger rechtswidrig Abzüge macht und die Ausgaben als vollständig geleistet in Rechnung stellt.

§ 355[2] Verletzung des Steuergeheimnisses

(1) Wer unbefugt

1. Verhältnisse eines anderen, die ihm als Amtsträger
   a) in einem Verwaltungsverfahren oder einem gerichtlichen Verfahren in Steuersachen,
   b) in einem Strafverfahren wegen einer Steuerstraftat oder in einem Bußgeldverfahren wegen einer Steuerordnungswidrigkeit,
   c) aus anderem Anlaß durch Mitteilung einer Finanzbehörde oder durch die gesetzlich vorgeschriebene Vorlage eines Steuerbescheides oder einer Bescheinigung über die bei der Besteuerung getroffenen Feststellungen

   bekanntgeworden sind, oder
2. ein fremdes Betriebs- oder Geschäftsgeheimnis, daß ihm als Amtsträger in einem der in Nummer 1 genannten Verfahren bekanntgeworden ist,

offenbart oder verwertet, wird mit Freiheitsstrafe bis zu zwei Jahren oder mit Geldstrafe bestraft.

(2) Den Amtsträgern im Sinne des Absatzes 1 stehen gleich

1. die für den öffentlichen Dienst besonders Verpflichteten,
2. amtlich zugezogene Sachverständige und
3. die Träger von Ämtern der Kirchen und anderen Religionsgesellschaften des öffentlichen Rechts.

(3) Die Tat wird nur auf Antrag des Dienstvorgesetzten oder des Verletzten verfolgt. Bei Taten amtlich zugezogener Sachverständiger ist der Leiter der

---

[2] eingefügt durch Art. 19 Nr. 201 EGStGB v. 2. 3. 1974 (BGBl. I 469, 499).

Behörde, deren Verfahren betroffen ist, neben dem Verletzten antragsberechtigt.

§ 358[3] Nebenfolgen

Neben einer Freiheitsstrafe von mindestens sechs Monaten wegen einer Straftat nach den §§ . . . 355 und 357 kann das Gericht die Fähigkeit, öffentliche Ämter zu bekleiden (§ 45 Abs. 2), aberkennen.

II. Auszug aus dem Subventionsgesetz – SubvG –
v. 29. 7. 1976 (BGBl. I 2034, 2037):

§ 1 Geltungsbereich

(1) Dieses Gesetz gilt, soweit Absatz 2 nichts anderes bestimmt, für Leistungen, die Subventionen im Sinne des § 264 des Strafgesetzbuches sind.

(2) Für Leistungen nach Landesrecht, die Subventionen im Sinne des § 264 des Strafgesetzbuches sind, gelten die §§ 2 bis 6 nur, soweit das Landesrecht dies bestimmt.

§ 2 Bezeichnung der subventionserheblichen Tatsachen

(1) Die für die Bewilligung einer Subvention zuständige Behörde oder andere in das Subventionsverfahren eingeschaltete Stelle oder Person (Subventionsgeber) hat vor der Bewilligung oder Gewährung einer Subvention demjenigen, der für sich oder einen anderen eine Subvention beantragt oder eine Subvention oder einen Subventionsvorteil in Anspruch nimmt (Subventionsnehmer), die Tatsachen als subventionserheblich im Sinne des § 264 des Strafgesetzbuches zu bezeichnen, die nach
1. dem Subventionszweck,
2. den Rechtsvorschriften, Verwaltungsvorschriften und Richtlinien über die Subventionsvergabe sowie
3. den sonstigen Vergabevoraussetzungen

für die Bewilligung, Gewährung, Rückforderung, Weitergewährung oder das Belassen einer Subvention oder eines Subventionsvorteils erheblich sind.

(2) Ergeben sich aus den im Subventionsverfahren gemachten Angaben oder aus sonstigen Umständen Zweifel, ob die beantragte oder in Anspruch genommene Subvention oder der in Anspruch genommene Subventionsvorteil mit dem Subventionszweck oder den Vergabevoraussetzungen nach Absatz 1 Nr. 2, 3 im Einklang steht, so hat der Subventionsgeber dem Subventionsnehmer die Tatsachen, deren Aufklärung zur Beseitigung der Zweifel notwendig erscheint, nachträglich als subventionserheblich im Sinne des § 264 des Strafgesetzbuches zu bezeichnen.

---

[3] neugefaßt durch Art. 19 Nr. 204 EGStGB.

§ 3 Offenbarungspflicht bei der Inanspruchnahme von Subventionen

(1) Der Subventionsnehmer ist verpflichtet, dem Subventionsgeber unverzüglich alle Tatsachen mitzuteilen, die der Bewilligung, Gewährung, Weitergewährung, Inanspruchnahme oder dem Belassen der Subvention oder des Subventionsvorteils entgegenstehen oder für die Rückforderung der Subvention oder des Subventionsvorteils erheblich sind. Besonders bestehende Pflichten zur Offenbarung bleiben unberührt.

(2) Wer einen Gegenstand oder eine Geldleistung, deren Verwendung durch Gesetz oder durch den Subventionsgeber im Hinblick auf eine Subvention beschränkt ist, entgegen der Verwendungsbeschränkung verwenden will, hat dies rechtzeitig vorher dem Subventionsgeber anzuzeigen.

§ 4 Scheingeschäfte, Mißbrauch von Gestaltungsmöglichkeiten

(1) Scheingeschäfte und Scheinhandlungen sind für die Bewilligung, Gewährung, Rückforderung und Weitergewährung oder das Belassen einer Subvention oder eines Subventionsvorteils unerheblich. Wird durch ein Scheingeschäft oder eine Scheinhandlung ein anderer Sachverhalt verdeckt, so ist der verdeckte Sachverhalt für die Bewilligung, Gewährung, Rückforderung, Weitergewährung oder das Belassen der Subvention oder des Subventionsvorteils maßgebend.

(2) Die Bewilligung oder Gewährung einer Subvention oder eines Subventionsvorteils ist ausgeschlossen, wenn im Zusammenhang mit einer beantragten Subvention ein Rechtsgeschäft oder eine Handlung unter Mißbrauch von Gestaltungsmöglichkeiten vorgenommen wird. Ein Mißbrauch liegt vor, wenn jemand eine den gegebenen Tatsachen und Verhältnissen unangemessene Gestaltungsmöglichkeit benutzt, um eine Subvention oder einen Subventionsvorteil für sich oder einen anderen in Anspruch zu nehmen oder zu nutzen, obwohl dies dem Subventionszweck widerspricht. Dies ist namentlich dann anzunehmen, wenn die förmlichen Voraussetzungen einer Subvention oder eines Subventionsvorteils in einer dem Subventionszweck widersprechenden Weise künstlich geschaffen werden.

§ 5 Herausgabe von Subventionsvorteilen

(1) Wer einen Gegenstand oder eine Geldleistung, deren Verwendung durch Gesetz oder durch den Subventionsgeber im Hinblick auf eine Subvention beschränkt ist, entgegen der Verwendungsbeschränkung verwendet und dadurch einen Vorteil erlangt, hat diesen dem Subventionsgeber herauszugeben.

(2) Für den Umfang der Herausgabe gelten die Vorschriften des Bürgerlichen Gesetzbuches über die Herausgabe einer ungerechtfertigten Bereicherung entsprechend. Auf den Wegfall der Bereicherung kann sich der Herausgabepflichtige nicht berufen, soweit er die Verwendungsbeschränkung kannte oder infolge grober Fahrlässigkeit nicht kannte.

(3) Besonders bestehende Verpflichtungen zur Herausgabe bleiben unberührt.

§ 6 Anzeige bei Verdacht eines Subventionsbetrugs

Gerichte und Behörden von Bund, Ländern und kommunalen Trägern der öffentlichen Verwaltung haben Tatsachen, die sie dienstlich erfahren und die den Verdacht eines Subventionsbetrugs begründen, den Strafverfolgungsbehörden mitzuteilen.

§§ 7, 8 ...

III. Auszug aus dem Gesetz zur Bekämpfung der Schwarzarbeit
idF v. 31. 5. 1974 (BGBl. I 1252):

§ 1 Schwarzarbeit

(1) Ordnungswidrig handelt, wer aus Gewinnsucht Dienst- oder Werkleistungen für andere in erheblichem Umfang erbringt, obwohl er

1. der Verpflichtung nach § 148 des Arbeitsförderungsgesetzes, die Aufnahme einer unselbständigen oder selbständigen Tätigkeit anzuzeigen, nicht nachgekommen ist,
2. der Verpflichtung zur Anzeige vom Beginn des selbständigen Betriebes eines stehenden Gewerbes (§ 14 der Gewerbeordnung) nicht nachgekommen ist oder die erforderliche Reisegewerbekarte (§ 55 der Gewerbeordnung) nicht erworben hat oder
3. ein Handwerk als stehendes Gewerbe selbständig betreibt, ohne in der Handwerksrolle eingetragen zu sein (§ 1 der Handwerksordnung).

(2) Die Ordnungswidrigkeit kann mit einer Geldbuße bis zu dreißigtausend Deutsche Mark geahndet werden.

(3) Absatz 1 gilt nicht für Dienst- oder Werkleistungen, die auf Gefälligkeit oder Nachbarschaftshilfe beruhen, sowie für Selbsthilfe im Sinne des § 36 Abs. 2 und 4 des Zweiten Wohnungsbaugesetzes[1] ...

§ 2 Beauftragung mit Schwarzarbeit

(1) Ordnungswidrig handelt, wer aus Gewinnsucht mit der Ausführung von Dienst- oder Werkleistungen erheblichen Umfanges eine oder mehrere Personen beauftragt, die diese Leistungen unter Verstoß gegen die in § 1 Abs. 1 genannten Vorschriften erbringen.

(2) Die Ordnungswidrigkeit kann mit einer Geldbuße bis zu dreißigtausend Deutsche Mark geahndet werden.

---

[1] § 36 des II. WoBauG idF v. 1. 9. 1976 (BGBl. I 2673) lautet:
(1) ...
(2) Zur Selbsthilfe gehören die Arbeitsleistungen, die zur Durchführung eines Bauvorhabens erbracht werden
a) von dem Bauherrn selbst,
b) von seinen Angehörigen,
c) von anderen unentgeltlich oder auf Gegenseitigkeit.
(3) ...
(4) Dem Bauherrn steht bei einem Kaufeigenheim, einer Trägerkleinsiedlung, einer Kaufeigentumswohnung und einer Genossenschaftswohnung der Bewerber gleich.

IV. Auszug aus dem Rennwett- und Lotteriegesetz
v. 8. 4. 1922 (RGBl. I S. 393):

§ 23[1]

Wegen Hinterziehung wird auch bestraft, wer im Inland den Vertrieb unversteuerter (§ 21) Lose oder ausländischer Ausweise über Ausspielungen besorgt.

V. Auszug aus dem Wechselsteuergesetz
idF v. 24. 7. 1959 (BGBl. I 537):

§ 13

Wenn Kommissionäre, Makler oder sonstige Vermittler vorsätzlich Geschäfte über Wechsel, für die die Wechselsteuer hinterzogen ist, abschließen oder vermitteln, so gilt die gleiche Strafe wie für Hinterziehung.

VI. Auszug aus dem Tabaksteuergesetz
idF v. 1. 9. 1972 (BGBl. I 1633):

§ 32[2]

Für Steuerstraftaten und Steuerordnungswidrigkeiten, die im Reiseverkehr im Zusammenhang mit der Eingangsabfertigung begangen werden, gilt § 80 des Zollgesetzes entsprechend.

§ 33

(1) Ordnungswidrig handelt, wer vorsätzlich oder fahrlässig
1. entgegen § 4 Abs. 2 einen Kleinverkaufspreis bestimmt, der unter dem Mindestkleinverkaufspreis liegt;
2. beim Verwenden des Steuerzeichens einer Vorschrift des § 6 Abs. 2 zuwiderhandelt;
3. als Händler
   a) einer Vorschrift des § 16 über das Verschlossenhalten der Packungen oder das Erhalten der Steuerzeichen an den Packungen oder den Stückverkauf zuwiderhandelt,
   b) einem Verbot des § 17 Abs. 1 oder 2 über die Abgabe von Tabakerzeugnissen unter dem Kleinverkaufspreis oder Packungspreis oder über die Rabattgewährung oder die Gewährung von Zugaben zuwiderhandelt;
4. entgegen § 20 Abs. 2 Tabakerzeugnisse gewerbsmäßig ausspielt;
5. entgegen § 24 den Rohtabak nicht zum Wiegen anmeldet oder vorführt oder nicht räumt.

(2) Die Ordnungswidrigkeit kann mit einer Geldbuße bis zu zehntausend Deutsche Mark geahndet werden.

(3)[2] Für das Bußgeldverfahren gelten die §§ 409, 410 und 412 der Abgabenordnung sinngemäß.

---

[1] Satz 1 der ursprünglichen Fassung außer Kraft gesetzt durch Art. 8 G v. 10. 8. 1967 (BGBl. I 877, 883).
[2] geänd. durch Art. 20 EGAO v. 14. 12. 1976 (BGBl. I 3341).

VII. Auszug aus dem Biersteuergesetz
idF v. 14. 3. 1952 (BGBl. I 149):

§ 18[1]

(1) Ordnungswidrig handelt, wer vorsätzlich oder fahrlässig
1. andere als die nach § 9 zulässigen Stoffe zur Bereitung von Bier verwendet oder dem fertigen, zum Absatz bestimmten Bier zusetzt,
2. solche Stoffe in einer unter Steueraufsicht stehenden Räumlichkeit zu einer in Nummer 1 bezeichneten Handlung bereitstellt,
3. entgegen § 9 Abs. 5 letzter Satz zulässige Hopfenauszüge dem Bier oder der Bierwürze nach Abschluß des Würzkochens beigibt,
4. einer Vorschrift des § 10 Abs. 1 bis 3 Satz 1 über den Verkehr mit Bier zuwiderhandelt oder
5. entgegen § 11 Zubereitungen oder Stoffe anpreist oder in den Verkehr bringt oder Anleitungen zur Bierbereitung anpreist, veräußert oder unentgeltlich abgibt.

(2) Die Ordnungswidrigkeit kann mit einer Geldbuße bis zu zehntausend Deutsche Mark geahndet werden.

(3) In den Fällen des Absatzes 1 Nr. 1 bis 3 und 5 können die Stoffe und Zubereitungen, das mit ihnen bereitete oder versetzte Bier und die Umschließungen sowie die Anleitungen zur Bierbereitung eingezogen werden.

(4)[2] Für das Bußgeldverfahren gelten die §§ 409, 410 und 412 der Abgabenordnung entsprechend.

VIII. Auszug aus dem Gesetz über das Branntweinmonopol
v. 8. 4. 1922 (RGBl. I 405):

§ 119 Tatbestand

Monopolhinterziehung begeht, wer in der Absicht, sich oder einen anderen unrechtmäßig zu bereichern, durch monopolfeindliches Verhalten Monopoleinnahmen verkürzt.

§ 120

Monopolfeindliches Verhalten liegt vor,
1. wenn der Täter die Monopolbehörde oder einen bei der Durchführung des Monopols mitwirkenden Amtsträger über eine Tatsache täuscht, insbesondere vor ihnen eine Tatsache einer Rechtspflicht zuwider verheimlicht;
2. wenn der Täter Branntwein vorschriftswidrig herstellt (gewinnt) oder verwendet;
3. wenn der Täter die Monopolbehörde oder einen bei der Durchführung des Monopols mitwirkenden Amtsträger mit Gewalt oder durch Drohung zu einer Diensthandlung bei der Durchführung des Monopols nötigt oder an einer solchen Diensthandlung hindert;

---

[1] neugefaßt durch Art. 6 des 2. AOStrafÄndG v. 12. 8. 1968 (BGBl. I 953, 959).
[2] geänd. durch Art. 25 EGAO v. 14. 12. 1976 (BGBl. I 3341).

4. wenn der Täter einen bei der Durchführung des Monopols mitwirkenden Amtsträger durch Anbieten, Versprechen oder Gewähren eines Entgelts zu einer Verletzung seiner Dienstpflicht bei der Durchführung des Monopols bestimmt.

§ 121 Verkürzung von Monopoleinnahmen

Monopoleinnahmen sind verkürzt:

1. wenn das Verhalten des Täters dazu geführt hat, daß die Monopolbehörde Branntwein, der im Monopolgebiet erzeugt worden ist, nicht oder nicht in voller Höhe oder nicht rechtzeitig abgenommen hat;
2. wenn das Verhalten des Täters dazu geführt hat, daß die Monopolbehörde die geschuldete Branntweinsteuer oder den geschuldeten Branntweinaufschlag nicht oder nicht in voller Höhe oder nicht rechtzeitig angefordert oder beigetrieben hat;
3. wenn das Verhalten des Täters dazu geführt hat, daß die Monopolbehörde zu Unrecht einen ermäßigten Kaufpreis, einen Anspruch auf Erstattung des Kaufpreises oder eine andere Monopolvergünstigung anerkannt, gewährt oder belassen hat.

§ 122[1] **Strafen**

Wer Monopolhinterziehung begeht, wird nach § 370 Abs. 1 bis 3 der Abgabenordnung bestraft.

§ 123[2] **Einziehung**

(1) Ist eine Monopolhinterziehung (§ 119) begangen worden, so können

1. der Branntwein und die Branntweinerzeugnisse, auf die sich die Hinterziehung von Monopoleinnahmen bezieht, sowie die Umschließungen,
2. die Gegenstände, die zur Begehung der Tat gebraucht worden oder bestimmt gewesen sind,

eingezogen werden.

(2)[3] § 74a des Strafgesetzbuches ist anzuwenden.

§ 124 Monopolhehlerei

(1)[3] Monopolhehlerei begeht, wer Branntwein oder Branntweinerzeugnisse, hinsichtlich deren Monopoleinnahmen hinterzogen worden sind, ankauft oder sonst sich oder einem Dritten verschafft, absetzt oder absetzen hilft, um sich oder einen Dritten zu bereichern.

(2)[1] Der Monopolhehler wird nach § 370 Abs. 1 und 2 der Abgabenordnung und, wenn er gewerbsmäßig handelt, nach § 373 der Abgabenordnung bestraft.

---

[1] neugefaßt durch Art. 26 EGAO v. 14. 12. 1976 (BGBl. I 3341).
[2] geänd. durch Art. 8 des 2. AOStrafÄndG v. 12. 8. 1968 (BGBl. I 953, 960).
[3] geänd. durch Art. 165 EGStGB v. 2. 3. 1974 (BGBl. I 469, 585).

§ 125[4] Leichtfertige Verkürzung von Monopoleinnahmen

(1) Ordnungswidrig handelt, wer als Monopolpflichtiger oder bei Wahrnehmung der Angelegenheiten eines Monopolpflichtigen leichtfertig bewirkt, daß Monopoleinnahmen verkürzt werden (§ 121).

(2) Die Ordnungswidrigkeit kann mit einer Geldbuße bis zu hunderttausend Deutsche Mark geahndet werden.

§ 126[4] Sonstige Monopolordnungswidrigkeiten

(1) Ordnungswidrig handelt, wer als Monopolpflichtiger oder bei Wahrnehmung der Angelegenheiten eines Monopolpflichtigen vorsätzlich oder fahrlässig

1. Branntwein außerhalb des Monopolbetriebs ohne die nach § 29 erforderliche Genehmigung reinigt,
2. eine Anmeldung oder eine Anzeige nach § 45 oder § 166 nicht, nicht rechtzeitig, unvollständig oder unrichtig erstattet,
3. entgegen § 46 Vorrichtungen oder Anleitungen zur nichtgewerblichen Herstellung oder Reinigung von Branntwein oder Anleitungen zur Herstellung solcher Vorrichtungen anpreist, anbietet oder verkauft,
4. entgegen § 82a Nr. 2 Satz 1 ablieferungsfreien Kornbranntwein, den er als Hersteller nicht selbst verwertet, nicht der Vereinigung von Kornbrennereien überläßt,
5. gegen eine Vorschrift des § 100 Abs. 2 bis 4 über das Inverkehrbringen von Trinkbranntwein verstößt,
6. entgegen § 103a bei der Herstellung von Trinkbranntwein, Wein, weinhaltige oder dem Wein ähnliche Getränke oder Grundstoffe verwendet,
7. entgegen § 104 Trinkbranntwein oder Gegenstände der dort bezeichneten Art mit einer unzulässigen Bezeichnung oder Ausstattung versieht oder in Verkehr bringt,
8. gegen eine Vorschrift des § 106 über den Branntweinhandel verstößt,
9. einen amtlichen Verschluß, eine sonstige amtliche Sicherheitsmaßnahme oder einen derjenigen Teile der Geräte, Gefäße, Rohre oder Meßvorrichtungen der Brennerei, aus denen weingeisthaltige Dämpfe oder Branntwein abgeleitet oder entnommen werden können, unbefugt verletzt oder
10. Meßvorrichtungen, deren unrichtige Anzeige ihm bekannt ist, weiter benutzt oder Handlungen vornimmt, die geeignet sind, die richtige Anzeige der Meßvorrichtungen zu stören,
11. gegen eine Vorschrift des § 155 über den Verbrauch von Branntwein, weingeisthaltigen Erzeugnissen, Äther und ätherhaltigen Erzeugnissen in Freihäfen verstößt,
12. entgegen § 167 unversteuerte Essigsäure in Freihäfen verbraucht,
13.[5] einer Auflage zuwiderhandelt, die einem Verwaltungsakt nach § 109 oder einem Verwaltungsakt für Zwecke der amtlichen Aufsicht (§§ 43 bis 51b) beigefügt worden ist.

---

[4] neugefaßt durch Art. 8 des 2. AOStrafÄndG.
[5] eingefügt durch Art. 26 EGAO.

(2) Ordnungswidrig handelt auch, wer vorsätzlich oder fahrlässig

1. Betriebsvorgänge, die nach einer Rechtsverordnung zu diesem Gesetz buchungspflichtig sind, nicht oder in tatsächlicher Hinsicht unrichtig verbucht oder verbuchen läßt und dadurch ermöglicht, Monopolabgaben zu verkürzen, oder
2. Erklärungs- oder Anzeigepflichten oder sonstige Pflichten verletzt, die ihm zur Vorbereitung, Sicherung oder Nachprüfung der Erhebung von Monopolabgaben in einer Rechtsverordnung zu diesem Gesetz auferlegt sind, soweit die Rechtsverordnung für einen bestimmten Tatbestand auf diese Bußgeldvorschrift verweist.[6]

(3)[7] Die Ordnungswidrigkeit kann mit einer Geldbuße bis zu zehntausend Deutsche Mark geahndet werden, wenn die Handlung nicht nach § 125 geahndet werden kann.

§ 127[8]

§ 128

(1)[1] Für Monopolstraftaten gelten die §§ 369, 375 Abs. 1 und § 376 der Abgabenordnung, für Monopolhinterziehung gilt ferner § 371 der Abgabenordnung entsprechend.

(2)[1] Für Monopolordnungswidrigkeiten gilt § 377 der Abgabenordnung, für die leichtfertige Verkürzung von Monopoleinnahmen gilt ferner § 378 Abs. 3 der Abgabenordnung entsprechend.

(3)[9] Die Verfolgung von Monopolordnungswidrigkeiten nach den §§ 125 und 126 Abs. 2 Nr. 1 verjährt in fünf Jahren.

§ 129 Straftaten auf dem Gebiet des Lebensmittelrechts[3]

(1) Wer gegen §§ 101 bis 103, 116 verstößt, wird nach § 12 des Lebensmittelgesetzes bestraft.

(2) Wer gegen § 115 verstößt, wird nach § 11 des Lebensmittelgesetzes bestraft.

(3)[9] § 13 des Lebensmittelgesetzes ist anzuwenden.

§ 129 a[10]

Für Steuerstraftaten und Steuerordnungswidrigkeiten, die in bezug auf den Monopolausgleich und die Essigsäuresteuer im Reiseverkehr im Zusammenhang mit der Eingangsabfertigung begangen werden, gilt § 80 des Zollgesetzes entsprechend.

---

[6] vgl. § 161 V, § 162 III, § 163 II, § 171 IV Brennereiordnung, eingefügt durch VO v. 15. 8. 1974 (BGBl. 1987), sowie § 139 IV, § 168 III, § 171 IV Brennereiordnung, neugefaßt durch VO v. 23. 9. 1977 (BGBl. I 1858).

[7] geänd. durch Art. 26 EGAO.

[8] betr. Untersagung der Gewerbe- oder Berufsausübung, eingefügt durch NotV v. 20. 4. 1932 (RGBl. I 181), aufgehoben durch Art. 8 des 2. AOStrafÄndG.

[9] neugefaßt durch Art. 165 EGStGB.

[10] neugefaßt durch Art. 8 des 2. AOStrafÄndG; geänd. durch Art. 165 EGStGB.

§§ 130, 131[11]

§ 132[12] **Straf- und Bußgeldverfahren**

Für das Strafverfahren wegen Monopolstraftaten gelten die §§ 385 bis 408, für das Bußgeldverfahren wegen Monopolordnungswidrigkeiten die §§ 409 bis 412 der Abgabenordnung entsprechend.

IX. Auszug aus dem Zündwarenmonopolgesetz
v. 29. 1. 1930 (RGBl. I 11):

§ 40

(1)[1] Wer, ohne dazu nach diesem Gesetz berechtigt zu sein, Zündwaren herstellt oder entgegen diesem Gesetz Zündwaren vertreibt oder erwirbt, wird mit Freiheitsstrafe bis zu einem Jahr oder mit Geldstrafe bestraft.

(2) Der Versuch ist strafbar.

(3)[2] Handelt der Täter fahrlässig, so ist die Strafe Freiheitsstrafe bis zu sechs Monaten oder Geldstrafe bis zu einhundertachtzig Tagessätzen.

§ 41[3]

(1)[4] Ordnungswidrig handelt, wer einen höheren als den nach § 31 Abs. 2 oder nach § 32 festgesetzten Kleinverkaufspreis fordert, sich versprechen läßt oder annimmt.

(2) Ordnungswidrig handelt auch, wer bei den von der Monopolgesellschaft gelieferten, zur Veräußerung bestimmten Originalpackungen
1. die Ausstattung, insbesondere den Preisaufdruck oder die Warenbezeichnung verändert oder
2. ohne Zustimmung der Monopolgesellschaft Etiketten oder Reklamezeichen anbringt.

(3) Die Ordnungswidrigkeit nach Absatz 1 kann mit einer Geldbuße bis zu zehntausend Deutsche Mark, die Ordnungswidrigkeit nach Absatz 2 mit einer Geldbuße bis zu tausend Deutsche Mark geahndet werden.

§ 42[3]

(1) Ist eine Straftat nach § 40 oder eine Ordnungswidrigkeit nach § 41 Abs. 2 begangen worden, so können
1. die Zündwaren, auf die sich die Straftat oder Ordnungswidrigkeit bezieht, sowie die Umschließungen und
2. die Gegenstände, die zur Herstellung von Zündwaren gebraucht worden oder bestimmt gewesen sind,

eingezogen werden.

---

[11] betr. Annahme von Geschenken bzw. Verletzung des Dienst- und Betriebsgeheimnisses, aufgehoben durch Art. 165 EGStGB.
[12] neugefaßt durch Art. 26 EGAO v. 14. 12. 1976 (BGBl. I 3341).
[1] geänd. durch Art. 166 EGStGB v. 2. 3. 1974 (BGBl. I 469, 585).
[2] neugefaßt durch Art. 166 EGStGB.
[3] neugefaßt durch Art. 9 des 2. AOStrafÄndG v. 12. 8. 1968 (BGBl. I 953, 962).
[4] neugefaßt durch Art. 29 EGAO.

(2)[1] § 74a des Strafgesetzbuches und § 23 des Gesetzes über Ordnungswidrigkeiten sind anzuwenden.

§ 43[5]

§ 44[4]

Für das Strafverfahren wegen einer Straftat nach § 40 gelten die §§ 385 bis 408, für das Bußgeldverfahren wegen einer Ordnungswidrigkeit nach § 41 gelten die §§ 409, 410 und 412 der Abgabenordnung entsprechend.

§ 45

(1) Wenn jemand, ohne nach diesem Gesetz dazu berechtigt zu sein, Zündwaren herstellt, oder wenn ein Hersteller von Zündwaren wiederholt wegen gesetzwidrigen Vertriebs von Zündwaren gemäß § 40 rechtskräftig verurteilt ist, kann die Oberfinanzdirektion ihm auf Zeit oder Dauer untersagen, seinen Betrieb fortzusetzen oder durch andere zu seinem Vorteil fortsetzen zu lassen.

(2) Liegen die Voraussetzungen des Absatzes 1 bei Vertretern oder Angestellten des Herstellers vor, so kann die Oberfinanzdirektion ihnen die weitere Tätigkeit bei Herstellern von Zündwaren verbieten.

(3)[6] Durch Erhebung der Anfechtungsklage gegen die Untersagung der Fortsetzung des Betriebes wird die Vollziehung des angegriffenen Verwaltungsaktes nicht gehemmt, wenn Zündwaren unberechtigt hergestellt werden.

(4)[4] Für die Durchführung der Untersagung gelten die §§ 328 bis 335 der Abgabenordnung entsprechend.

X. Auszug aus dem Zollgesetz
idF v. 18. 5. 1970 (BGBl. I 529):

§ 80[7] Zollstraftaten und Zollordnungswidrigkeiten im Reiseverkehr

(1) Zollstraftaten und Zollordnungswidrigkeiten (§§ 369, 377 der Abgabenordnung), die im Reiseverkehr über die Grenze im Zusammenhang mit der Zollbehandlung begangen werden, werden nicht verfolgt, wenn sich die Tat auf Waren bezieht, die weder zum Handel noch zur gewerblichen Verwendung bestimmt und insgesamt nicht mehr als 240 Deutsche Mark wert sind.

(2) Absatz 1 gilt nicht, wenn der Täter

1. die Waren durch besonders angebrachte Vorrichtungen verheimlicht oder an schwer zugänglichen Stellen versteckt hält oder
2. durch die Tat den Tatbestand einer Zollstraftat innerhalb von sechs Monaten zum wiederholten Male verwirklicht.

---

[5] betr. Verletzung der Geheimhaltungspflicht, aufgehoben durch Art. 166 EGStGB.
[6] neugefaßt durch § 170 FGO v. 6. 10. 1965 (BGBl. I 1477, 1506).
[7] geänd. durch Art. 33 EGAO v. 14. 12. 1976 (BGBl. I 3341).

§ 80a Eingangsabgaben aus EWG-Verordnungen

Die Vorschriften dieses Gesetzes gelten, soweit nichts anderes bestimmt ist, auch für Eingangsabgaben, die auf Grund unmittelbar in der Bundesrepublik Deutschland geltender Verordnungen des Rats oder der Kommission der Europäischen Gemeinschaften zu erheben sind.

XI. Auszug aus dem Abschöpfungserhebungsgesetz
v. 25. 7. 1962 (BGBl. I 453):

§ 1[8] **Abschöpfungsgegenstand**

Die Einfuhr von Waren unterliegt einer Abgabe (Abschöpfung), wenn die Erhebung einer solchen Abgabe in den Verordnungen vorgeschrieben oder zugelassen ist, die die Organe der Europäischen Wirtschaftsgemeinschaft erlassen

1. auf Grund des Artikels 42 oder 43 des Vertrages zur Gründung der Europäischen Wirtschaftsgemeinschaft vom 25. März 1957 (Bundesgesetzbl. II S. 753) oder
2. in Ergänzung oder zur Sicherung der Regelungen nach Artikel 42 oder 43 auf Grund anderer Bestimmungen dieses Vertrages oder solcher Verträge, die auf Grund des vorbezeichneten Vertrages zustande gekommen sind oder zu dessen Erweiterung, Ergänzung oder Durchführung oder zur Begründung einer Freihandelszone abgeschlossen und im Bundesgesetzblatt, im Bundesanzeiger oder im Amtsblatt der Europäischen Gemeinschaften veröffentlicht und als in Kraft getreten bekanntgegeben worden sind.

§ 2 Anzuwendendes Recht

(1)[9] Die für Zölle sowie Zollstraftaten und Zollordnungswidrigkeiten geltenden Vorschriften finden Anwendung, soweit sich aus den in § 1 bezeichneten Verordnungen nicht etwas anderes ergibt oder dieses Gesetz nicht etwas anderes bestimmt.

(2) Die Abschöpfung wird durch die Bundesfinanzbehörden erhoben.

XII. Auszug aus dem Gesetz zur Durchführung der gemeinsamen Marktorganisationen (MOG)
v. 31. 8. 1972 (BGBl. I 1617):

§ 31[1] **Geltung der Straf- und Bußgeldvorschriften der Abgabenordnung**[2]

(1)[3] Für Abgaben, die nach Rechtsakten des Rates oder der Kommission oder auf Grund dieses Gesetzes hinsichtlich Marktordnungswaren zu erheben

---

[8] neugefaßt durch Art. 6 des 15. ÄndGZollG v. 3. 8. 1973 (BGBl. I 940).

[9] geänd. durch Art. 11 Nr. 6 des 2. AOStrafÄndG v. 12. 8. 1968 (BGBl. I 953, 962) sowie durch Art. 34 EGAO v. 14. 12. 1976 (BGBl. I 3341).

[1] neugefaßt durch Art. 6 des 1. WiKG v. 29. 7. 1976 (BGBl. I 2034).

[2] geänd. durch Art. 80 EGAO.

[3] neugefaßt durch Art. 80 EGAO.

sind, gelten, soweit die Abgaben keine Zölle, Abschöpfungen, Ausfuhrabgaben oder Abgaben im Rahmen von Produktionsregelungen sind, die Strafvorschriften des § 370 Abs. 1 bis 4, der §§ 371, 375 und 376 sowie die Bußgeldvorschriften der §§ 378, 379 Abs. 1 und des § 384 der Abgabenordnung entsprechend; ferner gilt § 153 der Abgabenordnung entsprechend.

(2) Die nach Absatz 1 anzuwendenden Straf- und Bußgeldvorschriften sowie die auf Zölle für Marktordnungswaren, Abschöpfungen, Ausfuhrabgaben und Abgaben im Rahmen von Produktionsregelungen anzuwendenden Straf- und Bußgeldvorschriften gelten, unabhängig von dem Recht des Tatortes, auch für Taten, die außerhalb des Geltungsbereichs dieses Gesetzes begangen werden.

§ 32 Ordnungswidrigkeiten

(1) Ordnungswidrig handelt, wer vorsätzlich oder leichtfertig unrichtige oder unvollständige Angaben tatsächlicher Art macht oder benutzt, um für sich oder einen anderen eine Lizenz, Erlaubnis, Genehmigung, Zulassung, Anerkennung, Bewilligung oder Bescheinigung zu erlangen, die nach Rechtsakten des Rates oder der Kommission hinsichtlich Marktordnungswaren oder nach Rechtsverordnungen auf Grund dieses Gesetzes erforderlich sind.

(2) Ordnungswidrig handelt auch, wer vorsätzlich oder fahrlässig

1. Marktordnungswaren ohne die vorgeschriebenen Bescheide (§ 13) in den oder aus dem Geltungsbereich dieses Gesetzes verbringt oder einführt oder ausführt oder verbringen, einführen oder ausführen läßt oder
2. Marktordnungswaren in den oder aus dem Geltungsbereich dieses Gesetzes verbringt oder verbringen läßt, ohne die Waren zu einem zollrechtlich beschränkten Verkehr abfertigen zu lassen, obwohl die Einfuhr oder Ausfuhr nach Rechtsakten des Rates oder der Kommission oder nach Rechtsverordnungen auf Grund des § 21 Abs. 1 Nr. 2 Buchstabe b ausgesetzt ist.

(3) Ordnungswidrig handelt ferner, wer

1. vorsätzlich oder leichtfertig entgegen einer Vorschrift in Rechtsakten des Rates oder der Kommission hinsichtlich Marktordnungswaren oder in Rechtsverordnungen auf Grund dieses Gesetzes oder entgegen § 28
   a) einer Melde- oder Buchführungspflicht zuwiderhandelt,
   b) eine Auskunft nicht, nicht richtig, nicht vollständig oder nicht fristgemäß erteilt,
   c) Geschäftsunterlagen nicht, nicht vollständig oder nicht fristgemäß vorlegt oder die Einsichtnahme in Geschäftspapiere oder sonstige Unterlagen nicht gestattet oder
   d) die Besichtigung von Grundstücken oder Räumen oder eine amtliche Überwachung der zweck- oder fristgerechten Verwendung nicht gestattet,
2. die Nachprüfung (§ 28) von Umständen, die nach Rechtsakten des Rates oder der Kommission hinsichtlich Marktordnungswaren, nach diesem Gesetz oder nach Rechtsverordnungen auf Grund dieses Gesetzes erheblich sind, dadurch verhindert oder erschwert, daß er Bücher oder Aufzeichnun-

gen, deren Führung oder Aufbewahrung ihm nach handels- oder steuerrechtlichen Vorschriften oder nach einer auf Grund dieses Gesetzes erlassenen Rechtsverordnung obliegt, nicht oder nicht ordentlich führt, nicht aufbewahrt oder verheimlicht,
3. vorsätzlich oder leichtfertig einer nach § 6 Abs. 1 Nr. 9, §§ 9, 10, 16 Nr. 4 oder § 18 erlassenen Rechtsverordnung zuwiderhandelt, soweit sie für einen bestimmten Tatbestand auf diese Bußgeldvorschrift verweist,
4. entgegen § 17 Abs. 2 Satz 1 Waren nicht anmeldet oder
5. vorsätzlich oder fahrlässig einer nach § 25 erlassenen Rechtsverordnung über Bezeichnungen für Olivenöl zuwiderhandelt, soweit sie für einen bestimmten Tatbestand auf diese Bußgeldvorschrift verweist.

(4) Der Versuch einer Ordnungswidrigkeit nach Absatz 2 kann geahndet werden.

(5) Eine Ordnungswidrigkeit
1. nach den Absätzen 1, 2 und 3 Nr. 3 kann mit einer Geldbuße bis zu hunderttausend Deutsche Mark,
2. nach Absatz 3 Nr. 1, 2, 4 und 5 kann mit einer Geldbuße bis zu zehntausend Deutsche Mark

geahndet werden.

(6) Gegenstände, auf die sich die Ordnungswidrigkeit bezieht, können eingezogen werden.

§ 33 Befugnisse der Zollbehörden

(1)[1] Die Staatsanwaltschaft kann bei
1. Straftaten nach § 31,
2. Straftaten nach § 264 des Strafgesetzbuches, die sich beziehen auf besondere Vergünstigungen (§ 6) und Leistungen der Interventionsstellen im Rahmen von Interventionen (§ 7), die im Zusammenhang mit Rechtsakten des Rates oder der Kommission zu Zwecken der gemeinsamen Marktorganisationen gewährt werden, sowie auf Ausgleichsbeträge nach § 34a und
3. Begünstigung einer Person, die eine Straftat nach den Nummern 1 oder 2 begangen hat,

Ermittlungen (§ 161 Satz 1 der Strafprozeßordnung) auch durch die Hauptzollämter oder die Zollfahndungsämter vornehmen lassen. Satz 1 gilt für die Verwaltungsbehörde bei Ordnungswidrigkeiten nach § 32 entsprechend.

(2) Die Hauptzollämter und die Zollfahndungsämter sowie deren Beamte haben auch ohne Ersuchen der Staatsanwaltschaft oder der Verwaltungsbehörde Straftaten und Ordnungswidrigkeiten der in Absatz 1 bezeichneten Art zu erforschen und zu verfolgen, wenn diese das Verbringen in den oder aus dem Geltungsbereich dieses Gesetzes, die Einfuhr oder die Ausfuhr, die Herstellung, Verwendung oder Behandlung von Marktordnungswaren betreffen, die der amtlichen Überwachung durch die Bundesfinanzverwaltung nach diesem Gesetz oder den auf Grund dieses Gesetzes erlassenen Rechtsverordnungen unterliegen. Dasselbe gilt für die sonstigen Straftaten und Ordnungswidrigkeiten, soweit Gefahr im Verzug ist. § 163 der Strafprozeß-

ordnung und § 53 des Gesetzes über Ordnungswidrigkeiten bleiben unberührt.

(3) In den Fällen der Absätze 1 und 2 haben die Beamten der Hauptzollämter und der Zollfahndungsämter die Rechte und Pflichten der Polizeibeamten nach den Vorschriften der Strafprozeßordnung und des Gesetzes über Ordnungswidrigkeiten. Sie sind insoweit Hilfsbeamte der Staatsanwaltschaft.

(4)[4] In diesen Fällen können die Hauptzollämter und Zollfahndungsämter sowie deren Beamte im Bußgeldverfahren Beschlagnahmen, Durchsuchungen, Untersuchungen und sonstige Maßnahmen nach den für Hilfsbeamte der Staatsanwaltschaft geltenden Vorschriften der Strafprozeßordnung vornehmen; unter den Voraussetzungen des § 111l Abs. 2 Satz 2 der Strafprozeßordnung können auch die Hauptzollämter die Notveräußerung anordnen.

(5) § 46 Abs. 5 des Außenwirtschaftsgesetzes gilt entsprechend.

§ 34 Straf- und Bußgeldverfahren

(1)[5] Soweit für Straftaten der in § 33 Abs. 1 Satz 1 bezeichneten Art das Amtsgericht sachlich zuständig ist, ist örtlich zuständig das Amtsgericht, in dessen Bezirk das Landgericht seinen Sitz hat. Die Landesregierung kann durch Rechtsverordnung die örtliche Zuständigkeit des Amtsgerichts abweichend regeln, soweit dies mit Rücksicht auf die Wirtschafts- oder Verkehrsverhältnisse, den Aufbau der Verwaltung oder andere örtliche Bedürfnisse zweckmäßig erscheint. Die Landesregierung kann diese Ermächtigung auf die Landesjustizverwaltung übertragen.

(2)[6] Im Strafverfahren gelten die §§ 49, 63 Abs. 2, 3 Satz 1 und § 76 Abs. 1, 4 des Gesetzes über Ordnungswidrigkeiten über die Beteiligung der Verwaltungsbehörde im Verfahren der Staatsanwaltschaft und im gerichtlichen Verfahren entsprechend.

(3)[7] Verwaltungsbehörde im Sinne dieses Gesetzes und des § 36 des Gesetzes über Ordnungswidrigkeiten ist die Oberfinanzdirektion als Bundesbehörde. Der Bundesminister der Finanzen kann durch Rechtsverordnung, die nicht der Zustimmung des Bundesrates bedarf, die örtliche Zuständigkeit der Oberfinanzdirektion als Verwaltungsbehörde gemäß Satz 1 abweichend regeln, soweit dies mit Rücksicht auf die Wirtschafts- oder Verkehrsverhältnisse, den Aufbau der Verwaltung oder andere örtliche Bedürfnisse zweckmäßig erscheint.

(4) An Stelle der Verwaltungsbehörde kann das Hauptzollamt einen Bußgeldbescheid erlassen, wenn die Verletzung von Pflichten bei dem Verbringen in den oder aus dem Geltungsbereich dieses Gesetzes, der Einfuhr oder Ausfuhr, der Herstellung, Verwendung oder Behandlung einer Marktordnungsware nach diesem Gesetz oder auf Grund dieses Gesetzes eine Ordnungswidrigkeit darstellt; die in dem Bußgeldbescheid festgesetzte Geldbuße darf den

---

[4] geänd. durch Art. 228 EGStGB v. 2. 3. 1974 (BGBl. I 469, 604).
[5] geänd. durch Art. 6 des 1. WiKG v. 29. 7. 1976 (BGBl. I 2034).
[6] geänd. durch Art. 8 des 1. StVRG v. 9. 12. 1974 (BGBl. I 3393, 3414).
[7] geänd. durch Art. 38 G v. 18. 3. 1975 (BGBl. I 705, 712).

Betrag von eintausend Deutsche Mark nicht übersteigen. Das Hauptzollamt kann bei den in Satz 1 Halbsatz 1 bezeichneten Ordnungswidrigkeiten auch die Verwarnung nach § 56 des Gesetzes über Ordnungswidrigkeiten erteilen; § 57 Abs. 1 des Gesetzes über Ordnungswidrigkeiten gilt entsprechend.

(5) § 46 Abs. 5 des Außenwirtschaftsgesetzes gilt entsprechend.

XIII. Auszug aus dem Abwasserabgabengesetz (AbwAG)
v. 13. 9. 1976 (BGBl. I 2721):

§ 14 Anwendung von Straf- und Bußgeldvorschriften der Abgabenordnung

Für die Hinterziehung von Abwasserabgaben gelten die Strafvorschriften des § 370 Abs. 1, 2, 4 und des § 371 der Abgabenordnung (AO 1977) entsprechend, für die Verkürzung von Abwasserabgaben gilt die Bußgeldvorschrift des § 378 der Abgabenordnung (AO 1977) entsprechend.

XIV. Auszug aus dem Spar-Prämiengesetz
idF v. 28. 8. 1974 (BGBl. I 2109):

§ 5b[1] Anwendung von Vorschriften der Abgabenordnung

(1) Auf die Sparprämie sind die für Steuervergütungen geltenden Vorschriften der Abgabenordnung ... entsprechend anzuwenden. Dies gilt nicht für ... diejenigen Vorschriften, die lediglich Zollvergütungen und Verbrauchsteuervergütungen betreffen. Abweichende Vorschriften dieses Gesetzes bleiben unberührt.

(2) Für die Sparprämie gelten die Strafvorschriften des § 370 Abs. 1 bis 4, der §§ 371, 375 Abs. 1 und des § 376 sowie die Bußgeldvorschriften der §§ 378, 379 Abs. 1, 4 und der §§ 383 und 384 der Abgabenordnung entsprechend. Für das Strafverfahren wegen einer Straftat nach Satz 1 sowie der Begünstigung einer Person, die eine solche Tat begangen hat, gelten die §§ 385 bis 408, für das Bußgeldverfahren wegen einer Ordnungswidrigkeit nach Satz 1 die §§ 409 bis 412 der Abgabenordnung entsprechend.

(3)–(4) ...

XV. Auszug aus dem Wohnungsbau-Prämiengesetz
idF v. 28. 8. 1974 (BGBl. I 2105):

§ 8[2] Anwendung der Abgabenordnung und der Finanzgerichtsordnung

(1) Auf die Wohnungsbauprämie sind die für Steuervergütungen geltenden Vorschriften der Abgabenordnung ... entsprechend anzuwenden. Dies gilt nicht für ... diejenigen Vorschriften, die lediglich Zollvergütungen und Verbrauchsteuervergütungen betreffen. Abweichende Vorschriften dieses Gesetzes bleiben unberührt.

---

[1] eingefügt durch Art. 74 EGAO v. 14. 12. 1976 (BGBl. I 3341).
[2] neugefaßt durch Art. 50 EGAO.

(2) Für die Wohnungsbauprämie gelten die Strafvorschriften des § 370 Abs. 1 bis 4, der §§ 371, 375 Abs. 1 und des § 376 sowie die Bußgeldvorschriften der §§ 378, 379 Abs. 1, 4 und der §§ 383 und 384 der Abgabenordnung entsprechend. Für das Strafverfahren wegen einer Straftat nach Satz 1 sowie der Begünstigung einer Person, die eine solche Tat begangen hat, gelten die §§ 385 bis 408, für das Bußgeldverfahren wegen einer Ordnungswidrigkeit nach Satz 1 die §§ 409 bis 412 der Abgabenordnung entsprechend.

(3)–(4) ...

XVI. Auszug aus dem Dritten Vermögensbildungsgesetz
idF v. 15. 1. 1975 (BGBl. I 257):

§ 13[1]

(1) Auf die Arbeitnehmer-Sparzulage sind die für Steuervergütungen geltenden Vorschriften der Abgabenordnung ... entsprechend anzuwenden. Dies gilt nicht für ... diejenigen Vorschriften, die lediglich Zollvergütungen und Verbrauchsteuervergütungen betreffen. Abweichende Vorschriften dieses Gesetzes und auf Grund dieses Gesetzes bleiben unberührt.

(2) Für die Arbeitnehmer-Sparzulage gelten die Strafvorschriften des § 370 Abs. 1 bis 4, der §§ 371, 375 Abs. 1 und des § 376 sowie die Bußgeldvorschriften der §§ 378, 379 Abs. 1, 4 und der §§ 383 und 384 der Abgabenordnung entsprechend. Für das Strafverfahren wegen einer Straftat nach Satz 1 sowie der Begünstigung einer Person, die eine solche Tat begangen hat, gelten die §§ 385 bis 408, für das Bußgeldverfahren wegen einer Ordnungswidrigkeit nach Satz 1 die §§ 409 bis 412 der Abgabenordnung entsprechend.

(3)–(8) ...

XVII. Auszug aus dem Gesetz über Bergmannsprämien
idF v. 12. 5. 1969 (BGBl. I 434):

§ 5a[2] **Anwendung von Vorschriften der Abgabenordnung**

(1) Auf die Bergmannsprämie sind die für Steuervergütungen geltenden Vorschriften der Abgabenordnung ... entsprechend anzuwenden. Dies gilt nicht für ... diejenigen Vorschriften, die lediglich Zollvergütungen und Verbrauchsteuervergütungen betreffen. Abweichende Vorschriften dieses Gesetzes bleiben unberührt.

(2) Für die Bergmannsprämie gelten die Strafvorschriften des § 370 Abs. 1 bis 4, der §§ 371, 375 Abs. 1 und des § 376 sowie die Bußgeldvorschriften der §§ 378, 379 Abs. 1, 4 und des § 384 der Abgabenordnung entsprechend. Für das Strafverfahren wegen einer Straftat nach Satz 1 sowie der Begünstigung einer Person, die eine solche Tat begangen hat, gelten die §§ 385 bis 408, für das Bußgeldverfahren wegen einer Ordnungswidrigkeit nach Satz 1 die §§ 409 bis 412 der Abgabenordnung entsprechend.

---

[1] neugefaßt durch Art. 83 EGAO v. 14. 12. 1976 (BGBl. I 3341).
[2] eingefügt durch Art. 82 EGAO.

XVIII. Auszug aus dem Berlinförderungsgesetz
idF v. 18. 2. 1976 (BGBl. I 353):

§ 20[3] Verfolgung von Straftaten nach § 264 des Strafgesetzbuches

Für die Verfolgung einer Straftat nach § 264 des Strafgesetzbuches, die sich auf die Investitionszulage bezieht, sowie der Begünstigung einer Person, die eine solche Straftat begangen hat, gelten die Vorschriften der Abgabenordnung über die Verfolgung von Steuerstraftaten entsprechend.

§ 29a[4] Anwendung von Straf- und Bußgeldvorschriften der Abgabenordnung

(1) Für die Zulage gelten die Strafvorschriften des § 370 Abs. 1 bis 4, der §§ 371, 375 Abs. 1 und des § 376 sowie die Bußgeldvorschriften der §§ 378, 379 Abs. 1, 4 und des § 384 der Abgabenordnung entsprechend.

(2) Für Strafverfahren wegen einer Straftat nach Absatz 1 sowie der Begünstigung einer Person, die eine solche Tat begangen hat, gelten die §§ 385 bis 408, für das Bußgeldverfahren wegen einer Ordnungswidrigkeit nach Absatz 1 die §§ 409 bis 412 der Abgabenordnung entsprechend.

XIX. Auszug aus dem Investitionszulagengesetz
idF v. 3. 5. 1977 (BGBl. I 669):

§ 5a Verfolgung von Straftaten nach § 264 des Strafgesetzbuches

Für die Verfolgung einer Straftat nach § 264 des Strafgesetzbuches, die sich auf die Investitionszulage bezieht, sowie der Begünstigung einer Person, die eine solche Straftat begangen hat, gelten die Vorschriften der Abgabenordnung über die Verfolgung von Steuerstraftaten entsprechend.

XX. Auszug aus dem Gesetz über die Finanzverwaltung (FVG)
idF v. 30. 8. 1971 (BGBl. I 1427):

§ 1[1] Bundesfinanzbehörden

Bundesfinanzbehörden sind

1. als oberste Behörde:
   der Bundesminister der Finanzen;
2. als Oberbehörden:
   die Bundesschuldenverwaltung, die Bundesmonopolverwaltung für Branntwein, das Bundesamt für Finanzen, das Bundesaufsichtsamt für das Kreditwesen und das Bundesaufsichtsamt für das Versicherungswesen;

---

[3] eingefügt durch Art. 6 des 1. WiKG v. 29. 7. 1976 (BGBl. I 2034), geänd. durch Art. 5 EGAO v. 14. 12. 1976 (BGBl. I 3341).
[4] eingefügt durch Art. 5 EGAO.
[1] geänd. durch Art. 5 G v. 18. 3. 1975 (BGBl. I 705) sowie durch Art. 1 EGAO v. 14. 12. 1976 (BGBl. I 3341).

3. als Mittelbehörden:
   die Oberfinanzdirektionen;
4. als örtliche Behörden:
   die Hauptzollämter einschließlich ihrer Dienststellen (Zollämter, Grenzkontrollstellen, Zollkommissariate), die Zollfahndungsämter, die Bundesvermögensämter und die Bundesforstämter.

§ 2 Landesfinanzbehörden

(1) Landesfinanzbehörden sind
1. als oberste Behörde:
   die für die Finanzverwaltung zuständige oberste Landesbehörde;
2. als Mittelbehörden:
   die Oberfinanzdirektionen;
3. als örtliche Behörden:
   die Finanzämter.

(2) Durch Rechtsverordnung der zuständigen Landesregierung können für Kassengeschäfte andere örtliche Landesbehörden zu Landesfinanzbehörden bestimmt werden (besondere Landesfinanzbehörden). Die Landesregierung kann die Ermächtigung auf die für die Finanzverwaltung zuständige oberste Landesbehörde übertragen.

§ 5[2] Aufgaben des Bundesamtes für Finanzen

(1) Das Bundesamt für Finanzen hat unbeschadet des § 4 Abs. 2 und 3 folgende Aufgaben:
1. die Mitwirkung an Außenprüfungen (§ 19);
2. die Entlastung von deutschen Abzugsteuern (Erstattungen und Freistellungen) auf Grund von Abkommen zur Vermeidung der Doppelbesteuerung;
3. die Entlastung bei deutschen Besitz- oder Verkehrsteuern gegenüber internationalen Organisationen, amtlichen zwischenstaatlichen Einrichtungen, ausländischen Missionen, der Ständigen Vertretung der Deutschen Demokratischen Republik und deren Mitgliedern auf Grund völkerrechtlicher Vereinbarung oder besonderer gesetzlicher Regelung nach näherer Weisung des Bundesministers der Finanzen;
4. auf Grund des Gesetzes über den Vertrieb ausländischer Investmentanteile und über die Besteuerung der Erträge aus ausländischen Investmentanteilen vom 28. Juli 1969 (Bundesgesetzbl. I S. 986), zuletzt geändert durch das Einführungsgesetz zur Abgabenordnung vom 14. Dezember 1976 (Bundesgesetzbl. I S. 3341),
   a) die Entgegennahme des Nachweises, daß ein inländischer Vertreter im Sinne des § 17 Abs. 3 Nr. 1 Buchstabe b oder des § 18 Abs. 2 dieses Gesetzes bestellt ist,
   b) die Nachprüfung der Erträge aus inländischen Investmentanteilen im Sinne des § 17 und des § 18 Abs. 1 dieses Gesetzes,

---

[2] geänd. durch Art. 1 EGAO.

c) die Ermittlung der Erträge aus ausländischen Investmentanteilen im Sinne des § 18 Abs. 3 dieses Gesetzes;

5. den Verkehr mit Behörden außerhalb des Geltungsbereiches dieses Gesetzes auf dem Gebiet der steuerlichen Rechts- und Amtshilfe, soweit der zuständige Bundesminister seine Befugnisse in diesem Bereich delegiert;
6. die zentrale Sammlung und Auswertung von Unterlagen über steuerliche Auslandsbeziehungen nach näherer Weisung des Bundesministers der Finanzen;
7. bei Personen, die nicht im Geltungsbereich dieses Gesetzes ansässig sind, die Bestimmung des für die Besteuerung örtlich zuständigen Finanzamts, wenn sich mehrere Finanzämter für örtlich zuständig oder für örtlich unzuständig halten oder wenn sonst Zweifel über die örtliche Zuständigkeit bestehen.

(2) . . .

§ 12 Bezirk und Sitz der Hauptzollämter und der Zollfahndungsämter, Aufgaben der Hauptzollämter[3]

(1)[3] Der Bundesminister der Finanzen bestimmt den Bezirk und den Sitz der Hauptzollämter und der Zollfahndungsämter.

(2) Die Hauptzollämter sind als örtliche Bundesbehörden für die Verwaltung der Zölle, der bundesgesetzlich geregelten Verbrauchsteuern einschließlich der Einfuhrumsatzsteuer und der Biersteuer, für die zollamtliche Überwachung des Warenverkehrs über die Grenze, für die Grenzaufsicht (§ 74 Abs. 3 des Zollgesetzes) und für die ihnen sonst übertragenen Aufgaben zuständig.

(3) Der Bundesminister der Finanzen kann Zuständigkeiten nach Absatz 2 durch Rechtsverordnung ohne Zustimmung des Bundesrates einem Hauptzollamt für den Bereich mehrerer Hauptzollämter übertragen, wenn dadurch der Vollzug der Aufgaben verbessert oder erleichtert wird.

§ 17 Bezirk, Sitz und Aufgaben der Finanzämter

(1) Die für die Finanzverwaltung zuständige oberste Landesbehörde bestimmt den Bezirk und den Sitz der Finanzämter.

(2)[2] Die Finanzämter sind als örtliche Landesbehörden für die Verwaltung der Steuern mit Ausnahme der Zölle und der bundesgesetzlich geregelten Verbrauchsteuern (§ 12) zuständig, soweit die Verwaltung nicht auf Grund des Artikels 108 Abs. 4 Satz 1 des Grundgesetzes den Bundesfinanzbehörden oder auf Grund des Artikels 108 Abs. 4 Satz 2 des Grundgesetzes den Gemeinden (Gemeindeverbänden) übertragen worden ist. Sie sind ferner für die ihnen sonst übertragenen Aufgaben zuständig. Durch Rechtsverordnung der zuständigen Landesregierung können Zuständigkeiten nach den Sätzen 1 und 2 einem Finanzamt oder einer besonderen Landesfinanzbehörde (§ 2 Abs. 2)

---

[3] neugefaßt durch Art. 1 EGAO.

für den Bereich mehrerer Finanzämter übertragen werden, soweit es sich um Aufgaben der Finanzverwaltung handelt und dadurch der Vollzug der Aufgaben verbessert oder erleichtert wird. Die Landesregierung kann die Ermächtigung auf die für die Finanzverwaltung zuständige oberste Landesbehörde übertragen. § 13 gilt für die Finanzämter sinngemäß.

(3) Auf Grund eines Staatsvertrages zwischen mehreren Ländern können Zuständigkeiten nach Absatz 2 Sätze 1 und 2 auf ein Finanzamt oder eine besondere Landesfinanzbehörde (§ 2 Abs. 2) außerhalb des Landes übertragen werden.

§ 18[2] Verwaltung der Umsatzsteuer und der Kraftfahrzeugsteuer

Die Zollstellen (§ 74 Abs. 2 des Zollgesetzes) und die Grenzkontrollstellen (§ 2 der Interzonenüberwachungsverordnung vom 9. Juli 1951, Bundesgesetzbl. I S. 439) wirken bei der Verwaltung der Umsatzsteuer und der Kraftfahrzeugsteuer nach Maßgabe der für diese Steuern geltenden Vorschriften mit. Sie handeln hierbei für das Finanzamt, das für die Besteuerung jeweils örtlich zuständig ist.

§ 19[2] Mitwirkung des Bundesamtes für Finanzen an Außenprüfungen

(1) Das Bundesamt für Finanzen ist zur Mitwirkung an Außenprüfungen berechtigt, die durch Landesfinanzbehörden durchgeführt werden. Es kann verlangen, daß bestimmte von ihm namhaft gemachte Betriebe zu einem bestimmten Zeitpunkt geprüft werden.

(2) Art und Umfang der Mitwirkung des Bundesamtes für Finanzen an Außenprüfungen werden von den beteiligten Behörden im gegenseitigen Einvernehmen festgelegt. Die Landesfinanzbehörden machen dem Bundesamt für Finanzen auf Anforderung alle den Prüfungsfall betreffenden Unterlagen zugänglich und erteilen die erforderlichen Auskünfte.

(3)[2] Im Einvernehmen mit den zuständigen Landesfinanzbehörden kann das Bundesamt für Finanzen im Auftrag des zuständigen Finanzamtes Außenprüfungen durchführen. Das gilt insbesondere bei Prüfungen von Auslandsbeziehungen und bei Prüfungen, die sich über das Gebiet eines Landes hinaus erstrecken.

§ 22 Sondervorschriften für das Land Berlin

Im Land Berlin gelten die §§ 5, 9 Abs. 1, §§ 13, 14, 17 bis 20 sowie die folgenden besonderen Vorschriften:[3]

1. Die Landesfinanzbehörden verwalten die Steuern, die im übrigen Geltungsbereich des Gesetzes von den Bundes- und Landesfinanzbehörden verwaltet werden; außerdem verwalten sie das Vermögen, das im übrigen Geltungsbereich von den Bundesfinanzbehörden verwaltet wird.
2.[2] Landesfinanzbehörden sind
   a) als oberste Behörde:
      der Senator für Finanzen;

b) als Mittelbehörden:
die Oberfinanzdirektion und die Monopolverwaltung für Branntwein Berlin;

c) als örtliche Behörden:
die Finanzämter, die Hauptzollämter einschließlich ihrer Dienststellen (Zollämter, Grenzkontrollstellen, Zollkommissariate), die Zollfahndungsämter sowie das Vermögensamt und die Bauämter der Sondervermögens- und Bauverwaltung.

3. Der Senator für Finanzen leitet die Landesfinanzverwaltung. § 7 Abs. 2 und 3 des Dritten Überleitungsgesetzes vom 4. Januar 1952 (Bundesgesetzbl. I S. 1), zuletzt geändert durch das Finanzanpassungsgesetz vom 30. August 1971 (Bundesgesetzbl. I S. 1426), bleibt unberührt.
4. Die Oberfinanzdirektion leitet die Finanzverwaltung in ihrem Bezirk.
5. Die Oberfinanzdirektion gliedert sich in eine Zoll- und Verbrauchsteuerabteilung, eine Sondervermögens- und Bauabteilung und eine Besitz- und Verkehrsteuerabteilung. § 8 Abs. 4, 6 und 8 ist anzuwenden; § 8 Abs. 5 gilt entsprechend. § 10 gilt mit der Maßgabe, daß die im übrigen Geltungsbereich des Gesetzes von den Bundeskassen wahrgenommenen Aufgaben der „Sonderkasse bei der Oberfinanzdirektion Berlin" übertragen werden.
6.[2] § 12 ist mit der Maßgabe anzuwenden, daß an die Stelle des Bundesministers der Finanzen der Senator für Finanzen tritt.

XXI. Auszug aus dem Steuerberatungsgesetz (StBerG)
idF v. 4. 11. 1975 (BGBl. I 2735):

§ 160 Unbefugte Hilfeleistung in Steuersachen

(1) Ordnungswidrig handelt, wer
1. entgegen § 5 oder entgegen einer vollziehbaren Untersagung nach § 7 geschäftsmäßig Hilfe in Steuersachen leistet oder
2. entgegen § 8 unaufgefordert seine Dienste oder die Dienste Dritter zur geschäftsmäßigen Hilfeleistung in Steuersachen anbietet.

(2) Die Ordnungswidrigkeit kann mit einer Geldbuße bis zu zehntausend Deutsche Mark geahndet werden.

§ 161 Schutz der Bezeichnungen „Steuerberatungsgesellschaft", „Lohnsteuerhilfeverein" und „Landwirtschaftliche Buchstelle"

(1) Ordnungswidrig handelt, wer unbefugt die Bezeichnung „Steuerberatungsgesellschaft", „Lohnsteuerhilfeverein", „Landwirtschaftliche Buchstelle" oder eine einer solchen zum Verwechseln ähnliche Bezeichnung benutzt.

(2) Die Ordnungswidrigkeit kann mit einer Geldbuße bis zu zehntausend Deutsche Mark geahndet werden.

§ 162 Verletzung der den Lohnsteuerhilfevereinen obliegenden Pflichten

(1) Ordnungswidrig handelt, wer

1. entgegen § 15 Abs. 3 eine Satzungsänderung der zuständigen Oberfinanzdirektion nicht oder nicht rechtzeitig anzeigt,
2. entgegen § 22 Abs. 1 die jährliche Geschäftsprüfung nicht oder nicht rechtzeitig durchführen läßt,
3. entgegen § 22 Abs. 7 Nr. 1 die Abschrift des Berichts über die Geschäftsprüfung der zuständigen Oberfinanzdirektion nicht oder nicht rechtzeitig zuleitet,
4. entgegen § 22 Abs. 7 Nr. 2 den Mitgliedern des Lohnsteuerhilfevereins den wesentlichen Inhalt der Prüfungsfeststellungen nicht oder nicht rechtzeitig bekanntgibt,
5. entgegen § 23 Abs. 3 zur Leitung einer Beratungsstelle eine Person bestellt, die nicht die dort bezeichneten Voraussetzungen erfüllt,
6. entgegen § 23 Abs. 4 der zuständigen Oberfinanzdirektion die Eröffnung oder Schließung einer Beratungsstelle, die Bestellung oder Abberufung des Leiters einer Beratungsstelle oder die Personen, deren sich der Verein bei der Hilfeleistung in Lohnsteuersachen bedient, nicht mitteilt.

(2) Die Ordnungswidrigkeit nach Absatz 1 Nr. 2 bis 5 kann mit einer Geldbuße bis zu zehntausend Deutsche Mark, die Ordnungswidrigkeit nach Absatz 1 Nr. 1 und 6 mit einer Geldbuße bis zu zweitausend Deutsche Mark geahndet werden.

§ 163 Pflichtverletzung von Personen, deren sich der Verein bei der Hilfeleistung in Lohnsteuersachen bedient

(1) Ordnungswidrig handelt, wer entgegen § 26 Abs. 2 in Verbindung mit der Hilfeleistung in Lohnsteuersachen eine andere wirtschaftliche Tätigkeit ausübt.

(2) Die Ordnungswidrigkeit kann mit einer Geldbuße bis zu zehntausend Deutsche Mark geahndet werden.

§ 164[1] Verfahren

Verwaltungsbehörde im Sinne des § 36 Abs. 1 Nr. 1 des Gesetzes über Ordnungswidrigkeiten ist das Finanzamt. Im übrigen gelten für das Bußgeldverfahren § 410 Abs. 1 Nr. 1, 2, 6 bis 11 und Abs. 2 sowie § 412 der Abgabenordnung entsprechend.

---

[1] neugefaßt durch Art. 8 EGAO v. 14. 12. 1976 (BGBl. I 3341).

XXII. Auszüge aus Abgabengesetzen der Länder

1. Baden-Württemberg

a) ***Gesetz über die Anwendung bundesrechtlicher Vorschriften des allgemeinen Abgabenrechts***
v. 27. 6. 1955 (GBl. 102):

§ 1 *[aufgehoben]*[1]

b) Kirchensteuergesetz
v. 18. 12. 1969 (GBl. 1970, 1):

§ 11 Verfahren

Die Kirchensteuern werden von den Religionsgemeinschaften und ihren Kirchengemeinden verwaltet, soweit die Verwaltung nicht nach § 16 den Gemeinden oder nach § 17 den Landesfinanzbehörden übertragen ist. Soweit sich aus diesem Gesetz und der Steuerordnung nichts anderes ergibt, sind dabei die für die Maßstabsteuern geltenden Vorschriften sinngemäß anzuwenden. Der Achte Teil der Abgabenordnung findet keine Anwendung[2].

§ 21 Verfahren

(1)–(2) ...

(3)[2] Die §§ 234, 235, 237 und 240 sowie der Achte Teil der Abgabenordnung finden auf die Kirchensteuer keine Anwendung.

c) Kommunalabgabengesetz
v. 18. 2. 1964 (GBl. 71):

§ 5[3] **Zuwiderhandlungen**

(1) Die Strafvorschriften des § 370 Abs. 1, 2, 4 und Abs. 5, des § 371, des § 375 Abs. 2 und des § 376 der Abgabenordnung über die Steuerhinterziehung und die Bußgeldvorschrift des § 378 der Abgabenordnung über die leichtfertige Steuerverkürzung sind in ihrer jeweils geltenden Fassung entsprechend anzuwenden.

(2) Das Höchstmaß der Freiheitsstrafe bei entsprechender Anwendung des § 370 Abs. 1 der Abgabenordnung beträgt zwei Jahre.

(3) Verwaltungsbehörde im Sinne des § 36 Abs. 1 Nr. 1 des Gesetzes über Ordnungswidrigkeiten für die Verfolgung und Ahndung von Ordnungswidrigkeiten nach Absatz 1 ist die untere Verwaltungsbehörde.

---

[1] mWv 1. 1. 1977 durch Art. 8 AOAnpG v. 4. 10. 1977 (GBl. 401).
[2] neugefaßt durch Art. 4 AOAnpG.
[3] neugefaßt durch Art. 5 AOAnpG.

d) Gesetz über die Hundesteuer
v. 25. 5. 1965 (GBl. 91):

§ 16 Ordnungswidrigkeiten

(1) Ordnungswidrig handelt, wer vorsätzlich oder leichtfertig einer Verpflichtung nach § 13[4] oder § 15 Abs. 2[5] zuwiderhandelt.

(2)[6] Die Ordnungswidrigkeit kann mit einer Geldbuße geahndet werden.

(3)[6] Verwaltungsbehörde im Sinne des § 36 Abs. 1 Nr. 1 des Gesetzes über Ordnungswidrigkeiten ist die untere Verwaltungsbehörde.

e) Landesgebührengesetz
v. 21. 3. 1961 (GBl. 59):

§ 22 Zuwiderhandlungen

(1)[7] Die Strafvorschriften des § 370 Abs. 1, 2, 4 und 5 sowie der §§ 371 und 376 der Abgabenordnung über die Steuerhinterziehung und die Bußgeldvorschrift des § 378 der Abgabenordnung über die leichtfertige Steuerverkürzung sind in ihrer jeweils geltenden Fassung entsprechend anzuwenden.

(2)[7] Das Höchstmaß der Freiheitsstrafe bei entsprechender Anwendung des § 370 Abs. 1 der Abgabenordnung beträgt zwei Jahre.

(3)[8] Verwaltungsbehörde im Sinne des § 36 Abs. 1 Nr. 1 des Gesetzes über Ordnungswidrigkeiten für die Verfolgung und Ahndung von Ordnungswidrigkeiten nach Absatz 1 sind
a) das Landesvermessungsamt für Gebührensachen auf dem Gebiet des Vermessungswesens,
b) das Landesamt für Flurbereinigung und Siedlung für Gebührensachen auf dem Gebiet des Flurbereinigungs- und Siedlungswesens,
c) die Forstdirektionen für Gebührensachen auf dem Gebiet des Forstwesens,
d) im übrigen die Regierungspräsidien.

2. Bayern

a) *Gesetz über die Anwendung von bundesrechtlichen Vorschriften des allgemeinen Abgabenrechts auf landesrechtlich geregelte Abgaben*
v. 12. 6. 1956 (GVBl. 102):

[aufgehoben][1]

b) Kirchensteuergesetz (KirchStG)
idF v. 15. 3. 1967 (GVBl. 317):

Art. 1

(1) Kirchen und Religionsgemeinschaften sowie weltanschauliche Gemeinschaften, die Körperschaften des öffentlichen Rechts sind, sind berechtigt, Steuern (Kirchensteuern) zu erheben.

---

[4] betr. die Pflicht zur Anzeige der Hundehaltung.
[5] betr. die Pflicht zum Verwenden einer Hundesteuermarke.
[6] neugefaßt durch Art. 25 G v. 7. 4. 1970 (GBl. 124).
[7] neugefaßt durch Art. 6 AOAnpG.
[8] neugefaßt durch Art. 29 G v. 26. 11. 1974 (GBl. 508, 514).
[1] mWv 1. 1. 1977 durch § 13 II AOAnpG v. 23. 12. 1976 (GVBl. 566).

(2) Die Kirchensteuern können einzeln oder nebeneinander erhoben werden

a) in Form von Kirchenumlagen nach dem Maßstab der Einkommensteuer (veranlagte Einkommensteuer und Lohnsteuer) als Kircheneinkommen- und Kirchenlohnsteuer, nach dem Maßstab der Grundsteuermeßbeträge als Kirchengrundsteuer,

b) in Form von Kirchgeld.

Art. 18

(1)[2] Für die Verwaltung der Kirchenumlagen gelten, soweit in diesem Gesetz nichts Abweichendes bestimmt ist, sinngemäß die Vorschriften der Abgabenordnung und des Verwaltungszustellungsgesetzes in der jeweiligen Fassung. Das gleiche gilt für Rechtsvorschriften, die zur Durchführung der in Satz 1 bezeichneten Gesetze erlassen worden sind oder erlassen werden.

(2)[2] Die Straf- und Bußgeldvorschriften der Abgabenordnung sowie deren Vorschriften über das Straf- und Bußgeldverfahren finden auf die Kirchenumlagen keine Anwendung.

(3)–(6) . . .

c) Kommunalabgabengesetz (KAG)

v. 26. 3. 1974 (GVBl. 109):

Art. 14[3] Abgabehinterziehung

(1) Mit Freiheitsstrafe bis zu zwei Jahren oder mit Geldstrafe wird bestraft, wer

1. der Körperschaft, der die Abgabe zusteht, oder einer anderen Behörde über abgaberechtlich erhebliche Tatsachen unrichtige oder unvollständige Angaben macht oder
2. die Körperschaft, der die Abgabe zusteht, pflichtwidrig über abgaberechtlich erhebliche Tatsachen in Unkenntnis läßt

und dadurch Abgaben verkürzt oder für sich oder einen anderen nicht gerechtfertigte Abgabevorteile erlangt. § 370 Abs. 4, §§ 371 und 376 der Abgabenordnung sind in ihrer jeweils geltenden Fassung entsprechend anzuwenden.

(2) Der Versuch ist strafbar.

Art. 15[3] Leichtfertige Abgabeverkürzung

Mit Geldbuße bis zu zwanzigtausend Deutsche Mark kann belegt werden, wer als Abgabepflichtiger oder bei Wahrnehmung der Angelegenheiten eines Abgabepflichtigen eine der in Art. 14 Abs. 1 Satz 1 bezeichneten Taten leichtfertig begeht. § 370 Abs. 4 und § 378 Abs. 3 der Abgabenordnung sind in ihrer jeweils geltenden Fassung entsprechend anzuwenden.

---

[2] neugefaßt durch § 4 Nr. 3 AOAnpG.
[3] neugefaßt durch § 5 Nr. 3 AOAnpG.
[4] neugefaßt durch Art. 25 KAG v. 26. 3. 1974 (GVBl. 109).

Art. 16[3] Abgabegefährdung

Mit Geldbuße bis zu zehntausend Deutsche Mark kann, wenn die Handlung nicht nach Art. 15 geahndet werden kann, belegt werden, wer vorsätzlich oder leichtfertig
1. Belege ausstellt, die in tatsächlicher Hinsicht unrichtig sind, oder
2. den Vorschriften zur Sicherung oder Erleichterung der Abgabeerhebung, insbesondere zur Anmeldung und Anzeige von Tatsachen, zur Führung von Aufzeichnungen oder Nachweisen, zur Kennzeichnung oder Vorlegung von Gegenständen oder zur Erhebung und Abführung von Abgaben zuwiderhandelt

und es dadurch ermöglicht, eine Abgabe zu verkürzen oder nicht gerechtfertigte Abgabevorteile zu erlangen.

Art. 17[3] Geldbußen

Die Geldbuße fließt in die Kasse der Körperschaft, der die Abgabe, auf die sich die Ordnungswidrigkeit bezieht, zusteht.

d) Vergnügungsteuergesetz (VgnStG)
idF v. 22. 4. 1965 (GVBl. 72):

Art. 27[4] Vergehen und Ordnungswidrigkeiten

(1) Zuwiderhandlungen gegen die Bestimmungen dieses Gesetzes werden nach *§ 392 Abs. 1 bis 4, §§ 393 bis 395, 402 der Reichsabgabenordnung*[5] bestraft oder nach *§§ 404 bis 407 der Reichsabgabenordnung*[6] mit Geldbuße geahndet. Bei Anwendung des *§ 392 der Reichsabgabenordnung*[7] beträgt das Höchstmaß der Freiheitsstrafe zwei Jahre.

(2) Die Geldbuße fließt in die Kasse der Körperschaft, der die Abgabe, auf die sich die Ordnungswidrigkeit bezieht, zusteht.

e) Hundesteuergesetz (HundStG)
idF v. 19. 3. 1975 (GVBl. 56):

Art. 18

(1) Zuwiderhandlungen gegen die Bestimmungen dieses Gesetzes werden nach *§ 392 Abs. 1 bis 4, §§ 393 bis 395, 402 der Reichsabgabenordnung*[5] bestraft oder nach *§§ 404 bis 407 der Reichsabgabenordnung*[6] mit Geldbuße geahndet. Bei Anwendung des *§ 392 der Reichsabgabenordnung*[7] beträgt das Höchstmaß der Freiheitsstrafe zwei Jahre.

(2) Die Geldbuße fließt in die Kasse der Gemeinde.

---

[5] ab 1. 1. 1977: §§ 378 bis 381 AO.
[6] ab 1. 1. 1977: § 370 I, II, IV und V, §§ 371, 376 AO.
[7] ab 1. 1. 1977: § 370 AO.

3. Berlin

a) Gesetz über den Anwendungsbereich der Reichsabgabenordnung

idF v. 6. 1. 1966 (GVBl. 90):

§ 1

(1)[1] Auf Steuern, Steuervergütungen und steuerliche Nebenleistungen, soweit sie durch Berliner Finanzbehörden verwaltet werden und nicht durch Bundesrecht oder Recht der Europäischen Gemeinschaften geregelt sind, finden folgende Gesetze in der jeweils für Berlin geltenden Fassung Anwendung.

1. Die Abgabenordnung vom 16. März 1976 (BGBl. I S. 613/GVBl. S. 582) mit der Maßgabe, daß das Höchstmaß der Freiheitsstrafe bei entsprechender Anwendung des § 370 der Abgabenordnung zwei Jahre beträgt (Artikel 3 Abs. 1 Nr. 1 und Artikel 4 Abs. 3 Nr. 2 des Einführungsgesetzes zum Strafgesetzbuch vom 2. März 1974 – BGBl. I S. 469/GVBl. S. 874 –) . . .,

2.–8. . . .

(2) Das gleiche gilt für Rechtsvorschriften, die zur Durchführung der im Absatz 1 bezeichneten gesetzlichen Vorschriften erlassen sind oder erlassen werden.

§ 2

(1)[1] Die Verwaltung der Steuern und Beiträge der Körperschaften des öffentlichen Rechts einschließlich der Religionsgemeinschaften, die Körperschaften des öffentlichen Rechts sind, obliegt den Berliner Finanzbehörden, soweit der Senator für Finanzen ihnen die Verwaltung dieser Steuern und Beiträge auf Antrag der zuständigen Stellen überträgt. . . .

(2) In den Fällen des Absatzes 1 finden abweichend von § 1 die §§ 230 bis 240, 347 bis 412 der Abgabenordnung und die Finanzgerichtsordnung keine Anwendung.

(3)–(4) . . .

b) Kirchensteuergesetz

idF v. 9. 7. 1975 (GVBl. 1829):

§ 7[2] Anwendung allgemeiner Steuergesetze

Für die Steuern nach diesem Gesetz gelten die Vorschriften der Abgabenordnung in der jeweils geltenden Fassung entsprechend. Die §§ 347 bis 412 der Abgabenordnung und die Finanzgerichtsordnung finden keine Anwendung. . . .

c) Hundesteuergesetz

v. 31. 3. 1939 (ABl. der Reichshauptstadt Berlin 394):

§ 17[3] Ordnungswidrigkeiten

(1) Ordnungswidrig handelt, wer vorsätzlich oder leichtfertig

1. den Wohnungswechsel nach § 14 Abs. 2 Satz 1 nicht oder nicht rechtzeitig anzeigt;

---

[1] geänd. durch Art. I AOAnpG v. 10. 5. 1977 (GVBl. 922).
[2] geänd. durch Art. II AOAnpG.
[3] neugefaßt durch Art. LXXIX G v. 26. 11. 1974 (GVBl. 2746, 2755).

2. die dauernde Unterbringung auf einem anderen Grundstück nach § 14 Abs. 2 Satz 2 nicht oder nicht rechtzeitig meldet;
3. entgegen § 15 Abs. 1 Satz 3 es als Hundehalter zuläßt, daß sein Hund außerhalb des Hauses oder des umfriedeten Grundbesitzes keine sichtbar befestigte Steuermarke trägt.

(2) Die Ordnungswidrigkeit kann mit einer Geldbuße geahndet werden, wenn die Handlung nach § 378 der Abgabenordnung geahndet werden kann.

4. Bremen

a) Bremisches Abgabengesetz

v. 15. 5. 1962 (GBl. 139):

§ 2[5] Grundsatz

(1) Auf öffentlich-rechtliche Abgaben, die nicht durch Bundesrecht geregelt sind und von Landesfinanzbehörden oder von Steuerbehörden der Gemeinden verwaltet werden, finden nachstehende Gesetze und die Rechtsvorschriften zu ihrer Durchführung in der jeweiligen bundesrechtlichen Fassung sinngemäße Anwendung, soweit nicht andere Gesetze Abweichendes bestimmen:
1. die Abgabenordnung vom 16. März 1976 (BGBl. I S. 613),
2.–5. . . .

(2) Absatz 1 findet auch auf die durch Bundesrecht geregelten öffentlich-rechtlichen Abgaben Anwendung, wenn und soweit die Regelung der Verwaltung den Ländern oder Gemeinden überlassen ist.

(3) . . .

§§ 3, 4[6]

b) Kirchensteuergesetz (KiStG)

v. 18. 12. 1974 (GBl. 345):

§ 7 Anzuwendende Vorschriften

(1) Soweit sich aus diesem Gesetz oder aus der Kirchensteuerordnung nichts anderes ergibt, sind auf die Kirchensteuer vom Einkommen die für die Einkommensteuer geltenden Vorschriften entsprechend anzuwenden.

(2)[7] Nicht anzuwenden sind die Vorschriften der Abgabenordnung über Säumniszuschläge, Strafen, Bußgelder und über das Straf- und Bußgeldverfahren.

5. Hamburg

a) Hamburgisches Abgabengesetz

idF v. 17. 2. 1976 (GVBl. 45):

§ 1

Soweit Steuern, die der Landesgesetzgebung unterliegen, von Landesfinanzbehörden im Sinne des § 2 des Gesetzes über die Finanzverwaltung vom

---

[4] geänd. durch Art. IV AOAnpG v. 10. 5. 1977 (GVBl. 922).
[5] geänd. mWv 1. 1. 1977 durch Art. 1 AOAnpG v. 20. 12. 1976 (GBl. 334).
[6] betr. Kirchensteuern aufgehoben durch § 11 KiStG v. 18. 12. 1974 (GBl. 345).
[7] neugefaßt durch Art. 5 AOAnpG.

30. August 1971 (Bundesgesetzblatt I Seite 1427) – Landesfinanzbehörden – verwaltet werden, sind die nachstehenden und die zu ihrer Durchführung ergangenen Rechtsvorschriften in ihrer jeweils geltenden Fassung entsprechend anzuwenden:

1.[1] die Abgabenordnung vom 16. März 1976 (Bundesgesetzblatt I Seiten 613, 1749),

2.–5. . . .

§ 2

(1) Soweit nichtsteuerliche öffentlich-rechtliche Abgaben, die der Landesgesetzgebung unterliegen, von Landesfinanzbehörden verwaltet werden, sind die nachstehenden und die zu ihrer Durchführung ergangenen Rechtsvorschriften in ihrer jeweils geltenden Fassung entsprechend anzuwenden:

1.[1] von der Abgabenordnung, soweit die Vorschriften nicht für ausdrücklich genannte Steuerarten besondere Regelungen enthalten, §§ 4–15, . . . § 368[2];

2.–3. . . .

(2) Die für Abgaben der in Absatz 1 genannten Art im übrigen geltenden gesetzlichen Vorschriften sind ergänzend anzuwenden.

§ 3

Soweit Steuern von anderen Verwaltungsbehörden der Freien und Hansestadt Hamburg als den Landesfinanzbehörden verwaltet werden, sind die nachstehenden Bestimmungen und die zu ihrer Durchführung ergangenen Rechtsvorschriften in ihrer jeweils geltenden Fassung entsprechend anzuwenden, soweit sie nicht bereits als Bundesrecht gelten oder in den einzelnen Steuergesetzen nicht etwas anderes bestimmt ist:

1. von der Abgabenordnung, soweit die Vorschriften nicht für ausdrücklich genannte andere Steuerarten besondere Regelungen enthalten, . . . §§ 369 bis 412[3];

2.–3. . . .

§ 4[3]

(1) Soweit nichtsteuerliche öffentlich-rechtliche Abgaben, die der Landesgesetzgebung unterliegen, von anderen Verwaltungsbehörden der Freien und Hansestadt Hamburg als den Landesfinanzbehörden verwaltet werden, sind die §§ 236 bis 239, § 254 Absatz 2 der Abgabenordnung entsprechend anzuwenden.

(2) Für die Verwaltung der Ausgleichsabgaben nach der Ordnung über die Erhebung einer Ausgleichsabgabe auf frisches Fleisch in der Freien und Hansestadt Hamburg vom 3. April 1940 (Sammlung des bereinigten hamburgischen Landesrechts I 786 – i) sind, mit den dort genannten Maßgaben, auch die in § 3 Nummer 1 aufgeführten Vorschriften der Abgabenordnung mit der

---

[1] neugefaßt durch Art. 1 AOAnpG v. 31. 1. 1977 (GVBl. 13).
[2] also ohne die Straf- und Bußgeldvorschriften und die Vorschriften über das Straf- und Bußgeldverfahren.
[3] geänd. durch Art. 1 AOAnpG.

Ausnahme der §§ 233 bis 235, § 240 und der §§ 369 bis 412 ... entsprechend anzuwenden.

b) Kirchensteuergesetz
v. 15. 10. 1973 (GVBl. 431):

§ 8 Verfahren

Die Kirchensteuern werden von den steuerberechtigten Körperschaften verwaltet, soweit die Verwaltung nicht den staatlichen Behörden übertragen worden ist. Soweit sich aus den kirchlichen Steuervorschriften nichts anderes ergibt, sind dabei die für die Maßstabsteuern jeweils geltenden Vorschriften mit Ausnahme der Straf- und Bußgeldbestimmungen sowie der Vorschriften über Steuersäumnis und Stundungszinsen[4] entsprechend anzuwenden; die Vorschriften über die Strafbarkeit der Verletzung des Steuergeheimnisses sind anwendbar.

6. Hessen

a) Gesetz über die Anwendung der Reichsabgabenordnung und anderer Abgabengesetze auf öffentlich-rechtliche Abgaben, die der Gesetzgebung des Landes unterliegen, (AO-Anwendungsgesetz – AO-AnwG –)
idF v. 10. 6. 1968 (GVBl. 168):

[aufgehoben][1]

b) Kirchensteuergesetz
idF v. 25. 9. 1968 (GVBl. 267):

§ 15[2]

(1) Soweit sich aus diesem Gesetz nichts anderes ergibt, finden auf das Besteuerungsverfahren die Abgabenordnung und das Verwaltungszustellungsgesetz in der jeweils geltenden Fassung sowie die zur Durchführung dieser Gesetze erlassenen Rechtsvorschriften entsprechend Anwendung.

(2) Die Vorschriften des Siebenten Teils (Außergerichtliches Rechtsbehelfsverfahren) und des Achten Teils (Straf- und Bußgeldvorschriften, Straf- und Bußgeldverfahren) sowie die Vorschriften über Säumniszuschläge und über Stundungszinsen der Abgabenordnung sind nicht anzuwenden.

c) Gesetz über kommunale Abgaben (KAG)
v. 17. 3. 1970 (GVBl. 225):

§ 5[3] **Abgabenhinterziehung**

(1) Wer zum eigenen Vorteil oder zum Vorteil eines anderen

1. einer Gemeinde oder einem Landkreis über Tatsachen, die für die Erhebung oder Bemessung von Abgaben erheblich sind, unrichtige oder unvollständige Angaben macht,

---

[4] geänd. durch Art. 3 AOAnpG.
[1] mWv 1. 1. 1977 durch Art. 15 Nr. 1 AOAnpG v. 21. 12. 1976 (GVBl. 532).
[2] neugefaßt durch Art. 8 AOAnpG.
[3] neugefaßt durch Art. 40 G v. 4. 9. 1974 (GVBl. 361, 371).

2. eine Gemeinde oder einen Landkreis pflichtwidrig über abgabenrechtlich erhebliche Tatsachen in Unkenntnis läßt,

und dadurch Abgaben verkürzt oder nicht gerechtfertigte Abgabenvorteile erlangt, wird mit Freiheitsstrafe bis zu zwei Jahren oder mit Geldstrafe bestraft. § 370 Abs. 4 sowie §§ 371 und 376 der Abgabenordnung in der jeweiligen Fassung gelten entsprechend.[4]

(2) Der Versuch ist strafbar.

(3)[4] Für das Strafverfahren gelten § 385 Abs. 1 und die §§ 391, 393, 395 bis 398 der Abgabenordnung in der jeweiligen Fassung entsprechend.

§ 5a[5] Bußgeldvorschriften

(1) Ordnungswidrig handelt, wer als Abgabenpflichtiger oder bei Wahrnehmung der Angelegenheiten eines Abgabenpflichtigen eine der in § 5 Abs. 1 Satz 1 bezeichneten Taten leichtfertig begeht (leichtfertige Abgabenverkürzung). § 370 Abs. 4 und § 378 Abs. 3 der Abgabenordnung in der jeweiligen Fassung gelten entsprechend.[6]

(2) Ordnungswidrig handelt auch, wer vorsätzlich oder leichtfertig

1. Belege ausstellt, die in tatsächlicher Hinsicht unrichtig sind, oder
2. den Vorschriften einer Abgabensatzung zur Sicherung oder Erleichterung der Abgabenerhebung, insbesondere zur Anmeldung und Anzeige von Tatsachen, zur Führung von Aufzeichnungen oder Nachweisen, zur Kennzeichnung oder Vorlegung von Gegenständen oder zur Erhebung und Abführung von kommunalen Abgaben zuwiderhandelt

und es dadurch ermöglicht, Abgaben zu verkürzen oder nicht gerechtfertigte Abgabenvorteile zu erlangen (Abgabengefährdung).

(3) Die Ordnungswidrigkeit kann mit einer Geldbuße bis zu zwanzigtausend[7] Deutsche Mark geahndet werden.

(4)[8] § 411 der Abgabenordnung gilt in der jeweiligen Fassung entsprechend.

(5) Verwaltungsbehörde im Sinne des § 36 Abs. 1 Nr. 1 des Gesetzes über Ordnungswidrigkeiten ist der Gemeindevorstand der Gemeinde oder der Kreisausschuß des Landkreises, zu deren Nachteil die Ordnungswidrigkeit begangen worden ist.

d) Vergnügungsteuergesetz
idF v. 14. 9. 1970 (GVBl. 565):

§ 33[9] Geltung des Gesetzes über kommunale Abgaben

Soweit dieses Gesetz nichts anderes bestimmt, sind die §§ 3 bis 6 des Gesetzes über kommunale Abgaben in ihrer jeweiligen Fassung anzuwenden.

---

[4] neugefaßt durch Art. 3 Nr. 3 AOAnpG.
[5] eingefügt durch Art. 40 G v. 4. 9. 1974 (GVBl. 361, 372).
[6] neugefaßt durch Art. 3 Nr. 4a AOAnpG.
[7] geänd. durch Art. 3 Nr. 4b AOAnpG.
[8] neugefaßt durch Art. 3 Nr. 4c AOAnpG.
[9] neugefaßt durch § 15 KAG v. 17. 3. 1970 (GVBl. 225, 229).

e) Gesetz über die Getränke- und Speiseeissteuer
v. 6. 12. 1951 (GVBl. 127):

§ 10

(1)[9] Soweit dieses Gesetz nichts anderes bestimmt, sind die §§ 3 bis 6 des Gesetzes über kommunale Abgaben in ihrer jeweiligen Fassung anzuwenden.

(2) . . .

§ 11[10]

f) Hundesteuergesetz
v. 9. 3. 1957 (GVBl. 28):

§ 18[9] **Geltung des Gesetzes über kommunale Abgaben**

Soweit dieses Gesetz nichts anderes bestimmt, sind die §§ 3 bis 6 des Gesetzes über kommunale Abgaben in ihrer jeweiligen Fassung anzuwenden.

§ 21[10]

7. Niedersachsen

a) Gesetz über die Übernahme bundesrechtlicher Vorschriften in das Abgabenrecht des Landes
v. 21. 2. 1956 (GVBl. 11):

§ 1

(1)[1] Soweit öffentlich-rechtliche Abgaben durch Landesfinanzbehörden verwaltet werden, finden auf sie folgende Gesetze in der jeweils geltenden Fassung sinngemäß auch dann Anwendung, wenn sich ihre Geltung nicht schon aus dem Bundesrecht ergibt:
1. die Abgabenordnung vom 16. März 1976 (Bundesgesetzbl. I S. 613),
2.–3. . . .

(2) Absatz 1 gilt auch für Rechtsvorschriften, die zur Durchführung der dort bezeichneten gesetzlichen Vorschriften erlassen sind oder erlassen werden.

(3) Diese Bestimmungen gelten nicht, wenn durch Landesgesetz etwas anderes bestimmt ist oder bestimmt wird.

b) Kirchensteuerrahmengesetz (KiStRG)
v. 10. 2. 1972 (GVBl. 109):

§ 6 Anzuwendende Vorschriften

(1)[2] Soweit sich aus diesem Gesetz nichts anderes ergibt, finden die Vorschriften der Abgabenordnung in der jeweils geltenden Fassung entsprechende Anwendung; nicht anzuwenden sind die Vorschriften über die Säumniszu-

---

[10] aufgehoben durch § 15 KAG.
[1] neugefaßt durch Art. 1 Nr. 1 AOAnpG v. 20. 12. 1976 (GVBl. 325).
[2] eingefügt durch Art. 3 Nr. 3 AOAnpG.

schläge (§ 240), die Verzinsung (§ 233 bis 239) und das Straf- und Bußgeldverfahren (§§ 385 bis 412).

(2) ...

§ 10[3] Verwaltung der Kirchensteuer

(1) Die Verwaltung der Kirchensteuer obliegt vorbehaltlich der §§ 11 bis 15 den Landeskirchen, Diözesen, anderen Religionsgemeinschaften, Kirchengemeinden oder Kirchengemeindeverbänden. Die Unterlagen, deren sie für die Besteuerung bedürfen, werden ihnen auf Anfordern von den zuständigen Landesbehörden und den Gemeinden, Landkreisen oder kommunalen Zusammenschlüssen zur Verfügung gestellt. § 6 Abs. 1 gilt auch für die Kirchensteuer, die nicht durch Landesfinanzbehörden verwaltet wird. Die Verfolgung von Steuerstraftaten tritt nur auf Antrag des Steuerberechtigten ein.

(2) ...

c) Niedersächsisches Kommunalabgabengesetz (NKAG)
v. 8. 2. 1973 (GVBl. 41):

§ 15[4] Abgabenhinterziehung

(1) Mit Freiheitsstrafe bis zu zwei Jahren oder mit Geldstrafe wird bestraft, wer

1. der Körperschaft, der die Abgabe zusteht, oder einer anderen Behörde über Tatsachen, die für die Erhebung oder Bemessung von Abgaben erheblich sind, unrichtige oder unvollständige Angaben macht oder
2. die Körperschaft, der die Abgabe zusteht, pflichtwidrig über abgabenrechtlich erhebliche Tatsachen in Unkenntnis läßt

und dadurch Abgaben verkürzt oder nicht gerechtfertigte Abgabenvorteile für sich oder einen anderen erlangt.

(2) Der Versuch ist strafbar.

(3) § 370 Abs. 4, §§ 371 und 376 der Abgabenordnung in der jeweils geltenden Fassung gelten entsprechend.

(4) Für das Strafverfahren gelten die §§ 385, 391, 393, 395 bis 398 und 407 der Abgabenordnung in der jeweils geltenden Fassung entsprechend.

§ 18[5] Leichtfertige Abgabenverkürzung und Abgabengefährdung

(1) Ordnungswidrig handelt, wer als Abgabenpflichtiger oder bei Wahrnehmung der Angelegenheiten eines Abgabenpflichtigen eine der in § 15 Abs. 1 bezeichneten Taten leichtfertig begeht (leichtfertige Abgabenverkürzung). § 370 Abs. 4 der Abgabenordnung in der jeweils geltenden Fassung gilt entsprechend.

(2) Ordnungswidrig handelt auch, wer vorsätzlich oder leichtfertig

1. Belege ausstellt, die in tatsächlicher Hinsicht unrichtig sind, oder

---

[3] neugefaßt durch Art. 3 Nr. 6 AOAnpG.
[4] neugefaßt durch Art. 2 Nr. 4 AOAnpG.
[5] neugefaßt durch Art. 2 Nr. 6 AOAnpG.

2. den Vorschriften einer Abgabensatzung zur Sicherung oder Erleichterung der Abgabenerhebung, insbesondere zur Anmeldung und Anzeige von Tatsachen, zur Führung von Aufzeichnungen oder Nachweisen, zur Kennzeichnung oder Vorlegung von Gegenständen oder zur Erhebung und Abführung von Abgaben, soweit die Satzung auf diese Bußgeldvorschrift verweist, zuwiderhandelt

und es dadurch ermöglicht, Abgaben zu verkürzen oder nicht gerechtfertigte Abgabenvorteile zu erlangen (Abgabengefährdung).

(3) Die Ordnungswidrigkeit kann mit einer Geldbuße bis zu zwanzigtausend Deutsche Mark geahndet werden.

(4) Für das Bußgeldverfahren gelten außer den Vorschriften des Gesetzes über Ordnungswidrigkeiten § 378 Abs. 3, §§ 391, 393, 396, 397, 407 und 411 der Abgabenordnung in der jeweils geltenden Fassung entsprechend.

(5) Verwaltungsbehörde im Sinne des § 36 Abs. 1 Nr. 1 des Gesetzes über Ordnungswidrigkeiten ist die Körperschaft, der die Abgabe zusteht.

d) Vergnügungssteuergesetz (VergnStG)

idF v. 5. 5. 1972 (GVBl. 255):

§ 19[6] Geltung des Niedersächsischen Kommunalabgabengesetzes

(1) Soweit dieses Gesetz nichts anderes bestimmt, finden die Vorschriften des Niedersächsischen Kommunalabgabengesetzes entsprechende Anwendung.

(2) Für Zuwiderhandlungen gelten neben § 28 die §§ 15 bis 18[7] des Niedersächsischen Kommunalabgabengesetzes.

§ 28 Ordnungswidrigkeiten

(1) Ordnungswidrig handelt, wer vorsätzlich oder fahrlässig

1. entgegen § 7 Abs. 5 am Eingang zu den Räumen der Veranstaltung oder zur Kasse die Eintrittspreise nicht an geeigneter, für die Besucher leicht sichtbarer Stelle durch Anschläge bekanntmacht,
2. entgegen § 15 Abs. 1 Satz 1 und 3, Abs. 2 Satz 1 in der Gemeinde veranstaltete Vergnügungen nicht drei Werktage vorher bei der Steuerstelle anmeldet oder die Anmeldung nicht unverzüglich nachholt, wenn sie nicht rechtzeitig vorgenommen werden konnte,
3. entgegen § 15 Abs. 2 als Inhaber der für eine Veranstaltung benutzten Räume oder Grundstücke eine steuerpflichtige Veranstaltung zuläßt, bevor ihm die Anmeldebescheinigung vorgelegt ist, es sei denn, daß es sich um eine unvorbereitete und nicht vorherzusehende Veranstaltung handelt,
4. entgegen § 15 Abs. 4 die erste Aufstellung eines der in § 2 Nr. 5 bezeichneten Apparate oder Automaten in einer Gaststätte, einem Vereinsraum, einer Kantine oder an einem anderen der Öffentlichkeit zugänglichen Ort der Steuerstelle nicht anmeldet oder die endgültige Wegnahme des angemelde-

[6] neugefaßt durch § 20 NKAG v. 8. 2. 1973 (GVBl. 41).
[7] geänd. durch Art. 4 Nr. 2 AOAnpG.

ten Gerätes oder des Austauschgerätes von dem Aufstellungsplatz nicht unverzüglich anzeigt,

5. entgegen § 20 Abs. 1 als Veranstalter, der für seine Veranstaltung Eintrittsgeld erhebt, nicht an alle Teilnehmer, denen der Zutritt gestattet wird, Eintrittskarten oder sonstige Ausweise und beim Übergang auf einen Platz mit höherem Eintrittsgeld nicht Zuschlagkarten ausgibt,
6. entgegen § 21 als Unternehmer die vorgeschriebenen Eintrittskarten, die bei seiner Veranstaltung ausgegeben werden sollen, der Steuerstelle nicht vorher vorlegt,
7. entgegen § 22
   a) als Unternehmer die Teilnahme an seiner Veranstaltung ohne Entwertung der abgestempelten Karten gestattet, die entwerteten Karten nicht dem Teilnehmer beläßt, über die ausgegebenen Karten für jede Veranstaltung keinen fortlaufenden Nachweis führt, die nicht ausgegebenen Karten nicht drei Monate aufbewahrt oder der Steuerstelle auf Verlangen nicht vorlegt,
   b) als Teilnehmer an einer Veranstaltung seine Eintrittskarte dem Beauftragten der Steuerstelle auf Verlangen nicht vorzeigt,
8. entgegen § 23 Abs. 2 als Unternehmer über die ausgegebenen Karten nicht binnen drei Tagen nach der Veranstaltung mit der Steuerstelle abrechnet.

(2) Die Ordnungswidrigkeit kann mit einer Geldbuße bis zu 500 Deutsche Mark geahndet werden.

(3) Die Vorschriften der Abgabenordnung[8] über das Bußgeldverfahren mit Ausnahme der Vorschriften über die Durchsuchung sind entsprechend anzuwenden. Verwaltungsbehörde im Sinne des § 36 Abs. 1 Nr. 1 des Gesetzes über Ordnungswidrigkeiten ist die Gemeinde.

8. Nordrhein-Westfalen

a) *Gesetz über die Anwendung der Reichsabgabenordnung und anderer Abgabengesetze auf öffentlich-rechtliche Abgaben, die der Gesetzgebung des Landes unterliegen und durch Landesfinanzbehörden verwaltet werden*

v. 4. 1. 1955 (GV.NW. 3):

[aufgehoben][1]

b) Kirchensteuergesetz

idF v. 22. 4. 1975 (GV.NW. 438):

§ 8 Anwendung allgemeiner Steuergesetze

(1) Die Vorschriften der Abgabenordnung und des Verwaltungszustellungsgesetzes[2] finden in der jeweils geltenden Fassung auf die Kirchensteuern entsprechend Anwendung, soweit nicht in diesem Gesetz eine besondere Regelung getroffen ist.

---

[8] geänd. durch Art. 4 Nr. 3 AOAnpG.
[1] mWv 1. 1. 1977 durch Art. 1 AOAnpG v. 21. 12. 1976 (GV.NW. 473).
[2] geänd. durch Art. 4 Nr. 2a AOAnpG.

(2)[3] Die Vorschriften des Achten Teils der Abgabenordnung (Straf- und Bußgeldvorschriften, Straf- und Bußgeldverfahren) und § 235 der Abgabenordnung sind nicht anzuwenden.

(3)–(5) . . .

c) Kommunalabgabengesetz für das Land Nordrhein-Westfalen
v. 21. 10. 1969 (GV.NW. 712):

§ 17[4] Abgabenhinterziehung

(1) Mit Freiheitsstrafe bis zu zwei Jahren oder mit Geldstrafe wird bestraft, wer

a) der Körperschaft, der die Abgabe zusteht, oder einer anderen Behörde über abgabenrechtlich erhebliche Tatsachen unrichtige oder unvollständige Angaben macht oder

b) die Körperschaft, der die Abgabe zusteht, pflichtwidrig über abgabenrechtlich erhebliche Tatsachen in Unkenntnis läßt

und dadurch Abgaben verkürzt oder nicht gerechtfertigte Abgabenvorteile für sich oder einen anderen erlangt. § 370 Abs. 4, §§ 371 und 376 der Abgabenordnung in der jeweiligen Fassung gelten entsprechend.

(2) Der Versuch ist strafbar.

(3) Für das Strafverfahren gelten die §§ 385, 391, 393, 395 bis 398 und 407 der Abgabenordnung in der jeweiligen Fassung entsprechend.

§ 20[5] Leichtfertige Abgabenverkürzung und Abgabengefährdung

(1) Ordnungswidrig handelt, wer als Abgabenpflichtiger oder bei Wahrnehmung der Angelegenheiten eines Abgabenpflichtigen eine der in § 17 Abs. 1 bezeichneten Taten leichtfertig begeht (leichtfertige Abgabenverkürzung). § 370 Abs. 4 und § 378 Abs. 3 der Abgabenordnung in der jeweiligen Fassung gelten entsprechend.

(2) Ordnungswidrig handelt auch, wer vorsätzlich oder leichtfertig

a) Belege ausstellt, die in tatsächlicher Hinsicht unrichtig sind, oder

b) den Vorschriften einer Abgabensatzung zur Sicherung oder Erleichterung der Abgabenerhebung, insbesondere zur Anmeldung und Anzeige von Tatsachen, zur Führung von Aufzeichnungen oder Nachweisen, zur Kennzeichnung oder Vorlegung von Gegenständen oder zur Erhebung und Abführung von Abgaben zuwiderhandelt

und es dadurch ermöglicht, Abgaben zu verkürzen oder nicht gerechtfertigte Abgabenvorteile zu erlangen (Abgabengefährdung).

(3) Die Ordnungswidrigkeit kann mit einer Geldbuße bis zu zwanzigtausend Deutsche Mark geahndet werden.

(4) Für das Bußgeldverfahren gelten die §§ 391, 393, 396, 397, 407 und 411 der Abgabenordnung in der jeweiligen Fassung entsprechend.

---

[3] neugefaßt durch Art. 4 Nr. 2b AOAnpG.
[4] neugefaßt durch Art. 7 Nr. 10 AOAnpG.
[5] neugefaßt durch Art. 7 Nr. 12 AOAnpG.

(5) Verwaltungsbehörde im Sinne des § 36 Abs. 1 Nr. 1 des Gesetzes über Ordnungswidrigkeiten ist die Körperschaft, der die Abgabe zusteht.

d) Gesetz über die Vergnügungssteuern
v. 14. 12. 1965 (GV.NW. 361):

§ 23[6]

Soweit dieses Gesetz im einzelnen nichts anderes bestimmt, sind die Vorschriften der §§ 12 bis 22 des Kommunalabgabengesetzes für das Land Nordrhein-Westfalen vom 21. Oktober 1969 (GV.NW. S. 712) anzuwenden.

9. Rheinland-Pfalz

a) *Landesgesetz über die Anwendung von bundesrechtlichen Vorschriften des allgemeinen Abgabenrechts*
v. 3. 12. 1954 (GVBl. 154):

[aufgehoben][1]

b) Kirchensteuergesetz (KiStG)
v. 24. 2. 1971 (GVBl. 59):

§ 11 Besteuerungsverfahren

(1) . . .

(2)[2] Soweit sich aus diesem Gesetz nichts anderes ergibt, finden auf das Besteuerungsverfahren die Abgabenordnung in der für die bundesrechtlich geregelten Steuern jeweils geltenden Fassung sowie die zur Durchführung dieser Gesetze erlassenen Rechtsvorschriften Anwendung. Nicht anzuwenden sind die Vorschriften über Stundungszinsen, Säumniszuschläge, die Straf- und Bußgeldvorschriften sowie die Bestimmungen über das Straf- und Bußgeldverfahren. . . .

c) Kommunalabgabengesetz
idF v. 2. 9. 1977 (GVBl. 305):

§ 3[3] **Anwendung von Bundesrecht**

(1) Auf kommunale Abgaben sind, soweit nicht dieses Gesetz oder andere Gesetze besondere Bestimmungen enthalten, die folgenden Bestimmungen der Abgabenordnung sowie die auf Grund der Abgabenordnung erlassenen Rechtsverordnungen in der jeweils geltenden Fassung sinngemäß anzuwenden:

1.–6. . . .
7. der Achte Teil – §§ 369 bis 412 – (Straf- und Bußgeldvorschriften, Straf- und Bußgeldverfahren);
8. der § 413 (Einschränkung von Grundrechten).

---

[6] neugefaßt durch § 23 KAG v. 21. 10. 1969 (GV.NW. 712, 716).
[1] mWv 1. 1. 1977 durch Art. 10 Nr. 3 AOAnpG v. 23. 12. 1976 (GVBl. 301).
[2] neugefaßt durch Art. 3 Nr. 4 AOAnpG.
[3] neugefaßt durch Art. 9 Nr. 3 AOAnpG.

(2) Die in Absatz 1 bezeichneten Bestimmungen der Abgabenordnung gelten mit folgender Maßgabe:
1. Bestimmungen über Verbrauchsteuern finden auf kommunale Abgaben keine Anwendung.

2.–6. ...

(3) Bei Anwendung der in Absatz 1 bezeichneten Bestimmungen tritt an die Stelle der Finanzbehörde (§ 6 der Abgabenordnung) die für die Festsetzung der Abgabe zuständige kommunale Behörde. ...

(4) Bei Verbandsgemeinden und verbandsfreien Gemeinden, die keinen hauptamtlichen Beamten mit der Befähigung zum Richteramt oder zum höheren Verwaltungsdienst haben, ist für die Durchführung eines strafrechtlichen Ermittlungsverfahrens oder eines Bußgeldverfahrens die Aufsichtsbehörde zuständig; die von der Aufsichtsbehörde festgesetzten Bußgelder stehen dem Abgabengläubiger, die Verfahrenskosten dem Landkreis zu.

d) Vergnügungssteuergesetz (VgnStG)

v. 29. 11. 1965 (GVBl. 251):

§ 28a[4] Ordnungswidrigkeiten

Ordnungswidrig handelt, wer vorsätzlich oder leichtfertig gegen die Bestimmungen des § 6 Abs. 2 und 3, § 7 Abs. 4, § 14, § 16 Abs. 1 Satz 4 und § 24 Abs. 1 und 3 verstößt. Die Ordnungswidrigkeit kann, soweit nicht die Bestimmungen der *§§ 403ff. der Reichsabgabenordnung*[5] Anwendung finden, mit einer Geldbuße bis zu eintausend Deutsche Mark geahndet werden. Zuständige Verwaltungsbehörde im Sinne des § 36 Abs. 1 Nr. 1 des Gesetzes über Ordnungswidrigkeiten ist die Gemeindeverwaltung.

e) Landesgesetz über die Erhebung einer Kurtaxe in den Staatsbädern von Rheinland-Pfalz

v. 1. 2. 1965 (GVBl. 9):

§ 8[6] Bußgeld

(1)[7] Ordnungswidrig handelt, wer
1. entgegen § 7 die Angaben nicht, nicht richtig, nicht vollständig oder nicht rechtzeitig macht oder
2. die festgesetzte Kurtaxe nicht entrichtet.

(2) Die Ordnungswidrigkeit kann mit einer Geldbuße bis zu fünfhundert Deutsche Mark geahndet werden.

(3)[8] Zuständige Verwaltungsbehörde im Sinne des § 36 Abs. 1 Nr. 1 des Gesetzes über Ordnungswidrigkeiten ist die Gemeindeverwaltung, in verbandsangehörigen Gemeinden die Verbandsgemeindeverwaltung.

---

[4] eingefügt durch Art. 1 G v. 8. 2. 1974 (GVBl. 43).
[5] ab 1. 1. 1977: §§ 377ff. AO.
[6] neugefaßt durch Art. 22 G v. 20. 11. 1969 (GVBl. 179, 186).
[7] neugefaßt durch Art. 5 Nr. 3 AOAnpG.
[8] geänd. durch Art. 1 G v. 19. 12. 1973 (GVBl. 543).

10. Saarland

a) ***Gesetz Nr. 746 über die Anwendung der Reichsabgabenordnung und anderer Abgabengesetze auf öffentlich-rechtliche Abgaben, die der Gesetzgebung des Landes unterliegen und durch Landesfinanzbehörden verwaltet werden,***
v. 7. 11. 1961 (ABl. 631):

[aufgehoben][1]

b) Saarländisches Kirchensteuergesetz (KiStG-Saar)
idF v. 1. 6. 1977 (ABl. 598):

§ 11 Verfahren

(1) Soweit sich aus diesem Gesetz nichts anderes ergibt, finden auf das Besteuerungsverfahren die Abgabenordnung und das Verwaltungszustellungsgesetz in der für die bundesrechtlich geregelten Steuern jeweils geltenden Fassung Anwendung. Nicht anzuwenden sind die Vorschriften über die Verzinsung, die Säumniszuschläge, die Straf- und Bußgeldvorschriften sowie die Vorschriften über das Straf- und Bußgeldverfahren.

(2) . . .

c) Preußisches Kommunalabgabengesetz
v. 14. 7. 1893 (PrGS 152, BS-Saar 6140-2):

§ 79

(1) Wer in der Absicht der Steuerhinterziehung an zuständiger Stelle auf die an ihn gerichteten Fragen oder bei der Begründung eines Einspruchs unrichtige oder unvollständige Angaben macht, wird *mit dem vier- bis zehnfachen Betrage der stattgehabten oder beabsichtigten Verkürzung, mindestens aber mit einer Geldstrafe von einhundert Deutsche Mark bestraft*[3].

(2) Ist eine unrichtige oder unvollständige Angabe, welche geeignet ist, eine Verkürzung der Steuer herbeizuführen, zwar wissentlich, aber nicht in der Absicht der Steuerhinterziehung erfolgt, so tritt *Geldstrafe bis zu 500 Deutsche Mark*[4] ein.

(3) Straffrei bleibt, wer seine unrichtige oder unvollständige Angabe, bevor Anzeige erfolgt oder eine Untersuchung eingeleitet ist, an zuständiger Stelle berichtigt oder ergänzt und die vorenthaltene Steuer in der ihm gesetzten Frist entrichtet.

---

[1] mWv 1. 1. 1977 durch Art. 11 AOAnpG-Saar v. 28. 3. 1977 (ABl. 378).
[2] neugefaßt durch Art. 9 AOAnpG.
[3] gem. Art. 5 G Nr. 1012 v. 13. 11. 1974 (ABl. 1011) anzuwenden mit der Maßgabe, „daß die Handlung als Ordnungswidrigkeit mit einer Geldbuße bis zu tausend Deutsche Mark und, soweit eine höhere Geldstrafe als tausend Deutsche Mark angedroht ist, mit einer Geldbuße bis zu zehntausend Deutsche Mark geahndet werden kann".
[4] in bezug auf die Höhe der Geldstrafe geänd. durch Art. 32 G Nr. 907 v. 11. 3. 1970 (ABl. 267, 272).

11. Schleswig-Holstein

a) *Gesetz über die Anwendung der Reichsabgabenordnung und anderer Abgabengesetze auf öffentlich-rechtliche Abgaben, die der Gesetzgebung des Landes unterliegen,*

v. 15. 7. 1955 (GVBl. 139):

[aufgehoben][1]

b) Kirchensteuergesetz (KiStG)

idF v. 18. 8. 1975 (GVBl. 219):

§ 8[2]

(1) Auf die von den Finanzämtern und den Gemeinden verwalteten Kirchensteuern finden die für die Maßstabsteuern geltenden Vorschriften entsprechende Anwendung; im übrigen gelten die Vorschriften der Abgabenordnung und die über das Verwaltungszwangsverfahren in ihrer jeweiligen Fassung sowie die zur Durchführung dieser Gesetze erlassenen Rechtsvorschriften sinngemäß, soweit sich nicht aus den geltenden kirchengesetzlichen Bestimmungen etwas anderes ergibt.

(2) Die Vorschriften des Fünften Teils Zweiter Abschnitt (Verzinsung, Säumniszuschläge), des Siebenten Teils (außergerichtliches Rechtsbehelfsverfahren) und des Achten Teils (Straf- und Bußgeldvorschriften, Straf- und Bußgeldverfahren) sind nicht anzuwenden.

c) Kommunalabgabengesetz des Landes Schleswig-Holstein

v. 10. 3. 1970 (GVBl. 44):

§ 16[3] **Abgabenhinterziehung**

(1) Mit Freiheitsstrafe bis zu zwei Jahren oder mit Geldstrafe wird bestraft, wer

1. der Behörde, deren Träger der öffentlichen Verwaltung die Abgabe zusteht, oder einer anderen Behörde über abgabenrechtlich erhebliche Tatsachen unrichtige oder unvollständige Angaben macht oder
2. die Behörde, deren Träger der öffentlichen Verwaltung die Abgabe zusteht, pflichtwidrig über abgabenrechtlich erhebliche Tatsachen in Unkenntnis läßt

und dadurch Abgaben verkürzt oder nicht gerechtfertigte Abgabenvorteile für sich oder einen anderen erlangt. § 370 Abs. 4, §§ 371 und 376 der Abgabenordnung gelten entsprechend.

(2) Der Versuch ist strafbar.

(3) Für das Strafverfahren gelten die §§ 385, 393, 395 bis 398 und 407 der Abgabenordnung entsprechend.

---

[1] mWv 1. 1. 1977 durch Art. 21 Nr. 1 AOAnpG v. 20. 12. 1977 (GVBl. 502).
[2] neugefaßt durch Art. 9 AOAnpG.
[3] neugefaßt durch Art. 6 AOAnpG.

§ 17[4]

§ 18[3] **Leichtfertige Abgabenverkürzung und Abgabengefährdung**

(1) Ordnungswidrig handelt, wer als Abgabenpflichtiger oder bei Wahrnehmung der Angelegenheiten eines Abgabenpflichtigen eine der in § 16 Abs. 1 Satz 1 bezeichneten Taten leichtfertig begeht (leichtfertige Abgabenverkürzung). § 370 Abs. 4 und § 378 Abs. 3 der Abgabenordnung gelten entsprechend.

(2) Ordnungswidrig handelt auch, wer vorsätzlich oder leichtfertig

1. Belege ausstellt, die in tatsächlicher Hinsicht unrichtig sind, oder
2. einer Vorschrift einer Abgabensatzung zur Sicherung oder Erleichterung der Abgabenerhebung, insbesondere zur Anmeldung und Anzeige von Tatsachen, zur Führung von Aufzeichnungen oder Nachweisen, zur Kennzeichnung oder Vorlegung von Gegenständen oder zur Erhebung und Abführung von Abgaben zuwiderhandelt

und es dadurch ermöglicht, Abgaben zu verkürzen oder nicht gerechtfertigte Abgabenvorteile zu erlangen (Abgabengefährdung). Die Ordnungswidrigkeit nach Nummer 2 kann nur verfolgt werden, wenn die Vorschrift für einen bestimmten Tatbestand auf diese Bußgeldvorschrift verweist.

(3) Die Ordnungswidrigkeit nach Absatz 1 kann mit einer Geldbuße bis zu fünftausend Deutsche Mark, die Ordnungswidrigkeit nach Absatz 2 kann mit einer Geldbuße bis zu eintausend Deutsche Mark geahndet werden.

(4) Die Verfolgung der Ordnungswidrigkeit verjährt in zwei Jahren.

(5) Für das Bußgeldverfahren gelten neben den Vorschriften des Gesetzes über Ordnungswidrigkeiten die §§ 393, 396, 397 und 407 der Abgabenordnung entsprechend.

(6) Die durch Bußgeldbescheid der Verwaltungsbehörden festgesetzten Geldbußen stehen dem Träger der öffentlichen Verwaltung zu, der Gläubiger der Abgabe ist, auf die sich die Ordnungswidrigkeit bezieht; das gilt entsprechend für Nebenfolgen, die zu einer Geldleistung verpflichten.

d) Gesetz über die Vergnügungssteuer im Lande Schleswig-Holstein

idF v. 27. 9. 1961 (GVBl. 156):

§ 32[5] **Geltung des Kommunalabgabengesetzes**

Das Kommunalabgabengesetz des Landes Schleswig-Holstein ist anzuwenden.

e) Gesetz zur Erhebung einer Einfuhrsteuer auf der Insel Helgoland

v. 7. 12. 1959 (GVBl. 213):

§ 13[5] **Geltung des Kommunalabgabengesetzes**

Das Kommunalabgabengesetz des Landes Schleswig-Holstein ist anzuwenden.

---

[4] betr. Verletzung des Steuergeheimnisses, aufgehoben durch Art. 43 G v. 9. 12. 1974 (GVBl. 453, 462).

[5] neugefaßt durch § 21 KAG v. 10. 3. 1970 (GVBl. 43, 48).

Verzeichnis der innerhalb der Erläuterungen und im Anhang abgedruckten Gesetze

Gesetzesvorschrift	wiedergegeben bei
§ 74c StGB	§ 375, 69
§ 74e StGB	§ 375, 86
§ 74f StGB	§ 375, 91
§ 75 StGB	§ 375, 56
§ 76a StGB	§ 375, 81
§§ 78, 78a StGB	§ 376
§ 78b StGB	§ 376, 37
§ 78c StGB	§ 376, 17
§§ 148–150 StGB	§ 369, 133
§ 257 StGB	§ 369, 161
§§ 263, 264 StGB	Anh I
§§ 283–283d StGB	Anh I
§ 297 StGB	§ 372, 43
§ 353 StGB	Anh I
§§ 355, 358 StGB	Anh I
§§ 1–6 SubvG	Anh II
§ 38 TabStDB	§ 381, 16
§§ 32, 33 TabStG	Anh VI
§ 34 TabStG	§ 381, 16
§ 13 3. VermBG	Anh XVI
§ 59 II WaffG	§ 371, 181
§ 10 WehrStG	§ 369, 132
§ 8 WoPG	Anh XV
§ 13 WStG	Anh V
§ 79a ZollG	§ 382, 22
§§ 80, 80a ZollG	Anh X
§ 16 ZuckStBefrO	§ 381, 16
§ 26a ZuckStDB	§ 381, 16
§§ 40–45 ZündwMonG	Anh IX
§ 23b ZündwStDB	§ 381, 16

Ferner sind auszugsweise in Anh XXII die Straf- und Bußgeldvorschriften aus den Abgabengesetzen der Länder (AOAnwG, KiStG, KAG, VgnSt usw.) abgedruckt.

Sachverzeichnis

Die halbfetten Zahlen verweisen auf die Einleitung bzw. die Paragraphen der AO, die mageren auf die Ziffern am Rande des Textes.